제 12 판

회 사 법

〔상법강의 Ⅱ〕

이기수·최병규 공저

박영사

CORPORATIONS

12., neu bearbeitete Auflage

von

hon. Prof. Dr. Dr. h.c. multi. Ki-Su Lee, Korea Universität

Prof. Dr. iur. Byeong-Gyu Choi, Konkuk Universität

2022

Parkyoung Publishing & Company

Seoul, Korea

제12판 머리말

전판을 발행한지 3년이 지났다. 2020년 12월 감사위원 분리선임, 다중대표소송제도 도입 등 상법 개정이 이루어졌으며 그 이후에도 기업을 둘러싼 대내외적 환경이 많이 변하였으며 앞으로는 그 변화의 속도가 더 빠를 것이다. 그런데 회사제도는 국민들에게 투자처를 제공하여 주며, 일자리를 제공하기도 한다. 또한 회사 기업은 국부의 원천으로서 국가경쟁력의 척도이기도 하다. 따라서 기업하기 좋은 나라가 되기 위해서는 외국자본으로부터 국내기간산업을 보호하여 주면서도 유수한 기업을 육성하고, 기업체질을 강화시키는 조치가 지속적으로 요구되고 있다. 이와 같은 맥락에서 보면 기업을 유지·보호해주는 것이 일종의 국가의 책무로 인정되는 시점이다. 앞으로도 회사법제를 글로벌 수준에 맞추고 주변의 다각적인 환경 변화를 법률에 제때에 반영하기 위한 노력을 계속하여 경주하여야 할 것이다.

이번 개정에서 주로 수정·작업한 내용은 다음과 같다.

첫째, 2020년 12월 29일 상법 개정 내용을 반영하였다.

둘째, 2021년 법인격부인론의 역적용, 전단적 대표행위의 고의·중과실 요건에 관한 판례 변경, 2022년 이사의 감시의무에 대한 판례 등 그 동안에 선고된 회사법 분야의 판례를 반영하였다.

셋째, 그 동안 개고된 참고문헌의 변화를 반영하였다.

넷째, 그 밖에 논리적 오류나 오·탈자를 교정하였다.

이번 제12판은 건국대학교의 최병규 교수의 꾸준한 노력에 의하여 만들어졌다. 메타버스, 블록체인 기술, 자율주행자동차, NFT, AI 등과 연관된 주변 환경 변화 등으로 급격하게 변화하는 회사기업여건과 경영환경에서 경제생활의 실상이 법에 반영되어야 하며 교과서에서도 이러한 변화가 신속하게 반영이 되도록 앞으로도 꾸준한 업데이트작업이 필요하며 그를 위해 노력할 것이다. 이 책이 독자들의 사랑을 받기를 바란다. 항상 본인의 교과서 작업에 심혈을 기울여 주시는 박영사의 안종만 회장님, 조성호 이사님, 그리고 이 판의 교정을 보아 주신 김선민 이사님께 고마운 인사를 올린다.

2022년 7월

공 저 자

초판 머리말

이 책은 대학과 대학원에서 회사법을 공부하는 학생을 위한 대학교재로 만들어졌다. 회사에 관한 법률문제라도 그것이 오직 상법 회사편에 관해서만 문제되는 사례란 거의 찾아볼 수 없다. 따라서 이들 문제를 해결하기 위하여는 상법뿐만 아니라 일반사법으로서의 민법 등의 성문법과 학설 및 판례를 종합적으로 검토·체계화하여 단일한 법질서(Einheit der Rechtsordnung)를 창출하여야 한다. 이 목적을 달성하기 위하여 특히 다음과 같은 점을 고려하였다.

첫째, 우리나라에서 시행되고 있는 회사법은 1897년 독일 구상법전을 토대로 한 일본법을 모법으로 하여 만들어졌다. 따라서 우리나라 회사법의 해석에 있어서는 독법계의 이론을 응용할 수 있다. 이 점에서 그 동안 독일 회사법의 발전에 지대한 공헌을 한 Zöllner 교수가 편집한 쾰른주석서와 회사법 일반이론을 창출하고자 노력한 K. Schmidt 교수의 회사법책을 소개하였다. 대륙법계와 대립되어 회사법계의 양대산맥을 이루고 있는 영미법계의 법제는 주식회사법분야의 해석에 있어서 우리법으로 계수된 부분에서 논의하였다.

둘째, 법의 해석과 관련하여 꼭 살펴보아야 할 것이 그동안 학자들이 이룩해 놓은 법발전에 영향을 미치는 학설(rechtsfortbildender Einfluß von Wissenschaft)의 소개이다. 그러나 이 책에서는 학설의 소개에 있어서 이미 통설적 견해이거나 다수설로서 반대의견이 갖는 의미가 크게 참고되지 않을 때에는 이를 따로 소개하지 않았다. 이는 우리나라에 나와 있는 책들 중에서는 학설의 대립을 무분별하게 소개함으로 해서 오히려 학생들에게 회사법에 대한 이해를 더 어렵게 하는 것 같아서이다. 이러한 견지에서 어떤 문제점의 해결이 첨예하게 대립되어 있고, 또 그것이 현행법의 해석에 있어서 아직도 의미가 있는 한에서만 본문 속에서 다루었다. 우리나라의 학문연구가 아직도 미진한 부분은 우리법의 모태가 된 독일의 연구성과를 비교법적인 관점에서 소개하였다.

셋째, 법실무에서 문제되었던 우리나라의 판례와 사례를 해당되는 곳에 삽입하였다. 「개념법학적 방법론의 흠인 추상적 이론의 전개를 지양하고 응용과학으로서의 살아 있는 법학」이 되기 위하여는 풍부한 판례와 사례가 법이론과 맞아떨어져 피부에 와 닿는 현실감이 있어야 하고, 이렇게 함으로써 학생들이 쉽게 법학을 이해할 수 있다고 생각되기 때문이다. 또한 성문법역의 대륙법계에서도 그동안 판례가 많이 쌓여서 판례에 의한 법의 개폐(rechtsfortbildender Einfluß von Rechtsprechung)가 이루어져 법관법(Richterrecht)이 있게 되었고, 영미법계에서는 성문법을 만들게 되어 상호보완의 시대에로 접어든 것도 그 한 이유이다.

넷째, 주를 다른 유서와 마찬가지로 맨 하단에 따로 두지 않고 꼭 필요하다고 생각되는 것만을 본문 속에 넣었다. 그 이유는 그 동안 회사법 등을 강의해 오면서 학생들과 얘기를 나눈 결과 주가 따로 밑에 있으면 이를 읽지 않게 되며, 또한 학문적인 연구논문이 아니고 대학생의 학습을 위한 대학교재라는 기본목적에도 부합함에 있다.

다섯째, 서술체계는 우리가 회사법을 배우면서 그 기본적 이해가 중요하다고 생각되었기 때문에, 제 1 편 서론에서 회사법일반이론을 집약하여 서술하였다. 특히 이번의 제32회 사법시험에 '합자회사의 사원과 주주의 책임에 관하여 논하라'라고 하는 문제가 출제되었는데, 이를 채점하면서 느낀 소감은 학생들이 회사법에 관한 기본개념 파악이 매우 부족하다는 점이었다. 즉 합자회사는 각각 1명 이상의 무한책임사원과 유한책임사원이 결합하여 설립되는 회사형태라는 것을 모르고, 합자회사의 무한책임사원을 사원이라고 하고 합자회사에 유한책임을 지는 주주라는 사원이 있다고 한 수험생이 매우 많았다. 그래서 이 책에서는 기본개념 파악의 중요성을 재강조하였으며, 회사의 종류에 따른 차이점을 다각적인 관점에서 비교한 것은 바로 이에 해당한다.

여섯째, 회사의 종류에 따른 해석은 자본주의 경제를 있게 한 회사형태인 주주회사를 맨 먼저 설명하고, 그 다음은 유한회사, 맨 마지막에 인적회사형태를 설명하였다. 그 이유는 주식회사형태는 자본회사의 대표적인 회사 형태이기 때문에 대부분 강행법규이고, 그 조직형태가 복잡하기에 이에 대한 이해가 잘 되어 있으면 다른 회사형태도 쉽게 이해되는 데 있다.

이 책이 완성되기까지에는 많은 분들의 도움이 있었다. 차낙훈 선생님, 정희철 선생님, 이윤영 선생님과 Zöllner 선생님은 대학과 대학원, 그리고 박사과정에서 저자의 지도교수로서 직접 이 분야의 강의를 해 주셨고, 선생님들의 연구업적을 보면 나의 연구가 큰 진전 없음을 통감하고 그 은혜에 다시 한번 감사드린다. 특히 Zöllner 선생님은 1977년부터 1983년까지 만 6년 동안 저자를 문하에 두고서 「자기자본이 부족한 유한회사에서의 채권자보호제도」라는 학위논문을 준비하면서 회사법의 연구에 전념할 수 있도록 여러 가지 배려를 해 주셨으며, 그 이후에도 1986년, 1988년, 그리고 금년에 독일에 들러 2, 3개월씩 객원교수로서 Tübingen 대학과 Mainz 대학에 머무는 동안 온갖 정성을 다하여 뒷받침해 주심에 감사드린다. 그리고 이때 나의 연구가 가능하도록 초청장을 보내 주신 Möschel 교수와 Konzen 교수에게도 감사하며, 재정지원을 해 준 Konrad-Adenaur 재단과 이 재단의 장학담당부서에서 일하는 Mayr 박사, Hummel 박사, Becker 씨, Fuchs 씨와 Zülch 박사에게 감사드린다. 서돈각 교수님, 손주찬 교수님, 서정갑 교수님, 송상현 교수님은 저자의 학부와 대학원의 수학시절에 상법분야의 강의를 맡아 주셔서 상법학도로서 성장함에 크게 도움을 주셨기에 감사드린다.

그리고 이 책의 국내법해설에는 저자에게 상법을 가르쳐 주신 위에 적은 선생님들의 연구업적과 단독으로 이 분야의 단행본을 내어서 회사법학의 발전에 공헌하신 최기원 교수님과 정동윤 교수님의 교과서에 크게 영향받았기에 이 분들에게 감사드린다.

원고와 판례정리, 교정 그리고 색인작성 등의 귀찮은 일들은 고려대학교 대학원에서 상법을 전공하고 있는 강대섭 · 정상근 · 유진희 · 최병규 · 박영우 · 안효질 · 정승훈 법학석사와 채종식 · 박경환 · 이석환 · 강성국 · 최한준 · 정진교 · 조지현 · 김태형 법학사의 도움을 받았으며, 이들의 헌신적인 노력이 없이는 이 책이 이렇게 빨리 완간될 수가 없었기에 이들에게도 감사한다.

이 책을 쓰겠다는 생각을 가진 이래 그동안 연구논문집이나 고시잡지 등에 발표한 글을 모으면 간단하리라 생각되던 이 작업이 너무나 오랜 기간을 소요하였다. 박영사와의 책 서술을 약속한 지 벌써 7년이나 경과되었으니 말이다. 그럼에도 불구하고 한번도 재촉하지 않고 인내심을 갖고 지금까지 기다려 주신 박영사의 안종만 사장님과 이명재 상무님께 깊이 감사드리며, 반듯

한 책이 나오도록 실무상의 어려운 일을 도맡아서 해 주신 송일근 차장님께도 무한한 감사를 드린다.

이 책이 회사법을 공부하는 학생들에게 조금이나마 도움이 될 수 있기를 바라며, 잘못된 곳 등에 대하여는 아낌없는 학문적인 비판을 바란다.

1990. 9. 1

고려대 법대 연구실에서

橫 川 李 基 秀

〔參 考 文 獻〕

姜渭斗博士華甲紀念	商事法論叢	1996
姜渭斗 · 林載鎬	商法講義(上)	2006
姜熙甲博士華甲紀念	現代商事法論集	2001
姜熙甲	會社法講義	2006
權奇範	第三版 企業構造調整法	2002
김건식 · 노혁준 · 천경훈	회사법	2022
金建植 · 鄭順燮	資本市場法	2009
金東勳	商法概說	2009
金斗鎭	회사법강의	2015
金斗煥教授華甲紀念	國際航空宇宙法 및 商事法의 諸問題	1994
金聖虎	株式會社 分割의 法理	2006
金淳錫	주식 및 자본금 제도	2015
金容鎭	資本市場制度論	2007
金正皓	第四版 商法講義(上)	2005
金正皓	제 7 판 會社法	2021
金弘基	제 7 판 상법강의	2022
金弘植	M & A 槪論	2009
朴吉俊教授華甲紀念	企業構造의 再編과 商事法	1998
朴吉俊教授古稀紀念	轉換期 商事法課題의 再照明	2008
朴相祚教授華甲紀念	現代商事法의 諸問題	1998
朴相祚	第三增補版 新會社法論	2000
朴榮吉教授華甲紀念	商事法의 理念과 實際	2000
朴晋泰博士華甲紀念	現代法의 新展開	2002
朴憲穆	修正增補 商法講義(上)	2006
徐燉珏博士八秩頌壽紀念	商事法學에의 招待	2000
徐憲濟	商法講義(上) — 商法總則 · 商行爲法 · 會社法	2007
孫珠瓚	第十五版 商法(上)	2005

孫珠瓚教授古稀紀念	企業環境의 變化와 商事法	1993
孫珠瓚 外 6人 共著	商法改正案 解說	1995
孫晋華	제 6 판 商法講義	2015
宋相現先生華甲紀念	21世紀 韓國商事法學의 課題와 展望	2002
宋沃烈	제12판 商法講義	2022
安東燮教授華甲紀念	商去來法의 理論과 實際	1995
梁明朝	會社法概論	2007
禹洪九博士停年紀念	21世紀韓國商事法의 進路	2002
兪周善	기업법 II	2022
李基秀	第三版 企業法	2010
李基秀教授華甲紀念	知識社會와 企業法	2005
李基秀 · 崔秉珪	第八版 어음 · 手票法	2015
李東原	持株會社	2001
李哲松	第30版 會社法講義	2022
林在淵	修正二版 美國會社法	2006
林在淵	개정 2판 회사법 1, 2	2014
全國經濟人聯合會	모범회사법	2021
鄭敬永	改訂版 商法學講義	2009
정경영	회사법학	2022
鄭東潤先生華甲紀念	21世紀 商事法의 展開	1999
鄭東潤先生古稀紀念	21世紀 商事法 · 民事訴訟法의 課題	2009
鄭東潤	第七版 會社法	2001
鄭東潤	第五版 商法(上)	2010
鄭應基	회사법판례강의	2015
鄭鎭世	判例演習 會社法	2003
鄭鎭世教授停年紀念	商事法研究	2001
鄭燦亨	第三版 會社法講義	2003
鄭燦亨	第25版 商法講義(上)	2022
鄭燦亨教授華甲紀念	栢山商事法論集	2008
鄭熙喆教授停年20年紀念	商法研究의 香氣	2004
周基鐘	新會社法	2006

證券硏修院	資本市場과 金融投資業에 관한 法律理解	2008
蔡利植	改訂版 商法講義(上)	1997
崔基元	第14版 新會社法論	2012
崔基元	第20版 商法學新論(上)	2014
崔文僖	理事의 損害賠償責任의 制限	2007
崔完鎭	商法學講義	2005
崔埈璿	第17版 會社法	2022
韓昌熙	會社法	2001
洪復基	第6版 會社法講義	2018
河本一郎	新訂第2版 現代會社法	1983
田中誠二	再全訂 會社法詳論(上)(下)	1982
北澤正啓	會社法(新版)	1983
鈴木竹雄	新版 會社法(全訂第二版 補訂版)	1983
鈴木竹雄 · 竹內昭夫	會社法(第三版)	1994
上柳克郎 · 鴻 常夫 · 竹內昭夫	新版 注釋會社法(1)~(11)	1985 ff.
服部榮三	會社法	1970
竹內昭夫	會社法講義(上)	1986
大山俊彦 등	全訂版 會社法(現代商法 II)	1992
Arnold	*Die Steuerung des Vorstandshandelns*	2007
Ballerstedt	*Kapital, Gewinn und Ausschüttung bei Kapitalgesellschaften*	1949
Barz u. a.	*Großkommentar zum Aktiengesetz*, 3. Aufl.	1970 ff.
Baumbach-Hueck	AktG, 13. Aufl.	1968
Baumbach-Hueck	GmbH-Gesetz, 18. Aufl.	2006
Canaris	*Die Vertrauenshaftung im deutschen Privatrecht*	1971
Eisenhardt	*Gesellschaftsrecht*, 13. Aufl.	2007
Emmerich/Habersack	*Aktien- und GmbH-Konzernrecht*	2007
Emmerich &	*Konzernrecht*, 4. Aufl.	1992

Sonnenschein		
Fischer/Lutter/ Hommelhof	*GmbH-Gesetz, Kommentar*, 13. Aufl.	1994
Flume	*Die Personengesellschaft*	1977
Flume	*Die juristische Person*	1983
Forstmoser/Meier-Hayoz	*Einführung in das schweizerische Aktienrecht*, 2. Aufl.	1980
Geßler/Hefermehl/ Eckardt/Kropff	*Kommentar zum Aktiengesetz*	1974 ff.
Godin-Wilhelmi	*Aktiengesetz, Kommentar*, 4. Aufl.	1971
Grünewald	*Gesellschaftsrecht*, 4. Aufl.	2000
Hachenburg	*Großkommentar zum GmbHG*, 7. Aufl.	1975
Hopt/Hehl	*Gesellschaftsrecht*, 3. Aufl.	1987
Hueck(Alfred)	*Das Recht der offenen Handelsgesellschaft*, 2. Aufl.	1951
Hueck(Götz)	*Gesellschaftsrecht*, 19. Aufl.	1991
Hüffer	*Gesellschaftsrecht*, 7. Aufl.	2007
Immenga	*Die personalistische Kapitalgesellschaft*	1970
Karsten Schmidt	*Gesellschaftrecht*, 4. Aufl.	2002
Klunzinger	*Grundzüge des Gesellschaftsrechts*, 14. Aufl.	2006
Kübler	*Gesellschaftsrecht*, 4. Aufl.	1994
Lehmann(Heinrich)	*Gesellschaftsrecht*, 3. Aufl.	1970
Lehmann(Karl)	*Das Recht der Aktiengesellschaften*, Bd. I	1898
Löwisch	*Eigenkapitalersatzrecht*	2007
Lutter	*Kapital, Sicherung der Kapitalaufbringung und Kapitalerhaltung*	1964
Lutter	*Europäisches Unternehmensrecht*, 4. Aufl.	1996
Lutter/Hommelhoff	*GmbH Gesetz*	1996
Nitschke	*Die körperschaftlich struckturierte Personengesellschaft*	1970
Raiser	*Das Unternehmen als Organisation*	1969

Raiser/Veil	*Recht der Kapitalgesellschaften*, 5. Aufl.	2010
Reinhardt/Schulz	*Gesellschaftsrecht*, 2. Aufl.	1981
Roth/Altmeppen	*GmbHG*, 5. Aufl.	2005
Rowedder/Schmidt-Leithoff	*Gesetz betreffend die Gesellschaften mit beschränkter Haftung*, 4. Aufl.	2002
Savigny	*System des heutigen römischen Rechts*, Bd. II	1840
Schanze	*Einmanngesellschaft und Durchgriffshaftung*	1975
Schlegelberger-Quassowski	*Aktiengesetz*, 2. Aufl.	1937
Schmidt, K.	*Gesellschaftsrecht*, 2. Aufl.	1991
Scholz	*Kommentar zum GmbH-Gesetz*, 6. Aufl.	1978 ff.
Serick	*Rechtsform und Realität juristischer Person*	1955
Staub	*Großkommentar zum HGB*	1982
Sudhoff	*Familienunternehmen*, 2. Aufl.	2005
Timm	*Höchstrichterliche Rechtsprechung zum Handels-und Gesellschaftsrecht*	1995
Wellhöfer/Peltzer/Müller	*Die Haftung von Vorstand, Aufsichtsrat, Wirtschaftsprüfer*	2007
Wiedemann	*Gesellschaftsrecht*, Bd. I	1980
Wiedemann/Frey	*Gesellschaftsrecht*, 7. Aufl.	2007
Wieland	*Handelsrecht* Bd. I, *Das kaufmännische Unternehmen und die Handelsgesellschaften*	1921
Wieland	*Handelsrecht* Bd. II, *Die Kapitalgesellschaften*	1931
Wiethölter	*Interessen und Organisation der Aktiengesellschaft*	1961
Würdinger	*Aktienrecht und das Recht der verbundenen Unternehmen*, 4. Aufl.	1981
Zöllner	*Die Schranken mitgliedschaftlicher*	

	Stimmerechtsmacht bei den privat-rechtlichen Personenverbänden	1963
Zöllner(Hrsg.)	*Kölner Kommentar zum Aktiengesetz*	1970 ff.; 2. Aufl. (1986 ff.)
Ballantine	*On Corporations*, Rev. ed.	1946
Berle & Means	*The Modern Corporation and Private Property*	1932
Boyle & Birds	*Company Law*	1987
Brudney & Chirelstein	*Corporate Finance*, 4th ed.	1993
Cary & Eisenberg	*Cases and Materials on Corporations*, 7th ed.	1995
Charlesworth & Cain	*Company Law*, 12th ed.	1983
Choper, Coffee & Gilson	*Cases and Materials on Corporations*, 4th ed.	1995
Clack	*Corporate Law*	1986
Conard	*Corporations in Perspective*	1976
Dooley	*Fundamentals of Corporation Law*	1995
Eisenberg	*The Structure of the Corporation*	1976
Eisenberg	*Introduction to Agency and Partnership*, 2nd ed.	1995
Frey, Choper, Leech & Morris	*Cases and Materials on Corporations*, 2nd ed.	1966
Gower	*Principles of Modern Company Law*, 5th ed.	1992
Hadden	*Company Law and Capitalism*, 2nd ed.	1977
Hamilton	*Cases and Materials on Corporations*, 2nd ed.	1981
Henn & Alexander	*Laws of Corporation*, 3rd ed.	1983
Jennings & Buxbaum	*Corporations, Cases and Materiale*, 5th ed.	1979
Klein	*Business Associations : Agency,*	

	Partnerships and Corporations	1994
Klein & Coffee	*Business Organization and Finance : Legal and Economic Principles*, 5th ed.	1993
Lattin	*The Law of Corporations*, 2nd ed.	1971
Mason	*The Corporation in Modern Society*	1966
Morse	*Company Law*	1983
O'kelley & Thompson	*Corporations and Other Business Associations Seleted Statues, Rules and Forms*	1995
Pennington	*Company Law*, 5th ed.	1985
Ribstein & Letsou	*Business Associations*, 3rd ed.	1995
Schmitthoff	*Palmer's Company Law*, 23rd ed.	1982
Seligman	*Corporations : Cases and Materials*	1995
Solomon	*Corporations : Examples and Explanations*, 2nd ed.	1994
Solomon, Schwartz, Bauman & Weiss	*Corporations : Law and Policy Materials and Problems*, 3rd ed.	1994

〔略 語 表〕

AG………………… Aktiengesellschaft
Art(§)…………… Artikel
Aufl.……………… Auflage
BAG……………… Bundesarbeitsgericht
BB…………………Der Betriebsberater(Zeitschrift)
Bd. …………………Band
BGB……………… Bürgerliches Gesetzbuch
BGBl………………Bundesgesetzblatt
BGH……………… Bundesgerichtshof
BGHZ…………… Entscheidungen des Bundesgerichtshofs in Zivilsachen
DB………………… Der Betrieb(Zeitschrift)
Die AG………… Die Aktiengesellschaft(Zeitschrift für das gesamte Aktienwesen)
GmbH…………… Gesellschaft mit beschränkter Haftung
GmbH-Rdsch…. GmbH Rundschau(Zeitschrift)
HGB……………… Handelsgesetzbuch
JuS…………………Juristische Schulung(Zeitschrift)
JW………………… Juristische Wochenschrift(1871~1939)(Zeitschrift)
JZ…………………Juristenzeitung(Zeitschrift)
KG………………… Kommanditgesellschaft
NJW……………… Neue Juristische Wochenschrift(seit 1947/48)(Zeitschrift)
oHG………………offene Handelsgesellschaft
OLG……………… Oberlandesgericht
Rdn. ……………… Randnummer
RG………………… Reichsgericht
RGZ………………Entscheidungen des Reichsgerichts in Zivilsachen

RIW………………Recht der Internationalen Wirtschaft(Zeitschrift)

S. …………………Seite

UmwG…………… Umwandlungsgesetz

WM……………… Wertpapier Mitteilungen(Zeitschrift)

Wp……………… Das Wertpapier(Zeitschrift)

WPg……………… Die Wirtschaftsprüfung(Zeitschrift)

ZGB………………Schweizerisches Zivilgesetzbuch

ZGR………………Zeitschrift für Unternehmens- und Gesellschaftsrecht

ZHR………………Zeitschrift für das gesamte Handels- und Wirtschaftsrecht

차 례

제1편 총 론

제1장 회사법의 일반이론

제2장 회사의 개념

제 2 편 주식회사

제 1 장 주식회사의 개념

제 2 장 주식회사의 설립

제 4 장 주식회사의 기관

제 5 장 주식회사의 자본금과 회계

제 7 장　회사의 구조조정

제 3 편 유한회사

제 1 장 유한회사의 개념

제 2 장 유한회사의 설립

제3장 사원의 지위

제4장 유한회사의 기관

제5장 유한회사의 자본금과 계산

제 6 장 유한회사의 해산과 청산

제 4 편 유한책임회사

제5편 인적회사

제1장 합명회사

제 2 장 합자회사

제 1 편

총 론

제1장 會社法의 一般理論

姜渭斗, 한국상법에 있어서의 영미회사법의 계수에 관한 연구, 동아대 박사학위논문/閔丙樾 우리나라 상장회사의 현황분석 : 1992년도를 중심으로, 상장협 27(1993. 5)/朴吉俊, 회사법의 회고와 과제, 商事法研究 10(商事法의 課題와 展望), 1992/李基秀, 서독에서의 기업법과 회사법 — 1980년 이후의 흐름을 중심으로, 월간고시 153(1986. 10)/李基秀, 서독 법질서체계에서의 회사법, 월간고시 195(1990. 4)/李基秀, 서독주식법의 해석에 있어서의 몇 가지 문제점(上), 고시연구 198(1990. 9); (中), 고시연구 199(1990. 10); (下), 고시연구 200(1990. 11)/李基秀, 유럽공동체 역내시장에서의 회사법, 월간고시 203 (1990. 12)/林重鎬, 회사법의 국제적 통일화, 중앙대 법학논문집 16(1991. 12)/鄭燦亨, 미국회사법 — 우리 회사법과 비교를 중심으로, 商事法의 基本問題(李範燦教授華甲紀念論文集)(1993).

제1절 會社法의 概念

I. 會社法의 意義

"회사법에서는 무엇을 다루어야 하는가"라는 문제가 회사법연구의 첫걸음이다. 우리 상법은 제3편에서 회사에 관하여 규정하고 있다. 먼저 모든 회사에 적용되는 통칙을 두고 다음에 각기 합명회사 · 합자회사 · 주식회사 · 유한회사와 외국회사에 관하여 규정하고 있고 벌칙을 마지막에 두고 있다. 하지만 회사법학의 연구는 상법전상의 회사법규의 관점에서만 보아서는 그 전부를 파악할 수 없다.

회사법은 회사를 규율하는 법이다. 회사는 영리를 목적으로 일정한 사업을 수행하기 위하여 설립된 목적단체로서 개인상인과는 여러 가지 점에서 구별되며, 목적단체인 회사의 설립, 회사와 사원의 관계, 그리고 이들과 제3자의 관계, 회사 상호간의 관계 등의 규율이 회사법학의 대상이다. 따라서 회사법은 외부관계에 있어서는 개인법적 관계가 중심이고, 내부관계에 있어서는 단체법적 관계가 중심이 되어 있다. 즉 회사법은 개인법적 성질과 단체법적 성질을 다 갖추고 있어서 이들 양 법리가 밑바탕이 되어야 한다. 또한 단체법적 성질에 있어서도 회사는 영리를 목적으로 하는 이익단체(Gesellschaft)로서의 성질과 자본주의사회를 이끌어 가는 공기로서의 공동단체(Gemeinschaft)로서의 성질도 함께 가지고 있다.

Ⅱ. 會社法의 一般理論

1. 一般會社法

회사법은 복잡하고 어려운 법영역이다. 현대자본주의가 발전함에 따라 회사법은 계속해서 세분화되고, 점점 더 전문화된 문제들을 다루게 되어 실무에 대한 이해 없이는 목적단체인 회사를 둘러싼 문제를 해결하지 못하게 되었다. 그러나 이러한 관련만으로는 회사법을 체계적으로 이해할 수 없다. 또한 회사에 관한 법규정도 법전에 체계적으로 규정되어 있지 않은 까닭에 회사법이 다루어야 할 법의 개관이 불가능할 뿐만 아니라 때로는 내용상의 모순마저 발생하기도 하였다. 개별적인 문제를 상세히 다룬 곳이 있는가 하면 단편적으로 규정되어 있는 법형태도 있고, 또한 법률규정이 입법정책상 그때그때의 필요에 따라 개정됨으로써 정작 개정되어야 할 부분이 개정되지 않고 그대로 남아 있는 법영역도 있다. 이러한 점에서 볼 때 실정회사법은 신뢰할 만한 일반이론의 형성에 의해서 극복되어야 할 일시적인 형태에 불과하다. 결국 회사법학은 회사법의 실무와 이론, 그리고 비록 불완전하고 체계가 일관되어 있지는 않더라도 일부 법규범으로부터 일반이론을 발전시킬 필요가 있다. 바로 이 점이 실정회사법을 해석하는 것 이상으로 회사법학 교과서가 책임을 져야 할 부분이고, 또 그러한 책임을 완수할 기회가 바로 이 교과서집필에 부여되어 있다.

2. 일반이론 정립의 課題

법규정과 법원의 판결, 그리고 이들에 대한 연구를 통해 얻어진 성과로부터 일반이론을 정립하는 것을 제도의 창설(Institutionenbildung)이라고 한다. 이 때 중요한 것은 각 법형태의 차이를 조화롭게 다룰 일반이론을 창출하는 것이다. 이렇게 하여야 비로소 회사법이 공고해지고, 회사법적 도구의 적절한 취급도 용이해질 것이다. 예컨대 '공동목적' 이론, 법인이론, '하자 있는 회사' 이론, '사원의 소' 이론 등등의 원리로부터 생각해 볼 수 있다. 이 원리들은 계속해서 비판적으로 검토·형성되어야 한다. 이를 수행하는 데에는 성문법 규범과 사실적·입법정책적 통찰 이외에 역사적 고찰도 중요한 역할을 한다.

Ⅲ. 會社法學의 과거와 현재

1. 歷史的 考察의 의의

우리 회사법의 모법이라고 할 수 있는 독일회사법에 대한 연구에서도 포괄적인 역사서술은 찾아보기 어렵다. 이는 개념정립의 어려움 때문만이 아니라 회사법문헌의 비역사적 서술방식에도 기인한다고 본다. 우리가 오늘날 이해하는 회사법학은 대체로 19세기에 비로소 성립하여 20세기에 들어와서야 중요성이 인식되었고, 그 이후 경제발전에 따라 계속해서 세분화가 이루어졌다. 즉 회사법실무는 현대적 경제현상과 법생활의 요구에서 활력을 얻고 있는데, 세법 등의 영향으로 점점 더 복잡한 양상을 띠고 있다. 이는 회사법 전체에 타당할 뿐만 아니라 각각의 회사에도 마찬가지이다. 이는 몇 십년 전까지만 해도 예외적인 현상으로 보았던 법형태, 즉 회사의 유형의 변경이나 구조변경이 점점 더 일반화되어 가고 있다는 점에서도 확인할 수 있다. 그렇다고 하여 순응성과 변동으로 인하여 모든 법의 역사적 깊이를 무시할 수는 없다. 이 점은 특히 회사법에 제도적 기초를 마련해 주려고 시도할 때 더욱 분명해진다. 법질서는 체계이자 과정이다. 따라서 과거를 알지 못하면 현재와 미래를 파악할 수 없다. 성문회사법의 규범구조에서 나타나는 많은 불일치는 역사적 고찰을 통해서만이 설명될 수 있고, 또 그 해답도 발견된다. 따라서 회사법의 역사적 고찰은 골동품적 가치로 그치지 않고, 바로 회사법을 이해하고 발전시키기 위한 한 부분이 된다.

2. 社會史와 規範史

(1) 회사법의 역사는 사회사이자 규범사이다. 사회사적 조류가 회사법적 규범구조에 근본적인 영향을 미친 까닭은 결국 후자가 사회·경제적 현실의 단순한 제도적 전환이 아니기 때문이다. 따라서 회사법문헌들은 이 점에서 특히 로마법, 중세전기독일법, 중세 및 르네상스시대의 법, 초기식민주의시대의 법, 산업혁명시대의 법, 협동조합 및 노동운동시대의 법, 중앙집권적 경제제도법, 현대적 대규모단체법에 대해 특히 중점을 두고 있다.

(2) 회사법의 규범사는 복잡하지만, 이 책에서는 간략하게 언급하는 데 그치기로 하고, 역사적 관련을 염두에 두고 설명하고자 한다. 무엇보다도 규

범사의 의의는 규범사가 법규범의 역사적 또는 목적적 해석이라는 개별적 문제에 한정되지 않고, 원칙적으로 회사법 전체의 기초에까지 미친다는 데에 있다. 이것은 다음과 같은 근거에서 그러하다. 1861년, 즉 독일 구 상법전 이래 그에 관한 규정은 대체로 변하지 않은 채 그대로이지만 실제 법현실에서는 그 모습이 변질된 법형태(합명회사·합자회사)가 있는 반면, 낡지도 새롭지도 않지만 빈번하게 입법자에 의해 개정되고 있는 법(주식회사)형태도 있다. 첫 번째 부류에서는 법률상으로 변화된 현실에 그것을 적응시켜야 함에 반하여, 두 번째 부류에서는 입법자가 회사법현실에 중대한 영향을 주고 있다. 반면 다른 법형태 중에는 처음부터 인위적으로 만들어진 것도 있다(즉 유한회사). 따라서 성문회사법은 서로 전혀 다른 발전단계에 있는 각각의 법규범을 한데 모아 놓은 상태에 있다. 그러므로 실질적인 의미에서 객관적으로 완전한 회사법법전이란 존재하지 않을 뿐만 아니라 규범적으로 비교법적 고찰에 의해 계속해서 마찰이 생기고 있는 상태에 있다. 역사적·비교법적, 그리고 제도적 고찰을 통해 이 책이 회사법학의 일반이론을 창출하고, 회사법학의 일시적 혼란상태를 극복하는 데 기여했으면 하는 바람이 크다.

Ⅳ. 會社法의 설명체계

이 책은 제1편 총론에서 회사법에 관한 일반이론과 회사법통칙에 관한 이론을 정립하고 설명하고자 하였으며, 제2편은 자본주의 경제발전에서 주축이 된 자본회사 중에서 가장 중요하고 복잡한 주식회사에 관하여 설명하였다. 그리고 제3편에서는 유한회사에 관하여 언급하였고, 제4편에서는 인적회사인 합명회사와 합자회사에 관하여 일별하였다.

제2절 會社法의 地位

Ⅰ. 私法으로서의 會社法

(1) 사법상의 조직체 및 공동계약관계에 관한 법으로서의 회사법은 사법에 속한다. 따라서 공법상의 사단과 영조물 기타 공법상의 재단은 회사법의 영역에 속하지 않는다. 그러나 공기업은 국가나 지방자치단체에 의해 사법적 토대 위에서 매우 광범위하게 운영되므로 공공단체가 회사법적인 조직형태를

띠는 한에서는 회사법이 적용될 수 있다(상법 제2조 참조).

(2) 회사법이 사법에 속한다고 하더라도 그 밖에 회사법 내에는 공법이 작용하는 부분이 있다. 예를 들면 결사자유의 원칙규정, 공법상의 금지규정위반으로 인한 단체의 해산, 회사와 회사기관의 질서법상의 책임, 회사의 형사책임에 관한 규정 등이 그것이다.

공법과 회사법은 한편으로는 서로 구별되어야 할 문제이지만, 다른 한편으로는 서로 보완하는 관계에 있다. 특히 이러한 사실은 사단법에 대한 고찰에서 두드러진다. 사단법은 공법상의 문제들도 다루지만 사법규정, 특히 회사법규정도 포함하고 있다.

(3) 일반단체법의 입법계획은 공법에 속하는 것이기는 하지만, 사적단체의 내부법에 대해서도 광범위하게 영향을 미친다. 이 점은 무엇보다도 단체의 내부적인 권한통제와 민주적인 단체구성의 보장에서 두드러진다. 그러나 법실무를 살펴보면 국가의 감독 및 간섭보다는 사법, 따라서 회사법적 수단에 의해 더 잘 조정이 될 수 있음을 알 수 있다.

Ⅱ. 會社法과 民法

(1) 사적 단체(조직체)법 및 공동계약관계법으로서의 회사법에 일반사법이론이 적용되어야 함은 자명하다. 어떠한 단체(조직체)들이 권리 · 의무의 주체가 될 수 있는가는 인법(Personenrecht)의 문제이다. 사단의 성립은 일반법률행위론의 문제를 제기한다. 또한 회사법상의 계약자유와 그 한계도 일반법률행위를 규율하는 민법의 문제이다. 단체와 회사법상의 채권관계에서의 급부관계는 채권법의 발전형태이다. 부동산의 출연이 소유권의 출연인지 또는 용익물권이나 담보물권만의 출연인지가 문제되는 경우에는 물건의 권리귀속, 즉 물권법과 채권법의 관계에 의해서 해결된다. 따라서 민법상의 기본내용에 대한 신중한 고찰 없이는 회사법을 제대로 이해할 수 없다.

(2) 회사법은 가족법과도 특수한 관계에 있다. 예컨대 법률상 재산공동체를 이루는 배우자들 중 일방이 — 예컨대 지금까지 계속해서 단독상인이었는데 — 자기의 중요 재산을 회사에 출연하고자 한다면, 그는 타방배우자의 동의를 얻어야 하는가? 아니면 재산공동체를 이루고 사는 부부들은 아무런 제약 없이 회사를 설립할 수 있는가?

이러한 예들은 회사법에 대한 가족법의 중요성을 분명히 하기에 충분하다. 반면 회사법도 가족법에 대해 영향을 미칠 수 있다. 예컨대 어떠한 전제조건 하에서 일방배우자가 타방배우자의 기업에 협력한다면 이를 익명조합계약의 성립으로 볼 수 있을까? 또 어떠한 전제조건 하에서 혼인을 하지 않은 생활공동체에서의 공동가정생활 또는 공동영업이 행해진다면, 이를 조합이라고 할 수 있는가? 이것이 긍정된다면 가족법이 분배청구권을 인정하지 않는 경우에도 회사법상의 분배청구권이 생길 수 있다. 가족법이 이윤의 분배를 보장하지 않는 경우에도 회사법은 이익공동체라는 것을 만들어 이를 보장하고 있다. 물론 이를 위해서는 실제로 회사법에서 이해될 수 있는 실체가 존재해야 한다.

(3) 실제로 가족법에서 특히 의미가 있는 것은 회사법과 상속법이다. 예컨대 사원의 사망으로 회사가 해산되는가? 만일 그렇다면 어떤 결과가 생기는가? 회사지분(주식)은 상속가능한가? 또는 어떤 경우에도 상속가능하다고 정관으로 정할 수 있는가? 만일 그렇다면 다수의 공동상속인 중 1인만이 사원이 될 수 있는가? 지분의 양도에 회사의 동의가 필요하다면, 사원들은 유언의 집행을 좌절시킬 수 있는가? 상속공동체는 상사회사로 조직변경될 수 있는가?

(4) 민법과 회사법은 서로 맞물려 있으며, 모든 문제를 명쾌하게 어느 하나의 법분야에 맡길 수는 없다. 바꾸어 말하면 대개의 문제는 회사법에서 다루어야 할 문제영역과 회사법이 아닌 다른 법에서 다루어야 할 문제영역이 서로 교차한다는 것이다. 이와 관련하여 몇 가지 예를 언급하겠다. 첫째로 주식청약서에 따른 책임과 투자자보호는 회사법실무에서 비롯되는 문제임에 틀림없는데, 이 문제들이 실질에 있어서 회사법의 영역에 속하는지 또는 특별한 경우에 대두되는 일반채권법에 속하는지에 대해서는 논란이 있을 수 있다. 둘째로 파산의 전 단계에서의 회사기관의 설명의무와 과실책임에 대해서도 마찬가지이다. 셋째로 회사관계에 있어서의 급부방해도 양 법역이 서로 맞물리고 있다.

Ⅲ. 會社法과 企業法, 그리고 勞動法

(1) 통설은 상법을 기업법으로 파악하지만, 기업법은 다른 법영역과 명확하게 구분된다고 볼 수 없다. 왜냐하면 역사적으로 명확한 한계설정이 가능한 법원리까지로는 아직 성숙하지 못하였고, 기업법론은 독일에서 법정책적 프로

그램으로서 주장되었기 때문이다. 법정책적 프로그램으로서의 기업법은 독일의 기업법위원회(Unternehmensrechtskommission)의 보고서와 독일의 노동조합의 '기업법에 대한 제안'(Vorschläge zum Unternehmensrecht)에서 논의되었다. 특히 1960년대와 1970년대에 전개된 '기업조직'(Unternehmensverfassung)에 관한 논의는 회사의 내부법이 갖는 정치적 의의를 내포하고 있다. 즉 자본 중심의 기업단체사상에서 동반자적 기업단체사상으로의 전환을 나타낸다. 그러나 기업법의 법적 내용은 여전히 모호하다. 정치적 프로그램의 형식을 갖는 기업법이 법의 존재형식과 동일시될 수는 없다. 그렇지만 법체계적 형식으로서의 기업법은 법원리들—특히 상법·회사법, 그리고 노동법의 원리—의 집약적인 조정에 대한 호소로 이해될 수 있다. 아마도 이러한 법의 존재형식의 주요 부분들은 일단은 기업법이라는 개념 아래 비교적 완결된 하나의 법의 존재형식으로 뭉쳐질 수 있을 것이다. 그러나 '회사법에서 기업법으로'라는 목표는 아직 충분히 달성되지 못했다.

(2) 회사법은 노동법과는 매우 밀접한 관련을 맺고 있다. 노동법은 타인에 종속된, 즉 타인의 지시에 구속되고 타인을 위해 노동을 하는 자(노동자)들의 특별법이라고 할 수 있다. 회사법과의 관계에서 특징적인 문제들은 ① 어떠한 노동법규범이 회사의 경영기관에 대해서 적용되는가, ② 누가 이러한 경영기관과 고용계약을 체결하는가, ③ 경영규칙은 회사조직에 어떠한 영향을 미치는가 등이다.

Ⅳ. 會社法과 經濟法

(1) 경제법의 개념에 대해서는 논란이 매우 많기 때문에 회사법과 경제법의 관계정립은 경제법에 대한 폭넓은 고찰에 의해서만 가능하다. 여기에서는 다만 양자 상호간의 관계를 간추려 본다. 경제법을 경제질서법으로 이해하면, 경계설정은 명확해져서 회사법적 사안이 동시에 경제법적 사안이 될 수 있다. 하지만 법의 존재형식에서는 양자가 분리되어야 한다.

(2) 양법은 존재형식의 분리에도 불구하고 기능면에서 밀접하게 관련되어 있다. 그러나 이 기능상의 관련이 양법의 분리를 타파하지 못함은 독점규제법의 예에서 명백해진다.

회사법과 독점규제법의 기본적 구성요소는 그 소재에 있어 유사성이 있다. 예컨대 상법 제174조에서는 회사의 합병에 관하여 규정하고 있으며, 독점규제법 제7조에서는 기업결합제한에 대해 규정하고 있다. 소재의 유사성에서 비추어 보면 양법에는 공통점이 있다. 그럼에도 불구하고 독점규제법은 또 다른 목적과 규율대상을 갖고 있다. 즉 독점규제법은 경제질서법(Ordnungsrecht der Wirtschaft)으로서 시장의 공개와 경제력남용금지 및 시장조건의 독점금지를 목적으로 한다. 따라서 이 법은 순수한 조직체법도 아니고 본질적으로 회사의 금지와 관계되어 있지도 않다. 왜냐하면 예컨대 단순한 동의나 차별적인 형태 또는 권고도 독점규제법위반이 될 수 있기 때문이다 (독점규제법 제19조 제1항, 제23조 제1항 참조) (독점규제법의 잠재적인 대상은 유럽 카르텔법에서 훨씬 더 분명히 드러난다. 유럽공동체조약 제85조 제1항에 따르면 회원국간의 상거래를 해할 수 있고, 역내시장 내에서의 경쟁을 방해, 제한 또는 변용하는 것을 목적으로 하거나 야기하는 기업간의 합의, 기업집단의 결의 및 상호 합의한 행태는 모두 역내시장에서 구속력이 없으며, 따라서 금지된다).

(3) 독점규제법과 회사법의 관계는 다음과 같이 정리할 수 있다.

A. 독점규제법과 회사법은 존재형식이 다르다. 회사법상의 합의와 조직형태는 독점규제법에 의한 금지와 조치의 동인이 될 수 있지만, 독점규제법의 직접적 대상은 아니다.

B. 따라서 독점규제법상의 구성요건은 독자적으로 해석되어야 한다. 예컨대 공동목적을 위한 계약을 해석함에 있어서 이 계약이 민법 제703조의 의미에서의 조합계약을 필연적으로 요구하는 것은 아니며, 기업결합개념을 회사법에서의 합병개념으로 반드시 대신할 수도 없다.

C. 그러나 실제운용에 있어서 회사법과 독점규제법은 상호작용한다. 예컨대 기업간에 공동계약(Kooperationsvertrag)을 체결하는 경우, 또는 결합을 계획하는 경우에 관계자들은 독점규제법이 정하고 있는 제한을 충분히 알아야만 한다. 독점규제법에 의해 회사계약상의 개개의 합의가 효력을 갖지 못하게 되면, 이에 의해 회사법상의 효과문제가 야기된다. 이 점은 기업결합통제의 효과문제에서 더욱 분명해진다. 독점규제법 제16조에 의하면 공정거래위원회가 제7조 제1항에 위반한 회사의 합병이 있는 때에는 그 합병무효의 소를 제기할 수 있으므로, 이 소가 확정되면 회사법상의 합병도 공정거래위원회의 개입에 의해 무효가 된다.

V. 會社法과 稅法

회사법과 세법의 관련은 어느 정도 알려져 있기는 하지만, 개개의 사안에 따라 그 관계는 매우 다양하게 나타난다. 회사법실무 및 회사법정책에 있어서 세법이 갖는 특별한 의미는 조세부담에서 찾을 수 있다.

창업자가 어떤 종류의 회사를 선택할 것인지는 다른 요소들에 의하여도 영향을 받기는 하지만, 주로 세법에 의해 결정된다. 조세부담액의 비교는 법형태의 선택에 있어 가장 중요한 결정요소 가운데 하나이다. 그러나 계약체결에 있어서는 세제상의 이익에 지나치게 중점을 두는 것은 피해야 한다. 계약을 체결하는 자는 누구나 충분한 세법지식을 필요로 하고, 경우에 따라서는 세법에 대한 조언을 구하여야 함은 말할 것도 없다. 하지만 이러한 세법문제가 회사법의 구성부분은 물론 아니다. 회사법적 관점에서 보건대, 세법은 한편으로 법률관계형성의 필수적인 도구이고, 다른 한편으로는 법발전에 대한 설명을 위한 불가결한 자료이다. 또한 과세의 불공평은 동시에 회사법상의 법률관계의 형성에도 영향을 주기 때문에 일부 방해요소로도 작용한다.

Ⅵ. 會社法, 訴訟法 및 債務者 回生 및 破産에 관한 法律

회사법과 소송법 및 채무자 회생 및 파산에 관한 법률의 관련도 실례를 제시함으로써 보다 명확해진다. 회사법과 소송법 및 채무자 회생 및 파산에 관한 법률은 법원리는 다르지만 공통되는 점도 많다.

(1) 소송법상 회사가 당사자능력이 있음은 의심의 여지가 없다(민사소송법 제51조; 민법 제34조). 그러나 소송을 제기한 회사가 해산 또는 소멸하게 되는 경우 진행중인 소송이 어떻게 되느냐는 문제가 생길 수 있으며, 회사의 권리, 사원의 권리 및 손해배상청구권을 소송상 행사하는 경우에는 누가 정당한 원고 또는 피고가 되는가 하는 문제가 제기된다. 또한 회사와 그 사원에 대해 동시에 소가 제기되면, 공동소송이라는 법적 문제가 생긴다. 회사법상의 형성의 소(취소의 소, 해산의 소)에서의 소송문제도 부가된다. 결론적으로 가장 작은 문제에서도(예컨대 수인의 이사 중 1인에게 소장을 송달하는 경우) 회사법은 소송법과 관련이 있다.

(2) 민사집행법은 예를 들어 어떠한 채무명의를 가져야 회사재산에 대해 집행할 수 있는가 하는 문제와 관계가 있다. 개인채권자가 사원에 대한 채무명의를 얻은 경우에는 어떠한 방법으로 사원이 회사에 대해 갖는 권리에 대해서 강제집행할 수 있으며, 그 효과는 무엇인가 하는 문제가 생긴다.

(3) 채무자 회생 및 파산에 관한 법률은 회사법과 관련하여 법적 문제해결에 지속적으로 공헌하고 있다. 채무자 회생 및 파산에 관한 법률은 강제집행법일 뿐만 아니라 회사조직법과 회사책임법에도 계속 영향을 주고 있다. 즉 어떤 회사가 파산능력이 있는가? 파산관재인, 그리고 회사의 기관은 어떤

지위를 갖는가? 파산시에 출자채무와 책임관계는 어떻게 실행되는가? 파산절차개시 전의 자본이동은 사원의 청구권행사에 어떤 영향을 미치는가? 회생절차의 개시는 해당 회사의 제3자에 대한 법률관계뿐만 아니라 해당 회사의 기초와 존속에 대해 어떠한 법률효과를 갖는가? 이러한 문제들과 그 밖의 많은 부수적인 문제가 회사법과 채무자 회생 및 파산에 관한 법률의 양 법영역에 걸쳐 있다.

Ⅶ. 會社法, 國際私法 및 法의 統一

(1) 회사법상의 국제사법(법의 충돌)은 어느 법이 회사, 그리고 그 사원의 사원적 관계의 기초가 되는가와 같은 무엇보다도 외국회사 및 다국적회사에 있어 중요한 문제를 다루고 있다. 국제사법상 회사에 있어서는 사적 단체의 법률관계에 대한 충돌규정이 문제된다. 동시에 준거법의 결정, 그리고 단체를 법주체로 인정하는 것이 요점이다. 이러한 문제들에 대해서 보편타당한 법규범은 존재하지 않는데, 그것은 국제회사법의 기초가 세부적인 문제와 마찬가지로 아직 해결되지 않았기 때문이다.

(2) 이러한 충돌법적 문제 — 외국회사 또는 다국적회사에는 어느 법이 적용되는가 — 와 초국가적 회사법의 형성, 그리고 국제적 통일법에 의한 각국회사법의 동화라는 법의 통일현상은 구별되어야 한다. 뒤의 두 경우에는 충돌문제 및 연결문제가 더 이상 관계되지 않지만, 회사법규범의 내용 및 그의 초국가적 조화가 문제된다. 무엇보다도 유럽연합의 경우 회원국에 있어서의 법의 통일이 중요한 의미가 있다.

제3절 會社法의 法源

Ⅰ. 會社法規範

(1) 회사법규범도 다른 법역에서와 같이 성문법과 관습법으로 나누어진다. 성문법으로는 상법 제3편과 특별법령이 있다.

상법(1962. 1. 20, 법 제1000호)은 독일상법에 근거한 일본상법을 토대로 하여 만들어졌으며, 여기에 수권자본제도·주식할인발행제도 등의 영미법을 혼합하였다. 1984년, 1995년, 1998년, 1999년, 2001년, 2009년, 2011년에는 주식회사를 중심으로 한 개정이 있었다.

회사에 관계되는 특별법령은 많으나 그 중 주요한 것은 다음과 같다. 상법시행법(1962. 12. 12, 법 제1213호), 은행법(1950. 5. 5, 법 제139호), 보험업법(1980. 12. 31, 법 제3340호), 정부투자기관관리기본법(1983. 12. 31, 법 제3690호), 담보부사채신탁법(1962. 1. 20, 법제991호), 자산재평가법(1958. 1. 2, 법 제468호), 재산재평가특별조치법(1962. 5. 24, 법 제1076호), 법인세법(1973. 3. 3, 법 제2566호), 외자도입법(1973. 3. 12, 법 제2598호), 상법시행령(1984. 8. 16, 대통령령 제11485호; 2009년 2월 3일 대통령령 제21288호로 종래의 "상법의 일부 규정의 시행에 관한 규정"이 "상법시행령"으로 개칭됨), 주식회사의 외부감사에 관한 법률(1980. 12. 31, 법 제3297호), 독점규제 및 공정거래에 관한 법률(1990. 1. 13, 법 제4198호), 자본시장과 금융투자업에 관한 법률(2007. 8. 3, 법 제8635호)(이하 이 책에서 '자본시장법'이라 한다), 채무자 회생 및 파산에 관한 법률(2005. 3. 31, 법 제7428호), 상업등기법(2007. 8. 3, 법 제8582호) 등이 있다.

(2) 거래분야에서 형성되어 법적 확신에 의하여 법의 지위에 오른 관습법은 회사법분야에서도 법원으로서의 역할을 하지만, 상법의 다른 분야에서 갖는 것보다는 그 역할이 매우 작다. 왜냐하면 회사법상의 조직관계와 채권·채무관계는 관습법으로 변화할 수 있는 거래관습과는 관련이 없기 때문이다. 다만, 회사법분야에서도 관습법은 계약체결관행과 소송사무에서 발달될 수 있다. 우리나라에서는 주금납입영수증 또는 주식청약증거금납입영수증에 의한 주식양도에서 그 예를 볼 수 있다.

Ⅱ. 法 形 成

(1) 학설과 판례에 의한 법형성은 회사법의 영역에서는 특별한 추진력을 발휘하였다. 하지만 이는 회사법의 개정이 어렵기 때문만은 아니고, 회사법의 제도적 기초가 오랜 전통이 아닌 겉으로 드러난 특별규정을 통하여서만 나타났기 때문이다(이 문제점은 특히 1984년 회사법개정이 우리가 회사법을 운용하면서 생겨났던 문제점을 해결하기 위한 것이 아니라, 일본상법의 개정사를 따랐다고 하는 점에서도 알 수 있다). 회사법에 관한 일반이론의 형성 없이 각각의 법을 한데 모아서 상법 제 3 편을 만들었기에 회사법에서의 법형성의 과정은 아주 일부만이 진정한 변경이고, 나머지 대부분의 문제점은 회사법 그 자체가 직접 찾아 내야만 하는 성질의 것이다. 물론 개별적인 문제점에 관하여 격론이 벌어지기도 하지만, 법형성과정에서 회사법학이 미치는 영향은 지대하다. 제 1 차적으로 법형성의 역할을 담당하고 있는 곳은 이러한 어려운 과제를 신중히 용기를 갖고 처리하여야 할 법원이다(특히 대법원). 법원은 법학과 계속해서 대화를 나누어야 하며, 이러한 대화는 이 교과서에서도 계속된다. 이 책의 서두에서 아직 회사법에 관한 구체적인 문제들에 관하여 언급하지도 않았고 또한 법형성의 원칙문제를 다루

지도 않았지만, 이 책은 바로 회사법학의 형성에 기여하는 것을 최대명제로 삼고 있음을 분명히 밝혀 두고자 한다.

(2) 실무에서는 통상의 소송 외에 중재판정이 중대한 역할을 한다. 상사회사의 계약에는 대부분 중재조항을 두고 있는데, 그 내용은 다음과 같다: "법률의 규정에 의하여 통상법원에서 다루어야 할 사건이 아닌 때에는 이 계약에서 발생하는 모든 분쟁은 통상소송에 의하지 아니하고 중재절차를 밟도록 한다." 중재판정에 관하여는 체계적인 판정집을 한국상사중재원에서 발간하고 있기 때문에 회사법관계의 분쟁에 관하여 중재가 갖는 의미가 지대한 만큼 법형성에 있어서도 법원의 판결이 갖는 영향과 견줄 수 있다.

제 4 절 會社法의 比較法的 考察

金星泰, 주식회사에 관한 상법개정안(기관 이후)의 내용검토, 경영법률 제 6 집(1996)/李基秀, 유럽공동체 역내시장에서의 회사법, 월간고시 203(1990. 12)/李基秀, 주식법개정과 기업조직에 대한 비교법적 논의, 경영법률 제 6 집(1995)/鄭燦亨, 상법개정안 중 주식회사의 설립과 주식에 관한 부분, 경영법률 제 6 집(1995)/崔秉珪, 독일의 자유직업종사자를 위한 회사형태로서의 동업회사, 경영법률 제 7 집(1997).

Ⅰ. 會社形態의 比較法的 考察

(1) 사법적 시장경제질서를 갖는 나라에서는 어디에서나 경제적·조직적으로 자본회사에 상응하는 회사형태가 존재한다. 대륙법계국가들은 독일의 이분법을 받아들였는데, 오스트리아와 스위스가 독일과 마찬가지로 자본회사를 주식회사와 유한회사로 구별한다. 프랑스에서는 Société Anonyme(SA)가, 이탈리아에서는 Società per Azioni(SpA)가 주식회사에 상응하는 회사이다. 유한회사에 상응하는 회사는 Societé a Responsabilité Limitée(SARL)와 Società a responsabilità a responsabilità limitata(Srl)이다. 이에 반하여 영미법계에서는 Company(영) 내지 Corporation(미)이라는 통일된 법형태를 기초로 하는데, 이 회사는 1차적으로 공개회사이다. 그러나 여기서도 구성원의 범위가 한정되어 있는 회사를 달리 규율하기 위해서 사회사(private company)

내지 폐회사(close corporation)에 관한 특별규정을 마련하고 있다. 영국에서는 유럽의 법동화(Rechtsangleichung)에 영향을 받아 1980년 회사법(Companies Act)에서 두 가지 법형태를 전보다 더 명백하게 분리하였다.

(2) 어떤 나라에서건 회사를 설립하려면 사원이 일정한 최소한의 내용을 갖춘 정관을 작성해야 한다. 대륙법에서는 하나의 정관에서 사원 사이의 법률관계도 규율하는 데 반하여, 영미법은 외부관계에 관한 중요한 규정이 설정된 기본정관(영 : Memorandum of Association, 미 : Certificate of Incorporation)과 내부관계를 규율하는 보통정관(영 : Articles of Association, 미 : By-Laws)을 구별한다.

(3) 기업의 운영기관은 이원적 감사회체제를 따르느냐, 아니면 일원적 이사회체제를 따르느냐에 따라 큰 영향을 받는다. 감사회는 원래 독일주식법에 고유한 유형이었다. 이탈리아법은 SpA에 대해서는 일반적으로, Srl에 대해서는 원천자본이 일정금액을 넘는 경우에 감사회를 채택하였다. 따라서 현재는 독일의 법상황과 일치한다. 프랑스는 역사적으로 이사회체제를 고수해 왔다. 그러나 1966년의 개정 이후로는 회사가 감사회체제도 채택할 수 있는데, 감사회체제는 아직까지 별로 이용되지 않고 있다.

이에 반하여 영미회사법은 아직까지도 확고하게 이사회체제를 고수하고 있다. 여기서는 주주총회에서 선출된 이사회(영 : board of directors)가 기업을 운영한다. 그러나 실제로는 사내이사(영 : managing or executive directors, 미 : officers or full-time directors)와 사외이사(영 : ordinary, non-executive directors, 미 : outside, part-time directors) 사이에 기능분화가 이루어지고 있다. 이것은 독일의 감사회체제를 제도적으로 규정하지 않으면서도 실제로는 유사하게 운용하고 있다. 기업의 운영은 독일법에서와 유사한 독립성을 갖는 사내이사의 수중에 있는 반면, 정도의 차이는 있지만 사외이사는 영업정책의 감독에 한정된다. 영국에서는 공동결정제의 도입을 둘러싸고 이사회체제가 논의되었다. 산업민주주의 조사위원회(Committee of Inquiry on Industrial Democracy)는 1977년 보고서(Bullock 보고서)에서 다수의견으로 1단계체제(one-tier-system)를 지키기로 결정하였다. 그러나 소수의 전문의견은 2단계, 즉 감사회체제로 바꾸는 데 찬성하였다. 유럽공동체의 제 5 회사법지침(구조지침) 및 유럽주식회사의 규약에 관한 초안은 주식회사에 대해서 감사회체제를 강제하고 있다.

Ⅱ. 各國의 會社法

1. 獨 逸

독일에서는 1843년 프로이센법과 1861년의 독일통일상법전에서 상사회사에 관하여 규정하고 있었다. 1892년에는 유한회사법을 입법하여 유한회사제도를 신설하였고, 그리고 1937년에는 주식법을 제정하여 주식회사와 주식합자회사에 관한 규정을 단행법으로 하였다. 따라서 상법에는 합명회사와 합자회사만이 남게 되었다. 1965년에는 주식법을 개정하여 Konzern에 관한 규정을 신설하였다. 또한 1980년에는 유한회사법을 개정하였고, 1986년에는 유럽공동체의 지침에 따라서 상업장부에 관한 대대적인 개정이 이루어졌는바, 상법 제238조 내지 제339조에서 지침을 국내법으로 수용하였다(이에 관하여는 이기수, "서독 개정상법에서의 계산규정과 공시," 현대상사법의 제문제(이윤영선생 정년기념논문집)(1988), 3쪽 아래 참조). 1990년대에서 2000년대로 넘어오는 과정에서의 독일의 회사법개정은 소규모 주식회사법(1994), 기업영역에서의 통제와 투명성에 관한 법률[KonTraG](1998), 무액면주식법(1998), 기명주식법[NaStraG](2001), 유가증권취득 및 기업인수법(2001), 자본시장육성법 등으로 이어지면서 이루어졌다. 그런데 2000년대 전반에 독일에서는 주식회사 관련 법제에 많은 변화가 있었다. 특히 2004년 많은 입법과 입법논의가 이루어졌다. 종래의 외국투자법과 자본투자회사법(KAGG)을 묶어 통합된 투자법(Investmentgesetz)을 제정하였으며, 회계관계 입법이 이루어졌다. 그 밖에 투자자보호개선법(Anlegerschutzverbesserungsgesetz : AnSVG)이 2004년 7월 1일 독일의회를 통과함으로써 투자자보호를 위하여 유가증권거래법(Wertpapierhandelsgesetz)이 대폭적으로 개정되어 시행되고 있다. 그리고 2002년 7월 19일 투명성 및 공시를 위한 주식법 및 대차대조표법(Bilanzrecht)의 개정을 위한 법률(투명성법 · 공시법 : Transparenz- und Publizitätsgesetz)이 제정되어 회사지배구조모범규준(Corporate Governance Kodex)이 독일주식법 제161조와 관련하여 반법규범화되어 있다("apply or explain rule"). 2005년 독일은 많은 법들을 새로이 제정 · 개정하였다. 기업완전성 및 취소소송 현대화를 위한 법(Umag : Gesetz zur Unternehmensintegrität und Modernisierung des Anfechtungsrechts)이 2005년 7월 입법이 되어 시행되고 있다. 이 법에 의하여 독일에서 경영판단원칙을 수용하였다. 그리고 증권집단소송법(Kapitalanleger-Musterverfahrensgesetz)도 입법이 되어 2005년 11월부터 시행이 되고 있다. 2008년에는 1980년 이래로 큰 개정이 없던 유한회사법(GmbHG)이 대폭적으로 개정되었다(MoMiG법). 또한 2009년 3월 25일 제정된 회계현대화법(Gesetz zur Modernisierung des Bilanzrechts(BilMoG))은 국내회계작성규정을 국제규범에 맞추어 수정하면서도 기업에 따라 회계작성의무를 차등화하여 면제 또는 부과하고 있다. 그 과정에서 규제완화를 달성하고 특히 소규모 기업 및 인적회사에게 혜택이 돌아가게끔 개정하였다. 또한 회계장부 작성시 비용이 저렴하게 발생하도록 하고 하나의 회계장부작성을 통하여 세법상의 목적까지 달성하도록 하고 있다. 그리고 2009년 5월 29일 독일연방하원은 주주권지침을 국내법화하기 위한 법률(Gesetz zur Umsetzung der Aktionärsrechterichtlinie(ARUG))을 의결하였다. 이는 유럽연합의 상장회사에서 주주권리행사에 관한 지침(소위 '주주권지침')(Richtlinie 2007/36/EG)을 독일에서 국내법으로 수용하기 위한 것이다. 동 지침은 상장사에서 주주의 정보를 강화하고 국경을 넘는 주주권행사를 용이하게 하는 데에 목적이 있다. 지침을 국내법으로 입법하면서 동시에 지침에서 언급된 영역에서 독일 주식법을 개정하면서 회사의 부담을 줄여주고 주주의 이익을 위하여 현대화하고 규제완화를 하는 데에도 동 지침의 취지가 있다. 한편 2008년 전후하여 발생한 글로벌 금융위기와 맞물려 독일에서도 이사의 보수를 제한하는 것을 입법적으로 보완하려는 노력을 기울여 왔다. 그 결과 독일연방의회는 2009년 6월 18일 이사보수의 적정성에 관한 법률(VorstAG: Gesetz zur Angemessenheit der Vorstandsvergütung)을 통과시켰다. 동법은 2009년 8월 5일 발효되었다. 동법에서는 여러 규정을 통하여 이사의 보수를 정할 때 앞으로는 지속적인 기업발전을 염두에 두도록 하고 있다. 그리고 기업상황이 악화될 경우에는 이사의 보수를 줄이는 것이 가능하게 되었다(상세는, 최병규, "적정한 이사의 보수를 위한 독일의 법개정과 유럽연합권고," 상사판례연구 제22집 제 3 권(2009), 359쪽 아래 참조).

2. 日 本

일본은 2005년 회사관계법제를 대대적으로 개편하여 새로운 회사법을 탄생시켰다. 이는 회사법제를 선진화하기 위한 일본정부의 노력의 결과이다. 일본 법무성 법제심의회의 회사법부회는 2002년 9월부터 2003년 10월까지 회의를 거쳐 상법 제 2 편 · 유한회사법 · 주식회사감사 등에 관한 상법특례에 관한 법률(상법특례법)을 회사법제의 현대화에 관한 요강시안으로 정리하여 2004년 12월 8일 회사법제의 현대화에 관한 요강안을 결정하여 2005년 3월 22일 국회에 제출하였다(홍진희, "일본회사법의 현대화," 법조 제590호(2005), 173쪽). 이 법안은 2005년 6월 29일 국회를 통과하였고, 2005년 7월 26일 법률 제86호로 공고되었다. 2005년 개편은 회사법제의 현대화를 추구하였다. 조직면에 있어서는 기존의 상법 제2편(회사편)·유한회사법·상법특례법 등의 각 법률에 산재하여 있던 규정들을 하나의 법전인 회사법에 통합하였다. 이러한 신회사법은 기존 내용에 대해 형식과 실질 양면에서 대대적 개정을 단행한 것이다. 그 개편의 범위는 회사법 전체에 미치고 있으며, 내용적으로도 획기적인 것이 많아 그 이전의 일본 회사법제를 완전히 탈바꿈하였다고 평가할 수 있다(권종호, "일본 신회사법의 특징과 시사점," 상장협 제54호(2006), 52쪽 참조).

(1) 會社形態의 多樣化 일본의 경우 회사법개혁 이전에는 합명회사·합자회사·유한회사·주식회사의 4가지 유형의 회사가 인정되고 있었다. 종래 주식회사의 경우 주식양도제한이 있는가 여부에 따라 양도제한회사와 양도비제한회사로 분류되었었으며, 상법특례법상의 규정에 의하여 대회사·중회사·소회사로 구분되었었다. 그리고 동 특례법상의 대회사는 설치되는 기관에 의해 감사(회) 설치회사와 위원회 등 설치회사로 분류되고 있었다. 이와 같이 종래 일본의 회사제도는 다양화되어 있었으며, 회사형태간 실무적 불일치가 지적되고 있어 개선이 요구되던 상황이었다.

이러한 기존의 회사들 가운데 유한회사제도를 폐지하고 신회사법상 주식회사제도로 유지하게 하면서 유한회사법의 규율의 실제상황이 유지될 수 있도록 주식양도제한 주식회사형태로 하는 특칙을 두고 있다. 그리고 합동회사를 창설하였다. 신회사법시행 이후 설립되는 회사는 전부 '주식회사'라는 문자를 사용하여야만 한다. 기존의 상법특례법과 유한회사법은 신회사법에 흡수되어 사라지게 되었다. 법개편 당시 존재하던 유한회사는 새로이 시행된 회사법 하에서는 신설될 수 없지만 경과조치에 의해 기존에 유한회사에 인정된 제도를 유지하는 데 문제 없이 대응할 수 있도록 하였으며, 기존의 유한회사가 새로운 주식회사로 이행할 수 있도록 경과조치를 두고 있다(양만식, "최근 일본회사법의 개정동향," 기업법연구 제19권 제3호(2005), 59쪽). 회사법개편으로 종래의 주식양도제한회사와 유한회사는 양도제한회사로 정리되게 되었다.

(2) 機關構成의 유연화 신회사법의 특징 가운데 하나는 주식회사의 기관구성의 유연화에서 찾을 수 있다. 주식회사의 유형으로 기존의 유한회사에 해당하는 회사를 새로이 인정하고, 법률의 적용에 있어서도 정관자치를 대폭적으로 확대하였다. 기관구성에서는 주주총회와 이사만으로 구성된 회사를 주식회사의 기본형으로 하여 구성하고 있다. 주식회사를 공개회사와 비공개회사로 나누면 비공개회사의 쪽이 선택의 폭이 넓으며, 각각에 있어서는

중소회사의 쪽이 선택의 폭이 넓고 대회사는 좁다.

회사법상 모든 주식회사는 주주총회와 이사를 두어야 하지만, 주식회사 기관구성의 유연화를 위하여 이사회, 감사·감사회, 회계참여, 회계감사인 또는 3위원회(지명위원회·감사위원회·보수위원회)를 임의로 설치할 수 있도록 하였다. 공개회사의 경우, 이사회를 설치하는 경우에는 감사(감사회 포함) 또는 3위원회 중 하나는 설치하여야 하지만, 감사와 3위원회를 동시에 설치할 수는 없고, 이사회를 설치하지 않은 경우에는 감사회 및 3위원회를 설치할 수 없다. 비공개회사(주식양도제한회사) 이외의 주식회사에는 이사회를 설치하여야 한다. 회계감사인을 설치할 때에는 감사(감사회 포함) 또는 3위원회 등 가운데 하나를 설치하여야 한다. 회계감사인을 설치하지 않은 경우에는 3위원회 등을 설치할 수 없다. 그리고 대회사(공개회사가 아닌 회사 및 위원회설치회사를 제외)에는 감사회 및 회계감사인을 설치하여야 한다. 이러한 변화를 다른 각도에서 살펴보면 공개회사 중 감사회설치회사·위원회설치회사는 이사회의 설치가 필요하다. 이사회설치회사(위원회설치 회사 제외)는 감사의 선임이 필요하지만, 비공개회사로서회계참여설치회사의 경우에는 감사의 선임은 강제가 아니라 임의적이다. 외부감사인설치회사(위원회설치 회사 제외)는 감사의 선임이 필요하며, 위원회설치회사의 경우는 감사는 선임할 수 없되 외부감사인의 선임은 요구된다. 그 밖에 공개회사 가운데 대회사이면서 위원회설치회사 이외의 회사는 감사회 및 외부감사인의 선임이 요구된다(권종호, "일본 신회사법의 특징과 시사점," 상장협 제54호(2006), 61쪽).

일본의 신회사법을 통한 기업지배구조의 개선은 미국식의 제도를 많이 채택한 것으로 볼 수 있다. 그런데 그러한 다양하면서도 상당부분 정관자치를 허용하는 미국식의 지배구조도 기업토질에 맞아야만 소기의 성과를 거둘 수 있다. 그런데 전통적으로 일본기업들은 사내임원중심의 의사결정과 고용을 중시하는 경영체계를 갖고 있으며, 현장과 일체감을 중시하는 면이 있다. 그러한 일본기업들의 기업풍토에 경영감시와 집행을 분리하는 체제는 적합하지 않은 면이 있다. 바람직한 지배구조는 기업이 처한 환경을 정확히 분석하고, 그에 적합한 형태를 마련하는 것이라 할 것이다. 사외이사제도는 일응 환영하여야 하지만, 적절한 사외이사층이 형성되는 것도 전제가 되어야 한다. 인간관계를 중시한다는 동양적 사고방식이 존재한다는 점도 무시할 수는 없다(상세는 이기수, "일본의 회사지배구조에 대한 연구," 경영법률 제18집 제 2 호(2008), 201쪽 아래 참조).

3. 프 랑 스

프랑스에서는 프랑스혁명의 정신에 좇아 1807년에 제정된 상법전 제1

편 제3장에 회사에 관한 규정을 둔 이후 1867년에는 회사설립에 관하여 이전의 면허주의를 준칙주의로 바꾸면서 동시에 주식회사에 관한 규정을 다수 개정하였다.

그 후에도 수 차의 개정이 있었으나 모두 회사법에 관하여 분산된 개별 법률을 개정하는 데 그쳤다. 그러다가 1966년 7월 24일 전문 509개 조의 회사법(Loi n°66~357 du 24 Juillet 1966, sur les sociétés commerciales)이 제정되어 비로소 회사법에 관한 통일법이 성립되었다. 이 법은 1967년 4월 1일부터 시행되었다. 한편 1978년 1월 8일의 법률로 민법전에 규정되어 있는 모든 회사형태에 적용되는 일반원칙이 크게 개정되었다. 그 내용은 모든 회사에 적용되는 총칙규정에 1966년 회사법의 기본원칙을 채용하고, 민법상의 조합과 익명조합에 관한 규정을 둔 것이다.

4. 英 國

영국은 판례법에 의한 불문법국가이기는 하지만, 회사법영역에 있어서는 다수의 성문법을 갖고 있다.

1720년에 Bubble Act가 제정된 이래 오랜 동안 회사설립이 엄격히 통제되다가 19세기 중반 이후 자유방임주의의 영향으로 점차 회사법이 발달하기에 이르렀다. 1844년에는 합작주식회사법과 여러 개의 단행법이 제정되었는데 이 법률들은 1862년 회사법으로 통합되었으며, 그 후의 법령과 함께 1948년의 회사법으로 다시 통합되었다. 이 1948년 회사법은 5차에 걸쳐 개정되었으며, 특히 1980년과 1981년에는 유럽경제공동체에 가입하면서 다른 회원국들의 회사법과 조화시키기 위한 개정이 있었다. 1985년에는 다시 회사법 및 3개의 부수법률로 통합되었다.

그 이후의 개정 가운데 대표적인 것이 Companies Act 2006이다. 이는 영국에서 효율적인 회사법제를 마련하여 국제적인 경쟁력을 확보하려는 것이었다. 이에 동 개정회사법은 구체적으로 다음과 같은 목표를 가지고 있다: ① 주주의 참여와 장기투자문화의 강화, ② 소규모회사에 적절한 규제, ③ 회사설립 및 운영의 간편화, ④ 유연한 회사법제의 마련(심영, "영국 상사법의 개별입법화 동향," 기업법연구 제23권 제4호(2009), 20쪽). 2006년 영국 회사법의 편제는 다음과 같다: ① 설립 및 상호에 관한 사항(제1편~제7편), ② 사원(주주) 및 임원(경영진)에 관한 사항(제8편~제12편), ③ 회사의 의사결정에 관한 사항(제13편, 제14편), ④ 임원에 대한 통제장치에 관한 사항(제15편, 제16편), ⑤ 자본 및 회계에 관한 사항(제17편~제25편), ⑥ 회사의 구조조정, 합병 및 분할, 인수합병에 관한 사항(제26편~제28편), ⑦ 회사에 대한 규제에 관한 사항(제29편~제32편)

(상세는 전국경제인연합회, 주요국 회사법(2009), 140쪽 아래 참조).

5. 美　國

엄격하게 이야기하자면 미국의 회사법은 없다. 왜냐하면 미국에서의 회사법에 관한 입법권은 각 주가 갖고 있지 미연방정부가 갖고 있는 것이 아니기 때문이다. 따라서 회사법에 관하여는 수많은 주법이 있을 뿐이다. 그래서 통일주법전국위원회의(National Conference of Commissioners on Uniform State Laws : NCCUSL)에서 단일한 통일법(uniform law)을 만들어서 이를 각 주에서 채택함으로써 (일부분의 개정도 가능함) 법의 통일화를 기하고 있다. 이 방법에 의하여 가장 성공한 법통일화가 상거래와 유가증권법 분야에 관한 통일상법전(Uniform Commercial Code : UCC)이다.

인적회사에 관하여는 1914년에 통일합명회사법이 통일주법전국위원회의에 의하여 제안되어 지금은 루이지애나주를 제외하고 모든 주에서 적용되고 있다. 그동안 2번의 개정이 있었고 1992년 6월 1일에 수정통일합명회사법초안이 NCCUSL에 의하여 제출되어 몇 차례의 수정을 가한 후 현재는 1993년 10월 14일의 개정안으로 아직 확정되지 않고 있다. 합자회사에 관하여는 NCCUSL이 통일합자회사법(Uniform Limited Partnership Act)을 제안하였고, 1976년에는 이를 고친 수정통일합자회사법이 1988년에 많은 부분 개정을 거쳐 신법으로 제안되어 있다. 1989년 3월 현재로 35개 주가 수정통일합자회사법을, 15개 주가 통일합자회사법을 적용하고 있다.

이에 반하여 자본회사법과 관련하여서는 통일주법전국위원회의에 의한 통일법이 마련되어 있지 않다. 그 가장 중요한 이유는 각 주가 서로 자기 주에서 자본회사가 신설되도록 유치하는 데 경쟁이 심하기 때문이다. 첫째는 주의 세수입과 등록비 등의 직접수입이고, 둘째는 이들 설립된 회사의 계속적인 투자를 희망하는 간접적인 수입 때문이다. 하지만 미국변호사협회(American Bar Association : ABA)가 모범사업회사법(Model Business Corporation Act : M. B. C. A.)을 모델법으로 제정하여 많은 주가 일부의 수정을 가하여서 채택하고 있다. 1984년에 1946년 법을 대폭 개정한 수정모범사업회사법(Revised M. B. C. A.)이 제출되어 많은 주가 이를 채택하고 있다. 유한회사와 관련하여서는 1981년에 ABA에 의하여 모범유한회사법수정안이 마련되었으나 아직 확정되지 못하고 계속 수정되고 있다.

그 밖에 연방법으로 제정된 것 중 회사관계 법률로 중요한 것은 증권법(1933)·증권거래법(1934)·공공지주회사법(1935)·투자회사법(1940) 등이 있다.

6. 유럽共同體域內市場에서의 會社法

(1) 序 論 통일된 유럽공동체역내시장에서 하나의 준거법을 선택함에 있어서 방해가 되는 것은 첫째는 각 나라의 회사법이 서로 다르다는 점이고, 둘째는 회사법상의 조직형태가 각 나라의 법질서에 얽매여 있다는 점이다. 법이 서로 다름으로 인하여 투자조건이 불명확하고 위험의 예측가능성이 희박하다. 그리고 조직형태가 각 나라에 따라 제한되어 있다는 것은 기업이 유럽공동체전역에 걸쳐 하나의 회사로 결합하는 데 방해가 된다. 따라서 유럽공동체역내시장의 필요에 따라 유럽공동체가 회사법의 통일을 염두에 둔 것은 당연한 일이다.

유럽공동체의 회사법과 관련한 활동은 첫째로 회원국의 회사법의 동화를 통하여 회원국법의 차이점을 제거하는 데 지향되어 있다. 여기에서는 각 나라 회사의 국제적 활동에 반대되는 국제회사법(Internationales Gesellschaftsrecht)상의 일정한 문제점의 해결도 문제가 된다. 끝으로 유럽공동체는 통일법(Einheitsrecht)의 제정에 의한 공동체전역에 걸친 초국가적 회사형태(Supranationale Gesellschaftsform)의 형성을 위하여 노력하고 있다.

(2) 法의 同化

A. 法的 根據 유럽경제공동체조약의 목적을 실현하기 위한, 특히 공동체 내에서 국내시장과 유사한 상황을 형성하기 위한 중요한 수단의 하나로서 유럽경제공동체조약 제 3 조 h호는 이미 “역내국법규정의 동화”(Angleichung der innerstaatlichen Rechtsvorschriften)를 들고 있다. 회사법이 우선적으로 고려되는 동화의 재료에 속한다는 것은 유럽경제공동체조약의 조문에서 명시적 또는 묵시적으로 드러난다. ‘지점설치의 자유’(Niederlassungsfreiheit)를 실현한다는 관점에선 유럽경제공동체조약 제54조 제 3 항 g호는 “각 공동체구성국에서 사원 및 제 3 자의 이익을 위하여 경제공동체조약 제58조 제 2 항의 회사에 관해 규정된 보호규정은 바로 이 규정들을 동질적으로 만들기 위하여 필요한 한도 내에서 조화시킬” 의무를 유럽공동체의 기관에 부여하고 있다.

여기서 유럽경제공동체조약 제58조 제 2 항의 회사란 특히 민법 및 상법상의 회사이다. 이러한 구체적인 법동화요청 이외에 유럽경제공동체조약은 각 나라 회사법의 또 다른 통일가능성을 제공하는 일반조항을 갖고 있다. 이와 관련해서는 "공동체역내시장의 설치 또는 기능에 직접적으로 영향을 미치는 공동체구성국의 법규정의 동화"를 규정하고 있는 유럽경제공동체조약 제100조가 가장 중요하다.

조약 제100조의 중요한 적용대상이 되는 법에는 회사법도 포함된다. '공동체역내시장에서 경쟁조건을 조작하고, 그럼으로써 왜곡시키는' 법의 상위를 제거할 것을 수권하는 규정을 포함하는 조약 제101조 내지 제102조는 이런 한도 내에서는 그 중요성이 덜하다. 그러한 정도로 공동체역내시장의 기능을 직접적으로 해치는 효과는 일반적으로 회사법규정에 근거하고 있지 않다.

국제회사법상의 특별한 문제, 즉 외국회사의 인정, 외국으로의 소재지이전 및 회사의 국제적 합병 등은 조약 제220조에서 '필요한 한도 내에서' 공동체구성국간의 특별한 국제법상의 협약에 의한 규율에 유보되어 있다.

끝으로 조약 제235조에 포함된 포괄적 수권은 회사법에 관해서도 중요한 의미를 갖는데, 이 규정에 의하면 공동체의 기관은 공동체성내시장에서 공동체의 목적을 실현하기 위하여 필요한 한도 내에서 앞에서 언급된 특별수권의 범위를 넘어서 활동할 수 있다. 유럽공동체는 이 법적 근거를 주로 다음과 같은 목적, 즉 각 나라 회사법의 동화 이외에 초국가적 회사형태를 위한 공동체전역에 걸치는 통일법을 만들 목적으로 이용하였다.

B. 同化의 手段

(i) 동화의 법적 수단으로서 유럽경제공동체조약은 원칙으로 지침(Richtlinie)을 규정하고 있다. 지침은 바로 법의 동화에 특별히 적합한 공동체법의 입법행위형태이다. 조약 제189조 제 3 항에 의하여 지침은 규율목적과 관련하여 공동체구성국에 대하여 구속력을 갖는다. 이 때 구체적으로 어떤 형태, 어떤 입법수단으로 이 규율목적을 국내법으로 전환시킬 것인가 하는 것은 각 공동체구성국에 맡겨져 있다. 즉 지침은 형식을 갖춘 통일법을 만드는 것이 아니라, 오히려 이 지침에 근거하여 각 나라의 법질서가 그러한 규정들이 효과에 있어서 실질적으로 동화되도록 변경된다. 즉 일정한 회사법적 소재의 동화는 각 공동체구성국이 지침에 상응하는 국가입법행위를 함으로써 비로소 종결된다. 독일에서는 현존하는 회사에 관한 법률(HGB · GmbHG · AktG 등)이 변경되기 위해서는 일반적으로 법률을 필요로 한다.

(ii) 조약 제235조에 근거하여 명령(Verordnung)의 수단으로도 가능하다. 이 명령은 조약 제189조 제 2 항에 의하여 구속력을 갖고, 모든 공동체구

성국에 일반적·직접적으로 적용된다. 따라서 이 명령은 법률로서의 성격을 가지며, 국내입법자에 의한 법률로의 전환을 필요로 하지 않는다. 이러한 입법수단은 특히 초국가적 회사형태를 위한 유럽통일법을 만드는 데 활용된다.

(iii) 마지막으로 조약 제220조는 동 조약의 수권이 공동체기관의 활동에 충분하지 않은 경우, 국제법상의 협정의 이용도 규정하고 있다.

C. **同化프로그램** 유럽공동체의 지금까지의 회사법상의 동화프로그램은 무엇보다도 주식법을 대상으로 하고 있고, 부분적으로는 유한회사법과 주식합자회사에 관한 법도 포함하고 있다. 개별적으로는 다음의 소재가 동화의 대상으로 되어 있다.

· 상법상의 공시(제1 및 제11지침)
· 설 립(제2 및 제12지침)
· 회사의 무효(제1지침)
· 회사의 구조(제5지침)
· 회사기관의 권한과 의무(제5지침)
· 회사자본의 유지와 변경(제2지침)
· 계산규정(제4 및 제7지침)
· 검사인의 자격(제8지침)을 포함하여 연도결산서의 검사(제4, 제5 및 제7지침)
· 결산서공시(제1, 제4 및 제11지침)
· 매수청구에 의한 기업취득(제13지침)
· 합 병(제3지침)
· 분 할(제6지침)
· 콘체른법(제9지침)
· 1인회사(제12지침)

지침은 예컨대 검사인의 자격(제8지침)과 기업적 공동결정(제5지침)을 규율함으로써 부분적으로는 회사법의 좁은 범위를 벗어난다.

그 밖에 회사법과 기업법에 있어서의 법동화노력은 근로자의 권리를 확정하는 지침, 증권거래소와 투자회사에 관한 자본시장법상의 지침, 은행에 관한 특별지침 및 세법상의 지침에 의하여 보충된다.

법동화프로그램은 회사의 상호인정문제와 국제적 합병문제를 국제법상의 협정에 의하여 해결하려는 시도와 명령의 형식으로 유럽주식회사(Europäische

Aktiengesellschaft) 내지 유럽경제이익단체(Europäische Wirtschaftliche Interes- senvereinigung : EWIV)의 형태를 띤 공동체전역에 걸치는 법형태를 만들려는 시도에 의하여 보충된다. 그러나 이러한 윤곽을 갖는 법동화프로그램은 아직까지는 실질적으로 일부만 실현되었다.

D. **同化를 위한 指針** 유럽경제공동체조약 제54조 제 3 항 g호에 근거하여 이제까지 다음과 같은 지침이 공동체기관에 의하여 제안되었고, 그 중 일부가 공포되어 공동체구성국에 의하여 이미 실현되었다.

(i) 公示指針(Publizitätsrichtlinie) 1968년 3월 9일 유럽공동체이사회(Rat der EG)는 공시, 기관의 대표권 및 회사의 무효에 관한 제 1 지침(68/151/EWG)을 공포하였다. 독일에서 이 지침의 법으로의 전환은 1969년 8월 15일의 법률(BGBl I 1969, 1146) 및 1969년 7월 23일의 명령(BGBl I 1969, 1152)에 의하여 이루어졌다. 이 지침을 통해 그 밖의 모든 공동체구성국에서도 회사기관의 무제한적이고 제한불가능한 대표권이라는 원칙을 객관적으로 도입하였다. 이 지침은 또한 국내법에 의하여 회사의 무효를 가져오는 원인을 제한하였다.

(ii) 資本指針(Kapitalrichtlinie) 1976년 12월 13일 유럽공동체이사회는 주식회사의 설립 및 자본의 유지 · 변경을 위한 규정에 관한 제 2 지침(77/91/EWG)을 공포하였다. 독일에서의 법으로의 전환은 1978년 12월 13일의 법률(BGBl I 1978, 1959)에 의하여 이루어졌다. 이 지침은 주식회사에만 적용되며, 설립 및 정관내용의 문제를 규율한다. 그러나 이 규정의 본질적 부분은 회사의 자본에 관한 것이다. 이 지침은 확정적 최저자본이라는 유럽대륙적 관념을 공동체전역에 결쳐 적용하게 하였다. 최저자본은 25,000 유럽통화단위로 확정되어 있다. 그 밖의 규정은 자본보호를 위한 것이다. 이 규정은 자본조달 및 사후적 재산취득, 이익배당, 손실 또는 자기주식취득에 의한 자본의 위험에 관한 것이다. 이 지침은 또한 자본의 증가와 감소에 관하여도 규정하고 있다.

(iii) 合併指針(Fusionsrichtlinie) 1978년 10월 9일 유럽공동체이사회는 주식회사의 합병에 관한 제 3 지침(78/855/EWG)을 공포하였다. 독일에서의 법으로의 전환은 1982년 10월 25일의 법률(BGBl I 1982, 1425)에 의하여 이루어졌다. 이 지침은 전적으로 주식회사에만 관련되고 공동체구성국 내에서의 합병 및 합병과 유사한 일정조치만을 규율한다(국내적 합병). 이 지침은 이제 모든 구성국가에서 회사의 합병(소멸회사 주주에게 존속 또는 신설회사의 주식을 교부하고, 전자가 후자에게 자신의 전재산을 양도하고, 자신은 청산절차를 거치지 않고 해산)이 법률상 가능하도록 보장하며, 흡수합병뿐만 아니라 신설합병도 규정하고 있다. 이 지

침은 또한 합병의 요건·실행 및 법률효과도 상세하게 규정하고 있다.

(iv) 貸借對照表指針(Bilanzrichtlinie) 1978년 7월 25일 유럽공동체이사회는 자본회사의 연도결산서에 관한 제 4 지침(78/660/EWG)을 공포하였다. 이 지침의 몇몇 규정은 제 7 지침에 의하여 새로 규정되었다. 1984년 11월 27일의 변경지침(84/569/EWG)은 대차대조표지침이 적용되는 회사의 규모의 차이에 관하여 중요한 유럽통화단위로 산정되는 금액을 인상하였다. 1988년 10월 24일 유럽공동체위원회(Kommission der EG)는 또 다른 변경지침을 위한 제안을 제출하였다. 독일에서는 1985년 12월 19일의 법률—"대차대조표법"—(BGBl 1985, 2355)에 의하여 제 4 지침을 법으로 전환하였다.

이 지침은 모든 자본회사에 적용된다. 이 지침의 목적에 따르면 본래는 그 인적 책임사원이 자본회사뿐인 인적회사(특히 유한합자회사)도 포함되도록 되어 있었다. 그러나 독일은 그러한 회사는 지침에서 말하는 자본회사로 볼 수 없다는 입장에서 이를 반대하였다. 이러한 흠결을 보충하기 위하여 유럽공동체위원회는 1986년 5월 5일 제 4 지침의 적용범위를 그러한 회사에까지 확장시킬 것을 목적으로 하는 지침을 위한 새로운 제안(1987년 8월 8일 변경)을 제출하였다. 그 밖에 이 지침은 신용기관과 보험회사를 그 적용범위에서 제외한다. 그런 한도 내에서 유럽공동체이사회는 1986년 12월 8일 은행 및 기타 금융기관의 연도결산서와 확정결산서에 관한 특별지침(86/635/EWG)을 공포하였다.

이 지침은 개별결산서만을 규율하고 콘체른결산서는 제 7 지침에 유보한다. 제 4 지침은 연도결산서의 구성부분을 확정한다(대차대조표·손익계산서·그 부속서). 뿐만 아니라 이 지침은 계산서류의 작성원칙 및 대차대조표, 손익계산서, 그 부속서와 상태보고서의 구성과 내용을 규율한다. 이 지침은 또한 연도결산서의 검사와 공개에 관한 규정을 포함한다.

이 지침의 규정은 규모에 따라 차이가 있다. 대규모 회사만이 이 지침의 규정에 무제한 구속되고, 중소규모의 회사에 대해서는 특히 계산서류의 범위, 검사 및 공시에 관하여 규정을 완화하고 있다. 1988년 10월 24일 제출된 지침을 위한 새로운 제안은 중소규모의 회사에 대하여 규정을 더욱 완화하기 위한 것이다. 상이한 규모를 결정하는 기준치는 대차대조표총액, 순매상고 및 종업원수에 따라 결정된다.

(v) 構造指針(Strukturrichtlinie) 1983년 8월 19일 유럽공동체위원회는 이사회에 주식회사의 구조에 관한 제 5 지침의 새로운 제안을 제출하였

다. 이 제안은 계속 심의중에 있다. 이 지침은 주식회사에만 적용된다. 이 지침은 주식회사의 기관구조를 규정하고 운영·감독기관 및 주주총회에 관한 규정을 포함한다. 이 지침은 모든 공동체구성국가가 — 회사의 운영에 관하여 일원적 체계(단일한 경영기관)가 적용되는 국가도 — 국내법상 이원적 체계(운영기관과 감독기관)가 임의적으로 가능하도록 하는 규정을 도입하고 있다. 이 지침은 기관의 권한·의무 및 구성에 관하여 자세히 규정한다. 이러한 맥락에서 무엇보다도 근로자대표의 공동결정문제가 논의의 중점이다. 이를 위하여 이 지침은 여러 가지 공동결정모델을 제시한다. 이 지침은 연도결산서의 확정과 검사 및 결산검사인의 독립성보장에 관한 규정도 포함하고 있다.

(vi) 分割指針(Spaltungsrichtlinie) 1982년 12월 17일 유럽공동체이사회는 주식회사의 분할에 관한 제 6 지침을 공포하였다. 이 지침은 국내법상 회사의 분할이라는 법제도를 인정하는 공동체구성국만을 대상으로 하고 있다. 따라서 독일에서는 현재 이 지침을 법으로 전환하는 것이 고려되지 않고 있다. 이 지침은 전적으로 주식회사에 관한 것이다. 이 지침은 주식회사의 분할절차를 두 가지 중에서 선택할 수 있도록 규정하고 있다. 한 회사가 자신의 재산을 다수의 현존하는 회사 또는 다수의 신설회사로 양도할 수 있다. 두 경우에 재산양도는 '이익을 얻는' 회사의 주식을 분할되는 회사의 주주에게 부여하는 것을 대가로 하여 이루어진다. 분할되는 회사는 원칙상 청산절차를 거치지 않고 해산된다. 이 지침의 본질적 목적은 제 3 지침이 합병에 관하여 규정하고 있는 주주와 채권자보호를 회사의 분할에 있어서도 — 이것이 국내법상 가능한 한 — 보장하는 데 있다.

(vii) 콘체른計算指針(Konzernrechnungsrichtlinie) 1983년 6월 13일 유럽공동체이사회는 확정결산서에 관한 제 7 지침을 공포하였다. 1988년 10월 24일 위원회에 의하여 제안된 제 4 지침의 변경을 위한 지침은 중소규모 기업에의 적용에 관하여 이 지침을 위한 변경도 포함한다. 신용기관과 보험은 제 7 지침의 적용에서 제외된다. 이에 관해서는 1986년 12월 8일 유럽공동체이사회에 의하여 공포된 은행 및 기타 금융기관의 연도결산서와 확정결산서에 관한 특별지침(86/635/EWG)이 적용된다. 독일에서는 1985년 12월 19일의 법률인 대차대조표법(BGBl I 1985, 2355)에 의하여 제 7 지침의 법으로의 전환이 함께 이루어졌다. 이 지침은 제 4 지침을 보충하고, 계산서류가 결합기업에서도 회사의 재산·재정 및 수익상태의 타당한 모습을 보여 주도록 하는 임무를 갖는다. 이러한 목

적을 위하여 이 지침은 결합기업에 그 연도결산서를 확정할 의무를 부과한다. 확정결산서는 검사의무의 대상이 되며, 또한 공시되어야 한다. 확정의무를 부과하기 위한 기준은 콘체른구성요건이 아니라, 모회사와 자회사 사이에 존재해야 하는 이 지침에 열거적으로 정의되어 있는 지배구성요건이다. 공동체구성국은 확정의무의 또 다른 구성요건을 설정할 수 있다. 이 지침은 그 법형태와 상관 없이 모든 모회사를 포함한다. 그러나 이 지침은 자본회사에의 제한을 허용한다. 따라서 여기에서도 — 제 4 지침에서와 마찬가지로 — 특히 유한합자회사의 불포함문제가 제기된다. 대차대조표지침에서 언급된 1986년 5월 5일 위원회의 변경제안(1987년 8월 8일 변경)은 제 7 지침에 관해서도 적용범위를 그에 상응하게 확장시키려고 한다.

(viii) 檢査人資格指針(Prüferbefähigungsrichtlinie) 1984년 4월 10일 유럽공동체이사회는 결산검사인의 자격에 관한 제 8 지침을 공포하였다. 독일에서의 법으로의 전환은 1985년 12월 19일의 법률인 대차대조표법(BGBl I 1985, 2355)에 의하여 함께 이루어졌다. 제 8 지침은 제 4 및 제 7 지침에 규정되어 있는 의무검사를 모든 공동체구성국에서 동일하게 만들기 위하여 결산검사인에 관하여 적용되는 자격요건을 규정한다. 결산검사인의 교육, 시험요건, 주의의무 및 독립성에 관하여 규정하고 있다. 자격 있는 검사인은 일반대중이 접할 수 있는 목록에 기재되어야 한다.

(ix) 콘체른指針(Konzernrichtlinie) 오래 전부터 유럽공동체위원회는 결합기업에 관하여 적용되는 규정의 동화를 위한 초안작성작업을 하고 있다. 조약 제54조 제 3 항 g호에 근거한 콘체른법의 동화를 위한 지침의 첫 번째 예비초안이 크나큰 비판에 부딪혀서 공포되지 못한 이후에 위원회는 1984년 조약 제54조 제 3 항 g호에 근거한 기업간의 결합에 관한, 특히 콘체른에 관한 제 9 지침을 위한 수정된 제안을 제출하였다. 이 제안에 대하여는 다수의 구성국이 크게 반대하고 있어 공포될 가능성이 희박하다. 이 지침을 위한 제안은 주식법분야에서의 기업결합에 관련된다. 이 규정의 핵심적 구성부분은 한편으로는 법률상 독립된 다수의 기업을 통일적 지휘 하에 결합시키는 것을 가능하게 만들고, 다른 한편으로는 이에 대한 보상으로서 '자유로운' 주주와 종속회사의 채권자를 위하여 필수적인 보장(주주를 위한 배상 내지 배상지급과 채권자를 위한 지배기업의 직접책임)을 규정하는 콘체른조직이다. 이 지침은 한편으로는 독일법에서 발전된 계약상의 콘체른이라는 관념을 받아들인다. 종속회사의 기업이익을 콘체른이익에

종속시키는 것은 지배계약의 근거 하에서만 허용된다. 다른 한편 이 지침은 사실상의 콘체른을 다루고, 여기에서는 자회사의 보호에 중점을 둔다. 제안된 보호규정은 자회사가 경제적인 이익에 따라 자신의 고유한 이익을 추구하고 상부의 콘체른이익에 구속되지 않는 것을 보장하기 위한 것이다. 무엇보다도 종속성보고와 유사한 특별보고의무 및 침해적 영향력행사에 대한 책임이 이 목적에 기여한다.

(x) 國際的 合併指針(Internationale Fusionsrichtlinie) 1985년 1월 14일 유럽공동체위원회는 국제적 합병에 관한 지침을 위한 제안을 제출하였다. 이로써 위원회는 이제 이런 한도 내에서 조약 제220조에 따라 국제적 합병과 관련된 문제의 해결을 위하여 공동체구성국간의 국제법상의 협정의 체결이 예정되어 있었음에도 불구하고 공동체권한도 요구한다. 이 지침을 위한 제안은 전적으로 주식회사만을 규율한다. 이 제안은 제 3 지침에서의 실체법적 합병규정에 기초를 두고 있고, 국제적 합병의 경우에 부가적으로 제기되는 회사법상의 문제에 집중되어 있다. 이 문제의 해결은 일부는 저촉법상의 규범에서 적용될 공동체구성국의 국내법에의 지시에서, 일부는 통일적인 실질규범에 의하여 모색된다. 그러나 이 지침을 위한 제안은 공동체구성국에서 적용되는 공동결정법상의 규정의 차이로 인하여 국제적 합병에 지장을 주는 방해를 제거할 수 없다. 이런 한도 내에서 제 5 지침의 공포가 기대된다.

(xi) 支店에 관한 公示指針(Publizitätsrichtlinie für Zweigniederlassungen) 1986년 7월 29일 유럽공동체위원회는 이사회에 지점의 상법상의 공시에 관한 제11지침을 위한 변경된 제안을 1988년 3월 28일에 제출하였다. 이 지침을 위한 제안은 다른 공동체구성국에서 지점을 통하여 활동하는 회사를 자회사를 통하여 활동하는 회사와 동일시하기 위하여 자본회사에 관한 공시지침(제 1 지침)과 대차대조표지침(제 4 및 제 7 지침)에 규정되어 있는 공시의무를 지점에까지 확대시키는 것을 목적으로 한다.

(xii) 1人會社指針(Einpersonengesellschaftsrichtlinie) 1989년 12월 20일 유럽공동체이사회는 1인회사에 관한 제12지침을 의결하였다. 이 지침은 강행적으로 유한회사만을 규율한다. 그러나 이 지침의 규정은 공동체구성국에서 주식회사도 1인회사로서 허용되는 한 주식회사에 대해서도 적용되게 되어 있다. 이 지침은 유한회사에 대하여 모든 공동체구성국에서 강행적으로 1인회사의 허용성, 특히 1인회사의 설립도 인정하고 있다.

이러한 1인회사에 대한 지분은 기명식이어야 한다. 1인사원이 법인이라면 자회사는 일정한 제한을 받는다. 특히 자회사는 또다시 다른 회사의 1인사원이 될 수 없다. 이 지침의 적용범위는 제4지침에서 말하는 중소규모의 기업에 제한될 수 있다.

(xiii) 買受申請에 관한 指針(Richtlinie über Übernahmeangebote)

1988년에 위원회는 매수신청에 관한 제13지침을 위한 제안을 제출하였다. 이 지침초안은 주식회사와 주식합자회사의 법형태를 포함하지만, 그 주식이 증권거래소에 상장되어 있는 대차대조표지침에서 말하는 대규모 회사에만 적용된다. 이 지침초안의 목적은 한편으로는 매수신청시에 투자자에게 정보에 입각하여 심사숙고하여 결정할 수 있게 하는 것이고, 다른 한편으로는 모든 투자자의 평등취급을 보장하기 위한 것이다. 따라서 이 지침은 신청자를 위한 정보제공의무를 부과하는 규정을 갖고 있다. 다른 한편 어떤 회사의 주식을 3분의 1 이상 취득하고자 하는 신청자는 모두 주식의 취득을 위한 공개적 매수신청을 할 의무를 갖는다.

E. 國際會社法上의 協定(International-gesellschaftsrechtliches Übereinkommen)

(i) 會社와 法人의 상호인정에 관한 協定 1968년 2월 29일 공동체구성국은 "회사와 법인의 상호인정에 관한 협정"에 서명하였다. 1971년 6월 3일의 의정서는 유럽공동체법원에 의한 통일적 해석을 보장하기 위한 것이다. 독일은 1972년 5월 18일의 법률(BGBl II 1972, 369)에 의하여 협정에, 그리고 1972년 8월 14일의 법률(BGBl LL 1972, 857)에 의하여 의정서에 동의하였다. 기업의 공동체전역에 걸친 활동을 위하여 어떤 공동체구성국에서 유효하게 설립된 회사는 다른 공동체구성국에서도 인정되는 것이 필요하다. 이 협정은 국제회사법에서 주소주의와 설립주의의 대립으로 인하여 발생하는 인정문제를 타협에 의하여 해결하려고 시도한다. 이 협정은 그 출발점에 있어서는 설립주의를 따르지만, 넓은 범위에 걸쳐서 주소법에 따른 유보도 가능하게 한다. 그러나 무엇보다도 설립주의를 따르는 공동체구성국의 동의가 없기 때문에 이 협정은 아직 발효되지 않고 있다. 이 협정이 언제 발효될 수 있을지는 의문이다.

(ii) 株式會社의 國際的 合併에 관한 協定 1972년에 한 연구집단에 의하여 국제적 합병에 관한 협정의 초안이 제출되었다. 그 동안 위원회가 제10지침을 통한 법동화의 방법으로 이 문제를 해결하려는 시도를 한 이래로 이 초안은 현실성을 상실하였다.

(3) 統 一 法

A. 유럽經濟利益團體(Europäische Wirtschaftliche Interessenvereinigung : EWIV) 1985년 7월 25일 유럽공동체이사회는 '유럽경제이익단체'의 형성에 관한 유럽경제공동체명령 제2137/85호를 공포하였다. 이 명령은 1985년 8월 3일에 발효되었다. 이에 관하여 독일에서는 1988년 4월 14일의 시행법(BGBl I 1988, 514)이 공포되었다. 유럽경제이익단체의 설립은 1989년 7월 1일부터 가능하게 되었다. 유럽경제이익단체는 최초의 유럽회사형태로서 기업 및 자유직업을 포함한 기타의 영업자에게 국제적 협력을 위한 법적 테두리를 제공할 목적으로 만들어졌다. 이 명령은 회사형태의 구조를 유럽전역에 걸쳐 통일적으로 결정하는 일련의 규정을 포함하고 있으나, 수많은 개별적 규정에 관해서는 공동체구성국의 국내법에 따르게 하고 있다. 현재 이 제도는 텔레비전광고회사에서부터 법무법인에 이르기까지 광범위하게 사용되고 있으며, 그 설립과 소멸은 유럽연합의 공적 장부에 공시된다(EWIV 명령 제11조).

B. 유럽株式會社

(i) 槪　要　2001년 유럽주식회사에 대한 명령과 지침이 유럽연합위원회를 통과하였다. 즉 유럽연합위원회는 오랜 동안의 논의의 결과로서 2001년 10월 8일 유럽주식회사(Societas Europaea : SE)법을 통과시킨 것이다. 이는 2001년 11월 10일 EU관보(Amtsblatt der EU)에 공표되었다. 그로써 30년 동안 진행된 유럽주식회사법을 위한 전쟁이 종료되었다. 회원국들은 2004년 10월 8일까지 이를 국내법화하여야 하였다. 이는 유럽연합(공동체)의 입법방식으로서의 명령(Verordnung)과 지침(Richtlinie)의 형태로 이루어졌는데, 지침에서는 특히 타협이 어려웠던 공동결정의 문제를 담고 있다. 명령과 지침은 확정적으로 정하여졌지만, 유럽의회의 절차상 배제로 인하여 일응 절차적인 문제점은 남아 있었다(Hirte, "Die Europäische Aktiengesell-schaft," 경영법률 제12집(2001), 21쪽).

동 명령에 의하면 유럽주식회사는 의무적으로 국제적인 관련성이 있어야 한다. 가령 내국회사를 조직변경에 의하여 유럽주식회사를 설립할 경우에도 그 주식회사가 타회원국에 있는 자회사에 최소한 2년 동안 자본참가를 하고 있어야 한다(동명령 제2조 제4항). 한편 유럽주식회사의 최저자본금은 12만 유로(EURO)이며, 일정한 국제적 관련을 가질 경우 기존 회사를 지주회사나 합병의 형태로 유럽주식회사로 전환할 수 있다. 유럽주식회사는 주주총회를 가진다(동명령 제38조 a). 그런데 회사의 업무집행기관에 대해서는 독일식의 이원적 형태와 영미식의 일원적 이사회형태 가운데 선택할 수 있게 하였다(동명령 제38조 b)). 이는 프랑스주식법이 이미 도입한 제도이지만, 이원적 제도만을 인정하는 독일의 입장에서 보면 이례적인 것이다.

유럽주식회사법이 성립하는 데 있어서 시간이 수십 년이나 걸린 데에는 특히 공동결정의 문제가 해결이 안 되었기 때문이다. 공동결정에 대해서는 근로자대표특별위원회와 기관간의 합의에 의한 방식을 우선시하며, 합의가 안 될 경우 대체적인 방안을 규정하고 있다. 그런데 이러한 방식은 독일에게 불리하다고 평가하고 있다.

(ii) 設 立 유럽주식회사의 설립은 명령 제2조에 의하여 네 가지 방법에 의하여 가능하다. 특징은 종래에는 국경을 넘어서는 통일된 기업결합법제가 없었는데, 유럽주식회사명령은 그러한 규정들을 보충할 길을 열어 놓고 있다는 점에 있다. 유럽주식회사의 설립방법은 다음과 같다.

㈎ 유럽공동체회원국의 국내법에 따라 설립되었고 본점소재지나 영업소가 공동체 내에 있을 때, 그러한 주식회사들이 합병을 통하여 유럽주식회사를 설립할 수 있다.

㈏ 유럽공동체회원국의 국내법에 따라 설립되었고, 그 본점소재지나 영업소가 공동체 내에 있는 주식회사나 유한회사들은 지주회사의 형태로 유럽주식회사를 설립할 수 있다. 이 경우에는 지주회사의 설립에 참여하는 회사 중 적어도 2개 이상의 회사는 공동체 내에 서로 다른 회원국법의 적용을 받고 있어야 한다. 또는 지주회사의 설립에 참여하는 회사 중 적어도 2개 이상의 회사가 2년 이상 다른 회원국법의 적용을 받는 자회사를 갖고 있거나 다른 회원국에 지점을 두고 있어야 한다(명령 제32조 내지 제34조).

㈐ 유럽공동체회원국의 국내법에 따라 설립되었고, 그 본점소재지나 영업소가 공동체 내에 있는 명령 제48조 제2항상의 회사나 공사법상의 법인들은 주식인수를 통하여 그들의 자회사의 형태로 유럽주식회사를 설립할 수 있다(명령 제2조 제3항).

㈑ 유럽공동체의 국내법에 따라 설립되었고, 그 본점소재지나 영업소가 공동체 내에 있는 주식회사가 유럽주식회사의 형태로 조직변경을 꾀할 수 있다(명령 제2조 제4항).

명령 제2조 제5항에 의하면 주된 영업소를 유럽공동체 내에 두지 않은 회사도 예외적으로 유럽주식회사를 설립하는 데 참여할 가능성을 각 회원국에게 유보할 수 있도록 되어 있다. 위의 유럽주식회사 설립방법의 공통적인 것은 최소한 2년 이상 공동체 내의 다른 국가와 관련을 가져야 한다는 점에 있다. 이 점이 순수하게 국내법에 의하여 설립된 회사와 유럽주식회사를 구별시키고 있다.

(iii) 株主總會　　모든 유럽주식회사는 주주총회를 갖는다(명령 제38조 a). 주주총회는 명령이나 지침에서 명시적으로 지정한 사항 또는 소속국법이나 소속국법에 의하여 허용된 정관상의 권한사항에 대해 의결한다(명령 제30조, 제52조). 그 결과 주주총회와 이사회 간 권한분배에 관하여 통일적인 규정은 존재하지 않는다. 주주총회의 성원 및 의사진행은 유럽주식회사 소속국의 국내법에 의한다(명령 제53조). 그 결과 주주총회의 소집, 그에 대한 참여, 의결권의 대리행사, 의사진행 및 의사록의 공증 등은 각 국가의 국내법에 일임된다. 다만, 유럽법적으로 규정된 것은 최소한 1년에 1회, 그리고 매 영업연도종료 후 6개월 내에 주주총회가 소집되어야 한다는 점이다(명령 제54조 제 1 항). 더 나아가 유럽법적 추가규정상 의결권의 10% 이상을 소유한 소수주주도 주주총회소집청구권(명령 제55조 제 1 항)과 의안상정권(명령 제56조 제 1 항)을 갖는다. 의결정족수는 행사된 의결권의 과반수이며(명령 제57조), 여기에 기권표는 산입되지 않는다(명령 제58조)(김정호, "유럽주식회사," 현대상사법논집(강희갑교수 화갑기념논문집)(2001), 75쪽).

(iv) 法人理事　　유럽차원에서 우리나라의 2003년 10월 4일의 간접투자자자산운용업법에서처럼 법인이사를 유럽주식회사에 대해 인정하고 있으며, 이에 대하여 많은 논의가 이루어지고 있다. 즉 유럽주식회사 도입을 위한 명령은 입법자로 하여금 법인이 회사운영을 담당하는 것을 허용하였다. 동명령 제47조 제 1 항에 의하면 국내법이 달리 규정하지 않는 한 법인이 이사가 될 수 있다. 독일의 경우 그에 반하는 규정이 이사의 경우 독일주식법 제76조 제 3 항 제 1 문이며, 유럽주식회사 도입법 제27조 제 3 항에서 이사회(Verwaltungsrat)와 관련하여 두고 있는 규정이다. 그런데 타유럽법에서는 법인이 회사를 경영하는 데 문제가 없다. 프랑스·영국 및 네덜란드는 자본회사법에서도 법인에 의한 회사경영을 허용한다. 마찬가지로 유럽주식회사논의 초안에서도 그를 허용한다.

(v) 評價 및 展望　　유럽주식회사 지배구조와 관련하여 유럽주식회사 발기인들이 이원주의적 지배구조 또는 일원주의적 지배구조를 정관에서 정할 수 있다. 그리고 한번 선택한 지배구조를 정관변경을 통하여 다시 바꿀

수 있다. 어느 회원국이 다른 지배구조를 규정하는 규정을 두고 있지 않으면, 유럽주식회사 명령은 회원국들로 하여금 관련규정을 제정할 수 있도록 하고 있다. 유럽주식회사 설립과 관련하여서는 다국적원칙이 적용된다. 그럼에도 불구하고 유럽주식회사에 관한 명령을 들여다 보면, 실제로는 많은 부분 가맹국의 회사법에 의존하는 형태를 취하고 있는 실정이다(김성호, "유럽주식회사(SE)의 회사법적 구조에 관한 고찰," 경영법률 제18집 제 3 호(2008), 36쪽). 유럽주식회사를 설립하기 위하여는 서로 다른 유럽연합회원국에 등기된 2개 이상의 회사가 참여하여야 한다. 그 방법은 합병 또는 지주회사 설립의 방법, 공동으로 자회사를 설립하는 방법이 있다. 유럽연합 내의 A국에서 유럽주식회사를 설립하고자 하는 경우, 다른 회원국 내에 등기되어 있는 회사 또는 유럽주식회사의 설립시점의 2년 전부터 A국에 자회사 또는 지점을 둔 다른 회원국에 등기된 회사는 A국에서 유럽주식회사 설립에 참여할 수 있다. 또한 원칙적으로 개별 회원국에 등기되어 있는 주식회사만이 유럽주식회사 설립에 참여할 수 있다. 공동으로 유럽주식회사-자회사를 설립하는 경우를 제외하고는 유럽연합 내에서 회사의 신설립, 즉 발기설립이나 모집설립에 의한 회사의 설립가능성을 포함하고 있지 않다. 그리하여 국적이 유럽연합회원국이 아닌 국가의 기업은 새로운 회사로 유럽주식회사를 설립하는 방법은 존재하지 않는다(정성숙, "유럽주식회사(societas europaea)에 관한 연구," 상사법연구 제26권 제 3 호(2007), 137쪽). 한편 종래 우리 나라에서는 법인이사를 부정하는 것이 다수의 견해이었다. 그런데 외국의 예, 특히 독일의 자본합자회사를 보거나 경영계약유형을 보면 법인에 의한 경영의 필요성이 있음을 알 수 있다. 이는 유럽주식회사에 대해서도 마찬가지이다. 따라서 장기적으로 볼 때 법인이 기관이 되는 것을 부정적으로 보는 시각은 타당하지 않다고 본다. 이제는 우리도 법인에 의한 경영이 자본회사법에서 허용되어야 하는 것으로 평가하여야 한다. 그로써 회사법에 탄력성부여 측면에서 진일보가 이루어질 것이다. IMF 사태 이후 우리가 미국법을 수용한 점이라든지, 그를 떠나서도 전세계적으로 보거나, 특히 유럽내부에서도 법규범의 우수성 내지 타국법에의 자국법의 채택을 위한 경쟁이 이루어지고 있다. 그 점에서 법인에 의한 경영도 장점이 있으며, 따라서 그 도입을 긍정적으로 평가하여야 한다.

한편 유럽주식회사는 설립주체로서 유럽국가적 구성요건을 요구하고 있다. 따라서 한국의 입장에서는 현지법인설립이라는 방법을 통해서 유럽주식회사 설립에 참여하는 것이 고려되어진다. 앞으로 유럽주식회사 명령과 그를 구체화한 유럽연합회원국의 국내법을 통하여 유럽주식회사 설립의 폭이 확대될 수 있을 경우, 유럽의 법동화노력은 새로운 국면으로 전개되는 것이다.

Ⅲ. 韓國의 會社法

1. 依用商法

의용상법의 기초가 된 것은 일본 신상법이다. 이것은 1899년 2월 9일에 공포되고 동년 6월 16일부터 시행되었고, 제 2 편이 회사에 관한 것이었다. 일본 신상법은 1911년에 회사법을 중심으로 200여 개 조문의 개정이 있었고, 1938년에는 일본 유한회사법이 제정되어서 1940년 1월 1일부터 시행되었다. 이들이 우리 상법이 제정 · 시행되기(1963년 1월 1일) 전까지 효력을 가진 의용상법이었다.

2. 1962년 制定商法

우리나라 최초의 회사법은 1962년의 상법(1962. 1. 20, 법 제1000호) 제 3 편 회사에 관한 규정이라 할 수 있다. 의용상법에서는 유한회사가 따로 독립된 유한회사법에 의하여 규율되고 있었으나 제정상법에서는 이를 제 3 편 제 5 장으로 편입시키고, 반면에 의용상법에 있던 주식합자회사를 폐지하였다. 따라서 제정상법에서는 주식회사 · 유한회사 · 합명회사 · 합자회사의 4가지 종류의 회사만이 규율되고 있다. 그 밖에 의용상법은 독일상법을 모법으로 한 것이므로 대륙법계에 속한 데 반하여, 제정상법에서는 수권자본제의 채택 등 영미법계의 제도를 일부 수용하고 있다.

제정상법에서 의용상법과 비교하여 현저하게 달라진 것을 주식회사분야에서 몇 가지만 살펴보면 다음과 같다.

(1) 授權資本制度의 채택　　의용상법은 주식회사의 설립시에 확정자본주의를 취하여 발행주식총수의 인수를 요하고 있으므로, 회사설립에 장시일을 요하는 등 단점을 가지고 있었다. 이에 대하여 제정상법은 설립시에는 발행할 주식총수의 인수는 필요치 않고 발행주식총수의 2분의 1 이상만 발행하면 되며(제289조 제 2 항) 설립 후 자기자본조달의 필요성이 생긴 경우에 이사회결의로 신주를 발행할 수 있게 하였다(제416조). 또 회사설립시에 발행하는 주식에 대하여 의용상법은 분할납입주의를 취하였으나, 제정상법은 수권자본제의 채택과 더불어 전액납입주의를 취하였다(제295조, 제305조).

(2) 株金額의 最低限度의 인상　　1주의 최저금액이 의용상법에서는 50환이어서 현실에 맞지 않았으므로 제정상법에서는 업계의 실태를 조사하여

가장 일반적으로 발행하는 주금액을 표준으로 하여 이를 5,000환(화폐개혁 후 500원) 이상으로 하였다(제329조 제 3 항).

(3) 償還株式 · 轉換株式制度의 채택 미국상법을 계수채택한 상환주식제도란 회사가 일정한 요건 하에 그 이익으로서 소각할 수 있는 주식을 말한다. 또 제정상법에서는 주주의 모집을 용이하게 하고, 회사금융의 원활을 도모하기 위하여 신주발행시뿐만 아니라 회사설립시에도 전환주식을 발행할 수 있게 하고 있다.

(4) 會社의 機關 기관과 관련하여서는 우선 그 명칭을 바꾸었다. 종래의 취체역을 이사로, 감사역을 감사로 하였다. 그리고 의용상법상 편의상의 기관에 지나지 않았던 취체역회(이사회)를 회사의 필요 · 상설기관으로 하는 동시에 이에 대하여 강력한 권한을 부여하였다. 그리고 의용상법에 비하여 주주총회의 권한을 축소하였다.

3. 1984년 改正商法

A. 改正小史 상법시행 후 고도의 경제성장 등으로 영업환경이 바뀌게 됨에 따라 상법에 대한 개정의 필요성이 대두되었다. 이에 1981년 7월 검사로 구성된 전담연구반을 편성하여 1981년 내의 개정을 목표로 각계의 의견과 건의, 선진제국의 입법례와 운영실태 등을 수집하고 분석하였다. 1981년 7월 30일 한국상사법학회는 법무부 등의 후원 하에 "상법개정문제에 관한 심포지엄"을 개최하여 공개토론방식으로 상법개정상의 문제점을 검토하였다.

1981년 12월 11일에는 개정상법의 중요성을 깨닫고 민법 · 상법개정특별심의위원회규정을 대통령령 제10643호로 만들어 제정 · 공포하게 하였다. 동 위원회는 법무부차관을 당연직위원장으로 하여 교수 · 법관 · 검사 · 유관기관 및 경제단체관계자 등 48명의 위원으로 구성되며, 24명의 위원으로 상법분과위원회를 구성하여 상법개정작업을 분담하되 편의상 5인 소위원회를 구성하여 기초작업을 하도록 하였다.

1982년 6월 14일 제 1 차로 개정시안을 작성하여 이를 105개의 유관기관에 의견조회를 하였으며, 1982년 9월에 위의 의견조회결과 나타난 문제점을 다시 심의하여 최종안을 마련하였다. 이 최종안에는 각계의 의견이 많이 반영되어 있는데, 주식회사의 최저자본을 2천만 원에서 5천만 원으로 늘린 것은 그 한 예이다.

1982년 12월 9일에 위 최종안은 법무부장관의 승인으로 법무부안으로 확정되고, 다시 대법원 · 재무부 · 상공부 등 관계기관과의 최종협의를 마친 다음, 국무회의의 의결을 거쳐 대통령의 최종재가로 정부안으로 확정되었다.

1982년 12월 30일 정부에서 확정한 "상법중개정법률안"을 국회에 제출하고, 1984년 1월 31일에 국회법제사법위원회는 공청회를 열었으며, 대체로 정부원안에 찬성하였다. 다만, 주식의 상호보유의 규제, 감사의 자격, 주식양도성의 제한 등에 관하여 새로이 추가하자는 의견이 있어 찬반양론이 대립되었다.

1984년 2월 28일에 제121회 임시국회에서 상법중개정법률안이 본격적으로 심의되어 주식의 상호보유규제조항이 추가되었고, 1984년 3월 16일에 국회법제사법위원회의 축조심의와 의결을 거친 후 1984년 3월 17일에 국회본회의의 의결을 거쳐 확정되었다. 1984년 개정의 대상이 된 것은 상법의 총칙편 · 상행위편 · 회사편이었으나, 그 가운데 회사편의 개정이 위주가 되었다. 이 개정법은 1984년 9월 1일부터 시행되었다.

B. 改正主要內容 1984년의 개정 가운데 회사법분야개정의 기본목적은 회사자금조달의 원활화, 투자자 등 회사이해관계자의 보호강화, 주식회사 운영의 효율화, 주식회사제도의 남용방지 기타 불합리하고 비현실적인 규정의 정비 등을 통하여 건전한 주식회사의 육성 · 발전에 이바지하려는 데에 있었다. 이러한 내용을 좀더 구체적으로 살펴보면 다음과 같다.

(i) 會社資金調達의 圓滑化 수권자본과 발행자본의 비율을 2 : 1에서 4 : 1로 확대하고, 사채발행한도를 '자본과 준비금의 총액의 2배'로 확대하여 자금조달의 탄력성을 증대시켰다. 준비금의 자본전입권, 전환사채의 발행권 등 자금조달권을 이사회에 부여하여 자금조달의 기동성을 살렸다. 또 신종사채인 신주인수권부사채를 새로이 인정하는 등 자금조달의 기능을 다양화하였다.

(ii) 投資者 등 利害關係人保護 상장법인에 한하여 인정되는 명의개서대리인제도와 주권불소지제도를 모든 주식회사에 적용할 수 있도록 일반화하였다. 또 주권발행 전 주식양도의 효력을 인정하고, 주주의 신주인수권을 양도할 수 있게 함으로써 주주의 권익을 강화하였다.

(iii) 株式會社運營의 效率化 회계감사권만 가지고 있던 감사에게 업무감사권을 부여하고, 그 임기도 1년에서 2년으로 연장하는 등 감사의 지

위를 제도적으로 보장하여 회사의 자주적 감사기능을 강화하였다. 또 이사회의 권한을 명확히 하고, 그 결의요건을 완화하는 등 회사환경변화에 대응해서 이사회가 수시로 능동적인 의사결정을 할 수 있게 하였다.

(iv) 株式會社制度의 濫用防止 주식회사의 최저자본을 5천만 원으로 법정하되 3년간의 경과기간을 두어 기존 회사를 보호하기 위한 조치도 두었다. 또 최후의 등기를 한 후 5년을 경과한 회사에 대하여는 일정한 절차를 거쳐 해산된 것으로 간주하여 휴면회사를 정리할 수 있게 하였다.

4. 1995년 改正商法

A. 改正小史 상법 회사편에 대하여 다음과 같은 개정의 필요성이 발생하게 되었다. 첫째, 1984년 개정 당시 제출된 개정안 가운데 토의의 결과 차기개정으로 미루기로 한 것(예컨대 주식양도의 제한)이 있었다. 둘째, 1984년 개정 이후 그간의 경제사정과 기업환경의 변화에 따라서 기존 법제도를 고쳐야 할 것이 발생하게 되었다(예컨대 제288조, 제298조, 제350조). 셋째, 상법의 규정을 폐지할 필요성이 발생한 것이 있고, 또 그와는 반대로 새로운 규정의 신설이 필요한 사항도 발생하였다.

이러한 필요성에 의하여 법무부는 1984년 상법개정작업의 연속으로서 상법에 대한 제 3 차 개정안을 마련하기 위하여 1990년 4월 8일 상법개정특별분과위원회를 구성하였다. 이 위원회의 위원들은 상법 제 1 편(총칙), 제 2 편(상행위)과 제 3 편(회사)의 개정 이외에 1991년 상법개정의 후속조치로서의 특별법인 유류오염손해배상보장법안 및 항공운송계약법안의 작성을 위한 위원을 포함한 것이어서 3개 실무위원회(회사편 · 유류오염법 및 항공운송법)를 구성하였으나 유류법안 및 항공법안의 작성이 완료됨에 따라 위원의 수를 대폭 감축하였고, 회사편을 중심으로 한 상법개정특별분과위원회를 재구성하여 개정작업을 계속하였다.

시안의 작성과 심의토의를 위하여 위원전원이 빈번한 토의를 계속하기 어려운 사정을 고려하고, 또 개정작업의 효율화를 위하여 위원 가운데 다시 실무위원회를 구성하였다. 위원회의 운영과 개정작업은 법무부 법무실의 주관 하에 진행되었다.

실무위원회가 먼저 기업 · 금융 기타 각계의 개정의견을 개별적으로 수렴하여 총칙편 · 상행위편 및 회사편의 순서로 조문별 개정요강시안을 작성하였다. 그러나 그 중에는 기존 법의 해석으로 충분하여 개정을 요하지 않는 사항이 있었는가 하면, 새로이 문제를 야기시킬 것으로 보이는 개정주장 등도 있어서 그 전부를 전체회의에 회부할 수는 없었다. 그리하여 실무위에서 그와 같이 문제가 있는 사항들을 제외한 시안을 다시 작성하여 전체회의에 회부하여 심의의 대상으로 하였다.

실무위원회에서는 시안에 대한 각계로부터의 의견을 다시 정리하여 조문별로 검토하여 조문안으로 작성한 것을 전체회의에 회부하여 심의하였다. 이를 다시 실무위원회에서 정리하여 개정안을 작성하였다. 실무위원회에서의 토의과정에서는 의견의 차이가 있는 사항이 적지 않았는데, 이 때에는 대체로 다수의견에 따라서 안을 작성하였다.

1994년 5월 25일에는 상법개정공청회를 열고, 개정안에 대한 설명과 참석자의 의견을 개진할 기회를 마련하였다. 이 공청회에서의 의견과 한국상사법학회의 상법개정문제세미나에서의 주제발표 및 토론의 내용을 그 후의 개정안작성에 부분적으로 참고하였다. 개정안의 작성에 이르기까지 위원회의 회의는 실무위원회가 20회, 전체회의가 6회 개최되었다.

이와 같이 마련된 정부안은 1995년 정기국회에 상정이 되었고, 1995년 11월 28일 국회 법사위에서 의결이 되어 곧바로 본회의에 부쳐 1995년 11월 30일 국회 본회의를 통과하였다. 국회에서의 논의과정에서 주식회사의 발기인수를 3인으로 하는 등 일부 수정이 있었다. 이 개정법은 1996년 10월 1일부터 시행되었다(부칙 제1조).

B. 改正의 主要內容 1995년 개정법은 회사 · 주주 · 일반투자자 · 채권자 등의 이익보호 및 형평을 이루려는 것들로서 주요 골자는 아래와 같다.

(i) 사회 · 경제적 여건변화에 따라 상관습을 입법하고, WTO 체제에 대비하여 국제화를 꾀한 것으로 상호가등기제도를 신설하고, 문서의 작성방법으로 기명날인 이외에 서명을 인정하고, 정관의 필요적 기재사항과 등기사항을 간소화하였다.

(ii) 시장의 본래의 기능을 적절 · 원활하게 수행하도록 회사설립의 편의를 도모한 것으로는 발기인수의 축소, 현물출자자의 자격제한 삭제, 현물출자시 감정인의 감정으로 검사인의 조사에 갈음하게 하였다.

(iii) 주주총회의 소집절차상 일정기간 송달불능인 주주들에 대한 소집통지를 생략하고, 의사정족수를 삭제하였다.

(iv) 회사의 운영을 원활히 하기 위하여 탄력성과 신축성을 부여하고자 주식양도에 제한을 가할 수 있도록 하고, 주식매수청구권제도의 도입, 주주명부폐쇄기간중의 전환청구의 허용, 주식의 상호보유규제에 관한 보완, 무의결

권우선주에 대한 최저배당률의 정관기재 의무화, 이사의 경업 등의 승인을 이사회의 결의사항으로 변경하고, 감사의 임기를 연장하였으며, 수권자본제도의 탄력적 운영, 주권불소지제도의 보완 및 주주총회결의 무효확인판결의 소급효를 인정하였다.

(v) 회사의 회계처리를 기업회계기준에 맞게 조정하고, 아울러 주주들의 이익을 도모하고자 개업비 · 연구개발비를 이연자산항목에 추가하고, 재무제표 제출기간의 단축, 준비금의 자본전입 등의 경우 이익배당의 기산일정비, 주식배당제도의 보완 및 배당금지급시기를 단축하였다(김교창, "상법개정시안 중 회사편의 개정요지," 법무부주최 공청회발표자료 참조).

5. 1998년 改正商法

A. 改正 背景 및 經過 1997년 말 이후로 급박한 경제적 위기상태가 발생하였고, IMF · IBRD 등 국제금융기구의 긴급금융지원까지 받아야만 하는 상황이 전개되었다. 이러한 변화는 우리 경제가 안고 있는 많은 문제점을 노정시켰다. 이들 문제점을 해결하기 위하여 여러 가지 노력이 행하여지는 가운데 기업관계법의 영역에서는 기업의 투명성제고와 기업구조의 선진화 및 기업의 구조조정이 요구되었다. 그리하여 특히 회사법의 손질이 필요하게 되어 상법 중 회사편에 대한 개정작업을 추진하게 되었다. 그 밖에 증권거래법 · 주식회사의 외부감사에 관한 법률 · 독점규제 및 공정거래에 관한 법률 · 외국인투자 및 외자도입에 관한 법률 · 회사정리법 · 파산법 · 화의법 등도 1997년 말과 1998년 상반기에 걸쳐 여러 차례 개정되었으며, 은행법 · 금융감독기구의 설치 등에 관한 법률 · 금융산업의 구조개선에 관한 법률 등이 제정 또는 개정되었다.

1997년 말을 전후한 경제위기에 대응하는 과정에서 원활하고 합리적인 경제구조개편의 필요성이 제기되었다. 이에 따라 기업의 구조조정을 제도적으로 지원하고, 자본조달의 편의를 제공하며, 기업경영에 대한 감사제도와 기업경영자의 책임을 강화하고, 기업경영의 투명성을 보장함으로써 건전한 기업발전을 도모하고, 궁극적으로는 기업의 국제경쟁력을 제고한다는 취지에서 상법개정안을 마련하였다. 즉 1997년 말 이후 계속된 경제위기에 대응함과 아울러 원활하고 합리적인 경제구조개편의 필요성이 제기됨에 따라 회사합병절차의 간소화와 회사의 분할제도의 도입 등을 통하여 기업의 구조조정을 제도적으로 지원하고, 주식최저액면액의 인하, 소수주주권의 강화 및 집중투표제도의 도입 등을 통하여 기업경영에 대한 감시제도와 기업경영자의 책임을 강화하고, 기업경영의 투명성을 보장함으로써 건전한 기업발전을 도모하고, 궁극적으로 한국기업의 국제경쟁력을 제고하려는 취지에서 법개정요강안을 마련하게 되었다.

이러한 개정요강안에 대하여 1998년 4월 1일 개정공청회를 개최하였으며, 그 후 입법예고하였다. 상법중개정법률안은 1998년 7월 7일 정부로부터 국회에 제출되어 1998년 8월 17일 법제사법위원회에 회부되어 12월 2일 수정하여 의결하였다. 이렇게 하여 수정된 상법중개정법률안은 1998년 12월 2일 국회를 통과하여 1998년 12월 28일 공포되어 이 날부터 시행되고 있다(부칙 제1조). 다만, 제382조의 2의 개정규정은 공포 후 6월이 경과한 날부터 시행한다.

B. 改正의 主要內容

(i) 會社合併節次의 간소화 기업의 구조조정 및 인수·합병의 활성화를 지원하기 위하여 소규모 합병(존속회사가 합병으로 인하여 발생하는 신주의 총수가 그 회사의 발행주식총수의 100분의 5 이하인 합병)의 경우에는 주주총회절차를 생략할 수 있도록 하고, 회사합병시 채권자의 이의제출기간을 2월에서 1월로 단축하였다(제232조 및 제527조의 3 등).

(ii) 株式最低額面額 引下 및 株式分割制度 導入 회사합병준비단계에서 주가차를 조절하고 고가주의 유통성을 회복시키기 위하여 주식분할제도를 도입하며, 주식분할을 자유롭게 하고 신주발행시 기업자금조달의 편의를 돕기 위하여 1주의 최저액면금액을 종전의 5천 원에서 100원으로 인하하였다(제329조 및 제329조의 2).

(iii) 株主提案制度의 신설 주주의 적극적인 경영참여와 경영감시를 강화하기 위하여 발행주식총수의 100분의 3 이상의 주식을 보유한 주주에게 주주총회의 목적사항(의제 또는 의안)을 이사회에 제안할 수 있는 권한을 부여하였다(제363조의 2).

(iv) 集中投票制度의 도입 소수주주의 이익을 대표하는 이사의 선임이 가능하도록 하기 위하여 2인 이상 이사의 선임시 의결권 있는 발행주식총수의 100분의 3 이상의 주식을 보유한 주주의 청구가 있는 경우에는 1주마다 선임할 이사의 수만큼의 의결권을 갖도록 하고, 이를 이사후보자 1인에게 집중하여 행사할 수 있는 누적투표의 방법에 의하여 이사를 선임할 수 있도록 하였다(제382조의 2).

(v) 理事의 忠實義務 新設 이사의 책임강화를 통한 건전한 기업

운영을 촉진하기 위하여 이사에게 법령과 정관의 규정에 따라 회사를 위하여 충실히 그 직무를 수행할 의무를 명시적으로 부과하였다(제382조의 3).

(vi) 理事數의 自律化 소규모 중소기업체에까지 3인 이상의 이사를 두도록 의무화한 현행제도의 비현실성을 개선하여 발행주식의 액면총액(자본금)이 5억 원 미만인 회사에 대하여는 1인 또는 2인의 이사를 둘 수 있도록 자율화하였다(제383조).

(vii) 業務執行指示者 등(사실상의 理事)의 責任强化 회사에 대한 영향력을 이용하여 이사의 업무집행을 지시하거나 경영권을 사실상 행사하는 지배주주 등을 이사로 보아 회사 및 제3자에 대하여 이사와 연대배상 책임을 부담하도록 함으로써 주식회사의 건전한 경영을 도모하였다(제401조의 2).

(viii) 少數株主權의 行使要件援和 소수주주권의 강화를 통하여 주주들의 효율적 경영감시를 유도하고, 기업경영의 투명성을 보장하기 위하여 대표소송의 당사자요건을 발행주식 총수의 100분의 5 이상의 주식을 가진 주주에서 100분의 1 이상의 주식을 가진 주주로 하는 등 소수주주권의 행사요건을 완화하였다(제403조 등).

(ix) 中間配當制度의 導入 종전의 영업연도 말 이익배당 외에 영업연도중 1회에 한하여 금전으로 이익배당을 할 수 있도록 하였다(제462조의 3).

(x) 會社分割制度의 導入 개정 전 상법상 회사분할에 대한 규정이 없는 불편을 해소하고, 기업의 구조조정을 지원하기 위하여 주식회사에 한하여 주주총회의결로 회사분할을 할 수 있도록 하되 분할 전 회사의 주주 및 채권자들에 대한 보호장치를 마련하였다(제530조의 2 내지 제530조의 12).

6. 1999년 改正商法

A. 提案理由 국제경쟁시대에 기업의 국제화필요성이 제기됨에 따라 이사회의 기능과 역할을 강화하여 기업경영의 효율성을 제고하고, 감사위원회제도의 도입을 통하여 기업경영의 투명성을 보장하며, 주주총회 및 이사회의 운영방법을 정비하는 등 기업지배구조를 개선함으로써 건전한 기업발전을 도모하고 궁극적으로 우리 기업의 국제경쟁력을 강화하려는 데에 개정의 목적이 있다.

B. 主要骨子

(i) 주식매수선택권제도를 도입하여 주식회사의 이사·감사 또는 피

용자가 회사의 설립·경영과 기술혁신 등에 기여하는 경우에는 미리 정한 가액으로 회사의 주식을 매수할 수 있도록 하였다(제340조의 2 내지 제340조의 55).

(ii) 자기주식의 취득제한을 완화하여 주식매수선택권의 행사에 따라 자기주식을 양도하거나 퇴직하는 이사·감사 또는 피용자의 보유주식을 양수할 목적으로 취득하는 경우에는 발행주식총수의 100분의 10의 범위 안에서 자기주식을 취득할 수 있도록 하였다(제341조의 2).

(iii) 주주총회의 질서유지를 위하여 주주총회장에서 고의로 의사진행을 방해하는 자에 대하여는 발언의 정지 또는 퇴장을 명할 수 있는 질서유지의 권한을 주주총회 의장에게 부여하였다(제366조의 2).

(iv) 주주의결권행사의 편의를 도모하기 위하여 서면에 의한 의결권행사를 허용하고, 이사가 직접 회의에 출석하지 아니하고 동시 통신수단에 의하여 이사회에 참가하는 것을 인정하는 등 주주총회 및 이사회의 운영방법을 개선하였다(제368조의 3 및 제391조 제 2 항).

(v) 이사회 내에 2인 이상의 이사로 구성되는 각종 위원회를 설치하여 이사회로부터 위임받은 권한을 행사할 수 있도록 하였다(제393조의 2).

(vi) 감사위원회제도를 도입하여 회사가 감사 또는 감사위원회를 선택하여 운영할 수 있도록 하고, 감사에 갈음하여 감사위원회를 설치하는 경우에는 3인 이상의 이사로 구성하되 위원 3분의 2 이상의 사외이사가 참여하도록 하며, 감사위원회는 감사의 권한을 행사할 수 있도록 하였다(제415조의 2).

(vii) 기업구조조정의 편의를 위하여 회사를 발행주식총수 100분의 5 이하의 소규모로 분할합병하는 경우에 주주총회의 결의에 갈음하여 이사회의 결의로 이를 분할합병할 수 있도록 분할합병요건을 완화하였다(제530조의 11 제 2 항).

(viii) 유한회사의 경우 소수사원의 대표소송제기요건을 자본총액의 100분의 5에서 100분의 3으로 인하하는 등 소수사원권을 강화하고, 주식회사와 같이 중간배당제도를 도입하는 등 유한회사와 관련된 규정을 정비하였다(제565조·제572조 및 제581조 내지 제583조).

7. 2001년 改正商法(2001. 7. 24. 개정)

A. 改正經緯 상법 중 개정법률안이 국회에 제출된 지 만 6개월이 지난 2001년 6월 28일 국회본회의에서 통과되었다. 2000년 12월 26일 국무회의에서 가결된 정부안이 국회에 제출된 것은 2000년 12월 30일이다. 법사위에 회부된 것은 2001년 1월 3일, 2001년 2월 27일 제 5 차 위원회에 상정하

여 대체토론 후 소위원회에 상정하였다. 제220회 임시국회가 열리자 2001년 4월 19일 제1소위에서 심의하였으나 완료되지 못하였다. 제222회 임시국회가 개원하자 다시 제1소위에서 심사를 계속하여 6월 20일(제1차) 및 6월 27일(제2차)의 두 차례 심사를 거쳐서 의결하였고, 같은 날 이어서 열린 법제사법위원회 전체회의를 통과하여 6월 27일 국회본회의에서 통과되었다. 정부안이 6개월이라는 긴 기간을 거치게 된 것은 사회단체의 청원에 따른 의원입법안이 합류되었기 때문이다. 이러한 상법 중 개정법률은 2001년 7월 24일 공포·시행되었다.

B. 改正의 主要內容

(i) 1人會社의 설립 개정상법은 자본회사의 경우 성립 및 존속요건으로서 복수의 발기인 또는 사원의 존재를 요구하지 않음으로써 1인주식회사와 1인유한회사의 설립을 인정하고 있다(제288조, 제543조, 제609조 제1항 제1호). 국내의 주장을 반영하고 주요 각국의 입법례를 참고한 것이다. 2001년 개정의 가장 중요한 제도인 완전모회사(제360조의 2 아래)의 형성에서 필수적인 요건이라는 점을 간과할 수 없다.

(ii) 株式買受價額의 決定方法 주식매수청구의 경우의 매수가액의 결정방법이 통일되지 못하여 2001년 개정시 정리하였다. 또한 당사자의 합의가 이루어지지 않은 경우에는 바로 법원으로 가도록 하고 있다(제374조의 2 제4항).

(iii) 株主總會의 特別決議에 의한 株式消却 주식소각의 종류로는 자본소각(제343조 제1항 본문)과 이익소각으로 분류되고 후자는 다시 특정주식의 소각인 상환주식(제345조)과 주식일반의 소각인 정관의 규정에 의한 소각(이익소각)(제343조 제1항 단서)으로 2분된다. 이 때 이익소각에 관한 정관규정은 원시정관에 한하지 않으나 정관변경을 하는 때에는 총주주의 동의를 요한다고 보는 것이 통설이었다.

오늘날의 주식회사법의 최대과제의 하나는 회사가 자금이 필요하다면 신주발행이든 사채발행이든 자본조달의 길을 열어 주어야 한다는 점과 또 잉여자금이 생기면 주식소각을 통하여 주식관리의 부담을 줄일 수 있도록 하여야 한다는 것이다. 2001년 개정법은 이러한 업계의 수요를 고려하여 정기주주총회의 특별결의에 의한 이익소각을 규정하게 된 것이다(제343조의 2).

(iv) 株式의 包括的 交換 2001년 개정에서 가장 중요한 부분이 주식교환·주식이전에 의한 완전지주회사관계의 설정이다. 즉 개정법은 회사간의 지배종속관계의 설정에 다음의 두 가지 방법을 규정하고 있다.

(가) A · B 2개 회사 간의 계약(주식의 포괄적 교환계약)에 의하여 한쪽(A)이 완전모회사가 되고, 다른 쪽(B)이 완전자회사가 되는 방법이다. 전자가 완전지배회사, 후자가 완전종속회사가 되는 것이다(제360조의 2 이하). 이것이 주식의 포괄적 교환제도이다.

(나) B라는 하나의 회사가 그 발행주식의 전부를 A라는 모회사(지배회사)의 설립을 위하여 포괄적으로 이전하는 방법이다(제360조의 15 이하). 주식의 포괄적 이전이라는 제도이다.

주식교환은 회사(완전모회사)가 다른 회사(완전자회사)의 발행주식총수와 자기회사의 주식을 교환하는 날에 주식을 교환함으로써 완전자회사의 주식은 완전모회사로 된 회사에 이전되고, 그 완전자회사로 된 회사의 주주는 그 완전모회사로 된 회사가 발행한 신주의 배정을 받아 그 회사의 주주로 되는 것을 말한다(개정상법 제360조의 2).

주식교환제도는 주식이라는 자산이 이미 개개의 주주에게 귀속하여 주주의 고유자산 또는 고유재산으로 되어 있는 것을 회사가 총주주의 동의를 얻지 않고, 주주총회라는 회사결의기관에 의한 다수결에 의해 주식의 현물출자의 강제라는 처분권한의 행사와 같은 관계로 되어 있다는 데에 특징이 있다.

주식교환에는 두 가지가 있는데 그 하나는 기업매수형으로, 이 유형은 통상 행하여지는 우호적인 기업매수를 주식교환에 의해 실시하는 것이다. 두 번째 유형은 자회사의 완전자회사화이다.

(v) 株式의 包括的 移轉 B회사가 총회의 특별결의에 의하여 A회사라는 지주회사를 설립하기로 하고, B회사가 발행한 주식의 총수를 A회사에 포괄적으로 이전하는 방법이다. 그 결과 신설되는 A회사와 기존 B회사 간에 완전모자회사관계가 성립되는 것이다(제360조의 15).

이 경우 B회사의 주주에 대하여는 A회사가 설립시에 발행하는 주식을 배정하므로 주주로서는 B회사의 주식과 A회사의 주식을 바꾸는 것이 되는 점에서 주식교환과 공통되나, 배정받는 주식이 기존 회사의 신주발행에 의한 것(이것이 주식교환의 경우이다)이 아니고 신설되는 A회사의 설립시에 발행하는 주식이라는 점이 다르다. 따라서 주식교환의 경우에는 A회사의 신주발행 대신에 자기주식을 B회사의 주주에게 줄 수 있지만, 주식이전의 경우에는 A회사는 신설되므로 자기주식이라는 것이 없다.

B회사는 A회사라는 완전모회사의 설립계획이 정하여지면 일정한 사항을

기재한 '주식이전계획서'를 작성하여 주주총회의 특별결의에 의한 승인을 얻어야 한다(제360조의 16). 이 계획서에서는 신설될 A회사의 원시정관의 규정이 포함된다. 이 점에서 마치 신설합병의 경우와 같은 모습을 보게 된다. 그러므로 주식이전은 실질적으로는 B회사주식을 현물출자하여 A회사를 설립하는 것과 다를 것이 없으나 법은 현물출자의 형식을 취하지 않는다. 따라서 검사인에 의한 출자의 이행 등의 조사가 필요 없는 것이다.

(vi) 株主總會의 召集通知方法 주주총회의 소집통지는 서면으로 하게 되어 있었으나, 2001년 개정으로 '서면 또는 전자문서'로 하게 되었다(제363조 제1항). 팩스 또는 전자우편(E-Mail) 등으로 하는 통신이 일반화한 사정을 고려한 것이다. 이는 의원입법에 의한 개정사항이다.

(vii) 株主總會의 特別決議事項 개정상법에 의하면 '회사의 영업에 중대한 영향을 미치는 다른 회사의 영업 일부의 양수'는 주주총회의 특별결의를 요한다(제374조 제1항 4호). 제1호의 '영업의 중요한 일부의 양도'는 회사의 운명에 중요한 영향을 미치는 것이라는 점에서 주주의 보호를 위하여 총회의 특별결의사항으로 규정하고 있으나, 개정법 제4호의 다른 회사의 영업의 중요한 일부의 양수도 회사의 영업에 중대한 영향을 미치는 경우에는 제1호와 같은 차원에서 주주의 보호를 기할 필요가 있으므로 총회의 특별결의를 얻도록 한 것이다. 법문상 제1호의 사항보다 요건이 가중된 것으로 되어 있으나 입법취지는 같다고 보아야 한다.

(viii) 理事의 秘密維持義務 개정상법은 제382조의 2를 신설하여 "이사는 재임중뿐만 아니라 퇴임 후에도 직무상 알게 된 회사의 영업상 비밀을 누설하여서는 아니 된다"라고 규정하고 있다. 이사에게 일반적으로 적용되지만, 특히 (사외)이사의 정보접근권(개정법 제393조의 3)과 관련하여 사내정보의 사외유출에서 빚어지는 폐단을 막기 위한 조치이다. 재임중의 의무는 이사의 선관주의의무(제385조 제2항; 민법 제681조)의 해석으로도 가능하지 않은가 하는 면이 있으나, 그렇게 보더라도 이것을 구체화한 점과 퇴임 후의 특별의무를 명문화한 점에서 이 개정의 의의를 찾을 수 있다.

(ix) 理事會의 召集 2001년 개정법은 제390조 제2항을 신설하여 "제1항 단서에 따라 소집권자로 지정되지 아니한 다른 이사는 소집권자인 이사에게 이사회의 소집을 요구할 수 있다. 소집권자인 이사가 정당한 이유 없이 이사회의 소집을 거절하는 경우에는 다른 이사가 이사회를 소집할

수 있다"라는 규정을 두었다. 이것은 대법원의 결정취지(대법원 1975. 2. 13. 선고, 74 마 595 결정)를 명문화하는 것이 타당하다는 청원에 의하여 의원입법사항으로 입법된 것이다.

(x) 理事會와 理事와의 관계

㈎ 理事의 重要情報要求權 개정상법은 제393조에 제 3 항을 신설하여 "이사는 대표이사로 하여금 다른 이사 또는 피용자의 업무에 관하여 이사회에 보고할 것을 요구할 수 있다"라는 규정을 두었다. 주로 사외이사 등의 업무집행사항에 관한 정보의 필요성을 고려한 입법조치이다. 그러나 이에 대해서는 제393조 제 2 항에 의하여 이사회가 이사의 업무집행을 감독할 수 있으며, 이 감독권한에는 업무에 관한 보고요구도 포함되어 있다는 지적이 있다.

㈏ 理事의 報告義務 개정상법은 제393조에 제 4 항을 신설하여 "이사는 3월에 1회 이상 업무의 집행상황을 이사회에 보고"할 것을 요구하고 있다. 제393조 제 2 항에 의한 이사회의 이사업무집행감독기능상 필요에 따른 것이며, 이사에게 요구되는 최소한의 의무이므로 이 밖에 제 3 항의 보고요구에 따라서 수시로 보고하여야 할 경우도 있다.

(xi) 理事에 대한 會社의 訴訟費用求償權 개정상법은 제405조 제 1 항을 수정하여 대표소송에서 주주가 승소한 경우에는 회사에 대하여 소송비용 및 그 밖의 소송으로 인하여 지출한 비용을 청구할 수 있으며(본문), 회사가 소송비용을 지급한 때에는 이사 또는 감사에 대하여 구상권이 있음을 규정하고 있다(단서). 개정 전의 제 1 항은 "소송비용 외의 소송으로 인한 실비액의 범위 내에서 상당한 금액의 지급을 청구할 수 있다"고 되어 있었고 단서가 없었다. 변호사의 보수에 관한 명확한 규정이 없으나 '소송으로 인하여 지출한 비용'에 포함되는 것으로 해석된다. 그러나 단서의 구상권의 대상에는 해당하지 않는다.

(xii) 株主 외의 자에 대한 新株引受權, 轉換社債·新株引受權附社債의 改正의 要件 개정상법은 주주 이외의 자에 대하여 신주인수권, 전환사채·신주인수권부사채의 인수권을 주는 경우에는 그 요건을 강화하여 "신기술의 도입, 재무구조의 개선 등 회사의 경영상 목적을 달성하기 위하여 필요한 경우에 한하여 정관에 정하는 바에 따라" 배정할 수 있다(제418조 제 1 항 단서, 제513조 제 3 항 후단, 제516조의 2 제 4 항 후단). 전환사채의 전환권 또는 신주인수권부사채권자의 신주인수권의 행

사에 의한 회사경영권의 변동 등을 고려한 견제책의 의미를 가지나 회사자본 조달의 길을 좁힌다는 비판도 있다.

(xiii) 合併契約書의 記載事項의 보완

(가) 吸收合併契約書 흡수합병계약서의 기재사항으로서 각 회사가 이익배당 또는 중간배당을 하는 경우의 그 한도액(제523조 제8호) 및 존속회사에 취임할 이사와 감사 또는 감사위원회위원의 성명 등(제9호)이 추가되었다. 제8호는 각 회사가 합병의 효력이 발생하기 이전에 이익배당 또는 중간배당을 하는 경우에는 합병의 조건에 영향을 미치게 되므로 그 한도액을 합병계약서에 기재하여 총회의 승인결의를 얻도록 한 것이다(제522조). 제9호에 관하여는 합병계약서에 새로운 이사·감사 등을 정하지 않으면 어떠할까가 문제된다. 보고총회(제526조)에서 새로운 이사·감사 등을 선임하면 될 것이다. 이 경우 문제는 감사위원회위원의 선임도 총회에서 선임할 것인가 하는 점인데, 제415조의 2 제1항과의 관계에서 두 가지 견해의 주장이 예상되지만 개정법의 취지가 우선적으로 고려되어야 할 것이기에 보고총회에서 선임될 것으로 해석하여야 한다. 그 때까지의 존속회사의 이사와 감사 등은 합병 후 최초의 결산기의 정기총회가 종료하는 때에 퇴임하고(제527조의 4 제1항), 소멸회사의 이사 및 감사 등은 그 지위를 상실한다.

주의하여야 할 점은 감사위원회위원을 합병의 경우에는 합병계약서에 기재하여 총회의 특별결의에 의한 승인을 받아야 한다는 점이며, 이것은 이사회에서 위원을 선임하게 되어 있는 원칙(제415조의 2)에 대한 예외이다. 이 점은 주식의 포괄적 교환 또는 이전에 의한 완전모자회사관계의 형성절차의 경우와 동일하다(제360조의 3 제3항 제9호, 제360조의 16 제1항 제7호).

(나) 新設合併契約書 신설합병계약서의 기재사항으로는 신설회사의 이사와 감사 또는 감사위원회위원의 성명·주민등록번호가 추가되었다(제524조 제6호). 합병당사회사의 이사와 감사 등은 합병계약서에 다른 정함이 없으면 합병 후 최초의 결산기의 정기총회가 종료하는 때에 퇴임한다(제527조의 4 제2항). 한편 신설합병계약서에 이사·감사 등의 정함이 없는 경우에는 어떻게 될 것인지가 문제된다. 창립총회(제527조)를 열게 되어 있으므로 이 총회에서 종전처럼 신설회사의 이사·감사 등을 선임하면 된다. 이 경우에도 감사위원회위원의 선임도 할 수 있는지가 문제되나 앞의 흡수합병의 경우와 같게 보면 된다.

(xiv) 有限會社 1인유한회사의 설립과 존속을 명문으로 인정하고

있다(제609조 제1항).

8. 2001년 改正商法(2001. 12. 29. 개정)

A. **改正理由** 주식회사 및 유한회사의 이사·감사·청산인에 관하여는 그 선임결의무효의 소 등을 제기하면서 직무집행정지·직무대행자 선임가처분을 청구할 수 있고, 그 명령이 발령된 때에는 이를 등기하도록 규정하고 있다. 또한 이사와 청산인의 경우에는 가처분명령에서 정함이 있거나 법원의 허가가 있어야만 통상사무를 벗어난 행위를 할 수 있도록 규정하고 있다. 그에 비하여 합명회사 및 합자회사에 관하여는 명문의 규정이 없으므로 이에 관한 규정을 신설하려는 데에 개정의 취지가 있다.

B. **主要骨子**

(i) 사원의 업무집행을 정지하거나 직무대행자를 선임하는 가처분을 하거나 그 가처분을 변경·취소하는 경우에는 본점 및 지점이 있는 곳의 등기소에서 이를 등기하여야 한다(제183조의 2 신설).

(ii) 제183조의 2의 직무대행자는 가처분명령에 다른 정함이 있는 경우와 법원의 허가를 얻은 경우 외에는 법인의 통상업무에 속하지 아니한 행위를 하지 못한다(제200조의 2 신설).

9. 2009년 改正商法(2009. 1. 30. 개정)

A. **改正理由** 2009년 1월의 상법개정은 자본시장과 금융투자업에 관한법률이 제정(법률 제8635호, 2007. 8. 3. 공포, 2009. 2. 4. 시행)됨에 따라 폐지된 증권거래법의 상장법인의 지배구조에 관한 특례규정을 상법 회사편에 포함시켜 법적용의 계속성을 유지하고, 회사법제의 완결성을 추구하려는 것이었다. 이 개정법은 2009년 2월 4일 시행되었다.

B. **改正의 主要內容**

(i) 理事 등 細分區分登記 개정 전에는 '이사'와 '감사'로 구분하여 등기하던 것을 개정법에서는 이사를 '사내이사, 사외이사 기타 상무에 종사하지 아니하는 이사'로 구분하여 성명과 주민등록번호를 등기하도록 하였다(제317조 제2항 제8호).

(ii) 株主提案 拒否事由 具體化 주주제안에서 부결된 의안이 주주총회에서 의결권의 100분의 10 미만의 찬성밖에 못 얻어 부결된 경우에만 동일한 내용의 의안을 3년 내에 다시 제안하지 못하도록 하였다(제363조의 2 제3항, 상법시행령 제5조).

(iii) 社外理事 槪念定義　구 증권거래법에서 규정하던 '사외이사'에 대한 정의를 상법에서 명시하였다(제382조 제3항).

(iv) 監査委員會 決議事項 理事會再決議禁止　감사위원회 결의에 대하여는 이사회에서 이를 다시 결의할 수 없도록 명문규정을 두었다(제415조의 2 제6항).

(v) 株式買受選擇權　상장회사의 경우 주식매수선택권을 그 회사 외에 관계회사이사 등에게도 부여할 수 있도록 하고, 부여범위도 발행주식총수의 100분의 10 이하에서 100분의 20 이하로 확대하며, 주주총회 결의 없이 이사회결의만으로도 발행주식총수의 100분의 10 이하 범위에서 주식매수선택권을 부여할 수 있도록 하였다(제542조의 3 신설).

(vi) 株主總會召集公告　일정한 지분율 이하의 소수주주에 대하여는 일간신문에 공고하거나 전자적 방법에 의한 공고로 주주총회 소집통지에 갈음할 수 있도록 하였다(제542조의 4 신설).

(vii) 少數株主權　주주총회 소집청구권과 검사인선임청구권을 위한 소수주주의 지분율을 1천분의 30에서 1천분의 15로 낮추는 한편, 상장회사의 주식을 6개월 이상 보유한 자만 행사할 수 있도록 하였다(제542조의 6 신설).

(viii) 集中投票에 관한 特例　대통령령으로 정하는 대규모 상장회사에 대한 집중투표청구권의 행사요건을 완화하는 한편, 집중투표를 도입하거나 배제하려는 경우에는 의결권 없는 주식을 제외한 발행주식총수의 100분의 3을 초과하는 주식에 대해서는 의결권을 행사할 수 없도록 하였다(제542조의 7 신설).

(ix) 社外理事의 選任　상장회사 중 대통령령으로 정하는 경우를 제외하고는 사외이사가 이사총수의 4분의 1 이상이 되도록 하고, 대통령령으로 정하는 대규모 상장회사의 사외이사는 3명 이상으로 하되, 이사총수의 과반수가 되도록 사외이사설치를 의무화하였다(제542조의 8 신설).

(x) 利害關係者와의 去來制限　상장회사는 주요주주 등 특수관계인을 상대방으로 하거나 그를 위하여 신용공여를 할 수 없도록 하되, 일정한 규모 이하의 거래나 약관 등에 의하여 정형화된 거래는 이사회승인을 받거나 사후에 주주총회에 보고하도록 하는 방식으로 거래를 허용하고, 이를 위반하는 경우 형벌에 처하도록 하였다(제542조의 9 및 제624조의 2 신설).

(xi) 常勤監事 및 監査委員會　대통령령으로 정하는 상장회사에 대하여는 1명 이상의 상근감사를 두어야 하고, 대통령령으로 정하는 대규모 상장

회사에 대하여는 감사위원회를 의무적으로 설치하도록 하였다(제542조의 10 및 제542조의 11 신설).

(xii) 監査委員會의 構成 등 감사위원회위원의 선임 · 해임권이 주주총회에 있음을 명문으로 규정하고, 선임방식을 일괄선출방식으로 통일하며, 위원선임시 의결권 없는 주식을 제외한 발행주식총수의 100분의 3을 초과하는 주식에 대하여는 의결권을 제한하도록 하였다(제542조의 12 신설).

10. 2009년 改正商法(2009. 5. 28. 개정)

A. 改正理由 창업절차를 간소화하고, 기업경영의 IT화 지원내용을 담은 상법 등 관련법개정안이 2009년 4월 29일 국회본회의를 통과하여 2009년 5월 28일 공포되었다(법률 제9746호)(이 법은 공포 후 1년이 경과한 날부터 시행한다. 다만, 제292조 · 제318조 · 제329조 · 제363조 · 제383조 · 제409조의 개정규정은 공포한 날부터 시행한다). 2009년 5월 개정된 법률내용은 최저자본금제도 폐지, 유사상호규제 폐지 등 창업절차간소화, 주주총회 전자투표제도입 등 기업경영의 IT화 지원을 담은 상법, 상업등기법(2009. 5. 28 개정 법률 제9749호), 공증인법을 개정하는 것이다. 창업절차간소화 부분은 공포일로부터 즉시, 기업경영의 IT화 지원부분은 공포일로부터 1년 후부터 시행된다. 원래 경제활성화를 위하여 소규모회사의 창업이 용이하도록 회사설립시 자본금의 규모나 설립형태를 불문하고 정관에 대하여 일률적으로 공증인의 인증을 받게 하던 것을 발기설립시 정관에 대한 인증의무를 면제하고, 주주총회의 소집절차를 간소화하는 등 창업절차를 간소화하며, 전자주주명부, 전자문서에 의한 소수주주의 주주총회소집청구를 인정하여 기업경영의 IT화를 실현하는 등 기업활동의 편의를 도모하려는 이유에서 개정을 하게 되었다.

동 개정을 통하여 ① 창업에 드는 비용과 시간을 획기적으로 절약함으로써 좋은 아이디어만 있다면 누구나 손쉽게 창업할 수 있도록 창업을 독려하고, ② 우리 경제의 중추인 중소기업에 대한 불필요한 형식적 규제를 과감히 개선하여 기업의 경제위기극복 노력을 법적으로 지원하는 한편, ③ 우리의 IT기술 발전을 법체계에 적극적으로 수용함으로써 녹색성장의 법적 기반조성에 기여할 것으로 기대하고 있다. 세계은행의 “2008 기업환경보고서”에 따르면 ‘창업하기 좋은 나라’ 순위에서 우리나라는 전체 175개국 중 116위인바, 이를 통하여 40위권으로 상향될 것으로 예상이 되고 있다(법무부 보도자료 2009년 4월 29일자).

B. 改正의 主要內容

(i) 最低資本金制度 廢止 창의적인 아이디어를 갖고 있는 사람

이라면 누구라도 손쉽게 저렴한 비용으로 회사를 설립할 수 있도록 개정 전 5천만 원 이상으로 규정되어 있는 주식회사 최저자본금제도를 폐지하였다(상법 제329조 제1항).

(ii) 類似商號禁止規定 廢止 개정 전의 상업등기법에서는 동일한 특별시·광역시·시 또는 군 내에서 동일한 영업을 하려는 경우, 동일상호뿐 아니라 유사상호도 등기할 수 없도록 규정하고 있었다. 그런데 2009년 개정 상업등기법은 동일상호에 한하여 등기할 수 없도록 하고 있다(개정 상업등기법 제30조). 즉 유사상호에 대한 규제를 폐지하여 '동일상호가 아닌 한' 유사상호도 등기를 허용하도록 하였다. 이러한 개정으로 유사상호라도 등기할 수 있게 됨으로써 상호선정에 소요되는 시간과 노력을 절약하여 신속한 창업절차를 기대할 수 있고, 등기관의 자의적인 판단을 방지하여 예측가능성과 등기업무의 투명성을 높이는 효과를 거둘 수 있을 것으로 기대하고 있다.

(iii) 小規模會社를 發起設立하는 경우 定款에 대한 公證義務免除

회사를 설립하는 경우에는 자본금의 규모나 설립형태를 불문하고 설립등기시에 첨부하는 정관에 대하여 일률적으로 공증인의 인증을 받도록 강제하고 있어 창업에 불필요한 시간과 비용이 드는 경우가 있었다. 이에 자본금총액이 10억 원 미만인 회사를 발기설립하는 경우에는 창업자들의 신뢰관계를 존중하여 발기인들의 기명날인 또는 서명이 있으면 공증인의 인증이 없더라도 정관에 효력이 발생하도록 하였다(개정법 제292조). 이와 같이 공증의무를 면제함으로써 신속하고 저렴한 창업을 가능하게 하여 활발한 투자여건이 조성될 것으로 기대되고 있다.

(iv) 小規模 株式會社設立時 株金納入金保管證明書를 殘高證明書로 代替 소규모 주식회사를 설립하는 경우에도 금융기관이 발행한 주금납입금보관증명서를 제출하여야 하는데, 그 발급절차가 번거로워 신속한 창업에 지장을 초래하였었다. 이에 자본금 10억 원 미만인 주식회사를 발기설립하는 경우, 주금납입금보관증명서를 금융기관의 잔고증명서로 대체할 수 있도록 허용하였다(개정법 제318조). 이에 따라 소규모 주식회사의 발기설립절차가 간소화될 것으로 기대되고 있다.

(v) 小規模株式會社의 株主總會召集節次 簡素化 가족기업처럼 운영되는 소규모 주식회사에 대하여 복잡한 주주총회소집절차를 준수하도록 요구하는 것은 회사의 운영에 과도한 부담으로 작용하였었다. 이에 자본금 10억 원 미만 주식회사의 주주총회 소집통지기간을 10일 전으로 단축하고,

주주 전원이 동의하면 소집절차를 생략할 수 있도록 허용하며, 서면에 의한 주주총회결의도 허용하였다(개정법 제363조). 이와 같이 주주총회소집절차를 간소화함으로써 소규모 주식회사의 주주총회개최와 관련된 비용 및 시간이 절약될 것으로 판단된다.

(vi) 株主總會의 電子投票制導入　　정보통신환경의 발달로 전자적 방법에 의한 주주총회개최가 가능해졌으나, 이를 입법적으로 뒷받침하지 못하고 있었다. 이에 주주가 주주총회에 출석하지 아니하고도 전자적 방법으로 의결권을 행사할 수 있도록 전자투표제를 도입하였다(개정법 제368조의 4 신설). 이와 같이 전자투표제를 도입함으로써 주주총회 개최비용이 절감되고, 주주총회운영의 효율성이 향상될 것으로 기대되며, 소수주주의 주주총회참여가 활성화될 것으로 기대되고 있다.

(vii) 小規模會社의 監事選任義務 免除　　개정 전의 경우 회사를 설립하는 경우에는 반드시 감사를 선임해야만 하므로 창업시 드는 비용과 시간이 증가되었었다. 이에 자본금총액이 10억 원 미만인 회사를 설립하는 경우에는 감사선임 여부를 회사의 임의적 선택사항으로 하고, 감사를 선임하지 아니할 경우에는 주주총회가 이사의 업무 및 재산상태에 관하여 직접 감독·감시하도록 하고, 이사와 회사 사이의 소송에서 회사, 이사 또는 이해관계인이 법원에 회사를 대표할 자를 선임하여 줄 것을 신청하도록 하였다(개정법 제409조). 이와 같이 회사의 사정에 따라 감사선임 여부를 탄력적으로 결정할 수 있도록 함으로써 창업에 필요한 시간과 비용이 절감될 것으로 기대되고 있다.

11. 2011년 改正商法(2011. 4. 14. 개정)

A. 提案理由　　2011년 4월 14일 상법 회사편이 대폭적으로 개정되었다(법률 제10600호). 개정법은 2012년 4월 15일부터 시행된다(개정법 부칙 제1조 참조). 동 개정에서는 기업경영의 투명성과 효율성을 높이기 위하여 자금 및 회계 관련 규정을 정비하고, 정보통신 기술을 활용하여 주식·사채(社債)의 전자등록제를 도입하며, 합자조합과 유한책임회사 등 다양한 기업 형태를 도입함으로써 국제적 기준에 부합하는 회사법제로 재편하는 한편, 이사의 자기거래 승인 대상범위를 확대하고 이사의 회사기회 유용금지 조항을 신설하여 기업경영의 투명성을 높임으로써 활발한 투자 여건을 조성하고 급변하는 경영환경에 기업이 적절히 대응할 수 있는 법적 기반을 마련하려는 데에 개정의 취지가 있었다.

또한 자유롭고 창의로운 기업 경영을 지원하고 투명한 기업 경영으로 공정사회를 구현하며 국제 기준에 맞게 회사 제도를 선진화, 글로벌 경쟁력을 강화하는 데에도 개정 취지가 있었다. 개정의 주요내용은 아래와 같다.

B. 改正의 主要內容

(i) 새로운 기업 형태 도입(제86조의 2부터 제86조의 9까지 및 제287조의 2부터 제287조의 45까지 신설)

종래 인적 자산의 중요성이 높아짐에 따라 인적 자산을 적절히 수용(收用)할 수 있도록 공동기업 또는 회사 형태를 취하면서 내부적으로는 조합의 실질을 갖추고 외부적으로는 사원의 유한책임이 확보되는 기업 형태에 대한 수요가 늘어나고 있었다. 이에 개정전 상법은 회사의 형태로 합명회사, 합자회사, 주식회사, 유한회사의 네 가지 종류만을 인정하고 있었으나 개정법은 추가로 유한책임회사를 새로이 도입하였고, 새로운 기업형태로서 합자조합에 대한 규정을 신설하였다. 즉 우선 업무집행조합원과 유한책임조합원으로 구성된 합자조합을 신설하였다. 합자조합의 무한책임조합원은 금전이나 현물이 아닌 신용, 노무를 출자할 수 있다는 점에서 기존의 합자회사와 유사하나, 유한책임사원이 업무를 집행할 수 없는 합자회사와 달리 합자조합의 경우에는 조합계약에 따라 유한책임조합원도 업무집행을 할 수 있다. 또한 사원에게 유한책임을 인정하면서도 회사의 설립·운영과 기관 구성 등의 면에서 사적자치를 폭넓게 인정하는 유한책임회사를 신설하였다. 유한책임회사는 회사의 출자자인 사원들이 자신의 출자액의 한도에서만 책임을 부담하는 회사로, 조합의 성격에 유한책임을 지는 주식회사의 장점을 결합한 회사 형태이다. 유한책임회사는 최저자본금의 제한이 없고, 회사에 이사를 둘 필요가 없으며, 사원들이 합의하여 정관에서 정한 업무집행자가 회사의 업무를 집행하므로 기존의 유한회사나 주식회사에 비하여 유연하고 탄력적인 회사 운영이 가능하다. 유한책임회사는 대외적으로는 회사의 형태를 취하고 유한책임을 확보하면서 내부적으로는 조합의 실질을 갖출 수 있어, 합자조합과 마찬가지로 소수의 출자자들로 경영되는 중소기업, 펀드, 투자회사 등의 기업 형태에 적당할 것으로 판단된다.

(ii) 회사의 개념에서 사단성의 삭제(제169조)

자본회사에서, 특히 주식회사에서 1인회사가 허용되고 있다. 따라서 굳이 모든 회사를 사단으로 인정할 필요가 적어 회사의 개념에서 사단성을 삭제하였다.

(iii) 무액면주식제도 도입(제291조, 제329조 및 제451조)

액면주식은 액면미달 발행 및 주식 분할에 어려움이 있다. 특히 회사 실적이 좋지 않아 주식의 시가가 액면가를 밑돌 때에는 자본조달에 어려움이 따른다. 이에 무액면주식(無額面株式)을 도입하여 회사가 액면주식과 무액면주식 중 한 종류를 선택하여 발행할 수 있도록 하였다. 그리고 무액면주식 발행시 발행가액의 2분의 1 이상을 자본으로 구성하도록 하였다(제451조 제 2 항).

(iv) 주주의 납입상계허용(제334조 삭제, 제421조 제 2 항)

개정전 상법 제334조는 자본충실을 위한 것인데, 오히려 실무에서는 회사에 거액을 대출한 금융기관이 회사를 위해 대출채권을 출자로 전환하려고 하는 경우에 동 규정에 저촉되어 현물출자형식으로 처리하여야 하는 어려움이 있었다. 이에 동 조항을 삭제하여 회사설립시 주식인수인은 아무런 제한 없이 주금납입의무와 회사에 대한 채권을 상계할 수 있도록 하였다. 그리고 신주발행의 경우에는 주식인수인이 회사와 합의하면 상계할 수 있도록 하였다(제421조 제 2 항). 이에 개정이후에는 주식회사의 출자전환이 용이하게 되었다.

(v) 자기주식취득규제의 완화

개정전 상법은 회사의 자기주식취득을 원칙적으로 금지하고 예외적으로 주식소각·합병·권리실행상 목적달성을 위해 필요한 경우 등 법정사항에 한하여 허용하였지만(제341조), 상장회사의 경우에는 이익배당 한도 내에서 자기주식취득을 허용하고 있다(자본시장법 제165조의 2). 이러한 내용을 상법에서도 수용하여 우선 배당가능이익(제462조 제 1 항)의 범위 내에서 취득목적의 제한 없이 자기주식을 취득할 수 있도록 하였다(제341조). 배당가능이익 범위 내에서 거래소의 시세가 있는 주식의 경우 거래소에서 취득하는 방법에 따라 매수하고(제341조 제 1 항 제 1 호), 상환주식(제344조 제 1 항) 이외에는 주주가 가진 주식수에 따라 균등하게 취득하되 대통령령으로 정하는 방법(제341조 제 1 항 제 2 호)으로 취득하도록 하였다. 회사의 합병 또는 회사의 영업전부의 양수로 인한 경우 등 특별한 목적이 있는 경우에는 개정전 상법 규정처럼 재원규제 없이 자기주식의 취득을 허용하였다(제341조의 2).

(vi) 다양한 종류의 주식 도입(제344조, 제345조 및 제346조, 제344조의 2부터 제344조의 3까지 신설)

개정전의 법에서는 주주평등의 원칙상 법에서 정한 주식만 발행하도록 허용하고 있었으나, 기존에 인정하는 주식의 종류만으로는 급변하는 시장 환경에 대응하여 효율적으로 자금을 조달하는 데에 어려움이 있었다. 우선 개정전 상법은 우선주에 대하여만 무의결권 주식으로 발행할 수 있도록 허용하였으나, 2011년 개정상법은 의결권 없는 보통주, 특정 사항에 대하여만 의결권이 제한되는 주식, 특정 재산으로만 배당받을 수 있는 주식 등 다양한 종류의 주식을 발행할 수 있도록 규정하여 해당 기업의 필요와 시장 상황에 부응하는 형태의 주식을 발행할 수 있도록 하였다. 의결권제한 종류주식을 발행주식총수의 4분의 1 범위 내에서 허용하였으며 종래 특수한 주식으로 구분하였던 상환주식과 전환주식도 종류주식에 포함시켰다. 다만 양도제한 주식은 적대적 M&A에 대한 대항수단으로 남용될 여지가 있다고 하여 도입하지 아니하였다.

(vii) 주식 및 사채의 전자등록제 도입(제356조의 2 및 제478조 제3항 신설)

발달된 정보통신 기술을 주식 및 사채 제도에 반영하고, 세계적 추세인 유가증권의 무권화(無券化) 제도를 도입할 필요가 있었다. 이에 주권과 사채권을 실물로 발행하지 아니하고 전자등록기관에 등록한 후 증권을 소지하지 아니하고도 권리의 양도, 담보의 설정 및 권리행사가 가능하도록 주식 및 사채의 전자등록제를 도입하였다. 따라서 개정이후에는 기업은 실물 발행의 부담을 덜고, 주주와 사채권자는 손쉽게 권리행사를 할 수 있게 되었다.

(viii) 소수주식의 강제매수제도 도입(제360조의 24부터 제360조의 26까지 신설)

특정주주가 주식의 대부분을 보유하는 경우 회사로서는 주주총회 운영 등과 관련하여 관리비용이 들고 소수주주로서는 정상적인 출자회수의 길이 막히기 때문에 대주주가 소수주주의 주식을 매입함으로써 그 동업관계를 해소할 수 있도록 허용할 필요가 있었다. 이에 발행주식총수의 95% 이상을 보유하는 지배주주가 소수주주의 주식을 공정한 가격에 매입할 수 있도록 하는 한편, 소수주주도 지배주주에게 주식매수청구권을 행사할 수 있게 하여 소수주주 보호방안을 마련하였다. 위와 같은 매수청구가 있는 경우 당사자들이 가격에 합의하지 못하게 되면 법원이 공정한 가액으로 매매가액을 결정하도록 하였다.

(ix) 주주총회관련 소수주주권강화 등(제366조 제2항)

소수주주의 청구에 의해 주주총회를 소집한 경우 청구가 있은 후 지체없이 총회소집의 절차를 밟지 아니한 때에는 청구한 주주는 법원의 허가를 받아 주주총회를 소집할 수 있다. 이 경우 2011년 개정상법은 주주총회의 의장은 법원이 이해관계인의 청구나 직권으로 선임할 수 있도록 하였다.

(x) 검사인선임제도개선(제367조 제2항 신설)

주주총회는 이사가 제출한 서류와 감사의 보고서를 조사하기 위하여 검사인을 선임할 수 있다. 이 경우 2011년 개정상법은 회사 또는 발행주식총수의 100분의 1 이상에 해당하는 주식을 가진 주주는 총회소집절차나 결의방법의 적법성을 조사하기 위하여 총회 전에 법원에 검사인의 선임을 청구할 수 있도록 하였다.

(xi) 회사의 사업기회 유용금지제도 신설(제397조의 2 신설)

이사가 직무상 알게 된 회사의 정보를 이용하여 개인적인 이익을 취득하는 행위를 명확히 규제할 필요가 있었다. 이에 이사가 직무를 수행하는 과정에서 알게 된 정보 또는 회사가 수행하고 있거나 수행할 사업과 밀접한 관계가 있는 사업기회를 제3자에게 이용하도록 하는 경우에도 이사회에서 이사 3분의 2 이상 찬성으로 승인을 받도록 하였다. 또한 이사가 회사의 사업기회를 유용하더라도 회사에 발생한 손해액을 증명하기 어려운 점을 고려하여 개정법은 사업기회 유용의 경우 '이사 또는 제3자가 얻은 이익'을 회사의 손해로 추정하는 조항을 도입하였다.

(xii) 이사의 자기거래 승인대상 확대(제398조)

이사가 본인의 이익을 위하여 이사의 친인척이나 그들이 설립한 개인 회사 등을 이용하여 회사와 거래하는 경우 회사의 이익을 희생시킬 가능성이 많으므로 적절한 통제가 필요하였다. 이에 이사와 회사 간 자기거래의 요건을 더욱 엄격히 규정하여 이사뿐만 아니라 이사의 배우자, 이사의 직계존비속, 이사의 배우자의 직계존비속과 그들의 개인회사가 회사와 거래하는 경우까지 이사회에서 이사 3분의 2 이상 찬성으로 승인을 받도록 규정하고, 거래의 내용이 공정하여야 한다는 요건을 추가하였다.

(xiii) 이사의 책임 감경(제400조 제2항)

유능한 경영인을 쉽게 영입하여 보다 적극적인 경영을 할 수 있도록 하기 위하여 이사의 회사에 대한 책임을 완화할 필요성이 있었으나, 개정전 「상법」에는 총주주의 동의로 면제하는 것 외에는 책임감면규정이 없는 상황이었다. 이에 회사에 대한 이사의 책임을 고의 또는 중대한 과실로 회사에 손해를 발생시킨 경우를 제외하고는 이사의 최근 1년간의 보수액의 6배(사외이사는 3배) 이내로 제한하고, 이를 초과하는 금액에 대하여는 면제할 수 있도록 이사의 책임제도를 개선하였다.

(xiv) 집행임원제도 도입(제408조의 2부터 제408조의 9까지 신설)

대규모 상장회사(上場會社)의 경우 실무상 정관이나 내규로 집행임원을 두고 있으나 이를 뒷받침할 법적 근거가 없어 많은 문제가 발생하고 있었다. 이에 이사회의 감독하에 회사의 업무 집행을 전담하는 기관인 집행임원에 대한 근거 규정을 마련하되, 제도의 도입 여부는 개별 회사가 자율적으로 선택할 수 있도록 하였다. 집행임원을 둔 경우 회사는 대표이사를 둘 수 없고, 2인 이상의 집행임원을 둔 경우 대표집행임원을 선임하여야 하며, 각 집행임원들은 이사회, 정관이 위임한 사항에 대하여 의사를 결정하고 업무를 집행할 수 있다. 집행임원을 두는 경우 집행임원에 대하여도 상법상 이사에 대하여 적용되는 경업금지의무, 자기거래금지의무, 주주의 대표소송 등에 관한 상법조항이 적용된다.

(xv) 감사제도 강화(제312조 제3항 신설, 제412조의 4 신설)

감사는 회사의 비용으로 전문가의 도움을 구할 수 있도록 하는 규정을 신설하였다. 또한 감사는 필요하면 회의의 목적사항과 소집이유를 서면에 적어 이사(소집권자가 있는 경우에는 소집권자를 말한다)에게 제출하여 이사회 소집을 청구할 수 있도록 하였다(제412조의 4 제1항). 이러한 청구를 하였는데도 이사가 지체 없이 이사회를 소집하지 아니하면 그 청구한 감사가 이사회를 소집할 수 있게 된다(제412조의 4 제2항).

(xvi) 현물출자의 규제완화(제299조 제2항, 제422조 제2항)

회사설립시 현물출자에 대한 검사와 관련하여 일정금액 이하이거나 회사의 자본충실을 해하지 아니할 경우에는 그 검사절차를 적용하지 아니하도록 하였다(제299조 제2항). 또한 일정규모 이하의 현물출자 또는 현물출자의 대상물의 가액이 회사의 자본충실을 해할 염려가 없는 경우에는 현물출자의 검사를 면제하였다(제422조 제2항).

(xvii) 감자절차의 개선(제438조 제2항, 제439조 제2항)

결손의 보전를 위한 자본감소의 경우에는 주주총회의 보통결의에 의하도록 하며, 채권자보호절차도 면제하였다.

(xviii) 「상법」상 회계 관련 규정과 기업회계기준의 조화
(제446조의 2 신설, 제447조 및 제447조의 4, 개정전 제452조, 제453조, 제453조의 2, 제454조부터 제457조까지 및 제457조의 2 삭제)

근래 기업회계기준은 국제적인 회계규범의 변화에 맞추어 꾸준히 변모하고 있으나 상법의 회계규정은 이를 제대로 반영하지 못하여 기업회계기준과

「상법」의 회계규정 사이에 상당한 차이가 있었다. 이에 회사의 회계는 일반적으로 공정 · 타당한 회계관행에 따르도록 하는 원칙 규정을 신설하는 한편, 구체적인 회계 처리에 관한 규정들은 삭제하고, 대차대조표와 손익계산서를 제외한 회계서류는 대통령령으로 규정하여 회계규범의 변화에 신속하게 대응하도록 하였다.

(xix) 재무제표 등의 승인에 대한 특칙 신설(제449조의 2 신설, 제447조 제 2 항)

이사는 상법 제447조의 규정에 의한 재무제표 등 각 서류를 정기주주총회에 제출하여 그 승인을 요구하여야 하는 상법 제449조의 규정에도 불구하고 회사는 정관에서 정하는 바에 따라 이사회의 결의로 재무제표 등 서류를 승인할 수 있도록 하였다. 다만 이 경우 재무제표에 대한 외부감사의 감사의견이 적정이고, 감사(또는 감사위원회 위원) 전원의 동의가 있는 경우에 한한다(제449조의 2). 또한 대통령령으로 정하는 회사의 이사는 연결재무제표를 작성하여 이사회의 승인을 얻도록 하였다(제447조 제 2 항).

(xx) 법정준비금제도 개선(제460조, 제461조의 2 신설)

준비금의 채권자보호 역할이 감소되었을 뿐만 아니라 이익준비금의 적립한도가 주요 선진국에 비하여 지나치게 높게 설정되어 있으며, 준비금의 운용이 지나치게 경직되어 있었다. 이에 자본금의 150%를 초과하는 준비금에 대하여는 주주총회의 결의에 따라 준비금을 배당 등의 용도로 사용할 수 있도록 허용하였다.

(xxi) 배당제도 개선(제462조 제 2 항, 제462조의 4 신설)

개정전 상법하에서는 정기 주주총회에서 배당액을 결정하므로 배당 기준일인 사업연도 말일부터 정기 주주총회까지는 배당액이 확정되지 아니하여 투자자들이 주식가치를 판단하기 어려우며, 금전배당 외에 회사가 보유하는 주식과 같은 현물로 배당할 필요가 있었다. 이에 정관에서 배당에 관한 결정권한을 이사회에 부여할 수 있도록 하고, 금전배당 외에 현물배당도 허용하였다.

(xxii) 사채제도의 개선(제469조 및 제481조부터 제485조까지, 개정전 제470조부터 제473조까지 삭제, 제480조의 2 및 제480조의 3 신설)

사채의 발행한도 제한이 비현실적이고 법에서 허용하는 사채 종류가 지나치게 제한적이며 기존의 수탁회사제도는 사채권자 보호에 미흡하다는 지적이 있었다. 이에 사채의 발행총액 제한 규정을 폐지하고, 이익배당참가부사채 등 다양한 형태의 사채를 발행할 수 있도록 법적 근거를 마련하며, 수탁회사의 권한 중 사채관리 기능 부분을 분리하여 사채관리회사가 담당하도록 하였다.

(xxiii) 합병대가의 유연화, 삼각합병(제523조 제4호, 제523조의 2)

개정전 상법에 의하면 주식회사의 합병시 소멸회사의 주주들에게 합병의 대가로 주식이 아닌 합병교부금만을 지급하는 것이 가능한지 여부에 대하여 의문이 있었고, 등기실무상 허용되지 아니하는 것으로 취급되었다. 그러나 2011년 개정상법은 합병의 대가로 소멸회사의 주주들에게 합병회사의 주식이 아닌 현금이나 그 밖의 재산(사채 · 모회사의 주식 등)을 교부할 수 있도록 하였다. 한편 개정법은 소멸회사의 주주들에게 합병대가를 지급하기 위하여 존속회사가 모회사의 주식을 취득하는 것을 허용하여(제523조의 2), 모회사가 자회사를 통하여 다른 회사를 합병하는 삼각합병이 가능하게 되었다.

(xxiv) 상장회사의 감사위원회 설치관련(제542조의 10)

자산 1천억원 이상 2조원 미만의 상장회사가 상근감사에 대신하여 자발적으로 감사위원회를 설치하는 경우에는 상장회사의 특례에 따른 감사위원회(자산 2조원 이상의 상장회사가 설치하여야 하는 감사위원회)를 설치하도록 하였다.

(xxv) 준법지원인 제도 도입(제542조의 13 신설)

「은행법」에 따라 금융기관에는 준법감시인이 설치되어 있으나, 일반회사의 경우 대규모 기업임에도 불구하고 준법경영을 위한 제도가 미비하여 윤리경영이 강화되고 있는 세계적 추세에 맞지 않는다는 지적이 있었다. 이에 자산 규모 등을 고려하여 대통령령으로 정하는 상장회사는 준법통제기준을 마련하도록 하고, 이 기준의 준수에 관한 업무를 담당하는 준법지원인을 1인 이상 두도록 하였다.

(xxvi) 유한회사에 대한 각종 제한 규정 철폐(개정전 제545조 삭제, 제556조, 제571조 및 제607조)

유한회사는 폐쇄적으로 운영되는 소규모 기업을 전제로 하고 있으나, 폐쇄적 운영을 위한 규정들은 유한회사에 대한 각종 제한으로 작용하여 유한회사의 이용에 불편을 초래하고 있었다. 이에 유한회사의 50인이라는 사원 총수 제한 규정을 삭제하고, 유한회사 사원의 지분 양도를 원칙적으로 자유롭게 하되 정관으로 지분 양도를 제한할 수 있도록 하며, 사원총회 소집방법으로 서면에 의한 통지 외에도 각 사원의 동의를 받아 전자문서로 통지를 발송할 수 있도록 하였다. 그리고 최저자본금 1천만 원에 관한 개정전 상법 규정도 폐지하였다. 또한 개정전 상법은 유한회사를 주식회사로 조직 변경을 할 때 전 사원의 동의를 요하였으나 2011년 개정상법은 정관에서 그 요건을 완화할 수 있도록 하였다.

12. 2014년 改正商法(2014. 5. 20. 개정)

A. **提案理由** 2014년 5월 20일 상법이 개정되었다(법률 제12591호). 개정법은 공포와 동시에 시행되었다(개정법 부칙 제 1 조 참조). 1963년 시행된 제정 상법에서부터 존재한 무기명주식 제도는 법 개정시점까지 발행 사례가 없어 기업의 자본조달에 기여하지 못하고 있었다. 또한 무기명주식제도하에서는 그 소유자 파악이 곤란하여 양도세 회피 등 과세사각지대가 발생할 우려가 있으며, 조세 및 기업 소유구조의 투명성 결여로 인한 국가의 대외신인도를 저하시키는 원인이 되는 등으로 더 이상 유지할 실익이 없었다. 이에 종래의 무기명주식 제도를 폐지하여 주식을 기명주식으로 일원화함으로써 조세 및 기업 소유구조의 투명성 제고를 위한 기반을 마련하도록 하는 데에 개정의 취지가 있다.

B. **改正의 主要內容** 개정법은 1963년 제정된 이후 한 번도 발행되지 않은 무기명 주식제도를 폐지하는 것을 골자로 하고 있다. 즉 개정전 상법에 규정되어 있던 무기명주식 제도를 폐지하고, 그 밖의 관련 규정을 정비하였다(제329조의2 및 제352조, 개정전 제357조 및 제358조 삭제 등).

13. 2015년 改正商法(2015. 12. 1. 개정)

A. **提案理由** 기업구조조정에 관한 내용을 주요 내용으로 하는 상법 개정이 2015년 12월 1일 이루어졌다(법률 제13523호). 이 개정법은 2016년 3월 2일 시행되었다. 동 개정의 이유와 관련하여 살펴보면, 기업 인수·합병 시장의 확대 및 경제 활성화를 도모하기 위하여 기업의 원활한 구조 조정 및 투자 활동이 가능하도록 다양한 형태의 기업 인수·합병 방식을 도입하는 한편, 반대주주의 주식매수청구권 제도를 정비하는 등 현행 제도의 운영상 나타난 일부 미비점을 개선·보완하려는 데에 개정의 이유가 있다.

B. **改正의 主要內容**

(i) 삼각주식교환, 역삼각합병 및 삼각분할합병 제도의 도입(제360조의 3 및 제530조의 6 등)

주식의 포괄적 교환 시에 모회사 주식을 지급할 수 있도록 하는 삼각주식교환을 도입하고 이러한 삼각주식교환을 통하여 역삼각 합병이 가능하도록 하며, 회사 분할합병 시 분할회사의 주주에게 모회사 주식이 지급될 수 있도록 하는 삼각분할합병 제도를 도입하였다. 이 때 역삼각합병은 A 회사의 자회사인 S 회사가 T 회사와 주식의 포괄적 교환을 하는 경우 T 회사의 주주에게 모회사인 A 회사의 주식을 교부하면서 T 회사를 존속회사로 하는 합병을 하는 것을 말한다. 이를 통해 자회사를 활용한 다양한 기업 인수·합병 구조를 마련함으로써 기업 인수·합병에 대한 경제적 수요를 원활히 뒷받침할 수 있을 것으로 기대되었다.

(ii) 반대주주의 주식매수청구권 제도의 정비(제360조의 5 제1항 및 제374조의 2 등)

개정전 무의결권 주주에게도 반대주주 주식매수청구권이 인정되는지에 대하여 명확하게 규정하고 있지 아니하여 실무상 혼란을 초래할 소지가 있었고, 무의결권 주주들의 권리보호에 미흡한 측면이 있었다. 이에 무의결권 주주도 주식매수청구권을 행사할 수 있음을 명문으로 규정하고, 주식매수청구권이 인정되는 경우에는 무의결권 주주에게도 주주총회 소집을 통지하도록 규정하였다. 이를 통해 기업 인수·합병 과정에서 무의결권 주주의 반대주주 매수청구권 인정 여부, 주주총회 소집통지 문제 등에 관한 법적 혼란을 해소함으로써 기업 인수·합병 거래 안정과 반대 주주 보호에 기여할 것으로 기대되었다.

(iii) 소규모 주식교환의 요건 완화 등(제360조의 10 제1항 및 제527조의 3 제1항 등)

법률 제10600호 상법 일부개정법률에서 소규모합병의 요건은 완화되었으나, 경제적 기능·효과가 실질적으로 동일한 소규모 주식교환의 요건은 그대로 유지되고 있어 소규모 주식교환을 활용하는 데 어려움이 있고, 소규모합병이나 소규모 주식교환의 요건에 관해 신주를 발행하는 대신 자기주식을 교부하는 경우에 대해서 명확히 규정하지 아니하여 실무상 혼란이 있었다. 이에 신주 발행과 자기주식의 교부를 포함하여 소규모 주식교환과 소규모합병의 요건을 규정하고, 소규모 주식교환과 소규모합병의 요건을 동일하게 설정함으로써 해당 제도를 이용한 기업 인수·합병 거래의 안정성을 도모하고 소규모 주식교환이 활성화될 것으로 기대하고 있는 상황이다.

(iv) 간이한 영업양도, 양수, 임대 제도의 도입(제374조의 3 신설)

영업양도, 양수, 임대 등의 행위를 하려는 회사의 총주주의 동의가 있거나, 주식 90퍼센트 이상을 그 거래의 상대방 회사가 소유하고 있는 경우에는 그 행위를 하려는 회사의 주주총회 승인은 이사회의 승인으로 갈음할 수 있도록 하였다. 이를 통해 간이한 영업양도, 양수, 임대 제도를 도입함으로써 기업의 효율적인 구조 조정이 원활해질 것으로 기대되고 있는 상황이다.

(v) 회사의 분할 · 합병 관련 규정의 정비 (제530조의 5 등)

회사의 분할 시 분할하는 해당 회사를 분할회사로, 분할을 통하여 새로 설립되는 회사를 단순분할신설회사로, 분할흡수합병의 존속회사를 분할승계회사로, 분할신설합병으로 새로 설립되는 회사를 분할합병신설회사로 용어를 명확하게 정비하고, 분할 시 자기주식의 이전을 허용하는 등 회사 분할 관련 제도를 정비하였다.

14. 2020년 改正商法 (2020. 12. 29. 개정)

A. 提案理由 2020년 12월 29일 상법이 개정되었다 (법률 제17764호). 개정법의 개정이유는, 모회사의 대주주가 자회사를 설립하여 자회사의 자산 또는 사업기회를 유용하거나 감사위원회위원의 선임에 영향력을 발휘하여 그 직무의 독립성을 해치는 등의 전횡을 방지하고 소수주주의 권익을 보호하기 위하여 다중대표소송제와 감사위원회위원 분리선출제를 도입함으로써 기업의 불투명한 의사결정 구조 개선을 통해 기업과 국가경제의 지속가능한 성장구조를 마련하는 한편, 신주의 이익배당 기준일에 대한 실무상 혼란을 초래한 규정을 정비하여 신주의 발행일에 상관없이 이익배당 기준일을 기준으로 구주와 신주 모두에게 동등하게 이익배당을 할 수 있음을 명확히 하고, 전자투표를 할 수 있도록 한 경우에는 감사 등 선임 시 발행주식총수의 4분의 1 이상의 결의 요건을 적용하지 않도록 주주총회 결의요건을 완화하며, 상장회사의 소수주주권의 행사 요건에 대한 특례 규정이 일반규정에 따른 소수주주권 행사에는 영향을 미치지 않음을 명확히 하는 등 기존 제도의 운영상 나타난 일부 미비점을 개선 · 보완하는 데에 있었다.

B. 改正의 主要內容

(i) 다중대표소송제도 도입 (제406조의 2 신설)

다중대표소송을 도입하였다. 이때 동 소송을 제기하기 위한 원고적격으로 모회사가 상장회사인 경우에는 모회사 발행주식총수 1만분의 50 이상을 6개월 이상 보유한 주주일 것을 요구하고, 비상장회사인 경우에는 모회사 발행주식총수 100분의 1 이상을 보유한 주주일 것을 요구하도록 하였다. 제소 후 모회사의 지분율이 자회사 주식의 50% 이하로 감소한 경우에도 제소 효력에는 영향이 없으나 모회사가 자회사 주식을 보유하지 아니하게 된 경우는 예외로 규정하였다.

(ii) 감사위원회위원 분리선임(제542조의 12 제2항 단서 신설)

주주총회에서 이사 선임시 일반 이사와 감사위원회위원을 담당할 이사를 분리하여 선임하도록 하였다.

(iii) 사외이사 아닌 감사위원회위원 선·해임시 최대주주 특수관계인 고려(제542조의 12 제4항, 제7항)

상장회사에서 사외이사인 감사위원회위원을 선임·해임할 경우에 발행주식총수의 3%를 초과하는 주식의 의결권을 제한하고, 사외이사가 아닌 감사위원회위원을 선임·해임할 경우에 주주가 최대주주인 경우에는 특수관계인 등의 소유 주식을 합산하며, 그 외 주주는 단순 3% 기준을 적용하도록 하였다.

(iv) 상장회사 소수주주권 행사시 선택적 행사(제542조의 6 제9항 신설)

상장회사의 주주는 상장회사 특례규정에 따른 소수주주권 행사요건과 일반규정에 따른 소수주주권 행사요건을 선택적으로 주장할 수 있도록 하였다.

(v) 전자투표 시행시 결의요건 완화(제제409조 제3항, 제542조의 12 제8항)

전자투표를 실시하는 회사는 감사 및 감사위원회위원 선임시 주주총회 결의요건을 출석한 주주 의결권의 과반수로 한정함으로써 발행주식총수 4분의 1 이상의 결의요건을 적용하지 않도록 하였다.

(vi) 영업년도 말 배당기준일 전제 규정 삭제(제350조 등)

배당실무에서의 혼란을 해소하고 주주총회의 분산개최를 유도하기 위해, 영업년도 말을 배당기준일로 전제한 규정을 삭제하였다.

제 2 장 會社의 槪念

제 1 절 會社의 意義

姜渭斗, 법인격부인의 법리의 적용범위와 적용요건, 商事判例研究 3(1989)/高滄煥, 기업법의 체계화를 위한 기업개념 고찰, 商法論叢(鄭熙喆先生停年紀念論文集)(1985)/高滄煥, 회사의 본질에 관한 고찰, 商事法의 基本問題(李範燦敎授華甲紀念論文集)(1993)/高平錫, 법인격부인론의 부인, 商事法의 現代的 課題(孫珠瓚博士華甲紀念論文集)(1984)/金星泰, 기업은 사회적 책임을 부담하는가?, 企業法의 現代的 課題(李泰魯敎授華甲紀念論文集)(1992)/金星泰, 기업의 윤리와 사회적 책임, 企業環境法의 變化와 商事法(孫珠瓚敎授古稀紀念論文集)(1993)/金星泰, 프랑스회사법상 회사개념, 商事法研究 9(1991)/金麟濟, 회사법의 결합기업적 측면에 관한 연구, 충남대 박사학위논문(1975)/金泰柱·高裕卿, 회사법인격부인의 법리, 경북대 법학논고 7(1991. 12)/金鶴獸, 기업의 사회적 책임과 상법상 일반규정화, 성균관 법학 3(1990. 12)/金憲武, 법인격부인론의 근거, 대구대 사회문화연구 4(1985. 3)/南庄祐, 모자회사간에 있어서의 법인격부인의 법리, 경영법률 제 6 집(1996)/南庄祐, 법인격부인론과 유한책임제도, 상사법연구 제 14집 제 1 호/배정순, 회사의 법인격부인의 법리에 관한 연구, 원광대 박사학위논문(1989)/徐廷甲, 회사의 법인격부인의 법리, 判例月報 195(1986. 12)/孫國鎬, 기업의 사회적 책임에 관한 연구, 성균관대 박사학위논문(1983)/孫 晟, 법인격부인의 법리에 관한 연구, 동국대 박사학위논문(1986)/신웅식, 법인격부인론과 채권회수, 경영법무 3(1994. 6)/安東燮, 기업의 사회적 책임을 위한 입법론, 國際航空宇宙法 및 商事法의 諸問題(金斗煥敎授華甲紀念論文集)(1994)/廉正義, 법인격부인의 법리에 관한 비교법적 고찰, 호남대 논문집 10(1989. 12)/柳珍熙, 기업의 개념(상), 司法行政 375(1992. 3); (하), 376(1992. 4)/柳珍熙, 회사의 법인격과 그 한계, 國際航空宇宙法 및 商事法의 諸問題(金斗煥敎授華甲紀念論文集)(1994)/李基秀, 법인의 본질 — Savigny이론의 올바른 해석을 위하여 —, 商法論叢(鄭熙喆先生停年紀念論文集)(1985)/李基秀, 자기자본부족회사의 책임에 관한 입법론적 고찰 — 서독에서의 논의를 중심으로 —, 고시연구 139(1985. 10)/李基秀, 회사의 법적 독립성의 한계 — 서독의 실체파악론을 중심으로 —, 월간고시 148(1986. 5)/李基秀, 회사법에서의 실체파악이론의 새로운 전개, 월간고시 163(1987. 8)/李基秀, 실체파악문제, 월간고시 190(1989. 11)/林在淵, 법인격부인론 : 미국의 이론과 판례를 중심으로, 法曹 455(1994. 8)/鄭 圭, 資本會社의 會社財産의 拘束體系 : 독일에서의 논의를 중심으로, 한양법학 2(1991. 2)/鄭東潤, 법인격부인이론에 관하여 — 최근의 대법원판결을 중심으로 하여 —, 經濟法 · 商事法論集(孫珠瓚敎授停年紀念論文集)(1989)/鄭東潤, 법인격부인이론에 관한 대법원판례의 추이, 辯護士 20(1990. 1)/丁周煥, 기업의 사회적 책임과 법적 문제점, 마산대 논문집 3(1981. 12)/丁周煥, 법인격부인론의 법리, 건국대 논문집(인문 · 사회) 19(1985. 6)/鄭燦亨, 법인격부인론, 現代 民商法의 硏究(李在澈博士華甲紀念論文集)(1984)/鄭燦亨, 商法上 會社의 社團性에 관한 硏究, 경찰대 논문집 6(1987. 1)/鄭燦亨, 商法學上의 企業槪念, 企業法의 行方(鄭熙喆敎授古稀紀念論文集)(1991)/鄭熙喆, 환경보호와 기업의 책임, 國際航空宇宙法 및 商事法의 諸問題(金斗煥敎授華甲紀念論文集)(1994)/朱榮殷, 기업의 정치헌금에 관한 연구, 연세대 매지논총 11(1994. 12)/車洛勳, 영국회사법에 있어서의 법인격부인론, 法學의 諸問題(洪璡基先生華甲紀念論文集)(1977)/韓 鐵, 회사의 사회적 책임론의 태동과 법적 개념화, 한남대 논문집 18(1988. 3)/韓 鐵, 회사의 사회적 책임의 기능, 現代商事法의 諸問題(李允榮先生停年紀念論文集)(1988).

상법상 회사란 상행위 기타 영리를 목적으로 하여 설립된 법인을 말한다(제169조). 따라서 회사가 되기 위하여는 영리성 · 사단성 · 법인격을 지녀야 하고, 준칙주의(민법 제39조 제1항)에 따라 회사가 성립되면 상인이 된다(제4조, 제46조, 제5조 제2항).

Ⅰ. 營 利 性

회사는 상행위 기타 영리를 목적으로 하는 영리단체이다. 상행위를 영업으로 하는 회사를 상사회사라 하고(제46조, 제169조), 상행위 이외의 영리행위를 영업으로 하는 회사를 민사회사(민법 제39조)라고 한다. 하지만 둘 다 상인이라는 점에서는 아무런 차이가 없고, 다만 당연상인이 되거나 의제상인이 되는 차이밖에 없으므로 양자를 구별할 실익이 없다(상사회사는 제4조에 의해 당연상인이 되고, 민사회사는 제5조 제2항에 의해 의제상인이 된다). 따라서 회사에는 상인에 관한 일반규정인 상업사용인 · 상호 · 상업장부 · 상업등기에 관한 총칙편이 적용되고, 회사가 영업을 위하여 하는 행위는 보조적 상행위가 된다(제47조).

영리를 목적으로 한다는 의미에 관하여는 설이 나누어져 있다. 하지만 현재 우리나라에는 영리사업을 회사의 목적사업으로 하는 것을 의미한다는 영리사업설을 취하는 학자는 없고, 회사가 영리사업을 하여 이익을 얻는 것만으로는 부족하고 대외적인 영리사업에서 생긴 이익을 사원에게 분배하여야 한다는 이익분배설만이 주장되고 있다. 따라서 단체의 내부활동에 의하여 구성원에게 직접 경제적 이익을 주는 조합이나 상호보험회사(보험업법 제34조 이하 참조)는 회사가 아니며, 또한 재단법인이나 공법인이 공공의 목적을 위한 수단으로 영리사업을 하더라도 회사가 아니다.

사원에 대한 이익분배의 방법은 자유롭다. 따라서 이익배당에 의하건 잔여재산분배에 의하건 관계 없으며, 일시적으로 이익배당이 제한되거나 정지되어도 영리성은 유지된다고 본다. 그리고 영리성을 갖는 이상 그 영업을 직접 경영하든, 대리인을 두고서 하든, 타인에게 경영을 위임하든 관계 없이 경영에서 생긴 이익이 종국적으로 사원에게 귀속하면 회사가 된다.

회사는 영리사업에 곁들여 비영리사업도 할 수 있다. 따라서 부속병원이나 부속학교를 경영한다든지, 각종의 기부행위도 할 수 있다. 이를 '영리성의 형식화경향'이라고 한다. 그런데 비영리사업의 겸영에서 한 걸음 더 나아가 정관에서 영리사업을 표방한 이상 실질적으로는 비영리사업을 목적으로 하더라도 회사가 되는 데 아무런 지장이 없다고 하는 견해(서돈각, 268쪽; 정동윤, 11쪽; 채이식, 342쪽)가 있다. 하지만 독일주식법 제 3 조와 같이 비영리사업, 즉 정신적 사업을 목적으로 하더라도 회사가 된다는 성문규정이 없는 우리나라에서는 영리성의 형식성을 그렇게까지 확대할 수는 없다고 생각한다. 이는 비영리사업은 영리사업과 함께 부수적으로만 할 수 있다는 데에서도 그러하고, 영리성의 의미를 단순히 이익을 창출할 뿐만 아니라 이를 사원에게 분배하여야 한다는 이익배분설을 취한 이상 당연히 도출되어 나오는 귀결이다. 따라서 이익분배설을 취하면서 회사가 오로지 공익사업만을 할 수도 있다고 하여 영리성의 형식화경향을 극대화하는 데는 이론적 모순이 있지 않나 생각된다(동지: 정찬형, 21쪽).

Ⅱ. 社 團 性

1. 社團性의 削除

자본회사인 주식회사와 유한회사에서 1인회사가 허용되고 있다. 따라서 굳이 모든 회사를 사단으로 인정할 필요가 적어 2011년 개정상법에서 회사의 개념에서 사단성을 삭제하였다(제169조의 개정). 개정전 상법 제169조의 경우에도 사단의 의미를 민법상 조합과 대립시킨 의미로서의 사단으로 엄격하게 해석할 필요는 없다고 보았다. 특히 일정목적을 수행하기 위하여 투하된 재산이라는 면이 강조되는 자본회사에서는 복수인의 결합체라는 의미의 사단성은 희박하여지고, 투하된 자본에 중점이 두어져 회사가 목적재산화 내지 재단화하는 경향도 나타나고 있었다. 복수인의 결합체라는 의미의 인적회사에서는 2인 이상의 사원의 존속이 성립요건(제178조, 제268조)이자 존속요건(제227조 3호, 제269조)이기도 하다. 하지만 주식회사와 유한회사의 경우에는 1인회사가 허용되고 있다. 1인회사가 허용되는 주식회사와 유한회사는 사람의 단체라는 의미에서 사단성은 그 본질적 속성이라 할 수 없고 단지 재단과 달리 구성원을 갖는 단체라는 형식적 의미에서 사단성을 가질 뿐이라는 견해(이철송, 회사법강의, 2011, 42쪽)도 있다. 그런데 법체계적으로 독일에서는 주식회사를 민법상의 사단의 특수형태(Sonderform)로 보고 있다. 그렇지만 상이한 구조와 독일 주식법의 포괄적 규정으로 인하여 독일 민법 제21조 아래의 사단에 관한 규정은 아주 예외적으로만 적용되는 것으로 보고 있다(Raiser/ Veil, Recht der Kapitalgesellschaften, München, 2006, S. 37). 그리고 회사법에서는 개념의 대칭이 점차 의미를 잃어가고 있으며 법률과 법현실에서 혼융되는 이상적인 형태가 회사라는 것이다(Raiser/Veil, aaO., S. 9). 이러한 측면에서 2011년 상법개정에 의하여 동 제169조에서 종래의 사단이라는 표현을 삭제하고 회사란 상행위나 그 밖의 영리를 목적으로 하여 설립한 법인을 말한다고 수정한 것은 수긍할 수 있다. 요는 형식적인 개념징표가 아니라 법현실에서의 운용형태인 것이다.

2. 1人會社

(1) 意 義 1인회사란 사원이 1인인 회사이다. 과거 우리나라에서는 2인 이상의 사원의 존재가 회사의 성립요건일 뿐만 아니라 존속요건이었다. 다만, 주식회사의 경우에는 주주가 1인이 된 때를 회사의 해산사유로 하고 있지 않기 때문에 성립 후 1인주주만이 남은 경우 이를 인정할 수 있는가가 논의되었다. 따라서 과거 우리나라에서 문제된 1인회사란 1인주식회사를 말하였었다. 그러나 2001년 개정상법은 자본회사의 경우 성립 및 존속 요건으로서 2인 이상의 사원이 존재할 것을 요구하지 않음으로써 주식회사와 유한회사의 경우 설립시부터 1인회사를 인정하게 되었다(제288조, 제543조, 제609조 제1항 1호). 이는 1인회사를 인정하는 세계적 입법동향에 맞춘 것이고, 이미 국내의 학설과 판례의 입장을 반영한 것이기도 하다.

(2) 1人會社의 法律關係 1인주식회사라고 하여 법적 성질이 변하는 것은 아니다. 법률관계는 주주가 다수인 주식회사와 같아서 권리 · 의무의 귀속주체는 회사이고, 회사채권자에 대한 책임재산은 회사재산만이다. 또한 주

주는 회사와는 별개의 법인격을 갖고서 회사에 대하여는 출자의무만을 지고, 회사채권자에 대하여는 직접 아무런 책임도 지지 않는다(주주의 간접·유한책임의 원칙). 이는 1인주주가 두 개의 독립된 1인주식회사를 갖고 있다고 하더라도 동일하다. 또한 회사의 기관구성 등도 이를 준수하여야 한다. 하지만 1인주식회사에 있어서는 회사의 손실이 실질적으로 1인주주에게 귀속되므로 상법의 일부규정은 그 적용이 배제된다.

A. 1人會社의 內部關係 1인주식회사에서는 복수사원의 존재를 전제로 하여 둔 규정들을 엄격히 적용할 필요가 없다. 따라서 주주총회의 소집절차나 소집방법에 하자가 있었다 하더라도 1인주주의 의사에 합치하는 한 그런 하자는 치유된다.

<대판 1976.4.13, 74 다 1755>
「주식회사에 있어서 회사가 설립된 이후 총주식을 한 사람이 소유하게 된 이른바 1인회사의 경우에는 그 주주가 유일한 주주로서 주주총회에 출석하면 전원총회로서 성립하고, 그 주주의 의사대로 결의가 될 것임이 명백하므로 따로이 총회소집절차가 필요 없다 할 것이고, 실제로 총회를 개최한 사실이 없다 하더라도 1인주주에 의하여 의결이 있었던 것으로 주주총회의사록에 작성되었다면, 특별한 사정이 없는 한 그 내용의 결의가 있었던 것으로 볼 수 있어 형식적인 사유만에 의하여 결의가 없었던 것으로 다툴 수는 없다.」

<대판 1966.9.20, 66 다 1187·1188>
「주주총회의 소집절차에 관한 법의 규정도 각 주주의 이익을 보호하려는 데 그 목적이 있는 것이므로, 주주총회가 소집권한 없는 자의 소집에 의하여 소집키로 한 이사회의 정족수와 결의절차에 흠결이 있어 주주총회소집절차가 위법한 것이라고 하더라도 1인주식회사로 그 주주가 참석하여 총회개최에 동의하고 아무 이의 없이 결의한 것이라면, 그 결의 자체를 위법한 것이라 할 수 없다.」

<대판 1966.9.20, 66 다 1187·1188>
「실질상 1인회사의 소유재산을 그 회사의 대표이사이자 1인주주가 처분하였다면, 그러한 처분의사결정은 곧 주주총회의 특별결의에 대치되는 것이라 할 것이므로 그 재산이 회사의 유일한 영업재산이라 하더라도 동 처분은 유효하다고 할 것이다.」

<대판 2004.12.10, 2004 다 25123>
「소위 1인회사의 경우에는 그 주주가 유일한 주주로서 주주총회에 출석하면 전원총회로서 성립하고, 그 주주의 의사대로 결의가 될 것임이 명백하므로 따로 총회소집절차가 필요 없다. 실제로 총회를 개최한 사실이 없었다 하더라도 그 1인주주에 의하여 의결이 있었던 것으로 주주총회의사록이 작성되었다면, 특별한 사정이 없는 한 그 내용의 결의가 있었던 것으로 볼 수 있다. 이는 실질적으로 1인회사인 주식회사의 주주총회의 경우도 마찬가지이며, 그 주주총회의사록이 작성되지 아니한 경우라도 증거에 의하여 주주총회결의가 있었던 것으로 볼 수 있다.」

<대판 2005.12.9, 2004 다 40306>
「신주권을 수령할 자를 파악하고 실효되는 구 주권의 유통을 저지하기 위하여 회사가 미리 구 주권을 회수하여 두려는 데 있다 할 것인바, 사실상 1인회사에 있어서 주식병합에 관한 주주총회의 결의를 거친 경우에는 회사가 반드시 위와 같은 공고 등의 절차를 통하여 신주권을 수령할 자를 파악하거나 구 주권을 회수하여야 할 필요성이 있다고 보기는 어려우므로, 주식병합에 관한 주주총회의 결의에 따라 그 변경등기가 경료되었다면 위와 같은 공고 등의 절차를 거치지 않았다고 하더라도 그 변경등기 무렵에 주식병합의 효력이 발생한다고 봄이 상당하다.」

<대판 2007.2.22, 2005 다 73020>
「주식의 소유가 실질적으로 분산되어 있는 경우에는 상법상의 원칙으로 돌아가 실제의 소집절차와 결의절차를 거치지 아니한 채 주주총회의 결의가 있었던 것처럼 주주총회의사록을 허위로 작성한 것이라면 설사 1인이 총주식의 대다수를 가지고 있고, 그 지배주주에 의하여 의결이 있었던 것으로 주주총회의사록이 작성되어 있다 하더라도 도저히 그 결의가 존재한다고 볼 수 없을 정도로 중대한 하자가 있는 때에 해당하여 그 주주총회의 결의는 부존재하다고 보아야 한다.」

<대판 2010.6.24, 2010 다 13541>
「주주총회를 소집할 권한이 없는 자가 이사회의 주주총회 소집결정도 없이 소집한 주주총회에서 이루어진 결의는, 1인 회사의 1인 주주에 의한 총회 또는 주주 전원이 참석하여 총회를 개최하는 데 동의하고 아무런 이의 없이 결의가 이루어졌다는 등의 특별한 사정이 없는 이상, 총회 및 결의라고 볼 만한 것이 사실상 존재한다고 하더라도 그 성립 과정에 중대한 하자가 있어 법률상 존재하지 않는

다고 보아야 한다.」

<대판 2011. 3. 10, 2010 므 4699(본소) · 4705(반소) · 4712(병합)>
「부부의 일방이 실질적으로 혼자서 지배하고 있는 주식회사(이른바 '1인 회사')라고 하더라도 그 회사 소유의 재산을 바로 그 개인의 재산으로 평가하여 재산분할의 대상에 포함시킬 수는 없다. 주식회사와 같은 기업의 재산은 다양한 자산 및 부채 등으로 구성되는 것으로서, 그 회사의 재산에 대하여는 일반적으로 이를 종합적으로 평가한 후에야 1인 주주에 개인적으로 귀속되고 있는 재산가치를 산정할 수 있을 것이다. 따라서 그의 이혼에 있어서 재산분할에 의한 청산을 함에 있어서는 특별한 사정이 없는 한 회사의 개별적인 적극재산의 가치가 그대로 1인 주주의 적극재산으로서 재산분할의 대상이 된다고 할 수 없다.」

1인회사의 1인주주가 주주총회의 특별결의 없이 영업재산을 양도한 것이 배임죄가 성립되는가에 관하여 판례는 이를 부정하였다가 그 이후에 이를 긍정하였다.

<대판 1974. 4. 23, 73 도 2611>
「실질적인 1인회사에 있어서는 다른 주주들이 주식인수의 형식을 갖춰 그 지위를 보지하고 있는 경우에는 그 회사의 중요 영업재산을 양도하려면 주주총회의 특별결의를 필요로 하지만, 이러한 결의 없이 임의처분한 경우에도 실질적인 1인회사의 1인주주로서 회사의 손해는 바로 그 주주 한 사람의 손해인 것임에 비추어 회사에 손해를 가하려는 범의가 없어 회사에 대한 업무상 배임죄는 성립될 수 없다.」

<대판 1983. 12. 13, 83 도 2330>
「배임죄의 주체는 타인을 위하여 사무를 처리하는 자이며, 그의 임무위반행위로써 그 타인인 본인에게 재산상의 손해를 발생케 하였을 때 이 죄가 성립되는 것인즉, 소위 1인회사에 있어서도 행위의 주체와 그 본인은 분명히 별개의 인격이며, 그 본인인 주식회사에 재산상 손해가 발생하였을 때, 배임죄는 기수가 되는 것이므로 궁극적으로 그 손해가 주주의 손해가 된다 하더라도 이미 성립한 죄에는 아무 소장이 없다.」

<대판 2012. 5. 24, 2010 도 8614>

「회사의 대표이사 또는 그에 준하여 회사 자금의 보관이나 운용에 관한 사실상의 사무를 처리하여 온 자가, 회사를 위한 지출 이외의 용도로 거액의 회사 자금을 가지급금 등의 명목으로 인출·사용함에 있어 이사회 결의 등 적법한 절차를 거치지 않았음은 물론 이자나 변제기의 약정조차 없었다고 한다면 이는 통상 용인되는 직무권한이나 업무의 범위를 벗어나 대표이사 등의 지위를 이용하여 회사 자금을 사적인 용도로 대여·처분하는 것과 다를 바 없다고 할 것이므로, 그러한 행위는 형법상 횡령죄에 해당한다고 봄이 상당하다. 또한 주식회사는 주주와는 독립한 별개의 권리주체로서 회사와 주주 사이에 그 이해관계가 반드시 일치하는 것은 아니므로, 회사의 자금을 회사의 업무와 무관하게 주주나 대표이사 개인의 채무 변제, 증여나 대여 등과 같은 사적인 용도로 지출하였다면 횡령죄의 죄책을 면할 수 없고, 이는 1인 회사의 경우에도 마찬가지이다. 그리고 횡령죄에 있어 불법영득 의사라 함은 자기 또는 제 3 자의 이익을 꾀할 목적으로 그 임무에 위배하여 자기가 보관하는 타인의 재물을 자기 소유물과 같이 처분하는 의사를 말하므로, 사후에 이를 반환하거나 변상하려는 의사가 있었다고 하더라도 불법영득의 의사를 인정함에 장애가 되지 않는다.」

1인주주와 1인주식회사의 법인격은 독립된 것이고, 이 독립성은 정당한 이유가 있을 때에만 상실될 것이므로 배임죄의 성립을 인정한 인정설이 타당하다(동지: 정동윤, 17쪽).

1인주주가 이사인 때에는 자신의 이사로서의 책임을 면제할 수 있고(제400조), 이는 감사인 때에도 마찬가지이다(제415조, 제400조). 한편 이사와 회사 간의 자기거래의 제한에 관한 제398조와 민법 제124조는 주주만의 이익보호를 위한 규정이 아니고, 또한 기관의 분화를 본질로 하는 주식회사제도에 반하므로 동 조항들은 1인주주가 이사인 경우에도 적용되어야 한다(동지: 이철송, 43쪽, 684쪽; 채이식, 377쪽; 손주찬, 439쪽; 최준선, 221쪽. 이설: 최기원, 53쪽; 정동윤, 17쪽).

B. 1人株式會社의 外部關係 1인주주도 간접·유한책임만을 지므로 제 3 자에 대하여는 직접 아무런 책임도 지지 않는다. 다만, 1인회사가 탈법을 하기 위한 도구로 쓰인다거나 하는 경우에는 1인사원에게 직접책임을 물을 수 있는가 하는 실체파악(법인격부인) 문제가 생기게 된다.

Ⅲ. 法 人 性

1. 序 說

회사는 모두 법인으로서(제169조) 본점소재지에서 설립등기를 함으로써 법인격을 취득한다(제172조). 법인은 법에 의하여 법인격이 인정된 권리·의무의 귀속주체로서 자연인에 대응되는 개념이다. 이는 회사의 법률관계를 명확·단순화하고, 회사재산을 대외적 책임재산으로 제한하기 위한 법기술이다.

회사는 법인으로서 적극적 속성과 소극적 속성을 갖고 있다. ① 권리·의무의 주체가 되고, 법률효과도 직접 귀속되며, 책임재산을 가질 수 있고, ② 소송당사자가 되며, ③ 회사에 대한 채무명의에 의해서만 강제집행을 할 수 있는 등 법인이 전면에 나타나는 속성은 법인의 적극적 속성이다. 이에 대하여 ① 법인의 채권자에 대하여는 오로지 법인재산만이 책임재산이 되고, 사원의 개인재산과 구별되며, ② 법인재산은 법인의 채권자를 위한 배타적 책임재산이 될 뿐 사원 개인의 채권자에 의한 강제집행의 대상이 되지 않는 등 법인과 사원이 구별되는 속성이 법인의 소극적 속성이다.

<대판 2005.8.19, 2005 도 3045>

「주식회사는 주주와 독립된 별개의 권리주체로서 그 이해가 반드시 일치하는 것은 아니므로, 회사소유재산을 주주나 대표이사가 제 3 자의 자금조달을 위하여 담보로 제공하는 등 사적인 용도로 임의처분하였다면 그 처분에 관하여 주주총회나 이사회의 결의가 있었는지 여부와는 관계 없이 횡령죄의 죄책을 면할 수는 없는 것이고, 횡령죄에 있어서 불법영득의 의사라 함은 자기 또는 제 3 자의 이익을 꾀할 목적으로 업무상의 임무에 위배하여 보관하는 타인의 재물을 자기의 소유인 경우와 같은 처분을 하는 의사를 말하고, 사후에 이를 반환하거나 변상·보전하는 의사가 있다 하더라도 불법영득의 의사를 인정함에 지장이 없다(대판 1983.9.13, 82 도 75; 대판 2005.4.29, 2005 도 741 등 참조). 또 주식회사의 재산을 임의로 처분하려는 대표이사의 횡령행위를 주선하고, 그 처분행위를 적극적으로 종용한 경우에는 대표이사의 횡령행위에 가담한 공동정범의 죄책을 면할 수 없다.」

2. 法人格授與에 대한 立法例

어떤 종류의 회사에 법인격을 부여할 것인가는 입법정책의 문제로서 나라마다 다르다. 프랑스(상법 제5조 제1항)·일본(상법 제54조)은 자본회사뿐만 아니라 조합의 실질을 갖춘 인적회사에 대하여도 법인격을 인정하고 있다. 이에 반하여 독일에서는 자본회사(독일주식법 제1조, 제278조; 독일유한회사법 제13조)에 대해서만 법인격을 부여하고, 인적회사에 대하여는 기관의 불비, 사원의 무한책임성을 이유로 법인격을 부여하지 않고 있다(다만, 독일상법 제124조에서는 이들 인적회사에도 법적 독자성을 인정하여 법인과 다름 없이 다루고 있다). 영국과 미국에서도 자본회사(company, corporation)에 대하여만 법인격을 부여하고, 인적회사(partnership, limited partnership)에 대하여는 법인격을 부여하지 않고 있다.

우리나라에서는 모든 회사를 법인으로 하고 있다(제169조). 따라서 민법의 법인에 관한 규정(민법 제31조 아래)이 당연히 회사에 적용된다. 하지만 인적회사에 있어서는 회사의 기관이 자기기관이고 회사채무에 대하여 사원이 무한책임을 지며 사원 상호간 및 사원과 제3자 간의 관계도 규제하고 있어서 조합적 성질을 갖고 있으므로, 회사의 내부관계에 대하여 상법과 정관에 규정이 없는 사항은 조합에 관한 민법규정을 적용하도록 하고 있다(제195조).

회사는 법인이므로 대외적 활동의 기초로서 기관이 있어야 하며, 회사의 명칭인 상호에는 회사의 종류를 기재하여야 하고(제19조), 회사의 주소는 본점소재지에 있다(제171조).

3. 法人格否認論

회사에 부여되어 있는 법인격이 남용된 경우에 법인격을 부인하고, 그 배후에 있는 실체를 파악하여 그에게 법률관계를 귀속시키고자 하는 것이 바로 실체파악의 문제이다. 미국에서는 사원의 인적 책임의 근거를 법인격부인론(The doctrine of the disregard of the corporate entity)으로 설명하고 있다. 하지만 성문법체계를 가진 우리나라의 법률문제의 해석에는 같은 법계에 속하는 독일의 실체파악론을 참고함이 타당하다고 생각되어 독일에서의 논의를 개괄하여 우리 법의 해석에 지침을 마련코자 한다. 특히 그 동안에는 실체파악을 너무 넓게 보아 법적용문제로써 해결될 것도 실체파악으로 잘못 본 것도 있다. 그런 연후에 실체파악책임의 문제로서 가장 논란이 되고 있는 자기자본부족회사에서의 사원의 책임에 관하여 보고자 한다.

(1) 序 論

A. 論議의 對象 실체파악(Durchgriff)이라는 말은 법인의 법적 독립성을 배제하는, 따라서 법인의 법인격을 부인 내지 무시하는 방법을 표현하고자 할 때 사용되고 있다. 이는 법정책적으로는 권리주체의 독립성에서 생겨나는 결과 또는 가정적인 결과를 배제하려고 하는 데 그 핵심이 있으며,

법적 문제점은 어떠한 요건 아래서 법인격을 부인하느냐이다.

실체파악에 대한 학문적인 논의는 비교적 최근의 일이다. 특히 제 2 차 세계대전 이후의 시기에 영미의 법원칙, 즉 법인격부인론을 평가하여 전통적인 독일판례(법인과 사원과 책임을 분리)에 분리원칙의 파기를 지향하는 이론적인 근거가 제시되었는데, 이는 특히 권리주체를 보호하고 있는 장막을 벗기거나 찢어 낸다고 함으로써 그 모습을 일목요연하게 표현하고 있다. 이러한 암시적인 비유는 실체파악이론의 법정책적 요청을 아주 분명히 하고 있다. "법감정이 분리의 원칙을 인정하지 않게 되면, 인위적이라고 느껴지는 분리의 원칙은 무시된다." 그리고 이 원칙은 동시에 실체파악이론에 대한 정책적 · 방법적인 의심도 분명히 갖게 한다. 왜냐하면 실체파악이론은 특히 법적 안정성을 고려해야 하는 사법질서와 조화를 이루지 못하기 때문이다.

법인격부인론을 적용하기 위하여 인정되는 공통된 요건은 두 가지이다. 하나는 특정 지배사원이 자의적으로 회사를 지배하는 것이다(지배요건). 또 하나는 실질적인 자본부족이다(자본불충분요건).

B. **問題點의 包括性** 실체파악문제는 회사법의 가장 어렵고, 가장 논쟁이 많은 문제영역에 속하기 때문에 그 논제를 어떻게 정리할지부터가 어렵다. 실제로 발생하는 문제의 우연성에 빠져 있지 않으려면 우선 문제범위의 폭을 포착하여야 한다.

(i) 실체파악문제는 일반적으로 '법인의 문제'라고 한다. 이는 우리가 자연인이 아닌 모든 권리주체를 법인이라고 지칭할 때에만 정당하다. 따라서 실체파악논의에 있어서는 자본회사에 관한 문제만이 아니라 자연인이 아닌 모든 법인에 동일하게 적용되는 문제라는 점을 확고히 할 필요가 있다.

(ii) 실체파악의 문제를 항상 책임의 문제로서 파악하고, 이에 따라서 실체파악을 사원이 무한책임을 부담하지 않는 단체에 집중하여 다루고 있는 것도 잘못 이해하고 있는 것이다. 왜냐하면 사원의 무한책임에 관하여 전혀 의문이 가지 않는 인적회사의 경우에도 실체파악문제가 발생할 수 있기 때문이다.

(2) **學 說** 법인격을 무시하면서까지 당해 법인의 실체에게 책임을 묻는 것은 극히 이례적인 것이므로, 근본적으로는 법인격을 무시해서 정의와 형평을 확보할 것인지 여부에 대해서 반론이 있으며, 법인격부인이론 내지 법인격무시이론 또는 실체파악이론을 인정할 경우 그 근거에 대해서도

학설이 나뉘고 있다.

규범적용설은 실체파악에 따른 법인격무시를 인정하지 않는 견해로서 원칙적으로 법인과 사원의 분리를 원칙으로 하면서, 기존 실정법의 규정을 목적해석을 통하여 합리적으로 적용하면 굳이 법인격을 무시 내지 부인할 필요 없이 법의 정의와 형평은 달성될 수 있다고 한다. 반면 실체파악이론을 인정하는 입장에서는 사원의 법인격남용과 관련하여 사원의 주관적인 귀책가능성을 요구하는 주관적 권리남용설과 단체와 사원을 분리하는 것이 객관적 법질서에 반하는 것으로 족하고 더 이상 주관적인 귀책가능성은 문제되지 않는다는 제도적 실체파악이론으로 나뉜다.

생각건대 규범적용설은 법인격이 남용되는 모든 사안을 일정한 규범의 해석만으로 정의롭게 해결하는 것은 한계가 있으며, 주관적 권리남용설은 실체파악이론이 적용되는 것은 법인이 객관적으로 목적에 반하여 이용되는 것을 규제하기 위하여 등장한 것이라는 점에서 문제가 있다. 따라서 제도적 실체파악이론이 타당하다고 본다. 다만, 실정법의 목적해석을 통하여 합리적으로 해결할 수 있는 사안에 대해서는 굳이 법인격을 무시하여 실체파악이론을 적용할 필요는 없다고 할 것이며, 그 점에서 실체파악이론의 적용범위를 어떻게 한정할 것인가가 문제의 핵심이라 본다.

(3) 適用條件

A. 補 充 性 실체파악이론은 최후수단의 성격을 갖는다. 즉 기존의 법제도나 조문의 해석을 통하여 해결될 수 있는 사안에는 적용될 수 없다. 독일의 판례 역시 기존의 모든 수단과 방법을 동원해도 만족스러운 결과를 도출할 수 없을 때에만 실체파악이론을 적용하고 있다.

B. 法人格의 形骸化 이는 법인격의 형태요건으로서 법인격이 사실상 껍데기에 불과할 정도로 형식에 불과하여야 한다(김정호, 상법강의(상), 411쪽). 법인격이 형해화되어 있는지 여부는 개인에 의한 자의적 지배, 개인과 회사의 업무 및 재산의 혼융, 자기자본불충분 등을 기준으로 판단하여야 할 것이다. 그러므로 실질은 개인기업에 불과하여 회사와 사원의 업무 및 재산상태가 서로 뒤섞여 구분이 되지 않고, 자본회사인 경우 기관의 권한과 의무가 무시되어 실체의 의사로 회사가 운영되는 경우에는 법인격이 무시될 수 있다.

C. 法人格의 濫用 형해화된 법인격을 사원이 위법 내지 부당한 목적을 위하여 사용하였어야 한다. 이를 불공정요건이라고도 한다(김정호, 앞의 책, 411쪽). 그러

나 불공정요건의 판단시 실체인 사원에게 법인격남용에 대한 고의가 있어야 하는 것은 아니다. 만약 사원의 고의를 요구할 경우, 그 증명의 곤란성으로 인하여 사실상 실체파악을 통한 정의와 형평의 확보는 불가능해질 수 있기 때문이다. 따라서 불공정행위는 객관적으로만 존재하여도 된다(같은 견해로는 김정호, 앞의 책, 412쪽).

<대판 1977. 9. 13, 74 다 954>

「이른바 법인형해론의 입장에서 회사의 법인격이 부인되기에 이르렀다고 보려면, 회사의 대표이사가 회사의 운영이나 기본재산의 처분에 있어서 주식회사의 운영에 관한 법적 절차를 무시하고 위법·부당한 절차에 의하여 외형상 회사형태를 유지하는 데 불과한 경우를 말한다.」

<대판 1988. 11. 22, 87 다카 1671>

「변의치적을 위해 설립된 회사가 법률의 적용을 회피키 위해 실제 소유자인 관리회사와는 별개의 법인격을 갖는 회사라고 주장하는 것은 신의성실원칙 위반이다.」

<대판 1995. 5. 12, 93 다 44531>

「Y회사와 A회사는 기업의 형태·내용이 실질적으로 동일하고 Y회사는 A회사의 채무를 면탈할 목적으로 설립된 것으로서, Y회사가 A회사의 채권자에 대하여 A회사와는 별개의 법인격을 가지는 회사라는 주장을 하는 것이 신의성실의 원칙에 반하거나 법인격을 남용하는 것으로 인정되는 경우에도 권리관계의 공권적인 확정 및 신속·확실한 실현을 도모하기 위하여 절차의 명확·안정을 중시하는 소송절차 및 강제집행절차에 있어서는 그 절차의 성격상 A회사에 대한 판결의 기판력 및 집행력의 범위를 Y회사에까지 확장하는 것은 허용되지 아니한다.」

<대판 2001. 1. 19, 97 다 21604>

「회사가 외형상으로는 법인의 형식을 갖추고 있으나 그 실질에 있어서는 완전히 그 법인격의 배후에 있는 타인의 개인기업에 불과하거나, 그것이 배후자에 대한 법률적용을 회피하기 위한 수단으로 함부로 쓰여지는 경우에는 비록 외견상으로는 회사의 행위라 할지라도 그 배후자인 타인에 대하여도 회사의 행위에 관한 책임을 물을 수 있다고 보아야 한다.」

<대판 2004. 11. 12, 2002 다 66892>

「기존 회사가 채무를 면탈할 목적으로 기업의 형태·내용이 실질적으로 동일한

신설회사를 설립하였다면, 신설회사의 설립은 기존 회사의 채무면탈이라는 위법한 목적달성을 위하여 회사제도를 남용한 것이므로, 기존 회사의 채권자에 대하여 위 두 회사가 별개의 법인격을 갖고 있음을 주장하는 것은 신의성실의 원칙상 허용될 수 없다 할 것이어서, 기존 회사의 채권자는 위 두 회사 어느 쪽에 대하여서도 채무의 이행을 청구할 수 있다(안건사 사건).」

<대판 2006. 8. 25, 2004 다 26119>

「자회사의 임 · 직원이 모회사의 임 · 직원 신분을 겸유하고 있었다거나, 모회사가 자회사의 전주식을 소유하여 자회사에 대해 강한 지배력을 가진다거나, 자회사의 사업규모가 확장되었거나, 자본금의 규모가 그에 상응하여 증가하지 아니한 사정 등만으로는 모회사가 자회사의 독자적인 법인격을 주장하는 것이 자회사의 채권자에 대한 관계에서 법인격의 남용에 해당한다고 보기에 부족하고, 적어도 자회사가 독자적인 의사 또는 존재를 상실하고 모회사가 자신의 사업의 일부로서 자회사를 운영한다고 할 수 있을 정도로 완전한 지배력을 행사하고 있을 것이 요구되며, 구체적으로는 모회사와 자회사 간의 재산과 업무 및 대외적인 기업거래활동 등이 명확히 구분되어 있지 않고 양자가 서로 혼용되어 있다는 등의 객관적 징표가 있어야 하며, 자회사의 법인격이 모회사에 대한 법률적용을 회피하기 위한 수단으로 사용되거나 채무면탈이라는 위법한 목적달성을 위하여 회사제도를 남용하는 등의 주관적 의도 또는 목적이 인정되어야 한다.」

<대판 2006. 7. 13, 2004 다 36130>

「기존 회사가 채무를 면탈할 목적으로 기업의 형태 · 내용이 실질적으로 동일한 신설회사를 설립하였다면, 신설회사의 설립은 기존 회사의 채무면탈이라는 위법한 목적달성을 위하여 회사제도를 남용한 것이므로, 기존 회사의 채권자에 대하여 위 두 회사가 별개의 법인격을 갖고 있음을 주장하는 것은 신의성실의 원칙상 허용될 수 없다 할 것이어서 기존 회사의 채권자는 위 두 회사 어느 쪽에 대하여서도 채무의 이행을 청구할 수 있다.」

<대판 2008. 8. 21, 2006 다 24438>

「기존 회사가 채무를 면탈하기 위하여 기업의 형태 · 내용이 실질적으로 동일한 신설회사를 설립하였다면, 신설회사의 설립은 기존 회사의 채무면탈이라는 위법한 목적달성을 위하여 회사제도를 남용한 것에 해당한다. 이러한 경우에 기존 회사의 채권자에 대하여 위 두 회사가 별개의 법인격을 갖고 있음을 주장하는

것은 신의성실의 원칙상 허용될 수 없으므로, 기존 회사의 채권자는 위 두 회사 어느 쪽에 대하여도 채무의 이행을 청구할 수 있다. 여기에서 기존 회사의 채무를 면탈할 의도로 신설회사를 설립한 것인지 여부는 기존 회사의 폐업 당시 경영상태나 자산상황, 신설회사의 설립시점, 기존 회사에서 신설회사로 유용된 자산의 유무와 그 정도, 기존 회사에서 신설회사로 이전된 자산이 있는 경우 그 정당한 대가가 지급되었는지 여부 등 제반 사정을 종합적으로 고려하여 판단하여야 한다(다른 사정을 충분히 고려하지 아니하고 신설회사가 기존 회사의 대표이사에 의하여 지배되고 있다는 사정에 기초하여 채무면탈의 목적으로 신설회사를 설립한 경우로 본 원심판결을 파기한 사례).」

<대판 2008. 8. 21, 2006 다 62829>

「개인이 회사를 설립하지 않고 영업을 하다가 그와 영업목적이나 물적 설비, 인적 구성원 등이 동일한 회사를 설립하였다고 하더라도 그가 새로 설립한 회사를 자기 마음대로 이용할 수 있는 지배적 지위에 있지 않는 한 회사가 법인격의 배후에 있는 타인의 개인기업에 불과하거나 배후자에 대한 법적 책임을 회피하기 위한 수단으로 회사형태를 함부로 이용하고 있다고 할 수 없으므로, 이러한 경우 개인의 채권자는 법인격남용을 이유로 개인에 대한 채무의 이행을 회사에 청구할 수 없다.」

<대판 2008. 9. 11, 2007 다 90982>

「회사가 외형상으로는 법인의 형식을 갖추고 있으나 법인의 형태를 빌리고 있는 것에 지나지 아니하고 실질적으로는 완전히 그 법인격의 배후에 있는 사람의 개인기업에 불과하거나, 그것이 배후자에 대한 법률적용을 회피하기 위한 수단으로 함부로 이용되는 경우에는 비록 외견상으로는 회사의 행위라 할지라도 회사와 그 배후자가 별개의 인격체임을 내세워 회사에게만 그로 인한 법적 효과가 귀속됨을 주장하면서 배후자의 책임을 부정하는 것은 신의성실의 원칙에 위배되는 법인격의 남용으로서 심히 정의와 형평에 반하여 허용될 수 없고, 따라서 회사는 물론 그 배후자인 타인에 대하여도 회사의 행위에 관한 책임을 물을 수 있다고 보아야 한다. 여기서 회사가 그 법인격의 배후에 있는 사람의 개인기업에 불과하다고 보려면, 원칙적으로 문제가 되고 있는 법률행위나 사실행위를 한 시점을 기준으로 하여 회사와 배후자 사이에 재산과 업무가 구분이 어려울 정도로 혼용되었는지 여부, 주주총회나 이사회를 개최하지 않는 등 법률이나 정관에 규정된 의사결정절차를 밟지 않았는지 여부, 회사자본의 부실정도, 영업의 규모 및

직원의 수 등에 비추어 볼 때, 회사가 이름뿐이고 실질적으로는 개인영업에 지나지 않는 상태로 될 정도로 형해화되어야 한다. 또한 위와 같이 법인격이 형해화될 정도에 이르지 않더라도 회사의 배후에 있는 자가 회사의 법인격을 남용한 경우, 회사는 물론 그 배후자에 대하여도 회사의 행위에 관한 책임을 물을 수 있으나, 이 경우 채무면탈 등의 남용행위를 한 시점을 기준으로 하여 회사의 배후에 있는 사람이 회사를 자기 마음대로 이용할 수 있는 지배적 지위에 있고, 그와 같은 지위를 이용하여 법인제도를 남용하는 행위를 할 것이 요구되며, 위와 같이 배후자가 법인제도를 남용하였는지 여부는 앞서 본 법인격형해화의 정도 및 거래상대방의 인식이나 신뢰 등 제반 사정을 종합적으로 고려하여 개별적으로 판단하여야 한다.」

<대판 2010. 1. 14, 2009 다 77327>

「기존회사가 채무를 면탈하기 위하여 기업의 형태·내용이 실질적으로 동일한 신설회사를 설립하였다면, 신설회사의 설립은 기존회사의 채무면탈이라는 위법한 목적 달성을 위하여 회사제도를 남용한 것에 해당하고, 이러한 경우에 기존회사의 채권자에 대하여 위 두 회사가 별개의 법인격을 갖고 있음을 주장하는 것은 신의성실의 원칙상 허용될 수 없으므로, 기존회사의 채권자는 위 두 회사 어느 쪽에 대하여서도 채무의 이행을 청구할 수 있다. 여기에서 기존회사의 채무를 면탈할 의도로 신설회사를 설립한 것인지 여부는 기존회사의 폐업 당시 경영상태나 자산상황, 신설회사의 설립시점, 기존회사에서 신설회사로 유용된 자산의 유무와 그 정도, 기존회사에서 신설회사로 이전된 자산이 있는 경우 그 정당한 대가가 지급되었는지 여부 등 여러 사정을 종합적으로 고려하여 판단하여야 한다(신설회사가 기존회사로부터 공장 건물, 기계 및 인력 대부분을 그대로 인수하여 종전과 동일한 영업을 하고 있는 사실 등은 인정되지만, 기존회사의 주주와 신설회사의 주주가 완전히 다른 점, 기존회사로부터 무상으로 이전받은 자산이 없는 점 등의 사정에 비추어 신설회사가 기존회사와 실질적으로 동일한 회사로서 그 채무를 면탈할 목적으로 설립된 것이라고 볼 수 없다고 한 사례).」

<대판 2011. 5. 13, 2010 다 94472>

「기존회사가 채무를 면탈할 목적으로 기업의 형태·내용이 실질적으로 동일한 신설회사를 설립하였다면, 신설회사의 설립은 기존회사의 채무면탈이라는 위법한 목적달성을 위하여 회사제도를 남용한 것이므로, 기존회사의 채권자에 대하여 위 두 회사가 별개의 법인격을 갖고 있음을 주장하는 것은 신의성실의 원칙

상 허용될 수 없다 할 것이어서 기존회사의 채권자는 위 두 회사 어느 쪽에 대하여서도 채무의 이행을 청구할 수 있다고 볼 것이고, 이와 같은 법리는 어느 회사가 채무를 면탈할 목적으로 기업의 형태·내용이 실질적으로 동일한 이미 설립되어 있는 다른 회사를 이용한 경우에도 적용된다 할 것이다. 그리고 여기에서 기존회사의 채무를 면탈할 의도로 다른 회사의 법인격이 이용되었는지 여부는 기존회사의 폐업 당시 경영상태나 자산상황, 기존회사에서 다른 회사로 유용된 자산의 유무와 그 정도, 기존회사에서 다른 회사로 이전된 자산이 있는 경우 그 정당한 대가가 지급되었는지 여부 등 제반 사정을 종합적으로 고려하여 판단하여야 한다.」

<대판 2013. 2. 15, 2011 다 103984>

「해당 회사가 그 법인격의 배후에 있는 회사를 위한 도구에 불과하다고 보려면, 원칙적으로 문제가 되고 있는 법률행위나 사실행위를 한 시점을 기준으로 하여 두 회사 사이에 재산과 업무가 구분이 어려울 정도로 혼용되었는지 여부, 주주총회나 이사회를 개최하지 않는 등 법률이나 정관에 규정된 의사결정절차를 밟지 않았는지 여부, 해당 회사 자본의 부실정도, 영업의 규모 및 직원의 수 등에 비추어 볼 때 그 해당 회사는 이름뿐이고 실질적으로는 배후에 있는 회사를 위한 영업체에 지나지 않을 정도로 형해화 되어야 한다. 또한 위와 같이 법인격이 형해화될 정도에 이르지 않더라도 그 배후에 있는 회사가 해당 회사의 법인격을 남용한 경우 그 해당 회사는 물론 배후에 있는 회사에 대하여도 해당 회사의 행위에 대한 책임을 물을 수 있으나, 이 경우 채무면탈 등의 남용행위를 한 시점을 기준으로 하여, 배후에 있는 회사가 해당 회사를 자기 마음대로 이용할 수 있는 지배적 지위에 있고, 그와 같은 지위를 이용하여 법인제도를 남용하는 행위를 할 것이 요구되며, 그와 같이 배후에 있는 회사가 법인제도를 남용하였는지 여부는 앞서 본 법인격 형해화의 정도 및 거래 상대방의 인식이나 신뢰 등 제반 사정을 종합적으로 고려하여 개별적으로 판단하여야 한다(대판 2008. 9. 11, 2007 다 90982, 대판 2010. 1. 28, 2009 다 73400 등 참조).」

<대판 2016. 4. 28, 2015 다 13690>

「소외 회사와 피고 애드모비는 피고 1이 사실상 지배하는 동일한 회사로서 피고 1이 소외 회사의 채무를 면탈할 목적으로 피고 애드모비를 설립한 것으로 볼 여지가 충분하다. 그렇게 볼 수 있다면 피고 애드모비의 설립은 소외 회사의 채무면탈이라는 위법한 목적달성을 위하여 회사제도를 남용한 것이므로, 소외 회사의 채권자라고 주장하는 원고에 대하여 피고 애드모비가 소외 회사와 별개의 법인격을

갖고 있음을 주장하는 것은 신의성실의 원칙상 허용될 수 없고, 소외 회사의 채권자는 소외 회사뿐만 아니라 피고 애드모비에 대하여도 채무의 이행을 청구할 수 있다고 봄이 타당할 것이다.」

<대판 2019. 12. 13, 2017 다 271643>

「기존회사의 자산이 기업의 형태 · 내용이 실질적으로 동일한 다른 회사로 바로 이전되지 않고, 기존회사에 정당한 대가를 지급한 제 3 자에게 이전되었다가 다시 다른 회사로 이전되었다고 하더라도, 다른 회사가 제 3 자로부터 자산을 이전받는 대가로 기존회사의 다른 자산을 이용하고도 기존회사에 정당한 대가를 지급하지 않았다면, 이는 기존회사에서 다른 회사로 직접 자산이 유용되거나 정당한 대가 없이 자산이 이전된 경우와 다르지 않다. 이러한 경우에도 기존회사의 채무를 면탈할 의도나 목적, 기존회사의 경영상태, 자산상황 등 여러 사정을 종합적으로 고려하여 회사제도를 남용한 것으로 판단된다면, 기존회사의 채권자는 다른 회사에 채무이행을 청구할 수 있다(공사 하도급업자인 원고 甲과 재하도급업자들인 나머지 원고들이 그 사이의 채권 양수 등을 원인으로 하여 원래 건축주에 대한 공사대금 채권을 가지고 있었는데, 그 건물 건축주 명의가 판결에 기하여 원래 건축주인 A 회사에서 소외인으로 변경되고 다시 피고가 소외인으로부터 건축주 명의를 양수한 사안에서, 정당한 소외인이 중간에 개입하였다는 사정만으로 회사제도 남용 법리가 적용되지 않는다고 단정할 수 없고, 이러한 경우에도 소외인으로부터 피고에게 건축주 지위가 이전되는 과정에서 A회사가 차용한 자금이 사용되는 등 A회사의 자산이 정당한 대가 없이 이전되거나 유용되었다면, A회사의 채무면탈이라는 위법한 목적달성을 위해 피고를 이용하여 회사제도를 남용한 것으로 볼 수 있으므로, A회사의 채권자인 원고들이 피고에 대해서도 채무의 이행을 구할 수 있다고 볼 여지가 있다고 하여, 이와 달리 피고의 책임을 부정한 원심을 파기한 사례).」

(4) 法人格否認論의 逆適用

개인이 빚을 많이 부담한 상태에서 재산을 투자하여 회사를 설립한 경우, 개인이 진 빚을 회사에 청구할 수 있도록 하는 것이 법인격부인론의 역적용이다. 판례도 법인격부인론의 역적용을 인정하고 있다(대판 2021. 4. 15, 2019 다 293449).

<대판 2021. 4. 15, 2019 다 293449>

「개인과 회사의 주주들이 경제적 이해관계를 같이 하는 등 개인이 새로 설립한 회사를 실질적으로 운영하면서 자기 마음대로 이용할 수 있는 지배적 지위에 있

다고 인정되는 경우로서, 회사 설립과 관련된 개인의 자산 변동 내역, 특히 개인의 자산이 설립된 회사에 이전되었다면 그에 대하여 정당한 대가가 지급되었는지 여부, 개인의 자산이 회사에 유용되었는지 여부와 그 정도 및 제 3 자에 대한 회사의 채무 부담 여부와 그 부담 경위 등을 종합적으로 살펴보아 회사와 개인이 별개의 인격체임을 내세워 회사 설립 전 개인의 채무 부담행위에 대한 회사의 책임을 부인하는 것이 심히 정의와 형평에 반한다고 인정되는 때에는 회사에 대하여 회사 설립 전에 개인이 부담한 채무의 이행을 청구하는 것도 가능하다고 보아야 한다(개인사업체를 운영하던 A가 원고에게 채무를 부담하고 있던 중 영업목적이나 물적 설비, 인적 구성원 등이 동일한 피고를 설립하였는데, A를 제외한 피고의 주주들도 A와 경제적 이해관계를 같이 하였고, A의 개인사업체의 모든 자산이 피고에게 이전된 반면, A는 자본금 3억 원으로 설립된 피고 주식 중 50%를 취득한 외에 아무런 대가를 지급받지 않은 사건에서, 피고가 A의 채권자인 원고에게 이 사건 채무를 이행할 의무가 있다고 판단한 원심을 수긍하여 상고기각한 사례).」

(5) 適用範圍

A. 不法行爲責任 　실체파악을 통하여 법인격이 무시되는 경우는 일반적으로 계약적 책임을 대상으로 하지만, 채권채무관계가 불법행위로 인한 경우에도 실체파악이론이 적용될 수 있는지 여부와 관련해서는 다툼이 있다. 불법행위책임에는 법인격이 무시되지 않는다는 견해에 따르면, 불법행위책임을 다투는 채권자는 상대방회사의 실체와 능력에 대한 신뢰가 배반된 것이 아니라는 데 주목한다. 그러나 실체파악이론은 외관신뢰를 근거로 주장되는 것이 아니라는 점에서 이 주장은 설득력이 없다. 오히려 불법행위의 경우에는 계약의 경우와는 달리 상대방을 선택할 기회가 주어지는 것이 아니므로, 불법행위책임에도 실체파악이론이 적용되어야 한다고 본다(우리나라의 다수설).

B. 人的會社의 경우 　실체파악이론은 사원이 유한책임을 부담하는 회사의 법인격이 남용될 때 적용되는 것이 일반적이겠으나, 원래 실체파악문제는 법인의 문제이므로 자본회사뿐만 아니라 자연인이 아닌 모든 법인에 적용되는 문제임을 분명히 할 필요가 있다. 즉 실체파악의 문제를 항상 책임의 문제로 파악하여 사원이 무한책임을 부담하지 않는 단체에 집중하여 다루는 것은 타당하지 않으며, 실체파악이론은 인적회사에도 적용된다고 보는 것

이 타당하다. 따라서 합명회사의 경우 사원은 보충적으로만 무한책임을 부담하고, 합자회사의 경우에는 유한책임사원이 존재하므로 그러한 한도에서 이들 회사에 실체파악이론이 적용될 여지는 충분하다고 본다.

C. **公開會社** 공개회사의 경우에는 특정사원에 의한 완전한 지배나 재산 내지 업무의 혼융 등과 같은 법인격의 형해화가 인정되기 어렵다는 점에서 실체파악이론이 적용되기는 현실적으로 어려울 것이다.

D. **歸屬實體把握** 실체파악이론은 주로 회사의 실체에게 무한책임을 묻는 책임실체파악이 중심이 된다 함은 당연하다. 여기서 더 나아가서 일정한 사실에 대한 지·부지를 판단할 때에도 실체파악이론을 적용할 수 있다. 예컨대 어느 사안에 대하여 주식회사의 대표이사는 선의라 하더라도 1인주주가 악의인 경우나 일정지역에서 경업금지의무를 부담하는 회사의 경우, 그 회사의 실체인 지배사원이 경업을 하려는 경우 실체파악이론을 통하여 회사의 악의를 인정하거나 경업금지의무를 부과할 수 있을 것이다(김정호, 앞의 책, 413쪽).

(6) 效 果 앞서의 요건이 충족되면 회사의 채권자는 사원에 대하여 회사가 부담하는 책임을 물을 수 있으며, 일정사안에 대한 사원의 지·부지는 회사의 그것으로 취급된다. 그리고 회사의 지배사원이 회사의 파산을 방지하기 위하여 회사에 대해 행한 금전소비대차로 제공한 자금은 회사가 파산한 경우 회사의 자본으로 취급된다.

그러나 실체파악으로 인한 법인격무시가 해당 회사의 법인격 자체를 소멸시키는 것은 아니라는 점에 유의하여야 한다. 또한 실체파악이론이 적용되어도 회사에 대한 이행판결의 기판력과 집행력의 범위가 사원에게 확장되는 것도 아니다.

4. 自己資本不足會社에서의 責任

(1) 序 실체파악책임과 관련하여 근자에 가장 많이 논의되고 있는 문제가 바로 자기자본부족회사의 책임에 관한 문제이다. 우리나라 기업의 자본구조를 보면 자기자본이 차지하는 비율이 상당히 낮으며, 이는 재벌기업일수록 그러한 현상이 더욱 두드러진다. 오래전부터 전해 오는 "기업은 망해도 기업주는 산다"는 속담은 우리나라 기업의 자본구조만 보아도 실감이 나도록 하고 있다. 그런데 이러한 역현상에도 불구하고 우리나라에서는 아직 자기자본이 부족한 기업에 대한 규제가 거의 논의되지 않고 있다는 데 더 큰 문제가 있는 것 같다. 이러한 점에 관심을 두고 1930년대부터 줄곧 이

러한 문제에 관하여 판례를 비롯하여 학자들이 논의의 대상으로 삼았던 독일에서는 이 자기자본부족회사의 문제를 어떻게 보고 있는가를 살피고자 한다(이에 관하여는 Ki-Su Lee, "Gläubigerschutz bei Unterkapitalisierung der GmbH," Dissertation, Tübingen, 1983에 따라서 설명한다).

자기자본부족문제 및 자기자본부족의 법적 효과의 문제는 회사법과 관련하여 2개의 관점에서 다루어지고 있다. 하나의 문제점은 자기자본부족으로 유한회사가 파산한 때에 유한회사의 부족한 자본출자를 이유로 사원에게 유한이든, 무한이든 인적 손실책임을 지울 수 있는가이다. 사원이 자기자본부족에 대해 지급해야 할 의무가 있을 것이라고 한 판결은 지금까지 알려지지 않고 있으나, 독일학설에서는 이 문제의 해결을 위한 노력을 볼 수 있다. 자기자본부족과 관련된 두 번째의 문제점은 자기자본보충적 성질을 지닌 사원소비대차의 처리에 관한 것이다.

여기에 관한 판례와 학설은 사원소비대차는 유한회사의 파산시 각각 다른 전제조건 아래에서 책임자본으로 다루어져야 된다는 경향에 있고, 결과적으로 제 3 채권자에 대하여 사원채권자는 후순위로 물러서고, 파산개시 전의 자본보충적 소비대차의 환급은 유한회사법 제31조에 따라 파산재단에 반환되어야 한다고 하였다. 이 문제점은 1981년의 유한회사법 개정에 의하여 제32a조와 제32b조가 신설되어 입법적으로 해결되었으며, 2008년 개정에 의해 해당 규정이 독일도산법으로 이관되었다.

자기자본이 부족한 유한회사와 관련하여 발전되어 온 독일의 판례나 학설, 그리고 입법제안은 자기자본부족이란 곧 자금조달의 문제임을 명확히 하고 있다. 여기에서 문제로 제기되는 점은 경영상의 자금조달이론에 귀속되는 기업의 자본납입이다. 통계상으로 보면, 유한회사의 자기자본납입이 점차 감소됨으로 말미암아 유한회사가 파산에 빠지게 되는 사례가 증가하고 있는 것으로 나타나고 있다.

이와 같이 자본구조가 악화되는 경우에는 기업의 책임능력이 저하되고, 이는 채권자에게 불리하게 된다. 만일 유한회사의 자기자본액이 충분하지 못할 때에는 필요한 자본의 납입요구는 결국 자본조달에 관한 문제로 귀착된다. 경영이론과 경영실제, 기업가의 결정절차원칙 등은 주어진 자본요구와 일정한 투자구조에 입각한 다수의 자본조달원칙을 발전시켰는데, 이는 '요구된 자본을 만족시키기 위한 자본조달수단선택의 기본원칙 또는 자본확보를 위한 규범'으로 표현되고 있다. 따라서 유한회사의 자기자본부족과 관련된 문제는 경영상의 인식을 갖고서 해결하여야만 하는데, 그렇게 함으로써만 회사법이 현실과 동떨어지지 않기 때문이다.

자기자본과 타인자본의 관계에 대해서는 오래전부터 많은 규칙이 학설에서 주장되었다. 몇몇 학자들은 자기자본과 타인자본의 비율이 같을 것을 주장하였고, 다른 사람들은 생산기업에서는 자기자본이 60% 이하로 떨어져서는 안 되고, 상업기업에서는 50% 이하로 하락하여서는 안 된다고 하였다. 더 나아가서 자기자본과 타인자본의 비율을 2:1, 1:1 혹은 그와 반대로 1:2 내지 1:3이 되어야 한다고 주장하기도 하였다. 그리고 몇 년에 걸친 연말손실에도 불구하고 견뎌 낼 수 있을 만큼의 자기자본이 필요하다고 주장하는 견해도 있다.

자본확보와 사원책임배제 사이의 관계에 합당한 한계를 책정하는 의미는 파산했을 경우에 자기자본만으로 채권자를 만족시킬 수 없을 때에 원천자본이 보증기능을 상실하게 된다는 데 있다. 여기에서의 문제는 적절한 자본조달과 부적절한 자본조달 간의 한계이다. 만일 자기자본부족이 한계를 초과했을 때는 원칙적으로 규제될 수 있다. 그래서 여기에서의 기본문제는 적절한 자기자본납입에 대한 비실제적인 명령이 아니라, 완전히 부적절한 책임자본납입에 대한 금지에 있다.

(2) **自己資本不足의 槪念** 독일연방대법원(BGHZ 31, 258, 268)은 자기자본부족을 책임자본과 정관에 기재한 회사목적 간의 불균형으로 이해하였다. 독일제국법원(RGZ 166, 51, 57)은 자기자본부족을 자본기초와 유한회사의 과제 간의 불균형으로 정의를 내렸다. 한편 학설은 여러 가지로 자기자본부족의 개념을 발전시켜 왔으나, 통일된 개념정립은 아직 없다. 예컨대 자기자본과 영업규모 간의 불균형으로 자기자본부족을 나타내기도 하고, 자기자본과 고정재산의 불균형, 자기자본과 타인자본 간의 불균형, 자기자본과 기업위험 간의 불균형 등으로 정의를 내리려고도 하였다. 판례와 학설에 나타난 이러한 자기자본부족의 추상적인 개념정립을 근거로 하여 Ulmer(Hachenburg/Ulmer, §30 Anhang, Rdn. 14ff.) 교수는 다음의 2가지 점에서 좀더 구체화하여 보고자 하였다. 첫째는 유한회사의 자본조달의 필요성이고, 둘째는 신용능력의 부족, 즉 타인자본조달의 불가능이다. 이러한 2개의 표지에 근거하여 정의된 자기자본부족이란 '만일 유한회사가 의도하였거나, 실제로 행하고 있는 영업활동의 종류와 범위에 따라서 자본조달방법을 고려하여도 제 3 자에 의한 신용대부로서 보충할 수 없는 중기자본조달과 장

기자본조달을 만족하기에 자기자본이 충분하지 못할 때'를 뜻한다.

(3) 自己資本不足의 危險性

A. 破産原因으로서의 自己資本不足 파산의 원인은 한편으로는 기업가의 영향력 밖에 있는 경우가 있는데, 이는 예컨대 경쟁 · 경기 · 경제정책과 사회정책 및 권력 등에 근거지워지고 있다. 다른 한편으로는 기업내부에서 근거지워지는 파산원인이 있는데, 이에는 상황에 구속되는 원인, 즉 생산 · 비용 · 고객과 공급자 등이 있고, 설정적인 유형으로서 기업의 대상 · 법형태 · 사원 · 영업장소 · 자본조달 및 투자 등이 있다. 기업가의 영향력 내에 놓여 있는 파산원인 중에서 자본조달의 결핍이 아주 커다란 의미를 갖고 있다. 즉 자본조달결핍이 파산의 최고위치를 점하고 있다. 이미 기업의 설립시에 중대한 자본조달결핍이 생기는 경우가 있는데, 이는 대부분이 자기자본요구정도를 낮게 책정하는 데 기인하고, 또한 자기자본과 타인자본 간의 격심한 불균형 및 장기타인자본과 단기타인자본과의 불균형에서도 생겨난다. 이로써 자기자본부족이란 기업의 신용에 영향을 미치기 때문에 특히 중요한 파산위험이 될 수 있다.

B. 自己資本不足의 擴大 이론상으로 논란이 많으나, 실제에 있어서는 커다란 의미를 지닌 '자본조달에 관한 황금률'을 충족시킨 업계는 거의 없다. 따라서 불황이 장기간 계속될 때에는 자본조달의 흠결이 하나의 구조적인 것일 수도 있다.

C. 自己資本不足의 危險 자기자본이 부족한 경우에는 자기자본이 갖는 완충기능을 더 이상 완전히 충족시킬 수 없다. 이것이 곧 자기자본이 부족한 모든 형태의 주된 위험인데, 왜냐하면 조그마한 손실이 생겨나도 곧 회사의 채무가 초과될 수 있기 때문이다. 자본결핍 및 이와 더불어 손실위험의 증가, 그리고 점증되는 지급불능의 위험은 만일 사원 자신이 필요한 자본재를 회사에 소비대차로 주거나 혹은 제 3 자의 소비대차에 사원이 필요한 담보를 제공한 때에는 어쨌든 피할 수 있다. 형식상의 자기자본부족의 경우에는 다른 위험이 도사리고 있는데, 이는 사원의 이중적 지위에 근거하고 있다. 즉 사원은 영업이 곤란한 지경에 이를 때에는 채권자로서의 형식상의 법적 지위를 활용할 가능성이 있으며, 회사의 마지막 자산으로부터 사원 자신에 대한 채무를 이행함으로써 채권자로서의 만족을 얻은 결과로 회사는 파산에 처하게 된다.

사원이 소비대차를 주는 제３자에게 인적 담보를 제공하는 때에도 위와 같이 취급된다. 형식상 자기자본부족에서 생겨나는 위험은 회사채권자인 제３자에게도 미치는데, 왜냐하면 이들은 이미 회사에 신용대부를 한 사람들이기 때문이다. 더 나아가서 형식상의 자기자본부족에서는 앞으로 회사에 신용대부를 주려고 하는 장래의 채권자도 해치게 되는데, 이는 회사가 활동하는 범위에 있어서 밖으로는 회사의 재무구조가 튼튼한 것처럼 보여지기 때문이다. 여기에서는 소위 '완충자본'(Pufferkapital)이 결핍되어 있는지, 그래서 조그마한 손실에도 곧 회사가 채무초과에 빠질지를 채권자가 모르게 되기 때문이다. 이러한 위험에 의해 특히 피해를 보는 자는 소액채권자이다. 고액채권자와는 달리 소액채권자는 회사의 대차대조표를 살펴볼 여유도 없기 때문에 회사의 외관에 따라서 판단하게 된다. 이와는 달리 고액채권자는 회사에 신용대부를 줄 용의가 있다고 하면, 대차대조표를 확인해 보고서 보증을 제공받아 그 위험부담을 없앨 수가 있다.

실질상의 자기자본부족의 경우에 사원이 회사에 소비대차를 주기를 거절하거나 혹은 제３자의 신용대부에 인적 보증을 서기를 꺼릴 때에는 자기자본부족에서 연유되는 지급불능으로 손실위험은 분명히 증가된다.

(4) 結 論 유한회사의 불충분한 자기자본납입은 잠재적으로 채권자를 위협하게 된다. 2008년 개정 전 독일유한회사법 제32a조와 제32b조(현재는 이 내용이 독일 도산법에 규정되어 있다)에서 규율하고 있는 바와 같이 사원소비대차인 타인자본을 자기자본으로 변형시키는 법질서는 회사를 위하여 이러한 자금을 제공한 사원만이 손해를 보게 할 것이다. 이러한 특수한 유한회사의 자기자본부족의 경우에는 사원에게 인적 무한손실책임을 부담시켜야 한다고 본다. 이러한 책임의 전제요건으로는 우선 회사를 파산으로 이끄는 현저하게 불충분한 자본납입이 있어야 하고, 둘째로는 이러한 상황이 사원에게 귀책시킬 수 있는 원인에 의한 것이어야 한다. 법적 효과로서는 파산절차에서 파산관재인에 의하여 청구되어야 하는 유책사원의 전적인 손실책임이다. 근거가 되는 법리는 유한회사사원의 유한책임 때문에 회사의 위험을 채권자에게 떠맡겨서는 안된다는 것이다.

Ⅳ. 會社設立 立法主義와 商號의 假登記

1. 會社設立에 관한 立法主義

회사의 설립에는 역사적으로 여러 가지의 입법주의가 변천하여 왔다. 자유설립주의로부터 특허주의·면허주의·준칙주의로의 변천이 그것이다. 회사에는 다수인이 관계되고, 그 법률관계도 복잡하여 국가는 정책적인 견지에서 어느 정도 회사의 설립에 대하여 간섭을 하게 된다. 이 때 회사의 설립을 방임하면 여러 가지의 폐해가 발생할 수 있다는 점이 입법주의의 결정에 영향을 미쳐 왔다.

자유설립주의는 법인의 자유설립을 인정하여 아무런 제한도 가하지 아니하는 입법주의이다. 여기에서는 일정한 복수인이 일정한 목적을 위하여 결합하여 어떠한 사단적 규칙을 가지면 회사의 성립이 인정된다. 특허주의에서는 회사를 설립하기 위하여는 군주의 특별한 허가나 특별법의 제정이 필요하다. 면허주의 또는 허가주의는 회사에 관한 일반법률을 미리 제정하고, 이에 근거한 면허 또는 허가와 같은 행정처분에 의하여 회사의 성립을 인정하는 입법주의이다. 준칙주의는 국가가 일정한 요건을 법률로써 정하고, 그 요건을 갖추면 당연히 법인격이 부여되는 입법주의이다. 이러한 입법주의는 각각 장점과 단점을 가지고 있지만, 준칙주의가 비교적 단점이 적기 때문에 선호되고 있다.

2. 準則主義

준칙주의는 국가가 법률로써 일정한 요건을 정하고, 그 요건을 갖추면 당연히 법인격을 취득하는 입법주의이다. 이 때 법정요건으로는 내부적으로 회사의 조직을 견고히 하고, 외부적으로는 거래의 안전을 보호하기 위한 것들이 설정된다. 이 준칙주의 하에서는 등기를 법인격취득의 요건으로 하고 있다. 등기공무원은 오로지 설립절차가 적법하게 밟아졌는가의 형식적 요건을 심사하는 데 그치고, 별도로 설립허가의 여부를 결정할 실질적 심사권한을 가지고 있는 것이 아니다.

준칙주의의 초기에는 단순준칙주의로서 그 요건과 설립의 책임에 관하여 자세한 규정을 하지 않았기 때문에 자유설립주의의 단점에 해당하는 폐단이 발생하기도 하였다. 그리하여 그 후에 설립관여자의 책임을 엄격히 하는 등

설립의 요건을 다소 엄격하게 하는 입법주의로 이행하게 되었는데, 이를 엄격준칙주의라고 한다.

준칙주의를 취할 경우 거래의 안전과 영업의 자유라는 두 가지 목표를 다 같이 달성할 수 있게 된다. 그리고 실제로 오늘날 대부분의 국가가 준칙주의를 채택하고 있다. 우리 상법도 원칙적으로 위의 의미에서의 엄격준칙주의를 채택하고 있다. 즉 우리나라에서 회사는 상법의 규정에 따라 일정한 요건을 갖추고 설립등기를 마침으로써 설립이 완료되고 법인격을 취득한다(제172조).

준칙주의에서는 설립의 시점을 명백히 하고, 또 회사설립사실을 일반에게 공시하기 위하여 회사설립등기의 절차를 요구하고 있으므로 준칙주의를 '설립등기주의'라고도 한다.

그런데 특별법에 의하여 회사가 설립되는 경우도 있어 특허주의가 일부 존속하고 있다. 또 일정한 영업에 관하여는 영업허가제도를 취하고 있기 때문에 그 순수한 의미에서의 준칙주의를 취하고 있다고 하기 어렵다(은행법 제8조; 보험업법 제4조 등 참조). 물론 이 때 회사설립과 영업허가는 구별하여야 하며, 영업허가는 영업을 개시하기 위하여 당국의 허가를 필요로 하는 것이기 때문에 회사의 법인격부여와는 구별하여야 한다.

3. 商號의 假登記

1995년 개정법에서는 제22조의 2를 신설하였다. 이는 구법에 없던 상호의 가등기제도를 새로이 도입한 것이다. 상호의 가등기는 회사의 설립에 있어서만 문제되는 것은 아니고, 회사가 상호·목적을 변경하거나 본점을 이전하려 할 경우에도 인정이 되지만 편의상 여기에서 다룬다.

새로이 도입된 상호의 가등기가 허용되는 것은 다음의 세 경우이다.

(1) 유한책임회사, 株式會社나 有限會社를 設立하는 경우 이 경우에는 앞으로 본점으로 삼을 곳을 관할하는 등기소에 상호의 가등기를 신청할 수 있다(제22의 2조 제1항). 이와 관련하여 상법의 일부 개정이 있었다(2020. 6. 9, 법률 제17362호, 시행 2020. 9. 10.). 개정전 상법에서는 '상호의 가등기'는 '주식회사'와 '유한회사'만 신청할 수 있도록 규정하고 있어 '유한책임회사'는 상호의 가등기가 불가능하였다. 유한책임회사는 운영과 기관 구성의 측면에서 사적 자치를 폭넓게 인정하는 것일 뿐 설립등기 전 출자를 이행하여야 하는 등 설립 절차에 있어서는 유한회사와 유사하다. 이에 상호의 가등기를 유한책임회사도 신청할 수 있도록 상법 제

22조의2 제 1항을 개정함으로써 설립절차 진행 중 타인이 먼저 그 상호를 등기하는 것을 방지하려는 데에 개정의 취지가 있다.

(2) 회사가 商號를 변경하는 경우, 目的을 변경하는 경우 및 商號와 目的 兩者를 변경하는 경우　이 경우에는 본점의 소재지를 관할하는 등기소에 상호의 가등기를 신청할 수 있다(제22조의 2 제 2 항).

(3) 會社가 本店을 이전하는 경우　이 경우에는 이전할 곳을 관할하는 등기소에 상호의 가등기를 신청할 수 있다(제22의 2조 제 3 항).

상호의 가등기를 하면 동일한 특별시 · 광역시 · 시 · 군에서는 동일한 상호를 동종영업의 상호로 등기하지 못한다(제22조의 2 제 4 항, 제22조). 상호의 가등기를 한 후 본등기를 하여야 할 기간, 제 3 자를 보호하기 위한 공탁금에 관한 사항, 가등기의 말소를 비롯하여 가등기와 관련하여 필요한 절차는 상업등기법 제38조 이하에 규정되어 있다.

상호의 가등기에 관한 상법 제22조의 2는 아래와 같은 입법이유에서 도입되었다. 주식회사나 유한회사와 같은 자본회사를 설립하려면 상당한 기간이 소요된다. 그리고 회사의 본점을 이전하는 경우에도 정관을 변경하여야 하고, 또 본점의 건물을 신축하는 때는 물론이고 본점이 입주할 건물을 임차하여 이전할 때까지는 상당한 시간이 걸린다. 또 회사의 상호나 목적 또는 이 양자를 변경하려면 정관변경의 절차를 거쳐야 하므로 역시 상당한 기간이 소요된다.

이러한 경우에 자본회사의 설립, 본점의 이전, 회사의 상호 · 목적 또는 상호와 목적의 변경에 관한 정보를 입수한 제 3 자가 동일한 상호를 먼저 등기하여 버리면 상법 제22조에 의하여 먼저 등기한 상호와 동일한 상호를 등기할 수 없게 되므로 신설회사는 자기가 선정 · 사용하려는 상호를 등기 · 사용할 수 없게 되고, 본점을 이전하는 회사는 지금까지 사용하였던 상호를 등기 · 사용할 수 없게 되고, 또 상호를 변경하려던 회사는 상호를 변경할 수 없게 되어 버린다. 이러한 상황에서 특별한 조치가 없다면 회사는 정보를 입수하여 먼저 등기한 제 3 자에게 많은 금품을 주고 문제를 해결하든가, 또는 어려운 소송을 제기하여야 한다.

상호의 가등기제도는 이러한 폐단을 시정하고 기업의 입장에서 미리 사업대책을 세워 놓았으면, 그 후에는 안심하고 회사의 설립, 본점의 이전, 상호 ·

목적의 변경을 추진할 수 있도록 하기 위하여 고안된 것이다(자세한 사항은 이기수 외, 제7판 상법총칙·상행위법의 "상호" 참조).

제2절 會社의 種類

姜熙甲, 支配·從屬會社間의 去來에 관한 硏究 —종속회사와 그 소수주주의 보호를 중심으로, 서울대 박사학위논문(1984)/金曾漢, 閉鎖會社의 法理와 學校法人, 法學의 諸問題(洪璡基先生華甲紀念論文集)(1977)/南基潤, 유형론적 관점에서 본 회사법의 구조문제, 企業環境法의 變化와 商事法(孫珠瓚教授古稀紀念論文集)(1993)/盧秉昊, 지주회사의 규제, 충북대 법학연구 4(1992. 12)/盧一錫, 지배·종속회사에 있어서 지배와 책임에 관한 연구, 성신여대 사회과학논총 5(1993. 1)/梁東錫, 大小株式會社 區分立法의 必要性, 商事法의 基本問題(李範燦教授華甲紀念論文集(1993)/梁東錫, 미국의 폐쇄회사법에 관한 연구, 조선대 사회과학연구 15(1992. 6)/梁東錫, 폐쇄회사의 지배와 의결권구속계약, 조선대 사회과학연구 16(1993. 6)/尹勝郁, 1인회사에 관한 연구, 건국대 박사학위논문(1991)/李康龍, 소규모 회사법에 관한 연구, 충남대 법학연구 3, 1(1992. 12)/李基秀, 회사법에 있어서의 법형태와 그 유형, 월간고시 196(1990. 5)/李龍九, 美國閉鎖會社法에 관한 硏究, 경북대 박사학위논문(1982)/鄭東潤, 美國의 閉鎖會社法과 그 適用可能性, 서울대 박사학위논문(1977)/鄭世喜, 閉鎖會社의 立法에 관한 硏究, 동아대 경영연구 6(1992. 12)/周永樂, 1인회사, 司法行政 359(1990. 11).

제1관 資本會社와 人的會社

Ⅰ. 意 義

회사는 강학상 자본회사(물적회사)와 인적회사로 구분할 수 있다. 양자를 구분하는 표준은 독일에서는 회사의 대외관계에서 신용의 기초가 사원이냐 회사재산이냐에 따라서 구분하고, 프랑스에서는 회사의 대내관계에서 사원의 지위이전의 난이에 따라서 구분하고 있다. 즉 인적회사는 대외적으로는 회사자체의 재산보다도 사원의 신용이나 개성에 중점이 주어지고, 대내적으로는 사원 상호간의 신뢰관계가 두텁기 때문에 사원의 지위의 이전이 제한되는 회사로서 실질적으로는 조합적 실체를 갖는다. 이에 반하여 자본회사는 대외적으로는 사원의 개성이나 신용보다도 회사 자체의 재산적 기초에 중점이 두어지고, 대내적으로는 사원의 지위의 이전이 비교적 용이한 회사로서 자본적 결합체로서의 실체를 갖는다.

상법상 합명회사는 전형적인 인적회사이고, 주식회사는 자본회사의 전형이라 할 수 있다. 합자회사와 유한회사는 양자의 요소를 함께 지닌 중간형태라고 할 수 있으나, 합자회사는 무한책임사원이 중요한 지위를 차지하므로 인적회사에 가깝다고 할 수 있으며, 유한회사는 모든 사원이 유한책임을 지고 회사의 신용의 기초는 회사의 재산이란 점에서 자본회사의 성격이 강하다고 할 수 있다. 인적회사와 자본회사의 구별은 각 회사의 본질을 간명하게 이해하고, 제 규정의 실질적 의의를 파악하기 위한 중요한 구분방법으로서 회사법에서의 회사의 특징이 모두 이 구별에 의하여 생긴다.

Ⅱ. 資本會社와 人的會社의 差異

자본회사는 회사의 자본에 기초를 둔 회사로서 ① 대내적으로는 사원과 회사와의 관계가 희박하여 사원이 회사의 업무집행에 관여하는 것은 원칙적으로 요구되지 아니하고, 소유와 경영이 분리되어 회사는 제 3 자기관에 의하여 운영되고, 출자는 금전 기타 재산에 한하며, 회사의 의사결정은 다수결의 원칙에 따르고, 일반적으로 사원의 수가 많으며, 사원의 지위는 자유로이 양도할 수 있는 것이 원칙이며, 1인회사를 인정하며, 청산은 법정청산의 방법에 따른다. 또 ② 대외적으로는 사원은 회사채권자에 대하여 개인적으로 책임을 지지 않고, 회사재산에 한하여 유한책임을 지기 때문에 회사채권자를 보호하기 위하여 강행법규로 이를 규율하고 있다.

인적회사는 위에서 본 바와 같이 개개의 사원의 개성에 기초를 둔 회사이므로 사원의 개성이 농후하여 ① 대내적으로는 사원의 수가 적고, 사원과 회사와의 관계가 밀접하여 사원이 원칙적으로 업무집행에 관여하는 자기기관을 가지며, 의사결정은 전원일치를 요하고, 노무와 신용도 출자로서 인정되며, 사원의 지위는 원칙적으로 이전이나 상속이 제한되고, 사원이 1인으로 된 때에는 해산되며, 청산은 임의청산의 방법으로 할 수 있으며, 내부관계에 관한 규정은 임의법규이다. 또 ② 대외적으로는 사원은 회사채권자에 대하여 개인적으로 직접 · 연대의 책임을 지며, 회사재산은 중요성이 덜하고, 사원의 인적 신용이 회사신용의 기초이다. 따라서 임의규정이 많고, 사적 자치의 원칙이 지배한다.

제2관 商法上의 會社의 種類

상법상 회사는 주식회사, 유한회사, 합명회사, 합자회사와 유한책임회사로 구분된다(제170조). 이를 몇 가지 관점에서 도표로서 총괄하여 보고자 한다. 그리고 이들 종류에 따라 회사채권자보호제도와 사원의 투하자본의 회수방법의 관점에서 비교해 보기로 한다.

Ⅰ. 總體的인 비교

주식회사, 유한회사, 합명회사와 합자회사를 설립과정, 사원의 종류, 책임, 출자목적물, 지위, 양도와 수, 그리고 업무집행기관에 관하여 총체적으로 비교하면 다음의 도표와 같다.

구별 사안 / 회사의 종류	설립과정	사원						업무집행 기관
		종류	책임	출자 목적물	지위	양도	수	
주식회사	정관작성 주식인수 설립등기	주주	간접·유한책임	재산	주식	자유를 원칙으로 함	1인 이상	이사회·대표이사
유한회사	정관작성 납입징수 설립등기	유한책임사원	간접·유한책임(단, 자본전보 책임)	재산	지분	자유를 원칙으로 함	1인 이상	이사
합명회사	정관작성 설립등기	무한책임사원	직접·연대·무한책임	재산·노무·신용	지분	부자유	2인 이상	사원
합자회사	정관작성 설립등기	무한책임사원 유한책임사원	직접·연대·무한책임 직접·연대·유한책임	재산·노무·신용 재산	지분 지분	부자유 약간 부자유	각각 1인 이상	무한책임사원

Ⅱ. 會社債權者保護制度

1. 序 說

회사는 그 목적달성을 위한 거래활동을 통해 많은 사람과 채권·채무관계를 맺게 되는데, 이러한 관계는 일반사법상의 거래관계로서 원칙적으로 민법 채권편의 규정(민법 제373조 아래)이나 상법의 일반규정(예컨대 상법 제46조 아래)의 규율을 받게 된다. 그런데 회사는 그 실체가 조직변경, 합병 또는 해산 등으로 쉽게 변할 수 있고, 회사채권자로서는 회사재산상태를 파악하기가 곤란하기 때문에 회사채권자의 지위는 일반채권자의 지위보다 훨씬 불안하며, 또한 회사의 건전한 발전이라는 측면과 회사와 거래하는 이해관계인의 이해관계의 적절한 조화 및 거래의 안전과 신속 등의 요청을 고려하여 상법은 회사채권자의 보호에 특별한 규율을 하고 있다.

회사의 실체가 인적회사이냐 자본회사이냐에 따라 회사채권자보호의 방법과 그 정도가 달라진다. 인적회사에 있어서는 사원이 회사채권자에 대해 직접 · 연대 · 무한(합명회사의 경우, 그리고 합자회사의 무한책임사원) 또는 유한(합자회사에서의 유한책임사원)의 책임을 부담하므로 그 회사재산확보의 요청이 적어 채권자보호제도가 많지 않으며, 그 내용도 사원의 무한책임에 의한 담보에 중점이 놓여진다. 그러나 자본회사의 경우에는 회사의 대외적 신용의 기초가 회사재산뿐이어서 회사채권자의 보호요청이 크기 때문에 상법은 많은 채권자보호제도를 두고 있으며, 그 내용은 회사재산의 확보가 주종을 이루고 있다.

2. 株式會社의 경우

주식회사는 자본회사로서 회사재산만이 채권의 유일한 담보가 되므로 상법은 회사채권자보호를 위해 직접 · 간접으로 회사재산의 확보를 위한 규정을 두는 한편, 사채권자에 관한 규정을 두어 이를 보호하고 있다.

직접적으로 회사재산의 확보를 위한 규정으로는 이른바 '자본에 관한 원칙'과 관계되는 규정이 있다. 이는 회사의 재산적 기초를 튼튼히 하기 위해 회사설립시에 발행하는 주식의 총수를 확정하고, 자본액에 상당하는 회사재산을 현실적으로 유지하며, 그 자본의 감소를 막기 위한 장치를 말한다. 즉 '자본납입과 유지의 원칙'이다.

간접적으로는 ① 자본금의 총액이나 발행주식의 총수는 등기로써 공시되며(제317조 제 2 항 제 2 호 · 제 3 호), ② 대차대조표의 공고제도(제449조 제 3 항), ③ 재무제표의 열람제도(제448조) 등을 통하여 회사재산의 확보를 꾀함으로써 회사채권자를 보호하고 있다.

사채권자에 관한 규정으로서는 사채관리회사의 권한과 책임(제484조, 제485조)과 사채권자집회제도(제490조 아래) 등에 관한 규정이 있고, 사채상환에 관하여 특칙을 두고 있다(제505조, 제506조).

주식회사의 합병·청산의 경우에 채권자에 대한 특별한 보호조치가 취하여지는 점은 합명회사와 같다. 즉 합병·청산시에는 대차대조표가 작성·공시되고(제522조의 2, 제534조), 합병의 경우 채권자에게 이의제출권이 인정되며(제530조 제2항, 제232조), 청산의 경우 청산인은 회사의 채무를 완제한 후가 아니면 회사재산을 주주에게 분배할 수 없다(제542조 제1항, 제260조). 특히 주식회사에 있어서는 임의청산을 인정하지 아니함으로써 회사채권자를 더욱 철저히 보호하고 있다.

이외에도 표현대표이사제도(제395조), 회사의 설립이나 합병의 무효판결의 소급효제한(제328조, 제190조, 제530조 제2항, 제240조) 등에 의해서도 회사채권자는 보호되고 있다. 또한 채무자 회생 및 파산에 관한 법률(제34조)에 의하여 재정적 궁핍으로 파탄에 직면하였으나 갱생의 가망이 있는 주식회사에 관하여는 그 사업의 회생이 도모될 수 있는바, 이러한 회생제도는 회사채권자의 보호제도로서의 기능도 한다.

3. 有限會社의 경우

유한회사는 주식회사의 경우와 대체로 같은 내용의 채권자보호제도를 갖고 있다. 다만, 유한회사는 그 소규모성·폐쇄성 등으로 인하여 ① 수권자본제를 채택하지 않은 결과로 자본총액이 설립시에 모두 인수되는 점(총액인수주의)(제543조 제2항 제2호·제4호), ② 사원·이사·감사의 자본전보책임이 주식회사의 경우보다 다양하고 무거운 점(제550조, 제551조, 제593조, 제594조), ③ 대차대조표의 공고제도가 없는 점(제583조, 제449조 참조), ④ 사채의 발행이 인정되지 않는 점 등이 주식회사와는 다르다.

4. 合名會社의 경우

합명회사의 사원은 모두 회사채무에 대하여 직접·연대·무한의 책임을 지므로(제212조) 회사채권자를 보호하기 위한 회사재산을 따로 확보할 필요가 적고, 따라서 사원의 무한책임에 의한 담보가 채권자보호제도의 중심을 이룬다. 이 점을 고려하여 상법은 신입사원(제213조)·퇴사원(제225조 제1항)·지분양도사원(제225조 제2항)·책임변경사원(제244조)의 각 책임을 법정함으로써 그 담보기능을 강화시키고 있다. 또한 사원이 무한책임을 진다 하더라도 제1차적 책임은 역시 회사재산이므로, 상법은 합명회사사원의 출자의 목적과 그 가격 또는 평가의 표준을 정관에 기재케 하고(제179조 제4호) 등기하도록 하여(제180조 제2호) 출자를 확정시킴으로써 자본회사와는 비교가 되지 않지만, 회사재산을 확보하려는 노력을 하고 있다. 한편 소극적인 방법이기는 하지만 제명선고제도(제220조)를 통하여 사원의 출자를 간접강제하고 있다.

합병·청산 등과 같이 회사재산이 포괄승계·처분되는 경우에는 회사재산에 중대한 변경을 가져오므로 회사채권자의 보호문제가 중요한 문제로 떠오르게 된다. 이에 상법은 이와 같은 특수한 상황 아래에서의 채권자보호를 위한 각종의 규정을 마련하고 있다. 즉 합명회사가 임의청산을 하는 경우에는 해산사유가 있는 날로부터 2주간 내에 재산목록과 대차대조표를 작성하여야 하고(제247조), 합병이나 임의청산을 하는 경우 채권자는 일정한 기간 내에 이의를 제출할 수 있고, 이 경우 회사는 그 채권자에 대하여 변제 또는 상당한 담보를 제공하거나 상당한 재산을 신탁회사에 신탁하여야 한다(제232조, 제247조 제3항). 임의청산의 경우 회사가 위 채권자의 이의규정을 위반하여 그 재산을 처분함으로써 회사채권자를 해한 때에는 그 채권자는 그 처분의 취소를 법원에 청구할 수 있다(제248조). 법정청산의 경우 회사의 현존재산이 그 채무를 변제함에 부족한 경우에는 청산인은 변제기에 불구하고 각 사원에 대하여 출자를 청구할 수 있다(제258조, 제259조). 또한 청산인은 회사의 채무를 완제한 후가 아니면 회사재산을 사원에게 분배하지 못한다(제260조).

이외에도 자칭사원의 책임(제215조), 회사설립의 무효·취소 및 합병무효판결의 소급효제한(제190조, 제240조) 등에 의하여 회사채권자는 일반적 보호를 받게 된다.

5. 合資會社의 경우

합자회사도 인적회사의 성격이 강하므로 합자회사에 있어서의 채권자보호제도는 합명회사의 그것과 거의 같으나, 사원 중에 그 책임이 약한 유한책임사원이 있기 때문에 몇 가지 특별한 규정을 두어 채권자보호를 강화하고 있다. 즉 사원의 책임의 종류를 정관에 기재하고 등기하여야 하며(제270조, 제271조 제1항), 유한책임사원의 출자목적을 재산으로의 한정(제272조), 유한책임사원의 책임 및 그 가중(제270조, 제280조), 책임변경사원의 책임(제282조), 자칭무한책임사원의 책임(제281조) 등이 규정되어 있다.

Ⅲ. 社員의 投下資本의 回收方法

1. 投下資本回收의 意義

투하자본의 회수란 회사에 자본을 투하한 사원이 출자한 재산을 되찾는 것을 말한다. 회사로부터 직접 환급받는 경우와 사원의 지위를 타인에게 양도하여 그 양수인으로부터 그 대가를 지급받는 경우로 나눌 수 있다. 사원이 그 투하한 자본을 회수할 길이 보장되어 있다는 점은 소극적인 측면에서 투자의 유인책으로서의 기능도 한다.

회수방법으로는 회사존속중의 회수방법과 회사가 해산하는 경우의 회수방법으로 분류할 수 있는데, 인적회사에 있어서는 회사의 물적 기초가 중시되지 않기 때문에 투자유인책으로서의 투하자본회수의 보장이 요구되지 않으며, 사원의 지위이전이 자유롭지 않으므로 사원의 투하자본의 회수가 곤란하다. 그러나 자본회사는 회사의 대외적 신용의 기초가 회사재산뿐이므로 투자의 유인이 강력히 요구되며, 사원의 회사로부터의 지위이전이 자유롭기 때문에 투하자본의 회수가 매우 용이하다.

2. 株式會社의 경우

(1) 會社存續中의 回收方法 주식회사의 주주가 회사존속중 그 투자한 재산을 회수하는 방법으로는 주식을 양도하는 것과 상환주식을 상환하는 것이 있다. 주식의 양도라 함은 주식을 계약에 의하여 타인에게 이전하는 것이다. 주주의 개성이 중시되지 않기 때문에 주주는 자기의 주식을 타인에게 자유로이 양도할 수 있지만(제335조 제1항 본문), 주식의 양도가 정관상 또는 기술적·정책적인 이유로 제한되는 경우가 있다(자세한 것은 주식양도의 제한 부분 참조).

상환주식이라 함은 회사가 일정한 요건 하에 이익으로써 소각할 수 있는 주식을 말한다(제345조 제1항). 이러한 상환주식의 주주는 상환조건에 따라 상환을 받음으로써 투하자본을 회수하게 된다.

위의 경우 이외에 주주는 이익소각의 경우, 단주처리의 경우, 신주발행무효의 경우, 실질상의 자본감소의 경우에도 자본을 회수하는 결과를 얻게 된다.

(2) 會社解散時의 回收方法 주식회사가 해산하는 경우에는 잔여재산분배의 형식으로 투하자본을 회수하게 된다. 주식회사는 반드시 법정청산의 엄격한 절차를 밟아야 하는데, 청산인은 회사채무를 완제한 후에 잔여의 재산을 주주에게 분배하여야 하며, 이로써 주주는 투하자본을 회수하게 된다.

3. 有限會社의 경우

유한회사의 사원은 그 지분의 양도 및 자본감소의 경우(제597조)에 투하자본을 회수하게 된다.

유한회사에 있어서의 지분의 양도는 유한회사의 소규모성·폐쇄성에도 불구하고 원칙적으로 허용된다(제556조). 지분의 양도는 사원명부에 기재하지 아니하면 회사나 제 3 자에게 대항하지 못한다(제557조).

또한 유한회사에 있어서는 주식회사의 경우와 마찬가지로 법정청산만이 인정되는데, 사원은 회사채무완제 후에 잔여재산을 분배받음으로써 투하자본을 회수하게 된다(제612조).

4. 合名會社의 경우

(1) **會社存續中의 回收方法** 합명회사의 사원이 회사존속중에 투하자본을 회수하는 방법으로는 퇴사하는 것과 사원권(지분)을 양도하는 두 가지 방법이 있다.

퇴사라 함은 회사의 존속중에 특정한 사원의 자격이 절대적으로 소멸하는 사실을 말한다. 합명회사의 사원은 주식회사의 주주와는 달리 그 책임이 무거우므로 오랫동안 그 뜻에 반하여 회사에 구속당한다는 것은 타당하지 못하므로 사원의 퇴사제도를 인정하고 있다.

사원은 일방적 의사표시에 의하여 퇴사할 수 있다(제217조 아래 참조). 사원은 퇴사를 함으로써 사원자격을 상실하고 지분의 환급을 받게 되나, 계산한 결과 적극지분이 있는 때에 한하여 그 환급을 받을 수 있을 뿐 소극지분의 경우에는 반대로 회사에 대하여 퇴사원이 지급하여야 한다. 물론 다른 사원은 계속하여 직접·연대·무한의 책임을 져야 한다.

사원권(지분)의 양도란 사원의 지위를 계약에 의하여 타인에게 이전하는 것을 말한다. 합명회사의 사원이 무한책임을 지는 결과 사원권의 양도에는 다른 사원 전원의 동의를 필요로 한다(제197조). 그러나 이 규정은 대내관계에 관한 임의규정이므로 정관으로 달리 규정할 수 있고, 지분양도의 효력을 제 3 자에게 대항하기 위하여는 정관변경의 등기를 하여야 한다(제183조, 제37조).

(2) **會社解散時의 回收方法** 회사가 해산하는 경우에는 청산절차를 밟아서 잔여재산분배의 형식으로 투하자본을 회수하게 된다. 합명회사의 청산절차에는 임의청산과 법정청산의 두 방식이 있다(자세한 것은 청산절차를 참조). 두 절차 중 어느 것을 취하든 간에 회사채무를 완제하고 남은 회사의 잔여재산이 각 사원에게 분배되는데, 이에 의하여 사원은 투하자본을 회수하게 된다.

5. 合資會社의 경우

합자회사도 인적회사의 성격이 강하기 때문에 대체로 합명회사의 경우와 비슷한 규제를 받는다. 따라서 합자회사사원의 투하자본회수방법에는 합명회사의 경우와 같이 퇴사, 사원권(지분)의 양도 및 잔여재산분배청구의 3가지가 있다. 유한책임사원의 사원권의 양도에는 무한책임사원의 동의를 요건으로 할 뿐 다른 유한책임사원의 동의는 필요로 하지 않는다(제276조)는 점을 제외하고는 어느 경우나 합명회사에서 규정한 것과 같다.

제3관 內國會社와 外國會社

Ⅰ. 序

내국회사·외국회사의 구별은 설립준거법에 의한 그 국적의 내외에 따른 분류이다. 여기에서는 외국회사에 관하여 설명한다.

오늘날 국가간의 기업거래가 확대됨에 따라 정치·경제·사회·문화적 측면에서뿐만 아니라 법률적으로도 많은 문제가 야기되고 있다. 즉 주권을 달리하는 여러 나라에 걸쳐 경제거래가 이루어지게 되는 경우, 기업은 각국의 법률에 따라 권리능력이라든지 조직 및 운영의 인정 내지 제한을 받지 않을 수 없다.

국가간의 기업거래에도 여러 가지 단계가 있다(손주찬, "기업의 국제화와 상법상의 문제," 상사법의 제문제, 1983, 729쪽 아래). ① 맨 처음에는 제품을 해외에 수출하고 원자재를 수입하는 등 개별적인 국제거래를 하는 단계이다. ② 그 다음은 해외에 지점 또는 지사를 설치하거나 주재원을 파견하는 단계인데, 여기에서 외국회사의 문제가 발생한다. 우리 상법은 외국회사에 관하여 약간의 규정을 두고 있다. ③ 그 다음에는 외국에 직접 자회사인 현지법인을 설립하거나 외국의 기업과 함께 합작투자회사를 설립하는 단계에 이르게 된다. 이 단계에서 이른바 다국적회사라는 새로운 경제현상이 나타나게 된다. 다국적회사의 정의에 관하여는 아직 학자들 사이에 의견의 일치를 보지 못하고 있으나, 일견하여 세계의 여러 나라에 지점 또는 자회사를 설치하고 이들을 통하여 통일적인 경영방침 아래 경제활동을 하는 기업을 가리킨다. 다국적기업은 1960년대 이후의 자본주의경제발전에 있어서 가장 두드러진 현상 중의 하나이며, 오늘날 세계경제질서 속에서 막강한 힘을 발휘하고 있다. ④ 그리고 마지막으로는 각국의 국내법에 따른 제약을 벗어나서 국제조약에 의하여 초국가적으로 회사를 설립·운영할 수 있는 단계가 있다. 이 단계에 있는 회사가 이른바 초국가회사이다. 초국가회사 또는 국제회사라 함은 어느 특정국가의 법률에 따르지 아니하고, 국가간의 조약의 적용을 받는 회사를 가리킨다. 이 회사는 국제조약에 의하여 직접 설립된다. 그러나 이 용어예가 확립된 것은 아니며, 어떤 학자는 다국적기업을 가리키는 말로 쓰기도 한다. 초국가회사의 예로서는 유럽공동체에 의하여 채택된 유럽회사법안에 의하여 설립되는 유럽회사(Societas Europea)를 들 수 있다. 유럽회사는 모든 가맹국에서 회사로 인정되며, 각국의 국내법을 초월한 유럽회사법에 의하여 규율된다. 다국적기업 및 초국가회사에 관련된 법률문제를 국내적으로 또 국제적으로 어떻게 규율하며 해결해야 할 것인가는 매우 중요한 문제이다.

Ⅱ. 外國會社의 意義

상법은 외국회사에 관한 특별한 장(제3편 제6장)을 두고 있으나, 외국회사의 의의에 관하여는 아무런 규정도 두고 있지 않다. 그러나 회사의 내외를 구별하는 것은 외국회사에 관한 규정을 적용하기 위하여 필요하므로 그 구별의 표준을 확정하지 않으면 안 된다.

내국회사와 외국회사의 구별표준에 관하여는 여러 가지 학설이 대립하고 있다. 주소지주의·설립준거법주의·설립지주의·사원의 국적주의·주식인수지주의 등이 그것이며, 주소지주의는 다시 본점소재지주의와 영업중심지주의로 나뉜다. 위의 여러 학설 가운데에서 본점소재지주의와 설립준거법주의가 유력하다. 상법은 제617조에서 '외국에서 설립된 회사'라고 하고 있으므로 외국회사는 외국법에 의하여 설립된 회사의 뜻으로 생각되며, 그렇다면 우리 상법의 입장은 설립준거법주의를 채택하고 있는 것이다. 설립준거법주의가 우리나라의 통설(손주찬, 908쪽; 정찬형, 685쪽, 968쪽; 최기원, 1083쪽; 이철송, 965쪽; 최준선, 476쪽; 정동윤, 822쪽)이며 또한 타당하다. 왜냐하면 회사에 형식상 법인격을 부여하는 것은 설립에 있어 준거한 특정국가의 법이기 때문이다. 설립준거법주의에 의하면, 내국회사는 우리나라의 법률에 준거하여 설립된 회사이고, 외국회사는 외국의 법률에 준거하여 설립된 회사이다. 이 견해에 따르면 우리나라에 본점을 가지거나, 또는 우리나라에서 영업을 할 것을 주목적으로 하는 회사도 외국법에 준거하여 설립된 것은 내국회사가 아니고 외국회사가 된다. 그러나 상법은 이러한 회사는 우리나라에서 설립된 회사, 즉 내국회사와 동일한 규정에 따르도록 하고 있다(제617조). 이것은 국내법상의 회사설립에 관한 준칙을 잠탈하는 것을 방지하기 위한 것이다.

외국회사는 우리 상법상의 회사와 동일한 실체를 가지는 영리단체이면 이를 단속할 필요가 있으나, 반드시 법인격을 가질 필요는 없다. 따라서 외국에서 법인격을 가지지 않는 회사라도(예컨대 조합으로 인정되는 독일의 합명회사나 합자회사, 그리고 영미의 partnership, limited partnership 등) 상법상 외국회사로 취급된다.

Ⅲ. 外國會社의 能力

외국회사가 우리나라에서 어떤 범위 내에서 권리를 가지고 의무를 부담하는가는 우리나라 법에 따라 결정할 문제이다. 이 점에 관하여 상법은 외국회사는 다른 법률의 적용에 있어서는 법률에 다른 규정이 있는 경우를 제외하고서는 우리나라에서 성립된 동종 또는 가장 유사한 회사로 본다고 규정하고 있다(제621조). 여기에서 말하는 다른 법률은 공·사법과 조약을 포함한다. 이 규정은 외국회사에 대하여 내국회사와 동일한 권리능력을 인정한 것이다.

Ⅳ. 外國會社에 대한 商法規定

1. 代表者의 選定 및 營業所의 設置와 登記

외국회사가 대한민국에서 영업을 하고자 하는 때에는 대한민국에서의 대표자를 정하고 영업소를 설치하여야 한다(제614조 제1항). 이 경우에는 외국회사는 그 영업소의 설치에 관하여 대한민국에서 설립되는 동종의 회사 또는 가장 유사한 회사의 지점과 동일한 등기를 하여야 한다(제614조 제2항).

<대판 1959.7.30, 4291 민상 331>

「외국회사의 사장·부사장 등 취체역 전원이 한국 내에 주소를 두고 사무소를 설치했을 때에는 사무소의 명칭 여하에 관계 없이 한국 내에 지점을 설치한 것이라 할 것인즉 지점설치의 등기를 하여야 하고, 그러하지 않으면 제3자는 외국회사의 성립을 부인할 수 있다.」

이 등기에서는 회사설립의 준거법과 대한민국에서의 대표자의 성명 및 주소를 등기하여야 한다(제164조 제3항). 위 등기사항이 외국에서 생긴 때에는 등기기간은 그 통지가 도달한 날로부터 기산한다(제615조).

이 경우의 대표자는 회사의 영업에 관하여 재판상 또는 재판 외의 모든 행위를 할 권한이 있으며, 이 권한에 대한 제한은 선의의 제 3 자에게 대항하지 못한다(제614조 제4항, 제209조). 또 대표자가 그 업무집행으로 인하여 타인에게 손해를 가한 때에는 외국회사는 그 대표자와 연대하여 이를 배상할 책임이 있다(제614조 제4항, 제210조). 이것은 외국회사의 대표자에 대하여 합명회사의 대표사원과 동일한 대표권이 있는 것으로 의제한 것이다.

외국회사는 그 영업소의 소재지에서 대표자선정 및 영업소설치의 등기를 하기 전에는 계속하여 거래를 하지 못한다(제616조 제1항). 위 규정에 위반하여 거래를 한 자는 그 거래에 대하여 회사와 연대하여 책임을 진다(제616조 제2항). 이것은 행위자와 회사 쌍방의 책임을 인정하고, 다시 연대책임으로 하여 거래상대방의 보호를 꾀하려는 것이다. 뿐만 아니라 위 규정에 위반하여 거래를 한 자에게는 과태료의 제재가 있다(제636조 제2항).

2. 外國會社의 株券과 債券

외국회사가 주권 또는 채권을 발행한 때에는 관계자의 이익을 보호하기 위하여 주권 내지 채권의 발행, 주식의 이전이나 입질 또는 사채의 이전에 관하여는 상법의 주식 및 사채에 관한 규정이 준용된다(제618조 제1항, 제335조 내지 제338조, 제340조 제1항, 제355조 내지 제357조, 제478조 제1항, 제479조, 제480조). 이 경우에는 처음 우리나라에 설치된 영업소를 본점으로 본다(제618조 제2항).

3. 營業所의 閉鎖와 淸算

(1) 法院의 閉鎖命令　　외국회사는 외국법에 의하여 그 법인격이 인정되는 것이므로, 우리나라의 법원이 이에 대하여 해산명령(제176조)을 하여 그 법인격을 박탈할 수 없다. 하지만 외국회사가 우리나라에 영업소를 설치한 경우에는 법원이 이해관계인 또는 검사의 청구에 의하여 그 영업소를 폐쇄할 수 있는 영업소폐쇄명령의 제도를 인정하고 있다(제619조 제1항).

(2) 閉鎖事由　　영업소폐쇄명령의 사유는 ① 영업소의 설치목적이 불법한 것인 때, ② 영업소의 설치등기를 한 후 정당한 사유 없이 1년 내에 영업을 개시하지 아니하거나 1년 내에 영업을 휴지한 때 또는 정당한 사유 없이 지급을 정지한 때, ③ 회사의 대표자 기타 업무를 집행하는 자가 법령 또는

선량한 풍속 기타 사회질서에 위반한 행위를 한 때 등이다.

(3) 準用規定 영업소폐쇄명령의 청구가 있는 때에는 법원은 폐쇄를 명하기 전일지라도 이해관계인이나 검사의 청구에 의하여 또는 직권으로 관리인의 선임 기타 회사재산의 보전에 필요한 처분을 할 수 있다. 이해관계인이 폐쇄명령을 청구한 때에는 법원은 회사의 청구에 의하여 상당한 담보를 제공할 것을 명할 수 있으며, 회사가 담보제공의 청구를 함에는 이해관계인의 청구가 악의임을 소명하여야 한다(제619조 제2항, 제179조 제2항 내지 제4항).

(4) 清算開始의 命令 외국회사가 법원의 폐쇄명령에 의하여 또는 스스로 영업소를 폐쇄한 때에는 법원은 이해관계인의 신청에 의하여 또는 직권으로 대한민국에 있는 회사재산의 전부에 대한 청산의 개시를 명할 수 있다. 이 경우에는 법원이 청산인을 선임하여야 하고(제620조), 청산절차에 관하여는 그 성질이 허용하는 한 주식회사에 관한 규정을 준용한다(제620조 제2항, 제535조 내지 제537조, 제542조).

제3절 會社의 能力

姜熙甲, 美國會社法에 있어서의 能力外理論, 商事法論叢(姜渭斗博士華甲紀念論文集)(1996)/權奇範, 회사의 권리능력, 商法論叢(鄭熙喆先生停年紀念論文集)(1985)/金鍾熙, 회사의 권리능력에 관한 소고, 충남대 법학연구 2, 1(1991. 12)/李基秀, 회사법에 있어서의 단체목적과 공동의 목적, 월간고시 194(1990. 3)/李宗根, 회사의 권리능력과 대표권의 남용행위에 관한 판례연구, 건국대 대학원논문집 32(1991. 2)/鄭燦亨, 회사의 권리능력 1, 충북대 논문집 20(1980. 12); 2, 충북대 논문집 21(1981. 6)/조지현, 회사의 무한책임사원자격, 상사법연구 제25권 제3호(2006. 11)/韓光錫, 회사의 권리능력에 관한 연구, 순천대 사회과학연구 4(1992. 6)/韓 鐵, 회사의 권리능력 : 판례의 변천을 중심으로, 三士論文集 15(1982. 3).

회사는 법인이므로 자연인과 같은 일반적 권리능력을 가지고 있다. 그러나 회사의 활동은 자연인인 회사기관의 현실적 행위를 통하여 실현할 수밖에 없으므로, 기관의 행위가 곧 회사 자신의 행위로 인정된다. 이러한 의미에서 회사는 행위능력을 가지며, 그 밖에도 불법행위능력을 가진다고 본다.

Ⅰ. 會社의 權利能力

회사는 법인으로서 권리능력이 있다. 회사는 권리의무의 주체가 될 수 있고, 재산을 소유할 수 있다. 그러나 회사의 권리능력에는 다음의 제한이 있다.

1. 性質에 의한 制限

회사는 자연인만이 가질 수 있는 친족·상속권 등 신분권, 생명·신체에 관한 권리는 가질 능력이 없다. 그러나 명예나 신용에 관한 권리, 상호권 등은 소유할 수 있다. 회사는 조합원·발기인·사원·주주 등 다른 단체의 구성원이 될 수 있음이 원칙이다. 그리고 성질상 회사는 개인적 활동이 요구되는 타인의 사용인이나 이사 등 다른 단체의 기관이 될 수 없다. 이에 대하여 회사도 비상임이사나 감사는 될 수 있다는 반대견해가 있다.

2. 法律에 의한 制限

회사는 다른 회사의 무한책임사원이 되지 못한다(제173조). 무한책임사원은 합명회사·합자회사의 기관으로서 당연히 개인적 활동을 하여야 하는 이유가 있다. 청산회사는 청산의 목적범위 내에서 존속하고(제245조), 파산회사는 파산의 목적범위 내에서 존속한다.

<대판 2019. 6. 13, 2016 다 203551>

「갑 주식회사 등이 을 농협으로부터 매수한 인삼·홍삼 원료를 가공하여 만든 홍삼제품을 병 주식회사에 판매하는 사업을 하기 위하여 정 주식회사 등으로부터 대출을 받은 후 병 회사 또는 2차적인 매입의무를 부담하는 을 농협으로부터 지급받은 매매대금으로 대출금을 변제하기로 하였고, 갑 회사 등, 을 농협, 병 회사, 정 회사 등이 체결한 제품매매계약에서 병 회사가 매입의무를 이행할 수 없는 경우에 을 농협이 2차적인 매입의무를 부담하며, 을 농협은 '본 계약을 체결 및 이행하는 것은 을 농협의 목적사업에 부합하는 것으로서 을 농협의 설립 근거법 기타 관련 규정에 위배되지 않음'을 보장하고 위반 시 갑 회사 등에 그로 인한 일체의 손해를 배상하기로 약정하였는데, 그 후 병 회사가 회생절차를 신청하면서 제품을 매입하지 못하자 정 회사 등이 을 농협을 상대로 주위적으로 2차적인 매입의무의 이행을, 예비적으로 진술·보장 조항에 따른 손해배상 등을 구한 사안에서, 농업협동조합 중 품목조합에 해당하는 을 농협이 제품매매계약

에 따라 2차적인 매입의무를 부담하는 것은 사실상 갑 회사 등의 정 회사 등에 대한 대출금채무를 보증한 것에 해당하여 강행법규인 농업협동조합법 제57조 제2항, 제112조에 위반되어 무효이고, 이러한 경우에는 정 회사 등이 진술·보장조항을 근거로 손해배상을 청구하는 것도 허용될 수 없다고 본 원심판단이 정당하다고 한 사례.」

3. 目的에 의한 制限

회사의 정관에는 반드시 목적을 기재해야 한다(제179조, 제289조, 제543조 제2항). 그리고 목적은 등기에 의해 공시된다. 정관소정의 목적에 의하여 회사의 권리능력이 제한되는지에 대하여 상법은 규정을 두고 있지 않다. 영미법은 능력외이론(ultra vires doctrine)에 의해 목적에 의한 제한을 인정한다. 독일은 이를 일반적으로 부인한다. 이에 대하여는 다음과 같은 학설대립이 있다.

(1) 制限肯定說 정관에 기재된 목적의 범위내에서만 권리·의무를 가지고, 이 목적범위 외에서 회사의 기관이 한 행위는 상대방의 선·악의를 불문하고 회사에 대해 효력이 없다고 한다. 그 이유로는 다음의 점들을 든다.

A. 회사는 일정한 목적을 위해 설립된 사단이다.

B. 민법 제34조에 의하면 법인은 목적범위내에서만 권리·의무의 주체가 된다.

C. 회사의 목적은 등기에 의해 공시된다. 따라서 회사의 목적을 일반인이 알고 있다고 추정해야 한다.

(2) 制限否定說 제한부정설은 회사의 권리능력은 정관에 있는 목적에 의한 제한을 전혀 받지 않는다고 한다. 이 견해에서는 그 근거로 다음의 이유를 든다.

A. 법인은 성질상·법률상 권리능력이 제한되는 경우를 제외하고 원칙적으로 모든 법률행위를 할 능력이 있다고 하여야 한다.

B. 민법 제34조는 공익·비영리법인에 대한 예외규정이다.

C. 등기가 공중에 대한 공시역할을 못함이 현실이다.

D. 제한을 인정한다면 회사는 자기에게 유리하면 문제삼지 않고, 불리하면 그 법률효과를 부인할 가능성이 있다.

더 나아가 정관소정의 목적에 의한 권리능력제한을 부정할 때, 정관의 목적에 어떤 법적 의미를 부여할 것인가에 대하여는 다음의 견해가 있다.

A. **內部的 責任說** 이사 등 경영진은 정관소정의 목적을 수행할 선관의무를 부담한다. 만일 그에 위반하였을 때에는 유지청구권(留止請求權)의 대상이 되거나 기관 개인의 손해배상책임이 발생한다. 따라서 목적위반의 경우는 회사내부적 책임문제의 대상이라고 하는 입장이 내부적 책임설(다수설)이다.

B. **代表權制限說** 대표권제한설에서는 회사의 목적은 회사기관의 '대외적 대표권의 범위를 제한'하는 것으로 악의의 제 3 자에 대해서는 그 법률효과를 부인할 수 있다고 한다. 그런데 이는 사실상 회사의 권리능력을 정관소정의 목적에 의하여 제한하는 제한긍정설과 같은 결과가 된다.

(3) 私 見 이 문제는 회사를 보호할 것인가, 거래의 안전과 선의의 제 3 자를 보호할 것인가의 문제이다. 그런데 특별한 사정이 없는 한 선의의 제 3 자가 우선하여 보호되어야 할 것이다. 또한 세계적 추세는 제한을 부정하거나 제한이 거의 실효가 없는 방향으로 해석하고 있다. 따라서 제한부정설·내부적 책임설이 현실에도 가장 적합하다. 이러한 제한부정설이 다수설이고 타당하다. 판례는 제한긍정설을 일관하고 있다. 따라서 이론적 당부를 떠나서 판례의 입장을 무시할 수는 없기 때문에 그 내용을 검토한다는 의미에서 이하에서는 제한긍정설의 입장을 토대로 설명한다.

(4) 制限肯定說에 의한 制限의 內容 판례의 입장을 따른다는 전제아래 제한긍정설에 의할 경우, 그 구체적인 내용은 다음과 같이 파악할 수 있다.

A. 회사의 목적은 정관에 기재되어 있다. 이 때 목적은 영업의 목적으로서 특정할 수 있는 것이어야 한다.

B. 정관기재의 목적은 될 수 있는 한 광범위하게 해석하여야 한다. 영업을 수행하기 위한 행위, 그 영업과 관련된 행위도 할 수 있다.

C. 목적범위내인지 여부는 일반적·추상적으로 행위의 객관적 성질에 의하여 판단한다. 행위의 외형이 목적범위내의 행위이면 된다. 상인의 행위는 영업을 위하여 하는 것으로 추정된다(제47조 제 2 항). 회사기관의 행위는 목적범위내의 행위라고 추정된다.

D. 목적범위 외의 행위의 효과로 그러한 행위는 회사에 대해 전혀 효력이 없다. 이 때 상대방의 선의·악의를 불문한다. 회사의 목적범위 외의 행위

이지만, 회사가 그 행위에 대해 불법행위에 기한 사용자책임(민법 제756조) · 기관책임(제210조)을 지는 수가 있다.

E. 目的範圍와 寄附行爲 회사가 기부행위를 한 경우, 정책적인 고려에서 한 기부행위나 희사행위는 목적범위 내로 인정한다. 그러나 사적 친분이나 정치적 연줄에 기한 기부행위, 액수가 상식을 넘는 거액인 경우에는 목적범위 내라고 볼 수 없다.

Ⅱ. 會社의 行爲能力

회사는 기관을 통하여 법률행위를 한다. 법인실재설에 의하면 기관의 의사는 법인의 의사로 인정되며, 기관의 행위는 법인의 행위로 귀속된다. 법인의 대표에 관하여는 대리에 관한 규정이 준용된다(민법 제59조 제2항).

Ⅲ. 會社의 不法行爲能力

회사기관의 행위는 회사의 행위이며, 회사기관의 불법행위는 회사의 불법행위로 되어 회사도 불법행위능력이 있다. 회사를 대표하는 사원이 그 업무집행으로 인하여 타인에게 손해를 가한 때에는 회사는 그 사원과 연대하여 배상할 책임이 있다(제210조, 제269조, 제389조 제3항, 제567조). 회사의 다른 사용인이 그 직무집행에 관하여 제3자에게 불법행위에 의한 손해를 가한 때에는 회사는 사용자책임을 진다(민법 제756조).

Ⅳ. 會社의 公法上의 能力

회사는 그 성질에 반하지 않는 한 개개의 법률이 정하는 바에 따라 공법상의 권리능력이 인정된다. 즉 회사는 소송법상 당사자능력과 소송능력을 가지고(민사소송법 제60조; 형사소송법 제27조), 행정소송제기권, 청원권(청원법 제6조 제1항) 및 상공회의소의원의 선거권(상공 제13조), 납세의무 등 공법상의 권리 · 의무를 가진다. 다만, 일반적으로 회사의 형법상의 범죄능력은 부정된다고 본다.

<대판 1984.10.10, 82 도 2595>

「형법 제355조 제2항의 배임죄에 있어서 타인의 사무를 처리할 의무의 주체가 법인이 되는 경우라도 법인은 다만 사법상의 의무주체가 될 뿐 범죄능력이 없는 것이며, 그 타인의 사무는 법인을 대표하는 자연인인 대표기관의 의사결정에 따

른 대표행위에 의하여 실현될 수밖에 없어 그 대표기관은 마땅히 법인이 타인에 대하여 부담하고 있는 의무내용대로 사무를 처리할 임무가 있다 할 것이므로 법인이 처리할 의무를 지는 타인의 사무에 관하여는 법인이 배임죄의 주체가 될 수 없고, 그 법인을 대표하여 사무를 처리하는 자연인인 대표기관이 바로 타인의 사무를 처리하는 자, 즉 배임죄의 주체가 된다」(이 판결로 대판 1982. 2. 9, 80 도 1796과 대판 1983. 2. 22, 82 도 1527을 변경함).

제 3 장 會社의 組織變更

제 1 절 總　　說

朱庸址, 회사의 조직변경의 성질, 부산대 대학원 법학논집 1(1991. 2).

Ⅰ. 會社의 組織變更의 意義

회사의 조직변경이라 함은 회사가 그 인격의 동일성을 유지하면서 법률상의 조직을 변경하여 다른 종류의 회사로 되는 것을 말한다.

회사를 설립한 후에 여러 가지 사정이 변화하여 당해 회사의 형태가 목적실현에 적합하지 못한 경우가 발생할 수 있다. 이 때에 현재의 회사를 해산하고 다른 형태의 회사를 신설해야 한다면, 경제적으로나 조세면에서 불리하고 실제에 있어서 매우 번거롭다. 이러한 번잡과 손실을 회피하려는 것과 기업유지의 이념에서 조직변경제도가 인정되었다. 회사는 조직변경 후에도 법률상 권리·의무의 주체로서 동일성을 유지한다는 점에서 타회사가 권리·의무를 포괄적으로 승계하는 합병과 다르다.

Ⅱ. 會社의 組織變更의 制限

상법은 그 성질이 대체로 비슷한 회사 사이에서만 조직변경을 인정하고 있다. 인적회사인 합명회사와 합자회사 사이, 그리고 자본회사인 주식회사와 유한회사 사이에서만 조직변경이 가능하게 되어 있다.

<대판 1985. 11. 12, 85 누 69>

「회사의 조직변경은 회사가 그의 인격의 동일성을 보유하면서 법률상의 조직을 변경하여 다른 종류의 회사로 되는 것을 일컫는다 할 것이고, 상법상 합명·합자회사 상호간 또는 주식·유한회사 상호간에만 회사의 조직변경이 인정되고 있을 뿐이므로, 소외 합자회사가 그 목적·주소·대표자 등이 동일한 주식회사인 원고회사를 설립한 다음 동 소외회사를 흡수합병하는 형식을 밟아 사실상 합자회사

를 주식회사로 변경하는 효과를 꾀하였다 하더라도 이를 법률상의 회사조직변경으로 볼 수는 없다.」

인적회사와 자본회사 사이의 조직변경을 허용하지 않는 데는 인적회사와 자본회사는 그 사원의 책임과 회사의 조직이 전혀 달라서 조직변경의 법률관계가 복잡하게 되고, 인적회사에서 자본회사로의 조직변경이 남용될 가능성이 있다는 것을 그 이유로 들고 있다. 그러나 조직변경을 이렇게 제한할 필요가 있는지에 대해서는 의문을 가지는 견해도 있다(정동윤, 756쪽). 입법론으로는 독일의 경우처럼 개인기업이나 인적회사도 자본회사로 조직변경을 할 수 있도록 하는 것이 바람직하다고 보여진다(독일조직변경법 제1조, 제50조, 제56a조). 참고로 독일에서의 조직변경에는 형태변경적 조직변경(formwechselnde Umwandlung)과 양도적 조직변경(übertragende Umwandlung)의 두 가지가 있다. 전자는 우리 상법상의 조직변경과 같은 것으로서 회사의 동일성 및 재산의 귀속성을 침해하지 않고 회사가 단지 그의 법형태만을 바꾸는 것이며, 후자는 종전의 회사가 해산되고 그 재산의 양도가 새로운 회사로의 포괄승계의 형태로 이루어진다(K. Schmidt, §12).

제 2 절 各種會社의 組織變更節次

Ⅰ. 株式會社의 有限會社로의 組織變更

(1) 總株主의 同意 주식회사는 총주주의 일치에 의한 총회의 결의로 유한회사로 조직변경할 수 있다(제604조 제1항 본문). 총주주의 동의를 요구함은 유한회사로 조직이 변경되면 사원의 지분양도가 제한되는(제556조 제1항) 등 법적 지위에 중요한 변경이 생기며, 추가출자의무(제550조)를 부담할 수도 있기 때문이다. 총회결의에서는 정관 기타 조직변경에 필요한 사항을 정하여야 한다(제604조 제3항).

(2) 社債의 償還 유한회사에서는 사채발행이 금지되므로 주식회사가 사채의 상환을 완료하지 아니한 경우에는 조직변경을 할 수 없다(제604조 제1항 단서). 이에 위반한 조직변경은 무효이다.

(3) 資本總額의 制限 주식회사를 유한회사로 조직변경하는 경우, 변경 전 회사인 주식회사의 순재산액보다 많은 금액을 변경 후 회사인 유한회사의 자본의 총액으로 할 수 없다(제604조 제2항). 이에 위반하여도 조직변경은 무효가 되

지 않는다고 본다. 왜냐하면 회사에 현존하는 순재산액이 자본의 총액에 부족하는 때에는 결의 당시의 이사와 주주는 회사에 대하여 연대하여 그 부족액을 지급할 전보책임을 지도록 하고 있기 때문이다(제605조 제1항). 이사의 책임은 총사원의 동의로 면제할 수 있으나, 주주의 책임은 면제하지 못한다(제605조 제2항, 제550조 제2항, 제551조 제2항·제3항). 조직변경 후의 유한회사의 자본총액을 순재산액보다 작게 정하는 것은 무방하다.

(4) 債權者保護節次 주식회사를 유한회사로 조직변경한 때에는 채권자보호절차를 밟아야 한다(제608조, 제232조). 종전의 주식을 목적으로 한 질권은 변경 후의 지분에 대하여 물상대위가 인정된다(제604조 제4항, 제601조).

(5) 登 記 주식회사를 유한회사로 조직변경한 때에는 주식회사의 해산등기 및 유한회사의 설립등기를 하여야 한다(제606조).

Ⅱ. 有限會社의 株式會社로의 組織變更

유한회사는 총사원의 일치에 의한 총회결의로 주식회사로 조직변경할 수 있다(제607조 제1항). 이 결의에 있어서는 정관 기타 조직변경에 필요한 사항을 정하여야 한다(제607조 제5항, 제604조 제3항). 이 조직변경은 법원의 인가를 받지 아니하면 그 효력이 없다(제607조 제3항). 법원의 인가를 요구하는 것은 설립절차가 간단한 유한회사를 설립한 후에 곧 주식회사로 조직변경함으로써 주식회사의 설립에 관한 까다로운 절차를 회피하는 것을 방지하기 위함이다.

조직변경시에 발행하는 주식의 발행가액의 총액은 회사에 현존하는 순재산액을 초과하지 못한다(제607조 제2항). 회사에 현존하는 순재산액이 조직변경시에 발행하는 주식의 발행가액의 총액에 부족할 때에는 결의 당시의 이사·감사와 사원은 회사에 대하여 연대하여 그 부족액을 지급할 책임이 있다. 이사·감사의 책임은 총주주의 동의로 면제할 수 있으나, 사원의 책임은 면제할 수 없다(제607조 제4항, 제550조 제2항, 제551조 제2항·제3항).

조직변경을 함에는 주식회사의 경우와 같이 채권자보호절차를 밟아야 한다(제608조, 제232조). 종전의 유한회사의 지분을 목적으로 하는 질권의 효력은 새로이 발행되는 주식에 미치며, 새로운 주식상의 질권자가 된 자는 주권의 교부를 청구할 수 있다(제607조 제5항, 제340조 제3항, 제601조 제1항).

Ⅲ. 合名會社의 合資會社로의 組織變更

합명회사는 ① 총사원의 동의로 일부 사원을 유한책임사원으로 하거나, 유한책임사원을 새로 가입시켜, 또는 ② 사원이 1인으로 되어 해산한 뒤에 새로 사원을 가입시켜 회사를 계속하는 경우에 합자회사로 조직변경을 할 수 있다(제242조 제1항 · 제2항).

무한책임사원 일부를 유한책임사원으로 하면서 조직변경하는 것은 회사채권자에 대하여는 그만큼의 담보가치가 감소되므로 채권자를 보호하는 조치가 필요하다. 그리하여 조직변경에 의하여 유한책임사원이 된 자는 본점소재지에서 조직변경등기를 하기 전에 생긴 회사채무에 대하여는 등기 후 2년 내에는 무한책임사원으로서의 책임을 진다(제244조). 그리고 합명회사를 합자회사로 조직변경한 때에는 본점소재지에서는 2주간 내, 지점소재지에서는 3주간 내에 합명회사의 해산등기와 합자회사의 설립등기를 하여야 한다(제243조).

Ⅳ. 合資會社의 合名會社로의 組織變更

합자회사는 ① 총사원의 동의로, ② 유한책임사원이 퇴사한 경우에는 무한책임사원 전원의 동의로 합명회사로 조직변경할 수 있다(제286조 제1항 · 제2항). 무한책임사원이 1인뿐인 합자회사에 있어서 유한책임사원 전원이 퇴사한 경우는 물론 조직변경이 허용되지 않는다. 이때에는 사원을 새로이 가입시켜 회사를 계속함과 동시에 조직변경을 할 수 있을 것이다(제269조, 제242조 제2항).

합자회사를 합명회사로 조직변경하는 경우에는 합명회사를 합자회사로 조직변경하는 경우와는 달리 회사채권자에게 유리하므로 회사채권자의 보호를 고려할 필요는 없다. 그러나 유한책임사원이었던 자는 책임이 가중되므로 그의 동의를 얻어야 되고, 한편 유한책임사원이었던 자도 업무집행권을 가지게 되므로 무한책임사원의 동의를 얻어야 한다.

이 경우에도 합자회사의 해산등기와 합명회사의 설립등기가 필요하다(제286조 제3항).

제3절 組織變更의 效力發生時期

조직변경의 효력이 언제 발생하느냐에 관하여는 조직변경의 등기, 즉 변경 전 회사의 해산등기와 변경 후 회사의 설립등기를 한 때에 효력이 발생한다는 견해(정동윤, 759쪽; 최기원, 95쪽; 이철송, 129쪽; 채이식, 813쪽; 손주찬, 477쪽)와 등기를 한 때가 아니라 현실로 조직이 변경되었을 때에 그 효력이 발생한다는 견해(서돈각, 546쪽)가 대립하고 있다. 생각건대 조직변경의 효력은 본점소재지에서 조직변경등기를 한 때에 발생한다고 하는 다수설이 타당하다고 본다. 그 이유로는 조직변경은 회사의 새로운 형태를 창출하는 것이므로 외형상 회사의 설립과 다름없는바, 회사는 본점소재지에서 설립등기를 함으로써 성립하는 것이며, 상법 제244조에서 합명회사가 합자회사로 조직변경을 할 때에 유한책임사원으로 된 자의 유한책임을 조직변경등기 이후에 발생한 채무로 한정하는 점 및 현실적으로 조직이 변경되었을 때라는 것은 그 시기가 불명확하다는 점 등을 들 수 있다.

제4절 組織變更의 無效

조직변경에 하자가 있는 경우에는 어떻게 처리할 것인가. 조직변경은 회사의 설립과 유사하며, 회사법상의 법률관계의 안정을 고려할 때 설립무효의 소(제328조)에 관한 규정이 유추적용된다고 본다(동지: 정동윤, 759쪽; 최기원, 104쪽; 이철송, 129쪽; 이·최, 473쪽).

제4장 會社의 解散과 繼續

제1절 會社의 解散

Ⅰ. 意義와 法的 性質

회사의 해산은 회사의 법인격을 소멸시키는 원인이 되는 법률사실이다. 따라서 회사는 해산에 의하여 법인격이 소멸되는 것이 아니라 법인격소멸의 원인이 됨에 그친다. 회사가 해산되면 합병과 파산의 경우를 제외하고는 기존의 법률관계를 처리하기 위하여 청산절차(제531조 아래)를 밟게 되고, 이 청산이 종결한 때에 회사의 법인격은 소멸한다. 해산 후에도 회사는 청산의 목적범위 내에서 청산중의 회사로 존속하게 되는데, 이의 법적 성질은 동일회사가 계속해서 존속한다는 동일성설이 타당하다(통설).

회사의 해산사유는 각 회사마다 다르나, 모든 회사에 공통한 해산사유로는 법원의 해산명령과 해산판결이 있다.

Ⅱ. 法院의 解散命令

1. 意　　義

모든 회사에 공통되는 해산사유로서 회사법 통칙부분에 법원의 해산명령제도를 두고 있다(제176조). 이 제도는 공익보호의 견지에서 회사의 법인격을 완전히 박탈하는 것으로서, 비송사건절차법에 따라 법원의 결정으로서 회사의 해산을 명령한다.

<대결 1980.3.11, 80 마 68>

「자동차운수사업법 제30조의 취지는 자동차운송사업을 하는 법인이 스스로 해산결의를 하거나 총사원의 동의로써 해산을 하는 경우에는 교통부장관의 인가를 얻어야 한다는 것으로 풀이되나, 본건과 같이 상법 제176조의 규정에 따라 법원이 해산명령을 하는 경우에는 교통부장관의 인가를 필요로 하는 것이 아니다.」

회사설립에 있어서 준칙주의를 취한 결과 회사의 남설을 사후에 규제하기 위한 제도로서, 이해관계인이나 검사의 청구에 의해서뿐만 아니라 법원의 직권에 의해서도 할 수 있다.

2. 事 由

(1) 會社의 設立目的이 不法한 것인 때(제176조 제1항 제1호) 회사의 정관에 기재된 목적 자체가 불법인 때(이 때는 설립무효사유에도 해당됨)와 목적 자체는 불법이 아니지만 배후의 실질적인 의도가 불법인 때도 포함한다(예컨대 목적이 무역업으로 기재되어 있으나 밀수를 한다든지, 숙박업을 목적으로 하였으나 매음업을 하는 때이다).

(2) 會社가 正當한 事由 없이 設立後 1년 내에 營業을 開示하지 아니하거나 1년 이상 營業을 休止하는 때(제176조 제1항 제2호) 아예 개업을 하지 아니하는 회사와 휴면회사를 규제하기 위함이다. 개업이란 회사의 목적인 사업 자체를 개시함을 말하며, 준비행위는 이에 포함되지 아니한다(동지: 정동윤, 631쪽). '정당한 사유'의 판단은 구체적인 사례에 따라 하여야 할 것이지만, 영업의 성질상 또는 외부의 장애로 인하여 영업을 하지 못하더라도 '영업을 위한 회사의 의지가 객관적으로 표현된 때'에는 정당한 사유가 있다고 본다(예컨대 건설이자를 배당하는 때의 배당기간 내라든지, 지하철운영을 목적으로 하는 회사가 지하철공사에 1년 이상의 시간을 요할 때 등)(동지: 이철송, 131쪽). 사업의 기본재산에 분쟁이 생긴 때에는 회사의 승소 여부에 따라 정당사유의 유무를 판단하여야 한다.

<대구고판 1976. 4. 12, 75 라 27>

「피신청인이 영업을 휴지하고 있었다고 하여도 이는 회사의 목적재산 전부가 위조로 인하여 타에 이전되어 주된 사업을 경영하지 못하게 된 것으로서 상법 제176조 제1항 제2호에 규정한 정당한 사유가 없는 것이라고 할 수 없다.」

<대판 1978. 7. 26, 78 다 106>

「갑회사와 갑회사의 시장점포 입주상인들과의 사이에 신축중인 시장건물의 소유권을 둘러싸고 분쟁이 발생하여 그 때부터 확정판결이 있을 때까지 갑회사는 그 기능을 사실상 상실하고 시장경영, 점포임대와 그 차임징수, 납세 등 정상적인 업무수행을 하지 못하였으나, 이제 위 확정판결에 기하여(승소하여) 위 신축건물을 회수하고 그 기능을 회복하여 위 상인들과의 거래관계를 정산하는 등 정상적인 업무수행을 할 수 있는 위치로 복귀하였음을 인정할 수 있으므로 갑회사가 과거 수 년 동안 위와 같은 특별한 사정 때문에 그 정상적인 업무수행을 하지 못한 것을 가리켜 상법 제176조 제1항 제2호 후단 소정의 회사해산명령사유인 '회사가 정당한 사유 없이 1년 이상 영업을 휴지하는 때'에 해당한다고 볼

수 없다.」

<대결 1979. 1. 31, 78 마 56>

「재항고인 회사가 그 기본재산이며 영업의 근간이 되는 부동산에 대한 소유권귀속과 등기절차 등에 관련된 소송이 계속되어 부득이 영업을 못한 경우라 해도 재항고인 회사는 원래 계쟁부동산의 소유권을 가지고 있지 못하였고 명의신탁을 받은 사실이 인정될 뿐임, 또 자신의 의사에 의하여 적법하게 소외 회사에 소유권이전등기를 넘겨 주었음에도 불구하고 이와 상반되는 무근한 사실을 내세워 그 소유권이 재항고인 회사에 있다고 주장하여 그 소유권의 귀속과 등기의 효력을 다투는 부당한 소송을 제기하였던 데 불과하다면, 이로 인한 영업휴지에 관하여 정당한 사유가 있다고 할 수 없다.」

개업지연을 해산명령사유에 넣고 있는 이유를 고려할 때 사업의 전망을 살피기 위해 상당기간 영업의 일부만 개시하고 있는 경우도 해산을 명령할 수 있다고 본다(동지 : 손주찬, 479쪽).

(3) 理事 또는 業務執行社員이 法令 또는 定款에 위반하여 會社의 存續을 허용할 수 없는 行爲를 한 때(제176조 제1항 제3호) 이사 또는 업무집행사원이 회사기관자격에서 한 때는 물론이고, 그 기관의 지위를 남용하여 자기의 이익을 위하여 법령 또는 정관에 위반하는 행위를 한 때도 포함한다(예컨대 여행사의 이사가 취임을 미끼로 금품을 사취하는 때, 불법이민을 알선하는 때 등. 동지 : 정찬형, 99쪽; 정동윤, 631쪽 ; 최기원, 152쪽 ; 이철송, 132쪽). 그러나 해당 이사나 업무집행사원을 교체함으로써 회사를 존속시킬 수 있는 때에는 이에 해당하지 아니한다.

3. 節 次

(1) 법원은 이해관계인이나 검사의 청구에 의하여 또는 직권으로 회사에 해산을 명할 수 있다(제176조 제1항). 이해관계인에는 사원 · 임원 · 회사채권자와 이사 등의 위법행위로 피해를 입은 자 등이다.

(2) 해산명령의 청구가 있는 때에는 법원은 해산을 명하기 전일지라도 이해관계인이나 검사의 청구에 의하여 또는 직권으로 관리인의 선임 기타 회사재산의 보전에 필요한 처분을 할 수 있다(제176조 제2항). 보전처분을 인정한 이유는 해산명령이 있게 되면 엄격한 청산절차가 뒤따를 것이기 때문에 미리 회사재산을 은닉시키는 등의 부정행위를 방지하기 위함이다. 따라서 해산명령이 있기 전은 물론이고, 해산명령이 있은 후도 청산인이 취임하기 전에는 언제나 보전처분이 가능하다.

(3) 이해관계인이 해산명령의 청구를 한 때에는 법원은 회사의 청구에 의하여 상당한 담보를 제공할 것을 명할 수 있다(제176조 제3항). 이는 남소를 방지하기 위한 것이며, 이 때 회사는 이해관계인의 청구가 악의임을 소명하여야 한다(제176조 제4항). 악의란 부당히 회사의 이익을 해칠 의도를 가진 것을 말한다(동지 : 정동윤, 632쪽 ; 이철송, 133쪽).

(4) 해산명령청구사건은 비송사건이기 때문에 비송사건절차법에 따른다(비송사건절차법 제90조 아래). 회사의 본점소재지의 지방법원 합의부에서 관할하며(비송사건절차법 제72조 제1항), 재판은 이유를 붙인 결정으로 하여야 한다(비송사건절차법 제90조 제1항, 제75조 제1항). 회사, 이해관계인과 검사는 이 결정에 대하여 즉시 항고할 수 있으며, 이 항고는 집행정지의 효력이 있다(비송사건절차법 제91조).

<대판 1982.2.25, 82 다카 1>

「회사해산명령사건은 상사비송사건이고, 민사소송이 아닌 비송사건의 재항고는 본법에 의하여 제한된다고 볼 수 없으므로 재항고허가신청은 부적법하다.」

4. 效 果

해산명령재판(결정)의 확정에 의하여 회사는 해산한다(제227조 제6호, 제269조, 제517조 제1호, 제609조 제1항 제1호). 해산의 결과 회사의 권리능력은 청산목적범위내로 축소되며, 영업을 전제로 한 규정은 더 이상 적용되지 아니하고 회사대표와 업무집행기관은 그의 권한을 상실한다.

회사의 해산을 명한 재판이 확정된 때에는 법원은 해산한 회사의 본점과 지점소재지의 등기소에 그 등기를 촉탁하여야 한다(비송사건절차법 제93조).

Ⅲ. 法院의 解散判決

1. 意義와 法的 性質

해산판결은 사원의 이익을 보호하기 위하여 인정되는 제도로서, 회사의 존속이 오히려 사원의 이익을 해할 때에는 사원의 청구에 의하여 회사의 법인격을 박탈하여 사원의 손실을 방지하고자 한다.

해산판결청구사건은 소송사건으로서 법원의 판결에 의하며, 형성의 소이다. 이 점에서 공익을 보호하기 위해 회사의 법인격을 박탈하는 제도로서 비송사건절차법의 적용을 받는 해산명령과 다르다.

2. 事 由

(1) **資本會社** 주식회사의 소수주주와 유한회사의 소수사원은 ① 회사의 업무가 현저한 정돈상태를 계속하여 회복할 수 없는 손해가 생긴 때 또는 생길 염려가 있는 때(예컨대 이사들간의 불화로 회사업무가 정체된 때), ② 회사재산의 관리 또는 처분의 현저한 실당으로 인하여 회사의 존립을 위태롭게 한 때(이사가 회사재산을 부당히 유용처분한 때) 등 '부득이한 사유'가 있는 때에는 회사의 해산을 법원에 청구할 수 있다(제520조, 제613조 제1항).

자본회사에서의 해산판결청구사유는 두 가지가 다 회사경영에 있어 심각한 문제가 발생한 때이며, 이 때도 부득이한 사유가 있어야만 해산판결을 청구할 수 있다. 부득이한 사유란 모든 사정을 고려하여 회사를 해산하는 것만이 회사 및 주주의 이익을 보호할 수 있는 최선의 방법으로 인정하는 때이다(예컨대 주주 또는 사원간의 대립으로 임원의 경질이 불가능한 때이다).

이 제도는 투하자본의 회수가 곤란한 소규모의 주식회사나 유한회사에서 주주(사원)간의 이익대립을 해결하기 위한 최후의 수단으로 인정한 미국법제도를 도입한 것이다.

<대판 2015. 10. 29, 2013 다 53175>

「상법 제520조 제1항은 주식회사에 대한 해산청구에 관하여 "다음의 경우에 부득이한 사유가 있는 때에는 발행주식의 총수의 100분의 10 이상에 해당하는 주식을 가진 주주는 회사의 해산을 법원에 청구할 수 있다."고 하면서, 제1호로 "회사의 업무가 현저한 정돈(停頓)상태를 계속하여 회복할 수 없는 손해가 생긴 때 또는 생길 염려가 있는 때"를 규정하고 있다. 여기서 '회사의 업무가 현저한 정돈상태를 계속하여 회복할 수 없는 손해가 생긴 때 또는 생길 염려가 있는 때'란 이사 간, 주주 간의 대립으로 회사의 목적사업이 교착상태에 빠지는 등 회사의 업무가 정체되어 회사를 정상적으로 운영하는 것이 현저히 곤란한 상태가 계속됨으로 말미암아 회사에 회복할 수 없는 손해가 생기거나 생길 염려가 있는 경우를 말하고, '부득이한 사유가 있는 때'란 회사를 해산하는 것 외에는 달리 주주의 이익을 보호할 방법이 없는 경우를 말한다(피고는 원고와 소외 회사의 합작투자계약에 의하여 문화관광단지조성사업 시행을 위하여 설립된 특수목적법인(주식회사)이고, 원고는 그 주주인바, 원고와 소외 회사의 분쟁으로 사업이 진행되지 못하다가 사업을 위하여 반드시 필요한 토지가 공매처분되어 더 이상 본래의 설립목적인 사업을 할 수 없게 되었고, 소외 회사는 자신의 출자금을 모두 회수하여 실질적으로 피고에 출자한 것이 전혀 없음에도 과반수 주주의 지위에

있음을 이용하여 원고를 배제한 채 원래 목적사업과 무관한 다른 사업을 하고 있으므로, 이는 피고의 업무가 현저한 정돈상태를 계속하여 피고에게 회복할 수 없는 손해가 생긴 때 또는 생길 염려가 있는 때에 해당하고, 이러한 상황에서 원고가 소수주주권 행사를 통하여 현재의 상황을 타개하고 다시 원래 사업을 추진한다는 것은 사실상 불가능하여 피고를 해산하는 것 외에는 달리 원고의 이익을 보호할 방법이 없어 부득이한 사유도 있다고 보아 원고의 상법 제520조 제1항 제1호에 기한 주식회사 해산청구를 인용한 사례).」

(2) 人的會社 합명회사와 합자회사의 각 사원은 부득이한 사유가 있는 때에는 회사의 해산을 법원에 청구할 수 있다(제241조 제1항, 제269조). 부득이한 사유란 회사의 목적을 달성할 수 없거나 회사의 존속이 불가능한 때이다. 특히 인적회사는 사원간의 신뢰를 바탕으로 생긴 회사인데, 사원간의 불화가 극도에 달하였는 데도 불구하고 일부사원의 제명, 지분의 양도, 총사원의 동의에 의한 회사해산 등이 어려울 때가 이에 해당한다. 하지만 사원간에 불화나 대립이 있어도 그 중에서 특정인을 제명하고서 인적 화합을 이룰 수 있는 때에는 회사해산을 청구하지 못한다고 본다.

3. 節 次

소는 본점소재지를 관할하는 지방법원에 전속하며(제241조 제2항, 제269조, 제520조 제2항, 제613조 제1항, 제186조), 원고는 해산판결의 청구자이고, 피고는 해산될 회사이다.

4. 效 果

해산판결이 확정되면 회사는 해산하여 청산절차를 밟게 되며, 법원은 해산회사의 본점 및 지점소재지의 등기소에 그 등기를 촉탁하여야 한다(비송사건절차법 제238조 제3항, 제248조, 제255조 제3항, 제266조). 원고가 패소한 때에는 악의·중과실 있는 원고는 회사에 대하여 연대하여 손해배상책임을 진다(제241조 제2항, 제269조, 제520조 제2항, 제613조 제1항, 제191조).

<대판 1994. 5. 27, 94 다 7607>

「상법 제520조의 2의 규정에 의하여 주식회사가 해산되고 그 청산이 종결된 것으로 보게 되는 회사라도 어떤 권리관계가 남아 있어 현실적으로 정리할 필요가 있으면 그 범위 내에서는 아직 완전히 소멸하지 아니하고, 이러한 경우 그 회사의 해산 당시의 이사는 정관에 다른 규정이 있거나 주주총회에서 따로 청산인을 선임하지 아니한 경우에 당연히 청산인이 되고, 그러한 청산인이 없는 때에는

이해관계인의 청구에 의하여 법원이 선임한 자가 청산인이 되므로, 이러한 청산인만이 청산중인 회사의 청산사무를 집행하고 대표하는 기관이 된다.」

Ⅳ. 休眠會社의 解散擬制

1. 休眠會社의 意義

휴면회사란 영업을 폐지하여 사실상 존재하지 않는 회사이지만, 회사의 해산등기와 청산등기를 하지 않고 방치하여 등기부에서만 존재하는 회사이다.

휴면회사의 규제필요성은 종래에 무모하게 남설된 회사들이 사업의 실패나 불경기 등으로 영업을 폐지하고도 그 해산·청산등기를 해태함으로 해서 회사의 상호선정에 어려움이 생기고, 사실과 등기의 불일치로 등기사무의 혼란과 번잡을 초래하며, 타인의 휴면회사를 매매대상으로 하는 등 회사범죄의 수단으로 이용되기 때문에, 이러한 폐해를 제거하여 거래안전을 보호하고 회사제도에 대한 일반의 신뢰를 회복함에 있다. 상법은 주식회사에 대하여 휴면회사의 해산의제제도를 두고 있다(제520조의 2).

2. 解散·淸算의 擬制

(1) 법원행정처장이 최후의 등기 후 5년을 경과한 회사는 본점의 소재지를 관할하는 법원에 아직 영업을 폐지하지 아니하였다는 뜻의 신고를 할 것을 관보로써 공고한 경우에, 그 공고한 날에 이미 최후의 등기 후 5년을 경과한 회사로서 공고한 날로부터 2월 이내에 대통령령이 정하는 바에 의하여 신고를 하지 아니한 때에는 그 회사는 그 신고기간이 만료된 때에 해산한 것으로 본다(해산의제). 그러나 그 기간 내에 등기를 한 회사에 대하여는 그러하지 아니하다(제520조의 2 제 1 항). 기간을 5년으로 정한 이유는 주식회사의 이사와 감사의 임기는 3년이기 때문에 정상적인 운영을 하는 회사라면 5년 내에 최소한 2번 이상은 등기가 있어야 할 것이므로, 이 기간 안에 한번도 등기가 없었다면 휴면회사로 볼 수 있기 때문이다. 이 때의 신고는 서면으로 하여야 하며, 이 신고서면에는 일정한 사항을 기재하고 회사의 대표자 또는 그 대리인이 기명날인하여야 한다(상법시행령 제 7 조).

공고가 있는 때에는 법원은 해당 회사에 대하여 그 공고가 있었다는 뜻의 통지를 발송하여야 한다(제520조의 2 제 2 항).

해산등기는 등기공무원이 직권으로 하여야 한다(비송사건절차법 제214조 제 1 항).

(2) 휴면회사가 해산이 의제된 날로부터 3년 이내에 제434조에 의한 회사계속의 결의에 의하여 회사를 계속(회사계속)하지 아니한 때에는 그 회사는 그 3년이 경과한 때에 청산이 종결된 것으로 의제한다(청산의제)(제520조의 2 제3항·제4항).

제2절 會社의 繼續

Ⅰ. 會社繼續의 意義

회사의 계속이란 일단 해산된 회사가 사원들의 의사에 의하여 해산 전의 상태로 복귀하여 해산 전의 회사와 동일성을 유지하면서 존립중의 회사로서 존속함을 말한다. 그러나 법원의 해산명령이나 해산판결에 의하여 회사가 강제적으로 해산된 때와 회사설립을 인정할 수 없는 객관적인 하자가 있는 경우에는 회사의 자치적인 절차에 의한 회사의 계속은 인정되지 못하고, 해산 이후의 절차를 강행하여 회사의 법인격을 박탈하여야 한다.

하지만 존립기간의 만료 등으로 회사가 해산한 때에는 사원들이 회사존속을 원한다면, 청산을 하고서 다시 회사를 신설하도록 하는 것보다는 사원들의 의사를 존중하여 해산 전의 회사와 동일성을 유지할 수 있는 회사계속을 허용함이 더 합리적이다. 상법은 해산원인 중에서 일정한 원인에 기하여 해산한 경우에만 선별하여 회사의 계속을 허용하고 있다.

Ⅱ. 各種會社의 繼續이 가능한 解散事由

1. 株式會社

주식회사는 회사의 존립기간의 만료 기타 정관에서 정한 사유의 발생 또는 주주총회의 결의에 의하여 해산한 때에는 주주총회의 특별결의(제434조)로 회사를 계속할 수 있다(제519조). 회사의 계속을 결의할 수 있는 시기에 관하여는 주식회사에서는 출자의 환급이 금지되기 때문에 주주에게 잔여재산을 분배하기 전에만 가능하다고 본다(동지 : 최기원, 162쪽 ; 이철송, 138쪽). 이에 반하여 청산종결의 등기가 있기 전에는 가능하다고 하는 설도 있다(정동윤, 635쪽). 해산등기를 한 뒤에 계속결의를 한 때에는 계속의 등기를 하여야 한다(제530조 제1항, 제229조 제3항).

해산의제된 휴면회사는 의제된 때로부터 3년 내에 한하여 주주총회의 특별결의에 의하여 회사를 계속할 수 있다(제520조의 2 제 3 항). 파산선고에 의하여 해산된 회사는 파산폐지의 결정이 있는 때(채무자 회생 및 파산에 관한 법률 제540조)에 주주총회의 특별결의로써 회사를 계속할 수 있다. 이 때에 회사의 계속은 파산폐지의 결정에 의하여 그 효력이 있다. 청산중의 회사가 파산선고를 받은 경우에도 위와 같은 절차를 밟아 회사를 계속할 수 있다. 회사의 해산 후에 회생절차가 개시된 회사는 회생절차에 따라 회사를 계속할 수 있다(채무자 회생 및 파산에 관한 법률 제55조 제 1 항).

2. 有限會社

유한회사는 존립기간의 만료 기타 정관에서 정한 사유의 발생 또는 사원총회의 결의에 의하여 해산한 때에는 사원총회의 특별결의(제585조)로써 회사를 계속할 수 있다(제610조). 회사가 파산한 때의 회사의 계속은 주식회사와 같다(채무자 회생 및 파산에 관한 법률 제540조).

3. 合名會社

(1) 합명회사가 존립기간의 만료 기타 정관에서 정한 사유의 발생 또는 총사원의 동의로 해산한 때에는 사원의 전부 또는 일부의 동의로 회사를 계속할 수 있다. 일부의 동의로 계속할 때에는 최소한 2인 이상의 동의가 있어야 하며(제178조, 제227조 3호), 동의하지 아니한 사원은 퇴사한 것으로 본다(제229조 제 1항, 제227조 1호·2호).

(2) 사원이 1인으로 되어 해산한 때에는 신입사원을 가입시켜서 회사를 계속할 수 있다(제229조 제 2 항). 사원가입은 정관변경사항이기 때문에 총사원의 동의가 있어야 하나(제204조), 이 때는 1인 사원이 가입을 결정함으로써 정관이 변경된다. 또한 이 때에는 유한책임사원을 가입시켜 합자회사로 조직을 변경하여 회사를 계속할 수도 있다(제242조).

(3) 회사설립의 무효·취소판결이 확정된 경우에 무효와 취소원인이 특정한 사원에 한한 것인 때에는 다른 사원 전원의 동의로써 회사를 계속할 수 있으며, 이 때 무효와 취소원인이 있는 사원은 퇴사한 것으로 본다(제194조 제 1 항·제 2 항). 이 때 잔존사원이 1인인 때에는 위 (2)의 방법으로 회사를 계속할 수 있다(제194조 제 3 항).

(4) 파산선고에 의하여 해산한 때(제227조 제 5 호)에 파산폐지결정에 따라 회사를 계속할 수 있다(채무자 회생 및 파산에 관한 법률 제540조).

4. 合資會社

합명회사에서 설명한 회사계속사유는 합자회사에 준용된다(제269조). 다만, 합자회사는 무한책임사원과 유한책임사원의 2종의 사원으로 구성되는 회사이기 때문에 어느 한 종류의 사원이 전원 퇴사하면 회사가 해산되는데, 이 때 잔존한 사원은 전원의 동의로 이종의 사원을 가입시켜 회사를 계속할 수 있다(제285조 제1항·제2항). 유한책임사원 전원이 퇴사한 때에 무한책임사원은 전원의 동의에 의하여 합명회사로 조직을 변경하여 회사를 계속할 수 있으며, 이 때에 합자회사는 해산등기를, 합명회사는 설립등기를 하여야 한다(제286조 제2항·제3항).

Ⅲ. 會社繼續의 效果

회사의 계속은 회사를 장래에 향하여 해산 전의 회사로 복귀하여 완전한 권리능력을 회복하게 하며 소급효가 생기는 것은 아니므로, 해산중에 청산인이 한 행위는 그 효력을 잃지 아니한다. 하지만 회사계속의 결과 청산인은 그 권한을 상실하고, 해산 전의 회사대표 및 업무집행기관은 그의 권한을 회복한다.

회사가 이미 해산등기를 하였을 때에는 본점소재지에서는 2주간 내, 지점소재지에서는 3주간 내에 계속등기를 하여야 한다(제229조 제3항, 제194조 제3항, 제285조 제3항, 제530조 제1항, 제611조). 그러나 회사가 해산등기를 하지 않았을 때에는 계속등기를 할 필요가 없다.

제5장 罰　　則

朴珠煥, 회사법상의 특별배임죄에 관한 소고, 會社法의 現代的 課題(徐燉珏博士華甲紀念論文集)(1981)/송호신, 상법상의 회사관련범죄에 대한 연구, 한양대 박사학위논문(2002).

제1절 序

1. 罰則의 必要性

회사제도는 자본주의 경제발전에 크게 기여하고 있으나, 남용되는 폐단도 적지 않다. 특히 주식회사에 있어서 주주는 유한책임을 지며, 대주주나 임원에 의한 부정과 임무해태로 인하여 이해관계인에게 손해를 끼치는 일이 적지 않다. 이것은 회사의 구성원과 회사채권자의 권리를 침해할 뿐만 아니라 회사 자체의 존립을 위태롭게 할 염려가 있으므로, 상법의 벌칙에 관한 규정은 주식회사를 주된 대상으로 하고 있으며, 유한회사에 관하여는 그 규정이 적고 더욱이 인적회사에 대하여는 행정벌의 규정이 있을 뿐이다. 이처럼 회사를 둘러싼 여러 가지 폐해를 규제하기 위한 대책으로서 상법은 한편으로는 회사에 관한 상세한 강행규정을 두어 이를 사법적으로 규율함과 아울러 다른 한편으로는 여러 가지 벌칙을 규정하여 형법적으로 이를 다스리고 있다.

2. 商法上의 制裁

상법 회사편 벌칙의 장에 규정되어 있는 제재에는 징역·벌금·몰수 등의 형벌과 과태료의 행정벌이 있다. 전자는 형사소송법의 규정에 의하여 과하여지고, 후자는 비송사건절차법의 규정에 의하여 처리된다(동법 제247조 내지 제250조). 형벌인 징역의 최고한은 10년이며, 벌금의 최고한은 3천만 원이다. 그리고 범죄에 따라서는 징역과 벌금을 병과할 수 있다(제632조). 행정벌인 과태료의 최고한은 500만 원이다(제635조). 원래 형벌은 형사법에, 행정벌은 행정법에 속하는 성질의 것이지만, 특수기구에 관련되기 때문에 편의상 상법에서 규정하고 있다. 이 책에서는 이를 소개함에 그친다(정동윤, 833쪽 아래; 최기원, 1087쪽 아래).

제2절 刑罰을 科하는 行爲

1. 特別背任行爲

(1) 임무에 위배되는 행위에 의하여 회사에 재산상의 손해가 생긴 때에 범죄가 성립하는 행위이다.

회사의 발기인 · 업무집행사원 · 이사 · 감사 · 청산인 기타 이에 준하는 직무대행자나 설립위원 또는 지배인 등의 고급사용인(예컨대 소장 · 과장 등) 등이 그 임무에 위배한 행위로써 재산상의 이익을 취득하거나 제3자로 하여금 이를 취득하게 하여 회사에 손해를 가한 때에는 10년 이하의 징역 또는 3,000만 원 이하의 벌금에 처한다(제622조).

<대판 1986. 9. 9, 85 도 218>

「상법 제622조 소정의 특별배임죄의 주체는 상법상 회사의 적법한 이사나 대표이사의 지위에 있는 자라 할 것인바, 주주총회나 이사회가 적법히 개최된 바도 없으면서 마치 결의한 사실이 있는 것처럼 결의록을 만들고, 그에 기하여 이사나 대표이사의 선임등기를 마친 경우에도 그 결의는 부존재한 결의로서 효력을 발생할 수 없고, 따라서 회사의 이사나 대표이사의 지위에 있는 자라고 인정할 수 없어 상법 제622조 소정의 특별배임죄의 주체가 될 수 없다.」(동지: 대판 1978. 5. 9, 77 도 3751).

<대판 1984. 2. 28, 83 도 2928>

「회사와 공소 외(갑) 간의 임대차관계 분쟁해결에 있어 회사가 지급할 금액을 보증금 및 손해금을 합하여 금 1,700만 원으로 상호 인정하고, 일단 합의가 이루어졌는 데도 회사대표인 피고인이 위 공소 외인으로부터 고소당한 형사사건으로 처벌받게 됨을 두려워하여 별도로 회사가 지급할 의무 없는 금원을 권리금명목으로 지급하였다면, 이는 상법 제622조의 특별배임죄에 해당한다.」

<대판 1978. 1. 24, 77 도 1637>

「상법 제622조 제1항 소정의 특별배임죄의 주체는 회사의 발기인 · 업무집행사원 · 이사 · 감사 또는 상법 제386조 제2항, 제407조 제1항, 제415조, 제567조 제1항의 직무대행자, 지배인 기타 회사영업에 관한 어느 종류 또는 특정한 사

항의 위임을 받은 사용인에 한한다. 본건 배임행위는 피고인이 경리부장이라는 지위에서 포괄적으로 위임받은 사항, 즉 경리사무에 관한 것이 아니라 등록출원사무에 관한 것이므로 등록출원사무 및 그것과 관련된 업무에 관하여 회사를 대리할 권한을 가지는 지위에 있어야 한다. 원심은 피고인이 특별배임의 주체가 될 수 없는 데도 이를 유죄로 인정하였으므로 상법 제622조 제 1 항 소정 특별배임죄의 주체에 관한 법리를 잘못 해석했다 할 것이다.」

<대판 1978. 5. 9, 77 도 3751>
「주주총회의 결의나 이사회결의를 전혀 거친 바 없이 결의록을 위조하여 이를 첨부하여 대표이사로 변경등기를 한 대표이사는 특별배임죄의 주체가 될 수 없다.」

<대판 1971. 4. 13, 71 다 326>
「은행의 융자에 있어 담보물의 가치가 충분하여 은행에 손해가 없다면 특별한 사정이 없는 한 은행원이 융자금의 용도, 적합성의 검토에 있어서 비록 잘못이 있다 하더라도 특별배임죄를 구성하지 않는다고 보아야 한다.」

<일최고판 1960. 8. 12, 형집 14. 10. 1360>
「주로 제 3 자에게 불법으로 융자하여 자기의 이익을 도모할 목적이 있는 이상, 가령 그 융자로 본인을 위한 사고금을 회수하여 그것을 전보할 목적이 있다 하더라도 본조에의 특별배임죄가 성립한다.」

<대판 2008. 2. 28, 2007 도 5987>
「기업인수에 필요한 자금을 마련하기 위하여 인수자가 금융기관으로부터 대출을 받고 나중에 피인수회사의 자산을 담보로 제공하는 방식, 이른바 LBO(Leveraged Buyout) 방식을 사용하는 경우, 피인수회사로서는 주채무가 변제되지 아니할 경우에는 담보로 제공되는 자산을 잃게 되는 위험을 부담하게 되는 것이므로, 인수자가 피인수회사의 위와 같은 담보제공으로 인한 위험부담에 상응하는 대가를 지급하는 등의 반대급부를 제공하는 경우에 한하여 허용될 수 있다 할 것이다. 만일 인수자가 피인수회사에 아무런 반대급부를 제공하지 않고 임의로 피인수회사의 재산을 담보로 제공하게 하였다면, 인수자 또는 제 3 자에게 담보가치에 상응한 재산상 이익을 취득하게 하고 피인수회사에게 그 재산상 손해를 가하였다고 봄이 상당하다. 이는 인수자가 자신이 인수한 주식 · 채권 등이 임의로 처분되지 못하도록 피인수회사 또는 금융기관에 담보로 제공함으로써 피담보채무에 대

한 별도의 담보를 제공한 경우라고 하더라도 마찬가지이다(이른바 LBO(Leveraged Buyout) 방식의 기업인수과정에서 인수자가 제3자가 주채무자인 대출금채무에 대하여 아무런 대가 없이 피인수회사의 재산을 담보로 제공하였다면, 설사 주채무자인 제3자가 대출원리금상당의 정리채권 등을 담보로 제공하고 있었다고 하더라도 피인수회사로서는 이로 인하여 그 담보가치상당의 재산상 손해를 입었다고 할 것이므로 배임죄가 성립한다고 한 사례).」

<대판 2008.5.8, 2008 도 484>

「배임죄의 '재산상 손해를 가한 때'에 관한 판단에서, 기왕에 한 담보제공행위로 인하여 이미 재산상의 손해발생위험이 발생하였다면 그 후에 그 담보물을 다른 담보물로 교체한다 하여도 새로 제공하는 담보물의 가치가 기존 담보물의 가치보다 더 작거나 동일하다면 회사에 새로운 손해발생의 위험이 발생하였다고 볼 수 없으며, 이러한 법리는 제공된 전후의 담보방법이 다소 다른 경우에도 같다. 따라서 동일채무를 위해 기존의 담보방법을 새로운 담보방법으로 교체하는 행위를 배임죄로 처단하려면, 새로운 담보물의 가치가 기존의 담보물에 비해 더 크다거나 선행담보제공에 의해 발생한 기존의 손해발생의 위험이 어떤 사유로 소멸하고 그 담보교체로 인해 기존의 손해발생의 위험과는 다른 새로운 손해발생의 위험이 발생하였다고 평가할 수 있는 사정이 있어야 한다(회사의 대표이사가 제3자의 채무를 담보하기 위하여 회사명의의 백지약속어음을 제공하는 배임행위를 한 후 법적 효력이 더 확실한 채무보증을 위해 이를 회수하고 대신 다른 회사가 발행한 새로운 약속어음을 배서·교부한 사안에서, 선행담보제공행위로 백지약속어음을 제공할 때 이미 회사에 그 피담보채무액 상당의 손해발생위험이 발생하였고, 경제적인 관점에서 볼 때 전후의 담보제공에 의해 발생하는 손해발생의 위험성은 결국 동일하므로, 위 담보교체행위로 선행담보제공으로 인한 기존의 위험과는 별개로 회사에 새로운 손해발생의 위험을 초래하였다고 보기 어렵다고 한 사례)」.

<대판 2008.5.29, 2005 도 4640>

「업무상 배임죄에서 그 '임무에 위배하는 행위'란 사무의 내용·성질 등 구체적 상황에 비추어 법률의 규정, 계약의 내용 혹은 신의칙상 당연히 할 것으로 기대되는 행위를 하지 않거나 당연히 하지 않아야 할 것으로 기대되는 행위를 함으로써 본인과의 신임관계를 저버리는 일체의 행위를 포함한다. 나아가 업무상 배임죄가 성립하려면 주관적 요건으로서 임무위배의 인식과 그로 인하여 자기 또

는 제 3 자가 이익을 취득하고 본인에게 손해를 가한다는 인식, 즉 배임의 고의가 있어야 한다. 이러한 인식은 미필적 인식으로도 충분하므로 이익을 취득하는 제 3 자가 같은 계열회사이고, 계열그룹 전체의 회생을 위한다는 목적에서 이루어진 행위로서 그 행위의 결과가 일부 본인을 위한 측면이 있다 하더라도 본인의 이익을 위한다는 의사는 부수적일 뿐이고, 이득 또는 가해의 의사가 주된 것임이 판명되면 배임죄의 고의를 부정할 수 없다(재벌그룹 회장과 그룹 구조조정추진본부 임원들이 해외금융자본과 특정계열사의 분쟁을 해결하는 방편으로 다른 계열사들로 하여금 해외금융자본과 옵션계약을 체결하게 하는 방식으로 다른 계열사들을 특정계열사의 유상증자에 동원하여 참여시킴으로써 다른 계열사들에 손해를 입힌 사안에서, 다른 계열사들이 옵션계약을 체결하게 된 사정, 재정상태 등 제반 사정에 비추어 업무상 배임죄가 성립한다고 한 사례).」

<대판 2009. 9. 3, 2007 도 541>

「이미 타인의 채무에 대하여 보증을 하였는데, 피보증인이 변제자력이 없어 결국 보증인이 그 보증채무를 이행하게 될 우려가 있고, 보증인이 피보증인에게 신규로 자금을 제공하거나 피보증인이 신규로 자금을 차용하는 데 담보를 제공하면서 그 신규자금이 이미 보증을 한 채무의 변제에 사용되도록 한 경우라면, 보증인으로서는 기보증채무와 별도로 새로 손해를 발생시킬 위험을 초래한 것이라고 볼 수 없다(대규모기업집단에 속한 A 회사가 종합금융회사의 지급보증 아래 할인받은 어음을 결제하지 못하여 종합금융회사가 현실적 · 구체적으로 어음금을 대위변제하여야 할 상황에서, 종합금융회사와의 어음거래약정에 기한 채무에 관하여 연대보증을 하고 있던 A 회사와 같은 그룹내 계열사인 B 회사와 C 회사가 A 회사의 어음을 매입하거나 전면보증을 하는 방법으로 A 회사를 지원하여 B 회사와 C 회사가 보증한 기존의 채무를 변제하도록 한 것은 자신의 보증채무를 감소시킨 것으로서, 기왕의 보증행위로 인한 손해와는 별도의 새로운 손해를 발생시킬 위험을 가져온 것으로 볼 수 없다고 한 사례).」

(2) 사채권자집회의 대표자 또는 그 결의를 집행하는 자가 앞에 말한 행위로써 회사에 손해를 가한 때에는 7년 이하의 징역 또는 2,000만 원 이하의 벌금에 처한다(제623조).

(3) 상법의 특별배임죄는 형법의 배임죄(형법 제355조 제 2 항)에 대한 특별규정으로서 미수범도 처벌한다(제624조). 이는 주식회사의 임직원이 그 권한을 남용하여 자기 또는 제 3 자의 이익을 꾀하고, 이로 인하여 회사에 재산상의 손해를 가

하는 행위를 특히 엄하게 처벌하기 위함이다. 특별배임죄의 경우에는 징역과 벌금을 병과할 수 있다(제632조).

2. 主要株主 등 利害關係者와의 去來違反行爲

상장회사의 신용공여금지 규정을 위반하여 신용공여를 한 자는 5년 이하의 징역 또는 2억 원 이하의 벌금에 처한다(제624조의 2). 회사의 대표자나 대리인, 사용인, 그 밖의 종업원이 그 회사의 업무에 관하여 신용공여금지 규정에 위반되는 행위를 하면, 그 행위자를 벌하는 외에 그 회사에게도 해당 조문의 벌금형이 부과된다. 다만, 회사가 그 위반행위를 방지하기 위하여 해당 업무에 관하여 상당한 주의와 감독을 게을리하지 아니한 경우에는 그러하지 아니하다(제634조의 3).

3. 會社財産을 위태롭게 하는 行爲

주식회사와 유한회사의 임직원·검사인·공증인(법무법인과 공증인가합동법률사무소의 당해 업무집행변호사를 포함한다) 또는 감정인이 다음과 같이 회사재산을 위태롭게 하는 행위를 한 때에는 5년 이하의 징역 또는 1,500만 원 이하의 벌금에 처한다(제625조). ① 주식 또는 출자의 인수나 납입, 현물출자의 이행 또는 '위험설립사항'(제290조, 제544조)에 관하여 법원, 총회 또는 발기인에게 부실한 보고를 하거나 사실을 은폐한 때, ② 누구의 명의로 하거나를 불문하고 회사의 계산으로 부정하게 그 주식 또는 지분을 취득하거나 질권의 목적으로 이를 받은 때, ③ 법령 또는 정관의 규정에 위반하여 이익이나 이자의 배당을 한 때(위법배당), ④ 회사의 영업범위 외에서 투기행위를 하기 위하여 회사재산을 처분한 때 등 회사의 자본납입 및 유지를 해하는 행위를 한 경우이다. 이는 회사재산위태죄이므로, 위의 각 경우에 해당하는 사실만 있으면 되지 회사재산에 대한 구체적인 위험의 발생 여부와는 관계 없이 처벌한다. 이 경우에도 징역과 벌금을 병과할 수 있다(제632조).

4. 母會社株式取得制限에 위반한 行爲

회사의 발기인·설립위원·업무집행사원·이사·감사·청산인 기타 이에 준하는 임시의 기관 또는 고급사용인 등이 상법 제342조의 2 제1항 및 제2항의 규정에 위반하여 모회사주식을 취득하거나 이를 소정기간 내에 처분하지 아니한 때에는 2,000만 원 이하의 벌금에 처한다(제625조의 2).

5. 組織變更의 경우 純財産額에 관한 不實報告行爲

회사의 이사·감사 기타 이에 준하는 임시기관이 주식회사의 유한회사로의 조직변경(제604조) 또는 유한회사의 주식회사로의 조직변경(제607조)의 경우에 회사에 현존하는 순재산액에 관하여 법원 또는 총회에 부실한 보고를 하거나 사실을 은폐한 때에는 5년 이하의 징역 또는 1,500만 원 이하의 벌금에 처한다(제626조). 이 규정은 조직변경으로 인하여 설립되는 물적회사의 자본적 기초를 공고히 하기 위한 것이다. 이 경우에도 징역과 벌금을 병과할 수 있다(제632조).

6. 株式 또는 社債의 募集 및 賣出에 관한 不實文書行使行爲

주식회사의 임직원, 외국회사의 대표자, 주식 또는 사채의 모집의 위탁을 받은 자가 주식 또는 사채를 모집함에 있어 중요한 사항에 관하여 부실한 기재가 있는 주식청약서, 사채청약서, 사업계획서, 주식 또는 사채의 모집에 관한 광고 기타의 문서를 행사한 때에는 5년 이하의 징역 또는 1,500만 원 이하의 벌금에 처한다(제627조 제 2 항). 주식 또는 사채를 매출하는 자가 그 매출에 관한 문서로서 중요한 사항에 관하여 부실한 기재가 있는 것을 행사한 때에도 같다(제627조 제 2 항). 이것은 주식회사가 대중으로부터 필요한 자금을 조달함에 있어서 허위의 선전을 하는 것을 방지하기 위한 것이다. 이 경우의 '중요한 사항'이란 일정한 사항의 기재가 허위라는 것이 주식청약 당시에 청약인에게 알려졌었더라면 청약을 하지 않았을 것이라고 인정되는 사항을 말한다. 이 경우에도 징역과 벌금을 병과할 수 있다(제632조).

7. 納入假裝行爲

회사의 발기인 · 임직원이 납입 또는 현물출자의 이행을 가장하는 행위를 한 때에는 5년 이하의 징역 또는 1,500만 원 이하의 벌금에 처한다(제628조 제 1 항). 가장납입죄가 성립한 경우 그와는 별도로 업무상횡령죄는 성립하지 않으며(대판[전원합의체] 2004. 6. 17, 2003 도 7645), 신주발행에 있어서 대표이사가 납입의 이행을 가장한 경우에는 상법 제628조 제 1 항에 의한 가장납입죄가 성립하는 이외에 따로 기존 주주에 대한 업무상배임죄를 구성한다고 할 수 없다는 것이 판례의 태도이다(대판 2004. 5. 13, 2002 도 7340). 또한 신주발행의 실체가 존재한다고 할 수 없는 경우에는 상법 제628조 제 1 항의 납입가장죄가 성립하지 않는다(대판 2006. 6. 2, 2006 도 48).

<대판 1977. 11. 8, 77 도 2439>

「원심은 피고인이 주식회사를 설립함에 있어 주식인수서를 작성한 뒤 성명불상자 명의의 보통예금구좌에서 백만 원을 인출 등 회사설립을 위한 적립별단구좌에 주금불입의 형식으로 예치시킴으로써 동 은행으로부터 자본금 백만 원에 대

한 주금납입확인서를 교부받고 설립등기를 필한 뒤 익일 위 백만 원 전액을 인출한 사실을 인정 상법위반죄로 단죄하였으나 위 돈 백만 원은 본 회사의 사무비로 충당되었다고 인정될 수 있으니 그 돈을 설립등기된 다음 날 은행에서 인출해 갔다는 사실만으로는 주금납입의 의사 없이 납입하였다고 말할 수 없고, 상법상 납입가장죄가 주식회사의 자본충실을 기하려는 법의 취지를 유린하려는 행위를 단속하는 데 목적이 있으므로 납입한 돈을 인출해 갔다고 해서 곧 자본충실을 해친다고 할 수 없다.」

<대판 1979.12.11, 79 도 1489>

「회사설립 및 자본증자를 위하여 은행에 납입하였던 돈을 회사설립과 자본증자등기가 이루어진 이후 바로 인출하였다 하더라도 이미 주식납입금 이상의 자본을 투자하여 회사의 공장건설 등을 하여 회사의 자산을 만들어 놓았고, 그 인출금을 회사의 운영자금으로 사용한 경우에는 납입가장죄는 성립하지 않는다.」

이 경우에 금융기관과 통모를 하였든 아니든 상관이 없다.

<대판 1986.9.9, 85 도 2297>

「주금으로 납입할 의사 없이 마치 주식인수인들이 그 인수주식의 주금으로 납입하는 양 돈을 은행에 예치하여 주금납입보관증을 교부받아 회사설립요건을 갖춘 듯이 등기신청을 하여 상업등기부의 원본에 그 기재를 하게 한 다음 그 예치한 돈을 바로 인출하였다면, 이를 회사를 위하여 사용하였다는 등 특별한 사정이 없는 한 상법 제628조 제1항에 정한 이른바 납입가장죄가 성립되는 한편, 공정증서원본부실기재와 동 행사죄도 성립되는 것으로 보아야 한다.」

<대판 2004.6.17, 2003 도 7645>(전원합의체)

「납입한 돈을 곧바로 인출하였다고 하더라도 그 인출한 돈을 회사를 위하여 사용한 것이라면 자본충실을 해친다고 할 수 없으므로 주금납입의 의사 없이 납입한 것으로 볼 수는 없고, 한편 주식회사의 설립업무 또는 증자업무를 담당한 자와 주식인수인이 사전공모하여 주금납입취급은행 이외의 제3자로부터 납입금에 해당하는 금액을 차입하여 주금을 납입하고 납입취급은행으로부터 납입금보관증명서를 교부받아 회사의 설립등기절차 또는 증자등기절차를 마친 직후 이를 인출하여 위 차용금채무의 변제에 사용하는 경우, 위와 같은 행위는 실질적으로 회사의 자본을 증가시키는 것이 아니고 등기를 위하여 납입을 가장하는 편법에 불과하여 주금의 납입 및 인출의 전과정에서 회사의 자본금에는 실제 아무런 변

동이 없다고 보아야 할 것이므로, 그들에게 회사의 돈을 임의로 유용한다는 불법영득의 의사가 있다고 보기 어렵다 할 것이고, 이러한 관점에서 상법상 납입가장죄의 성립을 인정하는 이상 회사자본이 실질적으로 증가됨을 전제로 한 업무상 횡령죄가 성립한다고 할 수는 없다(이와 배치되는 종전의 대법원판례를 변경함).」

<대판 2004.12.10, 2003 도 3963>

「주금납입취급기관의 임직원이 회사측 행위자의 부탁을 받고 실제 처음부터 주금이 입금된 사실조차 없는 데도 허위로 납입증명서를 발급해 주거나 주금 자체를 대출해 주는 경우뿐만 아니라 제 3 자로부터 차용한 돈으로 주금을 납입하여 주금납입증명서를 발급받은 다음 즉시 주금을 인출하여 차용금의 변제에 사용하는 방식으로 납입을 가장한다는 사정을 알면서 그 주금의 입출금 및 주금납입증명서 발급업무를 해주기로 회사측 행위자와 통모한 경우에도 같은 조 제 2 항의 응납입가장죄가 성립한다.」

<대판 2006.6.2, 2006 도 48>

「상법 제628조 제 1 항의 납입가장죄는 회사의 자본충실을 기하려는 법의 취지를 해치는 행위를 단속하려는 것인바, 회사가 신주를 발행하여 증자를 함에 있어서 신주발행의 절차적·실체적 하자가 극히 중대한 경우, 즉 신주발행의 실체가 존재한다고 할 수 없고 신주발행으로 인한 변경등기만이 있는 경우와 같이 신주발행의 외관만이 존재하는 소위 신주발행의 부존재라고 볼 수밖에 없는 경우에는 처음부터 신주발행의 효력이 없고 신주인수인들의 주금납입의무도 발생하지 않으며, 증자로 인한 자본충실의 문제도 생기지 않는 것이어서 그 주금의 납입을 가장하였더라도 상법상의 납입가장죄가 성립하지 아니한다(주주가 아니면서도 위조된 주권을 소유한 자들이 대다수 참석하여 개최된 주주총회에서 새로이 선임된 이사들로 구성된 이사회의 결의에 의하여 신주발행이 이루어졌다면, 신주발행 자체가 부존재하여 처음부터 신주발행의 효력이 없고, 신주인수인의 주금납입의무도 발생하지 않았다고 볼 여지가 있다고 한 사례).」

<대판 2006.6.9, 2005 도 8498>

「상법 제628조 제 1 항 소정의 납입가장죄는 회사의 자본충실을 기하려는 데 그 목적이 있는 것이므로, 당초부터 진실한 주금납입으로 회사의 자금을 확보할 의사 없이 형식상 또는 일시적으로 주금을 납입하고, 이 돈을 은행에 예치하여 납

입의 외형을 갖추고 주금납입증명서를 교부받아 설립등기나 증자등기의 절차를 마친 다음 바로 그 납입한 돈을 인출한 경우에는 실제로 이를 회사를 위하여 사용하였다는 특별한 사정이 없는 한 실질적으로 회사의 자본이 늘어난 것이 아니어서 납입가장죄가 성립하고, 또한 회사의 설립등기 직후 납입된 주금을 인출하여 회사의 영업양수대금명목으로 영업양도인에게 지급하였다고 하더라도 영업양수가 가장된 것이고, 실제로는 주금의 제공자에게 주금을 반환한 것에 불과하다면, 이는 회사를 위하여 사용되었다고 할 수 없어 납입가장죄가 성립한다.」

<대판 2006. 6. 12, 2005 도 3431>
「상법 제628조의 납입가장죄는 상법 제622조 제 1 항에 규정된 자가 납입 또는 현물출자의 이행을 가장하는 행위를 한 때에 성립하는 이른바 신분범으로, 납입가장죄의 주체는 상법 제622조 제 1 항에 따라 회사의 발기인, 업무집행사원, 이사, 감사위원회 위원, 감사 또는 상법 제386조 제 2 항, 제407조 제 1 항, 제415조 또는 제567조의 직무대행자, 지배인 기타 회사영업에 관한 어느 종류 또는 특정한 사항의 위임을 받은 사용인으로 한정된다(회사의 대주주로서 회사의 경영에 상당한 영향력을 행사해 오다가 그 증자를 지시하는 등 관여한 자는 적법한 이사나 대표이사가 아니고, 또 상법 제401조의 2에서 규정하는 업무집행지시자로 볼 수 있을지언정 회사의 사용인으로서 자본증자에 관한 사항을 위임받은 자라고 볼 수도 없어 위 납입가장죄의 주체가 될 수 없다고 한 사례).」

<대판 2011. 7. 14, 2011 도 3180>
「상법 제628조 제 1 항에서 규정한 납입가장죄는 상법 제622조에서 정한 지위에 있는 자만이 주체가 될 수 있는 신분범이다. 한편 신분이 없는 자도 신분이 있는 자의 범행에 가공한 경우에 공범이 될 수 있으나, 그 경우에도 공동가공의 의사와 그 공동의사에 기한 기능적 행위지배를 통한 범죄의 실행이라는 주관적 · 객관적 요건이 충족되어야 공동정범으로 처벌할 수 있다.」

위 행위에 응하거나 이를 중개한 자도 마찬가지의 형벌에 처한다(제628조 제 2 항). 이 경우에도 징역과 벌금을 병과할 수 있다(제632조).

8. 株式의 超過發行行爲

회사의 발기인, 이사, 임시이사 또는 이사직무대행자가 회사의 발행예정주식총수(수권자본)를 초과하여 주식을 발행할 때에는 5년 이하의 징역 또는 1,500만 원 이하의 벌금에 처한다(제629조). 이는 수권자본제도의 도입에 따라 신주발행의 권한이 이사회에 있기 때문에 그 권한남용행위를 방지하기 위함이다. 이 경우에도 징역과 벌금을 병과할 수 있다(제632조).

9. 收賂 및 贈賂行爲

(1) 任職員의 瀆職行爲　회사의 발기인·이사 기타의 임직원, 검사인, 공증인 또는 감정인이 그 직무에 관하여 부정한 청탁을 받고 재산상의 이익을 수수, 요구 또는 약속한 때에는 5년 이하의 징역 또는 1,500만 원 이하의 벌금에 처한다(제630조 제1항).

<대판 1980.2.12, 78 도 3111>

「상법 제630조의 규정은 그들 임원의 직무의 염결성을 확보한다는 것보다 회사의 건전한 운영을 위하여 그들의 회사에 대한 충실성을 확보하고 회사에 재산상 손해를 끼칠 염려가 있는 직무위반행위를 금압하려는 데 그 취지가 있으므로, 단지 감독청의 행정지시에 위반한다거나 사회상규에 반하는 것이라고 해서 부정한 청탁이라 할 수 없다.」

이 수뢰죄는 임직원 등이 그 권한 내의 사항에 관하여 부정한 청탁을 받은 경우에만 성립하고, 단지 알선행위를 한 때에는 처벌대상이 되지 아니한다. 부정한 청탁이라 함은 위법행위의 의뢰를 말한다. 위 이익을 약속, 공여 또는 공여의 의사표시를 한 자도 마찬가지의 처벌을 받는다(제630조 제2항). 이 경우에도 징역과 벌금을 병과할 수 있다(제632조). 이 경우에 범인이 수수한 이익은 이를 몰수하고, 이를 몰수할 수 없는 때에는 그 가액을 추징한다(제633조).

(2) 權利行使妨害 등에 관한 贈收賂行爲　창립총회, 사원총회, 주주총회 또는 사채권자집회에서의 발언 또는 의결권의 행사, 회사에 관하여 인정되는 각종의 소의 제기, 소수주주, 소수사채권자 또는 소수사원의 권리의 행사, 이사의 위법행위 또는 신주발행에 대한 유지청구권의 행사(제402조, 제424조)에 관하여 부정한 청탁을 받고 재산상의 이익을 수수, 요구 또는 약속한 자는 1년 이하의 징역 또는 300만 원 이하의 벌금에 처한다(제631조 제1항). 이른바 총회꾼에 대한 이익의 공여도 본조의 처벌대상이 된다. 위의 이익을 약속, 공여 또는 공여의 의사표시를 한 자도 마찬가지로 처벌을 받는다(제631조 제2항). 이 경우에도 징역과 벌금을 병과할 수 있다(제632조). 이 경우에 수뢰자가 받은 이익은 몰수하며, 이를 몰수할 수 없을 때에는 그 가액을 추징한다(제633조). 이 때의 '부정한 청탁'이란 예컨대 회사의 이사가 경영상의 부정 또는 실책이 추궁되는 것

을 면하기 위하여 주주총회에서 공정한 발언 등의 행사를 방해할 것을 주주에게 의뢰하고, 그에게 재산상의 이익을 공여하는 경우 등이다.

10. 納入責任免脫行爲

납입의 책임을 면하기 위하여 타인 또는 가설인의 명의로 주식 또는 출자를 인수한 자는 1년 이하의 징역 또는 300만 원 이하의 벌금에 처한다(제634조). 그러나 오늘에 와서는 주식청약시에 주식청약증거금으로 주금전액을 납입시키는 것이 보통이므로, 이 규정은 별 의미가 없게 되었다. 업무상 횡령죄에 관한 판결이 있다.

<대판 1986.9.9, 86 도 280>

「유한회사의 출자지분이 실질적으로는 2인의 사원에 귀속하고 있는 경우에 그 중의 1인인 대표사원이 업무상 보관중이던 유한회사의 소유인 현금을 그 대표사원이 개인용도에 소비함에 있어서 다른 1인의 사원의 승낙을 얻었다고 하더라도 행위의 주체인 대표사원과 그 본인인 유한회사는 별개의 인격체이고 유한회사의 손해가 궁극적으로는 위 사원들의 손해에 귀착된다고 하더라도(또 유한회사의 손해가 항시 사원의 손해와 일치한다고 할 수도 없다) 회사의 재산을 사원의 개인용도에 소비하는 행위는 본인의 위탁과 취지에 반함이 명백하므로 횡령죄의 성립에는 아무런 영향이 없다.」

<대판 1987.2.24, 86 도 999>

「주식회사의 주식이 사실상 1인의 주주에 귀속하는 1인회사에 있어서도 행위의 주체와 그 본인은 분명히 별개의 1인격이며, 그 법인인 주식회사소유의 금원을 임의로 소비할 때 횡령죄는 성립하는 것이다.」

11. 株主의 權利行使에 관한 利益供與行爲

주식회사의 이사·감사 및 이에 준하는 임시기관, 직무대행자 또는 지배인 기타 사용인이 주주의 권리의 행사와 관련하여 회사의 계산으로 재산상의 이익을 공여한 때에는 1년 이하의 징역 또는 300만 원 이하의 벌금에 처한다(제634조의 2 제1항). 이 규정은 이른바 총회꾼의 횡포를 막기 위하여 개정상법이 신설한 것이다. 앞에 말한 권리행사방해 등에 관한 증수뢰행위와 본조의 행위와는 상상적 경합(형법 제40조)의 관계에 있다. 위 이익을 수수하거나 제3자에게 이를 공여하게 한 자도 마찬가지로 처벌된다(제634조의 2 제2항).

제 3 절 過怠料에 처할 行爲

과태료에 처할 행위는 크게 두 부류로 나누어진다. 과태료에 의한 제재는 법령의 금지 또는 제한규정을 위반한 자와 법령상의 의무를 불이행한 자에 대하여 행하는 것이며, 그 절차에 관하여는 비송사건절차법에 따른다(동법 제247조 아래).

1. 任員 등의 可罰行爲

회사의 발기인, 설립위원, 업무집행사원, 이사, 감사, 감사위원회 위원, 외국회사의 대표자, 검사인, 공증인, 감정인, 지배인, 청산인, 명의개서대리인, 사채모집의 위탁을 받은 회사와 그 사무승계자, 감시이사, 직무대행자, 임시감사, 감사직무대행자가 다음에 해당하는 행위를 한 때에는 500만 원 이하의 과태료에 처한다. 그러나 그 행위에 대하여 형을 과할 때에는 그러하지 아니하다(제635조 제 1 항).

① 회사편에 정한 등기를 해태한 때

② 회사편에 정한 공고 또는 통지를 해태하거나 부정한 공고 또는 통지를 한 때

③ 회사편에 정한 검사 또는 조사를 방해한 때

④ 회사편의 규정에 위반하여 정당한 사유 없이 서류의 열람 또는 등사, 등본 또는 초본의 교부를 거부한 때

⑤ 관청, 총회, 사채권자집회 또는 발기인에게 부실한 보고를 하거나 또는 사실을 은폐한 때

⑥ 주권, 채권 또는 신주인수권증권에 기재할 사항을 기재하지 아니하거나 부실한 기재를 한 때

⑦ 정당한 사유 없이 주권의 명의개서를 하지 아니한 때

⑧ 법률 또는 정관에 정한 이사 또는 감사의 원수를 궐한 경우에 그 선임절차를 해태한 때

⑨ 정관, 주주명부 또는 그 복본, 사원명부, 사채원부 또는 그 복본, 의사록, 감사록, 재산목록, 대차대조표, 영업보고서, 사무보고서, 손익계산서, 이익잉여금처분계산서 또는 결손금처리계산서, 결산보고서, 회계장부, 제447조, 제534조, 제579조 제 1 항 또는 제613조 제 1 항의 부속명세서 또는 감사

보고서에 기재할 사항을 기재하지 아니하거나 또는 부실한 기재를 한 때

⑩ 법원이 선임한 청산인에 대한 사무의 인계를 해태하거나 이를 거부한 때

⑪ 청산의 종결을 지연할 목적으로 채권자이의제출기간(제247조 제3항, 제535조 제1항, 제613조 제1항)을 부당하게 장기간으로 정한 때

⑫ 청산중의 회사의 재산으로 회사의 채무를 완제하기에 부족함이 분명하게 되었음에도 불구하고 청산인이 파산선고의 청구를 해태한 때

⑬ 유한회사가 광고 기타의 방법에 의하여 출자의 인수인을 공모한 때

⑭ 채권자이의절차를 거치지 않고 회사의 합병 또는 조직변경, 회사재산의 처분을 하거나, 제597조의 규정에 위반하여 자본의 감소를 한 때

⑮ 청산인이 회사채무를 완제하기 전에 사원이나 주주에게 회사재산을 분배한 때

⑯ 제302조 제2항, 제347조, 제420조, 제420조의 2, 제474조 제2항 또는 제514조의 규정에 위반하여 주식청약서, 신주인수권증서 또는 사채청약서를 작성하지 아니하거나, 이에 기재할 사항을 기재하지 아니하거나 또는 부실한 기재를 한 때

⑰ 제342조 또는 제560조 제1항의 규정에 위반하여 자기주식 또는 자기지분의 실효절차, 주식 또는 지분의 질권의 처분을 해태한 때

⑱ 주식 또는 지분의 소각에 관한 규정(제343조 제1항, 제560조 제1항)에 위반하여 주식 또는 출자를 소각한 때

⑲ 주식회사가 그 성립 전 또는 신주납입기일 전에 주권을 발행하거나(제355조 제1항·제2항), 외국회사가 제618조의 규정에 위반하여 주권을 발행한 때

⑳ 주권불소지의 신고가 있음에도 불구하고 주권을 발행하지 아니한다는 뜻을 주주명부에 기재하지 아니한 때

㉑ 제363조의 2 제1항, 제542조 제2항 또는 제542조의 6 제2항을 위반하여 주주가 제안한 사항을 주주총회의 목적사항으로 하지 아니한 경우

㉒ 제365조 제1항·제2항, 제578조의 규정 또는 제467조 제3항, 제582조 제3항의 규정에 의한 법원의 명령에 위반하여 총회를 소집하지 아니하거나 정관에 정한 곳 이외의 곳에서 또는 제363조, 제364조, 제571조 제2항·제3항의 규정에 위반하여 총회를 소집할 때

㉓ 제374조 제2항 또는 제530조 제2항의 규정에 위반하여 주식매수청구권의 내용과 행사방법을 통지 또는 공고하지 아니하거나 부실한 통지 또는 공고를 한 때

㉔ 법률상의 비치의무(제396조 제1항, 제448조 제1항, 제510조 제2항, 제522조의 2 제1항, 제534조 제3항, 제542조 제2항, 제566조 제1항, 제579조의 3, 제603조, 제613조)에 위반하여 정관·의사록·주주명부·사채원부·재무제표·감사보고서·사원명부 등의 장부 또는 서류를 비치하지 아니한 때

㉕ 제412조의 5(자회사의 조사권) 제3항의 규정에 위반하여 정당한 이유 없이 감사 또는 감사위원회의 조사를 거부한 때

㉖ 제458조 내지 제460조 또는 제583조의 규정에 위반하여 준비금을 적립하지 아니하거나 이를 사용한 때

㉗ 주식회사가 정기총회에서 재무제표의 승인결의가 있은 날로부터 2월 내에 또는 총회에서 정한 배당금지급시기에 배당금을 지급하지 아니한 때

㉘ 주식회사 또는 외국회사가 사채전액의 납입이 완료하기 전에 채권을 발행한 때

㉙ 주식회사 또는 유한회사가 채권신고기간 내에 채무의 변제를 한 때(제536조, 제613조 제1항 참조)

㉚ 제542조의 5를 위반하여 이사 또는 감사를 선임한 경우(제542조의 5)

㉛ 유한회사가 지분에 대한 지시식 또는 무기명식의 증권을 발행한 때(제555조 참조)

㉜ 영업소폐쇄명령에 따른 법원의 명령을 위반한 경우(제619조 제1항).

<대결 2009.4.23, 2009 마 120>

「회사의 등기는 법령에 다른 규정이 있는 경우를 제외하고는 그 대표자가 신청의무를 부담하는 것이므로(상업등기법 제17조), 회사의 등기를 해태한 때에는 등기해태 당시 회사의 대표자가 과태료부과대상자가 되는 것이고, 등기해태기간이 지속되는 중에 대표자의 지위를 상실한 경우에는 대표자의 지위에 있으면서 등기를 해태한 기간에 대하여만 과태료책임을 부담한다고 보아야 한다. 원심은 재항고인이 2001.3.7. 이 사건 회사의 대표이사로 중임하였음에도 2007.2.2.에야 중임등기를 신청함으로써 약 5년 10개월 5일간 그 등기를 해태하였다고 인정한 다음 재항고인에게 과태료를 부과한 제1심을 유지하였다. 그러나 위 법리와 기록에 비추어 살펴보면 재항고인은 2001.3.7. 이 사건 회사의 대표이사로 중임하였다가 2002.8.19. 이 사건 회사의 대표이사에서 사임하였고, 그 전인 2001.12.17. 신청외 1이 이 사건 회사의 대표이사로 취임한 이후 신청외 2·3이 차례로 대표이사로 취임하였으므로 재항고인의 이 사건 회사대표자로서의 등기해태기간은 약 1년 4개월 23일 정도에 불과함을 알 수 있는바, 그럼에도 불구하고 재항고인의 등기해태기간이 약 5년 10개월 5일에 이른다고 오인하여 과태료의 액수를 정

한 원심결정은 위반의 정도 등을 고려함에 있어 부당하게 재량권을 남용하여 과태료의 액수를 정한 것으로서 위법하다.」

2. 登記前의 會社名義의 營業

회사의 성립 전에 회사의 명의로 영업을 한 자는 회사성립의 등록세의 배액에 상당한 과태료에 처한다(제636조 제1항). 외국회사가 그 영업소소재지에서 영업소설치등기를 하기 전에 계속하여 거래를 한 경우에도 과태료에 처한다(제636조 제2항).

제4절 法人에 대한 罰則의 適用

발기인, 이사 기타 임원 및 사채권자대표자 등의 특별배임행위(제622조, 제623조), 회사재산을 위태롭게 하는 행위(제625조), 주식 또는 사채의 모집 및 매출에 관한 부실문서행사행위(제627조), 납입가장행위(제628조), 발기인·이사 기타 임원의 독직행위(제630조 제1항)의 주체가 법인인 때에는 위에 말한 벌칙은 그 행위를 한 이사, 감사 기타 업무를 집행한 사원 또는 지배인에 적용한다(제367조).

제 2 편

주식회사

제 1 장 株式會社의 槪念

金泰柱, 주식회사제도의 남용, 會社法의 現代的 課題(徐燉玨博士華甲紀念論文集)(1980)/金泰柱, 주식회사법의 개정에 관한 연구, 경북대 법대논총 20(1982. 11)/南基潤, 인적주식회사에 관한 일반적 고찰, 경영법률 제 6 집(1995)/朴元善, 상법상의 기업유지에 관한 주요제도의 고찰, 연세행정논총 7(1981. 2)/徐燉玨, 新株式會社法의 基本問題에 관한 硏究, 경희대 박사학위논문(1965)/양동석, 大小會社 區分立法에 관한 硏究, 성균관대 박사학위논문(1994)/李基秀, 자본회사의 최저자본금제도의 의의 — 특히 자기자본부족과 관련하여 —, 고시계 340(1985. 6)/李基秀, 자본회사에서의 자본 — 자본에 관한 원칙을 중심으로 —, 고시연구 147(1986. 6)/李基秀, 1인주식회사, 고시연구 175(1988. 10)/李基秀, 자본회사에 있어서의 자본에 관하여, 經濟法·商事法論集(孫珠瓚敎授停年紀念論文集)(1989)/李基秀, 주식회사법에 있어서의 이해관계, 월간고시 202(1990. 11)/李基秀, 小規模株式會社, 商事法論叢(姜渭斗博士華甲紀念論文集)(1996)/李基秀, 독일주식법의 개정, 기업구조의 재편과 상사법(박길준교수화갑기념논문집)(1998)/鄭東潤, 주식회사의 자본에 관한 원칙 재론, 現代商事法의 諸問題(李允榮先生停年紀念論文集)(1988)/鄭熙喆, 株式會社法理의 社會化傾向, 서울대 박사학위논문(1967)/韓 鐵, 주식회사의 사회적 책임에 관한 연구, 고려대 박사학위논문(1989).

제 1 절 株式會社의 意義

주식회사는 법인(제169조)으로서 독자적인 법인격을 갖는다. 주식회사가 자기의 명의로 채무를 부담하고 있을 때에 회사채권자에 대하여는 오로지 회사재산만이 책임을 지고, 사원인 주주는 자기가 인수한 주식인수가액을 회사에 출자할 의무만을 부담한다. 따라서 주식회사는 사원이 간접·유한책임을 지는(제331조) 자본회사의 전형이다. 또한 주식회사는 주식으로 균일하게 분할된 기본자본을 갖는데, 원래 5천만 원 이상이어야 하도록 최저자본금제도를 두고 있었으나 2009년 5월 상법개정에 의해 그를 삭제하였다(구법 제329조 제 1 항 참조).

제 1 관 間接 · 有限責任

주식회사에서의 유한책임을 우리는 보통 주주의 유한책임이라고 하나 실은 주식인수인으로서의 납입책임에 지나지 않는다. 왜냐하면 현행상법은 주식회사의 설립시에 전액납입주의(제305조 제 1 항)를 택하고 있기에 납입에 의하여 원시적으로 주주가 된 자나 그 후에 주식을 승계취득한 자는 회사나 회사채권자에 대하여 납입책임 이외에 다른 책임을 지지 않기 때문이다. 주주는 다만 주식의 취득을 위하여 지급한 금액의 상실위험만을 부담할 뿐이다. 그러나 주주의 자발적인 급부나 계약에 의한 의무의 성립까지 금하는 뜻은 아니다.

<대판 1989. 9. 12, 89 다카 890>

「상법 제331조의 주주유한책임원칙은 주주의 의사에 반하여 주식의 인수가액을 초과하는 새로운 부담을 시킬 수 없다는 취지에 불과하고, 주주들의 동의 아래 회사채무를 주주들이 분담하는 것까지 금하는 취지는 아니다.」(동지 : 대판 1983. 12. 13, 82 도 735).

주식회사의 구성원인 주주는 원칙으로 내부관계로서 회사에 대하여는 주식의 인수가액을 한도로 하는 유한의 출자의무를 부담할 뿐이고(제331조), 외부관계로서 회사의 채권자에 대하여는 직접 아무런 책임을 지지 않으므로, 이를 주주의 간접 · 유한책임(mittelbare und beschränkte Haftung)이라고 한다. 주주의 간접 · 유한책임의 원칙은 프랑스의 1807년 나폴레옹상법전 이래 주식회사의 본질적 특색이다. 따라서 정관규정이나 주주총회결의에 의해서도 주주의 책임을 가중시킬 수 없으며, 정관의 변경에 의한 액면가의 인상에 의하여도 주주에게 추가출자의무를 지울 수 없다(다만, 특별법에서 주주에게 특별의무를 부과시키고 있음을 볼 수 있는데, 국세기본법 제39조, 지방세법 제22조에서 과점주주에게 제 2 차 납세의무를 지우고 있다).

<사 례>

A주식회사에 대하여 1천만 원의 채권을 가진 채권자 B는 A주식회사의 주주 a에 대하여는 직접 자기의 채권을 행사할 수 없다. a는 오로지 A주식회사에 대하여 인수가액(인수주식수×권면액)만을 납입하면 된다.

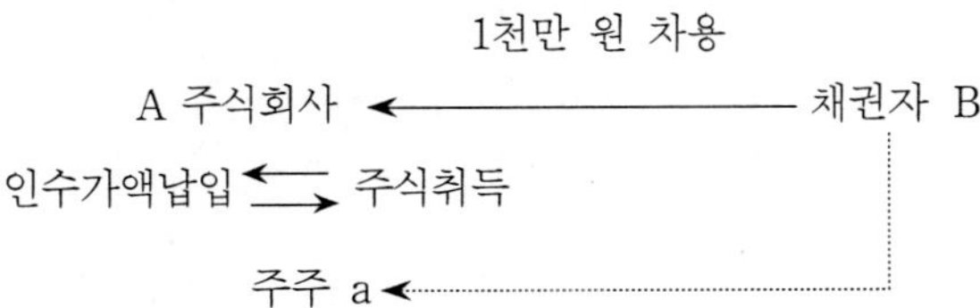

B의 a에 대한 직접적인 권리행사는 불가하다. 왜냐하면 a는 오로지 A에 대하여만 책임을 지기 때문이다. 이를 a의 간접책임이라고 한다.

주주의 유한책임은 간접책임인 점에서 회사의 채권자에 대하여 직접책임을 지는 합자회사의 유한책임사원의 책임(제279조 제1항)과 다르다. 왜냐하면 합자회사의 유한책임사원은 그 출자가액에서 이미 이행한 부분을 공제한 가액을 한도로 하기는 하지만, 회사채권자에게 직접 회사채무를 변제할 책임을 지기 때문이다.

<사 례>

A합자회사에 대하여 1천만 원의 채권을 가진 채권자 B는 A합자회사의 유한책임사원 a에 대하여 a가 회사에 출자하여야 할 1천만 원 중에서 아직 이행하지 아니한 5백만 원에 대하여는 직접 권리를 행사할 수 있다.

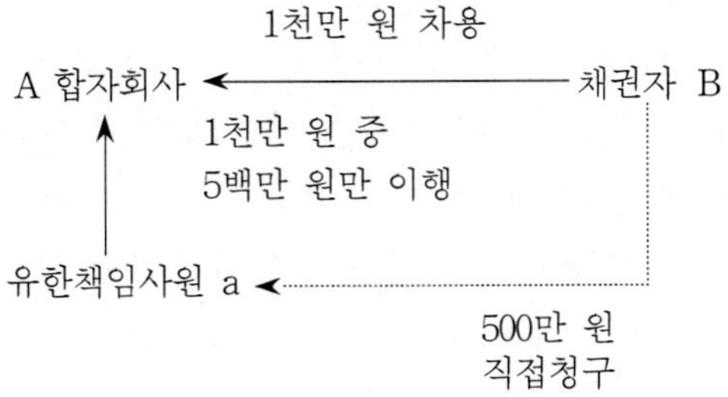

이행되지 아니한 5백만 원 한도에서는 B가 a에게 직접 권리행사가 가능하다. 이를 a의 직접책임이라고 한다.

그렇지만 주주의 간접 · 유한책임의 원칙은 실체파악론(법인격부인의 법리)에 의해서 회사재산과 주주재산의 분리원칙(Trennungsprinzip)이 부인되어 이것이 부정될 수도 있음은 앞에서 보았다.

제2관 資本金

Ⅰ. 株式과 資本金

주식회사는 세분화된 일정한 출자단위인 주식을 통하여 그 출자의 이행을 구하는 형태로 자본금을 형성한다. 그런데 출자는 사람에 의해 행해지기 때문에 자본금의 형성은 동시에 사단의 형성을 의미하게 된다. 따라서 사단법인인 주식회사의 설립은 정관에 정하여진 주식수에 대응하는 출자에 의해 자본금을 모으고 이와 함께 성립되는데, 이 경우 출자자인 사원(주주)과 사단인 회사 간의 법률관계는 주식회사의 자본단체로서의 성질을 반영하여 자본단위로 설정되게 된다. 이리하여 주식은 회사와 출자자인 주주 간의 법률관계, 즉 사원의 지위를 구성하는 단위이며, 다른 한편 자본관계로서 보면 자본금형성의 기초로서의 의미를 갖는다.

액면주식을 발행할 경우에는 액면총액에 자본의 최저한을 구획하는 역할을 얻도록 하려는 것이 현행법의 입법정책이라고 할 수 있다. 하여간 주식회사는 사회에 산재해 있는 유휴자본금을 주식제도를 통하여 조달하고, 타인자본금을 자기자본금으로 이용하기 때문에 자본금과 주식은 아주 밀접한 관계를 갖고 있으며, 주식은 자본금의 구성단위로서의 의미를 갖고 있다(제329조, 제451조). 이와 같이 자본금은 일정한 계산상의 수액이므로 회사가 현실로 보유하고 있는 재산의 총체인 회사재산과는 그 의미가 다르다. 자본금은 신주발행·자본금감소 등 일정한 법정절차에 의하여 변경되지 아니하는 한 불변이나, 회사재산은 영업실적, 물가의 고저 등에 의하여 항상 변동한다.

Ⅱ. 自己資本金의 機能

자기자본금(Eigenkapital)이란 회사에 무기한으로 '내맡겨 버린 자금'(a fund perdu)으로서, 이익배당이라는 대가와 결합되어 있는 회사에 투입된 금전과 재산이다. 이는 시간적으로 한정되어 있고, 또한 기업의 손실과는 무관하게 확정된 이자를 지급하여야 하는 타인자본금(Fremdkapital)과 구별된다. 자기자본금이 수행해야 할 많은 임무 중에서 가장 중요한 기능은 투자기술적인 문제이다. 자기자본금이란 원칙적으로 기업에 무기한으로 투자되어 있는 것이므로 기술혁신을 위하여 계속적으로 회사에 투입되어야 하는 데에 아주 적합하다. 즉 회사는 독자적으로 기회와 위험을 비교하여 장기적으로 자금이 요구될 때에는 자기자본금으로 충당하고, 단기에 필요한 자금은 이자를 지급하는 타인자본금을 차용하여 쓸 수 있다. 자기자본금이 갖는 두 번째의 기능은 가격정책적인 것으로서, 자본금기초가 확고하면 무엇보다도 경쟁정책적인 관점에서도 좋은 위치에 있게 된다. 자기자본금의 세 번째 기능은 신용경제적인 영역에서 볼 수 있는데, 즉 자기자본금은 기업에서 주된 위험담당자이고 동시에 미래의 타인자본금투자를 위한 보증기금이 되기 때문이다.

이와 같이 자기자본금이 갖는 세 가지 기능을 달성하기 위하여 대륙법계의 입법자들은 경제질서의 이해의 관점에서 자본회사에 책임재산으로서의 자본금(담보금액)을 납입하고 유지하도록 하고 있다. 채권자보호문제와 관련된 자본금의 규범성을 두 가지 측면에서 살펴보면 다음과 같다. 첫째는 정관에 기재된 회사자본이 실제로 회사에 있고 사원에게 몰래 빼돌리지 않았다는 채권자의 신뢰의 보호이고, 두 번째는 만일 구성원의 모든 인적 책임이 배제되었다면, 채권자가 보상액을 알 수 있도록 하는 '손실의 완충제'(Verlustpolster)로서 영업범위에 합치되는 특별재산을 형성한다는 점이다.

Ⅲ. 資本金에 관한 原則

1. 資本金에 관한 學說의 變遷

1962년까지 의용되던 일본상법 아래에서는 주식회사에 자본에 관한 3원칙이 있었다. 자본확정의 원칙(Prinzip des festen Grundkapitals), 자본유지(충실)의 원칙(Grundsatz der Bindung des Grundkapitals) 및 자본불변의 원칙(Prinzip der Beständigkeit des Grundkapitals)이 그것이다. 1962년 상법제정시에 주식회사에만 영미법상의 제도인 수권자본제도(authorized capital ; 명의자본(nominal capital))를 일부 가미하였다. 따라서 주식회사의 자본에 관한 원칙에 대한 이해도 당연히 변모되었다. 특히 자본불변의 원칙과 관련하여 자본증가는 수권주식의 범위 내에서는 이사회의 결의만으로 가능하므로 자본감소제한의 원칙이라고 이해하여야 한다고 하였다. 하지만 이러한 원칙들은 자본에 관한 형식적인 원칙에 불과하고, 자본에 관한 실질적인 원칙이 논의되고 지켜져야 한다는 주장이 대두되고 있다.

2. 資本金에 관한 商法規定의 變遷

의용상법 아래에서는 회사의 설립시에 '자본의 총액'은 정관의 절대적 기재사항이고(의용상법 제166조 제 1 항), 이 자본총액에 상당한 주식인수가 확정됨을 요하였으며, 이를 총액인수주의 또는 자본확정의 원칙이라고 하였다. 또한 자본증가나 자본감소의 경우는 모두 정관의 절대적 기재사항인 '자본의 총액'의 변경이므로 정관변경의 일종으로서 정관변경절차에 따라서만 할 수 있음은 물론이고, 증자의 경우에는 자본납입의 절차가, 감자의 경우에는 채권자보호의 절차가 필요하여 이에 관한 상세한 규정을 두고 있었다.

이에 반하여 1962년 상법개정에서는 영미법의 수권자본제도(이에 관하여는 서돈각, "신주식회사법의 특색과 수권자본제도," 상법연구 제 2 권, 법문사, 1980, 7쪽 아래, 특히 14쪽 아래 참조)를 일부 도입하였다. 즉 정관에서 '회사가 발행할 주식의 총수'와 '회사의 설립시에 발행하는 주식의 총수'를 절대적 기재사항으로 하고, "회사의 설립시에 발행하는 주식의 총수는 회사가 발행할 주식의 총수의 2분의 1 이상이어야 한다"고 하였다(구 상법 제289조 제 1 항 · 제 2 항). 따라서 회사의 설립시에는 회사의 발행예정주식총수 중 2분의 1만 발행하면 되고, 나머지 주식은 회사성립 후 필요에 따라서 이사회가 발행할 수 있도록 하였다(구 상법 제416조). 이와 같이 이사회의 결정에 의하여 발행할 수 있도록 한 주식을 수권주식(authorized shares)이라고 한다. 다만, 감자의 경우에는 이전의 법 그대로이다. 1984년 개정에서는 그 동안 발행예정주식총수와 설립시 발행주식수의 비율이 2 대 1이었던 것을 4 대 1로 늘렸으며(제289조 제 2 항), 회사성립 후 정관변경에 의하여 발행예정주식총수를 증가하는 경우에도 발행된 주식총수의 2배를 초과하지 못하도록 하였던 것을(구 상법 제437조) 4배까지 증가할 수 있게 하였다(제437조). 1984년 개정법에서는 자금조달의 탄력성을 높이기 위하여 수적 변경만 가져왔지 그 밖의 기본적 구조는 같다. 그러던 것이 1995년 개정법에서는 발행예정주식총수의 증가에 관한 제437조를 삭제하였다. 이는 현 자본금 크기에 구애받지 아니하고 한번에 자본금을 대폭 늘릴 수 있도록 하여 수권자본제도 운영에 탄력성을 부여한 것이다. 더 나아가 2011년 개정시 회사가 설립시에 발행하는 주식의 총수는 발행할 주식의 총수의 4분의 1이상이어야 한다는 규정을 삭제하여(구 상법 제289조 제 2 항 삭제) 이제는 그러한 제한이 없어졌다.

3. 現行商法의 株式會社에서의 資本에 관한 規定內容

주식회사에서는 자본을 '상법에 다른 규정이 있는 경우 외에는 발행주식의 액면총액'(제451조)이라고 하였으며, 자본은 주식으로 분할되고, 주식의 금액은 균일하여야 하며, 1주의 금액은 100원 이상으로 하여야 하고, 주식회사의 자본은 5천만 원 이상(최저자본금제도; Mindestgrundkapital)이어야 하였었다(구법 제329조). 그런데 5천만 원 이상이던 주식회사의 최저자본금제도는 2009년 5월 개정법에 의하여 폐지되었다. 자본총액은 등기에 의하여 공시되며(제317조 제2항 제2호), 정관에 기재되도록 명시하고 있지는 않으나 100원 이상으로 균일한 주금액과 회사의 설립시에 발행한 주식의 총수를 곱하면 이것이 곧 '발행주식의 액면총액'으로서 자본총액이 된다(제289조 제1항 제4호·제5호, 제329조). 또한 신주발행의 경우에도 신주발행으로 인한 변경등기가 있은 후에는 아직 인수되지 아니한 주식이 있거나 주식인수의 청약이 취소된 때에는 이사가 이를 공동으로 인수한 것으로 보아 이사에게 인수담보책임을 지우고 있으므로(제428조), 등기에 의하여 공시된 자본총액은 정해진다고 할 수 있다. 따라서 상법에 다른 규정이 있는 경우 외에는 주식회사에서 '발행주식의 액면총액'이라는 자본은 최소한 100원 이상의 일정한 수액으로 정해진다고 할 수 있다. 이렇게 정해진 수액에 따른 자본납입과 유지를 위한 법원칙이 주식회사에 있다고 봄이 상당하다.

1962년 법개정에서 자본과 관련하여 의용상법과 달라진 것은 수권주식제도의 일부도입뿐으로 이는 자금조달을 용이하게 하고자 함이었다. 따라서 현행상법에서도 구법과 비교하여 회사채권자보호가 미약하다든지, 회사설립이 용이하다든지 혹은 회사설립의 기초가 확고하지 못하다든지 등의 수권자본제도 일반에 대한 비판점은 전혀 우리 상법과는 무관하다고 하지 않을 수 없다. 왜냐하면 회사설립시에 회사가 발행할 주식의 총수에 대하여는 전액납입주의를 택하고 있기 때문이다(제295조, 제305조).

<사 례>

유한회사에서는 수권자본제도가 인정되지 않으므로 '자본의 총액'은 여전히 정관의 절대적 기재사항이다(제543조 제2항 제2호). 또한 출자금액이 납입되어야 하며(제548조), 자본총액은 설립등기에 의하여 공시된다(제549조 제2항 제2호). 감자의 경우는 물론 증자의 경우도 정관변경사항이므로 사원총회의 특별결의가 있어야 한다(제584조, 제585조).

4. 資本金에 관한 原則

주식회사는 자본회사(Kapitalgesellschaft)로서 회사채권자에 대하여 오직 회사재산만이 변제의 담보가 되며, 주주는 간접·유한의 책임만을 진다. 따라서 이러한 회사재산이 얼마가 있어야 되는가는 회사채권자에 대한 최소한의 담보금액(Minimalgarantiesumme)인 자본과 관련을 맺고 있다. 이 점에 관하여는 '자본에 관한 형식적 원칙'으로서 이해되고 있으며, 그 밖에 자본회사를 운용해 나가면서 실질적으로 어느 정도의 자본이 있어야 하는가 하는 문제는 '자본에 관한 실질적 원칙'으로서 나누어 생각해 보아야 할 것이다.

(1) 資本에 관한 形式的 原則 자본은 '발행주식의 액면총액'으로서 회사의 설립시이건 신주발행시이건 간에 설립등기나 신주발행으로 인한 변경등기에 의하여 공시되며, 따라서 자본회사에서의 자본이란 그러한 수액으로서 일정하게 정해지고, 대차대조표상 부채부에 계상되는 수액이다. 주식회사의 경우 이러한 자본변경에 있어 증자는 이사회의 결정으로, 감자는 정관변경의 특별결의가 있어야 한다(유한회사의 자본총액은 정관의 절대적 기재사항이므로 증자건 감자건 간에 정관변경의 특별결의가 있어야만 한다). 이렇게 정해진 자본은 채권자측에서 보면 유일한 담보이므로, 이에 상당하는 현실적인 회사재산을 확보하여야 한다. 따라서 자본과 회사재산의 관련에서 자본납입의 원칙과 자본유지의 원칙(Grundsätze der realen Kapitalaufbringung und der nominellen Kapitalerhaltung)이 필요하다. 하지만 소위 자본확정의 원칙과 자본불변의 원칙은 그 액이 얼마이건 간에 이의 결정은 오직 주주에게 달려 있다. 따라서 자본액이 얼마여야 하는가는 오직 '자본에 관한 실질적 원칙'에서 논의되어야지 형식적 법원칙으로서 거론될 것이 아니라고 본다. 따라서 자본확정의 원칙이니, 자본불변의 원칙이니 하는 논의는 더 이상 자본에 관한 형식적 법원칙으로서는 거론될 여지가 없다고 본다. 다만, 자본의 의의에 관한 상법 제451조가 우선 전제되고, 이에 따른 회사재산의 납입과 유지를 논해야 하는 것이 논리적인 순서라고 생각한다.

(2) 資本에 관한 實質的 原則 자본에 관한 실질적 원칙으로서 자본충분의 원칙(상당자본비축의 원칙; Grundsatz der angemessenen Kapitalausstattung)을 들고 있는 학자(정동윤, 76쪽 아래)도 있으나, 여기에서 우리가 문제로 삼아야 할 것은 현실에 맞지 않는 '적정한 자본납입의 명령'(Gebot zu angemessener Eigenkapitalausstattung)이 아니라, '절대적으로 부적정한 책임자본납입의 금지'(Verbot völlig unangemessener Haftkapitalausstattung)이어야 한다. 이 양자의 구별은 단순한 말장난이 아니고 각각 다른 법해석학적인 근거를 갖고 있으며, 다음과 같은 차이점을 들 수 있다. 즉 첫째로 주주에게 회사자본조달상태에 계속 관심을 갖게 하고, 둘째로 사원에게 영원한 인적 책임이라는 공포로부터 해방시킴으로써 법적 불안정성을 감소시키며, 셋째

로 현실적으로 거의 불가능한 적정성을 검사해야 되는 것이 아니고 정당한 근거에서 다만 잘못된 부적정성만을 검사하면 되기 때문이다. 이 이론이 뜻하는 바는 우리의 일상 경제생활에서 최소의 책임자본만으로 인적 책임을 면제하려는 의도는 받아들일 수 없다는 점이며, '절대적으로 부족한 책임자본의 금지'를 어길 때에는 단순히 주주나 사원에게 인적 책임을 지우는 것만으로는 부족하고, 자본이 절대적으로 부족한 자본회사는 더 이상 경제활동을 하지 못하도록 규제하여야 할 것이다. 따라서 자본에 관한 실질적 원칙은 '자본충분의 원칙'이 아니라, '자본부적정금지의 원칙' 또는 '자본불상당금지의 원칙'이라고 표현되어야 할 것이다(이에 관하여는 Ki-Su Lee, "Gläubigerschutz bei Unterkapitalisierung der GmbH," Diss. Tübingen, 1983; 이기수, "자기자본보충적인 사원소비대차 —독일의 신유한회사법을 중심으로 —," 상사법의 현대적 과제(손주찬교수화갑기념논문집)(1984), 300쪽 아래; "자기자본부족회사의 책임에 관한 입법론적 고찰 — 독일에서의 논의를 중심으로 —," 법학논집 제22집, 고대법대 법학연구소, 1984, 63쪽 아래; Wilhelm, *Rechtsform und Haftung bei der juristischen Person*, 1981, 313쪽; Hommelhoff, in : (1984), *Die Zukunft der GmbH*, 21쪽; Ulmer, in : *Hachenburg-Kommentar*, GmbHG, 7. Aufl., 1977, Anhang §30. Rdn. 56 m.w.N.; Conard, *Corporations in Perspective*, The Foundation Press, Inc., §183ff., 1976; Ballantine on Corporations, revised et.(1946), *Callaghan and Company*, 302쪽에서도 '부적정자본'(inadequate kapital)이라는 제하에서 설명하고 있다).

제 2 절 株式會社의 經濟的 機能

1. 주식회사는 그 이념상 민간비축자본을 지속적으로 결합하여 기업자본(자기자본)으로 전환시키는 기능을 한다. 주식회사는 한편으로는 직접 일반투자자의 자금을 기업의 자기자본으로 끌어들이는 데 이상적인 법형태이다(자본집적원으로서의 주식회사). 다른 한편으로는 민간투자자에게 있어서 투자를 위한 탁월한 기구이다. 왜냐하면 주식의 대체성으로 인하여 투자된 재원의 단기유통이 가능하도록 조직된 증권거래소라는 형태의 고유한 시장이 형성될 수 있기 때문이다(제 2 의 시장). 말하자면 주식을 통하여 기업의 투자자에게 출자 혹은 지분에 대한 환급청구권을 인정하지 않으면서도 언제든지 탈퇴할 수 있게 해주는 기법이 가능하다(Zöllner, *Kölner Kommentar*, Einleitungsband, D.I.).

2. 주식회사의 자본집적기능과 투자기능에는 국민경제적 및 재산정책적인 장점이 결부되어 있다. 즉 투자자는 주식회사를 통하여 여러 기업에 분산하여 투자를 함으로써 위험을 분산시킬 수 있다. 더욱이 주식회사는 재산이 많지 않은 다수의 사람들로 하여금 경제의 생산재에 참여할 수 있게 해 준다. 경제기업에 대한 참가를 통한 모든 국민층의 재산형성(국민주 · 국민자본주의)은 궁극적으로 주식회사라는 법형태에 의하여서만 더 넓은 범위에서 가능하다고 볼 수

있다.

3. 주식회사만이 수탁자를 개입시키지 않고 익명의 형태로 직접적인 자본참가를 할 수 있게 된다. 이러한 익명의 가능성은 권한양도의 방법에 의해서 또는 위탁자의 명의로 은행이 의결권을 행사함으로써 실현된다. 자본시장에 있어서 이러한 익명의 가능성은 필요한 것이기는 하지만, 이에는 소위 타기업을 통한 익명의 자본참가와 같은 위험도 내재하고 있다. 이에 대하여 법률은 일정한 지주비율을 초과할 경우에는 공개를 요구함으로써 대처하고 있다.

4. 법현실을 고찰해 보면 주식회사의 법형태는 기대했던 기업의 자본조달수단으로서의 기능을 충족시키고 있지 못함을 알 수 있다.

현재 우리나라 주식회사의 자기자본율은 약 20%밖에 되지 않는다. 즉 주식회사도 현저히 증가된 자기자본수요를 일반대중을 통하여 충족시키는 데 어려움에 처해 있다. 그럼에도 불구하고 분야별 분석에 의하면 대규모 공개회사는 해당 분야의 평균적인 자기자본조달에 있어서 매우 유리한 지위에 놓여 있음을 알 수 있다. 그러나 이 때 그 원인은 자체자금조달을 더 유리하게 할 수 있다는 점과 결합된 시장에 있어서의 높은 수익력과 소수독점적인 지위에 놓여 있다는 점을 고려하여야 한다. 우리나라 주식발행시장에서의 대부분의 자본조달은 상장회사들의 유상증자와 비상장회사들의 기업공개를 통해 이루어진다.

우리나라 주식시장은 1980년대 후반기에 들어 양적으로 크게 성장해 왔음에도 불구하고 아직까지 자본시장으로서의 바람직한 기능을 발휘하지 못하고 있다. 많은 기업의 주식이 공개되었다 하더라도 실질적으로는 개인기업의 형태를 벗어나지 못하고 있고, 발행가의 결정도 충분히 자율적이지 못하다. 유상증자에 있어서도 비록 완전시가발행방식을 채택하였다고는 하나, 발행가액의 결정방식이 대단히 경직화되어 있기 때문에 발행시장에서의 전문기관들의 역할이 한정되어 있는 실정이다. 이와 같은 문제점에 비추어 보아 우선 실질적인 의미에서의 주식공개가 이루어지도록 하고, 시장경쟁원리에 입각한 유상증자가 가능하도록 하여 주식의 본원적 기능을 정상화시켜야 할 것이다.

5. 주식회사에서처럼 자본소유자의 지위와 경영기능의 분리(소유와 경영의 분리)가 그렇게 넓게 인정되는 법형태는 찾아볼 수 없다. 이러한 현상을 경영기능의 반봉건화로서 특징지울 수도 있을 것이다.

6. 주식회사는 경제계에서 기업집중을 가능케 하는 데 있어서 이상적인 법형태이다(기업결합). 이러한 관점에서 하나의 법형태로서의 주식회사를 법정책적으로 평가할 때에는 기업집중을 평가할 때와 마찬가지로 두 가지 상반되는 평가가 교차된다. 주식회사라는 법형태가 없었더라면 콘체른은 단지 미미한 범위에서만 진전되었을 것임에는 의문의 여지가 없다. 그 동안 독일에서는 주식회사와 마찬가지로 유한회사법형태도 콘체른과 밀접하게 관계되어 있다는 사실이 밝혀졌다. 왜냐하면 그 한도에서 기업의 일부를 분리시키거나 콘체른결합에 임의로 가입하는 것이 문제되기 때문이다.

제 3 절 株式會社의 種類

주식회사법은 강행적 성격이 강함에도 불구하고 다양한 자본참가구조 및 지배구조에 대한 법형태로서 기능하기에 충분한 유연한 면이 있다. 주식회사의 실제적인 의미는 그러한 자본참가구조 및 지배구조에 따라 상이한 형태를 유형화하여 파악할 때에만 완전히 이해할 수 있다. 주식회사에 대한 법적인 이상형태는 그 조직구조 혹은 지배구조의 견지에서 볼 때 주식회사를 운영함으로써 큰 이윤을 얻으려 하고, 주주총회에서 이사회를 통제하고 또한 이사회에 대하여 독립된 강력한 감사기관을 구성할 감사를 선임하는 많은 수의 주주를 갖는 회사이다. 그러나 법현실에 있어서는 통제와 감사가 법의 이상대로 실현되는 주식회사를 발견하기란 쉽지 않다.

주식회사는 여러 가지 기준에 의하여 분류할 수 있다.

1. 商法上의 一般會社, 特別法上 會社

특별법상의 회사에는 그 회사를 위하여 특별법을 제정하는 특수회사와 일반적 특별법상 회사가 있다(은행법에 의해 설립된 신한은행).

2. 母會社 · 子會社

어느 회사가 타회사의 발행주식총수의 50%를 초과하여 소유할 경우 이 소유하는 회사를 모회사라 하고, 그 소유당하는 회사를 자회사라 한다(제342조의 2).

3. 支配會社 · 從屬會社

지배회사는 타회사 발행주식총수의 과반수를 실질적으로 소유하거나 기타 방법으로 타회사를 실질적으로 지배할 때, 그 지배하는 회사를 지배회사, 반대회사를 종속회사라 한다. 지배회사와 종속회사는 상호 연결재무제표를 작성해야 한다(기업회계기준 제25호).

4. 企業集團 · 系列會社 · 持株會社

이는 독점규제 및 공정거래에 관한 법률(독점규제법)과 관련된 분류이다. 기업집단 내지 재벌은 동일인이 소정의 기준에 의하여 사실상 사업내용을 지배하는 회사들을 가리킨다. 기업집단은 그 소속회사의 재무제표를 결합한 기업집단결합재무제표를 작성하여야 한다(기업회계기준 제6조 제2항). 계열회사는 그 기업집단소속회사를 가리킨다. 지주회사는 주식의 소유를 통하여 다른 회사의 사업내용을 지배하는 것을 목적으로 하는 회사를 가리킨다. 지주회사를 설립하려면 공정거래위원회에 신고하여야 한다(독점규제법 제8조). 지주회사의 요건은 법정되어 있다: 자회사주식 40/100 이상 소유해야(예외있음), 자본총액의 2배를 초과하는 부채를 가질 수 없다(200%), 같은 지주회사내 금융보험업을 영위하는 회사와 그 밖의 회사를 같이 둘 수 없다(예외있음).

5. 上場法人 · 公共的 法人

(1) 上場法人 · 株券上場法人 상장법인은 증권시장에 상장된 증권을 발행한 법인을 가리킨다(자본시장법 제9조 제15항 제1호). 이에 비하여 주권상장법인은 증권시장에 상장된 주권을 발행한 법인을 가리킨다(자본시장법 제9조 제15항 제3호). 이 때 자본시장법에서 '증권시장'이라 함은 증권의 매매를 위하여 거래소가 개설하는 시장으로서 다음의 것을 말한다(자본시장법 제9조 제13항). ① 유가증권시장 : 자본시장법 제4조 제2항 각 호의 증권의 매매를 위하여 개설하는 시장, ② 코스닥시장 : 자본시장법 제4조 제2항 각 호의 증권 중 대통령령으로 정하는 증권의 매매를 위하여 개설하는 시장.

(2) 公共的 法人 공공적 법인은 국가기간산업 등 국민경제상 중요한 산업을 영위하는 법인으로서 대통령령으로 정하는 상장법인을 가리킨다(자본시장법 제152조 제3항).

6. 內資會社 · 合作會社 · 外資會社

내자회사는 자본이 내국자본인 회사를 가리키고, 합작회사는 합작투자회사 · 국제회사라고도 하는데, 외국자본과 국내자본이 결합된 회사이며, 외자회사는 자본이 외국자본인 회사이다. 그 밖에 초국적(다국적)회사는 동일자본이 많은 나라에서 동종영업을 위해 출자되고, 이 자본으로 별개의 다수의 회사가 설립되어 그 회사들이 서로 모자회사 등으로 연결되어 있는 회사를 가리킨다.

7. 公開會社, 非公開 또는 閉鎖會社

공개회사는 주식이나 사원이 불특정다수인이나 여러 사람의 소유지배 하에 있는 회사를 가리킨다. 그렇지 않은 회사를 비공개 · 폐쇄회사라 한다.

제2장 株式會社의 設立

제1절 總　　說

姜渭斗, 발기인의 지위, 부산대 법학연구 42(1993. 12)/權琦勳, 부동산출자, 경상대 논문집 31, 2(1992. 12)/金建植, 현물투자와 신주인수권, 서울대 법학 81 · 82(1990. 8)/金丙學, 발기인의 계약(상), 法曹 32. 4(1983. 4); (하), 32. 5(1983. 5)/金英鎬, 변태설립, 동아법학 12(1991. 17)/金利修, 발기인의 법률상 지위와 권한에 관한 연구, 중앙대 박사학위논문(1988)/金泰柱 · 高裕卿, 설립중의 회사 : 법률관계 이전에 관한 법리를 중심으로, 경북대 법학논고 6(1990. 12)/朴元善, 주식회사의 주식납입, 연세행정논총 6(1980. 1)/徐廷甲, 현물출자, 司法行政 259(1982. 7)/宋民浩, 미국법상 발기인의 예비적 계약에 관한 연구, 마산대 논문집 6, 1(1984. 6)/宋錫彦, 설립중 회사의 권리의무의 귀속, 중앙대 법정논총 40(1986. 12)/안성포, 독일법에 있어서 설립 중의 주식회사의 책임구조, 상사법연구 17. 1(1998. 6)/安澤植, 설립중의 회사에 관한 연구, 강릉대 산경논총 11(1989. 10)/柳珍熙, 설립중의 회사, 한림법학 FORUM 3(1993. 12)/李基秀, 설립중의 회사의 법적 성질과 법률관계 — 서독유한회사법상의 차액책임을 중심으로 —, 고시계 361(1987. 3)/李秉烈, 주식회사의 설립절차, 국제법률경영 2(1990. 1)/李炳泰, 설립중의 회사의 성립시기, 한양대 법학논총 8(1991. 8)/李院錫, 현물출자에 관한 연구, 한양대 법학논총 3(1986. 2)/李宗根, 기업의 현물출자와 채권자보호, 會社法의 現代的 課題(徐燉珏博士華甲紀念論文集)(1980)/李宙興, 설립중의 회사와 발기인조합, 司法行政 359(1990. 11)/李鴻旭, 설립중의 회사의 재산취득인지의 여부, 法制 12(1982. 4)/林載鎬, 發起人이 취득한 權利義務의 歸屬關係, 안동대 논문집 14(1992. 12)/仝桂元, 주식회사의 정관, 법무사 312(1993. 6)/정계성 · 고창현, 증권의 공모발행에 대한 한미법제의 비교, 증권 79(1994. 3)/鄭相根, 개인기업의 법인전환과 그 절차상의 문제점, 경영법률 제6집, 1996/崔基元, 발기인과 설립중의 회사 〈판례〉, 서울대 법학 96(1994. 12)/崔鎔春, 발기인에 관한 연구, 대한부동산학회지 4(1985. 12)/韓昌熙, 회사설립기간중의 행위의 귀속, 判例月報 252(1991. 9).

제 1 관 株式會社設立의 槪念

주식회사의 설립이란 주식회사라는 영리법인을 성립시키는 과정을 일컫는 말이다. 그래서 주식회사의 설립에는 주식회사의 조직과 활동에 관한 근본규칙인 정관의 작성, 주식회사의 구성원(사원)인 주주의 확정, 영리사업에 필요한 자본을 제공하는 출자의 확정, 주식회사의 활동을 대표할 기관의 구성 등이 필요하며, 일반에게 공시시키기 위하여 법정책적으로 설립등기제도를 두고 있다.

우리나라에서 주식회사를 설립하고자 하는 자는 설립에 필요한 일정한 요건을 갖추기만 하면 당연히 법인격을 갖는다. 이를 준칙주의 또는 등기주의라고 한다(민법 제31조, 제39조 참조).

주식회사설립은 자본을 중심으로 많은 사람이 참여하기 때문에 사기가 발생하기도 쉬우므로 인적회사에 비하여 설립절차가 복잡하다. 특이점으로는 다음과 같은 것을 들 수 있다. ① 주식인수절차가 필요하고, ② 설립경과의 조사와 공시를 요구하며, ③ 설립사무를 맡을 발기인을 두어 그에게 엄한 책임을 지우고 있고, ④ 설립에 관한 법규정은 강행규정이다.

제 2 관 株式會社設立의 方法

Ⅰ. 發起設立과 募集設立

주식회사의 설립은 인적회사와는 달리 정관작성과 설립등기 사이에 주식회사의 실체를 형성하는 자본구성절차로서의 주식인수가 필요한데, 이를 어떻게 하는가에 따라 발기설립과 모집설립의 두 가지 방법이 있다. 즉 발기인이 발행하는 주식 전부를 인수하는 것이 발기설립(단일설립·동시설립)이고, 발기인이 발행주식 중 일부만을 인수하고 나머지는 널리 일반공중으로부터 모집하는 것이 모집설립(단계설립·점차설립)이다.

Ⅱ. 兩者의 差異

주식납입해태 및 이사·감사의 선임과 관련하여 발기설립의 경우에 납입해태는 채무불이행의 일반원칙에 따르며, 이사와 감사의 선임은 발기인의 의결권의 과반수로 선임한다. 이에 반하여 모집설립의 경우에 납입을 해태한 때에는 실권절차가 법정되어 있고(제307조), 이사와 감사의 선임은 창립총회에서 출석한 주식인수인의 의결권의 3분의 2 이상이며, 인수된 주식총수의 과반수에 해당하는 다수결로 선임한다(제309조, 제312조).

주금납입과 관련하여 모집설립의 경우에만 금융기관으로 하여금 주금의 납입사무를 담당하도록 한 것을 1995년 개정법에서 주금납입을 확실히 하기 위하여 이를 발기설립에까지 확대하였다(제295조 제1항 제2문).

회사의 설립에 관한 사항을 이사·감사가 조사하는 것은 발기설립의 경우나 모집설립의 경우에 동일하지만(제298조, 제313조), 발기설립의 경우에는 그 조사내용을 발기인에게 보고하고 모집설립의 경우에는 창립총회에 보고한다. 그리고 '위험설립사항'이 부당한 경우에 발기설립의 경우에는 법원이 이를 변경할 수 있지만(제300조), 모집설립의 경우에는 창립총회가 이를 변경한다(제314조).

제 3 관 株式會社設立의 企劃者

Ⅰ. 發 起 人

1. 意 義

발기인은 형식적으로는 정관에 발기인으로서 기명날인 또는 서명한 자를 말하고(제289조 제1항), 실질적으로는 회사설립을 기획한 자를 말한다. 그러므로 정관에 기명날인 또는 서명한 자는 실제로 회사설립의 기획에 직접 참여하지 않았더라도 법률상의 발기인이며 그와 반대의 경우는 발기인이 될 수 없지만, 정관작성 전에 발기인으로서 활동한 때에는 유사발기인으로서 책임을 지는 경우가 있을 수 있다(제327조).

발기인은 정관을 작성하고, 이에 기명날인 또는 서명함과 동시에 1주 이상의 주식을 인수하여야 한다(제293조).

2. 資 格

발기인의 자격에는 제한이 없으므로 무능력자(민법이 정하는 요건을 갖추어야 한다)와 법인도 발기인이 될 수 있다(동지: 손주찬, 558쪽; 채이식, 429쪽; 최준선, 242쪽; 정동윤, 97쪽; 최기원, 280쪽; 이철송, 202쪽). 자연인인 경우에는 내·외국인을 묻지 않으며, 법인도 공·사법인을 불문한다. 발기인 전원이 법인일 수도 있고, 법인이 청산중이라도 무방하나, 다만 법인이 발기인인 때에 정관의 작성은 법인의 기관이 담당한다. 합명회사의 사원과 합자회사의 무한책임사원, 민법상의 조합과 권리능력 없는 사단은 발기인이 될 수 없다(동지 : 최기원, 208쪽 이하).

3. 員 數

주식회사의 설립에는 1인 이상의 발기인이 있어야 한다(제288조). 즉 2001년 7월 개정상법은 주식회사의 발기인의 최저수(3인 이상)의 제한을 없앰으로써 1인주식회사의 설립을 인정하고 있다(제288조). 국내의 주장을 반영하고 주요 각국의 입법례를 참고한 것이다. 그리고 이는 2001년 개정의 가장 중요한 제도인 완전모회사(제360의 2조 아래)의 형성에서 필수적인 요건이라는 점을 연계하여 파악할 수 있다.

4. 權 限

발기인이 설립중의 회사의 기관으로서 어떠한 권한을 갖는가에 관하여는 ① 회사의 형성·설립 그 자체를 직접적 목적으로 하는 행위만을 할 수 있다고 보는 견해(이철송, 211쪽), ② 그 밖에도 회사설립에 필요한 행위도 할 수 있다고 하는 견해(손주찬, 563쪽; 채이식, 436쪽; 정찬형, 184쪽; 최기원, 281쪽), ③ 성립 후의 영업개시를 위하여 준비하는 행위(개업준비행위)도 할 수 있다는 견해(정동윤, 98쪽, 138쪽, 139쪽; 정찬형, 184쪽), ④ 성립 후의 회사가 할 수 있는 모든 행위를 할 수 있다는 견해 등이 있다.

발기인의 권한을 너무 넓게 해석하면, 그것이 자칫 남용될 위험이 있으므로 ②설이 타당하다.

Ⅱ. 發起人組合

발기인이 복수인 경우에 발기인 상호 간에는 정관작성을 함에 앞서 회사의 설립을 목적으로 하는 조합계약, 즉 발기인조합(Gründergesellschaft; Vorgründungsgesellschaft)이 존재하는 것이 보통이다. 정관작성이나 그 밖의 설립절차는 이 조합의 업무집행으로 하게 되며, 이 업무집행에는 민법의 조합에 관한 규정이 적용된다. 따라서 발기인조합의 업무집행에 관한 의사결정은 원칙적으로 발기인의 과반수에 의한다(민법 제706조 제2항). 발기인조합으로부터의 탈퇴나 가입은 민법의 조합규정(민법 제716조)에 의한다. 하지만 주식청약서의 작성·교부 후 또는 주식인수인과의 관계가 생긴 때에는 발기인 전원의 동의가 있더라도 주식인수인 전원의 동의가 없으면 탈퇴할 수 없다. 왜냐하면 주식청약서에는 이미 발기인의 성명이 기재되어 있으므로, 이를 신뢰한 주식인수인을 보호하기 위해서이다. 또한 발기인조합이 부담한 채무는 각 조합원이 분할하여 직접 책임을 진다(민법 제712조, 제713조 참조). 발기인조합은 정관의 작성에 의하여 소멸하는 것이 아니고, 최초의 이사·감사가 선임되어 회사의 설립이라는 절차가 종료하거나 또는 회사의 설립이 불가능하게 됨으로써 소멸한다. 발기인은 이사·감사가 선임될 때까지 대외적으로는 설립중의 회사의 기관으로서 행위를 하며, 대내적으로는 발기인조합의 일원으로서 업무를 집행하는바, 발기인조합은 발기인의 존속기간중의 내부관계로서 존속하고 회사가 성립하면 해산한다.

<대판 1998.5.12, 97 다 56020>

「설립중의 회사가 성립하기 전에 발기인이 취득한 권리·의무는 구체적인 사정에 따라 발기인 개인 또는 발기인조합에 귀속되는 것이고, 이를 설립중의 회사에 귀속시키기 위하여는 양수나 채무인수 등의 특별한 이전행위가 있어야 한다.」

제 4 관 設立中의 會社

Ⅰ. 設立中의 會社의 槪念

주식회사는 자본회사이기에 회사의 설립에서도 정관작성과 설립등기 사이에 회사실체형성절차, 즉 주식의 인수와 납입 및 기관의 구성이 필요하며, 장래 성립될 회사를 위하여 설립등기 전에 점차로 회사로서의 실체를 구비하도록 하여야 한다. 이러한 미완성의 단체를 설립중의 회사라고 하는데, 성립될 회사와의 법률관계를 명확히 할 필요가 있다.

설립중의 회사의 창립시기에 관여하는 ① 정관작성시설(이철송, 208쪽; 최준선, 243쪽), ② 정관을 작성하여 공증인의 인증을 받고 각 발기인이 1주 이상의 주식을 인수한 때라는 설(손주찬, 560쪽; 채이식, 434쪽; 정찬형, 188쪽; 최기원, 273쪽)(다수설·판례), ③ 정관의 작성·인증과 주식총수의 인수가 있는 때라는 설(정동윤, 133쪽), ④ 정관의 작성·인증과 주식총수의 인수는 물론이고, 기관이 구성되어야 한다는 설(우리나라에는 주장자가 없음)이 있다. 주식회사의 설립은 정관작성에서부터 시작되고, 이 때부터 설립중의 회사의 기관으로서의 발기인의 행위에 의하여 설립중의 회사의 권리·의무가 발생하므로 설립중의 회사를 인정하는 취지와 법적 안정성을 유지하기 위하여도 ①설이 타당하다고 생각한다.

<대판 1985.7.23, 84 누 678>

「무릇 설립중의 회사라 함은 설립등기 이전에 어느 정도 실체가 형성된 미완성

의 회사를 말하는 강학상의 개념으로서, 이는 정관이 작성되고 발기인이 1주 이상의 주식을 인수하였을 때 비로소 성립한다고 볼 것인바, …」(동지 : 대판 1994. 1. 28, 93 다 50215).

<대판 2000. 1. 28, 99 다 35737>

「설립중의 회사가 성립하기 위해서는 정관이 작성되고, 발기인이 적어도 1주 이상의 주식을 인수하였을 것을 요건으로 한다. 발기인 중 1인이 회사의 설립을 추진중에 행한 불법행위가 외형상 객관적으로 설립 후 회사의 대표이사로서의 직무와 밀접한 관련이 있는 경우에는 회사에 불법행위책임이 인정된다.」

설립중의 회사의 법적 성질에 대하여 우리나라의 통설은 권리능력 없는 사단으로 보고 있다. 그런데 오히려 그를 독자적인 조직형태(특수한 종류의 단체)로 보는 것이 타당하다고 생각한다(동지 : 정동윤, 134쪽).

<대판 2009. 11. 26, 2009 다 64383>

「비법인사단의 사원총회가 그 총유물에 관한 매매계약의 체결을 승인하는 결의를 하였다면, 통상 그러한 결의에는 그 매매계약의 체결에 따라 발생하는 채무의 부담과 이행을 승인하는 결의까지 포함되었다고 봄이 상당하므로, 비법인사단의 대표자가 그 채무에 대하여 소멸시효 중단의 효력이 있는 승인을 하거나 그 채무를 이행할 경우에는 특별한 사정이 없는 한 별도로 그에 대한 사원총회의 결의를 거칠 필요는 없다고 보아야 한다.」

Ⅱ. 設立中의 會社의 法律關係

1. 學說과 判例의 變遷

정관작성과 상업등기부에 등기함으로써 법인격을 갖게 되는 회사의 성립 사이에는 법적인 분리와 시간상의 격차에 의하여 회사로 되어가는, 그러나 아직 최종적이 아닌 설립중의 회사(Vorgesellschaft)라는 중간단계가 있다. 이 설립중의 회사는 보통 3개월 내지 6개월 또는 1년 이상 계속되고, 등기에 실패하는 경우에는 그 자체로써 다시 해산되어야 한다(아래에서는 독일에서의 논의를 중심으로 이를 설명한다). 그러한 설립중의 회사문제는 권리능력을 취득하기 위해서 국가의 등록 또는 인가를 얻어야 하는 모든 사단에서 생기고, 따라서 일반적인 단체법의 대상이다. 그러나 설립중의 회사가 실제로 가장 큰 의미를 갖는 것은 자본회사에서이다. 그 법적 성질과 법률관계는 법률에 규정되어 있지 않다.

설립중의 회사에서는 본질적으로 서로 관련되는 네 가지의 기본문제가 중요하다. 즉 ① 설립중의 회사의 내부관계, ② 설립중의 회사의 외부관계 및 이 때 기초가 되는 책임관계, ③ 설립중의 회사의 권리·의무의 성립된 주식회사로의 이전문제, ④ 행위자책임(Handelndenhaftung)의 의미와 범위이다.

예전의 학설은 설립중의 주식회사를 일부는 민법상의 조합, 일부는 합명회사, 일부는 권리능력 없는 사단으로 보았다. 이에 반하여 독일연방대법원판결(BGHZ 21, 242) 이후로는 설립중의 회사를 독자적 조직형태(eigenständige Organisationsform)로 다루는 견해가 관철되었는데, 이에 따르면 권리능력을 전제로 하지 않는 한 설립중의 회사에 대해서는 주식회사법과 정관이 적용된다. 이러한 견해는 중요한 의미가 있다. 이 견해는 설립중의 회사를 법률상 이미 중요한 형상으로 형식상 인정하였고, 부적당한 규정의 강제적용에서 해방시켰고, 설립중의 회사에 관하여 판례법을 형성할 길을 열어 놓았다. 그러나 이러한 착상도 구체적인 법률문제를 완전히 해결하지 못하고 있다. 왜냐하면 어떤 규정이 권리능력을 전제로 하는 것인가 하는 것은 의문의 여지가 있고, 따라서 그때그때 경우에 따라서 결정되어야 하기 때문이다.

설립중의 회사가 독자적 조직형태로 인정되기 위해서는 사원이 설립등기를 할 생각이 있고, 진지하게 경영하여야 한다. 그렇지 않다면 회사법의 일반원칙에 따라서 민법상의 조합이 존재하게 된다. 왜냐하면 단순히 주식회사를 표방한다고 해서 주식회사로 되는 것은 아니기 때문이다(소위 부진정한 설립중의 회사; unechte Vorgesellschaft). 이는 주식회사로서의 등기가 종국적으로 좌절되었는 데도 불구하고 회사가 계속 경영되는 경우에도 마찬가지이다.

2. 設立中의 會社의 內部關係

내부관계에 있어서 사원의 권리와 의무는 우선 설립중의 회사의 목적과 정관에 따라서 결정된다. 따라서 사원은 회사설립에 필요한 행위, 즉 이사와 감사를 임명하지 않은 경우 그의 선임과 출자의 이행을 하여야 한다.

일반적인 거래에 관한 한 설립중의 회사의 사원결의는 단순다수결로 할 수 있다. 이에 반하여 새로운 사원의 가입이나 정관의 변경은 사원전원의 동의가 있어야 한다. 이사의 권한은 설립목적·정관 및 사원결의에 따른다.

설립중의 회사의 해산은 제517조 이하의 규정에 따른다.

3. 設立中의 會社의 外部關係

통설은 설립중의 회사에 권리능력을 인정하지 않으나, 설립중의 회사는 외부관계에 있어서 부분적으로 권리능력을 갖는다고 본다. 설립중의 회사는 출자를 취득할 목적으로 구좌를 개설할 수 있고, 토지등기부에 등기할 수 있다. 따라서 설립중의 회사는 적극적·소극적 당사자능력과 파산능력이 인정되어야만 한다.

소극적 당사자능력은 거의 일반적으로 인정되지만, 적극적 당사자능력에 대해서는 아직 다툼이 있다. 그러나 설립중의 회사가 법률거래에 참여하는 것이 일반적으로 인정된다면, 설립중의 회사에 적극적 당사자능력을 인정하는 것도 불가피하지 않을까 한다.

이에 반하여 설립중의 회사의 어음능력·수표능력은 아직까지 대체적으로 부정된다. 그러나 독일연방대법원 판례는 이를 인정하고 있다(BGHZ 80, 129).

설립중의 회사는 발기인에 의하여 대표된다. 그러나 판례에 의하면 발기인의 대표권은 설립목적에 의하여 제한된다. 금전출자에 의한 설립에 있어서의 대표권은 회사의 등기를 하는 데 필요한 법률행위에 한정된다. 현물출자에 의한 설립에 있어서는 납입된 재산을 유지하는 데 필요한 행위를 포함한다. 그 밖의 사전거래에 대해서는 오직 모든 사원이 동의한 경우에만 회사가 의무를 부담한다. 그렇지 않은 경우에는 행위자책임에 의하여 발기인이 인적 책임을 질 뿐이다.

4. 設立中의 會社의 權利·義務의 成立된 株式會社로의 移轉

설립중의 회사의 권리와 의무는 등기를 함으로써 자연히 완전하게 성립한 주식회사로 이전된다. 이 때 발기인과 이사의 인적 책임은 소멸된다. 아직 납입되지 않은 출자를 포함한 회사재산만이 채권자에 대한 책임의 대상이 된다. 그런데 설립중의 회사의 실체가 갖추어지기 이전에 발기인이 취득한 권리의무는 별도의 이전행위가 있어야 성립 후의 회사에 귀속된다(대판 1994. 1. 28, 93 다 50215 등).

독일연방대법원 판례는 사전채무부담금지 대신에 독일유한회사법 제 9 조를 근거로 하여 설립 당시의 자본인 기본자본의 불가침성을 보장하는 차액책임(Differenzhaftung)을 인정하고 있다. 즉 등기시에 회사재산의 가치가 이에 부담한 채무로 인하여 기본자본에 미달하는 경우에 사원은 결손액에 관하여 지분에 비례하여 책임을 져야 한다. 법률상 필요한 설립비용만이 기본자본에 의하여 지출될 수 있다. 독일유한회사법 제 8 조 제 2 항에 따르면 이사는 등기시에 채무부담으로 인하여 기본자본이 얼마만큼 감소하였는지를 기재하여야 한다. 등기공무원의 심사의무는 이에도 미치며(독일유한회사법 제9c조), 등기절차에서 원천자본의 감소가 나타나면 사원이 결손액을 지분비율로 보상하는 경우에만 등기가 이루어진다. 이에 의하여 사원은 차액에 대하여 지분에 비례하여 책임을 진다. 이 책임은 경우에 따라서는 독일유한회사법 제24조에 의한 다른 사원의 불이행에 대한 결손책임도 포함한다. 결손이 기본자본보다 많으면 완전결손전보책임이 있다(우리나라에서도 유한회사에 관하여는 독일과 같이 해석하는 것이 가능하나, 주식회사에서는 그 모든 책임을 발기인만이 부담하고, 사원은 아무런 책임을 지지 아니하므로 이를 직접 적용할 수는 없다).

5. 行爲者責任

독일판례의 입장에 의하면 독일유한회사법 제11조 제 2 항의 행위자(Handelnde)는 이사와 감사, 그리고 설립중의 회사의 이사와 이사로 임명되지는 않았으나 이사처럼 행동하는 사원과 제 3 자만이다.

따라서 거래의 성립에 동의는 하였지만 그 외부관계에 공동으로 참가하지 않은 모든 사원은 행위자개념에서 제외되며, 또한 유한회사의 지배인과 또 다른 법률행위대리인도 여기에서 제외된다. 다른 한편 독일유한회사법 제11조 제 2 항은 계약체결에 직접 참가할 것을 요구하지 않는다. 따라서 이사가 어떤 종업원에게 거래를 위임했을 경우에 행위자는 역시 이사이다. 공동대표의 경우에는 그 중 한 명이 다른 공동대표이사의 동의를 얻어 행위한 경우에 공동대표이사들 모두가 책임을 진다(독일유한회사법 제11조 제 2 항). 이에 반하여 단독대표의 경우에는 거래를 하는 이사만이 책임을 진다.

제 2 절 株式會社의 定款

梁承圭, 주식회사의 정관변경에 의한 자본증가에 따르는 문제, 企業法의 行方(鄭熙喆敎授古稀紀念論文集)(1991)/李基秀, 회사법상의 법률관계의 기초로서의 정관, 월간고시 198(1990. 7)

제 1 관 定款의 意義

실질적인 의미의 정관이란 회사의 조직과 활동에 관한 근본규칙을 말하고, 이를 기재한 서면을 형식적 의미의 정관이라 한다. 또한 회사의 설립시에 발기인이 작성한 최초의 정관을 원시정관이라 하며, 이를 변경한 변경정관과 구별한다. 원시정관에는 책임의 소재를 명확히 하기 위하여 발기인이 기명날인 또는 서명하도록 하고(제289조 제1항), 훗날의 분쟁과 부정행위를 막기 위하여 공증인의 인증이 유효요건이다(제292조). 유효요건으로서의 공증인의 인증은 발기설립시에는 설립등기 전에 정관을 변경하거나, 발기인을 교체한 때에도 새로운 정관을 확정하기 위하여 필요하다. 그러나 2009년 회사의 설립을 용이하게 하는 취지에서 상법을 개정하면서 제292조에 단서를 추가하였다. 그에 의하여 자본금총액이 10억 원 미만인 회사를 상법 제295조 제1항에 따라 발기설립(發起設立)하는 경우에는 상법 제289조 제1항에 따라 각 발기인이 정관에 기명날인 또는 서명함으로써 효력이 생기도록 함으로써 소규모 회사를 발기설립하는 경우에는 공증인의 인증을 받지 않아도 되도록 간소화하였다(제292조 단서).

지금까지 상법은 회사를 설립함에 있어서 자본금의 규모나 설립형태를 불문하고 설립등기시에 첨부하는 정관에 대하여 일률적으로 공증인의 인증을 받도록 강제하여 창업에 불필요한 시간과 비용이 드는 경우가 있었다. 그래서 2009년 5월 개정법은 자본금총액이 10억 원 미만인 회사를 발기설립 하는 경우에는 창업자들의 신뢰관계를 존중하여 발기인들의 기명날인 또는 서명이 있으면, 공증인의 인증이 없더라도 정관에 효력이 발생하도록 하였다(제292조).

주식회사의 정관은 회사의 자치법규로서 법령의 강행법규에 반하지 않는 한 이를 작성한 발기인뿐만 아니라 회사의 내부자인 주주와 기관을 구속하는 효력이 있으나, 제3자를 구속하는 효력은 없다. 다만, 정관에는 재산인수(제290조 제3호)와 같이 회사와 제3자와의 관계를 규정한 개인법적 성질의 내용을 포함할 수도 있으나, 이 때에도 정관이 직접 제3자를 구속하는 것이 아니라, 정관의 규정에 따라 회사와 제3자와의 계약에 의하여 제3자가 회사에 대하여 채권자로서의 지위를 가지게 될 뿐이다(동지: 최기원, 286쪽).

정관은 단체법의 원칙에 따라 객관적으로 해석하여야 하며, 일반적인 의사표시나 계약의 해석원칙은 적용될 수 없다. 다만, 회사와 제3자와의 관계에 관한 규정은 예외일 수 있다. 정관을 해석함에 의문이 있을 때에는 회사의 설립시에 법원에 제출된 공시된 등기서류 등을 참고로 할 수 있으나, 일반적으로 인식할 수 없는 발기인의 의도나 문서화되어 있지 아니한 약정은 고려될 수 없다.

제 2 관 定款의 記載事項

정관에는 ① 법률에 의하여 반드시 기재하여야 하고, 그 중에서 어느 하나라도 빠뜨리거나 기재사항이 위법인 때에는 정관을 무효로 만들 뿐만 아니라 회사의 설립 자체를 무효로 만드는 절대적 기재사항, ② 정관의 효력에 영향은 없으나 상법의 규정에 의하여 정관에 기재하지 아니하면 법적 효력이 생기지 아니하는 상대적 기재사항, ③ 강행규정이나 선량한 풍속 기타 사회질서에 반하지 아니하는 한 정관에 기재할 수 있고, 기재함으로써 특별한 효력이 생기는 임의적 기재사항이 있다.

Ⅰ. 定款의 絶對的 記載事項

(1) 目　　的　　회사는 상행위 기타 영리를 목적(제169조)으로 하는 목적단체이므로 정관에는 업종을 확인할 수 있도록 구체적 사업내용을 기재하여야 한다. 회사목적이 강행법규에 반하면 정관은 무효이다. 회사의 권리능력이 정관에 정한 목적범위에 의하여 제한된다는 제한긍정설에 따르면, 회사의 목적의 기재는 회사의 권리능력의 범위를 정하는 의미가 있다. 제한부정설에 따르더라도 이사에 대한 손해배상청구권(제399조), 정관에 위반한 행위에 대한 유지청구권(제402조) 등을 행사함에 있어 중요한 의미가 있다.

(2) 商　　號　　회사의 명칭으로서의 상호에는 반드시 주식회사라는 회사의 종류를 나타내는 문자를 사용하여야 하므로(제19조), 이를 위반하면 정관은 무효가 된다. 공공사업을 목적으로 하는 주식회사는 특별법에서 그 업종도 표시하도록 하고 있다(은행법 제14조; 보험업법 제8조).

(3) 會社가 發行할 株式의 總數　　회사가 발행하려고 예정하고 있는 주식의 총수, 즉 발행예정주식총수(수권자본 또는 수권주식이라고도 한다)를 기재하여야 한다. 발행예정주식총수에는 최대와 최소의 제한이 없다. 잔여주식은 회사의 성립 후 이사회의 결의로 발행할 수 있다(제416조). 2011년 개정전 상법은 수권자본제도하에서 회사설립시의 자본확정 원칙을 채택하면서 회사의 설립시에 발행하는 주식의 총수는 회사가 발행할 주식의 총수의 4분의 1 이상이어야 한다고 규

정하였었다(개정전 상법 제289조 제2항). 그런데 2011년 4월 개정시 동 조항을 오히려 기업활동을 방해하는 규정으로 인식하여 설립자본의 최저기준을 폐지하였다.

(4) 1株의 金額 주식의 금액은 균일하여야 하고, 1주의 금액은 100원 이상이어야 한다(제329조 제3항 · 제4항). 2011년 상법개정에 의해 무액면주식제도를 인정하고 있다.

(5) 會社의 설립시에 발행하는 株式의 總數 발행예정주식총수 중에서 회사의 설립시에 발행하는 주식의 총수를 기재하여야 한다. 2009년 5월 상법개정에 의하여 최저자본금제도가 폐지됨으로써(제329조 제1항 삭제) 소액의 주금납입도 가능하게 되었다. 창의적인 아이디어를 갖고 있는 사람이라면 누구라도 손쉽게 저렴한 비용으로 회사를 설립할 수 있도록 개정 전 5천만 원 이상으로 규정되어 있는 주식회사 최저자본금제도를 폐지한 것이다. 원래 최저자본금제도는 채권자보호를 위한 목적으로 한 것이나 현대 회사제도에 있어서 최저자본금제도는 이러한 채권자보호목적이 형해화되어 있는 것이 현실이며, 오히려 최저자본금제도가 창업의 물리적 · 심리적 장벽으로 작용하고 있는 것이 현실적인 문제점으로 지적되어 왔었다. 현실경제계에서는 채권자는 자본금으로 회사의 신용도를 평가하는 것이 아니라 회사의 재무상태로 회사의 신용도를 평가하고 있으므로 최저자본금제도가 폐지된다고 하여 채권자보호에 문제가 생기지는 않을 것으로 보고 있다(일본은 2005년 신회사법에서 주식회사의 최저자본금(1,000만 엔) 제한을 폐지하였다). 또한 최저자본금제가 폐지됨으로써 자본금이 소액인 회사의 설립이 가능하나, 자본금액수가 표시되어 채권자나 투자자 입장에서 투자결정에 참고하게 될 것이다. 개정 전 최저자본금제한은 다른 최저자본금제도 유지국가들에 비교하여도 매우 높은 편이었다(1인당 국민소득 대비 최저자본제한 금액은 한국 308%, 아시아지역 117%, OECD 국가 평균 28%이었다)(2005 World Bank Report)(법무부 보도자료 2009년 4월 29일자). 설립시에 발행하는 주식총수는 인수 · 납입되어야 하며(제295조, 제305조), 이는 채권자보호를 위하여 자본회사인 주식회사의 특성에서 당연히 도출되어 나오는 귀결이다. 회사의 설립 후에 발행하는 주식의 수는 정관의 기재사항이 아니다. 왜냐하면 이를 정관의 기재사항으로 하면 회사의 존속중에 신주를 발행할 때마다 정관변경의 복잡한 절차(제433조, 제434조)를 밟아야 될 것이기에 수권자본제를 도입한 의미가 반감될 것이기 때문이다.

(6) 本店의 所在地 회사의 주소는 본점소재지에 있는 것으로 하므로(제171조 제2항), 전영업을 총괄하는 주된 영업소인 본점의 소재지는 정관의 절대적 기재사항이다. 이는 본점이 있는 곳의 최소행정구역을 표시하면 되나, 확정적

으로 기재하여야지 선택적으로 기재하여서는 아니 된다. 업계의 요청에 따라 지점소재지는 정관의 절대적 기재사항에서 제거함과 동시에 지점의 설치 · 이전 · 폐지는 이사회의 권한사항으로 하였으나(제393조 제 1 항), 지점의 소재지도 등기하여야 한다(제317조 제 2 항 제 3의 4호).

(7) 會社가 公告를 하는 方法 회사의 공고방법을 특정함은 주주 · 채권자 등의 이해관계자를 보호하기 위함인데, 관보 또는 시사에 관한 사항을 게재하는 일간신문(신문지명)에 한정하고 있다(제289조 제 3 항). 따라서 주간신문 · 업계신문 등에의 게재는 허용되지 아니한다. 2009년 상법개정에 의하여 제289조 제 3 항에 단서가 추가되었다. 즉 회사는 그 공고를 정관에서 정하는 바에 따라 전자적 방법으로 공고할 수 있다(제289조 제 3 항 단서). 그리고 제289조 제 4 항부터 제 6 항까지를 신설하였다. 그에 의하여 회사는 상법 제289조 제 3 항에 따라 전자적 방법으로 공고할 경우 대통령령으로 정하는 기간까지 계속 공고하고, 재무제표를 전자적 방법으로 공고할 경우에는 상법 제450조에서 정한 기간까지 계속 공고하여야 한다. 다만, 공고기간 이후에도 누구나 그 내용을 열람할 수 있도록 하여야 한다(제289조 제 4 항). 그리고 회사가 전자적 방법으로 공고를 할 경우에는 게시기간과 게시내용에 대하여 증명하여야 한다(제289조 제 5 항). 그 밖에 회사의 전자적 방법으로 하는 공고에 관하여 필요한 사항은 대통령령으로 따로 정하도록 하였다(제289조 제 6 항). 우선 상법 제289조 제 3 항 단서에 따라 회사가 전자적 방법으로 공고를 하려는 경우에는 회사의 인터넷 홈페이지에 게재하는 방법으로 하여야 한다(상법시행령 제 3 조의 2 제 1 항). 그리고 회사가 정관에서 전자적 방법으로 공고할 것을 정한 경우에는 회사의 인터넷 홈페이지의 주소를 등기하여야 한다(상법시행령 제 3 조의 2 제 2 항). 또한 회사가 전자적 방법으로 공고를 하려는 경우에는 그 정보를 회사의 인터넷 홈페이지 초기화면에서 쉽게 찾을 수 있도록 하는 등 이용자의 편의를 위한 조치를 취하여야 한다(상법시행령 제 3 조의 2 제 3 항). 회사가 정관에서 전자적 방법으로 공고할 것을 정한 경우라도 전산장애 또는 그 밖의 부득이한 사유로 전자적 방법으로 공고를 할 수 없는 때에는 법 제289조 제 3 항 본문에 따라 미리 정관에서 정하여 둔 관보 또는 시사에 관한 사항을 게재하는 일간신문에 공고하여야 한다(상법시행령 제 3 조의 2 제 4 항). 상법 제289조 제 4 항 본문에서 “대통령령으로 정하는 기간”(이하 “공고기간”이라 한다)이란 다음 각 호에서 정하는 날까지의 기간을 말한다(상법시행령 제 3 조의 2 제 5 항): ① 법에서 특정한 날부터 일정한 기간 전에 공고하도록 한 경우에는 해당 특정한 날, ② 법에서 공고에서 정하는

기간 내에 이의를 제출하거나 일정한 행위를 할 수 있도록 한 경우에는 해당 기간을 경과한 날, ③ 제 1 호 및 제 2 호 외의 경우에는 해당 공고를 한 날부터 3개월이 경과한 날. 한편 상법시행령 제 3 조의 2 제 5 항에 따른 공고기간 중에 공고의 중단이 발생하더라도, 공고의 중단이 발생한 기간의 합계가 공고기간의 5분의 1을 초과하지 않으면 공고의 중단은 해당 공고의 효력에 영향을 미치지 아니한다. 다만, 회사가 공고의 중단에 대해서 고의 또는 중대한 과실이 있는 경우에는 그러하지 아니하다(상법시행령 제 3 조의 2 제 6 항).

(8) 發起人의 姓名 · 住民登錄番號와 住所　　책임을 질 발기인을 명확하게 기재하기 위한 것으로 발기인의 동일성을 인식할 수 있으면 족하므로 본문에 기재가 없더라도 기명날인 내지는 서명과 이에 부기한 주소로써 대신할 수 있으며, 잘못된 주소의 기재가 있다고 하여도 정관을 무효로 만들지는 아니한다고 본다. 발기인이 법인인 때에는 법인의 상호와 본점소재지를 기재하여야 한다.

Ⅱ. 定款의 相對的 記載事項

1. 危險設立事項

정관의 상대적 기재사항은 상법의 여러 곳에 흩어져 있으나 회사의 설립시에 특히 문제되는 것은 상법 제290조에 법정되어 있는 '위험설립사항'(gefährliche Abrede)이다. 독일법의 "qualifizierte Gründung"을 변태설립사항이라고 번역하고 있으나 이는 원래의 의미를 잘 나타내지 못하고 있으며, '변태'라는 표현 자체가 받아들이기 어렵다. 상법 제290조의 4가지 사항은 주식회사의 재산적 기초를 위태롭게 하여 회사 · 주주 및 회사채권자의 이익을 해할 염려가 많은 사항을 가리키므로 '위험한 약속'이라고 함이 본래의 의미에 더 합당하다고 생각하나, 저속한 영화제목 같아 꺼림칙하여 최소한 이를 '위험설립사항'이라고 번역하여야 한다고 생각한다. '위험설립사항'은 회사관여자들에게 중대한 영향을 끼칠 수 있으므로 주식청약서에도 기재하게 하여(제302조 제 2 항 제 2 호) 일반공중에 의한 감독과 공정성판단을 하게 한다. 또한 '위험설립사항'이 들어 있는 회사설립에는 법원이 선임한 검사인의 검사를 받도록 하여(제299조, 제310조) 이에 관한 정관의 규정이 부당한 때에는 발기설립시에는 법원(제300조)이, 모집설립시에는 창립총회(제314조)가 정관을 변경할 수 있다.

(1) 發起人이 받을 特別利益과 이를 받을 者의 姓名　　발기인이 받을

특별이익이라 함은 회사설립의 기획을 맡아 위험을 무릅쓰고 활동한 발기인의 공로에 대한 보상으로서 특정발기인이나 발기인 전원에게 인정하는 이익을 말한다. 예컨대 이익배당 · 잔여재산분배(동지 : 최기원, 291쪽. 이설 : 이철송, 218쪽) 및 신주인수시에의 우선권부여, 회사설비이용에 관한 특전, 회사제품의 총판매권이나 할인거래약속 등 강행법규에 위배되지 아니하는 한 원칙적으로 모든 재산적 이익이 대상이 된다. 하지만 발기인이 소유한 주식에 대하여 확정이자의 지급이나 납입의 면제, 무상주의 교부 등은 자본납입 · 유지의 원칙에 반하므로 허용되지 아니하며, 발기인에게 이사 · 감사 기타 임원의 지위를 약속하거나 주주총회의 결의에 대한 의결권의 확약 등은 주주의 의결권을 제약하므로 인정되지 아니한다.

특별이익은 우선주와 같이 특정한 주식에 부착된 것이 아니고 발기인에게 부여되는 재산권적 권리이므로, 그 성질에 반하지 아니하고 정관에 다른 정함이 없는 한 주식과 분리하여 제 3 자에게 양도할 수 있고 상속의 대상이 된다. 또한 특별이익은 주주의 지위와 분리된 것이므로 주식을 양도하여도 특별이익은 발기인에게 그대로 존속된다. 이러한 특별이익은 사원권의 내용이 아니므로 회사성립 후 정관이 확정된 후에는 수익자의 동의 없이 정관변경에 의하여 박탈하지 못하나, 발기인이 그 권리를 포기한 때에는 정관변경 없이도 특별이익은 소멸한다. 정관에 특별이익을 기재하는 예는 거의 찾아볼 수 없다.

(2) 現物出資를 하는 者의 姓名과 그 目的인 財産의 種類 · 數量 · 價格과 이에 대하여 부여할 株式의 種類와 數　　현물출자는 금전 이외의 재산을 출자하여 주식의 배정을 받음을 말한다. 회사에게는 필요한 재산의 확보책으로서 개업 후의 경영에 유리하고, 출자자에게도 편리하기 때문에 이를 허용하고 있다.

현물출자의 목적이 되는 재산은 경제적 가치를 확정할 수 있고, 양도가 가능한 대차대조표상 자산으로 계상할 수 있는 모든 재산으로서 동산 · 부동산 · 채권 · 유가증권 · 무체재산권 · 상호권 · 출자지분 · 영업상의 비결 등 재산적 가치 있는 사실관계와 영업의 전부 또는 일부도 될 수 있다. 다만, 주식회사에서는 주주의 개성이 문제되지 아니하므로 노무나 신용은 출자의 목적이 될 수 없다.

현물출자는 출자의 한 형태로서 재산급여와 주식취득이 대가관계에 있으므로 단체법상의 유상·쌍무계약의 성질을 갖고 있다. 현물출자의 이행에 관하여 생기는 위험부담과 담보책임에 관하여는 민법의 규정(민법 제537조, 제570조 아래, 제580조)을 유추적용한다.

현물출자가 있을 때에는 부여할 주식수를 정하기 위하여 그 출자재산을 평가하여야 한다. 만일 출자재산을 과대평가하면 회사의 설립시부터 자본액에 해당하는 실질적 회사재산이 확보되지 아니하므로 자본납입 및 유지의 원칙에 반한다. 현물출자의 과대평가에 의하여 주식을 인수한 주식인수인은 그 차액을 현금으로 추가납입하여야 한다(제424의 2조 유추).

현물출자의 이행시기는 납입시기이며, 출자의 목적인 재산을 인도하고 권리의 설정 또는 이전에 필요한 서류를 완비하여 교부하여야 한다(제295조 제 2 항). 현물출자한 재산은 출자자가 임의로 타인에게 양도하지 못한다. 구법에서 발기인에게 위임하여 그의 명의로 현물출자하여도 이는 통모허위표시가 되지 아니한다고 보았으나, 1995년 개정법에서 현물출자를 발기인에게 한정하지 않고 있으므로 이의 논의는 이제 불필요하다.

(3) 會社成立 후에 양수할 것을 약정한 財産의 種類·數量·價格과 그 讓渡人의 姓名 이른바 재산인수에 관한 것으로서, 이는 발기인이 회사의 성립을 조건으로 회사를 위하여 특정인으로부터 일정한 재산을 양수하기로 약정한 개인법상의 계약을 말한다.

<대판 1994.5.13, 94 다 323>

「상법 제290조 제 3 호 소정의 '회사설립 후에 양수할 것을 약정'한다 함은 회사의 변태설립의 일종인 재산인수로서 발기인이 설립될 회사를 위하여 회사의 성립을 조건으로 다른 발기인이나 주식인수인 또는 제 3 자로부터 일정한 재산을 매매의 형식으로 양수할 것을 약정하는 계약을 의미하므로 당사자 사이에 회사를 설립하기로 합의하면서 그 일방은 일정한 재산을 현물로 출자하고, 타방은 현금을 출자하되 현물출자에 따른 번잡함을 피하기 위하여 회사의 성립 후 회사와 현물출자자 사이의 매매계약에 의한 방법에 의하여 위 현물출자를 완성하기로 약정하고, 그 후 회사설립을 위한 소정의 절차를 거쳐 위 약정에 따른 현물출자가 이루어진 것이라면, 위 현물출자를 위한 약정은 그대로 위 법조가 규정하는 재산인수에 해당한다고 할 것이어서 정관에 기재되지 아니하는 한 무효이다.」

발기인은 회사의 설립 자체를 위한 행위(정관작성 · 주식인수 · 설립인가 등)와 설립에 필요한 행위(설립사무소의 임차, 주식청약서의 인쇄 등)만 할 수 있고 장래 성립될 회사의 실질적인 활동을 위하여 필요한 행위(개업준비행위인 점포의 차용, 공장부지의 매입, 기계설비의 구입 등)는 할 수 없는 것이 원칙이지만, 법은 예외로 설립 후에 회사활동의 원활을 위한 준비행위로 재산인수를 인정한다.

현물출자는 재산을 출자하고 주식을 받는 단체법상의 행위임에 대하여 재산인수는 재산을 제공하고 주식 이외의 금전 기타의 대가를 받는 개인법상의 계약이다. 재산인수에도 목적물이 과대평가되면 회사의 재산적 기초를 위태롭게 할 염려가 있고, 양도인이 발기인이면 현물출자의 탈법행위로서 악용될 염려도 있기에 이를 정관에 기재시켜 현물출자와 함께 엄격한 심사를 받게 하였다. 또한 회사가 성립된 후에도 재산제공자와의 계약으로 이 규정을 잠탈할 염려가 있으므로 사후설립에는 주주총회의 특별결의를 얻도록 하여(제375조) 이를 예방하고 있다(대판 1992. 9. 14, 91 다 33087).

정관에 기재하지 아니한 재산인수의 효력에 관하여는 발기인의 무권대리행위로 보아 회사에 의한 추인을 인정하자는 소수설(정찬형, 200쪽; 채이식, 409쪽)도 있다. 하지만 이는 무효이고, 회사성립 후에 이사회 또는 주주총회의 결의에 의하여도 추인할 수 없으며, 이 무효는 회사는 물론이고 양도인도 주장할 수 있다는 다수설에 찬성한다(동지 : 정동윤, 107쪽, 108쪽; 최기원, 296쪽; 이철송, 223쪽; 손주찬, 568쪽). 왜냐하면 추인을 긍정하면 재산인수에 관하여 엄격한 감독을 받도록 한 입법취지를 몰각시키고, 재산인수의 탈법행위를 인정하는 결과가 되기 때문이다. 다만, 그 재산의 대가가 자본의 20분의 1 이상에 해당될 때에는 성립 후의 회사가 사후설립의 절차에 따라 새로운 계약에 의하여 이를 취득할 수 있다(동지: 정동윤, 108쪽).

<대판 2015. 3. 20, 2013 다 88829>

「이 사건 토지를 피고 회사의 유효한 자산으로 취급하여 온 피고 회사로서는 피고 회사의 설립에 직접 관여하여 이 사건 토지에 관한 재산인수를 위한 약정을 체결하고 이를 이행한 다음 그 설립 후에는 장기간 피고 회사의 경영에까지 참여하여 온 원고가 이제 와서 피고 회사의 설립을 위한 이 사건 토지의 양도의 효력을 문제 삼지 않을 것이라는 정당한 신뢰를 가지게 되었다고 볼 수 있고, 이미 이 사건 사업양도양수계약에 따른 원고의 원심 공동피고 1에 대한 양도대금채권이 시효로 소멸하였으며 또한 이 사건 사업양도양수계약과 관련하여 피고 회사에 대하여는 직접적인 채권채무관계를 가지지 아니하는 원고가 피고 회사의

설립 후 15년 가까이 지난 다음 새삼 이 사건 토지의 양도가 정관의 기재 없는 재산인수임을 내세워 자신이 직접 관여한 회사설립행위의 효력을 부정하면서 그 무효를 주장하는 것은 회사의 주주 또는 회사채권자 등 이해관계인의 이익 보호라는 상법 제290조의 목적과 무관하거나 오히려 이에 배치되는 것으로서 신의성실의 원칙에 반하여 허용될 수 없다고 봄이 타당하다. 그럼에도 이와 달리 이 사건 토지에 관한 재산인수의 효력이 무효라는 원고의 주장이 신의성실의 원칙에 위배되는지 살피지 아니하고, 그 무효라는 이유만으로 피고 회사 앞으로 마친 그 소유권이전등기의 말소를 명한 원심의 판단에는 신의성실의 원칙에 관한 법리를 오해하여 판결에 영향을 미친 위법이 있다. 이를 지적하는 취지의 상고이유 주장은 이유 있다.」

(4) **會社가 부담할 設立費用과 發起人이 받을 報酬額** 설립비용이란 발기인이 설립중의 회사의 기관으로서 회사설립을 위하여 지출한 비용이다. 설립비용을 상대적 기재사항으로 한 취지는 발기인에 의한 부당지출을 방지하여 회사의 재산적 기초를 확실히 하기 위함이다.

회사설립비용에는 정관과 주식청약서 및 사업설명서의 작성 및 인쇄비, 광고비, 통신비, 설립사무소의 임차료, 납입보관자의 수수료, 법원의 검사비, 설립사무원의 보수 등이 있으며, 개업준비행위에서 생기는 비용은 이에 포함되지 아니한다. 설립등기의 등록세는 산정에 객관성이 있어 금액이 확정되어 남용의 위험이 없으므로 설립비용에 포함되지 아니하며, 정관에 기재하지 아니하더라도 당연히 회사가 부담한다(동지: 정동윤, 108쪽).

설립비용으로서 정관에 기재되지 아니하거나 그 기재액을 초과한 액 또는 검사인의 검사를 통과하지 못한 액은 회사의 성립 당시에 발기인이 아직 채무를 이행하지 않은 때에 발기인과 성립한 회사 가운데 누가 부담하여야 하는가 하는 문제가 있으며, 이에 대하여는 다음과 같이 견해가 대립되고 있다.

A. 회사설립에 필요한 행위는 모두 발기인의 권한에 속하므로 실질적으로 설립중의 회사에 귀속하고, 회사의 성립과 동시에 제 3 자에 대한 권리·의무는 모두 성립 후의 회사에 귀속한다. 따라서 아직 이행되지 아니한 채무는 회사가 이를 이행하여야 하고, 정관에 기재되지 아니한 금액 등은 발기인에 대하여 구상할 수 있다고 하는 회사전액부담설이다(정동윤, 109-110쪽).

B. 설립비용은 회사설립의 전후를 구별함이 없이 제 3 자에 대하여는 발기인이 행위의 당사자로서 채무자가 되고, 회사가 성립되면 정관에 기재하고

소정의 법정절차를 거친 범위 내에서 발기인은 회사에 대하여 구상을 할 수 있을 뿐이라는 발기인전액부담설이다(최기원, 301쪽).

C. 이 밖에도 회사·발기인분담설(설립비용 가운데 정관에 기재되고 검사인의 검사를 통과한 부분은 제 3 자에 대하여 회사가 채무를 부담하나, 이러한 법정 요건을 구비하지 못한 금액에 대하여는 발기인이 채무를 부담한다는 설)과 회사·발기인중첩책임설(법인격이 없는 사단의 책임에 관한 이론에 근거하여 설립중의 회사를 법인격이 없는 사단으로 보아 회사의 채무는 그대로 성립 후의 회사에 인계되지만, 이로 인하여 설립중의 회사의 대표인 발기인의 책임이 면제되는 것은 아니라고 하여 양자의 중첩적 책임을 인정하는 설)이 있으나 발기인전액부담은 회사의 보호에는 충실하지만 제 3 자의 보호에 문제가 있어 채택하기 어렵고, 설립중의 회사와 관련하여 동일성설을 취하는 입장에서는 회사전액부담설이 타당하다고 생각한다.

발기인이 받을 보수액이란 회사설립사무에 종사한 노동의 대가로서 발기인에게 일시에 지급되는 금전이다. 발기인이 받을 특별이익과는 달리 봉급의 성질을 갖는다.

설립비용은 발기인의 보수액 및 등록세액과 함께 창업비로서 대차대조표에 이연자산으로 계상할 수 있으며, 회사성립 후 5년 내의 매 결산기에 균등액 이상을 상각하여야 한다(제453조).

2. 기타의 相對的 記載事項

회사설립시의 '위험설립사항' 이외의 상법에 규정되어 있는 상대적 기재사항으로는 주식발행사항(제291조), 명의개서대리인의 선임(제337조 제 2 항), 종류주식발행(제344조), 전환주식의 발행(제346조), 주권불소지제도의 배제(제358조의 2 제 1 항), 주주총회의 권한사항(제361조), 주주총회의 보통결의요건의 완화(제368조 제 1 항), 의결권 없는 주식의 발행(제370조 제 1 항), 이사의 임기연장(제383조 제 3 항), 자격주(제387조), 이사의 보수(제388조), 주주총회에 의한 대표이사의 선임(제389조 제 1 항 단서), 이사회의 소집통지기간의 단축(제390조 제 2 항), 이사회결의방법의 가중(제391조 제 1 항 단서), 감사선임시의 의결권제한비율의 인하(제409조 제 3 항), 주주총회에 의한 신주발행사항의 결정(제416조 단서), 주주총회에 의한 준비금의 자본전입(제461조 제 1 항), 전환사채의 발행사항의 결정 및 주주총회에 의한 전환사채발행의 결정(제513조 제 2 항), 신주인수권부사채의 발행사항의 결정 및 주주총회에 의한 신주인수권부사채발행의 결정(제516조의 2 제 2 항), 해산사유(제517조 1호, 제227조 1호) 등이 있다. 특별법상으로는 이익참가부사채의 발행사항의 결정 및 주주총회에 의한 이익참가부사채발행의 결정(자본시장법 제165조의 11 및 동시행령 제176조의 12)이 있다.

Ⅲ. 定款의 任意的 記載事項

정관에는 절대적·상대적 기재사항 이외에도 강행법규, 선량한 풍속 기타 사회질서와 주식회사의 본질에 반하지 않고 상법이 허용하는 범위 안에서 기타 필요사항을 기재할 수 있으며, 이를 임의적 기재사항이라고 한다. 임의적 기재사항은 정관에 기재하여야만 그 효력이 생기는 것이 아니라는 점에서 상대적 기재사항과 다르다. 예를 들면 주식명의개서절차, 주권의 종류와 재교부, 정기주주총회의 소집시기, 장소, 의장, 의결권의 대리행사, 이사와 감사의 원수, 그 명칭과 자격, 사장 · 부사장 · 전무이사 · 상무이사의 권한, 영업연도, 인감신고, 배당금의 청구기간 등이다. 다만, 자주 변경될 가능성이 있는 사항을 많이 정관에 기재하게 되면, 기재사항을 변경할 때마다 정관변경의 복잡한 절차를 밟아야 하는 번잡을 피할 수 없는 불편이 있으므로 이를 고려하여야 한다.

제 3 관 定款變更

I. 總 說

주식회사는 설립 당시의 정관에 정하여진 바에 따라 계속적으로 영업활동을 하는 것이 기대된다. 그러나 회사는 영리단체로서 변화하는 경제환경과 주위사정에 대처하기 위하여 설립 당시의 정관을 변경하는 것이 불가피하게 된다.

한편 정관변경은 주주들의 이해와 밀접한 관계가 있고, 회사채권자에게도 큰 영향을 미치게 되므로 상법은 뒤에서 보는 바와 같이 주식회사의 정관변경을 인정하면서도 일정한 제한을 두고 있다.

II. 定款變更의 概念

1. 定款變更의 意義

정관변경이란 회사의 조직과 활동에 관한 근본규칙인 정관의 기재사항을 수정, 삭제 또는 신설하는 것을 말한다. 절대적 기재사항이건, 임의적 기재사항이건 정관에 기재된 사항의 변경은 모두 정관변경이다.

정관은 그 규범내용을 뜻하는 실질적 의의의 정관과 그것이 쓰여진 서면을 뜻하는 형식적 의의의 정관으로 구분되는데, 정관변경은 전자만의 변경을 말하고 후자는 포함되지 않는다(통설). 형식적 의의의 정관을 변경하는 것은 단지 문서를 고치는 사실행위에 불과하기 때문이다.

2. 定款變更의 範圍

정관은 이를 자유로이 변경할 수 있는 것이 원칙이다. 원시정관에 정관변경을 불허하거나, 특정규정은 변경할 수 없다는 규정을 두었더라도 그 규정은 정관의 한 내용에 불과하므로 정관변경의 절차에 의하여 변경할 수 있다(동지 : 손주찬, 832쪽; 정동윤, 613쪽; 이철송, 797쪽).

그러나 변경의 내용이 사회질서나 강행법규에 위반하여서는 안 되며, 주식회사의 본질과 주주의 고유권을 침해하여서도 안 된다. 또한 주주평등에 어긋나는 변경도 허용되지 않는다.

정관의 변경이 있더라도 회사의 동일성에는 아무런 영향이 없다.

Ⅲ. 定款變更의 節次

1. 株主總會의 特別決議

정관을 변경하려면 출석한 주주의 의결권의 3분의 2 이상의 수와 발행주식총수의 3분의 1 이상의 수로써 하는 주주총회의 특별결의가 필요하다(제433조 제1항, 제434조). 1995년 개정법에서 의사정족수를 철폐하여 정족수를 현실화하였다. 정관의 기재사항 가운데 사실관계나 법령에 기초하고 있는 경우(예컨대 본점의 지명·지번이나 법령의 개폐에 의해 정관의 일부규정이 실효되는 경우), 그 규정은 그 사실이나 법령의 변경에 따라 주주총회의 결의를 요하지 않고 당연히 변경된다(동지 : 손주찬, 832쪽; 정동윤, 613쪽; 채이식, 808쪽; 이철송, 797쪽).

정관변경을 위한 주주총회를 소집할 때에는 소집의 통지와 공고에 의안의 요령을 기재하여야 한다(제433조 제2항). 즉 정관 몇 조를 어떤 내용으로 변경한다는 것과 같은 식의 기재를 요한다. 정관변경은 주주총회의 전속사항이므로 이를 다른 기관에 위임할 수 없다.

2. 種類株主總會의 決議

회사가 수종의 주식을 발행한 경우에 정관을 변경함으로써 어느 종류의 주주에게 손해를 미치게 될 때에는 주주총회의 결의 외에 그 종류의 주주총회의 결의가 있어야 한다(제435조 제1항). 이 경우 종류주주총회의 결의는 출석한 종류주주의 의결권의 3분의 2 이상의 수와 그 종류의 발행주식의 총수의 3분의 1 이상의 수로써 하여야 한다(제435조 제2항). 의결권 없는 주식도 이 종류주주총회에서는 의결권을 행사할 수 있다(제435조 제3항).

종류주주총회의 결의를 요하는 경우에 그 결의가 없으면 정관변경에 관하여 주주총회의 특별결의가 있더라도 주주총회의 결의는 효력이 발생하지 않는다(주주총회결의의 불발효).

이에 비하여 대법원은 학설(다수설)과는 달리 주주총회 불발효라는 개념을 인정하지 않고 종류주주총회는 정관을 변경함에 있어서 그 정관변경에 관한 주주총회 결의 외에 추가로 요구되는 하나의 특별요건이라고 한다. 이에 ① "정관변경에 필요한 특별요건이 구비되지 않았음을 이유로 하여 정면으로 그 정관변경이 무효라는 확인을 구하면 족한 것이지, 그 정관변경을 내용으로 하는 주주총회결의 자체가 아직 효력을 발생하지 않고 있는 상태(이른바 불발효 상태)라는 관념을 애써 만들어서 그 주주총회결의가 그러한 '불발효 상태'에 있다는 것의 확인을 구할 필요는 없다"고 판시함으로써 주주총회결의 불발효확인의 소에 대해서는 명시적으로 부정하는 입장을 보이고 있다. 또한 ② 주주총회결의 하자를 이유로 결의취소소송을 제기할 수 있는지에 대해서는 "종류주주총회의 결의는 정관변경이라는 법률효과가 발생하기 위한 하나의 특별요건이라고 할 것이므로, 그와 같은 내용의 정관변경에 관하여 종류주주총회의 결의가 아직 이루어지지 않았다면 그러한 정관변경의 효력이 아직 발생하지 않는 데에 그칠 뿐이고, 그러한 정관변경을 결의한 주주총회결의 자체의 효력에는 아무런 하자가 없다고 할 것이다."고 판시하고 있다(대판 2006. 1. 27, 2004 다 44575 · 44582).

<대판 2006. 1. 27, 2004 다 44575 · 44582>

「앞에서 본 상법 제435조 제 1 항의 문언에 비추어 보면, 어느 종류 주주에게 손해를 미치는 내용으로 정관을 변경함에 있어서 그 정관변경에 관한 주주총회의 결의 외에 추가로 요구되는 종류주주총회의 결의는 정관변경이라는 법률효과가 발생하기 위한 하나의 특별요건이라고 할 것이므로, 그와 같은 내용의 정관변경에 관하여 종류주주총회의 결의가 아직 이루어지지 않았다면 그러한 정관변경의 효력이 아직 발생하지 않는 데에 그칠 뿐이고, 그러한 정관변경을 결의한 주주총회결의 자체의 효력에는 아무런 하자가 없다고 할 것이다. 따라서 원심이, 피고(반소원고, 이하 반소에 관한 당사자 호칭은 생략한다)의 본안전 항변에 관한 주장, 즉 종류주주총회의 결의가 이루어지지 않은 경우에는 그 정관변경을 결의한 주주총회결의 자체에 절차상의 위법이 있는 때에 해당하는 만큼 상법에 규정된 주주총회결의 취소의 소에 의하여 그 하자를 다투어야 하는데 그 결의취소의 소의 법정 제기기간이 이미 도과되었으므로 원고의 청구가 부적법하다는 주장을

배척하고 본안 판단에 나아간 것은 옳다. 그러나 정관의 변경결의의 내용이 어느 종류의 주주에게 손해를 미치게 될 때에 해당하는지 여부에 관하여 다툼이 있는 관계로 회사가 종류주주총회의 개최를 명시적으로 거부하고 있는 경우에, 그 종류의 주주가 회사를 상대로 일반 민사소송상의 확인의 소를 제기함에 있어서는, 정관변경에 필요한 특별요건이 구비되지 않았음을 이유로 하여 정면으로 그 정관변경이 무효라는 확인을 구하면 족한 것이지, 그 정관변경을 내용으로 하는 주주총회결의 자체가 아직 효력을 발생하지 않고 있는 상태(이른바 불발효 상태)라는 관념을 애써 만들어서 그 주주총회결의가 그러한 '불발효 상태'에 있다는 것의 확인을 구할 필요는 없다. 특정 외국의 학설이나 판례가 그 나라의 법체계와 법규정에 근거하여 설정하거나 발전시켜온 이론을, 그와 다른 법체계 하에 있는 우리나라의 소송사건에 원용하거나 응용하는 것은, 꼭 그렇게 하여야 할 이유가 있는 경우에 한하여 필요한 범위 안에서 신중하게 하여야 할 것이다. 원심이, 이와 달리 종류주주총회의 결의는 주주총회결의 자체의 효력을 발생시키기 위한 추가적인 요건이라는 전제 하에, 주주총회의 결의 외에 종류주주총회의 결의를 요하는 경우에 그 종류주주총회의 결의가 없는 동안에는 주주총회결의 자체가 불발효 상태에 있다고 판단한 것은, 일단 종류주주총회결의의 효력에 관한 법리를 오해한 위법에 해당한다고 아니할 수 없다. 다만, 이 사건의 경우, 원고는, 원심 판시 제2 정관변경의 효력이 아직 발생하지 않았다는 의미에서 제2 정관변경이 무효라는 확인을 구함과 아울러, 제2 정관변경을 내용으로 하는 주주총회결의의 효력이 불발효 상태라는 확인도 그 순위를 정하지 아니한 채 선택적으로 병합하여 구하고 있는바, 주주총회결의의 효력이 발생하지 아니하면 그 결의가 내용으로 하고 있는 제2 정관변경도 효력을 발생하지 않게 될 것이므로 이른바 주주총회결의 불발효확인 청구란 정관변경 무효확인 청구와 그 실질적인 내용에 있어서는 차이가 없거나 도리어 그보다 약한 효력을 내용으로 하는 청구라고 볼 수 있고, 이 사건의 실질적인 쟁점은 원심 판시 제2 정관변경이 종류주주총회의 결의를 요하는 것인지 여부라고 할 것인데, 원심이 제2 정관변경은 종류주주총회의 결의를 요한다고 판단하여 전자의 주주총회결의 불발효확인 청구를 인용하였고 이에 대하여 원고는 불복하지 아니하고 피고만이 불복·상고하고 있는 이상 앞서 본 바와 같은 법리오해를 이유로 삼아 피고의 상고를 받아들일 수는 없는 것이다. 따라서 원심의 앞서 본 잘못은 판결의 결과에 영향을 미치지 않는 것이라고 볼 수 있어 결국 상고이유 제 1 점의 주장은 이유 없음으로 돌아간다.」

3. 登　　記

정관의 변경 자체는 등기할 필요가 없으나, 정관변경으로 등기사항이 변경된 때에는 변경등기를 요한다(제317조 제4항, 제183조).

Ⅳ. 定款變更의 限界

1. 發行豫定株式總數의 增加制限

회사가 발행할 주식의 총수는 정관의 절대적 기재사항이므로(제289조 제1항 제3호), 이것을 변경하려면 정관변경의 절차를 밟아야 한다. 개정 전의 상법은 발행예정주식총수를 증가하는 경우에는 이미 발행한 주식총수의 4배를 초과하지 못한다고 제한하였다(제437조).

그러나 1995년 개정법은 이를 삭제하여 정관변경의 절차와 요건에 부합하는 한 수권주식의 증가범위에 아무 제한도 없도록 하였다. 이는 수권자본제도가 우리 상법에 도입된 지도 30년이 넘어 우리 기업에 체질화되었으므로 수권자본제도의 본래의 취지에 따라 수권자본의 증가제한을 철폐한 것이다.

발행예정주식총수를 감소하는 경우에도 주주의 신주인수권을 침해하는 것이 아니므로 아무런 제한 없이 가능하다고 할 것이다.

2. 額面株式에서 株金額의 變更

액면주식의 경우 1주의 금액은 정관의 절대적 기재사항이므로(제289조 제1항 제4호) 1주의 금액을 인상하거나 인하하려면 정관변경의 절차가 필요하다.

(1) 株金額의 引上　　액면주식에서 주금액을 인상하는 방법에는 인상한 분만큼 주주에게 추가로 주금을 납입시키는 방법과 주식의 병합을 통하여 하는 방법이 있다. 전자의 경우 추가로 납입하게 함은 주주의 유한책임의 원칙에 반하므로 총주주의 동의가 있어야 하고, 후자의 경우에는 병합에 의하여 단주가 발생하는 경우와 단주가 발생하지 않는 경우로 나누어 살펴볼 필요가 있다. 구주의 정수배의 신주를 주식배당 또는 무상교부함과 동시에 그 신주와 구주를 병합하는 경우에는 단주의 문제도 생기지 않고 주주에게 추가납입도 시키지 않으므로 주주총회의 특별결의에 의하여 주금액을 인상할 수 있다. 이에 반하여 병합에 의하여 단주가 발생하는 일반적인 경우에 관하여 다수설은 단주가 발생하여 주주평등의 원칙을 침해하므로 총주주의 동의를 요한다고 함에 대하여(정동윤, 617쪽; 이철송, 800쪽; 채이식, 810쪽), 소수설은 1984년 개정상법 부칙 제5조

제 2 항을 유추하여 주주총회의 특별결의만으로 가능하다고 한다(손주찬, 836쪽). 생각건대 위 부칙규정은 상법 제329조 제 4 항에 의하여 1주의 금액을 5천 원 이상으로 의무적으로 올려야만 하는 회사의 입장에서 그 처리의 용이함을 위하여 한정적 경과조치로써 예외를 인정한 것으로 보아야 하고, 단주의 매각대금을 지급받는 것만으로는 주주의 회사지배권에 대한 비례적 지위가 보장될 수 없으므로 다수설에 찬성한다.

(2) 株金額의 引下　　액면주식에서 1주의 금액을 인하하는 경우 그로 인해 자본금이 감소된다면 자본금감소절차를 밟아야 하지만, 자본금감소 없이 주금액을 인하하는 경우에는 정관변경결의만으로 가능하다. 다만, 이 경우에도 액면가의 법정최저액인 100원 미만으로 인하할 수는 없다.

V. 定款變更의 效力

정관변경은 원칙적으로 주주총회의 결의가 있은 때에 즉시 효력이 발생한다. 주주총회의 결의 뒤에 이사가 변경된 내용을 문서화하거나 등기를 하지만, 이것은 정관변경의 효력발생요건이 아니다.

<대판 1978. 12. 26, 78 누 167>

「주식회사의 원시정관은 공증인의 인증을 받음으로써 효력이 생기는(상법 제292조) 것이지만, 일단 유효하게 작성된 정관을 변경할 경우에는 주주총회의 특별결의(상법 제433조, 제434조)가 있으면 그 때 유효하게 정관변경이 이루어지는 것이며, 서면인 정관이 고쳐지거나 변경내용이 등기사항인 때의 등기 여부 내지는 공증인의 인증 여부는 정관변경의 효력발생에는 아무 소장이 없다고 할 것이다.」

다만, 정관변경의 결의가 조건부 또는 기한부인 때에는 조건의 성취 또는 기한의 도래에 의하여 비로소 그 효력이 발생하게 된다. 변경된 정관에는 공증인의 인증이 필요 없다.

제 3 절 株式會社의 實體形成節次

金英坤, 가장납입의 법적 규제방안, 조선대 사회과학연구 13(1990. 6)/金英坤, 주식회사 설립상의 법률관계에 관한 연구, 단국대 박사학위논문(1990)/김영상, 주식회사설립의 법리에 관한 연구, 건국대 박사학위논문(1993)/朴榮吉, 주식청약증거금에 관한 문제점, 司法行政 359(1990. 11)/朴晋泰, 주식회사의 설립절차, 商事法硏究 13(1994)/徐廷甲, 재산양수, 司法行政 354(1990. 6)/韓昌熙, 發起人이 公募株主로 他人名義를 冒用한 株式會社의 設立無效, 司法行政 385(1993. 1).

Ⅰ. 株式發行事項의 決定

회사설립시의 주식발행과 관련하여 가장 기본사항인 회사설립시에 발행하는 주식총수와 1주의 금액은 정관의 절대적 기재사항으로 되어 있다(제289조 제1항 4호·5호). 정관으로 종류주식의 발행을 예정하고 있는 때에 발행주식의 종류와 수, 그리고 액면 이상으로 주식을 발행하는 때(액면초과발행: 프리미엄부발행)의 그 수와 금액은 정관에 달리 정한 바가 없으면 발기인 전원의 동의로 결정할 수 있다(제291조). 이는 회사성립 후의 주식발행사항은 이사회의 결의(제416조)로 정할 수 있으나, 회사설립시에는 그만큼 중요한 사항이기 때문이고, 또한 이는 정관작성시에 미리 정하는 것보다 주주모집 직전에 정하는 것이 유리하기 때문이다. 그 밖의 중요하지 않은 사항, 예를 들어 주식의 청약과 납입기일, 납입취급은행 등은 발기인의 과반수의 결의로 정할 수 있다(민법 제706조 제2항).

발기인 전원의 동의의 방법은 법정되어 있지 않아 서면에 의하든, 그 밖의 방법에 따르든, 묵시적 동의이건 무방하다. 동의의 시기는 정관작성 후 발기인에 의한 주식인수 이전이어야 하지만, 설립등기 전이면 하자는 보완된다고 본다(최기원, 305쪽; 이철송, 227쪽; 최준선, 249-250쪽; 손주찬, 573쪽; 채이식, 425쪽).

발기인 전원의 동의를 얻지 못하면 회사설립의 무효사유가 되며, 발기인 전원동의에 의한 주식발행사항의 결정이 강행법규나 정관에 위배되면 그 동의는 무효이다(동지: 정동윤, 112쪽; 최기원, 244쪽, 이철송, 227쪽). 하지만 실무에서는 발기인 전원의 동의를 증명하는 서면을 설립등기신청서에 첨부서류로 제출하여야 하며(비송사건절차법 제203조 4호), 주식청약서의 기재사항이기도 하므로(제302조 제2항 5호) 이러한 사례란 있을 수 없다.

보통의 신주발행과 회사설립시의 주식발행은 모두 주식의 인수에 의하여 이루어진다는 점에서는 같지만, 그 밖에는 여러 가지 점에서 차이가 있다.

(1) 신주의 발행은 이미 성립한 회사의 자본조달을 위한 것이므로 회사설립시와 같이 그렇게 엄격한 규제를 요하지 아니한다. 그리하여 회사설립시에는 발행하는 주식총수에 대한 인수나 납입이 필요하지만, 신주발행시에는 새로이 발행하는 주식총수에 대한 인수·납입이 없더라도 상관이 없고, 신주발행은 실제로 인수·납입된 부분에 한하여 효력이 발생한다(제423조 제1항·제2항).

(2) 회사설립시에는 실권절차에 의하여 납입을 독려하는 절차가 있으나(제307조), 신주발행시에는 그러한 절차가 없고 인수인이 납입을 하지 않으면 그대로 실권한다(제423조 제2항).

(3) 주식인수의 무효·취소에 관한 주장의 제한에 있어서도 회사설립시에는 회사의 성립 후 또는 창립총회에 출석하여 그 권리를 행사한 때에는 이를 주장할 수 없음에 반하여(제320조), 신주발행의 경우에는 신주발행의 변경등기를 한 날로부터 1년을 경과하였거나 그 주식에 대하여 주주권을 행사한 때에 이를 주장할 수 없다(제427조).

(4) 또 신주의 발행은 이미 회사의 기관이 선임되고 감사기관이 갖추어진 상태에서 행하여지므로, 회사설립시와 같이 기관의 선임이나 신주발행절차의 검사를 위하여 창립총회 따위의 절차를 요하지 않는다.

(5) 회사설립시에의 현물출자는 이를 정관에 기재하여야 하고, 검사인의 검사와 창립총회의 승인이 있어야 하는 데 반하여(제290조 제2항, 제310조 제1항, 제314조 제1항), 신주발행시에는 이사회의 결의만으로 할 수 있다(제416조 4호).

(6) 주식발행절차의 공정성을 확보하기 위하여 회사설립의 경우에는 검사인과 창립총회에 의한 감독을 규정하고 있음에 반하여, 신주발행시에는 검사인의 검사(제422조)와 주주에 의한 신주발행유지청구권(제424조)을 규정하고 있다.

(7) 주식인수인이 주주가 되는 시기는 회사의 설립시에는 설립등기를 한 때(제172조)이지만, 신주발행시에는 납입기일의 다음 날이다(제423조 제1항).

Ⅱ. 發起設立

1. 發起人의 株式引受

발기설립의 경우에는 설립시에 발행하는 주식총수를 발기인이 인수한다

(발기인이 타인의 명의를 모용하여 주식을 인수하더라도 명의모용자가 주식인수인이라 할 것이므로 그 모집설립은 무효라는 판례 : 대판 1992. 2. 14, 91 다 31494). 인수는 서면으로 하여야 하며(제293조), 구두에 의한 주식인수는 무효이다. 주식인수의 시기는 정관작성과 동시 또는 그 이후이지만, 늦어도 주식인수가액의 납입기일까지는 하여야 한다. 발기인의 주식인수의 법적 성질은 발기인의 일방적 의사표시의 합치에 의하여 그 효력이 생기는 합동행위이다(동지 : 정찬형, 205쪽; 최기원, 245쪽. 이설 : 이철송, 227쪽 이하).

2. 出資의 履行

발기인이 금전출자를 할 때에는 지체없이 각 주식에 대하여 인수가액(발행가액)의 전액을 납입하여야 한다(전액납입주의)(제295조 제 1 항). 인수가액은 주금액을 의미하나, 만일 액면초과발행을 한 때에는 액면초과액(프리미엄)을 납입하여야 한다. 어음과 수표로 납입한 때에는 지급이 있는 때에 납입이 있은 것으로 본다. 개정전 상법 제334조는 주금을 기존의 채권과 상계하는 방식으로 납입할 수 없도록 하고 있었다. 회사의 채권자가 그 채권을 주식으로 전환시키는 것을 금지하였던 것이다. 그런데 출자전환을 인정할 현실적 필요성이 있어 2011년 개정상법에서는 동조를 삭제하였다. 그렇지만 회사설립 후 신주발행에서는 제421조 제 2 항을 신설하여 신주의 인수인의 상계는 금지하지만 회사측의 상계는 허용하는 방식을 취하였다. 신주의 인수인은 회사의 동의 없이 주금의 납입채무와 주식회사에 대한 채권을 상계할 수 없도록 한 것이다. 이와 같이 주식인수인이 일방적으로 상계를 통하여 채권을 주식으로 전환하는 것은 여전히 허용되는 것이 아니다(송옥렬, 자본제도의 개정방향: 2008년 상법개정안을 중심으로, 상사법연구 제28권 제 3 호(2009), 286쪽). 회사성립 후 신주발행시 현물출자의 검사를 생략하는 것과 관련하여 상법 제422조 제 2 항 제 3 호에서는 변제기가 돌아온 회사에 대한 금전채권을 출자의 목적으로 하는 경우로서 그 가액이 회사장부에 적혀 있는 가액을 초과하지 아니하는 경우에는 현물출자의 검사를 생략할 수 있도록 하였다. 그로써 출자전환의 경우에도 원칙적으로 검사인의 검사라는 틀이 적용은 되는 것으로 한 것이다.

<대판 1977. 4. 12, 76 다 943>

「상법상 주식인수인의 인수가액의 납입의무는 현실이행이 있어야 한다 할 것이므로 그에 관하여 별도의 … 정관의 규정이 없는 이상 현금으로써 이를 하여야 한다 할 것이며, 만약 당좌수표로써 이를 납입한 때에는 그 수표가 현실적으로 결제되어 현금화되기 전에는 당좌수표의 예입만으로서는 그 수표의 액면액의 자

본금의 납입이 있었다 할 수 없다.」

<대판 1960. 11. 24, 4292 민상 874 · 875>(대물변제 또는 상계를 유효하다고 한 판례)

「주금의 불입에 있어 단순한 현금수수의 수고를 생략하는 의미의 대물변제나 상계는 회사측에서 이에 합의한 이상 절대로 무효로 할 이유는 없다.」

이는 자본의 납입과 유지의 원칙에서 나오는 당연한 귀결이다. 그러나 실질적으로 자본충실을 해하지 않는 한 회사가 하는 상계나 상호합의에 의한 상계는 허용되어야 한다는 주장이 강하다. 최근의 대법원예규는 태도를 완화하여 금융기관 등이 회사에 대해 갖는 대출채권을 출자로 전환하는 경우에는 상계를 허용하고 있다. 이 경우에는 회사가 주식인수인에 대하여 채무를 부담하고 있다는 사실을 증명하는 서면, 회사로부터 상계의 의사표시가 있었다는 점을 증명하는 서면 또는 주식인수인의 상계의 의사표시에 대해 회사가 승인하였음을 증명하는 서면, 출자전환이 있었음을 증명하는 금감원장의 확인서 등을 등기신청에 첨부하여야 한다(대법원 등기예규 제960호)(이철송, 247쪽).

<대판 2010. 9. 16, 2008 다 97218>(전원합의체)

「당사자 쌍방이 가지고 있는 같은 종류의 급부를 목적으로 하는 채권을 서로 대등액에서 소멸시키기로 하는 상계계약이 이루어진 경우, 상계계약의 효과로서 각 채권은 당사자들이 그 계약에서 정한 금액만큼 소멸한다. 이러한 법리는 기업개선작업절차에서 채무자인 기업과 채권자인 금융기관 사이에 채무자가 채권자에게 주식을 발행하여 주고 채권자의 신주인수대금 채무와 채무자의 기존 채무를 같은 금액만큼 소멸시키기로 하는 내용의 상계계약 방식에 의하여 이른바 출자전환을 하는 경우에도 마찬가지로 적용되며, 이와 달리 주식의 시가를 평가하여 그 시가 평가액만큼만 기존의 채무가 변제되고 나머지 금액은 면제된 것으로 볼 것은 아니다.」

1995년 개정법에서는 발기설립의 경우에도 모집설립의 경우와 같이 발기인이 납입을 맡을 은행 기타 금융기관과 납입장소를 지정하도록 하였다(제295조 제1항 2문). 이는 주금납입의 확실성을 보장하기 위한 것이다. 따라서 발기설립의 경우에도 모집설립의 경우와 마찬가지로 납입금을 보관한 은행 기타의 금융기관은 발기인 또는 이사의 청구가 있는 때에는 그 납입보관금에 관한 증명서를 교부할 의무가 있고, 그 증명한 보관금액에 대하여는 납입의 부실 또는 그 금액의 반환에 관한 제한이 있음을 이유로 하여 회사에 대항하지 못한다(제318조 제1항·제2항). 다만, 2009년 5월 개정법은 주금납입금보관증명서의 발급절차가 번거로워 회사의 신속한 창업을 저해한다는 이유로 자본금총액이 10억 원 미만인 소규모 주식회사를 발기설립하는 경우에는 주금납입금보관증명서를 금융기관의 잔고증명서로 대체할 수 있도록 하였다(제318조 제3항). 모집설립의 경우에는 공정성확보를 위해 주금납입금보관증명서 제도를 유지하였다.

발기인이 납입을 지체하면 강제집행을 하여야 하고, 실권절차(제307조)는 인정되지 않는다(동지: 최기원, 246쪽; 채이식, 413쪽). 현물출자를 하는 발기인은 납입기일에 지체없이 출자의 목적인 재산을 인도하고, 등기·등록 기타 권리의 설정 또는 이전을 요할 때에는 이에 관한 서류를 완비하여 교부하여야 한다(제295조 제2항). 즉 등기·등록에 필요한 협력의무를 완전이행하여야 한다. 설립중의 회사명의로 부동산등기를 한 때(부동산등기법 제30조)에는 회사성립 후 다시 이전등기를 하지 않아도 부동산물권은 성립 후의 회사에 귀속한다(동지: 정찬형, 209쪽; 정동윤, 144쪽; 채이식, 414쪽). 왜냐하면 부동산물권은 법률상 당연히(ipso jure) 이전되므로 민법 제187조의 '기타 법률의 규정'에 포함된다고 생각하기 때문이다.

납입금을 보관한 은행이나 그 밖의 금융기관은 발기인 또는 이사의 청구를 받으면 그 보관금액에 관하여 증명서(주금납입금보관증명서)를 발급하여야 한다(제318조 제1항). 이러한 은행이나 그 밖의 금융기관은 증명한 보관금액에 대하여는 납입이 부실하거나 그 금액의 반환에 제한이 있다는 것을 이유로 회사에 대항하지 못한다(제318조 제2항). 2009년 5월 상법개정시 상법 제318조 제1항·제2항의 문구를 조정하고, 동조에 제3항을 신설하였다. 개정 전 상법에서는 주식회사 설립등기를 하기 위하여 은행 또는 금융기관으로부터 별도로 주금납입금보관증명서를 발급받아야 하였다. 그런데 소규모 주식회사를 설립하는 경우에도 금융기관이 발행한 주금납입금보관증명서를 제출하여야 하는데, 그 발급절차가 번거로워 신속한 창업에 지장을 초래하는 면이 있었다. 그리하여 2009년 5월 개정상법(제318조 제3항)은 자본금총액이 10억 원 미만인 소규모 회사가 발기설립을 하는 경우, 주금납입금보관증명서를 금융기관의 일반 잔고증명서로 대체할 수 있도록 하고 있다. 이는 2009년 5월 상법개정에 의하여 최저자본금제도가 폐지됨으로써(제329조 제1항 삭제) 소액의 주금납입도 가능하게 되고 자본금의 확인필요성도 줄어들게 되므로, 창업절차를 간이화한다는 측면에서 소규모 회사의 발기설립에 한하여 주금납입보관증명서를 잔고증명서로 대체할 수 있도록 한 것이다.

3. 任員選任

금전출자의 납입과 현물출자의 이행이 완료된 때에는 발기인은 지체없이 의결권의 과반수로 이사와 감사를 선임하여야 한다. 각 발기인은 1주에 관하여 1의결권을 가지므로(제296조), 의결권 없는 주식을 인수한 발기인도 이 임원선임에서는 의결권을 행사할 수 있다고 본다(최기원, 247쪽). 선임된 이사들은 이사회를 열어 회사를 대표할 이사를 선임하여야 한다(제317조 제1항·제2항 9호, 제389조). 이 때에 발기인은 의사록을 작성하여 의사의 경과와 그 결과를 기재하고, 기명날인 또는 서명하여야 한다(제297조).

4. 設立經過의 調査

임원선출이 끝나면 회사의 실체는 형성되지만, 그 동안의 설립사기를 방지하기 위하여 법은 이사와 감사 및 검사인으로 하여금 설립경과를 조사하도록 하고 있다. 발기인에 의하여 선임된 이사와 감사는 취임 후 지체없이 회사의 설립에 관한 모든 사항이 정관의 규정에 위반되지 아니하는가의 여부를 조사하여 발기인에게 보고하여야 한다(제298조 제1항). 이사와 감사 중 발기인이었던 자, 현물출자자 또는 회사성립 후 양수할 재산의 계약당사자는 위의 조사보고에 참가하지 못하며(제298조 제2항), 이사와 감사 전원이 이에 해당할 때에는 이사는 공증인으로 하여금 제 1 항의 조사보고를 하게 하여야 한다(제298조 제3항). 이는 기존의 법원선임의 검사인에 의한 설립경과조사를 1995년 개정법에서 이사와 감사에 의한 조사보고로 변경함으로써 설립절차를 간소화하기 위한 것이다(설립경과의 조사에 참여할 수 없는 이사·감사의 범위에 현물출자자인 이사 및 감사를 국회에서 추가하였다).

정관에 제290조의 위험설립사항을 정한 경우에는 이사는 이에 관한 조사를 위해 검사인의 선임을 법원에 청구하도록 했다(제298조 제4항). 그렇지만 1995년 개정법은 이와 더불어 법원선임의 검사인에 의한 위험설립사항조사도 발기인의 특별이익과 재산양수의 경우에는 공증인의 조사·보고로, 현물출자·회사설립비용과 발기인의 보수액에 관한 사항은 공인된 감정인의 감정으로 갈음할 수 있게 하였다(제299조의 2). 이 경우 공증인 또는 감정인은 조사 또는 감정결과를 법원에 보고하여야 한다(제299조의 2 후단).

개정전 상법은 회사성립시(제299조)와 신주발행시(제422조) 현물출자에 대하여 검사인의 검사를 받고 이를 법원이 통제하도록 하고 있었다. 현물출자시 검사를 하도록 한 취지는 부당하게 평가된 재산이 현물출자되지 못하도록, 즉 발행하는 주식의 가치에 상응하는 재산이 회사에 들어오도록 하는 제도로 파악하고 있다(송옥렬, 자본제도의 개정방향: 2008년 상법개정안을 중심으로, 상사법연구 제28권 제 3 호(2009), 279쪽). 그런데 실무상 현물출자에 대한 검사제도의 불편함이 계속 문제제기가 되어왔다. 독일의 경우에도 2009년 주주권지침수용법에서 회사설립시 현물출자의 경우 일정한 목적물에 대하여는 외부의 가치평가검사를 생략할 수 있도록 하였다(독일 주식법 제33a조). 이에 2011년 개정상법에서는 현물출자에 대한 검사(검사인의 조사 또는 감정인의 감정)를 거치지 않아도 되는 경우를 인정하였다. 즉 회사설립시 현물출자에 대한 검사와 관련하여 다음의 어느 하나에 해당할 경우에는 그 검사절차를 적용하지 아니한다(제299조 제 2 항): ① 상법 제290조 제 2 호 및 제 3 호의 재산총액이 자본금의 5분의 1을 초과하지 아니하고 대통령령으로 정한 금액을 초과하지 아니하는 경우, ② 상법 제290조 제 2 호 또는 제 3 호의 재산이 거래소에서 시세가 있는 유가증권인 경우로서 정관에 적힌 가격이 대통령령으로 정한 방법으로 산정된 시세를 초과하지 아니하는 경우, ③ 그 밖에 ①, ②에 준하는 경우로서 대통령령으로 정하는 경우. 여기서 '대통령령에서 정한 금액'을 상법시행령에서 이를 5천만원으로 하였다(상법시행령 제 7 조 제 1 항). 또 유가증권을 현물출자한 경우에 그 시세를 산정 하는 방법을 구체화하고 '대통령령으로 정한 방법으로 산정된 시세'란 효력발생일로부터 소급한 거래소에서의 1개월 평균종가, 1주일 평균종가 및 효력발생일 직전 거래일의 종가를 산술평균하여 산정된 금액으로 하도록 하였다(상법시행령 제 7 조 제 2 항). 이로써 5천만원 이하의 소액 현물출자의 경우 현물출자의 절차가 간소화됨에 따라 회사의 자금조달이 원활해지고 가액의 변동이 있는 유가증권을 현물출자하는 경우에 그 가치를 객관적으로 평가할 수 있게 되었다. 다만 이러한 경우에는 검사인의 조사, 보고의무 중 검사인을 선임하여야 하나 법원에 보고하는 것만은 이를 면제되는 것으로 해석할 수 있다(김재호, "개정 상법시행령 주요내용 해설," 상장 제448호(2012.4.), 98쪽).

검사인은 설립중의 회사의 임시기관으로서 법원이 정한 보수를 회사가 지급하게 할 수 있으며(비송사건절차법 제77조), 설립중의 회사와의 위임관계에 있는 검사인은 선량한 관리자의 주의의무를 다하여야 한다. 검사인은 위험설립사항에 관한 조사보고서를 법원에 보고하여야 하고, 그 등본을 각 발기인에게 교부하여야 한다(제299조 제 1 항 · 제 2 항). 검사인의 조사보고서에 사실과 상이한 사항이 있을 때에는 발기인은 이에 대한 설명서를 법원에 제출할 수 있다(제299조 제 3 항).

법원은 검사인 또는 공증인의 조사보고서 또는 감정인의 감정결과와 발기인의 설명서를 심사하여 '위험설립사항'이 부당하다고 인정할 때에는 이를 변경하여(금액 또는 배정 주식의 삭감) 각 발기인에게 통고할 수 있고(제300조 제 1 항), 위 변경에 불복하는 발기인과 이사는 그 변경결정에 대하여 즉시항고를 할 수 있지만(비송사건절차법 제75조), 그 주식인수의 전부 또는 일부를 취소할 수도 있다(제300조 제 2 항 1문). 이 경우에는 발기인의 결의에 의하여 설립의 폐지를 할 수도 있으나, 법원의 변경에 따라 정관을 변경하거나(주식인수가 취소된 만큼 설립시에 발행하는 주식총수를 감소하거나 현물출자에 관한 규정 등을 삭제하는 등) 인수취소된 주식을 다른 발기인이 인수하여 설립에 관한 절차를 속행할 수도 있다(제300조 제 2 항 2문).

법원의 변경통고가 있은 후 2주간 내에 주식의 인수를 취소한 발기인이 없는 때에는 정관은 통고내용에 따라 변경된 것으로 본다(제300조 제 3 항). 이 때 공증인의 인증은 필요하지 않다.

Ⅲ. 募集設立

1. 發起人의 一部株式의 引受

모집설립의 경우에는 설립시에 발행하는 주식 가운데에서 발기인이 주식모집 전에 그 일부를 인수하여야 한다(제301조). 발기인이 인수하여야 할 주식수에 관하여는 아무런 규정이 없으므로 1주 이상을 인수하면 된다(제293조, 제302조 제 2 항 4호).

2. 株主의 募集

회사설립시에 발행하는 주식 가운데에서 발기인이 인수하고 남은 주식에 대하여는 발기인이 주주를 모집하여야 한다(제301조). 주주의 모집이라 함은 주식인수의 청약을 권유하는 것이다. 모집의 방법은 공모를 하든, 연고모집을 하든 제한이 없다.

자본시장법에서는 일정한 모집의 경우에는 신고서제출의무와 투자설명서제출의무에 대하여 규정하고 있다.

자본시장법에서 '모집'이란 대통령령으로 정하는 방법에 따라 산출한 50인 이상의 투자자에게 새로 발행되는 증권의 취득의 청약을 권유하는 것을 말한다(자본시장법 제9조 제 7 항). 이 경우 50인을 산출하는 경우에는 청약의 권유를 하는 날 이전 6개월 이내에 해당 증권과 같은 종류의 증권에 대하여 모집이나 매출에 의하지 아니하고 청약의 권유를 받은 자를 합산하되 일정한 전문가 · 연고자는 제외된다(자본시장법시행령 제11조 제 1 항). 그리고 자본시장법시행령 제11조 제 1 항에 따라 산출한 결과 청약의 권유를 받는 자의 수가 50인 미만으로서 증권의 모집에 해당되지 아니할 경우에도 해당 증권이 발행일부터 1년 이내에 50인 이상의 자에게 양도될 수 있는 경우로서 증권의 종류 및 취득자의 성격 등을 고려하여 금융위원회가 정하여 고시하는 전매기준에 해당하는 경우에는 모집으로 본다(자본시장법시행령 제11조 제 2 항). 한편 자본시장법시행령 제11조 제 1 항을 적용할 때 매출에 대하여는 증권시장 밖에서 청약의 권유를 받는 자를 기준으로 그 수를 산출한다(자본시장법시행령 제11조 제 3 항).

증권의 모집 또는 매출(대통령령으로 정하는 방법에 따라 산정한 모집가액 또는 매출가액 각각의 총액이 대통령령으로 정하는 금액 이상인 경우에 한한다)은 발행인이 그 모집 또는 매출에 관한 신고서를 금융위원회에 제출하여 수리되지 아니하면 이를 할 수 없다(자본시장법 제119조 제 1 항, 자본시장법시행령 제120조). 자본시장법 제119조 제 1 항에 불구하고 증권의 종류, 발행예정기간, 발행횟수, 발행인의 요건 등을 고려하여 대통령령으로 정하는 기준과 방법에 따라 일정기간 동안 모집하거나 매출할 증권의 총액을 일괄하여 기재한 신고서(일괄신고서)를 금융위원회에 제출하여 수리된 경우에는 그 기간중에 그 증권을 모집하거나 매출할 때마다 제출하여야 하는 신고서를 따로 제출하지 아니하고 그 증권을 모집하거나 매출할 수 있다. 이 경우 그 증권(집합투자증권 중 대통령령으로 정하는 것을 제외한다)을 모집하거나 매출할 때마다 대통령령으로 정하는 일괄신고와 관련된 서류(일괄신고추가서류)를 제출하여야 한다(자본시장법 제119조 제 2 항). 그리고 발행인은 자본시장법 제119조 제 1 항의 신고서와 제 2 항의 일괄신고서(증권신고서)에 발행인(투자신탁의 수익증권 및 투자익명조합의 지분증권의 경우에는 그 투자신탁 및 투자익명조합을 말한다)의 미래의 재무상태나 영업실적 등에 대한 예측 또는 전망에 관한 사항으로서 다음 법령소정의 사항(예측정보)을 기재 또는 표시할 수 있다. 이 경우 예측정보의 기재 또는 표시는 자본시장법 제125조 제 2 항 1호·2호 및 4호의 방법에 따라야 한다(자본시장법 제119조 제 3 항). 또한 증권신고서를 제출하는 경우, 증권신고서에 기재하여야 할 사항이나 그 첨부서류에 이미 제출된 것과 같은 부분이 있는 때에는 그 부분을 적시하여 이를 참조하라는 뜻을 기재한 서면으로 갈음할 수 있다(자본시장법 제119조 제 4 항). 더 나아가 증권신고서를 제출하는 경우, 신고 당시 해당 발행인의 대표이사 및 신고업무를 담당하는 이사(대표이사 및 신고업무를 담당하는 이사가 없는 경우 이에 준하는 자를 말한다)는 그 증권신고서의 기재사항 중 중요 사항에 관하여 거짓의 기재 또는 표시가 있거나 중요 사항의 기재 또는 표시가 누락되어 있지 아니하다는 사실 등 대통령령으로 정하는 사항을 확인 · 검토하고, 이에 각각 서명하여야 한다(자본시장법 제119조 제 5 항). 한편 자본시장법 제119조 제 1 항부터 제 4 항까지의 증권신고서의 기재사항 및 그 첨부서류에 관하여 필요한 사항은 자본시장법시행령 제127조 이하에 규정되어 있다.

한편 자본시장법 제119조에 따라 증권을 모집하거나 매출하는 경우 그 발행인은 소정의 규정으로 정하는 방법에 따라 작성한 투자설명서를 그 증권 신고의 효력이 발생하는 날에 금융위원회에 제출하여야 하며, 이를 해당 증권의 발행인의 본점 등 소정의 장소에 비치하고 일반인이 열람할 수 있도록 하여야 한다(자본시장법 제123조 제 1 항, 자본시장법시행령 제131조, 자본시장법시행규칙 제13조). 투자설명서에는 증권신고서에 기재된 내용과 다른 내용을 표시하거나 그 기재사항을 누락하여서는 아니 된다. 다만, 기업경영 등 비밀유지와 투자자보호와의 형평 등을 고려하여 기재를 생략할 필요가 있는 사항으로서 소정의 규정으로 정한 사항에 대하여는 그 기재를 생략할 수 있다(자본시장법 제123조 제 2 항, 자본시장법시행령 제131조 제 5 항). 한편 누구든지 증권신고의 효력이 발생한 증권을 취득하고자 하는 자에게 자본시장법 제123조에 적합한 투자설명서를 미리 교부하지 아니하면, 그 증권을 취득하게 하거나 매도하여서는 아니 된다. 이 경우 투자설명서가 자본시장법 제436조에 따른 전자문서의 방법에 따르는 때에는 법 소정의 요건을 모두 충족하는 때에 이를 교부한 것으로 본다(자본시장법 제124조 제 1 항). 또한 누구든지 증권신고의 대상이 되는 증권의 모집 또는 매출, 그 밖의 거래를 위하여 청약의 권유 등을 하고자 하는 경우에는 법소정의 규정에 해당하는 방법에 따라야 한다(자본시장법 제124조 제 2 항).

3. 株式의 引受

(1) 株式引受의 請約　설립중의 주식인수청약의 권유에 응하여 주식인수의 청약을 하고자 하는 자는 주식청약서 2통에 인수할 주식의 종류와 수 및 주소를 기재한 다음 기명날인 또는 서명하여야 한다(제302조 제 1 항). 발기인이 작성하는 주식청약서에는 회사조직의 대강과 주식청약자에게 이해관계가 많은 법정사항을 기재하며(제302조 제 2 항), 이 밖의 임의사항을 기재할 수 있다. 주식청약서 2통의 작성을 요구하는 이유는 1통은 회사에 보존하고, 1통은 회사의 설립등기신청서에 첨부하기(비송사건절차법 제203조 3호) 위함이다.

주식인수의 청약을 함에는 청약과 동시에 청약자의 신용을 확인하기 위하여 납입금액의 전부 또는 일부를 청약증거금으로 납입시킬 수 있다. 이러한 청약증거금은 뒤에 주식의 배정을 받으면 주금의 납입에 충당하고, 납입을 해태하여 실권한 때에는(제307조) 위약금으로 몰수되며, 주식의 배정을 받지 못하거나 회사가 성립하지 아니한 경우에는 다시 반환된다.

주식청약서 1통만에 의한 주식인수의 청약은 무효가 아니라고 하는 설도 있으나(정동윤, 118쪽), 주식청약서 2통에 의하지 아니한 주식인수의 청약은 무효이다

(통설). 주식청약서의 기재사항을 흠결하여도(예컨대 정관인증의 연월일 등과 같이) 그것이 중요한 사항이 아닌 경우에는 주식인수의 청약이 무효로 되지 아니한다고 볼 것이나, 주식청약서의 내용을 변경하거나 조건 기타의 제한을 붙여서 청약하지는 못한다. 이러한 변경 또는 제한은 회사에 대하여 효력이 없다.

(2) 假設人 또는 承諾 없이 他人名義로 한 株式請約 상법 제332조에서는 가설인의 명의나 또는 타인의 승낙 없이 그의 명의로 주식인수의 청약을 한 경우에는 실제로 주식인수의 청약을 한 사람을 주식인수인으로 보고 그에게 납입의무를 지우고 있다(제332조 제 1 항). 이것은 타인의 명의로 주식인수를 청약하였다가 주식의 배정을 받은 후에 회사와 자기의 형편을 보아 납입 여부를 결정하려는 주식인수청약을 방지하기 위함이다. 따라서 이 때에는 명의의 여하를 불문하고 실제로 주식인수의 청약을 한 사람이 납입책임을 부담함과 동시에 주식인수인이 된다.

이와는 달리 타인의 승낙을 얻어 그의 명의로 주식인수의 청약을 한 경우에 관하여 상법은 실제상의 청약인이 그 타인과 연대하여 납입할 책임이 있다고만 규정할 뿐(제332조 제 2 항), 누가 주주권을 갖는 주식인수인이 되는가에 관하여는 밝히지 않고 있다. 이 점에 관하여는 명의인인 명의대여자가 주식인수인이 된다는 형식설(명의설· 명목설)과 실제상의 청약인인 명의차용자가 주식인수인이 된다는 실질설이 대립하고 있다. 대량적·집단적 처리를 필요로 하는 주식에 관한 법률관계의 형식적·획일적 처리의 요청을 근거로 하는 형식설에도 일리가 있으나, 법률행위의 일반이론 및 제332조 제 1 항과의 해석상의 균형에서 실제로 법률행위를 하고 주금을 납입한 명의차용자가 주주가 된다고 보는 실질설이 타당하다고 보았으며, 이것이 다수설(동지 : 정찬형, 206쪽; 정동윤, 119쪽. 이설 : 손주찬, 583쪽)이고 판례의 입장이었다. 그런데 2017년 3월 대법원 판결(대판[전원합의체] 2017. 3. 23, 2015 다 248342)에 의하여 상황이 바뀌게 되었다. 즉 이 판결에서는 타인의 명의를 빌려 주식을 인수하거나 양수하고 그 타인을 주주명부에 주주로 기재한 경우에도 주주명부상 주주만이 주주권을 행사할 수 있다고 밝혔다. 따라서 이와 배치되는 과거의 판례는 변경되어야 한다. 그러한 경우에도 회사에 대한 관계에서는 주주명부상 주주만이 의결권 등 주주로서의 권리를 행사할 수 있고, 회사 역시 주주명부상 주주 외에 실제 주식을 인수하거나 양수한 사람이 있다는 사실을 알았건 몰랐건 간에 주주명부상 주주의 주주권 행사를 부인하지 못한다. 그 동안 대법원은 여러 선례를 통하여 주주명부에 주주로 기재되어 있는 사람은 특별한 사정이 없는 한 회사에 대한 관계에서 주주권을 행사할 수 있다고 밝힌 바가 있다. 2017년 3월 대법원 판결은, 주식을 취득한 주주는 언제든 주주명부에 주주로 기재해 줄 것을 청구하여 주주권을 행사할 수 있는 지위에 있는데, 자기가 아닌 타인을 주주명부에 주주로 기재하는 것은 적어도 주주명부상 주주가 회사에 대한 관계에서 주주권을 행사하더라도 이를 허용하거나 받아들이려는 의사가 있었다고 봄이 합리적이라는 입장에 서 있다. 이에 의하여 타인 명의를 빌려 주식을 인수하거나 양수하고 그 타인을 주주명부에 주주로 기재한 경우 이러한, 주주명부상 주주는 형식상의 주주에 불과하여 회사에 대한 관계에서 주주권을 행사할 수 없다고 본 구 대법원 판례는 변경되어야 한다. 상장주식에 관해서는 자본시장법에 따라 실질주주명부가 작성되는데, 실질주주명부에의 기재는 주주명부에의 기재와 동일한 효력을 가지므로, 마찬가지 결과가 도출된다. 다만 가설인 명의나 타인의 승낙 없이 그 명의로 주식을 인수한 경우에는 특별한 사정이 없는 한 실제출자자가 주주가 된다 (대판 2017. 12. 5, 2016 다 265351).

<대결 1980. 9. 19, 80 마 396>

「주식을 인수함에 있어서 타인의 승낙을 얻어 단순히 그 명의로 출자하여 주식대금을 납입한 경우에 실제로 주식을 인수하여 그 대금을 납입한 명의차용인만이 실질상의 주식인수인으로서 주주가 된다고 할 것이요 단순한 명의대여인은 주주가 될 수 없다.」(동지 : 대판 1975. 9. 23, 74 다 804; 대판 1998. 4. 10, 97 다 50619).

<대판 2004. 3. 26, 2002 다 29138>

「상법 제332조 제 2 항은 "타인의 승낙을 얻어 그 명의로 주식을 인수한 자는 그 타인과 연대하여 납입할 책임이 있다"고 규정하고 있는바, 이는 주식회사의 자본충실을 기한다는 취지에서 주금의 납입을 완료하기 전에 실질상 주주인 명의차용자와 외관을 창출한 명의대여자 모두에게 주금납입의 연대책임을 부과하는 규정이라고 할 것이고, 따라서 주금납입이 완료된 경우에는 위 규정이 적용되지 않는다고 할 것이다.」

<대판 2017. 3. 23, 2015 다 248342>(전원합의체)

「특별한 사정이 없는 한, 주주명부에 적법하게 주주로 기재되어 있는 자는 회사에 대한 관계에서 그 주식에 관한 의결권 등 주주권을 행사할 수 있고, 회사 역

시 주주명부상 주주 외에 실제 주식을 인수하거나 양수하고자 하였던 자가 따로 존재한다는 사실을 알았든 몰랐든 간에 주주명부상 주주의 주주권 행사를 부인할 수 없으며, 주주명부에 기재를 마치지 아니한 자의 주주권 행사를 인정할 수도 없다. 주주명부에 기재를 마치지 않고도 회사에 대한 관계에서 주주권을 행사할 수 있는 경우는 주주명부에의 기재 또는 명의개서청구가 부당하게 지연되거나 거절되었다는 등의 극히 예외적인 사정이 인정되는 경우에 한한다. 자본시장과 금융투자업에 관한 법률(이하 '자본시장법'이라고 한다)에 따라 예탁결제원에 예탁된 상장주식 등에 관하여 작성된 실질주주명부에의 기재는 주주명부에의 기재와 같은 효력을 가지므로(자본시장법 제316조 제 2 항), 이 경우 실질주주명부상 주주는 주주명부상 주주와 동일하게 주주권을 행사할 수 있다.」

<대판 2017. 12. 5, 2016 다 265351>

「타인 명의로 주식을 인수하는 경우에 주식인수계약의 당사자 확정 문제는 다음과 같이 두 경우로 나누어 살펴보아야 한다. 첫째, 가설인 명의로 또는 타인의 승낙 없이 그 명의로 주식을 인수하는 약정을 한 경우이다. 가설인은 주식인수계약의 당사자가 될 수 없다. 한편 타인의 명의로 주식을 인수하면서 그 승낙을 받지 않은 경우 명의자와 실제로 출자를 한 자(이하 '실제 출자자'라 한다) 중에서 누가 주식인수인인지 문제되는데, 명의자는 원칙적으로 주식인수계약의 당사자가 될 수 없다. 자신의 명의로 주식을 인수하는 데 승낙하지 않은 자는 주식을 인수하려는 의사도 없고 이를 표시한 사실도 없기 때문이다. 따라서 실제 출자자가 가설인 명의나 타인의 승낙 없이 그 명의로 주식을 인수하기로 하는 약정을 하고 출자를 이행하였다면, 주식인수계약의 상대방(발기설립의 경우에는 다른 발기인, 그 밖의 경우에는 회사)의 의사에 명백히 반한다는 등의 특별한 사정이 없는 한, 주주의 지위를 취득한다고 보아야 한다. 둘째, 타인의 승낙을 얻어 그 명의로 주식을 인수하기로 약정한 경우이다. 이 경우에는 계약 내용에 따라 명의자 또는 실제 출자자가 주식인수인이 될 수 있으나, 원칙적으로는 명의자를 주식인수인으로 보아야 한다. 명의자와 실제 출자자가 실제 출자자를 주식인수인으로 하기로 약정한 경우에도 실제 출자자를 주식인수인이라고 할 수는 없다. 실제 출자자를 주식인수인으로 하기로 한 사실을 주식인수계약의 상대방인 회사 등이 알고 이를 승낙하는 등 특별한 사정이 없다면, 그 상대방은 명의자를 주식인수계약의 당사자로 이해하였다고 보는 것이 합리적이기 때문이다(원고들이 피고의 주주명부상 주주명의로 주식을 인수한 실질주주라고 주장하면서 피고를 상대로 회계장부 등의 열람·등사를 구한 사건에서,

원고들은 피고의 주주명부상 주주들의 승낙을 얻어 피고의 주식을 인수하였다거나 주식인수계약의 당사자로서 그에 따른 출자를 이행한 것이 아니므로 주주의 지위를 취득하였다고 볼 수 없고, 설령 원고들이 피고의 주주라는 지위를 취득한 것으로 보더라도 자신들의 명의로 명의개서를 마치지 않는 한 이를 부인하는 피고에 대한 관계에서는 원칙적으로 주주권을 행사할 수 없다고 판단하여 상고를 기각한 사례).」

(3) 株式引受의 無效 또는 取消　　주식인수는 청약과 배정에 의해 이루어지는 법률행위로서 주식회사의 설립에 있어서 가장 중요한 요소이다. 따라서 주식인수의 청약이 무효가 되면, 회사의 설립시에 발행하는 주식총수에 대한 주식인수의 흠결이 생겨서 회사의 불성립 또는 설립무효의 원인이 된다. 따라서 회사의 성립이라는 집단적 행위의 일부를 이루는 주식인수의 청약의 효력을 확보하기 위하여 민법의 일반원칙에 대하여 다음과 같은 두 가지 특칙을 두고 있다. ① 비진의의사표시에 의한 주식인수의 청약은 발기인이 악의인 경우에도 유효한 것으로 하고(제302조 제3항), ② 주식을 인수한 자가 회사의 성립 후 또는 창립총회에 출석하여 그 권리를 행사한 때에는 주식청약서의 요건의 흠결을 이유로 하여 그 인수의 무효를 주장하거나, 사기, 강박 또는 착오를 이유로 하여 그 인수를 취소하지 못하도록(제320조) 하였다. 그러나 ① 행위무능력이나 사해행위를 이유로 하는 인수의 취소는 가능하며, ② 주식청약서에 기재된 일정한 시기까지 창립총회가 종료되지 아니한 때에도 주식인수의 청약을 취소할 수 있다(제302조 제2항 8호).

(4) 株式의 配定　　발기인은 주식인수의 청약인에게 주식을 인수시킬 것인가, 또 인수시킨다면 몇 주를 인수시킬 것인가를 결정하여야 하는데, 이를 주식의 배정이라고 한다. 배정의 법적 성질은 주식인수의 청약에 대한 승낙의 의사표시이다. 발기인은 주식모집의 광고나 사업설명서에서 추첨·청약의 최저한·선착순·안분비례 등 배정방법을 미리 정하지 않은 이상 모집주식수의 범위 안에서 이를 자유로이 배정할 수 있다(이를 주식배정자유의 원칙이라고 한다). 배정방법을 정한 때에는 이에 따라야 하며, 이에 반하여 배정한 때에는 손해배상책임을 부담한다. 배정의 통지는 주식청약서에 기재한 주소 또는 그 자로부터 회사에 통지된 주소로 하면 되고(제304조 제1항), 통지는 도달할 시기에 도달한 것으로 본다(제304조 제2항). 주식인수의 청약에 대하여 배정이 있으면 주식의 인수가 성립하고, 청약인은 주식인수인이 되어 배정된 주식에 대하여 납입의무를 진다(제303조).

주식인수의 법적 성질에 관하여는 견해가 갈라진다. ① 발기설립의 경우의 발기인에 의한 주식인수와 같이 설명하기 위하여 이를 합동행위라고 하는 설(박원선, 112쪽), ② 설립중의 회사에의 입사를 목적으로 하는 계약이라고 하는 입사계약설(최기원, 321쪽; 채이식, 419쪽; 손주찬, 584-585쪽; 이철송, 236쪽), ③ 설립중의 회사는 과도기적 존재이고, 또한 주식인수의 청약을 하는 사람은 앞으로 성립될 회사의 주주가 되려는 의사를 가지고 있으므로 장래 성립될 회사에의 입사계약이라고 하는 설(정동윤, 120쪽)이 있다. 이 가운데 제 2 설인 설립중의 회사에의 입사계약설이 타당하다고 본다.

4. 出資의 履行

(1) 納入義務　　회사의 설립시에 발행하는 주식의 총수가 인수되면 금전출자의 경우에는 발기인은 지체없이 납입기일을 정하여 그 날까지 각 주식에 대한 인수가액의 전액을 납입시켜야 한다(전액납입주의)(제305조 제 1 항). 여기의 인수가액은 주금액이거나 액면초과액(제291조 2호)이다.

모집설립의 경우 납입은 주식청약서에 기재된 은행 기타 금융기관의 납입장소에서 하여야 한다(제305조 제 2 항, 제302조 제 2 항 9호). 따라서 발기인에게 직접 납입을 하더라도 납입으로서의 효력이 생기지 아니한다. 또 납입장소 또는 납입금의 보관자(납입 후의 납입금보관은행)를 변경할 때에는 법원의 허가를 얻어야 하나(제306조), 동일한 금융기관의 점포간의 변경에는 법원의 허가를 요하지 아니한다. 이들 규정은 납입금의 소재를 분명히 하고, 부정행위를 방지하기 위함이다.

납입금을 보관한 은행 기타의 금융기관은 발기인 또는 이사의 청구가 있는 때에는 그 보관금에 관한 증명서(보관증명)를 교부할 의무가 있고, 그 증명한 보관금액에 대하여는 납입의 부실 또는 그 금액의 반환에 관한 제한이 있음을 이유로 하여 회사에 대항하지 못한다(제318조 제 1 항 · 제 2 항). 즉 그 증명한 금액에 대하여 은행은 무조건 지급의무가 있다. 이것은 회사로 하여금 납입취급은행이 증명한 납입금액을 완전히 수령함으로써 설립의 안정 및 자본납입과 유지를 꾀하기 위함과 아울러 발기인이 금융기관과 공모하거나 공모하지 않고 하는 납입가장행위를 방지하기 위함이다. 납입금보관증명에 관한 규정은 주식청약서에 납입취급은행으로 기재되지 아니한 은행이 보관증명을 발행한 때 및 법원의 허가 없이 납입취급은행을 변경한 경우에 허가받지 아니한 은행이 보관증명을 발행한 때에도 같다(동지: 정동윤, 121쪽).

납입금보관은행이 언제 납입금을 반환할 것인가에 관하여는 ① 회사의 성립 후라는 설과 ② 창립총회의 종료 후라는 설이 대립하고 있다. 회사설립의 안정 및 자본의 납입과 유지를 꾀하기 위하여는 전설이 타당하다고 생각한다(동지 : 정동윤, 121쪽; 최기원, 323쪽). 따라서 회사의 성립 전에 발기인 또는 이사에게 납입금을 반환하였어도 그 후 성립한 회사에 대하여 이로써 대항할 수 없다.

(2) 納入假裝行爲 자본납입의 원칙을 견지하기 위하여 회사의 설립시에 인수가액의 전액을 납입시켜야 하나, 실제로는 납입을 가장하는 일이 적지 않았다. 2009년 5월 주식회사의 최저자본금 5,000만원(구법 제329조 제1항)이 삭제됨으로써 자본금 100원이면 주식회사를 설립할 수 있게 되었다. 따라서 주식회사 설립을 위한 초기 자본금 조달부담이 없어지게 되었다. 그만큼 가장납입행위도 줄어들 것이다. 그런데 자본금 규모는 여전히 회사의 가치를 평가하는 요소로 존재하게 된다. 그렇기 때문에 가장납입에 관한 상법규정은 그 필요성이 계속 인정된다. 과거 설립시에 잘 이용되는 납입가장에는 다음과 같은 3가지 형태가 있었다.

A. **通謀假裝納入** 발기인이 납입취급은행으로부터 금전을 차입하여 이것을 주식납입금으로 대체하고, 발기인이 그 차입금을 변제할 때까지는 회사가 납입금을 인출하지 않는다고 납입취급은행과 약정하는 공모한 납입가장행위이다. 상법은 우선 이와 같은 납입금의 반환에 관한 제한으로써 보관증명을 교부한 납입취급금융기관은 회사에 대항하지 못한다고 하였다(제318조). 그리고 발기인이 납입취급금융기관의 임원과 통모하여 주식납입가장행위를 한 경우에는 벌칙의 제재를 받는다(제628조 제1항). 통모가장납입에 의한 주식납입은 가장주식납입으로 무효라고 해석된다.

B. **僞裝納入** 회사설립시에 발기인이 납입취급은행 이외의 제 3 자로부터 일시 금전을 차입하여 주식납입금에 충당하고, 회사가 설립된 직후에 이를 인출하여 차입금을 변제하는 납입가장행위이다. 이 때에 납입취급은행에는 형식적으로 금전의 이동에 의한 현실적 납입이 있으나, 실질적으로는 전혀 납입이 없어 자본공동의 회사가 성립하게 되어 납입으로서의 효력이 없다고 본다. 그러나 그것이 유효하다고 한 판례가 있다.

<대판 1983. 5. 24, 82 누 522>

「일시적인 차입금으로 주금납입의 외형을 갖추고 회사설립이나 증자 후 곧바로

그 납입금을 인출해 차입금을 변제하는 주금의 가장납입 소위 견금의 경우에도 금원의 이동에 따른 현실의 불입이 있는 것이고, 설령 그것이 주금납입의 가장수단으로 이용된 것이라 할지라도 이는 납입을 하는 발기인·이사들의 주관적 의도에 불과하고, 이러한 내심적 사정은 회사의 설립이나 증자와 같은 집단적 절차의 일환을 이루는 주금납입의 효력을 좌우할 수 없다.」(동지 : 대판 1966. 10. 21, 66 다 1482).

C. **兩者의 中間形態** 위의 두 경우의 중간형태로서 발기인대표가 개인자격으로 납입취급은행으로부터 주식납입금 전액에 해당하는 금전을 차입하여 납입을 하고, 회사성립 후에 회사가 위 은행으로부터 납입금 전액을 반환받아 이를 발기인대표에게 주어 그로 하여금 은행차입금을 변제하도록 하는 방법이다.

D. **假裝納入의 效力** 가장납입은 주금납입으로서의 효력이 없다. 납입의 흠결이 근소한 때에는 발기인의 납입담보책임(제321조 제 2 항)에 의하여 구제되지만, 그 흠결이 현저한 때에는 설립무효의 원인이 된다고 본다. 이 때에 발기인과 이사는 회사 또는 제 3 자에 대하여 손해배상책임을 지고(제322조, 제399조, 제401조), 나아가 벌칙의 제재가 있다(제628조, 제622조). 그리고 이 경우에 납입을 취급한 은행은 증명한 납입금액에 대하여 책임을 진다(제318조 제 2 항). 그런데 판례는 가장납입을 차입금에 의한 체당납입으로 보고, 주주에 대한 주금의 상환청구권을 회사에 부여하고 있다.

<대판 1985. 1. 29, 84 다카 1823·1824>

「주금의 가장납입의 경우에는 주금납입의 효력을 부인할 수 없으므로 주금납입절차는 일단 완료되고 주식인수인이나 주주의 주금납입의무도 종결되었다고 보아야 하나, 이러한 가장납입에 있어서 회사는 일시 차입금을 가지고 주주들의 주금을 체당납입한 것과 같이 볼 수 있으므로 주금납입의 절차가 완료된 후에 회사는 주주에 대하여 체당납입한 주금의 상환을 청구할 수 있다.」(가장납입이더라도 일단 주금납입이 끝난 이상 주주의 주금납입의무란 있을 수 없다고 하여 위 판례를 비판한 것에 관해서는 임홍근, "주주의 가장납입과 주주의 주금납입의무," 법률신문 1988년 5월 16일, 17쪽 참조).

<대판 1994. 3. 28, 93 다 1916>

「회사를 설립함에 있어 일시적인 차입금을 가지고 주금납입의 형식을 취하여 회사설립절차를 마친 후 곧 그 납입금을 인출하여 차입금을 변제하는 이른바 주금의 가장납입의 경우에도 주금납입의 효력을 부인할 수는 없는 것이므로, 설사 주주가 주금을 가장납입하였다 하더라도 그 주주를 실질상의 주식인수인에게 명의만을 빌

려 준 차명주주(명의주주 — 저자주)와 동일시할 수는 없다.」(이 판결에 반대하는 취지의 평석으로는 강위두, 법률신문 제2324호, 15쪽).

<대판 2020. 2. 27, 2019 도 9293>

「회사설립절차가 단지 설립된 회사의 법인격을 범죄 등에 이용하기 위한 방편으로 이행된 측면이 있다고 하더라도, 상법상 회사설립절차를 이루는 회사 정관의 작성 자체가 없었다거나 주금 납입 사실 자체가 부존재한다거나 납입의 효력이 없다고 볼 수는 없다. 회사설립등기에 임원으로 등재된 사람에게 임원 등재 의사가 인정되는 이상 실제로 그 직무를 행사할 의사까지는 없었다고 해서 그 사람이 회사의 임원이 아니라거나 회사에 임원이 부존재한다고 볼 수도 없다.

피고인 등이 실제 회사를 설립하려는 의사를 가지고 상법이 정하는 회사설립에 필요한 정관 작성, 주식 발행 · 인수, 임원 선임 등의 절차를 이행함으로써 이 사건 회사는 상법상 주식회사로 성립하였다고 봄이 타당하다. 이 사건 회사의 설립행위에 일부 하자가 있었다거나 피고인 등이 이 사건 회사 설립 당시 정관에 기재된 목적 수행에 필요한 영업의 실질을 갖추거나 영업에 필요한 인적 · 물적 조직을 갖추지 않았다는 등의 사정만으로는 이 사건 회사의 성립 자체를 부정하고 이 사건 회사가 부존재한다고 인정할 수 없다. 따라서 이 사건 회사에 대한 회사설립등기는 공정증서원본 등 불실기재죄에서 말하는 불실의 사실에 해당한다고 볼 수 없다.」

(3) 假設人 등에 의한 株式引受와 納入　가설인의 명의로 또는 타인의 승낙 없이 그의 명의로 주식을 인수한 자는 주식인수인으로서의 납입책임이 있으며, 타인의 승낙을 얻어 타인의 명의로 주식을 인수한 자는 타인과 연대하여 납입할 책임이 있다(제332조). 이 경우 누가 주주로 되는가에 관하여는 이미 앞의 3. (2)에서 살펴보았다.

(4) 失權節次　주식인수인이 납입을 하지 않을 때에는 발기인은 강제집행의 방법에 의하여 납입을 강제할 수도 있으나, 회사설립이 지체되므로 상법은 발기인에게 실권절차제도를 마련하고 있다. 즉 발기인은 일정한 기일을 정하여 그 기일 내에 납입을 하지 아니하면 실권한다는 실권예고부최고를 하고, 주식인수인이 그 기일 내에 납입의 이행을 하지 아니한 때에는 주식인수인은 그 권리를 잃으며, 발기인은 다시 그 주식에 대하여 주주를 모집할 수 있고(제307조 제1항 · 제2항), 손해가 있으면 실권한 주식인수인에 대하여 손해배상

도 청구할 수 있다(제307조 제 3 항).

이 방법을 실권절차(Kaduzierung, Verlusterklärung)라 하며, 이것은 다수의 주식인수인으로부터의 주금납입의 추심을 용이하게 하고 회사의 설립을 신속하게 마무리하기 위한 제도이다. 그러나 실제에 있어서는 납입금에 상당하는 금액을 청약증거금으로 징수하고, 뒤에 주식의 배정이 이루어지면 위 청약증거금을 납입금으로 이체충당하는 방법을 이용함으로써 실권절차는 거의 이용되지 않고 있다.

(5) 現物出資의 履行과 檢査人의 調査 현물출자의 이행에 관하여는 발기설립의 경우와 마찬가지로 출자자는 납입기일까지 출자의 목적인 재산의 전부를 인도하고, 등기 · 등록 기타의 권리의 설정 · 이전을 요할 경우에는 이에 관한 서류를 완비하여 교부하여야 한다(제305조 제 3 항, 제295조 제 2 항). 현물출자를 비롯하여 위험설립사항을 정관에 기재한 때에는 이에 관한 사항을 조사하게 하기 위하여 발기인은 법원에 검사인의 선임을 청구하여야 한다(제310조 제 1 항). 검사인은 조사보고서를 창립총회에 보고하여야 한다(제310조 제 2 항).

하지만 이러한 검사인의 조사보고제도는 1995년 개정법에서 공증인의 조사보고와 공인된 감정인의 감정으로 검사인의 조사에 갈음할 수 있게 함으로써 그 기능이 상당히 축소되었다(제310조 제 3 항, 제298조 제 4 항 단서, 제299조의 2 참조). 2011년 4월 14일 상법개정시에 현물출자의 규제완화조치를 취하였다(제299조 제 2 항, 제422조 제 2 항). 즉 회사설립시 현물출자에 대한 검사와 관련하여 일정금액 이하이거나 회사의 자본충실을 해하지 아니할 경우에는 그 검사절차를 적용하지 아니하도록 하였다(제299조 제 2 항). 또한 회사 성립 이후에도 일정규모 이하의 현물출자 또는 현물출자의 대상물의 가액이 회사의 자본충실을 해할 염려가 없는 경우에는 현물출자의 검사를 면제하였다(제422조 제 2 항). 즉 상법 제422조 제 2 항 제 1 호에 의하면 상법 제416조 제 4 호의 현물출자의 목적인 재산의 가액이 자본금의 5분의 1을 초과하지 아니하고 대통령령으로 정한 금액(5000만원, 상법시행령 제14조 제 1 항)을 초과하지 아니하는 경우에는 현물출자의 검사를 생략하여도 된다. 현물출자의 불이행에 대해서는 실권절차의 문제는 발생하지 않으므로, 강제집행의 방법을 쓰거나 정관변경을 해서 회사의 설립을 속행할 때에는 손해배상청구를 할 수밖에 없다.

5. 創立總會

(1) 意 義 모집설립의 방법으로 주식회사를 설립하면 발기인을

제외한 주식인수인들은 주식청약서나 사업설명서에 기재된 내용만을 검토하고 회사의 설립에 참가할 뿐이며, 회사의 설립절차나 그 경과에 대하여는 알지 못하기 때문에 설립에 관한 보고를 받고 설립의 최종적인 마무리를 하기 위하여 창립총회를 개최토록 하였다.

창립총회는 주식인수인으로 구성되는 설립중의 회사의 최고의 의사결정기관이며, 성립 후의 회사의 주주총회에 해당한다. 따라서 주주총회에 관한 규정이 준용된다(제308조 제 2 항).

(2) 召 集 각 주식에 관한 납입과 현물출자의 이행이 완료된 후에 발기인이 지체없이 소집하여야 한다(제308조 제 1 조). 소집절차 등에 관하여는 주주총회의 규정이 준용된다(제308조 제 2 항, 제363조 제 1 항 · 제 2 항, 제364조).

(3) 決議要件 창립총회의 결의는 출석한 주식인수인의 의결권의 3분의 2 이상이며, 인수된 주식총수의 과반수에 해당하는 다수로 하여야 한다(제309조). 이 결의에는 의결권 없는 주식의 인수인도 의결권이 있다(제308조 제 2 항은 제370조를 준용하지 않음). 위의 결의요건을 주주총회의 특별결의요건(제434조)보다 가중한 이유는 의결에 있어서 발기인의 영향력을 약화시키고, 회사창설이라는 중요한 의사를 결정하기 때문에 결의에 있어서 특히 신중을 기하기 위함이다. 따라서 이 결의요건은 정관에 의하여 완화하거나 가중할 수 없다.

(4) 權 限 창립총회는 회사설립에 관한 모든 사항에 관하여 결의할 수 있는데, 상법은 특히 다음과 같은 사항은 창립총회의 권한으로서 규정하고 있다.

A. 會社創設에 관한 發起人의 보고(제311조) 발기인은 서면으로 주식의 인수와 납입에 관한 제반상황, 위험설립사항의 실태 등을 창립총회에 보고하여야 한다. 만일 이러한 절차를 밟지 않고 창립총회가 종료하면 설립무효의 원인이 된다. 또한 발기인이 부실한 보고를 하거나 사실을 은폐하면, 임무해태의 책임을 지고(제322조) 벌칙의 제재가 있다(제625조 1호, 제635조 제 1 항 5호).

B. 任員의 選任(제312조) 창립총회에서는 설립중의 회사의 설립경과를 조사하게 하기 위하여 이사와 감사를 선임하여야 한다.

C. 設立經過의 調査(제313조) 이사와 감사는 지체없이 회사의 설립에 관한 모든 사항이 법령 또는 정관의 규정에 위반되지 아니하는지의 여부를 조사하여 창립총회에 보고하여야 한다(제313조 제 1 항). 그러나 이사와 감사 중에 발기인이었던 자, 현물출자자 또는 회사성립 후에 양수할 재산의 계약당사자인 자

는 위 조사보고에 참가하지 못한다(제313조 제2항, 제298조 제2항). 이사와 감사의 전원이 이에 해당하는 때에는 이사는 공증인으로 하여금 위의 조사·보고를 하게 하여야 한다(제313조 제2항, 제298조 제3항). 왜냐하면 이 조사보고는 공정하여야 하기 때문이다. 위의 조사보고는 이사·감사의 직무에 속한다. 따라서 회사에 대하여 선관주의의무를 부담하고 있는 이들은 설립절차를 형식적으로뿐만 아니라 실질적으로 조사하여야 한다. 따라서 부실한 보고를 한 때에는 임무해태로 인한 책임(제323조)을 지며, 이 절차를 생략하면 설립무효의 원인이 된다.

D. '危險設立事項'의 變更(제314조) 창립총회는 조사보고를 받고 위험설립사항이 부당하다고 인정한 때에는 이를 변경할 수 있다(제314조 제1항). 이 경우의 변경은 성립 후의 회사의 부담을 줄이는 것만이 가능하고, 이를 늘리는 것은 허용되지 않는다고 본다(동지 : 최기원, 262쪽; 정동윤, 125-126쪽). 이 변경에 불복하는 발기인은 주식인수를 취소할 수 있지만(제314조 제2항, 제300조 제2항·제3항), 발기인 이외의 주식인수인은 정관의 변경으로 이익을 입을 뿐이므로 주식인수를 취소할 수 없다(동지 : 최기원, 334쪽; 정동윤, 126쪽).

E. 定款變更 또는 設立廢止의 決議(제316조) 창립총회에서는 소집통지서에 그 기재가 없는 경우에도 정관의 변경 또는 설립의 폐지를 결의할 수 있다(제316조 제1항·제2항). 창립총회에서 정관변경을 결의한 경우에는 의사록에만 명확히 하면 되고, 공증인의 인증을 요하지 않는다고 본다(통설). 창립총회에서 경제사정의 변경, 설립절차의 흠결 등의 이유로 설립이 부당하다고 인정되면 설립의 폐지를 결의할 수 있고, 그러면 회사는 성립되지 아니한다. 그러나 창립총회가 설립폐지의 결의를 하지 아니하고 종결한 때에는 특히 설립의 결의를 하지 않더라도 그로써 회사의 실체는 완성되고, 설립등기의 절차만 남게 된다.

제 4 절 設立登記

I. 登記의 目的

주식회사는 설립을 위한 최종절차인 설립등기에 의하여 성립하고(제172조), 동시에 법인격을 취득한다(제169조). 설립등기의 목적은 국가로 하여금 준칙주의에 의하는 회사설립의 법정요건에 대한 적법성을 조사할 수 있는 기회를 주고, 회사가 성립된 사실과 그 조직의 기본적 내용을 공시함으로써 다수의 이해관계인들의 이익을 보호하고 거래의 안전을 도모하는 데 있다.

Ⅱ. 設立登記의 節次

1. 登記期間

발기설립의 경우에는 검사인의 위험설립사항의 조사 또는 법원의 변경처분에 따른 절차가 종료한 날로부터 2주간 내에, 모집설립의 경우에는 창립총회가 종료한 날로부터 2주간 내에 대표이사가 본점소재지에서 등기하여야 한다(제317조 제1항).

2. 登記事項과 添附書類

설립등기시에 등기할 사항은 ① 목적, ② 상호, ③ 회사가 발행할 주식의 총수, ④ 1주의 금액, ⑤ 본점의 소재지, ⑥ 회사가 공고를 하는 방법, ⑦ 자본의 총액, ⑧ 발행주식의 총수, 그 종류와 각종 주식의 내용과 수, ⑨ 주식의 양도에 관하여 이사회의 승인을 얻도록 정한 때에는 그 규정, ⑩ 주식매수선택권을 부여하도록 정한 때에는 그 규정, ⑪ 지점의 소재지, ⑫ 회사의 존립기간 또는 해산사유를 정한 때에는 그 기간 또는 사유, ⑬ 건설이자에 관한 사항, ⑭ 이익소각에 관한 사항, ⑮ 전환주식에 관한 사항, ⑯ 이사와 감사의 성명 및 주민등록번호, ⑰ 대표이사의 성명·주민등록번호 및 주소, ⑱ 공동대표에 관한 사항, ⑲ 명의개서대리인에 관한 사항, ⑳ 감사위원회를 설치한 때에는 감사위원회위원의 성명 및 주민등록번호 등이다(제317조 제2항). 이 등기사항은 일반에 대한 공시의 목적에서 정하여진 것이므로 정관의 절대적 기재사항과 일치하지 않는 것이 많다. 1995년 개정법에서는 지점설치나 그 이전시에 지점소재지 또는 신지점소재지에서 하는 등기에는 위의 등기사항 중 ①-⑥, ⑫, ⑰ 및 ⑱ 만을 등기하면 되도록 하여 지점에서의 등기사항을 크게 축소하였다(제317조 제3항).

설립등기는 대표이사가 하여야 하며, 그 신청서에는 일정한 서류를 첨부하여야 한다(상업등기법 제80조).

3. 登記의 懈怠와 變更登記

설립등기시에 주금의 납입이나 현물출자의 이행 기타 위험설립사항에 관하여 법원, 총회 또는 발기인에게 부실보고를 하거나 사실을 은폐하였을 때에는 형벌에 의한 제재를 받으며(제625조 1호), 설립등기를 해태한 때에는 과태료의 제재를 받는다(제635조 제1항 1호).

지점의 설치(제181조), 본점 · 지점의 이전(제182조) 및 등기사항의 변경(제183조)이 있는 때에는 일정한 기간 내에 변경등기를 하여야 한다(제317조 제4항).

Ⅲ. 設立登記의 效力

1. 본래의 效力

본점소재지에서 회사의 설립등기가 행하여지면 회사가 성립하여 법인격을 취득한다(제172조). 그 결과 설립중의 회사는 회사로 성립되고, 주식인수인은 주주가 되며, 이사 · 감사는 성립 후의 회사의 기관이 된다. 그리고 설립중의 회사의 집행기관인 발기인이 회사설립을 위하여 취득하거나 부담한 권리 · 의무는 동일성설의 입장에서 이 때부터 성립된 회사에 귀속된다. 소극재산은 차액책임론에 따라 발기인의 담보책임에 의하여 해결하여야 한다(제321조). 설립등기도 당연히 상업등기의 일반적 효력을 갖는다.

<대판 1983. 12. 27, 83 다카 331>

「법인등기부에 이사 또는 감사로 등재되어 있는 경우에는 특단의 사정이 없는 한 정당한 절차에 의하여 선임된 적법한 이사 또는 감사로 추정된다.」

2. 특별한 附隨的 效力

(1) **株式引受의 無效 · 取消의 制限** 설립등기에 의하여 회사가 성립하면 주식인수인은 주식청약서의 요건의 흠결을 이유로 하여 그 인수의 무효를 주장하거나, 사기, 강박 또는 착오를 이유로 하여 그 인수를 취소하지 못한다(제320조 제1항). 그리고 창립총회에 출석하여 그 권리를 행사한 주식인수인은 회사성립의 전후를 묻지 않고 위와 같다(제320조 제2항).

(2) **權利株讓渡制限의 解除** 설립등기에 의하여 회사가 성립하면 권리주양도의 제한에 관한 제319조가 적용되지 아니한다. 권리주란 회사성립 전의 주식인수인의 지위를 말한다. 제319조의 입법취지는 권리주의 양도를 자유로이 인정하면 투기의 남용을 조장하여 회사설립의 안전을 해할 염려가 있기 때문이다. 그러나 회사가 성립하면 주식인수인의 지위(권리주)는 주식으로 되므로, 권리주양도의 제한은 적용될 여지가 없다.

다만, 상법은 주식양도의 자유성을 확보하기 위하여 회사가 성립된 후에도 주권이 발행되기까지에는 회사에 대한 관계에서 주식양도의 효력을 원칙적으로 제한하고 있다(제335조 제 3 항).

(3) 株券發行의 許容 및 强制 설립등기에 의하여 회사가 성립되기 전에는 주권을 발행할 수 없으며, 이를 위반하여 발행된 주권은 무효이다(제355조 제 2 항 · 제 3 항). 따라서 회사는 성립된 후에야 비로소 주권을 발행할 수가 있으나, 그 성립한 뒤에는 지체없이 주권을 발행하여야 하므로(제355조 제 1 항) 주권의 발행이 강제된다. 왜냐하면 회사가 성립되면 회사에 대하여도 유효한 주식의 양도성이 보장되어 회사존속중에 투하자본을 회수할 수 있어야 하기 때문이다.

(4) 設立無效의 主張의 制限 설립등기에 의하여 주식회사가 성립하면 그 설립절차에 하자가 있는 것이 판명되어도 회사성립의 날로부터 2년 내에 설립무효의 소에 의하지 아니하고는 그 무효를 주장할 수 없다(제328조 제 1 항). 왜냐하면 자본단체로서의 주식회사의 법률관계를 신속하게 안정시키기 위함이다. 하지만 설립등기 전에는 설립에 관한 하자가 있으면 항변으로도 이를 주장할 수 있고, 이 경우에는 하자가 보완되지 않는 한 회사는 성립되지 못한다.

(5) 發起人의 資本納入責任 회사가 성립되면 발기인은 자본납입책임을 진다. 즉 회사의 설립시에 발행한 주식으로서 회사성립 후에 아직 인수되지 아니한 주식이나 그 주식인수의 청약이 취소된 때에는 발기인이 이를 공동으로 인수한 것으로 보며(제321조 제 1 항), 회사성립 후에 납입을 완료하지 아니한 주식이 있는 때에는 발기인이 연대하여 납입할 책임을 진다(제321조 제 2 항).

제 5 절 設立關與者의 責任

朱榮殷, 면책청구권론에 관한 연구, 연세대 매지논총 3(1987. 2).

Ⅰ. 總 說

주식회사의 설립은 그 절차가 복잡하여 과오나 부정을 저지르기 쉽고 사기의 목적으로 설립되는 경우도 있기 때문에 회사의 설립절차를 강행법적으로 규정하고 발기인 등 설립관여자에게 엄중한 벌칙의 제재와 엄중한 민사책임을 과하여 회사의 건전한 설립과 관계자의 보호를 도모하고 있다.

벌칙으로서는 발기인은 특별배임과 그 미수(제622조 제1항, 제624조), 회사재산을 위태롭게 하는 행위(제625조), 부실문서행사(제627조), 납입가장행위(제628조 제1항), 주식의 초과발행(제629조), 독직(제630조)에 관해, 이사·감사·검사인은 부실보고(제626조), 독직(제630조)에 관해, 주식인수인은 수뢰(제631조), 주식납입책임의 면탈(제634조)에 관하여 형벌의 제재를 받는다. 이외에도 설립등기의 해태, 설립에 대한 조사·검사의 방해, 주식청약서의 불작성 또는 부실기재, 권리주의 양도, 회사성립 전의 영업 등에 관하여 과태료의 제재를 받는다(제635조 제1항·제2항, 제636조).

민사책임에 관해서는 회사가 성립한 경우에 있어서 발기인의 회사에 대한 자본납입책임(제321조)과 회사·제3자에 대한 손해배상책임(제322조) 및 회사의 불성립의 경우에 있어서 발기인의 책임(제326조)이 규정되어 있다. 그 밖에 유사발기인의 책임(제327조)과 이사·감사·발기인의 연대책임(제323조) 및 검사인의 손해배상책임에 관한 규정(제325조)이 있다.

자본시장법은 제125조 이하에서 유가증권의 공모와 관련하여 증권신고서 등의 허위기재 등으로 인한 손해배상에 관한 특칙을 두고 있다. 즉 증권신고서(정정신고서 및 첨부서류를 포함)와 투자설명서(예비투자설명서 및 간이투자설명서를 포함) 중 중요사항에 관하여 거짓의 기재 또는 표시가 있거나 중요사항이 기재 또는 표시되지 아니함으로써 증권의 취득자가 손해를 입은 경우에는 법 소정의 자(그 증권신고서의 신고인과 신고 당시의 발행인의 이사 등)는 그 손해에 관하여 배상의 책임을 진다. 다만, 배상의 책임을 질 자가 상당한 주의를 하였음에도 불구하고 이를 알 수 없었음을 증명하거나 그 증권의 취득자가 취득의 청약을 할 때에 그 사실을 안 경우에는 배상의 책임을 지지 아니한다(자본시장법 제125조 제1항). 자본시장법에서는 증권발행인의 이사 등의 손해배상책임과 관련하여 손해배상액에 대한 특칙도 두고 있다(자본시장법 제126조). 그리고 자본시장법 제125조에 따른 배상의 책임은 그 청구권자가 해당사실을 안 날부터 1년 이내 또는 해당증권에 관하여 증권신고서의 효력이 발생한 날부터 3년 이내에 청구권을 행사하지 아니한 경우에는 소멸한다(자본시장법 제127조).

이하에서는 설립관여자의 민사책임에 관하여 설명한다.

Ⅱ. 發起人의 責任

1. 會社가 성립한 경우

발기인은 회사가 성립한 경우에 회사에 대하여 자본납입책임을 지고, 회사 또는 제 3 자에 대하여 손해배상책임을 진다.

(1) 會社에 대한 責任

A. 資本納入責任

(i) 意 義 주식회사를 설립하는 때에는 발행주식이 모두 인수되고, 그 인수가액의 전액이 납입되어야 한다(제305조). 이와 같이 회사의 설립시에 발행한 주식으로서 회사가 성립한 후에 아직 인수되지 아니한 주식이 있거나 주식인수의 청약이 취소된 때에는 발기인이 이를 공동으로 인수한 것으로 보고(제321조 제 1 항)(인수담보책임), 회사의 성립 후에 아직 납입을 완료하지 아니한 주식이 있는 때에는 발기인은 이를 연대하여 납입할 의무가 있다(제321조 제 2 항)(납입담보책임). 이러한 발기인의 책임을 통상 자본충실책임이라고 하고 있으나, 자본에 관한 형식상의 원칙을 자본납입·유지의 원칙이라고 하였기에 이를 자본납입책임이라고 해야 한다.

(ii) 機 能 회사설립시에 발행하는 주식총수의 인수 및 발행가액의 전액납입이 회사의 설립요건이기 때문에 이를 흠결한 때에는 회사가 비록 설립등기에 의하여 성립되어도 회사의 설립은 무효로 되어야 한다. 그래서 상법은 주식의 청약 또는 인수의 무효·취소에 관하여 특칙을 두어(제302조 제 3 항, 제320조) 주식의 인수·납입에 흠결이 생기지 않도록 배려하고, 모집설립의 경우에는 주식의 납입에 관해 엄중한 규정을 두어(제305조, 제302조 제 2 항 9호, 제306조, 제318조) 납입의 확실을 기하고 있으나, 그래도 주식의 인수·납입의 흠결이 있는 때에는 설립의 무효를 회피하기 위해 발기인에게 위와 같은 자본납입책임을 부담시키고 있는 것이다.

(iii) 要 件 발기인의 자본납입책임은 회사설립의 무효를 회피하기 위한 보충적 책임이므로, 주식의 인수 또는 납입의 흠결이 근소한 경우에 한하여 발기인의 자본납입책임에 의하여 설립의 무효가 회피될 수 있을 뿐이고, 그 흠결이 현저한 때에는 회사설립의 무효원인이 된다. 따라서 인수 또는 납입의 흠결이 현저한 때에는 설립무효가 될 수 있으나, 이 경우에도 발기인이 자본납입책임을 현실적으로 이행한 때에는 설립의 하자가 치유된다고 본다.

이에 대해 주식의 인수 또는 납입의 흠결은 설립무효의 원인으로 되어야 하나 흠결이 아무리 현저하여도 발기인이 자본납입책임을 이행하여 흠결을 현실적으로 전보한 이상 설립을 무효로 할 필요는 없고, 흠결이 아무리 근소하더라도 발기인이 현실적으로 전보하지 않는 한 설립을 무효로 하여야 한다는 견해도 있다. 이 견해는 발기인의 자본납입책임은 설립무효의 회피를 목적으로 하는 것이 아니라, 설립등기에 의하여 주식전부에 대한 인수·납입이 있다고 신뢰하는 일반주주 및 회사채권자의 이익보호에 있다고 하여 설립의 유효·무효에 관계 없이 발기인이 항상 자본납입책임을 지는 것으로 한다(양승규, 상법사례연구, 1983, 100쪽).

(iv) 內 容 발기인의 인수담보책임은 회사성립 후 아직 인수되지 아니한 주식 또는 인수의 청약이 취소된 주식에 대하여 발기인에 의한 공동인수가 의제되어 인수된 주식에 대하여 연대하여 납입할 책임을 지는 것이므로(제333조 제1항), 발기인이 주주가 되어 납입의무를 부담한다. 이에 대해 회사성립 후 아직 납입을 완료하지 아니한 주식에 대하여 발기인이 연대하여 납입할 의무를 부담하는 납입담보책임은 이미 주식인수인의 존재를 전제하고 있으므로, 발기인이 납입하더라도 주주가 되지는 않는다. 이 경우 주식인수인의 납입의무와 발기인의 납입의무는 부진정연대채무의 관계에 있다. 발기인의 자본납입책임 내지 이에 기한 납입의무의 발생시기는 회사의 성립시이다. 그러나 발기인의 인수담보책임이 회사성립 후에 주식청약의 취소에 의한 때는 이 책임 내지 납입의무의 발생시기는 청약취소시이다.

(v) 性 質 발기인의 자본납입책임은 주식회사의 자본납입의 요청에 의하여 법이 특별히 인정한 무과실연대책임이다. 그러므로 이 책임은 채권자의 보호를 위하여 총주주의 동의로도 면제하지 못한다(제321조, 제322조, 제324조, 제400조). 발기인의 납입의무는 이사가 그 이행을 청구하는 것이 원칙이지만, 소수주주의 대표소송에 의하여 그 이행을 강제할 수도 있다(제324조, 제403조 내지 제406조). 발기인의 자본납입책임은 회사의 성립시로부터 10년의 경과로 시효소멸한다.

(vi) 現物出資의 問題 현물출자의 불이행의 경우에는 발기인의 자본납입책임이 인정되는가에 관하여 다툼이 있다. ① 현물출자도 대체가능하므로 자본납입책임을 인정할 수 있다거나, ② 상법은 금전출자의 납입과 현물출자의 이행을 구별하고 있으며(제305조, 제295조), 현물출자는 일반적으로 개성이 있으므로 현물출자의 불이행의 경우는 발기인은 자본납입책임을 지지 않는 것으로 본다(손주찬, 599쪽; 정찬형, 223쪽; 최기원, 341쪽)는 견해도 있다. 그러나 ③ 현물출자의 목적재산이 회사의 사업수행에 불가결하느냐에 따라 설립무효로 하거나 금전납입을 인정할 수 있다고 본다(동지: 이철송, 250쪽; 정동윤, 154쪽).

B. 損害賠償責任

(i) 意 義 발기인은 주식회사설립의 기획자이고 설립중의 회사의 기관이기 때문에 선량한 관리자의 주의로써 회사의 설립에 관한 임무를 행하여야 하고, 이를 해태하여 회사에 손해를 발생시킨 경우에는 발기인은 회사에 대하여 연대하여 손해를 배상할 책임이 있다(제322조 제1항).

<대판 1989. 9. 12, 89 누 916>

「발기인인 갑·을이 주식인수대금을 가장납입하는 방법으로 회사를 설립하기로 공모하고 회사설립과 동시에 납입하였던 주식인수대금을 인출하였다면, 갑과 을은 회사의 설립에 관하여 자본충실의무 등 선량한 관리자로서의 임무를 다하지 못한 발기인들로서 또는 회사의 소유재산인 주식인수납입금을 함부로 인출하여 회사에 대하여 손해를 입힌 공동불법행위자로서의 책임을 면할 수 없으므로, 회사에 그 손해를 연대하여 배상할 책임이 있다.」

이 책임은 설립중의 회사의 기관으로서 당연히 설립중의 회사에 대하여 지는 손해배상책임이 회사동일성설에 따라 성립 후의 회사에 대한 책임으로 전환된 것으로 볼 수 있다.

발기인의 손해배상책임은 회사가 성립한 경우에 지는 책임이기 때문에 회사가 성립되지 아니한 경우에는 임무해태로 인한 책임을 지지 않는다. 그러나 일단 회사가 성립한 때에는 그 후 법원의 판결로 회사의 설립이 무효가 되더라도 이미 발생한 발기인의 손해배상책임이 소멸하지는 않는다(제328조, 제190조).

(ii) 法的 性質 발기인의 자본납입책임이 무과실·연대책임임에 대하여, 발기인의 손해배상책임은 과실이 있는 발기인만이 지는 과실책임이다. 이 손해배상책임은 발기인과 회사 사이에 계약관계가 존재하지 않기 때문에 채무불이행책임이 아니며, 위법성을 필요로 하지 않으므로 불법행위책임이라고도 할 수 없다. 이 책임은 설립중의 회사의 기관으로서 선량한 관리자의 주의의무를 다하지 않은 데 대하여 상법이 특별히 인정한 책임이다.

(iii) 責任의 免除·追窮·消滅 발기인의 임무해태로 인한 손해배상책임은 총주주의 동의가 있으면 면제할 수 있으며(제324조, 제400조), 10년의 시효로 소멸한다. 소수주주는 발기인의 책임을 추궁하는 소의 제기를 회사에 대하여 청구할 수 있으며, 이러한 청구에도 불구하고 회사가 30일 이내에 소를 제기하지 않을 때에는 직접 대표소송을 제기하여 발기인의 책임을 회사를 위하여

추궁할 수 있다(제324조, 제403조의 아래).

(2) 第 3 者에 대한 責任

A. 意 義 발기인은 설립중의 회사의 기관으로서 회사에 대하여 전술한 손해배상책임을 지는 것은 당연하지만, 제 3 자에 대하여서는 일반불법행위책임 이외에 손해배상책임을 부담하지는 않는다. 그러나 상법은 발기인이 회사의 설립에 관하여 악의 또는 중대한 과실로 인하여 그 임무를 해태한 때에는 제 3 자에 대하여도 연대하여 손해배상책임을 진다는 뜻을 규정하고 있다(제322조 제 2 항). 발기인의 제 3 자에 대한 손해배상책임은 경과실의 경우에는 책임을 지지 않는다는 점에서 일반불법행위의 경우(민법 제750조)보다 책임을 경감시킨 반면에, 악의 또는 중대한 과실은 발기인의 임무해태에 관하여 있으면 되고 직접 제 3 자에 대한 위법성은 존재할 필요가 없다는 점에서는 발기인의 책임을 가중시킨 것이라고 할 수 있다. 회사가 성립하지 않은 때에는 임무해태로 인한 책임을 지지 않으므로 제 3 자에 대하여 책임질 이유가 없다.

B. 法的 性質 이 책임의 법적 성질에 관하여는 학설이 나누어진다.

(i) 特別法定責任說 발기인은 제 3 자와 직접적인 법률관계에 서 있지 아니하기 때문에 회사의 설립에 관한 임무해태로 제 3 자에게 손해가 발생하더라도 발기인이 제 3 자에 대하여 직접책임을 질 이유는 없다. 그래서 상법이 제 3 자의 보호를 강화하기 위하여 불법행위책임과는 별개로 발기인에게 부담시킨 특별한 법정책임이라고 한다(통설)(정찬형, 225쪽; 최기원, 345-346쪽; 이철송, 253쪽). 발기인의 제 3 자에 대한 손해배상책임이 성립하기 위한 악의 또는 중대한 과실은 회사에 대한 임무해태에 관하여 필요하고, 발기인에게 손해배상을 청구하는 제 3 자는 널리 회사 이외의 자로서 회사채권자와 주식청약인뿐만 아니라 주식인수인 또는 주주를 포함한다. 왜냐하면 설립중의 회사는 원칙적으로 주식인수인 이외의 제 3 자와 직접적인 법률관계에 서는 일이 적으므로 주식인수인 내지 주주를 제 3 자의 범위로부터 제외하면 동 조항의 취지를 무의미하게 만들 수 있기 때문이다. 그리고 제 3 자의 손해는 발기인의 임무해태의 결과 직접 개인적으로 입은 손해이든, 간접적으로 입은 손해이든 상관없다.

(ii) 不法行爲特則說 발기인의 손해배상책임은 일반불법행위책임에 의한 발기인의 책임을 경감하기 위하여 둔 특별한 불법행위책임이라고 한다. 이 설은 일반불법행위책임과의 경합을 부정하지만, 특히 경과실의 경우에 있어서 발기인의 면책을 강조한다.

(iii) 特殊不法行爲責任說　이 설은 발기인의 책임은 법정책임이 아니라 불법행위책임이지만, 제 3 자의 보호를 도모하기 위하여 민법의 불법행위책임과의 경합을 인정한다.

발기인의 제 3 자에 대한 책임이 발생하기 위해서는 위법행위임을 요하지 않고 경과실에 대해서는 면책되고 악의 · 중과실은 임무해태에 관한 것이면 충분하므로, 이 책임은 민법상의 일반불법행위책임과는 관계 없는 특별한 법정책임이라고 본다. 그러므로 일반불법행위의 요건을 구비하는 때에는 상법에 의한 발기인의 제 3 자에 대한 책임은 일반불법행위책임과 경합한다.

C. **責任의 免除 등**　발기인의 제 3 자에 대한 책임은 회사의 설립이 무효가 되어도 면제되지 않으며(제328조, 제190조), 총주주의 동의로써 면제할 수 없음은 당연하다. 이사 · 감사가 제 3 자에 대하여 책임을 지는 경우에는 발기인은 이들과 연대하여 손해를 배상할 책임이 있다(제323조).

2. 會社가 성립하지 못한 경우

(1) 意　義　전술한 발기인의 책임은 회사가 성립한 경우에 있어서의 책임이지만, 회사가 성립하지 못한 경우에 있어서 상법은 "발기인은 회사의 설립에 관하여 행한 행위에 대하여 연대하여 책임을 부담하고 회사의 설립에 관하여 지출한 비용은 발기인의 부담으로 한다"는 뜻을 규정하고 있다(제326조). 회사가 성립하지 못한 경우란 회사가 설립절차에 착수하였으나 설립절차가 도중에 좌절하여 설립등기에 의한 성립에까지 이르지 못한 것으로 확정된 것이다. 예컨대 설립시에 발행하는 주식총수에 관하여 인수나 납입 또는 현물출자의 이행이 없고, 이로 인하여 성립이 좌절된 경우라든가 창립총회에서 설립폐지의 결의를 한 경우 등이고, 회사가 법률상은 물론 사실상으로도 존재하지 못하게 된 경우이다. 이에 대하여 설립의 등기가 이루어져 회사가 성립에 이른 후에 설립이 무효로 된 경우에는 해산의 경우에 준하여 청산되어야 하므로, 여기서 말하는 회사가 성립하지 못한 경우에 해당하지 않는다.

(2) 責任의 根據　회사가 성립하지 못한 경우의 발기인의 책임을 정한 상법 제326조의 근거에 관하여 학설이 대립한다. ① 회사가 성립하지 못한 경우에는 설립중의 회사는 법률적으로는 처음에 소급하여 존재하지 않은 것으로 된다. 따라서 발기인과 주식인수인 또는 제 3 자와의 사이에 개재한 설립중의 회사는 존재하지 않은 것으로 되기 때문에 발기인이 형식적으로뿐만 아

니라 실질적으로도 권리의무의 귀속주체로 되므로, 이 규정은 당연규정이라고 한다. 이 설은 회사가 성립하지 못한 경우에까지 설립중의 회사를 법률적으로 의미 있는 것으로는 인정하기 어렵다는 입장이다. ② 이에 대하여 회사가 성립하지 못한 경우에도 거기까지 실재한 설립중의 회사가 처음에 소급하여 소멸하지 않으며, 회사는 목적달성불능에 의하여 해산하여 청산하는 것이고 주식인수인도 설립중의 회사의 구성원인 이상 단체의 채무를 변제한 잔액에 관하여서만 납입금의 반환을 청구할 것이지만, 상법 제326조는 주식인수인을 보호하기 위하여 모든 발기인에게 전책임을 부담시킨다고 한다(정동윤, 157-158쪽; 이철송, 255쪽; 정찬형, 226쪽; 채이식, 446쪽). 이 설은 회사가 성립하지 못한 경우에도 설립중의 회사를 법률적으로 의미 있는 것으로 해석하는 입장이다.

기본적으로는 후설에 찬성하지만 본조는 주식인수인 및 설립중의 회사의 거래상의 채권자도 보호하기 위한 것으로 본다(동지; 정동윤, 164쪽; 이철송, 255쪽). 왜냐하면 회사가 성립하지 못한 때에는 설립중의 회사는 목적달성불능에 의하여 해산하여 청산한다. 청산단계에 있어서는 발기인이 설립중의 회사의 이름으로 한 회사의 설립에 필요한 거래행위에 기한 채무를 부담한다. 더욱이 주식청약인의 주식인수계약은 발기인의 주식인수와 달리 회사의 불성립을 소급적 해제조건으로 하는 계약으로 해석하여야 한다. 따라서 청산단계에 있어서는 주식인수인에 대한 원상회복의무로서 청약증거금·납입금의 반환의무를 부담하여야 한다. 그래서 본조는 청산단계에 있는 단체와 함께 발기인 전원에게 설립중의 회사의 이름으로 회사의 설립에 관하여 한 발기인의 행위에 관해 연대책임을 부담시켜 그러한 행위의 상대방을 보호하고자 한다.

(3) 責任의 性質　이 책임은 회사의 불성립에 관하여 발기인의 고의·과실을 요하지 않는 무과실책임이다.

(4) 責任의 內容　회사가 성립하지 못한 경우에 상법 제326조에 의하여 발기인이 책임을 부담해야 할 회사의 설립에 관하여 한 행위가 무엇이냐에 관하여 다툼이 있다. 발기인의 권한이 사단의 형성 자체를 직접 목적으로 하는 행위에 한정되지 않고 회사의 설립에 필요한 행위에까지 미친다고 보면, 발기인의 회사의 설립에 관한 행위로서 중요한 것은 주식에 대한 청약증거금·납입금의 수령, 현물출자의 이행의 수령뿐만 아니라 설립사무소의 임차, 사무원의 고용, 주주모집광고의 위탁 및 설립사무소의 임료와 사무원의 급료의 지급 등이다.

Ⅲ. 類似發起人의 責任

1. 類似發起人의 意義와 責任

전술한 발기인의 책임에 있어서 발기인이란 정관에 발기인으로서 기명날인 또는 서명한 자라고 하는 형식적 개념이다. 그러나 경우에 따라서는 발기인으로서 정관에 기명날인 또는 서명하지 아니한 자에게도 발기인과 동일한 책임을 지울 필요가 있다. 상법은 발기인이 아니면서 주식청약서, 투자설명서, 주주모집광고 기타 주식모집에 관한 서면에 자기의 성명 및 회사의 설립을 찬조한다는 뜻의 기재를 할 것을 승낙한 자는 발기인과 동일한 책임을 부담한다는 뜻을 규정하고 있다(제327조). 이러한 자가 부담하는 책임을 유사발기인의 책임이라고 한다. 이 책임은 설립찬조자의 발기인과 같은 외관을 신뢰하는 자를 보호하기 위한 것이고, 그 기초는 금반언 내지 외관이론에 있다.

유사발기인은 발기인과 동일한 책임을 부담한다고 규정되어 있으나 유사발기인은 발기인으로서의 직무권한을 갖고 있지 않기 때문에 임무해태로 인한 회사 및 제 3 자에 대한 손해배상책임은 부담하지 않으므로, 실제로 유사발기인이 지는 책임은 무과실책임인 자본납입책임과 회사가 성립하지 못한 경우의 책임뿐이다.

2. 類似發起人의 資本納入責任

유사발기인의 책임 중에서 자본납입책임은 인수되지 아니한 주식의 발기인과의 공동인수 및 납입되지 아니한 주식의 발기인과의 연대납입의무이다. 유사발기인의 자본납입책임은 총주주의 동의로써도 면제할 수 없고, 납입의무의 추급에 관하여서는 소수주주의 대표소송이 인정된다(제327조, 제403조 내지 제406조). 유사발기인은 이 납입의무에 관하여 상계로써 회사에 대항하지 못한다. 또한 유사발기인은 회사의 설립이 무효로 되어도 자본납입책임을 면하지 못한다.

Ⅳ. 理事 · 監事 및 檢査人의 責任

1. 理事와 監事의 責任

회사의 성립 전에 선임된 이사와 감사는 설립중의 회사의 감사기관으로서 설립경과를 조사하여 창립총회에 보고하고 설립등기신청 등의 의무가 있는데, 그 임무를 해태하여 회사 또는 제 3 자에 대하여 손해를 입힌 때에는 이를 연대하여 배상할 책임이 있으며, 발기인도 책임이 있는 때에는 이사·감사 및 발기인이 연대하여 손해를 배상할 책임이 있다(제323조).

이사·감사의 제 3 자에 대한 손해배상책임은 발기인의 경우와 마찬가지로 악의 또는 중대한 과실이 있는 때에만 진다고 본다(동지 : 정찬형, 226쪽; 최기원, 348쪽; 정동윤, 159-160쪽; 이철송, 256쪽). 이사·감사의 책임은 총주주의 동의로 면제할 수 있고, 책임추궁을 위하여 소수주주의 대표소송이 인정된다(제400조, 제403조).

2. 檢査人의 責任

법원이 선임한 검사인은 설립경과를 조사할 임무를 부담하므로 악의 또는 중대한 과실로 인하여 그 임무를 해태한 때에는 회사 또는 제 3 자에 대하여 손해를 배상할 책임이 있다(제325조). 법원이 선임한 검사인은 회사와는 아무런 계약관계가 없지만, 상법은 주식인수인과 회사채권자를 보호하기 위하여 검사인에게 설립경과를 조사하게 하고 검사인에게 임무해태로 인한 손해배상책임을 지우고 있다.

창립총회에서 선임한 검사인의 책임에 관하여는 상법에 아무런 규정을 두고 있지 않으나, 이는 설립중의 회사의 감사기관이므로 이사·감사와 같은 책임을 진다고 본다(동지 : 최기원, 349쪽; 정동윤, 160쪽).

제 6 절 株式會社設立無效의 訴

朴元善, 회사설립의 하자에 대한 판결, 法學의 諸問題(洪璡基先生華甲紀念論文集)(1977)/李基秀, 모집설립의 형식을 취한 발기설립의 효력 — 대판 1992. 2. 14, 91 다 31494 — 評釋, 法律新聞 2129(1992. 6. 8).

1. 意 義

회사는 준칙주의에 따라 법률이 정한 요건을 갖추고 설립등기를 마침으로써 성립하게 된다. 이 때 회사가 설립등기까지 마쳐서 형식상·외관상 유효한 회사가 성립하였으나 설립의 방법이나 절차가 법령이나 정관에 위반하였을 때에는 회사설립에 하자가 있게 된다. 한편 회사설립의 하자는 형식상 회사의 설립을 전제로 하기 때문에 회사의 설립등기에까지 이르지 못하고 중도에 그치게 된 회사의 불성립이나, 회사설립에 중대한 결함이 있어서 전혀 회사가 존재한다고 볼 수 없는 회사의 부존재에 있어서는 회사설립의 하자라는 문제가 생기지 않는다(하지만 광의의 회사설립의 하자에는 이를 포함하기도 한다). 회사의 불성립의 경우에는 회사설립사무의 기획자인 발기인이 모든 책임을 진다. 이러한 회사의 불성립이나 부존재가 있는 경우에는 누구든지 어떠한 방법으로도 언제나 이를 주장할 수 있다. 이 때에는 제 3 자에 대하여 부존재하는 회사를 대표하여 거래한 자가 무권대리인의 책임에 관한 민법 제135조를 유추적용하여 책임을 부담하여야 한다.

상법상 회사설립의 하자와 관련하여 회사설립무효의 소와 회사설립취소의 소를 규정하고 있으나, 주식회사에 있어서는 그 중 회사설립무효의 소만이 인정되고 있다. 주식회사의 설립절차는 엄격하게 법정되어 있고 또 매우 복잡한데, 만일 그 절차의 사소한 불비를 이유로 회사설립의 효력을 부인한다면 주주의 이익뿐만 아니라 설립등기 및 회사의 법인격을 신뢰하고 회사와 거래한 상대방의 지위가 불안정해진다. 따라서 주식회사 설립절차상의 하자를 치유하는 여러 규정들을 두고 있고(제320조 제 1 항, 제321조, 제302조 제 3 항과 민법 제107조 제 1 항 단서), 또한 이해관계자의 주관적 사정을 이유로 하는 설립취소의 소를 인정하지 않고 있다.

2. 設立無效의 原因

주식회사설립의 하자는 주관적 하자와 객관적 하자로 나누어 볼 수 있다. 설립참여자의 주관적 의사표시상의 하자인 착오 · 사기 · 강박 · 통정허위표시 등은 주식회사설립을 취소시키거나 무효로 하지는 못한다. 이 점에서 주관적 하자가 회사설립의 취소의 원인이 될 수 있는 합명회사, 합자회사 및 유한회사(제184조, 제269조, 제552조)와는 다르다. 주식회사는 자본회사의 전형으로서 자본의 집적이 문제이지 사원이 누구인가는 중요한 문제가 아니기에 이러한 주관적 하자는 설립등기를 한 후에는 그 하자가 치유된다(제320조). 또한 회사성립 후에 주식인수인이 주식인수의 청약을 취소하면 발기인이 이를 인수한 것으로 보아(제321조) 자본의 구성을 완결시킴으로써 회사설립 그 자체의 무효가 되지는 아니한다.

상법에는 주식회사 설립무효의 원인에 대해 직접적인 규정이 없으나, 설립절차에 관한 객관적인 하자가 있으면 된다. 먼저 주식회사의 설립절차가 강행법규 또는 주식회사의 본질에 반할 때에는 설립무효의 원인이 된다(동지: 정찬형, 219쪽; 손주찬, 608쪽; 이철송, 258쪽; 채이식, 417쪽). 또한 회사설립에 관한 상법규정은 거의가 강행규정이므로 상법에 위반하여 설립되었다면, 원칙적으로 이는 설립무효사유가 된다. 한편 주식회사의 설립이 선량한 풍속 기타 사회질서에 반하는 경우에도 설립무효원인이 된다고 본다(동지: 정찬형, 219쪽; 서돈각, 317쪽; 손주찬, 608쪽; 최기원, 351쪽. 이설(반대견해): 채이식, 418쪽).

그 밖에 구체적인 예로서는 정관의 절대적 기재사항이 흠결된 경우, 공증인의 인증이 필요한 경우로서 정관에 공증인의 인증이 없는 경우, 주식의 인수나 납입에 중대한 결함이 있는 경우, 주식발행사항에 대한 발기인 전원 동의의 결정이 없는 경우, 설립등기가 무효인 경우, 창립총회의 불소집 · 결의하자의 경우, 설립경과의 조사 · 보고가 생략된 경우 등이다.

3. 節 次

(1) 訴의 提起 및 節次 주주 · 이사 · 감사만이 설립무효의 소를 제기할 수 있으며, 또한 회사설립의 날로부터 2년 내에 제기하여야 한다(제328조). 이 기간은 제척기간으로 2년 경과 후에는 누구라도 당해 원인에 기한 설립무효를 주장할 수 없다. 피고는 회사가 되며, 본점소재지의 지방법원의 관할에 전속한다(제328조 제2항, 제186조). 설립무효의 소가 제기된 때에는 회사는 지체없이 공고하여야 하고(제328조 제2항, 제187조), 수 개의 소가 제기된 때에는 법원은 이를 병합심리하여야 한다(제328조 제2항, 제188조).

(2) 裁量棄却 설립무효의 소가 그 심리중에 원인이 된 하자가 보완되고, 회사의 현황과 제반사정을 참작하여 설립을 무효로 하는 것이 부당하다고 인정한 때에는 법원은 그 청구를 기각할 수 있다(제328조 제2항, 제189조). 설립무효원인의 존부에 관한 판단은 회사설립시를 기준으로 하여야 할 것이므로, 여기의 심리중이란 설립시부터 변론종결시까지를 말한다고 해석하여야 한다. 이는 회사설립이 사소한 기술적 · 절차적 하자 때문에 무효로 되는 것을 방지하기 위하여 인정된 예외이다.

4. 判決의 效力

(1) 原告勝訴의 경우 회사설립무효의 판결이 확정되면, 그 판결의 효력으로서 회사설립이 무효가 된다. 설립무효판결의 효력은 제 3 자에게 대하여도 미친다(제190조 1문). 이것은 주식회사설립의 효력은 당사자 사이에서만 개별적으로 조사 · 확정될 성질의 것이 아니고, 또 단체법상 이해관계인 모두에게 획일적으로 확정되어야 할 성질의 것이기 때문이다. 하지만 확정판결 전

에 생긴 회사와 주주 및 제3자 간의 권리·의무에는 영향을 미치지 않는다(제190조 2문). 이는 기존 상태를 존중하여 설립무효판결의 소급효를 부인한 것으로, 이른바 하자 있는 회사(de facto oder fehlerhafte Gesellschaft)가 존재하게 된다.

설립무효의 판결이 확정된 때에는 회사는 해산의 경우에 준하여 청산하여야 하고(제193조 제1항, 제328조 제2항), 본점과 지점의 소재지에서 등기하여야 한다(제328조 제2항, 제192조).

(2) 原告敗訴의 경우 원고가 패소한 때에는 일반원칙에 따라 그 기판력은 당사자에게만 미친다(민사소송법 제218조 제1항). 따라서 제3자는 동일한 원인을 이유로 다시 설립무효의 소를 제기할 수 있다. 하지만 소제기가 2년의 제척기간에 걸려서 실제로 다시 소를 제기함은 실무상 불가능하다. 한편 패소한 원고는 악의 또는 중대한 과실이 있는 때에는 회사에 대해 연대하여 손해를 배상할 책임이 있다(제191조, 제328조 제2항). 이는 설립무효소송을 남발함으로써 회사의 명예나 신용이 실추되는 것을 막기 위한 것이다.

제7절 瑕疵 있는 會社

1. 意 義

앞에서 보았듯이 회사성립 후에 설립무효판결이 확정되더라도 이 확정판결에는 소급효가 인정되지 않는다(설립취소판결도 마찬가지이다). 따라서 설립과정중에 하자가 있었더라도 회사의 성립시부터 설립무효판결 (또는 설립취소판결)이 확정될 때까지는 법적으로 유효한 회사가 존재하게 되는데, 강학상 이를 하자 있는 회사(fehlerhafte Gesellschaft) 또는 사실상의 회사라고 하여 하자 없이 설립된 회사와 구별하고 있다. 하자 있는 회사는 설립과정에 하자가 있더라도 일단은 유효하게 성립된 회사로 인정된다는 데에 그 의미가 있다.

2. 要 件

하자 있는 회사로 인정되기 위한 요건은 다음과 같다. 첫째, 회사의 설립과정에 설립을 무효로 취소시킬 수 있는 하자가 있어야 한다. 둘째, 회사가 설립등기에 의해 유효하게 성립되었어야 한다. 셋째, 설립무효·취소의 소에 의하여 회사의 설립이 무효 또는 취소되어야 한다.

3. 法的 效果

하자 있는 회사의 법적 효과는 당해 회사가 유효하게 성립되었다는 점에 있다. 즉 설립무효나 취소의 확정판결이 있기 전까지 하자 있는 회사가 행한 하자 없는 완전한 회사의 행위와 마찬가지로 법적으로 유효하다. 이는 외부관계뿐만 아니라 내부관계에서도 그러하다. 설립무효나 취소의 소가 확정되면 하자 있는 회사는 해산에 준하여 청산하여야 한다(제193조 제 1 항, 제269조, 제328조 제 2 항, 제552조 제 2 항). 다만, 인적회사의 경우에 설립무효·취소의 원인이 특정사원에 한한 것인 때에는 다른 사원 전원은 회사의 계속을 결의할 수 있다(제194조 제 1 항·제 2 항, 제269조).

제3장 株式과 株主

제1절 株式의 意義와 分類

姜渭斗, 株式 및 社債發行制度의 改善方向, 上場協 27(1993. 5)/姜渭斗, 주식상호보유의 규제에 관한 비교법제, 商法論叢(鄭熙喆先生停年紀念論文集)(1985)/金在範, 무의결권우선주제도의 개선에 관련된 법적 문제, 경영법률 제6집(1996)/南基潤, 최근의 스위스주식법개정에 관한 소고, 광운대 논문집(인문 · 사회과학) 22(1993. 9)/박상근, 공유주식의 권리행사, 강원법학(1998)/朴晋泰, 自己株式에 관한 比較法的 硏究, 부산대 박사학위논문(1986)/徐庚林, 주식제도에 관한 한일법제 비교연구, 제주대 논문집 22(1986. 6)/徐正恒, 미국의 공개매수규제법에 관한 연구, 단국대 박사학위논문(1993)/宋鍾浚, 유가증권 공개매수에 관한 연구: 그 법적 규제를 중심으로, 고려대 박사학위논문(1990)/安東燮, 數種의 株式, 司法行政 316(1987. 4)/劉滎一, BOND에 관한 연구, 울산대 사회과학논문집 2, 1(1992. 4)/劉滎一, 주식공개매수에 관한 연구, 서울대 박사학위논문(1994)/李基秀, 주식과 자본, 고시연구 187(1989. 10)/李基秀, 단주와 단위주, 월간고시 189(1989. 10)/李種根, 우선주식에 관한 비교법적 고찰, 건국대 박사학위논문(1994)/李範燦, 무의결권주의 문제점과 개선방안, 기업과 법(김교창변호사화갑기념논문집)(1997)/李哲松, 相互株에 관한 研究, 서울대 박사학위논문(1983)/李哲松, 소위 1% 무의결권우선주의 법적 평가, 증권 65(1990. 9)/張志石, 무액면주식에 관한 법적 고찰, 연세대 박사학위논문(1990)/張志石, 무액면주식에 관한 비교법적 고찰, 경원대 논문집(인문 · 사회) 11(1993. 3)/張志石, 무액면주식제도에 관한 소고 — 주식의 발행가액과 자본구성을 중심으로 —, 經濟法 · 商事法論集(孫珠瓚教授停年紀念論文集)(1989)/張志石, 무액면주식제도의 장단점, 경원대 사회과학연구 1(1992. 7)/張志石, 주식의 가치와 발행가액, 경원대 법학논총 1(1993. 12)/丁啓聲, 외국인 주식투자제도상의 문제점: 상장법인의 주주관리상 유의점을 중심으로, 상장협 27(1993. 5)/鄭東潤, 상법상의 의결권 없는 우선주에 관하여, 기업과 법(김교창변호사화갑기념논문집)(1997)/鄭茂東, 주식의 본질론에서 본 회사법상의 제문제, 전남대 경영논집 10(1985. 12)/鄭泰雨, 自己株式에 관한 연구, 서울대 박사학위논문(1985)/崔秉珪, 독일의 새로운 증권거래법, 상사법논총(上)(강위두교수화갑기념논문집)(1996).

제 1 관 株式의 意義

주식이란 법률상 두 가지 의미를 갖는다. 하나는 자본금의 구성단위로서의 주식이고, 다른 하나는 주주권, 즉 주식회사의 구성원으로서의 주주의 지위(주주의 권리와 의무)를 나타내는 주식이다. 주주권을 표창하는 유가증권을 주식이라고도 하나, 이는 주권이라고 함이 옳다.

Ⅰ. 資本金의 構成單位

1. 均一한 金額

주식회사의 자본금은 균일한 금액으로 나타낸 주식으로 분할하여야 하므로(제329조 제2항·제3항), 주식은 자본금의 구성단위로서의 의미를 갖는다.

주식은 자본금을 균일하게 나눈 단위로서의 금액을 표시하여야 하며, 1주의 금액은 최소한 100원 이상이어야 한다(제329조 제3항). 이와 같이 일정한 금액으로 표시하는 주식을 액면주식이라고 한다. 이에 반하여 주식을 자본에 대한 일정한 비율(예컨대 자본의 1만분의 1 등)로 나타낸 주식을 무액면주식 또는 비례주식이라 한다. 2011년 상법개정에 의하여 무액면주식도 허용되었다.

무액면주식은 시가발행이 가능하므로 발행한 액면주식의 시가가 액면보다 낮은 회사에서는 그 낮은 시가로 신주를 발행할 수 있어 자본의 조달이 용이할 뿐만 아니라, 주식의 현재의 경제적 가치를 정확히 나타내므로 주식의 경제적 가치에 대한 오해의 염려가 없다. 하지만 주식사기의 원인이 되고 자본납입 및 유지의 원칙에 반하는 문제점도 있다.

2. 資本金과 株式의 關係

주식은 자본금을 균일하게 나눈 단위(금액)이므로 원칙으로 발행주식의 액면총액이 자본금액과 일치한다(제451조). 즉 1주의 액면금액에 발행주식총수를 곱한 것이 자본금이다. 하지만 상환주식의 상환(제345조)과 자기주식소각(제343조 제1항 단서)의 경우에는 소각되는 주식수만큼 주식수와 액면총액이 감소하지만, 자본금 감소의 절차에 따른 것이 아니므로 자본금은 감소되지 아니하여 발행주식의 액면총액과 자본금이 일치하지 않게 된다.

3. 株式의 不可分性과 共有

주식은 균일하게 세분화된 일정한 단위이므로 이를 단위 미만으로 세분하거나 분해할 수 없다(주식의 불가분성). 따라서 주주가 하나의 주식을 둘로 나누어 반을 다른 사람에게 양도하거나, 이익배당청구권 또는 의결권만을 제3자에게 양도할 수 없다. 그리고 주식합병시 주주가 갖는 주식 중 1주에 미달하는 단주가 생긴 경우에도 단주는 원칙적으로 회사가 이를 모아서 매각한 다음 그 대금을 단주의 소유자에게 분배하도록 함으로써 상법은 단주의 독립된 존재를 인정하지 않는다(제443조).

이와 같이 단위주식을 세분하는 것은 허용되지 않지만, 단위주식 자체를 수인이 공유하는 것은 가능하다. 주식의 공유는 수인에 의한 주식의 공동인수(제333조 제1항), 발기인 또는 이사의 주식인수담보책임의 부담(제321조 제1항, 제428조 제1항), 수인에 의한 주식의 공동상속 등의 경우에 발생한다. 이 때에는 공유자는 주주의 권리를 행사할 대표자 1인을 정하여야 하며, 이를 정하지 아니한 때에는 회사의 공유자에 대한 통지나 최고는 그 중 1인에 대하여 하면 된다(제333조 제2항·제3항).

<대판 2000. 1. 28, 98 다 17183>

「주식의 공유자들 사이에 공유주식을 분할하는 판결이 확정되면 그 공유자들 사이에서는 별도의 법률행위를 할 필요 없이 자신에게 귀속된 주식에 대하여 주주로서의 권리를 취득하는 것이고, 이와 같이 공유물분할의 방법에 의하여 주식을 취득한 자는 회사에 대하여 주주로서의 자격을 보유하기 위하여 자기가 그 주식의 실질상의 소유자라는 것을 증명하여 단독으로 명의개서를 청구할 수 있으므로 주식의 공유자로서는 공유물분할의 판결의 효력이 회사에 미치는지 여부와 관계 없이 공유주식을 분할하여 공유관계를 해소함으로써 분할된 주식에 대한 단독소유권을 취득하기 위하여 공유물분할의 소를 제기할 이익이 있다.」

4. 株式의 分割 및 併合

주식의 분할이란 자본을 증가시키지 않고 이미 발행된 주식을 일률적으로 세분화하여 단순히 주식수를 늘리는 것을 말한다(예컨대 액면 1만 원의 주식을 액면 5천 원의 주식 2주로 나누는 것). 주식분할의 결과 발행주식총수와 각 주주가 가지는 주식수가 증가하나, 회사의 자본금과 재산은 원칙적으로 변동이 없다. 주식의 분할은 특정한 주식을 단위 미만으로 세분하는 것이 아니라, 일률적으로 단위 자체를 인하하여 보다 작은 단위로 만드는 것이므로, 주식의 불가분성에 반하지 않는다. 주식의 분할은 주가가 너무 높을 때 이를 낮추거나 다른 회사와의 합병을 위한 준비로서 행해진다. 이는 정관의 절대적 기재사항인 1주의 금액을 변경하는 것으로 정관의 변경이 필요하므로 주주총회의 특별결의가 있어야 한다(제329조의 2). 분할 후 1주의 액면가는 100원 이상이어야 한다. 주식분할의 경우에는 주식병합에 관한 제440조 내지 제444조의 규정을 준용한다(제329조의 2 제 3 항).

주식의 병합은 여러 개의 주식을 합하여 보다 적은 수의 주식으로 하는 것이다(예컨대 2주를 묶어 1주로 만드는 것). 주식의 병합은 자본감소의 경우에 주식수를 감소시키거나, 합병을 하는 경우에 소멸회사의 다수의 주식에 대하여 존속회사 또는 신설회사의 주식을 소수로 배정하는 때에 발생한다(제440조 아래).

Ⅱ. 株主의 地位(株主權)

1. 會社에 대한 權利·義務의 單位

주식은 앞서 말한 자본의 구성단위일 뿐만 아니라 또한 주식회사의 구성원으로서의 주주의 지위, 즉 주주가 회사에 대하여 가지는 권리·의무의 총체를 의미하기도 한다. 여기에서 주주의 권리·의무는 주식으로부터 파생하거나 주식에 포함되어 있다고 말할 수 있다.

2. 株式複數主義

주주가 주식을 100주 가지면 100의 주주권을 갖게 되는데, 이와 같이 주주의 지위, 즉 주주의 회사에 대한 권리·의무는 그가 가지는 주식수에 따라 산술적으로 계산된다. 이것이 주식복수주의이다. 합명회사의 경우 손익의 분배는 각 사원의 출자가액에 따르며(제195조; 민법 제711조), 의사결정은 중요 사항에 관해 총사원의 동의에 의하며(제204조, 제227조 제 2 호, 제230조, 제525조), 업무집행에 관하여도 사원의 과반수에 의하는 등(제195조, 제203조; 민법 제706조 제 2 항) 두수제이기 때문에 각 사원의 지위를 하나로 보는 지분단일주의가 타당하며, 출자액의 대소가 있을 뿐이다. 이에 대해 주식회사에 있어서는 이익의 배당을 주식수에 따라 하게 됨(제464조)은 물론이고, 주주총회의 결의도 1주 1의결권의 원칙에 의한 다수결에 의하는 것이 원칙이기 때문(제368조 제 1 항, 제434조)에(극히 예외의 경우에는 총사원의 동의 필요 : 제400조, 제604조) 주주의 지위를 여러 개로 보는 주식복수주의가 지배하고 있다(지금까지 주식복수주의를 지분복수주의라고 잘못 얘기하였으나, 주주권을 주식이라고 하지 지분이라고 하지 않기 때문에 이를 주식복수주의라고 하여야 마땅하다).

3. 株式의 法的 性質

주식회사의 구성원인 주주의 지위로서의 주식의 법적 성질에 관해서는 학설이 나누어진다. 주식회사를 조합으로 파악하여 주식을 주주가 회사재산에 대해 갖는 공유지분으로 보는 물권설, 주식회사를 법인으로 인정하고 주식을 주주의 회사에 대한 채권으로 보는 채권설, 그리고 주식은 주주가 회사재산 위에 공유권을 가지는 것이 아니므로 물권이 아니고, 또 주주는 의결권 기타의 공익권을 가지므로 채권도 아니며, 그것은 주식회사라는 사단법인의 사원의 지위를 뜻하는 사원권이라고 하는 사원권설 등이 있다. 사원권설이 통설이며 타당하다.

사원권설은 사원권의 구성내용에 대해 다시 주주의 지위에서 갖는 권능과 의무가 합쳐져 단일한 권리를 이룬다고 하는 단일권설, 주주의 지위에서 가지는 권리 · 의무의 집합이고 하나의 권리를 이루는 것은 아니라는 집합설, 주주의 권리 · 의무를 생기게 하는 법적 지위라고 하는 자격설 등으로 나뉜다. 이 중 자격설을 따르기로 한다.

제 2 관 株式의 分類

Ⅰ. 記名株式 · 無記名株式

이는 주주의 성명이 주권 및 주주명부에 기재되어 공시되느냐 않느냐에 의한 구별이다. 기명주식은 주주의 성명이 주권 및 주주명부에 기재된 것으로, 주주명부에 기재된 사실만으로 회사에 대한 권리행사의 자격이 인정된다. 이에 대하여 무기명주식은 주주의 성명이 주권 및 주주명부에 기재되지 않은 것을 말한다. 이 구별은 주권의 발행을 전제로 하므로 기명주식 · 무기명주식의 구별은 결국 기명주권 · 무기명주권의 구별로 귀착한다.

우리 상법의 경우 원래 제정상법부터 무기명 주식도 발행할 수 있었으나 2014년 5월 20일 개정상법(法律 제12591조)에 의하여 무기명주식은 폐지되었다. 1963년 시행된 제정 상법에서부터 존재한 무기명주식 제도는, 2014년 5월 개정시까지 발행된 사례가 없어 기업의 자본조달에 기여하지 못하고 있었다. 그리고 그 소유자 파악이 곤란하여 양도세 회피 등 과세사각지대의 발생 우려가 있었다. 이에 2014년 5월 상법개정 시에 무기명주식 제도를 폐지하여 주식을 기명주식으로 일원화하였는데, 이는 타당한 개정으로 본다.

Ⅱ. 額面株式 · 無額面株式

이는 주권에 액면금액을 기재하느냐, 그렇지 않느냐에 의한 구별이다. 이 구별도 주권의 발행을 전제로 하므로 액면주식 · 무액면주식의 구별은 액면주권 · 무액면주권의 구별로 귀착한다. 액면주식은 1주의 금액(주금액)이 정관과 주권에 기재된 주식을 말한다. 액면주식의 금액은 100원 이상으로 균일하여야 한다(제329조 제3항 · 제4항). 주식의 액면총액이 원칙적으로 회사의 자본이 되며(제451조), 액면을 초과하는 금액으로 발행한 경우에는 그 액면초과금액은 자본준비금으로 적립된다(제459조 제1항 1호). 주식을 액면미달의 가액으로 발행하는 것(할인발행)은 원칙적으로 허용되지 않으나, 신주발행의 경우에는 일정한 요건을 갖추어 할인발행을 할 수 있으며(제417조), 이 때에는 액면미달금액의 총액을 대차대조표 자산의 부에 계상하고 주식발행 후 3년 내에 이를 상각하여야 한다(제455조).

이에 대해 무액면주식은 주권에 주금액의 기재가 없이 주식수만이 기재된 주식이다. 이것은 자본조달의 기동성을 확보하거나 주식의 발행세를 회피할 목적 또는 액면금액의 자본계입원칙을 회피할 목적으로 미국에서 만들어져 캐나다 · 일본 등에서도 채택되고 있는 제도이다. 이미 우리나라에서는 예외적으로 자본시장법에서 동법에 의해 설립된 투자회사에 대해서 무액면주식의 발행을 허용하고 있었다(자본시장법 제196조 제1항). 즉 과거 무액면주식에 대해 우리나라 법에서 예외적으로 인정하는 경우가 자본시장법에 의해 집합투자기구로서 설립된 투자회사의 주식의 경우이었다. 자본시장법에 따르면 투자회사는 무액면주식만을 발행할 수 있는 것이다(자본시장법 제196조 제1항). 이 '투자회사'란 법형태는 이른바 '뮤추얼 펀드(mutual fund)'의 한국식 표현으로서 집합투자 내지 펀드를 형성하기 위해서 설립한 회사(주식회사)를 가리킨다. 2011년 상법개정에 의하여 무액면주식제도가 도입되었다.

Ⅲ. 種類株式

2011년 상법을 개정하기 전에는 주주평등의 원칙상 법에서 정한 주식만 발행하도록 허용하고 있었다. 그런데 과거에 인정하는 주식의 종류만으로는 급변하는 시장 환경에 대응하여 효율적으로 자금을 조달하는 데에 어려움이 있었다. 이에 이전보다는 다양한 종류의 주식발행을 허용하였다. 그런데 이 부분은 경영권방어 등과 연계가 되기 때문에 입법논의 과정에서 조정이 되었다. 개정전 상법은 우선주에 대하여만 무의결권 주식으로 발행할 수 있도록 허용하였으나, 2011년 개정상법은 의결권 없는 보통주, 특정 사항에 대하여만 의결권이 제한되는 주식, 특정 재산으로만 배당받을 수 있는 주식 등 다양한 종류의 주식을 발행할 수 있도록 규정하여 해당 기업의 필요와 시장 상황에 부응하는 형태의 주식을 발행할 수 있도록 하였다. 의결권제한 종류주식을 발행주식총수의 4분의 1 범위 내에서 허용하였으며 과거 특수한 주식으로 구분하였던 상환주식과 전환주식도 종류주식에 포함시켰다. 다만 양도제한 주식은 적대적 M&A에 대한 대항수단으로 남용될 여지가 있다고 하여 도입하지 아니하였다.

1. 利益配當 · 殘餘財産分配에 관한 種類株式

2011년 개정상법 제344조의 2에서는 이익배당 · 잔여재산분배에 관한 종류주식을 독립된 조문으로 신설하였다. 이익배당 · 잔여재산분배에 관한 종류주식이라 함은 이익배당 · 잔여재산분배에 관하여 내용이 다른 종류주식을 말한다. 개정법에서 건설이자배당제도를 폐지함에 따라 기존의 종류주식 중 건설이자배당에 관한 종류주식은 삭제하였다(제344조 제1항 참조). 2011년 개정상법은 이익배당 우선주에 대하여 최저배당률을 정하도록 한 구법 제344조 제2항 후단의 규정을 삭제하였다. 최저배당률을 미리 정하도록 함으로써 배당압박에 대한 염려로 우선주의 활용이 부진하여 자금조달이 어려운 점을 고려하여 폐지한 것이다. 그 대신 회사가 이익의 배당에 관하여 내용이 다른 종류주식을 발행하는 경우에는 정관에 그 종류주식의 주주에게 교부하는 배당재산의 종류, 배당재산의 가액의 결정방법, 이익을 배당하는 조건 등 이익배당에 관한 내용을 정하여야 한다(제344조의 2 제1항). 또한 회사가 잔여재산의 분배에 관하여 내용이 다른 종류주식을 발행하는 경우에는 정관에 잔여재산의 종류, 잔여재산의 가액의 결정방법, 그 밖에 잔여재산분배에 관한 내용을 정하여야 한다(제344조의 2 제2항). 이익배당에 관한 종류주식을 발행하는 경우에는 배당우선주에 관하여는 일반적으로 우선배당액, 참가적 · 비참가적인지 여부, 누적적 · 비누적적인지 여부, 우선권의 존속기간 등이 정관에서 정해져야 할 것이다(김순석, 주식제도의 개선, 상사법연구 제28권 제3호(2009), 138쪽). 그리고 2011년 개정상법에서는 현물배당이 허용되었으므로(제462조의 4) 배당재산의 종류가 정해져야 한다. 배당재산의 가액의 결정방법도 종류주식의 내용의 일부이기 때문에 다른 종류주주가 당해 종류주식의 창설에 의해 받을 영향을 합리적으로 판단할 수 있을 정도로 명확하여야 한다. 한편 발행할 때 당해 종류주식의 발행이 유리발행에 해당하는지 여부를 판단할 기회를 기존 주주들에게 보장하기 위하여 종류주식의 가치결정의 요인으로 되는 배당액의 결정방법은 그러한 판단이 가능하게끔 명확하여야 한다(김순석, 주식제도의 개선, 상사법연구 제28권 제 3 호(2009), 138쪽).

2. 議決權 排除 · 制限에 관한 種類株式

의결권 배제 · 제한에 관한 종류주식이라 함은 주주총회에서 의결권을 행사할 수 있는 사항에 관하여 내용이 다른 주식을 말한다. 이에는 다음의 것이 있다. ① 의결권보통주식으로서 주주총회 결의사항 전부에 대하여 의결권이 있는 종류주식, ② 완전무의결권주식으로서 모든 사항에 대하여 의결권이 없는 종류주식 또는 일부무의결권주식으로서 특정사항에 관해서만 의결권을 가지는 종류주식이 그것이다. 2011년 개정상법에서는 완전무의결권주식을 의결권의 배제에 관한 종류주식으로, 일부무의결권주식을 의결권의 제한에 관한 종류주식으로 입법하였다(제344조의 3 제 1 항). 즉 회사가 의결권이 없는 종류주식이나 의결권이 제한되는 종류주식을 발행하는 경우에는 정관에 의결권을 행사할 수 없는 사항과, 의결권행사 또는 부활의 조건을 정한 경우에는 그 조건 등을 정하도록 하였다. 의결권이 없는 종류주식과 의결권이 제한되는 종류주식 양자를 포함하는 의결권제한주식은 이익배당에 관하여 우선권을 가지지 않는 주식에 대해서도 의결권이 없는 것으로 정할 수 있다(김순석, 주식제도의 개선, 상사법연구 제28권 제 3 호(2009), 143쪽). 달리 말하면 보통주식에 대해서도 의결권제한주식으로 발행할 수 있게 되었다. 더 나아가 이러한 의결권의 배제 · 제한에 관한 종류주식의 발행한도는 발행주식총수의 4분의 1을 초과하지 못한다. 이 경우 의결권이 없거나 제한되는 종류주식이 발행주식총수의 4분의 1을 초과하여 발행된 경우에는 회사는 지체 없이 그 제한을 초과하지 아니하도록 하기 위하여 필요한 조치를 하여야 한다(제344조의 3 제 2 항). 그런데 자본시장법에서는 의결권없는 주식의 발행한도가 발행주식총수의 2분의 1까지로 되어 있다(자본시장법 165조의 15 제 2 항).

3. 償還株式

2011년 개정상법은 상환주식을 종류주식의 한 유형으로 규정하고 정관이 정하는 바에 따라 이익으로 소각할 수 있도록 규정하고 있다(제345조 제 1 항). 상환주식은 회사가 상환권을 가지는 상환사유부주식(제345조 제 1 항)과, 주주가 회사에 대하여 상환청구권을 가지는 상환청구권부주식(제345조 제 3 항)으로 분류된다. 일본의 경우에는 2005년 신회사법에서 상환주식과 전환주식의 구별을 철폐하고 취득청구권부주식, 취득조항부주식, 전부취득조항부주식 등으로 규정을 하고 있다(일본 신회사법 제108조 제 1 항 5호~7호). 우리의 경우 상환주식에서 상환의 대가는 현금 이외에도 유가증권(다른 종류주식은 제외된다) 그 밖의 자산을 교부할 수 있도록 규정함으로써(제435조 제 4 항) 상환대가를 다양화하였다. 그런데 이 경우에는 교부하는 자산의 장부가액이 상법 제462조에 따른 배당가능이익을 초과하여서는 아니 된다(동조 제 4 항 단서). 이때 상환대가로 다른 종류주식을 제외하였는바, 이는 상환주식이 전환주식으로 기능하지 않도록 하기 위한 것이다. 그러나 상환의 대가로 주식의 교부를 허용하는 것이 상환주식의 본질에 반하지는 않는 것으로 평가하고 있다(김순석, 주식제도의 개선, 상사법연구 제28권 제 3 호(2009), 151쪽). 상환사유부주식을 발행하려는 회사는 정관으로 상환대가, 상환기간, 상환의 방법과 수를 정하여야 하고, 회사는 상환대상인 주식의 취득일 2주일 전에 그 사실을 그 주식의 주주 및 주주명부에 기재된 권리자에게 따로 통지 또는 공고하여야 한다. 이때 통지는 공고로 갈음할 수 있다(제345조 제 1 항, 제 2 항). 상환청구권부주식을 발행하고자 할 때에는 회사는 정관으로 주주가 회사에 대하여 상환을 청구할 수 있다는 뜻, 상환가액, 상환청구기간, 상환의 방법을 정하여야 한다(제345조 제 3 항). 상환주식은 상법 제344조에서 규정한 종류주식(상환과 전환에 관한 것은 제외한다)에 한정하여 발행할 수 있다(제345조 제 5 항). 이것은 상환주식이 종류주식에 해당함을 명백히 한 것이며, 보통주에 대하여 상환조건을 붙이는 것을 허용하지 않으려는 취지이다. 보통주에 대하여 상환조건을 붙이는 것을 허용할 경우 정관에서 정한 일정한 조건이 충족될 경우, 회사가 보통주를 상환하여 소각시킬 수 있게 된다. 이때 보통주는 초기 형태의 포이즌필과 유사한 기능을 수행하게 된다. 그렇게 되면 종류주식이 적대적 M&A에 대한 방어수단으로 활용될 수 있는바, 이는 입법의 방향과 배치되기 때문에 일단은 허용하지 않은 것이다(김순석, 주식제도의 개선, 상사법연구 제28권 제 3 호(2009), 152쪽 참조).

<대판 2020. 4. 9, 2017 다 251564>

「회사는 정관으로 정하는 바에 따라 주주가 회사에 대하여 상환을 청구할 수 있는 종류주식을 발행할 수 있다. 이 경우 회사는 정관에 주주가 회사에 대하여 상환을 청구할 수 있다는 뜻, 상환가액, 상환청구기간, 상환의 방법을 정하여야 한다

(상법 제345조 제3항). 주주가 상환권을 행사하면 회사는 주식의 취득의 대가로 주주에게 상환금을 지급할 의무를 부담하고, 주주는 상환금을 지급받음과 동시에 회사에게 주식을 이전할 의무를 부담한다. 따라서 정관이나 상환주식인수계약 등에서 특별히 정한 바가 없으면 주주가 회사로부터 그 상환금을 지급받을 때까지는 상환권을 행사한 이후에도 여전히 주주의 지위에 있다고 봄이 상당하다.」

4. 轉換株式

구 상법은 전환주식의 전환권은 주주에게만 인정되고 회사측에는 인정되지 않음으로써(구법 제346조 제1항) 자금조달을 위하여 우선주를 발행한 회사는 우선배당의 부담을 해소하기 어려운 면이 있었다. 또한 회사가 적대적 M&A의 대상이 된 경우 무의결권우선주를 보통주로 전환하면 효과적으로 경영권을 방어할 수 있는데 그것이 불가능하다는 문제점도 있었다. 더 나아가 기업공개나 기업구조조정의 과정에서 종류주식의 단순화, 주주관리비용 등의 절감 등을 목적으로도 전환주식을 이용하기도 어려운 사정이었다. 이와 같이 구 상법상 전환주식의 전환권은 주주에게만 있었으나(전환청구권부주식) 2011년 개정상법은 회사에 대하여도 이를 허용하였다(전환사유부주식)(제346조 제2항). 그리고 전환주식의 절차와 관련한 규정을 일부 개정하였다. 2011년 개정상법에서 종류주식의 유형이 확대되었으므로 전환주식의 대상과 전환으로 발행할 주식도 과거보다 더 확대되어 전환주식의 발행을 통한 자금조달이 좀 더 용이하여졌다. 한편 회사의 판단에 따라 우선배당 등의 부담해소가 가능하여지고 회사가 적대적 M&A의 대상이 된 경우 종류주식(무의결권우선주)을 보통주식으로 전환하여 효과적으로 경영권을 방어할 수 있는 긍정적 효과를 볼 수 있게 되었다(김순석, 주식제도의 개선, 상사법연구 제28권 제3호(2009), 158쪽). 2011년 개정상법에서는 전환의 대가를 다른 종류의 주식으로 하는 것을 허용하면서 현금 등의 자산을 제외하였다(제346조 제1항, 제2항). 일본, 미국처럼 전환대가로 현금이나 사채 등을 지급하는 경우에는 상환주식과 구별되지 않는다. 또한 전환주식의 성질상 전환구주는 소멸되는데 이것은 자본금감소절차를 거치지 아니하고 자본금을 감소하는 효과를 초래하는 것인데 그를 방지하기 위함이다(김순석, 주식제도의 개선, 상사법연구 제28권 제3호(2009), 158쪽).

전환청구권부주식을 발행하는 경우 정관에서 주주는 인수한 주식을 다른 종류의 주식으로 전환할 것을 청구할 수 있음을 정하고, 이 경우 전환의 조건, 전환의 청구기간, 전환으로 인하여 발행할 주식의 수와 내용을 정하여야 한다(제346조 제1항). 전환사유부주식을 발행하는 경우 정관에 일정한 사유가 발생할 때 회사가 주주의 인수주식을 다른 종류주식으로 전환할 수 있음을 정하고, 이 경우 회사는 전환의 사유, 전환의 조건, 전환의 기간, 전환으로 인하여 발행할 주식의 수와 내용을 정하여야 한다(제346조 제2항). 전환사유부주식을 발행할 때 이사회는 다음의 사항을 그 주식의 주주 및 주주명부에 적힌 권리자에게 따로 통지하여야 하는데, 이 경우 통지는 공고로 갈음할 수 있다: ① 전환할 주식, ② 2주 이상의 일정한 기간 내에 그 주권을 회사에 제출하여야 한다는 뜻, ③ 그 기간 내에 주권을 제출하지 아니할 때에는 그 주권이 무효로 된다는 뜻(제346조 제3항). 한편 주식의 전환은 주주가 전환을 청구한 경우에는 그 청구한 때에, 회사가 전환을 한 경우에는 통지 또는 공고된 전환기간(제346조 제3항 2호)이 끝난 때 그 효력이 발생한다(제350조 제1항). 전환에 의하여 발행된 주식의 이익배당에 관하여는 주주가 전환을 청구한 때(전환청구권부주식) 또는 통지 또는 공고된 전환기간(제346조 제3항 2호)이 끝난 때(전환사유부주식)가 속하는 영업년도 말에 전환된 것으로 본다. 이 경우 신주에 대한 이익배당에 관하여는 정관으로 정하는 바에 따라 그 청구를 한 때(전환청구권부주식) 또는 통지 또는 공고된 전환기간(제346조 제3항 2호)이 끝난 때(전환사유부주식)가 속하는 영업년도의 직전 영업년도 말에 전환된 것으로 할 수 있다(제350조 제3항). 그리고 주식의 전환으로 인한 변경등기는 전환을 청구한 날 또는 제346조 제 3 항 제 2 호의 기간이 끝난 날이 속하는 달의 마지막 날부터 2주 내에 본점소재지에서 하여야 한다(제351조).

제 3 관 無額面株式制度의 導入

주식은 주식회사의 자본구성단위로서 기존의 상법은 회사의 자본충실원칙에 기하여 1주의 금액을 5,000원 이상으로 발행하도록 하고 있었다. 그러나 1998년 12월 28일의 개정으로 1주의 금액을 100원 이상으로 함으로써(제329조 제4항) 명목적으로는 액면주식제도를 취하고 있으나, 실제로는 무액면주식제도의 도입을 위한 전단계가 아닌가 하는 논의가 일어나게 되었다. 즉 1주의 최저액면금액을 원래의 5,000원 이상에서 100원 이상으로 대폭적으로 인하함으로써 1984년도의 개정상법 이전의 단계로 되돌아가는 조치를 취하고 있으며, 최저액면금액의 인하는 신주발행시 기업자금조달의 편의를 돕기 위한 입법조치로서 '100원 이상'으로 주금액을 인하한 것은 물가수준을 고려할 때 매우 미미한 것으로서 주식의 '명목적인 액면가액(nominal par value)' 제도를 채택하는 것이라고 할 수 있다. 또한 상법이 인정하고 있는 액면미달발행제도를 사실상 무의미하게 할 수 있을 뿐만 아니라, 우리 상법이 무액면주식제도를 채택하기 위한 과도기적 조치라고 해석할 여지도 있었다.

무액면주식제도는 우리에게는 아직 생소한 것이 사실이나 자본주의 및 주식시장의 발달과 함께 주식의 발행가액과 실제가치가 차이를 갖게 되었고, 이에 따라 미국·일본, 그리고 독일 등의 선진국에서는 이미 도입한 제도로서 이제 우리도 자본시장의 개방과 함께 무액면주식제도를 도입하여야 할 시기가 되지 않았는가 하는 판단을 해 볼 수 있는 시점에 2011년 상법개정에 의하여 이 제도가 도입되었다.

Ⅰ. 無額面株式의 意義

1. 概 念

액면주식(par stock, par value stock, stock with par value, Nennbetragsaktie)은 액면이 있는 주식으로서 주권에 그 표창하는 주식의 수 이외에 1주의 금액, 즉 액면금액의 기재가 있고(제356조 4호), 또 정관에도 그 금액이 기재되어(제289조 제1항 4호) 있는 주식이다. 이에 대하여 무액면주식(no-par stock, non par value stock, stock without par value, nennwertlose Aktie, Quotenaktie)은 정관 및 주권에 1주의 금액의 기재가 없고 단지 자본에 대한 비율만이 표시되며, 주권에 그 표창하는 주식의 수만이 기재되는 주식이다. 무액면주식은 회사의 총자본에 대한 비율적 지위를 표시하기 때문에 이를 비례주 또는 부분주라고도 한다. 무액면주식은 그 권면액이 없기 때문에 발행가액은 그 전액을 자본에 계입함을 원칙으로 하지만, 그 중 일부는 자본준비금으로 계입할 수 있다(최기원, 신회사법론, 1998, 211쪽). 액면의 존재가 오히려 주식의 경제적 가치에 대한 오해를 일으킬 염려가 있고, 무액면주식은 설립시를 제외하고는 발행가액의 최저한이 없고 자금조달이 용이하다는 장점이 있다(정동윤, 회사법 제7판, 2001, 178쪽). 무액면주식의 경우 얼마에 발행하든 발행가의 일부를 잉여금으로 사용할 수 있어 회사의 재무관리에 편리하다(이철송, 회사법강의, 제15판, 2008, 228쪽). 무액면주식에서는 회사가 주식을 발행할 때마다 발행가액을 임의로 정하고, 그 발행가액의 일부가 자본을 구성하는 것이다(정찬형, 상법강의(상) 제12판, 박영사, 2009, 633쪽).

무액면주식에는 기재식 무액면주식(stated value no-par stock)과 진정무액면주식(true no-par stock)의 2종류가 있다. 전자는 주권에 권면액의 기재가 없지만 정관에는 이에 상당하는 금액을 반드시 정하고 그 금액미달의 가액으로 발행하지 못하며, 또 발행가액 중 그 금액이 자본으로 구성되는 주식이다. 따라서 액면주식과 다른 점은 주권에 액면액의 기재가 없다는 것뿐이고, 실질적으로는 액면주식과 다른 것이 없는 주식이다. 이에 대하여 진정무액면주식은 주권에는 물론 정관에도 권면액에 상당하는 금액의 기재가 없는 주식이다. 우리나라 상법은 액면주식만을 인정하고, 무액면주식은 인정하지 않고 있었으나(장지석, 무액면주식제도에 관한 소고, 경제법·상사법논집(손주찬교수정년기념 논문집), 1989, 321쪽 아래 참조) 2011년 개정에서 동제도를 도입하였다. 이미 자본시장법 제196조 제 1 항에서는 투자회사의 주식은 무액면 기명식으로 하도록 하고 있으므로 자본시장법에 의하여 설립된 투자회사는 무액면주식만 발행할 수 있었다. 또한 무액면주식은 우선 회사의 기본자본에 대한 일정한 비율을 기재하고 있는 비례주식(Quotenaktie)과 명목가액 및 비율을 하나도 기재하지 않고 회사에 대한 지분만을 기재하고 있는 지분주식으로 나누어 볼 수도 있다.

2. 無額面株式制度의 沿革

무액면주식제도는 미국에서 발달된 것이다. 미국에서는 법률상 제도로 채용되기 이전인 19세기 전반기에 이미 무액면주식의 발행에 의해서 회사가 설립된 사실이 있다. 그러나 주법에 의해서 무액면주식제도가 공인된 것은 1912년의 뉴욕주의 주식회사법(Stock Corporation Law)이 제12조에서 무액면주식의 발행을 인정한 것이 그 시초이다. 동 법률은 1892년 뉴욕 변호사협회(New York Bar Association)가 주식에 화폐가치를 기재하지 아니한 주식을 발행하는 특수한 주식회사의 설립을 허가하여야 한다고 제창한 것을 시초로 하여 1909년에는 이 협회의 특별위원회에서 기초한 법안이 주의회에 제출되었으나 부결되었다. 그러나 1912년 4월 동 협회의 제 4 회 제안에 의한 회사법 개정안의 수정안이 양원을 통과함에 따라 최초의 무액면주식입법이 완성되었다. 그 후 다른 주에서도 점차로 법률을 개정하여 이 제도를 채택하게 되었다(임재연, 증권거래법, 박영사, 2000, 28쪽). 무액면주식을 허용하는 이유는 회사로 하여금 가액이 불확실하거나 매우 저가의 재산에 대하여 주식을 발행할 수 있게 하기 위한 것이다. 결국 무액면주식은 주권에 주금액의 기재가 없이 주식수만 기재된 주식으로 자본조달의 기동성을 확보하거나 주식의 발행세를 회피할 목적 또는 액면금액의 자본계입원칙을 회피할 목적으로 미국에서 만들어진 제도이다.

이러한 무액면주식제도는 미국에 고유한 것은 아니다. 일반적으로 무액면주식제도의 구체적 선례라고 생각되는 것은 1865년에 독일에서 광업회사에 관하여 발행을 허용한 비례주(Quotenaktie) 제도이다. 그런데 동 비례주는 그 이상 발전을 보지 못하였고, 오늘날 우리가 말하는 무액면주식제도는 자본의 축적이 풍부하고 기업금융의 질서가 확립된 미국에서 생성 · 발전을 보게 되었다. 그리고 제 1 차 세계대전 이후 미국경제가 세계경제의 주도권을 잡게 됨에 따라 미국의 법제는 각국에 보급되게 되었고, 점차 타국의 법제에 영향을 미치게 되었다. 일본의 경우는 제 2 차 세계대전 이후 미· 일간의 경제관계가 긴밀하게 됨에 따라서 미국자본의 도입이 초미의 과제로 등장하게 된 특수한 사정에 비추어 1950년의 개정상법에서 이를 과감히 채택하였다. 그리고 2005년 신회사법에서는 무액면주식만을 인정하게 되었다. 독일에서는 제 1 차 대전 이후 미국법의 도입을 계기로 하여 주식법의 개정이 논의되면서 이 제도의 도입 여부에 대하여 많은 논쟁이 있었으나, 미국법상의 수권자본제도가 1937년 주식법 제169조 이하에서 독일법적인 인허자본제(genehmigtes Kapital) (이는 현재는 독일주식법 제202조-제206조에 규정되어 있다. 정관에 의하여 회사설립 후 최대 5년 내에 이사회로 하여금 일정한 금액까지(인허자본) 신주발행에 의하여 증자를 할 것을 허용할 수 있다. 상세는 Kübler, *Gesellschaftsrecht*, 5. Aufl., Heidelberg, 1999, S. 217 참조)로서 입법화되었음에도 불구하고 무액면주식제도는 채택되지 못하였었다. 그러다가 최근에 유로화의 시행과 결부하여 부진정무액면주식제도를 도입하였다. 한편 영국에서도 일찍부터 이 제도에 대한 관심이 커서 학자 · 실무자간에 이를 도입하자는 의견이 많았으며, 정부에서도 1918년과 1925년에 조사위원회를 구성하여 이 문제를 검토하였고, 의회에서도 많은 논의가 있었다. 그러나 결국 입법화에는 실패하고, 그 대안으로서 엄격한 요건 하에서 액면주식의 할인발행을 인정하였다(영국 회사법 제57조). 그 후 1953년에 설치된 Departmental commitee도 이 제도의 채용을 권고하는 보고를 하였으나 정계의 반대로 인하여 실현되지 못하였다.

3. 無額面株式制度의 理論的 根據

주식의 가치는 기본적으로 회사의 자산내용과 수익상황에 의하여 결정되며, 액면금액이란 원시주주의 최초의 투자액을 표시하고 있을 뿐 주식의 현실적 가치, 즉 이론적 주가를 결코 표시하고 있지 않다는 점이 무액면주식이 생기게 된 근본적 이유이다. 즉 주식은 회사설립 당초에는 액면주식으로 성립되어 그 액면금액은 회사자본금의 부분적 구성단위가 되는 동시에 주주의 유한책임의 한도를 나타내며, 주식에 대한 납입이 완전하게 이루어진 경우

회사의 자본액은 발행주식총수에 그 액면금액을 곱한 것이 된다. 그러나 주식이 증권시장에서 매매거래됨에 따라서 배당액, 일반금리수준 및 수요관계 등을 기초로 한 시장가격(market value)에 의하여 그 주식에 대해 새로운 가치가 부여된다.

이러한 사정으로 주식의 액면금액은 명목가격(nominal value)에 지나지 않는다. 그리고 주식을 증권시장에서 취득하는 주주나 시가발행에 의하여 회사에서 취득하는 주주에게는 모두 주식의 시장가격, 즉 현실가치가 기준이 되므로 액면금액은 사실상 무의미한 것이 된다. 뿐만 아니라 액면주식에 대해서는 원칙적으로 할인발행이 금지되어 있기 때문에(상법 제330조, 제417조) 그 시장가격이 액면금액을 하회하고 있는 경우, 액면주식의 발행은 현실적으로 어렵게 된다. 이러한 이유로 무액면주식은 회사에 대한 주주의 지분을 정확히 표현하고, 쉽게 새로운 증자를 할 수 있는 도구로 이용될 가능성이 있다. 즉 자본유지의 원칙 내지는 액면유지의 이유로 액면미달발행이 금지되는 경우에 회사가 증자에 의하여 회사를 재건하려고 하는 경우에 당해 회사주식의 시가가 액면금에 못 미칠 경우에는 증자가 거의 불가능하다. 이와 같은 증자의 현실적 곤란성을 극복하기 위하여 미국에서는 오래전부터 일부 경영인들이 사기적인 우회수단을 강구하는 경우가 있었다. 가령 발기인에 의한 현물출자를 과대평가하고, 그 주식을 발기인에게 교부한 후 이들 주식을 회사에 증여하여 이른바 증여주(donated stock)로서 회사가 재판매(resale)함으로써 사실상 자본을 외부의 일반투자자로부터 조달하는 효과를 꾀하였던 것이다. 이와 같은 폐해를 방지하기 위해서도 무액면주식의 발행이 현실적으로 요청되었다.

Ⅱ. 無額面株式制度의 基本問題

1. 券面額의 機能과 그 機能의 代替

(1) 券面額의 機能 주식에 관련된 가치로는 명의가치 · 진실가치, 그리고 투자가치의 3종류로 분류하여 볼 수 있다. 이 때 명의가치란 액면가액으로서 권면액을 말하며, 진실가치란 주식의 실질적 가치를 말하는 것으로서 주식의 본질인 회사기업의 소유에 대한 비례적 이익에 있다. 또한 투자가치는 그 시장가격에 의하여 표시된다(장지석, 전게논문, 325쪽). 이 때 주식의 본질적 가치는 그 진실가치이고, 현실적 가치는 투자가치로서 시장가격에 의하여 표시된다.

따라서 주식의 권면액이 그 주식의 현실적 또는 투자가치를 표시하는 것으로는 무의미하고, 결국 주식의 권면액을 제거하는 것이 그다지 큰 문제를 야기하는 것으로 보이지는 않는다.

그런데 권면액은 첫째로 과대한 자본구성(과대한 자본구성이란 발행주식의 액면총액인 자본이 회사의 순자산을 초과하여 장래의 회사수익력으로써 그 불균형을 도저히 조정할 수 없는 상태에 이른 경우를 말한다), 둘째로 출자재산의 과대한 평가로 인한 수증주(watered stock)의 문제, 셋째로 주식모집에 관한 기만행위를 방지할 수 있는 방안으로서 어느 정도의 역할을 하여 왔다. 환언하면 권면액의 기능으로 권면액은 ① 주주의 출자의무범위를 결정하고(K. Schmidt, *Gesellschaftsrecht*, 4. Aufl., Köln u.a., 2002, S. 776), ② 회사자본의 구성단위로서 회사자본액을 결정하여 자본유지원칙의 기초가 되며, ③ 주식유한책임의 한도를 정한다는 데 의미가 있으며, ④ 부가적으로 과세표준의 기초가 되는 한편, ⑤ 주식거래를 조장하는 요인이 되기도 한다.

(2) 券面額의 機能代替課題　　액면액을 제거하게 되면 종래 액면액이 담당하던 제 기능을 대체할 새로운 법률이론이 필요하게 된다. 그러한 이론이 해결하여야 할 것으로 다음과 같은 과제가 있다. ① 주식의 발행대가로서 무액면주식에 대한 주주의 납입의무의 문제를 해결하여야 하고, ② 자본구성으로서 무액면주식을 발행한 회사가 이익배당을 하는 경우, 순자산에서 유보하여야 할 자본액을 결정하는 문제점이 있다.

2. 發行價額決定의 自由와 그 制限

무액면주식의 발행대가는 권면액에 구속받지 않으므로 이사회 또는 주주총회에서 자유로이 결정할 수 있게 될 것이며, 회사에게 과대한 금융상의 편의를 제공하게 된다. 그러므로 주주가 유한책임을 지는 주식회사의 자본을 충실하게 함으로써 회사채권자 기타 이해관계자의 이익을 보호해야 할 필요성이 대두되게 되었고, 이에 따라 액면주식과의 형평성문제 및 회사자본의 충실원칙을 지키기 위해 무액면주식의 발행대가에 관하여 법률상의 여러 제한과 형평상의 제한에 관한 규정이 필요하게 된다.

3. 資本維持의 原則과 그 制限

주식회사에서 주주는 회사채권자에 대하여 오직 인수한 주식의 가액을 한도로 납입의무만을 부담하는 주주유한책임의 원칙에 따라 책임을 지므로 회사채권자의 보호를 위해서 자본유지의 원칙에 따라 회사자본에 상당하는 회사재산을 회사가 항상 보유하도록 하고 있고, 회사의 순자산이 자본액을 초과하는 경우에만 이익배당을 할 수 있도록 하고 있다. 그러나 이러한 원칙들은 기본자본이 확정되지 아니하면 적용될 수 없으며, 이러한 자본 또는 공칭자본을 어떻게 확정하느냐의 문제가 바로 자본구성의 문제로 남게 된다.

무액면주식제도를 채택하면 이것에는 자본의 균등한 구성단위로 될 기준금액이 존재하지 않기 때문에 자본과 주식의 관련은 끊어지게 되고, 자본의 균등한 구성단위로서의 주식이라는 개념은 없어지고 주식은 오직 회사에 대한 비례적 지위로 취급된다. 따라서 회사가 자본유지원칙을 무시한 채 이익배당을 하는 경우에 어떠한 제한을 가할 것인지가 문제로 떠오르게 된다.

Ⅲ. 無額面株式制度의 長·短點

1. 無額面株式制度의 長點

(1) 發行會社에 대한 利益　　무액면주식을 발행하는 경우, 신주의 발행에 의한 증자시의 이점으로 들 수 있는 점은 다음과 같다. ① 권면액 이하로도 발행할 수 있기 때문에 특히 그 회사의 주가가 주식시장에서 권면액을 하회하는 경우의 신주발행의 불가능을 구제하여 자금조달의 편의를 기할 수 있다. ② 주식의 발행가액을 적게 할 수 있으므로 모집시장을 넓게 확보할 수 있고, 그 결과로 보다 많은 자본의 집중이 가능하고, 아울러 주주의 분산에 의해 경영자가 계속하여 회사의 지배권을 유지할 수 있다. ③ 가격의 탄력성에 장점이 있다(Cox/Lee Hazen/O' Neal, *Corporations*, *Aspen Law & Business*, 1997, pp. 465, 489). ④ 액면을 기준으로 한 배당률논쟁을 피할 수 있다. ⑤ 구 주권의 효력에 영향을 미치지 않으면서 자본감소와 주식분할이 용이하다. ⑥ 액면초과금에 대한 문제가 없다(장지석, 무액면주식제도에 관한 소고, 경제법·상사법논집(손주찬교수정년기념 논문집), 1989, 336쪽).

이에 대해 자본의 감소를 하는 경우 주주로서는 자기가 가지는 주식의 액면총액이 감소하게 됨에 따라 회사의 자본감소에 반대할 우려가 있으나 실상 자본이 감소한다고 하더라도 회사에 대한 주주의 비율적 이익은 변동이 없는바, 이러한 경우에 무액면주식을 이용하여 감자의 이해관계를 고찰하여 정당한 감자의 실행을 할 수 있게 된다.

(2) 株主에 대한 利益　　주주의 출자의무는 액면주식인 경우에는 권면액 이상의 법정출자의무를 부담하는 데 반하여, 무액면주식의 경우에는 회사와 주식인수인 간의 계약으로 인한 인수가액으로써 출자의무를 부담한다. 따라서 액면주식을 가지는 주주는 인수계약의 이행으로 반드시 출자의무를

면하는 것은 아니지만, 무액면주식을 가지는 주주는 인수계약의 이행으로 완전한 출자의무의 이행으로 되고, 그 이상 추가로 납입할 책임이 없다.

이로 인해 주주에게 이익이 되는 것이 두드러지게 나타나는 것이 바로 현물출자이다. 현물출자에 대하여 액면주식이 발행된 경우에 주주는 납입부족액에 관하여 책임을 지지만, 무액면주식의 경우에는 책임을 지지 않게 된다.

(3) 會社債權者에 대한 利益 무액면주식의 발행으로 회사가 비교적 용이하고 신속하게 자금을 조달할 수 있으므로, 회사채권자는 자기채권의 만족을 얻을 수 있게 된다. 회사가 조달한 자금으로 직접 변제를 받은 채권자에게 있어서는 물론이고, 그렇지 않은 일반채권자의 입장에서도 채권자에 대한 변제로 말미암아 일반채무의 공동담보가 증대하고, 또한 무액면주식의 발행으로 회사의 자본이 증가하여 회사가 유보하여야 할 회사재산의 한도가 높아지고, 따라서 회사채권의 변제가능성이 더욱 확실하게 된다. 이는 회생절차의 경우에도 마찬가지로 회사정리의 실패는 회사채권자의 전손을 초래하지만, 무액면주식의 발행으로 인한 회사자금의 조달로 회사정리가 성공할 가능성이 생기고, 이로 말미암아 회사채권자의 채권만족의 기회가 증대하게 된다.

2. 無額面株式制度의 短點

(1) 發行會社에 대한 不利益 권면액은 어느 정도 주식투자를 유인하는 심리적 효과가 있고 투자자에 따라서는 주식의 액면가액을 목표로 하는 수가 있는데, 이러한 때에는 무액면주식의 인수를 주저하는 등의 소극적 태도를 보일 수 있다. 또한 무액면주식에 있어 자본구성과 발행대가결정의 자유는 장점으로 작용한다. 한편 그러한 자유는 동시에 단점으로 될 수도 있어 회사채권자 기타 제 3 자에게 불측의 손해를 줄 수 있는 위험이 내재되어 있고, 이에 따라 회사의 신용이 약화될 염려가 있다.

(2) 株主에 대한 不利益 무액면주식제도는 원래 주식사기를 방지하기 위하여 창안된 제도이다. 미국에서의 유래를 보면 종래의 액면주식에서 주주는 권면액 이상의 납입의무를 부담하지만, 실제상으로 미국법원은 그러한 의무이행의 절대적 강행을 주저하게 되었다. 그 이유로는 다음의 점을 들 수 있다: 긴급자금이 필요한 회사의 신주발행을 액면미달이라도 허용하여 회사와 이해관계인을 보호하며, 그러한 의무가 있음을 모르는 선의의 주식인수인을 보호하며, 주식의 유통성을 해하지 않아야 되겠다는 점이다. 따라서 주식사기가 발생할 여지가 생기게 된 것이다. 이러한 주식사기를 방지하기 위

하여 주주의 출자의무에 관한 법률상의 원칙(액면주식제도에서 주주는 권면액 이상으로 출자하여야 한다는 원칙을 말한다) 자체를 변경함으로써 주식투자자로 하여금 주식의 진실가치를 연구할 기회를 갖게 하고, 그 결과 권면액으로 인한 환상에서 벗어나게 함으로써 주식사기를 방지하자는 것이었다. 그러나 투자자로서 주식의 진실가치를 파악하는 방법은 회사의 계산서류 등에 의할 수밖에 없는데, 그러한 서류내용의 진실이 보장되지 않는 경우에는 무액면주식제도 하에서도 오히려 주식사기가 행하여질 위험은 잔존하게 된다. 결국 권면액을 제거하여 이에 관한 오해를 없앰으로써 주식사기에 대한 주주의 지위를 도모하고자 하였으나, 이는 완전히 성공하지는 못하고 종래 존재하던 권면액에 의한 법률상의 보장마저 파괴된 격이라는 비판도 나오고 있다(Sonderquist/Sommer/Chew/Smiddy, *Corporations and Other Business Organizations*, 4. ed., Michie, 1997, p. 177).

한편 진정한 주주에게 교부가 이루어지지 않아 증권이 부정한 권리자에게 유통이 되었을 경우, 무액면주식은 진정한 주주의 보호에 있어서 액면주식보다 불리하다(종래 독일의 경우 액면주식은 선의취득자에 대하여도 효력이 없는 증권이 되지만, 무액면주식의 경우 독일민법 제794조에 의한 무기명증권(Inhaberpapier), 독일어음법 제16조 제 2 항(선의취득 규정)에 의한 기명주식으로서 완전히 유효한 주식이 되고, 발행된 주식의 비례부분(Quote)이 상응하여 줄어들기 때문이다. Würdinger, *Aktienrecht und das Recht der verbundenen Unternehmen*, 4, Aufl., Heidelberg · Karlsruhe, 1981, S. 54).

(3) 會社債權者에 대한 不利益 무액면주식제도에서 회사가 자본의 구성 및 발행대가결정에 관하여 넓은 범위의 자유를 가지게 됨에 따라 회사채권자 기타 제 3 자는 이사회가 그 자유를 어떻게 행사하느냐에 따라 불측의 손해를 입을 위험이 많다. 자본구성의 자유는 회사채권자의 공동담보로서의 회사자산의 유지를 위태롭게 한다. 그것은 무액면주식은 발행대가의 일부로 자본을 구성하고, 나머지를 잉여금으로 계상할 수 있기 때문에 회사자본의 극소화가 이루어질 가능성이 있기 때문이다. 무액면주식에서의 발행대가결정의 자유도 마찬가지로 자본의 충실성을 불안하게 하고, 특히 현물출자의 경우 그러한 불안은 더욱 현저하게 나타난다.

Ⅳ. 無額面株式制度의 導入

1. 現實的 導入必要性의 檢討

무액면주식을 도입하려는 현실적 배경은 주식의 가치가 권면액 이하로 떨어진 기업이 증자를 할 수 있는 길을 열어 줌으로써 증자의 현실적 곤란성을 극복하는 데 있다. 아울러 주식사기와 같은 폐해를 방지하기 위하여 무액면주식의 도입필요성이 제기되었다. 이에 대해 우리나라의 경우를 살펴보면,

과거 IMF 관리체제 이후로 주식의 가치가 권면액 이하로 떨어지는 주식과 반대로 값이 오르는 주식으로 기업의 경영성과에 따라 양극화하는 현상이 벌어지고 있었다. 이에 이어 정부는 상법을 개정하여 주식발행시 최저금액을 100원 이상으로 하도록 하였다. 주식의 값어치가 이른바 권면액이 아닌 진실가치 또는 투자가치에 따라 변화하는 것이 이미 인식되어진 것을 고려할 때, 이제 무액면주식의 도입이 가능한 시점이 도래하지 않았나 생각된다. 이러한 제도는 기업의 회생을 돕는 데 활용될 것이 틀림없을 것이기 때문이다. 그러나 아직도 기업의 회계가 투명하지 않고, 소수대주주의 입김에 의해 수증주가 발생하여 자본유지의 원칙이나 자본충실의 원칙이 침해될 우려가 있다는 점을 생각하면, 그러한 문제점들을 해결하는 노력을 함께 기울여야 한다. 무액면주식제도가 정착되기 위해서는 신주발행의 경우에 무액면주식의 대가를 결정하는 공정한 방법이 연구되어야 하며, 배당률을 결정하는 등의 자본유지의 원칙을 지키는 방법과 함께 탈법행위로 이용되는 것을 막아야 한다.

이에 대해 판단해 보면 회사의 순자산을 정확히 평가해 주는 회계관행과 외부회계감사의 활성화와 함께 소수대주주의 이익을 위한 신주의 발행행위 등을 규제할 수 있는 감사제도의 보강과 소수주주제 등의 감시기구의 활성화가 먼저 이루어져야 한다. 이와 관련하여 눈여겨 보아야 할 것이 바로 미국에서 발달한 형평적 최소한발행가격의 원칙이다. 이에 따르면 주식의 본질은 회사기업의 소유에 대한 비례적 이익으로서 소위 주식물타기와 같은 현상의 방지를 위해 신주는 구주의 진실가치에 가까운 대가를 얻고 발행하도록 할 필요가 있다. 그리고 그 표준은 해당 주식의 공개시장에서의 최고시가로 하여야 한다. 또한 이러한 원칙에 따르지 않는 신주의 발행에 대해서는 주주는 추가의 납입명령을 청구할 수 있도록 하고, 신주발행 전이라면 주주는 회사에 대하여 신주발행의 유지청구권을 활용하여야 할 것이다.

2. 無額面株式制度의 長·短點에 대한 分析·檢討

위에서 살펴본 바와 같이 무액면제도의 장점으로는 회사의 증자 등에 유리하며, 주주의 납입부족액에 대한 책임을 지지 않을 뿐만 아니라 자금의 조달을 용이하게 하여 회사채권자를 보호할 수 있다는 데 있다. 반면에 그 단점으로는 주식투자자가 회사의 계산서류 등의 진실이 보장되지 않는 경우 주식사기 등의 위험이 있으며, 회사채권자의 경우에도 자본구성 및 유지가 제대로 이루어지지 않을 경우에 불측의 손해를 입을 수 있다는 것이 있다. 이러한 장·단점은 그 양자가 동전의 앞뒷면과 같은 것으로서 장·단점의 비교형량을 위해서는 채택한 외국에서의 결과를 우리나라의 기업풍토, 주식시장 현황, 국민들의 감정·의식 등을 종합하여 판단하여야 한다. 우리나라의 경우 아직도 회계의 투명성이 보장되어 있지 않으며, 대부분의 주주들이 회사의 이익보다는 배당률이나 주식매매차익을 노리는 투자를 하는 실정을 살펴볼 때, 위의 장점보다는 단점으로서 주식투자자의 위험이나 회사채권자의 손해를 가져올 위험도 적지 않다. 따라서 무액면주식제도를 도입하였어도 투명한 회계관행, 감사의 철저 및 주주의 주인의식이 제도운용을 위하여 중요하다.

3. 2011년 改正商法의 導入內容

액면주식은 액면미달발행 및 주식분할에 어려움이 있고, 아이디어나 기술은 있으나 자본이 없는 사람이 회사를 설립하는 경우 최저자본금제는 진입장벽으로 작용될 수 있었다. 이에 2011년 상법개정에서는 무액면주식을 도입하여 회사가 액면주식과 무액면주식 중 한 종류를 선택하여 발행할 수 있도록 하였다. 그리고 최저자본금제도는 2009년 5월 상법개정에 의하여 폐지하였다. 이를 통하여 주식발행의 효율성 및 자율성이 높아지고, 소규모기업의 원활한 창업이 확대될 것으로 기대하였다.

개정상법의 내용에 의하면 회사는 정관에서 정한 경우에는 주식의 전부를 무액면주식으로 발행할 수 있다. 다만, 무액면주식을 발행하는 경우에는 액면주식을 발행할 수 없다(제329조 제1항). 무액면주식을 발행하는 경우에는 주식의 발행가액과 주식의 발행가액 중 자본금으로 계상하는 금액은 회사설립시 발기인 전원의 동의로 결정하여야 한다(제291조 3호). 이와 같이 무액면주식제도를 도입함에 따라 무액면주식을 도입한 회사의 자본금에 관한 규정을 신설하는 것도 필요하다. 이에 개정상법에서는 무액면주식을 도입한 회사의 자본금은 주식발행가액의 2분의 1 이상의 금액으로서 이사회에서 자본금으로 계상하기로 한 금액의 총액으로 하고, 주식의 발행가액 중 자본금으로 계상하지 아니한 금액은 자본준비금으로 계상하도록 하였다(제451조 제2항). 그리고 회사의 자본금은 액면주식을 무액면주식으로 전환하거나 무액면주식을 액면주식으로 전환함으로써 변경할 수 없도록 하였다(제451조 제3항). 그런데 무액면주식을 액면주식으로 전환하는 것은 허용하지 않고, 그 반대로만 허용하는 것이 바람직하다.

V. 整 理

주식은 그 기업의 자본을 구성하는 단위이며, 회사에 대한 지분의 표시이다. 따라서 주식의 액면가가 아무리 높다고 하더라도 회사의 영업활동이 부진할 경우에 그 진실가치는 매우 낮게 될 것이며, 반대로 액면가가 낮은 경우에도 영업활동이 활발한 경우에 그 진실가치는 액면가에 비해 높게 나타난다. 또한 주식시장의 발달로 인해 주식의 거래가 그 액면가에 의하는 경우는 거의 나타나지 않고 있으며, 신주발행의 경우에도 액면가에 의하지 않는 경우를 많이 볼 수 있다. 이러한 이유로 회사의 경영이 일시적으로 어려워져 자금의 조달을 꾀하는 경우 액면가의 제한이나 사실상 기업이미지의 보호 등의 이유로 자금조달에 어려움을 겪는 경우가 있다. 따라서 미국이나 일본 등에서는 이미 오래전부터 도입하여 온 무액면주식제도에 대한 관심이 점차 증가하고 있으며, 우리나라도 이 제도를 도입하여 주식제도를 완전하게 만들 필요가 있었다. 무액면주식제도의 도입이 이론적으로나 현실적으로 주식의 가치를 분명히 하고 기업의 자금조달로 인한 회생을 도울 수 있다는 이점이 있다. 그러나 다른 한편 주식과 자금의 관계가 절단됨으로써 회사자금에 관한 중요한 원칙인 자본충실원칙과 자본유지의 원칙이 흔들릴 위험이 있으며, 이로 인하여 주주 및 채권자가 불측의 손해를 입을 우려가 있고, 결국 탈법적인 행위로 연결될 가능성이 있다. 그러나 주식시장의 발달과 개선으로 인하여 이러한 문제점들은 점차 해결되어 가고 있다고 평가할 수 있으며, 상법개정에 의한 무액면주식제도의 도입은 환영하여야 한다.

무액면주식제도의 발달은 필연적으로 회계감사의 투명성확보, 소수주주 또는 단독주주들의 권리확대 및 일반투자자들에의 회계에 대한 정보제공 등이 이루어지는 것과 그 맥을 같이 하여야 한다. 주식의 값어치가 진실가치 및 투자가치에 의존하게 되고, 급변하는 자본시장에 능동적으로 대처하기 위하여 무액면주식의 도입은 환영하여야 한다. 그러나 제도의 활성화를 위하여는 자본과 주식과의 관계의 절단과 배당표시의 문제점, 액면주사상과 배당률 의존경향 등을 극복하는 것이 과제가 된다. 따라서 무액면주식을 도입하였어도 이러한 점들에 대한 혼란과 탈법적인 이용을 방지하도록 법·제도적 방안을 보완하는 데 계속적으로 노력하여야 한다(상세는 최병규, "무액면주식제도의 도입 가능성연구," 상사법연구 제20권 제1호(2001), 165쪽 아래 참조).

제2절 株 主

姜熙甲, 주주의 제안권에 대한 비교법적 고찰, 企業法의 行方(鄭熙喆敎授古稀紀念論文集)(1991)/金建植, 소수주주의 보호와 지배주주의 성실의무: 독일법을 중심으로, 서울대 법학 87, 88(1991. 12)/金建植, 주주 간의 이익조정에 관한 시론, 한림법학 FORUM 1(1991. 12)/金星泰, 소수주주보호제도에 관한 고찰, 경희법학 28, 1(1993. 12)/金麟濟, 소수주주의 이익보호를 위한 몇 가지 제안, 企業環境法의 變化와 商事法(孫珠瓚敎授古稀紀念論文集)(1993)/金在範, 주주의 충실의무에 관한 연구, 고려대 박사학위논문(1993)/金在範, 회사의 해산결의와 대주주의 충실의무, 司法行政 396(1993. 12)/金正皓, 社員의 個別訴權, 고려대 법학논집 27(1992. 4)/金正皓, 자회사의 설립과 모회사 소수주주의 보호, 司法行政 376(1992. 4)/金泰柱 · 金孝信, 주주 간의 이해관계에 대한 금전적 조정, 경북대 법학논고 8(1992. 12)/金孝信, 지배주주의 권한남용에 대한 소수주주의 보호, 경북대 박사학위논문(1993)/남기윤, 현행 주식회사법에서 주주제명이나 주주충실의무의 승인은 불가능한 것인가? 기업구조의 재편과 상사법(박길준교수화갑기념논문집)(1998)/朴榮吉, 주주의 대표소송, 企業環境法의 變化와 商事法(孫珠瓚敎授古稀紀念論文集)(1993)/박세화, 미국의 주주무한책임이론, 기업구조의 재편과 상사법(박길준교수화갑기념논문집)(1998)/배병일 · 박인현, 商法上 소수주주의 보호, 강릉대 산경논총 6(1986. 11)/宋民浩, 주주의 설명청구권에 관한 연구 —서독주식법을 중심으로, 경영법률 3(1990)/宋民浩, 帳簿 · 書類의 閱覽請求權에 관한 一考察, 商事法論叢(姜渭斗博士華甲紀念論文集)(1996)/宋鍾俊, 모회사의 소수파주주의 보호: PASS THROUGH이론을 중심으로, 충북대 법학연구 4(1993. 4)/宋鍾俊, 주금의 위장납입과 주주의 결정기준 〈판례〉, 司法行政 407(1994. 11)/신정환, 주식회사의 영업양도 과정에서 소수주주권보호의 문제점, 현대상사법의 제문제(박상조교수화갑기념논문집)(1998)/申鉉允, 기업결합에 따른 소수주주 및 채권자보호: 독일주식법 및 판례, 학설을 중심으로, 저스티스 27, 1(1994. 7)/安東燮, 주주의 지위보호에 관한 연구, 경희대 박사학위논문(1985)/安東燮, 주주의 질문권, 단국대 법학논총 13(1985. 4)/梁明朝, 미국회사법상 대표소송의 남용규제, 現代商事法의 諸問題(李允榮先生停年紀念論文集)(1988)/梁明朝, 주주의 대표소송에 관한 미국판례법의 발전, 이화여대 경영논총 5(1987. 12)/梁碩完, 주주의 대표소송에 관한 연구, 제주대 논문집(인문 · 사회과학) 33(1991. 12)/禹洪九, 주주명부열람청구권에 관한 고찰, 國際航空宇宙法 및 商事法의 諸問題(金斗煥敎授華甲紀念論文集)(1994)/李康龍, 주주제안권에 관한 연구, 충남대 법학연구 1, 1(1990. 12)/육태우, 주주억압법리에 관한 연구 — 미국의 폐쇄회사를 중심으로, 고려대 박사학위논문(2006)/李均成, 기업이익과 소수주주의 보호, 會社法의

現代的 課題(徐燉珏博士華甲紀念論文集)(1980)/李基秀, 회사법의 비교법적 고찰 — 주주의 충실의무, 월간고시 160(1987. 5)/李基秀, 권리의 수호자로서의 주주, 월간고시 200(1990. 9)/李基秀, 주주평등의 원칙, 월간고시 201(1990. 10)/李基秀, 주주의 지위와 경영감독에 대한 법적 검토, 한국법학원보(1998. 11)/李尙遠, 주주의 경리검사권에 관한 제문제, 司法行政 322(1987. 10)/李尙勳, 多數株主權濫用에 대한 會社法上의 訴에 관한 硏究: 회사이익 개념을 중심으로, 서울대 박사학위논문(1991)/李院錫, 주주의 의결권, 한양대 법학논총 5(1988. 2)/李虎乘, 주주제안권의 도입방안, 경북전문대 논문집 11(1992. 3)/鄭東潤, 회사 내의 소수파주주의 보호: freeze-out을 중심으로 하여, 고려대 법학논집 26(1991. 9)/鄭茂東, 주주의 기업정보에 관한 권리, 商事法의 現代的 課題(孫珠瓚博士華甲紀念論文集)(1984)/鄭世喜, 폐쇄회사의 소수주주보호에 관한 연구, 한양대 박사학위논문(1988)/鄭在瑛, 주주설명청구권의 입법적 고찰, 부산대 법학연구 30(1981. 2)/鄭鎭玉, 주주의 충실의무: Linotype 사건을 계기로 본 주주 간의 직접적인 법률관계의 가능성, 부산대 법학논문 3(1993. 2)/鄭燦亨, 주식회사의 소수주주권, 현대상사법의 제문제(박상조교수화갑기념논문집)(1998)/鄭浩烈·權奇範, 실질주주제 도입에 따른 상장회사 주주총회의 법적 문제에 관한 연구, 아주대 아주사회과학논총 4(1990. 12)/崔秉珪, 상법·증권거래법상 소수주주권, 안암법학 7(1998. 8)/崔秉珪, 증권거래법상 주식대량보유 보고제도에 관한 고찰, 기업구조의 재편과 상사법(박길준교수화갑기념논문집)(1998)/崔秉珪, 증권거래상 실질주주와 무권화, 현대상사법의 제문제(박상조교수화갑기념논문집)(1998)/최윤범, 소수주주의 지위강화에 관한 연구 — 의결권대리행사·질문권·제안권을 중심으로, 원광대 박사학위논문(1988)/崔漢峻, 實質株主의 法理에 관한 硏究: 實質株主의 類型과 그 保護를 中心으로 —, 고려대 박사학위논문(1995)/洪復基, 주주의 충실의무, 司法行政 391(1993. 7)/洪復基, 지배주주의 충실의무, 企業環境法의 變化와 商事法(孫珠瓚敎授古稀紀念論文集)(1993).

제 1 관 株主의 槪念

Ⅰ. 株主의 意義 및 種類

주식의 인수·양수 및 기타 사유로 주주권을 의미하는 주식의 귀속자가 주주이다. 주주는 사단법인인 주식회사의 구성원, 즉 사원이며 채권자가 아니다.

주주는 법률상 그가 갖는 주식의 종류에 따라 보통주주·우선주주·후배주주·상환주주·전환주주·무의결권주주·기명주주·무기명주주 등으로 구별된다. 이에 대하여 경제적으로는 소유주식수의 다소에 따라 대주주와 소수주주, 주식의 취득동기 및 보유목적에 따라 투자주주·투기주주·기업자주주로 구별된다.

Ⅱ. 資格 및 員數

회사는 사원의 개성을 중시하지 않는 자본회사이기 때문에 주주의 자격에는 특별한 제한이 없다. 따라서 자연인은 물론 법인도 주주가 될 수 있고, 또 능력이나 국적 등도 문제되지 않는다. 공익법인이나 공법인도 그 목적범위 내에서 주주로 될 수 있고, 영리법인인 회사는 그 목적에 관계 없이 다른 회사의 주식을 취득하여 주주로 될 수 있다. 다만, 독점규제 및 공정거래에 관한 법률 등 특별법에 의하여 개인 또는 법인에 의한 주식의 취득 또는 보유가 제한된다(독점규제 및 공정거래에 관한 법률 제7조 아래).

주주의 원수에 관하여는 1인 이상이면 되고(제288조), 최고의 수에 대한 제한은 없다.

Ⅲ. 株主地位의 變動

주주의 지위는 여러 가지 원인에 의해 변동될 수 있다. 이를 주주권을 기준으로 하여 보면, 주주권의 취득·상실의 문제가 된다.

주주지위의 취득에는 원시취득과 승계취득이 있다. 원시취득으로는 회사설립시 또는 신주발행시에 새로이 발행되는 주식을 인수하는 경우와 주식의 선의취득이 있다.

다만, 선의취득은 기존의 주식에 관한 권리취득의 한 경우로 새로이 발행되는 주식의 원시취득인 전자와 다르다. 승계취득은 상속 및 합병에 의한 포괄승계와 주식의 양도·경매·공매 등에 의한 특정승계가 있는데, 이 중 주식의 양도가 보통의 취득방법이다. 주주지위의 상실에는 절대적 상실과 상대적 상실의 두 가지가 있다. 절대적 상실은 회사의 소멸, 주식의 소각 또는 실권절차에 의하여 발생하고, 상대적 소멸은 주식의 선의취득 및 승계취득의 반면으로서 발생한다.

<대판 1963.11.7, 62 다 117>

「주주권은 주식양도, 주식의 소각 또는 주금체납에 의한 실권절차 등 법정사유에 의하여서만 상실되는 것이고, 당사자간의 특약에 의하여서는 주주권상실사유로 할 수 없다 할 것이다.」(동지: 대판 1967. 5. 13, 67 다 302).

Ⅳ. 株主平等의 原則

1. 意義 및 根據

주식회사는 자본단체로서 그 구성원인 주주의 지위는 주식을 균등한 비례적 지위로 하여 구성되어 있기 때문에 주식, 즉 사원의 지위는 회사에 대하여 동일한 관계에서 평등하게 취급되어야 함은 일반원칙으로서 당연하다. 이를 주식의 귀속자인 주주를 중심으로 하여 보면, 주주인 자격에 근거하여 회사에 대해 갖는 권리·의무에 있어서 주주가 보유하는 주식수에 따라 자의적인 불평등취급을 금지하여야 한다. 이러한 주주평등의 원칙은 적극적인 평등취급의 요청에서보다 소극적인 불평등취급금지의 요청에서 더 쉽게 이해된다. 상법에서는 이를 인정하는 일반규정은 없지만, 의결권(제369조 제1항), 신주인수권(제418조 제1항), 이익배당청구권(제464조) 및 잔여재산분배청구권(제538조) 등에 관한 규정으로부터 간접적으로 인정할 수 있다(독일에서는 1978년 개정에 의하여 주식법 제53a조에 이를 명문으로 신설하였다. 이에 관하여는 이기수, "주주평등의 원칙," 월간고시 1990년 10월호, 138쪽 아래 참조).

주식회사에 있어서는 사원이 다수이고, 특히 자본에 의해서만 회사에 관여할 뿐 사원간에 인적 신뢰관계가 없기 때문에 다수결의 남용으로부터 일반주주를 보호하는 데 있어 이 원칙은 중요한 역할을 한다.

2. 內　容

주주평등의 원칙은 주주의 자격에서 가지는 모든 법률관계에 적용되며, 따라서 권리의 행사뿐만 아니라 의무의 이행에 있어서도 적용된다. 자본단체인 주식회사에 있어서는 사원인 주주가 자본으로 결합되어 있으므로 주주의 평등은 두수에 의하는 것이 아니라 각 주주가 가지는 주식수를 기준으로 한다. 바로 이 때문에 주주평등의 원칙을 주식평등의 원칙이라고도 한다. 또 이 원칙은 각 주주에 대하여 기회가 균등하게 주어져야 한다는 기회의 균등을 의미하며, 그 이상의 실질적 평등을 요구하는 것은 아니다. 그리고 종류주식이 발행된 경우에는 같은 종류의 주식은 평등하게 취급되어야 한다는 종류적 평등을 그 내용으로 한다. 따라서 ① 보통주·우선주·후배주·주식의 상환에 관한 종류주식·주식의 전환에 관한 종류주식·무의결권주식 등 정관으로 권리의 내용이 다른 주식을 발행할 수 있게 한 것(제344조, 제345조, 제346조, 제344조의 3), ② 종류주식을 발행한 때에 그 주식의 종류에 따라 신주의 인수, 주식의 병합·분할·소각 또는 회사의 합병·분할로 인한 주식의 배정에 관하여 특수한 정함을 할 수 있는 것(제344조 제3항)은 주주평등의 원칙의 한 내용이다.

3. 例 外

주주평등의 원칙에 대하여는 상법상의 몇 가지 예외를 제외하고는 정관의 규정, 주주총회의 결의 또는 이사회의 결의에 의한 제한은 허용되지 않는다. 상법상 인정되는 예외로는 ① 단주의 처리에 관하여 특별한 규정이 있는 경우(제443조, 제530조 제3항, 제461조 제2항, 제462조의 2 제3항), ② 감사의 선임을 하는 경우 의결권 없는 주식을 제외한 발행주식총수의 100분의 3을 초과하는 수의 주식을 가진 주주의 의결권행사제한(제409조), ③ 소수주주권(제402조, 제403조, 제366조 제1항, 제385조 제2항, 제466조, 제467조, 제520조 등), ④ 단수의 전환사채 및 신주인수권부사채의 경우(제513조의 2 제1항 단서, 제516조의 10) 등이 있다.

4. 違反의 效果

주주평등의 원칙에 반하는 정관규정, 주주총회결의 및 이사회결의는 전부 무효이며, 회사의 선의·악의를 묻지 않는다. 예를 들어 일정수 이상의 주식을 갖는 주주에 대해서만 신주인수권을 주기로 하거나, 또는 자본감소에 따르는 주식의 병합·소각의 경우 보유주식수에 따른 특별한 정함이 있으면 이는 무효이다. 그러나 불평등한 취급을 받는 주주 모두가 이에 동의하면 무효가 되지 아니한다.

<대판 1980. 8. 26, 80 다 1263>

「주주총회에서 대주주에게는 30프로, 소주주에게는 33프로의 이익배당을 하기로 결의한 것은 대주주가 자기들이 배당받을 몫의 일부를 떼내어 소주주들에게 고루 나누어 주기로 한 것이니, 이는 주주가 스스로 그 배당받을 권리를 포기하거나 양도하는 것과 마찬가지여서 본조(제464조)에 위반된다고 할 수 없다.」

<대판 2018. 9. 13, 2018 다 9920·9937>

「갑 주식회사와 그 경영진 및 우리사주조합이 갑 회사의 운영자금을 조달하기 위하여 을과 '을은 우리사주조합원들이 보유한 갑 회사 발행주식 중 일부를 액면가로 매수하여 그 대금을 갑 회사에 지급하고, 이와 별도로 갑 회사에 일정액의 자금을 대여하며, 갑 회사 임원 1명을 추천할 권리를 가진다'는 내용의 주식매매약정을 체결하였고, 그 후 갑 회사가 을과 '을이 위 임원추천권을 행사하는 대신 갑 회사가 을 및 그의 처인 병에게 매월 약정금을 지급한다'는 내용의 약정을 체결하여 을 등에게 매월 약정금을 지급하였는데, 갑 회사가 위 약정금 지급약정이 주주평등의 원칙에 반하여 무효라고 주장하면서 약정금의 지급을 중단

하고 부당이득반환을 구한 사안에서, 을 등이 갑 회사로부터 운영자금을 조달해 준 대가를 전부 지급받아 갑 회사의 채권자로서의 지위를 상실하고 주주로서의 지위만을 가지게 되었는데도 갑 회사가 계속해서 지급약정에 의한 돈을 지급하는 것은 갑 회사가 다른 주주들에게 인정되지 않는 우월한 권리를 주주인 을 등에게 부여하는 것으로 주주평등의 원칙에 위배된다.」

<대판 2020. 8. 13, 2018 다 236241>
「회사가 신주를 인수하여 주주의 지위를 갖게 되는 자와 사이에 신주인수대금으로 납입한 돈을 전액 보전해 주기로 약정하거나, 상법 제462조 등 법률의 규정에 의한 배당 외에 다른 주주들에게는 지급되지 않는 별도의 수익을 지급하기로 약정한다면, 이는 회사가 해당 주주에 대하여만 투하자본의 회수를 절대적으로 보장함으로써 다른 주주들에게 인정되지 않는 우월한 권리를 부여하는 것으로서 주주평등의 원칙에 위반되어 무효이다. 이러한 약정의 내용이 주주로서의 지위에서 발생하는 손실의 보상을 주된 내용으로 하는 이상, 그 약정이 주주의 자격을 취득하기 이전에 체결되었다거나, 신주인수계약과 별도의 계약으로 체결되는 형태를 취하였다고 하여 달리 볼 것은 아니다.」

V. 實質株主

1. 意 義

법인인 주식회사의 구성원을 주주라 할 수 있는데, 그 가운데 기명주식을 소유한 기명주주의 경우 주식회사의 주주명부에 기재되어 있어야 비로소 완전한 주주로서의 자격을 누릴 수 있다. 따라서 비록 실질적인 주주권자(사원권자)임에도 불구하고 주주명부에 기재되어 있지 않아 회사에 대한 주주권의 행사를 제대로 보장받지 못하는 자가 있기 마련이며, 그러한 자를 실질주주라 한다. 그리고 이러한 실질주주에 대한 개념으로서 주주명부에 기재되어 있는 자를 명의주주 또는 형식주주라 한다.

그런데 이렇듯 실질주주와 명의주주의 괴리현상은 주식의 양도·인수, 상속·합병 등에 의해서 자연발생적으로 나타나기도 하고, 주식거래에 관한 특별한 제도에 의해서 인위적으로 나타나기도 하는 등 그 발생원인은 다양하다. 또한 우리나라의 경우 대부분 기명주식을 발행하고 있으므로 실질주주의 발생소지가 매우 높다. 그리고 실질주주문제와 관련하여 전자증권제도의 중요성이 갈수록 부각되고 있다.

2. 實質株主의 各種發生原因

기명주식의 취득자가 비록 주주권자(사원권자)라 할지라도 주권을 회사에 제시하여 그 앞으로 명의개서를 청구하여야 한다. 그렇게 회사에 대해서 명의개서를 청구하고, 이에 의하여 명의개서가 된 경우에 비로소 주주권자(사원권자)로서 모든 권한을 행사할 수 있는 것이다(제337조 제1항 참조). 그러나 주식취득자는 그 명의개서를 반드시 즉시 해야 하는 것은 아니어서 기명주식의 취득과 주주명부에의 명의개서 사이에는 얼마간의 시간적 간격이 있게 마련이다. 그 간격은 주식취득자의 사정에 따라서 짧아질 수도 있고 길어질수도 있는데, 이러한 간격으로 말미암아 명의주주와 실질주주의 괴리현상이 나타나게 된다. 그리고 타인명의에 의한 주식인수에 의해서도 실질주주가 발생한다.

한편 위와는 달리 주식거래에 있어 실질주주를 인위적으로 작출하는 특별한 제도들, 즉 종업원지주제도 · 증권투자신탁제도 등에 의해서도 실질주주가 발생하기도 한다.

종업원지주제도는 "회사가 경영방침으로 특별한 편의를 제공하여 종업원으로 하여금 자사주를 취득 · 보유케 하는 제도"이며, 증권투자신탁제도는 "투자신탁회사 등 투자전문기관이 불특정다수의 투자자로부터 자금을 모아 투자자를 대신하여 주권 등 유가증권에 분산투자하고, 이로부터 획득된 수익을 투자자에게 배분하는 제도"인데, 이들 제도는 각각 그 운영의 필요상 실질주주를 발생시키게 된다.

제 2 관 株主의 權利

I. 意 義

주주의 권리라 함은 주주권의 내용을 이루는 권리, 즉 주주가 주주인 지위에서 회사에 대하여 갖는 여러 가지 권리를 말한다(대판 1992. 5. 12, 90 다 8862). 주주의 권리는 주주권의 내용을 이루는 포괄적 권리이다. 따라서 주주권의 내용의 하나인 이익배당청구권은 주식과 별도로 독립하여 양도 · 입질 · 압류할 수 없으며, 또한 독립하여 시효에 걸리지도 않는다. 주주의 권리와 구별하여야 할 것은 주주가 주주인 지위에서 벗어나 회사에 대하여 갖는 권리, 즉 채권자적 권리 또는 제 3 자적 권리이다. 예를 들어 주주총회의 결의에 의하여 특정된 이익배당청구권은 주주권의 내용을 이루는 이익배당청구권으로부터 나오는 것이기는 하지만, 주주총회의 결의에 의해 구체화된 채권자적 권리로서 보통의 채권과 동일하게 주주권과는 별개로 양도·입질 등의 처분이나 압류의 대상이 된다.

대법원은, 주식회사의 주주이자 채권자인 원고가 주주총회 결의 없이 이루어진 영업의 전부를 양도한 계약의 무효확인을 청구한 사건에서, 원고는 주주의 지위에서 일정한 요건에 따라 대표이사의 행위에 대하여 유지청구권을 행사하거나(상법 제402조) 대표소송에 의하여 그 책임을 추궁하는 소를 제기할 수 있을 뿐(상법 제403조) 직접 해당 계약의 무효 확인을 구할 이익이 없다고 판시하였다(대판 2022. 6. 9, 2018 다 228462).

<대판 1959. 5. 7, 4290 민상 496>

「개인이 어떤 회사의 주식을 매수하여 동 주주가 된 경우에는 회사에 대하여 주주권을 행사할 뿐이고, 직접 회사재산에 대하여 소유권을 행사할 수 없다.」

<대판 2013. 9. 13, 2012 다 80996>

「원고들과 피고들 사이에 2006. 1. 19. 체결된 주주간 협약은 원·피고들의 주주로서의 권한을 제한하는 효력을 가진다고 볼 수 있을 뿐 이사로서의 권한을 제한하는 효력을 가진다고 볼 수는 없고, 이는 원·피고들이 주주의 지위를 가지면서 동시에 이사의 지위를 가진다고 하더라도 마찬가지이다.」

Ⅱ. 株主의 權利의 分類

1. 自益權과 共益權

주주권은 그 권리행사의 목적에 따라 자익권과 공익권으로 구분할 수 있다. 자익권은 주주가 회사로부터 경제적 이익을 얻는 것을 목적으로 하는 권리로서 재산적 내용을 가지며, 바로 이 때문에 재산권이라고도 부른다. 이에 대하여 공익권은 주주가 회사의 관리·경영에 참여하는 것을 목적으로 하는 권리로서 관리권 또는 행정권이라고도 부른다(환매조건부주식취득자도 공익권을 행사할 수 있다는 판례: 대판 1992. 5. 26, 92 다 84).

자익권으로는 이익배당청구권(제462조, 제464조), 잔여재산분배청구권(제538조), 신주인수권(제416조, 제418조), 주식전환청구권(제346조 이하), 주권교부청구권(제355조 제1항), 주식의 명의개서청구권(제337조), 기명식주권으로의 전환청구권(제357조 제2항), 주권의 재발행청구권

(제358조의 2 제 4 항), 주식매수청구권(제374조 의 2) 등이 있다.

공익권으로는 의결권(제369조), 주주총회결의의 하자를 다투는 소권(제376조, 제380조), 설립무효의 소권(제328조), 신주발행무효의 소권(제429조), 이사의 위법행위유지청구권(제402조), 대표소송제기권(제403조), 재무제표 등의 열람청구권(제448조 제 2 항), 주주총회소집청구권(제366조), 이사 · 감사의 해임청구권(제385조 제 2 항, 제415조), 회계장부열람청구권(제466조), 청산인해임청구권(제539조), 검사인선임청구권(제467조), 해산판결청구권(제520조), 회생절차개시신청권(채무자 회생 및 파산에 관한 법률 제34조 제 2 항), 주주제안권(제363조 의 2) 등이 있다.

이와 같이 주주의 권리를 자익권과 공익권으로 분류하여도 양자는 결코 이질적인 것이 아니다. 자익권은 회사사업을 경제적 · 실질적으로 공유하는 주주의 소유권의 수익기능의 변형물임에 반하여, 공익권은 소유권의 지배기능의 변형물에 지나지 않는다. 따라서 공익권도 주주 자신의 이익을 위해 인정되는 권리이고, 그것은 자익권의 가치의 실현을 보장하기 위한 것이라고 할 수 있다. 그렇지만 이러한 이유를 들어 양자를 구별할 실익이 없다고 하는 견해에는 의문이 있다. 왜냐하면 양자가 주주의 이익보호를 위한 것임은 당연하지만, 공익권은 권리행사의 효과가 회사 전체에 미치는 점에서 그 보호를 받는 자의 범위가 다르기 때문에 구별할 의의가 있다고 하겠다.

2. 單獨株主權과 少數株主權

단독주주권은 주주가 갖는 주식수에 관계 없이 각 주주가 단독으로 행사할 수 있는 권리, 즉 1주를 가진 주주라도 행사할 수 있는 권리이고, 소수주주권은 회사의 발행주식총수의 일정비율을 초과하는 주식을 갖는 주주 또는 주주들만이 행사할 수 있는 권리를 말한다.

소수주주권은 주로 대주주의 전횡을 억제하여 회사이익을 보호하기 위하여 소수주주에 인정되는 것이 대부분이지만, 주주에 의한 권리남용을 방지하기 위한 취지에서 인정된 것도 많다. 소수주주권은 수인의 주주가 갖는 주식을 합산하여 일정비율의 주식수에 달하면 그 수인의 주주가 공동하여 행사할 수 있지만, 1인의 주주가 일정비율의 주식을 소유하는 때에는 그 주주가 이를 단독으로 행사할 수도 있다. 소수주주권을 재판상 행사하는 때에는 사실심의 변론종결시까지 필요한 주식수를 보유하여야 한다. 다만 주주대표소송의 경우에는 제소 후 주주의 보유주식 비율이 100분의 1 미만으로 감소한 경우에도 발행주식을 전혀 보유하지 않게 된 경우를 제외하고 제소의 효력에 영향이 없다(제403조 제5항).

자익권은 성질상 전부 단독주주권이고 공익권 중에서는 의결권, 주주총회결의의 하자를 다투는 소권, 설립무효의 소권, 신주발행무효의 소권, 신주발행유지청구권, 재무제표 등의 열람청구권 등이 단독주주권이다. 소수주주권을 구체적으로 살펴보면 이사의 위법행위유지청구권(제402조), 대표소송권(제403조)은 발행주식총수의 100분의 1 이상의 주식을 가진 주주에게 인정되는 소수주주권이고, 주주총회소집청구권(제366조), 이사·감사·청산인 해임청구권(제385조 제2항, 제415조, 제539조), 회계장부열람청구권(제466조), 검사인선임청구권(제467조 제1항) 등은 발행주식총수의 100분의 3 이상의 주식을 가진 주주에게 인정되는 소수주주권이며, 회사의 해산판결청구권(제520조 제1항)은 발행주식총수의 100분의 10 이상의 주식을 가진 주주에게 인정되는 소수주주권이다.

한편 상장회사의 경우에는 소수주주권의 행사요건이 대폭 완화되어 있는 반면에 6개월의 보유기간을 요구하고 있다. 주주총회 소집청구권과 회사의 업무·재산상태의 조사를 위한 검사인선임청구권의 경우에는 6개월 전부터 계속하여 상장회사 발행주식총수의 1천분의 15 이상에 해당하는 주식을 보유한 자가 행사할 수 있도록 하고 있고(제542조의6 제1항), 주주제안권의 경우에는 6개월 전부터 계속하여 상장회사의 의결권 있는 발행주식총수의 1천분의 10(대통령령으로 정하는 상장회사의 경우에는 1천분의 5) 이상에 해당하는 주식을 보유한 자가 행사할 수 있도록 하고 있으며(제542조의6 제2항), 이사·감사·청산인의 해임청구권의 경우에는 6개월 전부터 계속하여 상장회사 발행주식총수의 1만분의 50(대통령령으로 정하는 상장회사의 경우에는 1만분의 25) 이상에 해당하는 주식을 보유한 자가 행사할 수 있도록 하고 있고(제542조의6 제3항), 회계장부열람권의 경우에는 6개월 전부터 계속하여 상장회사 발행주식총수의 1만분의 10(대통령령으로 정하는 상장회사의 경우에는 1만분의 5) 이상에 해당하는 주식을 보유한 자가 행사할 수 있도록 하고 있으며(제542조의6 제4항), 이사의 위법행위유지청구권의 경우에는 6개월 전부터 계속하여 상장회사 발행주식총수의 10만분의 50(대통령령으로 정하는 상장회사의 경우에는 10만분의 25) 이상에 해당하는 주식을 보유한 자가 행사할 수 있도록 하고 있고(제542조의6 제5항), 대표소송의 경우에는 6개월 전부터 계속하여 상장회사 발행주식총수의 1만분의 1 이상에 해당하는 주식을 보유한 자가 행사할 수 있도록 규정하고 있다(제542조의6 제6항). 여기에서 주식을 보유한 자란 주식을 소유한 자, 주주권행사에 관한 위임을 받은 자, 2명 이상 주주의 주주권을 공동으로 행사하는 자를 말한다(제542조의6 제8항).

3. 固有權과 非固有權

이는 주주가 갖는 권리를 그의 동의 없이도 박탈 또는 제한할 수 있는가 없는가에 따른 구분이다. 주주가 갖는 권리 중에서 주주의 본질적 이익에 관한 것으로 그 주주의 동의가 없는 한 주주총회의 다수결이나 정관변경으로도 박탈 또는 제한할 수 없는 것을 고유권이라 말하고, 주주총회의 다수결로 박탈 또는 제한할 수 있는 것을 비고유권이라 한다. 고유권은 주주평등의 원칙과 함께 다수결원칙이 행해지는 주식회사에 있어서 주주총회에서의 다수결의 남용을 방지하는 기능을 한다.

어떤 권리가 고유권인가의 여부에 관하여는 학설이 분분한데, 실정법이 잘 정비되어 있는 오늘날은 그 권리를 정한 실정법규정의 해석과 주식회사의 본질에 따라 결정할 수 있을 것이므로 논할 실익이 별로 없다. 그리하여 예컨대 의결권·이익배당청구권 등은 고유권으로 볼 수 있을 것이다.

제 3 관 株主의 義務

Ⅰ. 總 說

주주가 주주의 자격에서 회사에 대하여 부담하는 의무가 주주의 의무이다. 이러한 주주의 의무로는 유한책임원칙에 따라 주주가 주식의 인수가액을 한도로 하여 회사에 부담하는 출자의무가 가장 중요하며, 그 밖에 주주의 충실의무 및 기타의 재산상 의무가 논의되기도 한다.

한편 주주의 의무는 주주가 주주의 지위를 떠나서 회사에 대하여 매매 등 다른 법률원인에 기하여 부담하는 여러 가지 의무, 즉 제 3 자적 의무와는 구별하여야 한다.

Ⅱ. 出資義務

주주는 회사에 대하여 그가 인수한 주식의 인수가액을 납입할 책임만 진다. 즉 주주는 원칙적으로 출자의무만 질 뿐 그 밖의 다른 재산적 의무는 부담하지 않는다. 그런데 이 주주의 출자의무는 회사성립 전 또는 신주발행의 효력발생 전에 전부 이행되어야 하므로(제295조, 제305조, 제421조, 제423조), 보다 정확히 말하면 주식인수인으로서 부담하는 의무이다.

출자는 원칙적으로 금전 또는 현물출자로 행해져야 한다. 회사의 자본납입을 해칠 우려가 있는 노무 및 신용의 출자는 인정되지 않는다. 또한 납입은 현실로 하여야 하며, 상계나 대물변제는 원칙적으로 인정되지 않는다. 수표를 교부할 경우에는 언제 납입이 있는 것으로 보느냐가 문제되는데, 납입을 위하여 수표가 교부된 때에는 현실적으로 결제되어 그 지급이 있는 때에 납입된 것으로 본다는 판례가 있다.

<대판 1977. 4. 12, 76 다 943>

「주금납입의무는 현실적 이행이 있어야 하므로, 당좌수표로서 납입한 때에는 그 수표가 현실적으로 결제되어 현금화되기 전에는 납입이 있었다고 할 수 없다.」

주주는 회사에 대하여 가지는 채권으로 회사가 주주에 대하여 갖는 출자금청구권을 상계하지 못하도록 되어있었다(구상법 제334조). 그러나 대법원판결은 단순히 현금의 수수를 생략하는 뜻의 상계는 무방하다고 보고 있었다.

<대판 1960. 11. 24, 4292 민상 874>

「주금의 불입에 있어 단순한 현금수수의 수고를 생략하는 의미의 대물변제나 상계는 회사측에서 이에 합의한 이상 이를 절대로 무효로 할 이유는 없다.」

그런데 2011년 상법개정시 상계금지에 관한 구상법 제334조를 삭제하였다.

수인이 공동으로 주식을 인수한 때에는 연대하여 납입할 책임을 진다(제333조 제 1 항). 그리고 가설인의 명의로, 또는 타인의 승낙 없이 그 명의로 주식을 인수한 자는 주식인수인으로서 납입책임을 지며(제332조 제 1 항), 타인의 승낙을 얻어 그 명의로 주식을 인수한 자는 그 타인과 연대하여 납입할 책임을 진다(제332조 제 2 항). 한편 신주발행에 있어 이사와 통모하여 현저하게 불공정한 발행가액으로 주식을 인수한 자는 회사에 대하여 공정한 발행가액과의 차액에 상당한 금액을 지급할 의무가 있다(제424조의 2 제 1 항).

Ⅲ. 株主의 忠實義務

1. 출자를 이행할 의무 이외에 주주가 회사 및 다른 주주에 대하여 일반적인 충실의무를 부담하는가에 관하여는 다툼이 있다. 충실의무는 오늘날 인적회사와 유한회사에서 현행법의 확고한 부분에 속하는데, 이에 반하여 주식회사에서는 아직 완전히 의무화되지 않았다. 이에 대해서는 회사에 대한 주

주들의 결합이 느슨하기 때문에 법은 주주에게 신의성실에 따른 행위 이외에는 아무 것도 요구할 수 없다는 반론이 제기되고 있다. 주주 사이에는 충실의무를 정당화하는 어떠한 법률관계도 존재하지 않는다는 것이다.

2. 이에 관한 독일에서의 법발전을 보자.

(1) 독일제국법원은 주주와 경영진 사이의 충돌 내지 다수의 주주들 간의 충돌을 처음에는 단지 독일민법의 일반규정(제826조, 제242조)에 의하여 판결하였지만, 나중에는 최소한 회사에 대해서만 충실의무를 인정하였다. 독일연방대법원은 이제까지 주주 상호간의 충실의무를 인정하지 않고 있는데, 독일연방대법원이 회사에 대한 충실의무를 인정할 것인가는 미결상태에 있다.

이에 반하여 최근의 법발전에서는 공개회사의 소액주주에게 충실의무를 요구하는 것은 충분하지 않다는 것이 나타났다. 그러나 다수주주와 소수주주 사이의 충돌 또는 주주와 기업경영진 사이의 충돌은 주식회사에서도 인적회사·유한회사에서와 마찬가지로 충실의무에 의하여 해결되어야 하는 상황이 일어나고 있다. 여기에다가 회사법을 일반적으로 전보다 더 강력하게 법윤리적 기준으로 파악하려 하고, 주식회사라고 하여 이를 예외로 파악해서는 안 된다는 견해가 대두되고 있다. 따라서 독일학설상은 주식법에서도 충실의무가 일반조항으로서 인정되어야 한다고 주장한다.

(예) (1) 어떤 주식회사가 몇 명 안 되는 주주로 구성되어 있고, 이들이 경우에 따라서는 감사로서 또는 이사로서 함께 일한다면, 이는 처음부터 유한회사의 상황과 본질적으로 일치한다.

(2) 대주주의 소수주주에 대한 충실의무의 문제가 이제까지 가장 직접적으로 제기되었던 것은 Audi/NSU 사건에서였다. Volkswagen 주식회사는 1971년에 Audi/NSU 주식의 다수를 취득하였고, 이 회사와 지배 및 이익공여계약을 체결하였다. 이 계약에서 Volkswagen(VW)은 Audi/NSU 주식의 시세가 VW 주식의 시세보다 높은 데도 불구하고 Audi/NSU의 사외주주에 대하여 VW 주식과 2.5 대 1의 비율로 교환할 의무를 부담하였다. 최대의 사외주주인 Israel-British 은행은 이에 대항하여 취소소송을 제기하였는데, 이 사건은 화해로 종결지어졌다. 이에 의하여 VW는 226 DM의 현금가격으로 주식을 매입하였는데, 이것은 원래의 제안의 약 4배에 맞먹는 것이었다. 원고는 며칠 전에 자신의 Audi/NSU 주식을 증권거래소에서 팔고 145 DM을 받았다. 그는 차액의 보상을 요구하였으나 모든 심급에서 기각되었다. 그러나 VW는

Israel-British 은행과 담판하는 동안에 증권거래소의 거래를 정지시키도록 제안하거나 사외주주에게 알릴 의무가 없었겠는가 하는 의문이 제기되고 있다.

(2) 충실의무로 해결할 문제가 다른 방법에 의하여 해결될 수 있다면 충실의무의 일반조항은 필요 없을 것이다. 1937년 독일주식법은 이러한 목적으로 주식법상의 책임조항(지금의 독일주식법 제117조)과 회사의 손해가 되는 특별이익추구의 취소(지금의 독일주식법 제243조 제 2 항)를 법률에 채택하였다. 1965년 주식법에서는 콘체른법의 책임규정이 추가되었다(제309조, 제317조, 제323조). 그러나 그 동안의 경험이 말해 주듯이 이 규정은 대체로 효과가 없고, 문제되는 사건을 파악하기에 충분하지 않다.

독일주식법 제117조에 의한 청구권은 다른 주주 또는 제 3 자가 고의로 회사에 대한 자신의 영향력을 이용하여 경영진으로 하여금 회사 또는 주주에게 손해를 초래하게끔 할 것을 요건으로 한다. 이 때의 손해배상청구권은 회사에 있고, 그 밖에 각각의 주주가 손해를 입은 경우에는 그들도 청구권을 갖는다. 의무에 반하여 행위하는 이사와 감사는 마찬가지로 연대책임자로서 책임을 진다. 그러나 중요한 경우, 특히 영향력이 주주총회에서의 의결권행사에 의하여 행사되는 경우(독일주식법 제 7 조 제 1 항)뿐만 아니라 계약상의 콘체른에서, 그리고 편입에 있어서 지배권을 행사하는 경우에는 청구권이 배제된다.

그러나 체계상 이 규정은 대단히 이질적이다. 왜냐하면 이 규정은 주주뿐만 아니라 모든 사람을 대상으로 하고 있고, 따라서 회사법적 성격이 아니라 불법행위법적 성격을 갖기 때문이며 또한 그 적용범위도 좁다. 특히 법률상 언급된 기업경영진이 의무에 반하여 자신에게 행사된 압력에 굴복하는 경우에는 더욱더 그렇다. 법원의 실무상 이제까지 독일주식법 제117조가 적용된 사례는 알려지지 않고 있다. 즉 이 규정은 예방적 기능에 머물러 있다.

(3) 충실의무의 요건은 기업의 구조에 따라 결정된다. 소액주주에 대해서는 일반적으로 신의성실을 요구하는 것 이상은 기대할 수 없다. 따라서 충실의무는 무엇보다도 기업경영에 대하여 중대한 영향력을 행사할 수 있고, 사외주주를 속일 수 있는 대주주 및 안정된 주주그룹에 관한 행위원칙이다. 소수주주보호 및 법률상 충분하게 규정되지 않은 분야에 관하여 더 이상 규정된 바가 없기 때문에 판례와 학설은 해당하는 경우를 주의깊게 형량하고 경험을 축적해야 할 것이다.

3. 미국에서는 주식이 주주의 사유재산이라는 근거에서 주주의 의결권행사에는 아무런 제약을 받지 않는다고 하여 의결권행사에 아무런 충실의무를

부담하지 않는다는 주장이 견지되어 왔다. 그러나 주주들이 해산·합병 등 비상사건 등에 관하여 의결권을 행사할 때에는 지배주주는 충실의무를 부담한다고 하며, 그 근거로는 다음의 두 가지 점을 든다. 첫째는 지배주주는 다른 소수주주들보다 우월한 지위에 있어서 다른 사람에게 영향을 미칠 수 있으므로, 이러한 지배주주의 충실의무는 형평법상의 원칙에 따른다는 점이며, 둘째는 회사의 기관으로서 이사와 감사는 충실의무를 지는데, 사실 지배주주는 이사와 감사를 통하여 회사를 지배하므로 지배주주도 충실의무를 부담해야 한다는 점을 들고 있다.

그 밖에 폐쇄회사의 주주, 지배권양도의 경우에의 지배주주에게 충실의무를 부담시키고 있다.

4. 우리나라에서도 주주의 충실의무를 인정하자는 논의가 근자에 일고 있으며, 이를 긍정하는 쪽의 학자가 늘고 있다. 그 근거로서는 '다수결의 원칙'이라는 미명 아래 군소주주들이 지배주주들의 이익을 위한 제물로 바쳐져서는 안 된다는 점에 있다. 이러한 점에서 가족회사 내지는 폐쇄회사의 틀을 벗어나지 못하고 있는 우리나라에서야말로 지배주주의 충실의무를 인정하여야 할 것이 아닌가 한다. 이러한 지배주주의 충실의무의 근거로서 "타인을 지배하는 사람은 그 지배에 따르는 책임을 져야 한다"는 일반적인 법원칙을 원용하기도 한다. 또한 주식의 소유에 의하여 회사의 지배권을 갖는 주주는 그 지배권을 양도함에는 "양수인선택에 있어서 다른 주주의 이익을 고려할 의무가 있다"고도 한다. 이에 대하여 아무런 실정법적 근거 없이 주주의 충실의무위반을 이유로 손해배상책임 등 사법적 효과를 인정할 때 회사법의 생활관계는 매우 불안정해지는 문제가 있다는 주장(이철송, 248쪽)도 있다. 이 주장은 주주들에게 제시하는 행동기준이 매우 불투명하고 또 그 충실의무에 위반하는 행동의 사법적 효과에 대한 법리가 확립된 것도 아니므로 예측가능성을 부여할 수 없다고 한다. 그리하여 동 견해는 주주의 충실의무인정과 그와 결부된 사법적 효과부여는 입법론으로는 몰라도 해석론으로는 위험한 시도라고 분석하고 있다(이철송, 248쪽).

Ⅳ. 기타 義務

상법상 주주에게 출자의무 이외에 기타의 재산적 의무를 부과하는 명문 규정은 없다. 그러나 실체파악이론(법인격부인론)에 의하여 주주가 회사채무에 대해 무한책임을 지게 되는 경우, 설립중의 회사의 채무에 대하여 발기인이 차액책임을 지게 되는 경우에는 주주의 의무가 출자의무에 한정되지 않는다. 그리고 위법배당을 받은 주주는 회사에 이를 반환하여야 하며(제462조 제 2 항), 불공정한 발행가액으로 주식을 인수한 자는 회사에 대하여 공정한 발행가액과의 차액에 상당한 금액을 지급할 의무가 있다(제424조 의 2).

제 3 절 株券과 株主名簿

姜渭斗, 주권발행의 의의와 주권발행 전의 주식양도의 효력, 商事判例研究 2(1988)/金建植, 명의개서의 해태와 무상발행신주의 귀속, 判例月報 223(1989. 4)/배정순, 주식의 명의개서 : 명의개서 전의 주식양수인의 지위를 중심으로, 원광대 대학원논문집 1(1987. 2)/徐廷甲, 주권불소지제도, 司法行政 290(1985. 2)/劉承政, 명의개서의 부당거절 〈판례〉, 司法行政 404(1994. 8)/李宙興, 주권발행의 효력발생시기, 司法行政 361(1991. 1)/林載鎬, 명의개서 전의 주식양수인의 지위, 안동대 사회과학논총 1(1989. 12)/李基秀, 株主名簿의 閉鎖와 基準日, 월간고시 27(1976. 4).

제 1 관 株 券

Ⅰ. 意 義

주권은 주식, 즉 회사에 대한 주주의 법률상의 지위인 주주권을 표창하는 유가증권을 말한다.

주권은 회사에 대한 주주(사원)의 법률상의 지위를 표창하는 유가증권으로 사원권적 유가증권이다. 기명주권은 주주명부에 명의개서가 있은 뒤에는 주권을 소지하지 않고도 권리를 행사할 수 있으므로 유가증권이 아니라고 하는 견해도 있으나, 기명주권도 주주명부에 명의개서를 하기 위해서는 주권을 제시하여야 하고, 주주명부의 기재에 주권의 제시에 갈음한 효력이 인정되므로 기명주권도 유가증권이다. 주권에는 일정한 법정기재사항을 기재하고 대표이사가 기명날인 또는 서명하여야 하므로 요식증권이지만(제356조), 그 기재사항이 본질적인 것이 아닌 한 이를 누락하거나 사실과 다르더라도 법률관계가 존재하는 한 주권은 유효하므로 어음과 수표보다는 요식성이 많이 완화된다.

또한 주권은 회사의 성립 또는 신주의 발행에 의하여 주주권이 발생한 후 발행되고(제355조), 주권의 작성에 의하여 비로소 주주권이 발생하는 것이 아니므로 비설권증권이다. 그리고 주권기재의 문언은 선의의 주권취득자에 대하여도 그 권리의 내용을 정하는 효력은 없으므로 주권은 문언증권이 아니다. 그리고 주권은 그 증권상의 권리가 원인관계의 존부에 따라 좌우되므로 요인증권이다.

이러한 주권은 다른 유가증권과 마찬가지로 주식을 증권화하여 그 유통성을 보장하기 위한 것이다. 그러나 오늘날은 주식회사가 대규모화하고, 그에 따라 주식도 천문학적인 숫자로 발행되어 유통되기에 이르렀다. 이러한 경우 모든 주식에 반드시 주권을 발행하고 또한 주식의 양도시에 주권을 반드시 교부하도록 한다면, 매우 큰 인적 · 물적 부담과 주식유통의 신속성이 침해될 수 있다. 따라서 이러한 위험을 피하기 위해 주주가 주권을 소지하지 않을 수 있는 주권불소지제도와 증권시장에서 주식을 거래할 때 주권실물의 교부 대신 간편하게 장부상의 기재에 의하는 전자증권제도가 마련되었다.

Ⅱ. 種　類

1. 記名株券 · 無記名株券

주주의 성명이 기재되어 있는 주권이 기명주권이고, 기재되어 있지 않은 주권이 무기명주권이다. 기명주권의 경우에는 주주가 회사에 대하여 권리를 행사하기 위해서는 주주명부에 명의개서를 하여 두면 되고 권리행사시마다 주권을 회사에 제시할 필요가 없다. 기명주권의 경우에는 주주로서는 권리행사의 기회를 놓치지 않게 되고, 회사로서는 주주총회의 결의를 위한 정족수를 채우기 위한 경우 등에 총회소집의 통지와 함께 의결권대리행사의 위임장의 권유를 할 수 있다. 이처럼 기명주권이 주주 · 회사 모두에게 편리하기 때문에 우리나라에서는 기명주권이 이용되었다.

우리나라의 경우 원래 제정상법부터 무기명 주식도 발행할 수 있었으나 2014년 5월 20일 개정상법(법률 제12591호)에 의하여 무기명주식은 폐지되었다. 1963년 시행된 제정 상법에서부터 존재한 무기명주식 제도는, 2014년 5월 개정시까지 발행된 사례가 없어 기업의 자본조달에 기여하지 못하고 있었다. 그리고 그 소유자 파악이 곤란하여 양도세 회피 등 과세사각지대의 발생 우려가 있었다. 그 결과 조세 및 기업 소유구조의 투명성 결여로 인한 국가의 대외신인도를 저하시키는 원인이 되는 등으로 더 이상 유지할 실익이 없게 되었다. 따라서 2014년 5월 상법개정 시에 무기명주식 제도를 폐지하였다. 따라서 주식은 기명주식으로 일원화되었다.

2. 單一株券 · 倂合株券

1개의 주식을 표창하는 주권이 단일주권이고, 여러 개의 주식을 표창하는 주식이 병합주권이다. 회사는 반드시 하나의 주식에 하나의 주권을 발행하여야 하는 것은 아니며, 10주권 · 50주권 · 100주권 등도 발행할 수 있다. 회사가 이처럼 단일주권뿐만 아니라 병합주권도 발행하는 경우, 주주는 회사에 대하여 자기의 비용부담으로 그가 가지는 주권의 분할 또는 병합을 청구할 수 있다.

Ⅲ. 發 行

1. 發行時期

회사는 주주로부터 주권불소지의 신고가 있는 경우를 제외하고는 반드시 법정의 기재사항을 기재한 주권을 작성하여 이를 주주에게 교부하여야 한다(교부계약설). 따라서 정관에 주권을 발행하지 않는다는 규정을 둘 수는 없다.

<대판 1977. 4. 12, 76 다 2766>

「본조(제355조) 규정의 주식발행은 본법 제356조 소정의 형식을 구비한 문서를 작성하여 이를 주주에게 교부하는 것을 말하고, 위 문서가 주주에게 교부된 때에 비로소 주권으로서의 효력을 발생한다고 해석되므로, 피고회사가 주주권을 표창하는 문서를 작성하여 이를 주주가 아닌 제 3 자에게 교부하여 주었다 하더라도 위 문서는 아직 피고회사의 주권으로서의 효력을 갖지 못한다고 보아야 할 것이니….」

주식의 양도에는 주권의 교부를 필요로 하므로 이를 발행하지 않으면 주식양도의 자유를 부당하게 제한하는 결과가 되기 때문이다(제335조 제 1 항 본문 및 제336조 제 1 항 참조). 따라서 주주는 회사에 대하여 주권교부청구권을 갖는다. 그리고 주주의 채권자가 이 권리를 대위행사할 수 있는지 여부가 문제되는데, 주주의 주권교부청구권을 특히 일신전속적 권리라고 볼 까닭은 없으므로 이를 긍정하여야 할 것이다.

<대판 1982. 9. 28, 82 다카 21>

「본조(제335조) 제 2 항(1995년 개정법 제 3 항)의 규정은 주권발행 전의 주식양도는 회사에 대하여 대항할 수 없을 뿐 아니라 회사도 이를 승인하지 못하여 대회사 관계에 있어서는 아무런 효력이 없다는 것이나, 그렇다고 양도당사자 사이에 있어서까지 양도·양수의 효력을 부정하는 취지라고 해석되지 않으므로, 그 당사자 간에서는 유효하다 할 것이니 주권발행 전의 주식을 전전양수한 원고가 회사에 대하여 원시주주를 대위하여 직접 원고에게 주권의 발행교부를 청구할 수는 없다 할지라도 원시주주들의 회사에 대한 주권발행 및 교부청구권을 대위행사하여 원시주주에의 주권발행 및 교부를 구할 수 있다.」

주주가 주권불소지를 신고한 경우를 제외하고 회사는 그 성립 후 또는 신주의 납입기일 후 지체없이 주권을 발행하여야 한다(제355조 제1항·제2항). '지체없이' 란 늦어도 회사성립 후 또는 신주의 납입기일 후 6월 내라고 해석할 것이다(제335조 제3항 단서 참조)(동지: 정찬형, 260쪽; 정동윤, 202쪽). 회사의 성립 후 또는 신주의 납입기일 후가 아니면 주권을 발행하지 못하도록 한 것은 권리주양도의 제한(제319조)에 맞추어 권리주의 유가증권화를 방지하기 위한 것이다. 이에 위반하여 발행한 주권은 무효이고, 이를 발행한 회사는 손해배상책임을 지며, 이사는 과태료의 제재를 받는다(제355조 제3항, 제635조 제1항 19호).

2. 記載事項

주권에는 다음 사항과 번호를 기재하고, 대표이사가 기명날인 또는 서명하여야 한다(제356조). 법정기재사항은 ① 회사의 상호, ② 회사의 성립연월일, ③ 회사가 발행할 주식의 총수, ④ 1주의 금액, ⑤ 회사의 성립 후 발행된 주식에 관하여는 그 발행연월일, ⑥ 종류주식이 있는 때에는 그 주식의 종류와 내용, ⑦ 주식의 양도에 관하여 이사회의 승인을 얻도록 정한 때에는 그 규정, ⑧ 상환주식이 있는 때에는 상환가액·상환기간·상환방법과 수, ⑨ 전환주식이 있는 때에는 그 주식을 다른 주식으로 전환할 수 있다는 뜻, 전환의 조건, 전환으로 인하여 발행할 주식의 내용, 전환을 청구할 수 있는 기간 등이다.

앞서 말한 바와 같이 주권은 요식증권이지만, 그 요식성은 그렇게 엄격하지 않다. 따라서 본질적인 사항이 아닌 것은 이를 기재하지 않더라도 주권이 무효로 되지는 않는다. 또 주권에 기재된 사항에 변경이 생긴 경우에는 이를 정정하여야 하지만, 정정을 하지 아니하였다고 하여 주권이 무효로 되지는 않는다.

<대판 1996. 1. 26, 94 다 24039>

「대표이사가 주권발행에 관한 주주총회나 이사회의 결의 없이 주주명의와 발행연월일을 누락한 채 단독으로 주권을 발행한 경우, 특별한 사정이 없는 한 주권의 발행은 대표이사의 권한이라고 할 것이고, 그 회사정관의 규정상으로도 주권의 발행에 주주총회나 이사회의 의결을 거치도록 되어 있다고 볼 근거도 없으며, 기명주권의 경우에 주주의 이름이 기재되어 있지 않다거나 또한 주식의 발행연월일의 기재가 누락되어 있다고 하더라도 이는 주식의 본질에 관한 사항이 아니므로, 주권의 무효사유가 된다고 할 수 없다.

설사 대표이사가 정관에 규정된 병합주권의 종류와 다른 주권을 발행하였다고 하더라도 회사가 이미 발행한 주식을 표창하는 주권을 발행한 것이라면, 단순히 정관의 임의적 기재사항에 불과한 병합주권의 종류에 관한 규정에 위배되었다는 사유만으로 이미 발행된 주권이 무효라고 할 수는 없다.」

3. 效力發生時期

주권은 일정한 법정사항을 기재하고, 대표이사가 기명날인 또는 서명하여 작성한 다음 주주에게 교부된다. 그런데 완성된 주권이 주주에게 교부되기 전에 도난 또는 분실된 경우 이것이 선의취득의 대상이 되는가, 또는 아직 주주에게 교부되지 않고 회사가 보관하고 있는 동안에 주주의 채권자가 이에 대해 권리를 실행할 수 있는가가 문제된다. 따라서 주권의 발행과정 중 어느 단계에서 주권으로서의 효력이 발생하느냐가 문제해결에 중요한 역할을 하게 된다.

학설은 다음의 네 가지로 나누어진다. ① 회사가 주권을 작성하여 이를 주주에게 교부한 때에 주권으로서의 효력이 발생한다는 견해(교부시설·교부계약설), ② 회사가 주권을 작성한 때에 주권으로서의 효력이 발생한다는 견해(작성시설·창조설), ③ 회사가 주권을 작성하여 회사의 의사로 누군가에게 그 점유를 이전한 때에 주권으로서의 효력이 발생한다는 견해(발행시설·발행설)(이전의 판례의 입장이었다), ④ 교부시설을 원칙으로 하여 주권을 주주에게 교부할 것을 요하지만, 교부가 없더라도 그것이 있었던 것과 동일한 외관을 야기한 경우 회사는 그 외관을 신뢰하여 선의로 주권을 취득한 제 3 자에 대하여 외관에 따른 책임을 져야 한다는 견해(권리외관설)이다.

<대판 1965. 8. 24, 65 다 968>

「주권발행이라 함은 회사의 권한 있는 기관이 주주권의 일정단위를 표시한 증권을 작성하여 이것을 주주에게 교부함을 말하고, 그와 같은 문서가 작성되었다 하여도 주주에게 교부하기 전에는 아직 주권으로서의 효력은 발생할 수 없는 것이나, 회사가 적법히 주권을 작성하여 주주에게 교부할 의사로서 교부하였고, 그 교부에 있어서의 교부를 받을 자에 대한 착오가 있다 하여도 이미 그 주권이 유통되어 제 3 자가 악의 또는 중대한 과실 없이 선의취득을 한 경우에는 본래 주주의 주주권은 상실되었다 아니할 수 없고, 따라서 그 주권발행은 유효라고 해석하여야 할 것이다.」

교부계약설에 의하면 진정한 주주가 두텁게 보호되나 거래의 안전이 소홀히 취급되게 되며, 창조설에 의하면 거래의 안전은 보호되나 주주에게 과실이 없더라도 주주권을 상실하게 된다. 발행설에 의하더라도 창조설과 같은 단점이 있다.

그런데 주권의 경우에는 어음·수표만큼 거래안전의 보호요청이 크지 않으므로 진정한 주주의 보호에 중점을 두는 교부계약설이 타당하다고 본다(이설이 근자의 통설이자 판례의 입장이다).

<대판 1987. 5. 26, 86 다카 982·983>

「… 상법 제355조의 주권발행은 동법 제356조 소정의 형식을 구비한 문서를 작성하여 이를 주주에게 교부하는 것을 말하는 것이므로 비록 회사가 주주권을 표창하는 문서를 작성하여 이를 주주 아닌 제 3 자에게 교부한 경우라도 위 문서는 주권으로서의 효력이 없는 것이다. ….」(동지 : 대판 1977. 4. 12, 76 다 2766).

<대판 2000. 3. 23, 99 다 67529>

「상법 제355조의 주권발행은 동법 제356조 소정의 형식을 구비한 문서를 작성하여 이를 주주에게 교부하는 것을 말하고, 위 문서가 주주에게 교부된 때에 비로소 주권으로서의 효력을 발생하는 것이므로, 회사가 주주권을 표창하는 문서를 작성하여 이를 주주가 아닌 제 3 자에게 교부하여 주었다 할지라도 위 문서는 아직 주권으로서의 효력을 가지지 못한다.」(대판 1987. 5. 26, 86 다카 982, 86 다카 983 참조).

4. 株式의 電子登錄

2011년 개정상법은 전자등록제에 대한 일반규정을 두고 있지는 아니하다. 오히려 전자등록제를 도입하는 대상별로 개별 조항에서 규정을 하는 방식을 채택하고 있다. 2011년 개정상법에서 전자등록제를 도입하고 있는 대상은 주식, 사채뿐만 아니라 신주발행시의 신주인수권, 신주인수권부사채의 신주인수권 기타 상법상 유가증권을 모두 포함을 하고 있다. 2011년 개정상법은 우선 주식에 대하여 전자등록제도를 규정하고 있다(제356조의 2). 금전의 지급청구권, 물건 또는 유가증권의 인도청구권이나 사원의 지위를 표시하는 유가증권에 대하여도 전자등록제도를 규정하면서 주식의 전자등록에 관한 규정을 준용한다(제65조). 한편 주식의 전자등록에 관한 규정을 사채에 관하여 준용하고 있다(제478조 제 3 항). 더 나아가 신주발행시의 신주인수권, 신주인수권부 사채의 신주인수권의 경우에도 주식의 전자등록에 관한 규정을 준용하고 있다(제420조의 4, 제516조의 7). 그러므로 우리 상법에서는 주식에 관한 규정이 실질적으로 전자등록제도에 관한 일반규정의 역할을 담당하고 있다(심인숙, 주식 및 사채의 전자등록제 도입에 관한 상법 개정안 고찰, 상사법연구 제28권 제 3 호(2009), 218쪽). 구체적으로 보면 회사는 주권을 발행하는 대신 정관에서 정하는 바에 따라 전자등록기관(유가증권 등의 전자등록 업무를 취급하도록 지정된 기관)의 전자등록부에 주식을 등록할 수 있다(제356조의 2 제 1 항). 전자등록부에 등록된 주식의 양도나 입질(入質)은 전자등록부에 등록하여야 효력이 발생한다(제356조의 2 제 2 항). 이때 전자등록부에 주식을 등록한 자는 그 등록된 주식에 대한 권리를 적법하게 보유한 것으로 추정하며, 이러한 전자등록부를 선의(善意)로, 그리고 중대한 과실 없이 신뢰하고 상법 제356조의 2 제 2 항의 등록에 따라 권리를 취득한 자는 그 권리를 적법하게 취득하도록 하고 있다(제356조의 2 제 3 항). 한편 전자등록의 절차 · 방법 및 효과, 전자등록기관의 지정 · 감독 등 주식의 전자등록에 관하여 필요한 사항은 따로 법률로 정하도록 하였다(제356조의 2 제 4 항). 이에 따라 2016년 3월 22일 주식 · 사채 등의 전자등록에 관한 법률(법률 제14096호)이 제정되었다. 동법의 제정이유는 다음과 같다: 종래 우리나라는 전자단기사채 등을 제외하고 대부분의 유가증권은 직접 증서를 발행하는 실물발행 방식으로 관리되고 있는데, OECD 34개국 중 우리나라를 제외한 31개국 및 중국은 실물증권을 발행 · 교부하지 않고 전자적인 방식으로 권리를 등록함으로써 권리내용을 인정하고 권리의 이전 · 담보설정 및 행사가 이루어지고 있다. 전자증권제도를 도입하면 실물증권 발행비용을 절감할 수 있고 실물증권의 보관 · 관리에 따른 위험요소가 제거되며 조세회피 및 자금세탁 등 음성적 거래의 원천적 차단을 통해 증권거래 및 보유실명제를 도입하는 효과가 발생함은 물론 발행 · 유통정보의 신속한 제공을 통해 투자자 보호 및 공정거래 질서 확립에 크게 기여할 것으로 예상된다. 이에 전자증권제도의 도입을 위한 법률을 제정함으로써 증권의 발행·유통 및 권리행사를 원활하게 하여 자본시장의 효율성을 제고하려는 것으로, 전자등록의 대상이 되는 권리, 제도 운영기관, 계좌의 개설 및 계좌부의 작성, 전자등록의 신청 등 절차, 전자등록의 효력 및 주식 등에 대한 권리 행사, 전자등록의 안정성 확보 등을 위한 검사·감독 등을 정함으로써 주식·사채 등의 전자등록에 관한 규율을 마련하려는 데에 그 입법의 취지가 있다. 동법의 주요 내용은 다음과 같다: ① 주식, 사채, 국채, 지방채 등의 증권에 관한 권리에 대해서는 실물 증권 또는 증서의 발행 없이도 그 권리의 발생·변경·소멸을 장부에 전자등록하는 전자증권제도를 이용하여 유통될 수 있도록 하고, 이러한 권리 중에서 증권시장에 상장된 주식·사채 등은 전자증권제도를 통해서만 유통될 수 있도록 함으로써 자본시장에서 안정적이고 효율적으로 다양한 권리의 유통이 이루어질 수 있는 기반을 마련하도록 한다(제2조, 제25조 제1항 등). ② 전자등록업무를 하려는 자에 대한 허가요건을 규정하여 전자등록기관의 경영 건전성 등을 확보하고, 누구든지 허가를 받지 아니하고는 전자등록업무를 영위할 수 없도록 하여 증권시장의 건전한 질서를 유지하도록 한다(제4조, 제5조 등). ③ 증권에 표시되어야 하거나 표시될 수 있는 권리를 신규로 전자등록하려는 자는 그 권리에 대한 발행내역을 전자등록기관에 통지하여 계좌에 전자등록하는 방식으로 발행하도록 하며, 전자등록된 증권의 권리 이전, 질권 설정, 신탁재산 설정 등은 권리자가 해당 권리가 전자등록된 기관에 대해 신청하여 계좌에 전자등록하게 함으로써 처리하도록 한다(제25조, 제30조 등). ④ 전자등록된 증권의 권리자가 되려는 자는 계좌관리기관에 고객계좌를 개설하고 계좌관리기관은 전자등록기관에 고객관리계좌를 개설하도록 하여 그 권리자가 전자등록기관을 통하여 전자등록된 증권에 대한 권리를 행사할 수 있도록 하고, 소유자의 신청에 의해 전자등록기관이 발행하는 소유자증명서 또는 소유 내용의 통지를 통하여 전자등록된 증권의 발행인 또는 제삼자에게 소유자로서의 권리를 행사할 수 있도록 한다(제22조, 제38조, 제39조 등). ⑤ 전자등록기관 및 계좌관리기관의 정보시스템에 거짓 정보를 입력하는 등의 행위를 금지하고 전자등록기관 및 계좌관리기관의 임직원이 직무상 취득한 정보를 이용하는 행위를 금지하며 전자증권제도 운영의 안정성 확보 및 정보보호를 위한 제도적 장치를 마련함으로써 전자등록된 증권의 권리자를 보호하도록 한다(제42조부터 제50조까지). 주식 · 사채 등의 전자등록에 관한 법률은 2019년 9월 16일 시행되었다. 동법의 시행을 위하여 주식 · 사채 등의 전자등록에 관한 법률 시행령이 2019년 6월 25일 제정되었다.

전자증권제도 개선을 위해서는 주주명부 작성을 위한 소유자명세 통지사유의 조정, 주주명부 기재사항에 주주의 전자우편주소와 전화번호를 기재하도록 하는 것 및 회사 필요시 전자등록기관과 계좌관리기관에의 주주 정보요청권 인정 등이 논의되고 있다(이에 대한 상세는 박철영, "전자증권제도에 의한 주식제도의 변화와 주주명부의 기능 강화," 기업법연구 제33권 제 2 호(2019), 119쪽 참조).

Ⅳ. 記名株券不所持制度

1. 意　　義

기명주식의 주주가 회사에 주권을 소지하지 않겠다는 뜻을 신고함으로써 회사가 그 신고된 주권을 발행하지 않는 제도를 기명주권불소지제도라 한다(제358조의 2). 이와 구별하여야 할 것으로 주권무권화제도가 있다. 이는 주권발행 없이 주식에 대한 소유권을 인정하고, 또한 주식의 양도와 권리행사가 가능하도록 하는 유가증권제도를 말한다. 주권불소지제도의 경우 주주는 언제든지 회사에 대하여 주권의 발행을 청구할 수 있는 반면에, 주권무권화제도는 주권의 불발행을 그 요건으로 한다는 점에서 차이가 있다.

상법은 1984년 개정에 의하여 기명주식도 주권의 교부만으로 양도가 가능하도록 하였으므로(제336조 제 1 항) 주권의 도난 또는 분실로 인하여 주주의 권리를 잃게 될 위험성이 커졌다. 또한 기명주식의 경우 주권은 주식의 처분시에만 필요할 뿐 회사에 대한 권리행사는 주주명부에 대한 기재에 의하므로 주권의 소지가 필요하지 않다. 그리하여 장기간 주식을 처분할 의사가 없는 주주들의 이익을 고려하여 과거 공개법인 · 상장법인에만 인정되던 주권불소지제도를 모든 주식회사에 인정한 것이다.

또한 상법은 주권불소지제도를 채택하지 않겠다는 규정을 정관에 둘 수 있도록 하였는데(제358조의 2 제 1 항 참조), 이는 사무부담 등의 사정으로 이 제도가 필요하지 않는 회사도 있을 수 있기 때문이다.

2. 不所持申告

불소지신고를 할 수 있는 자는 주주라도 주주명부상의 주주 또는 주식인수인에 한한다. 왜냐하면 주식의 양수인으로서 아직 명의개서를 하지 아니한 자에게 불소지신고를 허용하면, 양수인이 주주권을 행사할 수 없기 때문이다. 주식질권자는 이 신고를 할 수 없다.

신고는 회사에 대하여 하여야 하지만, 명의개서대리인(제337조 제2항)을 둔 때에는 명의개서대리인에 대하여도 할 수 있다. 불소지의 신고는 회사의 설립 또는 신주발행의 경우에는 주권의 발행 후뿐만 아니라 주권의 발행 전에도 할 수 있다. 이미 주권이 발행된 경우에는 주주는 불소지의 신고를 할 때 기발행주권을 회사에 제출하여야 한다(제358조의 2 제3항). 다만, 주권제출절차(제440조)에 의하여 이미 회사에 제출되어 있는 주권에 대하여는 신고만으로 족하며, 또 주권을 상실한 주주가 제권판결을 받고 아직 주권의 재발행을 받기 전도 마찬가지이다.

3. 申告의 效果

주권불소지의 신고가 있으면 회사는 지체없이 주권을 발행하지 아니한다는 뜻을 주주명부와 그 복본에 기재하고, 그 사실을 주주에게 통지하여야 한다(제358조의 2 제2항 1문). 이러한 기재가 있게 되면 회사는 그 주식에 대해서는 주권을 발행할 수 없다(제358조의 2 제2항 2문). 구법은 회사가 주권을 제출받아 이를 무효로 하였으나, 1995년 개정법은 회사의 선택에 따라 이를 무효로 하거나 명의개서대리인에게 임치하도록 하였다(제358조의 2 제3항 후단). 이 때에는 그 사실을 주주에게 통지하여야 한다. 회사가 이에 위반하여 주권을 발행하거나 제출된 주권이 유통되더라도 그 주권은 무효인 까닭에 선의의 제3자가 양수하더라도 선의취득이 인정되지 않는다.

4. 株券의 發行

주주는 주권불소지의 신고를 하였더라도 언제든지 회사에 대하여 주권의 발행 또는 반환을 청구할 수 있다(제358조의 2 제4항). 주권발행의 청구는 전혀 주권을 발행하지 않았거나 이미 발행한 주권을 무효로 한 경우이고, 주권반환의 청구는 명의개서대리인에게 그 주권을 임치하고 있는 경우이다. 주식을 양도 또는 입질하려면 주권이 필요하기 때문이다. 주권발행의 청구가 있으면 회사는 지체없이 주권을 발행하여야 한다.

V. 株券의 喪失과 再發行

1. 總 說

주주가 멸실·도난·분실 등으로 인하여 주권을 상실하게 되는 경우에는 어려운 문제가 생긴다. 기명주권의 경우에는 주식의 처분을 할 수 없고, 무기명주권의 경우에는 권리의 행사와 주식의 처분을 할 수 없다. 뿐만 아니라 그 주권이 제 3 자에 의해 선의취득될 수도 있다(제359조). 그리하여 법은 이 경우 공시최고절차를 밟아서 제권판결을 얻음으로써 상실된 주권을 무효로 할 수 있게 하고(제360조 제 1 항; 민사소송법 제475조 제487조), 또한 회사가 임의로 주권을 발행하는 것을 막기 위해 주권의 재발행은 제권판결을 얻은 후에만 청구할 수 있도록 하였다(제360조 제 2 항).

2. 公示催告

주권을 무효로 하기 위한 공시최고는 민사소송법상의 증서의 무효선고를 위한 공시최고절차의 규정에 의한다(민사소송법 제475조).

공시최고의 신청권자는 주주명부상의 주주 또는 그가 이미 주식을 양도한 때에는 최종양수인인 주주이다(민사소송법 제477조). 주식을 입질한 경우에는 주주와 질권자가 모두 신청권을 갖는다. 그리고 회사가 자기주식의 주권을 상실한 경우에는 회사도 신청권을 갖는다.

신청인은 공시최고의 신청을 할 때 신청의 증거로써 주권의 등본이나 주권의 내용을 개시하고, 주권의 도난·분실·멸실과 공시최고절차를 신청할 수 있는 이유되는 사실을 소명하여야 한다(예컨대 분실 또는 도난신고가 있었다는 경찰의 증명서)(민사소송법 제494조). 공시최고절차의 관할법원은 주권을 발행한 회사의 본점소재지의 지방법원이다(민사소송법 제476조). 공시최고의 신청이 있으면 공고를 하여야 하고(민사소송법 제480조), 공시최고기간은 공고한 날로부터 3월 이상이어야 한다(민사소송법 제481조). 공시최고에는 공시최고기간 내에 권리의 신고나 청구를 하여야 하며, 신고나 청구를 하지 않으면 실권된다는 뜻을 기재하여야 한다(민사소송법 제479조 제 2 항).

공시최고의 공고가 있은 후 제권판결이 선고되기 전에는 그 주권은 아직 유효하다. 따라서 공시최고 후에도 제 3 자에 의하여 주권이 선의취득될 수 있다. 주권을 선의취득한 자가 회사에 대하여 명의개서를 청구한 때에는 그가 악의 또는 중과실로 이를 취득하였음을 증명하지 못하는 한 회사는 공시최고의 신청이 있다는 이유만으로 명의개서를 거절하지 못한다.

3. 除權判決

공시최고기간 내에 권리의 신고나 청구가 없는 때에는 법원은 공시최고신청인의 신청에 의하여 주권의 무효를 선고하는 제권판결을 한다(민사소송법 제496조, 제487조). 제권판결의 요지는 관보, 공보 또는 신문에 공고된다(민사소송법 제489조).

일반적으로 제권판결은 일정한 공시최고절차를 거친 후 증권 또는 증서의 무효를 선고하는 법원의 판결로 다음과 같은 두 가지 효력이 있다. 첫째로 제권판결에 의해 증권(증서)은 무효로 된다(민사소송법 제496조)(소극적 효력).

<대판 1965.11.30, 65 다 1926>

「공시최고신청 이전에 그 수표를 선의로 취득한 경우에는 그 권리신고를 하지 아니하였다 하여 당연히 수표의 선의취득자의 실질적 권리가 상실되는 것은 아니나, 제권판결의 소극적 효력으로 그 수표는 무효가 된다.」

이 경우에는 주권이 무효로 됨에 그치고, 종전의 주주의 주주권은 그대로 남는다. 이처럼 주권이 장래에 향하여 무효가 되므로 회사는 이후 그 주권에 대하여 명의개서의 청구가 있어도 이를 거부하여야 하고, 제 3 자는 주권을 양수하여도 아무런 권리를 취득하지 못한다. 둘째로 제권판결이 있는 때에는 신청인은 주권을 소지한 것과 마찬가지의 지위를 회복하여 회사에 대하여 주주권을 주장할 수 있다(민사소송법 제497조)(적극적 효력). 그러나 이것은 공시최고신청인에게 주주로서의 형식적 자격을 회복시켜 주는 데 그치고, 그를 실질적 권리자로 확정하는 것은 아니다.

제권판결의 효력과 관련하여 문제되는 점은 제권판결에 의하여 상실주권이 무효로 됨으로 해서 판결선고 전에 주권을 선의취득한 자의 지위가 어떠한 영향을 받는가 하는 것이다. 이에 대해서는 ① 선의취득자라도 공시최고기간 중에 권리의 신고를 하지 아니하면 그 권리를 상실한다는 설(제권판결취득자우선보호설)(최기원, 444쪽; 이철송, 309쪽), ② 제권판결은 그 신청인에게 형식적 자격을 회복시켜 줄 뿐 실질적 권리를 확정하는 것은 아니므로 선의취득자의 주주권은 판결선고 후에도 그대로 존속한다는 설(선의취득자우선보호설)(손주찬, 640쪽; 정동윤, 210쪽), ③ 이상 두 견해를 절충해서 제권판결선고 전에 명의개서를 마친 선의취득자의 권리는 존속하지만, 명의개서를 하지 아니한 선의취득자는 제권판결로 그 권리를 상실한다는 설(절충설 또는 제한적 선의취득자 우선보호설) 등이 대립한다.

제권판결은 신청인의 실질적 권리를 확정하는 제도가 아니며, 거래안전을 보호하기 위한 선의취득제도가 제권판결제도보다 우선하므로 선의취득자우선보호설이 타당하다고 생각한다(이에 관하여는 이기수 · 최병규, 제7판 어음 · 수표법, 352쪽 아래 참조).

4. 株券의 再發行

주권을 상실한 자는 제권판결을 얻어야만 회사에 대하여 주권의 재발행을 청구할 수 있다(제360조 제2항).

<대판 1981. 9. 8, 81 다 141>

「주권이 상실된 경우에는 공시최고의 절차에 의하여 이를 무효로 할 수 있고, 이 절차에 의하여 제권판결을 얻지 아니하는 이상 회사에 대하여 주권의 재발행을 청구하지 못하는 것이므로, 가사 원고주장의 521주의 주권을 분실한 것이 원고가 아니고 피고(회사)라 하더라도 위 주권에 대한 제권판결이 없는 이상 피고(회사)에게 주권의 재발행을 청구할 수는 없다고 봄이 상당하다.」

청구하는 사람이 주주명부상의 주주일 때에는 회사가 그에게 신주권을 교부하면 면책된다(민사소송법 제497조). 그러나 청구자가 실질적으로 무권리자라는 사실을 회사가 알고 또 이를 증명할 수 있는 경우에는 면책되지 아니한다. 이에 반하여 제권판결 전에 명의개서가 행하여져서 청구자와 주주명부상의 최종의 주주가 다른 경우에는 회사는 청구자에게 실질상의 권리자임을 증명시킨 후가 아니면 주권을 재발행해서는 안 된다고 할 것이다. 왜냐하면 이 경우에는 청구인이 주주라는 추정은 깨어졌기 때문이다(제336조 제2항 참조).

제권판결 전에 주권의 선의취득이 있었던 경우에 선의취득자는 만일 제권판결을 얻은 자가 이미 주권을 재발행받은 때에는 그 주권의 교부를 청구할 수 있고, 만일 아직 주권을 재발행받지 않은 때에는 자기의 권리를 증명하여 회사에 대하여 주권의 재발행을 청구할 수 있다고 할 것이다(동지: 정동윤, 211쪽).

대법원은 제권판결 전에 주권을 선의취득한 자가 권리신고를 한 경우에는 보호받을 수 있지만, 권리신고를 하지 않았을 경우 선의취득자는 제권판결에 의해 권리를 잃는다(대판 1991. 5. 28, 90 다 6774)는 입장이다. 또한 제권판결에 의해 구주권이 실효되고 주권이 재발행되었더라도 그 제권판결에 대한 취소판결이 확정되면 재발행된 주권은 소급하여 무효로 되고, 재발행된 주권의 선의취득도 인정되지 않는다(대판 2013. 12. 12., 2011 다 112247, 112254)고 법원은 판단하고 있다.

<대판 1991.5.28, 90 다 6774>

「원고들이 피고회사의 주주로부터 기명주식을 양도받았다 하더라도 피고 회사의 주주명부에 명의개서를 하지 아니하여 그 양도를 피고 회사에 대항할 수 없는 이상 원고들은 그 주주에 대한 채권자에 불과할 뿐만 아니라 원고들이 원판시 제권판결 이전에 주식을 선의로 취득하여 주주권이 있고 또한 위 제권판결에 하자가 있다 하더라도 제권판결에 대한 불복의 소에 의하여 그 제권판결이 취소되지 않는 한 피고회사에 대하여 적법한 주주로서의 권한을 행사할 수 없다할 것이므로 원고들이 피고 회사의 주주로서 이 사건 주주총회 및 이사회결의무효확인을 소구할 이익이 없다고 하여 위 주장을 배척하였는바, 원심판결이 적시한 증거들을 기록과 대조하여 살펴보면 위와 같은 원심의 사실인정은 수긍할 수 있고 그 판단도 정당하다.」

<대판 2013.12.12, 2011 다 112247, 112254>

「기존 주권을 무효로 하는 제권판결에 기하여 주권이 재발행되었다고 하더라도 제권판결에 대한 불복의 소가 제기되어 제권판결을 취소하는 판결이 선고·확정되면, 재발행된 주권은 소급하여 무효로 되고, 그 소지인이 그 후 이를 선의취득할 수 없다.」

제 2 관 株主名簿

Ⅰ. 意 義

주주명부는 주주 및 주권에 관한 사항을 명확히 하기 위하여 상법의 규정에 따라 회사가 작성·비치하는 장부이다. 따라서 상법의 규정에 의하지 않고 단순히 주권을 기초로 하여 작성되는 주권대장과 구별하여야 한다. 또한 주주명부는 회사의 영업상의 재산 및 손익의 상황을 명백히 하기 위하여 작성되는 것이 아니므로 상업장부가 아니다. 주식회사의 발행주식이 한국예탁원에 예탁되어 있는 때에는 주주명부 외에 실질주주명부를 작성·비치하여야 한다.

그리고 2009년 5월 개정법은 정관의 정함에 따라 회사가 전자문서로 주주명부를 작성할 수 있도록 하였다(제352조의 2). 회사가 전자주주명부를 채택한 경우에는 일반문서형태의 주주명부는 필요 없게 된다.

Ⅱ. 記載事項

회사가 발행한 주식이 전환주식인지 여부 등에 따라 주주명부에 기재하여야 할 사항이 다르다. 즉 보통의 경우에는 ① 주주의 성명과 주소, ② 각 주주가 가진 주식의 종류와 수, ③ 각 주주가 가진 주식의 주권을 발행한 때에는 그 주권의 번호, ④ 각 주식의 취득연월일 등을 기재하여야 한다(제352조 제1항·제2항). 회사가 전자주주명부를 채택한 경우에는 전자문서에 의한 주주총회의 소집통지를 위하여 주주의 전자우편주소도 적어야 한다(제352조의 2 제2항). 전환주식의 경우에는 위 사항들 외에 그 주식을 다른 종류의 주식으로 전환할 수 있다는 뜻, 전환의 조건, 전환으로 인하여 발생할 주식의 내용, 전환을 청구할 수 있는 기간을 기재하여야 한다(제352조 제3항, 제347조). 그 밖에 주식공유의 경우 주주권을 행사할 자의 성명과 주소(제333조 제2항), 기명주식의 질권의 등록(제340조), 기명주권의 불소지신고(제358조의 2 제2항), 신탁재산의 표시(신탁법 제3조 제2항)를 기재하여야 하지만, 이것 이외에 다른 사항(예컨대 주주의 법정대리인의 성명·주소)을 기재하여도 무방하다.

2009년 5월 상법개정에 의하여 전자주주명부가 도입되었다. 즉 회사는 정관에서 정하는 바에 따라 전자문서로 주주명부를 작성할 수 있다(제352조의 2 제1항). 전자주주명부와 관련하여서는 이메일주소가 중요하므로 전자주주명부에는 상법 제352조 제1항의 기재사항 외에 전자우편주소를 적도록 하고 있다(제352조의 2 제2항). 그 밖에 전자주주명부의 비치·공시 및 열람의 방법에 관하여 필요한 사항은 대통령령으로 정하도록 하였다(제352조의 2 제3항). 우선 상법 제352조의 2에 따라 회사가 전자주주명부를 작성하는 경우에는 회사의 본점 또는 명의개서대리인의 영업소에서 전자주주명부의 내용을 서면으로 인쇄할 수 있으면 상법 제396조 제1항에 따라 주주명부를 비치한 것으로 본다(상법시행령 제4조의 2 제1항). 그리고 주주와 회사채권자는 영업시간 내에 언제든지 서면 또는 파일의 형태로 전자주주명부에 기록된 사항의 열람 또는 복사를 청구할 수 있다. 이 경우 회사는 상법 제352조의 2 제2항에 따라 기재된 다른 주주의 전자우편주소를 열람 또는 복사의 범위에서 제외하는 조치를 취하여야 한다(상법시행령 제4조의 2 제2항).

주주명부의 기재사항에 변동이 생긴 때에는 회사는 지체없이 그 변경내용을 기재하여야 한다. 이사 또는 명의개서대리인이 주주명부 또는 그 복본에 기재하여야 할 사항을 기재하지 않거나 부실한 기재를 한 때에는 과태료의 처벌을 받는다(제635조 제1항 9호).

Ⅲ. 公 示(備置와 閱覽)

이사는 주주명부를 작성하여 이를 회사의 본점에 비치하여야 한다(제396조 제1항 1문). 이 경우 명의개서대리인을 둔 때에는 주주명부 또는 복본을 명의개서대리인의 영업소에 비치할 수 있는데, 주주명부를 명의개서대리인의 영업소에 비치하는 경우에는 회사의 본점에는 이를 두지 않아도 된다(제396조 제1항 2문).

주주와 회사채권자는 영업시간 내에는 언제든지 주주명부 또는 그 복본의 열람 또는 등사를 청구할 수 있다(제396조 제2항). 한편 전자주주명부의 비치·공시 및 열람의 방법에 관하여 필요한 사항은 대통령령으로 정한다(제352조의 2 제3항).

Ⅳ. 效 力

1. 株主資格의 推定力

주주명부에 주주로서 기재된 자는 적법한 주주로 추정되므로 회사에 대하여 실질적 권리를 증명하지 않더라도 회사에 대해 주주로서의 권리를 행사할 수 있다(권리추정력·자격수여적 효력).

<대판 1985. 3. 26, 84 다카 2082>

「피고회사의 주주명부에 원고가 주주로 등재되어 있다면, 원고는 일응 피고회사의 주주로 추정된다 할 것인바, … 원고는 피고회사에 7,500주의 신주청약을 하고 신주인수를 하여 주금을 납입하였으며, 또 주주명부에 그 주주로 등재되어 있으므로 다른 사정이 없는 한 피고회사의 주주라고 보아야 할 것이다. 그런데도 원심에서 주금을 납입한 입증이 없다고 하여 원고의 주장을 배척한 것은 주주권부인의 주장자에게 있는 증명책임을 원고에게 전치한 위법이 있다.」

2. 會社를 위한 免責力

회사가 주식명부의 기재에 기하여 주주명부에 기재된 자를 주주로 취급하면 면책된다(면책력). 2017년 대법원 전원합의체 판결에 의하여 명의주주만이 회사에 대하여 권리행사를 할 수 있고 회사도 명의주주에게만 권리행사를 시켜야 한다. 즉 대법원은 종래의 판례를 변경하는 획기적인 판결을 내렸다(대판[전원합의체] 2017. 3. 23, 2015 다 248342). 이 판결의 다수의견의 판시사항에 의하면, ① 회사에 대한 관계에서는 주주명부상 주주만이 주주권을 행사할 수 있다. 이는 주식을 인수하거나 양수하려는 자가 타인의 명의를 빌려 인수 또는 양수하고 그 타인의 명의로 주주명부에의 기재까지 마친 경우에도 그러하다. ② 주주명부상 주주가 그 주식을 실제로 인수하거나 양수한 사람의 의사에 반하여 주주권을 행사하더라도, 이는 주주명부상 주주에게 주주권을 행사하는 것을 허용함에 따른 결과이므로 그 주주권의 행사가 신의칙에 반한다고 볼 수 없다. ③ 주주명부상의 주주만이 회사에 대한 관계에서 주주권을 행사할 수 있다는 법리는 주주에 대하여만 아니라 회사에 대하여도 마찬가지로 적용되므로, 특별한 사정이 없는 한, 회사는 주주명부상 주주 외에 실제 주식을 인수하거나 양수하고자 하였던 자가 따로 존재한다는 사실을 알았든 몰랐든 간에 주주명부상 주주의 주주권 행사를 부인할 수 없고, 주주명부에 기재되지 아니한 자의 주주권 행사를 인정할 수 없다.

3. 會社에 대한 對抗力

기명주식의 양도는 취득자의 성명과 주소를 주주명부에 기재하여야만 회사에 대항할 수 있다(제337조). 기명주식의 양도에 있어서도 양수인이 주권의 교부를 받으면 주주로 되지만, 회사에 대한 법률관계를 보다 명확히 하기 위하여 기명주식양도에 있어서 명의개서를 회사에 대한 대항요건으로 한 것이다. 그리고 주권을 신탁재산으로 신탁한 경우, 이를 주주명부에 표시하지 않으면 제 3 자에게 대항하지 못한다(신탁법 제4조 제1항).

<대판 1995. 7. 28, 94 다 25735>

「기명주식을 취득한 자가 회사에 대하여 주주로서의 자격을 인정받기 위하여는 주주명부에 그 취득자의 성명과 주소를 기재하여야 하고, 취득자가 그 명의개서를 청구할 때에는 특별한 사정이 없는 한 회사에게 그 취득한 주권을 제시하여야 하므로 주식을 증여받은 자가 회사에 그 양수한 내용만 통지하였다면 그 통지사실만 가지고는 회사에 명의개서를 요구한 것으로 보기 어렵다.」

<대판 1993. 7. 13, 92 다 40952>

「주식을 양도받은 주식양수인들이 명의개서를 청구하였는데도 위 주식양도에 입회하여 그 양도를 승낙하였고, 그 이후에도 주식양수인들의 주주로서의 지위를 인정한 바 있는 회사의 대표이사가 명의개서를 거절하였다면, 이는 부당거절이 되어 회사는 그 명의개서가 없음을 이유로 주식양도의 효력과 주식양수인의 주주로서의 지위를 부인할 수 없다.」

4. 登錄質로서의 效力

기명주식을 질권의 목적으로 한 경우에 회사가 질권설정자의 청구에 의하여 질권자의 성명과 주소를 주주명부에 부기하고, 또 그 성명을 주권에 기재한 때에는 등록질로서의 특별한 효력이 발생한다(제340조).

5. 株主에 대한 通知·催告處로서의 效力

주주 또는 질권자에 대한 회사의 통지 또는 최고는 주주명부에 기재된 주소 또는 그 자로부터 회사에 통지된 주소로 하면 되고, 보통 도달할 시기에 도달한 것으로 보게 된다(제353조, 제304조 제2항).

6. 株券不發行記載의 效力

주권불소지의 신고가 있으면 회사는 지체없이 주권을 발행하지 않는다는 뜻을 주주명부와 그 복본에 기재하여야 하는데, 이 기재를 한 때에는 그 주권을 발행할 수 없고, 회사는 제출된 주권을 무효로 하거나 명의개서대리인에게 임치하여야 한다(제358조의 2 제2항·제3항).

Ⅴ. 株主名簿의 閉鎖와 基準日

1. 序 說

주주권을 행사할 자는 그 권리를 행사하는 현재 주주명부상의 주주이어야 한다. 예컨대 특정주주총회에서 의결권을 행사하는 자는 그 결의시 현재의 주주이고, 특정의 신주발행에 있어서 신주인수권을 갖는 자는 신주발행결의시 현재의 주주이다. 그러나 이와 같은 원칙대로 주주에게 그 권리를 행사시키는 것은 다수의 주주가 끊임없이 변동하는 주식회사에서는 거의 불가능에 가깝다.

또 이익배당에 관하여 살펴보아도 그것은 일정결산기에 있어서의 이익을 배당하는 것이기 때문에 결산기 현재의 주주에게 배당하는 것이 타당하나, 결산에는 상당한 시일을 요하는 것이고 결산기 당일에 이익배당의 주주총회결의를 한다는 것은 불가능하다. 따라서 어떠한 조치를 강구하지 않는다면, 배당결의시 현재의 주주가 이익배당을 받는다고 하는 부적합한 결과가 발생한다.

여기에서 대량적 사무처리의 필요상 또 배당결의시 이외의 시점(결산기)에 있어서의 주주에게 이익배당을 하기 위하여 마련된 것이 주주명부의 폐쇄와 기준일제도이다.

주주명부의 폐쇄와 기준일은 권리를 행사할 주주를 정하기 위한 것이기 때문에 그 이외의 목적을 위하여, 예컨대 명부정리를 위하여 또는 주식업무처리부서의 사무실의 이전을 위하여 등의 이유로 주주명부를 폐쇄하는 것은 허용되지 않는다.

2. 株主名簿의 閉鎖

(1) 意 義 주주명부의 폐쇄란 의결권을 행사하거나 배당을 받을 자 기타 주주 또는 질권자로서 권리를 행사할 자를 정하기 위하여 일정기간 주주명부의 기재를 변경하지 않는 것이다(제354조 제 1 항).

주주명부의 기재를 변경하지 않는 주된 목적은 주주의 명의개서의 정지이다(그래서 본 제도를 명의개서의 정지라고도 한다). 따라서 폐쇄기간중에는 주주명부상 주주의 변경이 생기지 않기 때문에 폐쇄개시시의 주주명부상의 주주가 주주자격을 갖는 자로 고정되므로, 실질적으로는 폐쇄의 초일이 후술의 기준일적 성격을 갖게 된다.

이 밖에 폐쇄기간중에는 질권의 등록(제340조 제 1 항)과 신탁재산표시의 기재(신탁법 제 3 조 제 2 항) 및 그 말소도 정지된다. 1995년 개정법은 전환주식의 전환의 청구는 주주명부폐쇄기간에도 할 수 있는 것으로 하고, 다만 폐쇄기간중의 총회의 결의에 관하여는 의결권을 행사할 수 없도록 하였다(제350조 제 2 항).

(2) 期間에 관한 制限 폐쇄기간은 3개월을 초과하지 못한다(제354조 제 2 항)(외국의 입법례를 보면, 미국의 Model Business Corporation Act §28에서는 폐쇄기간을 총회 전 10일 이상 50일 이내로 할 것을 규정하고 있으며, Illinois §29에서는 최대한 40일까지, California의 General Corporation Law §2214에서는 총회일 전의 30일 이내의 기간 동안 주주명부를 폐쇄할 수 있다고 하며, 1948년 영국회사법 §115는 매년 30일을 초과하지 아니하는 기간 Register of Members를 폐쇄할 수 있음을 규정하고 있다).

주식명부상의 주주를 고정시키기 위하여 일정기간 주주명부에 있어서의 주주의 변경을 금지하는 것은 그 반면에 폐쇄기간중 주식의 양도가 있어도 양수인이 실질적인 주주임에도 불구하고 주주자격을 구비하여 주주로서의 권리를 행사하는 것을 방해받기 때문에 간접적으로 주식의 양도성(제335조 제 1 항 본문)을 저해하게 된다. 그래서 법은 폐쇄기간에 제한을 둔 것이다.

3개월을 초과하는 폐쇄기간을 정한 때에는 그 초과부분만이 무효인가 또는 전부무효인가에 관하여 다툼이 있으나, 초과부분을 결정할 수 있는 한 초과부분만을 무효로 하는 것이 이해관계자의 손해를 최소로 줄이는 것이므로 정당하다고 보며, 만약 초과부분을 결정할 수 없는 때에는 전부무효라고 생각한다. 예컨대 결산기의 익일부터 정기주주총회종결일까지 주주명부를 폐쇄한 경우, 3개월의 기간 내에 주주총회가 개최되지 않거나 개최되어도 종결하지 않는 때에는 폐쇄는 그 시기부터 기산하여 3개월의 기간의 경과와 동시에 끝나고, 3개월의 기간경과일부터는 주주명부는 재개되지 않으면 안 된다(폐쇄기간이 거의 다 되어갈 무렵에 총회를 개최하였으나 그 총회에서는 연기를 결의하여 그 폐쇄기간 후에 연기회가 있게 된 경우에는 정지된 명의개서는 재개되어야만 한다. 다만, 그 결과 주주명부상의 주주가 변동되기는 하지만 연기회에서의 의결권을 행사할 자는 전 총회에서 의결권을 행사한 주주이어야 하며, 이익배당을 받을 자도 명의개서시의 명부상의 주주이어야 할 것이다. 또 만일 회사가 폐쇄를 이유로 개서를 거절하면 부당한 거절이 되며, 따라서 이사는 상법 제637조 제1항 제7호에 의거하여 과태료의 제재를 받게 된다).

어떠한 결의를 위하여(예컨대 이사의 선임) 주주총회를 열고, 이와는 다른 사항의 결의를 위하여 주주총회를 열어야 하는 경우의 폐쇄기간은 어떻게 잡아야 할 것인가? 기간을 정하기에 따라서 4개월이 될 수도 있고, 불과 며칠의 간격을 두고 연이어 나갈 수도 있을 것이다. 그러나 폐쇄기간은 3월을 초과하지 못하므로 두 기간의 중복은 인정될 수 없으며, 또 두 기간이 앞뒤로 떨어지는 경우에도 최소한 그 폐쇄기간의 2주간 전에는 공고를 하여야 하므로(제354조 제4항) 최소한 2주간의 간격은 있어야 할 것이다.

(3) 節 次 주주명부의 폐쇄는 이것에 관한 정관의 규정이 없어도 필요 있을 때마다 이사회의 결의로써 실시할 수 있다(왜냐하면 이것은 주주에게 중대한 이해관계가 있는 업무집행에 관한 사항이기 때문이다). 정관에서 "결산기의 익일부터 정기주주총회종결일까지 주주명부를 폐쇄한다"고만 정하고 있는 것은 정기주주총회개최 이외의 목적을 위해서는 필요에 따라서 이사회의 결의로써 주주명부를 폐쇄하는 것을 방해받지 않는다는 것을 뜻한다.

주주명부를 폐쇄함에는 정관으로 그 기간이 확정적이거나 확정할 수 있는 구체적 표준을 나타내어 지시한 경우 외에는 미리 그 폐쇄기간의 초일의 2주간 전에 폐쇄기간의 시기와 종기 및 폐쇄의 목적(예컨대 임시주주총회의 소집을 위하여)을 표시하여 정관소정의 방법(제289조 제1항 제7호·제3항)에 의하여 공고하여야만 한다(제354조 제4항). 이것은 주식을 취득하였으나 아직 명의개서를 하지 않은 자에게 명의개서를 하도록 하여 주주로서의 권리를 행사할 기회를 잃지 않도록 하기 위해서이다. 위 공고를 하지 않거나 공고기간이 2주간이 되지 않을 때에는 폐쇄의 효력은 생기지 않는다고 본다(이 2주간 전은 달력에 의하여 2주간 전이면 족하다고 본다. 따라서 그 사이에 일요일 기타 휴일이 있거나 또는 2주간의 최종일(폐쇄의 전일)이 일요일 기타 휴일에 해당하기 때문에 실제로 주주명부폐쇄기간이 2주간이 안 되어도 무방하다고 본다).

(4) 閉鎖期間중의 株式의 名義改書 주주명부폐쇄기간중 회사가 임의로 주식의 이전이나 질권설정 등에 의한 주주명부의 기재의 변경을 할 수 있는가에 관한 문제로서 학설상의 다툼이 많으므로 상론하고자 한다.

A. 問題의 所在 후술하는 기준일 내지 기준일과 주주명부폐쇄제도를 병용하는 경우에는 주주명부상의 주주의 명의가 변경되어 형식상으로 주

주가 변경된 때에도 기준일 현재의 주주명부상의 주주가 권리행사자로 확정되는 것이기 때문에 달리 특별히 문제될 것은 없다. 그러나 주주명부의 폐쇄제도에는 그 기간중 회사가 임의로 한 주주명부상의 기재의 변경과 그 효력여하는 단순히 사무처리라고 하는 회사측의 이익에 그치지 않고, 주주로서의 권리행사 내지 이익에 중요한 관계를 갖는 것이기 때문에 문제가 발생한다. 이 점에 관한 학설의 대립, 즉 개서가능설과 개서불능설에 관하여 살펴보고자 한다.

B. 改書可能說 주주명부의 폐쇄기간중 회사는 주식의 명의개서의 청구를 당연히 거절할 수 있으나 주주의 청구에 응하여 회사가 임의로 명의개서를 한다면, 명의개서 자체는 유효하나 폐쇄기간중에는 그 효력이 발생하지 않는다고 한다(이철송, 316쪽). 이 설의 주장근거는 ① 주주명부폐쇄제도는 회사의 사무처리를 위하여 둔 것이며, ② 개서불능설은 폐쇄기간의 초일이 반드시 기준일로 마련된다고 하나, 그것은 법률이 주주명부의 폐쇄제도와 기준일제도를 따로 구분하여 규정하고 있는 뜻을 부정하는 것이 되며, ③ 주주명부의 기재는 회사와의 사이에 권리를 행사할 자를 정한다고 하는 기술적인 것에 불과하고, 회사는 그 기재에도 불구하고 자기의 위험으로 명의개서를 하지 않은 주주의 권리행사를 인정한다는 입장의 확장해석에서도 나온다고 한다.

C. 改書不能說 주주명부폐쇄기간중에는 회사도 임의로 명의개서를 할 수 없다고 하는 개서불능설의 근거로는 ① 주식의 양도성이 확립되어 있는데(제335조 제1항 본문) 실질적으로 이를 제한하게 되는 주주명부의 폐쇄제도는 주주 내지 투자자의 이익을 고려하여 엄격하게 제한을 두도록 명문화한 점, ② 주주명부폐쇄제도의 획일성과 기준일제도와의 균형을 기하기 위한 점, 및 ③ 주주명부폐쇄기간중의 명의개서를 회사의 자의에 맡기는 것은 주주평등의 원칙 내지 형평의 관념에 어긋난다는 점 등을 들고 있다(최기원, 215쪽; 정동윤, 220쪽; 손주찬, 645쪽).

D. 結　語 주주명부의 폐쇄기간중에는 주주가 회사에 대해 명의개서를 청구할 수 없음은 물론, 회사도 임의로 명의개서를 할 수 없다고 하는 개서불능설에 찬성한다.

하지만 폐쇄기간중에도 회사가 명의개서의 청구만 받고 폐쇄기간경과 후에 명의개서를 하는 것은 무방하며, 또 설령 폐쇄기간중에 명의개서를 하였다 하더라도 폐쇄기간중에는 법률상의 효력은 생기지 않는 것이고, 폐쇄기간이 경과한 후에 명의개서의 효력을 인정하여야 할 것이다.

주주명부를 폐쇄하는 목적은 전술한 바와 같이 주주 또는 질권자로서 권리를 행사할 자를 확정하는 것이므로, 이 목적을 위해서는 주주 또는 질권자의 권리의 변동에 관한 사항의 기재를 정지하면 족하다. 따라서 그 이외의 사항, 즉 주주 또는 질권자의 권리변동과는 무관한 사항, 예컨대 주주의 주소변경이나 개명, 상호변경 및 법인의 대표자변경 등은 주주명부의 폐쇄기간중에도 회사가 임의로 그 기재를 변경하여도 무방하다고 본다.

(5) 株主名簿閉鎖 후에 發行된 新株의 株主의 議決權 주주명부폐쇄제도의 취지는 폐쇄시 이미 발행된 주식에 관하여 폐쇄 후의 주주변동을 전혀 고려하지 않는다는 것이므로, 폐쇄 후에 발행된 신주의 의결권의 행사를 배제하는 효력은 없다고 본다(제516조, 제350조 참조). 신주의 배당금계정을 고려하여 당해 연도의 초일을 신주의 납입기일, 즉 신주발행의 효력발생일로 하는 것은 자주 나타나는 사례이기는 하지만, 이러한 경우에 있어서도 그 신주는 주주명부에 기재되는 것이며, 따라서 그 후에 개최된 정기주주총회에서는 의결권의 수에 계산될 것이다. 그러나 그 의결권이 계산서류승인의 의안에도 미치는가에 관하여는 다툼이 있다.

일설에 의하면 이익배당금은 기말현재의 주주가 수령할 것이기 때문에(대다수 회사의 정관에는 배당금은 기말 현재의 주주에게 지급한다는 규정이 있다), 계산서류의 승인결의에는 기말 현재의 주주만이 그것에 참가할 권리를 갖고, 신주발행에 의하여 새로 주주가 된 자는 그 결의에 참가할 이익도 없으며 참가할 수도 없다고 한다. 그러나 계산서류확정의 여부는 회사의 장래의 사업운영에 중대한 영향을 미치는 것이고, 따라서 신주의 주주도 이에 중대한 이해관계를 가지고 있다고 보아야 할 것이며, 또한 납입이나 현물출자의 급부를 한 신주의 인수인은 납일기일의 다음 날로부터 주주로 된다는 상법 제423조 제 1 항의 규정에 의해서도 출석권 및 의결권을 갖는다고 보아야 할 것이다.

3. 基 準 日

(1) 意 義 회사가 일정일(확정된 날 또는 확정할 수 있는 날)을 정하여 그 날에 주주명부에 기재되어 있는 주주 또는 질권자를 의결권을 행사하거나 배당을 받을 자 기타 주주 또는 질권자로서 권리를 행사할 자로 일률적으로 확정하는 경우에 그 일정일을 기준일 또는 등록일이라 한다(제354조 제 1 항).

기준일도 주주명부의 폐쇄와 마찬가지로 권리를 행사할 주주 또는 질권자를 확정하기 위한 제도로서 동일한 효과를 갖는다. 그러나 주주명부의 폐쇄는 일정기간 주주명부의 기재를 변경하지 못하는 것이기 때문에 그 기간중에는 실질적으로 주식의 양도성이 제한되어 주주의 이익이 침해받게 된다. 그래서 주주명부폐쇄제도를 이용하지 않고 권리를 행사할 주주 또는 질권자를 확정하는 방법으로서 기준일의 제도가 규정되게 되었다. 즉 권리행사 전의 일정일(기준일) 현재의 주주명부에 기재되어 있는 자가 그 후의 주주명부의 기재의 변경에 관계 없이 권리를 행사할 자가 된다.

(2) 期間의 制約　　기준일은 주주 또는 질권자로서 권리를 행사할 날에 앞서는 3월 내의 날로 정하여야 한다(제354조 제3항)(Delaware주의 1971년 General Corporation Law, Title 8, §213에는 "이사회는 그 총회일에 앞서는 10일 이상 60일 이내의 어떤 날을 기준일로 정할 수 있는데, 다만 그 날은 총회일 전의 60일을 초과할 수는 없다"고 한다).

기준일이 위 권리를 행사할 날에 앞서는 3월을 초과하여 정해진 때는 기준일의 설정은 그 효력을 잃으며, 또 기준일부터 3개월 이내에 위 권리를 행사할 날이 도래하지 않은 때에도 기준일의 설정은 마찬가지로 그 효력을 잃는다(이에 반하여 기준일지정의 효력은 있으나 손해배상의 문제가 생길 뿐이라는 설도 있다).

(3) 節　　次　　기준일은 이에 관한 정관의 규정이 없어도 필요한 때에는 이사회의 결의로써 설정할 수 있다. 예컨대 이익배당금에 관한 기준일을 정관에 '결산기'로 정하고 있다고 하여 필요에 따라 그 밖의 목적을 위해서 이사회의 결의로써 기준일을 설정함을 방해하는 것이 아님은 말할 필요도 없다.

기준일을 설정함에는 정관으로서 그 목적과 동시에 그 날을 확정적으로 또는 확정할 수 있는 구체적 표준을 나타내어 지정한 경우 외에는 미리 그 날의 2주간 전에 그 날을 그 목적과 같이 공고하여야 한다(제354조 제4항). 일정한 목적(예컨대 이익배당을 받을 자의 확정)을 위한 기준일을 다른 목적(예컨대 주주명부를 폐쇄하지 않은 경우에 정기주주총회에서 의결권을 행사할 자를 확정하기 위하여)에 사용하는 것은 불가하다. 그러한 경우에는 다시 이사회의 결의로써 동일일을 기준일로 정하고 그 뜻을 공고하여야 한다. 공고를 결하거나 2주간보다 짧은 기간을 두어서 공고된 때에는 그 기준일의 설정은 무효이다.

(4) 基準日 후의 新株發行의 경우의 議決權　　의결권행사를 위하여 기준일을 정하고 있는 경우에 있어서도 그것은 기준일 당시에 발행된 주식에 대하여 그 후의 주주의 변동을 고려하지 않으면 족하다고 하는 취지이기 때문에 기준일 후에 발행된 신주에는 기준일에 따른 제약은 미치지 않는다고 본다.

4. 株主名簿의 閉鎖와 基準日의 차이와 併用

양 제도를 비교해 보면 주주명부의 폐쇄제도는 그 동안에 주식이 이전되어 실질상 주주가 변동한 때에도 형식상으로 계속하여 주주로서 주주명부에 기재되어 있는 자가 권리행사자인 데 대하여, 기준일제도는 그 동안에 주식이 이전되면 주식명부상의 주주의 명의가 변경되어 형식상으로도 주주가 변경되는데, 이 때에도 기준일 현재의 주주명부상의 주주가 권리행사자로 됨에 차이가 있다. 또한 주주명부의 폐쇄는 주식양수인이 명의개서를 할 수 없으므로 주주권의 어느 하나도 행사할 수 없음에 반하여, 기준일은 주식양수인이 곧 명의개서를 받아 주주가 되므로 기준일에 행사할 것으로 확정된 권리 이외의 권리는 행사할 수 있다. 따라서 주식양도인의 입장에서는 주주명부폐쇄의 제도가 유리하여 널리 쓰이고 있다.

주주명부폐쇄의 목적사항과 기준일의 목적사항은 같으므로 어느 것이든지 선택적으로 사용할 수 있으나, 실무에 있어서는 기준일 현재의 주주명부상의 주주를 명확히 파악하기 위하여 기준일 뒤의 일정한 기간 주주명부를 폐쇄하는 경우가 적지 않다. 왜냐하면 기준일을 설정하여도 주주명부를 폐쇄하지 않는 한 주주명부상의 명의개서를 계속할 수 있기 때문이다. 주로 결산기 이후 정기주주총회와 이익배당금지급을 위해 주주를 확정할 필요가 있을 때 그러하다. 정관에 "이익배당금은 결산기 현재의 주주에게 지급함"이라고 정함과 동시에 "매 결산기의 익일부터 정기총회종결일까지 주주명부의 기재의 변경은 정지한다"고 정한 경우는 양 제도의 병용의 좋은 보기이다. 또한 주주명부의 폐쇄기간중 신주가 발행되는 때에는 이 신주의 주주를 주주총회결의에 의한 이익배당지급대상에서 제외시키기 위해서는 주주명부폐쇄 이외에 따로 기준일을 설정하여야 한다.

5. 名義改書의 失期와 新株引受權의 歸屬

(1) 序　論

A. 失期株의 意義　주주는 정관에 달리 규정된 바가 없으면 그 지주수에 따라 신주의 배정을 받을 권리가 있다(제418조). 이것을 추상적 신주인수권이라 하며, 주식의 양도에 의하여 주식양수인에게 이전된다. 이렇게 거래계에서는 주주는 항상 변동하고 있지만, 회사는 원활한 사무처리를 위해서 일정일(배정일)을 정하여 그 날에 주주명부에 기재된 주주를 신주인수권자로 취급하려고 한다. 그러나 만일 주식양수인이 실기하여 배정일까지 명의개서를 하지 않으면, 신주는 주주명부상의 주주에게 배정되게 된다. 이러한 신주를 좁은 의미(협의)의 실기주라 부른다(갑은 을에게서 A주식회사의 주식을 매입하여 명의개서를 하지 않고 있던 중 A회사는 주주에게 신주인수권을 인정하여 구주 1주에 대하여 신주 1주를

액면으로서 배당하는 방법으로 신주를 발행하였는바, 주주명부상의 주주명의인인 을이 신주를 인수하여 주주로 된 경우를 생각해 보라). 이에 대해 배당금, 배당주식, 합병교부금 등을 교부함에 있어 기준일까지 명의개서를 하지 못한 주식을 광의의 실기주라 한다.

명의개서의 실기는 신주인수권만의 문제에 그치는 것이 아니다. 실기주를 넓은 의미로 이해하는 경우에는 그 밖에 이익배당청구권 기타 주주의 각종 권리에도 관계가 있는 것이므로, 명의개서를 실기한 주식을 가진 주주의 구체적 권리의 귀속이 문제된다.

B. 經濟的 背景　업적이 좋은 주식회사가 증자신주의 발행을 결정하면, 주식가격은 등가하는 것이 보통이다. 이 경우 신주의 주주배당(일반적으로 액면금액에 의한 배당)이 행하여지면 종래의 주주는 지주의 의결권의 비율은 변하지 않기 때문에 회사의 지배관계에는 영향이 없으며, 또 신주의 프리미엄을 이득하고 증자 후에 주가가 하락하거나 배당률이 저하하더라도 지주수의 증가에 의하여 충분히 손실이 보상된다. 그럼에도 불구하고 종래의 주주가 위와 같은 사실을 알고 있으면서도 명의개서를 하지 않고 이 신주인수권을 행사하지 아니하면, 이러한 이익을 잃고 지주의 주가하락의 손실을 직접 받지 않을 수 없게 된다. 그래서 주식양수인은 배정일까지 명의개서를 하여 신주인수권을 행사하든가, 또는 명의개서 수리기간중에 전매하여 자위책을 강구하는 것이 보통이다.

그럼에도 불구하고 명의개서를 실기하여 분쟁의 씨앗을 남긴 예가 실제 거래계에서는 많이 있는 실정이다. 이것은 수권자본제의 채용(제289조)에 의하여 신주의 발행이 원칙으로 이사회의 결의(제416조 아래)로써 간편하게 행하여지도록 된 점, 인플레이션의 격화와 자산재평가 및 고도경제성장에 의해 증자가 현저하게 증가한 점, 주식의 대중화에 비하여 법률지식의 보급이 늦어진 점 등 여러 가지 사정에 기인하는 것이라고 생각한다.

C. 問題의 提起　명의개서를 실기한 주식양수인이 신주의 배당을 받지 못하여 불이익을 입더라도 그것은 그 자신이 명의개서하여야 할 것을 잊어버려 태만히 한 결과이므로 보호해 줄 필요가 없다고 하여도 그뿐이다. 그러나 명의개서는 회사의 본점이나 명의개서대리인의 영업소에서 행하거나 증권업자 등에 위탁하여 절차를 밟지 않으면 안 되기 때문에 배정일에 임박한 때 등은 양수인이 이를 망각하지 않더라도 서울의 교통체증 때문에 실행이 곤란한 때도 없지 않다. 한편 양도인측은 충분한 대가를 받고 주식을 양도하였음에도 불구하고 우연히 양수인이 명의개서를 실기하여 주주명부상에 아직

자신의 성명이 남아 있기 때문에 신주의 배당을 받는 결과가 생기는데, 이미 회사와는 인연이 끊어져 있다고 해서 그냥 방치해 두어도 좋은가, 아니면 실기한 양수인을 위하여 어떤 조치를 취하지 않으면 안 되는가? 자기 앞으로 배당된 것이라고 해서 액면금액을 납입하고 프리미엄부의 신주를 배정받아 착복해도 좋은가? 누가 양수인의 입장을 고려하여 줄 여지는 없는가? 명의개서를 실기한 주식양수인은 실질상의 주주인 것을 증명하여 회사에 대하여 자기에게 신주를 배당하도록 청구할 수 있는가? 만약 실질을 더 중하게 여기는 것이 당연하다고 하여 회사는 이에 응하지 않으면 안 된다고 하면, 여기에서는 배정일을 정하여 공고한 의미는 없게 되고 사무관리면에서도 곤란하다. 그러면 양수인은 양도인에게 대하여 그 신주는 자기의 것이라 하여 인도해 줄 것을 요구할 수 있는가? 그래서 양도인은 이에 응하지 않으면 안 되는가? 명의개서를 실기한 것은 뭐라고 하여도 양수인의 과실이며, 거기에다 또 양수인이 신주의 시가가 하락한 때에는 가만히 있고, 시가가 오른 때에 인도를 요구할 수 있다는 것도 도저히 생각할 수 없는 일이다. 또 양도인의 입장에서 보면, 그는 자기의 성명이 주주명부에 남아 있는 관계로 세금도 내고, 또 자기가 주식인수를 청약하고 납입한 이상 아직 실권하지 않았다는 자부심도 있기 때문에 납입금과 상환으로 신주를 인도해 주지 않으면 안 된다고 하는 것은 조금 허망한 감을 면할 수 없다. 만약 신주는 역시 양수인의 것이라고 하면 양도인은 신주의 시가가 오른 때는 청구를 받기까지 모르는 척하고 그냥 있다가 시가가 떨어지면 납입금을 지급하고서 신주를 인수할 것을 양수인에게 요구할는지도 모른다. 그렇게 되면 신주는 안주할 곳을 찾을 수 없게 된다. 법률에 명문이 없기 때문에 어떠한 근거를 붙여서도 당사자의 이익의 조화를 도모하지 않으면 안 되지만, 이 이율배반적인 경우의 해결은 어떻든 곤란한 문제가 아닐 수 없다. 이 점에 관하여 살펴보고자 한다.

(2) 會社와 讓受人(失期株主)의 關係 명의개서 전의 주식양수인은 실질상의 주주, 양도인은 형식상(명의상)의 주주가 되는데, 신주인수권을 행사하는 자는 실질상의 주주인가, 혹은 형식상의 주주인가? 이 문제는 명의개서에 있어서의 주식양도당사자의 대회사관계의 지위에 대한 문제로서 주주명부의 효력에 관한 해석론의 한 적용이다.

상법은 기명주식의 이전은 취득자의 성명과 주소를 주주명부에 기재하지 아니하면 회사에 대항하지 못한다(제337조)고 규정하고 있다(대판 1963. 6. 20, 62 다 685 참조). 이 규정의 문언을 일반적 용법에 따라 해석하여 명의개서는 대항요건에 불과하기 때문에 개서 전에 주식양수인측에서 회사에 대하여 주주권을 주장하는 것은 불가하나, 회사측에서는 양수인이 실질상의 주주인 것을 인정하여 권리행사를 허용할 수 있다고 하는 설이 있다(정찬형, 308쪽; 서돈각, 337쪽). 왜냐하면 주주명부의 폐쇄나 기준일의 설정은 회사의 사무관리의 편의만을 위하여 있다고 보기 때문이다.

그러나 기명주권이 전전유통되고 있는 동안은 보통 경제적 가치를 가진 증권의 이동에 불과하고, 소지인의 명의개서청구에 의하여 비로소 사단법인인 회사와 사원인 주주는 의식적으로 연결되며, 그 때에 가서야 주권소지인은 현실로 회사에 대하여 주주인 지위를 주장할 수 있게 된다. 이 의미에서 명의개서는 주식회사의 사단법리와 증권법리의 연결점이다. 주주명부는 회사와 주주 간의 사단법적 관계의 존재를 인정하는 객관적 기준이기 때문에 일단 명의개서가 행해지면 회사관계에서는 주주명부상의 명의인이 주주로서 획일적으로 통용되는 것이 원칙이다. 회사는 그 자를 주주로서 취급하여야 하며, 또 그렇게 함으로써 면책된다. 따라서 명의개서에 의한 사단과 사원의 연결이 없는 이상 회사측에서 주주의 실질적 권리를 승인하여 권리행사를 허용할 수 없다고 본다. 왜냐하면 주식양수인은 명의개서에 대하여 자유이고 회사에 대하여 명의개서의무는 없기 때문에 회사도 또 그 청구를 하지 않은 주식양수인을 주주로서 인정할 수는 없으며, 또 긍정설에 따르면 회사는 명의개서를 하지 않은 주주를 주주로서 인용할 수 있다면 또 그것을 거부할 수도 있기 때문에 그렇게 되면 회사는 주주명부상의 주주는 실질적 권리자 아닌 것을 이유로, 또 실질적 주주는 명부상 기재 없음을 이유로 쌍방의 권리행사를 부정할 수 있게 되어 이것은 회사의 자의를 인정하는 결과로 되어 부당하다고 하지 않을 수 없으며, 독일주식법의 비교법적 고찰(1965년 독일주식법 제67조 제 2 항에서는 "회사에 대한 관계에서는 주주명부에 주주로서 등록되어 있는 자만이 주주로 간주된다"(Im Verhältnis zur Gesellschaft gilt als Aktionär nur, wer als solcher im Aktienbuch eingetragen ist.)고 규정하고 있다. 그런데 이 규정은 오직 회사의 이익을 위한 규정이기 때문에 회사는 명의주주에게 주주권을 행사시키는 것이 부당함을 증명한 때에는 이를 거절할 수 있다(RG 123, 279 참조)고 한다) 및 영국회사법의 정책(회사는 오직 명의주주만을 권리자로 인정하여야 한다)에 의해서도 확인된다.

(3) 讓渡當事者間의 關係

A. 株式讓渡와 新株引受權의 歸屬 명의개서를 하지 않은 주식양수인이 회사에 대하여 신주인수권의 존재를 주장하지 못하는 것은 상술하였으나, 양수인이 양도인에 대하여는 어떠한 청구를 할 수 있는가?

주식양도는 당사자간의 법률행위에 의하여 주주지위의 승계를 발생시키는 것이므로 소위 추상적 신주인수권도 당연히 그 내용에 포함되는 것은 분명하다. 문제는 이사회의 결의에 의하여 구체화된 신주인수권의 귀속이다. 이에 관하여 학설은 명의주주귀속설과 실질주주귀속설로 대립되고 있다.

(i) 名義株主歸屬說 정관에 규정이 없는 한 구체적 신주인수권은 주주권의 내용을 이루는 권리가 아니라 이사회결의에 의하여 일정시의 주주명부에 기재된 주주에게 배당되는 특별한 구체적 권리이기 때문에 주주권의 이전에 수반하여 이전되는 것은 아니라고 한다. 즉 양도당사자간의 관계에서도 신주인수권은 양도인인 명의주주에 귀속하고, 이 자가 인수·납입한 이상 자기의 권리로서 그 신주를 취득한다고 인정하는 것이다(미국에서는 주식양도의 경우에는 반대의 규정이 없는 한 양도전에 이익배당이 공고된 때에는 양도인에게 귀속하고, 양도 후에 공고된 때에는 양수인에게 귀속한다고 한다. Henn & Alexander, *Laws of Corporations*, 3rd ed., 1983, p. 929 Sec. 332). 이것은 바로 양수인이 인수권보호를 위한 명의개서를 하지 않은 사실을 중시한 것이다. 우리 대법원은 이러한 입장에 서 있다(대판 2010. 2. 25, 2008 다 96963, 96970 등).

<대판 2010. 2. 25, 2008 다 96963 · 96970>

「상법 제461조에 의하여 주식회사가 이사회의 결의로 준비금을 자본에 전입하여 주식을 발행할 경우 또는 상법 제416조에 의하여 주식회사가 주주총회나 이사회의 결의로 신주를 발행할 경우에 발생하는 구체적 신주인수권은 주주의 고유권에 속하는 것이 아니고 위 상법의 규정에 의하여 주주총회나 이사회의 결의에 의하여 발생하는 구체적 권리에 불과하므로 그 신주인수권은 주주권의 이전에 수반되어 이전되지 아니한다고 할 것인바, 회사가 신주를 발행하면서 그 권리의 귀속자를 주주총회나 이사회의 결의에 의한 일정시점에 있어서의 주주명부에 기재된 주주로 한정할 경우 그 신주인수권은 위 일정시점에 있어서의 실질상의 주주인가의 여부와 관계없이 회사에 대하여 법적으로 대항할 수 있는 주주, 즉 주주명부에 기재된 주주에게 귀속된다고 할 것이다.」

(ii) 實質株主歸屬說 구체적 신주인수권 자체는 주주권의 내용을 구성하지 않는 독립한 권리이다. 그러나 그것은 제 3 자의 신주인수권과는 달리 계약상의 것이 아니라 신주발행에 따르는 구주의 재산적 가치의 감소, 회사지배의 약화에 대한 주주의 방위수단으로서 주주자격을 기반으로 하는 일종의 주식에 속하는 것이다. 특히 배정일 전의 주식은 소위 증자될 주식으로서 고가로 매매되어 배정일의 도래와 함께 신주는 권리가 떨어진 만큼 가격

도 하락하는 것이 보통이므로 아무리 실기의 과실이 있다고 하여도 이미 충분한 대가를 얻고서 주식의 권리를 전면적으로 이전한 양도인이 대회사관계의 명의잔존을 기화로 하여 2중의 프리미엄을 이득하는 것을 인정하는 것은 공평을 결한다. 따라서 구체적 신주인수권은 주주권을 전제로 하여 구주와 같이 명의주주로부터 실기주주(실질주주)에게 양도된다고 본다. 또 명의주주귀속설이 드는 실질적 근거로서 양도당사자가 신주의 시장가격의 등락에 따라서 상호 자기에게 유리한 청구를 하게 되면 신의칙을 문란하게 하여 거래의 안전을 해친다고 하나, 무상교부의 경우나 단순한 명의대여자인 경우에는 이러한 불합리가 생기지 않으며, 또 유상교부의 경우에도 신주의 가격이 급격히 하락하여 납입액보다 적어지는 예는 실제로는 거의 없는 일이며, 또 양수인의 시기를 잃은 인도청구에 대하여는 신의칙을 적용하여 그 청구를 거부할 수 있을 것이므로 양수인에게 신주인수권을 부인하는 근거로는 되지 않는다고 본다. 이 견해에 찬성한다.

B. 讓渡人의 讓受人(失期株主)을 위한 新株引受權行使義務의 存否問題

명실공히 주주인 자도 신주를 인수할 의무는 없기 때문에 특약이 있는 경우 외에는 명의주주에 불과한 양도인이 양수인을 위하여 신주인수권을 행사할 의무가 없는 것은 분명하다. 다만, 명의주주는 권리가 포함된 주식을 양도한 것이기 때문에 실기주주에게 특히 중대한 과실이 없는 한 그 청구가 있으면 회사가 송부한 주식청약서에 기명날인하여 양도증서를 첨부하여 교부하여야 할 것이라고 보는 것이 신의칙에 맞다고 생각된다. 물론 이 경우에도 양도인 자신이 납입할 필요는 없다.

C. 名義株主의 引受行爲의 性質　양도인인 명의주주가 의무 없이 신주를 인수한 경우, 양수인은 양도인에 대하여 어떤 청구가 가능한가? 가능하다면 그 법적 근거는 어디에서 구할 수 있는가? 이에 관하여는 다음과 같이 설이 갈린다.

(i) 不當利得說　양도인은 그 인수된 신주를 양수인에게 인도할 의무는 없고, 다만 그 인수에 의하여 얻은 이익을 반환하면 족하다고 하는 설은 부당이득(민법 제741조 아래)을 근거로 하는 것이라고 생각된다. 이 설은 주주권은 양도행위에 의해서 명의개서의 유무를 불문하고 완전히 양수인에게 이전한다는 것을 전제로 하는 것으로서 양도인의 신주취득에 의한 수익은 '법률상 원인 없이', '타인(양수인)의 재산'에 기인한다고 해석하는 것이다. 그 효과로서는

양도인은 이득, 즉 프리미엄만을 반환하면 되고 현물 자체를 반환할 필요는 없으며, 또 주가하락의 손실위험도 양도인이 부담하는데, 그 이유는 양수인은 양도인에게서 신주인수 기타 청구를 받아야 할 의무는 없기 때문이다.

다만, 문제는 양도인의 이득과 양수인의 손실 간의 관련이다. 이 수익과 손실 간의 인과관계는 직접의 것만에 한하지 않고 사회관념상 관련이 인정되는 것을 포함한 넓은 의미로 이해하여 그대로 인과관계의 존재를 긍정하는 것은 곤란하다. 왜냐하면 양수인의 손실은 명의개서의 실기에 기한 것으로서 양도인이 인수권을 행사하거나 행사하지 않거나 똑같이 면하지 못하는 것이기 때문이다. 만약 부당이득의 본질이 공평의 이념에 의한 수익자의 이득배제에 있다고 이해한다면 타인의 손실은 문제가 되지 않으며, 따라서 본건에 있어서도 부당이득의 존재를 긍정할 수는 있다. 그러나 현행민법이 손실자의 보호를 주목적으로 하고 있다고 이해하면 해석론으로서 지금까지 보아온 것과 같이 해석하는 것은 곤란하며, 결국 본건에서는 부당이득은 성립하지 않는다고 인정된다. 특히 부당이득으로서 이론구성을 하면 양도인인 명의주주를 악의의 수익자로 보지 않을 수 없고, 따라서 받은 이익에 이자를 붙여서 반환하여야 하는데(민법 제748조 제2항), 이 결과는 양도인에 대하여 너무 가혹하다는 감이 강하다. 그 위에 또 이 설이 양도인의 실질적 무권리를 전제로 한 이상 주가가 하락한 경우에도 양도인은 실질적 권리자인 양수인에 대해 납입금액의 지급과 상환으로 신주를 인수할 것을 청구할 수 있다고 하는 결론을 인정하지 않을 수 없게 되며, 부당이득의 법리구성에 의한 양수인보호의 의도와는 조화되지 못하는 결과로 되는 경우도 있을 수 있다.

(ii) 事務管理說 또는 準事務管理說 양수인의 신주인수청구권을 인정하기 위하여 적합한 이론구성은 사무관리(민법 제734조)이다. 다만, 사무관리설에서 문제되는 점은 '타인을 위하여 할 의사'의 존부이다. 이 의사를 사회일반의 통념에 따라서 본인에게 이익을 주려고 인정되는 사실을 가리킨다고 보면 별 문제 없지만, 관리인의 주관적 의사를 요건으로 하면 양도인은 통상 자기를 위하여 할 의사로서 신주의 인수·납입을 하기 때문에 본건의 경우 사무관리의 성립은 인정될 수 없다. 그러나 이 요건을 흠결하여도 준사무관리를 인정하여 준사무관리의 규정을 유추적용할 수 있다는 설을 택하면 이 점은 해결된다. 반대설은 불법행위에 의한 손해배상 또는 부당이득에 의한 이득상환에 있어서의 본인의 손해를 널리 이득의 객관적 가능성으로 보면 본인의

보호에 충분하다는 이유에서 준사무관리의 관념을 인정하지 않는다. 그러나 이득의 객관적 가능성이나 이득과 손실과의 인과관계의 설명이 용이하지 않은 경우가 많기 때문에 본인을 보호하기 위하여는 준사무관리를 인정하는 쪽이 적당하다. 그 점에서 실기주의 처리에 관하여 사무관리설 또는 준사무관리설을 취하면 양도인의 신주인수, 납입 및 시의에 맞는 전매도 사무관리로 되며, 양도인은 그 취득한 신주 또는 매매대금을 양수인에게 인도할 의무를 부담함과 동시에(민법 제738조, 제684조) 양수인에 대하여 납입금을 포함한 유익비용의 상환을 청구할 수 있다(민법 제739조). 다만, 관리자의 보수청구권은 민법상 이것을 인정하는 규정이 없어(단, 상법 제61조 참조) 입법론상의 문제가 있다. 한편 이 경우 양수인이 주가의 상승을 보아서 그 때서야 인도청구를 하는 부당성이 지적되기도 하나, 신주는 원래 양수인에게 귀속하여야 할 것이고, 또 지나치게 시기를 잃은 청구에 대하여는 신의칙을 적용할 여지도 있다. 더욱이 신주의 권리가 양수인에게 있다고 보는 이상 주가하락의 경우에도 양도인으로부터 양수인에 대한 신주인수청구권은 이론상 인정된다. 그러나 이에 대해서는 관리자인 양도인의 관리개시의 통지의무의 해태(민법 제736조)나 관리방법의 잘못(민법 제734조)을 항변으로서 원용하는 경우도 있게 되며, 또 주주배당의 신주가 단기간에 발행 당시의 프리미엄을 잃고서 액면가 이하로 주가가 하락하는 경우는 실제로 많지 않기 때문에 부당한 결과라고는 말할 수 없다.

D. 讓渡人이 수취한 利益配當金의 歸屬 이상과 같이 주식양도인은 양도 후에는 무권리자로서 사무관리자에 불과하기 때문에 명의잔존의 결과로 수취한 이익배당금이 있으면 이것도 양수인에게 인도해야 되며, 그와 상환으로 양수인은 양도인이 지급한 세금 기타 필요비용을 지급하여야 할 것이다.

E. 立 法 論 현행상법에는 실기주에 관한 규정이 없고, 더구나 민법의 일반원칙에 의해서도 부당이득의 법리에 따르건, 사무관리 내지 준사무관리의 법리에 따르건 반드시 적절한 결과를 얻지 못함을 앞에서 보았다. 경제인의 합리성이 타당한 관습이나 규약을 생기게 하고, 그것이 성문화되는 것이 상법의 발전경향이기 때문에 명확한 입법을 하여야 되리라고 생각한다.

여기에서 참고로 일본증권업계의 통일관습규칙을 살펴보면 증권업자단체인 각지의 증권업협회에서는 회원간의 거래에서 생긴 실기주의 처리에 관하여 대체로 동일내용의 규약을 정하고 있다. 그것에 따르면 양도인(명의주주)이 양수인(실기주주)에게서 배정신주의 인도청구를 받은 때는 청구일 또는 신주취득일로부터 7일 이내(휴일을 제외)에 그 신주(처분 후면 처분가액)를 반환하여야 하며, 양수인이 이 청구를 하는 기간은 인수권확정을 위하여 명의개서취급최종일의 익일부터 6개월에 한하며, 또 양수인은 반환을 받은 때에는 납입금액 기타 필요경비 및 소정기준에 따라 산출한 금전(사례금)을 지급하여야만 한다. 다시 말하면 양도인의 납입 후 반환청구가 있기까지 주가가 납입액보다 더 낮아질 수도 있으므로 양수인이 그 신주신청최종일까지 납입금액에 소정서류를 첨부하여 반환청구를 한 경우 외에는 양도인은 반환에 응하지 않을 수 있다고 한다. 또 양도인이 받은 배당금에 관하여도 그 반환과 일정률의 사례금지급을 정하고 있다.

위의 규칙은 당사자의 이익조화와 주식거래의 안전을 목적으로 하는 합리적 내용으로서 업계에서 상관습법 내지 상관습으로 인정하고 있다. 이것은 협회원 이외의 자를 구속하는 일반적 상관습은 아니라고 하는 이론도 있으나, 적어도 일반인이 증권업자를 통하여 하는 거래에 대해서는 보통거래약관의 효력으로서의 구속력을 인정하고, 더 나아가 일반인의 거래에 관하여도 신의칙의 구체적 발현으로서 이것에 준해서 해결하고 있다.

Ⅵ. 實質株主名簿

1. 意　　義

실질주주명부란 자본시장법상의 개념으로서 상법에 의거 회사가 작성·비치하는 주주명부에 한국예탁결제원으로 명의개서되어 있는 주식에 대한 실제소유내역표라고 할 수 있다. 즉 실질주주명부란 실질주주의 성명·주소, 그 소유주식의 종류 및 수, 실질주주 통지연월일을 기재하여 발행회사 또는 명의개서대리회사가 작성하는 장부를 말한다(자본시장법 제316조 제1항). 실질주주명부는 상법상의 주주명부와 동일한 효력이 인정되는 법정장부이기는 하나, 발행회사가 주주명부폐쇄기간 혹은 기준일을 정한 때에만 작성한다는 점에서 상법상의 주주명부와는 차이가 있다.

2. 作成節次

(1) 株主名簿閉鎖基準日의 通報　　예탁주권의 발행회사가 주주명부폐쇄기간 또는 기준일을 정한 때에는 한국예탁결제원에 이를 지체없이 통지하여야 한다(자본시장법 제315조 제3항).

(2) 預託者의 實質株主明細 作成 및 通報 한국예탁결제원은 예탁주권의 발행회사가 주주명부폐쇄기준일을 통보해 오면 예탁자(자본투자회사)에게 실질주주에 관한 사항(성명, 주소, 소유주식의 종류 및 수)의 통보를 요청하고, 예탁자는 지체없이 이를 작성하여 한국예탁결제원에 통보하여야 한다(자본시장법 제315조 제6항).

(3) 韓國預託決濟院의 實質株主明細 作成 및 發行會社 通知 한국예탁결제원은 해당 예탁자들로부터 실질주주명세를 통지받아 그 기재사항과 예탁주식수 등을 확인하여 취합하여 최종적인 실질주주명세를 확정한 후 이를 발행회사나 명의개서대리회사에 통지하여야 한다(자본시장법 제315조 제3항). 한국예탁결제원이 작성하는 실질주주명세는 발행회사가 작성하는 실질주주명부의 기초자료가 된다.

(4) 發行會社의 實質株主名簿 作成 한국예탁결제원으로부터 실질주주명세를 통지받은 발행회사 또는 명의개서대리회사는 통지받은 사항 및 통지연월일을 기재하여 실질주주명부를 작성·비치하여야 한다(자본시장법 제316조 제1항).

<대판 2017.11.9, 2015 다 235841>

「주주는 영업시간 내에 언제든지 주주명부의 열람 또는 등사를 청구할 수 있고(상법 제396조 제2항), 자본시장과 금융투자업에 관한 법률(이하 '자본시장법'이라고 한다)에서 정한 실질주주 역시 이러한 주주명부의 열람 또는 등사를 청구할 수 있다(자본시장법 제315조 제2항). 이는 주주가 주주권을 효과적으로 행사할 수 있게 함으로써 주주를 보호함과 동시에 회사의 이익을 보호하려는 데에 그 목적이 있다. 그와 함께 소수주주들로 하여금 다른 주주들과의 주주권 공동행사나 의결권 대리행사 권유 등을 할 수 있게 하여 지배주주의 주주권 남용을 방지하는 기능도 담당한다. 그런데 자본시장법에 따라 예탁결제원에 예탁된 상장주식 등에 관하여 작성되는 실질주주명부는 상법상 주주명부와 동일한 효력이 있으므로(자본시장법 제316조 제2항), 위와 같은 열람·등사청구권의 인정 여부와 필요성 판단에서 주주명부와 달리 취급할 이유가 없다. 따라서 실질주주가 실질주주명부의 열람 또는 등사를 청구하는 경우에도 상법 제396조 제2항이 유추적용된다. 열람 또는 등사청구가 허용되는 범위도 위와 같은 유추적용에 따라 '실질주주명부상의 기재사항 전부'가 아니라 그 중 실질주주의 성명 및 주소, 실질주주별 주식의 종류 및 수와 같이 '주주명부의 기재사항'에 해당하는 것에 한정된다. 이러한 범위 내에서 행해지는 실질주주명부의 열람 또는 등사가 개인정보의 수집 또는 제3자 제공을 제한하고 있는 개인정보보호법에 위반된다고 볼 수 없다(원고들이 주주대표소송을 제기하기 위해 피고

의 실질주주명부 열람 등을 구한 사건에서, 실질주주명부의 기재사항 중 상법상 주주명부의 기재사항에 해당하지 않는 실질주주의 전자우편주소에 관하여 열람 등을 허용한 원심판결을 파기한 사례).」

3. 效 力

증권예탁결제원에 예탁된 주권의 주식에 관한 실질주주명부에의 기재는 주주명부에의 기재와 동일한 효력을 가진다(자본시장법 제316조 제2항). 따라서 주주명부 기재의 효력으로 인정되는 효력, 즉 대항력(상법 제337조 제1항), 자격수여적 효력 및 면책적 효력이 실질주주명부의 경우에도 그대로 적용된다. 다만, 자본시장법은 증권예탁제도 운영을 위하여 예탁주식의 주주명부상의 명의주주인 한국예탁결제원에 대하여 일정한 주주로서의 권리(명의개서청구권, 주권불소지청구권, 주주명부의 기재 및 주권에 관한 권리 : 자본시장법 제314조 제2항 및 제3항)를 부여하고 있으므로, 실질주주명부상의 실질주주는 이러한 권리에 대해서는 주주로서의 권리를 행사할 수 없다.

한편 주주명부에 주주로 기재된 자와 실질주주명부에 실질주주로 기재된 자가 동일인이라고 인정되는 때에는 주주로서의 권리행사에서 주주명부의 주식수와 실질주주명부의 주식수를 합산하여야 한다(자본시장법 제316조 제3항). 이는 동일한 주주가 소유주식 중 일부는 주주명부에 명의개서를 하고 일부는 한국예탁결제원에 예탁하고 있는 경우와 주주명부와 실질주주명부의 양쪽에 1주 미만의 주식이 있을 때 양자를 합산하면 1주 이상의 성주가 되는 경우에 주주의 권리를 보호할 필요가 있기 때문에 둔 규정이다.

4. 實質株主證明書制度

실질주주명부는 주주총회 · 신주인수권행사 등을 위한 주주명부폐쇄기준일 설정시에만 작성 · 비치하므로 집단적 권리행사시에만 주주권행사가 가능하고, 실질주주명부에 기재된 자만이 실질주주로서 제반권리를 행사할 수 있다. 즉 주주명부폐쇄기준일 설정 등 집단적 권리행사의 경우를 제외하고는 실질주주명부가 작성되지 않아 기타 소수주주권 등 개별적인 주주권행사를 위해서는 반드시 예탁주식을 반환받아 주주명부에 자기명의로 명의개서를 해야만 비로소 개별주주권행사가 가능했다. 이 경우 개별적인 주주권행사사유가 발생할 때마다 예탁주권을 반환받아 개별적으로 명의개서를 해야 하는 등 권리행사절차상의 불편과 분실의 위험 등이 있고, 또 이러한 반환사유의 계속발생으로 실물의 예탁제도 내에서의 부동화 내지 무권화 실현은 사실상 불가능한 상황이었다.

이에 따라 1997년 개정증권거래법은 실질주주증명서제도를 도입하였으며 현재는 자본시장법에 규정되어 있다. 실질주주가 발행회사에 대해 소수주주권 등 개별적 권리행사를 하고자 하는 경우에는 한국예탁결제원에 예탁자를 거쳐 실질주주증명서발급을 신청하도록 하고(자본시장법 제318조 제 1 항), 한국예탁결제원은 실질주주증명서 발급사실을 발행회사에 지체없이 통지하도록 하여 주주의 소수주주권행사시 확인할 수 있도록 하는 한편(자본시장법 제318조 제 2 항), 동 증명서를 회사에 제출하는 경우 기명주식의 이전의 대항요건을 규정한 상법 제337조 제 1 항의 예외를 인정하게 되었다(자본시장법 제318조 제 3 항).

실질주주증명서의 발행방법은 총리령에 위임하였는데, 시행규칙에서는 한국예탁결제원이 발행신청을 받은 경우 예탁자 자기소유분에 대하여는 예탁자계좌부에 의거, 투자자예탁분에 대하여는 예탁자가 한국예탁결제원에 통지한 투자자계좌부에 의거 실질주주증명서를 발행하도록 하였다. 실질주주증명서에는 실질주주의 성명 또는 명칭 및 주소, 소유주식의 종류와 수, 행사하고자 하는 주주권의 내용, 주주권행사기간을 기재하여야 하고, 실질주주증명서가 발행된 경우에는 예탁자계좌부나 투자자계좌부상에 실질주주증명서에 기재된 주주권행사기간 동안 당해 주식의 처분이 제한된다는 뜻을 표시하여야 한다고 규정하고 있다(자본시장법시행규칙 제32조).

제 4 절 株式의 讓渡

賈甲孫, 주식대량취득의 기업합병 · 매수(M&A)에 대한 법적 규제 연구 : 상법과 증권거래법을 중심으로, 명지대 박사학위논문(1992)/姜大燮, 내부거래자의 손해배상책임, 창원대 산경연구 10(1993. 12)/姜大燮, 적시공시에 관한 일고찰, 경영법률 5(李允榮博士追慕論文集)(1992)/姜大燮, 증권시장에서의 부실공개로 인한 손해배상책임에 관한 연구, 고려대 박사학위논문(1992)/姜渭斗, 주식발행의 의의와 주권발행 전의 주식양도의 효력, 判例月報 204(1987. 9)/姜熙甲, 미국회사법상의 지배주식양도의 법리, 商事法의 現代的 課題(孫珠瓚博士華甲紀念論文集)(1984)/姜熙甲, 支配株式의 讓渡에 관한 研究, 現代商事法의 諸問題(李允榮先生停年紀念論文集)(1988)/姜熙萬, 유가증권 대체결제제도, 경북대 박사학위논문(1989)/權奇範, 주식매수청구권, 商事法研究 13(1994)/김경섭,

주식의 상호보유, 전북법학 9(1984. 12)/金丙學, 자기주식의 취득에 관한 연구, 강원대 사회과학연구 16(1982. 8)/金容九, 자기주식취득에 관한 연구, 원광대 법학연구 8(1986. 2)/金龍均, 주식의 신용거래에 있어서의 증권회사의 담보물처분의무의 존부, 法曹 440(1993. 5)/金載杰, 주권발행 전의 주식양도에 관한 고찰, 목원대 논문집 22(1992. 10)/金在範, 지배권을 변경하는 주식거래의 효력, 商去來法의 理論과 實際(安東燮敎授華甲紀念論文集)(1995)/金鍾權, 주권발행 전의 주식양도, 司法行政 266(1983. 2)/金宅柱, 방어적 자기주식취득, 商事法硏究 13(1994)/金興洙, 자기주식취득규제에 관한 소론, 企業環境法의 變化와 商事法(孫珠瓚敎授古稀紀念論文集)(1993)/노일석, 적대적 기업매수와 회사지배이론, 상사법연구 17.1(1998. 6)/朴榮吉, 자기주식취득에 관한 약간의 고찰, 國際航空宇宙法 및 商事法의 諸問題(金斗煥敎授華甲紀念論文集)(1994)/박영길, 주식양도의 제한에 위반한 행위의 효력, 기업과 법(김교창변호사화갑기념논문집)(1997)/朴仁鉉, 주식의 상호보유제한에 관한 연구, 대구교대 논문집 26(1990. 12)/朴晋泰, 모자관계에 있는 주식의 상호보유규제, 경북대 법대논총 23(1985. 10)/朴晋泰, 자기주식취득금지와 그 위반의 처리, 現代民商法의 硏究(李在澈博士華甲紀念論文集)(1984)/朴贊雨, 주식의 상호보유에 관한 상법의 규제, 연세법학연구 2(1992. 8)/徐燉玨, 개정상법에서의 주식양도에 관한 몇 가지 문제점, 국민대 법정논총 6(1984. 4)/徐正恒, 미국의 공개매수에 관한 연구, 現代法學의 諸問題(朴元錫博士華甲紀念論文集)(1992)/성주형, 내부자거래규제에 관한 연구, 숭의논총 16(1992. 7)/孫珠瓚, 주식양도의 제한과 상법개정안의 문제점, 判例月報 289(1994. 10)/孫晋華, 회사지배권양도의 법리, 경원대 사회과학연구 1(1992. 7)/安東燮, 지배주식의 양도의 법리, 商事法의 基本問題(李範燦敎授華甲紀念論文集)(1993)/安文宅, 유가증권의 대체결제제도에 관한 고찰(상), 대한변호사협회지 96(1984. 4); (하), 97(1984. 5)/劉榮一, 적대적 공개매수에 대한 방어행위와 그 적법성에 관한 연구 : 미국법을 중심으로, 울산대 사회과학논집 3, 1(1993. 4)/劉榮一, 미국 주회사법상의 공개매수규제에 관한 연구, 現代商法의 課題와 展望(梁承圭敎授華甲紀念論文集)(1994)/李均成, 주식의 양도, 司法行政 281(1984. 5)/李基秀, 株券發行前의 株式讓渡, 고시연구 23(1976. 2)/李基秀, 주식거래 : 서독에서의 법과 실제를 중심으로, 司法行政 316(1987. 4)/李基秀, 독일에서의 주식거래법과 실제, 週刊 國際投資 22(1990. 10)/李基秀, 주식의 상호보유금지와 경영권방어, 법정고시(1997. 12)/李宙興, 개정상법에 따른 주권발행 전 주식양도, 司法行政 361(1991. 1)/李範燦, 주식매수청구권, 현대상사법논집(김인제박사정년기념논문집)(1997)/엄동호, 기업의 주식거래에 관한 법적 규제, 중앙대 법학논문집 12(1988. 1)/임중호, 양도제한부주식의 양도승인에 관한 몇 가지 문제점, 기업과 법(김교창변호사화갑기념논문집)(1997)/張敬煥, 주식양도의 제한, 商事法硏究 13(1994)/鄭東潤, 주권발행 전의 주식양도의 효력, 法曹 29, 7(1980. 7)/鄭茂東, 非正常的 株式去來에 관한 硏究, 전남대 박사학위논문(1975)/최윤범, 내부자거래의 규제에 관한 연구, 전주우석대 논문집(인문 · 사회) 13(1991. 12)/崔埈璿, 자기주식취득규제

완화조치에 대한 검토, 商去來法의 理論과 實際(安東燮敎授華甲紀念論文集)(1995)/韓昌熙, 프랑스회사법상의 지배권의 취득, 現代商法의 課題와 展望(梁承圭敎授華甲紀念論文集)(1994).

Ⅰ. 意　義

주식의 양도란 매매·교환·증여 등 당사자간의 법률행위에 의하여 주식을 이전함을 말한다. 주식의 양도에 의해서 양수인은 양도인으로부터 주식을 승계취득하게 된다. 따라서 주식인수와 같은 원시취득과는 구별된다. 한편 양수인이 취득하는 주식은 주주가 회사에 대하여 가지는 권리·의무, 즉 주주권을 의미하는 것으로, 주식의 양도에 의해서 이러한 권리의무가 포괄적으로 양수인에게 이전한다고 할 수 있다. 다만, 주주인 지위에서 생긴 권리라도 주주총회의 결의로 확정된 구체적 이익배당지급청구권과 같이 이미 구체화된 권리는 주식에 포함되지 않으므로 주식이 양도되어도 이러한 권리까지 당연히 양수인에게 이전하는 것은 아니다.

주식의 양도로 인해 주식이 직접 양수인에게 종국적으로 이전하고 다시 이행의 문제는 생기지 않으므로 주식의 양도는 준물권계약이며, 따라서 매매·교환·증여 등의 원인행위와는 구별하여야 한다.

<대판 2012.11.29, 2012 다 38780>

「양도인이 제 1 양수인에 대하여 원인계약상의 의무를 위반하여 이미 자신에 속하지 아니하게 된 주식을 다시 제 3 자에게 양도하고 제 2 양수인이 주주명부상 명의개서를 받는 등으로 제 1 양수인이 회사에 대한 관계에서 주주로서의 권리를 제대로 행사할 수 없게 되었다면, 이는 그 한도에서 이미 제 1 양수인이 적법하게 취득한 주식에 관한 권리를 위법하게 침해하는 행위로서 양도인은 제 1 양수인에 대하여 그로 인한 불법행위책임을 진다고 할 것이다. 이러한 양도인의 책임은 주식이 이중으로 양도되어 주식의 귀속 등에 관하여 각 양수인이 서로 양립할 수 없는 이해관계를 가지게 됨으로써 이들 양수인이 이른바 대항관계에 있게 된 경우에 앞서 본 대로 그들 사이의 우열이 이 중 누가 제 3 자대항요건을 시간적으로 우선하여 구비하였는가에 달려 있어서 그 여하에 따라 제 1 양수인이 제 2 양수인에 대하여 그 주식의 취득을 대항할 수 없게 될 수 있다는 것에 의하여 영향을 받지 아니한다.」

<대판 2015. 10. 15, 2012 다 64253>

「이 사건 주식양수도계약서의 문언과 함께 경제적 위험의 배분과 주식양수도대금의 사후 조정의 필요성은 원고가 피고들이 진술 및 보증한 내용에 사실과 다른 부분이 있음을 알고 있었던 경우에도 여전히 인정된다고 할 것인 점 등에 비추어 보면, 이 사건 주식양수도계약서에 나타난 당사자의 의사는, 이 사건 주식양수도계약의 양수도 실행일 이후에 이 사건 진술 및 보증 조항의 위반사항이 발견되고 그로 인하여 손해가 발생하면, 원고가 그 위반사항을 계약체결 당시 알았는지 여부와 관계없이, 피고들이 원고에게 그 위반사항과 상당인과관계 있는 손해를 배상하기로 하는 합의를 한 것으로 봄이 상당하고, 원고가 이 사건 진술 및 보증조항과 관련된 이 사건 담합행위를 알고 있었고 이 사건 담합행위로 인한 공정거래위원회의 제재 가능성 등을 이 사건 주식양수도대금 산정에 반영할 기회를 가지고 있었다고 하더라도 그러한 점만으로 원고의 손해배상청구가 공평의 이념 및 신의칙에 반한다고 볼 수 없다는 이유로, 이 사건 진술 및 보증조항의 위반사항에 대하여 악의의 주식양수인인 원고가 이 사건 진술 및 보증조항의 위반에 따른 책임을 묻는 것이 공평의 이념 및 신의칙상 허용될 수 없다고 판단한 원심을 파기한 사안.」

<대판 2021. 7. 29, 2017 다 3222(본소), 2017 다 3239(반소)>

「일반적으로 주식양도청구권의 압류나 가압류는 주식 자체의 처분을 금지하는 대물적 효력은 없고 채무자가 제3채무자에게 현실로 급부를 추심하는 것을 금지할 뿐이다. 따라서 채무자는 제3채무자를 상대로 그 주식의 양도를 구하는 소를 제기할 수 있고 법원은 가압류가 되어 있음을 이유로 이를 배척할 수 없다. 다만 주권발행 전이라도 회사성립 후 또는 신주의 납입기일 후 6개월이 지나면 주권의 교부 없이 지명채권의 양도에 관한 일반원칙에 따라 당사자의 의사표시만으로 주식을 양도할 수 있으므로(대판 2018. 10. 25, 2016 다 42800 등 참조), 주권발행 전 주식의 양도를 명하는 판결은 의사의 진술을 명하는 판결에 해당한다. 이러한 주식의 양도를 명하는 판결이 확정되면 채무자는 일방적으로 주식 양수인의 지위를 갖게 되고, 제 3 채무자는 이를 저지할 방법이 없으므로, 가압류의 해제를 조건으로 하지 않는 한 법원은 이를 인용해서는 안 된다. 이는 가압류의 제 3 채무자가 채권자의 지위를 겸하는 경우에도 동일하다.」

Ⅱ. 株式의 讓渡性

1. 原　則

주식회사의 경우에는 인적회사와 같은 퇴사제도(제217조 아래, 제269조)가 없으므로, 주주가 자기의 투하자본을 회수하려면 타인에게 그 소유주식을 양도하는 수밖에 없다. 따라서 주식회사에 있어서는 주식양도성이 그 본질적 요소라고 할 수 있다. 이에 따라 상법은 "주식은 타인에게 이를 양도할 수 있다"(제335조 제1항 본문)라고 하여 이를 보장하고 있다.

그런데 개정 전 상법이 주식의 양도성을 절대적으로 인정함으로써 폐쇄적인 사원구성을 원하는 경우나 외국회사와 합작을 하려는 때에 주식회사형태를 취할 수 없었다는 문제점이 있었다. 입법론으로서 정관에서 주식의 양도에 회사의 동의(독일주식법 제68조 제2항; 프랑스회사법 제274조)나 이사회의 승인(일본상법 제204조 제1항)을 요하는 규정을 두어 주식의 양도에 제한을 가할 수 있음을 규정한 각국의 입법례에 따라 우리 상법도 이에 대한 방안을 마련하여야 한다는 주장이 제기되어 왔었다. 이에 따라 1995년 개정법에서는 주식은 타인에게 이를 양도할 수 있고, 다만 정관에 의해 이사회의 승인을 얻도록 할 수 있다(제335조 제1항 단서)고 규정하여 주식의 양도성을 원칙으로 인정하면서 정관에 의해 일정한 제한을 할 수 있도록 하였다.

<대판 1999.7.23, 99 다 14808>

「합명회사나 합자회사의 경우와는 달리 주식회사에 있어서는 사원의 퇴사가 인정되지 아니하여 회사관계의 이탈 내지 투하자본의 회수는 주식의 양도에 의하는 수밖에 없으므로 주식의 양도는 투하자본의 회수와 함께 이루어지는 것이 원칙이고, 주식이 양도되어 주주권이 상실된 후에 투하자본의 회수를 위한 정산을 별도로 하는 것은 이례적인 경우에 속한다고 아니할 수 없는 것이다.」

<대판 2007.5.10, 2005 다 60147>

「상법은 제218조 제6호, 제220조, 제269조에서 인적회사인 합명회사·합자회사에 대하여 사원의 퇴사사유의 하나로서 '제명'을 규정하면서 제명의 사유가 있는 때에는 다른 사원 과반수의 결의에 의하여 그 사원의 제명의 선고를 법원에 청구할 수 있도록 규정하고 있음에 반하여, 주식회사의 경우에는 주주의 제명에 관한 근거규정과 절차규정을 두고 있지 아니한바, 이는 상법이 인적 결합이 아

닌 자본의 결합을 본질로 하는 물적회사로서의 주식회사의 특성을 특별히 고려한 입법이라고 해석되므로, 회사의 주주구성이 소수에 의하여 제한적으로 이루어져 있다거나 주주 상호간의 신뢰관계를 기초로 하고 있다는 등의 사정이 있다 하더라도 그러한 사정만으로 인적회사인 합명회사·합자회사의 사원제명에 관한 규정을 물적회사인 주식회사에 유추적용하여 주주의 제명을 허용할 수 없다.」

2. 定款에 의한 株式讓渡의 制限

(1) **株式讓渡制限의 內容** 주식의 양도는 정관에 의하여 이사회의 승인을 받도록 할 수 있는데(제335조 제1항 단서), 이로써 상법은 정관에 의한 주식양도의 제한을 가능하게 하였다. 주식의 제한 없는 자유로운 양도로 인하여 발생하는 폐해를 막기 위하여 정관에 기재된 경우, 주식양도시 이사회의 개별적 승인을 요하도록 하는 내용으로 주식양도의 자유를 제한할 수 있는 근거를 마련하자는 것이 개정의 이유이다.

(2) **讓渡制限의 方法** 주주의 주식양도를 제한하기 위하여는 먼저 정관에 이를 정하여야 한다. 주식양도제한의 규정은 회사의 설립시에 작성한 원시정관에서 정하든, 정관의 변경에 의한 변경정관에서 정하든 상관이 없다. 회사가 정관에 주식의 양도에 관하여 이사회의 승인을 얻도록 정한 때에는 그 규정을 주식청약서와 주권에 기재하여야 하고, 또 등기에 의하여 이를 공시하여야 한다. 변경정관에서 이를 제한하는 때에는 주권을 제출하게 하여 이 내용을 기재하여야 한다.

이와 같이 회사가 주식의 양도를 제한하는 경우 정관에 의하여 이사회의 승인을 얻도록 하고 있으므로 정관의 규정 없이 주주총회의 결의 또는 이사회의 결의만으로 이를 제한할 수는 없으며, 또 그 승인기관을 대표이사로 하는 것은 허용되지 않는다. 그리고 정관으로 주식의 양도를 전면적으로 제한하는 것은 무효이다. 왜냐하면 주식회사에 있어서 주식양도에 의한 투자자금의 회수를 주주에게 보장하여야 하기 때문이다.

(3) **讓渡制限을 받는 株式** 주식은 주주의 성명이 공시되느냐의 여부에 따라 기명주식과 무기명주식으로 나뉜다. 기명주식의 주주는 주주명부에 기재되어 있으나, 무기명주주는 그 주권을 회사에 공탁하지 않으면 주주의 권리를 행사할 수 없을 뿐만 아니라 그 주주가 누구인지를 알 수 없다. 여기에서 정관에 주식양도를 제한하는 규정을 둔 경우에 무기명주식도 양도

제한을 받게 되느냐는 문제가 제기된다. 그러나 법이 양도제한을 받는 주식의 범위를 기명주식으로 한정한 것이 아니기 때문에 그 권리행사를 위하여 회사에 공탁한 무기명주식도 정관이 정하는 바에 따라 양도제한을 받는 주식범위에 포함된다고 보아야 할 것이다. 그런데 2014년 상법개정에 의해 무기명주식제도는 삭제되었다.

원래 폐쇄적인 주주의 구성을 유지하고자 하는 회사들이 자율적으로 주식의 양도를 제한할 수 있는 길을 열어준 데에 양도제한 인정 규정의 취지가 있다. 그런데 주식에 질권을 설정한다고 하여 질권자가 주주권을 행사하는 것은 아니다. 따라서 주식양도제한이 있는 회사의 주식에 대해 질권을 설정한다고 하여 이를 제한할 이유는 없다고 보아야 한다. 이는 양도담보의 경우에도 마찬가지이다. 질권 내지 담보권을 실행할 경우 경락인이 회사에 대해 승인을 청구하고 거절당한 경우 매수인의 지정 또는 매수청구를 할 수 있는 길이 열려있으므로(상법 제335조의 7), 양도담보의 설정 자체에는 이사회의 승인이 요구되지 않는다고 해석하는 것이 타당하다. 국내에서는 양도담보의 경우 이사회의 승인을 요구하는 학자의 주장은 없고 과거 일본 최고재판소에서 그러한 취지의 판결을 한 적이 있을 뿐이다.

한편 상장회사의 경우 발행주식의 대부분이 증권거래소시장을 통하여 불특정다수인간에 전전유통되는 사정이 있기 때문에 상장회사에 대해서도 양도제한을 일률적으로 적용하게 되면, 익명의 거래당사자간의 거래라는 거래소거래의 특성을 잃어 버릴 뿐 아니라 거래의 위축을 초래하게 된다. 따라서 상장회사주식에 대해서는 주식양도제한에 대한 일정한 수정을 가할 필요가 있다. 이와 관련한 외국의 예를 살펴보면, 일본의 경우에는 증권거래소의 유가증권상장기준에 의해 양도를 제한하는 주식은 상장을 허용하지 않고, 기존 상장주식에 대해서 양도제한을 하는 정관개정이 있게 되면 상장폐지를 한다. 독일의 경우에는 상장주식에 대해서도 양도제한을 할 수 있도록 하고 있으나, 증권거래소약관에 의해 회사가 특정의 엄격한 요건 하에서만 주식양도승인을 거절하겠다는 의사표시를 하는 경우에만 상장을 허가하고, 상장거래의 특수성을 감안하여 회사가 승인을 거절하는 경우에는 주식매수인이 매도인에게 매매대금의 반환이나 손해배상을 청구할 수 없게 함으로써 비상장주식에 비해 특별한 취급을 하고 있다. 우리나라는 일본식 방법을 통해 문제를 해결하였다. 즉 상장회사의 경우, 정관에 주식양도제한 규정이 있으면 상장불허하거나 상장 후에 정관을 변경하여 주식양도제한 규정을 두는 경우에는 상장을 폐지하는 규정을 한국거래소의 상장관련규정에 포함시켰다.

(4) 理事會의 承認이 없는 株式讓渡의 效力 정관에 이사회의 승인을 얻어 주식을 양도하도록 정한 회사의 주주가 이사회의 승인을 얻지 아니하고 주식을 양도한 경우, 회사에 대하여 효력이 없다(제335조 제 2 항). 하지만 1995년 개정법 제335조의 7은 주식의 양수인에 의한 승인청구를 인정하므로 당사자 사이에는 그 양도의 효력이 있다.

3. 法律上의 制限

이와 같이 상법은 주식의 양도성을 보장하고 있지만, 이에 대해서는 법률상 다음과 같은 제한이 있다.

(1) 商法上의 制限

A. 權利株讓渡의 制限 인수된 주식이 회사성립 전 또는 신주발행의 효력발생 전에 매매되어 투기화하는 것과 설립절차 및 신주발행절차가 번잡해지는 것을 방지하기 위하여 상법은 주식의 인수로 인한 권리, 즉 권리주의 양도는 회사에 대하여는 효력이 없다고 규정한다(제319조, 제425조 제 1 항). 따라서 양수인이 양도의 효력을 회사에 대하여 주장할 수 없을 뿐만 아니라 회사도 그 양도의 효력을 승인하지 못한다고 본다. 이것은 주식의 인수에서부터 주주가 되기까지가 짧은 기간이어서 양도를 허용할 필요가 적고, 또 회사가 양도의 효력을 승인할 수 있다고 한다면 법률관계의 획일적 처리와 주주평등의 원칙에 반하기 때문이다.

B. 株券發行前의 株式讓渡의 制限 상법은 주권발행 전의 주식양도도 회사에 대하여 효력이 없다고 규정하고 있다(제335조 제 3 항 본문). 따라서 주권발행 전에 한 주식의 양도는 당사자 사이에서는 유효하지만, 회사와의 관계에서는 회사에 대해 그 양도의 효력을 주장하지 못할 뿐만 아니라 회사도 이를 승인하지 못한다. 이것은 회사의 주권발행을 촉진하기 위하여 둔 규정이다. 주권발행 전 주식의 이중양도시 배임죄가 성립되지는 않는다(대판 2020. 6. 4, 2015 도 6057).

<대판 1975. 4. 22, 75 다 174>

「주권발행 전의 주식의 양도는 회사에 대하여 효력이 없으나, 당사자간에는 양도의 효력이 있다.」(동지: 대판 1957. 4. 6, 4290 민상 10; 대판 1959. 11. 12, 4292 민상 527; 대판 1966. 9. 6, 66 다 798).

<대판 1967. 1. 31, 66 다 2221>

「주권발행 전에 있어서의 주식의 양도는 효력이 없는 것이다. 그 뒤에 주권이 발행되었다고 하여 그 하자가 치유되는 것도 아니다. 뿐만 아니라 상법 제335조 제 2 항에서 말하는 "주권발행 전"이라는 말을 회사가 보통주권을 발행할 수 있는 합리적 시기 이전을 의미한다고도 볼 수 없다(대판 1965. 4. 6. 64 다 205 참조). 그리고 주권발행 전의 주식의 양도를 회사가 승인하여 주주의 명의까지 개서한 경우라 할지라도 역시 그 주식의 양도가 무효인 것임은 말할 것도 없다.」(동지 : 대판 1963. 11. 7, 62 다 117; 대판 1964. 5. 12, 63 다 819; 대판 1975. 12. 23, 75 다 770; 대판 1980. 3. 11, 78 다 1793; 대결 1980. 10. 31, 80 마 446).

<대판 1966. 9. 6, 66 다 798>

「주권이 아직 발행되지 않은 동안에 원고가 상속으로 인하여 주주권을 승계하고, 자기의 상속사실을 증명하고, 직접 자기명의로 주권의 발행교부를 회사에 청구하는 경우에는 회사나 제 3 자에게 불측의 손해를 입힐 염려는 없으므로 주주명부에 상속인으로서 등재되어 있지 아니하더라도 피고 회사에 대하여 주권의 발행을 청구할 수 있다고 하는 것이 상당할 것이다.」

<대결 1969. 7. 25, 69 마 337>

「귀속재산처리법 제 2 조 제 3 항에 의하여 정부에 귀속된 것으로 간주되는 일본인에 소속되었던 주식은 이를 정부가 같은 법 제 8 조 제 1 항 제 4 호에 의하여 매각하는 것이고, 따라서 정부는 상법의 규정에 의하여 이를 양도하는 것이 아니므로 정부가 귀속주식을 매각하는 경우에는 상법 제335조 제 3 항(구 상법 제204조 제 2 항)은 그 적용이 없다 할 것이다.」

<대판 1983. 9. 27, 83 도 1622>

「이른바 주권발행 전의 주식양도는 상법이 정하는 바에 따라 회사에 대한 관계에서 아무런 효력이 없는 것이므로, 비록 위 ×××가 피고인 ○○○으로부터 소유주식을 양수하였다고 하더라도 위 회사의 적법한 주주가 될 수 없고, 따라서 그들이 주주총회를 개최하여 위 회사의 대표이사였던 피고인 ○○○ 등 임원을 해임하고 새로 대표이사 등 임원을 선임하였다고 하더라도 이 결의 등은 아무런 효력도 없으므로 위 ×××는 적법하게 회사를 대표할 수 없고, 그러므로 당초의 위 회사의 대표이사인 피고인 ○○○은 상법 제386조, 제389조 제 3 항에 의하여 적법한 대표이사가 새로 선임되어 취임할 때까지 위 회사의 대표이사의 권리의무를 갖는다고 할 것이다.」(동지 : 대판 1974. 12. 10, 74 다 428).

<대판 1983. 4. 26, 80 다 580>

「원고가 위와 같이 여러 해 동안 실질상의 1인회사인 피고회사의 대표이사직에 있으면서 주권을 발행하지 아니하고 있다가 원고가 자금난으로 회사를 경영할 수 없어 그 주식을 모두 양도하고, 그 양수인들이 피고회사의 부채를 정리하고 경영한 지 무려 7, 8년이 지난 지금에 와서 주권이 발행되지 아니하였음을 이유로 그 주식양도의 효력을 다투고, 양도 후의 이 사건 주주총회결의부존재 또는 무효확인과 원고가 주주임의 확인을 구하는 이 사건 소는 신의성실의 원칙에 위배한 소권의 행사이어서 허용되지 아니한다.」(반대판례 : 대판 1977. 10. 11, 77 다 1244).

<대판 1962. 5. 17, 4294 민상 1114>

「피고회사의 주주로부터 주주권의 양도를 받았다 하더라도 그 양도를 피고회사에 대항할 수 없는 이상 원고들은 그 주주들에 대한 채권자에 불과하여 피고회사의 주주총회결의 무효의 확인을 구함에 있어 확인의 이익이 있다고 할 수 없다.」

<대판 1981. 9. 8, 81 다 141>

「주권발행교부청구권은 주식과 일체로 되어 있어 이와 분리하여 양도할 수 없는 성질의 권리이므로, 주권발행 전에 한 주식의 양도가 주권발행교부청구권 이전의 효과를 생기게 하는 것이라고 볼 수도 없다. 따라서 주권발행교부청구를 할 수 없음은 말할 것도 없고, 양도인을 대위하여 청구하는 경우에도 주식의 귀속주체가 아닌 양수인 자신에게 그 주식을 표창하는 주권을 발행 · 교부해 달라는 청구를 할 수는 없다고 보아야 할 것이다.」

<대판 2020. 6. 4, 2015 도 6057>

「주권발행 전 주식의 양도는 양도인과 양수인의 의사표시만으로 그 효력이 발생한다. 그 주식양수인은 특별한 사정이 없는 한 양도인의 협력을 받을 필요 없이 단독으로 자신이 주식을 양수한 사실을 증명함으로써 회사에 대하여 그 명의개서를 청구할 수 있다(대판 2019. 4. 25, 2017 다 21176 등 참조). 따라서 양도인이 양수인으로 하여금 회사 이외의 제 3 자에게 대항할 수 있도록 확정일자 있는 증서에 의한 양도통지 또는 승낙을 갖추어 주어야 할 채무를 부담한다 하더라도 이는 자기의 사무라고 보아야 하고, 이를 양수인과의 신임관계에 기초하여 양수인의 사무를 맡아 처리하는 것으로 볼 수 없다. 그러므로 주권발행 전 주식에 대한 양도계약에서의 양도인은 양수인에 대하여 그의 사무를 처리하는 지위에 있지 아니하여, 양도인이 위와 같은 제 3 자에 대한 대항요건을 갖추어 주지 아니하고 이를 타에 처분하였다 하더

라도 형법상 배임죄가 성립하는 것은 아니다(피고인은 피해자에게 주권발행 전 주식을 양도한 후 확정일자 있는 증서에 의한 통지 또는 승낙을 갖추어 주어야 할 의무를 이행하지 아니한 채 제 3 자에게 위 주식을 양도하였음. 원심은 위와 같은 의무가 타인의 사무에 해당함을 전제로 배임의 점에 대하여 유죄로 판단하였음. 반면 대법원은 확정일자 있는 증서에 의한 통지 또는 승낙을 갖추어 주어야 할 의무가 민사상 피고인의 채무일 뿐 타인의 사무라고 볼 수 없다는 이유로 원심을 파기한 사례임).」

만일 회사의 주권발행이 지나치게 늦어지게 되면 주권불발행이라는 수단을 이용하여 주식의 양도성을 위반할 수 있으므로, 상법은 회사성립 후 또는 신주의 효력발생 후 6월이 경과한 때에는 주권의 발행이 없어도 회사에 대하여 유효한 주식양도를 주장할 수 있도록 하고 있다(제335조 제 3 항 단서)(이의 입법론적 해결은 이미 이기수, "주권발행 전의 주식양도," 고시연구 1976년 2월호, 76쪽 아래서 제시하고 있었다). 따라서 주권발행 전에 한 주식의 양도는 회사성립 후 또는 신주의 납입기일 후 주권의 발행 없이 6월이 경과함으로써 하자가 치유되어 회사에 대하여도 유효하게 된다고 보아야 한다(상법 부칙 제 6 조 참조).

<대판 1989. 6. 27, 87 도 798>

「이 사건과 같이 위 개정규정이 시행되기 전에 주권이 발행되어 주권발행 전의 주식양수인인 피고인 이외의 제 3 자에게 그 주권이 교부된 상황 아래에서는 위 부칙을 적용하여 주권발행 전의 주식양도를 유효하다고 볼 여지가 없다고 할 것이다.」(동지 : 대판 1989. 7. 25, 87 다카 2316).

<대판 1995. 5. 23, 94 다 36421>

「상법 제335조 제 2 항 소정의 주권발행 전의 주식양도는 지명채권양도에 관한 일반원칙에 따라 당사자의 의사표시만으로 그 효력이 발생하는 것이다. 상법 제337조 제 1 항에 규정된 주주명부상의 명의개서는 주식의 양수인이 회사에 대한 관계에서 주주의 권리를 행사하기 위한 대항요건에 지나지 아니하므로, 양수인은 이러한 주주명부상의 명의개서가 없어도 회사에 대하여 자신이 적법하게 주식을 양수한 자로서 주주권자임을 주장할 수 있다. 주권발행 전의 주식양도의 제 3 자에 대한 대항요건은 지명채권양도와 마찬가지로 확정일자 있는 증서에 의한 양도통지 또는 회사의 승낙이라고 보는 것이 상당하고, 주주명부상의 명의개서는 주식의 양수인들 상호간의 대항요건이 아니라 적법한 양수인이 회사에 대한 관계에서 주주의 권리를 행사하기 위한 대항요건에 지나지 아니한다.」(동지 : 대판 1992. 10. 27, 92 다 16386; 대판

(1996. 6. 25, 96 다 12726).

<대판 1995. 7. 28, 93 다 61338>

「채권담보의 목적으로 이루어진 주식양도의 약정 당시에 회사의 성립 후 이미 6개월이 경과하였음에도 불구하고 주권이 발행되지 않은 상태에 있었다면, 그 약정은 바로 주식의 양도담보로서의 효력을 갖는다. 이 때에는 양도담보권자가 대외적으로 주식의 소유권자라 할 것이므로, 양도담보설정자로서는 그 후 양도담보권자로부터 담보주식을 매수한 자에 대하여는 특별한 사정이 없는 한 그 소유권을 주장할 수 없다.」

<대판 1996. 8. 20, 94 다 39598>

「주권발행 전의 주식양도라 하더라도 회사성립 후 6월이 경과한 후에 이루어진 때에는 회사에 대하여 효력이 있으므로 그 주식양수인은 주주명부상의 명의개서 여부와 관계 없이 회사의 주주가 되고, 그 후 그 주식양도사실을 통지받은 바 있는 회사가 주식양도인의 회사에 대한 채무이행을 확보하기 위하여 그 주식에 관하여 주주가 아닌 제 3 자에게 주주명부상의 명의개서절차를 마치고, 나아가 그에게 기명식 주권을 발행하였다 하더라도 그로써 그 제 3 자가 주주가 되고 주식양수인이 주주권을 상실한다고는 볼 수 없다.」

<대판 2003. 10. 24, 2003 다 29661>

「상법 제335조 제 3 항 소정의 주권발행 전에 한 주식의 양도는 회사성립 후 6월이 경과한 때에는 회사에 대하여 효력이 있는 것으로서, 이 경우 주식의 양도는 지명채권의 양도에 관한 일반원칙에 따라 당사자의 의사표시만으로 효력이 발생하는 것이고, 상법 제337조 제 1 항에 규정된 주주명부상의 명의개서는 주식의 양수인이 회사에 대한 관계에서 주주의 권리를 행사하기 위한 대항요건에 지나지 아니한다.」(대판 1995. 5. 23, 94 다 36421 참조).

<대판 2006. 6. 2, 2004 도 7112>

「주권발행 전의 주식의 양도에 관하여는 지명채권양도의 일반원칙이 적용되므로 주식양수인이 주권발행 전의 주식양도를 제 3 자에 대항하기 위하여는 지명채권양도의 경우와 마찬가지로 확정일자 있는 증서에 의하여 회사에게 주식양도사실을 통지하거나 회사로부터 확정일자 있는 증서에 의한 승낙을 얻어야 한다.」

<대판 2006.9.14, 2005 다 45537>
「주권발행 전 주식의 양도는 당사자의 의사표시만으로 효력이 발생하는 것이고, 주권발행 전 주식을 양수한 사람은 특별한 사정이 없는 한 양도인의 협력을 받을 필요 없이 단독으로 자신이 주식을 양수한 사실을 증명함으로써 회사에 대하여 그 명의개서를 청구할 수 있는 것이지만, 회사 이외의 제 3 자에 대하여 양도사실을 대항하기 위하여는 지명채권의 양도에 준하여 확정일자 있는 증서에 의한 양도통지 또는 승낙을 갖추어야 한다는 점을 고려할 때, 양도인의 회사에 그와 같은 양도통지를 함으로써 양수인으로 하여금 제 3 자에 대한 대항요건을 갖출 수 있도록 해 줄 의무를 부담한다 할 것이다. 따라서 양도인이 그러한 채권양도의 통지를 하기 전에 다른 제 3 자에게 이중으로 양도하여 회사에 확정일자 있는 양도통지를 하는 등 대항요건을 갖추어 줌으로써 양수인이 그 제 3 자에게 대항할 수 없게 되었고, 이러한 양도인의 배임행위에 제 3 자가 적극가담한 경우라면, 제 3 자에 대한 양도행위는 사회질서에 반하는 법률행위로서 무효라고 봄이 상당하다.」

<대판 2006.9.14, 2005 다 45537>
「양도통지가 확정일자 없는 증서에 의하여 이루어짐으로써 제 3 자에 대한 대항력을 갖추지 못하였더라도 확정일자 없는 증서에 의한 양도통지나 승낙 후에 그 증서에 확정일자를 얻은 경우에는 그 일자 이후에는 제 3 자에 대한 대항력을 취득하고, 확정일자제도의 취지에 비추어 볼 때, 이 경우 원본이 아닌 사본에 확정일자를 갖추었다 할지라도 대항력의 판단에 있어서는 아무런 차이가 없다고 봄이 상당하다.」

<대판 2012.2.9, 2011 다 62076 · 62083>
「주식병합이 있어 구주권이 실효되었음에도 주식병합 후 6월이 경과할 때까지 회사가 신주권을 발행하지 않은 경우에는 주권의 교부가 없더라도 당사자의 의사표시만으로 주식양도의 효력이 생긴다고 볼 것이다. 그리고 이는 당사자 사이의 주식양도에 관한 의사표시가 주권의 발행 후 주식병합이 있기 전에 있었다고 하더라도 마찬가지로서, 주식병합으로 실효되기 전의 구주권의 교부가 없는 상태에서 주식병합이 이루어지고 그로부터 6월이 경과할 때까지 회사가 신주권을 발행하지 않았다면 주식병합 후 6월이 경과한 때에 주식병합 전의 당사자 사이의 의사표시만으로 주식양도의 효력이 생긴다고 보아야 할 것이다(甲과 乙 등

공동상속인이 유언장 내용에 따라 상속재산을 분할하기로 합의하여 甲이 丙 주식회사 주식 전부를 취득하게 되었는데, 乙이 피상속인 생존 당시 그 중 일부 주권을 분실하여 甲은 합의 당시 일부 주식에 대하여 주권 점유를 취득하지 못하였다가 그 후 乙에게서 재발행 주권을 교부받았으나, 丙 회사는 甲이 재발행 주권을 교부받기 전 주식병합을 실시한 사안에서, 丙 회사가 주식병합의 효력이 발생한 후 6월이 경과하도록 신주권을 발행하지 않았다면 구 상법 제335조 제 2 항에 의하여 甲은 주권 교부 없이 위 합의만으로도 위 일부 주식에 상응한 병합 후 주식의 소유권을 유효하게 취득하게 된다고 보아야 함에도, 이에 대한 심리 없이 甲이 그에 대한 주식 소유권을 취득하지 못하였다고 본 원심판결에 법리오해 등의 위법이 있다고 한 사례).」

<대판 2014. 4. 30, 2013 다 99942>

「甲 주식회사의 주권발행 전 주식을 양수한 乙이 회사에 대하여 확정일자 있는 문서에 의하지 않은 양도 통지나 승낙의 요건을 갖춘 후, 丙 등이 위 주식 중 일부를 이중으로 양수하여 명의개서를 마쳤으나 확정일자 있는 문서에 의한 양도 통지나 승낙의 요건을 갖추지는 않은 사안에서, 丙 등은 乙에 대한 관계에서 주주로서 우선적 지위를 주장할 수 없다(甲 주식회사의 주권발행 전 주식을 양수한 乙이 회사에 대하여 확정일자 있는 문서에 의하지 않은 양도 통지나 승낙의 요건을 갖춘 후, 丙 등이 위 주식 중 일부를 이중으로 양수하여 명의개서를 마쳤는데, 그 후 乙에 대한 소집통지 없이 임시주주총회가 개최되어 주주명부상 주주 전원의 찬성으로 乙을 공동대표이사에서 해임하는 등 결의가 이루어진 사안에서, 결의가 존재한다고 할 수 없을 정도의 중대한 흠이 있다고 본 원심판결에 법리오해 등 위법이 있다고 한 사례).」

<대판 2018. 10. 12, 2017 다 221501>

「회사 이외의 제 3 자에 대하여 주권발행 전 주식의 양도사실을 대항하기 위해서는 지명채권 양도의 경우와 마찬가지로 확정일자 있는 증서에 의한 양도통지 또는 회사의 승낙 요건을 갖추어야 한다. 주권발행 전 주식의 양수인과 동일 주식에 대하여 압류명령을 집행한 자 사이의 우열은 확정일자 있는 증서에 의한 양도통지 또는 승낙의 일시와 압류명령의 송달일시를 비교하여 그 선후에 따라 정하여야 한다. 주주가 제 3 자에게 주권발행 전 주식을 양도하고 확정일자 있는 증서에 의한 통지나 승낙으로 주식양도의 대항요건을 갖추었다면, 그 후 주주의 다른 채권자가 그 양도된 주식을 압류하더라도 위와 같이 먼저 주식을 양도받아

대항요건을 갖춘 제 3 자에 대하여 압류의 효력을 주장할 여지가 없다.

회사성립 후 또는 신주의 납입기간 후 6월이 지나도록 주권이 발행되지 않아 주권 없이 채권담보를 목적으로 체결된 주식양도계약은 바로 주식양도담보의 효력이 생기고, 양도담보권자가 대외적으로는 주식의 소유자가 된다. 주권발행 전 주식의 양도담보권자와 동일 주식에 대하여 압류명령을 집행한 자 사이의 우열은 주식양도의 경우와 마찬가지로 확정일자 있는 증서에 의한 양도통지 또는 승낙의 일시와 압류명령의 송달일시를 비교하여 그 선후에 따라 결정된다. 이때 그들이 주주명부에 명의개서를 하였는지 여부와는 상관없다.」

<대판 2019. 4. 25, 2017 다 21176>

「주권발행 전 주식의 양도가 회사 성립 후 6월이 경과한 후에 이루어진 때에는 당사자의 의사표시만으로 회사에 대하여 효력이 있으므로, 주식양수인은 특별한 사정이 없는 한 양도인의 협력을 받을 필요 없이 단독으로 자신이 주식을 양수한 사실을 증명함으로써 회사에 대하여 명의개서를 청구할 수 있다(甲 주식회사의 대표이사 乙과 丙 사이에 乙이 보유하고 있던 주권발행 전 주식인 甲 회사 발행 주식을 丙에게 양도하는 내용의 약정(이하 '양도약정'이라 한다)이 체결되었는데도 그 후 위 주식이 丁에게 양도된 것처럼 주주명부에 등재되자, 丙이 甲 회사와 乙, 丁 등을 상대로 丙이 위 주식의 주주라는 확인 등을 구하는 소를 제기하여 '丙은 양도약정에 기한 청구 이외의 부분을 전부 취하한다', '丙이 위 주식의 주주임을 확인한다'는 내용 등으로 조정이 성립되었고, 그 후 戊가 丙으로부터 위 주식을 양수하는 계약을 체결하여 양도 사실이 甲 회사에 통지되었는데, 조정 성립 전 위 주식에 대하여 乙의 신청에 의한 가압류결정이 내려져 그 결정이 제 3 채무자인 甲 회사에 송달되고, 조정 성립 후 위 가압류를 본압류로 이전하는 결정이 내려지자, 戊가 甲 회사를 상대로 주주권 확인 및 명의개서절차 이행을 구한 사안에서, 조정조항 중 '丙이 위 주식의 주주임을 확인한다'는 부분은 조정이 성립한 때 비로소 丙이 위 주식을 취득한다는 내용이 아니라 丙이 위 주식을 주식가압류결정 전인 양도약정 효력발생일에 취득하였음을 전제로 丙이 주주임을 확인한다는 내용이라고 해석함이 타당하다고 판단한 다음, 乙의 신청에 의한 주식가압류결정이 있을 당시 丙은 이미 위 주식을 보유하고 있어 주식가압류의 효력이 위 주식에 미치므로, 주식가압류결정 이후에 丙으로부터 위 주식을 취득한 戊는 가압류채권자인 乙에게 대항할 수 없고, 다만 이후에 가압류 및 본압류의 대상이 된 위 주식 중 일부 주식에 대한 현금화절차가 완료됨으로써 그 일부 주식을

제외한 나머지 주식에 대한 가압류 및 본압류는 효력이 소멸하므로, 나머지 주식에 관하여만 가압류에 의한 처분금지의 효력이 소멸하였다고 보아야 하는데도, 丙이 조정을 통해 비로소 위 주식을 취득하였다고 보아 조정 전에 내려진 주식가압류결정의 효력을 부인하고, 戊가 丙으로부터 주식가압류결정 등의 효력이 미치지 않는 위 주식을 적법하게 양수받았다는 이유로 위 주식 중 현금화절차가 완료된 일부 주식에 대하여도 명의개서절차 이행 청구를 인용한 원심판결에는 조정의 창설적 효력의 범위 등에 관한 법리오해의 잘못이 있다고 한 사례).」

C. **自己株式의 取得** 개정전 상법에 의하면 주식회사가 자기가 발행한 주식을 취득하는 것은 원칙적으로 금지되었었다(구 상법 제341조 본문). 자기주식을 취득하는 것이 이론상 절대 불가능한 것은 아니었으나 이를 금지하는 실제적 이유는 영업실적저조시 손해를 이중으로 볼 위험이 있고, 반대의 경우(영업호조시)에는 투기목적으로 자기주식취득을 이용할 가능성이 있다는 점에 있었다. 개정전 상법에 의하면 회사는 자기의 계산으로 자기주식을 취득하지 못하였다. 승계취득, 원시취득이 모두 금지되었으며, 명의는 회사로 하든 제3자명의로 하든 자기의 계산이면 모두 금지되었다. 자기주식취득금지에 위반하여 주식을 취득한 경우의 효력에 대하여는 무효라고 보는 무효설이 다수설·판례의 태도이었으며, 유효설은 소수설이었다. 그리고 개정전 상법에서는 스톡옵션제도의 도입과 주식거래가 힘든 비상장법인을 상정하여 주식매수선택권을 위하여 자기주식을 양도의 목적으로 취득하거나 퇴사하는 이사, 감사 또는 피용자의 주식을 양수할 목적의 범위내에서 발행주식총수의 10% 이내와 제462조의 배당가능한도 내에서 자기주식을 취득할 수 있도록 하였었다(구 상법 제341조의 2 제 1 항).

일본의 경우에는 2005년 신회사법에서 자기주식취득에 대하여 동법 제2장 제 4 절에서 규정하고 있다. 그 내용을 보면 ① 자기주식을 취득할 수 있는 경우를 열거하고 있으며, 그 밖의 경우에는 자기주식의 취득을 제한하였다(일본 신회사법 제155조). ② 자기주식취득의 방법으로 주주와의 합의에 의한 취득(일본 신회사법 제156조~제159조), 특정주주로부터의 취득(일본 신회사법 제160조~제164조), 시장거래 등에 의한 취득(일본 신회사법 제165조)으로 구분하여 규정하였다. ③ 재원에 대하여 규제하고 있다.

그런데 2011년 4월 14일 상법개정에 의하여 상법상 자기주식취득을 배당가능이익한도 내에서 전면적으로 허용하였다. 독일을 제외한 대부분의 입법례에서는 자기주식취득을 자유롭게 허용하면서 다만 배당가능이익을 한도로 하고 있다. 2011년 개정상법은 자기주식 취득제도를 크게 두 가지로 구분하여 규정하였다. ① 배당가능이익(제462조 제1항)의 범위 내에서 취득목적의 제한 없이 자기주식을 취득하는 형태가 하나이다(제341조). ② 일정한 제한된 목적으로 취득하는 때에는 재원규제 없이 취득하는 형태이다(제341조의 2). 배당가능이익 범위 내에서 거래소의 시세가 있는 주식의 경우 거래소에서 취득하는 방법에 따라 매수하고(제341조 제1항 1호), 주식의 상환에 관한 종류주식(제345조 제1항) 이외에는 주주가 가진 주식수에 따라 균등하게 취득하되 대통령령으로 정하는 방법(제341조 제1항 2호)으로 취득한다. 회사의 합병 또는 회사의 영업전부의 양수로 인한 경우 등 특별한 목적이 있는 경우에는 개정전 상법규정처럼 재원규제 없이 자기주식의 취득을 허용하였다(제341조의 2).

상법시행령은 자기주식 취득과 관련하여 주주평등의 원칙에 따라 회사가 모든 주주에게 자기주식 취득의 통지 또는 공고를 하여 취득하거나 자본시장법에 따른 공개매수의 방법으로 취득하도록 하고(상법시행령 제9조 제1항), 자기주식을 취득한 회사는 지체없이 취득내용을 적은 자기주식취득내역서를 본점에 6개월간 비치하여 주주 등 열람에 공여하도록 하였다(상법시행령 제9조 제2항). 또한 회사가 자기주식을 취득하고자 하는 경우에 필요한 절차와 방법을 구체적으로 정함으로써 이사회에서 사전에 결의로 자기주식의 취득목적, 취득할 주식의 종류와 수, 그 밖에 취득하는 대가로 교부할 금전이나 그 밖의 재산의 내용 및 그 산정방법, 주식취득의 대가로 교부할 금전 등의 총액을 정하도록 하였다(상법시행령 제10조).

상법이 정한 요건에 위반한 자기주식취득의 효력에 대하여는 절대적 무효설과 상대적 무효설이 주장되고 있다. 통설과 판례(대판 2006. 10. 12, 2005 다 75729)는 절대적 무효설을 취하고 있다.

2011년 개정상법은 자기주식의 취득을 자유화함과 동시에 그 처분도 자유화하였다. 회사가 취득한 자기주식은 자금이 이미 주주에게 환급된 것이므로 처분을 강제할 이유가 없다는 데 그 이유가 있다. 개정법 제342조에서는 자기주식을 처분하는 경우 처분할 주식의 종류와 수, 처분할 주식의 처분가액과 납입기일 등에 관하여 정관에 규정이 없는 것은 이사회가 결정하도록 하였다. 그 결과 자기주식의 보유기간에 대한 제한이 철폐되어 회사가 자기주식을 취득한 후 보유하고 있다가 처분시기를 자유롭게 선택할 수 있게 된다. 이러한 금고주(treasury stock)의 도입으로 회사의 합병이나 분할 등의 경우에 구조조정이나 스톡옵션 또는 신주인수권이 행사된 때에 자기주식을 교부할 수 있다. 이로써 신주발행에 따른 배당압력이나 기존 주주의 지분비율의 감소를 피하면서 구조조정을 용이하게 할 수 있는 장점이 있다(김순석, 상법개정안상 자기주식 및 주식소각 제도의 검토, 일감법학, 제18호, 2010, 147쪽).

2011년 개정상법 제342조의 자기주식의 처분 규정이 배당가능이익이 없이 특정목적으로 취득한 자기주식에 대하여도 적용되는 것인지 논란이 되고 있다. 그런데 배당가능이익이 없이 특정목적으로 취득한 자기주식의 처분에 대하여는 별도로 규정을 두었어야 할 것이다. 그러한 명문 규정이 없는 현재로서는 부득이 2011년 개정상법 제342조가 특정목적으로 취득한 자기주식에 대하여도 적용된다고 해석하여야 할 것이다(동지: 정찬형, 상법강의(상), 2012, 736쪽). 한편 2011년 개정상법에 의하여 배당가능이익에 의하여 취득한 자기주식은 정관에서 달리 정하지 않는 한 그 처분방법 등을 이사회가 정할 수 있는데(제342조), 그 처분에 주주에게 자기주식을 인수할 기회를 평등하게 제공하여야 하는 것은 아닌지 논란이 되고 있다(이에 대하여는 송종준, "상장회사의 자기자본질서의 변화와 법적 과제," 상사법연구 제31권 제 2 호(2012), 157쪽 아래 참조). 그런데 이사회에서의 처분이 경영권방어의 남용이 되거나 지배권의 변경을 초래한다고 하여도 그것은 다른 방법으로 문제제기를 할 수 있을 뿐이다. 입법적으로 명문의 규정을 두는 것은 별론으로 하고 현재로서는 자기주식의 처분에 신주인수권 법리를 인정하기는 어렵다고 본다.

<대결 1964. 11. 12, 64 마 719>

「구 상법 제210조(상법 제341조와 같다)의 규정에 의하면 회사는 위 규정에 열거한 경우 이외에 자기의 주식을 취득하거나 질권의 목적으로 이를 받을 수 없다고 되어 있으며, 이 규정에 위배하는 회사의 자기주식 취득행위는 당연히 무효라고 할 것이다.」

<대판 2003. 5. 16, 2001 다 44109>

「비록 회사 아닌 제 3 자의 명의로 회사의 주식을 취득하더라도 그 주식취득을 위한 자금이 회사의 출연에 의한 것이고 그 주식취득에 따른 손익이 회사에 귀속되는 경우라면, 상법 기타의 법률에서 규정하는 예외사유에 해당하지 않는 한 그러한 주식의 취득은 회사의 계산으로 이루어져 회사의 자본적 기초를 위태롭게 할 우려가 있는 것으로서 상법 제341조가 금지하는 자기주식의 취득에 해당한다 ….

회사가 처음부터 제 3 자에 대하여 대여금채권을 행사하지 아니하기로 약정되어 있는 등으로 대여금을 실질적으로 회수할 의사가 없었고, 제 3 자도 그러한 회사의 의사를 전제로 하여 주식인수청약을 한 때에는 그 제 3 자가 인수한 주식의 액면금액에 상당하는 회사의 자본이 증가되었다고 할 수 없으므로 위와 같은 주식인수대금의 납입은 단순히 납입을 가장한 것에 지나지 아니하여 무효라고 할 것이다.」

<대판 2011. 4. 28, 2009 다 23610>
「상법 제341조는, 회사는 같은 조 각호에서 정한 경우 외에는 자기의 계산으로 자기의 주식을 취득하지 못한다고 규정하고 있다. 이 규정은 회사가 자기의 계산으로 자기의 주식을 취득할 수 있다면 회사의 자본적 기초를 위태롭게 할 우려가 있어 「상법」 기타의 법률에서 규정하는 예외사유가 없는 한 원칙적으로 이를 금지하기 위한 것으로서, 회사가 직접 자기 주식을 취득하지 아니하고 제 3 자의 명의로 회사의 주식을 취득하였을 때 그것이 위 조항에서 금지하는 자기주식의 취득에 해당한다고 보기 위해서는, 그 주식 취득을 위한 자금이 회사의 출연에 의한 것이고 그 주식 취득에 따른 손익이 회사에 귀속되는 경우이어야 한다(피고가 소외 회사에게 선급금을 지급하고, 소외 회사가 피고 주식 인수대금으로 사용할 자금을 대출받을 때 그 대출원리금 채무를 연대보증하는 방법으로 소외 회사로 하여금 주식 인수대금을 마련할 수 있도록 각종 금융지원을 한 것을 비롯하여 피고의 이사 등이 피고의 중요한 영업부문과 재산을 소외 회사에게 부당하게 이전하는 방법을 통하여 소외 회사로 하여금 주식취득을 위한 자금을 마련하게 하고 이를 재원으로 피고 주식을 취득하게 함으로써 결국 소외 회사를 이용하여 피고를 지배하게 되었던 사정들만으로는 소외 회사가 피고 주식 인수대금을 마련한 것이 피고의 출연에 의한 것이라는 점만을 인정할 수 있을 뿐, 더 나아가 피고의 이사 등이 설립한 소외 회사의 피고 주식취득에 따른 손익이 피고에게 귀속되는 관계에 있다는 점을 인정하기는 어려우므로, 소외 회사의 위와 같은 피고 주식취득이 피고의 계산에 의한 주식취득으로서 피고의 자본적 기초를 위태롭게 할 우려가 있는 「상법」 제341조가 금지한 자기주식의 취득에 해당한다고 볼 수 없다고 본 사례).」

<대판 2018. 10. 25, 2016 다 42800 · 42817 · 42824 · 42831>
「계약이 무효가 되면 각 당사자는 상대방에 대하여 부당이득반환의무를 부담하므로, 주권이 발행된 주식의 매매계약이 무효라면, 매도인은 매수인에게 지급받은 주식매매대금을 반환할 의무를, 매수인은 매도인에게 교부받은 주권을 반환

할 의무를 각 부담한다. 그런데 주권발행 전에 한 주식의 양도도 회사성립 후 또는 신주의 납입기일 후 6월이 경과한 때에는 회사에 대하여 효력이 있고 (상법 제335조 제3항), 이 경우 주식의 양도는 주권의 교부 없이 지명채권의 양도에 관한 일반원칙에 따라 당사자의 의사표시만으로 효력이 발생한다. 이와 같이 주권이 발행되지 않은 주식의 매매계약이 무효라면 그 계약은 처음부터 당연히 효력을 가지지 아니하므로, 원칙적으로 계약에 따라 매도의 대상이 되었던 주식의 이전은 일어나지 않고, 매도인은 매매계약 이후에도 주주의 지위를 상실하지 않는다. 따라서 주권이 발행되지 않은 주식에 관하여 체결된 매매계약이 구 상법 (2011. 4. 14. 법률 제10600호로 개정되기 전의 것, 이하 같다) 제341조에서 금지한 자기주식의 취득에 해당하여 무효인 경우, 매도인은 지급받은 주식매매대금을 매수인에게 반환할 의무를 부담하는 반면 매수인은 매매계약 체결 당시 이행받은 급부가 없으므로 특별한 사정이 없는 한 반환할 부당이득이 존재하지 않는다. 다만 무효인 매매계약을 근거로 매수인이 마치 주주인 것처럼 취급되고 이러한 외관상 주주의 지위에서 매도인의 권리를 침해하여 매수인이 이익을 얻었다면 매수인은 그 이익을 반환할 의무가 있다. 그러나 매수인이 이러한 외관상 주주의 지위에 기하여 이익을 얻은 바도 없다면, 역시 매수인의 매도인에 대한 부당이득반환의무는 존재하지 않는다. 한편 만약 무효인 매매계약에 따라 매수인에게 상법 제337조 제 1 항에 규정된 명의개서절차가 이행되었더라도, 매도인은 특별한 사정이 없는 한 매수인의 협력을 받을 필요 없이 단독으로 매매계약이 무효임을 증명함으로써 회사에 대해 명의개서를 청구할 수 있다. 주권이 발행되지 않은 주식에 관하여 체결된 매매계약이 구 상법 제341조에서 금지한 자기주식의 취득에 해당하여 무효인 경우에도 마찬가지이다.」

한편 자본시장법 제165조의 3에서 자기주식취득의 특례를 규정하고 있다. 즉 주권상장법인(외국법인 등은 제외한다)은 다른 법률에 따르는 경우 외에는 해당 법인의 명의와 계산으로 자기주식을 취득할 수 있도록 허용하고 있다(자본시장법 제165조의 3 제 1 항). 그리고 주권상장법인은 자본시장법 제165조의 3 제 1 항에 따라 자기주식을 취득하는 경우에는 다음의 방법에 따라야 한다. 이 경우 그 취득금액은 상법 제462조 제 1 항에 따른 이익배당을 할 수 있는 한도 이내이어야 한다(자본시장법 제165조의 3 제 2 항). ① 증권시장에서 취득하는 방법, ② 자본시장법 제133조 제 1 항에 따른 공개매수의 방법, ③ 자본시장법 제165조의 3 제 3 항에 따른 신탁계약에 따라 자기주식을 취득한 신탁업자로부터 신탁계약이 해지되거나 종료된 때

반환받는 방법. 다만, 신탁업자가 해당 법인의 자기주식을 제 1 호 또는 제 2 호에 따라 취득한 경우만 해당한다. 이 때 주권상장법인이 금전의 신탁계약에 따라 신탁업자에게 자기주식을 취득하게 하는 경우에는 그 신탁계약의 계약금액을 자본시장법 제165조의 3 제 2 항 각 호 외의 부분 후단에 따른 취득금액으로 본다(자본시장법 제165조의 3 제 3 항). 주권상장법인은 자본시장법 제165조의 3 제 1 항부터 제 3 항까지의 규정에 따라 자기주식을 취득(신탁계약의 체결을 포함한다)하거나 이에 따라 취득한 자기주식을 처분(신탁계약의 해지를 포함한다)하는 경우에는 대통령령으로 정하는 요건 · 방법 등의 기준에 따라야 한다(자본시장법 제165조의 3 제 4 항).

<대판 1977. 3. 8, 76 다 1292>

「회사의 권리를 실행함에 있어서 그 목적을 달성하기 위하여 필요한 때라 함은 회사가 그의 권리를 실행하기 위하여 강제집행담보권의 실행 등에 당하여 채무자에 회사의 주식 이외에 재산이 없는 때에 한하여 회사가 자기주식을 경락 또는 대물변제 등으로 취득할 수 있다고 해석되며, 따라서 채무자의 무자력은 회사의 자기주식취득이 허용되기 위한 요건사실로서 자기주식취득을 주장하는 회사에 그 무자력의 증명책임이 있다.」

<대판 1996. 6. 25, 96 다 12726>

「회사는 원칙적으로 자기의 계산으로 자기의 주식을 취득하지 못하는 것이지만, 회사가 무상으로 자기주식을 취득하는 때와 같이 회사의 자본적 기초를 위태롭게 하거나 회사채권자와 주주의 이익을 해한다고 할 수가 없는 경우에는 예외적으로 자기주식의 취득을 허용할 수 있다.」

회사가 적법하게 자기주식을 보유하는 경우에 이 주식에 대해 완전한 권리가 인정되느냐는 것이다. 상법은 의결권을 인정하지 않는다는 규정만 두고 있다(제369조 제 2 항). 의결권 외의 공익권도 휴지한다는 데에는 이론이 없다. 다만, 자익권에 관하여는 이를 인정하자는 설도 있으나, 회사의 자기주식에 대해서는 원칙적으로 모든 권리가 인정되지 않는다고 보는 통설이 타당하다(독일주식법 제71b조 참조: 회사가 갖는 자기주식에 대하여는 어떤 권리도 인정되지 않는다). 그러나 자기주식이 다시 제 3 자에게 이전되면 모든 권리가 다시 되살아난다.

D. 株式의 相互保有禁止

(i) 序 說 주식의 상호보유라 함은 두 회사가 서로 상대방회사

의 주식을 소유하는 것을 말한다. 주식의 상호보유의 형태에는 갑회사는 을회사의 주식을, 또 을회사는 갑회사의 주식을 소유하는 것과 같은 단순형 상호보유(직접상호보유)가 있고, 갑회사는 을회사의 주식을, 을회사는 병회사의 주식을, 그리고 병회사는 정회사의 주식을 소유하는 식으로 순차로 나가다가 마지막 회사가 다시 갑회사의 주식을 소유하는 환상형(고리형) 상호보유가 있다. 이 밖에도 갑회사는 을·병회사의 주식을, 을회사는 갑·병회사의 주식을, 병회사는 갑·을회사의 주식을 각각 소유하는 매트릭스(matrix)형 상호보유가 있다.

상법은 단순형 상호보유만 규제하고 다른 형태의 상호보유는 규제하고 있지 않을 뿐만 아니라, 규제내용도 미흡하여 그 실효성은 의문시된다.

(ii) 株式相互保有의 問題點　　주식의 상호보유에는 여러 가지 폐단이 많다. 먼저 지배·종속회사가 주식을 상호보유하는 경우에는 자기주식의 취득과 마찬가지로 실질에 있어 출자의 환급이 되어 그만큼 자본의 공동화를 가져온다. 그리고 또한 주식의 상호보유는 주식을 상호보유하는 회사의 경영진이 서로 상대방회사의 주주총회의 결의에 큰 영향을 미칠 수 있게 함으로써 회사지배 내지 주주총회의 결의를 왜곡시킬 수 있다. 이 밖에도 법인주주가 주축이 됨으로 해서 회사의 사단성이 파괴되고, 현금차금이 늘어 재무구조가 악화되는 등의 폐단도 있다.

(iii) 子會社에 대한 母會社株式取得의 禁止

㈎ 意　義　　주식의 상호보유로 인한 폐해를 방지하기 위하여 상법은 과거 해석상 인정되어 온 자회사에 의한 모회사주식취득의 금지에 관하여 명문규정을 두었다(제342조의 2). 그런데 이러한 금지는 양도인의 입장에서 볼 때에는 주식의 양도성에 대한 제한이 된다.

㈏ 母子會社의 基準　　상법은 모회사와 자회사의 개념을 명확하게 규정하고 있다. 즉 상법상 다른 회사의 발행주식총수의 100분의 50을 초과하는 주식을 가진 회사를 모회사라 하고, 그 다른 회사를 자회사라 한다(제342조의 2 제 1 항). 또한 상법은 모회사와 자회사가 가지고 있는 다른 회사의 주식을 합계하여 그 회사의 발행주식총수의 100분의 50을 초과하는 경우, 그리고 더 나아가서 자회사 혼자 이러한 비율을 초과하는 주식을 가지고 있는 경우에 그 다른 회사도 모회사의 자회사로 본다(제342조의 2 제 3 항).

<대판 1999. 12. 24, 97 후 3623>

「모회사가 자회사의 상호를 상표로(Sony Creative Products Inc.) 출원등록하여 사용하더라도 공정한 상품유통질서나 국제적 신의와 상도덕 등 선량한 풍속을 문란하게 하거나, 상품출처의 오인·혼동을 일으켜 수요자를 기만할 염려가 있다고 단정할 수 없다.」

㈐ 違反의 效果 상법 제342조의 2의 금지에 위반하여 자회사가 모회사의 주식을 취득한 경우에 그 취득행위의 효력에 대해 자회사에 의한 모회사주식의 취득은 유효하고 원인행위만이 상대적으로 무효이며, 따라서 자회사는 그 주식을 취득한 날로부터 조속한 기간 내에 처분하면 된다는 견해, 그리고 취득은 무효이지만 선의의 제 3 자에게 대항하지 못한다는 상대적 무효설(손주찬, 663쪽; 이철송, 388쪽)이 있다. 그러나 자기주식취득의 금지에 반하여 자기주식을 취득한 행위와 마찬가지의 이유에서 절대적으로 무효라고 해야 할 것이다(동지 : 정동윤, 242쪽; 최기원, 500쪽).

이사가 상법 제342조의 2 제 1 항과 제 2 항의 규정에 위반하면 2천만 원 이하의 벌금에 처해질 뿐만 아니라(제625조의 2), 또한 회사에 대하여 연대하여 손해를 배상할 책임이 있다(제399조).

㈑ 例 外 자회사가 모회사의 주식을 취득하는 것은 원칙적으로 허용되지 않지만, 다음의 경우에는 예외적으로 허용된다. ① 주식의 포괄적 교환, 주식의 포괄적 이전 및 회사의 합병 또는 다른 회사의 영업 전부를 양수하는 때, ② 회사의 권리를 실행함에 있어서 그 목적을 달성하기 위하여 필요한 때이다(제342조의 2 제 1 항).

또한 금지되는 것은 자회사에 의한 모회사주식의 취득이므로, 자회사가 모회사의 주식을 질권을 목적으로 받는 것은 주식취득과 같은 폐단이 없기 때문에 금지되지 않는다. 그리고 자회사가 모회사의 전환사채나 신주인수권부사채를 취득하는 것도 금지되지는 않지만, 자기주식의 취득의 경우와 마찬가지로 전환권과 신주인수권을 행사할 수 없다고 본다. 왜냐하면 이를 행사하면 자기주식의 원시취득이 되기 때문이다.

문제는 이와 같이 자회사가 예외적으로 적법하게 취득한 모회사의 주식에는 어떠한 권리가 인정되느냐 하는 것이다. 이에 관해서는 의결권이 인정되지 않는다는 규정이 있을 뿐이다(제369조 제 3 항). 그러나 자회사에 의한 모회사주식의 취득은 실질적으로 자기주식의 취득과 같으므로, 자기주식과 마찬가지로 의결권뿐만 아니라 이익배당청구권이나 신주인수권 등 모든 권리의 행사가 인정되지 않는다고 보아야 한다(독일주식법 제71b조, 제71d조 참조).

자회사는 이와 같이 예외적으로 인정되어 취득한 모회사의 주식을 취득한 날로부터 6월 이내에 처분하여야 한다(제342조의 2 제 2 항).

E. 다른 會社의 株式取得 회사가 다른 회사의 주식을 발행주식총수의 10분의 1을 초과하여 취득한 때에는 그 다른 회사에 대하여 지체없이 이를 통지하여야 한다(제342조의 3). 이러한 경우에 과거에는 의결권을 행사하지 못하도록 하는 데 그쳤으나(제369조 제 3 항), 이 때에는 기업지배 등에 중대한 영향을 미치게 되므로 1995년 개정법은 대량의 주식을 은밀하게 취득함을 방지하여 선의의 경쟁을 유도하기 위하여 통지의무를 도입하였고, 이는 신의칙에도 합치되는 규정이다.

(2) 特別法에 의한 制限

A. 資本市場法上의 制限

(i) 任職員의 金融投資商品 賣買 금융투자업자의 임직원(겸영금융투자업자 중 대통령령으로 정하는 금융투자업자의 경우(자본시장법시행령 제64조 제 1 항)에는 금융투자업의 직무를 수행하는 임직원에 한한다)은 자기의 계산으로 대통령령으로 정하는 금융투자상품(자본시장법시행령 제64조 제 2 항)을 매매하는 경우에는 다음의 방법에 따라야 한다(자본시장법 제63조 제 1 항): 1. 자기의 명의로 매매할 것, 2. 투자중개업자 중 하나의 회사(투자중개업자의 임직원의 경우에는 그가 소속된 투자중개업자에 한하되, 그 투자중개업자가 그 임직원이 매매하려는 금융투자상품을 취급하지 아니하는 경우에는 다른 투자중개업자를 이용할 수 있다)를 선택하여 하나의 계좌를 통하여 매매할 것. 다만, 금융투자상품의 종류, 계좌의 성격 등을 고려하여 대통령령으로 정하는 경우(자본시장법시행령 제64조 제 3 항)에는 둘 이상의 회사 또는 둘 이상의 계좌를 통하여 매매할 수 있다. 3. 매매명세를 분기별(투자권유자문인력, 자본시장법 제286조 제 1 항 3 호 나목의 조사분석인력 및 투자운용인력의 경우에는 월별로 한다)로 소속 금융투자업자에게 통지할 것, 4. 그 밖에 불공정행위의 방지 또는 투자자와의 이해상충의 방지를 위하여 대통령령으로 정하는 방법 및 절차(자본시장법시행령 제64조 제 4 항)를 준수할 것.

<대판 2010. 7. 22, 2009 다 40547>

「증권거래법상 증권회사 또는 그 임직원이 고객에 대하여 수익을 보장하는 약정의 사법적 효력을 부인하는 것은, 증권시장에서의 가격이 공정하게 형성되도록 노력할 책무가 있는 증권회사나 그 임직원이 고객에 대하여 수익을 보장하는 약정을 하고 이를 이행하기 위하여 부득이 불건전한 거래 또는 변칙적인 거래를 함으로써 증권시장의 공정한 거래질서의 왜곡을 가져올 위험성이 있다는 점 등

을 고려한 것임을 감안할 때, 증권회사 및 그 임직원과 고객 사이가 아닌 사인(私人)들 사이에 이루어진 이 사건 수익보장약정에 대하여 증권거래법상 수익보장금지 원칙을 곧바로 유추적용 하기는 어렵다.」

<대판 2010.11.11, 2010 다 55699>

「금융기관이 고객과 1차 선물환계약을 체결하면서 그 계약에 수반되는 특별한 위험성에 관하여 충분한 설명을 하지 않은 데에는 고객 보호의무를 위반한 잘못이 있으나, 그 후 2차 선물환계약 체결 무렵에는 고객이 선물환계약의 특별한 위험성에 관하여 잘 알고 있었다고 보이므로 금융기관이 별도로 그에 관하여 설명할 의무를 부담한다고 볼 수 없다.」

(ii) 公共的 法人 發行株式의 大量所有禁止　　자본시장법 제167조 제 1 항은 누구든지 공공적 법인이 발행한 주식을 누구의 명의로 하든지 자기의 계산으로 일정한 기준(① 그 주식이 상장된 당시에 발행주식총수의 100분의 10 이상을 소유한 주주는 그 소유비율, ② 이에 따른 주주 외의 자는 발행주식총수의 100분의 3 이내에서 정관이 정하는 비율)을 초과하여 소유하지 못하도록 하고 있다. 이 경우 의결권 없는 주식은 발행주식총수에 포함되지 아니하며, 그 특수관계인의 명의로 소유하는 때에는 자기의 계산으로 취득한 것으로 본다(자본시장법 제167조 제 1 항 2 문). 이 때 자본시장법 제167조 제 1 항에 불구하고 소유비율한도에 관하여 금융위원회의 승인을 받은 경우에는 그 소유비율한도까지 공공적 법인이 발행한 주식을 소유할 수 있다(자본시장법 제167조 제 2 항). 또한 자본시장법 제167조 제 1 항 및 제 2 항에서 규정하는 기준을 초과하여 사실상 주식을 소유하는 자는 그 초과분에 대하여는 의결권을 행사할 수 없으며, 금융위원회는 그 기준을 초과하여 사실상 주식을 소유하고 있는 자에 대하여 6개월 이내의 기간을 정하여 그 기준을 충족하도록 시정할 것을 명할 수 있다(자본시장법 제167조 제 3 항).

(iii) 內部者去來의 制限

㈎ 總　說　　내부자거래(insider trading)란 그 용어에서도 나타나듯이 본래는 회사내부자(임직원·지배주주)가 당해 회사의 미공개된 중요 정보를 이용하여 당해 회사가 발행한 유가증권을 거래하는 행위를 지칭하는 것이다. 이러한 내부자거래는 유가증권의 시세에 중요한 영향을 미치는 회사의 중요한 정보를 일반에 공개되기 전에 내부자가 독점적으로 이용하는 것으로서 본질적으로 불공정성을 안고 있을 뿐 아니라, 정보확산의 지연, 투자자의 정보획득을 위한 자원의 지출, 불균등한 정보의 배분, 단기매매의 성행 등을 초래하여

결과적으로 증권시장의 공정성훼손 및 투자자의 증권시장에 대한 신뢰를 떨어뜨리게 된다.

이와 같은 내부자거래에 대해서는 내부자거래규제를 처음으로 시작한 미국을 위시하여 대부분의 나라에서 규제를 하고 있고, 점점 그 규제강도를 강화하고 있는 것이 세계적인 추세이다(가령 미국은 1984년에 내부자거래제재법을, 1988년에 내부자거래 및 증권사기규제법을, 1990년에 증권집행구제법을—이들 법 내용은 1934년 증권거래법에 편입되었다—제정하여 내부자거래에 대한 규제를 강화하였다). 그러나 미국의 경우 내부자거래의 법적 규제에 대한 이론적 근거에 대해서는 충실의무이론 · 정보소유이론 · 정보부정이용이론 등의 판례를 통해 발전해 왔으며, 현재도 케이스에 따라서 그 적용이론이 가변적인 현실이다(미국에서는 1920년까지 내부자거래에 대한 법적 규제의 가능성과 타당성에 관하여 심각한 논쟁이 있었으나, Manne과 Williamson의 논쟁 후 내부자거래는 법에 의하여 엄격히 규제되어야 하는 행위로 일반적으로 인식하게 되었다).

한편 미국판례법상 내부자거래는 처음에는 회사내부자가 중요한 회사내부정보를 공개 전에 부당하게 이용하여 사익을 취하는 불공정거래를 가리키는 개념이었으나, 투자자보호를 위하여 내부정보이용에 대한 규제가 강화되면서 내부자거래의 개념도 확대 · 발전하였다. 즉 회사내부자와 같은 전통적 의미의 내부자 외에 증권회사 · 변호사 · 회계사 · 공무원 등 직무나 직위에 의하여 내부정보에 접근가능한 소위 준내부자(quasi-insider)와 내부자로부터 정보를 전달받은 정보수령자(tippee)도 내부자의 범위에 포함되기에 이르렀다(미국은 회사 내부자를 규제대상으로 하는 단기매매차익반환규정(제16조 b)과 공매도금지규정(제16조 c)만을 1934년 증권거래법에서 명시적으로 규정하고 있을 뿐 미공개중요정보 이용행위에 대해서는 명시적 규정 없이 일반적인 증권사기금지규정인 1934년 증권거래법 제10조 b와 SEC규칙 10b-5에 대한 판례법을 통해 내부자의 범위나 중요 정보의 범위 등이 확립되어 왔으며, 1984년 내부자거래제재법 제정시 입법화된 1934년 증권거래법 제20A조 (a)도 내부자와 동 시기에 거래를 행한 자에 대한 내부자의 손해배상책임을 규정하면서 "누구든지 미공개된 정보를 보유하고 유가증권을 매수하거나 매도하여 본법과 이에 기한 규칙을 위반한 경우"라고만 규정하고 있다).

우리나라는 1962년 증권거래법 제정시에는 내부자거래규제 규정이 없었으나 1976년 증권거래법 개정시 미국의 1934년 증권거래법상의 회사내부자를 그 규제대상으로 하는 단기매매차익반환 규정 및 공매도금지 규정(증권거래법 제188조)을 도입하였고, 1987년 증권거래법 개정시 미공개정보이용행위금지 규정(이 규정은 단지 미공개중요정보를 이용하는 행위를 금지하고 있을 뿐 내부자의 범위나 중요 정보의 범위에 대해서는 아무런 규정을 하고 있지 않았다)을 두었으며, 1990년 증권거래법 개정시에 내부자의 범위 · 중요 정보의 범위 · 정보공개시기 등을 구체적으로 규정한 구 증권거래법 제188조의 2를 둠으로써 내부자거래에 대한 통일적인 규제체계를 갖추게 되었다(자본시장법 제174조). 즉 우리나라의 내부자거래규제는 어떤 회사가 발행한 유가증권을 거래함에 있어 그 회사의 미공개중요정보를 이용하는 행위를 금지하는 미공개정보이용행위규제와 어떤 회사의 회사내부자의 행위(단기매매 차익반환 등)에 대한 규제로 대별할 수 있다.

(나) 未公開情報利用行爲의 禁止 자본시장법 제174조 제 1 항에 의하면 법소정의 내부자는 상장법인(6개월 이내에 상장하는 법인을 포함한다)의 업무 등과 관련된 미공개중요정보(투자자의 투자판단에 중대한 영향을 미칠 수 있는 정보로서 소정의 법령으로 정하는 방법(자본시장법시행령 제201조)에 따라 불특정다수인이 알 수 있도록 공개되기 전의 것을 말한다)를 특정증권 등의 매매, 그 밖의 거래에 이용하거나 타인에게 이용하게 하여서는 아니 된다. 즉 금지되는 행위는 중요한 미공개정보를 특정증권의 매매, 그 밖의 거래에 이용하거나 다른 사람에게 이용하게 하는 경우이다. 이 때 이용했다고 보기 위해서는 정보보유자의 거래가 전적으로 내부정보 때문에 이루어진 것을 증명할 필요는 없고, 단지 내부정보가 하나의 요인이었다는 점만을 증명하면 된다(김건식 · 정순섭, 자본시장법, 2009, 293쪽).

① 規制對象證券의 範圍 자본시장법상 내부자거래가 금지되는 대상증권은 당해 법인이 발행한 증권에 한정되지 않고, 당해 법인과 관련한 증권을 기초자산으로 하는 신종증권도 포함된다. 이와 같이 신종증권을 포함함으로써 대상증권의 범위가 과거 증권거래법 때보다 확대되었다. 규제대상이 되는 증권은 자본시장법 제172조 제 1 항에서 규정하는 것이다(당해 법인이 발행한 증권(대통령령이 정하는 증권 제외), 당해 법인이 발행한 증권과 관련된 증권예탁증권, 당해 법인 외의 자가 발행한 것으로서 당해 법인이 발행한 증권 또는 이에 관련된 증권예탁증권과 교환을 청구할 수 있는 교환사채권, 당해 법인이 발행한 증권, 이에 관련된 증권예탁증권, 당해 법인 외의 자가 발행한 증권 또는 그에 관련된 증권예탁증권과 교환을 청구할 수 있는 교환사채권을 기초자산으로 하는 금융투자상품). 그 결과 과거 규제대상에서 제외된 국내기업이 외국에서 발행한 증권예탁증권과 ELW · ELS 등과 같은 파생결합증권과 타인이 발행한 당해 법인의 주식에 대한 콜옵션 또는 풋옵션의 매매도 규제대상에 포함이 된다(증권연수원, 자본시장과 금융투자업에 관한 법률이해, 2008, 236쪽).

② 內部者의 範圍 자본시장법상 내부자에 해당하는 자는 과거 증권거래법상 내부자 및 준내부자로 열거된 자 외에 추가로 계열회사 임직원과 당해 법인과 계약체결을 교섭중인 자, 그리고 당해 법인의 임직원 · 대리인이 법인인 경우 그 임직원 및 대리인, 주요주주나 준내부자의 대리인이 법인인 경우 그 임원, 직원 및 대리인도 준내부자의 범위에 포함시켰다(자본시장법 제174조 제 1 항).

③ 未公開重要情報의 範圍 자본시장법에서는 공시사항과 미공개정보와의 관계가 없음을 밝히고, 미공개중요정보는 투자자의 투자판단에 중대한 영향을 미칠 수 있는 정보로서 대통령령으로 정하는 방법에 따라 불특정다수인이 알 수 있도록 공개되기 전의 것으로 정의하고 있다. 이에 대해 자본시장법시행령 제201조 제 1 항에서는 여기서의 대통령령으로 정하는 방법이란 해당법인(해당 법인으로부터 공개권한을 위임받은 자를 포함한다) 또는 그 법인의 자회사(상법 제342조의 2 제 1 항에 따른 자회사를 말하며, 그 자회사로부터 공개권한을 위임받은 자를 포함한다)가 다음의 어느 하나에 해당하는 방법으로 정보를 공개하

고, 해당 호에서 정한 기간이나 시간이 지나는 것을 말한다고 규정한다 : 1. 법령에 따라 금융위원회 또는 거래소에 신고되거나 보고된 서류에 기재되어 있는 정보 : 그 내용이 기재되어 있는 서류가 금융위원회 또는 거래소가 정하는 바에 따라 비치된 날부터 1일, 2. 금융위원회 또는 거래소가 설치 · 운영하는 전자전달매체를 통하여 그 내용이 공개된 정보 : 공개된 때부터 24시간, 3. 신문 등의 자유와 기능보장에 관한 법률에 따른 일반일간신문 또는 경제분야의 특수일간신문 중 전국을 보급지역으로 하는 둘 이상의 신문에 그 내용이 게재된 정보 : 게재된 날부터 1일, 4. 방송법에 따른 방송 중 전국을 가시청권으로 하는 지상파방송을 통하여 그 내용이 방송된 정보 : 방송된 때부터 12시간.

<대판 2010. 5. 13, 2007 도 9769>

「구 증권거래법 제188조의 2에 정한 내부자거래의 규제대상이 되는 정보는 '일반인에게 공개되지 아니한 정보'로서, 위 조항의 체계나 문언에 비추어 '당해 법인이 재정경제부령이 정하는 바에 따라 다수인으로 하여금 알 수 있도록 공개하기 전의 것'이라는 규정은 내부자거래의 규제대상이 되는 정보에 해당하기 위한 요건 중 미공개에 관한 것으로 보아야 할 것이고, 이와 달리 중요한 정보의 요건을 규정한 것으로 볼 것은 아니다. 그렇다면 이 사건 정보는 구 증권거래법 제188조의 2가 정하는 '중요한 정보'에 해당한다고 할 것인바, 이와 달리 판단한 원심에는 구 증권거래법 제188조의 2에서 정하는 '중요한 정보'에 관한 법리를 오해하여 판결결과에 영향을 미친 위법이 있다.」

④ 違反의 效果 미공개중요정보 이용행위자에 대하여는 형사제재와 함께 민사제재도 가해진다. 우선 자본시장법 제174조 제 1 항을 위반하여 상장법인의 업무 등과 관련된 미공개중요정보를 특정증권 등의 매매, 그 밖의 거래에 이용하거나 타인에게 이용하게 한 자에 대하여는 10년 이하의 징역 또는 5억 원 이하의 벌금에 처한다. 다만, 그 위반행위로 얻은 이익 또는 회피한 손실액의 3배에 해당하는 금액이 5억 원을 초과하는 경우에는 그 이익 또는 회피한 손실액의 3배에 상당하는 금액 이하의 벌금에 처한다(자본시장법 제443조). 민사제재와 관련하여서는 민법상 불법행위로 인한 손해배상책임과는 별도로 손해배상책임 규정을 두고 있다. 즉 자본시장법 제174조를 위반한 자는 해당 특정증권 등의 매매, 그 밖의 거래를 한 자가 그 매매, 그 밖의 거래와 관련하여 입은 손해를 배상할 책임을 진다(자본시장법 제175조 제 1 항). 이러한 손해배상청구권은

청구권자가 자본시장법 제174조를 위반한 행위가 있었던 사실을 안 날부터 1년간 또는 그 행위가 있었던 날부터 3년간 이를 행사하지 아니한 경우에는 시효로 인하여 소멸한다(자본시장법 제175조 제 2 항).

<대판 2010. 8. 19, 2008 다 92336>

「구증권거래법 제186조의 5, 제14조 제 1 항에 의하면, 유가증권의 취득자가 그 취득당시 사업보고서에 허위의 기재 또는 표시가 있거나 중요한 사항이 기재 또는 표시되지 않은 사실을 안 경우 회사 등은 손해배상책임을 부담하지 아니하나, 유가증권의 취득자가 그러한 사실을 알았다는 점에 대한 증명책임은 손해배상책임을 부정하려는 회사 등이 부담한다(대법원 2008. 11. 27. 선고 2008 다 31751 판결 참조).

구 증권거래법 제186조의 5에 의하여 준용되는 같은 법 제14조의 규정을 근거로 주식의 취득자가 주권상장법인 등에 대하여 사업보고서의 허위기재 등으로 인하여 입은 손해의 배상을 청구하는 경우 주식의 취득자는 같은 법 제15조 제 2 항의 규정에 따라 사업보고서의 허위기재 등과 손해 발생 사이의 인과관계의 존재에 대하여 증명할 필요가 없고, 주권상장법인 등이 책임을 면하기 위하여 이러한 인과관계의 부존재를 증명하여야 한다. 그리고 같은 법 제15조 제 2 항이 요구하는 '손해인과관계의 부존재 사실'의 증명은 직접적으로 문제된 당해 허위공시 등 위법행위가 손해발생에 아무런 영향을 미치지 아니하였다는 사실이나 부분적 영향을 미쳤다는 사실을 증명하는 방법 또는 간접적으로 문제된 당해 허위공시 등 위법행위 이외의 다른 요인에 의하여 손해의 전부 또는 일부가 발생하였다는 사실을 증명하는 방법으로 가능하다.」

㈐ 會社內部者에 대한 特別規制 회사내부자는 누구보다도 자기회사의 미공개중요정보에 접근할 수 있는 가능성이 크기 때문에 자본시장법은 이들에 대해서는 내부자거래의 예방차원에서 특별한 규제를 하고 있다.

① 任員 · 主要株主의 所有狀況報告制度 주권상장법인의 임원 또는 주요 주주는 임원 또는 주요 주주가 된 날부터 5일(대통령령으로 정하는 날은 산입하지 아니한다) 이내에 누구의 명의로 하든지 자기의 계산으로 소유하고 있는 특정증권 등의 소유상황을, 그 특정증권 등의 소유상황에 변동이 있는 경우에는 그 변동이 있는 날부터 5일까지 그 내용을 대통령령으로 정하는 방법에 따라 각각 증권선물위원회와 거래소에 보고하여야 한다(자본시장법 제173조 제 1 항). 보고대상은 단기차액반환규제의 대상과 일치하도록 하여 주식뿐만 아니라 특정증권으로 하여 확대하고

있다. 증권선물위원회와 거래소는 보고된 보고서를 3년간 갖추어 두고, 인터넷 홈페이지 등을 이용하여 공시하여야 한다(자본시장법 제173조 제1항). 그리고 이 보고의무를 위반하여 보고를 하지 아니하거나 거짓으로 보고한 경우에는 1년 이하의 징역 또는 3천만 원 이하의 벌금에 처하도록 하고 있다(자본시장법 제446조).

② 短期賣買差益返還 단기매매차익반환제도는 회사의 내부자가 회사증권을 6개월 내에 매매하여 얻은 이익은 내부정보를 이용하여 얻은 것인지 여부와 관계 없이 무조건 회사에게 반환하도록 하는 제도를 가리킨다. 종래 증권거래법상의 제도에 대한 비판을 수용하여 자본시장법에서는 일부 새로이 규정하였다(증권연수원, 자본시장과 금융투자업에 관한 법률이해, 2008, 242쪽). 주권상장법인의 임원(상법 제401조의 2 제1항 각 호의 자를 포함한다), 직원(직무상 제174조 제1항의 미공개중요정보를 알 수 있는 자로서 대통령령으로 정하는 자에 한한다) 또는 주요 주주가 일정한 금융투자상품(그 법인이 발행한 증권, 이러한 증권과 관련된 증권예탁증권, 그 법인 외의 자가 발행한 것으로서 이러한 증권과 교환을 청구할 수 있는 교환사채권, 이러한 증권만을 기초자산으로 하는 금융투자상품)을 매수(권리 행사의 상대방이 되는 경우로서 매수자의 지위를 가지게 되는 특정증권 등의 매도를 포함한다)한 후 6개월 이내에 매도(권리를 행사할 수 있는 경우로서 매도자의 지위를 가지게 되는 특정증권 등의 매수를 포함한다)하거나 특정증권 등을 매도한 후 6개월 이내에 매수하여 이익을 얻은 경우에는 그 법인은 그 임직원 또는 주요 주주에게 그 이익(단기매매차익)을 그 법인에게 반환할 것을 청구할 수 있다. 이 경우 이익의 산정기준·반환절차 등에 관하여 필요한 사항은 대통령령으로 정한다(자본시장법 제172조 제1항). 해당 법인의 주주(주권 외의 지분증권 또는 증권예탁증권을 소유한 자를 포함한다)는 그 법인으로 하여금 자본시장법 제172조 제1항에 따른 단기매매차익을 얻은 자에게 단기매매차익의 반환청구를 하도록 요구할 수 있으며, 그 법인이 그 요구를 받은 날부터 2개월 이내에 그 청구를 하지 아니하는 경우에는 그 주주는 그 법인을 대위하여 그 청구를 할 수 있다(자본시장법 제172조 제2항). 그리고 증권선물위원회는 제1항에 따른 단기매매차익의 발생사실을 알게 된 경우에는 해당 법인에 이를 통보하여야 한다. 이 경우 그 법인은 통보받은 내용을 대통령령으로 정하는 방법에 따라 인터넷 홈페이지 등을 이용하여 공시하여야 한다(자본시장법 제172조 제3항). 한편 자본시장법 제172조 제2항의 청구에 관한 소를 제기한 주주가 승소한 경우에는 그 주주는 회사에 대하여 소송비용, 그 밖에 소송으로 인한 모든 비용의 지급을 청구할 수 있다(자본시장법 제172조 제4항). 자본시장법 제172조 제1항 및 제2항에 따른 권리는 이익을 취득한 날부터 2년 이내에 행사하지 아니한 경우에는 소멸한다(자본시장법 제172조 제5항). 이러한 내용은 임직원 또는 주요 주주로서 행한 매도 또는 매수의 성격, 그 밖의 사정 등을 고려하여 소정의 규정으로 정하는 경우(자본시장법시행령 제198조) 및 주요 주주가 매도·매수한 시기 중 어느 한 시기에 있어서 주요 주주가 아닌 경우에는 적용하지 아니한

다(자본시장법 제172조 제6항).

<대판 2011. 3. 10, 2010 다 84420>

「단기매매차익 반환제도는, 주권상장법인 또는 코스닥상장법인의 내부자가 6월 이내의 단기간에 그 법인의 주식 등을 매매하는 경우 미공개 내부정보를 이용하였을 개연성이 크다는 점에서, 거래 자체는 허용하되 그 대신 내부자가 실제로 미공개 내부정보를 이용하였는지 여부나 내부자에게 미공개 내부정보를 이용하여 이득을 취하려는 의사가 있었는지 여부를 묻지 않고 내부자로 하여금 그 거래로 얻은 이익을 법인에 반환하도록 함으로써 내부자가 미공개 내부정보를 이용하여 법인의 주식 등을 거래하는 행위를 간접적으로 규제하는 제도인바, …… 어느 시점에 계약체결이 있었는지는 법률행위 해석의 문제로서 당사자가 표시한 문언에 의하여 객관적인 의미가 명확하게 드러나지 않는 경우에는 그 문언의 내용과 법률행위가 이루어지게 된 동기 및 경위, 당사자가 법률행위에 의하여 달성하려고 하는 목적과 진정한 의사, 거래의 관행 등을 종합적으로 고찰하여 논리와 경험의 법칙, 그리고 사회일반의 상식과 거래의 통념에 따라 합리적으로 해석하여야 한다.」

(iv) 기타 資本市場法상 不公正去來行爲規制

㈎ 空賣渡禁止 누구든지 증권시장에서 상장증권(소정의 법령으로 정하는 증권(자본시장법시행령 제208조 제1항)에 한한다)에 대하여 일정한 매도(공매도)(소유하지 아니한 상장증권의 매도, 차입한 상장증권으로 결제하고자 하는 매도)를 하거나 그 위탁 또는 수탁을 하여서는 아니 된다. 다만, 증권시장의 안정성 및 공정한 가격형성을 위하여 소정의 규정으로 정하는 방법(자본시장법시행령 제208조 제2항)에 따르는 경우에는 이를 할 수 있다(자본시장법 제180조 제1항). 그런데 자본시장법 제180조 제1항 본문에 불구하고 다음 각 호의 어느 하나에 해당하는 경우에는 이를 공매도로 보지 아니한다(자본시장법 제180조 제2항): 증권시장에서 매수계약이 체결된 상장증권을 해당 수량의 범위에서 결제일 전에 매도하는 경우, 전환사채 · 교환사채 · 신주인수권부사채 등의 권리행사, 유·무상증자, 주식배당 등으로 취득할 주식을 매도하는 경우로서 결제일까지 그 주식이 상장되어 결제가 가능한 경우, 그 밖에 결제를 이행하지 아니할 우려가 없는 경우로서 소정의 규정(자본시장법시행령 제208조 제3항)으로 정하는 경우.

㈏ 時勢操縱行爲 規制 시세조종은 시장에서 특정금융상품에 대한 수요와 공급을 인위적으로 조작함으로써 가격을 조종하는 행위를 지칭한

다(김건식·정순섭, 자본시장법, 2009, 319쪽). 증권시장에서 시장기능에 의하여 형성되어야 할 가격이나 거래동향을 인위적으로 변동시킴으로써 재산상의 이익을 얻고자 하는 조작행위는 증권시장의 공정성을 해하는 대표적인 증권범죄에 속한다. 자본시장법에서는 이러한 행위들을 규제하기 위하여 불법적인 시세조종행위를 금지하고 있다(증권연수원, 자본시장과 금융투자업에 관한 법률이해, 2008, 251쪽).

규제대상이 되는 시세조종행위의 유형에는 위장거래에 의한 시세조종(자본시장법 제176조 제1항), 현실거래에 의한 시세조종(자본시장법 제176조 제2항 1호), 허위표시 등에 의한 시세조종(자본시장법 제176조 제2항 2호·3호), 가격고정·안정조작에 의한 시세조종(자본시장법 제176조 제3항) 등이 있다. 그리고 현·선 연계에 의한 시세조종행위도 규제의 대상이다. 이는 현물과 선물, 특히 증권과 이를 기초자산으로 하는 장내파생상품 사이의 관련을 이용하여 한쪽의 거래에서 부당한 이익을 얻을 목적으로 다른 한쪽과 거래하는 경우를 의미한다. 자본시장법은 현·선 연계의 시세조종행위와 증권과 증권 사이의 연계에 의한 시세조종행위도 규제대상으로 포함시키고 있다(자본시장법 제176조 제4항 3호)(김건식·정순섭, 자본시장법, 2009, 330쪽).

이러한 금지된 행위를 한 자에 대하여는 10년 이하의 징역 또는 5억 원 이하의 벌금에 처해진다. 다만, 그 위반행위로 얻은 이익 또는 회피한 손실액의 3배에 해당하는 금액이 5억 원을 초과하는 경우에는 그 이익 또는 회피한 손실액의 3배에 상당하는 금액 이하의 벌금에 처한다(자본시장법 제443조 제1항). 한편 시세조종행위를 한 자는 그 위반행위로 인하여 형성된 가격에 의하여 해당 상장증권 또는 장내파생상품의 매매를 하거나 위탁을 한 자가 그 매매 또는 위탁으로 인하여 입은 손해를 배상할 책임을 진다(자본시장법 제177조 제1항). 이러한 손해배상청구권은 청구권자가 자본시장법 제176조를 위반한 행위가 있었던 사실을 안 때부터 1년간, 그 행위가 있었던 때부터 3년간 이를 행사하지 아니한 경우에는 시효로 인하여 소멸한다(자본시장법 제177조 제2항). 그리고 시세조종행위에 대하여는 증권관련집단소송법이 적용된다.

<대판 2010. 7. 22, 2009 다 40547>

「'유가증권의 매매거래가 성황을 이루고 있는 듯이 잘못 알게 하거나 그 시세를 변동시키는 매매거래'라 함은 본래 정상적인 수요·공급에 따라 자유경쟁시장에서 형성될 시세 및 거래량을 시장요인에 의하지 아니한 다른 요인으로 인위적으로 변동시킬 가능성이 있는 거래를 말하는 것일 뿐 그로 인하여 실제로 시세가

변동될 필요까지는 없고, 일련의 행위가 이어진 경우에는 전체적으로 그 행위로 인하여 시세를 변동시킬 가능성이 있으면 충분한데, 이상의 각 요건에 해당하는지 여부는 당사자가 이를 자백하지 않더라도 그 유가증권의 성격과 발행된 유가증권의 총수, 가격 및 거래량의 동향, 전후의 거래상황, 거래의 경제적 합리성과 공정성, 가장 혹은 허위매매 여부, 시장관여율의 정도, 지속적인 종가관리 등 거래의 동기와 태양 등의 간접사실을 종합적으로 고려하여 이를 판단할 수 있다.」

<대판 2011. 1. 13, 2010 도 9927>

「피고인이 甲 투자금융회사에 입사하여 다른 공범들과 특정 회사 주식의 시세조정 주문을 내기로 공모한 다음 시세조정행위의 일부를 실행한 후 甲 회사로부터 해고를 당하여 공범관계로부터 이탈하였고, 다른 공범들이 그 이후의 나머지 시세조정행위를 계속한 사안에서, 피고인이 다른 공범들의 범죄실행을 저지하지 않은 이상 그 이후 나머지 공범들이 행한 시세조정행위에 대하여도 죄책을 부담함에도, 피고인이 해고되어 甲 회사를 퇴사함으로써 기존의 공모관계에서 이탈하였다는 사정만으로 피고인이 이미 실행한 시세조정행위에 대한 기능적 행위지배가 해소되었다고 보아 그 이후의 각 구 증권거래법(2007. 8. 3. 법률 제8635호 자본시장과 금융투자업에 관한 법률 부칙 제 2 조로 폐지)위반의 공소사실에 대하여 무죄를 선고한 원심판결에는 공모공동정범에 관한 법리오해의 위법이 있다.」

<대판 2011. 2. 24, 2010 도 7404>

「피고인이 명의인들의 자금만이 입금된 타인 명의의 증권계좌를 이용하여 주식 시세조종 등의 행위를 한 경우 제반 사정에 비추어 이를 통해 얻은 거래 이익은 위 명의인들에게 귀속된 것으로 보일 뿐 피고인에게 귀속되었다고 볼 수 없고, 피고인과 명의인들의 자금이 혼재되어 있는 타인 명의의 증권계좌를 이용하여 주식 시세조종 등의 행위를 한 경우 위 계좌에서 발생한 이익 중 피고인에게 귀속되는 부분을 특정할 수 없다는 이유로, 피고인에 대한 일부 구 증권거래법(2007. 8. 3. 법률 제8635호 자본시장과 금융투자업에 관한 법률 부칙 제 2 조로 폐지) 위반의 공소사실을 무죄로 인정한 원심판단을 수긍한다.」

(다) 詐欺的 行爲禁止 자본시장법에서는 부정거래행위금지 내지 일반사기금지 규정을 동법 제178조에서 도입하였다. 자본시장법에 좋은 제도를 두고 있다 하더라도 실제 거래에서는 부정행위가 발생할 가능성은 얼마든지 있다. 자본시장법에서는 금지행위별로 개별적인 규제를 하고 있기 때문에

규율하지 못하는 다양한 수법들이 이용될 수 있으므로, 이에 대응하기 위하여 일반사기금지 규정을 도입한 것이다. 이러한 일반사기금지 규정은 다음의 특징이 있다(증권연수원, 자본시장과 금융투자업에 관한 법률이해, 2008, 259쪽). ① 적용요건상 목적성을 전제로 하지 않고 있다. ② 시세조종규정이 공개시장에서의 행위에 대한 규제인 데 반하여, 일반사기금지 규정에 의한 규제는 공개시장은 물론 장외시장에서의 거래도 포함된다. ③ 일반사기금지조항 위반으로 인하여 책임을 부담할 배상책임자의 범위에 대해 증권발행관련 부실공시나 내부자거래 내지 시세조종행위자의 책임과 달리 명시하고 있지 않아서 누구든지 동 규정의 적용대상자가 될 수 있다.

구체적으로 누구든지 금융투자상품의 매매(증권의 경우 모집·사모·매출을 포함한다), 그 밖의 거래와 관련하여 다음의 어느 하나에 해당하는 행위를 하여서는 아니 된다(자본시장법 제178조 제1항). ① 부정한 수단, 계획 또는 기교를 사용하는 행위, ② 중요사항에 관하여 거짓의 기재 또는 표시를 하거나 타인에게 오해를 유발시키지 아니하기 위하여 필요한 중요사항의 기재 또는 표시가 누락된 문서, 그 밖의 기재 또는 표시를 사용하여 금전, 그 밖의 재산상의 이익을 얻고자 하는 행위, ③ 금융투자상품의 매매, 그 밖의 거래를 유인할 목적으로 거짓의 시세를 이용하는 행위. 그리고 누구든지 금융투자상품의 매매, 그 밖의 거래를 할 목적이나 그 시세의 변동을 도모할 목적으로 풍문의 유포, 위계(위계)의 사용, 폭행 또는 협박을 하여서는 아니 된다(자본시장법 제178조 제2항). 이에 위반한 경우 형사처벌(자본시장법 제443조)과 민사배상책임(자본시장법 제179조)이 인정된다.

<대판 2010. 12. 9, 2009 도 6411>

「구 증권거래법(2007. 8. 3. 법률 제8635호로 공포되어 2009. 2. 4. 시행된 '자본시장과 금융투자업에 관한 법률'에 의하여 폐지되기 전의 것, 이하 '구 증권거래법'이라 한다) 제188조의 4 제4항 제1호는 유가증권의 매매 기타 거래와 관련하여 '부당한 이득을 얻기 위하여 고의로 허위의 시세 또는 허위의 사실 기타 풍설을 유포하거나 위계를 쓰는 행위'를 금지하고 있는바, 여기서 '위계'라 함은 거래 상대방이나 불특정 투자자를 기망하여 일정한 행위를 유인할 목적의 수단, 계획, 기교 등을 말하는 것이고, '기망'이라 함은 객관적 사실과 다른 내용의 허위사실을 내세우는 등의 방법으로 타인을 속이는 것을 의미한다.

피고인이 자신의 자금을 가지고 그의 계산 하에 실재하는 외국법인 명의 혹은 계좌를 이용하여 주식시장에서 이 사건 회사 주식을 매수한 행위는 객관적 측면에서 모두 사실에 부합하는 것으로서 아무런 허위내용이 없어 기망행위로 볼 수 없으므로, 이 사건 주식거래를 함에 있어 관련 외국법인의 실체를 과장하거나 그에 관한 허위의 정보를 제공하는 등 허위사실을 내세웠다는 특별한 사정이 없는 이상, 피고인의 위와 같은 투자행태를 법률이 금지하는 위계의 사용에 해당한다고 단정하기에 부족하다고 하여, 원심이 이 부분 공소사실에 대하여 위계에 의한 사기적 부정거래로 인정한 것은 잘못이고, 피고인들이 구 증권거래법상의 주식의 대량보유보고 및 소유주식상황변동보고를 하지 않은 행태는 구 증권거래법 제188조의 4 제 4 항 제 2 호 소정의 문서이용 오해유발에 의한 사기적 부정거래에 해당하지 않으며, 사기적 부정거래행위 중 일부에 관하여 공범 관계가 성립하고 그 공범 중의 1인에게 위반행위로 인한 이익이 전부 귀속된 경우에는, 특별한 사유가 없는 한 그 이익의 귀속주체인 공범이 그의 위반행위와 관련하여 취득한 이익을 기준으로 구 증권거래법 제207조의 2와 제214조 소정의 '위반행위로 얻은 이익'을 산정하여야 하고, 나아가 주가가 상승을 시작한 시기와 위반행위가 있은 시기가 일치하지 않는 경우 위 이익을 산정함에 있어서는 시세차익과 위반행위로 인한 위험과 사이에 위 법리가 설시하는 제반요소를 고려한 인과관계가 있는지를 가려 그와 관계없는 부분은 이익에서 제외하는 등의 조치가 있어야 할 것이며, 이익의 귀속주체가 아닌 나머지 공범의 죄책도 위와 같이 산정한 이익의 한도에서 인정하여야 한다.」

<대판 2011. 3. 10, 2008 도 6335>(외환은행 · 론스타 사건)

「구 증권거래법이 이와 같이 사기적 부정거래행위를 금지하는 것은 증권거래에 관한 사기적 부정거래가 다수인에게 영향을 미치고 증권시장 전체를 불건전하게 할 수 있기 때문에 증권거래에 참가하는 개개의 투자자의 이익을 보호함과 함께 투자자 일반의 증권시장에 대한 신뢰를 보호하여 증권시장이 국민경제의 발전에 기여할 수 있도록 함에 그 목적이 있다고 할 것이므로, 유가증권의 매매 등 거래와 관련한 행위인지 여부나 허위 또는 위계인지 여부 및 부당한 이득 또는 경제적 이익의 취득 도모 여부 등은 행위자의 지위, 행위자가 특정 진술이나 표시를 하게 된 동기와 경위, 그 진술 등이 미래의 재무상태나 영업실적 등에 대한 예측 또는 전망에 관한 사항일 때에는 합리적인 근거에 기초하여 성실하게 행하여진 것인지 여부, 그 진술 등의 내용이 거래 상대방이나 불특정 투자자들에게 오인·착각을 유발할 위험이 있는지 여부, 행위자가 그 진술 등을 한 후 취한 행동과 주가의 동향, 그 행위 전후의 제반 사정 등을 종합적 · 전체적으로 고려하

> 여 객관적인 기준에 의하여 판단하여야 한다. … 제반 사정에 비추어 피고인들이 감자를 추진할 객관적 여건을 갖추지 아니하였고, 감자를 성실하게 검토·추진할 의사 없이 투자자들이 오인·착각을 일으켜 주식투매에 나섬으로써 자회사의 주가하락이 초래될 것을 인식하면서 피고인3 등에게 합병에 반대하는 자회사 주주들에 대한 주식매수청구권 가격을 줄이고, 합병신주의 발행으로 인하여 피고인3의 피고인2에 대한 지분율이 줄어드는 것을 방지하는 등의 이득을 취하게 할 목적으로 행한 것으로서 증권거래법상 사기적 부정거래에 해당한다.」

㈑ 市場秩序 攪亂行爲 자본시장법은 2014년 12월 30일 개정되었다(법률 제12947호). 개정이유는, 기존 불공정거래행위에 비하여 위법성의 정도는 낮으나 시장의 건전성을 훼손하는 시장질서 교란행위에 대한 규제를 신설하고, 그 시장질서 교란행위에 대해서는 과징금을 부과하도록 함으로써 불공정거래 규제의 사각지대를 해소하고 투자자를 보호하려는 것이었다. 그 내용으로서, 기존 불공정거래행위와 비교하여 미공개중요정보이용 및 시세조종 규제 범위를 확대함으로써 2차·3차 정보수령자의 이용행위, 목적성 없이 시세에 영향을 주는 행위 등을 금지하도록 하기 위하여 시장질서 교란행위를 신설하였다. 그리고 시장질서 교란행위에 대해서는 과징금을 부과하도록 하였다(법 제178조의2 및 제429조의2 신설). 이 개정은 2015년 7월 1일 시행되었다. 자본시장법에 도입된 시장질서 교란행위에 대한 규제를 통해서 종래의 전형적인 불공정거래행위의 구성요건을 완전히 충족하지 못하지만, 자본시장의 건전성과 질서를 해하는 다양한 형태의 행위를 일부 과징금으로 규제하는 것이 가능하게 되었다. 자본시장법은 내부자거래와 시세조종 등 기존의 불공정거래행위 유형은 형사처벌의 대상으로 그대로 두고, 나머지 부당행위들을 시장질서 교란행위로 취급하여 과징금을 부과함으로써 규제하고 있다. 내부자거래의 경우 미공개 정보와 내부자의 업무관련성, 이용 행위에 대한 엄격한 증명 요구, 2차 정보수령자의 미처벌 등의 이유로 효과적 규제에 어려움이 있다. 시세조종행위의 경우에도 위법성 요건으로 '목적성'을 요구하고 있기 때문에 목적성이 없지만 시세에 영향을 주는 행위에 대한 증명의 어려움이 있다. 다양한 형태의 불공정거래를 포괄적으로 규제하고자 도입된 부정거래행위 금지조항의 경우, 그것이 불공정거래 규제에서 효과적인 규제 장치가 되는 것을 기대하였었다. 그런데 그에 대해서는 죄형법정주의에 반한다는 비판이 여전히 존재하면서 매우 제

한적인 적용을 하고 있다. 그러한 측면에서, 시장질서 교란행위를 통해 입법자는 문제된 많은 점들을 해결할 수 있는 규제수단으로 위치를 잡아주기를 기대하고 있다. 시장질서 교란행위는 자본시장의 투명성과 건전성을 해하고 시장을 교란하거나 저해하는 행위를 규제하는 것으로 형사처벌의 요건을 충족하기 어려운 경우에 해당한다 하더라도 신속한 제재수단인 과징금을 부과함으로써 부당이득을 환수하거나 위반행위에 적정한 수준의 제재가 가능하게 된다(신경희, 자본시장법상 불공정거래행위에 대한 과징금 부과방안 연구, 건국대 박사학위논문, 2015. 8, 22쪽).

B. **銀行法上의 制限** 은행법은 은행이 다른 금융기관의 주식 또는 타주식회사의 100분의 15를 초과하는 주식의 매입 또는 항구적 소유를 원칙적으로 금지하는 한편(은행법 제37조 제1항·제2항), 산업자본이 은행을 지배하는 것을 막기 위하여 동일인이 금융기관의 의결권 있는 발행주식총수의 100분의 10을 초과하는 주식을 소유하거나 사실상 지배하지 못하도록 하고 있다(은행법 제15조 제1항).

C. **獨占規制法上의 制限** 독점규제 및 공정거래에 관한 법률에 의하면 누구든지 직접 또는 특수관계인을 통하여 다른 회사의 주식을 취득(인수)함으로써 일정한 거래분야에서 경쟁력을 실질적으로 제한하는 경우에는 원칙적으로 그러한 주식취득을 할 수 없다(독점규제 및 공정거래에 관한 법률 제7조 제1항 1호·5호). 대규모 기업집단에 속하는 회사는 자기의 주식을 취득 또는 소유하고 있는 계열회사의 주식을 원칙적으로 취득 또는 소유할 수 없으며(독점규제 및 공정거래에 관한 법률 제9조 제1항), 다른 회사의 의결권 없는 주식을 제외한 발행주식총수의 100분의 20(상장법인의 경우는 100분의 15) 이상을 취득(인수)하는 경우에는 그 주식취득을 공정거래위원회에 신고하여야 한다(독점규제 및 공정거래에 관한 법률 제12조 제1항 1호·4호).

Ⅲ. 株式의 讓渡方法

1. 株券發行 전의 讓渡方法

주권발행 전에 주식을 양도함에 있어서는 당사자간의 단순한 의사표시만으로 할 수 있으며, 주금납입영수증이나 주식청약증거금영수증의 교부를 요건으로 하지 않는다. 주권발행 전의 주식양도는 원칙적으로 회사에 대하여는 효력이 없으나, 회사의 성립 후 또는 신주의 납입기일 후 6월이 경과하면 주권발행이 없어도 회사에 대하여 유효한 양도를 할 수 있다(제335조 제3항).

6월이 경과하기 전에 주권발행 없이 한 주식의 양도도 6월이 경과하면 회사에 대하여 유효하다고 해석하여야 한다. 이 경우 주식양수인은 주권을 소지하고 있지 않기 때문에 주주로 추정받지는 못한다(제336조 제2항 참조). 그렇지만 회사 이외의 제 3 자에 대하여는 양수인이 실질적인 주식양도사실로써 대항할 수 있다고 할 것이다.

<대판 1988.10.11, 87 누 481>

「위 소외인들이 현재 주주명부에 주주로 등재되어 있는 이상 위 법조 소정의 명의상의 주주임에는 틀림이 없고, 소론과 같이 주권이 발행되지 않았다고 하여도 회사성립 후 6월이 경과한 이상 회사에 대하여 주식양도의 효력을 주장할 수 있는 것으로서 주권발행 전의 주식의 양도는 지명채권양도의 일반원칙에 따라 당사자 사이의 의사표시만으로 성립하는 것이므로, 주권이 발행된 경우의 기명주식양도의 절차를 밟지 않았다고 하여 주식양도의 효력이 없다고는 할 수 없는 것이다.」

<대판 2010.4.29, 2009 다 88631>

「주권발행 전 주식이 양도된 경우 그 주식을 발행한 회사가 확정일자 있는 증서에 의하지 아니한 주식의 양도 통지나 승낙의 요건을 갖춘 주식양수인(제1 주식양수인)에게 명의개서를 마쳐준 경우, 그 주식을 이중으로 양수한 주식양수인(제2 주식양수인)이 그 후 회사에 대하여 양도 통지나 승낙의 요건을 갖추었다 하더라도, 그 통지 또는 승낙 역시 확정일자 있는 증서에 의하지 아니한 것이라면 제2 주식양수인으로서는 그 주식양수로써 제1 주식양수인에 대한 관계에서 우선적 지위에 있음을 주장할 수 없으므로, 회사에 대하여 제1 주식양수인 명의로 이미 적법하게 마쳐진 명의개서를 말소하고, 제2 주식양수인 명의로 명의개서를 하여 줄 것을 청구할 권리가 없다고 할 것이다. 따라서 이러한 경우 회사가 제2 주식양수인의 청구를 받아들여 그 명의로 명의개서를 마쳐주었다 하더라도 이러한 명의개서는 위법하므로 회사에 대한 관계에서 주주의 권리를 행사할 수 있는 자는 여전히 제1 주식양수인이라고 봄이 타당하다.」

2. 株券發行 후의 讓渡方法

(1) 株券의 交付　　주권발행 후에 주식을 양도함에 있어서는 기명주식과 무기명주식 모두 주권의 교부에 의하여야 한다(제336조 제1항). 즉 주식의 양도에는 양도의 의사표시와 함께 주권을 교부하여야 하는데, 이 경우 주권의 교부는 주식이전의 요건이지 단순한 대항요건이 아니다.

<대판 1987. 11. 10, 87 누 620>

「기명주식의 양도는 위 양도약정 당시 시행되던 구 상법(법률 제1000호)상 주권의 배서 또는 주권과 이에 주주로 표시된 자의 기명날인 있는 양도증서의 교부에 의하도록 되어 있으므로, 당사자간에 양도계약이 이루어졌으나 주권의 배서 또는 주권과 이에 주주로 표시된 자의 기명날인 있는 양도증서가 교부되지 아니하였다면, 그와 같은 양도계약만으로는 당사자간에 주식을 양도하기로 하는 채권적 효력밖에 없는 것으로서 주식양도의 효력이 발생하였다고 볼 수는 없다.」

<대판 1993. 12. 28, 93 다 8719>

「주권발행 전의 주식의 양도는 지명채권양도의 일반원칙에 따라 당사자 사이의 의사의 합치만으로 효력이 발생하는 것이지만, 주권발행 후의 주식의 양도에 있어서는 주권을 교부하여야만 효력이 발생한다.」

주권의 교부란 주권의 점유를 이전하는 것으로 현실의 인도가 원칙이지만, 간이인도 · 점유개정, 그리고 반환청구권의 양도에 의할 수도 있다. 증권예탁결제제도에서는 계좌부상의 대체가 교부의 효력을 갖는다(자본시장법 제311조 제 2 항). 그러나 상속이나 회사의 합병 등 포괄승계에 의하여 주식이 이전하는 경우에는 법률상 당연히 이전효과가 생기며, 주권의 교부는 필요하지 않다.

이와 같이 주권발행 후의 주식양도에 있어서는 주권의 교부가 필요하므로 주권불소지의 신고를 한 주주가 주식을 양도하고자 하는 경우에는 회사에 주권의 발행을 청구하여야 한다(제358조의 2 제 4 항). 기명주식의 양도시 주권의 교부에 의해 행해지는 결과 모든 주권의 점유자는 그 주권의 점유 자체에 의하여 권리자로서의 외관을 갖게 되므로 적법한 소지인으로 추정되며, 그 권리를 다투는 자가 주권의 점유자의 무권리를 증명하여야 한다(제336조 제 2 항). 이를 주권의 자격수여적 효력이라고 한다.

<대판 1989. 7. 11, 89 다카 5345>

「상법(1984. 9. 1 시행의 법률 제3724호)의 규정상 주권의 점유자는 이를 적법한 소지인으로 추정하고 있으나(제336조 제 2 항) 이는 주권을 점유하는 자는 반증이 없는 한 그 권리자로 인정된다는 것, 즉 주권의 점유에 자격수여적 효력을 부여한 것이므로 이를 다투는 자는 반대사실을 입증하여 반증할 수 있는 것…」

<대판 1994. 6. 28, 93 다 44906>

「주식양도양수계약이 적법하게 해제되었다면 종전의 주식양수인은 주식회사의 주주로서의 지위를 상실하였으므로, 주식회사의 주권을 점유하고 있다고 하더라도 주주로서의 권리를 행사할 수 있는 것은 아니다.」

<대판 2010. 2. 25, 2008 다 96963 · 96970>

「주권발행 후의 주식의 양도에 있어서는 주권을 교부하여야 효력이 발생하고(상법 제336조 제 1 항), 주권의 점유를 취득하는 방법에는 현실의 인도(교부) 외에 간이인도, 반환청구권의 양도가 있다.」

<대판 2017. 8. 18, 2015 다 5569>

「이 사건 공급계약 체결 당시 소외 1이 원고 주식의 100%를 양수하여 주식 소유권을 이전받았다면, 소외 1은 특별한 사정이 없는 한 원고 주식에 대해서 주주로서의 권리를 행사할 수 있다. 소외 1이 주식매매계약에 따른 주식매매대금을 지급하지 않았다고 하더라도 주식매매대금 지급채무를 부담하는 것은 별론으로 하고 소외 1이 원고 주식의 주주가 아니라고 할 수 없다.」

(2) 예탁관련제도 한국예탁결제원에 예탁된 주식에 관하여 주식의 이전 및 담보권의 설정을 주권의 현실적 인도에 의하지 않고, 양도인 또는 담보권설정자의 계좌로부터 양수인 또는 담보권자의 계좌로의 약정수량의 대체(이기)에 의해 행하는 자본시장법상의 제도가 바로 증권예탁결제제도이다(물론 사채권도 해당된다). 그런데 증권 등에 표시될 수 있거나 표시되어야 할 권리가 주식·사채 등의 전자등록에 관한 법률에 따라 전자등록된 경우 그 증권 등에 대해서는 예탁관련제도 규정을 적용하지 않는다(자본시장법 제308조 제 1 항). 대체결제업무를 맡아 보는 대체결제회사로 한국거래소의 전액출자에 의해 설립된 한국예탁결제원이 있다.

자본시장법은 한국예탁결제원에 예탁되어 있는 유가증권의 양도의 경우에는 유가증권을 현실적으로 교부하지 않고 장부상의 대체결제에 의할 수 있도록 하고 있다. 즉 자본시장법 제311조 제 1 항은 투자자계좌부(금융투자회사가 작성)와 예탁자계좌부(한국예탁결제원이 작성)에 기재된 자는 각각 그 유가증권을 점유하는 것으로 본다고 규정하고 있으며, 동조 제 2 항은 투자자계좌부와 예탁자계좌부에의 기재가 유가증권의 양도 또는 질권설정을 목적으로 하는 경우에는 유가증권의 교부가 있었던 것과 동일한 효력을 가진다고 규정하고 있다. 따라서 한국예탁결제원에 주권이 예탁되어 있는 주식의 양도의 경우에는 주권의 현실적인 교부가 아닌 장부상의 대체결제에 의해 교부가 이루어지는바, 이는 주식양도의 요건인 주권교부의 특수한 모습이라고 할 수 있다.

<대판 2008. 10. 23, 2007 다 35596>

「주식회사가 유상증자 등의 사유로 신주인수권자에게 주권을 발행하면서 증권거래법 등 관계법령에 따라 일정한 기간 동안 그 주권을 증권예탁결제원에 보호예수하는 경우, 보호예수의무자(주권의 발행회사)와 증권예탁결제원 사이에 체결된 보호예수계약은 민법상의 임치 내지 이와 유사한 계약으로서 증권예탁결제원은 그 보호예수계약에서 정한 기간이 지나면 특별한 사정이 없는 한 계약의 상대방인 보호예수의무자에게 그 주권을 반환할 의무가 있다. 그런데 위 보호예수계약에서 정한 기간이 지난 후 제 3 자가 보호예수된 주권에 대하여 소유권을 가지고 있다고 주장하면서 그 소유권에 기하여 증권예탁결제원에 주권의 인도를 청구하는 경우, 제 3 자가 주권의 소유권자이고 보호예수의무자인 주권의 발행회사가 증권예탁결제원으로부터 주권을 반환받더라도 다시 소유권자인 제 3 자에게 반환해야 할 의무가 있으면 증권예탁결제원으로서는 제 3 자에 대하여 주권의 인도를 거부할 수 없으나, 제 3 자가 소유권자가 아니거나 소유권자라고 하더라도 보호예수의무자가 제 3 자에 대한 관계에서 그 주권을 점유할 권리가 있으면 증권예탁결제원으로서는 제 3 자에게 주권을 인도해서는 안 된다.

따라서 위와 같은 경우에 증권예탁결제원이 보호예수의무자와 제 3 자 중 누구에게 주권을 반환해야 되는지는 제 3 자가 소유권자인지 여부 및 제 3 자와 보호예수의무자와의 관계에 따라 결정되는바, 증권예탁결제원이 선량한 관리자의 주의를 다하여도 보호예수의무자와 제 3 자 중 누구에게 주권을 반환해야 할 것인지를 알 수 없는 경우에는 '과실 없이 채권자를 알 수 없는 경우'에 해당하므로, 민법 제487조 후단의 채권자불확지를 원인으로 하여 주권을 변제공탁할 수 있다.」

3. 理事會의 承認을 요하는 경우의 譲渡方法

(1) 譲渡人에 의한 譲渡承認請求

A. 意　義　주식의 양도에 관하여 이사회의 승인을 받아야 하는 경우에는 주식을 양도하려는 주주는 회사에 대하여 서면으로 양도의 승인을 청구할 수 있는데, 이것을 양도승인의 청구라고 한다(제335조의 2 제 1 항). 이것은 주식의

양도성의 제한으로 주식을 양도하려는 주주가 불이익을 입지 않도록 하기 위해서 1995년 개정법에서 신설된 것으로, 정관에 주식의 양도를 제한하는 내용을 정한 경우에도 주주의 투하자본회수의 길을 열어 주기 위하여 적법하게 주식을 양도하는 절차와 방법을 규정한 것이다.

<대판 2000. 9. 26, 99 다 48429>

「설립 후 5년간 일체 주식의 양도를 금지하는 내용으로, 이와 같은 내용은 위에서 본 바와 같이 정관으로 규정하였다고 하더라도 이는 주주의 투하자본회수의 가능성을 전면적으로 부정하는 것으로서 무효라고 할 것이다. 그러므로 그와 같이 정관으로 규정하여도 무효가 되는 내용을 나아가 회사나 주주들 사이에서, 혹은 주주들 사이에서 약정하였다고 하더라도 이 또한 무효라고 할 것이다. 그리고 이 사건 약정 가운데 주주 전원의 동의가 있으면 양도할 수 있다는 내용이 있으나, 이 역시 상법 제335조 제 1 항 단서 소정의 양도제한 요건을 가중하는 것으로서 상법 규정의 취지에 반할 뿐 아니라, 사실상 양도를 불가능하게 하거나 현저하게 양도를 곤란하게 하는 것으로서 실질적으로 양도를 금지한 것과 달리 볼 것은 아니다. 그러므로 이 사건 양도제한약정은 무효라고 할 것이고, 피고는 그와 같은 무효인 양도제한약정을 들어 이 사건 명의개서청구를 거부할 수는 없는 것이다.」

B. **讓渡承認請求의 方法** 주식을 양도하려는 주주는 회사에 대하여 양도의 상대방 및 양도하려는 주식의 종류와 수를 기재한 서면으로써 양도의 승인을 청구할 수 있다(제335조의 2 제 1 항). 승인청구는 서면으로 할 것을 요구하고 있으므로 승인청구서에는 주주의 기명날인 또는 서명이 있어야 하고, 구두로 하는 승인청구는 그 효력이 없다.

C. **會社의 通知義務와 義務懈怠의 效果** 회사는 주주의 양도승인의 청구가 있은 날로부터 1월 이내에 주주에게 그 승인 여부를 서면으로 통지하여야 한다(제335조의 2 제 2 항). 주식양도의 승인기관은 이사회이다. 그러므로 회사는 주주로부터 주식양도의 승인청구서를 받은 때에는 이사회를 소집하여 그 승인 여부를 결정하여야 한다. 이사회의 승인은 주주가 양도할 주식의 전부에 대한 것이어야 하고, 일부는 승인하고 일부는 거부하는 것은 허용되지 않는다. 이사회의 승인은 정관에 다른 정함이 없는 한 이사 과반수의 출석과 출석이사 과반수 결의로써 한다(제391조).

회사가 그 기간 내에 주주에게 거부의 통지를 아니한 때에는 주식의 양도에 관하여 이사회의 승인이 있는 것으로 본다(제335조의 2 제3항). 그러므로 회사가 주주의 주식양도의 청구를 받고도 1월 내에 이사회의 승인절차를 거쳐 거부의 통지를 서면으로 하지 않으면 주주가 청구한 대로 승인한 것으로 된다. 이것은 주식을 양도하고자 하는 주주의 권리를 보호하고자 하는 데 그 뜻이 있다.

(2) 讓渡相對方의 指定請求

A. 意 義 회사로부터 양도승인거부의 통지를 받은 주주는 통지를 받은 날부터 20일 내에 회사에 대하여 양도의 상대방을 지정해 줄 것을 청구할 수 있는데, 이것을 양도상대방의 지정청구권이라 한다(제335조의 2 제4항). 이것은 정관에 의한 주식의 양도성을 제한하면서도 주주의 회사에 대한 양도상대방의 지정청구권을 인정함으로써 주주로 하여금 주식양도에 있어서 상대방선택의 자유만을 제한하게 하였고, 결과적으로 예상 밖의 주식률변동을 방지하여 중소기업의 안정을 도모하자는 애초의 신설취지와 주식을 양도하여 투하자본을 회수하려는 주주의 이익을 조화하여 조정하는 역할을 하도록 한 것이다.

B. 理事會의 指定과 通知義務 주주가 양도의 상대방을 지정하여 줄 것을 청구한 경우에는 이사회는 이를 지정하고, 그 청구가 있었던 날로부터 2주간 내에 주주 및 지정된 상대방에게 서면으로 이를 통지하여야 한다(제335조의 3 제1항). 이 경우 양도상대방을 지정하는 기관은 이사회이므로 이사회의 결의를 거쳐 상대방을 지정하고, 그 통지는 회사가 대표이사의 이름으로 하여야 한다. 그리고 양도상대방의 지정은 1인이든 2인 이상이든 상관이 없으나, 양도승인을 청구한 주식 전부에 대한 것이어야 한다. 통지서면에는 주주의 성명과 주소, 양도할 주식의 종류와 수 및 양도상대방으로 지정된 자의 성명과 주소 등이 기재되어 있어야 할 것이다.

C. 通知義務懈怠의 效果 이사회가 양도의 상대방지정청구를 받은 날로부터 2주간 내에 주주에게 상대방지정의 통지를 하지 아니한 때에는 주식의 양도에 관하여 이사회의 승인이 있는 것으로 본다(제335조의 3 제2항). 이것은 주식을 양도하고자 하는 주주의 권리를 보호하기 위하여 회사는 신속히 그 양도상대방을 지정하여 주주와 그 상대방에 대하여 통지함으로써 주주로 하여금 양도절차를 밟을 수 있도록 그 기간을 2주간으로 한 것이고, 회사가 그 통지기간이 지나도록 상대방을 지정하지 아니한 때에는 주주의 주식양도에

관하여 이사회가 승인한 것으로 의제한 것이다.

여기서 이사회의 주식양도승인이 누구에 대한 것이냐는 의문이 제기되는데, 그것은 주주가 청구한 양도상대방에 대한 이사회의 양도승인거부의 통지를 받고 주주가 회사에 대하여 양도상대방을 지정해 주도록 청구한 것이기 때문이다. 그러나 주주는 회사가 양도상대방의 지정청구를 받은 날로부터 2주간 내에 그 지정의 통지를 하지 아니한 때에는 그 전에 주주가 청구한 양도상대방에 대한 이사회의 승인거부를 번복하여 그 승인이 있는 것으로 보아야 할 것이다.

이에 따라 주주는 양도상대방이 지정청구를 한 날로부터 2주간이 경과하도록 회사로부터 그 지정통지를 받지 못한 때에는 회사에 대하여 주식양도승인을 청구한 때의 상대방에 대하여 그 주식을 양도할 수 있다. 그리고 만일 그 상대방이 이전에 이사회의 승인거부가 있었다는 이유로 주식을 양도받지 않겠다고 거부한 경우에는 주주는 회사에 대하여 그 소유주식의 매수를 청구할 수 있다(제335조의 2 제 4 항).

(3) 指定된 者의 先買權

A. 意　　義　주식양도의 상대방으로 지정된 자는 지정통지를 받은 날로부터 10일 이내에 지정청구를 한 주주에 대하여 서면으로 그 주식을 자기에게 매도할 것을 청구할 수 있는데, 이것을 지정된 자의 선매권이라고 한다(제335조의 4 제 1 항). 주식매수인으로 지정된 자는 주주에 대하여 그 주식을 자기에게 매도할 것을 청구하여 매매의 절차를 밟을 필요가 있다. 주식매수인으로 지정된 자는 반드시 그 주식을 매수하여야 할 의무를 지는 것은 아니지만, 회사가 사전에 당사자의 의사를 물어 그 동의를 받아 지정한 경우에는 피지정자는 그 주식을 매수할 계약상의 의무가 있다고 보아야 한다.

B. 請求期間과 方法　주식매수를 지정받은 자의 주식매도의 청구는 이사회의 지정통지를 받은 날로부터 10일 이내에 서면으로 하여야 한다. 피지정자는 회사로부터 통지받은 주주에게 그 주식을 양도받을 의사가 있음을 서면으로 통지하여야 하고, 그 청구서를 10일 이내에 양도승인을 청구한 주주에게 보내지 아니한 때에는 매도청구권을 상실하고 회사가 양도를 승인한 것으로 보게 된다(제335조의 4 제 2 항).

C. 請求의 效果　피지정자가 주식매수를 청구한 때에는 주주와의 사이에 주식매매계약이 성립한다. 이것은 주주가 이사회에 대하여 양도상대방

을 지정청구한 것이 바로 이사회가 지정한 자에게 주식을 팔겠다는 것을 청약한 것이고, 그 피지정자가 주식매도를 청구한 것을 승낙으로 볼 수 있기 때문이다. 그러므로 주주는 피지정자로부터 주식매도의 청구를 받은 때에는 당사자의 협의 등을 통하여 결정된 매수가격을 바탕으로 산정된 주식의 대금을 받고 피지정자에게 그 주식을 양도하여야 한다.

D. 株式買受價額의 決定

(i) 當事者의 協議에 의한 買受價額의 決定 이사회에서 주식양도의 상대방으로 지정된 자가 주식매도를 청구한 경우에 그 주식의 매수가액은 주주와 그 상대방인 매수청구인 사이의 협의에 따라 결정하는 것이 원칙이다(제335조의 5 제 1 항 본문). 그러므로 피지정자의 주식매도청구가 있는 경우에 당사자 사이에 그 가액에 대한 협의가 이루어진 때에는 그것이 주식의 매수가액으로 된다.

(ii) 協議가 이루어지지 아니한 경우의 買受價額의 決定 주식매수청구인과 주주와의 사이에 주식의 매수가액에 대한 협의가 이루어지지 아니한 때에는 공정한 절차에 따른 제 3 자에 의한 가액결정이 요구된다. 주주 또는 매수청구인은 그 주식가액에 대한 협의가 30일 이내에 이루어지지 아니하면, 바로 법원에 대하여 그 매수가액의 산정을 청구할 수 있다(제335조의 5 제 2 항, 제374조의 2 제 4 항). 법원에 주식의 매수가액의 결정을 청구할 수 있는 자는 매매당사자인 주주 또는 매수청구인이다.

(4) 株式買受請求權

A. 意 義 회사가 정관으로 이사회의 승인을 얻어 주식을 양도하도록 한 경우에 주주가 상대방에 대한 주식의 양도의 승인을 얻지 못할 때에 회사에 대하여 양도의 상대방의 지정 또는 그 주식의 매수를 청구할 수 있는데, 그 주식의 매수를 청구할 수 있는 권리가 바로 주주의 주식매수청구권이다(제335조의 6). 이것은 주식회사는 자본회사로서 인적회사와 같은 사원의 퇴사제도가 인정되지 않으므로, 주식양도의 제한이 있는 경우에도 주식을 양도하고자 하는 주주로 하여금 투하자금을 회수할 수 있도록 보장하기 위한 것이다.

B. 買受請求權行使의 要件 주주가 주식매수청구권을 행사하기 위하여는 회사가 정관으로 주식을 이사회의 승인을 얻어 양도하도록 제한하고 있는 경우에, 첫째, 주주의 양도상대방에 대한 주식양도의 승인청구를 회사가 거부하였어야 하고, 둘째로 주주는 양도승인거부의 통지를 받은 날로부터 20

일 이내에 회사에 대하여 그 주식의 매수를 청구하여야 한다(제335조의 2 제 4 항). 주식매수청구는 서면으로 하여야 한다. 그러므로 주주가 그 거부의 통지를 받은 날로부터 20일이 경과하도록 회사에 대하여 양도상대방의 지정 또는 주식매수청구를 하지 아니한 때에는 주식양도를 포기한 것으로 보고, 그 주식매수청구권을 행사할 수 없다. 다만, 주주가 회사에 대하여 주식의 양도상대방의 지정청구를 하여 회사가 그 상대방을 지정하였으나 지정된 자가 지정통지를 받은 날로부터 10일 이내에 주식의 양도를 서면으로 청구하지 아니한 때에는 회사에 대하여 주식매수청구권을 행사할 수 있다.

C. 株式買受의 時期와 買受價額의 決定 주식매수의 시기와 매수가액에 대하여는 반대주주의 주식매수청구권에 관한 제374조의 2 제 2 항 내지 제 4 항을 준용하고 있다. 이에 따라 회사는 주주로부터 주식매수의 청구를 받은 날로부터 2월 이내에 그 주식을 매수하여야 한다(제374조의 2 제 2 항). 그리고 주식의 매수가액은 회사와 주주 사이의 협의에 의하여 결정하는 것이 원칙이다. 30일 이내에 협의가 이루어지지 않는 경우에는 법원에 대하여 그 결정을 청구할 수 있다.

(5) 讓受人에 의한 取得承認請求

A. 意 義 회사가 정관에 의하여 이사회의 승인을 얻어 주식을 양도하도록 제한한 경우에 주주가 그 소유주식을 양도하고자 하는 때에는 그 승인절차를 밟아 이를 양도하여야 한다. 그러나 주주가 그러한 승인절차를 거치지 아니하고 주식을 양도한 경우에 당사자 사이의 주식양도의 효력은 인정된다. 그렇다 하더라도 그 주식양수인이 회사에 대하여 주주로서의 권리를 행사하기 위하여는 이사회의 승인을 얻어야 한다. 여기에서 상법은 주식매수인이 회사에 대하여 주식취득의 승인을 청구할 수 있도록 하였다(제335조의 7 제 1 항).

주식양수인은 주주로부터 주식을 매수하였거나 증여를 받은 자이고, 상속이나 회사의 합병에 의하여 주식을 포괄적으로 승계한 자는 이에 포함되지 않는다. 그리고 주식양수인의 주식취득은 주주로부터 매매 또는 증여에 의하여 그 주식을 직접 취득하였거나, 그 담보권의 실행으로 경매 등의 절차를 밟아 취득하였거나 그 취득원인은 문제되지 아니한다.

<대판 2014. 12. 24, 2014 다 221258 · 221265>

「주식의 양도에 관하여 이사회의 승인을 얻어야 하는 경우에 주식을 취득하였으

나 회사로부터 양도승인거부의 통지를 받은 양수인은 상법 제335조의 7에 따라 회사에 대하여 주식매수청구권을 행사할 수 있다. 이러한 주식매수청구권은 주식을 취득한 양수인에게 인정되는 이른바 형성권으로서 그 행사로 회사의 승낙 여부와 관계없이 주식에 관한 매매계약이 성립하게 되므로, 주식을 취득하지 못한 양수인이 회사에 대하여 주식매수청구를 하더라도 이는 아무런 효력이 없고, 사후적으로 양수인이 주식 취득의 요건을 갖추게 되더라도 하자가 치유될 수는 없다.」

B. **承認請求의 方法과 節次** 주식양수인은 회사에 대하여 그가 취득한 주식의 종류와 수를 기재한 서면으로 그 승인을 청구하여야 하며, 이 경우 주식양수인에 의한 주식취득의 승인절차는 주주가 청구한 경우와 마찬가지로 다루고 있다(제335조의 7 제 2 항). 그리하여 양수인이 그 주식취득의 승인을 청구한 때에는 회사는 이사회의 결의를 거쳐 승인 여부를 결정하여 그 청구가 있는 날로부터 1월 이내에 그 승인 여부를 서면으로 통지하여야 하고, 그 기간 내에 그 통지를 해태한 경우에는 그 주식취득을 승인한 것으로 본다(제335조의 2 제 2 항 · 제 3 항).

양수인이 회사로부터 주식취득의 승인을 거부하는 통지를 받은 때에는 주주의 지위를 얻을 수 없으므로 그 주식을 양도하여야 한다. 이에 따라 그 주식양수인은 그 통지를 받은 날로부터 20일 내에 회사에 대하여 양도의 상대방의 지정 또는 주식의 매수를 청구할 수 있고, 상대방의 지정청구의 방법과 효과, 지정된 자의 선매권 및 매수가액의 결정에 관한 규정이 그대로 준용된다(양승규, 상법개정안해설(손주찬 외 6인 공저), 1995, 86쪽 아래 참조).

Ⅳ. 株式譲渡의 對抗要件

1. 總 說

회사에 대한 주식양도의 대항요건은 양도방법과 마찬가지로 주식의 양도가 주권발행 전에 이루어졌는가, 또는 주권발행 후에 이루어졌는가에 따라 다르다.

주권발행 전에 이루어진 주식의 양도는 지명채권양도방식인 당사자간의 의사표시만으로 행하여지므로 양도의 사실을 회사에 통지하거나 양도에 대한 회사의 승낙을 얻어야만 회사에 대항할 수 있다고 본다(민법 제450조 참조).

주권이 발행된 뒤에 하는 주식의 양도는 다시 그 주권이 기명식이냐, 무기명식이냐에 따라 다르다. 먼저 무기명주식인 경우에는 주권의 교부에 의해 그 주식이 확정적으로 양수인에게 이전하므로 따로 회사에 대한 대항요건은 필요하지 않다. 그러나 기명주식인 경우에는 그 양도는 주권의 교부에 의하여 성립되어 양수인이 주주가 되지만, 회사에 대하여 그 주식의 이전을 대항하기 위하여는 주주명부에 취득자의 성명과 주소를 기재하여야 한다(제337조 제1항). 이와 같이 주주명부에 취득자의 성명과 주소를 기재하는 것을 명의개서라 한다. 이에 대해서는 다음에서 설명한다.

2. 名義改書

(1) 意　義　　주식이 양도된 경우에 취득자의 성명과 주소를 주주명부에 기재하는 것을 명의개서라고 한다. 명의개서는 기명주식을 양도하는 경우에 회사에 대항하는 방법이다(제337조 제1항).

(2) 節　次　　회사에 대한 명의개서의 청구는 주식의 양수인이 단독으로 할 수 있고, 양도인의 협력을 필요로 하지 않는다(대판 1992. 10. 27, 92 다 16386). 그리고 양수인이 주권의 교부를 받은 때에는 주권의 점유만으로 적법한 소지인으로 추정(제336조 제2항)되어 실질적 권리자임을 따로 증명함이 없이 주권의 제시만으로 명의개서를 청구할 수 있다. 따라서 회사도 주식을 취득한 자가 주권을 제출하여 명의개서를 청구하면 정당한 사유가 없는 한 명의개서를 거절할 수 없다.

<대판 1974. 5. 28, 73 다 1320>

「이 사건 주식의 발행회사인 피고로서는 위 대한수산주식회사로부터 위와 같은 상호변경계출을 받았으면, 과연 그 변경절차가 적법하게 된 것인가를 법인등기부등본 등 이를 증명할 수 있는 자료에 의하여 조사한 후가 아니면 이 사건 주식에 대한 명의개서를 해주어서는 아니 될 의무가 있다.」

<대판 2010. 10. 14, 2009 다 89665>

「명의개서청구권은 기명주식을 취득한 자가 회사에 대하여 주주권에 기하여 그 기명주식에 관한 자신의 성명, 주소 등을 주주명부에 기재하여 줄 것을 청구하는 권리로서 기명주식을 취득한 자만이 그 기명주식에 관한 명의개서청구권을 행사할 수 있다. 또한 기명주식의 취득자는 원칙적으로 취득한 기명주식에 관하여 명의개서를 할 것인지 아니면 명의개서 없이 이를 타인에게 처분할 것인지 등에 관하여 자유로이 결정할 권리가 있으므로, 주식 양도인은 다른 특별한 사정이 없는 한 회사에 대하여 주식 양수인 명의로 명의개서를 하여 달라고 청구

할 권리가 없다. 이러한 법리는 주권이 발행되어 주권의 인도에 의하여 기명주식이 양도되는 경우뿐만 아니라, 회사 성립 후 6월이 경과하도록 주권이 발행되지 아니하여 양도인과 양수인 사이의 의사표시에 의하여 기명주식이 양도되는 경우에도 동일하게 적용된다.」

<대판 2016. 3. 24, 2015 다 71795>

「원심판결 이유에 의하면 원고는 2010. 1. 18. 소외인으로부터 피고 회사의 주식을 양수하였으므로, 위 법리에 의하면 원고는 피고 회사에 대하여 그 명의개서를 청구할 수 있고, 피고 회사는 그 이후인 2010. 5. 27.에서야 주식의 양도에 이사회의 승인을 얻어야 한다는 취지의 양도제한 규정을 신설하였을 뿐이므로, 이를 들어 원고에 대하여 명의개서를 거부할 수 없다. 그럼에도 원심이, 양도인인 소외인이 주식양도 사실을 통지하지 아니하였다는 이유로 원고가 주식양수인의 지위를 주장할 수 없다고 판단하였으니, 이와 같은 원심의 판단에는 주권발행 전 주식의 양도에 관한 법리를 오해하여 판결에 영향을 미친 위법이 있다. 아울러 주권발행 전 주식의 이중양도가 문제 되는 경우에, 그 이중양수인 상호 간의 우열은 지명채권 이중양도의 경우에 준하여 확정일자 있는 양도통지가 회사에 도달한 일시 또는 확정일자 있는 승낙의 일시의 선후에 의하여 결정하는 것이 원칙이고(대법원 2006. 9. 14. 선고 2005 다 45537 판결 등 참조), 여기서 도달이라 함은 사회통념상 상대방이 통지의 내용을 알 수 있는 객관적 상태에 놓여 있는 경우를 가리키는 것으로서, 상대방이 통지를 현실적으로 수령하거나 통지의 내용을 알 것까지는 필요로 하지 않는 것이므로(대법원 1983. 8. 23. 선고 82 다카 439 판결 등 참조), 상대방이 정당한 사유 없이 통지의 수령을 거절한 경우에는 상대방이 그 통지의 내용을 알 수 있는 객관적 상태에 놓여 있는 때에 그 효력이 생기는 것으로 보아야 한다(대법원 2008. 6. 12. 선고 2008 다 19973 판결 등 참조)는 점도 지적하여 둔다.」

<대판 2019. 5. 16, 2016 다 240338>

「주주명부상의 주주가 아닌 제 3 자가 주식을 인수하고 그 대금을 납입한 경우 그 제 3 자를 실질상의 주주로 보기 위해서는 단순히 제 3 자가 주식인수대금을 납입하였다는 사정만으로는 부족하고 제 3 자와 주주명부상 주주 사이의 내부관계, 주식 인수와 주주명부 등재에 관한 경위 및 목적, 주주명부 등재 후 주주로서의 권리행사 내용 등을 종합하여 판단해야 한다. 확인의 소는 법적 지위의 불안·위험을 제거하기 위하여 확인판결을 받는 것이 가장 유효·적절한 수단인 경우에 인정되고, 이행을 청구하는 소를 제기할 수 있는데도 불구하고 확인의

소를 제기하는 것은 분쟁의 종국적인 해결방법이 아니어서 확인의 이익이 없다. 또한 확인의 소에 확인의 이익이 있는지는 직권조사사항이므로 당사자의 주장 여부에 관계없이 법원이 직권으로 판단하여야 한다. 주식을 취득한 자는 특별한 사정이 없는 한 점유하고 있는 주권의 제시 등의 방법으로 자신이 주식을 취득한 사실을 증명함으로써 회사에 대하여 단독으로 그 명의개서를 청구할 수 있다(갑이 을 주식회사를 상대로 자신이 주주명부상 주식의 소유자인데 위조된 주식매매계약서에 의해 타인 앞으로 명의개서가 되었다며 주주권 확인을 구한 사안에서, 갑이 을 회사를 상대로 직접 자신이 주주임을 증명하여 명의개서절차의 이행을 구할 수 있으므로, 갑이 을 회사를 상대로 주주권 확인을 구하는 것은 갑의 권리 또는 법률상 지위에 현존하는 불안·위험을 제거하는 유효·적절한 수단이 아니거나 분쟁의 종국적 해결방법이 아니어서 확인의 이익이 없다고 한 사례).」

회사가 정당한 사유 없이 명의개서를 거절한 때에는 주식취득자는 회사에 대하여 명의개서청구의 소를 제기할 수 있다. 주주명부의 폐쇄기간중에는 명의개서를 청구하지 못하며, 회사도 명의개서를 해줄 수 없다(제354조).

적법한 청구가 있으면 회사는 지체없이 명의개서를 하여야 한다. 수인이 주식을 공유하는 경우에는 공유자 전원의 성명을 주주명부에 기재하여야 하고, 회사 또는 법인이 주주인 경우에는 그 법인명만을 기재하면 된다.

(3) 效　力　　명의개서의 효력은 회사가 이를 수리한 때에 발생한다. 회사가 명의개서의 청구를 수리하고 과실로 주주명부에 이를 기재하지 않았더라도 관계 없다. 기명주식의 취득자의 성명과 주소가 주주명부에 기재(명의개서)되면, 그로부터 회사에 대한 관계에서는 주주명부에 주주로 기재된 자가 주주권을 행사할 수 있다. 그리고 기명주식을 양수하여 실질적 권리자가 된 자도 명의개서를 하지 않으면 회사에 대항하지 못한다(제337조 제1항). 그리하여 회사와의 관계에 있어서는 주주명부에 주주로 기재된 자가 그 실질적 권리자임을 증명하지 않고도 주주권을 행사할 수 있고(자격수여적 효력 또는 권리추정력), 또한 회사는 주주명부에 기재된 자에게 권리의 행사를 인정하면 그가 진정한 주주가 아니더라도 책임을 면한다(면책적 효력).

대법원 판례(대판[전원합의체] 2017. 3. 23, 2015 다 248342)에 의하면 주주명부의 대항력이 인정되므로 회사는 명의주주 아닌 사람의 주주권 행사를 부인할 수 있다. 이를 위하여 법원은 실질주주의 주주권 행사를 인정할 경우 주주명부 제도의 목적 달성이 불가능하고, 회사가 주주권 행사자를 선택할 수 있어 이를 둘러싼 법률관계 전체가 불안정해진다는 점을 들고 있다. 따라서 실질주주의 주주권 행사를 인정하는 종래의 대법원 판례는 변경되어야 한다(가령, 주식 대금 모두 납입했으나 형식 절차 이행하지 않은 주주 인정한 대판 1980. 4. 22, 79 다 2087, 명의개서를 하지 않은 실질주주를 인정한 대판 1989. 10. 24, 89 다카 14714, 회사가 형식주주임을 알았거나 쉽게 증명가능함에도 의결권 행사 인정시 위법하다는 대판 1998. 9. 8, 96 다 45818 등). 따라서 2017년 3월 대법원 전원합의체 판결에 의하면 타인명의 주식인수의 경우도 명의주주의 주주권 행사를 인정하여야 하는 결과가 된다. 이는 실질주주명부 기재의 경우도 동일하다. 그런데 2017년 3월의 대법원 전원합의체 판결은 "특별한 사정이 없는 한" 명의주주의 주주권 행사를 인정하고 있지만, 특별한 사정이 존재할 경우에는 결국 실질주주를 인정하는 것으로 평가할 수 있어 법률관계에 혼란을 초래할 소지가 전혀 없지는 아니하다. 그렇지만 이 대법원 판결(대판 2017. 3. 23, 2015 다 248342)은 특별히 중요한 의미가 있다. 타인의 명의를 빌려 주식을 인수하거나 양수하고 그 타인을 주주명부에 주주로 기재한 경우, 회사는 주주명부상 주주의 주주권 행사를 부인할 수 있는지 여부가 쟁점이었다. 대법원의 다수의견(9명)은 주주명부상 주주(명의주주)의 주주권 행사를 부인할 수 없다고 하여 사건을 파기환송하였다. 상법은 주주명부제도를 두어 회사가 주식을 발행한 때에 주주명부에 주주의 성명과 주소 등을 기재하도록 하고, 주식의 이전은 취득자의 성명과 주소를 기재하지 아니하면 회사에 대항하지 못한다고 규정하고 있다. 회사는 주주명부에 주주로 기재되지 않은 사람의 주주권 행사를 부인할 수 있어(대항력) 회사에 대한 관계에서 의결권 등 주주로서의 권리를 행사할 사람을 획일적으로 확정할 수 있다. 회사는 주식의 발행 및 양도에 따라 주주가 계속 변동하는 가운데 다수의 주주와 관련된 사무를 효율적으로 처리할 수 있고, 회사와 주주 및 이들을 둘러싼 이해관계인 사이의 법률관계가 보다 간명하게 처리될 수 있다. 회사는 실제 주식의 소유자라고 하더라도 주주명부에 주주로 기재하지 아니한 사람의 주주권 행사를 거부할 수 있다. 반면, 회사 역시 주주명부의 기재에 구속되어 주주명부상 주주가 실제 주식의 소유자가 아니라는 이유로 주주권 행사를 부인하거나, 주주명부상 주주가 아님에도 실제 주식의 소유자라는 이유로 주주권 행사를 인정할 수 없다. 만일 회사가 실제 권리자가 누구인지를 가려 주주권 행사자를 확정하여야 한다거나 확정할 수 있다고 보는 경우, 주주명부의 기재에 따라 주주권 행사자를 획일적으로 확정하고자 하는 주주명부제도의 목적을 달성할 수 없게 된다. 더 나아가 회사가 주주명부상 주주와 실제 주식의 소유자 중 주주권을 행사할 자를 선택할 수 있게 되어 불합리하고, 회사와 주주와의 관계뿐만 아니라 이를 둘러싼 법률관계 전체를 불안정하게 할 수 있다. 따라서 회사가 주주명부에 주주로 기재되지 않은 사람을 실제 주식의 소유자로 보아 주주권 행사를 인정하는 것은 무방하다고 본 과거의 대법원 판례는 변경되어야 한다. 이러한 경우에도 회사에 대한 관계에서는 주주명부상 주주만이 의결권 등 주주로서의 권리를 행사할 수 있고, 회사 역시 주주명부상 주주 외에 실제 주식을 인수하거나 양수한 사람이 있다는 사실을 알았건 몰랐건 간에 주주명부상 주주의 주주권 행사를 부인하지 못한다. 그 동안 대법원은 여러 선례를 통하여 주주명부에 주주로 기재되어 있는 사람은 특별한 사정이 없는 한 회사에 대한 관계에서 주주권을 행사할 수 있다고 밝혀 온 바 있으며 이러한 법리에 비추어 보면 2017년 3월의 판결(2015 다 248342)은 자연스러운 결과이다. 회사 역시 주주명부의 기재에 구속되어 주주명부에 주주로 기재된 사람의 주주권 행사를 거부하거나, 주주명부에 기재가 되지 않은 사람의 주주권 행사를 인정할 수 없다. 언제든 주주명부에 주주로 기재해 줄 것을 청구하여 주주권을 행사할 수 있는 사람이 자기가 아닌 타인을 주주명부에 주주로 기재하는 것은 적어도 주주명부상 주주가 회사에 대한 관계에서 주주권을 행사하더라도 이를 허용하거나 받아들이려는 의사였다고 봄이 합리적이다. 따라서 타인 명의를 빌려 주식을 인수하거나 양수하고 그 타인을 주주명부에 주주로 기재한 경우 이러한, 주주명부상 주주는 형식상의 주주에 불과하여 회사에 대한 관계에서 주주권을 행사할 수 없다고 본 대법원 판례는 변경되어야 한다. 상장주식에 관해서는 자본시장 및 금융투자업에 관한 법률에 따라 실질주주명부가 작성되는데, 실질주주명부에의 기재는 주주명부에의 기재와 동일한 효력을 가지므로, 마찬가지 결과가 도출된다(이에 대해서는 별개의견이 존재한다. 즉 별개의견(4명)은 파기환송을 하자는 것으로서 우선 주주권을 행사할 수 있는 자와 관련하여 회사에 대한 관계에서 누가 주주권을 행사할 수 있는 주주인가 하는 문제는 실제 주식을 인수하거나 양수한 사람이 누구인지를 가려서 결정할 것이지 주주명부의 기재를 기준으로 할 것은 아니라는 것이다). 결국 2017년 3월 판결(2015 다 248342)의 의의는, 그 간 대법원 판례는 회사의 주식과 관련하여 그 명의와 실질이 달라지는 경우에도 실질관계를 따져 주주권의 행사자를 확정할 수 있다고 함으로써 명의자와 실질적 권리자라고 주장하는 사람과 이를 둘러싼 이해관계인들 사이에 크고 작은 분쟁이 이어져 온 상황에서, 적어도 회사에 대한 관계에서는 극히 예외적인 사정이 없는 한 주주명부에 주주로 기재된 사람만이 주주로서의 권리를 행사할 수 있다고 봄으로써 회사와 다수의 주주 사이의 법률관계를 한층 더 획일적으로 처리할 수 있는 계기를 마련하였다는 데에 있다. 이 판결에 대하여는 다수의 주주와 관련된 법률관계의 획일적 처리는 결국 회사와 주주, 이들을 둘러싼 법률관계를 보다 안정시켜 불측의 손해를 막고, 명의자와 실질적 권리자 사이의 분쟁을 궁극적으로 종식시키는 데에는 기여할 수 있는 것으로 분석할 수 있다.

<대판 1989. 7. 11, 89 다카 5345>

「기명주식의 이전은 취득자의 성명과 주소를 주주명부에 기재하여야만 회사에 대하여 대항할 수 있는바(제337조 제1항), 이 역시 주주명부에 기재된 명의상의 주주는 실질적 권리를 증명하지 않아도 주주의 권리를 행사할 수 있게 한 자격수여적 효력만을 인정한 것뿐이지 주주명부의 기재에 창설적 효력을 인정하는 것이 아니므로, 반증에 의하여 실질상 주식을 취득하지 못하였다고 인정되는 자가 명의개서를 받았다 하여 주주의 권리를 행사할 수 있는 것도 아니다.」

<대판 2017. 3. 23, 2015 다 248342>(전원합의체)

「특별한 사정이 없는 한, 주주명부에 적법하게 주주로 기재되어 있는 자는 회사에 대한 관계에서 그 주식에 관한 의결권 등 주주권을 행사할 수 있고, 회사 역시 주주명부상 주주 외에 실제 주식을 인수하거나 양수하고자 하였던 자가 따로 존재한다는 사실을 알았든 몰랐든 간에 주주명부상 주주의 주주권 행사를 부인할 수 없으며, 주주명부에 기재를 마치지 아니한 자의 주주권 행사를 인정할 수도 없다. 주주명부에 기재를 마치지 않고도 회사에 대한 관계에서 주주권을 행사할 수 있는 경우는 주주명부에의 기재 또는 명의개서청구가 부당하게 지연되거나 거절되었다는 등의 극히 예외적인 사정이 인정되는 경우에 한한다. 자본시장과 금융투자업에 관한 법률(이하 '자본시장법'이라고 한다)에 따라 예탁결제원에 예탁된 상장주식 등에 관하여 작성된 실질주주명부에의 기재는 주주명부에의 기재와 같은 효력을 가지므로(자본시장법 제316조 제2항), 이 경우 실질주주명부상 주주는 주주명부상 주주와 동일하게 주주권을 행사할 수 있다.

주식을 인수하거나 양수하려는 자가 타인의 명의를 빌려 회사의 주식을 인수하거나 양수하면서 그 타인의 명의로 주주명부에 기재까지 마치는 경우, 주주명부상 주주 외에 실제 주식을 인수하거나 양수하고자 하였던 자가 따로 존재한다는 사실이 증명되었다고 하더라도 회사에 대한 관계에서는 주주명부상 주주만이 주주권을 행사할 수 있으므로, 주주명부상 주주는 회사를 상대로 주주총회결의 취소와 무효확인 및 부존재확인의 소를 제기할 수 있고, 회사 역시 특별한 사정이 없는 한 주주명부상 주주의 이러한 주주권 행사를 부인하지 못한다.」

<대판 2018. 10. 12, 2017 다 221501>

「상법은 주식의 유통성으로 인해 주주가 계속 변동되는 단체적 법률관계의 특성을 고려하여 주주들과 회사 간의 권리관계를 획일적이고 안정적으로 처리할 수 있도록 명의개서제도를 마련해 두고 있다. 즉, 주식을 양수하여 기명주식을 취득한 자가 회사에 대하여 주주의 권리를 행사하려면 자기의 성명과 주소를 주주명부에 기재하여야 한다(상법 제337조 제1항). 주주명부에 명의개서를 한 주식양수인은 회사에 대하여 자신이 권리자라는 사실을 따로 증명하지 않고도 의결권, 배당금청구권, 신주인수권 등 주주로서의 권리를 적법하게 행사할 수 있다. 회사로서도 주주명부에 기재된 자를 주주로 보고 주주로서의 권리를 인정한 경우 주주명부상 주주가 진정한 주주가 아니더라도 책임을 지지 않는다. 그러나 상법은 주주명부의 기재를 회사에 대한 대항요건(제337조 제1항)으로 정하고 있을 뿐 주식 이전의 효력 발생요건으로 정하고 있지 않으므로 명의개서가 이루어졌다고 하여 무권리자가 주주가 되는 것은 아니고, 명의개서가 이루어지지 않았다고 해서 주주가 그 권리를 상실하는 것도 아니다.」

<대판 2019. 2. 14, 2015 다 255258>

「특별한 사정이 없는 한, 주주명부에 적법하게 주주로 기재되어 있는 자는 회사에 대한 관계에서 그 주식에 관한 의결권 등 주주권을 행사할 수 있고, 회사 역시 주주명부상 주주 외에 실제 주식을 인수하거나 양수하고자 하였던 자가 따로 존재한다는 사실을 알았든 몰랐든 간에 주주명부상 주주의 주주권 행사를 부인할 수 없으며, 주주명부에 기재를 마치지 아니한 자의 주주권 행사를 인정할 수도 없다. 주주명부에 기재를 마치지 않고도 회사에 대한 관계에서 주주권을 행사할 수 있는 경우는 주주명부에의 기재 또는 명의개서청구가 부당하게 지연되거나 거절되었다는 등의 극히 예외적인 사정이 인정되는 경우에 한한다.」

<대판 2020. 6. 11, 2017 다 278385(본소), 2017 다 278392(반소)>

「특별한 사정이 없는 한, 주주명부에 적법하게 주주로 기재되어 있는 자는 회사에 대한 관계에서 그 주식에 관한 의결권 등 주주권을 행사할 수 있고, 회사 역시 주주명부상 주주 외에 실제 주식을 인수하거나 양수하고자 하였던 자가 따로 존재한다는 사실을 알았든 몰랐든 간에 주주명부상 주주의 주주권 행사를 부인할 수 없으며, 주주명부에 기재를 마치지 아니한 자의 주주권 행사를 인정할 수도 없다(대법원 2017. 3. 23. 선고 2015 다 248342 전원합의체 판결 참조). 그러나 상법은 주주명부의 기재를 회사에 대

한 대항요건으로 정하고 있을 뿐 주식 이전의 효력발생요건으로 정하고 있지 않으므로 명의개서가 이루어졌다고 하여 무권리자가 주주가 되는 것은 아니고, 명의개서가 이루어지지 않았다고 해서 주주가 그 권리를 상실하는 것도 아니다(대법원 2018. 10. 12. 선고 2017다 221501 판결 참조). 이와 같이 주식의 소유권 귀속에 관한 권리관계와 주주의 회사에 대한 주주권 행사국면은 구분되는 것이고, 회사와 주주 사이에서 주식의 소유권, 즉 주주권의 귀속이 다투어지는 경우 역시 주식의 소유권 귀속에 관한 권리관계로서 마찬가지라 할 것이다(원고가 원고 주주명부상 주주로 기재되었던 피고를 상대로, 그 이후 작성된 주주명부에 피고가 주주가 아닌 것으로 기재되어 있다는 등의 이유를 들어 피고가 원고의 주주가 아니라는 확인을 구한 사안임. 원고가 들고 있는 주주명부는 대출의 편의상 작성된 것에 불과하고, 문제되는 주식의 소유권 귀속에 관하여 살펴본 결과 쟁점이 된 10,000주 중 2,000주는 피고가 주주이며 8,000주는 피고가 주주가 아니라고 판단함. 이에 따라 원고 청구를 일부 인용한 원심이 타당하다고 하여, 이에 대한 쌍방의 상고를 기각한 사례).」

(4) 名義改書를 하지 않은 株式讓受人의 地位　양수인이 주식을 양수하고 주주명부의 명의개서를 하지 않은 경우에 그의 법적 지위가 문제되는데, 이는 다음과 같다.

A. 名義改書를 부당하게 拒絶당한 경우　주식의 취득자가 적법한 청구를 하였음에도 불구하고 회사가 정당한 이유 없이 명의개서를 거절한 경우에 주식취득자는 회사에 대한 명의개서청구의 소를 제기할 수 있고, 필요한 때에는 주주지위확인의 가처분을 구할 수 있다. 또한 회사는 이로 인하여 발생한 손해를 배상하여야 한다.

따라서 이 경우 명의개서의 의무를 해태한 회사가 그 불이익을 양수인에게 돌리는 것은 신의칙에 반한다 할 것이므로 주식의 취득자는 명의개서를 하지 않고도 회사에 대하여 주주권을 행사할 수 있다고 보아야 한다(동지: 정찬형, 308쪽; 정동윤, 262쪽; 이철송, 333쪽).

B. 會社로부터의 權利行使의 許容의 문제　회사가 명의개서를 마치지 않은 주식취득자를 주주로 인정하여 권리를 행사하도록 할 수 있는지가 문제된다. 이에 관해 상법 제337조 제 1 항이 명의개서를 하지 않으면 회사에 대항하지 못한다고 규정하고 있을 뿐이므로 회사가 명의개서를 마치지 않은 주식취득 자를 주주로 인정하는 것은 아무 상관이 없다고 하는 견해(편면적 구속설)가 다수의 견해이다(정동윤, 261쪽; 정찬형, 703쪽). 회사는 그가 주주임을 확인한 경우에

도 주주로 인정하여 권리를 행사시킬 수 없다는 입장도 있다(쌍방적 구속설)(이철송, 332쪽; 최기원, 526쪽). 판례(대판 1989. 10. 24, 89 다카 14714; 대판 2001. 5. 15, 2001 다 12973)는 전자(편면적 구속설)의 입장을 취하고 있었다. 대법원 판례(대판[전원합의체] 2017. 3. 23, 2015 다 248342)에 의하면 주주명부의 대항력이 인정되므로 회사는 명의주주 아닌 사람의 주주권 행사를 부인할 수 있다. 이를 위하여 법원은 실질주주의 주주권 행사를 인정할 경우 주주명부 제도의 목적 달성이 불가능하고, 회사가 주주권 행사자를 선택할 수 있어 이를 둘러싼 법률관계 전체가 불안정해진다는 점을 들고 있다. 따라서 이 대법원 전원합의체판결에 의하여 실질주주의 주주권 행사를 인정하는 종래의 대법원 판례는 변경되어야 한다(가령, 주식 대금을 모두 납입했으나 형식 절차를 이행하지 않은 주주를 인정한 대판 1980. 4. 22, 79 다 2087, 명의개서를 하지 않은 실질주주를 인정한 대판 1989. 10. 24, 89 다카 14714, 회사가 형식주주임을 알았거나 쉽게 증명가능함에도 의결권 행사 인정시 위법하다는 대판 1998. 9. 8, 96 다 45818 등). 따라서 2017년 3월 대법원 전원합의체 판결에 의하면 타인명의 주식인수의 경우도 명의주주의 주주권 행사를 인정하여야 하는 결과가 된다. 이는 실질주주명부 기재의 경우도 동일하다. 그리하여 일응 회사는 명의주주에게 권리행사를 허용하여야 한다.

C. **失 期 株** 실기주에는 두 가지가 있다. 넓은 의미로는 이익배당금·합병교부금 등에 관하여 소정의 기일까지 명의개서를 마치지 못한 주식을 말한다. 넓은 의미의 실기주의 경우 주식의 양도와 함께 주주권도 양수인에게 이전하는 것이므로, 당사자간에 특별한 약정이 없으면 주식양수인은 이익배당금이나 합병교부금 등을 수령한 주식양도인에 대하여 그 수령한 금원을 반환청구할 수 있다고 하여야 할 것이다. 이에 대해 좁은 의미로는 신주발행의 경우, 구주의 매수인이 배정일까지 명의개서를 마치지 못하여 주주명부상의 주주인 구주의 양도인에게 배정된 신주를 말한다.

<대판 2013. 2. 14, 2011 다 109708>

「주권발행 전 주식에 관하여 주주명의를 신탁한 사람이 수탁자에 대하여 명의신탁계약을 해지하면 그 주식에 대한 주주의 권리는 해지의 의사표시만으로 명의신탁자에게 복귀하는 것이고, 이러한 경우 주주명부에 등재된 형식상 주주명의인이 실질적인 주주의 주주권을 다투는 경우에 실질적인 주주가 주주명부상 주주명의인을 상대로 주주권의 확인을 구할 이익이 있다. 이는 실질적인 주주의 채권자가 자신의 채권을 보전하기 위하여 실질적인 주주를 대위하여 명의신탁계약을 해지하고 주주명의인을 상대로 주주권의 확인을 구하는 경우에도 마찬가지이고, 그 주식을 발행한 회사를 상대로 명의개서절차의 이행을 구할 수 있다거

나 명의신탁자와 명의수탁자 사이에 직접적인 분쟁이 없다고 하여 달리 볼 것은 아니다.」

3. 名義改書代理人

(1) 意 義 명의개서대리인은 회사를 위하여 주식의 명의개서를 대행하는 자로 그 자격은 자본시장법 제294조 제 1 항의 한국예탁결제원 및 같은 법 제365조 제 1 항에 따라 금융위원회에 등록한 주식회사로 한다(상법시행령 제 4 조).

주식의 명의개서는 이를 회사의 본점에서 하는 것이 원칙이지만(제396조 제 1 항), 상법은 회사가 정관으로 명의개서대리인을 둘 수 있도록 하는 규정을 둠으로써 상장회사에만 둘 수 있었던 명의개서대리인제도를 모든 주식회사에 일반화하였다(제337조 제 2 항). 이는 오늘날과 같이 주권이 대량발행 · 대량거래되는 실정에서 주식의 명의개서를 회사의 본점에서만 하도록 하는 것은 회사와 주식취득자 모두에게 불편하기 때문이다. 기명사채의 경우에도 명의개서대리인을 둘 수 있다(제479조 제 2 항).

회사가 명의개서대리인을 둔 때에는 그 상호 및 본점소재지를 등기하여야 하고(제317조 제 2 항 제11호), 또한 주식청약서 · 신주인수권증서 · 사채청약서 등에는 성명과 주소 및 영업소를 기재하여야 한다(제302조 제 2 항 10호, 제420조 2호, 제420조의 2 제 2 항 2호, 제474조 제 2 항 15호).

(2) 權 限 회사가 명의개서대리인을 둔 때에는 주주명부나 사채원부 또는 그 복본을 명의개서대리인의 영업소에 비치할 수 있다(제396조 제 1 항 2문). 주주명부의 원본을 명의개서대리인의 영업소에 비치한 경우에는 그 곳에서 명의개서를 하면 되고, 주주명부의 복본만 비치한 경우에도 그 복본에 주식취득자의 성명과 주소를 기재하면 명의개서한 것으로 본다(제337조 제 2 항 2문).

명의개서대리인은 명의개서의 대행 외에도 주주총회의 소집통지, 배당금의 지급, 주권 및 사채권의 발행, 신주권의 교부 등 주주명부와 관계 있는 전반적인 사무를 위탁받아 처리하는 것이 보통이다.

(3) 責 任 명의개서대리인이 정당한 사유 없이 명의개서를 거절하거나 주주명부 또는 그 복본에 기재하여야 할 사항을 기재하지 않거나 또는 부실한 기재를 한 때에는 5백만 원 이하의 과태료에 처해진다(제635조 제 1 항 7호 · 9호). 또한 회사 그리고 주주 기타 제 3 자에게 손해를 입힌 때에는 민법의 일반원칙에 따른 손해배상책임을 진다(민법 제680조, 제681조, 제756조).

Ⅴ. 株券의 善意取得

1. 意 義

주식의 양도는 주권의 교부에 의해 행해지며 주권의 점유자는 적법한 소지인으로 추정되고 있으므로(제336조 제 2 항), 이러한 권리자로서의 외관을 신뢰하여 무권리자로부터 주권을 취득한 자는 주권, 즉 주식의 권리자가 될 수 있다(제359조). 이를 주권의 선의취득이라 한다.

주권의 선의취득제도는 어음·수표의 선의취득과 마찬가지로 민법상의 선의취득제도를 강화한 것으로 주권의 유통성을 증대시키기 위한 것이다.

2. 要 件

(1) 주권이 유효한 것이어야 한다. 주권의 효력발생시기에 관하여 교부계약설을 취하는 입장에서는 회사가 주권을 작성하여 진정한 주주에게 교부하기 전에 주권을 상실한 때에는 선의취득이 인정되지 않는다.

(2) 종래의 통설은 양도인이 무권리자(주권을 습득하거나 보관하는 자, 절취한 자)인 경우에 한하여 선의취득을 인정하였다(서돈각, 673쪽; 채이식, 655쪽; 이철송, 339쪽). 그러나 금융투자회사 등에 의한 주권의 예탁과 대리인에 의한 주권의 처분이 널리 행해지는 현상황에서는 무권리자인 경우 외에 적어도 무권대리·무처분권의 경우까지만 인정하는 설(정동윤, 267-268쪽)에서 이제는 더 나아가서 수표법 제21조의 “사유의 여하를 불문하고”라는 표현을 넓게 해석하여 무권대리 및 의사표시의 하자의 경우까지 선의취득을 인정하여야 한다고 본다. 다만, 무능력자보호제도는 사법이 가장 보호하고자 하는 제도이므로, 선의취득제도보다 앞서 보호되어야 하므로 이는 제외된다. 이보다 더 나아가 무능력까지도 선의취득을 인정하자는 견해도 있다(최기원, 518쪽).

<대판 1997. 12. 12, 95 다 49646>

「주권의 선의취득은 양도인이 무권리자인 경우뿐만 아니라, 무권대리인인 경우에도 인정된다.」

(3) 주식의 양도에 의하여 주권을 취득한 경우라야 한다. 따라서 상속, 회사의 합병 등 포괄승계에 의한 경우에는 선의취득이 인정되지 않는다. 그리고 주식의 양도에는 주권의 교부가 있어야 하는데, 현실의 인도 이외에 간이인도, 반환청구권의 양도에 의한 취득의 경우에만 선의취득을 인정하고, 점

유개정의 경우에는 이를 인정하지 않는 것이 통설이고 판례이다.

<대판 1964. 5. 5, 63 다 775>

「동산의 선의취득에 필요한 점유의 취득은 현실적인 인도가 있어야 하고, 소위 점유취득만으로서는 그 요건을 충족할 수 없다.」

(4) 주권취득자에게 악의 또는 중대한 과실이 없어야 한다. 따라서 주권의 취득자가 양도인의 무권리 · 무권대리 · 무처분권 및 의사표시의 하자를 몰랐거나 알지 못한 데 대하여 중대한 과실이 없어야 한다. 그런데 주권의 점유자는 적법한 소지인으로 추정되므로 주권의 취득자는 자기의 선의 · 무중과실을 증명할 필요가 없고, 주권의 반환을 청구하는 자가 주권취득자의 악의 · 중과실을 증명할 책임을 진다(第336조 第2항 참조). 악의 · 중과실의 유무를 판단하는 시점은 주권을 취득한 때이다.

<대판 2018. 7. 12, 2015 다 251812>

「주권의 선의취득은 주권의 소지라는 권리외관을 신뢰하여 거래한 사람을 보호하는 제도이다. 주권 취득이 악의 또는 중대한 과실로 인한 때에는 선의취득이 인정되지 않는다(상법 第359조, 수표법 第21조). 여기서 악의 또는 중대한 과실이 있는지는 그 취득 시기를 기준으로 결정하여야 하며, '악의'란 교부계약에 하자가 있다는 것을 알고 있었던 경우, 즉 종전 소지인이 무권리자 또는 무능력자라거나 대리권이 흠결되었다는 등의 사정을 알고 취득한 것을 말하고, 중대한 과실이란 거래에서 필요로 하는 주의의무를 현저히 결여한 것을 말한다. 그리고 주권 등을 취득하면서 통상적인 거래기준으로 판단하여 볼 때 양도인이 무권리자임을 의심할 만한 사정이 있음에도 불구하고 이에 대하여 상당하다고 인정될 만한 조사를 하지 아니한 채 만연히 주권 등을 양수한 경우에는 양수인에게 상법 제359조, 수표법 제21조 단서에서 말하는 '중대한 과실'이 있다고 보아야 한다.」

3. 效 果

주권을 선의취득한 자는 주식에 대한 권리를 취득하여 주주가 되며(第359조; 수표법 第21조), 그 주권을 반환할 필요가 없다. 상대적으로 원권리자는 주주권을 상실하며, 이에 따른 질권 등의 담보권도 역시 소멸한다. 질권 기타 주식을 담보로 하는 권리도 상법 제359조에 따라 선의취득할 수 있다.

Ⅵ. 少數株主株式의 强制賣買

특정주주가 주식의 대부분을 보유하는 경우에는 회사법이 상정하는 정상적인 동업관계를 유지하기 어렵고, 회사로서는 주주총회운영 등과 관련하여 소수주주 관리비용이 들고, 소수주주로서는 정상적인 출자회수의 길이 막히기 때문에 대주주가 소수주주의 주식을 매입함으로써 그 동업관계를 해소할 필요가 있다. 기존 회사를 완전자회사화하는 방안으로는 주식의 포괄적 교환제도(제360조의 2 이하) 또는 주식의 포괄적 이전제도(제360조의 15 이하)가 존재하나, 일방이 매매를 원하지 않는 경우에는 그 관계의 해소가 어려운 상황이다. 대주주가 회사인 경우에는 포괄적 교환제도를 이용하여 소수주주의 주식을 취득할 수 있지만, 소수주주는 대주주의 주식을 받게 되는 문제가 있다. 주주총회 개최비용 등 소수주주를 관리하기 위한 비용의 절감과 기동성 있는 의사결정을 위해서 대주주가 소수주주로부터 주식을 매입하여 100% 주주가 되는 길을 열어 줄 필요가 있으며, 소수주주에게도 소수주주의 지위에서 벗어나 출자를 회수할 수 있는 길을 열어 줄 필요가 있다. 그리하여 95% 이상의 주식을 보유한 대주주가 소수주주를 관리하기 위한 비용절감이나 신속한 경영판단을 위하여 주식의 포괄적 이전이나 교환제도의 활용을 통한 비용·절차의 문제를 벗어나 회사를 완전자회사화할 수 있도록 소수주주에게 공정한 가격을 지급하고 그 보유주식을 전부 취득할 수 있는 방법을 규정하는 것이 필요한 상황이다.

1. 2011년 改正商法

(1) 槪 觀 2011년 개정상법에 의하면 대주주가 발행주식의 95% 이상을 보유하는 경우에는 공정한 가격을 지급하고 소수주주의 주식을 강제로 매수할 수 있도록 하는 한편, 소수주주도 대주주에게 강제로 주식을 매도할 수 있도록 하였다. 회사 발행주식총수의 95% 이상을 자기의 계산으로 보유하고 있는 주주('지배주주')는 회사의 경영상의 목적을 달성하기 위하여 필요한 경우에는 미리 주주총회의 승인을 받아 회사의 다른 주주에게 그 보유하는 주식의 매도를 청구할 수 있다(제360조의 24). 지배주주가 있는 회사의 소수주주는 언제든지 지배주주에게 그 보유주식의 매수를 청구할 수 있다(제360조의 25). 지배주주가 소수주주에게 매매가액을 지급한 때에 혹은 소수주주가 수령을 거부하거나 소수주주를 알 수 없을 때에는 그 매매가액을 공탁한 날에 지배

주주에게 주식이 이전된 것으로 본다(제360조의 26).

(2) 具體的 內容 회사의 발행주식총수의 100분의 95 이상을 자기의 계산으로 보유하고 있는 지배주주는 회사의 경영상 목적을 달성하기 위하여 필요한 경우에는 회사의 다른 주주('소수주주')에게 그 보유하는 주식의 매도를 청구할 수 있다(제360조의 24 제 1 항). 이러한 보유주식의 수를 산정할 때에는 모회사와 자회사가 보유한 주식을 합산한다. 이 경우 회사가 아닌 주주가 발행주식총수의 100분의 50을 초과하는 주식을 가진 회사가 보유하는 주식도 그 주주가 보유하는 주식과 합산한다(제360조의 24 제 2 항). 매도청구를 할 때에는 미리 주주총회의 승인을 받아야 한다(제360조의 24 제 3 항). 이러한 주주총회의 소집을 통지할 때에는 다음의 사항을 적어야 하고, 매도를 청구하는 지배주주는 주주총회에서 그 내용을 설명하여야 한다(제360조의 24 제 4 항). ① 지배주주의 회사주식의 보유현황, ② 매도청구의 목적, ③ 매매가액의 산정근거와 적정성에 관한 공인된 감정인의 평가, ④ 매매가액의 지급보증.

한편 지배주주는 매도청구의 날 1개월 전까지 다음의 사실을 공고하고, 주주명부에 적힌 주주와 질권자에게 따로 그 통지를 하여야 한다(제360조의 24 제 5 항). ① 소수주주는 매매가액의 수령과 동시에 주권을 지배주주에게 교부하여야 한다는 뜻, ② 교부하지 아니할 경우 매매가액을 수령하거나 지배주주가 매매가액을 공탁한 날에 주권은 무효가 된다는 뜻.

2011년 개정상법 제360조의 24 제 1 항의 매도청구를 받은 소수주주는 매도청구를 받은 날부터 2개월 내에 지배주주에게 그 주식을 매도하여야 한다(제360조의 24 제 6 항). 이 경우 그 매매가액은 매도청구를 받은 소수주주와 매도를 청구한 지배주주 간의 협의로 결정한다(제360조의 24 제 7 항). 상법 제360조의 24 제 1 항의 매도청구를 받은 날부터 30일 내에 제 7 항의 매매가액에 대한 협의가 이루어지지 아니한 경우에는 매도청구를 받은 소수주주 또는 매도청구를 한 지배주주는 법원에 매매가액의 결정을 청구할 수 있다(제360조의 24 제 8 항). 법원이 이에 따라 주식의 매매가액을 결정하는 경우에는 회사의 재산상태와 그 밖의 사정을 고려하여 공정한 가액으로 산정하여야 한다(제360조의 24 제 9 항). 그리고 상법 제360조의 24에 따른 지배주주가 있는 회사의 소수주주는 언제든지 지배주주에게 그 보유주식의 매수를 청구할 수 있다(제360조의 25 제 1 항). 이러한 매수청구를 받은 지배주주는 매수를 청구한 날을 기준으로 2개월 내에 매수를 청구한 주주로부터 그 주식을 매수하여야 한다(제360조의 25 제 2 항). 이 경우 그 매매가액은 매수를 청구한 주주와 매수청구를 받은 지배주주 간의 협의로 결정한다(제360조의 25 제 3 항). 상법 제360조의 25 제 2 항의 매수청구를 받은 날부터 30일 내에 제 3 항의 매매가액에 대한 협의가 이루어지지 아니한 경우에는 매수청구를 받은 지배주주 또는 매수청구를 한 소수주주는 법원에 대하여 매매가액의 결정을 청구할 수 있다(제360조의 25 제 4 항). 법원이 이에 따라 주식의 매매가액을 결정하는 경우에는 회사의 재산상태와 그 밖의 사정을 고려하여 공정한 가액으로 산정하여야 한다(제360조의 25 제 5 항).

<대결 2017. 7. 14, 2016 마 230>

「상법 제360조의24 제 1 항은 회사의 발행주식총수의 100분의 95 이상을 자기의 계산으로 보유하고 있는 주주(이하 '지배주주'라고 한다)는 회사의 경영상 목적을 달성하기 위하여 필요한 경우에는 회사의 다른 주주(이하 '소수주주'라고 한다)에게 그 보유하는 주식의 매도를 청구할 수 있다고 규정하고 있고, 같은 조 제 2 항 전문은 제 1 항의 보유주식의 수를 산정할 때에는 모회사와 자회사가 보유한 주식을 합산한다고 규정하고 있으며, 상법 제360조의25 제 1 항은 지배주주가 있는 회사의 소수주주는 언제든지 지배주주에게 그 보유주식의 매수를 청구할 수 있다고 규정하고 있다. 자회사의 소수주주가 상법 제360조의25 제 1 항에 따라 모회사에게 주식매수청구를 한 경우에 모회사가 지배주주에 해당하는지 여부를 판단함에 있어, 상법 제360조의24 제 1 항은 회사의 발행주식총수를 기준으로 보유주식의 수의 비율을 산정하도록 규정할 뿐 발행주식총수의 범위에 제한을 두고 있지 않으므로 자회사의 자기주식은 발행주식총수에 포함되어야 한다. 또한 상법 제360조의24 제 2 항은 보유주식의 수를 산정할 때에는 모회사와 자회사가 보유한 주식을 합산하도록 규정할 뿐 자회사가 보유한 자기주식을 제외하도록 규정하고 있지 않으므로 자회사가 보유하고 있는 자기주식은 모회사의 보유주식에 합산되어야 한다. 원심은 사건본인의 발행주식총수 중 사건본인의 모회사인 피신청인이 84.96%를, 사건본인이 자기주식으로 13.14%를 각 보유하고 있고 이를 합산하면 98.1%가 되므로 피신청인은 사건본인의 지배주주에 해당한다고 판단하였다. 앞서 본 법리에 비추어 기록을 살펴보면, 원심의 위와 같은 판단은 정당하고, 거기에 피신청인의 재항고이유 주장과 같이 소수주주의 주식매수청구권 행사 요건인 지배주주의 해당 여부에 관한 법리를 오해한 위법이 없다.」

<대판 2020. 6. 11, 2018 다 224699>

「상법 제360조의24 제 1 항은 회사의 발행주식총수의 100분의 95 이상을 자기의 계산으로 보유하고 있는 주주(이하 '지배주주'라고 한다)는 회사의 경영상 목적을 달성하기 위하여 필요한 경우에는 회사의 다른 주주(이하 '소수주주'라고 한다)에게 그 보유하는 주식의 매도를 청구할 수 있다고 규정하고 있다. 이는 95% 이상의 주식을 보유한 지배주주가 소수주주에게 공정한 가격을 지급한다면, 일정한 요건하에 발행주식 전부를 지배주주 1인의 소유로 할 수 있도록 함으로써 회사 경영의 효율성을 향상시키고자 한 제도이다. 이러한 입법 의도와 목적 등에 비추어 보면, 지배주주가 본 조항에 따라 매도청구권을 행사할 때에는 반드시 소수주주가 보유하고 있는 주식 전부에 대하여 권리를 행사하여야 한다. 상법 제360조의26 제 1 항은 상법 제360조의24에 따라 주식을 취득하는 지배주주는 매매가액을 소수주주에게 지급한 때에 주식이 이전된 것으로 본다고 규정하고, 같은 조 제 2 항은 제 1 항의 매매가액을 지급할 소수주주를 알 수 없거나 소수주주가 수령을 거부할 경우에는 지배주주는 그 가액을 공탁할 수 있다고 규정하고 있다. 이때의 '매매가액'은 지배주주가 일방적으로 산정하여 제시한 가액이 아니라 소수주주와 협의로 결정된 금액 또는 법원이 상법 제360조의24 제 9 항에 따라 산정한 공정한 가액으로 보아야 한다.」

한편 상법 제360조의 24와 제360조의 25에 따라 주식을 취득하는 지배주주가 매매가액을 소수주주에게 지급한 때에 주식이 이전된 것으로 본다(제360조의 26 제 1 항). 이러한 매매가액을 지급할 소수주주를 알 수 없거나 그 소수주주가 수령을 거부할 경우에는 지배주주는 그 가액을 공탁할 수 있다. 이 경우 주식은 공탁한 날에 지배주주에게 이전된 것으로 본다(제360조의 26 제 2 항).

2. 獨逸의 Squeeze-Out 제도

소수주주주식의 강제매매와 대비해 볼 수 있는 것이 독일의 Squeeze-Out 제도이다. 독일에서는 2001년 법개정으로 95% 대주주에 의한 잔여주식 강제매수를 허용하고 있다(주식법 제327a조부터 제327f조까지). 독일에서는 2001년 11월 15일(2002년 1월 1일 발효) 유가증권취득 및 기업인수법(Wertpapiererwerbs- und Übernahmegesetz)이 성립되었다. 이 법은 "유가증권취득에 대한 공개제의 및 기업인수를 규율하기 위한 법률"(Gesetz zur Regelung von öffentlichen Angeboten zum Erwerb von Wertpapieren und von Unternehmensübernahmen)의 일부분이다. 이 법률은 그 밖에 주식법(AktG) · 증권거래법(Wertpapierhandelsgesetz) · 자본투자회사법

(KAGG)(이 법은 2004년 '투자법'으로 통합되었다) · 은행업법 등의 개정도 포함하고 있다. 이 때 주식법 개정 가운데 가장 중요한 것은 Squeeze-Out 규정이다. 유가증권취득에 대한 공개제의 및 기업인수를 규율하기 위한 법률의 제 7 조는 독일주식법(AktG)의 기업편입(Eingliederung)에 대한 규정 뒷부분에 새로운 제327a조에서 제327f조까지를 신설하고 있다. 이는 현금지급을 대가로 군소주주를 퇴출시키는 것을 허용하는 규정이다. 이 개정을 통하여 주식회사운영을 쉽게 할 뿐만 아니라, 독일주식법을 국제적인 기준에 적합하게 맞추는 데에도 기여하리라고 평가되고 있다. 소수주주의 퇴출을 위한 요건은 기업편입에 대한 권리에서와 유사하게 규정하고 있다. 퇴출의 요건은 주요 주주가 기본자본의 95%를 소유하는 것이다. 즉 독일주식법 제327a조 제 1 항은 소수주주를 퇴출시키기 위하여는 주요 주주가 기본자본의 95% 이상을 참여함을 요건으로 한다. 95%를 채택한 이유는 독일주식법 제320조에 의한 다수에 의한 기업편입을 모범으로 삼았기 때문이다. 또 95%가 정당한 이해조정을 하기 위한 요건이라고 본 것이다. 실무계에서도 95% 요건에 무리가 없다고 보고 있다. 경험상 대주주가 몇 년 내에 95% 주식을 소유하는 것이 가능하기 때문이다. 그러나 그 비율을 너무 낮게 하여서는 아니 될 것이라는 견해가 지배적이다. 그 이유로는 더 많은 소수주주의 범위가 강제적으로 주식으로부터 분리되어서는 아니 되기 때문이라는 점을 든다. 그러나 그 비율이 또한 더 높아져서도 안 된다는 것이다. 해당 대주주는 그렇게 되면 너무 높은 비율이어서 도달하기가 어려워지고, 또 다른 한편에서는 보상을 해줄 자금이 부족할 수 있기에 그러하다고 한다. 이 때 주요 주주가 기본자본에 95% 이상을 참여하여야 한다. 단순히 의결권이 95%에 이른 것으로는 부족하다. 지분계산에 대해서는 독일주식법 제327a조 제 2 항은 독일주식법 제16조 제 2 항과 제 4 항을 준용하고 있다. 퇴출을 위해서는 주주총회의 결의가 필요하며, 상업등기부에 등기하여야 한다. 등기함으로써 군소주주의 주식은 주요 주주에게 이전된다. 그리고 주요 주주는 그에 대한 반대급부로서 적정한 현금지급을 하여야 할 의무를 부담한다. 그 대가계산은 우선 주요 주주가 하게 되며, 현금지급을 위해 주요 주주는 주주총회 소집 이전에 이사회에 은행의 보증서를 제출하여야 한다. 그 대가의 적정성 여부에 대해서는 전문검사인에 의하여 검사를 받아야 한다. 이에 대해서는 어느 군소주주든 법원에 이의를 제기할 수 있다.

종래 독일에서 주식법 제179a조의 의미에서의 해산과 양도의 방법으로는 회사운영에 장애가 되는 소수주주를 배제하는 데 충분하지 않았었고, 또한 기업결합이라는 우회적인 방법을 통하여 눈의 가시 같은 소수주주를 제거하는 것도 문제가 있었다. 이러한 상황에서 2002년 1월 1일부터 발효된 독일의 개정주식법에서 Squeeze-Out 규정을 도입한 것은 환영을 받고 있다. 원래는 회사법의 기본이념에 반하는 것이지만, 주주총회의 결의에 의하여 소수주주를 회사에서 배제할 수 있게 된 것이다. 경제계에서는 이 방법을 통하여 경제적으로 의미가 없는 소수주주들을 배제할 수 있도록 할 필요성이 존재하기에 환영하고 있다. 또한 입법을 함에는 소수주주에게 상당한 보상을 함으로써 보장장치를 마련하여 주고 있다.

제 5 절 株式의 擔保

Ⅰ. 意 義

주식은 재산적 가치를 가질 뿐만 아니라 양도가 가능하므로 담보의 대상이 될 수 있다. 상법은 주식의 담보방법으로 주식의 입질에 관하여 규정하고 있으나, 실제 거래계에서는 주식의 양도담보가 더 많이 이용되고 있다. 양도담보의 방법이 널리 이용되는 것은 주식의 입질과 다음과 같은 차이가 있기 때문이다. 즉 담보권의 실행방법에 있어 입질의 경우에는 피담보채권이 상행위에 의해 생긴 채권이 아닌 한 유질계약이 금지된다는 점에서(민법 제339조; 상법 제59조) 양도담보의 방법이 담보권자에게 더 유리하고, 또한 주식의 입질은 민사소송법상 경매절차에 의해 실행되는 복잡한 것임에 대하여, 양도담보의 경우에는 담보권자가 직접 담보물을 취득하고 다른 법률에 정해진 방법에 의하지 않고 담보물을 처분할 수 있다는 점에서 담보권자에게 더 유리하기 때문이다.

Ⅱ. 株式擔保化自由의 原則과 그 制限

주식의 담보화는 원칙적으로 자유이지만(제335조 제1항 본문 참조), 다음과 같은 제한이 있다.

① 회사는 발행주식총수의 20분의 1을 초과하여 자기주식을 질권의 목적으로 받지 못한다(제341조의3 본문)(자기주식의 질취제한). ② 권리주 및 주권발행 전의 주식의

입질 또는 양도담보는 당사자들 사이에서는 유효하지만, 회사에 대하여는 효력이 없다. 따라서 회사에 대하여 질권 또는 양도담보권의 등록을 청구할 수 없다(제319조, 제425조 제1항, 제335조 제3항 본문). 다만, 회사의 성립 후 또는 신주의 효력발생 후 6월이 경과한 때에는 그러하지 아니하다(제335조 제3항 단서).

Ⅲ. 株式의 擔保方法

주식의 담보방법에는 주식의 입질과 양도담보의 두 가지 방법이 있는데, 이는 담보권자를 주주명부에 등록하느냐 않느냐에 따라 다시 등록질 · 약식질, 그리고 등록양도담보 · 약식양도담보로 구분된다. 그리고 금융투자회사 또는 증권예탁결제원에 주권이 예탁된 주식의 담보설정은 투자자계좌나 예탁자계좌부에의 대체의 기재에 의한다(자본시장법 제311조 제2항).

1. 株式의 入質

기명주식의 입질방법으로는 약식질과 등록질이 있는데, 등록질은 절차가 번거롭고 질권설정의 사실이 공표되게 되므로 실제로는 거의 이용되지 않는다.

(1) 略 式 質 약식질은 당사자간에 있어서 질권설정의 합의와 질권자에 대한 주권의 교부에 의하여 성립한다. 주권의 교부는 현실의 인도뿐만 아니라 간이인도나 목적물반환청구권의 인도에 의할 수 있으나, 다만 점유개정에 의한 인도는 민사질에 관하여 이를 금하는 민법상의 원칙(민법 제332조)을 유추적용하여 허용되지 않는다고 본다. 질권자가 그 질권을 가지고 제3자 특히 회사에 대항할 수 있기 위하여는 주권의 계속점유가 필요하다(제338조).

<대판 2012. 8. 23, 2012 다 34764>

「기명주식의 약식질에 관한 상법 제338조는 기명주식을 질권의 목적으로 하는 때에는 주권을 질권자에게 교부하여야 하고(제1항), 질권자는 계속하여 주권을 점유하지 아니하면 그 질권으로써 제3자에게 대항하지 못한다고(제2항) 규정하고 있다. 여기에서 주식의 질권설정에 필요한 요건인 주권의 점유를 이전하는 방법으로는 현실의 인도(교부) 외에 간이인도나 반환청구권의 양도도 허용되고, 주권을 제3자에게 보관시킨 경우 주권을 간접점유하고 있는 질권설정자가 반환청구권의 양도에 의하여 주권의 점유를 이전하려면 질권자에게 자신의 점유매개자인 제3자에 대한 반환청구권을 양도하여야 하고, 이 경우 대항요건으로서 그 제3자의 승낙 또는 질권설정자의 그 제3자에 대한 통지를 갖추어야 한다. 그리고

이러한 법리는 그 제 3 자가 다시 타인에게 주권을 보관시킴으로써 점유매개관계가 중첩적으로 이루어진 경우에도 마찬가지로 적용된다고 할 것이므로, 최상위의 간접점유자인 질권설정자는 질권자에게 자신의 점유매개자인 제 3 자에 대한 반환청구권을 양도하고, 그 대항요건으로서 그 제 3 자의 승낙 또는 그 제 3 자에 대한 통지를 갖추면 충분하며, 직접점유자인 타인의 승낙이나 그에 대한 질권설정자 또는 제 3 자의 통지까지 갖출 필요는 없다.」

(2) 登 錄 質　　등록질은 약식질의 요건 외에 다시 회사가 질권설정자의 청구에 의하여 질권자의 성명과 주소를 주주명부에 부기하고, 그 성명을 주권에 기재하는 방법에 의하여 성립한다(제340조 제 1 항). 상법은 주권에도 질권자의 성명을 기재하는 것을 요하나, 그 기재가 없어도 질권은 성립한다(통설). 그리고 한국예탁결제원에 예탁한 주식을 입질하는 경우에는 주주명부에 기재하는 대신에 투자자계좌부 및 예탁자계좌부에 질권설정의 대체기재를 하게 된다(자본시장법 제311조 제 2 항).

등록질권자는 회사와의 관계에서는 자신의 실질적 권리를 증명할 필요 없이 질권자로서의 권리를 행사할 수 있다. 그러나 회사 이외에 제 3 자에게 질권을 가지고 대항하기 위해서는 주권을 계속 점유하여야 한다(제338조 제 2 항).

2. 株式의 讓渡擔保

주식의 양도담보란 채무의 변제가 없는 때에는 주식을 처분하여도 좋다는 뜻의 약정을 하여 주권을 교부하는 방법이다.

기명주식의 양도담보에는 기명주식의 입질에 약식질과 등록질이 있음에 대응하여 약식양도담보와 등록양도담보가 있다. 전자는 담보권설정자가 담보권자에게 담보의 목적인 주권을 교부하고(제336조 제 1 항 참조) 담보권자가 이를 계속하여 점유하는 경우이고, 후자는 주권의 교부 외에 주주명부상으로도 담보권자의 명의로 개서하는 경우이다(제337조 제 1 항 참조).

그리하여 질권설정과 양도담보 모두 약식으로 행해지는 경우에는 단순한 주권의 교부로 족하므로 방식에 있어 차이가 없어 양자의 구별이 곤란하다. 이 때에는 당사자의 의사에 따라 판단할 일이지만, 당사자의 의사가 명확하지 않은 때에는 거래관행 및 담보권실행의 용이함을 고려하여 담보권자에게 유리한 양도담보로 추정하여야 한다(동지 : 정찬형, 319쪽; 정동윤, 273쪽. 다른 견해 : 이철송, 406쪽).

3. 自己株式의 質取制限

(1) 意 義 상법은 회사가 자기주식을 질권의 목적으로 취득하는 것을 원칙적으로 허용하고, 다만 수량면에서 이를 제한하고 있다. 즉 회사는 발행주식총수의 20분의 1을 초과하는 자기주식을 질권의 목적으로 받지 못한다(제341조의 3 본문). "질권의 목적으로"라 함은 자기주식의 질권자가 되는 것뿐만 아니라 널리 담보로 잡는 것, 즉 양도담보의 목적으로 하는 것도 포함한다고 보아야 한다.

이것은 회사로 하여금 일정한 범위 내에서 자기주식을 담보로 취득하는 것을 가능하게 함과 동시에 자기주식취득의 금지를 일탈하는 수단으로 자기주식을 질취하는 것을 막기 위한 것이다. 상법 제341조의 3은 자기주식의 질취, 즉 담보에 관한 것이므로 매도담보와 같이 실질적으로 자기주식의 취득으로 볼 수 있는 경우에는 발행주식총수의 20분의 1 이내이더라도 자기주식취득의 규정(제341조)이 적용되는 것으로 해석하여야 한다.

그러나 자회사가 모회사주식을 질취하거나 양도담보에 의해 취득하는 데는 아무런 제한이 없다(제342조의 2 참조).

(2) 違反의 效果 회사가 발행주식총수의 20분의 1을 초과하여 자기주식을 질취한 경우에 그 초과부분의 질취가 유효한가? 이에 관해서는 ① 자기주식의 취득의 경우와 같이 절대적으로 무효라는 설(서돈각, 348쪽; 최기원, 422쪽), ② 원칙적으로는 무효이지만 질권설정자가 선의인 때에는 무효를 주장할 수 없다는 설(상대적 무효설), ③ 상법이 자기주식의 질취 자체는 허용하면서 수량면에서만 제한하고 있고, 이를 무효로 하면 회사에 불리하므로 유효로 보아야 한다는 설(유효설)(정동윤, 270쪽; 정찬형, 313쪽; 채이식, 670쪽; 손주찬, 680쪽) 등이 있다. 악의의 질권설정자까지 보호할 필요가 없고, 회사에 많은 폐해를 야기할 수도 있어 이를 제한하는 입법취지를 생각할 때 무효설이 타당하다.

이사가 회사의 계산으로 부정하게 그 주식을 질취한 때에는 벌칙의 제재가 있다(제625조 2호). 수량면에서의 제한을 초과하여 질취한 자기주식의 처분에 대해 상법은 명문규정을 두고 있지 않은데, 그 질권을 상당한 기간 내에 처분하여야 한다고 해석한다. 이 때 '질권의 처분'이란 채무의 이행기가 상당한 기간 내이면 질권을 실행하고, 그렇지 않으면 전질을 하여야 한다는 의미로 보아야 한다.

(3) 制限의 例外 자기주식을 질취함에 있어서 수량면에서의 제한을 받지 않는 예외로는 다음의 두 가지 경우가 있다. ① 회사의 합병 또는 다른 회사의 영업 전부의 양수로 인한 때, ② 회사의 권리를 실행함에 있어서 그 목적을 달성하기 위하여 필요한 때이다(제341조의 3 단서, 제341조 2호 · 3호).

Ⅳ. 擔保權者의 權利

주식질권자에게는 민법상 질권에 인정되는 유치권(민법 제355조, 제335조) · 우선변제권(민법 제329조) · 전질권(민법 제336조)이 인정된다. 그 밖에 물상대위권도 인정되는데, 상법은 특히 주식의 소각 · 병합 · 분할 · 전환, 회사의 합병, 준비금의 자본전입, 신주발행의 무효 등으로 인하여 주주가 받을 금액이나 주식에 대하여도 물상대위의 효력이 미친다고 하고 있다(제339조, 제432조 제 1 항, 제461조 제 6 항, 제530조 제 4 항, 제601조 제 1 항, 제604조 제 4 항). 이러한 권리는 주식의 양도담보권자에게도 마찬가지로 인정된다.

그런데 물상대위권의 행사와 관련하여 등록질 · 등록양도담보의 경우에는 담보권자가 회사에 대하여 직접 금전의 지급 또는 주권의 인도를 청구할 수 있으나(제340조), 약식질 · 약식양도담보에 관하여는 상법에 아무런 규정이 없어 어떻게 해석할 것인지가 문제된다. 이에 대해서는 담보권자는 회사로부터 직접 금전 또는 주권을 받지는 못하며, 민법의 일반원칙(제355조, 제342조)에 따라 목적물이 주주에게 지급 또는 인도되기 전에 압류하여야 한다는 견해와 이익배당 · 주식배당 · 준비금의 자본전입에 의한 신주의 무상교부와 같이 주주명부상 주주에게 회사가 직접 목적물을 지급 또는 인도하는 경우에만 그 지급이나 인도 전에 압류를 하여야 한다고 해석하는 견해로 나뉜다. 후설이 타당하다.

이익배당청구권, 잔여재산분배청구권 및 신주인수권과 같은 자익권에 담보권의 효력이 미치는가? 등록질의 경우에는 질권의 효력이 이익배당청구권 등에도 미친다는 것이 명문으로 규정되어 있으므로(제340조 제 1 항 · 제 2 항) 등록양도담보의 경우에도 마찬가지라고 해석된다. 그리고 약식질 · 약식양도담보의 경우에도 이익배당청구권에 담보의 효력이 미치는지가 문제인데, 이에 관해서는 학설이 나뉜다. ① 약식질의 경우 질권설정이 회사와는 관계 없이 주식 자체의 재산적 가치만을 담보의 목적으로 하여 이루어지고, 또한 등록질의 제도가 있음에도 불구하고 약식질을 선택하였으므로 불이익을 받아 마땅하다고 주장하는 설(부정설)(정찬형, 316쪽; 서돈각, 356쪽; 손주찬, 683쪽; 이철송, 402쪽)도 있으나, ② 이익배당금을 주식의 법정과실 또는 이에 준하는 것으로 보아 여기에도 담보의 효력이 미친다고 해석하여야 한다는 설, 즉 긍정설이 타당하다고 본다(동지: 정동윤, 275쪽; 최기원, 540쪽). 다만, 물상대위의 경우와 같이 회사가 지급 또는 인도하기 전에 압류하여야 하며, 직접 회사에 대하여 질권자임을 증명하여 배당금의 지급을 청구하지는 못한다고 본다. 주식배당의 경우 본질상 이익배당과 한 가지이므로 앞의 설명이 그대로 타당할 것이다.

그리고 잔여재산분배청구권에 관하여는 상법은 등록질의 경우에만 질권의 효력이 여기에도 미친다는 것을 명문으로 규정하고 있지만(제340조 제1항), 잔여재산분배청구권은 회사의 해산시 주식의 변형물에 불과하므로 약식질, 그리고 양도담보의 경우에도 담보권의 효력이 이에 미친다고 본다(통설).

다음으로 담보권의 효력이 신주인수권에도 미치는가에 관하여 상법은 아무런 규정도 두고 있지 않으며, 이에 관하여는 학설이 대립하고 있다. 부정설은 신주인수권에 담보의 효력이 미친다고 하면 출자의무가 없는 주주에 출자의무를 강요하는 것이 되어 무리라는 것과 담보권자가 신주인수권을 행사하기 위해서는 이를 압류하여야 하는데 피담보채권의 변제기가 도래하지 않은 한 이를 압류할 수 없음을 이유로 담보의 효력이 신주인수권에는 미치지 않는다고 한다(최기원, 541쪽; 이철송, 403쪽). 이에 반해 긍정설은 발행신주의 주가와 액면금액과의 차액으로 계산되는 신주인수권의 가치는 신주발행에 의하여 하락한 구주의 가치에 대응하는 것으로 구주의 가치의 일부이며, 따라서 담보권자의 이익을 보호하기 위해 신주인수권에도 담보의 효력이 미친다고 한다(정동윤, 276쪽). 긍정설에 찬성한다.

한편 주식의 담보는 주식이 지닌 재산적 가치를 채권의 담보에 이용하는 것을 목적으로 하는 것이므로 의결권을 비롯한 공익권은 담보권설정자인 주주가 이를 행사할 수 있다. 그런데 양도담보의 경우 공익권인 의결권 행사와 관련하여 판례에 의하면 양도담보에서는 대외적으로 양도담보권자가 주주이므로(대판 1995. 7. 28, 93 다 61338) 회사에 대한 관계에서도 양도담보권자가 주주의 자격을 가진다(대판 1993. 12. 23, 93 다 8719)고 보고 있다. 그리하여 양도담보권자가 명의개서를 마친 경우에는 의결권을 행사할 수 있다(대판 1992. 5. 26, 92 다 84, 대결 2020. 6. 11, 2020 마 5263). 이 점에 대하여 학설은 나뉘고 있으나 양도담보의 경우는 대외적으로는 양도담보권자가 주주인 것으로 표출이 된 것이므로 양도담보권자에게 의결권 행사를 인정함이 타당하다고 본다.

<대판 2017. 8. 18, 2015 다 5569>
「주식에 대해 질권이 설정되었다고 하더라도 질권설정계약 등에 따라 질권자가 담보제공자인 주주로부터 의결권을 위임받아 직접 의결권을 행사하기로 약정하는 등의 특별한 약정이 있는 경우를 제외하고 질권설정자인 주주는 여전히 주주로서의 지위를 가지고 의결권을 행사할 수 있다(원고 주식 전부를 소유한 주주로서 원고와 피고의 대표이사를 겸하고 있던 자에 의하여 원고와 피고 사이에서 체결된 이 사건 공급계약과 관련하여, 주식에 대해 질권이 설정되었다고 하더라도 질권설정계약 등에 의해 의결권의 행사가 위임되는 등의 특별한 약정이 있는 경우를 제외하고 질권설정자인 주주는 여전히 주주로서의 지위를 가지고 의결권을 행사할 수 있음에도, 원고의 주주 겸 대표이사가 주식매매대금을 지급하지 않았다거나 근질권설정계약에 따라 중요 사항에 관한 의결권 행사 시 질권자에게 사전 서면 동의를 구해야 하는 채권적인 의무를 부담하고 있었다는 등의 사정을 이유로 원고 주식이 원고의 주주 겸 대표이사가 아니라 원고의 투자자들(질권자)에게 귀속된 것이고, 이에 따라 이 사건 공급계약이 이사의 자기거래에 해당하여 무효라고 본 원심의 판단에 주주권의 귀속이나 구 상법 제398조에서 정한 '이사의 자기거래'에 관한 법리 등을 오해한 잘못이 있으나, 한편 이 사건 공급계약이 피고의 채무불이행으로 적법하게 해제되어 원고와 피고 사이에 일정한 범위를 초과하는 채무는 존재하지 않는다고 판단한 원심의 결론은 결과적으로 정당하여 판결결과에 영향을 미친 잘못이 없다고 보아 상고를 기각한 사례임).」

<대결 2020. 6. 11, 2020 마 5263>
「채무자가 채무담보 목적으로 주식을 채권자에게 양도하여 채권자가 주주명부상 주주로 기재된 경우, 그 양수인이 주주로서 주주권을 행사할 수 있고 회사 역시 주주명부상 주주인 양수인의 주주권 행사를 부인할 수 없다(신청인은 주식회사인 특별항고인의 주주명부상 발행주식 총수 30,000주 중 21,300주(이하 '이 사건 주식'이라고 한다)를 보유하고 있는데, 특별항고인의 대표이사에게 임시주주총회의 소집을 청구하였으나 특별항고인이 임시주주총회의 소집절차를 밟지 않자 법원에 임시주주총회 소집허가를 신청한 사안임)(특별항고인은 신청인이 이 사건 주식의 양도담보권자인데 피담보채무가 변제로 소멸하여 더 이상 주주라고 할 수 없어 임시주주총회 소집허가 신청이 권리남용에 해당한다고 주장하였으나, 채무자가 채무담보 목적으로 주식을 채권자에게 양도하여 채권자가 주주명부상 주주로 기재된 이상 그 양수인이 주주로서 주주권을 행사할 수 있고 회사 역시 주주명부상 주주인 양수인

의 주주권 행사를 부인할 수 없다고 판단하여 특별항고인의 특별항고를 기각한 사례).」

제 6 절 株式의 消却

주식의 소각이란 회사의 존속중 발행주식의 일부를 절대적으로 소멸시키는 것을 목적으로 하는 회사의 행위이다. 주식 일부를 소멸시킨다는 점에서 주식 전부를 소멸시키는 회사의 해산과 다르고, 주식은 소멸시키지 않고 이를 표창하는 주권만 무효로 만드는 제권판결(제360조)과도 다르다.

주식소각은 발행주식 중 일부를 절대적으로 소멸시키는 것으로서, 이는 상법의 규정에 따라서만 가능하다(제343조). 개정전 상법상 인정되는 소각절차는 자본금감소(제438조~제446조), 상환주식의 상환(제345조), 이익소각(구법 제343조 제 1 항 단서)이 있었다. 그리고 정기 주주총회의 특별결의(제434조)에 의하여 주식을 매수하여 이를 소각할 수 있도록 하였었다(구법 제343조의 2 제 1 항). 그런데 2011년 개정상법은 주식소각제도 중 자본금감소에 의한 소각제도는 그대로 존치하면서(제343조 1 문) 이익소각제도를 본질적으로 그와 동일한 것으로 보고 하나의 제도로 통합하였다. 정관에 의한 이익소각제도(구법 제343조 제 1 항 단서)와 주주총회의 특별결의에 의한 소각제도(구법 제343조의 2)의 규정을 삭제하여 이익소각제도를 폐지하였다. 그리고 자기주식의 소각에 관한 규정(제343조 제 1 항 단서)으로 통합하였다. 이익을 반환하는 방법의 하나로 주식을 소각하면 자본금의 감소없이 이익을 반환하게 되므로 실질적으로는 자기주식의 취득 후 주식을 소각하는 것과 같은 경제적 효과가 있게 된다. 따라서 2011년 개정상법은 이익소각의 개념을 자기주식의 취득 및 소각이라는 개념으로 정리하였다. 이는 일본 회사법 제178조 제 1 항을 도입한 것이다(김순석, "상법개정안상 자기주식 및 주식소각제도의 검토," 일감법학, 제18호, 2010, 167쪽). 2011년 개정상법은 자기주식의 취득을 자유화하였으므로 자기주식의 취득 또는 배당과 구별되는 이익소각제도를 존치할 실익이 거의 없다. 자기주식의 취득과 이익소각을 분배의 개념으로 인식함으로써 배당과 동일하게 규제하는 방식이 의사결정권자나 재원규제에 통일성을 기할 수 있다. 따라서 이익소각제도를 폐지하고 이를 자기주식의 취득 후 주식을 소각하는 방식으로 규정하였다. 그렇기 때문에 자기주식의 소각의 경우 이사회결의로 가능하며 주주총회 특별결의나 채권자보호절차가 필요하지 않고 주식병합규정에 따른 주주 등에 대한 통지절차(제440조, 제441조)도 불필요하다. 즉 제343조 제 2 항에서는 자본금감소에 관한 규정에 따라 주식을 소각하는 경우에만 제440조 및 제441조를 준용하고 있다. 그 결과 과거 상법상 이익소각에 대한 유형별로 절차가 다르고 또 자본시장법상의 이익소각 절차가 다르게 규정됨으로 인한 문제점을 하나의 규정으로 통합함으로써 극복하게 되었다(김순석, "상법개정안상 자기주식 및 주식소각제도의 검토," 일감법학, 제18호, 2010, 167쪽).

자본시장법의 규정에 의하면 주권상장법인은 주주에게 배당할 이익으로 주식을 소각할 수 있다는 뜻을 정관에 정하면 이사회의 결의로 주식을 소각할 수 있도록 되어 있다(자본시장법 제165조의 3 제 1 항). 이 때에는 이사회에서 소각할 주식의 종류와 총수, 소각하기 위하여 취득할 주식가액의 총액 등을 정하여야 하며, 소각할 주식은 당해 이사회결의 후 취득한 주식에 한한다(자본시장법 제165조의 3 제 2 항). 주권상장법인은 이러한 방법으로 주식을 소각한 때에는 그 소각의 결의 후 최초로 도래하는 정기주주총회에 소각한 주식의 종류와 총수 등을 보고하여야 한다(자본시장법 제165조의 3 제 4 항). 상법과 마찬가지로 자본시장법에서 정하는 주식취득기준에 위반하여 주식을 취득하여 소각한 때에는 그 소각에 관하여 이사회결의에 찬성한 이사는 회사에 대하여 그 한도를 초과하여 취득한 초과취득가액에 대하여 연대하여 배상할 책임이 있다. 다만, 이사가 상당한 주의를 하였음에도 불구하고 그 한도를 초과할 수밖에 없었음을 증명하는 때에는 그러하지 아니하다(자본시장법 제165조의 3 제 5 항).

<대판 2008. 7. 10, 2005 다 24981>

「주식의 임의소각의 경우 그 소각의 효력이 상법 제342조의 주식실효절차가 마쳐진 때에 발생한다 하더라도 주주가 주식소각대금채권을 취득하는 시점은 임의소각의 효력발생시점과 동일한 것은 아니며, 적어도 임의소각에 관한 주주의 동의가 있고 상법 소정의 자본감소의 절차가 마쳐진 때 주식소각대금채권이 발생하고, 다만 그 때까지 주주로부터 회사에 주권이 교부되지 않은 경우에는 회사는 주주의 주식소각대금청구에 대하여 주권의 교부를 동시이행항변사유로 주장할 수 있을 뿐이다.」

제 4 장 株式會社의 機關

廉正義, 주식회사의 기관에 관한 비교법적 연구, 商事法學 1(1994. 6)/李基秀, 충실의무에 의한 권력의 기속, 現代法의 理念과 實際(金哲洙敎授華甲紀念論文集)(1993)/鄭燦亨, 기업경영의 투명성제고를 위한 주식회사의 지배구조의 개선, 상사법연구 17.1 (1998. 6).

제 1 절 企業支配構造

기업지배구조는 영미형과 독일 · 일본형으로 크게 구분할 수 있다. 그리고 전세계적으로 회사지배구조는 각 유형이 접근하는 단계를 넘어서서 점차 통일화되는 현상까지 보여 주고 있다.

1. 英 美 型

지배구조유형 중 하나는 일원적 기구제도 또는 단층제도(one-tire system or single-board system)라고 불리는 것으로서 이사회에서 경영업무의 집행과 감독을 담당하고, 별도의 독립기관으로서 업무집행을 감독하는 감사회를 두고 있지 않다. 이 유형에서는 주식소유가 분산되어 있으며, 기업은 경영의 자율성과 투명성이 높고 주주가치를 중시하는 특징이 있다. 주식시장이 확충되면서 기업의 자본조달이 간접금융에서 직접금융으로 옮겨 가고 있으며, 이에 따라 기관 및 개인투자자의 비중이 점차 확대되는 성향을 보여 주고 있다. 미국의 경우 감독기관인 증권위원회(SEC)가 기업이 주주의 이익을 무시하지 못하도록 규제하는 역할을 수행한다. 소액주주는 연대하여 투표권을 행사할 수 있으며, 기업경영진에 대해 집단소송 등을 제기하는 길이 열려져 있다. 기관투자자의 비중이 커짐에 따라 연기금과 보험사 등이 주주총회에 참석하여 투표권을 행사하도록 적극적으로 권고하는 측면이 특징적이다. 이러한 지배구조유형에서는 경영진에게 주주의 이익을 위해 행동하도록 인센티브를 부여하는 방법으로 주식매수선택권의 활용에 있어서 적극적이다. 또한 기업의 실적이 좋지 못하면 적대적 인수합병(M&A)의 대상이 되는 것이 보통이다.

2. 獨逸 · 日本型

다른 또 하나의 유형은 이원적 기구제도 또는 중층제도(two-tire system or dual-board system)라고 부르는 것으로서, 이사회와 감사회로 구성되는 제도이다. 이 유형에 의하면 기업은 자금조달을 위해 은행에 의존하며, 은행이 시장에서 가지는 역학관계는 상대적으로 강하다. 은행과 더불어 몇 명의 주주가 기업을 지배하는 형태를 전형적으로 취하는 경우가 많다. 경영진인 이사회는 종업원 · 은행 등 지분보유자의 이익을 상대적으로 중시하는 경향이 있다. 특히 회사법은 경영진에게 우호적이어서 경우에 따라서는 소수주주의 이익이 무시되는 경우가 있다. 이 유형에서는 원래는 소수주주의 집단소송과 같은 견제장치에 대해서 다소 부정적인 시각을 가지고 있다. 그리하여 경영진은 경영성과가 부진함에도 불구하고 주주총회의 사전동의가 없이도 적대적 인수합병에 대해 방어적 조치를 신속하게 취하려는 경향이 있다(김은경, "EU에서 합병에 의한 유럽주식회사의 형성과 이해관계자의 보호," 기업법연구 제21권 제 1 호(2007), 203쪽).

3. 유럽株式會社의 支配構造

유럽연합은 하나의 중요한 경제공동체를 구축함에서 더 나아가 정치공동체로서 국제적인 영향력을 행사하고 있다. 회원국수도 급격히 증가하였으며, 자체 통화인 유로화가 달러화에 비하여 가치를 역전하게 되었다. 유럽연합은 그 동안 명령이나 지침 등을 통하여 회원국 내의 최소한의 법동화를 위하여 꾸준히 노력하였다. 회사법분야에만도 수많은 지침을 발하였다. 그런데 각 회원국가에 존재하는 회사가 유럽적 연계가 있을 경우에는 그를 유럽주식회사로 전환할 필요성은 존재하였고, 그에 대해 많은 기간 동안 논의가 이루어져 왔다. 2001년 유럽주식회사를 위한 명령(Verordnung EG 2157/2001 des Rates v. 8.10.2001 über das Statut der europäischen Gesellschaft(SE), AblEG L 294 v. 10.11.2001, S. 1 ff.)과 지침이 통과됨으로써 각 회원국이 이를 국내법에 반영하게 되었다. 유럽주식회사 명령은 개별회원국법상 존재하는 두 가지의 주식회사 지배구조형태를 수용하여 감독기관과 집행기관(이원주의적 지배구조) 혹은 경영기관(일원주의적 지배구조) 가운데 하나를 선택할 수 있도록 하고 있다. 또한 그 선택은 정관에서 정할 수 있도록 하고 있다(명령 제38조). 유럽연합의 회원국 가운데에는 일원주의를 취하는 국가와 이원주의적 지배구조를 취하는 국가가 혼재되어 있다. 따라서 유럽연합차원의 여러 회원국에 본 · 지점 관계로 연계되는 회사를 유럽주식회사로 전환할 수 있도록 하는 제도를 2001년 도입하면서 각 회원국의 입장을 고려하여 유럽주식회사 지배구조에 대해 유럽주식회사 발기인들이 이원주의적 지배구조 또는 일원주의적 지배구조를 정관에서 정하여 선택할 수 있도록 하였다. 그리고 한번 선택한 지배구조를 정관변경을 통하여 다시 바꿀 수 있다. 어느 회원국의 국내법이 다른 지배구조에 대한 규정을 두고 있지 않으면, 유럽주식회사 명령은 회원국들로 하여금 관련 규정을 제정할 수 있도록 하고 있다. 유럽주식회사 설립과 관련하여서는 다국적원칙이 적용된다. 그럼에도 불구하고 유럽주식회사에 관한 명령을 들여다보면, 실제로는 많은 부분 가맹국의 회사법에 의존하는 형태를 취하고 있다. 유럽주식회사를 설립하기 위하여는 서로 다른 유럽연합회원국에 등기된 2개 이상의 회사가 참여하여야 한다.

4. 企業支配構造의 同化現象

세계적으로 자본시장은 통합되어 가는 현상을 보여 주고 있다. 세계각국의 국민들의 의식과 습관도 동화되어 감에 따라 각국의 기업지배구조도 점차 동화되는 현상을 보여 주고 있다. 독일을 중심으로 한 이원주의입법례에서도 회사지배구조의 형태는 최근 영미형을 선호하는 방향으로 이월되고 있다. 이는 1990년대에 들어 미국이 유럽에 비해 상대적으로 고성장을 기록하면서 유럽기업들이 영미형 기업지배구조에 관심을 보이면서 시작된 현상이다. 그 결과 주식시장이 확충되고, 기업의 자본조달이 간접금융에서 직접금융으로 옮겨가게 되었다. 여기에 추가하여 자본의 세계화도 한 역할을 하여 외국인주주 등의 주식보유비중이 높아져서 시장에서의 이들의 영향력이 상대적으로 상승·강화되게 되었다. 실제로 유럽기업이 미국형으로 전환하면서 회계기준, 공시 및 투명성에 대한 미국의 기준을 따르게 되었다. 그리하여 기업지배구조도 미국의 기준에 따라 가게 되었다. 한편 기업의 지배구조를 변경하는 하나의 형태로서 회사의 인수합병의 경우도 미국형에 대한 의존도가 높아지고 있다. 이는 주주이익 및 주가를 중시하는 방향으로 기업형태가 변하고 있음을 암시하는 것이기도 하다. 또한 합병이나 분할에서도 회사채권자의 보호뿐만 아니라, 주주의 이익을 고려하여 여러 가지 보호장치를 두게 되는 쪽으로 변화된 것이다. 그 결과 유럽기업들에서도 기업합병시 소액주주의 이익을 보호할 필요성이 증대되게 되었다.

이와 같이 독일을 중심으로 한 이해관계자 자본주의모델을 채택하고 있는 국가의 경우에도 이사회의 기능과 주주의 권익을 강화하고 있으며, 기업정보의 투명성과 공개기준을 강화하는 등 주주자본주의의 장점을 받아들이는 경향 아래 있다. 다른 한편 주주자본주의모델을 채택한 미국과 같은 나라도 기관투자자들이 최근에는 적극적으로 주주권을 행사하고 있다. 경영자 및 종업원의 기업특유의 투자에 대한 중요성의 인식이 높아지면서 이들의 경영참여 및 주식보유비율이 높아지고 있다. 이와 같이 미국에서는 기업을 주주의 재산으로 보고, 기업경영의 목적 역시 주주가치의 극대화로 보아 온 전통적 입장에 대하여 비주주집단인 이해관계자의 이익에 대한 고려도 필요하다는 주장이 강해지고 있다. 독일에서는 대규모 상장사의 경우에는 감사위원회가 관례적 지배구조기구로 되었다. 2006년 5월 17일의 제 8 EU 지침에 의하여 감사위원회에 종래보다 더 큰 비중이 주어졌다.

제 2 절 理事會와 代表理事

제 1 관 總 說

姜熙甲, 미국회사법에 있어서의 주식회사의 경영진의 충실의무론, 명지대 사회과학논총 5(1990. 12)/金容奭, 주식회사의 업무집행감독에 관한 연구, 조선대 박사학위논문(1991)/金仁梧, 주식회사의 기관, 전북대 사회과학연구 9(1982. 2)/金鎭奉, 개정상법상 주식회사 기관의 권한분배, 청주대 우암논총 1(1985. 4)/金鶴默, 회사기관의 재구성과 근로자 참가, 商事法의 基本問題(李範燦敎授華甲紀念論文集)(1993)/金興洙, 공동대표, 한남대 법정논총 1(1984. 2)/梁承圭, 주식회사의 경영기구, 會社法의 現代的 課題(徐燉珏博士華甲紀念論文集)(1980)/李正植, 독일 · 미국 회사법상의 업무집행기관에 관한 고찰, 중앙대 대학원 연구논집 7(1988. 2)/이태종, 代表關係에 관한 當事者意思表示의 解釋, 인권과 정의 168(1990. 8)/林重鎬, 유럽회사의 운영기구, 商事法의 基本問題(李範燦敎授華甲紀念論文集)(1993)/鄭燦亨, 서독 물적회사의 기관과 근로자의 공동결정제도, 現代商事法의 諸問題(李允榮先生停年紀念論文集)(1988)/鄭燦亨, 주식회사의 경영기관, 法律學의 諸問題(劉基天博士古稀紀念論文集)(1988)/洪愼熹, 株式會社의 業務執行機關에 관한 硏究, 건국대 박사학위논문(1982).

주식회사의 기관이 분화된 결과 회사의 업무집행은 이사회를 중심으로 이루어진다. 그러나 회의체인 이사회의 성질상 구성원으로서의 이사와 이사회에서 결정된 업무집행의 의사를 구체적으로 실행하는 대표이사의 존재가 필요하다. 한편 1998년 상법개정으로 소규모 회사의 경우는 이사의 수가 자율화되었으므로 이사회가 존재하지 않는 주식회사도 출현하게 되었다.

이사는 주주총회에서 선임되지만 각 이사가 직접 회사의 기관으로 되지는 않고, 이사 전원이 이사회를 구성하고 그 회의에서 업무집행 기타 주주총회의 권한 이외의 사항에 관해 회사의 의사를 결정한다. 이사회에서 결정된 회사의 업무집행의사는 이사회 또는 주주총회가 이사 중에서 선임한 대표이사를 통하여 구체화된다. 대표이사는 업무집행에 있어서 대외적으로 회사를 대표할 뿐만 아니라, 업무집행의 의사결정에 관해서도 일상의 업무집행을 결정하는 권한을 갖는다. 이렇게 본다면 주식회사의 업무집행기관은 의사결정기관으로서의 이사회와 집행 · 대표 기관으로서의 대표이사로 양분되고, 각 이사는 이사회의 구성원이면서 대표이사의 지위의 전제자격이다. 이러한 체계는 주주총회의 권한이 한정되고, 업무집행기관의 권한이 확대된 결과 업무집행권한의 신중 · 적정한 행사를 확보하기 위한 방안이다. 그리고 이사의 지위의 중요성에 대응하여 그 선임 · 책임 등에도 특별한 배려가 이루어지고 있다.

제2관 理 事

姜渭斗, 이사의 회사영업의 중요한 일부양수, 司法行政 381(1992. 9)/姜熙甲, 美國에 있어서의 敵對的 企業買受의 防衛策과 理事의 責任, 명지대 사회과학논총 7(1992. 12)/姜熙甲, 평이사의 감시의무, 判例月報 216(1988. 9)/金建植, 자기거래와 미국회사법의 절차적 접근방식, 서울대 법학 94(1994. 5)/김상수 · 고준기, 理事의 忠實義務에 관한 고찰, 군산대 논문집 12(1986. 8)/金善政, 이사의 법적 책임에 대한 보험보호, 現代商事法의 諸問題(李允榮先生停年紀念論文集)(1988)/金英仙, 이사의 책임에 대한 보상제도와 보험에 관한 연구, 서울대 박사학위논문(1989)/金元基, 이사의 자기거래제한과 어음행위, 호남대학 논문집 3(1983. 2)/金元基, 이사의 자기거래제한과 어음행위, 호남대학 논문집 3(1983. 2)/金元基, 자기주식취득규제의 완화론에 대한 일고찰, 商事法學 1(1994. 6)/金鎭奉, 주식회사 이사의 사회적 의무와 책임, 청주대 우암논총 2(1986. 3)/김택주, 기업방위와 경영진의 의무기준 : 미국 판례법을 중심으로, 부산법학 1, 1(1994. 8)/朴相祚, 불란서 상사회사법에서의 업무집행이사회의 법적 지위, 청주대 법학논집 2(1987. 2)/朴仁鉉, 주식회사 이사의 의무위반행위의 효과, 대구교대 논문집 29(1994. 6)/朴晋泰, 이사의 자기거래, 商事判例研究 1(1986)/孫晋華, 이사의

충실의무, 경영법률연구 1(1986)/孫晋華, 주식회사 이사의 충실의무, 司法行政 338(1989. 2)/송석언, 미국회사법상 이사의 신임의무에 관한 연구, 중앙대 박사학위논문(1994)/尹寶玉, 이사의 자기거래, 會社法의 課題(徐燉珏博士華甲紀念論文集)(1980)/李基秀, 소규모주식회사에 있어서 이사의 자기거래, 고시계 240(1977. 2)/李範燦, 사외이사제도, 기업구조의 재편과 상사법(박길준교수화갑기념논문집)(1998)/李炳泰, 이사의 자기거래, 商事法의 現代的 課題(孫珠瓚博士華甲紀念論文集)(1984)/李炳泰, 상법상 이사의 지위, 한양대 법학논총 3(1986. 2)/李正新, 이사의 자기거래, 商去來法의 理論과 實際(安東燮教授華甲紀念論文集)(1995)/李炳泰, 株式會社 理事의 地位와 會社에 대한 責任, 동국대 박사학위논문(1985)/李哲松, 평이사의 감시의무와 손해배상책임, 法曹 350(1985. 11)/林重鎬, 이사의 자기거래의 규제, 중앙대 법학 논문집 17(1992. 12)/鄭東潤, 주주의 간접손해에 대한 이사의 책임, 國際航空宇宙法 및 商事法의 諸問題(金斗煥教授華甲紀念論文集)(1994)/정승욱, 주식회사 지배주주의 법적 책임에 관한 연구 : 사실상의 이사의 법리를 중심으로, 서울대 박사학위논문(1998)/趙斗昊, 株式會社 理事의 競業禁止義務條項, 부산대 법학연구 30(1981. 2)/최엽 · 박인현, 理事의 責任, 영남대 사회과학연구 7, 1(1987. 8)/崔漢峻, 주식회사임원의 비밀유지의무를 통한 기업정보의 보호, 경영법률 제 6 집(1996)/洪復基, 사내이사에 관한 연구, 現代商事法의 諸問題(李允榮先生停年紀念論文集)(1988)/洪復基, 사외이사제도에 관한 입법론적 연구, 연세대 박사학위논문(1988)/洪復基, 사외이사제도의 정착과 그 활성화, 현대상사법의 제문제(박상조교수화갑기념논문집)(1998).

I. 意 義

이사는 업무집행의 의사결정기관인 이사회의 구성원으로서 그 의사결정에 참여하고, 이사회를 통하여 대표이사의 업무집행을 감독하는 권한을 갖는 자이다. 각 이사는 회사의 기관은 아니지만 이사회의 구성원의 입장에서 주주총회에 출석하는 외에 회사의 운영이 정상적인 궤도를 이탈하는 경우에 각종의 소를 제기할 수 있고, 위험설립사항을 조사하기 위한 검사인의 선임을 법원에 청구할 수 있다(제298조 제 4 항). 그러나 법이 단순히 이사의 직무권한으로 규정하고 있으나, 실은 대표이사의 직무권한인 것이 적지 않다. 예컨대 정관의 비치(제396조 제 1 항), 주식 또는 사채청약서의 작성(제420조, 제474조 제 2 항), 재무제표의 작성 · 제출 · 비치 · 공고(제447조 내지 제449조) 등이 그러하다.

이사는 업무집행과 관련한 법률행위 기타 사무의 처리를 회사로부터 위임받은 자이므로 회사와 위임관계에 있다. 따라서 민법의 위임에 관한 규정이 준용된다(제382조 제 2 항). 그러나 무보수가 원칙인 민법의 위임과는 달리 수임인의 지위에 있는 이사의 보수는 정관에 그 액을 정하지 아니한 때에는 주주총회의 결의로써 이를 정한다(제388조).

Ⅱ. 選　任

1. 資　格

상법은 이사의 자격에 관하여 아무런 제한을 두고 있지 않으므로 주주가 아닌 자도 이사가 될 수 있다. 이사의 자격을 주주로 제한하는 것에 관해서는 소유와 경영의 분리라는 측면에서 타당하지 아니한 점도 있으나, 정관으로 이사의 자격을 주주로 제한할 수 있다. 정관으로 이사가 가질 주식(자격주)의 수를 정한 경우에 다른 규정이 없는 때에는 이사는 그 수의 주권을 감사에게 공탁하여야 한다(제387조). 자격주제도는 이사의 자격을 주주로 제한함과 동시에 이사의 손해배상책임을 담보하는 기능도 갖는다. 이 외에도 사적 자치의 원칙에 반하지 않는 한 범법자·외국인 등을 배제하기 위하여 정관으로 이사의 자격을 제한할 수 있다고 본다.

법인이 이사로 될 수 있는가, 즉 자연인만이 이사로 되는가에 관해서는 다툼이 있다. 법인도 이사로 될 수 있다는 입장은 법인이 발기인이 될 수 있다는 해석론 및 구 회사정리법상 법인도 재산관리인이 될 수 있다는 규정(구 회사정리법 제95조)과 균형을 맞출 수 있다든가(서돈각, 381쪽; 정동윤, 364쪽), 제한적으로 업무를 담당하지 않는 경우에는 이론상 법인이 이사로 되지 못할 이유가 없다고 한다(손주찬, 664쪽). 그러나 일시적으로 기술적·절차적인 임무에 종사하는 발기인 또는 재산관리인을 이사와 동일하게 볼 수는 없다. 왜냐하면 고도의 경영판단능력을 필요로 하며 이사회를 통하여 회사의 업무집행을 감독하여야 할 이사의 직무에서 볼 때, 이사는 자연인에 제한된다고 본다(동지 : 최기원, 671쪽; 정찬형, 388쪽; 이철송, 587쪽; 채이식, 546쪽; 손주찬, 742쪽). 더욱이 법인이 이사로 된다고 할 때 실질적 문제로서 이사의 직무를 행하는 자가 문제되고, 법인의 대표자가 그 직무를 행한다고 해도 그 대표자의 변경에 의해 이사의 실질적 교체가 생기며, 회의체인 이사회의 특성상 이사의 의결권의 대리행사가 허용되지 않는다는 점에서 법인이 그 직무를 대리할 자를 선정하는 것도 불가능하다고 볼 때, 상법이 명문의 규정으로 이를 인정하지 않는 한 법인은 이사로 될 수 없다고 본다. 그러나 구 간접투자자산운용업법이라든지 유럽주식회사의 경우에서 볼 수 있는 것처럼 우리도 장기적으로는 법인이사를 허용하는 쪽으로 나아가야 할 것이다.

겸임금지에 의하여 감사는 회사 및 자회사의 이사가 되지 못한다(제411조). 왜냐하면 감사가 이사의 직을 갖는 때에는 감사의 독립성을 해치기 때문이다. 그리고 독점규제 및 공정거래에 관한 법률에 의하여 경쟁관계에 있는 다른 회사의 임원 또는 종업원이 이사가 되지 못하는 경우가 있다(독점규제 및 공정거래에 관한 법률 제7조 제1항).

<대판 1996.8.23, 95 다 39472>

「주식회사의 기관인 상무이사라 하더라도 상법 제15조 소정의 부분적 포괄대리권을 가지는 그 회사의 사용인을 겸임할 수 있다.」

2. 員 數

이사는 3인 이상이어야 한다(제383조 제1항). 정관으로 최저한을 높이거나 최고한을 정할 수 있다. 최저한으로 3인을 정함은 이사회를 구성하기 위함이고, 가부동수인 경우의 해결책으로 3인이라는 기수로 규정하였다. 그러나 대기업과는 달리 소규모 중소기업체의 경우는 1인의 이사가 실제로 회사를 경영하고 나머지 이사들은 명목상의 이사에 불과하므로, 소규모 중소기업체까지 3인의 이사를 두도록 의무화한 것은 비현실적이라 할 수 있다. 1998년 개정법은 이러한 법규정의 비현실성을 개선하여 발행주식의 액면총액이 5억 원 미만인 소규모 회사의 경우는 이사의 수를 1인 또는 2인으로 할 수 있도록 자율화하였다(제383조 제1항 단서). 그리고 2009년 개정에 의하여 5억 원이 10억 원으로 상향조정되었다. 이사수의 자율화로 이사가 한명뿐인 회사가 나타나게 되었는데, 이러한 회사는 이사회가 존재할 수 없으므로 주주총회 또는 1인 이사가 이사회의 기능을 대신하게 된다(제383조 제4항·제6항). 2009년 개정에 의하여 상법 제383조 제4항부터 제6항이 일부 조정되었다.

3. 選任方法

이사는 주주총회에서 선임한다(제382조 제1항). 이사의 선임은 주주총회의 전속결의사항이므로 그 선임을 제3자나 다른 기관에 위임하지 못한다. 그러나 회사의 설립시에는 발기인 또는 창립총회가 선임한다(제296조, 제312조).

이사의 선임은 주주총회의 보통결의에 의한다. 즉 출석한 주주의 의결권의 과반수와 발행주식총수의 4분의 1 이상의 수로써 하여야 한다(제368조 제1항 참조).

한편 1998년 개정법은 2인 이상의 이사를 선임할 때에는 정관에서 달리 정한 경우를 제외하고는 소수주주의 청구가 있으면 집중투표제에 의하여 이사를 선임할 수 있도록 하였다(제382조의 2). 집중투표(cumulative voting)란 동일의 주주총회에서 2인 이상의 이사를 선임하는 경우 각 주주가 1주당 선임해야 할 이사의 수와 동수의 의결권(예컨대 3인의 이사를 선임할 때에 1주에 대하여 3표)을 가지고, 그들의 의결권 전부를 1인의 후보자에게 집중적으로 투표하거나 또는 적당히 나누어 여러 후보자에게 투표할 수 있으며, 투표의 다수를 얻은 자로부터 순차적으로 당선자로 하는 제도이다(제382조의 2 제 3 항 · 제 4 항). 집중투표제를 실시하기 위해서는 2인 이상의 이사의 선임을 목적으로 하는 총회의 소집이 있는 때에 의결권 없는 주식을 제외한 발행주식총수의 100분의 3 이상에 해당하는 주식을 가진 주주의 청구가 있어야 하며(제382조의 2 제 1 항), 이러한 청구는 주주총회일의 7일 전까지 서면 또는 전자문서로 하여야 한다(제382조의 2 제 2 항). 또한 이 서면은 총회가 종결될 때까지 본점에 비치하고, 주주로 하여금 영업시간 내에 열람할 수 있게 하여야 한다(제382조의 2 제 6 항). 이러한 집중투표제도는 지배주주가 지지하는 이사뿐만 아니라 기타 소수주주들의 이해관계자도 이사로 참가할 수 있도록 함으로써 소수주주를 보호하고 투명한 기업경영을 유도하기 위해 도입된 제도이다. 하지만 정관에 다른 규정을 두거나 집중투표제에 의해 선임된 이사를 단순투표제에 의하여 해임하거나, 기차임기제(staggered terms)의 실시 등으로 그 원래 목적을 회피할 수 있으며, 이를 규제하는 규정이 없으므로 그 실효성이 의문이다. 더욱이 미국이나 일본의 경우와는 달리 집중투표의 청구를 단독주주권이 아닌 소수주주권으로 규정하고 있어 그 실효성확보를 위한 제도적 보완이 필요하다고 본다. 2009년 1월 개정법은 구 증권거래법에 규정되어 있던 상장회사의 집중투표에 관한 특례를 상법으로 받아들였는데, 이에 따르면 대통령령으로 정하는 상장회사의 경우에 집중투표를 청구할 수 있는 소수주주의 요건은 의결권 있는 발행주식총수의 100분의 1 이상이다(제542조의 7 제 2 항). 또한 집중투표제의 청구는 주주총회일 6주 전까지 이사에게 서면 또는 전자문서로 하도록 하고 있다(제542조의 7 제 1 항). 물론 상장회사도 정관규정으로 집중투표제를 배제할 수 있는데, 상장회사가 정관에서 집중투표를 배제하고자 하거나 그 배제된 정관을 변경하고자 하는 경우에는 의결권 있는 발행주식총수의 100분의 3을 초과하는 수의 주식을 가진 주주는 그 초과하는 주식에 관하여 의결권을 행사하지 못한다. 이 의결권제한비율은 정관에서 이보다 낮게는 정할 수 있지만 높일 수는 없다(제542조의 7 제 3 항). 그리고 상법 제542조의 7 제 2 항의 상장회사가 주주총회의 목적사항으로 동조 제 3 항에 따른 집중투표배제에 관한 정관변경에 관한 의안을 상정하려는 경우에는 그 밖의 사항의 정관변경에 관한 의안과 별도로 상정하여 의결하여야 한다(제542조의 7 제 4 항).

한편 상장회사의 경우에는 각종 소수주주권의 행사요건이 대폭 완화되어 있는 반면에 6개월의 보유기간을 요구하고 있다. 주주총회 소집청구권과 회사의 업무 · 재산상태의 조사를 위한 검사인선임청구권의 경우에는 6개월 전부터 계속하여 상장회사 발행주식총수의 1천분의 15 이상에 해당하는 주식을 보유한 자가 행사할 수 있도록 하고 있고(제542조의 6 제 1 항), 주주제안권의 경우에는 6개월 전부터 계속하여 상장회사의 의결권 있는 발행주식총수의 1천분의 10(대통령령으로 정하는 상장회사의 경우에는 1천분의 5) 이상에 해당하는 주식을 보유한 자가 행사할 수 있도록 하고 있으며(제542조의 6 제 2 항), 이사 · 감사 · 청산인의 해임청구권의 경우에는 6개월 전부터 계속하여 상장회사 발행주식총수의 1만분의 50(대통령령으로 정하는 상장회사의 경우에는 1만분의 25) 이상에 해당하는 주식을 보유한 자가 행사할 수 있도록 하고 있고(제542조의 6 제 3 항), 회계장부열람권의 경우에는 6개월 전부터 계속하여 상장회사 발행주식총수의 1만분의 10(대통령령으로 정하는 상장회사의 경우에는 1만분의 5) 이상에 해당하는 주식을 보유한 자가 행사할 수 있도록 하고 있으며(제542조의 6 제 4 항), 이사의 위법행위유지청구권의 경우에는 6개월 전부터 계속하여 상장회사 발행주식총수의 10만분의 50(대통령령으로 정하는 상장회사의 경우에는 10만분의 25) 이상에 해당하는 주식을 보유한 자가 행사할 수 있도록 하고 있고(제542조의 6 제 5 항), 대표소송의 경우에는 6개월 전부터 계속하여 상장회사 발행주식총수의 1만분의 1 이상에 해당하는 주식을 보유한 자가 행사할 수 있도록 하고 있다(제542조의 6 제 6 항). 여기에서 주식을 보유한 자란 주식을 소유한 자, 주주권 행사에 관한 위임을 받은 자, 2명 이상 주주의 주주권을 공동으로 행사하는 자를 말한다(제542조의 6 제 8 항).

상장회사 소수주주권 행사 요건과 관련하여서는 일반회사의 요건에 비하여 상장회사 요건을 배타적으로 적용하여야 한다는 견해(배타적 적용설)와 양자의 선택적 적용이 가능하다는 견해(선택적 적용설)가 논의되고 있다. 대법원 판례(대판 2004. 12. 10, 2003 다 41715)는 선택적 적용설을 취하였다. 2009년에 "상장회사의 특례규정은 다른 절에 우선하여 적용된다."는 제542조의2 제 2 항이 신설된 이후로 하급심은 서로 다른 견해를 보이고 있었다(배타적 적용설: 서울중앙지결 2015. 7. 1, 2015 카합 80582, 선택적 적용설: 서울고결 2011. 4. 1, 2011 라 123). 그런데 2020년 12월 상법 개정에 의하여 제542조의6 제10항에서 "제 1 항부터 제 7 항까지는 제542조의2 제 2 항에도 불구하고 이 장의 다른 절에 따른 소수주주권의 행사에 영향을 미치지 아니한다."라고 규정을 함으로써 선택적 적용설을 따른다는 점을 명문으로 해결하였다.

<대판 2004. 12. 10, 2003 다 41715>

「증권거래법 제191조의 13 제 5 항은 상법 제366조의 적용을 배제하는 특별법에 해당한다고 볼 수 없고, 주권상장법인 내지 협회등록법인의 주주는 증권거래법 제191조의 13 제 5 항이 정하는 6월의 보유기간요건을 갖추지 못한 경우라 할지라도 상법 제366조의 요건을 갖추고 있으면 그에 기하여 주주총회소집청구권을 행사할 수 있다.」

4. 選任의 效果의 登記

주주총회의 선임결의에 의하여 피선임자가 곧바로 이사의 지위에 서는 것은 아니고, 선임된 사람의 동의가 있어야 한다. 그러나 회사의 청약에 의한 임용계약에 의하여 비로소 이사의 지위가 인정되는 것은 아니다.

이것이 최근 전원합의체 판결(대판[전원합의체] 2017. 3. 23, 2016 다 251215)의 태도이다. 이 대법원 판결의 취지는 다음과 같다: 상법은 주주총회의 권한에 관하여 주주총회는 본법 또는 정관에 정하는 사항에 한하여 결의할 수 있다고 규정하면서, 이사·감사는 주주총회에서 선임한다고 규정하고 있다. 이러한 상법 규정의 취지는 소유와 경영이 분리되는 주식회사의 특수성을 고려하여 주주가 회사의 경영에 관여하는 유일한 통로인 주주총회에 이사·감사의 선임 권한을 전속적으로 부여하기 위한 것이다. 그럼에도 이사·감사의 지위가 주주총회의 선임결의와 별도로 대표이사와 사이에 임용계약이 체결되어야만 비로소 인정된다고 보는 것은, 이사·감사의 선임을 주주총회의 전속적 권한으로 규정한 상법의 취지에 배치되는 것이다. 주주총회에서 새로운 이사를 선임하는 결의는 주주들이 경영진을 교체하는 의미를 가지는 경우가 종종 있다. 그런데 이사선임결의에도 불구하고 퇴임하는 대표이사가 임용계약의 청약을 하지 아니한 이상 이사로서의 지위를 취득하지 못한다고 보게 되면 주주로서는 효과적인 구제책이 없다는 문제점이 있다. 감사의 선임에 대하여 상법은 발행주식총수의 100분의 3을 초과하는 수의 주식을 가진 주주는 그 초과하는 주식에 관하여는 의결권을 행사하지 못한다고 규정하고 있다. 따라서 감사선임결의에도 불구하고 대표이사가 임용계약의 청약을 하지 아니하여 감사로서의 지위를 취득하지 못한다고 하면 상법규정에서 감사 선임에 관하여 대주주의 의결권을 제한한 취지가 몰각되어 부당하다. 따라서 이사 및 감사의 선임결의 외에 별도의 임용계약 체결이 필요하다는 과거의 대법원 판례는 변경되어야 한다.

이 대법원 전원합의체 판결의 의미는, 소유와 경영이 분리되는 주식회사에서 주주들의 경영관여 및 경영감독은 주주총회를 통한 이사 또는 감사의 선임을 통해 확보되는데 이사 및 감사의 지위 취득에 임용계약이 필요하다고 보는 것은 주주들의 결정에 대하여 회사의 대표이사에게 사실상 거부권을 부여하는 셈이 되어 부당하다고 보는 데에 있다. 즉 2017년 3월 대법원 전원합의체 판결(2016 다 251215)은 이사 및 감사의 지위를 취득하기 위해서는 주주총회의 선임결의와 피선임자의 승낙만 있으며 족하고, 별도의 임용계약은 필요 없다는 법리를 명백히 선언함으로써, 주식회사에 있어 주주들의 경영참여 및 경영감독의 권한을 보다 확고히 보장하였다는 데에 의미가 있다.

이사의 주민등록번호와 성명은 설립등기사항이므로, 이사를 선임하고 피선임자가 이사로 취임한 때에는 회사는 그 성명과 주민등록번호를 등기하여야 한다(제317조 제 2 항).

<대판 2006. 11. 9, 2006 다 50949>

「법인의 임원선임결의의 무효 또는 부존재를 이유로 임원취임등기의 무효를 주장하는 사람은 그 등기의 원인이 되는 임원선임결의의 무효확인 또는 부존재확인의 소를 제기하여 판결이 확정되면 그 판결을 첨부하여 관할등기소에 무효인 임원등기의 말소를 구할 수 있으므로, 이와 별도로 그 법인에 대하여 임원취임등기의 무효확인을 구하는 소는 임원취임에 관한 분쟁을 근본적으로 해결하는 가장 유효 · 적절한 수단이라고 볼 수 없어 확인의 이익이 없다.」

Ⅲ. 任 期

이사의 임기는 3년을 초과하지 못한다(제383조 제 2 항). 그러나 정관으로 그 임기중의 최종의 결산기에 관한 정기주주총회의 종결에 이르기까지 연장할 수 있다(제383조 제 3 항).

임기는 이사에 취임한 때로부터 시작한다. 이사의 선임결의시를 임기의 기산점으로 보기도 하나(손주찬, 743쪽; 이철송, 591쪽; 채이식, 547쪽; 정찬형, 388쪽) 선임과 취임을 명확히 구별하는 한 이사의 지위에 있지 아니한 상태에서 그 임기를 기산하는 것은 타당하지 못하다(동지 : 정동윤, 365쪽; 최기원, 671쪽). 결산기가 법정의 임기중에 도래하는 경우에 그 결산기에 관한 정기주주총회의 종결시까지 이사의 임기를 정관에 의하여 연장할 수 있도록 한 것은 이사의 교체로 인한 결산의 번잡과 불편을 제거하기 위한 기술적 배려이다.

<대판 2010. 6. 24, 2010 다 13541>

「상법 제383조 제 3 항은 이사의 임기는 3년을 초과할 수 없도록 규정한 같은 조 제 2 항에 불구하고 정관으로 그 임기 중의 최종의 결산기에 관한 정기주주총회의 종결에 이르기까지 이를 연장할 수 있다고 규정하고 있는바, 위 규정은 임기가 만료되는 이사에 대하여는 임기 중의 결산에 대한 책임을 지고 주주총회에서 결산서류에 관한 주주들의 질문에 답변하고 변명할 기회를 주는 한편, 회사에 대하여는 정기주주총회를 앞두고 이사의 임기가 만료될 때마다 임시주주총회를 개최하여 이사를 선임하여야 하는 번거로움을 덜어주기 위한 것에 그 취지가 있다. 위와 같은 입법 취지 및 그 규정 내용에 비추어 보면, 위 규정상의 '임기 중의 최종의 결산기에 관한 정기주주총회'라 함은 임기 중에 도래하는 최종의 결산기에 관한 정기주주총회를 말하고, 임기 만료 후 최초로 도래하는 결산기에 관한 정기주주총회 또는 최초로 소집되는 정기주주총회를 의미하는 것은 아니므로, 위 규정은 결국 이사의 임기가 최종 결산기의 말일과 당해 결산기에 관한 정기주주총회 사이에 만료되는 경우에 정관으로 그 임기를 정기주주총회 종결일까지 연장할 수 있도록 허용하는 규정이라고 보아야 한다.」

Ⅳ. 終 任

1. 終任事由

이사와 회사의 관계에는 위임에 관한 민법의 규정이 준용되므로 이사는 언제든지 사임할 수 있고, 이사의 사망 · 파산 · 성년후견, 회사의 파산에 의하여 이사는 종임한다(민법 제689조, 제690조). 이 외에도 임기의 만료, 자격의 상실, 회사의 해산에 의하여 이사는 그 지위를 상실한다. 이러한 일반적 종임사유 이외에 상법은 이사의 해임제도를 규정하고 있다. 이사의 해임은 주주총회의 해임결의에 의하는 경우와 소수주주의 해임청구에 의하는 경우가 있다.

이사의 종임으로 등기사항의 변경이 발생하므로 이사의 종임에 따른 변경등기를 하여야 한다.

<대판 1998. 4. 28, 98 다 8615>

「주식회사의 이사는 언제든지 사임할 수 있고 사임의 의사표시가 대표이사에게 도달하면 그 효과가 발생하나, 대표이사에게 사표의 처리를 일임한 경우에는 사

임의사표시의 효과발생 여부를 대표이사의 의사에 따르도록 한 것이므로 대표이사가 사표를 수리함으로써 사임의 효과가 생긴다.」

<대판 2013. 11. 28, 2011 다 41741>

「법인과 이사의 법률관계는 신뢰를 기초로 한 위임 유사의 관계로 볼 수 있는데, 민법 제689조 제 1 항에서는 위임계약은 각 당사자가 언제든지 해지할 수 있다고 규정하고 있으므로, 법인은 원칙적으로 이사의 임기 만료 전에도 이사를 해임할 수 있지만(대판 2008. 9. 25, 2007 다 17109 참조), 이러한 민법의 규정은 임의규정에 불과하므로 법인이 자치법규인 정관으로 이사의 해임사유 및 절차 등에 관하여 별도의 규정을 두는 것도 가능하다. 그리고 이와 같이 법인이 정관에 이사의 해임사유 및 절차 등을 따로 정한 경우 그 규정은 법인과 이사와의 관계를 명확히 함은 물론 이사의 신분을 보장하는 의미도 아울러 가지고 있어 이를 단순히 주의적 규정으로 볼 수는 없다. 따라서 법인의 정관에 이사의 해임사유에 관한 규정이 있는 경우 법인으로서는 이사의 중대한 의무위반 또는 정상적인 사무집행 불능 등의 특별한 사정이 없는 이상, 정관에서 정하지 아니한 사유로 이사를 해임할 수 없다고 봄이 상당하다.」

<대결 2014. 1. 17, 2013 마 1801>

「법인과 이사의 법률관계는 신뢰를 기초로 한 위임 유사의 관계이고, 위임계약은 원래 해지의 자유가 인정되어 쌍방 누구나 정당한 이유 없이도 언제든지 해지할 수 있으며, 다만 불리한 시기에 부득이한 사유 없이 해지한 경우에 한하여 상대방에게 그로 인한 손해배상책임을 질 뿐이다.」

(1) 株主總會의 解任決議　　주주총회는 언제든지 사유의 여하를 불문하고 이사를 해임할 수 있으나, 이사의 지위를 안정시키기 위하여 선임과는 달리 특별결의에 의하여야 하고, 정당한 이유 없이 임기의 만료 전에 이사를 해임하는 때에는 이사에 대하여 손해배상책임을 진다(제385조 제 1 항). 상법 제385조 제 1 항은 주주총회의 특별결의에 의하여 언제든지 이사를 해임할 수 있게 하는 한편, 임기가 정하여진 이사가 그 임기 전에 정당한 이유 없이 해임당한 경우에는 회사에 대하여 손해배상을 청구할 수 있게 함으로써 주주의 회사에 대한 지배권 확보와 경영자 지위의 안정이라는 주주와 이사의 이익을 조화시키려는 규정으로 보아야 한다. 그리고 대법원(대판 2013. 9. 26, 2011 다 42348)은 해임된 임원이 이전 회사에서의 잔여임기중에 새로 취업한 회사에서 받은 보수는 이전

회사에서의 손해배상에서 손익상계하여야 한다는 입장이다. 해임의 효과는 피해임자의 동의를 요하지 않고 발생하지만, 해임결의에 의하여 즉시 발생하는 것이 아니라 피해임자에게 해임의 고지를 한 때에 발생한다(동지 : 채이식, 550쪽; 손주찬, 746쪽; 정찬형, 393쪽; 최기원, 676쪽. 이설 : 정동윤, 366쪽에서는 고지없이 발생한다고 한다).

<대판 2001. 6. 15, 2001 다 23928>

「상법 제385조 제 1 항에 의하면 "이사는 언제든지 주주총회의 특별결의로 해임할 수 있으나, 이사의 임기를 정한 경우에 정당한 이유 없이 그 임기만료 전에 이를 해임한 때에는 그 이사는 회사에 대하여 해임으로 인한 손해의 배상을 청구할 수 있다."고 규정하고 있는바, 이 때 이사의 임기를 정한 경우라 함은 정관 또는 주주총회의 결의로 임기를 정하고 있는 경우를 말하고, 이사의 임기를 정하지 않은 때에는 이사의 임기의 최장기인 3년을 경과하지 않는 동안에 해임되더라도 그로 인한 손해의 배상을 청구할 수 없다.」

<대판 2004. 12. 10, 2004 다 25123>

「상법 제385조 제 1 항은 주주총회의 특별결의에 의하여 언제든지 이사를 해임할 수 있게 하는 한편, 임기가 정하여진 이사가 그 임기 전에 정당한 이유 없이 해임당한 경우에는 회사에 대하여 손해배상을 청구할 수 있게 함으로써 주주의 회사에 대한 지배권확보와 경영자지위의 안정이라는 주주와 이사의 이익을 조화시키려는 규정이다. 이는 이사의 보수청구권을 보장하는 것을 주된 목적으로 하는 규정이라 할 수 없으므로, 이를 이사회가 대표이사를 해임한 경우에도 유추적용할 것은 아니다.」

<대판 2013. 9. 26, 2011 다 42348>

「상법 제415조, 제385조 제 1 항에 규정된 '정당한 이유'란 주주와 감사 사이에 불화 등 단순히 주관적인 신뢰관계가 상실된 것만으로는 부족하고, 감사가 그 직무와 관련하여 법령이나 정관에 위반된 행위를 하였거나 정신적 · 육체적으로 감사로서 직무를 감당하기 현저하게 곤란한 경우, 감사로서 직무수행능력에 대한 근본적인 신뢰관계가 상실된 경우 등과 같이 당해 감사가 그 직무를 수행하는 데 장해가 될 객관적 상황이 발생한 경우에 비로소 임기 전에 해임할 수 있는 정당한 이유가 있다고 할 것이다. … 임기가 정하여져 있는 감사가 그 임기 만료 전에 정당한 이유 없이 주주총회의 특별결의로 해임되었음을 이유로 상법 제415조, 제385조 제 1 항에 의하여 회사를 상대로 남은 임기 동안 또는 임기 만

료 시 얻을 수 있었던 보수 상당액을 해임으로 인한 손해배상액으로 청구하는 경우, 당해 감사가 그 해임으로 인하여 남은 임기 동안 회사를 위한 위임사무 처리에 들이지 않게 된 자신의 시간과 노력을 다른 직장에 종사하여 사용함으로써 얻은 이익이 해임과 사이에 상당인과관계가 인정된다면 해임으로 인한 손해배상액을 산정함에 있어서 공제되어야 한다.」

<대판 2021. 8. 19, 2020 다 285406>

「상법 제385조 제 1 항의 입법취지, 임기만료 후 이사로서의 권리의무를 행사하고 있는 퇴임이사의 지위 등을 종합하면, 상법 제385조 제 1 항에서 해임대상으로 정하고 있는 '이사'에는 '임기만료 후 이사로서의 권리의무를 행사하고 있는 퇴임이사'는 포함되지 않는다고 보아야 한다(임기만료 후 이사로서의 권리의무를 행사하던 퇴임이사가 회사를 상대로 상법 제385조 제 1 항에 근거하여 이루어진 해임처분의 무효확인과 퇴직금의 지급을 구한 사안임. 피고는 상법 제385조 제 1 항에서 해임대상으로 정하고 있는 '이사'에는 '임기만료 후 이사로서의 권리의무를 행사하고 있는 퇴임이사'도 포함되어야 한다고 다투었음. 대법원은 상법 제385조 제 1 항의 입법취지, 임기만료 후 이사로서의 권리의무를 행사하고 있는 퇴임이사의 지위 등을 종합하면 상법 제385조 제 1 항에서 해임대상으로 정하고 있는 '이사'에는 '임기만료 후 이사로서의 권리의무를 행사하고 있는 퇴임이사'는 포함되지 않는다고 보아야 한다는 이유로, 같은 취지에서 피고의 주장을 배척한 원심의 판단을 수긍하였음).」

(2) 少數株主의 解任請求　　이사가 그 직무에 관하여 부정행위 또는 법령이나 정관에 위반한 중대한 사실이 있음에도 불구하고 주주총회에서 그 해임을 부결한 때에는 발행주식총수의 100분의 3 이상에 해당하는 주식을 가진 주주는 총회의 결의가 있는 날로부터 1월 내에 그 이사의 해임을 법원에 청구할 수 있다(제385조 제 2 항). 이 때 주주총회가 유회된 경우에도 부결된 것으로 볼 수 있는지 여부가 문제된다. 주주총회에서 안건이 부결되고 새로운 총회가 개최된 것이 아니고, 주주총회가 유회된 사안에서, 고등법원(서울고판 1992. 10. 30, 92 나 24952)은 유회된 것을 부결된 것으로 보았다. 그리고 이에 대하여 대법원(대판 1993. 4. 9, 92 다 53583)은 정당하다고 보았다. 상장회사의 경우에는 6개월 전부터 계속하여 상장회사 발행주식총수의 1만분의 50(대통령령으로 정하는 상장회사의 경우에는 1만분의 25) 이상에 해당하는 주식을 보유한 주주가 이사해임을 청구할 수 있다(제542조의 6 제 3 항). 이사해임의

소는 주주총회의 특별결의를 얻지 못하였기 때문에 해임결의가 성립하지 아니한 경우, 소수주주에게 그 수정권을 인정한 것이다. 이 소는 회사의 본점소재지를 관할하는 지방법원에 제기하여야 하고(제385조 제 3 항, 제186조), 이사와 회사를 공동피고로 하여야 한다(동지 : 정찬형, 394쪽; 최기원, 678쪽; 정동윤, 367쪽; 채이식, 550쪽. 이에 대하여 이사만이 피고라고 하는 견해는 손주찬, 747쪽; 서돈각, 382쪽). 왜냐하면 이 소는 일방적인 이사지위의 박탈을 구하거나 회사에 대하여 이사의 해임을 청구하는 소가 아니라, 중대한 사유가 있음에도 불구하고 주주총회가 그 해임결의를 부결하는 경우에 회사와 이사 사이에 존재하는 위임관계를 해소시켜 그 이사를 종임시키기 위한 제도라고 보아야 하기 때문이다. 그러므로 해임판결이 확정되면 위임관계의 해소를 위한 특별한 절차 없이 해임의 효력이 발생하고 이사는 당연히 종임한 것으로 된다.

<대판 2010. 9. 30, 2010 다 35985>

「직무에 관한 부정행위 또는 법령이나 정관에 위반한 중대한 사실이 있어 해임되어야 할 이사가 대주주의 옹호로 그 지위에 그대로 머물게 되는 불합리를 시정함으로써 소수주주 등을 보호하기 위한 상법 제385조 제 2 항의 입법 취지 및 회사 자본의 충실을 기하려는 상법의 취지를 해치는 행위를 단속하기 위한 상법 제628조 제 1 항의 납입가장죄 등의 입법 취지를 비롯한 위 각 규정의 내용 및 형식 등을 종합하면, 상법 제628조 제 1 항에 의하여 처벌 대상이 되는 납입 또는 현물출자의 이행을 가장하는 행위는 특별한 다른 사정이 없는 한, 상법 제385조 제 2 항에 규정된 '그 직무에 관하여 부정행위 또는 법령에 위반한 중대한 사실'이 있는 경우에 해당한다고 보아야 한다.」

2. 缺員時의 繼續理事 · 臨時理事

이사의 종임으로 법률 또는 정관에 정한 이사의 원수를 결한 경우에는 임기의 만료 또는 사임으로 인하여 퇴임한 이사는 새로 선임된 이사가 취임할 때까지 이사의 권리 · 의무가 있다(제386조 제 1 항). 퇴임한 이사가 계속하여 직무와 관련한 권리 · 의무를 갖는 것은 임기의 만료 또는 사임으로 인하여 퇴임한 경우에만 인정되므로, 기타의 사유로 퇴임하거나 계속하여 이사의 직무를 수행하기에 부적당한 경우에는 임시이사(가이사) 제도를 이용할 수 있다. 즉 법률 또는 정관에 정한 이사의 원수를 결한 경우에 필요하다고 인정할 때에 법원은 이사, 감사 또는 이해관계인의 청구에 의하여 일시 이사의 직무를 행할 자를 선임할 수 있고, 이 경우에는 본점의 소재지에서 그 등기를 하여야 한다(제386조 제 2 항).

<대판 1964. 4. 28, 63 다 518>
「동법 제386조 제 2 항 소정의 전항의 경우라 함은 법률 또는 정관에 정한 이사의 원수를 결한 일체의 경우를 말하는 것이지 단지 임기의 만료 또는 사임으로 인하여 이사의 원수를 결한 경우만을 지칭하는 것은 아니라고 해석되므로, 어떠한 경우이든 이사의 결원이 있을 때에는 법원은 이사직무를 행할 자를 선임할 수 있다.」

<대결 2000. 11. 17, 2000 마 5632>
「이사의 사망으로 결원이 생기거나 종전의 이사가 해임된 경우, 이사가 중병으로 사임하거나 장기간 부재중인 경우 등과 같이 퇴임이사로 하여금 이사로서의 권리 · 의무를 가지게 하는 것이 불가능하거나 부적당한 경우를 의미한다고 할 것이나, 구체적으로 어떠한 경우가 이에 해당할 것인지에 관하여는 일시이사 및 직무대행자제도의 취지와 관련하여 사안에 따라 개별적으로 판단하여야 할 것이다. 회사의 대표이사 및 이사의 임기만료로 법률 또는 정관에 정한 원수에 결원이 발생한 경우 회사동업자들 사이에 동업을 둘러싼 분쟁이 계속되고 있다는 사정만으로는 그 임기만료된 대표이사 및 이사에게 회사의 대표이사 및 이사로서의 권리 · 의무를 보유하게 하는 것이 불가능하거나 부적당한 경우에 해당한다고 할 수 없다.」

<대결 2014. 1. 17, 2013 마 1801>
「임기만료된 이사의 업무수행권은 이사에 결원이 있음으로써 법인이 정상적인 활동을 할 수 없는 사태를 방지하자는 데 취지가 있으므로, 이사 중 일부의 임기가 만료되었더라도 아직 임기가 만료되지 아니한 다른 이사들로 정상적인 활동을 할 수 있는 경우에는 임기만료된 이사로 하여금 이사로서 직무를 행사하게 할 필요가 없고, 이러한 경우에는 임기만료로서 당연히 퇴임하며, 법인의 정상적인 활동이 가능한지는 이사의 임기만료 시를 기준으로 판단하여야 하지 그 이후의 사정까지 고려할 수는 없다.」

<대결 2005. 3. 8, 2004 마 800>(전원합의체)
「대표이사를 포함한 이사가 임기의 만료나 사임에 의하여 퇴임함으로 말미암아 법률 또는 정관에 정한 대표이사나 이사의 원수(최저인원수 또는 특정한 인원수)를 채우지 못하게 되는 결과가 일어나는 경우에, 그 퇴임한 이사는 새로 선임된

이사(후임이사)가 취임할 때까지 이사로서의 권리·의무가 있는 것인바(상법 제386조 제 1 항, 제389조 제 3 항), 이러한 경우에는 이사의 퇴임등기를 하여야 하는 2주 또는 3주의 기간은 일반의 경우처럼 퇴임한 이사의 퇴임일부터 기산하는 것이 아니라 후임이사의 취임일부터 기산한다고 보아야 하며, 후임이사가 취임하기 전에는 퇴임한 이사의 퇴임등기만을 따로 신청할 수 없다고 봄이 상당하다.」

<대결 2009. 10. 29, 2009 마 1311>

「상법 제386조 제 1 항은 법률 또는 정관에 정한 이사의 원수를 결한 경우에는 임기의 만료 또는 사임으로 인하여 퇴임한 이사로 하여금 새로 선임된 이사가 취임할 때까지 이사의 권리의무를 행하도록 규정하고 있는바, 위 규정에 따라 이사의 권리의무를 행사하고 있는 퇴임이사로 하여금 이사로서의 권리의무를 가지게 하는 것이 불가능하거나 부적당한 경우 등 필요한 경우에는 상법 제386조 제 2 항에 정한 일시 이사의 직무를 행할 자의 선임을 법원에 청구할 수 있으므로(대법원 2000. 11. 17.자 2000 마 5632 결정 등 참조), 이와는 별도로 상법 제386조 제 1 항에 정한 바에 따라 이사의 권리의무를 행하고 있는 퇴임이사를 상대로 해임사유의 존재나 임기만료·사임 등을 이유로 그 직무집행의 정지를 구하는 가처분 신청은 허용되지 않는다고 보아야 한다.

상법 제386조 제 1 항의 규정에 따라 퇴임이사가 이사의 권리의무를 행할 수 있는 것은 법률 또는 정관에 정한 이사의 원수를 결한 경우에 한정되는 것이므로, 퇴임할 당시에 법률 또는 정관에 정한 이사의 원수가 충족되어 있는 경우라면 퇴임하는 이사는 임기의 만료 또는 사임과 동시에 당연히 이사로서의 권리의무를 상실하는 것이고, 그럼에도 불구하고 그 이사가 여전히 이사로서의 권리의무를 실제로 행사하고 있는 경우에는 그 권리의무의 부존재확인청구권을 피보전권리로 하여 직무집행의 정지를 구하는 가처분신청이 허용된다고 보아야 한다.」

<대판 2010. 6. 24, 2010 다 2107>

「민법상 법인과 그 기관인 이사와의 관계는 위임자와 수임자의 법률관계와 같은 것으로서 이사의 임기가 만료되면 일단 그 위임관계는 종료되는 것이 원칙이고, 다만 그 후임 이사 선임시까지 이사가 존재하지 않는다면 기관에 의하여 행위를 할 수밖에 없는 법인으로서 당장 정상적인 활동을 중단하지 않을 수 없는 상태에 처하게 되므로 정관의 규정에 따라 또는 민법 제691조의 규정을 유추하여 구 이사로 하여금 법인의 업무를 수행케 함이 부적당하다고 인정할 만한 특별한 사정이 없고 종전의 직무를 구이사로 하여금 처리하게 할 필요가 있는 경우에 후

임 이사가 선임될 때까지 임기만료된 구이사에게 이사의 직무를 수행할 수 있는 업무수행권이 인정된다(대판 1996. 1. 26, 95 다 40915, 대판 1996. 12. 10, 96 다 37206 등 참조).」

이를 임시이사 또는 가이사라 하며, 그 권한은 본래의 이사와 동일하다.

<대결 1968. 5. 22, 68 마 119>
「이사의 결원이 있어 법원에서 일시 이사의 직무를 행할 자를 선임한 경우에 그 이사직무대행자는, 이사직무집행정지 가처분결정과 동시에 선임된 이사직무대행자와는 달라 그 권한은 회사의 상무에 속한 것에 한한다는 제한을 받지 않는다.」

이 점은 후술하는 가처분에 의한 직무대행자와 다르다.

<대판 2010. 10. 28, 2010 다 30676 · 30683>
「학교법인 이사회의 이사선임결의는 학교법인의 의사결정으로서 그로 인한 법률관계의 주체는 학교법인이므로 학교법인을 상대로 하여 이사선임결의의 존부나 효력 유무의 확인판결을 받음으로써만 그 결의로 인한 원고의 권리 또는 법률상 지위에 대한 위험이나 불안을 유효적절하게 제거할 수 있는 것이고, 학교법인이 아닌 이사 개인을 상대로 한 확인판결은 학교법인에 그 효력이 미치지 아니하여 즉시확정의 이익이 없으므로 그러한 확인판결을 구하는 소송은 부적법하다. 이와 같은 법리는 학교법인을 상대로 이사선임결의의 존부나 효력 유무의 확인판결을 구하면서 아울러 이사 개인을 피고로 하여 이사 지위의 부존재 확인판결 등을 구하는 경우에도 동일하게 적용된다.

학교법인의 기본권과 구 사립학교법(2005. 12. 29. 법률 제7802호로 개정되기 전의 것, 이하 같다)의 입법 목적, 그리고 같은 법 제25조가 민법 제63조에 대한 특칙으로서 임시이사의 선임사유, 임무, 재임기간 그리고 정식이사로의 선임제한 등에 관한 별도의 규정을 두고 있는 점 등에 비추어 보면, 구 사립학교법 제25조에 의하여 교육부장관이 선임한 임시이사는 이사의 결원으로 인하여 학교법인의 목적을 달성할 수 없거나 손해가 생길 염려가 있는 경우에 임시적으로 그 운영을 담당하는 위기관리자로서, 민법상의 임시이사와는 달리 일반적인 학교법인의 운영에 관한 행위에 한하여 정식이사와 동일한 권한을 가지는 것으로 제한적으로 해석하여야 하고, 따라서 정식이사를 선임할 권한은 없다고 봄이 상당하다. 위와 같이 구 사립학교법상 임시이사는 정식이사를 선임할 권한이 없고, 임시이사가 선임되기 전에 적법하게 선임되었다가 퇴임한 정식이사 등 또한 후임 정식이사를 선임할 권한이 없으므로, 임시이사가 위 퇴임 정식이사 등과 협의하여 후임 정식이사를 선임하였다고 하여 권한 없는 임시이사의 정식이사 선임행위가 유효하게 될 수는 없다.」

Ⅴ. 職務執行停止·職務代行者選任

이사의 선임결의의 무효나 취소 또는 이사해임의 소가 제기되어도 이유가 없는 경우가 있기 때문에 소의 제기에 의하여 당연히 직무집행정지의 효력이 생기지는 않는다. 그러나 소의 제기가 있음에도 불구하고 그대로 이사의 직무를 행하게 하는 것이 부적당한 경우가 적지 않다. 더욱이 선임결의가 무효로 되거나 취소의 판결이 확정된다면, 소급하여 이사가 아닌 것으로 되기 때문에 그가 직무를 행한 경우에는 불합리한 결과가 발생한다. 그래서 상법은 민사집행법상의 가처분제도(민사집행법 제300조, 제301조)의 특칙을 두고 있다.

이사선임결의의 무효나 취소 또는 이사해임의 소가 제기된 경우 또는 제기 전이라도 급박한 사정이 있는 때에는 법원은 당사자의 신청에 의하여 가처분으로 이사의 직무집행을 정지할 수 있고, 또는 직무대행자를 선임할 수 있다(제407조 제 1 항). 이것은 이사선임결의의 부존재확인의 소의 경우에도 유추적용할 수 있다. 이 가처분은 임시의 지위를 정하기 위한 가처분이지만, 민사소송법에 규정된 절차에 대하여 특별히 간이·신속한 절차를 인정한 것이므로 그 판례는 항시 결정으로써 하여야 하고 가처분의 변경·취소(제407조 제 2 항)도 결정절차에 의한다(통설).

<대판 1989.5.23, 88 다카 9883>

「주식회사 이사의 직무집행을 정지하고 그 대행자를 선임하는 가처분은 민사소송법 제714조 제 2 항에 의한 임시의 지위를 정하는 가처분의 성질을 가지는 것으로서, 본안소송의 제 1 심 판결선고시 또는 확정시까지 그 직무집행을 정지한다는 취지를 결하였다 하여 당연무효라 할 수 없으나, 가처분에 의해 직무집행이 정지된 당해 이사 등을 선임한 주주총회결의의 취소나 그 무효 또는 부존재확인을 구하는 본안소송에서 가처분채권자가 승소하여 그 판결이 확정된 때에는 가처분은 그 직무집행정지기간의 정함이 없는 경우에도 본안승소판결의 확정과 동시에 그 목적을 달성한 것이 되어 당연히 효력을 상실한다.」(동지: 대판 1989. 9. 12, 87 다카 2691).

<대결 1997.1.10, 95 마 837>

「상법 제385조 제 2 항에 의한 소수주주의 이사해임의 소를 피보전권리로 하는 이사직무집행정지신청은 반드시 본안소송의 제기를 전제로 하지 않으며, 상법

제385조 제 2 항에 의한 소수주주에 의한 이사해임의 소의 제기절차 및 이사직무 집행정지신청의 요건은 특별히 급박한 사정이 없는 한 해임의 소를 제기할 수 있을 정도의 절차요건을 거친 흔적이 소명되어야 피보전권리의 존재가 소명되는 것이고, 그 가처분의 보전의 필요성도 인정될 수 있다.」

가처분의 내용은 직무집행정지 또는 직무대행자선임이다. 직무대행자의 선임은 직무집행정지를 전제로 하지만 당연히 직무집행정지에 수반하지는 않고, 그 결과 정관 또는 법률에 정한 이사의 원수를 결한 경우와 같이 필요가 있는 경우에 한하여 선임된다. 또한 직무대행자는 대표이사가 직무집행을 정지당한 경우에 이를 선임하는 실익이 많지만, 그 경우에 한정되지 않는다.

직무집행정지중의 이사가 한 행위는 제 3 자에 대한 관계에서도 무효이고, 후에 본안소송의 이유 없음이 확정되어도 소급하여 유효로 되는 것은 아니다.

<대판 2014. 3. 27, 2013 다 39551>

「주식회사 이사의 직무집행을 정지하고 직무대행자를 선임하는 가처분은 성질상 당사자 사이뿐만 아니라 제 3 자에 대한 관계에서도 효력이 미치므로 가처분에 반하여 이루어진 행위는 제 3 자에 대한 관계에서도 무효이므로 가처분에 의하여 선임된 이사직무대행자의 권한은 법원의 취소결정이 있기까지 유효하게 존속한다. 또한 등기할 사항인 직무집행정지 및 직무대행자선임 가처분은 상법 제37조 제 1 항에 의하여 이를 등기하지 아니하면 위 가처분으로 선의의 제 3 자에게 대항하지 못하지만 악의의 제 3 자에게는 대항할 수 있고, 주식회사의 대표이사 및 이사에 대한 직무집행을 정지하고 직무대행자를 선임하는 법원의 가처분결정은 그 결정 이전에 직무집행이 정지된 주식회사 대표이사의 퇴임등기와 직무집행이 정지된 이사가 대표이사로 취임하는 등기가 경료되었다고 할지라도 직무집행이 정지된 이사에 대하여는 여전히 효력이 있으므로 가처분결정에 의하여 선임된 대표이사 및 이사 직무대행자의 권한은 유효하게 존속하고, 반면에 가처분결정 이전에 직무집행이 정지된 이사가 대표이사로 선임되었다고 할지라도 그 선임결의의 적법 여부에 관계없이 대표이사로서의 권한을 가지지 못한다.」

<대판 2020. 8. 20, 2018 다 249148>

「주식회사의 이사나 감사를 피신청인으로 하여 그 직무집행을 정지하고 직무대행자를 선임하는 가처분이 있는 경우 가처분결정은 이사 등의 직무집행을 정지시킬

뿐 이사 등의 지위나 자격을 박탈하는 것이 아니므로, 특별한 사정이 없는 한 가처분결정으로 인하여 이사 등의 임기가 당연히 정지되거나 가처분결정이 존속하는 기간만큼 연장된다고 할 수 없다. 나아가 위와 같은 가처분결정은 성질상 당사자 사이뿐만 아니라 제 3 자에 대해서도 효력이 미치지만, 이는 어디까지나 직무집행행위의 효력을 제한하는 것일 뿐이므로, 이사 등의 임기 진행에 영향을 주는 것은 아니다.

일반적으로 과거의 법률관계는 확인의 소의 대상이 될 수 없지만, 그것이 이해관계인들 사이에 현재적 또는 잠재적 분쟁의 전제가 되어 과거의 법률관계 자체의 확인을 구하는 것이 관련된 분쟁을 일거에 해결하는 유효·적절한 수단이 될 수 있는 경우에는 예외적으로 확인의 이익이 인정된다(甲 주식회사의 주주들이 법원의 허가를 받아 개최한 주주총회에서 乙이 감사로 선임되었는데도 甲 회사가 감사 임용계약의 체결을 거부하자, 乙이 甲 회사를 상대로 감사 지위의 확인을 구하는 소를 제기하여, 소를 제기할 당시는 물론 대법원이 乙의 청구를 받아들이는 취지의 환송판결을 할 당시에도 乙의 감사로서 임기가 남아 있었는데, 환송 후 원심의 심리 도중 乙의 임기가 만료되어 후임 감사가 선임된 사안에서, 乙의 임기가 만료되고 후임 감사가 선임됨으로써 乙의 감사 지위 확인 청구가 과거의 법률관계에 대한 확인을 구하는 것이 되었으나, 과거의 법률관계라고 할지라도 현재의 권리 또는 법률상 지위에 영향을 미치고 이에 대한 위험이나 불안을 제거하기 위하여 그 법률관계에 관한 확인판결을 받는 것이 유효·적절한 수단이라고 인정될 때에는 확인을 구할 이익이 있으므로, 乙에게 현재의 권리 또는 법률상 지위에 대한 위험이나 불안을 제거하기 위해 과거의 법률관계에 대한 확인을 구할 이익이나 필요성이 있는지를 석명하고 이에 관한 의견을 진술하게 하거나 청구취지를 변경할 수 있는 기회를 주어야 하는데도, 종전의 감사 지위 확인 청구가 과거의 법률관계에 대한 확인을 구하는 것이 되었다는 등의 이유만으로 확인의 이익이 없다고 보아 乙의 청구를 부적법 각하한 원심판결에는 확인소송에서 확인의 이익 및 석명의무의 범위에 관한 법리오해의 잘못이 있다고 한 사례).」

가처분과 그 변경·취소는 본점과 지점의 소재지에서 등기에 의하여 공시된다(제407조 제 3 항).

직무대행자는 이사의 직무를 잠정적으로 대행하는 자이기 때문에 그 권한은 가처분명령에 다른 정함이 있는 경우 외에는 회사의 상무에 한정되고, 상무에 속하지 아니하는 행위를 하기 위해서는 법원의 허가를 받아야 한다(제408조 제 1 항). 상무에 속하지 아니하는 행위란 신주발행 · 사채발행 · 영업양도 등이고, 평이사의 직무대행자는 이러한 사항에 관하여 이사회의 결의에 참가할 수 없고, 대표이사의 직무대행자는 그 결의를 집행할 수도 없다.

<대판 1989. 9. 12, 87 다카 2691>

「가처분에 의하여 대표이사 직무대행자로 선임된 자가 변호사에게 소송대리를 위임하고 그 보수계약을 체결하거나 그와 관련하여 반소제기를 위임하는 행위는 회사의 상무에 속하나, 회사의 상대방당사자의 변호인의 보수지급에 관한 약정은 회사의 상무에 속한다고 볼 수 없으므로 법원의 허가를 받지 않는 한 효력이 없다.」

그러나 직무대행자가 이 제한에 위반한 행위를 한 때에도 회사는 선의의 제 3 자에 대하여 책임을 진다(제408조 제 2 항).

<대판 1965. 10. 26, 65 다 1677>

「구 상법상 주식회사취체역(이사)의 직무대행자는 그 가처분명령에 별도의 규정이 있거나, 특히 본안 법원의 허가를 얻은 경우 이외에는 회사의 상무에 속하지 않는 행위를 할 수 없는 것이나, 이에 위반한 때라 할지라도 회사는 선의의 제 3 자에 대하여 그 책임을 진다 할 것인바, 선의라는 점에 대한 주장과 증명책임은 상대방에 있다 할 것이다.」

Ⅵ. 權 限

이사는 업무집행기관인 이사회의 구성원으로서 업무집행의 의사결정에 참여할 수 있고, 이사회를 통하여 업무집행을 감독하는 권한을 갖는다. 그리고 이사는 정관 기타 내규에 의하여 대내적으로 일정한 범위에서 업무집행의 권한을 가질 수 있다. 이를 업무담당이사라 하는데, 대표이사가 아닌 전무이사 · 상무이사가 이에 해당한다. 대표이사가 아닌 이사는 대외적으로 회사를 대표할 권한이 없다.

2001년 7월 개정상법은 제393조에 제 3 항을 신설하여 "이사는 대표이사로 하여금 다른 이사 또는 피용자의 업무에 관하여 이사회에 보고할 것을 요구할 수 있다"라는 규정을 두었다. 주로 사외이사 등의 업무집행사항에 관한 정보의 필요성을 고려한 입법조치이다. 또한 제393조 제 2 항에 의하여 이사회가 이사의 업무집행을 감독할 수 있다는 점도 고려하여야 한다.

이 외에도 이사는 이사회의 구성원으로서 이사회소집권(제390조 제 1 항), 주주총회의사록에 대한 기명날인 또는 서명권(제373조 제 2 항), 검사인선임청구권(제298조 제 4 항), 설립무효의 소(제328조)·주주총회결의취소의 소(제376조)·신주발행무효의 소(제429조)·감자무효의 소(제445조)·합병무효의 소(제529조) 등 각종의 소제기권을 갖는다.

Ⅶ. 理事의 報酬

1. 報酬의 決定

위임은 무상을 원칙으로 하지만, 이사는 특단의 사유가 없는 한 보수를 받는다.

<대판 1964. 3. 31, 63 다 715>

「정관이나 주주총회의 결의 또는 주무부장관의 승인에 의한 보수액의 결정이 없었다고 하더라도 주주총회의 결의에 의하여 상무이사로 선임되고, 그 임무를 수행한 자에 대하여는 보수금지급의 특약이 전연 없었다고 단정할 수 없고, 명시적이든 묵시적이든 그 특약이 있었다고 볼 것이다.」

<대판 2015. 7. 23, 2014 다 236311>

「법적으로는 주식회사 이사·감사의 지위를 갖지만 회사와의 명시적 또는 묵시적 약정에 따라 이사·감사로서의 실질적인 직무를 수행하지 않는 이른바 명목상 이사·감사도 법인인 회사의 기관으로서 회사가 사회적 실체로서 성립하고 활동하는 데 필요한 기초를 제공함과 아울러 상법이 정한 권한과 의무를 갖고 그 의무 위반에 따른 책임을 부담하는 것은 일반적인 이사·감사와 다를 바 없으므로, 과다한 보수에 대한 사법적 통제의 문제는 별론으로 하더라도, 오로지 보수의 지급이라는 형식으로 회사의 자금을 개인에게 지급하기 위한 방편으로 이사·감사로 선임한 것이라는 등의 특별한 사정이 없는 한, 회사에 대하여 상법 제388조, 제415조에 따라 정관의 규정 또는 주주총회의 결의에 의하여 결정된 보수의 청구권을 갖는다고 할 것이다(이른바 명목상 이사·감사라고 하더라도 특별한 사정이 없는 한 상법 제388조, 제415조의 요건을 갖춘 이상 보수청구권이 있다고 한 사례임).」

그런데 보수액의 결정은 본래 이사회 또는 대표이사의 직무에 속하는 사항이나, 이렇게 한다면 스스로 자기 또는 동료의 보수를 결정하게 되어 주주의 이익을 해할 수 있기 때문에 상법은 정관에 보수액을 정하지 아니한 때에는 주주총회의 결의로 이를 정하도록 하였다(제388조). 이사의 퇴직금 중간정산도 정관이나 주주총회의 결의로 정해야 한다(대판 2019. 7. 4, 2017 다 17436).이 점에서 상법의 규정은 이사에 의한 사익도모의 폐해를 방지하고, 회사와 주주의 이익을 보호하기 위한 정책적 규정이라고 할 수 있다.

이사의 보수라 함은 봉급·급여·공로금·주택료 등 명칭의 여하를 불문하고 그 직무행위의 대가로서 지급되는 것을 말하며, 사택의 사용, 회사제품의 제공 등 현물급여도 이에 해당한다.

보수는 자주 변동되므로 정관으로 정하는 경우는 거의 없고 대부분 주주총회의 결의로써 이를 정한다. 정관 또는 주주총회의 결의로 이사의 보수를 정할 때 각 이사의 보수를 개별적으로 정할 필요는 없고, 전원에 대한 총액 또는 한도액을 정하고, 각 이사에 대한 배분의 결정을 이사회 또는 대표이사에 위임할 수 있다고 본다(동지 : 최기원, 687쪽; 정동윤, 370쪽; 이철송, 596쪽). 따라서 보수액의 결정 및 그 지급을 무조건으로 위임하는 주주총회의 결의는 무효이다.

이사의 보수액을 결정하는 주주총회의 결의에서는 이사인 주주는 특별이해관계인으로서 의결권을 행사하지 못한다(제368조 제 3 항). 그리고 이사의 보수총액을 각 이사에게 배분하는 이사회의 결의에 관해서도 특별이해관계의 문제가 생길 여지가 있으나, 이미 그 총액이나 한도가 정해진 이상 특별히 이를 문제삼을 필요는 없다.

이사와 회사 사이는 위임관계로서(상법 제382조 제 2 항) 이사의 보수는 정관에서 그 액을 정하지 않은 경우 주주총회의 결의로 정하여야 한다(상법 제388조). 여기서 보수는 급여, 상여금 및 퇴직금을 포함하는 개념으로 이해하고 있다. 우리나라에서는 주로 이사의 보수의 보장 및 보수에 대한 주주의 관여라는 측면에서 법원의 판례가 선고되고 있다. 그리고 이사의 보수의 적정성에 대하여는 별로 논의가 이루어지지 않고 있는 상황이다. 그런데 독일 주식법에서는 오래전부터 감사회가 개개의 이사의 보수의 총액을 확정함에 있어서 총액이 이사의 업적과 회사의 사정에 적정한 관계에 놓이도록 하여야 한다는 규정을 두고 있다(독일 주식법 제87조 제 1 항). 그리고 글로벌 금융위기와 CEO의 과도한 보수가 국제적으로도 도마위에 오르자 독일에서는 동법조항을 개정 보완하였고 유럽연합에서도 해당 내용의 권고를 발하였다. 미국에서도 천문학적 규모의 공적 자금을 받은 대형 금융기관들이 2008년 40조 원의 보너스 잔치를 벌인 데 대하여 여론이 들끓었었다. 더 나아가 미국 하원은 최근 금융회사의 지나치게 많은 보수를 제한하는 법안을 통과시켰다. 이 법안은 금융감독 당국이 금융회사들의 지나친 월급과 보너스를 규제하여 과도한 위험을 부담하면서까지 자금운용을 하지 못하도록 규정하고 있다. 또 기업의 이사회 보상위원회를 반드시 회사와 무관한 독립적 인사로 구성하도록 규정하고 있다. 회사법제의 글로벌화 과정에서 미국식의 법제도가 중요성을 더해가고 있다. 그런데 영미국가는 판례법위주의 불문법계 국가에 속한다. 따라서 미국식의 제도를 대륙법계인 우리가 받아들임에 있어서는 같은 대륙법계의 국가에 선례가 있으면 많은 도움을 받을 수 있다. 미국의 판례법원리에 의거하고 있는 경영판단원칙을 독일에서 주식법 제93조 제 2 항에서 수용한 것이 하나의 예이다. 마찬가지로 이사의 보수제한을 국내에서 입법화할 때에도 독일의 전례는 많은 참고사항을 제공한다. 우리의 경우도 회사의 사정이나 경영성과 등에 비추어 이사의 보수가 과다할 때에는 비록 정관의 규정이나 주주총회의 결의라는 적법한 절차를 거쳤다 하더라도 그 효력을 인정할 수 없다고 보아야 하며 그러한 방향으로 입법을 보완하는 것이 필요하다. 이사의 신분보장과 적정한 보수의 보장이 맞물려 돌아가야 하면서도 과도한 이사의 보수지급에 제동을 걸을 수 있는 장치를 마련하는 것이 필요한 상황이다. 입법적으로 기존의 상법 제388조를 동조 제 1 항으로 하면서 상법 제388조 제 2 항, 제 3 항을 신설하는 것이 적합하다고 본다. 그 제안 내용은 다음과 같다: 제 2 항 "이사의 보수를 결정함에 있어서는 그 보수가 이사의 노력과 업적 및 회사의 상황에 적정한 관계에 있도록 하여야 한다. 그 보수는 특별한 이유없이 통상적인 보수를 넘지 않아야 한다." 제 3 항 "이사의 보수확정 이후 회사의 사정이 제 2 항에 의한 보수를 계속 지급하는 것이 회사의 입장에서 불공정하다고 보이는 경우에는 정관규정이나 주주총회결의를 통하여 이사의 보수를 감액할 수 있다" (상세는 최병규, "적정한 이사의 보수를 위한 독일의 법개정과 유럽연합권고,"상사판례연구 제22집 제 3 권(2009), 359쪽 아래 참조).

<대판 2016. 1. 28, 2014 다 11888>

「상법이 정관 또는 주주총회의 결의로 이사의 보수를 정하도록 한 것은 이사들의 고용계약과 관련하여 사익 도모의 폐해를 방지함으로써 회사와 주주 및 회사

채권자의 이익을 보호하기 위한 것이므로, 비록 보수와 직무의 상관관계가 상법에 명시되어 있지 않더라도 이사가 회사에 대하여 제공하는 직무와 그 지급받는 보수 사이에는 합리적 비례관계가 유지되어야 하며, 회사의 채무 상황이나 영업실적에 비추어 합리적인 수준을 벗어나서 현저히 균형성을 잃을 정도로 과다하여서는 아니 된다. 따라서 회사에 대한 경영권 상실 등에 의하여 퇴직을 앞둔 이사가 회사로부터 최대한 많은 보수를 받기 위하여 그에 동조하는 다른 이사와 함께 이사의 직무내용, 회사의 재무상황이나 영업실적 등에 비추어 지나치게 과다하여 합리적 수준을 현저히 벗어나는 보수 지급 기준을 마련하고 그 지위를 이용하여 주주총회에 영향력을 행사함으로써 소수주주의 반대에 불구하고 이에 관한 주주총회결의가 성립되도록 하였다면, 이는 회사를 위하여 직무를 충실하게 수행하여야 하는 상법 제382조의3에서 정한 의무를 위반하여 회사재산의 부당한 유출을 야기함으로써 회사와 주주의 이익을 침해하는 것으로서 회사에 대한 배임행위에 해당하므로, 주주총회결의를 거쳤다 하더라도 그러한 위법행위가 유효하다 할 수는 없다(피고 회사의 구 경영진이던 원고들이 회사의 경영상황에는 전혀 부합하지 않는 거액의 퇴직금을 지급하도록 하는 퇴직금지급규정을 제정하여 원고들이 장악하고 있는 대주주를 통하여 주주총회를 통과하도록 한 것은 상법상 이사의 충실의무에 위반하는 배임행위에 해당하므로, 주주총회결의를 거쳤다 하더라도 그러한 위법행위가 유효하다고 할 수 없으므로, 원고들의 퇴직금지급청구권의 행사가 허용되지 않는다고 본 사안).」

<대판 2017. 9. 21, 2015 두 60884>

「법인이 임원에게 직무집행의 대가로서 지급하는 보수는 법인의 사업수행을 위하여 지출하는 비용으로서 원칙적으로 손금산입의 대상이 된다. 하지만 구 법인세법(2010. 12. 30. 법률 제10423호로 개정되기 전의 것, 이하 같다) 제19조 제 1 항, 제20조 제 1 호, 제26조 제 1 호, 법인세법 시행령 제43조 제 1 항의 문언과 법인의 소득을 부당하게 감소시키는 것을 방지하기 위한 구 법인세법 제26조, 법인세법 시행령 제43조의 입법 취지 등에 비추어 보면, 법인이 지배주주인 임원(그와 특수관계에 있는 임원을 포함한다)에게 보수를 지급하였더라도, 보수가 법인의 영업이익에서 차지하는 비중과 규모, 해당 법인 내 다른 임원들 또는 동종업계 임원들의 보수와의 현저한 격차 유무, 정기적·계속적으로 지급될 가능성, 보수의 증감 추이 및 법인의 영업이익 변동과의 연관성, 다른 주주들에 대한 배당금 지급 여부, 법인의 소득을 부당하게 감소시키려는 주관적 의도 등 제반 사정을 종합적으로 고려할 때, 해당 보수가 임원의 직무집행에 대한

정상적인 대가라기보다는 주로 법인에 유보된 이익을 분여하기 위하여 대외적으로 보수의 형식을 취한 것에 불과하다면, 이는 이익처분으로서 손금불산입 대상이 되는 상여금과 실질이 동일하므로 법인세법 시행령 제43조에 따라 손금에 산입할 수 없다고 보아야 한다.」

<대판 2019. 7. 4, 2017 다 17436>

「상법 제388조에 의하면 주식회사의 이사의 보수는 정관에 그 액을 정하지 아니한 때에는 주주총회의 결의로 이를 정한다고 규정되어 있다. 이는 이사가 자신의 보수와 관련하여 개인적 이익을 도모하는 폐해를 방지하여 회사와 주주 및 회사채권자의 이익을 보호하기 위한 강행규정이다. 따라서 정관 등에서 이사의 보수에 관하여 주주총회의 결의로 정한다고 규정되어 있는 경우 그 금액 · 지급방법 · 지급시기 등에 관한 주주총회의 결의가 있었음을 인정할 증거가 없는 한 이사의 보수 청구권을 행사할 수 없다(대판 1992. 12. 22, 92 다 28228, 대판 2016. 1. 28, 2014 다 11888 등 참조). 이사의 퇴직금은 상법 제388조에 규정된 보수에 포함되고, 퇴직금을 미리 정산하여 지급받는 형식을 취하는 퇴직금 중간정산금도 퇴직금과 성격이 동일하다. 다만 이사에 대한 퇴직금은 성격상 퇴직한 이사에 대해 재직 중 직무집행의 대가로 지급되는 보수의 일종이므로, 이사가 재직하는 한 이사에 대한 퇴직금 지급의무가 발생할 여지가 없고 이사가 퇴직하는 때에 비로소 지급의무가 생긴다. 그런데 퇴직금 중간정산금은 지급시기가 일반적으로 정해져 있는 정기적 보수 또는 퇴직금과 달리 권리자인 이사의 신청을 전제로 이사의 퇴직 전에 지급의무가 발생하게 되므로, 이사가 중간정산의 형태로 퇴직금을 지급받을 수 있는지 여부는 퇴직금의 지급시기와 지급방법에 관한 매우 중요한 요소이다. 따라서 정관 등에서 이사의 퇴직금에 관하여 주주총회의 결의로 정한다고 규정하면서 퇴직금의 액수에 관하여만 정하고 있다면, 퇴직금 중간정산에 관한 주주총회의 결의가 있었음을 인정할 증거가 없는 한 이사는 퇴직금 중간정산금 청구권을 행사할 수 없다.」

<대판 2020. 4. 9, 2018 다 290436>

「상법 제388조는 이사의 보수는 정관에 그 액을 정하지 아니한 때에는 주주총회의 결의로 이를 정한다고 규정한다. 이는 이사가 자신의 보수와 관련하여 개인적 이익을 도모하는 폐해를 방지하여 회사와 주주 및 회사채권자의 이익을 보호하기 위한 강행규정이다. 따라서 정관에서 이사의 보수에 관하여 주주총회의 결의로 정한다고 규정한 경우 그 금액 · 지급방법 · 지급시기 등에 관한 주주총회의 결의가 있었음을 인정할 증거가 없는 한 이사는 보수청구권을 행사할 수 없다

(대법원 2014. 5. 29. 선고 2012 다 98720 판결, 대법원 2019. 7. 4. 선고 2017 다 17436 판결 등 참조). 이때 '이사의 보수'에는 월급, 상여금 등 명칭을 불문하고 이사의 직무수행에 대한 보상으로 지급되는 대가가 모두 포함되고(대법원 2018. 5. 30. 선고 2015 다 51968 판결 등 참조), 회사가 성과급, 특별성과급 등의 명칭으로 경영성과에 따라 지급하는 금원이나 성과 달성을 위한 동기를 부여할 목적으로 지급하는 금원도 마찬가지이다.」

<대판 2020. 6. 4, 2016 다 241515(본소), 2016 다 241522(반소)>

「주식회사의 총 주식을 한 사람이 소유하는 이른바 1인회사의 경우에는 그 주주가 유일한 주주로서 주주총회에 출석하면 전원 총회로서 성립하고 그 주주의 의사대로 결의가 될 것임이 명백하다. 이러한 이유로 주주총회 소집절차에 하자가 있거나 주주총회의사록이 작성되지 않았더라도, 1인 주주의 의사가 주주총회의 결의내용과 일치한다면 증거에 의하여 그러한 내용의 결의가 있었던 것으로 볼 수 있다(대법원 1976. 4. 13. 선고 74다1755 판결 등 참조). 그러나 이는 주주가 1인인 1인회사에 한하여 가능한 법리이다. 1인회사가 아닌 주식회사에서는 특별한 사정이 없는 한, 주주총회의 의결정족수를 충족하는 주식을 가진 주주들이 동의하거나 승인하였다는 사정만으로 주주총회에서 그러한 내용의 결의가 이루어질 것이 명백하다거나 또는 그러한 내용의 주주총회 결의가 있었던 것과 마찬가지라고 볼 수는 없다(원고 정관에서 '최고경영책임임원의 보수'는 반드시 이사회 결의를 요하도록 정하였는데, 당시 대표이사이던 피고 보수의 증액에 관하여 이사회 결의가 없었고 상법 제388조에 따른 주주총회 결의도 없었던 사안에서, 1인회사가 아닌 원고에서 원고 지배주주가 승인 · 결재하였다는 등의 피고 주장의 사정들만으로는 주주총회 결의가 있었던 것과 동일하게 볼 수도 없다고 하여, 이와 달리 주주총회 결의가 있었던 것과 마찬가지로 본 원심을 파기 · 환송한 사례).」

2. 退職慰勞金 등의 문제

사용인겸무이사의 보수 · 퇴직위로금 · 상여금도 이사의 보수에 관한 상법의 규정을 적용받느냐에 관하여 다툼이 있다. 이사가 동시에 지배인 · 공장장 등 사용인의 지위를 겸하고 있는 경우에 이사의 지위에서 받는 보수는 당연히 그 적용을 받지만, 사용인의 지위에서 받는 급료에 관해서는 정관 또는 총회의 결의를 요하지 않는다고 본다. 왜냐하면 이사의 보수에 관한 규정은 이사의 지위에서 받는 직무행위의 대가를 목적으로 한다고 보아야 하기 때문이다. 그러나 이사가 받는 보수를 그 지위에 따라 명확히 구별하지 않는 때에는 규제의 의미를 잃을 염려가 있으므로 이사의 보수를 결정할 때 그 뜻을 명확히 하여야 한다(동지: 정동윤, 370쪽).

이사가 퇴임한 경우에 지급하는 퇴직위로금은 재직중의 직무행위의 대가, 즉 보수의 후급이라고 할 수 있으므로 정관 또는 주주총회의 결의에 의하여 적어도 금액의 최고한도를 정하여야 한다. 따라서 관행으로 이루어지고 있는 바와 같이 주주총회가 퇴직위로금의 금액을 정하지 않고, 이사회에 위임하거나 금액·시기·방법을 대표이사에게 위임하는 정관 또는 주주총회의 결의는 무효이다. 그러나 주주총회가 일정한 기준을 제시하고, 이에 따른 구체적인 금액·지급시기·방법의 결정을 위임하는 주주총회의 결의는 유효하다고 본다(동지: 정동윤, 370쪽; 이철송, 595쪽; 정찬형, 397쪽). 그리고 회사 내에 주주가 승인한 것으로 볼 수 있는 퇴직위로금지급기준 내지 내규가 있는 때에는 특별히 주주총회의 결의를 요하지 않고 퇴직위로금을 지급할 수 있다.

<대판 1977. 11. 22, 77 다 1742>

「이사의 퇴직위로금은 이사의 직에서 퇴임한 자에 대하여 그 재직중에 있어서 직무대행의 대가로 지급되는 보수의 일종이라 할 것이므로 상법 제388조에 근거하여 정관이나 주주총회의 결의로 퇴직위로금의 액이 결정되었다면, 주주총회에서 특정된 퇴임한 이사에 대하여 그 보수청구권을 박탈하거나 이를 감액하는 결의를 하였다 하여도 이는 위 상법 제388조와 이사의 보수청구권의 성질상 그 효력이 없고, 회사의 퇴직위로금규정에 임원퇴직위로금의 액이 결정되어 있되 주주총회의 승인을 얻어 지급한다고 규정한 것은 퇴직위로금의 지급 여부를 결정한다는 뜻이 아니고 그 지급시기와 방법을 규제하려는 취지라고 해석함이 타당하다.」

<대판 2006. 11. 23, 2004 다 49570>

「주식회사와 이사 사이에 고용계약에서 보수에 관한 약정과 함께 이사가 그 의사에 반하여 이사직에서 해임될 경우 퇴직위로금과는 별도로 일정한 금액의 해직보상금을 지급하기로 약정하는 경우, 이러한 해직보상금에 관하여도 이사의 보수에 관한 상법 제388조가 준용 내지 유추적용되어 정관에서 그 액을 정하지 않는 한 주주총회의 결의가 있어야만 회사에 대해 이를 청구할 수 있다고 해석해야 한다.」

<대판 1999. 2. 24, 97 다 38930>

「상법 제388조, 제415조에 의하면 주식회사의 이사와 감사의 보수는 정관에 그 액을 정하지 아니한 때에는 주주총회의 결의로 이를 정한다고 되어 있고, 이사 또는 감사에 대한 퇴직위로금은 그 직에서 퇴임한 자에 대하여 그 재직중 직무집행의 대가로써 지급되는 보수의 일종으로서 상법 제388조에 규정된 보수에 포함되는 것이다(대판 1977. 11. 22, 77 다 1742 참조). … 피고회사 역시 정관(갑 제3호증) 제24조에서 이사와 감사의 보수 또는 퇴직한 임원의 퇴직금은 주주총회에서 결정한다고 규정하고 있는바, 원고들의 퇴직시에 주주총회에서 그에 관한 결의가 있었다거나 원고들이 내세우는 피고회사의 사규 중 퇴직금에 관한 규정이 임원들에 대하여도 적용되는 것으로 볼 자료가 없다는 이유로 원고들의 퇴직금청구를 배척한 원심의 조치는 정당하고, 거기에 채증법칙위배 또는 이사 및 감사의 보수에 관한 법리오해의 위법이 없다.」

<대판 2003. 9. 26, 2002 다 64681>

「회사로부터 일정한 사무처리의 위임을 받고 있는 것이므로 사용자의 지휘·감독 아래 일정한 근로를 제공하고 소정의 임금을 받는 고용관계에 있는 것이 아니며, 따라서 일정한 보수를 받는 경우에도 이를 근로기준법 소정의 임금이라 할 수 없고, 회사의 규정에 의하여 이사 등 임원에게 퇴직금을 지급하는 경우에도 그 퇴직금은 근로기준법 소정의 퇴직금이 아니라 재직중의 직무집행에 대한 대가로 지급되는 보수에 불과하다(대판 2001. 2. 23, 2000 다 61312 등 참조). 그러나 근로기준법의 적용을 받는 근로자에 해당하는지 여부는 계약의 형식에 관계 없이 그 실질에 있어서 임금을 목적으로 종속적 관계에서 사용자에게 근로를 제공하였는지 여부에 따라 판단하여야 할 것이므로, 회사의 이사 또는 감사 등 임원이라고 하더라도 그 지위 또는 명칭이 형식적·명목적인 것이고 실제로는 매일 출근하여 업무집행권을 갖는 대표이사나 사용자의 지휘·감독 아래 일정한 근로를 제공하면서 그 대가로 보수를 받는 관계에 있다거나 또는 회사로부터 위임받은 사무를 처리하는 외에 대표이사 등의 지휘·감독 아래 일정한 노무를 담당하고 그 대가로 일정한 보수를 지급받아 왔다면, 그러한 임원은 근로기준법상의 근로자에 해당한다.」

<대판 2004. 12. 10, 2004 다 25123>

「이사에 대한 퇴직위로금은 그 직에서 퇴임한 자에 대하여 그 재직중 직무집행의 대가로 지급되는 보수의 일종으로서 상법 제388조에 규정된 보수에 포함된다. 정

관 등에서 이사의 보수 또는 퇴직금에 관하여 주주총회의 결의로 정한다고 규정되어 있는 경우, 그 금액 · 지급방법 · 지급시기 등에 관한 주주총회의 결의가 있었음을 인정할 증거가 없는 한 이사의 보수나 퇴직금청구권을 행사할 수 없다.」

<대판 2005. 5. 27, 2005 두 524>
「집행이사로 선임되어 본부장 또는 지역본부장으로 근무한 자를 그 실질에 있어 사업 또는 사업장에 임금을 목적으로 종속적인 관계에서 사용자에게 근로를 제공하는 근로기준법상 근로자에 해당한다.」

<대판 2006. 5. 25, 2003 다 16092 · 16108>
「이사의 퇴직금은 상법 제388조에 규정된 보수에 포함되어 정관으로 정하거나 주주총회의 결의에 의하여 정할 수 있고, 이러한 퇴직금청구권은 이사가 퇴직할 때 유효하게 적용되는 정관의 퇴직금규정에 의하거나 주주총회의 퇴직금지급결의가 있을 때 비로소 발생하는 것인바, 피고회사가 정관으로 퇴직하는 이사에 대한 퇴직금의 구체적 액수를 일정범위의 퇴직 당시 급여액과 지급률, 근속연수를 기초로 산정하도록 정하였다가 그 정관을 변경하여 지급률을 감축한 경우라도 퇴직하는 이사에 대한 퇴직금을 산출할 때에는 전체근속기간에 대하여 퇴직 당시 적법하게 변경된 정관의 퇴직금규정에 따른 지급률을 적용하여야 하지 퇴직금에 관한 정관규정변경 전후의 기간을 나누어서 변경 전 근속기간에 대하여 변경 전의 정관규정에 따른 지급률을 적용할 것은 아니다.」

<대판 2018. 5. 30, 2015 다 51968>
「상법 제388조가 정하는 '이사의 보수'에는 월급 · 상여금 등 명칭을 불문하고 이사의 직무수행에 대한 보상으로 지급되는 대가가 모두 포함되고, 퇴직금 또는 퇴직위로금도 그 재직 중의 직무수행에 대한 대가로 지급되는 급여로서 상법 제388조의 '이사의 보수'에 해당한다. 주식회사의 이사, 대표이사(이하 '이사 등'이라고 한다)의 보수청구권(퇴직금 등의 청구권을 포함한다)은, 그 보수가 합리적인 수준을 벗어나서 현저히 균형을 잃을 정도로 과다하거나, 이를 행사하는 사람이 법적으로는 주식회사 이사 등의 지위에 있으나 이사 등으로서의 실질적인 직무를 수행하지 않는 이른바 명목상 이사 등에 해당한다는 등의 특별한 사정이 없는 이상 민사집행법 제246조 제 1 항 제 4 호 또는 제 5 호가 정하는 압류금지채권에 해당한다고 보아야 한다.

회사가 퇴직하는 근로자나 이사 등 임원에게 급여를 지급하기 위하여 퇴직연금 제도를 설정하고 은행, 보험회사 등 근로자퇴직급여 보장법 제26조가 정하는 퇴직연금사업자(이하 '퇴직연금사업자'라고만 한다)와 퇴직연금의 운용관리 및 자산관리 업무에 관한 계약을 체결하였을 때, 재직 중에 위와 같은 퇴직연금에 가입하였다가 퇴직한 이사, 대표이사(이하 '이사 등' 이라고 한다)는 그러한 퇴직연금사업자를 상대로 퇴직연금 채권을 가진다. 근로기준법상의 근로자에 해당하지 않는 이사 등의 퇴직연금 채권에 대해서는 '퇴직연금 제도의 급여를 받을 권리'의 양도 금지를 규정한 근로자퇴직급여 보장법 제 7 조 제 1 항은 적용되지 않는다. 그러나 위와 같은 퇴직연금이 이사 등의 재직 중의 직무수행에 대한 대가로서 지급되는 급여라고 볼 수 있는 경우에는 그 이사 등의 퇴직연금사업자에 대한 퇴직연금 채권은 민사집행법 제246조 제 1 항 제 4 호 본문이 정하는 '퇴직연금, 그 밖에 이와 비슷한 성질의 급여채권'으로서 압류금지채권에 해당한다고 보아야 한다. 이러한 퇴직연금이 이사 등의 재직 중의 직무수행에 대한 대가로서 지급되는 급여에 해당하는지는 회사가 퇴직연금 제도를 설정한 경위와 그 구체적인 내용, 이와 관련된 회사의 정관이나 이사회, 주주총회 결의의 존부와 그 내용, 이사 등이 회사에서 실질적으로 수행한 직무의 내용과 성격, 지급되는 퇴직연금의 액수가 이사 등이 수행한 직무에 비하여 합리적인 수준을 벗어나 현저히 과다한지, 당해 퇴직연금 이외에 회사가 이사 등에게 퇴직금이나 퇴직위로금 등의 명목으로 재직 중의 직무수행에 대한 대가로 지급하였거나 지급할 급여가 있는지, 퇴직연금사업자 또는 다른 금융기관이 당해 이사 등에게 퇴직연금의 명목으로 지급하였거나 지급할 다른 급여의 존부와 그 액수, 그 회사의 다른 임원들이 퇴직금, 퇴직연금 등의 명목으로 수령하는 급여와의 형평성 등을 종합적으로 고려하여 판단하여야 한다.」

상여금은 이사가 회사에 이익을 발생시킨 공로에 대해 회사에 이익이 있는 경우에만 지급되는 이익처분의 방법이므로 결산기의 정기총회에서 이익잉여금처분계산서의 승인결의에 의하여 정하면 되고, 이로써 족하다고 본다(동지: 최기원, 686쪽). 그러나 이에 대해 상여금도 역시 직무집행의 대가로서의 성질을 가지고 있고, 이를 보통의 보수와 구별할 이유가 없다고 하여 상여금도 이사의 보수에 포함시켜서 보아야 하지만, 상여금이 이익처분의 방법에 의하여 지급되는 경우에 있어서는 별도로 이사의 보수결정에 관한 주주총회의 결의를 반복할 필요는 없다고 보는 견해도 있다(정동윤, 370쪽).

<대판 2010. 12. 9, 2009 다 59237>

「정관 규정에 따라 공동대표이사 甲과 乙이 해외 유명상표 사용에 관한 라이센스 계약의 체결·유지 및 창업에 대한 공로의 대가로 지급받기로 한 실적급은,

甲과 乙이 대표이사로 재직하면서 그 직무집행의 대가로 받는 보수의 성격을 가진 것이어서 대표이사의 지위를 전제로 지급되는 것이라고 봄이 상당하다고 한 원심판단이 정당하다.」

3. 株式買受選擇權

(1) 株式買受選擇權의 意義 및 種類

A. 株式買受選擇權의 意義 주식매수선택권이란 회사가 정관이 정하는 바에 따라 제434조의 규정에 의한 주주총회의 결의로 회사의 설립·경영과 기술혁신 등에 기여하거나 기여할 수 있는 회사의 이사·집행임원·감사 또는 피용자에게 미리 정한 가액(이하 "주식매수선택권의 행사가액"이라 한다)으로 신주를 인수하거나, 자기의 주식을 매수할 수 있도록 부여한 권리이다(제340조의 2 제1항).

상장회사의 경우 상법 제340조의 2 제1항 본문에도 불구하고 대통령령으로 정하는 관계회사의 이사·집행임원·감사 또는 피용자에게 주식매수선택권을 부여할 수 있다(제542조의 3 제1항). 그리고 상장회사는 상법 제340조의 2 제3항에도 불구하고 발행주식총수의 100분의 20의 범위 안에서 대통령령으로 정하는 한도까지 주식매수선택권을 부여할 수 있다(제542조의 3 제2항).

주식매수선택권제도는 회사의 발전에 공헌을 많이 하거나, 능력이 있는 경영진과 종업원에 대하여 상여금과 같은 장기적 보상 및 동기를 부여하기 위하여 이용된다. 이 제도를 채택함으로써 최소의 비용으로 유능한 인재를 확보하여 기업의 경쟁력을 높일 수 있고, 이사나 감사 또는 피용자에게 잠재적 주인의식을 심어 주어 회사의 경영이나 업무에 대한 적극적인 참여를 유인할 수 있게 된다. 이로써 가족중심의 경영에서 전문경영인중심의 경영으로 유도함으로써 소유와 경영의 분리를 통해 기업의 수익률을 향상시킬 수 있게 한다.

B. 株式買受選擇權의 長·短點 주식매수선택권의 장점에는 ① 성장과실의 분배로 주인의식고취 및 근로의욕상승을 통한 실적향상, ② 자본참여가 없는 경영진에 대한 성과보상으로 유능한 인력의 확보, ③ 회사·주주·경영자의 이해일치로 경영의 민주화·투명성제고, ④ 소유와 경영의 분리유도로 전문경영인육성, ⑤ 전문기술과 유능한 경영진 및 자본의 결합촉진으로 모험기업의 창업촉진 등이 있다. 그러나 단점으로는 ① 직원간 신뢰·화합이 저해될 가능성이 있고, ② 주가상승이 경영성과의 향상의 결과인지 모호하고,

③ 경영진의 과다이익향유로 인한 주주권침해가능성, ④ 제도악용가능성 등이 있다.

C. **株式買受選擇權의 類型** 주식매수선택권의 부여시 및 행사시의 과세 여부, 주식의 유형, 제공대상 및 수단에 따라 투자형(Investment) · 보상형(Appreciation) · 전가치형(Full-value)으로 나눌 수 있다.

(i) 投資型(Investment)

㈎ 奬勵型 스톡옵션(Incentive Stock Option : ISO) 일정요건 하에 세제상의 우대를 조건부로 하여 일정기간 동안 일정한 가격으로 회사의 주식을 매입할 수 있는 권리를 제공하는 형태의 스톡옵션제도이다.

㈏ 非適格스톡옵션(Non-qualified Stock Option : NQSO) 장려형의 스톡옵션과는 달리 세제상의 우대가 적용되지 않는 형태이다.

(ii) 補償型(Appreciation) 보상형은 옵션을 부여받은 임원이나 종업원이 권리행사시점의 시장가격 또는 장부가격이 권리행사가격을 상회할 경우 현금, 주식 또는 현금주식혼합형으로부터 지급받는 형태이다.

㈎ 株價差益受益權(Stock Appreciation Rights : SARs) 주가차익수익권은 임원이나 종업원에게 옵션권리행사시점의 자사주의 시장가격과 옵션부여시점의 시장가격과의 차액(주가상승분)을 현금이나 주식 또는 현금 · 주식혼합형으로 회사가 지급하는 형태이다.

㈏ 假想株式(Phantom Stock) 가상주식은 실제 주식이 아니라 일반적으로 회사의 장부가치에 의한 가상의 주식단위를 이용하여 주식단위가치가 증가할 경우, 그 차액분을 임원 등에게 지급하는 형태이다.

(iii) 全價値型(Full-value) 주식의 전체가치나 특정한 가치를 종업원의 실적에 따라 성과급의 형태로 제공하는 형태이다.

㈎ 制限附株式(Restricted Stock) 제한부주식이란 회사가 경영자나 종업원에게 무상 등으로 부여하는 주식에 일정기간 동안 보유하여야 매각할 수 있는 제한규정을 붙이는 형태이다.

㈏ 成果連繫型 株式(Performance Share) 성과연계형 주식이란 임원 등에게 일정기간 동안의 성과목표를 제시하고, 그 달성정도에 따라 주식을 차등지급하는 형태이다.

(2) **法的 性質** 제 3 자가 주식매수선택권을 행사하면 회사의 승낙을 요하지 않고 그 효력이 발생하므로 그 법적 성질은 형성권이라고 보아야 할

것이다. 제 3 자에게 신주발행에 관한 주식매수선택권을 부여하는 경우에는 주주의 신주인수권이 그 한도 내에서 배제된다. 신주교부에 의한 주식매수선택권과 제 3 자의 신주인수권은 다같이 제 3 자에게 신주를 인수할 수 있는 권리를 부여한다는 점에서는 같으나, 주식매수선택권은 제 3 자에게 특히 유리한 가격으로 신주를 인수할 수 있게 하는 권리라는 점, 기존 주주에게 신주를 발행하는 기회에 함께 하는 것이 아니라는 점에서 제 3 자의 신주인수권과 구별된다.

(3) 株式買受選擇權의 行使要件

A. 賦與主體와 對象者 상법상 주식매수선택권을 부여할 수 있는 주체는 회사이다. 따라서 주식회사이기만 하면 회사의 종류에 관계 없이 모든 회사는 주식매수선택권을 일정한 요건을 갖춘 자에게 부여할 수 있다(제340조의 2 제 1 항). 주식매수선택권의 대상자는 회사의 이사 · 집행임원 · 감사 또는 피용자이다. 상장회사의주식매수선택권의 대상자는 관계회사의 이사 · 감사 또는 피용자까지도 포함된다(제542조의 3 제 1 항, 상법시행령 제30조 제 1 항). 주식매수선택권은 양도할 수 없다. 그러나 주식매수선택권을 행사할 수 있는 자가 사망한 경우에는 그 상속인이 이를 행사할 수 있도록 하였다(제340조의 4 제 2 항). 주식매수선택권의 배제대상자는 ① 의결권 없는 주식을 제외한 발행주식총수의 100분의 10 이상의 주식을 가진 주주, ② 이사 · 감사의 선임과 해임 등 회사의 주요 경영사항에 대하여 사실상 영향력을 행사하는 자, ③ 제 1 호와 제 2 호에 규정된 자의 배우자의 직계존 · 비속 등이다(제340조의 2 제 2 항).

B. 賦與限度 1999년 개정상법에 의한 주식매수선택권의 부여한도는 발행할 신주 또는 양도할 자기의 주식은 회사의 발행주식총수의 100분의 10을 초과할 수 없다(제340조의 2 제 3 항). 상장회사의 주식매수선택권의 부여한도는 발행주식총수의 100분의 15이다(제542조의 3 제 2 항, 상법시행령 제30조 제 3 항).

C. 定款의 規定 주식매수선택권에 관한 정관의 규정에는 ① 일정한 경우 주식매수선택권을 부여할 수 있다는 뜻, ② 주식매수선택권의 행사로 발행하거나 양도할 주식의 종류와 수, ③ 주식매수선택권을 부여받을 자의 자격요건, ④ 주식매수선택권의 행사기간, ⑤ 일정한 경우 이사회결의로 주식매수선택권의 부여를 취소할 수 있다는 뜻 등의 사항을 기재하여야 한다(제340조의 3 제 1 항).

D. 株主總會의 決議 주식매수선택권에 관한 주주총회의 결의에 있어서는 ① 주식매수선택권을 부여받을 자의 성명, ② 주식매수선택권의 부여방

법, ③ 주식매수선택권의 행사가액과 그 조정에 관한 사항, ④ 주식매수선택권의 행사기간, ⑤ 주식매수선택권을 부여받을 자 각각에 대하여 주식매수선택권의 행사로 발행하거나 교부할 주식의 종류와 수 등의 사항을 정하여야 한다(제340조의 3 제 2 항). 상장회사의 경우에는 일정한 한도까지는 이사회의 결의로 주식매수선택권을 부여할 수 있으며, 이 때에는 부여한 후 처음으로 소집되는 주주총회의 승인을 받아야 한다(제542조의 3 제 3 항, 상법시행령 제30조 제 6 항). 원래 2011년 4월 개정상법에서 집행임원제도를 도입함에 따라 상장회사가 주식매수선택권을 부여할 경우 그 대상자에 회사의 이사, 감사, 피용자 외에 집행임원에게도 주식매수선택권을 부여할 수 있게 되었다(제542조의 3). 그리고 상장회사가 주식매수선택권을 부여할 경우 주주총회에서 부여받을 자의 성명, 부여방법, 행사가격과 행사기간, 부여할 주식의 종류 등을 주주총회 특별결의로 정하여야 하는데(제340조의 2, 제542조의 3) 이 경우 대통령령이 정하는 한도(법에서 위임한 발행주식총수의 100분의 15 이내에서 하되 시행령에 위임한 100분의 3) 내에서는 이사회가 이를 결의함으로써 주식매수선택권을 부여할 수 있다. 상법시행령에서는 이사회결의로 주식매수선택권을 부여할 수 있는 회사 중 이를 규모별로 다시 세분하여 ① 최근사업연도 말 현재의 자본금이 3천억원 이상인 상장회사는 종전과 마찬가지로 발행주식총수의 100분의 1에 해당하는 주식수로 하고, ② 최근사업연도말 현재의 자본금이 3,000억원 미만인 회사는 종래 발행주식총수의 100분의 3에 해당하는 주식수와 60만주 중 적은 금액으로 하던 것을 발행주식총수의 100분의 3에 해당하는 주식수로 개정하였으며, ③ 최근사업연도말 현재의 자본금이 1천억원 미만인 상장회사는 발행주식총수의 100분의 3에 해당하는 주식수로 하던 것을 이를 폐지하고 자본금 3,000억원 이하의 상장회사는 모두 그 범위를 발행주식총수의 100분의 3으로 통일하였다(상법시행령 제30조 제 4 항).

<대판 2018. 7. 26, 2016 다 237714>

「상법은 주식매수선택권을 부여하기로 한 주주총회 결의일(상장회사에서 이사회결의로 부여하는 경우에는 이사회 결의일)부터 2년 이상 재임 또는 재직하여야 주식매수선택권을 행사할 수 있다고 정하고 있다(상법 제340조의4 제 1 항, 상법 제542조의3 제 4 항, 상법 시행령 제30조 제 4 항). 이와 같이 상법은 주식매수선택권을 행사할 수 있는 시기(始期)만을 제한하고 있을 뿐 언제까지 행사할 수 있는지에 관해서는 정하지 않고 회사의 자율적인 결정에 맡기고 있다. 따라서 회사는 주식매수선택권을 부여받은 자의 권리를 부당하게 제한하지 않고 정관의 기본 취지나 핵심 내용을 해치지 않는 범위에서 주주총회 결의와 개별 계약을 통해서 주

식매수선택권을 부여받은 자가 언제까지 선택권을 행사할 수 있는지를 자유롭게 정할 수 있다고 보아야 한다. 나아가 주식매수선택권을 부여하는 주주총회 결의에서 주식매수선택권의 부여 대상과 부여방법, 행사가액, 행사기간, 주식매수선택권의 행사로 발행하거나 양도할 주식의 종류와 수 등을 정하도록 한 것은 이해관계를 가지는 기존 주주들로 하여금 회사의 의사결정 단계에서 중요 내용을 정하도록 함으로써 주식매수선택권의 행사에 관한 예측가능성을 도모하기 위한 것이다. 그러나 주주총회 결의 시 해당 사항의 세부적인 내용을 빠짐없이 정하도록 예정한 것으로 보기는 어렵다. 이후 회사가 주식매수선택권 부여에 관한 계약을 체결할 때 주식매수선택권의 행사기간 등을 일부 변경하거나 조정한 경우 그것이 주식매수선택권을 부여받은 자, 기존 주주 등 이해관계인들 사이의 균형을 해치지 않고 주주총회 결의에서 정한 본질적인 내용을 훼손하는 것이 아니라면 유효하다고 보아야 한다(피고 회사가 주주총회 특별결의로 직원이던 원고들에게 주식매수선택권을 부여하기로 하고 행사기간을 부여일 2년 후부터 5년간으로 정하였는데, 원고들과 주식매수선택권 부여 계약을 체결하면서 2년의 재직기간이 지난 뒤에도 계속 재직하는 경우와는 달리 퇴직하는 경우에는 퇴직일부터 3개월 내에 주식매수선택권을 행사하도록 약정한 사안임. 이러한 약정이 선택권자에게는 불리하지만 기업과의 관계가 절연된 퇴직자에 대한 보상 관점에서는 합리성이 있고, 원고들이 계약당시 이러한 내용을 알고 있었으며, 권리자, 주주 등 이익의 균형을 해치지 않으므로 유효하다고 보아 원고들이 퇴직 후 3개월이 지나도록 주식매수선택권을 행사하지 않음으로써 주식매수선택권이 소멸하였다고 판단한 원심을 수긍한 사례).」

E. 行使期間 주식매수선택권은 제340조의 3 제 2 항 각호의 사항을 정하는 주주총회결의일로부터 2년 이상 재임 또는 재직한 경우에 행사할 수 있다(제340조의 4 제 1 항). 도입 당시 입법예고안에 의하면 3년이 경과하여야 한다라고만 규정되어 있어서 재임 또는 재직기간은 문제삼지 않는 것처럼 보였다. 따라서 조문을 명확히 하여 2년 이상 재임 또는 재직한 경우에만 주식매수선택권을 부여받을 수 있도록 하였다. 이는 아이디어(예컨대 특허)와 같은 것은 회사에게 커다란 공헌을 할 수 있지만, 주식매수선택권의 근본적 취지가 회사에 어느 정도 근무하면서 회사에 공헌한 자에게 인정하는 권리이므로 재직기간을 2년으로 하였다. 이는 이사가 3년 동안 근무하는 데 주주총회결의일에 따라 3년이 안 되는 경우도 생길 수 있으므로 분쟁을 미연에 막기 위해 2년으로 한

것이다. 이와 달리 상장회사의 주식매수선택권을 부여받은 자는 대통령령으로 정하는 경우를 제외하고는 주식매수선택권을 부여하기로 한 주주총회 또는 이사회의 결의일부터 2년 이상 재임하거나 재직하여야 주식매수선택권을 행사할 수 있다(제542조의 3 제 4 항). 이와 같이 상장회사의 주식매수선택권을 부여받은 자는 '대통령령으로 정하는 경우'를 제외하고 주식매수선택권을 부여하기로 한 주주총회 또는 이사회의 결의일로부터 2년 이상 재임하거나 재직하여야 주식매수선택권을 행사할 수 있는데 여기서'대통령령으로 정하는 경우'로 주식매수선택권을 부여받은 자가 사망하거나 그 밖의 본인의 귀책사유가 아닌 사유로 퇴임하거나 퇴직한 경우에는 이미 부여받은 주식매수선택권을 행사할 수 있다. 다만 2012년 4월 개정된 상법시행령에서는 이 경우 정년에 따른 퇴임이나 퇴직은 본인의 책임이 아닌 사유에 포함하지 않도록 하여 정년으로 2년 이상 재임하거나 재직하지 못하고 퇴임 · 퇴직한 경우에는 주식매수선택권을 행사하지 못하도록 하였다(상법시행령 제30조 제 5 항 후단). 다만 2012년 4월 개정된 규정은 개정된 상법시행령 시행 후 최초로 주주총회의 결의 또는 이사회의 결의로 주식매수선택권을 부여하는 경우부터 적용되었다(상법시행령 부칙 제 3 조).

<대판 2011. 3. 24, 2010 다 85027>

「상법 제340조의 4 제 1 항에서 규정하는 주식매수선택권 행사요건을 판단함에 있어서 구 증권거래법 및 그 내용을 이어받은 상법 제542조의 3 제 4 항을 적용할 수 없고, 정관이나 주주총회의 특별결의를 통해서도 상법 제340조의 4 제 1 항의 요건을 완화하는 것은 허용되지 않는다고 해석함이 상당하다. 따라서 본인의 귀책사유가 아닌 사유로 퇴임 또는 퇴직하게 되더라도 퇴임 또는 퇴직일까지 상법 제340조의 4 제 1 항의 '2년 이상 재임 또는 재직' 요건을 충족하지 못한다면 위 조항에 따른 주식매수선택권을 행사할 수 없다고 할 것이다.」

F. 賦與契約 주식매수선택권을 부여한 회사는 주식매수선택권을 부여받는 자와 여러 사항에 대해 주식매수선택권부여계약을 서면으로 체결하여야 한다(제340조의 3 제 3 항). 회사는 계약서를 계약을 체결한 날로부터 그 행사기간이 종료할 때까지 본점에 비치하고, 주주로 하여금 영업시간 내에 이를 열람할 수 있도록 하여야 한다(제340조의 3 제 4 항).

G. 株式買受選擇權의 讓渡禁止 주식매수선택권은 양도할 수 없다(제340조의 4 제 2 항 본문). 다만, 주식매수선택권을 행사할 수 있는 자가 사망한 경우에는 그

상속인이 이를 행사하도록 하고 있다(동조 동항 단서).

(4) 株式買受選擇權의 行使方法 주식매수선택권의 행사방법에는 자기주식교부방법 · 신주교부방법 · 차액교부방법 등 3가지가 있다. 상장회사 역시 3가지 방법을 모두 인정하고 있다. 이러한 3가지 형태 중 어떠한 방법에 의할 것이냐는 주주총회의 결의사항이다(제340조의 3 제 2 항 2호).

A. **自己株式讓渡方法** 자기주식양도방법이란 주식매수선택권의 행사가격으로 자기주식을 교부하는 방법이다. 다만, 자기의 주식을 양도하는 경우에는 주식매수선택권의 부여일을 기준으로 한 주식의 실질가액을 주식매수선택권의 행사가액으로 한다(제340조의 2 제 4 항 2호). 따라서 부여일을 기준으로 10,000원이 실질가격이었다면, 행사 당시의 주가에 관계 없이 10,000원으로 행사할 수 있다는 취지이다. 이는 행사 당시 가격이 올라 있다면 주식매수선택권을 행사할 것이고, 만약 주가가 부여일의 실질가격보다 더 떨어져 있다면 굳이 주식매수선택권을 행사하려 하지 않을 것이다. 왜냐하면 주식을 시장에서 살 수 있기 때문이다.

B. **新株交付方法** 신주교부방법이란 주식매수선택권의 행사가격으로 신주를 발행하여 교부하는 방법이다. 다만, 신주를 발행하는 경우에는 주식매수선택권의 부여일을 기준으로 한 주식의 실질가액과 주식의 권면액 중 높은 금액을 주식매수선택권의 행사가액으로 한다(제340조의 2 제 4 항 1호). 따라서 실질가격(시장가격)이나 주식의 권면액 중 높은 금액으로 하도록 하고 있으니 항상 권면액 이상으로만 행사할 수 있을 것이다. 이는 권면액 이하로 발행함으로 말미암아 자본잠식이 되는 것을 방지하기 위한 것이다. 신주발행에 의할 때는 신주발행에 관한 규정에 관한 절차가 그대로 준용된다(제340조의 5 준용규정 참조).

C. **差額交付方法** 차액교부방법은 주식매수선택권의 행사가액이 주식의 실질가액보다 낮은 경우에 회사는 그 차액을 금전으로 지급하거나 자기의 주식으로 교부할 수 있는데, 이 경우 주식의 실질가액은 주식매수선택권의 행사일을 기준으로 평가한다(제340조의 2 제 1 항). 따라서 행사가격(계약가격)이 10,000원이고 실질가격(시장가격)이 15,000원이라면, 1주당 5,000원씩의 차액을 교부할 전체수량으로 곱해서 그 금액만큼 현금으로 주거나 1주당 주식가격으로 나누어 그 수량만큼만 주식으로 주면 되는 것이다.

(5) 株式買受選擇權行使의 效果

A. **株 主** 주식매수선택권의 행사에 의해 주주가 되는 시점과 관

련하여 신주교부방식의 경우 상법 제340조의 5가 제516조의 9를 준용하고 있으므로 주식매수선택권자는 행사가액을 납입한 때에 회사의 주주가 된다. 한편 자기주식의 교부방식의 경우에는 매수대금을 지급하고 주식을 교부받은 때에 주주가 된다. 그리고 주가차익수익금을 지급하는 방법으로 자기주식을 양도하는 경우에는 주식을 교부받은 때에 주주가 된다(상법 제336조 제 1 항).

B. **準用問題** 주식매수선택권의 행사로 신주를 발행하는 경우에는 주주명부의 폐쇄, 기준일의 기간중에 부여된 주식의 주주는 그 기간중의 총회의 의결에 관하여는 의결권을 행사할 수 없다(제340조의 5, 제350조 제 2 항). 그리고 주식의 부여로 인한 변경등기는 주식매수청구권행사를 청구한 날이 속하는 달의 말일부터 2주간 내에 본점소재지에서 이를 하여야 한다(제340조의 5, 제351조).

Ⅷ. 社外理事制度

1. 社外理事의 意義

사외이사는 전문적인 지식과 능력을 갖추고 경영실무를 담당하지 아니하면서 독립적인 지위에서 이사회의 구성원으로 활동하는 이사라고 말할 수 있다. 이러한 사외이사에게 맡겨진 역할은 경영이사들만으로 구성되어 형해화되기 쉬운 이사회를 활성화하여 명실상부한 업무집행기관으로서 회사의 건전한 발전과 주주들의 이익을 보호하도록 하는 것이며, 특히 이사회에 맡겨져 있는 경영이사들에 대한 업무집행감독권을 이사회가 제대로 행사하여 회사가 부실하게 되지 않도록 하는 데 그 목적이 있다.

이러한 취지에도 불구하고 사외이사가 상장회사를 대상으로 하여 도입된 제도이기 때문인지 상법상으로는 사외이사에 대한 정의규정이 없었다. 단지 감사위원회의 위원자격을 제한하는 제415조의 2 제 2 항에서 사외이사를 전제로 한 것임에도 불구하고 사외이사라는 용어는 사용하지 않고, 간접적으로 사외이사의 소극적 자격요건을 정하고 있을 뿐이었다. 그래서 2009년 1월 개정법은 상법 제415조의 2 제 2 항과 구 증권거래법 제 2 조 제19항 및 제54조의 5 제 4 항을 참조하여 사외이사의 소극적 자격요건을 정하였다(제382조 제 3 항). 이에 따르면 사외이사란 당해 회사의 상무에 종사하지 아니하는 이사로서 다음의 하나에 해당되지 않아야 한다. ① 회사의 상무에 종사하는 이사 및 피용자 또는 최근 2년 이내에 회사의 상무에 종사한 이사·감사 및 피용자, ② 최대주주가 자연인인 경우 본인과 그 배우자 및 직계 존·비속, ③ 최대주주가 법인인 경우 그 법인의 이사·감사 및 피용자, ④ 이사·감사의 배우자 및 직계 존·비속, ⑤ 회사의 모회사 또는 자회사의 이사·감사 및 피용자, ⑥ 회사와 거래관계 등 중요한 이해관계에 있는 법인의 이사·감사 및 피용자, ⑦ 회사의 이사 및 피용자가 이사로 있는 다른 회사의 이사·감사 및 피용자. 회사의 상무에 종사한다는 것은 매일 출근하는 것을 전제로 하는 것이 아니고, 업무의 성격으로 보아 회사의 조직 내에서 업무를 담당하고 있는 것을 의미한다.

2. 導入經過

1998년 2월 6일 정부(비상경제대책위원회)는 경제위기를 극복하고, 기업의 경쟁력을 제고하기 위하여 기업구조조정 추진방안을 발표하였다. 이 추진방안에는 기업지배구조개선에 의한 경영진의 책임강화가 포함되어 있었으며, 그 실천방안의 하나로 상장회사에 대하여 사외이사제도의 도입을 의무화하였다. 이어 한국증권거래소가 1998년 2월 20일 "유가증권상장규정"의 개정을 통하여 사외이사제도를 도입하였다. 이 때 동 규정에 회사경영의 공정성과 투자자보호를 위하여 상장회사는 이사수의 4분의 1(최소 1인) 이상의 사외이사를 선임하도록 규정하고, 사외이사의 적극적 자격요건과 소극적 자격요건을 규정하였었다.

3. 現行制度

사외이사제도는 실제 운영면에서 다소 미흡한 점이 없지 않았지만, 이미 은행과 일부 공기업에서 선을 보인 이래 1998년 2월 이후 상장법인에서 도입이 강제되고 있다. 이에 의하면 상장회사는 대통령령으로 정하는 경우를 제외하고는 이사총수의 4분의 1 이상을 사외이사로 하여야 하고, 대통령령으로 정하는 상장회사(최근 사업연도 말 자산총액이 2조 원 이상인 상장법인)의 사외이사는 3명 이상으로 하되 이사총수의 과반수가 되도록 하여야 한다(제542조의 8 제 1 항). 사외이사의 사임·사망 등의 사유로 인하여 이러한 상장회사 사외이사의 법정최저수에 미달하게 된 때에는 상장회사는 그 사유가 발생한 후 처음으로 소집되는 주주총회에서 이 요건에 합치되도록 사외이사를 추가적으로 선임하여야 한다(제542조의 8 제 3 항).

그리고 2009년 1월 개정법은 상장회사의 사외이사에 대해 제382조 제 3 항이 규정하고 있는 소극적 자격요건 외에 추가적인 소극적 자격요건을 정하고 있다. 즉 상장회사의 사외이사는 ① 미성년자·금치산자·한정치산자, ②

파산선고를 받은 자로서 복권되지 아니한 자, ③ 금고 이상의 형을 선고받고 그 집행이 끝나거나 집행이 면제된 후 2년이 지나지 아니한 자, ④ 대통령령으로 별도로 정하는 법률에 위반하여 해임되거나 면직된 후 2년이 지나지 아니한 자, ⑤ 상장회사의 주주로서 의결권 있는 발행주식총수를 기준으로 본인 및 대통령령으로 정하는 그의 특수관계인이 소유하는 주식의 수가 가장 많은 경우 그 본인(최대주주) 및 그의 특수관계인, ⑥ 누구의 명의로 하든지 자기의 계산으로 의결권 있는 발행주식총수의 10% 이상의 주식을 소유하거나 이사·감사의 선임과 해임 등 상장회사의 주요경영사항에 대하여 사실상의 영향력을 행사하는 주주(주요주주) 및 그의 배우자와 직계 존·비속, ⑦ 그 밖에 사외이사로서의 직무를 충실하게 수행하기 곤란하거나 상장회사의 경영에 영향을 미칠 수 있는 자로서 대통령령으로 정하는 자의 어느 하나에도 해당되지 않아야 한다(제542조의 8 제2항).

2012년 4월 개정된 상법시행령에서는 상장회사의 사외이사에 대한 내용을 구체적으로 두고 있다. 2011년 4월 개정된 상법이 집행임원제도를 도입함에 따라 상장회사 사외이사 결격사유와 관련하여 상법시행령에서는 ① 해당 상장회사의 계열회사의 상무에 종사하는 이사·집행임원·감사 및 피용자, ② 최근 3년 이내에 계열회사의 상무에 종사하는 이사·집행임원·감사 및 피용자이었던 자도 상장회사의 사외이사를 겸직하지 못하도록 결격사유로 명문화하였다(상법시행령 제34조 제5항 제1호). 더 나아가 상법시행령 제34조 제5항 제2호에서 정하는 일정한 법인의 이사·집행임원·감사 및 피용자이거나 최근 2년 이내에 이사·집행임원·감사 및 피용자이었던 자는 사외이사로 선임할 수 없도록 규정하고 있는데 2012년 4월 개정된 상법시행령은 이 중에 제34조 제5항 제2호의 사목을 개정하여 해당 '상장회사와 주된 법률자문·경영자문 등'의 자문계약을 체결하고 있는 법무법인 등'의 범위에 법무법인·법무법인(유한)·법무조합 및 변호사 2명 이상의 합동법률사무소, 외국법자문법률사무소 등을 포함하도록 하여 이들 법무법인 등에 소속된 변호사, 외국법자문사 등은 사외이사로 선임되지 못하도록 그 적용범위를 확대하였다(상법시행령 제34조 제5항 제2호). 다른 한편 사외이사의 겸직금지와 관련하여 종전에는 '해당상장회사 외의 2개 이상의 다른 상장회사의 사외이사 또는 상무에 종사하지 아니하는 이사·감사로 재임중인 자'로 규정하여 제한하였으나 2012년 4월 개정된 상법시행령은

'해당 상장회사 외의 2개 이상의 다른 회사의 이사 · 집행임원 · 감사로 재임 중인 자'로 변경하여 상장회사가 아닌 비상장회사를 포함하여 2개 이상의 이사 · 집행임원 · 감사로 재임중인 자는 사외이사를 겸직하지 못하도록 강화하였다(상법시행령 제34조 제5항 제3호). 이 때 '이사'란 사내이사 · 사외이사 · 기타 비상무이사를 포함하는 의미로 해석된다(김재호, "개정 상법시행령 주요내용 해설," 상장 제448호(2012.4.), 101쪽). 이에 따라 기존에 상장회사는 물론이고 비상장회사를 포함하여 2개 이상의 이사 · 집행임원 · 감사로 재임 중인 자는 이 법 시행 후에는 사외이사의 자격요건을 상실하게 되는 문제가 발생될 수 있어 이 경우 어느 회사의 이사나 감사 또는 집행임원 등을 사임해야 하는 문제가 발생하게 된다. 그리하여 한국상장회사협의회에서는 사외이사의 겸직제한요건 중 '해당 상장회사 외의 2개 이상의 다른 회사의 이사 · 집행임원 · 감사로 재임 중인 자'(제34조 제5항 제3호)의 적용시기를 경과조치로서 일정기간 유예할 것을 법무부에 건의한 바 있다. 이에 개정 상법시행령은 부칙에 경과조치를 두어 종전의 규정에 따라 선임된 사외이사가 이 영 시행으로 상법시행령 제34조 제4항 및 제5항의 개정규정에 위배된 경우에 상장회사는 이 영 시행 후 최초로 개최되는 주주총회에서 제34조 제4항 및 제5항의 개정규정에 합치되도록 사외이사를 선임하여야 한다는 규정을 두어 문제를 해결하였다(상법시행령 부칙 제4조). 2020년 1월 29일 상법시행령이 개정되어(대통령령 제30363호) 상장사 사외이사의 자격요건이 강화되었다. 상장회사의 사외이사 결격사유를 확대하여 해당 상장회사의 계열회사에서 최근 2년 이내에 상무(常務)에 종사하는 이사 · 집행임원 · 감사 및 피용자였던 자를 결격사유로 하던 것을 최근 3년 이내에 상무에 종사하는 이사 · 집행임원 · 감사 및 피용자였던 자로 하고(상법시행령 제34조 제5항 제1호), 해당 상장회사에서 6년을 초과하여 사외이사로 재직했거나 해당 상장회사 또는 그 계열회사에서 각각 재직한 기간을 더하면 9년을 초과하여 사외이사로 재직한 자는 사외이사가 될 수 없도록 하였다(상법시행령 제34조 제5항 제7호). 그런데 이에 대해서는 대통령령인 상법시행령으로 사외이사의 자격을 지나치게 제한하고 있어 논란이 되고 있다.

대통령령으로 정하는 상장회사는 총 위원의 2분의 1 이상이 사외이사로 구성되는 사외이사후보추천위원회의 추천을 받은 자 중에서 사외이사를 선임하여야 한다(제542조의 8 제4항 · 제5항 1문). 사외이사후보추천위원회가 사외이사후보를 추천함에 있어서는 의결권 있는 발행주식총수의 1천분의 5 이상의 주식을 보유한 주주가 주주총회일 6주 전에 위원회에 추천한 후보가 있는 경우에는 이 사외이사후보를 포함시켜야 한다(제542조의 8 제5항). 대통령령으로 정하는 상장회사의 경우에는 소수주주에게 사외이사후보자 추천권을 인정한 것이다.

이 밖에 감사위원회를 두는 경우에 회계 또는 재무전문가가 1인 이상 포함되어야 하며, 감사위원회의 대표와 감사위원회위원의 3분의 2 이상은 사외이사이어야 한다(제542조의 11 제2항, 제415조의 2 제2항).

4. 運營現況

사외이사제도는 1998년 초에 처음으로 도입되었으며, 2000년 증권거래법 개정에 의해 감사위원회 및 사외이사후보추천위원회의 설치가 이루어졌으며, 2001년에는 협회등록법인에 사외이사제도가 의무화되었다. 또한 민간위원회에서 기업지배구조 개선과 사외이사제도의 조기정착을 위해 기업지배구조 모범규준(1999. 9, 기업지배구조개선위원회)과 사외이사 직무수행규준(2000. 12, 사외이사제도개선 및 사외이사직무수행기준제정위원회)을 제정·권고한 바 있다. 상장회사협의회는 사외이사제도의 정착을 위해 1998년 9월에 이미 사외이사 직무수행기준을 자체적으로 제정하여 공표한 바 있다.

2009년도 상장법인 및 코스닥상장법인의 사외이사의 통계는 아래와 같다(상장회사협의회, 「상장」 제412호, 2009년 4월, 64쪽 아래 참조).

(1) 社外理事數 2009년 3월 31일 현재 1,578개 사의 상장법인에서 총 3,125명(중복선임제외 시 2,922명)의 사외이사가 선임되어 활동하고 있으며, 이는 전년(1,509개사 총 3,002명)보다 123명이 더 늘어난 수치이다. 1사당 평균사외이사 수는 전년(1.99명)보다 소폭 감소한 1.98명으로 나타나 매년 증가추세를 보이던 1사당 평균사외이사 수가 올해 처음으로 다소 줄어들었다. 유가증권시장 상장법인의 경우 전년(2.38명)과 동일한 2.38명, 코스닥시장 상장법인은 전년(1.66명)과 비슷한 1.65명인 것으로 나타났다.

A. **業種別 社外理事數** 유가증권시장 상장법인의 경우 1사당 평균 사외이사 수는 금융업이 전년보다 0.08명이 늘어난 4.08명(전년 4.00명)으로 가장 많고, 다음으로 비제조업 2.45명(전년 2.55명), 제조업 2.15명(전년 2.14명) 순으로 나타났다. 코스닥시장 상장법인의 경우 일반기업이 1.69명(전년 1.67명), 벤처기업이 1.38명(전년 1.57명), 외국기업이 2명의 사외이사를 선임하고 있는 것으로 조사되었다.

B. **社外理事數 分布** 사외이사 2명 이하인 상장법인의 비중은 78.7%(1,242개 사)로 전년도 78.1%(1,179개 사)에 비해 증가(0.6%p)한 반면, 사외이사 3명 이상의 경우에는 21.3%(336개 사)로 전년(21.9%, 330개 사)보다 감소하였다. 유가증권시장 상장법인

의 경우 사외이사 1명인 회사가 244개 사(34.3 %)로 가장 높고, 코스닥시장 상장법인 역시 1명인 회사가 436개 사(50.3 %)로 가장 높게 나타났다. 특히 코스닥시장 상장법인의 경우 사외이사 3명 이상인 회사는 102개 사(11.8 %)로 전년(82개 사, 11.2%) 대비 증가(20개사, +0.6%p)한 것으로 조사되었다. 유가증권시장 상장법인의 업종별 사외이사 수를 보면, 제조업은 사외이사 1명(177개 사, 38.1%)이, 비제조업은 사외이사 2명(64개 사, 33.0%)이, 금융업은 사외이사 5명 이상(20개 사, 37.7%)이 가장 많고, 코스닥시장 상장법인의 경우 일반기업과 벤처기업 모두 사외이사 1명인 회사가 각각 358개 사(47.6 %), 78개 사(69.6 %)로 가장 많은 것으로 조사되었다.

C. **最多社外理事 選任會社** 유가증권시장 상장법인 중 사외이사를 가장 많이 선임한 회사는 전년에 이어 ㈜신한금융지주(12명)이며, 코스닥시장 상장법인에서는 ㈜에쎌텍 · ㈜셀트리온 · ㈜스타맥스 · 에스케이브로드밴드㈜ · ㈜에스피코프 · ㈜엔케이바이오 · ㈜엠비성산 · ㈜코스모스피엘씨 · ㈜클라스타(각 5명)인 것으로 나타났다.

(2) 社外理事의 人的事項

A. **社外理事의 典型**

㈎ 上場法人 경상계열을 전공한 대학원 이상 학력의 50대 중반 기업인출신

㈏ 有價證券市場 上場法人 경상계열을 전공한 대학원 이상 학력의 50대 후반 기업인출신

㈐ 코스닥市場 上場法人 경상계열을 전공한 대학교 이상 학력의 50대 초반 기업인출신

B. **年 齡** 상장법인 사외이사의 연령은 평균 55.8세로 전년(55.4세)보다 0.4세 많아졌으며, 코스닥시장 상장법인의 사외이사는 평균 52.2세로 전년(51.7세)보다 0.5세 많아졌는데, 이는 유가증권시장 상장법인의 58.9세(전년 58.4세)보다 6.7세 젊은 것으로 나타났다. 특히 코스닥시장 상장법인 중 벤처기업의 사외이사가 평균 50.9세(전년 50.6세)로 가장 젊은 것으로 나타났다. 유가증권시장 상장법인의 경우 60대 사외이사(684명, 40.4%)가, 코스닥시장 상장법인의 경우에는 40대 사외이사(481명, 33.6%)가 제일 많은 것으로 조사되었다. 상장법인 사외이사의 연령대 분포를 보면 50대가 1,011명(32.4 %)으로 가장 많고, 그 다음으로 60대(995명, 31.8%) · 40대(687명, 22.0%) 순으로 나타났으며, 특히 30대 · 40대의 비중은 전년대비 감소(각각 0.8%p, 1.3%p)한 반면, 50대 · 70대의 비중은 증가(+1.5%p, +0.7%p)하였다.

C. **學　　歷**　상장법인 사외이사 중 49.5%(1,547명)가 대학원 이상의 학력자로서, 이는 대졸학력자(46.2%, 1,444명)보다 3.3%p(전년 3.2%p) 많은 것으로 나타났다. 코스닥시장 상장법인의 경우는 대졸학력자비중(51.3%, 734명)이 가장 높은 것으로 나타나 유가증권시장 상장법인과 차이를 보이고 있다.

D. **專攻分野**　상장법인 사외이사의 경우 대학에서의 전공분야는 경상계열출신(1,084명, 36.2%)이 가장 많았으며, 그 다음은 법학계열(460명, 15.4%)·이공계열(408명, 13.6%)의 순이다. 법학계열(15.4%)·인문사회계열(9.1%)을 전공한 사외이사는 전년대비 증가(각각 +0.8%p, +0.6%p)한 반면, 이공계열(13.6%), 경상계열(36.2%)의 사외이사는 전년대비 감소(각각 2.4%p, 0.8%p)하였다.

E. **職　　業**　상장법인 사외이사 중 기업인출신(1,097명, 35.0%)이 가장 많고, 그 다음으로 교수(680명, 21.8%)·변호사(336명, 10.8%) 순으로 많게 나타났다.

제3관 理 事 會

高永德, 상법상의 이사회제도에 관한 연구, 원광대 박사학위논문(1991)/金敎昌, 주식회사의 이사회에 대한 소고, 現代經濟法學의 課題(文仁龜博士華甲紀念論文集)(1987)/金鎭奉, 주식회사 이사회의 운영에 관한 연구, 동국대 박사학위논문(1986)/金鎭奉, 주식회사 이사회제도의 법적 문제점, 서원대 사회과학연구 6(1993. 6)/文正斗, 理事會決議의 瑕疵를 다투는 訴訟, 法曹 32, 11(1983. 11)/朴相祚, 불란서주식회사법상 이중구조적 이사회제도의 연구, 現代商事法의 諸問題(李允榮先生停年紀念論文集)(1988)/朴榮吉, 理事會의 權限, 경영법률 5(故 李允榮博士追慕論文集)(1992)/徐庚林, 미국 주식회사의 이사회의 기능, 現代商事法의 諸問題(李允榮先生停年紀念論文集)(1988)/宋民浩, 이사회의 감독기능에 관한 연구, 現代商事法의 諸問題(李允榮先生停年紀念論文集)(1988)/廉正義, 이사회제도의 개선방향, 호남대 경영연구 8(1994. 2)/柳時東, 이사회제도에 관한 비교법적 고찰, 경주전문대 논문집 5(1991. 5)/李炳泰, 이사회결의 하자의 유형, 商事法의 基本問題(李範燦敎授華甲紀念論文集)(1993)/李炳泰, 이사회의 운영, 企業法의 現代的 課題(李泰魯敎授華甲紀念論文集)(1992)/李炳泰, 주식회사 이사회제도의 개선방안, 上場協 27(1993. 5)/李炳泰, 하자 있는 이사회결의와 그 집행행위의 효력, 경영법률 5(故 李允榮博士追慕論文集)(1992)/鄭熙喆, 이사회제도의 비교법적 고찰, 企業法의 行方(鄭熙喆敎授古稀紀念論文集)(1991)/洪復基, 理事會의 委員會에 관한 研究, 經濟法·商事法論集(孫珠瓚敎授停年紀念論文集)(1989).

Ⅰ. 意 義

이사회는 이사 전원으로 구성되고, 그 회의에서의 결의에 의하여 업무집행에 관한 회사의 의사를 결정하며, 이사의 집무집행을 감독하는 필요적 상설기관이다. 기관인 이사회는 상설적 존재이지만, 그 활동은 정기 또는 임시의 회의형식으로 한다(동지: 정동윤, 374쪽; 정찬형, 399쪽). 하지만 1998년 5억 원 기준으로 도입되었으며, 2009년 상법개정으로 그 기준이 되는 자본의 총액이 10억 원 미만으로 상향조정된 경우에 속하는 소규모 회사의 경우, 이사의 수가 자율화됨에 따라 이사의 수가 1인뿐이어서 이사회가 존재할 수 없는 회사도 출현하게 되었다(제383조 제1항 단서).

이사회가 회의를 개최하여 그 회의에서 일정한 사항을 결정하게 한 것은 이사회의 광범한 권한에 대응하여 이사 상호간의 공정한 협의에 의하여 타당한 결론에 도달하기 위한 배려이다. 감사는 이사회의 구성원은 아니지만, 1984년 개정법에 의하여 업무 전반에 관한 감사권을 인정받았기 때문에 이사회에 출석하여 의견을 진술할 수 있다(제391조의 2 제1항).

Ⅱ. 權 限

1. 業務執行의 意思決定

이사회는 회사의 업무집행을 결정한다(제393조 제1항). 이 결정권한의 범위는 회사의 기초적인 사항 기타 법령 또는 정관에 의하여 주주총회의 권한으로 되어 있는 사항 이외에 이사회에서 결정해야 할 것으로 법률상 정해져 있는 사항 또는 명문의 규정이 없어도 다른 규정으로부터 그 취지를 추측할 수 있는 사항은 반드시 이사회에서 결정하여야 하고, 정관으로도 그 결정을 대표이사 또는 상무회와 같은 하부기관에 위임하지 못한다.

상법이 구체적으로 이사회의 권한사항으로 정하고 있는 것은 주주총회의 소집(제362조), 대표이사의 선임과 공동대표의 결정(제389조), 지배인의 선임·해임과 지점의 설치·이전·폐지(제393조 제1항), 이사의 경업거래의 승인(제397조 제1항)과 개입권의 행사 여부에 관한 결정(제397조 제1항), 이사의 자기거래의 승인(제398조), 신주발행사항의 결정(제416조), 재무제표와 영업보고서의 승인(제447조, 제447조의 2), 준비금의 자본전입(제461조), 사채의 모집(제469조), 전환사채 및 신주인수권부사채의 발행(제513조, 제516조의 2) 등이 있다.

<대판 2005. 7. 28, 2005 다 3649>

「상법 제393조 제 1 항은 주식회사의 중요한 자산의 처분 및 양도는 이사회의 결의로 한다고 규정하고 있는바, 여기서 말하는 중요한 자산의 처분에 해당하는가 아닌가는 당해 재산의 가액, 총자산에서 차지하는 비율, 회사의 규모, 회사의 영업 또는 재산의 상황, 경영상태, 자산의 보유목적, 회사의 일상적 업무와 관련성, 당해 회사에서의 종래의 취급 등에 비추어 대표이사의 결정에 맡기는 것이 상당한지 여부에 따라 판단하여야 할 것이고, 중요한 자산의 처분에 해당하는 경우에는 이사회가 그에 관하여 직접 결의하지 아니한 채 대표이사에게 그 처분에 관한 사항을 일임할 수 없는 것이므로 이사회규정상 이사회부의사항으로 정해져 있지 아니하더라도 반드시 이사회의 결의를 거쳐야 한다.」

<대판 2006. 5. 11, 2003 다 37969>

「사립학교법인의 이사회가 자금차입에 관한 결의를 하면서 자금을 차입할 상대방을 '금융기관'이라고만 하고 그와 관련된 부수업무는 사무국에 위임한다는 내용의 의결을 하였고, 그와 같은 이사회결의에 터잡아 관할청으로부터 자금차입 허가를 받는 과정에서 차입처가 '주택은행'으로 변경되었다 하더라도 변경된 차입처인 주택은행 역시 원래의 이사회결의에서 정했던 금융기관에 해당하는 것이고, 그와 같은 변경으로 차입조건이 당초 이사회결의에서 예상하였던 것보다 사립학교법인에게 불리하게 되었다는 등의 특별한 사정이 인정되지 않는 이상, 그와 같은 차입처의 변경은 기존의 이사회결의내용에 이미 포함된 것으로서 별도의 이사회결의를 필요로 하지 않는다.」

<대판 2011. 4. 28, 2009 다 47791>

「상법 제393조 제 1 항은 주식회사의 중요한 자산의 처분 및 양도는 이사회의 결의로 한다고 규정하고 있는데, 여기서 말하는 중요한 자산의 처분에 해당하는지 아닌지는 당해 재산의 가액, 총자산에서 차지하는 비율, 회사의 규모, 회사의 영업 또는 재산의 상황, 경영상태, 자산의 보유목적, 회사의 일상적 업무와 관련성, 당해 회사의 종래 취급 등에 비추어 대표이사의 결정에 맡기는 것이 타당한지 여부에 따라 판단하여야 하고, 중요한 자산의 처분에 해당하는 경우에는 이사회가 그에 관하여 직접 결의하지 아니한 채 대표이사에게 그 처분에 관한 사항을 일임할 수 없으므로 이사회규정상 이사회 부의사항으로 정해져 있지 않더라도 반드시 이사회의 결의를 거쳐야 한다(甲 주식회사가 乙 유한회사와 체결한 부동

산 양도계약에 관하여 甲 회사의 이사회결의에 하자가 있었던 사안에서, 위 양도계약은 이사회결의를 요하는 주식회사의 중요한 자산의 처분에 해당하고, 乙 회사가 甲 회사 이사회결의의 하자를 알았거나 알 수 있었다고 한 사례).」

<대판 2016. 7. 14, 2014 다 213684>

「상법 제393조 제 1 항은 주식회사의 중요한 자산의 처분 및 양도는 이사회의 결의로 한다고 규정하고 있다. 여기서 말하는 중요한 자산의 처분에 해당하는지 아닌지는 당해 재산의 가액, 총자산에서 차지하는 비율, 회사의 규모, 회사의 영업 또는 재산의 상황, 경영상태, 자산의 보유목적, 회사의 일상적 업무와 관련성, 당해 회사에서의 종래의 취급 등에 비추어 대표이사의 결정에 맡기는 것이 상당한지 여부에 따라 판단하여야 하고, 중요한 자산의 처분에 해당하는 경우에는 이사회가 그에 관하여 직접 결의하지 아니한 채 대표이사에게 그 처분에 관한 사항을 일임할 수 없으므로 이사회규정상 이사회 부의사항으로 정해져 있지 아니하더라도 반드시 이사회의 결의를 거쳐야 한다(대법원 2011. 4. 28. 선고 2009 다 47791 판결 등 참조).」

이 밖에도 상법상 회사가 결정하여야 할 것으로 규정한 사항은 성질상 이사회의 결의사항으로 보아야 하는 경우도 있다(제403조 등). 주주총회의 권한에 속하지 아니하는 중요하지 아니한 영업 일부의 임대 · 경영위임, 다른 회사의 영업 일부의 양수(제374조 참조), 예컨대 중요한 재산의 처분 · 양수, 다액의 차재 · 보증, 담보의 설정 기타 중요한 업무집행은 이사회의 결의에 의하여야 한다. 여기서 중요 또는 다액인가의 여부는 회사의 규모 · 상황, 그 금액, 기업조직상의 지위, 종래의 처리를 감안하여 판단하여야 할 것이다.

이와 같은 법정사항, 정관에 의하여 이사회의 권한으로 유보한 사항 및 그 권한으로 볼 수 있는 사항 이외의 사항은 이사회가 정하는 일반적 규칙 또는 구체적인 결의에 의하여 그 결정을 대표이사 또는 업무담당이사에게 위임할 수 있으며, 특히 일상업무의 결정은 당연히 대표이사에게 위임된 것으로 추정할 수 있다(동지 : 손주찬, 672쪽; 정동윤, 377쪽).

단, 이사가 1인뿐인 소규모 회사(자본의 총액이 10억 원 미만인 회사)는 이사회가 존재하지 않으므로 주주총회 또는 1인 이사가 이사회의 권한을 대신한다(제383조 제 4항 · 제 6 항). 위에서 언급한 이사회의 권한 중 이사의 경업거래의 승인, 이사의 자기거래의 승인, 신주발행사항의 결정, 준비금의 자본전입, 사채의 모집, 전환사채 및 신주인수권사채의 발행 등은 주주총회가, 주주총회의 소집, 지배인의 선임 · 해임과 지점의 설치 · 이전 · 폐지 등은 1인 이사가 이사회의 권한을 대신한다.

<대판 2003. 1. 24, 2000 다 20670>

「주식회사의 대표이사가 이사회의 결의를 거쳐야 할 대외적 거래행위에 관하여 이를 거치지 아니한 경우라도 이와 같은 이사회결의사항은 회사의 내부적 의사결정에 불과하다 할 것이므로 그 거래상대방이 그와 같은 이사회결의가 없었음을 알았거나 알 수 있었을 경우가 아니라면 그 거래행위는 유효하다 할 것이고, 이 경우 거래의 상대방이 이사회의 결의가 없었음을 알았거나 알 수 있었음은 이를 주장하는 회사측이 주장 · 입증하여야 한다.」(대판 1995. 4. 11, 94 다 33903; 대판 1998. 7. 24, 97 다 35276; 대판 1999. 10. 8, 98 다 2488 등 참조).

<대결 2021. 8. 26, 2020 마 5520>

「주식회사 이사회의 역할, 파산이 주식회사에 미치는 영향, 회생절차 개시신청과의 균형, 파산신청권자에 대한 규정의 문언과 취지 등에 비추어 보면, 주식회사의 대표이사가 회사를 대표하여 파산신청을 할 경우 대표이사의 업무권한인 일상 업무에 속하지 않는 중요한 업무에 해당하여 이사회 결의가 필요하다고 보아야 하고, 이사에게 별도의 파산신청권이 인정된다고 해서 달리 볼 수 없다. 그러나 자본금 총액이 10억 원 미만으로 이사가 1명 또는 2명인 소규모 주식회사에서는 대표이사가 특별한 사정이 없는 한 이사회 결의를 거칠 필요 없이 파산신청을 할 수 있다. 소규모 주식회사는 각 이사(정관에 따라 대표이사를 정한 경우에는 그 대표이사를 말한다)가 회사를 대표하고 상법 제393조 제1항에 따른 이사회의 기능을 담당하기 때문이다(상법 제383조 제6항, 제1항 단서)(주식회사의 대표이사가 파산을 신청하여 파산이 선고되었는데 채권자가 이사회 결의를 거치지 않아 파산신청이 부적법하다고 주장한 사안에서, 주식회사의 대표이사가 파산신청을 하려면 이사회 결의를 거쳐야 하지만 소규모 주식회사이므로 이사회 결의를 거치지 않고 파산을 신청한 것이 적법하다고 보아 재항고를 기각함).」

2. 業務執行의 監督

이사회는 주주총회와 마찬가지로 회사내부의 의사를 결정할 수 있음에 지나지 않고 회의체로서의 성질상 직접 집행하지는 못한다. 집행은 이사, 특히 대표이사와 집행권한이 있는 업무담당이사의 직무권한이지만, 그 집행은 이사회의 의사결정에 반할 수 없다. 따라서 이사회는 이사의 직무집행을 감독하는 권한을 갖는다(제393조 제2항). 단, 이사가 1인뿐인 소규모 회사에는 이사회가 존재하지 않으므로 이사회의 업무집행의 감독에 관한 규정은 적용되지 않는다(제383조 제5항). 감사는 이사회의 구성원이 아니지만 업무집행의 위법성 여부를 감사하는 직무권한을 갖는 관계상 이사회에 출석하여 의견을 진술할 수 있고, 더욱이 이사가 법령 또는 정관에 위반한 행위를 하거나 그 행위를 할 염려가 있다고 인정하는 때에는 이사회에 이를 보고하여야 한다(제391조의 2).

이사회의 이사에 대한 감독은 이사회를 소집하여 그 결의로써 하며 논란이 되고는 있지만, 감사가 행하는 감독기능은 적법성을 중심으로 하는 업무감사로 본다면 이사회의 감독기능은 이와는 달리 업무집행의 타당성 내지 합목적성의 감사에도 미친다(동지 : 손주찬, 672쪽; 정동윤, 377쪽; 이철송, 602-603쪽).

<대판 2008. 9. 11, 2006 다 68636>

「대표이사는 이사회의 구성원으로서 다른 대표이사를 비롯한 업무담당이사의 전반적인 업무집행을 감시할 권한과 책임이 있으므로, 다른 대표이사나 업무담당이사의 업무집행이 위법하다고 의심할 만한 사유가 있음에도 악의 또는 중대한 과실로 인하여 감시의무를 위반하여 이를 방치한 때에는 그로 말미암아 제3자가 입은 손해에 대하여 배상책임을 면할 수 없다. 이러한 감시의무의 구체적인 내용은 회사의 규모나 조직, 업종, 법령의 규제, 영업상황 및 재무상태에 따라 크게 다를 수 있는바, 고도로 분업화되고 전문화된 대규모의 회사에서 공동대표이사와 업무담당이사들이 내부적인 사무분장에 따라 각자의 전문분야를 전담하여 처리하는 것이 불가피한 경우라 할지라도 그러한 사정만으로 다른 이사들의 업무집행에 관한 감시의무를 면할 수는 없고, 그러한 경우 무엇보다 합리적인 정보 및 보고시스템과 내부통제시스템을 구축하고, 그것이 제대로 작동하도록 배려할 의무가 이사회를 구성하는 개개의 이사들에게 주어진다는 점에 비추어 볼 때, 그러한 노력을 전혀 하지 아니하거나, 위와 같은 시스템이 구축되었다 하더라도 이를 이용한 회사운영의 감시 · 감독을 의도적으로 외면한 결과 다른 이사의 위법하거나 부적절한 업무집행 등 이사들의 주의를 요하는 위험이나 문제점을 알지 못한 경우라면, 다른 이사의 위법하거나 부적절한 업무집행을 구체적으로 알지 못하였다는 이유만으로 책임을 면할 수는 없고, 위와 같은 지속적이거나 조직적인 감시소홀의 결과로 발생한 다른 이사나 직원의 위법한 업무집행으로 인한 손해를 배상할 책임이 있다.

감사는 상법 기타 법령이나 정관에서 정한 권한과 의무를 선량한 관리자의 주의의무를 다하여 이행하여야 하고, 악의 또는 중과실로 선량한 관리자의 주의의무에 위반하여 그 임무를 해태한 때에는 그로 인하여 제3자가 입은 손해를 배상할 책임이 있는바, 이러한 감사의 구체적인 주의의무의 내용과 범위는 회사의 종류나 규모, 업종, 지배구조 및 내부통제시스템, 재정상태, 법령상 규제의 정도, 감사 개개인의 능력과 경력, 근무여건 등에 따라 다를 수 있다 하더라도 감사가 주식회사의 필요적 상설기관으로서 회계감사를 비롯하여 이사의 업무집행 전반을 감사할 권한을 갖는 등 상법 기타 법령이나 정관에서 정한 권한과 의무를 가지고 있는 점에 비추어 볼 때, 대규모 상장기업에서 일부 임직원의 전횡이 방치되고 있거나 중요한 재무정보에 대한 감사의 접근이 조직적·지속적으로 차단되고 있는 상황이라면, 감사의 주의의무는 경감되는 것이 아니라 오히려 현격히 가중된다.」

Ⅲ. 召 集

1. 召集權者

이사회는 원칙적으로 각 이사가 소집할 수 있으나, 정관 또는 이사회의 결의로 대표이사 또는 이사회의장과 같이 소집할 이사를 정한 때에는 그 이사만이 이사회를 소집할 수 있다(제390조 제1항). 그런데 소집권을 갖는 이사를 한정한 경우에 다른 이사는 절대적으로 이사회를 소집할 수 없다고 하면, 이사회가 대표이사 등의 업무집행을 감독할 수 없다. 따라서 다른 이사는 소집권자에게 언제든지 이사회의 소집을 요구할 수 있으며, 소집권자가 정당한 이유 없이 이를 거절할 경우에는 그 이사가 직접 이사회를 소집할 수 있어야 한다. 이에 2001년 7월 개정상법은 제390조 제2항을 신설하여 "제1항 단서에 따라 소집권자로 지정되지 아니한 다른 이사는 소집권자인 이사에게 이사회의 소집을 요구할 수 있다. 소집권자인 이사가 정당한 이유 없이 이사회의 소집을 거절하는 경우에는 다른 이사가 이사회를 소집할 수 있다"라는 규정을 두었다. 이것은 대법원의 결정취지(대결 1975. 2. 13. 선고, 74 마 595)를 명문화하는 것이 타당하다는 견해를 받아들여 입법한 것이다.

<대결 1975. 2. 13, 74 마 595>

「상법 제390조 제1항의 취지는 이사 각자가 본래적으로 할 수 있는 이사회소집에 관한 행위를 대표이사로 하여금 하게 하는 데 불과하므로 대표이사는 다른 이사의 정당한 이사회소집요구가 있을 때에는 정당한 사유 없이 거절할 수 없으며, 만일 대표이사가 정당한 사유 없이 거절할 경우에는 그 이사회의 소집을 요

구한 이사가 이사회를 소집할 수 있다.」(동지 : 대판 1976. 2. 10, 74 다 2255).

2. 召集節次

이사회는 필요에 따라 개최되므로 소집권자는 원칙적으로 회일의 1주간 전에 각 이사 및 감사에 대하여 소집통지를 발송하여야 하며, 이 기간은 정관에 의하여 단축할 수 있다(제390조 제 3 항). 이사 및 감사 전원의 동의가 있는 때에는 소집절차를 거치지 않고 언제든지 이사회를 개최할 수 있다(제390조 제 4 항).

소집통지는 이사 및 감사에게 출석의 기회와 준비시간을 주기 위한 것이라고 볼 수 있으므로, 비록 일부에 대하여 소집통지를 하지 아니하였더라도 그 전원이 출석하여 이의를 제기하지 아니한 때, 즉 전원출석이사회는 적법한 이사회로 인정된다. 또한 미리 이사 및 감사 전원의 동의로 정한 정기일에 개회하는 경우에는 소집절차를 요하지 않으며, 이사회가 회의의 속행 또는 연기의 결의를 한 때에도 소집통지를 요하지 않는다(제392조, 제372조).

이사회의 회의에는 업무집행에 관한 여러 가지 사항이 토의될 것이 당연히 예정될 수 있기 때문에 이사회의 소집통지에는 회의의 목적사항을 기재할 필요가 없다(제363조 제 2 항 참조)(동지 : 정동윤, 378쪽. 이에 반하여 목적사항을 통지하여야 한다는 견해는 최기원, 517쪽).

<대판 2011. 6. 24, 2009 다 35033>

「이사회 소집통지를 할 때에는, 회사의 정관에 이사들에게 회의의 목적사항을 함께 통지하도록 정하고 있거나 회의의 목적사항을 함께 통지하지 아니하면 이사회에서의 심의 · 의결에 현저한 지장을 초래하는 등의 특별한 사정이 없는 한, 주주총회 소집통지의 경우와 달리 회의의 목적사항을 함께 통지할 필요는 없다.」

<대판 2012. 1. 27, 2011 두 9164>

「이사회 소집절차에 관한 사립학교법 제17조 제 3 항 등은 학교법인의 이사들로 하여금 사전에 회의의 목적사항을 알 수 있게 함으로써 이사회 참석 여부를 결정하거나 적정한 심의권 행사를 위하여 필요한 준비를 할 수 있도록 하는 데 취지가 있으므로, 소집통지에 포함될 회의의 목적사항은 이사들의 회의참석에 관한 의사결정이나 준비를 가능하게 할 정도이면 충분하고, 달리 학교법인의 정관 등에서 특별한 규정을 두고 있지 않은 한, 상정될 안건의 구체적 내용이나 그에 관한 판단자료까지 반드시 소집통지에 포함해야 하는 것은 아니다.」

Ⅳ. 決　　議

1. 決議方法

이사회의 결의는 이사 과반수의 출석과 출석이사의 과반수로 하여야 하나, 정관으로 그 비율을 높게 정할 수 있다(제391조 제 1 항). 이사회의 결의요건은 정관으로도 그 비율을 낮게 정할 수 없으며, 가부동수인 때에는 당연히 부결되고, 의장에게 결정권을 인정하는 정관의 규정은 무효이다(동지 : 채이식, 550쪽; 정찬형, 402쪽; 최기원, 692쪽; 이철송, 606-607쪽. 이에 반하여 유효설은 정동윤, 380쪽; 서돈각, 386쪽). 2011년 4월 개정에 의하여 회사의 사업기회유용의 승인(제397조의 2) 및 자기거래의 승인(제398조)은 이사 3분의 2 이상의 수로써 하여야 한다.

<대판 1995. 4. 11, 94 다 33903>

「재적 6명의 이사 중 3인이 참석하여 참석이사 전원의 찬성으로 연대보증을 의결하였다면, 위 이사회의 결의는 과반수에 미달하는 이사가 출석하여 상법 제391조 제 1 항 본문 소정의 의사정족수가 충족되지 아니한 이사회에서 이루어진 것으로 무효라고 할 것이다.」

<대판 2003. 1. 24, 2000 다 20670>

「회사의 이사 총 11인의 과반수에 해당하는 6인의 이사가 이사회에 출석하여 특별이해관계인으로서 의결권이 없는 박정을 제외한 출석이사 5인의 전원 찬성에 의하여 의결된 것이어서 상법 제391조 제 1 항 소정의 의사정족수 및 의결정족수 요건을 갖추었다고 할 것이고, ….」

<대판 2003. 1. 24, 2000 다 20670>

「이사회결의요건을 충족하는지 여부는 이사회결의 당시를 기준으로 판단하여야 하고, 그 결의의 대상인 연대보증행위가 실제로 이루어진 날을 기준으로 판단할 것이 아니라는 이유로 이를 배척하였는바, 이러한 원심의 판단은 정당하고, 거기에 상법 제393조 제 1 항에 대한 법리오해의 위법이 있다고 볼 수 없다.」

결의는 적법하게 개최된 이사회의 결의이어야 하기 때문에 서면에 의한 결의는 인정되지 않는다. 그러나 전자기술의 발달에 따라 이사가 회합하여 결의하는 것과 동일한 효과를 갖는 전화회의 · 화상회의에 의한 결의는 적법한 이사회로 인정된다(제391조 제 2 항). 원래는 동영상 및 음성을 동시에 송 · 수신하는 통신수단에 의한 회의를 인정하였으나 2011년 개정에 의하여 동영상부분을 삭제하여 전화로 하는 회의도 인정하게 되었다. 이사는 개인적 신뢰에 기하여 선임되는 자로서 1인1의결권이 인정된 자이므로, 주주와 달리 다른 사람에게 위임하여 의결권을 대리행사하지 못한다.

<대판 1982. 7. 13, 80 다 2441>

「이사회는 주주총회와는 달리 원칙적으로 이사 자신이 직접 출석하여 결의에 참가하여야 하며, 대리인에 의한 출석은 인정되지 않고, 따라서 이사가 타인에게 출석과 의결권을 위임할 수도 없는 것이니 이에 위배된 이사회의 결의는 무효이며, 그 무효임을 주장하는 방법에는 아무런 제한이 없으며, 이해관계인은 언제든지 또 어떤 방법에 의하든지 그 무효를 주장할 수 있다.」

의사정족수의 산정을 위한 이사는 재임이사를 말하며(동지: 정동윤, 383쪽), 재임이사가 법률 또는 정관에 정한 이사의 원수를 결한 때에는 법률 또는 정관에 정한 원수를 기초로 하여 산정한다. 직무집행정지중인 이사는 재임이사에서 제외되지만, 선임된 직무대행자는 그 권한범위 내의 사항에 관해서는 재임이사에 산입된다. 그리고 계속이사 · 임시이사도 재임이사에 산입된다.

<대판 1963. 4. 18, 63 다 15>

「이사 전원의 임기가 만료되었다 하여도 후임이사가 선임될 때까지는 그 이사로서의 권리를 행사할 수 있다고 해석하여야 할 것이므로, 임기완료된 정족수에 달하는 이사가 적법한 절차에 의하여 후임이사를 선임하는 결의를 하였다 하여도 그 결의를 무효라 할 수 없다.」

결의의 공정을 기하기 위하여 의결권이 배제된 특별이해관계를 갖는 이사는 재임이사에 산입되나, 의결정족수의 산정을 위해 요구되는 출석한 이사에는 산입되지 않는다(제391조 제3항)(대판 1992. 4. 14, 90 다카 22698). 이사가 특별이해관계를 갖는 경우로는 이사와 회사 사이의 거래의 승인을 위한 결의가 있다. 그러나 대표이사의 선임 · 해임을 위한 결의는 회사지배의 일면이고, 이사로서의 임무와 모순되지 않으므로 이에 해당하지 않는다고 본다(동지: 최기원, 694-695쪽; 이철송, 607쪽. 이설: 손주찬, 752쪽; 정동윤, 381쪽).

2. 決議의 瑕疵

이사회의 결의에 절차 또는 내용의 하자가 있는 경우에는 주주총회의 결의에서와 같은 특별한 소제도가 인정되지 않기 때문에 일반원칙에 의하여 당연무효라고 본다. 따라서 이해관계인은 누구든지, 언제든지, 그리고 어떠한 방법에 의해서든지 그 무효를 주장할 수 있으며, 필요한 때에는 결의무효확인의 소를 제기할 수 있다.

하자 있는 결의에 기한 이사, 특히 대표이사의 행위는 획일적으로 무효라 할 수 없고, 그 효력은 이사회의 결의를 요하는 회사의 이익과 거래안전의 요청의 비교형량에 의하여 판단하여야 한다.

<대판 2010. 6. 24, 2010 다 13541>

「임기만료로 퇴임한 이사 甲이 소집한 이사회에 甲과 임기만료로 퇴임한 이사 乙 및 이사 丙이 참석하여 丁을 대표이사에서 해임하고 甲을 대표이사로 선임하는 결의를 한 다음, 甲이 곧바로 소집한 주주총회에 甲, 乙, 丙이 주주로 참석하여 丁을 이사에서 해임하고 甲과 戊를 이사로 선임하는 결의를 한 사안에서, 위 이사회결의는 소집권한 없는 자가 소집하였을 뿐 아니라 이사가 아닌 자를 제외하면 이사 1인만 참석하여 이루어진 것이 되어 정관에 정한 소집절차 및 의결정족수에 위배되어 무효이고, 위 주주총회결의는 소집권한 없는 자가 이사회의 소집결정 없이 소집한 주주총회에서 이루어진 것으로 그 하자가 중대하여 법률상 존재하지 않는다고 보아야 한다.」

<대판 2011. 6. 24, 2009 다 35033>

「주식회사 대표이사가 이사회결의를 거쳐 주주들에게 임시주주총회 소집통지서를 발송하였다가 다시 이를 철회하기로 하는 이사회결의를 거친 후 총회 개최장소 출입문에 총회 소집이 철회되었다는 취지의 공고문을 부착하고, 이사회에 참석하지 않은 주주들에게는 퀵서비스를 이용하여 총회 소집이 철회되었다는 내용의 소집철회통지서를 보내는 한편, 전보와 휴대전화로도 같은 취지의 통지를 한 경우에는 임시주주총회 소집이 적법하게 철회되었다.」

<대판 2011. 6. 24, 2009 다 35033>

「소유와 경영의 분리를 원칙으로 하는 주식회사에서 주주는 주주총회 결의를 통하여 회사 경영을 담당할 이사의 선임과 해임 및 회사의 합병, 분할, 영업양도 등 법률과 정관이 정한 회사의 기초 내지는 영업조직에 중대한 변화를 초래하는 사항에 관한 의사결정을 하기 때문에, 이사가 주주의 의결권행사를 불가능하게 하거나 현저히 곤란하게 하는 것은 주식회사 제도의 본질적 기능을 해하는 것으로서 허용되지 아니하고, 그러한 것을 내용으로 하는 이사회결의는 무효로 보아야 한다.」

V. 議 事 錄

이사회의 의사에 관하여도 의사록을 작성하여야 하고, 의사록에는 의사의 경과요령과 그 결과를 기재하고 출석한 이사 및 감사가 기명날인 또는 서명하여야 한다(제391조의 3). 대표이사는 그 의사록을 본점에 비치하여야 하고, 주주는 영업시간 내에 그 의사록의 열람 또는 등사를 청구할 수 있다(제391조의 3 제 3 항). 회사는 이러한 청구에 대해 이유를 붙여 거절할 수 있으며, 그 경우에 주주는 법원의 허가를 얻어 열람 또는 등사할 수 있다(제391조의 3 제 4 항).

의사록에 기재되지 아니한 결의 또는 그 기재와 다른 결의도 당연히 무효로 되지는 않는다. 그러나 의사록은 의사에 관한 증거로서의 효력을 갖기 때문에, 결의에 반대한 이사는 의사록에 이의의 뜻이 기재되어 있지 않는 한 그 결의에 찬성한 것으로 추정되어 회사에 대하여 손해배상책임을 지는 불이익을 받는다(제399조 제 2 항 · 제 3 항).

<대결 2004. 12. 24, 2003 마 1575>

「상법 제391조조의 3 제 3 항, 제466조 제 1 항에서 규정하고 있는 주주의 이사회의 의사록 또는 회계의 장부와 서류 등에 대한 열람 · 등사청구가 있는 경우, 회사는 그 청구가 부당함을 증명하여 이를 거부할 수 있는바, 주주의 열람 · 등사권 행사가 부당한 것인지 여부는 그 행사에 이르게 된 경위, 행사의 목적, 악의성유무 등 제반 사정을 종합적으로 고려하여 판단하여야 할 것이고, 특히 주주의 이와 같은 열람 · 등사권의 행사가 회사업무의 운영 또는 주주공동의 이익을 해치거나 주주가 회사의 경쟁자로서 그 취득한 정보를 경업에 이용할 우려가 있거나, 또는 회사에 지나치게 불리한 시기를 택하여 행사하는 경우 등에는 정당한 목적을 결하여 부당한 것이라고 보아야 한다.」

<대판 2013. 3. 28, 2012 다 42604>

「상법 제391조의 3 제 3 항, 제 4 항에 의하면 주주는 영업시간 내에 이사회 의사록의 열람 또는 등사를 청구할 수 있으나, 회사는 그 청구에 대하여 이유를 붙여 거절할 수 있고, 그 경우 주주는 법원의 허가를 얻어 이사회 의사록을 열람 또는 등사할 수 있는바, 상법 제391조의 3 제 4 항의 규정에 의한 이사회 의사록의 열람 등 허가사건은 비송사건절차법 제72조 제 1 항에 규정된 비송사건이므로 민사소송의 방법으로 이사회 회의록의 열람 및 등사를 청구하는 것은 허용되지 않는다.」

<대판 2013. 11. 28, 2013 다 50367>

「상법 제391조의 3 제 3 항, 제 4 항에 의하면 주주는 영업시간 내에 이사회 의사록의 열람 또는 등사를 청구할 수 있으나, 회사는 그 청구에 대하여 이유를 붙여 거절할 수 있고, 그 경우 주주는 법원의 허가를 얻어 이사회 의사록을 열람 또는 등사할 수 있는바, 상법 제391조의 3 제 4 항의 규정에 의한 이사회 의사록의 열람 등 허가사건은 비송사건절차법 제72조 제 1 항에 규정된 비송사건이므로 민사소송의 방법으로 이사회 회의록의 열람 또는 등사를 청구하는 것은 허용되지 않는다.」

<대결 2014. 7. 21, 2013 마 657>

「적대적 인수 · 합병을 시도하는 주주의 열람 · 등사청구라고 하더라도 목적이 단순한 압박이 아니라 회사의 경영을 감독하여 회사와 주주의 이익을 보호하기 위한 것이라면 허용되어야 하는데, 주주가 회사의 이사에 대하여 대표소송을 통한 책임추궁이나 유지청구, 해임청구를 하는 등 주주로서의 권리를 행사하기 위하여 이사회 의사록의 열람 · 등사가 필요하다고 인정되는 경우에는 특별한 사정이 없는 한 그 청구는 회사의 경영을 감독하여 회사와 주주의 이익을 보호하기 위한 것이므로, 이를 청구하는 주주가 적대적 인수 · 합병을 시도하고 있다는 사정만으로 청구가 정당한 목적을 결하여 부당한 것이라고 볼 수 없고, 주주가 회사의 경쟁자로서 취득한 정보를 경업에 이용할 우려가 있거나 회사에 지나치게 불리한 시기를 택하여 행사하는 등의 경우가 아닌 한 허용되어야 한다.」

Ⅵ. 理事會內 委員會制度

1. 委員會의 意義

이사회는 정관에서 정하는 바에 따라 위원회를 설치할 수 있다(제393조의 2 제 1 항). 이는 1999년 개정에 의해 신설된 것이다. 이사회 내 각종 위원회를 둘 수 있도록 함으로써 원활한 의사결정과 전문적인 의사결정을 도출할 수 있도록 하기 위해서이다. 이사회는 회의체이고 또 회의를 개최하여서만 이사회 본래의 기능을 수행할 수 있으나, 그 규모와 회의시간, 구성원 등의 사정으로 인하여 이사회를 빈번하게 개최하기도 어렵고, 경영의 복잡성 · 전문성에 비추어 볼 때 회의에서 만족할 만한 성과를 얻기도 어렵다. 이 때문에 특정의 중요한 문제에 대하여 위원회를 설치하고, 그 위원회에서 문제를 검토시키고 그 결과를 이사회에 보고하게 할 필요성이 있다.

2. 委員會의 構成

위원회는 2인 이상의 이사로 구성한다(제393조의 2 제 3 항). 3인을 두지 않고 2인 이상으로 한 것은 상법에서는 최소한의 기준만을 마련해 두기 위한 것이다. 3인 위원회의 경우 의결은 2인 이상 찬성하면 되나, 2인 위원회의 경우에는 의결이 만장일치가 되어야만 그 결의가 효력이 있을 것이다. 이사회 내 위원회의 위원이 법률 또는 정관에 정한 이사의 원수를 결한 경우에는 임기의 만료 또는 사임으로 인하여 퇴임한 위원은 새로 선임된 위원이 취임할 때까지 위원으로서의 권리 · 의무가 있다(제393조의 2 제5항, 제386조 제 1 항).

3. 委員會의 運營

위원회의 운영은 원칙적으로 이사회의 운영과 같다(제393조의 2 제 5 항, 제390조). 따라서 이사회의 소집(제390조), 이사회의 결의방법(제391조), 이사회의 의사록(제391조의 3)에 관한 규정이 준용된다.

4. 委員會의 權限

이사회 내 위원회는 이사회의 보조기관적 성격을 갖고 있으므로 원칙적으로 이사회에서 부여받은 권한에 대해서만 결정할 권한이 있다. 물론 이사회의 권한보다 더 강한 권한을 행사할 수 없다. 따라서 이사회 내 위원회의 결의에 대하여는 이사회가 다시 결의할 수 있다(제393조의 2 제 4 항). 그러나 감사위원회의 결의에 대하여는 이사회가 다시 결의할 수 없다(제415조의 2 제 6 항). 그리고 주주총회의 권한은 논리상 당연히 이사회 내 위원회의 권한으로 할 수 없다. 1999년 개정상법에 의하여 이사회 내 위원회의 권한으로부터 배제된 것으로는 ① 주주총회의 승인을 요하는 사항의 제안, ② 대표이사의 선임 및 해임, ③ 위원회의 설치와 그 위원의 선임 및 해임, ④ 정관에서 정하는 사항이 있다(제393조의 2 제 2 항).

제 4 관 代表理事

姜渭斗, 주주총회 · 이사회의 개최 없이 의사록상으로만 대표이사로 선임된 자가 회사의 영업용 중요재산을 주주총회의 특별결의 없이 양도한 경우, 判例月報 270(1993. 3)/高裕卿, 주식회사대표이사의 대표권위반행위에 관한 연구, 대전전문대 논문집 19(1993.

12)/김재범, 대표이사 권한의 제한과 대표행위의 효력, 기업구조의 재편과 상사법(박길준교수화갑기념논문집)(1998)/朴吉俊, 표현대표이사, 商事法論集(徐燉珏敎授停年紀念論文集)(1986)/안강현, 표현대표이사, 기업구조의 재편과 상사법(박길준교수화갑기념논문집)(1998)/梁明朝, 표현대표이사제도의 존치필요성, 判例月報 222(1989. 3)/李基秀, 대표이사의 퇴직 후의 계속적 연대보증의 효력, 判例月報 276(1993. 9)/李炳泰, 대표이사의 대표권에 관한 제한, 判例月報 261(1992. 6)/李炳泰, 대표이사·업무담당이사, 한양대 법학논총 9(1992. 10)/林泓根, 대표이사가 자기 또는 제 3 자의 이익을 도모할 목적으로 한 권리남용행위의 효력, 判例月報 257(1992. 2)/鄭東潤, 대표이사의 대표권남용행위의 효력, 判例硏究 3(1990. 1)/鄭東潤, 표현대표이사, 商法論集(鄭熙喆先生華甲紀念論文集)(1979)/鄭浩烈, 표현대표이사론 : 민상법상의 위치를 중심으로, 아주대 아주사회과학논총 2(1988. 2).

I. 意 義

각 이사는 이사회를 구성하고, 이사회에서는 업무집행에 관한 의사결정만이 이루어진다. 따라서 대내적으로 업무를 집행하고, 대외적으로 회사를 대표하는 필요적 상설기관으로서 대표이사가 필요하다. 업무집행기관은 이사회와 대표이사로 구성되며, 이는 주식회사의 필요상설기관으로서 서로 다른 기능을 갖고 업무를 분담하여 내각제에 유사한 업무집행기관이다. 양 기관의 권한과 역할에 대해 상법은 제393조(이사회의 권한), 제389조(대표이사) 제 1 항에서만 간접적으로 근거를 제공하여 실제적인 내용을 유추하기에는 너무 빈약하다. 양 기관의 관계에 대하여는 다음의 주장이 있다. 우선 파생기관설에서는 원래 회사의 업무집행기관은 의사결정이든 결정된 의사의 집행이든 모두 이사회에 속하고 대표이사는 이사회권한의 일부를 행사하는 파생기관에 지나지 않는다는 주장을 한다(채이식, 상법강의(상), 1996, 517쪽). 이는 이사회의 기능을 강조하는 입장이다. 그에 반하여 독립기관설은 양자는 서로 독립된 별개의 기관으로서 이사회는 의사결정기관이고 대표이사는 주주총회나 이사회에서 결정된 의사를 집행하는 기관이라고 한다. 이 견해의 문제점은 현실적으로 이사회가 회사의 모든 의사를 결정하는 것은 사실상 불가능하다는 점에 있다. 이사회의 기능인 결정과 대표이사의 기능인 그 집행의 구별이 용이하지 않다. 결국 이 주장은 대표이사의 역할을 강조하는 것이다(정찬형, 상법강의(상), 제12판, 2009, 847쪽, 최준선, 회사법, 2004, 422쪽 등)(다수설). 이에 대하여 기본적으로 독립기관설에서 입각하여 있으면서도 대표이사는 이사회에서 선임되고 또 이사회의 감독을 받으므로 대표이사는 이사회의 하부

기관이라는 견해도 있다(정동윤, 회사법, 제7판, 2001, 410쪽). 그리고 어느 입장을 취하든 대표이사는 주주총회와 이사회에서 결의된 사항을 집행할 권한이 있고, 그 밖의 일상적인 사항에 독자적으로 업무집행의 의사결정을 할 수 있으므로 실제적인 차이는 나지 않는다는 입장도 있다(이철송, 회사법강의, 제18판, 2010, 577쪽). 생각건대 양자는 국가권력분립구조에서 행정부에 속하는 것으로서 집행부의 각각의 한 축을 이루고 있다고 하여야 하므로 어느 한쪽이 다른 쪽에 종속된 것이 아니라고 보아야 한다. 따라서 독립기관설이 타당하다.

Ⅱ. 選 任

대표이사는 이사회의 구성원인 이사 중에서 선임한다. 대표이사로서의 자격에는 특별한 제한이 없으며 주주일 필요도 없다.

<대판 1963. 8. 31, 63 다 254>

「주식회사의 대표이사는 회사의 주주인 여부에 관계가 없으므로 대표이사가 그 소유주식을 모두 매도하였다 하여 회사를 대표할 권한을 상실하는 것은 아니다.」

<대판 1994. 12. 2, 94 다 7591>

「회사의 운영권을 인수한 자라 하더라도 그가 이사회에서 대표이사로 선정된 바 없는 이상 회사의 적법한 대표자라고 볼 수 없다.」

대표이사는 이사회의 구성원으로서의 지위를 겸하므로 의사결정과 집행자체의 연결을 확보할 수 있다. 대표이사의 원수는 1인 또는 수인이라도 무방하다. 실제 정관으로 사장 · 전무이사 · 상무이사를 두고, 이들을 대표이사로 하는 경우가 많다. 대표이사가 여러 명인 때에도 공동대표가 아닌 한 각자가 업무집행과 대표행위를 한다(제389조 제 2 항).

대표이사는 원칙적으로 이사회의 결의에 의하여 선임되지만, 정관으로 주주총회에서 선임하도록 정할 수도 있다(제389조 제 1 항). 대표이사의 선임결의가 있은 후에 피선임자의 승낙이 있어야 대표이사로서의 지위를 갖는다. 대표이사의 선임결의에 하자가 있는 때에는 이사의 직무집행정지 · 직무대행자에 관한 규정을 유추적용할 수 있다. 그러나 대표이사의 직무대행자는 이사의 직무대행자의 자격을 갖지 않는다. 대표이사의 성명 · 주민등록번호 및 주소는 등기사항이다(제317조 제 2 항 9호).

<대판 2004. 2. 27, 2002 다 19797>
「이사 선임의 주주총회결의에 대한 취소판결이 확정된 경우 그 결의에 의하여 이사로 선임된 이사들에 의하여 구성된 이사회에서 선정된 대표이사는 소급하여 그 자격을 상실하고, 그 대표이사가 이사 선임의 주주총회결의에 대한 취소판결이 확정되기 전에 한 행위는 대표권이 없는 자가 한 행위로서 무효가 된다.」

Ⅲ. 終 任

대표이사는 이사의 자격을 전제로 하므로 이사의 지위를 잃으면 당연히 그 자격을 잃는다. 따라서 대표이사에게 이사의 종임사유가 발생하면 대표이사는 종임한다. 대표이사는 이사의 지위만을 갖고서 대표이사를 사임할 수 있으며, 이사회는 결의에 의하여 대표이사를 해임할 수 있다. 대표이사가 주주총회에서 선임된 때에는 주주총회가 해임할 수 있다.

<대판 1985. 12. 10, 84 다카 319>
「주식회사의 이사 및 대표이사 선임결의가 부존재임을 주장하여 생긴 분쟁 중에 그 결의부존재 등에 관하여 주식회사를 상대로 제소하지 아니하기로 하는 불제소약정을 함에 있어서 주식회사를 대표할 자는 현재 대표이사로 등기되어 그 직무를 행하는 자라 할 것이고, 그 대표이사가 부존재라고 다투어지는 대상이 된 결의에 의하여 선임되었다 할지라도 위 약정에서 주식회사를 대표할 수 있는 자임에 틀림없다.」

<대판 1995. 2. 14, 94 다 42174>
「주식회사의 대표이사직에서 사임한 자는 사임과 동시에 회사의 대표권을 상실하는 것이므로, 특별한 사정이 없는 한 대표이사직에서 사임한 자가 그 사임 이후에 회사의 대표이사의 자격으로 한 법률행위의 효력이 회사에 대하여 미칠 수는 없다고 할 것이다.」

법률 또는 정관에 정한 대표이사의 원수를 결한 경우에는 임기의 만료 또는 사임으로 퇴임한 대표이사는 새로 선임된 대표이사가 취임할 때까지 대표이사의 권리 · 의무가 있고, 필요하다고 인정할 때에는 법원은 이해관계인의 청구에 의하여 임시대표이사를 선임할 수 있음은 이사의 경우와 같으며(제389조 제 3 항, 제386조), 대표이사의 직무집행정지 및 직무대행자의 선임에 관해서는 이사의 직무집행정지, 직무대행자의 선임에 관한 규정을 유추적용할 수 있다.

<대판 1959. 12. 3, 4290 민상 669>

「회사의 상무라 함은 회사가 영업을 계속함에 있어서의 통상업무범위 내의 사무를 말하는 것이고, 가처분에 의하여 대표이사 직무대행자로 선임된 자가 직무정지중에 있는 대표이사를 해임하기 위한 임시주주총회를 소집함과 같은 행위는 이를 회사의 상무라고 할 수 없으므로, 가처분명령에 특히 정한 바 있거나 또는 관할법원의 허가를 얻지 않고서는 그러한 임시주주총회를 소집할 권한이 없다.」

<대판 1970. 4. 14, 69 다 1613>

「대표이사 직무대행자가 변호사에게 소송대리를 위임하고 그 보수계약을 체결하는 행위는 회사의 상무에 속한다 할 것이므로 회사의 행위로서 효력이 있다.」

<대판 1975. 5. 27, 75 다 120>

「가처분에 의하여 선임된 피고회사 대표이사 직무대행자가 피고회사를 대표하여 소송상의 인낙을 하는 것은 피고회사의 상무에 속하는 것이 아니므로 특별수권이 있어야 한다.」

<대판 1984. 2. 14, 83 다카 875 · 876 · 877>

「법원의 가처분명령에 의하여 선임된 회사의 대표이사 직무대행자가 회사의 업무집행기관으로서의 기능발휘를 전혀 하지 아니하고 그 가처분을 신청한 사람측에서 그 권한의 전부를 위임하여 회사의 경영을 일임하는 행위는 가처분명령에 의하여 정하여진 대표이사 직무대행자의 회사경영책임자로서의 지위에 변동을 가져오게 하는 것으로서 가처분명령에 위배되는 행위일 뿐만 아니라, 회사업무의 통상적인 과정을 일탈하는 것으로서 이를 회사의 상무라고 할 수 없다.」

대표이사의 종임이 있는 때에는 대표이사의 종임의 등기를 하여야 한다.

Ⅳ. 權 限

대표이사는 집행기관으로서 대내적 · 대외적인 업무집행을 담당한다. 주주총회 또는 이사회의 결의를 그대로 집행할 뿐만 아니라, 이사회가 위임한 범위 내에서 직접 결정하고 집행한다. 그리고 대외적인 업무대행을 위하여 회사의 대표권을 갖는다.

<대판 1997. 6. 13, 96 다 48282>

「법률 또는 정관 등의 규정에 의하여 주주총회 또는 이사회의 결의를 필요로 하

는 것으로 되어 있지 아니한 업무 중 이사회가 일반적 · 구체적으로 대표이사에게 위임하지 않은 업무로서, 일상업무에 속하지 않은 중요한 업무에 대하여는 이사회에게 그 의사결정권한이 있다.」

1. 業務執行權

대표이사는 대내적으로 주주총회 또는 이사회의 결의를 실행하고, 일상의 업무 등 이사회에 의하여 위임받은 사항을 결정하고 집행한다. 대표이사가 업무집행을 함에 있어서는 법률, 정관, 주주총회 또는 이사회의 결의, 업무규칙 등에 의한 제한을 받는다. 복수의 대표이사가 있는 경우에도 각자가 단독으로 집행할 수 있다. 그러나 복수의 대표이사가 공동으로 회사를 대표할 것을 정한 때에는 공동으로만 업무를 집행할 수 있다(제389조 제 2 항). 이를 공동대표라 하며, 그 복수의 대표이사를 공동대표이사라 한다.

상법에서 이사의 직무권한으로 정하고 있는 사항의 대부분은 성질상 대표이사의 직무권한이다. 예컨대 정관 · 주주총회 의사록 · 주주명부 · 사채원부의 비치(제396조), 재무제표의 작성 · 비치 · 공고 · 제출(제447조, 제447조의 3, 제448조, 제449조), 주식 · 사채청약서의 작성(제420조, 제474조 제 2 항), 신주인수권증서 · 증권의 기명날인 또는 서명(제420조의 2 제 2 항, 제516조의 5 제 2 항) 등이 그 예이다.

대외적으로 동일한 대표권을 갖는 복수의 대표이사 중에서 1인을 최고집행자로 하여 다른 대표이사와의 사이에 상하관계를 정하는 것은 내부적 제한의 문제이기 때문에 상관없다. 그러나 이러한 제한을 위반하더라도 외부에는 대항하지 못한다. 또한 외부적으로 대표권을 갖지 않는 이사에게 대내적인 업무집행권을 부여하여 서로간에 상하관계를 정할 수 있다. 실제상 정관으로 사장을 정점으로 하여 전무이사 또는 상무이사로 하여금 사장을 보좌하게 하고 있음은 위와 같은 의미로 볼 수 있고, 이를 통해서 회사의 통일적인 업무의 집행을 확보할 수 있다. 이처럼 대내적인 업무집행권만을 갖는 이사를 업무담당이사라고 한다.

<대판 2010. 10. 14, 2010 도 387>

「신주발행은 주식회사의 자본조달을 목적으로 하는 것으로서, 신주발행과 관련한 대표이사의 업무는 회사의 사무일 뿐이므로 신주발행 과정에서 대표이사가 납입된 주금을 회사를 위하여 사용하도록 관리 · 보관하는 업무 역시 회사에 대한 선관주의의무 내지 충실의무에 기한 것으로서 회사의 사무에 속하는 것이고,

신주발행에서 대표이사가 일반 주주들에 대하여 그들의 신주인수권과 기존 주식의 가치를 보존하는 임무를 대행한다거나 주주의 재산보전 행위에 협력하는 자로서 타인의 사무를 처리하는 자의 지위에 있다고는 볼 수 없다.」

2. 會社代表權

대표이사는 대외적으로 회사를 대표하는 기관이기 때문에 그 행위가 그대로 회사의 행위로 인정된다. 따라서 대표이사의 행위의 효력은 회사 및 제 3 자에게 중대한 이해관계를 갖는다.

(1) 代表權의 範圍 대표이사의 대표권은 회사의 영업에 관한 재판상 · 재판 외의 모든 행위에 미치는 포괄적인 권한이며, 대표권은 내부적인 제한으로써 선의의 제 3 자에게 대항할 수 없는 불가제한적인 권한이다(제389조 제3항, 제209조 제1항 · 제2항). 이처럼 대표권이 포괄적 · 불가제한적인 권한이라는 점에서 합명회사의 대표사원의 권한과 같으며, 지배인의 대리권과 유사하다. 즉 대표이사의 행위가 객관적으로 영업에 관한 것으로 인정되는 이상 그 행위가 대표이사 자신을 위한 경우에도 상대방에게 악의가 없는 한 대항하지 못한다고 해석해야 하고, 대표권행사의 남용을 방지하기 위하여 공동대표를 정할 수 있고, 대표이사의 성명 및 공동대표의 뜻은 등기하여야 하며, 표현대표이사의 행위에 의하여 회사가 책임을 부담하는 것은 동일하다. 그러나 대표이사의 대표권은 그 성질이 단체법에 고유한 관계이고 개인법상의 대리관계는 아니며, 그 범위가 회사의 영업 전반에 미친다는 점에서 지배인의 대리권과 다르다. 회사와 대표이사는 대표관계에 있기 때문에 대표이사의 불법행위에 의한 회사의 책임은 민법상의 사용자책임이 아니라 상법이 인정하는 책임이다. 이처럼 대리와 대표는 다른 것이지만, 그 성질에 반하지 않는 한 대리에 관한 규정을 대표관계에 유추적용할 수 있다.

<대판 2005. 12. 22, 2005 다 46448>

「계약자유원칙에 비추어 주식회사의 지배주주와 임원 사이에 체결된 이른바 경영권보장약정은 유효하다며, 원심이 경영권보장약정이 주식회사의 본질 및 사회질서에 반하여 무효라는 피고의 주장을 배척한 것을 옳다 … 피고는 한누리투자증권을 실질적으로 지배하는 대주주로서 원고와 경영권보장약정을 체결했음에도 불구하고 이사회결의를 통해 원고를 대표이사직에서 해임하고 이를 이유로 해지통고를 하는 방법으로 약정을 부당하게 파기했으므로 원고가 입은 손해를 배상

할 책임이 있다.」

(2) 代表權의 行使方法과 共同代表 대표이사의 수가 복수인 경우에도 각자가 포괄적·불가제한적인 대표권을 가지며, 단독으로 대표권을 행사할 수 있다. 그러나 업무집행의 통일성을 확보하고, 대표권행사의 신중을 기함과 아울러 대표이사 상호간의 견제에 의하여 대표권의 남용·오용을 방지하여 회사의 이익을 도모하기 위한 공동대표의 정함이 있는 때에는 복수의 대표이사가 공동으로만 회사를 대표할 수 있다(제389조 제2항). 따라서 회사의 상대방에 대한 의사표시는 공동대표이사가 공동으로 하여야 한다(능동대표). 그렇지만 공동대표의 정함이 있는 경우에도 대표권의 남용·오용의 위험이 없는 상대방의 의사표시는 공동대표이사 중의 1인에 대하여 하면 회사에 그 효력이 생긴다(수동대표)(제389조 제3항, 제208조 제2항).

공동대표의 정함이 있는 때에는 공동대표이사 중의 1인이 다른 공동대표이사에게 그 권한의 행사를 포괄적으로 위임하는 것은 공동대표제도의 취지에 어긋나므로 허용되지 않지만, 특정한 행위에 관하여 개별적으로 위임하는 것은 가능하다고 본다.

<대판 1989. 5. 23, 89 다카 3677>
「공동대표이사의 1인이 대표권의 행사를 다른 공동대표이사에게 일반적·포괄적으로 위임함은 허용되지 아니한다.」

<대판 2005. 2. 25, 2003 다 67007>
「주식회사인 원고 금고가 민법 제756조 제1항 본문의 사용자책임을 부담하는 것은 그 대표기관 이외의 피용자가 불법행위를 저지른 경우에 한하고 주식회사의 대표이사와 같은 대표기관이 불법행위를 저지른 경우에는 민법 제35조 제1항 본문의 특칙으로서 상법 제389조 제3항, 제210조에 의하여 책임을 지게 되고, 따라서 위 두 가지 책임은 서로 법률상의 근거를 달리하는 것이며, 또한 상법 제389조 제3항, 제210조에 의하여 주식회사가 그 대표이사의 불법행위로 인하여 손해배상책임을 지는 것은 대표이사가 '업무집행으로 인하여' 타인에게 손해를 가한 경우이어야 하는데 상법 제210조에 정하여진 '업무집행으로 인하여'라고 함은, 대표이사의 업무 그 자체에는 속하지 아니하나 그 행위의 외형으로 관찰하여 마치 대표이사의 업무범위 안에 속하는 것으로 보이는 경우도 포함한다고 해석함이 상당하다.」

<대판 2009. 11. 26, 2009 다 57033>

「민법 제35조 제 1 항은 "법인은 이사 기타 대표자가 그 직무에 관하여 개인에게 가한 손해를 배상할 책임이 있다"고 규정하고 있고, 민법 제756조 제 1 항은 "타인을 사용하여 어느 사무에 종사하게 한 자는 피용자가 그 사무집행에 관하여 제 3 자에게 가한 손해를 배상할 책임이 있다"고 규정하고 있다. 따라서 법인에 있어서 그 대표자가 직무에 관하여 불법행위를 한 경우에는 민법 제35조 제 1 항에 의하여, 법인의 피용자가 사무집행에 관하여 불법행위를 한 경우에는 민법 제756조 제 1 항에 의하여 각기 손해배상책임을 부담한다.」

<대판 2010. 12. 23, 2009 다 37718>

「甲 주식회사의 공동대표이사 중 1인이 단독으로 乙과 주차장관리 및 건물경비에 관한 갱신계약을 체결한 사안에서, 甲 주식회사가 종전 계약기간이 만료된 이후 7개월이나 경과된 시점에서 종전 계약의 기간만을 연장한 위 갱신계약의 체결사실을 인식하고 있으면서 乙에게 기간이 만료된 종전 계약의 계속적인 이행을 요구하는 통고서를 발송하여 갱신계약의 효과가 甲 주식회사에게 귀속되는 것을 승인함으로써 위 갱신계약을 묵시적으로 추인하였다고 봄이 상당하다.」

<대판 2013. 4. 11, 2012 다 116307>

「주식회사의 대표이사가 업무집행을 하면서 고의 또는 과실에 의한 위법행위로 타인에게 손해를 가한 경우 주식회사는 상법 제389조 제 3 항, 제210조에 의하여 제 3 자에게 손해배상책임을 부담하게 되고, 그 대표이사도 민법 제750조 또는 상법 제389조 제 3 항, 제210조에 의하여 주식회사와 공동불법행위책임을 부담하게 된다(대판 1980.1.15, 79다 1230, 대판 2007.5.31, 2005 다 55473 참조).」

<대판 2013. 6. 27, 2011 다 50165>

「주식회사의 대표이사가 업무집행을 하면서 고의 또는 과실에 의한 위법행위로 타인에게 손해를 가한 경우 주식회사는 상법 제389조 제 3 항, 제210조에 의하여 제 3 자에게 손해배상책임을 부담하게 되고, 그 대표이사도 민법 제750조 또는 상법 제389조 제 3 항, 제210조에 의하여 주식회사와 연대하여 불법행위책임을 부담하게 된다(대판 1980. 1. 15, 79 다 1230, 대판 2007. 5. 31, 2005 다 55473 참조). 따라서 주식회사의 대표이사가 업무집행과 관련하여 정당한 권한 없이 그 직원으로 하여금 타인의 부동산을 지배·관리하게 하는 등으로 소유자의 사용수익권을 침해하고 있는 경우, 그 부동산의 점유자는 회사일 뿐이고 대표이사 개인은 독자적인 점유자는 아니기 때문에 그

부동산에 대한 인도청구 등의 상대방은 될 수 없다고 하더라도, 고의 또는 과실로 그 부동산에 대한 불법적인 점유상태를 형성 · 유지한 위법행위로 인한 손해배상책임은 회사와 별도로 부담한다고 보아야 한다. 대표이사 개인이 그 부동산에 대한 점유자가 아니라는 것과 업무집행으로 인하여 회사의 불법점유 상태를 야기하는 등으로 직접 불법행위를 한 행위자로서 손해배상책임을 지는 것은 별개라고 보아야 하기 때문이다.」

(3) 代表權의 制限　　대표이사의 대표권은 법률, 정관, 주주총회 또는 이사회의 결의, 그리고 이사회규칙 등에 의하여 제한된다.

법률에 의한 대표권의 제한으로서 이사와 회사 사이의 소송에 관하여 대표이사는 회사를 대표하지 못하고, 감사가 회사를 대표한다(제394조). 그리고 영업의 전부 또는 중요한 일부의 양도(제374조 제1항), 사후설립(제375조) 등 주주총회의 결정사항과 이사의 자기거래(제398조), 신주의 발행(제416조), 사채의 모집(제469조) 등 이사회의 결정 · 결의사항에 관하여는 대표이사는 총회 또는 이사회의 결의를 얻지 아니하면 회사를 대표할 수 없다. 필요한 결의를 얻지 아니한 대표이사의 행위의 효력은 경우에 따라 달리 보아야 한다.

정관 또는 이사회규칙 등에 의하여 대표이사 사이에 상하관계를 정하거나 업무분담을 설정하여 대표이사의 권한을 특정한 영업이나 영업소에 한정하는 등 대표권을 제한할 수 있다. 대표이사가 이 제한에 위반하더라도 회사는 그 제한으로 선의의 제 3 자에게 대항하지 못한다(제389조 제 3 항, 제209조). 제 3 자에게 중대한 과실이 있는 때에는 그 제한으로써 대항할 수 있다고 본다.

<대판 1997. 8. 29, 97 다 18059>

「일반적으로 주식회사 대표이사는 회사의 권리능력의 범위 내에서 재판상 또는 재판 외의 일체의 행위를 할 수 있고, 이러한 대표권 그 자체는 성질상 제한될 수 없는 것이지만, 대외적인 업무집행에 관한 결정권한으로서의 대표권은 법률의 규정에 의하여 제한될 뿐만 아니라 회사의 정관, 이사회의 결의 등의 내부적 절차 또는 내규 등에 의하여 내부적으로 제한될 수 있으며, 이렇게 대표권한이 내부적으로 제한된 경우에는 그 대표이사는 제한범위 내에서만 대표권한이 있는데 불과하게 되는 것이지만 그렇더라도 그 대표권한의 범위를 벗어난 행위, 다시 말하면 대표권의 제한을 위반한 행위라 하더라도 그것이 회사의 권리능력의 범위 내에 속한 행위이기만 하다면 대표권의 제한을 알지 못하는 제 3 자는 그

행위를 회사의 대표행위라고 믿는 것이 당연하고, 이러한 신뢰는 보호되어야 한다.」

(4) 制限違反行爲의 效力과 代表權의 濫用 대표이사의 대표권이 법률에 의하여 제한된 경우에 그 제한에 위반한 행위는 효력이 없다.

대표이사가 주주총회 또는 이사회의 결의에 의하지 않거나 결의에 위반하여 한 행위의 효력은 회사의 이익과 그 행위를 신뢰한 제 3 자의 이익을 비교형량하여 구체적으로 결정해야 한다. 따라서 주주총회의 결정사항에 관해서는 그 결의가 법률상 필요하다는 것을 제 3 자가 당연히 알아야 하고, 이 결의사항은 회사에 중대한 사항이기 때문에 원칙적으로 무효라고 보아야 한다. 그러므로 정관의 변경, 회사의 합병 또는 자본의 감소가 주주총회의 결의 없이 이루어진 때에는 무효이다. 그러나 영업양도와 같은 개별적 거래행위에 관해서는 회사는 그 무효를 선의의 상대방에게 대항할 수 없다고 본다.

이사회의 결의사항에 관해서도 총회의 소집, 회사와 이사 사이의 거래 등은 거래의 안전을 고려할 필요가 없기 때문에 무효라고 보지만(동지 : 정동윤, 390-391쪽 ; 최기원, 710쪽), 이 거래의 효과가 제 3 자에 파급하는 때에는 그 무효를 선의의 제 3 자에게 주장하지 못한다고 본다. 이에 대하여 제 3 자와의 개별적 거래행위가 이사회의 결의를 거치지 아니한 때에도 그 거래행위는 내부적 의사결정을 흠결한 것에 지나지 아니하므로 유효하며, 신주의 발행, 사채의 발행 등 집단적 거래행위는 거래의 안전을 크게 고려할 필요가 있으므로 유효하다고 봄이 타당하다(동지 : 정동윤, 391쪽; 최기원, 711쪽; 이철송, 620쪽). 그러나 개별적 거래행위에 있어서는 악의 또는 중과실이 있는 자에 대하여 악의의 항변으로 대항할 수 있다(동지 : 정동윤, 391쪽).

이와 같이 대표이사가 대표행위를 하기 위하여 주주총회나 이사회의 결의를 얻어야 하는 경우에 이를 얻지 않았거나, 결의는 있었으나 그 결의가 무효인 경우이거나 취소된 경우에 한 대표이사의 행위 또는 결의가 있었으나 그 결의에 위반하여 한 대표이사의 행위를 전단적 대표행위라 한다. 이러한 행위의 효력은 어떠한가가 문제된다. 이 때 행위자체는 위법이라고 하지 않을 수 없다. 따라서 주주총회결의 없는 정관변경이나 이사회의 결의없는 준비금의 자본전입 등 그 행위가 순전히 대내적인 행위인 때에는 언제나 무효로 보아야 한다(통설 · 판례). 그런데 그 행위가 대외적인 행위인 경우에는 거래의 안전과 관련하여 특히 그 효력이 문제시된다. 이 때 외관주의와 거래안전의 필요를 고려하여 상대방이 선의인 경우 그를 유효로 보아야 한다. 즉 거래안전의 고려에서 준비금의 자본전입, 지배인의 선임 그 자체나 이사의 업무분담의 경우처럼 순수하게 내부적인 문제에 그치는 경우에는 무효이고, 대외적인 거래는 상대방이 선의인 경우는 유효, 악의 · 중과실인 경우에는 무효라는 것이 통설 · 판례의 입장으로서 타당하다. 여기서 악의 · 중과실이란 당해 거래가 이사회의 결의를 요한다는 사실, 이사회의 결의가 없었거나 무효인 사실을 알고 있거나 조금만 주의를 기울이면 알 수 있었음을 말한다. 그리고 이는 회사가 증명하여야 한다. 그런데 신주발행이나 사채발행과 같은 집단적 행위에는 제 3 자의 선의 · 악의에 의하여 개별적으로 그 효력이 달라지는 것으로 할 수는 없고, 획일적으로 보아야 하기 때문에 언제나 유효라고 보는 것이 타당하다. 그런데 이에 대해 이사회결의없는 신주발행은 수권자본제도의 내재적 한계로서의 이사회의 결의를 중시하여 무효로 보는 견해도 있다. 한편 이사회결의없이(제362조 참조) 대표이사가 소집한 주주총회결의의 효력은 주주의 선의 · 악의를 불문하고 언제나 결의취소의 소의 원인(제376조 제1항)이 된다(통설 · 판례).

<대판 1978. 6. 27, 78 다 389>

「주식회사의 대표이사가 이사회의 결의를 거쳐야 할 대외적 거래행위에 관하여 이를 거치지 아니하고 한 경우라도 위와 같은 이사회결의사항은 회사의 내부적 의사결정에 불과하다 할 것이므로, 그 거래상대방이 그와 같은 이사회결의가 없었음을 알거나 알 수 있었을 경우가 아니라면 그 거래행위는 유효하며, 위와 같은 상대방의 악의는 이를 주장하는 회사측에서 주장 · 입증하지 아니하는 한 유효하다.」(동지 : 대판 1989. 5. 23, 89 도 570; 대판 1993. 6. 25, 93 다 13391; 대판 1994. 10. 28, 94 다 39253; 대판 1995. 4. 11, 94 다 33903; 대판 1996. 1. 26, 94 다 42754; 대판 1997. 6. 13, 96 다 48282; 대판 1998. 7. 24, 97 다 35276; 대판 1998. 3. 24, 95 다 6885).

<대판 2005. 7. 28, 2005 다 3649>

「주주식회사의 대표이사가 그 대표권의 범위 내에서 한 행위는 설사 대표이사가 회사의 영리목적과 관계 없이 자기 또는 제 3 자의 이익을 도모할 목적으로 그 권한을 남용한 것이라 할지라도 일단 회사의 행위로서 유효하고, 다만 그 행위의 상대방이 대표이사의 진의를 알았거나 알 수 있었을 때에는 회사에 대하여 무효가 되는 것이다.」

<대판 2009. 3. 26, 2006 다 47677>

「주식회사의 대표이사가 이사회의 결의를 거쳐야 할 대외적 거래행위에 관하여 이를 거치지 아니한 경우라도 이와 같은 이사회결의사항은 회사의 내부적 의사결정에 불과하므로, 그 거래상대방이 그와 같은 이사회결의가 없었음을 알았거나 알 수 있었을 경우가 아니라면 그 거래행위는 유효하고, 이 때 거래상대방이 이사회결의가 없음을 알았거나 알 수 있었던 사정은 이를 주장하는 회사가 주장·증명하여야 할 사항에 속하므로, 특별한 사정이 없는 한 거래상대방으로서는 회사의 대표자가 거래에 필요한 회사의 내부절차는 마쳤을 것으로 신뢰하였다고 보는 것이 일반경험칙에 부합하는 해석이다.」

<대판 2012. 7. 12, 2012 다 20475>

「甲 주식회사의 대표이사 乙이 이사회결의 등 적법한 절차를 거치지 않은 채 丙의 甲 회사에 대한 채무를 면제해 주어 甲 회사에 손해가 발생하였는데, 채무면제행위 당시 甲 회사 감사 丁이 그 자리에 함께 있었음에도 乙의 행위에 대하여 유지(留止)할 것을 청구하거나 이사회 또는 주주총회에 보고하는 등 필요한 조치를 전혀 취하지 않은 사안에서, 丁이 乙의 불법행위를 안 때부터 乙에 대한 손해배상청구권의 소멸시효가 진행된다고 본 원심판결에는 법리오해의 위법이 있다.」

대표권의 범위에 속하는 사항이라도 권한의 남용이 있는 경우에 상대방이 대표이사의 행위의 효과를 회사에 대하여 주장할 수 있는지가 문제된다. 일반적으로 대표권의 남용이란 외관상으로는 대표이사의 권한 내의 적법한 행위이지만 주관적으로는 자기 또는 제 3 자의 이익, 즉 회사외의 이익을 도모하는 행위로서 회사에 손실을 끼치는 행위를 가리킨다. 이에 대하여는 다음의 견해가 주장되고 있다.

A. **權利濫用說** 대표이사의 권한남용행위에 대하여 상대방이 악의인 경우에도 행위 자체는 유효하지만, 악의의 상대방이 회사에 대하여 권리를 행사하는 것은 권리남용 또는 신의칙의 법리에 기하여 인정되지 않는다는 견해이다(다수설).

B. **心理留保說**(非眞意意思表示說) 대표이사가 내부적으로나 외부적으로 대표권한에 속하는 행위를 자기 또는 제 3 자의 이익을 위하여 남용한 때에는 상대방이 대표이사의 진의를 알았거나 알 수 있었을 때에는 민법 제

107조 제 1 항 단서의 규정을 유추적용하여 그 행위는 무효가 된다고 한다. 그러나 의사표시의 무효는 선의의 제 3 자에게 대항할 수 없다고 한다.

C. **利益較量說**(相對的 無效說) 대표권의 남용행위는 대표이사의 개인적 이익을 위하여 행사한 경우로서 선관주의의무에 위반하여 원칙적으로 무효이다. 다만, 선의의 제 3 자에 대하여는 유효하다고 한다. 그러나 제 3 자에게 악의 또는 중과실이 있는 경우에는 다시 원칙으로 돌아가서 무효라고 한다.

D. **代表權制限說** 회사의 대표권은 본인의 이익을 위하여 행사되어야 한다는 내재적 제한이 있는 것으로 보고, 대표권남용행위를 대표권한유월의 경우로 보아 표현대표에 관한 상법규정을 적용 내지 유추적용한다는 입장이다.

E. **私 見** 지배인의 지배권의 내용 중 영업에 관한 것인지 여부를 객관적으로 판단하듯이, 이 경우에도 대표권의 정형성은 객관적으로 판단하여야 한다. 따라서 대표행위가 객관적으로 보아 대표권의 범위 내의 행위로 평가되면, 회사는 이에 대하여 책임을 져야 한다. 그러나 제 3 자가 개인적으로 쓴다는 것을 알고 있으면서 권리를 주장하는 것은 신의칙 내지 권리남용 법리에 위배되어 회사는 그 이행을 거절할 수 있다고 보아야 한다. 따라서 대표이사의 권한남용행위에 대하여 상대방이 악의인 경우에도 행위 자체는 유효하지만 악의의 상대방이 회사에 대하여 권리를 행사하는 것은 권리남용 또는 신의칙의 법리에 기하여 인정되지 않는다는 권리남용설이 타당하다. 이 때 제 3 자의 악의는 회사가 증명하여야 한다. 제 3 자에게 악의는 없고, 단순 과실만 있는 경우에는 회사는 그를 이유로 신의칙이나 권리남용금지원리에 위배된다고는 주장할 수 없을 것이다. 중과실은 악의와 동일시하여야 할 것이다.

F. **判 例** 판례는 주식회사의 대표이사가 회사의 영리목적과 관계 없이 자기의 개인적인 채무변제를 위하여 회사 대표이사명의로 약속어음을 발행 · 교부한 경우에는 그 권한을 남용한 것에 불과할 뿐 어음발행의 원인관계가 없는 것이라고 할 수는 없고, 다만 이 경우 상대방(어음을 받은 사람)이 대표이사의 진의를 알았거나 알 수 있었을 때에는 그로 인하여 취득한 권리를 회사에 대하여 주장하는 것은 신의칙에 반한다 할 것이므로, 회사는 상대방의 악의를 증명하여 그 책임을 면할 수 있다(대판 1990. 3. 13, 89 다카 24360)고 하였다. 결국 판례는

비진의의사표시설을 취한 것(대판 1988.8.9, 86 다카 1858; 대판 1990.3.13, 89 다카 24360)도 있으며 권리남용설을 취한 것(대판 1987.10.13, 86 다카 1522)도 있다.

<대판 1987. 10. 13, 86 다카 1522>

「주식회사의 대표이사가 그 대표권의 범위내에서 한 행위는 설사 대표이사가 회사의 영리목적과 관계 없이 자기 또는 제 3 자의 이익을 도모할 목적으로 그 권한을 남용한 것이라 할지라도 일응 회사의 행위로서 유효하고, 다만 그 행위의 상대방이 그와 같은 점을 알았던 경우에는 그로 인하여 취득한 권리를 회사에 대하여 주장하는 것이 신의칙에 반하므로, 회사는 상대방의 악의를 입증하여 그 행위의 효과를 부인할 수 있을 뿐이며, 상대방에게 중대한 과실이 있는 경우에도 회사는 책임을 면할 수 없다.」

<대판 2005. 2. 25, 2003 다 67007>

「대표이사의 행위가 외형상 업무집행행위에 속한다고 인정되는 경우에도 그 행위가 그 업무 내지는 직무권한에 속하지 아니함을 상대방이 알았거나 중대한 과실로 알지 못한 때에는 손해배상책임을 부담하지 아니한다고 할 것이다(주식회사인 금융기관이 IMF 이후 금융감독원으로부터 자본구조개선을 위하여 유상증자를 완료함으로써 자기자본비율을 높이라는 경영개선조치에 따라 유상증자를 실시함에 있어서 금융기관이 제 3 자에게 예금을 담보로 대출을 하고, 그 제 3 자는 대출금을 대표이사인 대주주에게 신주인수자금으로 사용하도록 대여한 경우, 제 3 자와 대표이사 사이의 소비대차가 대표이사의 업무집행으로 인한 것이 아니어서 금융기관의 제 3 자에 대한 불법행위책임이 인정되지 아니한다고 한 사례).」

<대판 1988. 8. 9, 86 다카 1858>

「대표이사의 행위가 대표권한범위내의 행위라도 회사의 이익 때문이 아니고 자기 또는 제 3 자의 개인적인 이익을 위해 그 권한을 행사한 경우에 상대방이 대표이사의 진의를 알았거나 알 수 있었을 때에는 회사에 대하여 무효이다.」

<대판 2010. 5. 27, 2010 도 1490>

「배임죄가 성립하려면 경제적 관점에서 파악하여 배임행위로 인하여 본인에게 현실적인 손해를 가하였거나 적어도 재산상 실해 발생의 위험을 초래하였다고 인정되어야 한다(대판 1997. 5. 30, 95 도 531, 대판 2004. 4. 9, 2004 도 771 등 참조). 한편 대표이사가 대표권의 범위 내에서 한 행위는 설사 대표이사가 회사의 영리목적과 관계없이 자기 또는 제 3 자의

이익을 도모할 목적으로 그 권한을 남용한 것이라 할지라도 일단 회사의 행위로서 유효하지만, 그 행위의 상대방이 대표이사의 진의를 알았거나 알 수 있었을 때에는 회사에 대하여 무효가 되는 것이다(대판 1993. 6. 25, 93 다 13391, 대판 2005. 7. 28, 2005 다 3649 등 참조). … 대표권을 남용한 행위인 점, 그 상대방인 공소외 1로서도 피고인들의 위와 같은 진의를 알았거나 충분히 알 수 있었던 점, 그에 따라 이 사건 회사는 이 사건 차용증에 기한 변제책임 내지 보증책임을 부담하지 않는 것이고 달리 이 사건 회사가 사용자책임 등에 따른 손해배상 의무를 부담할 여지도 없는 점 등에 비추어 보면 피고인들이 공소외 1에게 이 사건 차용증을 작성하여 준 것만으로는 이 사건 회사에 재산상 손해가 발생하였다거나 재산상 실해 발생의 위험이 초래되었다고 볼 수 없어 피고인들에 대하여 업무상배임죄가 성립하지 않는다고 판단하였는바, 위와 같은 원심판단은 앞서 본 법리에 따른 것으로서 정당하…다.」

<대판 2012. 2. 23, 2011 도 15857>

「甲 주식회사의 실질적 경영자인 피고인이 자신의 개인채무를 담보하기 위하여 甲 회사 소유 부동산에 乙 앞으로 근저당권설정등기를 마침으로써 甲 회사에 재산상 손해를 가하였다는 내용으로 기소된 사안에서, 乙은 피고인이 개인채무를 담보하기 위하여 근저당권을 설정한다는 사정을 잘 알고 있어서 근저당권 설정행위는 대표권 남용행위로서 무효이므로 甲 회사는 乙에 대하여 무효인 근저당권에 기한 채무는 물론 사용자책임이나 법인의 불법행위 등에 따른 손해배상의무도 부담할 여지가 없고, 근저당권이 그 후 해지를 원인으로 말소되어, 피고인의 근저당권 설정행위로 말미암아 甲 회사에 재산상 손해가 발생하였다거나 재산상 실해 발생의 위험이 초래된 것으로 볼 수 없는데도, 이와 달리 업무상배임죄가 성립한다고 본 원심판결에 법리오해의 위법이 있다.」

<대판 2012. 5. 10, 2010 도 3532>

「신용카드 정보통신부가사업회사[통상 '밴(VAN. value added network의 약어) 사업자'라고도 한다]인 甲 주식회사와 가맹점 관리대행계약, 대리점계약, 단말기 무상임대차계약, 판매장려금계약을 각 체결하고 甲 회사의 대리점으로서 카드단말기의 판매 및 설치, 가맹점 관리업무 등을 수행하는 乙 주식회사 대표이사인 피고인이, 그 임무에 위배하여 甲 회사의 기존 가입 가맹점을 甲 회사와 경쟁관계에 있는 다른 밴사업자 가맹점으로 임의로 전환하여 甲 회사에 재산상 손해를 가하였다고 하여 업무상배임으로 기소된 사안에서, …피고인은 甲 회사와 신임관계에 기하여 甲 회사의 가맹점 관리업무를 대행하는 '타인의 사무를 처리하는

자'의 지위에 있다고 할 것인데도, 이와 달리 보아 무죄를 선고한 원심판결에 배임죄에서 '타인의 사무를 처리하는 자'에 관한 법리오해의 위법이 있다.」

<대판 2012. 6. 14, 2012 도 1283>

「기업인수에 필요한 자금을 마련하기 위하여 인수자가 금융기관으로부터 대출을 받고 나중에 피인수회사의 자산을 담보로 제공하는 방식[이른바 LBO(Leveraged Buyout) 방식]을 사용하는 경우, 피인수회사로서는 주채무가 변제되지 아니할 경우에는 담보로 제공되는 자산을 잃게 되는 위험을 부담하게 되므로 인수자만을 위한 담보제공이 무제한 허용된다고 볼 수 없고, 인수자가 피인수회사의 위와 같은 담보제공으로 인한 위험 부담에 상응하는 대가를 지급하는 등의 반대급부를 제공하는 경우에 한하여 허용될 수 있다. 만일 인수자가 피인수회사에 아무런 반대급부를 제공하지 않고 임의로 피인수회사의 재산을 담보로 제공하게 하였다면, 인수자 또는 제 3 자에게 담보 가치에 상응한 재산상 이익을 취득하게 하고 피인수회사에 재산상 손해를 가하였다고 보는 것이 타당하다.」

<대판 2012. 12. 27, 2012 도 10822>

「법률적 판단에 의하여 당해 배임행위가 무효라 하더라도 경제적 관점에서 파악하여 배임행위로 인하여 본인에게 현실적인 손해를 가하였거나 재산상 실해 발생의 위험을 초래한 경우에는 재산상의 손해를 가한 때에 해당되어 배임죄를 구성한다. 회사의 대표이사가 개인 채무를 담보하기 위하여 회사 명의의 약속어음을 발행하는 것은 대표권 남용행위이고, 만일 상대방이 그 사실을 알고 있었거나 중대한 과실로 알지 못하였다면 대표이사가 회사 명의의 약속어음을 발행한 것은 회사에 대하여 무효이므로 회사는 상대방에 대하여 어음금 채무를 지지 아니할 뿐만 아니라 위와 같은 사정하에서라면 회사는 상대방에 대하여 민법 제35조 제 1 항에 의한 손해배상책임 또는 민법 제756조 제 1 항에 의한 사용자책임도 지지 아니한다. 그러나 약속어음은 원칙적으로 배서에 의하여 양도할 수 있고(어음법 제11조 제 1 항, 제77조 제 1 항), 약속어음에 의하여 청구를 받은 자는 그 소지인이 채무자를 해할 것을 알고 어음을 취득한 경우가 아니라면 발행인 또는 종전의 소지인에 대한 인적 관계로 인한 항변으로써 소지인에게 대항하지 못하므로(어음법 제17조, 제77조 제 1 항), 대표이사가 대표권을 남용하여 회사 명의의 약속어음을 발행하였다면, 비록 상대방이 그 사실을 알고 있었거나 중대한 과실로 알지 못하여 회사가 상대방에 대하여는 채무를 부담하지 아니한다 하더라도 약속어음이 제 3 자에게 유통될 경우 회사가 소지인에 대하여 어음금 채무를 부담할 위험은 이미 발생하였다 할 것이

므로, 그 약속어음이 제 3 자에게 유통되지 아니한다는 특별한 사정이 없는 한 경제적 관점에서는 회사에 대하여 배임죄에서의 재산상 실해 발생의 위험이 초래되었다고 봄이 상당하다.」

<대판 2013. 4. 11, 2012 도 15890>

「피고인 甲이 피고인 乙의 자금 지원 등을 통해 丙 주식회사를 인수한 다음 피고인 乙의 적극적인 요구에 따라 丙 회사로 하여금 별다른 반대급부도 받지 않고 丁 주식회사의 피고인 乙에 대한 금전채무와 그 담보 목적으로 丁 회사가 발행한 약속어음채무를 연대보증하도록 하였는데, 피고인 甲은 그 후 피고인 乙이 위 연대보증에 기초하여 강제집행을 할 때 丙 회사가 아무런 이의를 제기하지 않기로 하는 약정(이하 '이의부제기약정'이라 한다)을 피고인 乙과 체결하여 피고인 乙이 丙 회사로부터 약속어음금을 추심하도록 함으로써 丙 회사에 손해를 입게 한 사안에서, 피고인 甲이 丙 회사의 대표이사로서 회사 재산을 성실히 관리하고 보전해야 할 업무상 임무가 있는데도 채권자인 피고인 乙의 요구를 거절하지 못하고 별다른 반대급부도 받지 않은 채 연대보증 및 이의부제기약정 등을 함으로써 피고인 乙에게 약속어음금 상당의 재산상 이익을 취득하게 하고 丙 회사에 손해를 입게 한 것은 배임행위에 해당하고, 피고인 乙도 피고인 甲의 배임행위 전 과정에 적극적으로 가담한 이상 배임죄의 공동정범에 해당하며, 위 배임행위는 대표권남용에 의한 연대보증의 채무부담행위뿐만 아니라 나아가 강제집행 과정에서 이의부제기약정의 체결을 통하여 피고인 乙이 약속어음금을 추심하도록 함으로써 직접적으로 丙 회사가 추심금 상당의 현실적인 손해를 입게 된 일련의 행위를 모두 포함하는 것으로서, 피고인들의 위와 같은 배임행위가 직접적인 원인이 되어 丙 회사가 현실적인 손해를 입은 이상 배임행위의 무효 여부와는 관계없이 배임죄의 죄책을 진다.」

<대판 2013. 6. 27, 2012 도 4848>

「일반적으로 상당히 고령인 가까운 친족을 회사의 경영진이나 고문으로 참여시키고 보수를 지급하는 행위가 과연 회사를 위한 최선의 행위로서 적절한지에 대하여 기업윤리적인 측면에서 의문이 제기될 수 있고 그 판단에 신중을 기하여야 할 것이지만, 이 사건에서 검사 제출의 증거들이나 원심이 판단 근거로 삼은 사정들만으로는 피고인이 회사 내부의 정상적인 의사결정 절차를 거쳐 자신의 어머니를 고문으로 위촉하여 공소사실과 같이 급여를 지급한 것이 명백히 그 필요성이나 정당성이 없었다거나 그 지급한 급여 액수가 합리적인 수준을 현저히 벗

어나는 행위로서 외형상 급여 명목으로 지급된 것에 불과하고 실질적으로는 피고인이 그 급여 명목의 돈을 자신의 소유인 것처럼 개인적인 용도로 사용 · 처분한 것이나 마찬가지여서 업무상횡령에 해당하는 행위라고 단정할 수는 없다.」

<대판 2013. 2. 14, 2011 도 10302>

「회사의 대표이사가 대표권을 남용하여 회사 명의의 약속어음을 발행하였다면, 비록 상대방이 그 남용의 사실을 알았거나 중대한 과실로 알지 못하여 회사가 상대방에 대하여는 채무를 부담하지 아니한다 하더라도 약속어음이 제 3 자에게 유통될 경우 회사가 소지인에 대하여 어음금채무를 부담할 위험은 이미 발생하였다 할 것이므로, 그 약속어음이 제 3 자에게 유통되지 아니한다는 특별한 사정이 없는 한 경제적 관점에서는 회사에 대하여 배임죄에서의 재산상 실해 발생의 위험이 초래되었다고 봄이 상당하다. 여기에서 그 약속어음이 제 3 자에게 유통되지 아니한다는 특별한 사정이 있는지 여부는 어음의 발행인과 수취인 기타 관련자들의 관계 및 그들 사이의 종전 거래실제, 유통하지 아니한다는 확약이 있는지 여부 등 약속어음 발행 전후의 구체적 경위와 사정, 발행된 어음의 문면 · 형식 · 재질 기타 유통성에 영향을 주는 어음의 외형적 요소, 나아가 약속어음 외에 다른 담보가 제공되었는지 여부, 그 담보의 종류 또는 내용, 어음수취인 기타 관련자들의 권리 추급 기타 그 권리관계의 전개양상 등 여러 사정들을 종합적으로 고려하여 판단하여야 한다.」

<대판 2016. 8. 24, 2016 다 222453>

「주식회사 대표이사의 대표권 남용 여부에 관하여 본다. 주식회사의 대표이사가 그 대표권의 범위 내에서 한 행위는 설사 대표이사가 회사의 영리 목적과 관계없이 자기 또는 제 3 자의 이익을 도모할 목적으로 그 권한을 남용한 것이라 할지라도 일응 회사의 행위로서 유효하다. 그러나 그 행위의 상대방이 그와 같은 정을 알았던 경우에는 그로 인하여 취득한 권리를 회사에 대하여 주장하는 것이 신의칙에 반하므로 회사는 상대방의 악의를 입증하여 그 행위의 효과를 부인할 수 있다고 함이 상당하다(대법원 1987. 10. 13. 선고 86 다카 1522 판결 등 참조). 그런데 이 사건 약정의 내용은 이 사건 회사의 대표이사인 소외인이 개인 자격에서 피고에게 부담하는 경영권 양수대금 채무를 면하는 대신 피고는 회사에 대한 판결금 채무를 면제받는다는 것이므로, 그 내용 자체에 의하더라도 회사에 손실을 주고 대표이사 자기 또는 제 3 자에게 이익이 되는 행위임이 분명하다. 그리고 피고는 이 사건 회사의 전 대표이사로서 이 사건 단기매매차익금반환 소송의 피고이자 이 사건 약정의 당사

자의 지위에서 위와 같은 대표권 남용행위에 가담한 지위에 있으므로 신의칙상 이 사건 약정이 유효하다는 주장은 허용되지 아니한다고 보아야 한다.」

<대판 2017. 7. 20, 2014 도 1104>(전원합의체)

「주식회사의 대표이사가 대표권을 남용하는 등 그 임무에 위배하여 약속어음 발행을 한 행위가 배임죄에 해당하는지도 원칙적으로 위에서 살펴본 의무부담행위와 마찬가지로 보아야 한다. 다만 약속어음 발행의 경우 어음법상 발행인은 종전의 소지인에 대한 인적 관계로 인한 항변으로써 소지인에게 대항하지 못하므로(어음법 제17조, 제77조), 어음발행이 무효라 하더라도 그 어음이 실제로 제 3 자에게 유통되었다면 회사로서는 어음채무를 부담할 위험이 구체적 · 현실적으로 발생하였다고 보아야 하고, 따라서 그 어음채무가 실제로 이행되기 전이라도 배임죄의 기수범이 된다. 그러나 약속어음 발행이 무효일 뿐만 아니라 그 어음이 유통되지도 않았다면 회사는 어음발행의 상대방에게 어음채무를 부담하지 않기 때문에 특별한 사정이 없는 한 회사에 현실적으로 손해가 발생하였다거나 실해 발생의 위험이 발생하였다고도 볼 수 없으므로, 이때에는 배임죄의 기수범이 아니라 배임미수죄로 처벌하여야 한다.」

<대판 2017. 9. 21, 2014 도 9960>

「甲 주식회사 대표이사인 피고인이 甲 회사 설립의 동기가 된 동업약정의 투자금 용도로 부친 乙로부터 2억 원을 차용한 후 乙에게 甲 회사 명의의 차용증을 작성 · 교부하는 한편 甲 회사 명의로 액면금 2억 원의 약속어음을 발행하여 공증해 줌으로써 甲 회사에 재산상 손해를 입게 하고 乙에게 재산상 이익을 취득하게 하였다고 하여 업무상배임으로 기소된 사안에서, 피고인의 행위가 대표이사의 대표권을 남용한 때에 해당하고 그 행위의 상대방인 乙로서는 피고인이 甲 회사의 영리 목적과 관계없이 자기 또는 제 3 자의 이익을 도모할 목적으로 권한을 남용하여 차용증 등을 작성해 준다는 것을 알았거나 알 수 있었으므로 그 행위가 甲 회사에 대하여 아무런 효력이 없다고 본 원심판단은 수긍할 수 있으나, 乙은 피고인이 작성하여 준 약속어음공정증서에 기하여 甲 회사의 丙 재단법인에 대한 임대차보증금반환채권 중 2억 원에 이르기까지의 금액에 대하여 압류 및 전부명령을 받은 다음 확정된 압류 및 전부명령에 기하여 丙 재단법인으로부터 甲 회사의 임대차보증금 중 1억 2,300만 원을 지급받은 사실에 비추어 피고인의 임무위배행위로 인하여 甲 회사에 현실적인 손해가 발생하였거나 실해 발생의 위험이 생겼으므로 배임죄의 기수가 성립하고, 전부명령이 확정된 후 집행

권원인 집행증서의 기초가 된 법률행위 중 전부 또는 일부에 무효사유가 있는 것으로 판명되어 집행채권자인 乙이 집행채무자인 甲 회사에 부당이득 상당액을 반환할 의무를 부담하더라도 배임죄의 성립을 부정할 수 없는데도, 이와 달리 보아 공소사실을 무죄로 판단한 원심판결에 배임죄의 실행의 착수 및 기수 시기에 관한 법리오해의 잘못이 있다.」

V. 表見代表理事

1. 總 說

이사와 대표이사의 성명은 등기사항이므로 누구라도 등기부를 보면 이사가 대표권을 갖는가의 여부를 쉽게 알 수 있다. 그러나 제 3 자가 거래시마다 등기부를 열람할 수도 없고, 대표권이 인정될 만한 명칭을 사용하는 이사는 비록 대표이사가 아니더라도 제 3 자는 그를 대표이사로 오해하기 쉽다. 그래서 상법은 등기와는 별개의 법리인 외관주의에 의하여 표현지배인제도와 마찬가지로 거래의 안전을 보호·강화하기 위하여 표현대표이사제도를 두고 있다. 즉 사장·부사장·전무·상무 기타 회사를 대표할 권한이 있는 것으로 인정될 만한 명칭을 사용한 이사의 행위에 대하여는 그 이사가 회사를 대표할 권한이 없는 경우에도 회사는 제 3 자에 대하여 책임을 진다(제395조).

<대판 1988. 10. 11, 86 다카 2936>

「표현대표이사책임에 관한 규정의 취지는 회사의 대표이사가 아닌 이사가 외관상 회사의 대표권이 있는 것으로 인정될 만한 명칭을 사용하여 거래행위를 하고, 이러한 외관상 회사의 대표행위에 대하여 회사에게 귀책사유가 있는 경우에 그 외관을 믿은 선의의 제 3 자를 보호함으로써 상거래의 신뢰와 안전을 도모하려는 데에 있다.」

표현대표이사제도는 거래의 안전을 보호하기 위한 규정이므로 불법행위와 재판상의 행위에는 적용되지 않는다.

2. 適用要件

(1) 外觀의 存在 회사를 대표할 권한이 있는 것으로 인정될 만한 명칭을 사용한 경우에 회사가 책임을 진다. 상법 제395조가 예시하고 있는 사장·부사장·전무·상무 이외에 총재·회장·이사회의장 등 회사조직상 일반적인 통념에 의하여 회사를 대표할 권한이 있는 것으로 보이는 명칭을 사

용할 때에는 외관이 존재한 것으로 된다. 상법 제395조는 표현대표이사가 적어도 이사의 자격을 가지고 있을 것을 전제하고 있다.

<대판 1988. 10. 11, 86 다카 2936>

「회사이사로 등기되어 있으나 실질적으로 사장으로서 회사의 대내외적인 모든 업무를 처리하고 평소에도 사장으로 불려져 왔다면, 그가 회사소유의 점포분양계약을 체결하며, 회사대표라는 명의를 표시한 경우 외관상 대표권을 표시한 행위라고 보기에 충분하다.」

<대판 1994. 12. 2, 94 다 7591>

「Y회사의 대표이사 A가 심각한 건강문제로 그 회사의 주식을 양도하고 중도금까지 수령한 후 B에게 회사의 경영권 및 회사운영권 일체 등 회사의 전권을 위임한다는 내용의 위임장을 작성하여 주고, 운영권행사에 지장이 없도록 대표이사의 인감과 고무인을 인도하고 사무실까지 넘겨 준 경우, B와 거래한 X들은 B가 회사의 경영권을 가지고 적법한 대표권을 행사한 자라고 믿을 만한 사정이 있었다고 보아야 할 것이므로, B의 표현대표행위에 대하여 Y회사는 그 책임이 있다.」

<대판 1999. 11. 12, 99 다 19797>

「사장 · 부사장 · 전무 · 상무 등의 명칭이 표현대표이사의 명칭에 해당하는가 하는 것은 사회일반의 거래통념에 따라 결정하여야 할 것인데, 상법은 모든 이사에게 회사의 대표권을 인정하지 아니하고 이사회 또는 주주총회에서 선정한 대표이사에게만 회사대표권을 인정하고 있으며, 그와 같은 제도는 상법이 시행된 이후 상당한 기간 동안 변함 없이 계속하여 시행되어 왔고, 그 동안 국민일반의 교육수준도 향상되고 일반인들이 회사제도와 대표이사제도를 접하는 기회도 현저하게 많아졌기 때문에 일반인들도 그와 같은 상법의 대표이사제도를 보다 더 잘 이해하게 되었으며, … 위와 같은 각 명칭에 대하여 제 3 자가 그 명칭을 사용한 이사가 회사를 대표할 권한이 있다고 믿었는지 여부, 그와 같이 믿음에 있어서 중과실이 있는지 여부 등은 거래통념에 비추어 개별적 · 구체적으로 결정하여야 한다. … 금융기관임직원이 상장회사의 '전무이사 · 주택사업본부장'에게 회사를 대표하여 백지어음에 배서할 권한이 있다고 믿은 데 중과실이 있으므로 회사의 금융기관에 대한 책임을 인정할 수 없다.」

그러나 반드시 이사에게만 대표권이 있는 것으로 의제하여야 할 필요성이 없기 때문에 이사의 자격이 없는 회사의 사용인 또는 이사직을 퇴임한 자가 회사를 대표할 권한이 있는 것으로 인정될 만한 명칭을 사용하는 한 표현대표이사의 성립을 인정해야 할 것이다.

<대판 1970. 6. 30, 70 후 7>
「주식회사의 전무이사의 자격으로서 한 소송행위는 이사로서 등기되어 있지 않더라도 유효하다.」

<대판 2009. 3. 12, 2007 다 60455>
「상법 제395조의 규정은 표시에 의한 금반언의 법리나 외관이론에 따라 대표이사로서의 외관을 신뢰한 제 3 자를 보호하기 위하여 그와 같은 외관의 존재에 관하여 귀책사유가 있는 회사로 하여금 선의의 제 3 자에 대하여 그들의 행위에 관한 책임을 지도록 하려는 것으로, 회사가 이사의 자격이 없는 자에게 표현대표이사의 명칭을 사용하게 허용한 경우는 물론, 이사의 자격도 없는 사람이 임의로 표현대표이사의 명칭을 사용하고 있는 것을 알면서도 아무런 조치를 취하지 아니한 채 그대로 방치하여 소극적으로 묵인한 경우에도 위 규정이 유추적용되는 것으로 해석함이 상당하다(대판 1998. 3. 27, 97 다 34709 등 참조).」

그리고 행위자 자신이 표현대표이사인 한 자기의 명칭을 사용한 행위뿐만 아니라(대판 1971. 6. 29, 71 다 946), 다른 대표이사의 명칭을 사용한 행위에 대해서도 제395조가 적용된다.

<대판 1979. 2. 13, 77 다 2436>
「표현대표이사의 명칭을 사용하는 이사가 자기명의로 행위할 때뿐 아니라, 행위자 자신이 표현대표이사인 이상 다른 대표이사의 명칭을 사용하여 행위한 경우에도 상법 제395조가 적용된다.」

(2) **會社의 歸責事由** 표현대표이사의 행위에 대하여 회사에게 책임을 인정하기 위해서는 외관의 존재에 대하여 회사에 귀책사유가 있어야 한다. 회사에 귀책사유가 있다고 하기 위해서는 대표권이 있는 것으로 인정될 만한 명칭을 회사가 적극적으로 부여하였거나 또는 그 사용을 허용하였어야 한다.

<대판 1977. 5. 10, 76 다 878>
「대표이사 또는 공동대표이사로 등기되어 있는 사람이 주주라고 할 수 없는 사

람들에 의해서 개최된 주주총회결의에 의하여 선임된 것이라면 그 선임은 무효라 할 것이므로, 그 사람들이 피고회사를 대표해서 한 행위에 대하여 피고회사가 책임을 지기 위해서는 피고회사가 그들 대표명의의 사용을 적극적 또는 묵시적으로 허용하였다고 할 수 있는 사정이 있어야 한다.」

<대판 1994. 12. 27, 94 다 7621 · 7638>
「주주총회를 소집 · 개최함이 없이 의사록만을 작성한 주주총회의 결의로 대표자로 선임된 자의 행위에 대하여 회사에게 표현대표이사로서의 책임을 물으려면, 의사록작성으로 대표자격의 외관이 현출된 데에 대하여 회사에 귀책사유가 있음이 인정되어야 한다.」

<대판 2009. 3. 12, 2007 다 60455>
「주주총회를 소집, 개최함이 없이 의사록만을 작성한 주주총회결의로 대표자로 선임된 자의 행위에 대하여 의사록 작성으로 대표자격의 외관이 현출된 데에 대하여 회사에 귀책사유가 있음이 인정될 경우 상법 제395조에 따라 회사에게 그 책임을 물을 수 있고(대판 1992. 8. 18, 91 다 14369 등 참조), 이 경우 의사록을 작성하는 등 주주총회결의의 외관을 현출시킨 자가 사실상 회사의 운영을 지배하는 자인 경우와 같이 주주총회결의 외관 현출에 회사가 관련된 것으로 보아야 할 경우에는 회사에 귀책사유가 있다고 인정할 수 있을 것이다.」

따라서 행위자가 임의로 그러한 명칭을 사용한 때에는 회사가 책임을 져야 할 이유가 없다.

<대판 1975. 5. 27, 74 다 1366>
「회사가 표현대표자의 행위에 대하여 책임을 지는 것은 표현대표자의 명칭사용을 명시 또는 묵시적으로 승인한 경우에만 한하고, 임의로 명칭을 참칭한 자의 행위에 대하여는 회사가 그러한 사실을 알지 못하고 또 제지하지 못한 점에 과실이 있다 하더라도 회사가 책임을 지는 것은 아니다.」(동지 : 대판 1988. 10. 11, 86 다카 2936; 대판 1995. 12. 4, 95 다 50908).

그렇지만 회사가 그러한 명칭의 사용을 알고 있으면서 그 사용을 저지하지 않고 묵인한 때에는 회사가 책임을 져야 할 것이다.

<대판 1985. 6. 11, 84 다카 963>
「상법 제395조는 외부에서 회사의 대표권이 있다고 오인할 염려가 있는 명칭을 사용한 이사의 행위에 대하여 회사의 책임을 규정한 것으로서, 표현대표이사는

이사의 자격을 가질 것을 형식상의 요건으로 하고 있다. 그러나 본조는 거래안전의 보호와 금반언의 법리에 기한 것이므로 회사가 이사의 자격이 없는 자에게 대표이사의 명칭을 사용하게 한 경우, 또는 이사의 자격 없이 대표이사의 명칭을 사용하는 것을 회사가 알고도 그대로 두거나 아무 조치를 취하지 아니하고 용인한 경우에도 유추적용된다.」(동지 : 대판 1979. 2. 13, 77 다 2436; 대판 1987. 7. 7, 87 다카 504; 대판 1992. 7. 28, 91 다 35816; 대판 1992. 9. 22, 91 다 5365; 대판 1998. 3. 27,97 다 34709).

<대판 1992. 10. 27, 92 다 19033>

「회사가 공동대표이사에게 단순히 대표이사라는 명칭을 사용하여 법률행위를 하는 것을 용인 내지 방임한 경우에도 회사는 상법 제395조에 의한 표현책임을 면할 수 없고, 또한 이 때 회사가 공동대표이사가 단독으로 회사를 대표하여 제 3 자와 한 법률행위를 추인하는 경우, 그 추인의 상대방은 공동대표이사나 거래의 상대방인 제 3 자이다.」(동지 : 대판 1993. 12. 28, 93 다 47653).

(3) **外觀에 대한 제 3 자의 信賴** 표현대표이사제도는 외관을 신뢰한 제 3 자를 보호하여 거래의 안전을 도모하는 데 그 목적이 있으므로, 제 3 자는 행위자에게 대표권이 없음을 알지 못하였어야 한다. 즉 선의이어야 한다. 회사는 제 3 자가 악의임을 증명하여 그 책임을 거절할 수 있음은 당연하고 (회사의 입증책임), 행위자에게 대표권이 없음을 알지 못한 데 대하여 중대한 과실이 있는 때에도 제 3 자를 보호할 필요가 없다고 할 것이므로 회사는 책임을 지지 않는다(동지 : 정동윤, 397쪽; 최기원, 537쪽).

<대판 1971. 6. 29, 71 다 946>

「피고회사의 발기 및 설립 당시 대표이사는 '갑'이었으나 회사에 대하여 실제로 출자를 한 바 없고 명예직으로 서울에 있었으며, 회사의 대내외적 업무집행과 감독은 이사이고 부사장인 소외 '을'이 주도적으로 처리하여 왔다면, 원심이 소외 '을'에게 외관상 피고회사의 대표권이 있었다고 보여지는 이 사건에 있어서 소외 '병'이 악의였다는 입증이 없으니 피고회사는 상법 제395조의 규정에 의하여 소외 '을'의 행위에 대하여 책임이 있다.」

<대판 1973. 2. 28, 72 다 1907>

「상법 제395조의 규정은 사장 · 부사장 · 전무 · 상무 기타 회사를 대표할 권한이 있는 것으로 인정될 만한 명칭을 사용한 이사의 행위에 대하여는 그 이사가 회사를 대표할 권한이 없는 경우에도 회사는 선의의 제 3 자에게 대하여 그 책임을 진다 하고 규정하였을 뿐 무과실을 필요로 한다는 규정이 없고, 위 법조의 입법

취지가 대표권이 없는 이사에 대하여 회사를 대표하는 권한이 있는 것으로 인정될 만한 명칭을 부여하는 것을 가급적이면 금지하고, 그와 같은 명칭을 사용할 것을 허용한 이상 그에 대하여 회사로서는 선의의 제 3 자에 대하여 책임을 져야 한다는 데 있을 뿐 아니라, 거래의 신속과 안전 등을 고려할 때 위의 법조해석에 있어서 그 제 3 자는 "선의" 이외에 무과실까지도 필요로 한다고 해석할 수 없다.」

<대판 2003. 7. 22, 2002 다 40432>

「제 3 자가 회사의 대표이사가 아닌 이사가 그 거래행위를 함에 있어서 회사를 대표할 권한이 있다고 믿었다 할지라도 그와 같이 믿음에 있어서 중대한 과실이 있는 경우에는 회사는 그 제 3 자에 대하여는 책임을 지지 아니하고, 여기서 제 3 자의 중대한 과실이라 함은 제 3 자가 조금만 주의를 기울였더라면 표현대표이사의 행위가 대표권에 기한 것이 아니라는 사정을 알 수 있었음에도 만연히 이를 대표권에 기한 행위라고 믿음으로써 거래통념상 요구되는 주의의무에 현저히 위반하는 것으로, 공평의 관점에서 제 3 자를 구태여 보호할 필요가 없다고 봄이 상당하다고 인정되는 상태를 말한다(금융기관이 표현대표이사와 근질권설정계약을 체결함에 있어 여신업무처리지침에 따라 그 이사의 직무권한서를 제출받거나 대표이사에게 문의를 하는 등의 방법으로 위와 같은 근질권설정계약을 체결할 권한이 있는지를 확인하지 아니한 것만으로는 그 금융기관에게 중대한 과실이 있다고 보기 어렵다는 이유로 원심을 파기하였다).」

<대판 2011. 3. 10, 2010 다 100339>

「표현대표이사의 행위로 인한 주식회사의 책임에 대하여 정한 상법 제395조는 표현대표이사가 자신의 이름으로 행위한 경우는 물론이고 대표이사의 이름으로 행위한 경우에도 적용된다. 그리고 이 경우에 상대방의 악의 또는 중대한 과실은 표현대표이사의 대표권이 아니라 대표이사를 대리하여 행위를 할 권한이 있는지에 관한 것이다.

표현대표이사가 대표이사의 이름으로 법률행위를 한 경우에 행위자가 표현대표이사에 해당하는 한 그에게 대표권 등 권한이 있는지를 당연히 의심하여 보아야 하는 객관적 사정이 있는 등의 경우가 아닌 이상 표현대표이사가 대표이사를 대리하여 법률행위를 할 권한이 있는지 여부에 관하여 확인하지 아니하였다는 사정만으로 상대방의 악의 또는 중과실을 쉽사리 인정할 수는 없다.」

<대판 2013. 2. 14, 2010 다 91985>

「상법 제395조가 표현대표이사의 행위로 인한 주식회사의 책임을 인정하는 취지는, 회사의 대표이사가 아닌 이사가 외관상 회사의 대표권이 있는 것으로 인정될 만한 명칭을 사용하여 거래행위를 하고 그러한 외관이 생겨난 데에 회사의 귀책사유가 있는 경우에 그 외관을 믿은 선의의 제 3 자를 보호함으로써 상거래의 신뢰와 안전을 도모하려는 데 있다. 따라서 거래의 상대방인 제 3 자가 대표이사가 아닌 이사에게 그 거래행위를 함에 있어 회사를 대표할 권한이 있다고 믿었다 할지라도 그와 같이 믿은 데에 중대한 과실이 있는 경우에는 회사는 위 규정에 의한 책임을 지지 아니한다고 보아야 할 것이다(대판 2003. 9. 26, 2002 다 65073 등 참조). 여기서 제 3 자의 중대한 과실이라 함은 제 3 자가 조금만 주의를 기울였더라면 표현대표이사의 행위가 대표권에 기한 것이 아니라는 사정을 알 수 있었음에도 만연히 이를 대표권에 기한 행위라고 믿음으로써 거래통념상 요구되는 주의의무에 현저히 위반하는 것으로서, 공평의 관점에서 제 3 자를 구태여 보호할 필요가 없다고 봄이 상당하다고 인정되는 상태를 말하고 제 3 자에게 중과실이 있는지 여부는 거래통념에 비추어 개별적 · 구체적으로 판단하여야 한다(대판 1999. 11. 12, 99 다 19797 등 참조).」

여기서 제 3 자란 표현대표이사와의 거래의 직접상대방뿐만 아니라, 그러한 명칭의 표시를 신뢰한 제 3 자 모두를 의미한다.

3. 效 果

위의 요건이 갖추어진 때에는 회사는 표현대표이사의 행위에 대하여 대표권이 있는 대표이사가 한 행위와 마찬가지로 제 3 자에 대하여 책임을 진다. 따라서 회사는 거래행위의 법률효과를 부인하지 못하고, 회사에 대하여 표현대표행위의 효력이 발생하는 결과 그에 따른 권리를 취득하고 의무를 부담한다. 그렇지만 회사가 표현대표이사에 대하여 손해배상을 청구할 수 있음은 당연하다. 어음행위에 있어서는 회사가 제 3 자에 대하여 책임을 지는 외에 표현대표이사도 어음법 제 8 조에 따라 무권대리인으로서 제 3 자에 대하여 어음상의 책임을 진다.

4. 表見代表理事와 共同代表, 商業登記와의 關係

공동대표의 정함이 있는 경우에 공동대표이사 중의 1인이 단독으로 회사를 대표하였다면, 표현대표이사로 인정할 수 있는가? 대표이사가 공동으로만 회사를 대표할 수 있다는 공동대표제도의 취지에서 볼 때, 이 경우에는 회사

대표의 효과가 생기지 않는다. 그런데 상대방이 그 대표이사에게 단독으로 회사를 대표할 권한이 있다고 믿은 경우에는 표현대표이사의 성립을 부정할 이유가 없다. 왜냐하면 공동대표이사가 단순히 대표이사라는 명칭을 사용한 때에는 대표이사라는 명칭은 어떠한 명칭보다도 가장 뚜렷하게 대표권이 있음을 나타내는 외관이고, 또한 사장 등의 명칭을 사용한 때에는 다른 요건이 구비되는 한 제 3 자를 보호할 필요가 있기 때문이다(동지 : 최기원, 537쪽; 정동윤, 399쪽). 그러나 공동대표와 표현대표이사는 그 제도의 취지가 다르므로, 이 경우에는 제395조를 유추적용하여야 한다. 이렇게 해석한다면 공동대표제도가 무용화된다는 점이 문제가 된다. 그러나 공동대표는 예외적인 경우이고, 대표권의 행사방법을 제한한 공동대표의 등기가 있다는 것만으로 거래의 안전을 저해할 수는 없다.

한편 표현대표이사제도는 어찌 보면 상업등기제도와 정면으로 충돌한다. 대표이사의 성명 · 주민등록번호 · 주소는 등기사항이고, 등기 후에는 상업등기의 효력에 의하여 정당한 사유가 없는 한 제 3 자의 악의가 의제되어 선의의 제 3 자에게도 대항할 수 있다(제37조 제 1 항). 그러므로 회사는 대표이사로 등기되어 있지 아니한 이사의 행위에 대해서는 설령 제 3 자가 표현대표이사에게 대표권이 있다고 믿었더라도 책임을 져야 할 이유는 없다고 할 것이다.

그런데 상법 제395조가 표현대표이사제도를 규정하고 있는 이상 상업등기와의 관계를 어떻게 설명하느냐 하는 것이 문제된다. 악의가 의제될 수 없는 정당한 사유를 객관적 사유로 한정하는 해석에 따르면 표현대표이사의 명칭을 신뢰한 것은 정당한 사유로 볼 수 없으며, 표현대표이사제도를 상업등기의 예외(최기원, 534쪽; 채이식, 543쪽)로 볼 이유도 없다. 그러므로 표현대표이사제도는 등기와 관계 없이 대표권이 있는 것으로 인정될 만한 명칭을 신뢰한 제 3 자를 보호함으로써 거래의 안전을 도모하려고 하는 것으로 상업등기제도와는 그 차원을 달리하는 것으로 보아야 한다. 이것이 판례의 입장이기도 하다.

<대판 1979. 2. 13, 77 다 2436>

「상법 제395조는 상업등기와는 다른 차원에서 회사의 표현책임을 인정한 규정이라 할 것이니, 이 책임을 물음에 상업등기가 있는 여부는 고려의 대상이 되지 않는다.」

제5관 理事와 會社 · 株主 · 監事 및 제3자의 關係

權奇勳, 위법하게 취득한 자기주식, 商事法論叢(姜渭斗博士華甲紀念論文集)(1996)/權載烈, 우리나라에서 株主代表訴訟制度가 事實上 死文化된 原因 — 比較法的 側面에서, 商事法論叢(姜渭斗博士華甲紀念論文集)(1996)/金建植, 不存在하는 株主總會決議에 의하여 선임된 代表理事와 거래한 제3자의 保護, 서울대 법학 91(1993. 2)/金建植, 주주의 직접손해와 간접손해 : 이사의 제3자에 대한 책임을 중심으로, 서울대 법학 92(1993. 8)/金文煥, 이사의 제3자에 대한 책임을 중심으로. 서울대 법학 92(1993. 8)/金文煥, 이사의 제3자에 대한 책임, 商事法論集(徐燉珏教授停年紀念論文集)(1986)/金文煥, 이사의 회사에 대한 책임, 會社法의 現代的 課題(徐燉珏博士華甲紀念論文集)(1980)/金英坤, 이사와 회사 간의 거래제한, 조선대 사회과학연구 7(1984. 6)/金英仙, 이사의 제3자에 대한 책임, 인천대 논문집 5(1984. 1)/金又德 · 鄭快永, 이사의 제3자에 대한 책임에 관한 고찰 : 미국의 회사법을 중심으로, 부산여대 논문집 30(1990. 6)/金興洙, 이사의 제3자에 대한 책임 : 그 성질과 범위를 중심으로, 한남대 사회과학논문집 3(1983. 3)/盧一錫, 이사의 제3자에 대한 책임, 商事判例研究 1(1986)/朴永吉, 상법 제398조와 어음행위, 現代經濟法學의 課題(文仁龜博士華甲紀念論文集)(1987)/朴晋泰, 自己株式取得禁止의 緩和, 商事法論叢(姜渭斗博士華甲紀念論文集)(1996)/徐圭錫, 상법 제401조에 관한 해석론의 재고, 전북대 논문집(인문 · 사회과학편) 25(1938. 8)/徐圭錫, 상법 제401조와 기업의 사회적 책임, 商事法의 現代的 課題(孫珠瓚博士華甲紀念論文集)(1984)/徐廷甲, 理事와 會社와의 去來, 司法行政 256(1982. 4)/宋相現, 株式會社 理事의 忠實義務論, 서울대 법학 14 · 2(1973)/梁承圭, 이사의 직무감독의무위반과 회사에 대한 손해배상책임, 商事法論集(徐燉珏教授停年紀念論文集)(1986)/李基秀, 이사와 회사, 주주 및 제3자의 관계, 고시연구 192(1990. 3)/이범찬 · 임충희, 자기주식 취득의 규제에 관한 몇 가지 문제, 현대상사법의 제문제(박상조교수화갑기념논문집)(1998)/李炳泰, 理事의 會社에 대한 責任 : 善管義務違反을 중심으로, 法曹 29, 5(1980. 5)/李宙興, 理事의 損害賠償責任 : 독일법을 중심으로, 司法行政 308(1986. 8)/李宙興, 회사채권자의 이사에 대한 손해배상청구에서의 손해의 의미와 범위(상), 法曹 400; (하), 401(1990. 1)/鄭鎭世, 이사의 제3자에 대한 책임에 관한 소묘, 經濟法 · 商事法論集(孫珠瓚教授停年紀念論文集)(1989)/鄭快永, 이사의 제3자에 대한 책임, 부산대 박사학위논문(1989)/韓 鐵, 理事와 會社間의 諸利益衝突, 判例月報 188(1986. 5).

Ⅰ. 理事와 會社의 관계

1. 總 說

이사와 회사 사이의 법률관계에는 위임에 관한 규정이 준용된다. 따라서 이사가 이사회의 구성원으로서 또는 대표이사로서 직무를 수행함에 있어서는 당연히 선량한 관리자의 주의의무를 부담한다. 이 외에 이사가 회사에 대하여 충실의무를 부담하느냐에 관해서는 논란이 있었지만, 1998년 상법개정으로 명문화되었다.

2. 善管注意義務, 監視義務 및 忠實義務

(1) 善管注意義務 이사는 회사의 수임인으로서 위임의 본지에 따라 선량한 관리자의 주의로써 위임사무를 처리하여야 한다(민법 제681조). 따라서 이사 또는 대표이사는 거래의 통념상 이사 또는 대표이사에게 객관적으로 요구되는 주의로써 회사의 업무를 집행하여야 하고, 이러한 의무에 위반한 때에는 회사에 대하여 손해배상책임을 지고, 악의 또는 중과실이 있는 때에는 제 3 자에 대하여도 손해배상책임을 진다(제399조, 제401조).

이사의 선관주의의무는 이사의 모든 직무에 관하여 요구된다. 보통의 이사는 이사회에서의 의결권의 행사에 관하여, 대표이사 또는 업무담당이사는 그 맡은 직무집행에 관하여 선관주의의무를 다하여야 한다.

<대판 1989. 10. 13, 89 도 1012>

「대표이사는 이사회 또는 주주총회의 결의가 있더라도 그 결의내용이 회사채권자를 해하는 불법한 목적이 있는 경우에는 이에 맹종할 것이 아니라 회사를 위하여 성실한 직무수행을 할 의무가 있다.」

(2) 監視義務 이사는 이사회의 구성원으로서 이사회의 업무감독기능을 확보하기 위하여 다른 이사를 선량한 관리자의 주의로써 감시할 의무도 있다.

대우사건에서 법원(대판 2008. 9. 11, 2006 다 68834, 대판 2008. 9. 11, 2006 다 68636 등)은 대표이사의 감시의무 이행 여부를 판단하기 위하여 내부통제시스템의 법리를 설시하였다. 대표이사의 경우에는 회사업무의 전반을 총괄하여 다른 이사의 직무집행을 감시·감독하여야 할 지위에 있기 때문에 '위법하다고 의심할 사유가 있음에도 이를 방치한 때'를 판단하는 정도가 평이사에 비하여 더 엄격하다. 대법원은 평이사의 경우 위법행위에 대한 보고를 듣고도 아무런 조치를 취하지 않을 때 감시의무위반을 인정하고 있다(대판 2007. 12. 13, 2007 다 60080). 그리고 대표이사나 업무집행이사는 회사의 업무집행을 전혀 담당하지 않는 평이사에 비하여 보다 높은 주의의무를 부담한다는 것이 법원의 판례의 태도이다(대판 2008. 9. 11, 2007 다 31518). 대표이사는 회사의 업무집행 전반에 대하여 책임이 있기 때문에 직접 계약서 내용을 살피는 등 적극적으로 이를 확인하여 다른 이사들의 법령위반행위를 방지하여야 한다는 입장을 법원은 취하고 있다(대판 2004. 12. 10, 2002 다 60467, 60474). 또한 대표이사인 동시에 그룹의 부회장으로서 회사의 경영을 총괄하여 담당하였다면, 회사 내부에서 발생하는 비자금 조성에 직접 관여하였거나 그렇지 않더라도 이를 방임 내지 방관하였다고 판시한 대법원 판결(대판 2007. 9. 20, 2007 다 25865)이 있다.

<대판 1985. 6. 25, 84 다카 1954>

「주식회사의 업무집행을 담당하지 아니하는 평이사는 단지 이사회의 일원으로서 이사회를 통하여 대표이사를 비롯한 업무담당이사의 업무집행을 감시하는 것이 통상적이나, 평이사의 임무는 단지 이사회에 상정된 의안에 대하여 찬부의 의사표시를 하는 데 그치지 아니하고 대표이사를 비롯한 업무담당이사의 전반적인 업무집행을 감시하여야 한다.」

<대판 2019. 11. 28, 2017 다 244115>

「주식회사의 이사는 선량한 관리자의 주의로써 대표이사 및 다른 이사들의 업무집행을 전반적으로 감시할 권한과 책임이 있고, 주식회사의 이사회는 중요한 자산의 처분 및 양도, 대규모 재산의 차입 등 회사의 업무집행사항에 관한 일체의 결정권을 갖는 한편, 이사의 직무집행을 감독할 권한이 있다. 따라서 이사는 이사회의 일원으로서 이사회에 상정된 안건에 관해 찬부의 의사표시를 하는 데 그치지 않고, 이사회 참석 및 이사회에서의 의결권 행사를 통해 대표이사 및 다른 이사들의 업무집행을 감시 · 감독할 의무가 있다. 이러한 의무는 사외이사라거나 비상근이사라고 하여 달리 볼 것이 아니다(대판 2008. 12. 11, 2005 다 51471, 대판 2014. 12. 24, 2013 다 76253 등 참조). 그리고 주식회사의 감사는 회사의 필요적 상설기관으로서 회계감사를 비롯하여 이사의 업무집행 전반을 감시할 권한을 갖는 등 상법 기타 법령이나 정관에서 정한 권한과 의무가 있다. 감사는 이러한 권한과 의무를 선량한 관리자의 주의의무를 다하여 이행하여야 하고, 이에 위반하여 그 임무를 해태한 때에는 그로 인하여 회사가 입은 손해를 배상할 책임이 있다(대판 2008. 9. 11, 2006 다 68636 등 참조)(피고들은 상장회사인

원고승계참가인(이하 '승계참가인')의 이사와 감사로 근무하였던 자들로, 그 근무기간 동안 한 번도 승계참가인의 이사회를 위한 소집통지가 이루어지지 않았고 실제 이사회가 개최된 적도 없는데, 그럼에도 불구하고 승계참가인 이사회에서 거액의 유상증자 안건을 결의한 것으로 이사회 회의록을 작성하고 그 내용을 공시하여 왔음에도 단 한 번도 의문을 제기하지 않은 점, 특히 위 유상증자대금의 액수가 승계참가인의 자산과 매출액 등에 비추어 볼 때 그 규모가 매우 큰 점, 당시 승계참가인 경영자 甲 등은 위 유상증자대금을 횡령하였고 이로 인해 형사 유죄판결을 선고받았으며 결국 승계참가인은 상장이 폐지되기에 이른 점, 감사업무와 관련하여 회계감사에 관한 상법상의 감사와 「주식회사의 외부감사에 관한 법률」상의 감사인에 의한 감사는 상호 독립적인 것이므로 외부감사인에 의한 감사가 있다고 해서 상법상 감사의 감사의무가 면제되거나 경감되지 않는 점 등에 비추어 보면, 피고들은 위 횡령 기간 중 승계참가인의 이사 및 감사로 재직하면서 승계참가인의 이사회에 출석하고 상법의 규정에 따른 감사활동을 하는 등 기본적인 직무조차 이행하지 않았고, 甲 등의 전횡과 위법한 직무수행에 관한 감시·감독의무를 지속적으로 소홀히 하였다고 할 것이고, 이러한 피고들의 임무해태와 甲 등의 유상증자대금 횡령으로 인해 승계참가인이 입은 손해 사이의 상당인과관계도 충분히 인정된다고 보고, 이와 달리 피고들의 책임을 부정한 원심을 파기한 사례).」

<대판 2021. 2. 14, 2017 다 245279>

「이른바 프로젝트 파이낸스 대출(이하 'PF 대출'이라 한다)은 부동산 개발 관련 특정 프로젝트의 사업성을 평가하여 그 사업에서 발생할 미래의 현금흐름을 대출 원리금의 주된 변제자원으로 하는 금융거래이므로, 대출을 할 때 이루어지는 대출상환능력에 대한 판단은 그 프로젝트의 사업성에 대한 평가에 주로 의존하게 된다. 이러한 경우 금융기관의 이사가 대출요건으로서의 프로젝트의 사업성에 관하여 심사하면서 필요한 정보를 충분히 수집·조사하고 검토하는 절차를 거친 다음 이를 근거로 금융기관의 최대이익에 부합한다고 합리적으로 신뢰하고 신의성실에 따라 경영상의 판단을 내렸고, 그 내용이 현저히 불합리하지 아니하여 이사로서 통상 선택할 수 있는 범위 안에 있는 것이라면, 비록 사후에 회사가 손해를 입게 되는 결과가 발생하였다고 하더라도 그로 인하여 이사가 회사에 대하여 손해배상책임을 부담한다고 할 수 없다(대판 2011. 10. 13, 2009 다 80521 등 참조). 그리고 이사의 선관주의 의무 위반으로 인한 손해배상책임은 그 위반행위와 상당인과관계 있는 손해

에 한하여 인정될 뿐이므로, 그 결과로서 발생한 손해와의 사이에 상당인과관계가 인정되지 아니하는 경우에는 이사의 손해배상책임이 성립하지 아니한다(대판 2007. 9. 20, 2007 다 25865 등 참조).」

(3) 忠實義務　　1998년 개정법은 이사의 책임을 강화하여 건전한 기업운영을 촉진하기 위하여 "이사는 법령과 정관의 규정에 따라 회사를 위하여 그 의무를 충실하게 수행하여야 한다"고 규정함으로써 이사의 충실의무(duty of loyalty)를 명문으로 인정하였다(제382조의 3). 충실의무란 이사가 회사와의 신임적 법률관계에 기하여 특히 이사의 이익이 회사의 이익과 상충할 경우, 항상 회사의 이익을 위하여 행동하고 그 지위를 이용하여 자기 또는 제 3 자의 이익을 추구하지 말아야 할 의무이다. 이러한 의무에 위반한 이사는 엄격한 책임을 부담하여 손해배상과 아울러 그 거래에서 취득한 이익을 회사에 제공하여야 한다.

이에 대해 위임에 관한 민법의 규정도 주의의무에 관해서뿐만 아니라 항상 위임자의 이익을 위하여 행동할 것을 요구한다고 해석하면 충실의무란 선관주의의무의 구체적인 표현이라는 견해가 있다. 이 견해에 따르면 신설된 이사의 충실의무는 이사의 수임인으로서의 선관주의의무를 구체적이고 주의적으로 규정한 것에 불과하다고 이해한다(동질설). 하지만 무보수를 원칙으로 하는 민법상 수임인이 위임과 무관한 개인적 업무에 관하여 자신의 이익에 앞서 위임인(회사)의 이익을 우선시킬 의무를 부담한다고 보기는 어려우므로 이사의 충실의무를 수임인의 선관주의의무와 동일시하는 데는 무리가 있다. 또한 상법상의 개별규정, 예컨대 경업금지의무에 관한 제397조, 이사와 회사 사이의 이익충돌거래(자기거래)에 관한 제398조, 이사의 보수결정에 관한 제388조, 자본시장법상의 내부자거래금지에 관한 규정(자본시장법 제174조) 등에서 이미 충실의무를 인정하고 있다. 따라서 1998년 개정법에서 신설된 충실의무에 관한 규정을 선관주의의무의 구체화에 불과한 것으로 해석할 것이 아니라, 선관주의의무와는 별개로 이미 개별규정에서 인정하고 있던 충실의무를 일반규정을 두어 확실하게 인정한 것으로 보아야 할 것이다.

3. 秘密維持義務와 報告義務

(1) 秘密維持義務　　2001년 7월 개정상법은 제382조의 4를 신설하여 "이사는 재임중뿐만 아니라 퇴임 후에도 직무상 알게 된 회사의 영업상 비밀

을 누설하여서는 아니 된다"라고 규정하고 있다. 이사에게 일반적으로 적용되지만, 특히 (사외)이사의 정보접근권(제393조 제3항)과 관련하여 사내정보의 사외유출에서 빚어지는 폐단을 막기 위한 조치이다. 재임중의 의무는 이사의 선관주의의무(제382조 제2항, 민법 제681조)의 해석으로도 가능하지 않은가 생각할 수 있으나, 이것을 구체화한 점과 퇴임 후의 특별의무를 명문화한 점에 개정의 의의가 있다.

(2) 報告義務 개정상법은 제393조에 제4항을 신설하여 "이사는 3월에 1회 이상 업무의 집행상황을 이사회에 보고"할 것을 요구하고 있다. 제393조 제2항에 의한 이사회의 이사업무집행감독기능상 필요에 따른 것이며, 이사에게 요구되는 최소한의 의무이므로 이 밖에 제3항의 보고요구에 따라서 수시로 보고하여야 할 경우도 있다.

4. 競業禁止義務

(1) 意 義 이사가 그 지위에 기하여 알게 된 회사의 영업비밀을 이용하여 사리를 도모하고 회사의 이익을 해할 위험이 크기 때문에 이를 방지하기 위하여 이사는 이사회의 승인이 없으면 자기 또는 제3자의 계산으로 회사의 영업부류에 속한 거래를 하거나 동종영업을 목적으로 하는 다른 회사의 무한책임사원이나 이사가 되지 못한다(제397조 제1항). 이는 경업금지의무와 겸직금지의무를 규정한 것이다. 1995년 개정법에서 주주총회가 갖고 있던 경업에 대한 승인권을 이사회가 갖도록 하였다. 이는 이사의 자기거래승인이 이사회의 승인사항으로 되어 있으므로 그 형평성에서 보아 보다 현실적이고 합리적이며, 그 승인절차를 간소화할 필요성이 있었기 때문이다.

이사의 겸직금지의무는 상업사용인(제17조)·대리상(제89조)의 경업금지의무와 그 정신을 같이하지만, 동종영업을 목적으로 하는 회사의 무한책임사원이나 이사가 되지 못하는 점이 이종영업을 목적으로 하는 회사까지도 포함하는 상업사용인의 겸직금지의무와 다르다.

(2) 禁止行爲의 범위 경업금지의무의 대상이 되는 거래는 회사의 영업부류에 속하는 거래로서, 회사가 실제로 행하는 사업과 시장에서 경합하여 회사와 이사 사이에 이익충돌을 가져올 수 있는 거래를 말한다. 거래는 회사의 정관에 기재한 목적사업에 속하는 거래뿐만 아니라 이에 부속하는 거래를 포함한다. 자기 또는 제3자의 계산이라 함은 그 명의 여하를 불문하고 거래행위의 경제적 효과가 자기 또는 제3자에 귀속하는 것을 말한다.

이사는 회사와 동종영업을 목적으로 하는 다른 회사의 무한책임사원이나 이사가 되지 못하므로 그 다른 회사의 유한책임사원이나 주주가 될 수 있고, 또한 그 영업의 종류를 달리하는 회사의 무한책임사원이나 이사가 될 수 있다.

<대판 1993.4.9, 92 다 53583>

「경업의 대상이 되는 회사가 영업을 개시하지 못한 채 공장의 부지를 매수하는 등 영업의 준비작업을 추진하고 있는 단계에 있다 하여 상법 제397조 제 1 항 소정의 '동종영업을 목적으로 하는 다른 회사'가 아니라고 볼 수는 없다.」

<대판 1993.4.9, 92 다 53583>

「회사의 이사가 동종영업을 목적으로 하는 다른 회사를 설립하여 이사 겸 대표이사로서 영업준비작업을 하였다면, 그가 영업개시 전에 사임하였다고 하더라도 이는 상법 제397조 제 1 항 소정의 경업금지의무를 위반한 행위로서 이사의 해임에 관한 상법 제385조 제 2 항 소정의 '법령에 위반한 중대한 사실'이 있는 경우에 해당한다.」

<대판 2013.9.12, 2011 다 57869>

「이사는 경업 대상 회사의 이사, 대표이사가 되는 경우뿐만 아니라 그 회사의 지배주주가 되어 그 회사의 의사결정과 업무집행에 관여할 수 있게 되는 경우에도 자신이 속한 회사 이사회의 승인을 얻어야 하는 것으로 볼 것이다. 한편 어떤 회사가 이사가 속한 회사의 영업부류에 속한 거래를 하고 있다면 그 당시 서로 영업지역을 달리하고 있다고 하여 그것만으로 두 회사가 경업관계에 있지 아니하다고 볼 것은 아니지만, 두 회사의 지분소유 상황과 지배구조, 영업형태, 동일하거나 유사한 상호나 상표의 사용 여부, 시장에서 두 회사가 경쟁자로 인식되는지 여부 등 거래 전반의 사정에 비추어 볼 때 경업 대상 여부가 문제되는 회사가 실질적으로 이사가 속한 회사의 지점 내지 영업부문으로 운영되고 공동의 이익을 추구하는 관계에 있다면 두 회사 사이에는 서로 이익충돌의 여지가 있다고 볼 수 없고, 이사가 위와 같은 다른 회사의 주식을 인수하여 지배주주가 되려는 경우에는 상법 제397조가 정하는 바와 같은 이사회의 승인을 얻을 필요가 있다고 보기 어렵다.」

이사는 이와 같은 경업 또는 겸직을 원칙적으로 금지당하지만, 이사회에 의한 승인이 있는 때에는 경업 또는 겸직이 허용된다. 승인은 거래시마다 개별적으로 받아야 할 필요는 없고, 거래의 범위·대상 등을 한정하여 포괄적으로 받을 수 있다. 이사회가 승인을 하기 위해서는 거래의 상대방, 다른 회사의 사업의 종류·성질·규모, 거래의 범위 등 구체적 정보를 알아야 하기 때문에 이사는 승인을 받기 전에 그 거래 또는 다른 회사에 관한 중요한 사실을 알려야 할 것이다.

(3) 違反의 效果　　이사가 경업금지의무에 위반하여 경업거래를 하더라도 상대방의 선의·악의를 불문하고 그 거래 자체는 유효하고, 다만 회사가 손해를 입은 때에는 이사에 대하여 손해배상을 청구할 수 있고(제399조), 의무위반이라는 정당한 이유에 기하여 이사를 해임할 수 있다.

손해액의 증명이 곤란하여 손해배상만으로 회사의 보호가 충분하지 못하고, 또한 회사의 거래처 등을 유지할 필요가 있기 때문에 회사는 개입권을 행사할 수 있다. 즉 이사의 경업금지의무위반에 대하여 회사는 이사회의 결의로 그 이사의 거래가 자기의 계산으로 한 때에는 이를 회사의 계산으로 한 것으로 볼 수 있고, 제 3 자의 계산으로 한 것인 때에는 그 이사에 대하여 이로 인한 이득의 양도를 청구할 수 있다(제397조 제 2 항). 회사가 개입권을 행사하면 이사는 그 거래로 인하여 취득한 물건 또는 권리를 회사에 인도하거나 이전할 의무를 부담한다(채권적 귀속설)(정찬형, 44쪽; 서돈각, 102쪽; 손주찬, 765쪽; 채이식, 556쪽; 정동윤, 410-412쪽; 이철송, 678쪽). 회사의 개입권은 거래가 있은 날로부터 1년을 경과하면 제척기간이 만료된다(제397조 제 3 항).

5. 自己去來의 制限

(1) 意　義　　이사가 직접 당사자로서 또는 다른 사람의 대리인·대표자로서 회사로부터 재산을 양수하거나 금전의 대부를 받고 또는 회사에 재산을 양도하는 등 회사와 거래를 하는 경우에는 그 이사 자신이 회사를 대표하는 때뿐만 아니라 다른 이사가 회사를 대표하는 때에도 이사의 지위를 이용하여 회사에 불이익한 거래를 할 염려가 있다. 그래서 이사가 자기 또는 제 3 자의 계산으로 회사와 거래를 함에 있어서는 미리 이사회의 승인을 받도록 하고 있다(제398조). 이와 같이 회사와 이사의 이익이 충돌할 수 있는 거래를 자기거래라 하고, 이사는 이사회의 승인이 없는 한 자기거래를 하지 않아야 할 의무를 진다. 원래 이사가 본인의 이익을 위하여 이사의 친인척이나 그들이 설립한 개인 회사 등을 이용하여 회사와 거래하는 경우 회사의 이익을 희생시킬 가능성이 많으므로 통제가 필요한 면이 있었다. 이에 2011년 4월 상법 개정시에 이사와 회사 간 자기거래의 요건을 더욱 엄격히 규정하여 대상

을 확대하였다. 즉 이사뿐만 아니라 이사의 배우자, 이사의 직계존비속, 이사의 배우자의 직계존비속, 주요 주주, 주요 주주의 배우자 및 직계존비속, 주요 주주의 배우자의 직계존비속, 그들의 개인회사가 회사와 거래하는 경우까지 이사회에서 이사 3분의 2 이상 찬성으로 승인을 받도록 규정하였다. 이와 같이 이사 등과 회사 간의 거래 및 아래에서 검토하는 회사기회유용에 관하여 2011년 개정상법에서는 이사회의 승인요건으로서 이사 3분의 2 이상의 수로써 하여야 한다고 규정하였다(제398조, 제397조의 2 제 1 항 제 2 문). 이사회의 일반 결의요건과는 달리 재적이사의 일정비율 이상의 찬성을 요구하는 경우에는 이해관계 있는 이사는 재적이사에서 제외하여야 할 것이다. 그리하여 이사 3분의 2는 이해관계 있는 이사를 제외한 나머지 재적이사의 3분의 2로 해석하여야 할 것이다. 한편 상법 제393조의 2에 의하여 회사가 해당 승인을 이사회 내 위원회로 위임할 수 있을 것이다. 그렇지만 이 경우에는 위원회 결의도 재적이사 3분의 2 이상의 결의가 필요하다고 보아야 한다(법무부, 상법 회사편 해설, 2012, 242쪽). 자기거래 규제대상이 되는 자는 다음과 같다: ① 이사 또는 상법 제542조의 8 제 2 항 제 6 호에 따른 주요 주주, ② 이사 또는 주요 주주의 배우자 및 직계존비속, ③ 이사 또는 주요 주주의 배우자의 직계존비속, ④ 이들의 자가 단독 또는 공동으로 의결권 있는 발행주식 총수의 100분의 50 이상을 가진 회사 및 그 자회사, ⑤ 이들의 자가 앞의 회사와 합하여 의결권 있는 발행주식총수의 100분의 50 이상을 가진 회사. 또한 거래의 내용이 공정하여야 한다는 요건을 추가하였다. 이에 대하여 전경련 등에서는 지나친 규제라고 반발하고 있다. 우리나라에서는 계열사 간 거래가 많고 또한 대기업에 비해 친척 및 관계사 간 거래가 유난히 많은 중견·중소기업에게는 너무 많은 부담을 주는 입법으로서 문제가 있다는 주장이다. 과도한 규제인지를 시행과정에서 검증하여 입법적으로 조정하는 조치가 필요하다고 본다.

<대판 1988. 9. 13, 88 다카 9098>

「자기거래의 제한을 받는 이사는 거래 당시의 이사와 이에 준하는 자(이사·직무대행자·청산인 등)에 한정할 것이고, 거래 당시 이사의 직위를 떠난 사람은 여기에 포함되지 않는다.」

<대판 1996. 5. 28, 92 다 12101>

「갑·을 두 회사의 대표이사를 겸하고 있던 자에 의하여 갑회사와 을회사 사이

에 토지 및 건물에 대한 매매계약이 체결되고 을회사명의로 소유권이전등기가 경료된 경우, 그 매매계약은 이른바 '이사의 자기거래'에 해당하고, 달리 특별한 사정이 없는 한 이는 갑회사와 그 이사와의 사이에 이해충돌의 염려 내지 갑회사에 불이익을 생기게 할 염려가 있는 거래에 해당하는데, 그 거래에 대하여 갑회사 이사회의 승인이 없었으므로 그 매매계약의 효력은 을회사에 대한 관계에 있어서 무효라고 할 것이다.」

<대판 2013. 9. 12, 2011 다 57869>
「자회사가 모회사의 이사와 거래를 한 경우에는 설령 모회사가 자회사의 주식 전부를 소유하고 있더라도 모회사와 자회사는 상법상 별개의 법인격을 가진 회사이고, 그 거래로 인한 불이익이 있더라도 그것은 자회사에게 돌아갈 뿐 모회사는 간접적인 영향을 받는 데 지나지 아니하므로, 자회사의 거래를 곧바로 모회사의 거래와 동일하게 볼 수는 없다. 따라서 모회사의 이사와 자회사의 거래는 모회사와의 관계에서 구 상법 제398조가 규율하는 거래에 해당하지 아니하고, 모회사의 이사는 그 거래에 관하여 모회사 이사회의 승인을 받아야 하는 것이 아니다.」

<대판 2020. 7. 9, 2019 다 205398>
「주식회사에서 이사가 자기 또는 제 3 자의 계산으로 회사와 거래를 하기 위하여는 미리 이사회에서 해당 거래에 관한 중요사실을 밝히고 이사회의 승인을 받아야 한다(상법 제398조 제 1 호). 다만 자본금 총액이 10억 원 미만으로 이사가 1명 또는 2명인 회사는 이사회 대신 주주총회에서 미리 위와 같은 사실을 밝히고 주주총회의 승인을 받아야 한다(상법 제383조 제 4 항, 제 1 항 단서). 상법 제398조는 이사 등이 그 지위를 이용하여 회사와 거래를 함으로써 자기 또는 제 3 자의 이익을 도모하고 회사와 주주에게 예기치 못한 손해를 끼치는 것을 방지하기 위한 것으로, 이사와 지배주주 등의 사익추구에 대한 통제력을 강화하고자 그 적용대상을 이사 외의 주요주주 등에게까지 확대하고 이사회 승인을 위한 결의요건도 가중하여 정하였다. 다만 상법 제383조에서 2인 이하의 이사만을 둔 소규모회사의 경우 이사회의 승인을 주주총회의 승인으로 대신하도록 하였다. 이 규정을 해석·적용하는 과정에서 이사 등의 자기거래를 제한하려는 입법취지가 몰각되지 않도록 해야 한다. 일반적으로 주식회사에서 주주총회의 의결정족수를 충족하는 주식을 가진 주주들이 동의하거나 승인하였다는 사정만으로 주주총회에서 그러한 내용의 주주총회 결의가 있는 것과 마찬가지라고 볼 수 없다(대법원 2020. 6. 4. 선고 2016 다 241515 판결 참조). 따라서 자

본금 총액이 10억 원 미만으로 이사가 1명 또는 2명인 회사의 이사가 자기 또는 제 3 자의 계산으로 회사와 거래를 하기 전에 주주총회에서 해당 거래에 관한 중요사실을 밝히고 주주총회의 승인을 받지 않았다면, 특별한 사정이 없는 한 그 거래는 무효라고 보아야 한다(원고가 자신과 피고 보조참가인 사이의 주식 양수도계약이 요건을 흠결한 이사의 자기거래라는 이유로 무효를 주장하며 현재 그 주권을 점유하고 있는 피고를 상대로 주권 인도를 구하자, 사실상 주주총회 의 결정족수 이상의 주주들이 동의하였다거나 이사 전원이 동의하였다는 등 상법 제398조의 요건이 갖추어진 것과 동일시할 수 있는 특별한 사정이 있었다고 주장하며 다투었는데, 피고의 선의취득과 승계취득 모두 부정된다고 보아 원고 청구를 인용한 원심이 타당하다고 판단하여, 이에 대한 피고 보조참가인의 상고를 기각한 사례).」

이사 자신이 회사를 대표하는 경우에도 이사회의 승인이 있으면, 자기계약·쌍방대리에 관한 민법 제124조를 적용하지 아니하고 그 이사가 동시에 회사를 대표한다.

(2) 自己去來의 범위 자기거래의 대상으로 되는 거래는 회사에 불이익을 미칠 수 있는 모든 재산상의 법률행위를 포함한다. 그러므로 이사가 직접 당사자로서 회사로부터 재산을 양수하는 등의 직접거래뿐만 아니라, 회사가 이사의 채무에 관해 그 채권자에 대하여 보증하거나 채무인수를 하는 경우 등의 간접거래도 포함한다.

<대판 1965. 6. 22, 65 다 734>

「제398조의 거래에는 이사와 주식회사 간에 성립될 이익상반의 행위뿐만 아니라 이사 개인의 채무에 관하여 채권자에게 면책적이든, 중첩적이든 채무인수를 하는 것과 같은 결국 이사에게는 이롭고 회사에게는 불이익한 것으로 인정하는 행위가 포함된다.」

<대판 1984. 12. 11, 84 다카 1591>

「상법 제398조에서 말하는 거래에는 이사와 회사 사이에 직접 성립하는 이해상반하는 행위뿐만 아니라, 이사가 회사를 대표하여 자기를 위하여 자기 개인채무의 채권자인 제 3 자와의 사이에 자기 개인채무의 연대보증을 하는 것과 같은 이사 개인에게 이익이 되고 회사에 불이익을 주는 행위도 포함하는 것이라 할 것이므로, 별개 두 회사의 대표이사를 겸하고 있는 자가 어느 일방 회사의 채무에

관하여 나머지 회사를 대표하여 연대보증을 한 경우에도 역시 상법 제398조의 규정이 적용되는 것으로 보아야 한다.」

<대판 2017. 9. 12, 2015 다 70044>

「구 상법(2011. 4. 14. 법률 제10600호로 개정되기 전의 것, 이하 '구 상법'이라고 한다) 제398조에 의하면 "이사는 이사회의 승인이 있는 때에 한하여 자기 또는 제삼자의 계산으로 회사와 거래를 할 수 있다." 라고 규정하고 있다. 여기서 이사회의 승인이 필요한 이사와 회사의 거래에는 이사가 거래의 상대방이 되는 경우뿐만 아니라 상대방의 대리인이나 대표자로서 회사와 거래를 하는 경우와 같이 특별한 사정이 없는 한 회사와 이사 사이에 이해충돌의 염려 내지 회사에 불이익을 생기게 할 염려가 있는 거래도 해당된다(대판 1996. 5. 28, 95 다 12101, 12118 참조). 이러한 이사의 거래에 이사회의 승인을 요하는 이유는 이사와 회사 사이의 이익상반거래가 비밀리에 행해지는 것을 방지하고 그 거래의 공정성을 확보함과 아울러 이사회에 의한 적정한 직무감독권의 행사를 보장하기 위해서이다. 따라서 그 거래와 관련된 이사는 이사회의 승인을 받기에 앞서 이사회에 그 거래에 관한 자기의 이해관계 및 그 거래에 관한 중요한 사실들을 개시하여야 할 의무가 있다(대판 1984. 12. 11, 84 다카 1591 참조).」

반면에 이사의 회사에 대한 무상증여, 이사의 채무이행행위, 상계, 이사가 회사에 투자를 하였다가 투자금을 반환받는 거래 등 회사의 이익을 해할 염려가 없는 거래, 그리고 보통거래약관에 의한 행위와 같이 특별히 회사에게만 불이익한 것이 아닌 거래는 그 성질상 자기거래에 해당하지 않는다.

<대판 2010. 1. 14, 2009 다 55808>

「상법 제398조에서 이사와 회사 사이의 거래에 관하여 이사회의 승인을 얻도록 규정하고 있는 취지는, 이사가 그 지위를 이용하여 회사와 거래를 함으로써 자기 또는 제 3 자의 이익을 도모하고 회사 나아가 주주에게 불측의 손해를 입히는 것을 방지하고자 함에 있으므로, 회사와 이사 사이에 이해가 충돌될 염려가 있는 이사의 회사에 대한 금전대여행위는 상법 제398조 소정의 이사의 자기거래행위에 해당하여 이사회의 승인을 거쳐야 하고, 다만 이사가 회사에 대하여 담보약정이나 이자 약정 없이 금전을 대여하는 행위와 같이 성질상 회사와 이사 사이의 이해충돌로 인하여 회사에 불이익이 생길 염려가 없는 경우에는 이사회의 승인을 거칠 필요가 없다.」

어음행위에 관해서는 어음행위는 원인행위와 분리되고 지급거래의 수단으로서 채무이행적 성질을 가지고 있으므로 자기거래에서 제외하고자 하는 견해가 있으나, 어음행위에 의하여 원인관계와는 분리된 전혀 새로운 채무가 발생하고, 어음채무는 항변의 절단, 증명책임의 전환에 의하여 더 엄격한 책임으로 되며, 부도시 거래정지처분을 받는 등 회사에 불이익할 수 있기 때문에 자기거래에 포함된다고 보는 것이 다수설이다(이설은 서돈각, 375쪽). 그러나 이를 획일적으로 판단할 수는 없고, 어음행위의 실질적·구체적 사정을 고려하여 회사와 이사의 이익충돌 여부를 판단하여야 한다.

<대판 1965. 6. 22, 65 다 734>
「주식회사의 이사가 그 개인채무에 관하여 이사회의 승인 없이 그 인수채무의 지급을 위하여 약속어음을 발행한 경우에는 회사는 그 어음이 이사회승인 없이 인수된 채무의 지급을 위하여 발행된 것이라는 원인관계를 주장할 수 있다.」

<대판 1962. 3. 13, 62 라 1>
「주식회사의 대표취체역(대표이사)이 회사의 타인에 대한 채무를 담보하기 위하여 자기 앞으로 회사명의의 약속어음을 발행하고, 즉시 이를 타인에게 배서한 경우에는 회사와 대표취체역(대표이사) 사이에 이해가 상반되는 경우라고는 볼 수 없다.」

이사는 자기거래를 하지 아니할 의무가 있으나 이사회의 승인을 얻으면 그러하지 않다. 이사회의 승인은 경업금지의무에 있어서 이사회의 승인과 같이 개별적으로 또는 합리적 범위 내에서 포괄적으로 이루어질 수 있다. 사후승인은 허용되지 않으며(과거 판례는 사후승인이 가능하다고 하였다 : 대판 2007. 5. 10, 2005 다 4284), 이사는 자기거래에 관한 중요한 정보를 이사회에 알려야 한다(동지 : 정동윤, 416쪽; 이철송, 686쪽). 2011년 개정에서는 '미리' 이사회의 승인을 받아야 한다고 하여 사전승인만 인정하였다. 이사회의 승인을 주주 전원의 동의에 의하여 대체할 수 있다고 보는 것은 의문이다. 왜냐하면 회사의 구성원인 주주뿐만 아니라 회사채권자 및 거래 후의 주식양수인의 보호도 고려하여야 하기 때문이다(동지 : 이철송, 685쪽. 이설 : 정동윤, 416쪽; 최기원, 738쪽; 채이식, 559-560쪽).

<대판 2007. 5. 10, 2005 다 4284>
「회사가 이익상반거래를 묵시적으로 추인하였다고 보기 위해서는 그 거래에 대하여 승인권한을 갖고 있는 이사회가 그 거래와 관련된 이사의 이해관계 및 그와 관련된 중요한 사실들을 지득한 상태에서 그 거래를 추인할 경우 원래 무효

인 거래가 유효로 전환됨으로써 회사에 손해가 발생할 수 있고, 그에 대하여 이사들이 연대책임을 부담할 수 있다는 점을 용인하면서까지 추인에 나아갔다고 볼 만한 사유가 인정되어야 한다.」

<대판 2007. 5. 10, 2005 다 4284>
「이사회의 승인을 얻은 경우 민법 제124조의 적용을 배제하도록 규정한 상법 제398조 후문의 반대해석상 이사회의 승인을 얻지 아니하고 회사와 거래를 한 이사의 행위는 일종의 무권대리인의 행위로 볼 수 있고 무권대리인의 행위에 대하여 추인이 가능한 점에 비추어 보면, 상법 제398조 전문이 이사와 회사 사이의 이익상반거래에 대하여 이사회의 사전승인만을 규정하고 사후승인을 배제하고 있다고 볼 수는 없다.

이사와 회사 사이의 이익상반거래가 비밀리에 행해지는 것을 방지하고, 그 거래의 공정성을 확보함과 아울러 이사회에 의한 적정한 직무감독권의 행사를 보장하기 위해서는 그 거래와 관련된 이사는 이사회의 승인을 받기에 앞서 이사회에 그 거래에 관한 자기의 이해관계 및 그 거래에 관한 중요한 사실들을 개시하여야 할 의무가 있다고 할 것이고, 만일 이러한 사항들이 이사회에 개시되지 아니한 채 그 거래가 이익상반거래로서 공정한 것인지 여부가 심의된 것이 아니라 단순히 통상의 거래로서 이를 허용하는 이사회의 결의가 이루어진 것에 불과한 경우 등에는 이를 가리켜 상법 제398조 전문이 규정하는 이사회의 승인이 있다고 할 수는 없다.」

<대판 2017. 8. 18, 2015 다 5569>
「구 상법 제398조는 "이사는 이사회의 승인이 있는 때에 한하여 자기 또는 제 3자의 계산으로 회사와 거래를 할 수 있다. 이 경우에는 민법 제124조의 규정을 적용하지 아니한다."라고 정하고 있다. 그러나 회사의 채무부담행위가 구 상법 제398조에서 정한 이사의 자기거래에 해당하여 이사회의 승인이 필요하다고 할지라도, 위 규정의 취지가 회사와 주주에게 예기치 못한 손해를 끼치는 것을 방지함에 있으므로, 그 채무부담행위에 대하여 주주 전원이 이미 동의하였다면 회사는 이사회의 승인이 없었음을 이유로 그 책임을 회피할 수 없다(대판 2002. 7. 12, 2002 다 20544 등 참조. 다만 2011. 4. 14. 법률 제10600호로 개정되어 2012. 4. 15.부터 최초로 체결된 거래부터 적용되는 현행 상법 제398조는 '상법 제542조의8 제 2 항 제 6 호에 따른 주요주주의 경우에도 자기 또는 제 3 자의 계산으로 회사와 거래를 하기 위해서는 미리 이사회에 해당 거래에 관한 중요사실을 밝히고 이사회의 승인을 받아야 한다.'고 정하고 있다).」

(3) 制限違反의 效果　　이사회의 승인을 얻지 아니한 자기거래의 효과

에 대하여는 의견의 대립이 있다(주주 전원의 사전동의가 있으면 승인이 없더라도 유효라는 판례 : 대판 1992. 3. 31, 91 다 16310).

A. **無 效 說**　무효설은 이사회의 승인을 받지 않은 자기거래는 원칙적으로 무효라고 하는 견해이다. 선의의 제 3 자는 선의취득이나 무권대리·표현대리의 법리에 의해 보호된다고 한다. 이는 회사의 이익보호에 치중하는 견해이다.

B. **有 效 說**　유효설은 그러한 행위도 유효하며, 이사 개인이 회사에 대해 책임을 지는 데 불과하다고 한다. 회사는 일반악의의 항변, 권리남용 법리에 의해 의무를 면할 수 있다. 그러나 이는 거래의 안전을 너무 집착하는 견해이다.

C. **相對的 無效說**　상대적 무효설은 이사회의 승인을 받지 않은 자기거래는 당연무효이지만, 회사는 이를 선의의 제 3 자에게 대항할 수 없다고 한다(다수설 · 판례). 회사가 제 3 자에 대하여 무효를 주장하기 위해서는 그 제 3 자의 악의를 증명하여야 한다.

D. **私　　見**　통설인 상대적 무효설이 당사자 사이의 이해를 잘 조정하고 있으며 타당하다. 이 경우에도 회사만이 무효를 주장할 수 있으며, 그 상대방인 이사는 이를 주장하지 못한다.

<대판 1974. 1. 15, 73 다 955>

「상법 제398조의 규정은 이사와 회사와의 사이에 직접 이루어진 이해상반하는 거래에 있어 회사의 이익보호의 요청상 회사는 해당 이사에 대하여 이사회의 승인을 얻지 못한 것을 이유로 그 거래행위의 무효를 주장할 수 있다는 것이고, 이사가 회사를 대표하여 자기를 위하여 회사 이외의 제 3 자와의 사이에 한 거래에 있어서는 거래의 안전과 선의의 제 3 자를 보호할 필요상 회사는 이사회의 승인을 얻지 못하였다는 것 외에 상대방인 제 3 자가 이사회의 승인이 없음을 알았다는 사실을 주장 · 입증하여야만 비로소 그 거래의 무효를 그 상대방인 제 3 자에게 주장할 수 있다.」(동지 : 대판 1984. 12. 11, 84 다카 1591; 대판 1994. 10. 11, 94 다 24626).

<대판 1978. 3. 28, 78 다 4>

「회사는 어음의 취득자가 악의였음을 주장 · 입증하여야 자기거래에 해당하는 어음행위의 무효를 주장할 수 있다.」

승인을 얻지 아니한 자기거래에 의하여 손해가 발생한 때에는 회사는 그 이사에 대하여 손해배상을 청구할 수 있고, 더욱이 이사회의 승인을 얻어 자기거래를 한 경우에도 회사에 손해가 발생하였으면 당사자인 이사와 그 결의에 찬성한 다른 이사는 손해배상책임을 진다(제399조 제1항·제2항). 또한 이는 이사의 해임사유가 되며, 또 특별배임죄의 책임도 진다(제622조).

<대판 1989. 1. 31, 87 누 760>

「주식회사의 대표이사가 그의 개인적인 용도에 사용할 목적으로 회사명의의 수표를 발행하거나 타인이 발행한 약속어음에 회사명의의 배서를 해 주어 회사가 그 지급책임을 부담하고 이를 이행하여 손해를 입은 경우에는 당해 주식회사는 대표이사의 위와 같은 행위가 상법 제398조 소정의 이사와 회사 간의 이해상반하는 거래행위에 해당한다 하여 이사회의 승인 여부에 불구하고 같은 법 제399조 소정의 손해배상청구권을 행사할 수 있음은 물론이고, 대표권의 남용에 따른 불법행위를 이유로 한 손해배상청구권도 행사할 수 있다.」(동지: 서울고판 1977. 1. 28, 75 나 2855).

6. 事業機會 流用禁止

(1) 意　義　　이사가 직무상 알게 된 회사의 정보를 이용하여 제 3 자에게 회사의 사업기회를 이용하도록 하면, 회사입장에서는 원래 회사가 취득하여야 할 이익을 취득할 수 없게 되는 점에서 (소극적) 손해를 보게 된다. 그래서 2011년 4월 개정상법은 이사가 직무를 수행하는 과정에서 알게 되거나 회사의 정보를 이용한 사업기회 또는 회사가 수행하고 있거나 수행할 사업과 밀접한 관계가 있는 사업기회를 자기 또는 제 3 자의 이익을 위해 이용하여 회사와 거래 등을 하는 경우에는 미리 이사회의 승인을 받아야 한다는 규정을 두었다(제397조의 2). 이사회의 승인은 이사 3분의 2 이상의 수로써 하여야 한다. 이러한 사업기회의 유용금지의무는 경업금지의무나 자기거래금지 의무와 마찬가지로 충실의무의 한 예시규정이라고 할 수 있을 것이다.

이사가 회사의 사업기회를 유용하여 회사의 영업부류에 속한 거래를 하면 경업행위가 되고, 회사와 거래를 하면 자기거래행위가 되어 이사회의 승인을 받아야 한다(제397조 제1항, 제398조 제1항). 이에서 더 나아가 이사는 이사회의 승인 없이 현재 또는 장래에 회사의 이익이 될 수 있는 회사의 사업기회를 자기 또는 제 3 자의 이익을 위하여 이용하여서는 아니 된다는 규정을 2011년 개정 시에 신설한 것이다(제397조의 2).

(2) 會社의 事業機會　　사업기회의 유용행위로서 금지의 대상이 되는 것은 이사가 알게 된 회사의 사업기회이기 때문에, 어떤 것이 회사의 사업기회

인지를 판단하는 것이 중요하다. 미국판례법에서는 회사기회의 성립에 관하여 다양한 기준을 제시하고 있는데, 이것은 사실관계를 바탕으로 회사기회 여부를 판단할 수밖에 없는 현실적인 고민의 결과라고 한다(권재열, "회사기회의 법리," 상사법연구 제25권 제 4 호(2007. 2), 99쪽). 결국 회사의 사업기회인지를 판단하는 기준을 설정하는 것은 사업기회의 유용을 어느 범위까지 규제할 것인가라는 입법정책적 의지에 달려 있는 것이다.

이러한 판단기준과 관련하여 2011년 개정상법은 ① 장래 또는 현재에 회사의 이익이 될 수 있는, ② 이사가 직무를 수행하는 과정에서 알게 되거나 회사의 정보를 이용한 사업기회, 또는 ③ 회사가 수행하고 있거나 수행할 사업과 밀접한 관계가 있는 사업기회를 이사가 유용하는 것을 금지하고 있다. 우리 법에서도 어떤 기회가 여기에 해당되는지의 여부는 결국 구체적인 사실관계에 따라 판단할 수밖에 없을 것이다.

이사가 회사의 사업기회를 유용하는 것은 금지되지만, 이사회의 승인을 얻으면 그러하지 않다. 사후승인은 허용되지 않는다.

<대판 2013. 9. 12, 2011 다 57869>

「이사는 이익이 될 여지가 있는 사업기회가 있으면 이를 회사에 제공하여 회사로 하여금 이를 이용할 수 있도록 하여야 하고, 회사의 승인 없이 이를 자기 또는 제 3 자의 이익을 위하여 이용하여서는 아니된다. 그러나 회사의 이사회가 그에 관하여 충분한 정보를 수집 · 분석하고 정당한 절차를 거쳐 회사의 이익을 위하여 의사를 결정함으로써 그러한 사업기회를 포기하거나 어느 이사가 그것을 이용할 수 있도록 승인하였다면 그 의사결정과정에 현저한 불합리가 없는 한 그와 같이 결의한 이사들의 경영판단은 존중되어야 할 것이므로, 이 경우에는 어느 이사가 그러한 사업기회를 이용하게 되었더라도 그 이사나 이사회의 승인 결의에 참여한 이사들이 이사로서 선량한 관리자의 주의의무 또는 충실의무를 위반하였다고 할 수 없다(신세계 주주들인 원고들이 신세계의 이사인 정용진과 구학서 등 피고들을 상대로 제기한 주주대표소송으로, 신세계가 1998. 4.경에 실시된 주식회사 광주신세계백화점('광주신세계')의 유상증자에 참가하지 아니하기로 결의하여 신세계 대신 신주를 인수한 정용진이 광주신세계의 1대 주주가 되도록 한 것이 자기거래 및 상법이 금지하는 이사의 경업행위이고, 회사의 기회를 유용하고 이사의 임무를 게을리 하여 신세계에 손해를 입힌 행위라고 주장하며 손해배상을 구한 사안).」

<대판 2017. 9. 12, 2015 다 70044>

「이사는 회사에 대하여 선량한 관리자의 주의의무를 지므로, 법령과 정관에 따라 회사를 위하여 그 의무를 충실히 수행한 때에야 이사로서의 임무를 다한 것이 된다. 이사는 이익이 될 여지가 있는 사업기회가 있으면 이를 회사에 제공하여 회사로 하여금 이를 이용할 수 있도록 하여야 하고, 회사의 승인 없이 이를 자기 또는 제 3 자의 이익을 위하여 이용하여서는 아니 된다. 그러나 회사의 이사회가 그에 관하여 충분한 정보를 수집·분석하고 정당한 절차를 거쳐 의사를 결정함으로써 그러한 사업기회를 포기하거나 어느 이사가 그것을 이용할 수 있도록 승인하였다면 그 의사결정과정에 현저한 불합리가 없는 한 그와 같이 결의한 이사들의 경영판단은 존중되어야 할 것이므로, 이 경우에는 어느 이사가 그러한 사업기회를 이용하게 되었더라도 그 이사나 이사회의 승인 결의에 참여한 이사들이 이사로서 선량한 관리자의 주의의무 또는 충실의무를 위반하였다고 할 수 없다(대법원 2013. 9. 12. 선고 2011 다 57869 판결 등 참조)(경제개혁연대 등 주식회사 한화의 소수주주들이 회장을 비롯한 주식회사 한화의 이사들을 상대로 주주대표소송을 제기하여, 주식회사 한화가 회장의 경영권 승계를 위해 자회사인 한화에스앤씨 주식회사의 주식을 부당히 저가로 회장의 장남에게 매도한 것은 상법상 이사의 자기거래금지 위반, 회사기회유용금지위반 등 이사로서의 주의의무 또는 충실의무위반에 해당한다는 이유로 회사에 대한 손해배상을 청구하는 사안에서, 비록 주식회사 한화의 주식매매가 이사의 자기거래금지, 회사기회의 이용에 해당할 여지가 있더라도, 주식회사 한화의 이사회가 충분한 정보를 바탕으로 정당한 절차를 거쳐 이를 승인하였고, 주식의 매매가격 역시 부당히 저가로 평가된 것이라고 볼 수 없다고 판단하여 상고기각한 사례).」

(3) 違反의 效果 회사와 거래가 수반되지 않는 이사의 사업기회 유용의 경우에는 행위 자체는 유효하다고 할 것이다. 이사회 결의 흠결은 회사와 이사 간에 있을 뿐이고 이사와 제 3 자 간의 거래 자체에는 흠결이 없는 것이기 때문이다.

승인을 얻지 않은 사업기회의 유용행위로 인해 회사가 손해를 입은 때에는 이사에 대하여 손해배상을 청구할 수 있고(제399조 제 1 항), 의무위반을 이유로 이사를 해임할 수 있다. 이사회가 승인한 경우에도 회사에 손해가 발생하였으면 당사자인 이사와 이사회결의에 찬성한 이사는 연대하여 손해배상책임을 진다(제399조 제 2 항). 이사가 사업기회유용금지에 위반하여 이사 또는 제 3 자가 얻은 이익은 회사의 손해로 추정된다(제397조의 2 제 2 항).

<대판 2018. 10. 25, 2016 다 16191>

「상법 제397조 제 1 항은 "이사는 이사회의 승인이 없으면 자기 또는 제 3 자의 계산으로 회사의 영업부류에 속한 거래를 하거나 동종영업을 목적으로 하는 다른 회사의 무한책임사원이나 이사가 되지 못한다."라고 규정하고 있다. 이 규정의 취지는, 이사가 그 지위를 이용하여 자신의 개인적 이익을 추구함으로써 회사의 이익을 침해할 우려가 큰 경업을 금지하여 이사로 하여금 선량한 관리자의 주의로써 회사를 유효적절하게 운영하여 그 직무를 충실하게 수행하여야 할 의무를 다하도록 하려는 데 있다. 따라서 이사는 경업 대상 회사의 이사, 대표이사가 되는 경우뿐만 아니라 그 회사의 지배주주가 되어 그 회사의 의사결정과 업무집행에 관여할 수 있게 되는 경우에도 자신이 속한 회사 이사회의 승인을 얻어야 한다.

이사는 회사에 대하여 선량한 관리자의 주의의무를 지므로, 법령과 정관에 따라 회사를 위하여 그 의무를 충실히 수행한 때에야 이사의 임무를 다한 것이 된다. 이사는 이익이 될 여지가 있는 사업기회가 있으면 이를 회사에 제공하여 회사로 하여금 이를 이용할 수 있도록 하여야 하고, 회사의 승인 없이 이를 자기 또는 제 3 자의 이익을 위하여 이용하여서는 아니 된다(갑은 을 주식회사의 이사로 재직하던 중 병 주식회사를 설립하여 이사 또는 실질주주로서 병 회사의 의사결정과 업무집행에 관여할 수 있는 지위에 있었는데, 병 회사가 을 회사와 정 외국법인이 체결한 정 법인 제품에 관한 독점판매계약의 기간이 종료하기 전부터 정 법인 제품을 수입 · 판매하는 사업을 하다가 위 계약 기간 종료 후 정 법인과 독점판매계약을 체결하여 정 법인의 한국 공식총판으로서 위 제품의 수입 · 판매업을 영위하고 그 후 이를 제 3 자에게 양도하여 영업권 상당의 이득을 얻자, 위 사업기회를 상실한 후 운영에 어려움을 겪다가 해산한 을 회사의 주주 무가 갑을 상대로 경업금지의무 및 기회유용금지의무 위반에 따른 손해배상을 구한 사안에서, 갑은 경업금지의무를 위반하고 사업기회를 유용하여 을 회사의 이사로서 부담하는 선량한 관리자의 주의의무 및 충실의무를 위반하였으므로 을 회사의 손해를 배상할 책임이 있다고 판단한 다음, 병 회사가 제 3 자에게 양도한 영업권 속에는 갑의 사업기회 유용행위로 을 회사가 상실한 사업기회의 가치도 포함되어 있으므로 이를 을 회사의 손해로 인정하여야 한다고 한 사례).」

7. 理事의 責任

(1) 序　　說　　상법은 이사회의 권한을 강화시킴에 대응하여 그 권한의 행사를 신중하게 하기 위하여 이사회의 구성원인 이사에게 무거운 책임을 지우고 있다. 이사는 회사에 대하여 손해배상책임과 자본납입책임을 지며, 제 3 자에 대해서도 손해배상책임을 지는 경우가 있다. 이러한 민사책임 이외에 이사는 엄중한 벌칙의 제재를 받는다(제622조 아래 참조).

(2) 會社에 대한 損害賠償責任

A. 責任의 原因　　이사가 법령 또는 정관에 위반한 행위를 하거나 그 임무를 게을리한 경우에는 회사에 대하여 연대하여 손해를 배상할 책임이 있다(제399조 제 1 항).

법령 또는 정관에 위반한 행위를 한 때라 함은 위법배당을 한 경우(제462조, 제463조 참조), 경업금지의무에 위반한 거래를 한 경우, 이사회의 승인 없이 자기거래를 한 경우, 이익공여금지에 위반하여 주주에게 재산상의 이익을 공여한 경우(제467조의 2) 등 법령이나 정관에 구체적으로 정한 이사의 의무를 위반하거나 금지규정에 위반하여 행위한 때를 말한다.

이러한 위반행위로 인하여 이사에게 책임이 발생하기 위해서는 이사에게 고의 · 과실이 있어야 한다. 즉 제399조의 책임은 과실책임이다. 그러나 이사가 법령이나 정관에 위반하였다면 그 자체로 과실의 존재가 추정될 수 있다고 볼 수 있으므로, 이사가 무과실의 증명책임을 진다고 본다.

이사가 임무를 해태한 때라 함은 이사의 감독불충분으로 지배인이 회사재산을 낭비한 경우, 이사가 조사불충분으로 인하여 부당한 이익배당을 한 경우, 은행의 이사가 채무자의 자력을 충분히 조사하지 않고 대출한 경우 등 위임계약상의 선관주의의무 또는 이사의 감시의무를 위반한 때를 말한다.

판례에 의하면 감시의무에 위반하여 분식회계를 방치한 경우(대판 2009. 12. 10, 2007 다 58285) 이사는 손해배상책임을 진다. 그리고 개개의 이사들은 합리적인 내부통제시스템을 구축하고 그것이 제대로 작동하도록 배려할 의무가 있으며, 지속적이거나 조직적인 감시 소홀의 결과로 발생한 다른 이사나 직원의 위법한 업무집행으로 인한 손해를 배상할 책임이 있다(대판 2008. 9. 11, 2006 다 68636). 또한 회계분식이 아닌 담합이라는 위법행위와 관련하여 내부통제시스템을 구축하고 그것이 제대로 작동하도록 배려할 의무를 이행하지 않을 경우 감시의무 위반이 인정되어 대표이사는 손해배상책임이 있다(대판 2021. 11. 11, 2017 다 222368). 이는 미국의 델라웨어주 법원의 1996년 Caremark 판결과 2021년 Boeing 판결상 이사의 다른 이사 감시의무 기준과 비견하여 볼 수 있다. 미국의 판결에 의하면 회사의 명운을 좌우하는 사항(mission critical)에 대해서는 이사들에게 높은 수준의 감시의무가 요구되고 있고, 이사들이 합리적인 내부보고시스템을 갖추지 못했거나 그 운용을 감시하지 아니한 경우에는 원고들의 제소요건이 인정된다. 이때 합리적인 내부보고시스템이 존재하는지 여부는 회사의 사활이 걸린 사항을 감시할 직접적인 책임이 있는 위원회가 존재하는지, 정기적 모임 또는 토론이 있었는지, 해당 사항을 평가할 정식 절차 및 프로토콜이 있었는지 등을 고려하여 결정한다(김효정, 이사의 감시의무와 회사의 내부보고 시스템, 법률신문 2022년 3월 14일, 13쪽).

그 이후 대우건설 사건에서도 대법원은 다음과 같이 사외이사를 포함한 이사의 감시의무를 인정하고 있다: 고도로 분업화되고 전문화된 대규모 회사에서 대표이사나 일부 이사들만이 내부적인 사무분장에 따라 각자의 전문 분야를 전담하여 처리하는 것이 불가피한 경우에도, 모든 이사는 적어도 회사의 목적이나 규모, 영업의 성격 및 법령의 규제 등에 비추어 높은 법적 위험이 예상되는 업무와 관련하여서라도 제반 법규를 체계적으로 파악하여 그 준수 여부를 관리하고 위반사실을 발견한 경우 즉시 신고 또는 보고하여 시정조치를 강구할 수 있는 형태의 내부통제시스템을 구축하여 작동되도록 하는 방식으로 감시의무를 이행하여야 한다(대판 2021. 11. 11, 2017 다 222368 등 참조). 다만 회사의 업무집행을 담당하지 않는 사외이사 등은 내부통제시스템이 전혀 구축되어 있지 않는데도 내부통제시스템 구축을 촉구하는 등의 노력을 하지 않거나 내부통제시스템이 구축되어 있더라도 제대로 운영되지 않는다고 의심할 만한 사유가 있는데도 이를 외면하고 방치하는 등의 경우에 감시의무 위반으로 인정될 수 있다(대판 2022. 5. 12, 2021 다 279347). 또한 대법원은, 내부통제시스템이 합리적으로 구축되고 정상적으로 운영되었는지는 어떠한 제도가 도입되어 있고 어떠한 직위가 존재하였다고 해서 곧바로 긍정할 수 있는 것은 아니며, 제도의 내용이나 직위에 부여된 임무가 무엇인지, 그러한 제도가 실질적으로 운영되고 있고 임무가 정상적으로 수행되었는지를 살펴 판단해야 하고, 구 자본시장법 제162조에 근거한 손해배상책임을 면하고자 하는 이사 등이 이를 증명해야 한다(대판 2022. 7. 28, 2019 다 202146)는 입장이다.

<대판 1985. 6. 25, 84 다카 1954>

「업무담당이사의 업무집행이 위법하다고 의심할 만한 사유가 있는 데도 평이사가 그 감시의무를 위반하여 이를 방치한 때에는 이로 인하여 회사가 입은 손해에 대하여 손해배상책임을 면할 수 없다.」

<대판 2002. 3. 15, 2000 다 9086>

「금융기관인 은행은 주식회사로 운영되기는 하지만, 이윤추구만을 목표로 하는 영리법인인 일반의 주식회사와는 달리 예금자의 재산을 보호하고 신용질서유지와 자금중개기능의 효율성유지를 통하여 금융시장의 안정 및 국민경제의 발전에 이바지해야 하는 공공적 역할을 담당하는 위치에 있는 것이기에, 은행의 그러한 업무의 집행에 임하는 이사는 일반의 주식회사 이사의 선관의무에서 더 나아가 은행의 그 공공적 성격에 걸맞는 내용의 선관의무까지 다할 것이 요구된다 할 것이다. 따라서 금융기관의 이사가 위와 같은 선량한 관리자의 주의의무에 위반하여 자신의 임무를 해태하였는지의 여부는 그 대출결정에 통상의 대출담당임원으로서 간과해서는 안 될 잘못이 있는지의 여부를 금융기관으로서의 공공적 역할의 관점에서 대출의 조건과 내용, 규모, 변제계획, 담보의 유무와 내용, 채무자의 재산 및 경영상황, 성장가능성 등 여러 가지 사항에 비추어 종합적으로 판정해야 할 것이다. ….

원심이 피고들의 이 사건 대출결정에 이른 경위와 규모, 그 당시 대출을 받는 한보철강의 제반 상황 및 담보확보 여부, 한보철강의 재무구조 및 수익성에 대한 부정적인 평가결과 등의 제반 사정을 종합 · 고려한 끝에 피고들이 은행 최고경영자 혹은 이사로서 임무를 해태하였으므로 제일은행(원고 공동소송참가인)에 대한 손해배상책임이 있다고 판단한 것은 결론에 있어서 정당하고, ….」

<대판 2002. 3. 29, 2000 다 47316>

「이사의 직무상 충실 및 선관의무 위반의 행위로서 위법성이 있는 경우에는 악의 또는 중대한 과실로 인하여 그 임무를 해태한 경우에 해당한다고 보아야 한다(대판 1985. 11. 12, 84 다카 2490). 그런데 원심이 인정한 것처럼 S회사 및 K회사의 대표이사를 겸하고 있는 피고가 S회사가 매수하기로 한 원고들 소유의 부동산을 대출의 담보로 제공하여 주면 그 대출금으로 S회사의 매매잔금을 지급하여 주겠다고 제의하고, 그에 따라 중소기업은행으로부터 K회사의 명의로 3회에 걸쳐 합계 금 2,892,750,000원을 대출받고서도 그 중 17억 원만을 원고들에게 매매잔금의 일부

로 지급하였을 뿐 나머지는 다른 용도에 사용하였고 대출금을 상환하지도 않았다면, 적어도 대출금 중 원고들에게 지급되지 아니한 차액인 1,192,750,000원에 대하여는 S회사 및 K회사의 대표이사를 겸하고 있는 피고가 그 대출금을 매매잔금으로 원고들에게 지급할 의사가 없었으면서도 그 의사가 있는 것처럼 원고들을 속이고 원고들 소유의 부동산을 담보로 제공받아 대출을 받고서도 이를 변제하지 아니한 것이 되어 위 각 회사의 대표이사인 피고가 위에서 말한 악의 또는 중대한 과실로 인하여 그 임무를 해태한 경우에 해당한다고 볼 여지가 충분히 있다.」

<대판 2002. 5. 24, 2002 다 8131>
「피고가 당시 파산자금고의 예금담당이사로서 이 사건 대출이 이루어질 당시 이사회회의록에 서명한 이상 그 대출과 관련된 할인어음 신청 및 승인서와 금전소비대차약정서에 결재권자로서 결제하지 아니하였다는 사정만으로는 이 사건 대출과 관련하여 이사로서의 책임을 벗어날 수 없다고 원심은 판단하였는데, 이러한 원심의 사실인정과 판단은 옳다.」

<대판 2003. 4. 11, 2002 다 70044>
「이사의 직무상 충실 및 선관의무 위반의 행위로서 위법성이 있는 경우에는 악의 또는 중대한 과실로 그 임무를 해태한 경우에 해당한다 할 것이고(대판 2002. 3. 29. 2000 다 47316 참조), 대표이사가 대표이사로서의 업무 일체를 다른 이사 등에게 위임하고, 대표이사로서의 직무를 전혀 집행하지 않는 것은 그 자체가 이사의 직무상 충실 및 선관의무를 위반하는 행위에 해당한다 할 것이다.」

<대판 2004. 12. 10, 2002 다 60467 · 60474>
「주식회사의 이사는 이사회의 일원으로서 이사회에 상정된 의안에 대하여 찬부의 의사표시를 하는 데에 그치지 않고, 담당업무는 물론 다른 업무담당이사의 업무집행을 전반적으로 감시할 의무가 있으므로 주식회사의 이사가 다른 업무담당이사의 업무집행이 위법하다고 의심할 만한 사유가 있음에도 불구하고 이를 방치한 때에는 이로 말미암아 회사가 입은 손해에 대하여 배상책임을 면할 수 없다.」

<대판 2021. 11. 11, 2017 다 222368>
「이사가 합리적인 정보 및 보고시스템과 내부통제시스템을 구축하고 그것이 제대로 작동되도록 하기 위한 노력을 전혀 하지 않거나 위와 같은 시스템이 구축되었다 하더라도 회사 업무 전반에 대한 감시 · 감독의무를 이행하는 것을 의도적으

로 외면한 결과 다른 이사의 위법하거나 부적절한 업무집행 등 이사들의 주의를 요하는 위험이나 문제점을 알지 못하였다면, 이사의 감시의무 위반으로 인한 손해배상책임을 진다(대판 2008. 9. 11, 2006 다 68636 참조). 이러한 내부통제시스템은 비단 회계의 부정을 방지하기 위한 회계관리제도에 국한되는 것이 아니라, 회사가 사업운영상 준수해야 하는 제반 법규를 체계적으로 파악하여 그 준수 여부를 관리하고, 위반사실을 발견한 경우 즉시 신고 또는 보고하여 시정조치를 강구할 수 있는 형태로 구현되어야 한다. 특히 회사 업무의 전반을 총괄하여 다른 이사의 업무집행을 감시·감독하여야 할 지위에 있는 대표이사가 회사의 목적이나, 규모, 영업의 성격 및 법령의 규제 등에 비추어 높은 법적 위험이 예상되는 경우임에도 이와 관련된 내부통제시스템을 구축하고 그것이 제대로 작동되도록 하기 위한 노력을 전혀 하지 않거나 위와 같은 시스템을 통한 감시·감독의무의 이행을 의도적으로 외면한 결과 다른 이사 등의 위법한 업무집행을 방지하지 못하였다면, 이는 대표이사로서 회사 업무 전반에 대한 감시의무를 게을리한 것이라고 할 수 있다(대법원은, 영업의 성격 및 법령의 규정 등에 비추어 높은 법적 위험이 있는 가격담합 등 위법행위를 방지하기 위하여 회사가 합리적인 내부통제시스템을 갖추지 못하였던 것으로 보이고 대표이사인 피고가 이를 구축하려는 노력을 하였다고 볼 만한 자료도 없으며, 회사에서 지속적이고도 조직적인 담합이라는 중대한 위법행위가 발생하고 있음에도 대표이사인 피고가 이를 인지하지 못하여 미연에 방지하거나 발생 즉시 시정조치를 할 수 없었다면 이는 회사의 업무집행과정에서 중대한 위법·부당행위로 인하여 발생할 수 있는 위험을 통제하기 위한 내부통제시스템을 구축하기 위한 노력을 전혀 하지 않았거나 그 시스템을 구축하고도 이를 이용하여 회사 업무 전반에 대한 감시·감독의무를 이행하는 것을 의도적으로 외면한 결과라고도 볼 수 있다고 보았다).」

이는 위임계약의 불이행에 따른 과실책임이다(동지 : 정찬형, 457쪽; 정동윤, 424쪽; 이철송, 661쪽. 이설 : 서돈각, 376쪽; 손주찬, 535쪽). 이 때에는 일반원칙에 따라 임무해태를 주장하는 자가 증명책임을 진다.

<대판 1985. 6. 25, 84 다카 1954>
「주식회사의 이사 또는 감사의 회사에 대한 임무해태로 인한 손해배상책임은 일반불법행위책임이 아니라 위임관계로 인한 채무불이행책임이다.」

<대판 1996. 12. 23, 96 다 30465>
「대표이사를 상대로 주식회사에 대한 임무해태를 내세워 채무불이행으로 인한

손해배상책임을 물음에 있어서는 대표이사의 직무수행상의 채무는 미회수금손해 등의 결과가 전혀 발생하지 않도록 하여야 할 결과채무가 아니라, 회사의 이익을 위하여 선량한 관리자로서의 주의의무를 가지고 필요하고 적절한 조치를 다해야 할 채무이므로, 회사에게 대출금 중 미회수금손해가 발생하였다는 결과만을 가지고 곧바로 채무불이행사실을 추정할 수는 없는 것이다. 따라서 원심이 이 사건에서 원고의 임무해태사실을 인정할 만한 증거가 없고, 오히려 반대증거에 의하면 원고가 회사경영방침이나 경영전략에 따라 자신에게 부여된 포괄적인 위임사무의 권한을 적법하게 행사한 것으로 볼 수 있다는 취지로 판단한 것은 정당하고, 거기에 채무불이행에 관한 증명책임을 전도한 위법이 있다고 할 수 없다.」

<대판 2010. 4. 15, 2009 도 6634>

「인수 · 합병 추진계획이 있는 피인수회사의 이사로 취임한 甲이 미리 인수회사 그룹에 피인수회사의 매각업무에 관한 정보를 제공하고 인수회사의 대표이사 乙로부터 거액의 재산상 이익을 취득한 사안에서, 피고인 甲이 회사의 이사로서 다른 이사들에 대한 감시의무가 있고, 이사 본래의 사무로서 이사회에 참석하여 발언하고 의결하는 등의 방법으로 그 회사의 매각절차에 관여할 수 있는 지위에 있었으며, 실제 이사 취임을 전후로 인수회사 그룹에 매각업무에 관한 정보를 제공하고 피인수회사에 이 그룹을 인수업체로 추천하였을 뿐만 아니라, 인수회사와 사이에 경영자문계약을 체결한 점 등에 비추어 위 매각절차에 관련한 업무를 처리하는 지위에 있다고 볼 것이고, 피고인 甲이 위 정보제공 외에 피고인 乙로부터 특별한 대가를 받을 이유가 없고, 일부 금원은 인수회사의 비자금에서 지급된 점 등에 비추어 정보제공 등으로 인수를 도와달라는 취지의 묵시적 청탁이 있었다고 추인함이 상당하고, 위와 같은 청탁은 사회상규 또는 신의성실의 원칙에 반하는 부정한 청탁이라는 이유로, 피고인 甲의 배임수재 및 피고인 乙의 배임증재의 공소사실에 대하여 무죄를 선고한 원심판결을 법리오해의 위법을 이유로 파기한 사례.」

<대판 2010. 7. 29, 2008 다 7895>

「구 정부투자기관 관리기본법(2007. 1. 19. 법률 제8258호 공공기관의 운영에 관한 법률 부칙 제 2 조로 폐지) 제13조의 7 제 1 항에 의하여 정부투자기관의 이사에 대하여 준용되는 상법 제399조 제 1 항에 규정된, 이사가 회사에 대하여 연대하여 손해배상 책임을 지는 '임무해태 행위'라 함은 이사의 직무상 충실 및 선관주의의무 위반의 행위이다.

정부투자기관인 한국석유공사의 이사회에서 주주출자 방식의 석유전자상거래 사업계획안과 이를 반영한 예산변경안이 정부의 공기업 구조조정 방침에 반한다는 이유로 보류되었다면, 위 공사의 사장 및 부사장이자 이사들인 甲과 乙로서는 전환사채 인수의 형식을 취하고 있으나 실질적으로는 OILPEX(주식회사 한국전자석유거래소)에 대한 출자에 해당하는 '전자석유거래소 개설, 운영을 위한 합작회사 설립 및 업무협력에 관한 기본합의'의 체결도 정부의 공기업 구조조정 방침에 반할 우려가 있는 것이므로 이사회에 안건으로 상정하여 그 심의·의결을 거치도록 함이 마땅함에도, 그 투자의 형식이 주주출자가 아니라는 점을 기화로 이사회의 심의·의결을 거치지 않은 채 독단적으로 위 기본합의를 체결한 것은 위 공사의 이사로서 직무상 충실 및 선관주의의무를 해태한 행위에 해당하므로, 甲과 乙은 구 정부투자기관 관리기본법(2007. 1. 19. 법률 제8258호 공공기관의 운영에 관한 법률 부칙 제 2 조로 폐지) 제13조의 7 제 1 항, 상법 제399조에 의한 책임을 진다.」

<대판 2010. 11. 11, 2010 다 53358>

「일반적으로 금융기관이 임원의 업무수행과 관련하여 행하여진 불법행위로 인하여 직접 손해를 입게 된 경우에 있어서, 금융기관은 임원의 업무내용, 불법행위의 발생원인과 성격, 불법행위의 예방이나 손실의 분산에 관한 금융기관의 배려의 정도, 기타 제반 사정에 비추어 손해의 공평한 분담이라는 견지에서 신의칙상 상당하다고 인정되는 한도 내에서만 임원에 대하여 손해배상을 청구할 수 있고, 임원이 업무수행과 관련한 불법행위로 금융기관이 입은 손해를 변제하기로 하는 각서를 작성하여 금융기관에게 제출한 사실이 있다고 하더라도, 그와 같은 각서 때문에 금융기관이 공평의 견지에서 신의칙상 상당하다고 인정되는 한도를 넘는 부분에 대한 손해의 배상까지 구할 수 있게 되는 것은 아니라고 할 것이다.」

<대판 2012. 4. 12, 2010 다 75945>

「새마을금고의 동일인 대출한도 제한규정은 특정 소수 대출채무자에게 과도하게 편중 대출하는 것을 규제하여 회원 대다수에게 대출 혜택을 부여함과 아울러 대출채무자에 대하여 통상의 대출한도를 미리 정함으로써 대출 당시에는 대출채무자의 변제능력이나 자력에 별다른 문제가 없더라도 향후 사정변경으로 대출금 회수가 곤란해지는 경우 등을 고려하여 새마을금고의 재정 부실화 가능성을 낮추어 새마을금고의 자산 건전성을 확보·유지하기 위하여 마련된 것이지 대출채권의 회수가능성을 직접적으로 고려하여 만들어진 것은 아니다. 이러한 점에 비

추어 보면, 동일인 대출한도를 초과하였다는 사실만으로 곧바로 대출채권을 회수하지 못하게 될 손해가 생겼다고 볼 수는 없고, 대출자 명의를 달리하는 복수의 대출이 실질적으로 동일인에 대한 대출한도 초과대출에 해당함을 이유로 대출에 관여한 새마을금고 임직원에게 손해배상책임을 묻기 위해서는 복수의 대출이 실질적으로 동일인 대출한도 초과대출이라는 점에 더하여 대출 당시 대출채무자의 재무상태, 다른 금융기관 차입금, 기타 채무를 포함한 전반적인 금융거래 상황, 사업현황 및 전망과 대출금 용도, 소요기간 등에 비추어 볼 때 채무상환능력이 부족하거나 제공된 담보의 경제적 가치가 부실해서 대출채권 회수에 문제가 있음에도 이루어진 대출이라는 점과 대출에 관여한 새마을금고 임직원이 그 대출이 동일인 대출한도 초과대출로서 채무상환능력이 부족하거나 충분한 담보가 확보되지 아니한 상태에서 이루어진다는 사정을 알았거나 알 수 있었음에도 대출을 실행하였다는 점에 대한 증명이 있어야 한다.」

B. 責任의 內容 이사는 법령·정관의 위반 또는 임무의 해태로 인하여 회사가 입은 손해를 배상하여야 한다. 배상액은 위반행위 또는 임무해태행위와 상당인과관계가 있는 손해에 한정된다.

법령 또는 정관에 위반하거나 임무를 게을리한 이사가 수인인 때에는 연대책임을 지고, 그 행위가 이사회의 결의에 의한 때에는 그 결의에 찬성한 이사도 위반행위·임무해태행위를 한 자로 보아 동일한 손해배상책임을 진다(제399조 제1항·제2항). 그런데 이 결의에 찬성하였는가의 여부의 증명을 간단히 하기 위하여 결의에 참가한 이사는 의사록에 이의의 뜻을 기재하지 아니하는 한 결의에 찬성한 것으로 추정한다(제399조 제3항). 따라서 결의에 참가한 이사는 반증을 들어 이를 번복하지 아니하는 한 책임을 면하지 못한다. 기권한 경우는 찬성한 것으로 추정할 수 없다(대판 2019. 5. 16, 2016 다 260455). 감사도 책임이 있는 때에는 그 이사와 연대하여 책임을 진다(제399조 제1항, 제414조 제3항).

<대판 2007. 10. 11, 2007 다 34746>

「주식회사의 이사 내지 대표이사가 개인적으로 지급의무를 부담하여야 할 사저 근무자들의 급여를 회사의 자금으로 지급하도록 한 행위는 이사로서의 선관주의 의무를 위반하여 회사로 하여금 그 급여액상당의 손해를 입게 한 것이므로, 위 이사는 상법 제399조 제1항에 따라 회사가 입은 손해를 배상할 책임이 있다.

이사가 법령 또는 정관에 위반한 행위를 하거나 그 임무를 해태함으로써 회사에 대하여 손해를 배상할 책임이 있는 경우에 그 손해배상의 범위를 정함에 있어서는 당해 사업의 내용과 성격, 당해 이사의 임무위반의 경위 및 임무위반행위의 태양, 회사의 손해 발생 및 확대에 관여된 객관적인 사정이나 그 정도, 평소 이사의 회사에 대한 공헌도, 임무위반행위로 인한 당해 이사의 이득유무, 회사의 조직체계의 흠결유무나 위험관리체제의 구축 여부 등 제반 사정을 참작하여 손해분담의 공평이라는 손해배상제도의 이념에 비추어 그 손해배상액을 제한할 수 있는데, 이 때에 손해배상액제한의 참작사유에 관한 사실인정이나 그 제한의 비율을 정하는 것은 민법상 과실상계의 사유에 관한 사실인정이나 그 비율을 정하는 것과 마찬가지로 그것이 형평의 원칙에 비추어 현저히 불합리한 것이 아닌 한 사실심의 전권사항이다.」

<대판 2010. 4. 15, 2009 도 6634>

「이른바 차입매수 또는 LBO(Leveraged Buy-Out의 약어)란 일의적인 법적 개념이 아니라 일반적으로 기업인수를 위한 자금의 상당 부분에 관하여 피인수회사의 자산을 담보로 제공하거나 그 상당 부분을 피인수기업의 자산으로 변제하기로 하여 차입한 자금으로 충당하는 방식의 기업인수 기법을 일괄하여 부르는 경영학상의 용어로, 거래현실에서 그 구체적인 태양은 매우 다양하다. 이러한 차입매수에 관하여는 이를 따로 규율하는 법률이 없는 이상 일률적으로 차입매수 방식에 의한 기업인수를 주도한 관련자들에게 배임죄가 성립한다거나 성립하지 아니한다고 단정할 수 없는 것이고, 배임죄의 성립 여부는 차입매수가 이루어지는 과정에서의 행위가 배임죄의 구성요건에 해당하는지 여부에 따라 개별적으로 판단되어야 한다.

횡령이 인정되기 위하여는 타인의 재물을 보관하는 자가 권한 없이 그 재물을 자기의 소유인 것 같이 처분하는 의사가 인정되어야 하고, 이는 회사의 비자금을 보관하는 자가 비자금을 사용하는 경우라고 하여 달라지는 것이 아니다. 한편 비자금 사용에 관하여는 그 비자금을 사용하게 된 시기, 경위, 결과 등을 종합적으로 고려하여 해당 비자금 사용의 주된 목적이 피고인의 개인적인 용도에 사용하기 위한 것이라고 볼 수 있는지 여부 내지 불법영득의사의 존재를 인정할 수 있는지 여부를 판단하여야 한다.」

<대판 2010. 5. 13, 2009 도 1373>

「감정평가법인 지사에서 근무하는 감정평가사들이 접대비 명목 등으로 임의로 나누어 사용할 목적으로 감정평가법인을 위하여 보관 중이던 돈의 일부를 비자

금으로 조성한 경우 위 지사를 독립채산제로 운영하기로 했다고 하더라도 그것은 지사가 처리한 감정평가업무로 인한 경제적 이익의 분배에 관하여 그와 같이 약정을 한 것에 불과한 것이므로 감정평가사들이 사용한 지사의 자금이 법률상으로는 위 법인의 자금이 아니라고 할 수는 없고, 당초의 비자금 조성 목적 등에 비추어 비자금 조성 당시 피고인들의 불법영득의사가 객관적으로 표시되었다고 할 것인 점 등에 비추어, 위 비자금 조성행위가 업무상횡령죄에 해당한다.」

<대판 2010.5.27, 2010 도 369>

「회사의 대표이사 등이 그 임무에 위배하여 회사로 하여금 다른 회사의 주식을 고가로 매수하게 함으로써 회사에 가한 손해액은 통상 그 주식의 매매대금과 시가의 차액 상당으로 볼 수 있고, 비상장주식의 경우에 그 시가는 그에 관한 객관적 교환가치가 적정하게 반영된 정상적인 거래의 실례가 있는 때에는 그 거래가격을 시가로 보아 주식의 가액을 평가하여야 한다. 다만 그와 같은 거래사례가 없는 경우에는 보편적으로 인정되는 여러 가지 평가방법들을 고려하되, 어느 한 가지 평가방법이 항상 적용되어야 한다고 단정할 수는 없고, 거래 당시 당해 비상장법인 및 거래당사자의 상황, 당해 업종의 특성 등을 종합적으로 고려하여 합리적으로 판단하여야 한다(대판 2005.4.29, 2005 도 856 등 참조). 한편 주식거래와 관련한 배임행위로 인한 손해의 발생 여부를 판단하기 위하여 주식가치의 평가가 요구되는 경우에는, 상대적으로 가장 타당한 평가의 방법이나 기준을 심리하여 손해의 발생 여부를 구체적으로 판단하는 것이 필요하다(대판 2009.10.29, 2008 도 11036 등 참조).」

<대판 2010.6.10, 2010 다 15363 · 15370>

「甲이 乙 회사의 이사회의사록을 변조하여 이사회결의 없이 乙 회사 소유의 부동산을 丙 회사에 매도하여 매수인인 丙 회사가 乙 회사를 상대로 그 부동산에 대한 소유권이전등기청구의 소를 제기하자 乙 회사가 이에 응소하기 위하여 변호사 선임료 등을 지급한 사안에서, 甲이 매매계약의 계약금으로 받은 금원을 곧바로 丙 회사에 반환하고 丙 회사에 위 매매계약이 이사회결의 없이 체결되어 무효라고 통지까지 하였음에도 丙 회사가 소유권이전등기절차의 이행을 구하는 소송을 제기한 점에 비추어 보면, 乙 회사가 위 소송에서 변호사 비용을 지급한 것은 丙 회사의 부당한 제소로 인한 것이라고는 할 수 있어도 甲이 이사회결의 없이 위 부동산을 매도한 것과 상당인과관계가 있다고 보기는 어렵다고 하여, 甲의 이사회결의 없는 부동산 매도행위와 乙 회사의 변호사 비용 지급 사이에 상당인과관계가 있음을 전제로 甲에게 불법행위로 인한 손해배상책임이 있다고

판단한 원심판결을 파기하였다.」

<대판 2013. 4. 25, 2011 도 9238>

「회사가 기업활동을 하면서 형사상의 범죄를 수단으로 하여서는 안 되므로 뇌물공여를 금지하는 법률 규정은 회사가 기업활동을 할 때 준수하여야 하고, 따라서 회사의 이사 등이 업무상의 임무에 위배하여 보관 중인 회사의 자금으로 뇌물을 공여하였다면 이는 오로지 회사의 이익을 도모할 목적이라기보다는 뇌물공여 상대방의 이익을 도모할 목적이나 기타 다른 목적으로 행하여진 것이라고 보아야 하므로, 그 이사 등은 회사에 대하여 업무상횡령죄의 죄책을 면하지 못한다. 그리고 특별한 사정이 없는 한 이러한 법리는 회사의 이사 등이 회사의 자금으로 부정한 청탁을 하고 배임증재를 한 경우에도 마찬가지로 적용된다.」

<대판 2013. 4. 26, 2011 도 6798>

「피고인이, 甲이 운영하는 乙 주식회사의 부사장으로 대외 영업활동을 하여 그 활동 및 계약을 乙 회사에 귀속시키기로 甲과 약정하고도 乙 회사에 알리지 않고 피고인 자신이 乙 회사 대표인 것처럼 가장하거나 피고인이 별도로 설립한 丙 주식회사 명의로 금형제작 · 납품계약을 체결함으로써 乙 회사에 손해를 가하였다고 하여 업무상배임으로 기소된 사안에서, 乙 회사의 재산상 손해는 피고인의 임무위배행위로 乙 회사의 금형제작 · 납품계약 체결기회가 박탈됨으로써 발생하므로, 원칙적으로 계약을 체결한 때를 기준으로 금형제작 · 납품계약 대금에 기초하여 산정하여야 하며, 계약대금 중에서 사후적으로 발생되는 미수금이나 계약 해지로 받지 못하게 되는 나머지 계약대금 등은 특별한 사정이 없는 한 계약 대금에서 공제할 것이 아닌데도, 이와 달리 금형제작 · 납품계약 대금 중 미수금 및 계약 해지로 받지 못하게 된 부분은 피고인의 배임행위로 인한 재산상 손해로 인정할 수 없다고 본 원심판결에 업무상배임죄의 재산상 손해에 관한 법리를 오해한 잘못이 있다.」

<대판 2015. 10. 29, 2011 다 81213>

「금융기관의 임직원이 여신업무에 관한 규정을 위반하여 동일인에 대한 대출한도를 초과하여 자금을 대출하면서 충분한 담보를 확보하지 아니하는 등 임무를 해태하여 금융기관으로 하여금 대출금을 회수하지 못하는 손해를 입게 한 경우 임직원은 대출로 인하여 금융기관이 입은 손해를 배상할 책임이 있고, 이러한 경우 금융기관이 입은 통상의 손해는 임직원이 규정을 준수하여 적정한 담보를

취득하고 대출하였더라면 회수할 수 있었을 미회수 대출원리금이며, 특별한 사정이 없는 한 이러한 통상손해의 범위에는 약정이율에 의한 대출금의 이자와 약정연체이율에 의한 지연이자가 포함된다.」

<대판 2019. 1. 17, 2016 다 236131>

「주식회사의 이사는 이사회의 일원으로서 이사회에 상정된 의안에 대하여 찬부의 의사표시를 하는 데에 그치지 않고, 담당업무는 물론 다른 업무담당이사의 업무집행을 전반적으로 감시할 의무가 있다. 따라서 주식회사의 이사가 다른 업무담당이사의 업무집행이 위법하다고 의심할 만한 사유가 있음에도 불구하고 이를 방치한 때에는 이로 말미암아 회사가 입은 손해에 대하여 배상책임을 면할 수 없다(대법원 1985. 6. 25. 선고 84다카1954 판결, 대법원 2007. 12. 13. 선고 2007다60080 판결 등 참조)(갑 저축은행의 대표이사 등이 이자 지급을 연체하고 있던 차주에게 신규 대출을 실행하여 이를 기존 대출금의 이자 명목으로 되돌려 받는 방법으로 이자수익을 과다계상하고, 채권의 자산건전성을 왜곡하는 방법으로 대손충당금을 과소계상하는 분식회계를 하였는데, 갑 은행의 이사이던 을이 이사회에 참석하여 위와 같이 분식회계가 된 재무제표를 승인한 사안에서, 을은 분식회계가 이루어지고 있음을 알았거나 알 수 있었는데도 이사의 감시의무를 위반한 잘못이 있으므로 상법 제399조 제 1 항에 따라 분식회계로 갑 은행이 입은 손해를 배상할 책임이 있다고 본 원심판단에 법리오해 등의 위법이 없다고 한 사례).」

C. **責任의 追窮과 免除** 이사의 회사에 대한 손해배상책임은 회사가 추궁할 수 있지만, 소수주주도 대표소송에 의하여 이를 추궁할 수 있다(제403조 아래 참조).

이 손해배상책임은 의결권 없는 주주를 포함한 총주주의 동의로 면제할 수 있다(제400조).

<대판 1989. 1. 31, 87 누 760>

「회사에서 총주주의 동의를 얻어 대표이사의 자기거래로 손해를 입게 된 금액을 특별손실로 처리하기로 결의했다면 이는 상법 제400조 소정의 이사의 책임소멸의 원인이 되는 면제에 해당하는 것이라 할 것이므로 총주주의 동의를 개별적인 방법으로 얻을 때에는 최종적인 주주의 동의를 얻은 때부터, 주주총회의 결의와 같은 일괄적인 방법으로 얻을 때에는 당해 총회의 종료시부터 대표이사에게 손해배상청구를 할 수 없게 되는 것이고, 이렇게 해서 법적으로 손해배상청구권 자체가 소멸되지만… 법적으로 소멸되는 손해배상청구권은 상법 제399조 소정의

권리에 국한되는 것이지 불법행위로 인한 손해배상청구권까지 소멸되는 것으로는 볼 수 없는 것이다.」

<대판 2002. 6. 14, 2002 다 11441>

「이사의 책임은 상법 제400조의 규정에 따라 총주주의 동의로 이를 면제할 수 있는데, 이 때 총주주의 동의는 묵시적 의사표시의 방법으로 할 수 있고 반드시 명시적·적극적으로 이루어질 필요는 없으며, 실질적으로는 1인에게 주식 전부가 귀속되어 있지만 그 주주명부상으로만 일부 주식이 타인명의로 신탁되어 있는 경우라도 사실상의 1인 주주가 한 동의도 총주주의 동의로 보아야 한다.」

정기총회에서 재무제표의 승인을 한 후 2년 내에 다른 결의가 없으면, 부정행위에 대한 경우를 제외하고 회사는 이사의 책임을 해제한 것으로 본다(제450조).

(3) 資本納入責任　신주발행의 경우에 이사는 자본납입책임을 진다. 즉 신주발행으로 인한 변경등기가 있은 후에 아직 인수하지 아니한 주식이 있거나 주식인수의 청약이 취소된 때에는 이사가 이를 공동으로 인수한 것으로 본다(제428조 제1항). 이사의 자본납입책임은 회사설립시의 발기인의 자본납입책임과는 달리 인수담보책임에 제한된다. 그러나 무과실책임이고 총주주의 동의로도 면제할 수 없다는 점은 발기인의 경우와 같다. 이사가 자본납입책임을 지더라도 이로 인한 손해에 대해서는 여전히 손해배상책임을 져야 한다(제428조 제2항).

(4) 理事責任制限에 관한 2011年 商法改正　2011년 상법개정내용에 의하면 이사의 책임감경규정을 도입하였다. 기업으로 하여금 유능한 인재를 발굴하고 적극적인 경영활동을 할 수 있도록 하기 위하여 회사에 대한 이사의 책임을 고의 또는 중과실이 없는 경우에 한하여 이사의 최근 1년간의 보수액의 6배(사외이사는 3배)를 초과하는 금액에 대하여 면제할 수 있도록 함으로써 이사의 책임제도를 개선하였다(제400조 제2항). 원래 이사가 법령 또는 정관위반, 임무해태 등으로 회사에 손해를 끼친 경우에 이사는 회사에 대하여 손해배상책임을 지는데, 이사가 경미한 부주의로 회사에 손해를 끼친 경우에 정관으로 정하는 바에 따라 연봉의 6배(사외이사는 3배)를 초과하는 금액에 대하여는 손해배상책임액을 면제할 수 있도록 근거규정을 마련한 것이다(제400조 제2항). 이사(집행임원 포함)의 회사에 대한 책임을 일정부분을 감면할 수 있도록 함으로써 기업인의 적극적인 의사결정이 가능하도록 한 것이다. 특히 회사 내 의사결정에서 정보접근성이

적은 사외이사에게는 손해배상책임을 일반이사보다 더 감경할 수 있도록 함으로써 유능하고 투명한 외부전문가영입의 길을 넓혀 주고 사외이사제도가 활성화되기를 기대할 수 있게 되었다. 다만, 고의 또는 중과실로 인한 행위는 제외되며, 회사기회유용금지에 해당하거나 경업금지 · 자기거래금지에 해당하는 경우에는 적용을 배제하여 그 남용을 억제하려 한다. 일본에서는 회사에서 이사의 손해배상책임을 대표이사는 연봉의 6배, 일반 이사는 4배, 사외이사는 2배로 제한하는 규정을 둘 수 있도록 허용하고 있다. 과실이 가벼운 이사에 대하여는 정관이 정하는 방법에 따라 배상책임액을 감경할 수 있다. 예를 들면 손해액이 10억 원이더라도 감경대상 이사의 연봉이 1억 원이라면 6억 원을 초과하는 4억 원 부분은 면제가 가능하게 될 것이다.

8. 業務執行關與者의 責任

(1) 序 說 우리나라의 대규모 기업집단은 상당한 주식을 보유한 지배주주가 그룹총괄기구(비서실 또는 기조실)를 통하여 기업집단 전체의 경영권을 실질적으로 행사하여 왔다. 그러나 법규정의 미비로 기업의 부실경영으로 인해 손해를 입은 회사와 소수주주들은 실제로 경영권을 행사한 지배주주에게는 그 책임을 추궁할 수 없었다. 이러한 문제점을 해결하기 위해서 1998년 개정법에서는 업무집행관여자(shadow director)의 책임에 관한 규정(제401조의 2)을 신설하여 실질적으로 경영권을 행사한 지배주주에 대해서도 이사와 마찬가지로 책임을 지게 하였다.

법률상의 이사는 아니지만 이사와 마찬가지의 책임을 지는 자로는 회사에 대한 자신의 영향력을 이용하여 이사에게 업무집행을 지시한 자(제401조의 2 제 1 항 1호), 이사의 이름으로 직접 업무를 집행한 자(제401조의 2 제 1 항 2호), 이사가 아니면서 명예회장 · 회장 · 사장 · 부사장 · 전무 · 상무 · 이사 기타 회사의 업무를 집행할 권한이 있는 것으로 인정될 만한 명칭을 사용하여 회사의 업무를 집행한 자(제401조의 2 제 1 항 3호) 등이 있다. 이러한 자들은 흔히 사실상의 이사라고 칭해지고 있으나, 사실상의 이사(de facto director)는 이사로 선임되어 그 직무를 수행하였으나 그 후 이사 선임결의가 취소 또는 무효로 된 자를 의미하는 것으로 의미상 오해의 소지가 있어 부적절하다.

업무집행관여자가 법령 또는 정관에 위반한 행위를 하거나 그 임무를 해태한 경우에는 회사에 대하여 손해배상책임을 지며(제401조의 2 제 1 항, 제399조 제 1 항), 악의 또는 중대한 과실로 인하여 그 임무를 해태한 경우에는 제 3 자에 대하여 손해배상책임을 진다(제401조의 2 제1항, 제401조 제1항). 또한 회사 또는 제3자에 대하여 손해를 배상할 책임이 있는 이사는 업무집행관여자와 연대하여 그 책임을 진다(제401조의 2 제2항). 한편 업무집행관여자에 대하여도 이사의 경우와 마찬가지로 소수주주의 대표소송에 의하여 책임을 추궁할 수 있다(제401조의 2 제1항, 제403조).

(2) 責任主體

A. 會社에 대한 자신의 影響力을 이용하여 理事에게 業務執行을 指示한 자(제401조의 2 제1항 1호)　회사에 대한 자신의 영향력을 이용하여 이사에게 업무집행을 지시한 자는 업무집행관여자로서 회사와 제3자에 대하여 이사와 같은 책임을 진다. 위의 업무집행지시자란 1인 주주 또는 지배주주 등 회사의 경영에 영향력을 행사할 수 있는 자로서 회사의 이사로서는 취임하지 아니하고 자신의 뜻에 따라 이사를 임면하면서 그 이사를 통하여 회사의 업무에 관한 지시를 하거나 관여하고 있는 자, 즉 배후에서 실질적으로 영향력을 행사하는 자(이러한 의미에서 배후이사라고 부르기도 한다)를 말한다.

위의 업무집행관여자는 주주총회에서 자신의 뜻에 따라 이사를 선임한 후 그 이사를 통해서 업무집행을 지시함으로써 영향력을 행사하여야 한다. 따라서 독점적 수요자나 공급자, 신용공여자, 노동조합 등과 같이 경제상 또는 거래상 우월적 지위에서 영향력을 행사하는 경우는 업무집행관여자에 해당하지 않는다. 그리고 그 지시는 통상적으로 적극적인 것이어야 하며, 이사에 대하여 구속력을 가지는 것이어야 한다. 따라서 우연히 1회의 지시가 있었다거나 구속력이 없는 단순한 조언이나 자문을 제공한 경우는 업무집행관여자에 해당되지 않는다. 또한 업무집행을 지시받은 이사는 반드시 법률상의 이사에 한정할 필요는 없으며, 등기되지 않은 임원이나 사용인에게 지시하여도 된다. 왜냐하면 업무집행관여자에게 책임을 지우는 것은 회사의 경영에 지배적으로 참여했다는 데 근본원인이 있으므로 회사의 경영에 참여하기 위해서는 반드시 이사를 통해서만 가능한 것은 아니며, 등기되지 않은 임원이나 사용인을 통해서도 가능하기 때문이다.

<대판 2006. 8. 25, 2004 다 26119>

「자회사의 임 · 직원이 모회사의 임 · 직원 신분을 겸유하고 있었다거나, 모회사가 자회사의 전주식을 소유하여 자회사에 대해 강한 지배력을 가진다거나, 자회사의 사업규모가 확장되었거나, 자본금의 규모가 그에 상응하여 증가하지 아니한

사정 등만으로는 모회사가 자회사의 독자적인 법인격을 주장하는 것이 자회사의 채권자에 대한 관계에서 법인격의 남용에 해당한다고 보기에 부족하고, 적어도 자회사가 독자적인 의사 또는 존재를 상실하고 모회사가 자신의 사업의 일부로서 자회사를 운영한다고 할 수 있을 정도로 완전한 지배력을 행사하고 있을 것이 요구되며, 구체적으로는 모회사와 자회사 간의 재산과 업무 및 대외적인 기업거래활동 등이 명확히 구분되어 있지 않고 양자가 서로 혼용되어 있다는 등의 객관적 징표가 있어야 하며, 자회사의 법인격이 모회사에 대한 법률적용을 회피하기 위한 수단으로 사용되거나 채무면탈이라는 위법한 목적달성을 위하여 회사제도를 남용하는 등의 주관적 의도 또는 목적이 인정되어야 한다.」

B. 理事의 이름으로 직접 業務를 執行한 자(제401조의 2 제1항 2호) 회사의 배후에서 실질적인 영향력을 행사하는 자가 이사의 이름으로 직접 업무를 집행한 경우에도 업무집행관여자의 책임을 진다. 이사의 이름으로 직접 업무를 집행한 자란 자신은 이사에 취임하지 아니하고 명목상의 이사를 둔 채 그 이사의 이름으로 직접 회사의 업무를 집행한 자를 의미한다. 업무집행관여자가 이사를 통하지 않고 자신이 직접 업무를 집행하는 점이 위의 업무집행을 지시한 자와 다를 뿐 회사에 영향력을 행사하여 자신의 뜻에 따라 업무를 집행한다는 점에서는 다를 바 없다.

한편 이사로 선임되어 업무를 집행한 후 그 이사의 선임행위가 취소 또는 무효로 된 자, 즉 사실상의 이사도 법률상의 이사는 아니면서 이사의 이름으로 직접 업무를 집행한 자이므로 일견 이러한 자도 업무집행관여자가 될 수 있는 것처럼 보인다. 하지만 사실상의 이사는 회사와 거래한 제 3 자를 보호하고자 이사의 행위를 유효한 것으로 보기 위하여 도입된 개념으로서 배후의 영향력 있는 지배주주의 책임을 추궁하기 위한 업무집행관여자와는 그 취지가 엄연히 다르다. 따라서 사실상의 이사는 업무집행관여자에 해당되지 않으며, 그 개념 또한 명백히 구분해야 할 것이다.

C. 業務를 執行할 權限이 있는 것으로 인정될 만한 名稱을 사용하여 회사의 業務를 執行한 자(제401조의 2 제1항 3호) 이사가 아니면서 명예회장 · 회장 · 사장 · 부사장 · 전무 · 상무 · 이사 기타 회사의 업무를 집행할 권한이 있는 것으로 인정될 만한 명칭을 사용하여 회사의 업무를 집행한 자는 업무집행관여자에 해당한다. 업무집행권이 있는 것으로 인정될 만한 명칭을 사용하여 이사의

외관을 갖춘 자에 대해서도 이사의 책임을 인정한 것이다. 한편 위에서 나열한 자들은 법 제395조의 표현대표이사에도 해당되는 자들이므로 혼동의 여지가 있으므로 주의하여야 한다. 표현대표이사에 관한 규정이 외관책임으로서 선의의 제 3 자를 보호하기 위하여 표현대표이사의 행위에 대한 회사의 책임을 규정한 것임에 비해, 위의 업무집행관여자의 규정은 업무집행관여자 자신의 행위에 대하여 회사와 제 3 자에 대한 자신의 책임을 규정한 것이다.

<대판 2009. 11. 26, 2009 다 39240>

「상법 제399조 · 제401조 · 제403조의 적용에 있어 이사로 의제되는 자에 관하여, 상법 제401조의 2 제 1 항 제 1 호는 '회사에 대한 자신의 영향력을 이용하여 이사에게 업무집행을 지시한 자', 제 2 호는 '이사의 이름으로 직접 업무를 집행한 자', 제 3 호는 '이사가 아니면서 명예회장 · 회장 · 사장 · 부사장 · 전무 · 상무 · 이사 기타 업무를 집행할 권한이 있는 것으로 인정될 만한 명칭을 사용하여 회사의 업무를 집행한 자'라고 규정하고 있는바, 제 1 호 및 제 2 호는 회사에 대해 영향력을 가진 자를 전제로 하고 있으나, 제 3 호는 직명 자체에 업무집행권이 표상되어 있기 때문에 그에 더하여 회사에 대해 영향력을 가진 자일 것까지 요건으로 하고 있는 것은 아니다.」

(3) 責任內容 업무집행관여자는 회사와 제 3 자에 대하여 이사와 동일한 책임을 진다. 즉 업무집행관여자가 법령 또는 정관에 위반한 행위를 하거나 그 임무를 해태한 때에는 회사에 대하여 손해배상책임을 지며, 악의 또는 중대한 과실로 인하여 그 임무를 해태한 때에는 제 3 자에 대하여 책임을 진다(제401조의 2 제 1 항). 업무집행관여자가 회사 또는 제 3 자에게 손해배상책임을 부담하는 경우에 이사에게도 배상책임이 있으면 이들은 연대하여 배상책임을 진다(제401조의 2 제 2 항). 한편 발행주식의 총수의 100분의 1 이상에 해당하는 주식을 가진 주주는 회사에 대하여 업무집행관여자의 책임을 추궁할 소의 제기를 청구할 수 있다(제401조의 2 제 1 항, 제403조).

9. 經營判斷原則

IMF 사태를 전후하여 회사법분야에 많은 변화가 있었다. 그 당시 회사경영의 투명성보장, 경영진의 책임강화, 기업지배구조선진화 등이 주요 개정대상이었다. 그런데 이사에 대한 책임을 추궁할 수 있음이 상법에 규정되어 있지만, 종래 이사에 대한 책임추궁이 실제로는 미미하게 이루어졌다. 공적자금이 투여된 회사의 경우, 예금보험공사가 의무적으로 책임을 추궁하는 조치를 취하게 되어 있어 이러한 점에서의 책임추궁과 시민단체가 가세한 소액주주운동 등으로 경영진에 대한 책임추궁이 이루어진 바 있다. 이제 2005년부터는 증권관련집단소송제도가 도입됨으로써 분식회계 등 경영상의 잘못된 행태를 한 경영진은 책임을 이전보다 강하게 추궁당하게 된다. 그런데 오늘날 회사경영은 많은 모험적 요소가 있으며, 위험을 무릅쓰지 않고는 경영에서 생존하거나 살아남기가 어려운 경쟁의 시대가 되었다. 따라서 회사경영진이 그야말로 회사를 위하여 경영적 판단 하에 사업을 수행하였으나 여건이 맞지 않아 회사를 위태롭게 한 경우 등 결과가 좋지 않을 때 경영진에게 모두 책임을 지우는 것은 문제점이 있다. 이에 일정한 경영상의 판단 하에 행위한 이사 등은 비록 그 결과가 나쁘게 되었다 하더라도 면죄부를 줄 필요성이 있으며, 이에 미국에서 판례법으로 인정되고 있는 경영판단원칙(business judgement rule)을 우리도 도입할 때가 되지 않았나 하는 생각을 갖게 한다. 비교법적으로 대륙법계인 독일에서도 2005년 개정법에서 경영판단원칙에 대비해 볼 수 있는 법규정을 주식법에 이미 도입하였다. 즉 독일입법자는 주식법 제93조 제 1 항에 새로이 제 2 문을 추가하였다. 이는 기업가로서 재량을 활용하는 과정에서의 오류가 있더라도 책임을 지지 않는 내용을 담고 있다(경영판단의 원칙). 독일주식법 제93조 제 1 항 제 1 문 뒤에 다음과 같은 내용의 제 2 문을 신설하였다: "이사가 기업가적 결정을 함에 있어서 적정한 정보에 의거하여 회사의 이익을 위하여 행위한 것이라고 인정될 때에는 의무위반이 아니다." 개정법입법이유에 의하면 잘못된 기업가로서의 결정에 대해서만 책임이 면제되는 것이지, 가령 선관의무(Treuepflicht), 정보제공의무 및 그 밖의 일반법률위반 · 정관위반과 같은 의무위반에 대해서는 책임이 면제되지 않는다.

경영판단의 원칙이란 "회사의 이사가 충분한 정보에 근거하여 이해관계 없이, 그리고 성실히 회사의 이익에 합치한다는 믿음을 갖고 회사의 경영에 관한 판단을 한 경우에는 그것이 적절치 못한 판단이어서 결과적으로 회사에 대하여 손해를 초래했더라도 그러한 판단을 한 이사에 대하여 책임을 묻지 않는다는 원칙"을 말한다. 이 원칙은 수시로 변화하는 사회 · 경제현상 속에서 이루어지는 전문경영인인 이사의 판단에는 위험이 수반될 수밖에 없고, 그러한 위험이 현실화되었다고 하여 사후적으로 시비를 가려 책임을 물을 경우 회사경영의 효율을 해할 수 있음을 이유로 가능한 한 이러한 경영판단으로 인한 이사의 주의의무를 완화하고자 성립이 된 원칙이다. 증명책임의 면에서 경영판단의 원칙이 적용되면, 이사의 주의의무위반 등 위법행위를 원고가 증명하여야 한다. 이러한 경영판단의 원칙은 미국의 회사법분야에서 18세기 중반 이후 판례에 의하여 발전되어 온 원칙으로서 그 명확한 내용과 적용기준 등에 관하여 논란이 있었다. 이와 관련하여 미국법률협회(American Law Institute : ALI)가 1992년 5월 13일자로 제정한 회사지배의 원칙 : 분석과 권고(Principles of Corporate Governance : Analysis and Recommendations : 'ALI의 회사통치원칙')는 이에 관한 명문의 규정을 두어 그 개념과 적용기준 등을 공식화하려는 시도를 하였다. ALI의 회사통치원칙은 각 주의 판례나 입법에 기준이 될 것으로 예상되며, 따라서 이 ALI의 회사통치원칙상 경영판단에 관한 규정을 명확히 이해하는 것은 중요한 의미를 갖는다.

이와 같이 경영판단의 원칙은 미국의 판례에서 이사 또는 회사의 경영진의 적극적 경영자세를 확보해 주기 위해 발전된 원칙이다. 이사가 회사의 업무집행으로서 행한 행위가 이사의 예상을 빗나가서 회사에 손해를 끼친 결과가 되었을 경우, 그에 대해 당연히 이사에게 주의의무위반이 있었다고 하여 이사의 책임을 물을 수는 없을 것이다. 즉 이사가 회사의 업무집행으로서 행한 경영판단에 대하여는 그 경영판단이 기업인으로서의 합리적인 선택의 범위 내에서 성실히 행하여졌다면 비록 그 결과가 나빠서 회사에 손해를 끼쳤다 하더라도 이 때문에 이사에게 주의의무위반이 있는 것으로서 책임을 추궁할 수는 없지 않느냐 하는 것이 문제된다. 경영판단의 원칙은 나쁜 결정과 나쁜 것으로 후에 판명되는 결정을 구분하자는 것이고, 그에 따라 이사의 책임을 엄격하게 혹은 관대하게 인정하여 결국 주주와 회사의 이익을 극대화하는 것이다.

우리나라에서도 최근 경영판단원칙에 대하여 많은 논의가 이루어지고 있다. 우리의 경우 상대적으로 소유와 경영이 미분화된 상태에 있으며, 주의의무위반을 문제삼아 배상을 요구하는 경우가 거의 없었다. 따라서 과거에는 경영판단원칙을 도입 · 적용하여 주의의무 위반책임을 완화하고, 회사의 이사나 경영진이 적극적으로 경영에 임하도록 보장해야 할 필요성도 많지 않았었다고 할 수 있다. 그러나 이제는 사정이 바뀌었다. 실제로 우리나라에서도 경영판단의 원칙에 관한 판례를 찾아볼 수 있다. 특히 형사사건에서 배임죄 등과 연관하여 경영판단원칙의 기준에 상응하는 내용을 반영하고 있다. 학설은 대체적으로 경제상황의 변동과 기술진보에 적극적으로 대처하고, 위험을 적극적으로 받아들이는 경영을 촉진하기 위하여 경영활동위축의 방지와 경영사항을 판단할 만한 지식이 법원에 부족하다는 이유로, 또는 단순한 경영상의 판단 잘못을 임무해태로 볼 수 없다는 이유로 주의의무 위반시에도 경영판단에 속하는 한 면책된다고 하는 견해가 다수의견인 것으로 보인다. 우리나라에서도 이사의 주의의무위반에 따른 임무해태를 해석함에 있어서 미국의 경영판단의 원칙을 도입할 필요가 있으나, 이 원칙이 법원의 소극성을 심화시키고 소수주주의 지위를 약화시키는 결과를 가져온다는 점을 감안할 때 신중을 기하여야 한다는 의견도 있다(강희갑, "경영판단의 원칙에 관한 미국법의 최근 동향," 상사법연구 제15권 제 2 호(1996), 134쪽; 권재열, "경영판단의 원칙," 비교사법 제 6 권 제 1 호(1999), 37쪽). 그리고 도입의 전제로서 회사의 경제적 효율성과 이사의 책임성과의 균형을 어떻게 유지할 것인가의 문제를 해결하여야 한다는 주장도 있다(정봉진, "미국회사법상의 경영판단의 법칙," 경영법률 제13집 제 1 호(2002), 133쪽).

경영판단의 원칙은 이사의 경영판단에 대한 법원의 심사범위를 판단에 이르기까지의 준비절차에 한정하는 것으로서 상법 제399조상의 과실판단부분에 연결하여 적용시켜야 할 것이다. 물론 우리법과의 차이를 무시하고 미국의 논의를 그대로 수용할 수는 없다 하더라도 독일의 예에서 보듯이 이제는 미국법상의 경영판단의 원칙을 우리법 해석의 차원을 넘어서서 법개정을 통해 도입할 때가 되었다. 우리와 같은 대륙법계국가인 독일에서 경영판단원칙을 주식법에서 명문의 규정을 통하여 도입하였음은 시사하는 바가 있다. 우리의 경우 그 도입은 상법 제399조 제 1 항의 말미에 문장을 추가하여 도입하는 것이 무난할 것이다. 즉 이사가 의사결정과 업무수행을 함에 있어서 충분한 정보를 수집하고, 자신과 이해상충이 없으며, 최선의 지식과 양식 하에 행동한 경우에는 책임을 지지 않는다는 내용을 법에서 규정하는 것이 하나의 방법이 된다(상세는 최병규, "경영판단원칙과 그의 수용방안," 기업법연구 제19권 제 2 호(2005), 107쪽 아래 참조. 또한 경영판단원칙에 대한 최근 논의로는 권재열, "대법원판례상 경영판단의 원칙에 관한 소고," 증권법연구 제 9 권 제 1 호(2008), 한국증권법학회, 239쪽 아래 참조).

<대판 2002. 6. 14, 2001 다 52407>

「대출과 관련된 경영판단을 함에 있어서 통상의 합리적인 금융기관임원으로서 그 상황에서 합당한 정보를 가지고 적합한 절차에 따라 회사의 최대이익을 위하여 신의성실에 따라 대출심사를 한 것이라면, 그 의사결정과정에 현저한 불합리가 없는 한 그 임원의 경영판단은 허용되는 재량의 범위 내의 것으로서 회사에

대한 선량한 관리자의 주의의무 내지 충실의무를 다한 것으로 볼 것이며, 금융기관의 임원이 위와 같은 선량한 관리자의 주의의무에 위반하여 자신의 임무를 해태하였는지의 여부는 그 대출결정에 통상의 대출담당임원으로서 간과해서는 안 될 잘못이 있는지의 여부를 대출의 조건과 내용, 규모, 변제계획, 담보의 유무와 내용, 채무자의 재산 및 경영상황, 성장가능성 등 여러 가지 사항에 비추어 종합적으로 판정해야 할 것이다(대판 2002. 3. 15, 2000 다 9086 참조).」

<대판 2002. 8. 23, 2002 다 2195>

「이 사건 출연행위는 대한민국만의 이익을 위한 일방적인 증여라기보다는 정보통신기술 및 인프라의 보급·발전을 통하여 소외 공사의 사업기반구축과 경쟁력 확보를 도모하고, 나아가 정보통신기술의 진흥에 이바지하기 위한 것으로 봄이 상당하므로 피고들이 법령과 정관에 따라 이사로서의 재량권행사의 범위를 일탈함이 없이 정당하게 경영권을 행사한 것이다.」

<대판 2004. 7. 22, 2002 도 4229>

「기업의 경영에는 원천적으로 위험이 내재하여 있어서 경영자가 아무런 개인적인 이익을 취할 의도 없이 선의에 기하여 가능한 범위 내에서 수집된 정보를 바탕으로 기업의 이익에 합치된다는 믿음을 가지고 신중하게 결정을 내렸다 하더라도 그 예측이 빗나가 기업에 손해가 발생하는 경우가 있을 수 있는바, 이러한 경우에까지 고의에 관한 해석기준을 완화하여 업무상 배임죄의 형사책임을 묻고자 한다면 이는 죄형법정주의의 원칙에 위배되는 것임은 물론이고, 정책적인 차원에서 볼 때에도 영업이익의 원천인 기업가정신을 위축시키는 결과를 낳게 되어 당해 기업뿐만 아니라 사회적으로도 큰 손실이 될 것이다. … 경영상의 판단에 이르게 된 경위와 동기, 판단대상인 사업의 내용, 기업이 처한 경제적 상황, 손실발생의 개연성과 이익획득의 개연성 등 제반 사정에 비추어 자기 또는 제3자가 재산상 이익을 취득한다는 인식과 본인에게 손해를 가한다는 인식(미필적 인식을 포함) 하의 의도적 행위임이 인정되는 경우에 한하여 배임죄의 고의를 인정하는 엄격한 해석기준은 유지되어야 할 것 ….」

<대판 2004. 10. 28, 2002 도 3131>

「기업의 경영에는 원천적으로 위험이 내재하여 있어서 경영자가 아무런 개인적인 이익을 취할 의도 없이 선의에 기하여 가능한 범위 내에서 수집된 정보를 바탕으로 기업의 이익에 합치된다는 믿음을 가지고 신중하게 결정을 내렸다 하더

라도 그 예측이 빗나가 기업에 손해가 발생하는 경우가 있을 수 있으므로, 경영상의 판단과 관련하여 기업의 경영자에게 배임의 고의가 있었는지 여부를 판단함에 있어서는 기업경영에 있어 경영상 판단의 특성이 고려되어야 할 것이다.」

<대판 2005.6.9, 2004 도 2786>

「동산신탁회사의 상무이사인 피고인이 토지개발신탁사업의 개발투자비 상환채권을 담보하기 위해 제공된 공소 외인 소유의 부동산에 관한 관리·처분신탁계약을 해지하고 소유권이전등기를 환원한 경우 피고인은 결재권자로서 담당지점장이 보고한 내용을 검토·확인한 후 이를 승인하였고, 피고인 자신의 개인적인 이익을 취하거나 위탁자로 하여금 재산상의 이익을 취하게 할 의도가 있었다고 볼 사정이 없으므로, 단순히 부동산신탁회사에 손해가 발생하였다는 결과만으로 피고인에게 책임을 묻거나 주의의무를 소홀히 한 과실이 있다는 이유로 피고인에게 배임의 고의가 있었다고 하기는 어렵다.」

<대판 2005.7.15, 2004 다 34929>

「이사가 임무를 수행함에 있어서 위와 같은 법령에 위반한 행위를 한 때에는 그 행위 자체가 회사에 대하여 채무불이행에 해당되므로, 이로 인하여 회사에 손해가 발생한 이상 특별한 사정이 없는 한 손해배상책임을 면할 수는 없다 할 것이며, 위와 같은 법령에 위반한 행위에 대하여는 이사가 임무를 수행함에 있어서 선관주의의무를 위반하여 임무해태로 인한 손해배상책임이 문제되는 경우에 고려될 수 있는 경영판단의 원칙은 적용될 여지가 없다.」

<대판 2005.10.28, 2003 다 69638>

「법령에 위반한 행위에 대하여는 이사가 임무를 수행함에 있어서 선관주의의무를 위반하여 임무해태로 인한 손해배상책임이 문제되는 경우에 고려될 수 있는 경영판단의 원칙은 적용될 여지가 없다고 할 것이다(대판 2005.7.15, 2004 다 34929 참조). 회사가 기업활동을 함에 있어서 형법상의 범죄를 수단으로 하여서는 안 되므로 뇌물공여를 금지하는 형법규정은 회사가 기업활동을 함에 있어서 준수하여야 할 것으로서 이사가 회사의 업무를 집행하면서 회사의 자금으로서 뇌물을 공여하였다면, 이는 상법 제399조에서 규정하고 있는 법령에 위반된 행위에 해당된다고 할 것이고, 이로 인하여 회사가 입은 뇌물액상당의 손해를 배상할 책임이 있다.」

<대판 2005.10.28, 2003 다 69638>

「회사가 소유하고 있는 비상장주식을 매도하는 업무를 담당하는 이사들이 당해

거래의 목적, 거래 당시 당해 비상장법인의 상황, 당해 업종의 특성 및 보편적으로 인정되는 평가방법에 의하여 주가를 평가한 결과 등 당해 거래에 있어서 적정한 거래가액을 도출하기 위한 합당한 정보를 가지고 회사의 최대이익을 위하여 거래가액을 결정하였고, 그러한 거래가액이 당해 거래의 특수성을 고려하더라도 객관적으로 현저히 불합리하지 않을 정도로 상당성이 있다면 선량한 관리자의 주의의무를 다한 것으로 볼 수 있을 것이나, 그러한 합리성과 상당성을 결여하여 회사가 소유하던 비상장주식을 적정가액보다 훨씬 낮은 가액에 매도함으로써 회사에 손해를 끼쳤다면 그로 인한 회사의 손해를 배상할 책임이 있다.」

<대판 2006.11.9, 2004 다 41651 · 41668>
「이사가 임무를 수행함에 있어서 법령을 위반한 행위를 한 때에는 그 행위 자체가 회사에 대하여 채무불이행에 해당하므로, 그로 인하여 회사에 손해가 발생한 이상 손해배상책임을 면할 수 없고, 위와 같은 법령을 위반한 행위에 대하여는 이사가 임무를 수행함에 있어서 선량한 관리자의 주의의무를 위반하여 임무해태로 인한 손해배상책임이 문제되는 경우에 고려될 수 있는 경영판단의 원칙은 적용될 여지가 없다. 다만, 여기서 법령을 위반한 행위라고 할 때 말하는 '법령'은 일반적인 의미에서의 법령, 즉 법률과 그 밖의 법규명령으로서의 대통령령 · 총리령 · 부령 등을 의미하는 것인바, 종합금융회사 업무운용지침, 외화자금거래취급요령, 외국환업무 · 외국환은행신설 및 대외환거래계약체결 인가공문, 외국환관리규정, 종합금융회사 내부의 심사관리규정 등은 이에 해당하지 않는다.」

<대판 2007.2.8, 2006 도 483>
「주식회사의 임원이나 회계책임자가 당해 회사의 주식을 매수하여 대주주가 되려고 하는 자에게 미리 대주주대여금명목으로 회사자금을 교부하여 그 돈으로 주식매수대금을 지급하게 하는 행위는 대주주가 되려는 자의 개인적인 이익을 도모하고, 회사의 부실을 초래하는 것으로서 그 대여행위가 회사의 이익을 위한 것임이 명백하고, 회사내부의 정상적인 의사결정절차를 거쳤으며, 그로 인하여 회사의 자금운용에 아무런 어려움이 발생하지 않을 뿐만 아니라 대여금회수를 위한 충분한 담보도 확보되어 있다는 등의 특별한 사정이 없는 한 업무상 배임죄(경우에 따라서는 업무상 횡령죄)에 해당한다고 할 것이다.」

<대판 2007.3.15, 2004 도 5742>
「기업의 경영에는 원천적으로 위험이 내재하여 있어서 경영자가 아무런 개인적인

이익을 취할 의도 없이 선의에 기하여 가능한 범위 내에서 수집된 정보를 바탕으로 기업의 이익에 합치된다는 믿음을 가지고 신중하게 결정을 내렸다 하더라도 그 예측이 빗나가 기업에 손해가 발생하는 경우가 있을 수 있는바, 이러한 경우에까지 고의에 관한 해석기준을 완화하여 업무상 배임죄의 형사책임을 물을 수는 없다고 할 것이나, 기업의 경영자가 문제된 행위를 함에 있어 합리적으로 가능한 범위 내에서 수집한 정보를 근거로 하여 당해 기업이 처한 경제적 상황이나 그 행위로 인한 손실발생과 이익획득의 개연성 등의 제반 사정을 신중하게 검토하지 아니한 채 당해 기업이나 경영자 개인이 정치적인 이유 등으로 곤란함을 겪고 있는 상황에서 벗어나기 위해서는 비록 경제적인 관점에서 기업에 재산상 손해를 가하는 결과가 초래되더라도 이를 용인할 수밖에 없다는 인식 하에 의도적으로 그와 같은 행위를 하였다면, 업무상 배임죄의 고의는 있었다고 봄이 상당하다.」

<대판 2007. 7. 26, 2006 다 33609>

「회사가 제 3 자의 명의로 회사의 주식을 취득하더라도 그 주식취득을 위한 자금이 회사의 출연에 의한 것이고, 그 주식취득에 따른 손익이 회사에 귀속되는 경우라면, 상법 기타의 법률에서 규정하는 예외사유에 해당하지 않는 한 그러한 주식의 취득은 회사의 계산으로 이루어져 회사의 자본적 기초를 위태롭게 할 우려가 있는 것으로서 상법 제341조, 제625조 제 2 호, 제622조가 금지하는 자기주식의 취득에 해당한다. 한편 구 종합금융회사에 관한 법률(1999. 2. 5. 법률 제5750호로 개정되기 전의 것) 제21조는 "금융감독위원회는 종합금융회사의 업무를 감독하고, 이에 필요한 명령을 할 수 있다."고 규정하고 있고, 이에 따라 종금사감독규정 제23조 제 1 항은 "종금사는 직접 · 간접을 불문하고 당해 종금사의 주식을 매입시키기 위한 대출을 하여서는 아니 된다."고 규정하고 있는바, 이는 상법 제341조, 제625조 제 2 호, 제622조의 취지를 잠탈하는 것을 막기 위한 것으로 볼 수 있다. 따라서 종금사의 이사가 상법 제341조, 제625조 제 2 호, 제622조의 규정을 위반하였을 뿐만 아니라, 그와 같은 취지를 규정한 종금사감독규정 제23조 제 1 항을 위반한 경우에는 경영판단의 원칙이 적용된다고 볼 수 없다.」

<대판 2008. 5. 29, 2005 도 4640>

「회사의 이사가 그 회사의 이사 · 주주 등 특수관계자와 교환의 방법으로 그 회사가 보유중인 다른 회사발행의 주식을 양도하고 그 특수관계자로부터 제 3 의 회사발행의 주식을 취득하는 경우, 그 거래의 목적, 계약체결의 경위 및 내용, 거래대금의 규모 및 회사의 재무상태 등 사정에 비추어 그것이 회사의 입장에서

볼 때 경영상의 필요에 의한 정상적인 거래로서 허용될 수 있는 한계를 넘어 주로 교환거래를 하려는 특수관계자의 개인적인 이익을 위한 것에 불과하다면, 업무상 배임죄의 임무위배행위에 해당한다.

회사가 매입한 비상장주식의 실거래가격이 시가에 근접하거나 적정한 가격으로 볼 수 있는 범위 내에 속하여 실거래가격과의 차이가 명백하지 않은 경우라고 하더라도 그 거래의 주된 목적이 비상장주식을 매도하려는 매도인의 자금조달에 있고, 회사로서는 그 목적달성에 이용된 것에 불과하다고 보이는 등의 특별한 사정이 있다면, 비상장주식을 현금화함으로써 매도인에게 유동성을 증가시키는 재산상의 이익을 취득하게 하고, 반대로 회사에 그에 상응하는 재산상의 손해로서 그 가액을 산정할 수 없는 손해를 가한 것으로 볼 수 있다. 다만, 기업의 경영과 자금운영에 구체적 위험을 초래하지 않았음에도 단지 현금유동성의 상실만을 이유로 배임죄의 성립요건인 재산상 위험이 발생하였다고 인정하는 것은 신중을 기하여야 한다.」

<대판 2010. 10. 14, 2010 도 387>

「이윤추구와 아울러 공공적 역할도 담당하는 각종 금융기관의 경영자가 금융거래와 관련한 경영상 판단을 할 때에 그 업무처리의 내용, 방법, 시기 등이 법령이나 당해 구체적 사정하에서 일의적인 것으로 특정되지 않는 경우에는 결과적으로 특정한 조치를 취하지 아니하는 바람에 본인에게 손해가 발생하였다는 사정만으로 배임의 책임을 물을 수는 없고, 그 경우 경영자에게 배임의 고의가 있었는지 여부를 판단할 때에는 문제된 경영상의 판단에 이르게 된 경위와 동기, 판단대상인 업무의 내용, 금융기관이 처한 경제적 상황, 손실발생의 개연성 등 제반 사정에 비추어 자기 또는 제 3 자가 재산상 이득을 취득한다는 인식과 본인에게 손해를 가한다는 인식하의 의도적 행위임이 인정되는 경우에 한하여 배임죄의 고의를 인정하는 엄격한 해석기준이 유지되어야 한다.」

<대판 2011. 10. 13, 2009 다 80521>

「금융기관 이사가 이른바 프로젝트 파이낸스 대출을 하면서 단순히 회사의 영업에 이익이 될 것이라는 일반적 · 추상적인 기대하에 일방적으로 임무를 수행하여 회사에 손해를 입힌 경우, 이러한 이사의 행위가 허용되는 경영판단의 재량 범위 내에 있다고 할 수 없다(금융기관이 아파트 건축 사업을 시행하는 甲, 乙, 丙, 丁 회사에 각각 프로젝트 파이낸스 대출 등을 하였다가 대출금을 회수하지 못하는 손해를 입은 사안에서, 위 대출들 중 甲, 丙, 丁 회사에 대한 대출에 관하여

는 대출업무를 담당한 금융기관 임원에게 주의의무 위반이 없다고 본 원심판단이 정당하나, 乙 회사에 대한 대출에 관하여는 대출담당 임원에게 주의의무 위반이 있다고 볼 여지가 있음에도 이에 관하여 더 이상의 심리 없이 주의의무 위반을 부정한 원심판결에는 심리미진 등 위법이 있다).」

<대판 2011. 10. 27, 2009 도 14464>

「경영상 판단과 관련하여 경영자에게 배임의 고의와 불법이득의 의사가 있었는지를 판단할 때에도, 문제된 경영상의 판단에 이르게 된 경위와 동기, 판단 대상인 사업의 내용, 기업이 처한 경제적 상황, 손실 발생과 이익 획득의 개연성 등의 여러 사정을 고려할 때 자기 또는 제 3 자가 재산상 이익을 취득한다는 인식과 본인에게 손해를 가한다는 인식하의 의도적 행위임이 인정되는 경우에 한하여 배임죄의 고의를 인정하여야 하고, 그러한 인식이 없는데도 본인에게 손해가 발생하였다는 결과만으로 책임을 묻거나 단순히 주의의무를 소홀히 한 과실이 있다는 이유로 책임을 물어서는 안 된다. 그러나 한편 경영자의 경영상 판단에 관한 위와 같은 사정을 모두 고려하더라도 법령의 규정, 계약 내용 또는 신의성실의 원칙상 구체적 상황과 자신의 역할 · 지위에서 당연히 하여야 할 것으로 기대되는 행위를 하지 않거나 하지 않아야 할 것으로 기대되는 행위를 함으로써 재산상 이익을 취득하거나 제 3 자로 하여금 이를 취득하게 하고 본인에게 손해를 가하였다면 그에 관한 고의 내지 불법이득의 의사는 인정된다(甲 상호저축은행 임원인 피고인들이 임직원의 친척 등 명의로 토지를 매수한 다음 이른바 특수목적법인(SPC)인 乙 주식회사를 설립하고 乙 회사에 甲 은행 자금을 대출하여 乙 회사 명의로 골프장 건설사업을 추진함으로써 甲 은행에 손해를 가하였다고… 상호저축은행법 등 관계 법령에 위배되는 까닭에 甲 은행이 실질적 당사자가 되어 시행하거나 보유할 수 없는 골프장 건설사업을 타인의 명의 등을 내세워 편법으로 추진하고, 임원의 임무에 위배하여 구체적인 사업성 검토도 제대로 거치지 아니한 채 함부로 甲 은행의 자금을 지출한 행위는 법령의 규정, 직무내용은 물론 신의성실의 원칙상 당연히 하지 않아야 할 것으로 기대되는 행위를 함으로써 본인과 맺은 신임관계를 저버리고 그로 인하여 본인에게 재산상 손해를 가하고 제 3 자로 하여금 재산상 이익을 취득하게 한 경우이다).」

<대판 2013. 1. 24, 2012 도 10629>

「상호저축은행 경영진인 피고인들이 사업의 전망이나 대출채권의 회수가능성에 대한 충분한 검토를 하거나 대출규정에 정해진 바에 따라 대체담보를 취득하는

등 채권회수조치를 취하지 아니한 채 담보물인 수익권증서의 기초가 되는 부동산담보신탁계약 해지에 동의하는 방법으로 담보를 해지하여 준 행위는, 상호저축은행 임직원으로서 법령의 규정, 계약 내용 또는 신의성실의 원칙상 당연히 하여야 할 것으로 기대되는 행위를 하지 않은 임무위배행위에 해당하고, 피고인들의 업무상배임의 고의 내지 불법이득의 의사도 인정되며 경영상 판단이라는 이유로 위 행위를 정당화할 수도 없다.」

<대판 2013. 9. 26, 2013 도 5214>

「회사의 이사 등이 타인에게 회사자금을 대여하거나 타인의 채무를 회사 이름으로 지급보증함에 있어 그 타인이 이미 채무변제능력을 상실하여 그를 위하여 자금을 대여하거나 지급보증을 할 경우 회사에 손해가 발생하리라는 점을 충분히 알면서 이에 나아갔거나, 충분한 담보를 제공받는 등 상당하고도 합리적인 채권회수조치를 취하지 아니한 채 만연히 대여해 주었다면, 그와 같은 자금대여나 지급보증은 타인에게 이익을 얻게 하고 회사에 손해를 가하는 행위로서 회사에 대하여 배임행위가 되고, 이러한 이치는 그 타인이 자금지원 회사의 계열회사라 하여 달라지지 않는다. 한편 경영상의 판단을 이유로 배임죄의 고의를 인정할 수 있는지는 문제된 경영상의 판단에 이르게 된 경위와 동기, 판단대상인 사업의 내용, 기업이 처한 경제적 상황, 손실발생의 개연성과 이익획득의 개연성 등 제반 사정에 비추어 자기 또는 제 3 자가 재산상 이익을 취득한다는 인식과 본인에게 손해를 가한다는 인식하의 의도적 행위임이 인정되는 경우인지에 따라 개별적으로 판단하여야 한다.」

<대판 2017. 11. 9, 2015 도 12633>

「동일한 기업집단에 속한 계열회사 사이의 지원행위가 합리적인 경영판단의 재량 범위 내에서 행하여진 것인지 여부를 판단하기 위해서는 앞서 본 여러 사정들과 아울러, 지원을 주고받는 계열회사들이 자본과 영업 등 실체적인 측면에서 결합되어 공동이익과 시너지 효과를 추구하는 관계에 있는지 여부, 이러한 계열회사들 사이의 지원행위가 지원하는 계열회사를 포함하여 기업집단에 속한 계열회사들의 공동이익을 도모하기 위한 것으로서 특정인 또는 특정회사만의 이익을 위한 것은 아닌지 여부, 지원 계열회사의 선정 및 지원 규모 등이 당해 계열회사의 의사나 지원 능력 등을 충분히 고려하여 객관적이고 합리적으로 결정된 것인지 여부, 구체적인 지원행위가 정상적이고 합법적인 방법으로 시행된 것인지 여부, 지원을 하는 계열회사에게 지원행위로 인한 부담이나 위험에 상응하는 적

절한 보상을 객관적으로 기대할 수 있는 상황이었는지 여부 등까지 충분히 고려하여야 한다. 위와 같은 사정들을 종합하여 볼 때 문제된 계열회사 사이의 지원행위가 합리적인 경영판단의 재량 범위 내에서 행하여진 것이라고 인정된다면 이러한 행위는 본인에게 손해를 가한다는 인식하의 의도적 행위라고 인정하기 어려울 것이다(조선업 관련 계열사들로 이루어진 SPP그룹 사주 및 회계·재무 책임자인 피고인들이 그룹 차원에서 전략적으로 육성하던 A 계열회사가 자금난에 빠지자 그에 대한 여러 방법의 지원행위를 한 것과 그 밖의 계열회사들 사이의 지원행위를 한 것에 대해 업무상배임죄로 공소가 제기된 사안에서, 이 판결이 제시한 위와 같은 기준을 충족하는 일부 지원행위에 대해서는 기업집단 내 계열회사들의 공동이익을 위한 지원행위로서 합리적인 경영판단의 재량 범위 내에서 행하여진 것이므로 배임의 고의를 인정하기 어렵다는 이유로, 피고인들의 상고이유 중 일부를 받아들여 원심을 파기한 사례).」

Ⅱ. 理事와 株主의 관계

1. 總 說

주주는 회사의 구성원으로서 주주총회에서 의결권을 행사하고, 이사의 선임·해임, 재무제표의 승인을 통하여 간접적으로 이사의 업무집행을 감독할 뿐만 아니라, 회계장부열람(제466조), 검사인의 선임을 통한 회사의 업무·재산상태의 검사(제467조) 등에 의하여 회사의 운영을 감독하고 시정하는 권리를 갖는다. 그렇지만 이사가 법령 또는 정관에 위반한 행위를 하는 때에는 회사가 사전에 중지시켜야 하고, 이사의 책임은 회사가 추궁하여야 한다. 따라서 이사와 주주는 직접적인 법률관계에 서는 것은 아니다.

그러나 이사들 사이의 특수한 관계로 인하여 회사의 책임추궁이 불가능하게 되어 회사, 그리고 주주의 이익을 해할 우려가 많다. 그래서 상법은 영미법상의 제도인 유지명령제도와 대표소송제도를 도입하여 특정한 경우에 감사와 소수주주가 회사를 대신하여 회사가 이사에 대하여 갖는 권리를 행사하는 것을 인정하고 있다. 이 경우에는 소수주주가 회사의 기관으로 행동하는 결과가 된다.

2. 留止請求權

(1) 意 義 이사가 법령 또는 정관에 위반한 행위를 하여 이로

인하여 회사에 회복할 수 없는 손해가 생길 염려가 있는 경우에는 감사 또는 발행주식총수의 100분의 1 이상에 해당하는 주식을 가진 주주는 회사를 위하여 이사에 대하여 그 행위를 유지할 것을 청구할 수 있다(제402조).

이사가 위법행위를 한 경우에는 회사에 대하여 손해배상책임을 부담하지만(제399조), 이러한 사후구제보다는 그 행위가 이루어지기 전에 가능하다면 그것을 방지하는 쪽이 바람직스럽다. 회사는 이사의 위법행위를 유지하는 권리를 당연히 갖지만, 회사가 이를 게을리하는 경우에 대비하여 일정한 요건 하에 감사 및 소수주주는 회사를 위하여 그 행위를 유지할 수 있는 권리를 갖는다. 이것을 유지청구권이라고 하는데, 영미법의 유지명령제도를 변용한 것이다. 이사에 대하여 감사와 소수주주가 이 유지청구권을 갖는다는 점에서 신주발행의 경우 회사에 대하여 주주가 갖는 유지청구권과 다르다. 이사의 위법행위에 대한 유지청구권의 제도는 주식회사의 청산인(제542조 제 2 항), 유한회사의 이사 · 청산인(제567조, 제613조 제 2 항)에 대하여 준용된다.

(2) 留止請求權者 유지청구를 할 수 있는 자는 의결권 없는 주식을 포함하여 발행주식총수의 100분의 1 이상에 해당하는 주식을 가진 주주 및 감사이다. 영미법의 유지명령은 각 주주가 청구할 수 있으나 상법은 그 남용을 방지하기 위하여 소수주주에게 인정하였고, 감사가 업무감사권을 갖게 된 결과 감사에게도 유지청구권을 인정하였다. 1998년 개정상법은 소수주주권을 강화하기 위하여 100분의 5로 되어 있는 유지청구권의 행사요건을 100분의 1로 완화하였다.

한편 상장법인의 경우에는 유지청구권을 위한 소수주주요건이 6월 전부터 계속하여 발행주식총수의 10만분의 50(최근 사업연도 말 자본금이 1,000억 원 이상인 법인의 경우에는 10만분의 25) 이상에 해당하는 주식을 소유한 주주로 완화되어 있다(제542조의 6 제 5 항, 상법시행령 제11조).

(3) 留止請求權의 內容과 方法 유지청구의 대상이 되는 행위는 법령 또는 정관에 위반한 이사의 행위이다. 이사의 행위는 이사회의 결의에 반하는 대표이사의 거래행위와 같이 유효행위뿐만 아니라 당연무효인 행위도 포함한다. 왜냐하면 이사의 행위가 당연히 무효라 하더라도 이 무효행위를 전제로 하여 여러 가지 행위가 후속하고, 그 결과 회사에 회복할 수 없는 손해를 미칠 수 있으므로 그 무효행위의 이행을 유지할 필요가 있기 때문이다. 이사의 위법행위를 유지하기 위해서는 그 행위로 인하여 회사에 회복할 수 없는 손해가 발생할 염려가 있어야 한다. 따라서 손해배상청구 등의 사후적

구제에 의하여 그 손해를 회복할 수 있는 때에는 위법행위라 할지라도 그 유지를 청구하지 못한다. 회사가 유지를 청구하는 때에는 손해발생의 염려가 있는가의 여부를 불문하지만, 주주가 유지를 청구하는 때에는 그 남용을 방지하기 위하여 회복할 수 없는 손해발생의 염려가 있을 것을 요한다.

유지청구권은 대표소송과 달리 회사에 대한 청구 없이도 곧바로 재판상 또는 재판 외에서 행사할 수 있다. 소에 의하지 않더라도 유지청구의 요건이 갖추어져 있는 한 이사는 위법행위를 유지하여야 하지만, 재판 외의 청구로서는 그 목적을 달성할 수 없는 경우에는 그 이사를 피고로 하여 유지청구의 소를 제기하고, 이 소를 본안으로 하여 가처분을 신청할 수 있다(민사집행법 제300조).

유지청구의 소는 회사를 위한 것이므로 판결의 효력은 당연히 회사에 미친다(민사소송법 제218조 제3항). 소송의 목적물은 적극적인 급부가 아니고 소극적인 유지이지만, 회사가 이사에 대하여 갖는 유지청구권은 회사를 위하여 행사하는 경우이고 그 본질은 대표소송과 동일하다고 볼 수 있다. 따라서 상법에 규정이 없는 사항에 관해서는 대표소송에 관한 규정(제403조 내지 제406조)을 유추적용할 수 있다.

(4) 留止請求의 效果　　유지청구가 있는 때에는 이사는 선량한 관리자의 주의의무로 그 행위의 유지 여부를 결정하여야 한다. 유지청구의 요건이 갖추어져 있는 때에는 그 행위를 유지하여야 하고, 이를 무시하고 위법행위를 한 때에는 법령 또는 정관의 위반으로 인한 손해배상책임을 진다. 이 손해배상책임은 이사의 위법행위에 대하여 유지청구의 여부를 불문하고 발생하므로 유지청구의 직접적 효과는 아니다.

적법한 유지청구를 무시하고 한 이사의 행위의 효력은 유지청구라는 형식적 기준이 아니라 거래의 안전을 고려하여 결정해야 한다. 당연히 무효인 행위는 유지청구 여부에 관계 없이 그 효력이 발생하지 않는다. 이사의 법령 또는 정관에 위반한 행위가 유효한 때에는 유지청구가 있다고 하여 그 행위를 무효로 할 수는 없다. 그러나 개별적인 거래행위에 대해서는 상대방이 유지청구권의 행사를 안 때에 한하여 거래행위의 무효를 상대방에게 주장할 수 있다는 견해가 있다(손주찬, 697쪽). 이렇게 본다면 유지청구의 실효성이 의심스럽고 유지청구의 가처분을 하더라도 이에 위반하는 경우에는 마찬가지이다(동지: 정찬형, 469쪽; 정동윤, 434쪽; 이철송, 694쪽). 따라서 유지청구의 실효성을 확보하기 위하여 입법론으로서 유지청구의 가처분위반을 처벌할 필요가 있다. 유지청구권의 행사에 관하여 부정한 청탁을 받고 재산상의 이익을 수수, 요구 또는 약속한 자 및 위 이익을 약속, 공여 또는 공여의 의사표시를 한 자는 형벌의 제재를 받는다(제631조).

3. 代表訴訟

(1) 意 義 발행주식총수의 100분의 1 이상에 해당하는 주식을 가진 주주는 회사가 이사의 책임을 추궁할 소를 제기하지 않는 때에는 회사를 위하여 그 소를 제기할 수 있다(제403조 제3항). 1998년 개정시 그 행사요건을 100분의 5에서 100분의 1로 완화하였다.

이사의 책임은 원칙적으로 회사 자신이 추궁할 수 있으나, 이사의 인적 관계로 인하여 회사가 그 책임의 추궁을 하는 것을 기대할 수 없고, 이에 따라 회사 및 주주의 이익을 해하게 된다. 그런데 상법은 사후구제방법으로 미국법상의 대표소송 또는 대위소송을 도입·병용하여 소수주주가 직접 회사를 위하여 이사에 대한 회사의 권리를 행사하여 책임추궁의 소를 제기할 수 있음을 인정하고 있다. 미국법상으로는 단독주주가 이사의 책임에 대해서뿐만 아니라 회사가 갖는 모든 권리를 재판상 행사할 수 있다는 점이 상법상의 대표소송과 다르다. 그리고 주주가 대표소송으로 이사의 책임을 추궁하는 경우에도 공모의 염려가 있으므로 부당한 소송을 방지하기 위하여 소송고지 및 재심에 관한 특칙을 두고 있다. 이러한 대표소송제도에 관한 규정은 발기인(제324조), 감사(제415조), 청산인(제542조 제2항), 불공정한 가액으로 주식을 인수한 자(제424조 의2) 및 주주권의 행사와 관련하여 이익을 공여받은 자(제467조 의2)에 대한 책임의 추궁에 준용된다.

(2) 提訴權者 대표소송을 제기할 수 있는 자는 결의권이 없는 주식을 포함하여 발행주식총수의 100분의 1 이상에 해당하는 주식을 가진 주주이다. 상장회사의 경우에는 6개월 전부터 계속하여 상장회사 발행주식총수의 1만분의 1 이상에 해당하는 주식을 보유한 주주가 대표소송을 제기할 수 있다(제542조의6 제6항).

<대판 2004. 9. 23, 2003 다 49221>

「어느 한 회사가 다른 회사의 주식의 전부 또는 대부분을 소유하여 양자 간에 지배·종속 관계에 있고, 종속회사가 그 이사 등의 부정행위에 의하여 손해를 입었다고 하더라도 지배회사와 종속회사는 상법상 별개의 법인격을 가진 회사이고, 대표소송의 제소자격은 책임추궁을 당하여야 하는 이사가 속한 당해 회사의 주주로 한정되어 있으므로, 종속회사의 주주가 아닌 지배회사의 주주는 상법 제

403조, 제415조에 의하여 종속회사의 이사 등에 대하여 책임을 추궁하는 이른바 다중대표소송을 제기할 수 없다고 할 것이어서, 소외 3 회사의 주주의 지위에서 소외 1 회사의 대표이사인 피고 1에 대하여 책임추궁을 구하는 원고의 이 부분 소는 원고적격이 흠결되었다고 할 것이다.」

<대판 2011. 5. 26, 2010 다 22552>

「주식을 인수함에 있어 타인의 승낙을 얻어 그 명의로 출자하여 주식대금을 납입한 경우에는 실제로 주식을 인수하여 그 대금을 납입한 명의차용인만이 실질상의 주식인수인으로서 주주가 된다고 할 것이고 단순한 명의대여인은 주주가 될 수 없으며, 이는 회사를 설립하면서 타인의 명의를 차용하여 신주를 인수한 경우에도 마찬가지라고 할 것이다. 상법 제403조 제 1 항은 '발행주식의 총수의 100분의 1 이상에 해당하는 주식을 가진 주주'가 주주대표소송을 제기할 수 있다고 규정하고 있을 뿐, 주주의 자격에 관하여 별도의 요건을 규정하고 있지 않으므로, 주주대표소송을 제기할 수 있는 주주에 해당하는지 여부는 위 법리에 따라 판단하여야 할 것이다(전직 대통령인 원고가 동생에게 비자금을 관리하라며 교부한 사안에서, 금원 교부 당시 원고와 동생의 의사는 노모와 자녀들의 장래를 위하여 동생이 이 사건 금원을 어떤 형태로든지 그 가치를 유지, 보전하고 있다가 원고의 요구가 있으면 이를 반환하라는 것으로 해석될 수 있을 뿐, 원심과 같이 원고가 동생에게 이 사건 금원으로 회사의 설립, 운영을 위임하되 원고와 동생이 회사의 지분을 공유하기로 하는 위임에 유사한 계약이 체결된 것으로 해석하여 원고가 그 회사의 주식 50%의 실질주주라고 인정하기에는 여러 정황상 무리가 있다고 판단하여 원심을 파기한 사례).」

<대결 2014. 2. 19, 2013 마 2316>

「주주대표소송의 주주와 같이 다른 사람을 위하여 원고가 된 사람이 받은 확정판결의 집행력은 확정판결의 당사자인 원고가 된 사람과 다른 사람 모두에게 미치므로, 주주대표소송의 주주는 집행채권자가 될 수 있다.」

(3) 代表訴訟의 內容과 節次

A. 理事의 責任의 범위 대표소송의 대상이 되는 이사의 책임은 그 발생원인이 중요하여 면제가 불가능하거나 그 요건이 엄격한 책임, 즉 이사의 회사에 대한 손해배상책임(제399조)과 자본납입책임(제428조)에 제한된다는 견해가 있으나, 이사가 회사에 대하여 부담하는 모든 채무를 포함하고, 따라서 거

대상의 채무이행의 청구에 대해서도 대표소송이 인정된다고 본다(다수설). 왜냐하면 후자의 경우에도 이사 사이의 인적 관계로 인하여 회사가 이사에 대한 소를 제기할 가능성이 희박하기 때문이다. 이사가 재임중에 부담한 책임 또는 채무는 이사가 퇴임하더라도 대표소송의 대상이 된다.

B. **提訴前의 절차** 소수주주가 대표소송을 제기하기 위해서는 먼저 이유를 기재한 서면으로 회사에 대하여 이사의 책임을 추궁할 소의 제기를 청구하여야 하고(제403조 제1항·제2항), 회사가 이 청구를 받은 날로부터 30일 내에 소를 제기하지 아니할 때에 비로소 소수주주는 즉시 대표소송을 제기할 수 있다(제403조 제3항). 그러나 30일의 기간의 경과로 인하여 회사에 회복할 수 없는 손해가 생길 염려가 있는 때에는 30일의 경과를 기다리지 않고 즉시 소를 제기할 수 있다(제403조 제4항). 이와 같이 대표소송을 제기하기 전에 회사에 대하여 이사의 책임을 추궁할 소의 제기를 청구하게 한 것은 이사의 책임추궁은 원칙적으로 회사가 한다는 점을 전제한 때문이다. 소수주주가 회사에 대하여 이사의 책임을 추궁할 소의 제기를 청구한 때에는 감사가 회사를 대표하여 소를 제기하여야 한다(제394조).

<대판 2010. 4. 15, 2009 다 98058>

「상법 제403조 제1항, 제3항, 제4항에 의하면 발행주식 총수의 100분의 1 이상에 해당하는 주식을 가진 주주는 회사에 대하여 이사의 책임을 추궁할 소의 제기를 청구할 수 있는데, 회사가 위 청구를 받은 날로부터 30일 내에 소를 제기하지 아니하거나 위 기간의 경과로 인하여 회사에 회복할 수 없는 손해가 생길 염려가 있는 경우에는 발행주식 총수의 100분의 1 이상에 해당하는 주식을 가진 주주가 즉시 회사를 위하여 소를 제기할 수 있다는 취지를 규정하고 있는바, 이는 주주의 대표소송이 회사가 가지는 권리에 바탕을 둔 것임을 고려하여 주주에 의한 남소를 방지하기 위하여 마련된 제소요건에 관한 규정에 해당한다. 따라서 회사에 회복할 수 없는 손해가 생길 염려가 없음에도 불구하고 회사에 대하여 이사의 책임을 추궁할 소의 제기를 청구하지 아니한 채 발행주식 총수의 100분의 1 이상에 해당하는 주식을 가진 주주가 즉시 회사를 위하여 소를 제기하였다면 그 소송은 부적법한 것으로 각하되어야 한다. 여기서 회복할 수 없는 손해가 생길 염려가 있는 경우라 함은 이사에 대한 손해배상청구권의 시효가 완성된다든지 이사가 도피하거나 재산을 처분하려는 때와 같이 이사에 대한 책임추궁이 불가능 또는 무익해질 염려가 있는 경우 등을 의미한다.」

<대결 2013. 9. 9, 2013 마 1273>
「회사의 이사로 등기되어 있던 사람이 회사를 상대로 사임을 주장하면서 이사직을 사임한 취지의 변경등기를 구하는 소에서 상법 제394조 제 1 항은 적용되지 아니하므로 그 소에 관하여 회사를 대표할 사람은 감사가 아니라 대표이사라고 보아야 한다. 그 이유는 다음과 같다. 이러한 소에서 적법하게 이사직 사임이 이루어졌는지는 심리의 대상 그 자체로서 소송 도중에는 이를 알 수 없으므로 법원으로서는 소송관계의 안정을 위하여 일응 외관에 따라 회사의 대표자를 확정할 필요가 있다. 그런데 위 상법 규정이 이사와 회사의 소에서 감사로 하여금 회사를 대표하도록 규정하고 있는 이유는 공정한 소송수행을 확보하기 위한 데 있고, 회사의 이사가 사임으로 이미 이사직을 떠난 경우에는 특별한 사정이 없는 한 위 상법 규정은 적용될 여지가 없다. 한편 사임은 상대방 있는 단독행위로서 그 의사표시가 상대방에게 도달함과 동시에 효력이 발생하므로 그에 따른 등기가 마쳐지지 아니한 경우에도 이로써 이사의 지위를 상실함이 원칙이다. 따라서 이사가 회사를 상대로 소를 제기하면서 스스로 사임으로 이사의 지위를 상실하였다고 주장한다면, 적어도 그 이사와 회사의 관계에서는 외관상 이미 이사직을 떠난 것으로 보기에 충분하고, 또한 대표이사로 하여금 회사를 대표하도록 하더라도 공정한 소송수행이 이루어지지 아니할 염려는 거의 없기 때문이다.」

<대판 2021. 5. 13, 2019 다 291399>
「상법 제403조 제 2 항에 따른 서면에 기재되어야 하는 '이유'에는 권리귀속주체인 회사가 제소 여부를 판단할 수 있도록 책임추궁 대상 이사, 책임발생 원인사실에 관한 내용이 포함되어야 한다. 다만 주주가 언제나 회사의 업무 등에 대해 정확한 지식과 적절한 정보를 가지고 있다고 할 수는 없으므로, 주주가 상법 제403조 제 2 항에 따라 제출한 서면에 책임추궁 대상 이사의 성명이 기재되어 있지 않거나 책임발생 원인사실이 다소 개략적으로 기재되어 있더라도, 회사가 그 서면에 기재된 내용, 이사회의사록 등 회사 보유 자료 등을 종합하여 책임추궁 대상 이사, 책임발생 원인사실을 구체적으로 특정할 수 있다면, 그 서면은 상법 제403조 제 2 항에서 정한 요건을 충족하였다고 보아야 한다(주주인 원고가 본건 회사를 위해 본건 회사의 경영진 등을 상대로 본건 회사가 입은 손해의 배상을 구한 사안임. 피고는 상법 제403조 제 2 항에 따른 서면에는 책임추궁 대상 이사의 성명이 반드시 기재되어야 하는데 원고가 제출한 서면에는 책임추궁 대상 이사의 성명이 기재되어 있지 않으므로 이 사건 소는 대표소송의 제소요건을 갖추

지 못해 부적법하다고 다투었음. 대법원은 주주가 상법 제403조 제 2 항에 따라 제출한 서면에 책임추궁 대상 이사의 성명이 기재되어 있지 않더라도 회사가 그 서면에 기재된 내용, 이사회의사록 등 회사 보유 자료 등을 종합하여 책임추궁 대상 이사를 구체적으로 특정할 수 있다면 그 서면은 상법 제403조 제 2 항에서 정한 요건을 충족하였다고 보아야 한다는 이유로, 같은 취지에서 피고의 주장을 배척한 원심의 판단을 수긍하였음).」

C. **訴訟節次** 소수주주의 대표소송은 회사의 본점소재지의 지방법원의 관할에 전속한다(제403조 제 7 항, 제186조). 대표소송을 제기한 경우에 피고인 이사는 소수주주가 악의임을 소명하여 소수주주에게 상당한 담보를 제공하게 할 것을 법원에 청구할 수 있다(제403조 제 7 항, 제176조 제 3 항 · 제 4 항).

대표소송을 제기한 소수주주는 소를 제기한 후 지체없이 회사에 대하여 소송참가의 기회를 주기 위한 소송의 고지를 하여야 한다(제404조 제 2 항). 회사는 대표소송에 참가할 수 있다(제404조 제 1 항). 한편 대표소송을 제기한 주주의 보유주식이 제소 후 발행주식총액의 100분의 1 미만으로 감소한 경우에도 제소의 효력에는 영향이 없다(제403조 제 5 항). 그리고 소를 제기한 당사자는 법원의 허가를 얻지 않고는 소의 취하, 청구의 포기 · 인낙 · 화해를 할 수 없다(제403조 제 6 항).

<대판 2013. 9. 12, 2011 다 57869>

「여러 주주들이 함께 대표소송을 제기하기 위하여는 그들이 회사에 대하여 이사의 책임을 추궁할 소의 제기를 청구할 때와 회사를 위하여 그 소를 제기할 때 보유주식을 합산하여 상법 또는 구 증권거래법이 정하는 주식보유요건을 갖추면 되고, 소 제기 후에는 보유주식의 수가 그 요건에 미달하게 되어도 무방하다고 할 것이다. 그러나 대표소송을 제기한 주주 중 일부가 주식을 처분하는 등의 사유로 주식을 전혀 보유하지 아니하게 되어 주주의 지위를 상실하면, 특별한 사정이 없는 한 그 주주는 원고적격을 상실하여 그가 제기한 부분의 소는 부적법하게 되고, 이는 함께 대표소송을 제기한 다른 원고들이 주주의 지위를 유지하고 있다고 하여 달리 볼 것은 아니다.」

<대판 2018. 11. 29, 2017 다 35717>

「상법 제403조 제 1 항, 제 2 항, 제 3 항, 제 5 항, 구 은행법(2015. 7. 31. 법률 제13453호로 개정되기 전의 것, 이하 '구 은행법'이라 한다) 제23조의5 제 1 항의 규정들을 종합하여 보면, 주주가 대표소송을 제기하기 위하여는 회사에 대하여 이사의 책임을 추궁할 소의 제기를 청구할 때와 회사를

위하여 그 소를 제기할 때 상법 또는 구 은행법이 정하는 주식보유요건을 갖추면 되고, 소 제기 후에는 보유주식의 수가 그 요건에 미달하게 되어도 무방하다. 그러나 대표소송을 제기한 주주가 소송의 계속 중에 주식을 전혀 보유하지 아니하게 되어 주주의 지위를 상실하면, 특별한 사정이 없는 한 그 주주는 원고적격을 상실하여 그가 제기한 소는 부적법하게 되고(상법 제403조 제5항), 이는 그 주주가 자신의 의사에 반하여 주주의 지위를 상실하였다 하여 달리 볼 것은 아니다(갑 은행 발행주식의 약 0.013%를 보유한 주주인 을 등이 대표소송을 제기한 후 소송 계속 중 갑 은행과 병 주식회사가 주식교환을 완료하여 병 회사가 갑 은행의 100% 주주가 되고 을은 갑 은행의 주주로서의 지위를 상실한 사안에서, 대표소송 제기 후 갑 은행의 주식을 전혀 보유하지 않게 된 을은 원고적격을 상실하였다고 본 원심판단을 수긍한 사례).」

(4) 代表訴訟의 效果 소수주주가 제기한 대표소송에 대한 판결은 당연히 회사에 대하여 그 효력이 미친다(민사소송법 제218조 제3항). 그리고 이 판결의 반사적 효과로서 다른 주주는 동일한 주장을 하지 못한다(동지: 정찬형, 473쪽; 정동윤, 439쪽; 최기원, 559쪽). 이 효력은 원고가 승소한 경우뿐만 아니라 패소한 경우에도 발생한다.

2001년 7월 개정상법은 제405조 제1항을 수정하여 대표소송에서 주주가 승소한 경우에는 회사에 대하여 소송비용 및 그 밖의 소송으로 인하여 지출한 비용을 청구할 수 있으며(본문), 회사가 소송비용을 지급한 때에는 이사 또는 감사에 대하여 구상권이 있음을 규정하고 있다(단서). 개정 전의 제1항은 "소송비용 외의 소송으로 인한 실비액의 범위내에서 상당한 금액의 지급을 청구할 수 있다"고 되어 있었다. 변호사의 보수에 관한 명확한 규정이 없으나 "소송으로 인하여 지출한 비용"에 포함되는 것으로 보아야 한다. 그러나 단서의 구상권의 대상에는 해당하지 않는다. 이에 반하여 소수주주가 패소한 때에는 악의인 경우 외에는 회사에 대하여 손해를 배상할 책임이 없다(제405조 제2항).

(5) 再審의 訴 상법은 대표소송의 공정성을 확보하기 위하여 전속관할, 소송참가와 소송고지에 관한 규정을 두는 외에 재심의 소에 관한 특칙을 두고 있다. 이사의 책임을 추궁하기 위한 소수주주의 대표소송이 제기된 경우에 원고와 피고의 공모로 인하여 소송의 목적인 회사의 권리를 사해할 목적으로써 판결을 하게 한 때에는 회사 또는 주주는 확정된 종국판결에 대하여 재심의 소를 제기할 수 있다(제406조 제1항). 이 재심의 소를 제기한 주주도 승소의 경우에는 상당한 금액의 지급청구권을 가지고, 패소의 경우에는 악의가

없는 한 손해배상책임을 지지 않는다(제406조 제2항, 제405조). 재심의 대상이 되는 판결은 소수주주의 대표소송에 관한 판결뿐만 아니라 회사가 직접 이사의 책임을 추궁하는 소에 관한 판결을 포함하며, 재심의 소는 소수주주가 아닌 주주도 제기할 수 있다(통설).

4. 多重代表訴訟 許容 論議

(1) 多重代表訴訟의 槪念 한 회사가 다른 회사 주식의 전부 또는 대부분을 소유함으로 인하여 두 회사 사이에 모회사, 자회사의 지배종속관계에 있을 때, 지배회사의 주주는 종속회사가 이사 등의 부정행위에 의하여 손해를 입은 경우 종속회사를 위하여 지배회사주주의 지위에서 대표소송을 제기할 수 있는지가 문제된다. 이와 같은 지배회사 주주에 의한 종속회사를 위한 대표소송을 다중대표소송이라고 한다. 즉 모회사의 소수주주가 자회사의 이사를 상대로 한 대표소송을 제기할 경우 이를 다중대표소송이라 한다. 그리고 다중대표소송은 자회사를 포함하여 손자회사 및 증손회사 등에도 허용되는 대표소송을 가리킨다.

(2) 多重代表訴訟의 許容與否

A. 긍정론 미국에서의 다중대표소송을 긍정하는 입장으로는 다음의 것이 주장되고 있다: 다중대표소송은 종속회사와 지배회사를 하나의 회사로 보아 종속회사의 독립된 법인격을 부인함으로써 정당화될 수 있다는 견해(법인격부인론), 동일한 이사나 경영진에 의하여 지배회사와 그의 100% 종속회사가 지배되고 있는 경우에는 다중대표소송이 허용되어야한다는 견해(동일인지배설), 회사와 주주의 관계를 신탁관계로 보고, 다중대표소송의 경우에는 지배회사의 주주와 종속회사 사이에 다중의 신탁관계가 성립한다는 견해(신탁설), 종속회사가 지배회사의 대리인으로서 행동하였기 때문에 다중대표소송이 허용된다는 견해(대리설), 지배회사가 종속회사에 대하여 지배권을 행사하고 있으므로 지배회사는 그 주주들에게 종속회사에 대한 부정행위를 시정하기 위하여 소를 제기할 의무를 부담하는바, 지배회사의 주주는 다중대표소송에 의하여 회사의 이 의무를 특별이행시킬 수 있다는 견해(특별이행설)가 있다. 전통적인 주주대표소송의 주요 기능이 보상과 억제에 있다고 볼 때, 다중대표소송의 경우에도 이러한 보상과 억제의 기능이 동일하게 행사된다면 다중대표소송의 정당성은 전통적인 주주대표소송이 인정되는 것과 같은 이유에서

인정된다. 다중대표소송은 지배회사의 주주에게 보상하는 기능이 있는데, 종속회사에 회복된 구제는 간접적으로 지배회사를 이롭게 하고, 이것은 다시 간접적으로 지배주주에게 이롭게 영향을 미치게 될 것이다. 또한 종속회사의 경영진이나 그 주주들이 여러 가지 이유로 종속회사에 대한 부정행위를 시정하는 조치를 취하지 못하는 경우 다중대표소송이 인정됨으로 인하여 종속회사에 대한 부정행위가 발생하는 것을 억제할 수 있는 효과도 있을 것이라고 주장한다. 우리나라의 경우에도 다중대표소송을 허용함으로 인한 위험부담은 별로 없는 반면 그로 인한 보상과 억제의 효용은 지대하고, 만일 이러한 소송이 인정되지 않는다면 종속회사에 대한 위법행위가 시정되지 않고 방치될 것이므로 이를 허용하는 것이 타당하며, 이사에 의한 부정은 가능한 한 시정되어야 하고, 따라서 그 이사가 직접 소속되어 있는 회사에 의한 책임추궁이 곤란한 때에는 그 회사의 주식을 소유하고 있는 상급회사의 주주에 의하여 그 책임을 추궁하는 길이 허용되어야 하기 때문에 다중대표소송은 가능하다고 보는 견해(정동윤, 회사법, 제 7 판, 법문사, 2001, 471쪽)가 있다.

B. **부정론** 미국의 경우 다중대표소송에 대해 부정적 입장으로는 다음의 것이 주장되고 있다: 지배회사의 주주는 다중대표소송을 제기하기 전에 지배회사와 종속회사의 이사회에 모두 제소청구를 하여야 하고, 이때 만일 지배회사의 이사회가 주주의 종속회사에 대한 제소청구를 거절하는 경우에는 그 주주는 지배회사를 대신하여 지배회사의 이사를 상대로 그들이 지배회사의 종속회사에 대한 투자분을 보호하는 조치를 취하지 못한 것에 대한 책임을 전통적인 단일 주주대표소송으로 제기할 수 있으므로 주주로서는 다중대표소송이 아니더라도 구제받을 수단이 있기 때문에 다중대표소송은 불필요하다는 견해(대체수단존재설), 주주대표소송을 제기하기 위하여는 부정행위발생당시에 그 회사의 주주이어야 하는데, 다중대표소송은 주식동시소유의 원칙을 충족하지 못한다는 견해(주식동시소유원칙위배설)가 있다.

(3) 判例: 대판 2004.9.23, 2003 다 49221 상법 제403조 제 1 항, 제 3 항은 발행주식의 총수의 100분의 1 이상에 해당하는 주식을 가진 주주는 회사에 대하여 이사의 책임을 추궁할 소의 제기를 청구할 수 있고, 회사가 이 청구를 받은 날로부터 30일 내에 소를 제기하지 아니한 때에는 위 주주는 즉시 회사를 위하여 소를 제기할 수 있다고 규정하고 있고, 이 규정은 상법 제415조에 의하여 감사에 준용되는바, 어느 한 회사가 다른 회사의 주

식의 전부 또는 대부분을 소유하여 양자 간에 지배종속관계에 있고, 종속회사가 그 이사 등의 부정행위에 의하여 손해를 입었다고 하더라도, 지배회사와 종속회사는 상법상 별개의 법인격을 가진 회사이고, 대표소송의 제소자격은 책임추궁을 당하여야 하는 이사가 속한 당해 회사의 주주로 한정되어 있으므로, 종속회사의 주주가 아닌 지배회사의 주주는 상법 제403조, 제415조에 의하여 종속회사의 이사 등에 대하여 책임을 추궁하는 이른바 이중대표소송을 제기할 수 없다고 할 것이어서, 소외 3 회사의 주주의 지위에서 소외 1 회사의 대표이사인 피고 1에 대하여 책임 추궁을 구하는 원고의 이 부분 소는 원고 적격이 흠결되었다고 할 것이다.

그럼에도 불구하고, 원심은 이중대표소송이 가능함을 전제로 원고 적격을 인정하였으니, 이 부분에 관한 원심판결에는 주주의 대표소송에 있어서의 원고 적격에 관한 법리를 오해하여 판결에 영향을 미친 위법이 있다고 할 것이므로 더 나아가 본안에 관하여 판단할 필요 없이 그대로 유지될 수 없다.

(4) 2020년 도입 모회사와 자회사는 별개의 법인격체이다. 일본의 경우에는 2005년 신회사법에서 지주회사와 주식이전 · 교환을 통한 기업결합시 주주의 주식이 강제로 이전되거나 교환됨으로써 발생할 수 있는 주주의 권리보호차원에서 일정한 경우에 원고가 대표소송의 원고적격을 상실하지 않는다는 규정을 두었다(일본 회사법 제851조 제1항 제1호, 제2호). 2020년 상법개정(제406조의 2)은, 자회사의 이사의 임무해태로 자회사에 손해가 발생한 경우, 모회사의 주주가 자회사의 이사를 상대로 대표소송을 제기할 수 있는 다중대표소송을 인정하였다. 다중대표소송을 제기하기 위하여는, 원고는 모회사에 대하여 1%(상장회사의 경우 6개월 이상 0.5%) 이상 주식을 소유하여야 한다. 이는 제소시에 충족하여야 하고, 제소 후 이 지분율이 감소하더라도 0이 되지 않는 한 제소의 효력에는 영향이 없다(제406조의 2 제3항, 제403조 제5항). 원고가 주주로 있는 회사와 피고가 이사로 있는 회사는 모자회사관계에 있어야 한다. 이 요건은 자회사에 대한 제소청구시에 존재하여야 하고, 그 후 이 지분율이 감소하더라도 0이 되지 않는 한 제소의 효력에는 영향이 없다(제406조의 2 제4항). 다중대표소송이 원고가 주주로 있는 회사의 직접 자회사의 이사에 대해서만 가능한지, 그 아래로 삼중, 사중, 오중의 대표소송도 가능한지 문제가 된다. 상법상 손자회사도 자회사로 간주되므로(제342조의 2 제3항), 제406조의 2는 그 문언상으로도 최소한 손자회사의 이

사의 책임을 추궁할 수 있도록 한 것이다. 그리하여 최소한 삼중대표소송을 인정한 것이고, 조문의 제목도 다중대표소송으로 되어 있다. 손자회사를 넘어서서 증손회사, 고손회사 등에 대해서도 다중대표소송이 인정되는지에 대하여는 의견의 대립이 있다(심정희[연구책임자], 다중대표소송에 관한 연구, 사법정책연구원, 2021, 37쪽). 절차와 관련하여, 원고는 자회사 감사에게 제소청구를 하여야 하고, 자회사가 30일 내에 소를 제기하지 않거나 그 전이라도 회복할 수 없는 손해의 우려가 있으면 소를 제기할 수 있다. 이 소는 자회사의 본점소재지의 지방법원의 관할에 전속한다(제406조의 2 제 5 항). 그 이외의 다중대표소송의 절차에 대하여는 대표소송에 관한 규정이 준용된다(다중대표소송에 대하여 상세는 다음의 자료 참조: 강선희, 이중대표소송에 대한 고찰, BFL 제 7 호, 2004. 9, 109쪽 아래; 김재형 · 최장현, 이중대표소송의 인정근거, 상사판례연구 제15집, 2003, 261쪽)(아래; 김정호, 이중대표소송에 대한 연구, 경영법률 제17집 제 1 호, 2006, 221쪽 아래; 권재열, 이중 대표소송의 허용에 대한 비교법적 검토, 비교사법 제11권 제 2 호(통권 제25호), 2004. 6, 443쪽 아래, 심정희[연구책임자], 다중대표소송에 관한 연구, 사법정책연구원, 2021).

5. 證券關聯集團訴訟制度

(1) 우리나라의 證券關聯 集團訴訟制度 우리나라에서는 증권관련집단소송법이 2004년 1월 20일 제정되었다(법률 제7074호). 이는 증권시장에서 발생하는 기업의 분식회계 · 부실감사 · 허위공시 · 주가조작 · 내부자거래와 같은 각종 불법행위로 인하여 다수의 소액투자자들이 재산적 피해를 입은 경우, 기존의 소송구조로는 소액투자자들이 손해배상청구의 소를 제기하기 어려울 뿐만 아니라, 다수의 중복소송으로 인하여 소송불경제가 야기될 우려가 있어 집단소송제도를 도입하여 소액투자자들의 집단적 피해를 보다 효율적으로 구제할 수 있도록 함과 동시에 기업경영의 투명성을 높이려는 취지에서 제정된 것이다. 이러한 증권관련집단소송법은 2010년 3월 31일 개정되었다. 법치국가에서의 법 문장은 일반 국민이 쉽게 읽고 이해해서 잘 지킬 수 있도록 해야 함은 물론이고 국민의 올바른 언어생활을 위한 본보기가 되어야 하는데, 우리의 법 문장에는 용어 등이 어려워 이해하기 힘든 경우가 많고 문장 구조도 어문(語文) 규범에 맞지 않아 국민의 일상적인 언어생활과 거리가 있다는 지적이 많았다. 이에 따라 법적 간결성 · 함축성과 조화를 이루는 범위에서, 어려운 용어를 쉬운 우리말로 풀어쓰며 복잡한 문장은 체계를 정리하여 간결하게 다듬음으로써 쉽게 읽고 잘 이해할 수 있으며 국민의 언어생활에도 맞는 법률이 되도록 하여, 과거 공무원이나 법률 전문가 중심의 법률 문화를 국민 중심의 법률 문화로 바꾸려는 데에 개정의 취지가 있었다. 개정의 주요 내용은 다음과 같다: ① 어려운 법령 용어의 순화(醇化) : 법률의 내용을 바꾸

지 않는 범위에서, “수개”를 “여러 개”로, “부여하다”를 “주다”로 하는 등 법 문장에 쓰는 어려운 한자어와 용어, 일본식 표현 등을 알기 쉬운 우리말로 고쳤다. ② 한글맞춤법 등 어문 규범의 준수 : 법 문장에 나오는 법령 제명(이름)과 명사구 등의 띄어쓰기를 할 때와 가운뎃점(·), 반점(,) 등의 문장부호와 기호 등을 사용할 때에 한글맞춤법 등 어문 규범에 맞도록 하였다. ③ 정확하고 자연스러운 법 문장의 구성 : i) 주어와 서술어, 부사어와 서술어, 목적어와 서술어 등의 문장 성분끼리 호응(呼應)이 잘 되도록 법 문장을 구성하였다. ii) 어순(語順)이 제대로 되어 있지 않아 이해가 어렵고 표현이 번잡한 문장은 어순을 올바르고 자연스럽게 배치하였다. iii) 자연스럽지 않거나 일상생활에서 자주 쓰지 않는 표현은 문맥에 따라 알맞고 쉬운 표현으로 바꾸었다. ④ 체계 정비를 통한 간결화·명확화 : 여러 가지 내용이 한 문장 속에 뒤섞여 내용 파악이 어렵거나 너무 길고 복잡한 문장 등은 표현을 간소화하거나 문장을 나누는 등 체계를 정비하여 명확하게 하였다.

이러한 증권관련집단소송법은 민사소송에 대한 특례를 정하고 있다. 동법 제 3 조 제 1 항에 의하면 유가증권신고서 및 투자설명서의 허위기재 등으로 인한 손해배상청구, 사업보고서·반기보고서 및 분기보고서의 허위기재에 의한 손해배상청구, 미공개정보의 이용 및 시세조작에 의한 손해배상청구, 감사인의 부실감사에 의한 손해배상청구에 대하여 증권관련집단소송을 인정한다. 증권관련집단소송을 제기할 요건으로 자본시장법 제 9 조 제 15 항 제 3 호에 따른 주권상장법인이 발행한 증권의 매매, 그 밖의 거래로 인한 경우에 한정하고 있다(증권관련집단소송법 제 3 조 제 2 항). 증권관련집단소송법 제12조 제 1 항에서는 법원의 소송허가요건으로 피해집단의 구성원이 50인 이상으로서 피고회사가 발행한 유가증권총액의 10,000분의 1 이상을 보유하여야 하고, 법률상 또는 사실상의 중요한 쟁점이 모든 구성원에게 공통되며, 당해 소송이 총원의 권리실현이나 이익보호에 적합하고 효율적인 수단인 경우에 증권집단소송을 허용한다. 또한 증권관련집단소송법 제 5 조 제 1 항에서는 변호사강제주의를 취하고 있다. 또한 법원은 증권관련집단소송의 소장과 소송허가신청서가 제출되면, 이를 공고한 후 구성원 중에서 대표당사자를 선정한다. 대표당사자가 총원의 이익을 적절히 대표하고 있지 못하거나, 그 밖의 중대한 사유가 있을 때에는 직권 또는 신청에 의하여 대표당사자의 소송수행을 금지할 수 있다(증권관련집단소송법 제10조, 제22조). 또한 피해집단구성원들의 권익을 보호하기 위하여 증권관련집단소송의 허가

결정, 총원범위의 변경, 소취하 · 화해 · 청구포기 · 상소취하 및 판결이 있으면 이를 구성원 모두에게 주지시킬 수 있는 적당한 방법으로 고지한 후 전국을 보급지역으로 하는 일간신문에 게재하도록 규정하고 있다(증권관련집단소송법 제18조 제 2 항 · 제 3 항, 제27조 제 4 항, 제35조 제 3 항, 제36조 제 4 항, 제38조 제 1 항). 우리의 증권관련집단소송법의 제도는 직권으로 증거조사를 할 수 있도록 하고, 문서제출명령이나 증거보전을 할 수 있는 장치 등에 있어서 당사자주의 소송구조와 근본적으로 다른 법원의 직권주의를 상당부분 가미한 새로운 제도이다.

증권관련집단소송법은 2005년 1월 1일부터 시행되었으며, 시행일을 기준으로 직전사업연도 말 현재 자산총액이 2조 원 미만인 법인에 대해서는 주가조작행위로 인한 손해배상청구를 제외하고는 2007년 1월 1일부터 시행되었다(동법 부칙 제 1 항 및 제 3 항).

<대결 2016. 11. 4, 2015 마 4027>

「증권관련 집단소송법 제12조 제 1 항 제 1 호는 구성원이 보유하고 있는 증권의 합계가 '피고 회사'의 발행 증권 총수의 1만분의 1 이상일 것을 규정하고 있어, 문언만 보면 구성원이 보유하고 있는 증권을 발행한 회사만이 증권관련 집단소송의 피고가 될 수 있는 것처럼 해석될 여지가 없지 않다. 그러나 증권관련 집단소송법 제 3 조에 정한 증권관련 집단소송의 적용 범위에 속하는 손해배상청구의 상대방이 될 수 있는 자가 반드시 증권 발행회사에 한정되지 않는 점, 증권관련 집단소송법이 토지관할을 피고의 보통재판적 소재지를 관할하는 지방법원 본원 합의부의 전속관할로 규정하면서도(제4조) 동일한 분쟁에 관한 여러 개의 증권관련 집단소송의 소송허가신청서가 각각 다른 법원에 제출된 경우 관계 법원에 공통되는 바로 위의 상급법원이 결정으로 심리할 법원을 정하도록 규정함으로써(제14조 제 2 항) 동일한 분쟁에 관하여 증권 발행회사 외에도 증권관련 집단소송법 제 3 조에 정한 손해배상청구의 상대방이 될 수 있는 다른 채무자를 상대로 증권관련 집단소송이 제기될 수 있음을 전제하고 있는 점 등을 종합하면, 입법자의 의사가 증권관련 집단소송의 피고를 증권 발행회사만으로 한정하려는 것이라고 볼 수 없다. 따라서 증권관련 집단소송법 제12조 제 1 항 제 1 호에서 말하는 '피고 회사'는 문언에도 불구하고 '구성원이 보유하고 있는 증권을 발행한 회사'라고 해석함이 타당하다.

증권관련 집단소송법 제12조 제 1 항 제 2 호가 소송허가요건의 하나로 규정한 '제 3 조 제 1 항 각 호의 손해배상청구로서 법률상 또는 사실상의 중요한 쟁점이 모든 구성원에게 공통될 것'이란 요건은 모든 구성원의 청구원인 가운데 중요사실이 공통되면 충족되고, 각 구성원의 청구에 약간의 다른 사실이 존재한다거나 개별 구성원에 대한 항변사항이 존재한다는 사정만으로 위 요건이 흠결된다고 볼 수 없다.」

(2) 獨逸의 資本投資者集團訴訟法 독일에서는 자본투자자집단소송법이 2005년 7월 입법이 되어 2005년 11월부터 시행되고 있다. 독일연방법무부는 잘못된 회계정보, 사업설명서 또는 수시공시와 같이 자본시장에서의 잘못된 정보제공으로 인한 책임에 대해 집단소송제도(Musterverfahren)를 도입한 것이다. 자본투자자집단소송법에 의하여 잘못된 정보에 의하여 행동한 주주들이 회사·그 이사·감사에 대한 손해배상청구를 좀더 비용을 덜 들이고 효율적으로 관철할 수 있게 되었다. 자본시장에 대한 잘못된 정보로 인한 사안에서는 피해자가 많고, 피해액은 소액인 경우가 많다고 독일연방법무부의 입법이유에서 밝히고 있다. 전문가의 감정 등이 비싸기 때문에 개별제소자의 입장에서는 전통적인 방식에 의한 소송제기에 의해서는 청구권을 인정받는 것이 소송비용과 대비해서 볼 때 경제성이 거의 없는 경우가 대부분이다. 집단소송제를 통하여 원고들의 소송을 통합함으로써 개개인의 소송비용위험을 현저히 줄일 수 있다. 또한 법적 물음에 대한 해결은 더욱 빨리 이루어진다. 그리고 법원으로서도 주식회사 및 그 임원에 대한 소송이 기업본점소재지 주소지의 지방법원에 집중되기 때문에 업무의 절감효과를 볼 수 있다. 새로운 법률에 의하면 피해를 입은 개별투자자들은 집단소송절차를 신청할 수 있다. 이 신청은 법원에 의해 연방전자관보에 있는 소송등록부에 의해 공개된다. 같은 사안에 합계 10개 이상의 신청이 있게 되면, 지방법원의 해당 상급법원에 표준판결을 구한다. 이 판결에 대해서는 연방대법원에 이의를 제기할 수 있다. 이 표준판결은 모든 원고를 기속한다. 집단소송이 고등법원에 계류중인 동안에는 그 개별소송절차는 정지된다. 집단소송을 위한 원고는 법원에 의해 선정된다. 그에 속하지 못한 다른 원고들은 절차에 참가할 수 있다.

보통 자본시장에서의 잘못된 정보(가령 예상이익에 대한 사실과 다른 공시, 사실과 다른 보고, 잘못된 결산서 등)는 많은 소액피해자를 발생시킨다. 그럼에도 전체손해액은 상당히 고액인 경우가 많다. 따라서 그러한 손해를 개별소송을 통해서 주장하는 것은 경제적으로 이득이 되지 않고, 따라서 개별피해자들은 많은 경우 포기하고 만다. 개개의 투자자가 비교적 소액의 손해를 입었을 때 소송에서 이기더라도 비용이 더 들 수 있고, 소송에서 질 수도 있는 위험부담 때문에 그러한 청구권을 법원에 소를 제기하여 행사하려 하지 않는다. 그렇기 때문에 자본시장에서의 책임을 규정하는 법규는 법규위반자에게 경각심을 심고 손해를 방지하는 기능을 상실하게 된다. 투자자보호가 문제되는 경우에는 소송수행에 있어서 증명의 문제가 뒤따른다. 청구권을 근거지우는 사실은 값비싼 전문가의 감정에 의하여 검토·석명되어야 한다. 개개의 원고들에게는 이러한 비용을 들이는 것이 득이 되지 않는다. 또한 개별소송에서 소가 및 그에 의하여 계산된 변호사비용은 변호사로 하여금 소송대리인이 되도록 함에는 부족하다. 이러한 이유로 변호사들은 민사소송에서 이용하기 위하여 검사의 조사결과를 기다린다. 한편 증권거래상의 사업설명서책임에 대한 소멸시효가 그 사실을 인지한 날로부터 1년으로 짧기 때문에 청구권주장이 소멸시효의 항변에 부딪히는 문제도 있다. 소송당사자의 숫자가 매우 많아 언론에서 이목을 집중시켰던 Telecom 사건에서처럼 전통적인 소병합에 의하더라도 소송의 범람을 막기는 어려운 상황이었다. 따라서 독일에서도 특히 자본투자분야에서의 집단소송절차를 요구하는 목소리가 커지고 있었다. 이에 자본투자자집단소송법을 입법하게 된 것이다. 이 법률이 독일연방정부의 기업완전성과 투자자보호를 위한 조치목록 가운데 핵심적 내용을 반영하고 있다. 이러한 독일의 집단소송제도는 미국식의 제도와도 다르고, 우리의 제도와도 많이 다르다. 독일 자본투자자집단소송법 제 1 조 제 1 항 제 1 문에 의하면 집단소송확인신청을 통해 잘못된 자본시장정보로 인한 손해배상을 내용으로 하는 법적 분쟁에서 손해배상을 근거지우는 청구요건이 존재하는지 확인하게 된다. 신청이 허용되면 제소법원에 의해 연방전자관보의 訴目錄에 공시된다. 그리고 집단소송확인신청의 공고를 통해 개별절차의 정지가 명해진다. 원고에 의하든 피고에 의하든 제소법원의 법적 분쟁에서 최초의 집단소송확인신청이 이루어지고 나서 6개월 이내에 동 법원 또는 타 법원에서 그 밖의 최소 9개의 추가집단소송확인신청이 이루어져야 한다. 이 요건이 충족되면, 즉 같은 사안에 10개 이상의 신청이 있게 되면, 지방법원은 해당 상급법원(고등법원)에 표준판결을 구한다. 이 판결에 대해서는 연방대법원에 이의를 제기할 수 있다. 이 표준판결은 모든 원고를 기속한다. 이 때 집단소송이 고등법원에 제출되면 원래의 受訴法院은 계류중인 법적 분쟁을 정지한다. 집단소송의 당사자는 법원에서 직권으로 원고집단에서 결정하는 대표원고, 대표피고 및 "참가자"로서의 그 밖의 원고들이다. 대표원고의 선정은 고등법원의 재량 하에 있다. 판결을 내릴 정도로 절차가 무르익으면 고등법원의 표준쟁점, 즉 청구되어 확정되어야 할 청구요건에 대해 표준판결을 내린다. 표준소송수행 이후에 표준판결이 개별소송의 다툼에 기초가 된다. 그리하여 개별법적 분쟁에서 표준소송의 일부가 되지 않았던 개별청구권요건, 가령 주장된 손해의 액 및 표준소송비용에 대해서 판결이 내려진다. 1심적 표준소송절차에서는 추가비용 및 변호사비용이 발생하지 않는다. 고등법원에서의 절차에서 발생한, 특히 감정인비용과 같은 비용은 청구된 액수에 따라 개별소송절차에 분할되는 구조이다.

Ⅲ. 理事와 監事의 관계

1. 序 說

이사는 회사업무집행의 의사결정기관인 이사회의 구성원으로서 그 의사결정에 참여하고, 이사회를 통하여 대표이사의 업무집행을 감독하는 권한을 갖는 자이다. 감사는 회사의 업무와 회계의 감사를 주된 임무로 하는 회사의 필요적 상설기관이다. 감사는 이사의 직무집행을 감사하고(제412조 제1항), 이사회에 출석하여 의견을 진술할 권한이 있으며(제391조의 2), 이사에 대하여 언제든지 영업에 관한 보고를 요구하거나 회사의 업무와 재산상태를 조사할 수 있다(제412조 제2항). 또한 감사는 회사의 비용으로 전문가의 도움을 구할 수 있다(제412조 제3항). 이사의 위법행위로 회사에 회복할 수 없는 손해가 생길 염려가 있는 경우에는 이사에 대하여 그 행위를 유지할 것을 청구할 수 있다(제402조). 이에 더하여 1995년 개정법에서는 자회사조사권(제412조의 4), 해임결의에 관한 감사의 의견진술권(제409조의 2) 및 총회소집청구권(제412조의 3)을 신설하였다. 2011년 개정법에서는 감사의 이사회소집청구권(제412조의 4)을 신설하였다.

감사는 이사에 대하여 언제든지 영업에 관한 보고를 요구할 수 있으나(제412조 제2항), 이에 응할 이사의 보고의무는 감사의 요구가 있을 때에 하는 소극적인 보고업무에 불과하였다. 이것만으로서는 회사의 업무집행에 직접 관여하지 않는 감사의 감사가 어려웠고, 회사의 손해를 미연에 방지하는 데도 충분하지 못하였다. 따라서 1995년 개정법에서는 회사에 현저한 손해를 미칠 염려가 있는 사실을 발견한 때에는 감사의 요구가 없더라도 이사가 자발적으로 감사에게 보고할 적극적인 보고의무를 이사에게 부과하였다(제412조 의 2)(이범찬, 상법개정안해설, 손주찬 와 6인 공자, 1995, 140쪽 아래 참조).

2. 理事의 報告義務

이사는 회사에 현저하게 손해를 미칠 염려가 있는 사실을 발견한 때에는 즉시 감사에게 이를 보고하여야 한다(제412조 의 2). 이사가 감사에게 보고하여야 할 때는 회사에 현저한 손해를 미칠 염려가 있는 사실을 발견한 경우이다. 회사의 중요한 거래처나 투자자가 도산하려 하거나 도산한 사실, 회사재산에 대한 횡령이 있었던 사실, 회사제품에 대하여 피해가 발생하고 또 그러한 피해가 발생할 염려가 있는 사실 등 회사에 현저한 손해가 이미 발생한 경우는 물론 그러한 위험이 있는 사실도 포함된다.

현저한 손해는 제402조의 회복할 수 없는 손해와는 다르다. 회복할 수 없는 손해는 아니어도 회사에 있어서 중요하다고 인정되는 손해이면 여기에서 말하는 현저한 손해에 해당한다. 반드시 현저한 것은 아니지만 회사에 손해를 미칠 염려가 있는 사실은 여기서 말하는 현저한 손해가 아니다. 회사에 현저한 손해를 입힐 염려가 있는 사실이라면 그것이 이사의 적법행위에 기한 것인가, 위법행위에 기초한 것인가는 문제되지 아니한다.

보고의무가 있는 이사는 회사에 현저한 손해를 미칠 염려가 있는 사실을 발견한 이사와 그 이사로부터 이러한 사실을 인지하고 아직 그 이사가 감사에게 이 사실을 보고하지 아니한 것을 안 이사이다. 감사에게 이 사실을 보고하기 전에 이사회에 그 사실을 보고하였고, 이 이사회에 감사가 출석하였다면 이사는 보고의무를 이행한 것이 된다. 만약 감사가 출석하지 아니하였다면, 대표이사 또는 그 사실을 발견한 이사가 보고하면 된다.

보고의 시점은 회사에 현저한 손해를 입힐 염려가 있는 사실을 발견한 그 단계에서 즉시 보고하여야 한다. 회사에 현저한 손해가 발생한 후에 한 보고는 보고의무를 위반한 것이다. 보고의 방법은 구두 또는 서면으로 하면 되나, 이사의 구두보고가 있은 후에 감사가 필요하다고 생각되면 서면으로 재보고를 요청할 수 있다고 본다.

감사가 2인 이상인 경우에 보고의무를 부담한 이사는 그 중 1인에게 보고하면 되고, 그 보고를 받은 감사가 다른 감사에게 그 사실을 통지하여야 한다.

이사가 회사에 현저한 손해를 미칠 염려가 있음을 발견하였으면서도 감사에게 직접 이를 보고하지 아니한 때에는 보고의무를 위반한 것으로 회사에 발생한 손해를 배상할 책임을 진다(제399조 제 1 항). 또한 이는 이사의 직무수행에 관한 법령의 중대한 위반이므로 감사는 감사보고서에 그 사실을 기재하여야 한다(제447조의 4 제 2 항 10호).

감사는 이사가 보고한 회사에 현저한 손해를 미칠 염려가 있는 사실을 확인하고, 만일 그 사실이 이사의 법령 또는 정관위반행위에 기인하는 경우에는 감사는 이사회에 이를 보고하여야 하고(제391조의 2 제 2 항), 필요한 때에는 임시총회의 소집을 청구할 수 있다(제412조의 3 제 1 항). 만일 이사의 행위에 의하여 회사에 회복할 수 없는 손해가 발생할 염려가 있는 때에는 감사는 당해 이사에 대하여 그 행위의 유지를 청구할 수 있고(제402조), 회사를 대표하여 이사에 대하여 소를 제기할 수도 있고(제394조), 주주총회에서 위의 사실을 진술할 수도 있다(제413조 참조). 만일 이러한 사실이 이사의 위법행위에 기인하지 아니한 때에는 감사는 이사회를 소집하여 이사들이 적절한 조치를 강구하도록 촉구하는 등 회사의 손해를 미연에 방지하거나 손해가 최소한도에 그치도록 하여 선량한 관리자의 주의의무를 다하여야 할 것이다(동지 : 이범찬, 앞의 글, 143쪽).

Ⅳ. 理事와 제 3 자의 관계

1. 序　說

이사는 제 3 자에 대하여 직접적인 법률관계에 서지 않으므로 그 임무에 위반한 때에도 제 3 자에 대하여 책임을 지지 않는다. 물론 이사가 제 3 자에 대하여 민법상 일반불법행위의 요건을 갖추면 손해배상책임을 지지만, 이 책임은 이사의 지위에서 지는 것이 아니다.

대표이사가 그 업무집행으로 인하여 다른 사람에게 손해를 가한 때에는 회사는 기관인 대표이사의 불법행위로 인하여 책임을 지며, 대표이사도 피해자에 대하여 연대하여 손해배상책임을 진다(제389조 제 3 항, 제210조). 그런데 이러한 특별규정이 없는 이사의 경우에는 이사가 그 임무를 위반하여 제 3 자가 손해를 입었더라도 회사만이 그 제 3 자에 대하여 책임을 지게 된다. 그런데 회사만 책임을 지게 한다면 제 3 자보호에 불충분하기 때문에 상법은 제 3 자를 보호하기 위하여 이사가 직접 제 3 자에 대하여 손해배상책임을 부담하도록 하는 특별규정을 두고 있다.

2. 제 3 자에 대한 損害賠償責任

(1) 意 義 이사가 악의 또는 중대한 과실로 인하여 그 임무를 게을리한 때에는 그 이사는 제 3 자에 대하여 연대하여 손해를 배상할 책임이 있다(제401조 제 1 항). 이 책임은 제 3 자를 보호하고 이사의 업무집행을 신중하게 하는 기능을 갖는다. 업무집행관여자도 제 3 자에 대하여 배상책임이 있다(제401조의 2).

<대판 2003. 4. 11, 2002 다 70044>

「대표이사란 대외적으로 회사를 대표하고, 대내적으로 업무집행을 총괄하여 지휘하는 직무와 권한을 갖는 기관으로서 선량한 관리자의 주의로써 회사를 위해 충실하게 그 직무를 집행하고, 회사업무의 전반에 걸쳐 관심을 기울여야 할 의무를 지는 자라 할 것이므로, 대표이사가 타인에게 회사업무 일체를 맡긴 채 자신의 업무집행에 아무런 관심도 두지 아니하여 급기야 부정행위 내지 임무해태를 간과함에 이른 경우에는 악의 또는 중대한 과실에 의하여 그 임무를 소홀히 한 것이라고 봄이 상당하다 할 것이어서, 피고의 위와 같은 방임행위는 위법성이 있고, ….」

<대판 2006. 9. 8, 2006 다 21880>

「주식회사의 대표이사가 대표이사의 업무 일체를 다른 이사 등에게 위임하고 대표이사의 직무를 전혀 집행하지 않는 것은 그 자체가 이사의 직무상 충실 및 선관의무를 위반하는 행위에 해당하므로, 명의상 대표이사에 불과하더라도 상법 제401조 제 1 항에 의한 손해배상책임이 있다.」

(2) 責任의 性質 이사가 제 3 자에 대하여 지는 손해배상책임은 이사가 그 임무를 위반한 때에는 회사에 대한 관계에서 책임을 질 뿐이지만, 그 결과 주주 또는 회사채권자 등이 손해를 입는 경우가 많음을 고려하여 상법이 특별히 인정하는 법정책임이다(동지 : 정찬형, 464쪽; 손주찬, 692쪽; 정동윤, 424-425쪽; 최기원, 750쪽; 최준선, 330쪽). 따라서 이사가 회사에 대한 임무위반에 관하여 악의 또는 중과실이 있으면 제 3 자에 대한 권리침해 또는 고의·과실이 없더라도 이 책임이 발생한다. 이사의 임무해태행위가 직접 제 3 자에 대하여 불법행위의 요건을 갖춘 때에는 당연히 불법행위책임과의 경합이 인정된다. 이와는 달리 이사의 제 3 자에 대한 책임은 일반불법행위책임에 지나지 않지만, 이사를 보호하기 위하여 그 책임을

제 3 자에 대한 악의 · 중과실에 한정하는 불법행위의 특칙(서정갑, 242쪽) 또는 이사의 책임을 강화하기 위하여 제 3 자의 직접손해 · 간접손해를 불문하고 임무해태에 관하여 악의 · 중과실이 존재하면 족하다고 하는 일반불법행위책임과는 그 성립요건을 달리하는 특수한 불법행위책임이라고 보는 견해도 있다(서돈각, 378쪽).

<대판 1985. 11. 12, 84 다카 2490>

「이사의 제 3 자에 대한 손해배상책임은 원래 이사는 회사에 대하여 수탁자로서의 선량한 관리자의 주의의무를 질 뿐이고 제 3 자에 대하여서는 아무 의무가 없는 것이나, 이사의 악의 또는 중대한 과실로 인한 임무해태로 제 3 자에게 손해가 생긴 때에 이사의 악의 또는 중대한 과실로 인한 임무해태와 제 3 자의 손해간에 상당인과관계가 있으면 특별히 제 3 자를 보호하기 위하여 이사가 제 3 자의 손해를 배상할 책임을 지도록 한 것이다. 여기에서 이사의 악의 또는 중대한 과실로 인한 임무해태는 이사의 직무상 충실의무 내지 선관의무의 위반으로서(예컨대 회사의 경영상태로 보아 이행기에 이행이 불가능하거나 불가능을 예상할 수 있는 데도 상대방과 계약을 체결하여 일정한 급부를 받고 그 후 이행을 못한 경우) 위법한 사정이 있어야만 한다. 따라서 회사가 이행할 능력이 있는 데도 단순히 이행을 지연하고 있는 사실만으로는 이를 임무해태라고 할 수 없는 것이다.」(이 판결은 특수한 불법행위책임설을 취한 것으로 보인다고 하면서 불법행위특칙설의 입장에서 한 판례평석에 관해서는 강위두, "이사의 제 3 자에게 대한 책임," 법률신문 1988. 9. 1, 11쪽 참조).

(3) 責任의 內容 제401조에 의한 이사의 손해배상책임은 악의 · 중과실로 인한 임무해태행위가 있는 경우에 그 임무위반과 상당인과관계가 있는 모든 손해를 배상할 책임이다. 임무해태행위라 함은 선관주의의무, 다른 이사에 대한 감시의무를 위반한 행위 또는 주식청약서 · 재무제표 등에 허위의 기재를 하거나 허위의 등기 · 공고를 하는 행위 등을 말한다. 제 3 자가 입은 손해는 회사재산과는 무관하게 발생하는 직접손해뿐만 아니라, 이사의 임무위반에 의하여 회사재산이 감소한 결과 발생하는 간접손해도 포함한다. 제 3 자에는 회사채권자뿐만 아니라 주주도 포함한다. 판례는 주주의 경제적 이익이 침해되는 손해와 같은 간접적인 손해는 상법 제401조 제 1 항에서 말하는 손해의 개념에 포함되지 아니하므로, 이에 대하여는 위 법조항에 의한 손해배상을 청구할 수 없다고 한다(대판 1993. 1. 26, 91 다 36093; 대판 2003. 10. 24, 2003 다 29661 참조). 학설은 간접손해제외설과 간접손해포함설이 있는바, 간접손해도 포함하는 다수설의 입장이 타당하다. 그리고 손해배상청구와 관련하여 간접손해에 대하여는 주주는 해당

이사로 하여금 회사에 대하여 손해배상을 할 것을 청구할 수 있으며, 채권자는 간접손해에 대하여도 상법 제401조에 의한 손해배상청구가 가능하다. 주주에게 대표소송이 인정되더라도 이와 같은 결론을 도출할 수 있다.

<대판 1993. 4. 9, 92 다 53583>

「대표이사가 회사재산을 횡령하여 회사재산이 감소함으로써 회사가 손해를 입고 결과적으로 주주의 이익이 침해되는 손해와 같은 간접적인 손해는 상법 제401조 제 1 항에서 말하는 손해의 개념에는 포함되지 아니하므로, 주주는 상법 제401조에 의한 손해배상을 청구할 수 없다.」

<대판 2003. 10. 24, 2003 다 29661>

「주식회사의 주주가 이사의 악의 또는 중대한 과실로 인한 임무해태행위로 직접 손해를 입은 경우에는 이사에 대하여 상법 제401조에 의하여 손해배상을 청구할 수 있으나, 이사가 회사재산을 횡령하여 회사재산이 감소함으로써 회사가 손해를 입고 결과적으로 주주의 경제적 이익이 침해되는 손해와 같은 간접적인 손해는 상법 제401조 제 1 항에서 말하는 손해의 개념에 포함되지 아니하므로, 이에 대하여는 위 법조항에 의한 손해배상을 청구할 수 없다.」(대판 1993. 1. 26, 91 다 36093 참조).

<대판 2010. 6. 10, 2010 다 1791>

「회사의 이사 등이 회사의 제 3 자에 대한 계속적 거래로 인한 채무를 연대보증한 경우 이사 등에게 회사의 거래에 대하여 재직 중에 생긴 채무만을 책임지우기 위하여는 그가 이사의 지위 때문에 부득이 회사의 계속적 거래로 인하여 생기는 회사의 채무를 연대보증하게 된 것이고 또 회사의 거래상대방이 거래할 때마다 거래 당시의 회사에 재직하고 있던 이사 등의 연대보증을 새로이 받아 오는 등의 특별한 사정이 있어야 하고, 그러한 사정이 없는 경우의 연대보증에까지 그 책임한도가 위와 같이 제한되는 것으로 해석할 수는 없다고 할 것이다(대판 1998. 12. 22, 98 다 34911). … 그 대표이사가 원고에서 소외 3으로 변경되자, 피고는 신용카드 입회신청서를 다시 제출받으면서 연대보증인란에 원고의 서명 · 날인을 받은 사실이 인정되나, 이는 위 회사가 신용카드 등록변경을 신청하여 이를 처리하는 과정에서 새로이 신용카드를 발급하면서 입회신청서를 새로이 받은 것으로 보이는 점, 이후 위 회사의 대표이사가 소외 3에서 소외 4로 변경되었으나, 연대보증인인 원고로부터 새로이 연대보증서를 받지는 않는 등 회사의 상호변경이나 대표이사의 변경이 있을 경우 피고가 그 때마다 연대보증을 새로이 받았다고 인정하기는 어려운 점, 또한 피고의

신용카드 관련 업무지침에도 회사의 명칭변경이나 대표이사의 변경시 새로이 연대보증을 받도록 하는 규정이 없는 점 등에 비추어 보면, 원고가 주장하는 사유만으로 원고가 이사직을 사임한 이후 재발급된 신용카드에 대하여 연대보증인으로서 책임이 없다고 보기는 어렵다고 판단하였다. … 채증법칙 위반, 사실오인, 법리오해 등의 위법이 없다.」

<대판 2012. 12. 13, 2010 다 77743>

「회사의 재산을 횡령한 이사가 악의 또는 중대한 과실로 부실공시를 하여 재무구조의 악화 사실이 증권시장에 알려지지 아니함으로써 회사 발행주식의 주가가 정상주가보다 높게 형성되고, 주식매수인이 그러한 사실을 알지 못한 채 주식을 취득하였다가 그 후 그 사실이 증권시장에 공표되어 주가가 하락한 경우에는, 주주는 이사의 부실공시로 인하여 정상주가보다 높은 가격에 주식을 매수하였다가 주가가 하락함으로써 직접 손해를 입은 것이므로, 이사에 대하여 상법 제401조 제 1 항에 의하여 손해배상을 청구할 수 있다(甲 주식회사 주주인 乙 등이 이사 丙을 상대로 丙의 횡령, 주가조작, 부실공시 등 임무해태행위로 인한 주가 하락으로 손해를 입었다며 구 상법 제401조 제 1 항에 기한 손해배상을 구한 사안에서, 丙이 주가 형성에 영향을 미칠 수 있는 사정들에 관하여 언제 어떠한 내용의 부실공시를 하거나 주가조작을 하였는지, 乙 등이 어느 부실공시 또는 주가조작으로 인하여 주식 평가를 그르쳐 몇 주의 주식을 정상주가보다 얼마나 높은 가격에 취득하였는지 등에 관하여 제대로 심리하지 아니한 채 乙 등의 청구를 인용한 원심판결에 구 상법 제401조 제 1 항의 해석 및 상당인과관계에 관한 법리오해의 위법이 있다).」

임무를 위반한 이사가 여러 명인 때에는 연대책임을 지고, 그 임무해태행위가 이사회의 결의에 의한 때에는 그 결의에 찬성한 이사도 동일한 책임을 지며, 결의에 참가한 이사로서 의사록에 이의의 뜻을 기재하지 아니한 이사는 결의에 찬성한 것으로 추정한다(제401조 제 2 항, 제399조 제 2 항·제 3 항). 감사가 책임을 지게 되는 때에는 그 이사와 연대책임을 진다(제414조 제 2 항).

<대판 2006. 12. 22, 2004 다 63354>

「상법 제401조에 기한 이사의 제 3 자에 대한 손해배상책임은 상법이 인정하는 특수한 책임이라는 점을 감안할 때, 일반불법행위책임의 단기소멸시효를 규정한 민법 제766조 제 1 항은 적용될 여지가 없고, 달리 별도로 시효를 정한 규정이

없는 이상 일반채권으로서 민법 제162조 제 1 항에 따라 그 소멸시효기간은 10년이라고 봄이 상당하다(대우의 이사의 상업(우리) 은행에 대한 책임).」

V. 上場會社와 利害關係者와의 去來制限

1. 導入背景

상법은 회사의 이익을 위해 전념해야 하는 이사가 자기 또는 제 3 자의 이익을 위해 회사의 이익에 반하는 행위를 하는 것을 방지하기 위해 경업행위와 자기거래행위를 금지하고 있다. 2009년 1월 개정법은 상장회사에 대해서는 이러한 취지를 보다 확대적용하여 상장회사가 주요 주주 및 그의 특수관계인, 이사 및 집행임원, 감사 등을 상대방으로 하여 또는 이들을 위하여 신용공여를 하거나 거래를 할 수 없도록 하였다(제542조의 9). 회사의 업무를 집행하는 담당자는 이사이기 때문에 이들이 회사의 이름으로 자기 또는 제 3 자의 이익을 위해 회사의 이익에 반하는 행위를 하지 못하도록 상장회사에 대하여 자기거래의 승인대상과 범위를 확대한 것이다.

2. 利害關係者에 대한 信用供與禁止

상장회사는 주요 주주 및 대통령령으로 정하는 그의 특수관계인, 이사(업무집행지시자를 포함) 및 집행임원, 감사 중의 어느 하나에 해당하는 자를 상대방으로 하거나 그를 위하여 신용공여를 하여서는 아니 된다(제542조의 9 제 1 항). 신용공여란 금전 등 경제적 가치가 있는 재산의 대여, 채무이행의 보증, 자금지원적 성격의 증권매입, 그 밖에 거래상의 신용위험이 따르는 직접적 · 간접적 거래로서 대통령령으로 정하는 거래를 말한다. 상법 제542조의 9 제 1 항은 강행규정에 해당하고, 그에 위반하여 이루어진 신용공여는 허용될 수 없는 것으로서 사법상 무효이고, 누구나 그 무효를 주장할 수 있다. 다만 상법 제542조의 9 제 1 항을 위반한 신용공여라고 하더라도 제 3 자가 그에 대해 알지 못하였고 알지 못한 데에 중대한 과실이 없는 경우에는 그 제 3 자에 대하여는 무효를 주장할 수 없다(대판 2021. 4. 29, 2017 다 261943). 이 대법원 판결은 상법 제542조의 9 제 1 항의 효력에 대한 중요한 판결이다. 상장회사의 신용공여는, 이사의 자기거래(제398조)의 경우와는 달리, 이사회 결의 유무에 불구하고 무효이다. 그리고 상법 제542조의 9는 상장회사에 주어진 금지규정이므로 누구나 무효를 주장할 수 있다. 다만 상대방이 선의 · 무중과실인 경우에는 보호받을 수 있다.

다만, 복리후생을 위한 이사, 집행임원 또는 감사에 대한 금전대여 등으로서 대통령령으로 정하는 신용공여, 다른 법령에서 허용하는 신용공여, 그 밖에 상장회사의 경영건전성을 해칠 우려가 없는 금전대여 등으로서 대통령령으로 정하는 신용공여는 할 수 있다(제542조의 9 제 2 항).

<대판 2021. 4. 29, 2017 다 261943>

「상법 제542조의9 제 1 항의 입법 목적과 내용, 위반행위에 대해 형사처벌이 이루어지는 점 등을 살펴보면, 위 조항은 강행규정에 해당하므로 위 조항에 위반하여 이루어진 신용공여는 허용될 수 없는 것으로서 사법상 무효이고, 누구나 그 무효를 주장할 수 있다. 그리고 위 조항의 문언상 상법 제542조의9 제 1 항을 위반하여 이루어진 신용공여는, 상법 제398조가 규율하는 이사의 자기거래와 달리, 이사회의 승인 유무와 관계없이 금지되는 것이므로, 이사회의 사전 승인이나 사후 추인이 있어도 유효로 될 수 없다. 다만 상법 제542조의9 제 1 항을 위반한 신용공여라고 하더라도 제 3 자가 그에 대해 알지 못하였고 알지 못한 데에 중대한 과실이 없는 경우에는 그 제 3 자에 대하여는 무효를 주장할 수 없다고 보아야 한다(주식회사 A의 채권자인 원고와 피고는 A의 주식회사 B에 대한 물품대금채권에 대하여 가압류를 하였고, 원고는 피고가 이 사건 채권을 가압류하기 전에 채권이 제 3 자에게 양도되었으므로 피고의 채권가압류가 무효라는 이유로 배당액의 삭제를 청구한 사건에서, 제 3 자에 대한 이 사건 물품대금채권의 양도는 상법 제542조의9 제 1 항에 반하는 신용공여행위로서 무효이므로 피고 가압류는 유효하다고 판단하여 상고기각한 사례).」

2012년 4월 개정 상법시행령에서 상법 제542조의 9 제 2 항 제 3 호에서 '대통령령으로 정하는 신용공여'에 대하여 이를 세분하여 규정하였다(상법시행령 제35조 제 3 항). 개정 전에는 '회사의 경영상 목적을 달성하기 위하여 필요한 경우로서 법인의 주요주주(그의 특수관계인을 포함한다)를 상대로 하거나 그를 위하여 적법한 절차에 따라 행하는 신용공여를 말한다'고 규정하였으나 2012년 4월 개정된 상법시행령은 이를 세분하였다.

<대판 2013. 5. 9, 2011 도 15854>

「구 증권거래법(2007. 8. 3. 법률 제8635호 '자본시장과 금융투자업에 관한 법률' 부칙 제 2 조로 폐지. 이하 같다) 제191조의 19 제 1 항 제 1 호 (가)목이 주권상장법인 또는 코스닥상장법인(이하 '상장법인'이라고 한다)의 이사 등에 대한 금전 등의 대여를 금지한 취지는, 영리법인인 상장법인의 업무는 그 회사의 자율

에 맡기는 것이 원칙이겠지만, 상장법인은 비상장법인과는 달리 다수의 일반 투자자들이 유가증권시장이나 코스닥시장을 통하여 증권거래에 참가하고 있어 그와 같은 내부거래를 자율에만 맡길 경우 상장법인의 건전한 재정상태를 위태롭게 하고 일반 투자자들의 이익을 해할 위험이 있으므로 일정한 금전 등의 대여행위를 금지함으로써 상장법인의 건전한 경영을 도모하고 이를 통하여 일반 투자자들을 보호하려는 데 있다. 이러한 입법 취지와 함께 위 규정이 '이사 등을 상대방으로 하는' 금전 등의 대여행위와 아울러 '이사 등을 위하여 하는' 금전 등의 대여행위도 금지하고 있는 점 등을 고려하면, 위 규정에서 금지하고 있는 금전 등의 대여행위에는 상장법인이 그 이사 등을 직접 상대방으로 하는 경우뿐만 아니라, 그 금전 등의 대여행위로 인한 경제적 이익이 실질적으로 상장법인의 이사 등에게 귀속하는 경우와 같이 그 행위의 실질적인 상대방을 상장법인의 이사 등으로 볼 수 있는 경우도 포함된다고 해석하여야 한다.」

3. 利害關係者와의 去來制限

이해관계자에 대한 신용공여금지는 전체상장회사에 대하여 적용되는 사항이지만, 이해관계자와의 거래제한은 대통령령으로 정하는 상장회사에 대해서만 적용된다. 즉 대통령령으로 정하는 상장회사가 최대주주, 그의 특수관계인 및 해당 상장회사의 특수관계인으로서 대통령령으로 정하는 자를 상대방으로 하거나 그를 위하여 ① 단일거래규모가 대통령령으로 정하는 규모 이상인 거래, ② 또는 해당 사업연도중에 특정인과 해당 거래를 포함한 거래총액이 대통령령으로 정하는 규모 이상이 되는 경우의 해당 거래를 하기 위하여는 이사회의 승인을 받아야 한다(제542조의 9 제3항). 위 거래에 대해 이사회가 승인결의를 한 경우에 회사는 그 승인결의 후 처음으로 소집되는 정기주주총회에 해당 거래의 목적 · 상대방, 그 밖에 대통령령으로 정하는 사항을 보고하여야 한다(제542조의 9 제4항).

다만, 상장회사의 영위업종에 따른 일상적인 거래로서 ① 약관에 따라 정형화된 거래로서 대통령령으로 정하는 거래와 ② 이사회에서 거래총액을 승인하고, 그 승인된 금액의 범위 안에서 이행하는 거래는 이사회의 승인 없이 할 수 있으며, ②는 그 거래내용을 주주총회에 보고하지 않아도 된다(제542조의 9 제5항).

2012년 4월 개정된 상법시행령에서는 상장회사의 이해관계자의 거래제한에 대하여 구체적인 내용을 정하고 있다. 우선 상법 제542조의 9 제3항 각 호 외의 부분에서 “대통령령으로 정하는 상장회사”란 최근 사업연도 말 현재의 자산총액이 2조원 이상인 상장회사를 가리킨다(상법시행령 제35조 제4항). 그리고 상법 제542조의 9 제3항 각 호 외의 부분에서 “대통령령으로 정하는 자”란 상법시행령 제34조 제4항의 특수관계인을 말한다(상법시행령 제35조 제5항). 한편 상법 제542조의 9 제3항 제1호에서 “대통령령으로 정하는 규모”란 자산총액 또는 매출총액을 기준으로 다음 각 호의 구분에 따른 규모를 말한다(상법시행령 제35조 제6항): ① 상법시행령 제35조 제4항의 회사가 「금융위원회의 설치 등에 관한 법률」 제38조에 따른 검사 대상 기관인 경우: 해당 회사의 최근 사업연도 말 현재의 자산총액의 100분의 1, ② 상법시행령 제35조 제4항의 회사가 「금융위원회의 설치 등에 관한 법률」 제38조에 따른 검사 대상 기관이 아닌 경우: 해당 회사의 최근 사업연도 말 현재의 자산총액 또는 매출총액의 100분의 1. 상법 제542조의 9 제3항 제2호에서 “대통령령으로 정하는 규모”란 다음 각 호의 구분에 따른 규모를 말한다(상법시행령 제35조 제7항): ① 상법시행령 제35조 제4항의 회사가 「금융위원회의 설치 등에 관한 법률」 제38조에 따른 검사 대상 기관인 경우: 해당 회사의 최근 사업연도 말 현재의 자산총액의 100분의 5, ② 상법시행령 제35조 제4항의 회사가 「금융위원회의 설치 등에 관한 법률」 제38조에 따른 검사 대상 기관이 아닌 경우: 해당 회사의 최근 사업연도 말 현재의 자산총액 또는 매출총액의 100분의 5. 더 나아가 상법 제542조의 9 제4항에서 “대통령령으로 정하는 사항”이란 다음 각 호의 사항을 말한다(상법시행령 제35조 제8항): ① 거래의 내용, 날짜, 기간 및 조건, ② 해당 사업연도 중 거래상대방과의 거래유형별 총거래금액 및 거래잔액. 한편 상법 제542조의 9 제5항 제1호에서 “대통령령으로 정하는 거래”란 「약관의 규제에 관한 법률」 제2조 제1호의 약관에 따라 이루어지는 거래를 말한다(상법시행령 제35조 제9항).

<대판 2007. 8. 23, 2006 도 3687>

「형법상 업무방해죄의 보호대상이 되는 ‘업무’는 직업 또는 계속적으로 종사하는 사무나 사업으로서 일정기간 사실상 평온하게 이루어져 사회적 활동의 기반이 되는 것을 말하며, 그 업무의 기초가 된 계약 또는 행정행위 등이 반드시 적법하여야 하는 것은 아니지만 타인의 위법한 행위에 의한 침해로부터 보호할 가치가 있는 것이어야 한다. 따라서 어떠한 업무의 양도·양수 여부를 둘러싸고 분쟁이 발생한 경우에 양수인의 업무에 대한 양도인의 업무방해죄가 인정되려면, 당해 업무에 관한 양도·양수합의의 존재가 인정되어야 함은 물론이고, 더 나아가

그 합의에 따라 당해 업무가 실제로 양수인에게 양도된 후 사실상 평온하게 이루어져 양수인의 사회적 활동의 기반이 됨으로써 타인, 특히 양도인의 위법한 행위에 의한 침해로부터 보호할 가치가 있는 업무라고 볼 수 있을 정도에 이르러야 한다.

회사운영권의 양도·양수 합의의 존부 및 효력에 관한 다툼이 있는 상황에서 양수인이 비정상적으로 위 회사의 임원변경등기를 마친 것만으로는 회사대표이사로서 정상적인 업무에 종사하기 시작하였다거나 그 업무가 양도인에 대한 관계에서 보호할 가치가 있는 정도에 이르렀다고 보기 어려워 양도인의 침해행위가 양수인의 '업무'에 대한 업무방해죄를 구성하는 것으로 볼 수 없다.」

제6관 執行任員

Ⅰ. 意　義

집행임원(executive officer)의 정의에 대해서는 여러 견해가 있지만, 통상적으로 실무에서는 "등기된 이사가 아니면서 대표이사의 지휘·감독하에 회사의 업무를 집행하는 자"를 의미하는 개념으로 사용한다. 그러나 2011년 개정상법은 새로운 형태의 업무집행기관으로 집행임원제도를 도입하면서(제408조의 2에서 제408조의 9까지) 상법 자체에 정의규정을 두지는 않았다. 회사의 경영조직은 회사마다 서로 다르고, 기업환경의 변화에 따라 수시로 변할 수 있기 때문이다. 따라서 회사는 정관규정으로 집행임원의 종류와 수를 선택할 수 있다.

Ⅱ. 導入背景

그 동안 회사의 지배구조를 개선하기 위한 방안으로 상법개정을 통해 사외이사·감사위원회 제도 등이 도입되었다. 그러나 이런 제도의 도입에도 불구하고 입법 당시에 기대했던 만큼의 지배구조개선효과가 나타나지 않았고, 오히려 실무에서는 이러한 규제를 회피하기 위한 방안으로 집행임원이라는 이름 하에 비등기임원에게 과거에 등기이사가 행하던 회사의 업무집행을 담당하게 하는 현상이 일반화되었다. 등기이사 수에 비례하여 사외이사를 임명하여야 하기 때문에 경영진의 입장에서는 아무래도 불편한 사외이사의 수를 줄이기 위하여 등기이사 수를 줄이고, 대신 집행임원을 두어 이들에게 회사의 업무를 집행하도록 한 것이다.

그러나 실무상 전체임원의 과반수 이상을 차지할 정도로 많이 이용되고 있는 집행임원은 정관이나 내규를 바탕으로 임명될 뿐 상법상 아무런 규정이 없었기 때문에 법적 지위와 권한·책임 등에 있어서 많은 문제점이 발생하였다. 임기를 1년으로 정하고 임기만료시마다 해임 여부를 결정하는 경우가 많아 집행임원은 항상 불안감에 시달렸고, 집행임원이 업무집행도중 회사나 제 3 자에게 손해를 끼치더라도 이사와 달리 책임을 추궁하기 위한 법적 근거가 명확하지 않았다. 따라서 그 동안 관행적으로 임명되고 있는 집행임원이 지위의 불안에서 벗어나 안심하고 경영활동을 할 수 있게 하고, 집행임원의 업무집행과정에서 발생할 수 있는 회사 및 제 3 자의 손해를 방지하기 위하여는 집행임원의 지위·임기 및 의무·책임 등을 법적으로 명확하게 규정할 필요성이 있었다(홍복기, "주식회사의 지배구조에 관한 2006년 회사법 개정시안," 상사법연구 제25권 제 2 호(2006. 8), 173쪽). 그래서 2011년 개정상법은 집행임원제도를 새로이 도입하였는데, 다만 선택 여부는 개별회사가 자율적으로 결정할 수 있도록 하였다(제408조의 2). 즉 집행임원제도에 관한 규정은 회사가 도입 여부를 필요에 따라 정할 수 있는 임의규정이다.

Ⅲ. 選任 및 任期

이사회는 회사의 업무집행기능을 전담할 기관으로 집행임원을 선임할 수 있다(제408조의 2 제 3 항 1호). 집행임원과 이사의 겸임이 가능한지에 대하여 상법에는 규정이 없다. 그런데 이사가 집행임원을 겸임하는 것은 가능하다고 하여야 한다(김교창, "2011 개정상법상의 집행임원제도," 상장(2011. 4.), 5쪽). 집행임원의 성명과 주민등록번호는 등기사항이다(제317조 제 2 항 8호).

집행임원의 임기는 정관에 달리 정한 바가 없으면 2년을 초과하지 못한다(제408조의 3 제 1 항). 다만, 이 임기는 정관으로 그 임기중의 최종결산기에 관한 정기주주총회가 종결한 후 가장 먼저 소집하는 이사회의 종결시까지로 정할 수 있다(제408조의 3 제 2 항). 이사의 임기에 대한 정관상 특칙을 규정한 제383조 제 3 항과 같은 취지이다.

Ⅳ. 終 任

집행임원 설치회사와 집행임원의 관계는 이사의 경우와 마찬가지로 위임관계이다(제408조의 2 제 2 항). 따라서 위임에 관한 민법의 규정이 준용되므로 집행임원은 언제든지 사임할 수 있고, 집행임원의 사망·파산·금치산 및 회사의 파산에 의하여 집행임원은 종임한다(민법 제689조, 제690조). 또한 임기만료 · 자격상실 · 회사해산의 경우에도 집행임원은 그 지위를 상실한다. 그리고 집행임원의 임기가 법정되었더라도 이사회는 언제든지 집행임원을 해임할 수 있다(제408조의 2 제 3 항 1호). 그러나 회사가 이사를 정당한 이유 없이 임기만료 전에 해임하면 이사에 대하여 손해배상책임을 지는 데 비해(제385조 제 1 항), 집행임원에 대해서는 배상책임이 없다. 2011년 개정상법 제408조의 9가 제385조 제 1 항을 준용하고 있지 않기 때문이다. 입법의 불비이다.

Ⅴ. 職務執行停止 · 職務代行者選任

집행임원의 직무집행정지와 직무대행자선임에 대하여는 이사에 관한 규정이 준용된다. 따라서 집행임원선임결의의 무효나 취소 또는 집행임원해임의 소가 제기된 경우, 또는 제기 전이라도 급박한 사정이 있는 때에는 법원은 당사자의 신청에 의하여 가처분으로 집행임원의 직무집행을 정지할 수 있고 또는 직무대행자를 선임할 수 있다(제408조의 9, 제407조).

직무대행자는 가처분명령에 다른 정함이 있는 경우 외에는 회사의 상무에 속하는 행위만을 할 수 있고, 상무에 속하지 아니하는 행위를 하기 위해서는 법원의 허가를 받아야 한다. 그러나 직무대행자가 이 제한에 위반한 행위를 한 경우에도 회사는 선의의 제 3 자에 대하여는 책임을 진다(제408조의 9, 제408조).

Ⅵ. 執行任員의 權限

집행임원을 설치한 회사에서 집행임원은 ① 회사의 업무를 집행하고, ② 정관이나 이사회의 결의에 의하여 위임받은 업무집행에 관한 의사를 결정할 권한을 갖는다(제408조의 4). 집행임원설치회사의 이사회는 집행임원에게 업무집행에 관한 의사결정권한을 위임할 수 있도록 하고 있다(제408조의 2 제 3 항 제 4 호). 이 때 상법에서 이사회 권한사항으로 정한 업무집행사항은 집행임원에게 위임하는 것을 금지하고 있다. 그런데 그 위임금지대상의 범위에 관하여 주식 양도의 이사회 승인(제335조 제 1 항), 이사회 내 위원회 설치 권한(제393조의 2 제 1 항, 제 2 항) 등 특별규정은 포함하나, 상법 제393조 제 1 항에서 정하고 있는 이사회의 일반적인 권한도 포함하는지에 관하여 해석상 논란이 있다. 즉 "일반규정포함설"은 제393조 제 1 항의 사항은 대표이사에게 위임할 수 없어 집행임원에게도 위임할 수 없다고 본다. 그에 비하여 "특별규정제한설"은 상법에서 이사회권한으로 정한 경우란 그 이외에 특히 상법이 이사회의 권한사항을 명시한 것에 한정되고, 이사회의 권한에 관한 일반조항인 제393조 제1항의 사항은 위임금지대상에 포함되지 아니한다고 보는 입장이다. 그런데 이 문제와 관련하여서는 특별규정제한설을 취하는 것이 타당하다고 보며, 장차 그러한 방행으로 법률에 명시적인 규정을 두는 것이 필요하다. 또한 집행임원은 필요시 회의의 목적사항과 소집이유를 서면에 적어 이사(소집권자가 있는 경우에는 소집권자)에게 제출하여 이사회소집을 청구할 수 있다(제408조의 7 제1항). 집행임원의 이사회소집청구에 대해 이사가 지체없이 이사회소집의 절차를 밟지 아니하면, 소집을 청구한 집행임원은 법원의 허가를 받아 직접 이사회를 소집할 수 있다. 이 경우 이사회의장은 법원이 이해관계자의 청구에 의하여 또는 직권으로 선임할 수 있다(제408조의 7 제2항).

Ⅶ. 代表執行任員

집행임원을 설치한 회사는 대표이사를 두지 못한다(제408조의 2 제1항 2문). 대신 회사를 대표할 대표집행임원을 두어야 하는데, 집행임원이 1명인 경우에는 그 집행임원이 대표집행임원이 되고, 2명 이상의 집행임원이 선임된 경우에는 이사회결의로 대표집행임원을 선임하여야 한다(제408조의 5 제1항). 대표집행임원의 성명·주민등록번호 및 주소는 등기사항이다(제317조 제2항 8호). 대표집행임원에 대하여는 주식회사의 대표이사에 관한 규정을 준용한다(제408조의 5 제2항). 따라서 복수의 대표집행임원을 선임할 수도 있는데, 이 때는 각자가 대표권을 갖는다. 그러나 복수의 공동대표집행임원이 공동으로 회사를 대표할 것을 정한 때에는 공동으로만 회사를 대표할 수 있다. 공동대표집행임원을 둔 경우에는 이러한 사항을 등기하여야 한다(제317조 제2항 9호). 표현대표이사에 관한 규정도 준용되는데(제408조의 5 제3항), 대표이사에 관한 규정을 준용한다고 이미 규정하고 있기 때문에 별도의 준용규정을 둘 필요까지는 없어 보인다.

Ⅷ. 執行任員과 理事會의 關係

1. 執行任員 設置會社의 理事會의 權限

집행임원을 설치한 회사의 이사회는 ① 집행임원 및 대표집행임원의 선임·해임, ② 집행임원의 업무집행에 대한 감독, ③ 집행임원과 집행임원 설치회사의 소송에서 집행임원 설치회사를 대표할 자의 선임, ④ 집행임원에게 업무집행에 관한 의사결정의 위임(다만, 상법에서 이사회권한 사항으로 정한 경우는 제외), ⑤ 집행임원이 여러 명인 경우 집행임원의 직무분담 및 지휘·명령 관계, 그 밖에 집행임원의 상호관계에 관한 사항의 결정, ⑥ 정관에 규정이 없거나 주주총회의 승인이 없는 경우 집행임원의 보수결정의 권한을 갖는다(제408조의 2 제3항).

이와 같이 집행임원 설치회사에서는 집행임원이 업무집행권, 대표집행임원이 회사대표권을 갖는 대신 이사회가 집행임원의 선임·해임권, 집행임원의 업무감독권, 집행임원의 보수결정권을 가짐으로써 업무집행과 이에 대한 감독이 효율적으로 이루어질 수 있을 것이다.

그리고 집행임원 설치회사는 이사회의 회의를 주관하기 위하여 이사회의 장을 두어야 하는데, 정관에 규정이 없는 경우에는 이사회가 이사회의장을 선임한다(제408조의 2조 제4항). 집행임원이 이사회의장이 되는 것은 적절하지 아니하므로 집행임원이 아닌 이사 중에서 이사회가 이사회의장을 선임하여야 할 것이다(김교창, "2011 개정상법상의 집행임원제도," 상장(2011. 4.), 4쪽).

2. 執行任員의 理事會에 대한 報告義務

집행임원은 3개월에 1회 이상 업무의 집행상황을 이사회에 보고하여야 한다(제408조의 6 제1항). 이사의 보고의무(제393조 제4항)와 마찬가지 이유로 이사회가 집행임원의 업무집행을 감독하기 위한 필요에 따른 것이다. 따라서 이 경우 외에도 이사회의 요구가 있으면 집행임원은 언제든지 이사회에 출석하여 요구한 사항을 보고하여야 한다(제408조의 6 제2항). 또한 이사는 대표집행임원에 대하여 다른 집행임원 또는 피용자의 업무에 관하여 이사회에 보고할 것을 요구할 수 있다(제408조의 6 제3항).

Ⅸ. 執行任員과 會社·株主·監事 및 제3자의 關係

1. 執行任員과 會社의 關係

(1) 執行任員의 義務 집행임원의 의무에 대하여는 이사에 관한 규정이 준용된다(제408조의 9). 따라서 집행임원은 회사와 관련하여 충실의무(제382조의 3), 비밀유지의무(제382조의 4), 정관 등의 비치·공시 의무(제396조), 경업금지의무(제397조), 자기거래금지의무(제398조 제1항), 사업기회 유용금지의무(제397조의 2)를 부담한다.

(2) 執行任員의 責任 집행임원의 책임구조도 이사와 동일하다. 집행임원이 고의 또는 과실로 법령이나 정관을 위반한 행위를 하거나 그 임무를

게을리하여 회사에 손해를 끼친 경우에 그 집행임원은 회사에 손해를 배상할 책임이 있다(제408조의 8 제1항). 이 경우 다른 집행임원·이사 또는 감사도 그 책임이 있으면 다른 집행임원·이사 또는 감사와 연대하여 배상할 책임이 있다(제408조의 8 제3항). 집행임원의 회사에 대한 배상책임에 대하여도 이사의 책임감면 규정이 준용된다(제408조의 9, 제400조). 따라서 집행임원의 경과실로 인해 회사에 손해가 발생한 경우에 대해 회사는 정관규정에 의해 집행임원의 최근 1년간의 보수액의 6배 이내로 배상책임을 제한할 수 있다. 다만, 경업행위와 자기거래행위로 인한 손해배상책임은 제한할 수 없다. 집행임원의 회사에 대한 손해배상책임은 회사가 추궁할 수 있지만, 소수주주도 대표소송에 의하여 이를 추궁할 수 있다(제408조의 9, 제403조에서 제406조).

이사의 경우와 마찬가지로 집행임원과 관련해서도 업무집행관여자의 책임이 인정된다(제408조의 9, 제401조의 2). 따라서 회사에 대한 자신의 영향력을 이용하여 집행임원에게 업무집행을 지시한 자, 집행임원의 이름으로 직접 업무를 집행한 자, 집행임원이 아니면서 명예회장·회장·사장·부사장·전무·상무 기타 회사의 업무를 집행할 권한이 있는 것으로 인정될 만한 명칭을 사용하여 회사의 업무를 집행한 자는 업무집행관여자로서 회사와 제3자에 대하여 집행임원과 같은 책임을 진다. 업무집행관여자의 회사에 대한 배상책임에 대하여도 소수주주는 대표소송에 의하여 책임을 추궁할 수 있다.

2. 執行任員과 株主의 關係

집행임원이 법령 또는 정관에 위반한 행위를 하여 이로 인하여 회사에 회복할 수 없는 손해가 생길 염려가 있는 경우에는 발행주식총수의 100분의 1 이상에 해당하는 주식을 가진 주주는 사전적 구제조치로서 집행임원에 대하여 그 행위를 유지할 것을 청구할 수 있다(제408조의 9, 제402조). 집행임원이 고의 또는 과실로 법령 또는 정관에 위반한 행위를 하거나 그 임무를 게을리하여 회사에 손해가 발생한 경우에는 발행주식총수의 100분의 1 이상에 해당하는 주식을 가진 주주는 사후적 구제조치로서 회사에 대해 집행임원의 책임을 추궁하는 소의 제기를 청구할 수 있고, 회사가 소를 제기하지 않는 때에는 회사를 위하여 직접 대표소송을 제기할 수 있다(제408조의 9, 제403조에서 제406조).

3. 執行任員과 監事의 關係

감사는 집행임원의 업무집행을 감사하고, 언제든지 집행임원에 대하여 영업에 관한 보고를 요구하거나 회사의 업무와 재산상태를 조사할 수 있으며, 이를 위해 회사의 비용으로 전문가의 도움을 구할 수 있다(제408조의 9, 제412조). 감사의 보고요구가 없더라도 회사에 현저하게 손해를 미칠 염려가 있는 사실을 발견한 때에는 집행임원은 즉시 감사에게 이를 보고하여야 한다(제408조의 9, 제412조의 2). 이 외에 감사는 집행임원의 위법행위로 회사에 회복할 수 없는 손해가 생길 염려가 있는 경우에는 집행임원에 대하여 그 행위를 유지할 것을 청구할 수 있다(제408조의 9, 제402조).

4. 執行任員과 제 3 자의 關係

집행임원이 고의 또는 중대한 과실로 그 임무를 게을리하여 제 3 자에게 손해를 끼친 경우에 그 집행임원은 제 3 자에게 손해를 배상할 책임이 있다(제408조의 8). 이 경우 다른 집행임원, 이사 또는 감사도 그 책임이 있으면 다른 집행임원, 이사 또는 감사와 연대하여 배상할 책임이 있다(제408조의 8 제 3 항). 업무집행관여자도 제 3 자에 대하여 배상책임이 있다(제408조의 9, 제401조의 2).

제 3 절 株主總會

박영길, 일인회사의 주주총회에 관하여, 현대상사법의 제문제(박상조교수화갑기념논문집)(1998)/禹洪九, 전원출석총회에 관한 고찰, 經濟法 · 商事法論集(孫珠瓚敎授停年紀念論文集)(1989)/禹洪九, 주주총회의 무기능화에 대한 개선방안, 건국대 사회과학 1(1990. 9)/우홍구, 주주제안제도에 관한 고찰, 기업과 법(김교창변호사화갑기념논문집)(1997)/李尙勳, 株主總會의 실체에 대한 비교법적 고찰, 한양대 법학논총 4(1987. 2)/林泓根, 주주총회제도의 개선방안, 上場協 27(1993. 5)/林泓根, 주주총회의 운영상의 문제, 商事法硏究 13(1994)/鄭容相, 株主總會에 관한 法的 硏究, 건국대 박사학위논문(1990)/鄭容相, 주주총회의 무기능화와 그 개선책, 부산외대 사회과학논총 8(1993. 10)/鄭容相, 주주총회의 활성화론, 재산법연구 10, 1(1993. 12)/鄭燦亨, 주주총회 : 한국법과 독일법의 비교를 중심으로, 경찰대 논문집 7(1988. 1)/崔秉珪, 주주제안권제도, 인권과 정의(대한변호사협회지) 265(1998. 9)/洪愼憙, 주주총회의 운영과 주주의 지위, 서원대 사회과학연구 2(1989. 3).

제 1 관 總會의 成立

金洞勳, 주주총회의 의장, 現代法學의 諸問題(朴元錫博士華甲紀念論文集)(1992)/徐廷甲, 주주총회의 존재 여부, 司法行政 244(1981. 4).

Ⅰ. 意 義

주주총회는 주주에 의하여 구성되는 회사의 최고의 의사결정기관으로 상법 또는 정관에서 정하는 회사의 기본적인 중요 사항에 관하여 회사의 의사를 결정하는 필요적 기관이다.

주주총회는 회사의 의사결정기관이다. 회사의 의사결정기관으로서는 주주총회 이외에 이사회도 있지만, 주주총회는 사단구성원의 총의를 직접적으로 나타내고 회사의 가장 기본적인 사항에 관하여 회사의 의사를 결정하며, 이사회는 회사의 업무집행에 관하여 회사의 의사를 결정하고 대외적인 대표행위는 대표이사가 한다. 주주총회는 단순히 회사의 내부적 의사결정기관에 지나지 않기 때문에 대표이사가 주주총회의 결의를 무시하고 대외적 행위를 하더라도 특수한 경우(영업양도 · 합병 · 자본감소 등)를 제외하고는 그 행위의 효력에 영향이 없다.

주주총회는 주주 전원에 의하여 구성된다. 의결권 없는 주식을 가진 주주는 주주총회의 구성원이 아니라고 하는 견해도 있으나(정동윤, 292쪽), 주주총회는 회의체기관으로서 존재형식이 상설기관이므로 의결권 없는 주식을 가진 주주도 주주총회의 구성원이다(동지 : 이철송, 459쪽). 다만, 무의결권주식을 가진 주주는 활동형식인 회의체로서의 주주총회에서 의결권을 행사하지 못할 뿐이다.

주주총회는 회사의 최고기관이다. 구 상법 이래 그 권한이 많이 축소되었으므로 주주총회의 권능은 이미 만능은 아니지만, 이사 · 감사의 선임 · 해임권이 있고, 회사의 기본적 변경사항(정관변경 · 자본감소 · 해산 · 합병 등)의 결의 및 재무제표의 승인 등도 주주총회의 권한에 속하므로 여전히 주식회사의 최고기관이라고 할 수 있다.

주주총회는 회사기관의 존재형식으로서의 주주총회와 그 활동형식인 회의체로서의 주주총회로 구별할 수 있으며, 전자의 의미로서의 주주총회는 상설기관이지만(동지 : 정동윤, 293쪽; 이철송, 460쪽. 이설 : 손주찬, 693쪽), 후자의 의미로서의 주주총회는 정기(정기총회) 또는 임시(임시총회)의 소집에 의하여 개최된다.

Ⅱ. 決議事項

주주총회의 권한은 법률 또는 정관에 정해진 사항에 한정된다(제361조). 법률 또는 정관에 정한 결의사항은 주주총회의 전속적 권한에 속하므로 주주총회의 결의나 정관으로 이사회나 대표이사 등 다른 기관의 결정에 위임할 수 없다. 다만, 주주총회가 그 결의사항에 관하여 기본적인 부분을 정하고(예컨대 이사·감사의 보수액의 최고한의 결정), 그 범위 내에서 세목을 다른 기관에 일임하는 것은 상관이 없다.

1. 法律의 규정에 의한 決議事項

상법은 주주의 이해에 특히 중대한 관계가 있는 사항은 주주총회의 권한으로 하고 있는데, 이에는 ① 회사의 기구나 업태의 기본에 관한 사항(정관변경, 자본감소, 해산, 회사의 계속, 영업의 양도 또는 양수, 합병계약의 승인 등), ② 기관구성원의 선임 · 해임(이사 · 감사 · 청산인 · 검사인 등의 선임 · 해임과 보수의 결정), ③ 업무운영과 주주의 이익을 위한 사항(주주총회의 연기 · 속행, 재무제표의 승인, 사후설립, 이사 · 감사 · 청산인의 책임추궁, 이사 · 청산인의 위법행위의 면책, 주주 이외의 자에 대한 신주인수권부여, 정관에 규정이 있는 경우의 전환사채의 발행 등) 등이 있다.

한편 1998년 개정법은 자본의 총액이 5억 원(2009년 개정에 의해 10억 원으로 상향조정됨) 미만인 회사에 대하여는 1인 또는 2인의 이사를 둘 수 있도록 자율화함으로써 소규모 회사의 경우에는 이사를 1인 또는 2인만을 둘 수 있도록 하였다(제383조 제1항 단서). 이사가 1인뿐인 경우는 이사회라는 존재가 의미가 없어지므로 개정상법은 이 경우 이사회결의사항으로 되어 있는 것을 주주총회의 결의사항으로 본다고 규정하였다(제383조 제 4 항). 즉 정관규정에 의해 주식양도를 제한하는 경우의 양도승인, 이사의 경업과 자기거래의 승인, 신주발행사항 중 정관에 규정이 없는 사항의 결정, 준비금의 자본전입의 결의, 사채모집의 결의, 전환사채와 신주인수권부사채에 관한 사항 중 정관에 규정이 없는 사항의 결정, 간이합병의 경우의 합병승인 등의 경우는 이사회 대신 주주총회가 결의해야 한다.

상법 이외의 특별법에 의하여 주주총회의 결의사항으로 되어 있는 것으로는 청산중의 회사나 파산선고 후의 회사가 회생절차의 개시신청을 함에는 주주총회의 특별결의를 얻도록 하고 있다(채무자 회생 및 파산에 관한 법률 제35조).

2. 定款上의 決議事項

주주총회는 이상과 같은 법정의 전속권한을 가지며, 더 나아가 상법에서 다른 기관의 권한으로 되어 있는 것도 총회소집과 같이 그 성질상 허용될 수 없는 것을 제외하고는 정관에서 주주총회의 권한으로 유보할 수 있다. 이 경우 그 허용범위가 문제되는데, 주식회사의 본질 또는 강행법규에 위반되지 않는 한 이사회의 결의사항을 정관의 규정에 의하여 주주총회의 결의사항으로 할 수 있다고 본다(동지 : 정동윤, 299쪽; 최기원, 559쪽). 이에 대하여 상법에 명문의 규정이 있는 경우를 제외하고는 정관의 규정에 의하더라도 주주총회의 권한으로 할 수 없다고 보는 견해도 있다(이철송, 463-464쪽).

대표이사의 선임(제389조 제 1 항), 신주의 발행(제416조), 준비금의 자본전입(제461조 제 1 항), 전환사채의 발행(제513조 제 2 항), 신주인수권부사채의 발행(제516조의 2 제 2 항) 등에 대하여는 상법에 명문의 규정이 있다.

Ⅲ. 召 集

1. 召集時期

주주총회는 소집의 시기에 따라 정기총회와 임시총회로 나뉜다. 정기총회는 매년 1회 일정한 시기에 소집하는 총회이며(제365조 제 1 항), 연 2회 이상 이익배당을 하는 회사에서는 매 결산기마다 정기총회를 소집하여야 한다(제365조 제 2 항). 정기총회는 재무제표의 승인이나 이익 또는 이자의 배당에 관한 결의를 하는 것을 주된 권능으로 하고, 그 소집시기는 주주명부의 폐쇄기간 또는 기준일의 설정시기의 제한(제354조 제 2 항 · 제 3 항)과의 관계로 보아 매 결산기 후 3월 내이어야 한다.

임시총회는 필요한 때에 수시로 소집되는 총회이며(제365조 제 3 항), 임시총회의 소집이 강제되는 경우로는 법원의 명령에 의한 때(제467조), 흡수합병의 보고총회(제526조), 청산개시시 또는 청산종결시 청산인이 재산관계서류의 승인을 요구한 경우 등이 있으며, 그 밖에도 소수주주의 청구 또는 소집에 의하여 소집되는 경우가 있다(제366조). 어떠한 이유로 인하여 위의 일정기간을 도과한 후에 재무제표의 승인을 의제로 하는 총회가 개최되었을 때에 그것이 정기총회인가가 문제되지만, 그것이 임시총회라고 불리더라도 그 총회에서 재무제표의 승인을 할 수 있음은 물론이며, 그 총회에서 한 재무제표의 승인에도 이사 · 감사의 책임해제의 효과(제450조)가 인정된다. 그러나 일단 정기총회나 임시총회에서 승인된 재무제표에 착오나 탈루가 있음이 발견되었다고 하더라도 그 수정안을 다시 임시총회를 열어 통과시키는 것은 일사부재리의 원칙에 반하며, 이사 · 감사의 책임을 묻는 것은 별론으로 하고 다음 회계연도에서 조정하여 수정할 수밖에 없다.

정기총회가 본래 개최될 시기를 도과하여 개최되는 경우에도 정관의 규정에 의한 이사의 임기(제383조 제 3 항), 또는 상법이 규정하는 감사의 임기(제410조)는 그 총회의 종결시까지 계속되는 것이 아니고, 정기총회가 본래 개최되어야 할 기간의 경과로 만료된다고 본다(동지: 정동윤, 302쪽; 정찬형, 343쪽).

정기총회에서는 재무제표의 승인 외에 이사·감사의 개선과 같은 경상사항 이외에도 정관의 변경, 합병계약서의 승인도 할 수 있으며, 그것 때문에 정기총회에 이어 임시총회를 개최할 필요는 없다. 법원의 명령에 의하여 소집된 임시총회(제467조 제3항)의 시기가 마침 정기총회의 소집시기와 일치한다면, 임시총회에서 소정사항을 정기총회의 의제로 삼을 수 있다(동지: 정찬형, 343쪽; 정동윤, 303쪽). 따라서 정기총회와 임시총회는 그 결의사항이나 권한에 차이가 없다(이에 반하여 임시총회에서는 재무제표의 승인을 할 수 없다는 견해는 손주찬, 628쪽 참조).

2. 召集權者

(1) 理事會·代表理事에 의한 召集 주주총회는 원칙적으로 이사회에서 총회의 개최 및 그 일시·장소·의안 등을 결의하고(제362조), 총회의 소집은 통상의 업무집행권을 가진 대표이사가 한다. 대표이사가 이사회의 결의 없이 총회를 소집하거나 대표이사가 아닌 이사가 총회를 소집한 경우에 그 총회에서 한 결의는 취소할 수 있으며, 이사회의 결의도 없고 소집권한도 없는 이사가 소집한 총회의 결의는 주주총회결의부존재의 원인이 된다.

<대판 1962. 1. 11, 4294 민상 490>

「주식회사의 정관의 규정에 주주총회는 대표이사가 이를 소집하고, 대표이사가 유고시에는 부사장·전무이사 등의 순서로 대표이사를 대리한다고 규정되어 있을 때에 위 규정 중 대표이사가 유고시라는 것은 신병 등으로 사무를 집행할 수 없는 경우를 의미하며, 주주총회를 정당한 사유 없이 소집하지 않는 경우는 포함되지 않는다고 해석되고, 이와 같은 경우에는 법원의 허가를 얻어 소집하는 방법으로 하여야 하므로 주식회사의 대표이사가 정당한 사유 없이 주주총회를 소집하지 않는다 하여 전무이사가 대표권행사순위에 관한 정관의 규정에 따라 대표이사 명의로 주주총회를 소집한 경우는 소집권이 없는 자가 소집한 주주총회이므로, 그 주주총회결의는 구 상법 제247조를 적용하여 취소하여야 할 것이다.」

<대판 1978. 9. 26, 78 다 1219>

「본조에 의한 소위 재량기각을 함에 있어서는 주주총회결의 자체가 법률상 존재함이 전제가 되어야 할 것이고, 만약에 주주총회결의 자체가 법률상 존재하지 않은 경우에는 결의취소의 소는 부적법한 소에 돌아가고, 따라서 본조를 적용할

여지도 없다 할 것이다.」

<대판 2010.12.9, 2009 다 26596>

「종중의 대표자는 종중의 규약이나 관례가 있으면 그에 따라 선임하고 그것이 없다면 종장 또는 문장이 그 종원 중 성년 이상의 사람을 소집하여 선출하며, 평소에 종중에 종장이나 문장이 선임되어 있지 아니하고 선임에 관한 규약이나 관례가 없으면 현존하는 연고항존자가 종장이나 문장이 되어 국내에 거주하고 소재가 분명한 종원에게 통지하여 종중총회를 소집하고 그 회의에서 종중 대표자를 선임하는 것이 일반 관습이고, 종원들이 종중재산의 관리 또는 처분 등에 관하여 대표자를 선정할 필요가 있어 적법한 소집권자에게 종중총회의 소집을 요구하였으나 소집권자가 정당한 이유 없이 이를 소집하지 아니할 때에는 차석 연고항존자 또는 발기인이 총회를 소집할 수 있다.」

소집권자가 소집하지 않은 회합이더라도 1인 주주나 전주주가 출석하여 총회의 개최에 동의하여 결의한 것은 전원출석총회로서 유효하다는 것이 다수설·판례(대판 1966.9.20, 66 다 1187, 1188; 대판 1993.2.26, 92 다 48727 등)의 태도이다.

(2) 少數株主에 의한 召集　　발행주식총수의 100분의 3 이상에 해당하는 주식을 가진 소수주주는 회의의 목적사항과 소집의 이유를 적은 서면 또는 전자문서를 이사회에 제출하여 임시총회의 소집을 청구할 수 있다(제366조 제1항). 소소주주가 주주총회 소집청구를 하면서 주주총회권한 사항이 아닌 사항을 회의 목적사항으로 하여 주주총회소집허가 신청을 할 수는 없다: 소수주주가 상법 제366조에 따라 주주총회소집허가 신청을 하는 경우, 주주총회 결의사항이 아닌 것을 회의목적사항으로 할 수 없다. 주주총회는 상법 또는 정관이 정한 사항에 한하여 결의할 수 있고(상법 제361조), 대표이사는 정관에 특별한 정함이 없는 한 이사회 결의로 선임되므로(상법 제389조), 정관에서 주주총회 결의사항으로 '대표이사의 선임 및 해임'을 규정하지 않은 경우에는 이를 회의목적사항으로 삼아 상법 제366조에서 정한 주주총회소집허가 신청을 할 수 없다(대결 2022.4.19, 2022 그 501). 이 제도는 의결권을 전제로 하지 아니한 주주의 감독시정권의 하나이므로 의결권 없는 주식의 주주도 여기의 소수주주에 포함된다(동지: 정동윤, 300쪽; 최기원, 568쪽 이설: 이철송, 467쪽; 손주찬, 697쪽.). 이것은 회사의 재산상태악화에 대한 대책이나 임원의 해임 등을 문제삼을 때 중요한 의미가 있다.

한편 상장법인의 경우에는 6월 전부터 계속하여 발행주식총수의 1,000분의 15 이상에 해당하는 주식을 소유한 주주가 임시총회의 소집을 청구할 수 있다고 규정하고 있다(제542조의 6 제 1 항).

<대판 2004.12.10, 2003 다 41715>

「증권거래법 제191의 13조 제 5 항은 상법 제366조의 적용을 배제하는 특별법에 해당한다고 볼 수 없고, 주권상장법인 내지 협회등록법인의 주주는 증권거래법 제191의 13조 제 5 항이 정하는 6월의 보유기간요건을 갖추지 못한 경우라 할지라도 상법 제366조의 요건을 갖추고 있으면, 그에 기하여 주주총회소집청구권을 행사할 수 있다.」

<대판 2018.3.15, 2016 다 275679>

「법원은 상법 제366조 제 2 항에 따라 총회의 소집을 구하는 소수주주에게 회의의 목적사항을 정하여 이를 허가할 수 있다. 이때 법원이 총회의 소집기간을 구체적으로 정하지 않은 경우에도 소집허가를 받은 주주는 소집의 목적에 비추어 상당한 기간 내에 총회를 소집하여야 한다. 소수주주에게 총회의 소집권한이 부여되는 경우, 총회에서 결의할 사항은 이미 정해진 상태이고, 일정기간이 경과하면 소집허가결정의 기초가 되었던 사정에 변경이 생길 수 있기 때문이다. 소수주주가 아무런 시간적 제약 없이 총회를 소집할 수 있다고 보는 것은, 이사회 이외에 소수주주가 총회의 소집권한을 가진다는 예외적인 사정이 장기간 계속되는 상태를 허용하는 것이 되고, 이사회는 소수주주가 소집청구를 한 경우 지체없이 소집절차를 밟아야 하는 것에 비해 균형을 상실하는 것이 된다. 따라서 총회소집허가결정일로부터 상당한 기간이 경과하도록 총회가 소집되지 않았다면, 소집허가결정에 따른 소집권한은 특별한 사정이 없는 한 소멸한다. 소집허가결정으로부터 상당한 기간이 경과하였는지는 총회소집의 목적과 소집허가결정이 내려진 경위, 소집허가결정과 총회소집 시점 사이의 기간, 소집허가결정의 기초가 된 사정의 변경 여부, 뒤늦게 총회가 소집된 경위와 이유 등을 고려하여 판단하여야 한다.」

소수주주의 청구에도 불구하고 회사가 이사회의 결의로 지체없이 총회소집의 절차를 밟지 않으면, 그 소수주주는 법원의 허가를 얻어 직접 총회를 소집할 수 있다(제366조 제 2 항). 2011년 개정에서 이 때 주주총회의 의장은 법원이 이해관계인의 청구나 직권으로 선임할 수 있도록 하였다(제366조 제 2 항 2 문). 이 때의 소수주주는 회사의 집행기관의 지위에 서는 것이므로, 소집비용은 당연히 회사가 부담한다(동지 : 정동윤, 301쪽; 이철송, 468-469쪽). 이렇게 하여 소집된 총회에서는 회사의 업무와 재산상태를 조사하기 위하여 검사인을 선임할 수 있다(제366조 제 3 항). 그뿐만 아니라 2011년 상법개정에 의하여 회사 또는 발행주식총수의 100분의 1 이상에 해당하는 주식을 가진 주주는 총회의 소집절차나 결의방법의 적법성을 조사하기 위하여 총회 전에 법원에 검사인의 선임을 청구할 수 있게 되었다(제367조 제 2 항).

(3) 法院의 命令에 의한 召集 법원이 소수주주(발행주식총수의 100분의 3 이상에 해당하는 주식을 가진 주주)의 청구에 의하여 검사인을 선임한 경우(제467조 제 1 항)에 회사의 업무와 재산상태를 조사한 결과에 대한 보고를 받고 필요하다고 인정한 때(제467조 제 2 항)에는 대표이사에게 총회의 소집을 명할 수 있다(제467조 제 3 항). 이 경우에는 이사회의 소집결의는 필요 없으며(동지 : 정동윤, 301쪽; 이철송, 469쪽), 소집비용은 회사가 부담한다. 대표이사가 법원의 명령에 위반하여 총회를 소집하지 않는 때에는 과태료의 제재가 있다(제635조 제 1 항 20호).

3. 召集地와 召集場所

소집지는 정관에 다른 정함이 없으면 본점소재지 또는 이에 인접한 지이어야 한다(제364조). 이것은 일반주주들의 편의를 위한 규정이므로 회사는 정관에 의하여 주주의 편의를 위하여 본점소재지 또는 이에 인접한 지가 아닌 지를 소집지로 할 수 있다(예컨대 회사의 본점은 전주에 있으나 대부분의 주주가 서울에 있는 경우, 정관에서 소집지를 서울로 정할 수 있다).

소집장소에 대하여는 따로 규정이 없으나 소집권자가 소집지 내의 특정한 장소를 정하여 소집의 통지 또는 공고에 기재한다. 소집장소의 기재가 없으면 본점의 위치가 되겠고, 교통곤란한 장소 또는 출석주주를 수용할 수 없는 협소한 건물에 소집하는 것은 소집절차의 불공정(제376조 제 1 항)을 이유로 결의취소의 소의 원인이 될 수 있다.

4. 召集節次

주주총회를 소집함에는 주주에게 출석의 기회와 준비의 기회를 주기 위하여 기명주주에 대해서는 회일의 2주간 전에 서면 또는 전자문서로 통지를 발송하여야 한다(제363조 제 1 항).

(1) 召集通知를 해야 할 株主 통지를 해야 할 주주는 주주명부의 폐쇄 당시 또는 기준일에 있어서의 주주명부상 주주로서 의결권 있는 주주를 말하며, 회사는 주주명부에 기재된 주주의 주소로 통지하면 면책된다(제353조).

(2) 召集通知의 方法 주주총회의 소집통지는 서면으로 하게 되어 있었으나, 2001년 개정으로 "서면 또는 전자문서"로 하게 되었다(제363조 제 1 항). 팩

스 또는 전자우편(E-Mail) 등으로 하는 통신이 일반화한 사정을 고려한 것이다. 2009년 5월 개정에 의하여 전자문서로 통지하는 경우에는 주주의 동의를 받아서 하도록 되었다(제363조 제1항 본문). 2009년 개정상법은 자본금총액이 10억 원 미만인 소규모 회사가 주주총회를 소집할 때 기명주주에게는 10일 전에 통지를 하도록(제363조 제3항) 하여 통지기간을 줄여 주었다. 한편 2009년 개정에서는 소규모 회사의 경우 총주주의 동의에 의하여 소집절차의 생략도 가능하도록 하였으며, 주주 전원의 서면동의로써 주주총회의 결의에 갈음할 수 있도록 하였다(제363조 제4항). 상법상 주주총회 소집절차를 흠결한 때 결의취소 또는 결의부존재 사유가 되나(제376조, 제380조), 판례가 주주총회 소집절차가 없어도 총주주가 주주총회의 개최에 동의하여 출석한 경우에는 전원출석총회의 효력을 인정하고 있는 점(대판 1993. 3. 26, 92 다 48727), 주주 수가 매우 적은 소규모 폐쇄회사의 경우에는 총 주주 전원이 회사에 대하여 파악하고 있는 점을 근거로 소집절차를 간이화한 것이다. 상법 제363조 제4항의 서면에 의한 결의는 주주총회의 결의와 같은 효력이 있다(제363조 제5항). 그리고 서면에 의한 결의에 대하여는 주주총회에 관한 규정을 준용한다(제363조 제6항). 상장법인이 주주총회를 소집하는 경우에는 발행주식총수(의결권 없는 주식은 제외)의 100분의 1 이하를 소유하는 주주에 대하여 정관에 정하는 바에 따라 회일을 정하여 2주간 전에 총회를 소집하는 뜻과 회의의 목적사항을 둘 이상의 일간신문에 각각 2회 이상 공고하거나 소정의 규정에 따라 전자적 방법으로 공고함으로써 소집통지에 갈음할 수 있다(제542조의 4 제1항, 상법시행령 제31조).

2020년 1월 29일 상법시행령이 개정되어(대통령령 제30363호) 상장사 주주총회 소집시 변화가 있게 되었다. i) 상장회사가 이사·감사를 선임하는 주주총회를 소집하는 경우에는 후보자가 최근 5년 이내에 체납처분을 받은 사실이 있는지 여부, 최근 5년 이내에 후보자가 임원으로 재직한 기업이 파산·회생 절차를 진행한 사실이 있는지 여부, 법령상 취업제한 사유 등 이사·감사 결격사유의 유무 등도 주주총회의 소집 통지·공고 사항에 포함하도록 하여 주주총회 개최 전에 해당 이사·감사 후보자의 자격을 검증하는 데 필요한 충분한 정보를 주주에게 제공하도록 하였다(상법시행령 제31조 제3항 제3호부터 제5호까지 신설). ii) 상장회사의 경우 주주총회의 소집을 통지하는 경우 사업보고서 및 감사보고서를 포함하여 통지 또는 공고하도록 하여 주주가 사업보고서 등 충분한 정보에 기초하여 주주총회에서 의결권을 행사하도록 하였다(상법시행령 제31조 제4항 제4호 신설).

<대판 2010. 12. 9, 2010 다 77583>

「종중총회는 특별한 사정이 없는 한 족보에 의하여 소집통지 대상이 되는 종원의 범위를 확정한 후 국내에 거주하고 소재가 분명하여 통지가 가능한 종원에게 개별적으로 소집통지를 하되, 그 소집통지의 방법은 반드시 서면으로 하여야만 하는 것은 아니고 구두 또는 전화로 하거나 다른 종원이나 세대주를 통하여 하여도 무방하다.

소집통지를 받지 아니한 종원이 다른 방법에 의하여 이를 알게 된 경우에는 그 종원이 종중 총회에 참석하지 않았다고 하더라도 그 종중 총회의 결의를 무효라고 할 수 없다.」

(3) 召集通知의 記載事項 소집의 통지 또는 공고에는 회의의 목적사항을 기재하여야 한다(제363조 제 2 항 · 제 3 항). 이 목적사항이라는 것은 의안 · 의제 · 의사일정이라고도 하며, 결의사항이 무엇인가를 주주가 알 수 있을 정도로 기재하면 된다(예컨대 임원의 선임 등). 특히 중요한 의안(정관변경 · 자본감소 · 합병 · 영업양도 등)에 대하여는 그 요령도 기재하여야 한다(제433조 제 2 항, 제438조 제 2 항, 제522조 제 2 항).

(4) 召集通知를 요하지 않는 경우 회사가 발송한 서면통지가 주주명부상의 주주의 주소에 계속 3년간 도달하지 아니한 때에는 회사는 당해 주주에게 총회의 소집을 통지하지 아니할 수 있다(제363조 제 1 항 단서)(소집통지가 3년간 반송되어 올 경우에 회사의 비용과 번거러움을 덜기 위하여 1995년 개정법에서 이 단서를 신설하였다). 과거 의결권 없는 주주란 의결권이 배제되는 주식 또는 당해 총회의 의안에 관해 의결권이 제한되는 주식뿐만 아니라 상호주 기타 상법 또는 특별법에서 의결권을 제한하는 주식을 소유하는 주주를 모두 포함하는 것으로 해석되고 있었다. 반대주주의 주식매수청구권과 관련하여 보면 이사회에서 합병 등의 결의가 있은 후 주주총회를 소집하는데, 공식적으로는 주주가 그 소집 통지 등에 의해 합병 등이 추진되고 있음을 알게 되는 것으로 볼 수 있다. 의결권 없는 주주에게도 매수청구의 기회를 부여해야 하는 것으로 보면 이들에게도 총회 소집의 통지가 이루어져야 한다. 그러나 개정 전 상법 규정상으로는 의결권 없는 주주에게는 소집 통지를 하지 않도록 하고 있었다. 따라서 2015년 12월 개정상법은 제363조 제 7 항에서 의결권 없는 주주에게는 적용하지 아니한다는 조항에 반대주주의 주식매수청구권이 인정되고 있는 5가지 경우의 예외를 명문으로 규정하였다. 즉 개정상법에서는 주식매수청구권을 부여하는 무의결권주주에 대한 주주총회의 소집통지를 하

도록 규정하였다. 바로 제363조 제 7 항 단서에서 "다만 제 1 항의 통지서에 적은 회의의 목적사항에 제360조의 5(주식교환), 제360조의 22(주식이전), 제374조의 2(영업양도 등), 제522조의 3(합병) 또는 제530조의 11(분할 또는 분할합병)에 따라 반대주주의 주식매수청구권이 인정되는 사항이 포함되는 경우에는 그러하지 아니하다."라는 규정을 신설한 것이다. 그리고 연기회 · 계속회도 별도의 소집절차를 요하지 않는다.

<대판 1989. 2. 14, 87 다카 3200>

「주주총회의 계속회가 동일한 안건토의를 위하여 당초의 회의일로부터 상당한 기간 내에 적법하게 거듭 속행되어 개최되었다면, 당초의 주주총회와 동일성을 유지하고 있다고 할 것이므로 별도의 소집절차를 밟을 필요가 없다.」

(5) **召集通知의 撤回** 총회소집의 통지 · 공고가 행하여진 후라도 소집을 철회하거나 회의의 목적사항의 일부를 철회할 수 있고, 또 총회의 회일을 늦추거나(소집의 연기) 시간을 변경할 수 있다. 그러나 이 경우에도 이사회의 결의를 거쳐 대표이사가 그 뜻을 통지 · 공고하고, 그 통지는 앞서 통지된 회일보다 먼저 도달되어야 한다(통지: 최기원, 578쪽; 정동윤, 305쪽; 손주찬, 701쪽).

<대판 2009. 3. 26, 2007 도 8195>

「주주총회소집의 통지 공고가 행하여진 후 소집을 철회하거나 연기하기 위해서는 소집의 경우에 준하여 이사회의 결의를 거쳐 대표이사가 그 뜻을 그 소집에서와 같은 방법으로 통지 공고하여야 한다고 봄이 상당하다. 그런데 공소 외 재단법인이 이 사건 주식을 증여받아 취득함에 있어 이사회의 의결을 요하지 않는다고 할 것이므로, 이 사건 주식은 공소 외 재단법인에 귀속되었다 할 것이어서 피고인 2 등에 의한 위 주주총회 연기요청은 적법한 주주에 의한 것으로 보기 어렵다. 또한 원심이 인정한 위와 같은 사실관계에 의하더라도 이미 서면에 의한 우편통지의 방법으로 소집통지가 행하여진 주주총회에 대하여 주주총회소집일로부터 불과 3일 전에 이사회가 주주총회연기를 결정한 후 소집통지와 같은 서면에 의한 우편통지방법이 아니라 휴대폰 문자메시지를 발송하는 방법으로 각 주주들에게 통지하고 일간신문 및 주주총회장소에 그 연기를 공고하였을 뿐이므로, 이러한 주주총회의 연기는 적법한 절차에 의한 것으로 볼 수 없어 위 주주총회가 적법하게 연기되었다고 할 수 없다.」

<대판 2011. 6. 24, 2009 다 35033>

「주식회사 대표이사 甲이 乙에게 교부하였던 주식에 대하여 甲 측과 경영권 분쟁중인 乙 측의 의결권행사를 허용하는 가처분결정이 내려진 것을 알지 못한 채 이사회결의를 거쳐 임시주주총회를 소집하였다가 나중에 이를 알고 가처분결정에 대하여 이의절차로 불복할 시간을 벌기 위해 일단 임시주주총회 소집을 철회하기로 계획한 후 이사회를 소집하여 결국 임시주주총회 소집을 철회하기로 하는 내용의 이사회결의가 이루어진 사안에서, 임시주주총회 소집을 철회하기로 하는 이사회결의로 乙 측의 의결권행사가 불가능하거나 현저히 곤란하게 된다고 볼 수 없으므로 위 이사회결의를 무효로 보기 어렵다.」

5. 全員出席總會

법정된 소집절차를 흠결하더라도 총주주가 주주총회의 개최에 동의하여 출석하면 그 총회에서 이루어진 결의는 유효하며, 이것을 전원출석총회라고 한다(동지 : 정찬형, 346쪽, 736쪽; 최기원, 442쪽; 정동윤, 306쪽. 이설 : 이철송, 475-477쪽). 법정된 소집절차는 모두 주주에게 출석의 기회와 준비의 시간을 주기 위한 것이므로, 모든 주주가 그 이익을 포기하고 총회의 개최에 동의한다면 이를 유효한 총회로 인정하여도 무방하기 때문이다.

대법원은 1인 회사의 경우 그 1인 주주가 출석하면 전원총회가 성립하며, 소집절차를 밟을 필요가 없다고 하였고, 더 나아가 실제로 총회개최사실이 없더라도 그 1인 주주에 의하여 의결이 있었던 것으로 주주총회의사록이 작성되었다면, 특별한 사정이 없는 한 그 내용의 결의가 있었던 것으로 볼 수 있다고 하였다.

<대판 1966. 9. 20, 66 다 1187 · 1188>

「주주총회의 소집절차에 관한 법의 규정도 각 주주의 이익을 보호하려는 데 그 목적이 있는 것이므로, 주주총회가 소집권한 없는 자의 소집에 의하여 소집키로 한 이사회의 정족수와 결의절차에 흠결이 있어 주주총회 소집절차가 위법한 것이라 하더라도 1인 주주회사로 그 주주가 참석하여 총회개최에 동의하고 아무 이의 없이 결의한 것이라면, 그 결의 자체를 위법한 것이라 할 수 없다.」(동지 : 대판 1967. 2. 28, 63 다 981).

<대판 1976. 4. 13, 74 다 1755>

「주주회사에 있어서 회사가 설립된 이후 총주식을 한 사람이 소유하게 된 이른바 1인 회사의 경우에는 그 주주가 유일한 주주로서 주식총회에 출석하면 전원총회로서 성립하고, 그 주주의 의사대로 결의가 될 것임이 명백하므로 따로이

총회소집절차가 필요 없다 할 것이고, 실제로 총회를 개최한 사실이 없다 하더라도 1인 주주에 의하여 의결이 있었던 것으로 주주총회의사록이 작성되었다면, 특별한 사정이 없는 한 그 내용의 결의가 없었던 것으로 다툴 수는 없다.」(동지 : 대판 1977. 2. 28, 77 다 1454; 대판 1993. 6. 11, 93 다 8702).

그러나 1인 회사가 아니더라도 전원이 주주총회임을 동의한 이상 소집절차를 밟지 아니하였다 하더라도 유효한 총회로 인정된다.

<대판 1979. 6. 26, 78 다 1794>

「… 특별결의시의 원고회사 주주총회에 원고회사 주주명부상의 주주 7인 전원이 출석하여 만장일치로 결의한 경우라면, 위 주주총회는 이른바 전원출석총회로서 그 결의는 주주총회의 결의로서 유효하다.」

<대판 1993. 2. 26, 92 다 48727>

「주주총회가 법령 및 정관상 요구되는 이사회의 결의 없이 또한 그 소집절차를 생략하여 이루어졌다고 하더라도 주주의 의결권을 적법히 위임받은 수임인과 다른 주주 전원이 참석하여 총회를 개최하는 데 동의하고 아무런 이의 없이 만장일치로 결의가 이루어졌다면, 이 결의는 다른 특별한 사정이 없는 한 유효하다.」(동지 : 대판 1996. 10. 11, 96 다 24309).

6. 總株主의 同意에 의한 召集節次의 생략

총주주가 소집절차를 생략하고 총회를 개최하는 데 동의한 경우에는 결석자가 있더라도 유효한 총회로 인정하여야 할 것이다(동지 : 정동윤, 307쪽; 정찬형, 347쪽). 왜냐하면 이를 인정하더라도 총회소집에 반대하는 주주는 동의하지 않으면 되므로 이것이 소집통지에 관한 주주의 이익을 해할 염려가 없으며, 주주의 수가 소수인 폐쇄회사에서는 실제로 이를 인정할 필요성이 적지 않기 때문이다(유사취지의 판례 : 대판 1992. 6. 23, 91 다 19500). 상법은 유한회사의 사원총회에 관하여 총사원의 동의가 있으면 소집통지 없이 총회를 열 수 있다고 규정하고 있는데(제573조), 주주총회에 관하여도 위 규정을 유추적용할 수 있다고 본다. 2009년 5월 개정법은 자본금 10억 원 미만의 소규모 주식회사의 경우에 주주 전원이 동의하면 소집절차 없이도 주주총회를 개최할 수 있다는 명시적인 규정을 두었다(제363조 제 4 항).

Ⅳ. 總會의 成立과 議事

1. 總會의 成立

주주총회는 소집통지서에 기재된 일시 · 장소에 정족수에 해당하는 주주가 출석하고, 이사가 출석하여야 하며, 의장이 출석주주의 자격을 조사하여 그 결과를 총회에 보고하고, 개회를 선언함으로써 성립한다.

회의 기타의 의사방법은 상법에 명문의 규정이 없으므로 정관 또는 총회 결의가 정한 바에 따른다. 이것이 없으면 관습에 따르고, 관습도 없으면 회의 의사의 일반원칙에 따른다.

총회의 의사에 들어가기 전에 의장은 출석한 주주 또는 그 대리인의 자격심사를 하여야 하며, 총회에서 의결권을 행사할 수 있는 자는 주주명부폐쇄 당시 또는 기준일 현재 주주명부에 기재된 기명주주 또는 주권을 공탁한 무기명주주이며, 그 의결권을 대리행사할 수 있는 자는 유효 · 진정한 위임장을 총회에 제출한 자이다.

주주총회의 성립에 관한 의사정족수는 1995년 개정법에서 폐지되었다 (제368조 제1항 참조).

2. 議　　長

주주총회에서 그 의사를 원활하게 진행시키기 위하여 의장이 필요하다. 총회의 의장은 정관에서 정함이 없는 때에는 총회에서 선임한다(제366조의 2 제1항). 정관에서 정한 의장이 총회출석이 불가능하거나 불신임동의가 제출되어 가결된 경우, 또는 그 직책을 포기한 경우에는 총회에서 임시의장을 선임하여야 한다.

<대판 1983. 8. 23, 83 도 748>

「개회선언된 임시주주총회에서 의안에 대한 심사도 아니한 채 법률상으로나 사실상으로 의사를 진행할 수 있는 상태에서 주주들의 의사에 반하여 대표이사나 이사가 자진하여 퇴장한 경우 임시주주총회가 폐회되었거나 종결되었다고 할 수 없으며, 설령 당시 대표이사가 독단으로 폐회선언을 하고 퇴장하였더라도 의장으로서 적절한 의사운영을 하여 의사일정의 전부를 종료케 하는 등의 직책을 포기하고 그의 권한 및 권리행사를 하지 아니하였다고 볼 것이니, 그 당시 회의장에 남아 있던 총주식수의 과반수 이상의 주주들이 전주주의 동의로써 임시의장

을 선출하여 진행한 임시주주총회의 결의는 적법하다.」

소수주주가 법원의 허가를 얻어 임시주주총회를 직접 소집한 경우(제366조 제2항)에는 정관의 규정에 구애받지 않고 별도로 소집된 총회에서 의장을 선임하여야 한다는 주장이 있었다(정동윤, 328쪽; 최기원, 611쪽). 의장에 관한 정관의 규정은 이사회가 총회를 소집한 경우를 전제로 한 것이기 때문이다. 마찬가지로 법원의 명령에 의하여 대표이사가 총회를 소집한 경우(제467조 제3항)에도 의장은 그 총회에서 선임하여야 한다는 주장이 있었다(최기원, 612쪽). 그런데 2011년 개정에서 그러한 경우 주주총회의 의장은 법원이 이해관계인의 청구나 직권으로 선임할 수 있도록 하였다(제366조 제2항 2문).

의장은 총회의 질서를 유지하고 의사를 정리한다(제366조의2 제2항). 이 경우 의장은 회의체운영의 일반원칙에 따라 의사를 진행하고, 회의장의 질서를 유지하여야 한다. 또한 모든 주주에게 평등하게 발언의 기회를 주어야 하며, 찬반표의 점검을 위하여 필요한 경우에는 투표집계원을 선임하여야 한다.

1999년 상법개정시 도입된 주주총회 의장의 질서유지제도는 주주총회의 의장에게 주주총회의 질서유지권을 부여하여 주주총회의 운영을 원활하게 하기 위한 것이다. 이는 주주총회시 주주들(총회꾼)의 회의질서문란행위로 인하여 주주총회진행을 방해하는 것을 막기 위한 것이다. 따라서 주주총회의 의장은 그 총회장에서 고의로 의사진행을 방해하기 위한 발언 · 행동을 하는 등 질서를 문란하게 하는 자에 대하여 그 발언의 정지나 퇴장을 명할 수 있다(제366조의2 제3항). 의장에게 퇴장명령권을 부여하는 것은 사인의 회의체에 관한 한 위헌이라는 견해가 있다.

그리고 주주총회의 의장은 의사진행을 원활히 하기 위하여 필요하다고 인정할 때에는 주주의 발언시간 및 발언회수를 제한할 수 있다(제366조의2 제2항).

주주총회질서유지와 관련하여 퇴장당한 경우의 정족수산정문제는 의결정족수에서 제외하되, 그 절차에 대해 하자가 있는 경우에는 주주총회결의취소의 소 등의 방법으로 해결하여야 할 것이다. 의장의 권한의 오 · 남용의 경우도 생각해 볼 수 있는데, 이러한 경우에는 주주총회결의취소의 소 등의 방법으로 해결할 수 있을 것이다. 의장의 회의진행방식의 여하, 특히 어떤 안건에 대해 토론에 부치지 않고 밀어부치려고 할 때에 질서유지권을 남용할 여지가 있으므로, 주주에게도 차제에 의안설명청구권을 인정하는 것이 힘의 균형이론으로 보아서 옳다.

3. 決議事項

상법상 의안의 제출권은 원칙적으로 이사회에 있다. 그러나 예외적으로 소수주주가 법원의 허가를 얻어 소집하는 주주총회(제366조 제 2 항)에서는 의안도 소수주주가 결정한다.

주주총회에서 심의할 수 있는 의안은 원칙적으로 소집통지 · 공고에 기재된 회의의 목적사항(제363조 제 2 항 · 제 3 항), 소수주주에 의한 소집의 경우에는 법원의 허가를 받은 사항(제366조 제 2 항)에 한정된다.

<대판 1962. 12. 27, 62 다 473>

「상법 제363조 제 1 항 · 제 2 항의 규정에 의하면 주주총회를 소집함에 있어서는 회의의 목적사항을 기재하여 서면으로 그 통지를 발송하게 되어 있으므로, 주주총회에 있어서는 원칙적으로 주주총회소집을 함에 있어서 회의의 목적으로 한 것 이외에는 결의할 수 없는 것이며, 이에 위배하여 목적사항 이외의 안건을 부여하여 결의하였다면 특별한 사정이 없는 한 상법 제376조 소정의 총회의 소집절차 또는 결의방법이 법령에 위반하는 것으로 보아야 할 것이다.」

총회의 결의로 의제를 삭제할 수는 있으나, 통지서에 기재된 의안 외의 의안을 추가하지는 못한다. 그러나 의안을 수정하여 결의할 수는 있다.

<대판 1969. 2. 4, 68 다 2284>

「청산인을 해임하는 것이 청산종료를 위한 하나의 방법으로서 긴박을 요한다 할지라도 주주총회에서는 소집통지서에 기재된 바 없는 청산인 해임 및 선임에 관한 결의를 할 수는 없는 것이다.」

4. 議事錄의 作成

총회의 의사에는 의사록을 작성하여야 한다(제373조 제 1 항). 의사록에는 의사의 경과요령과 그 결과를 기재하고, 의장과 출석한 이사가 기명날인 또는 서명하여야 한다(제373조 제 2 항).

<대판 1974. 12. 24, 72 다 1532>

「의사록에 특정의 결의가 있었다고 기재되어 있으면, 특별한 사정이 없는 한 일응 그러한 결의가 적법하게 이루어졌다고 추정한다. 주주총회의 특별결의를 요하는 사항에 관한 특별결의서가 존재한다면 특단의 사정이 없는 한 일응 그에

관한 주주총회의 특별결의가 있었다고 추단할 수 있을 것이고, 또 그렇게 추단함에 주주총회의 소집 및 결의절차의 적법성 여부는 고려의 대상이 될 성질의 것이 못된다. 왜냐하면 그것은 주주총회특별결의의 유무에 관한 문제라기보다 그것을 전제로 한 문제로서 비록 소집 및 결의절차에 위법이 있다 할지라도 문제의 주주총회특별결의가 취소되지 않는 한 그 결의의 효력에 영향을 줄 수 없기 때문이다.」

이사는 의사록을 작성하여 본점과 지점에 비치하고, 주주 및 회사채권자의 열람에 제공하여야 한다(제396조 제1항·제2항).

5. 總會의 延期와 續行

총회의 연기란 총회의 성립 후 의사에 들어가기 전에 회일을 후일로 변경하는 것을 말하고, 총회의 속행은 의사에 들어가기는 하였으나 시간 또는 자료의 부족 등으로 심리를 마치지 못하고 나머지 의사를 후일에 계속하는 것이다. 이 경우 전자를 연기회, 후자를 계속회라고 한다. 총회의 연기와 속행은 주주총회의 결의에 의해서 한다(제372조 제1항).

연기회와 계속회는 원래의 총회와 동일하므로 새로 총회의 소집절차를 밟을 필요가 없다(제372조 제2항). 또한 결의사항도 원래의 총회소집을 위한 통지서에 기재한 사항에 한정되고, 의결권의 대리행사를 위한 위임장도 그대로 유효하다. 연기회·계속회에서 의결권을 행사할 수 있는 주주는 원래의 총회에 출석할 수 있었던 주주만이 가능하다.

6. 株主提案權

주주제안제도(shareholder proposal)란 주주총회에서 심의될 의안을 제안할 수 있는 권리를 주주에게 부여하는 것을 말하는데, 1998년 개정법 전까지는 이러한 제도가 없었다. 즉 상법상 주주총회의 의안은 이사회에서 결정하도록 되어 있어 회사의 대주주나 이들에 의해 선임된 이사 이외의 주주는 주주총회의 의안결정에 있어 아무런 영향력을 행사할 수 없도록 되어 있었다. 1997년 개정증권거래법은 주주의 주주총회참가의욕을 제고하고 주주의 의견을 총회에 반영시키는 한편, 주주와 회사경영진 간 및 주주간의 의사소통의 원활을 꾀하기 위하여 상장법인에 주주제안제도를 도입하였다(구 증권거래법 제191조의 14). 현재는 상장회사에 대한 내용도 상법에 규정되어 있다. 즉 6개월 전부터 계속하여 상장회사의 의결권 없는 주식을 제외한 발행주식총수의 1천분의 10(최근 사업연도 말 자본금이 1천억 원 이상인 상장회사의 경우에는 1천분의 5) 이상에 해당하는 주식을 보유한 자는 상법 제363조의 2에 따른 주주제안권을 행사할 수 있다(제542조의 6 제 1 항, 상법시행령 제11조).

1998년 개정법은 의결권 있는 주식의 100분의 3 이상에 해당하는 주식을 가진 주주는 이사에 대하여 주주총회일의 6주 전에 서면으로 일정한 사항을 주주총회의 목적사항으로 할 것을 제안할 수 있다고 규정하여(제363조의 2 제 1 항) 주주제안권을 신설하였다. 주주제안권을 실효성 있게 하기 위해서는 단독주주권으로 하는 것이 타당하다는 주장도 있으나, 이렇게 되면 남용의 우려가 있고 특히 총회꾼에 의한 남용의 위험성이 상당히 많기 때문에 주주제안권제도의 취지와 남용방지 등을 고려하여 소수주주권으로 하는 것이 타당하다 할 것이다. 상장회사에 대한 것과는 달리 지주요건의 충족기간에 대해서는 규정을 하지 않았다.

2009년 1월 개정법은 주주제안권을 행사하는 방법으로 서면 외에 전자문서도 이용할 수 있도록 하였다. 그리고 상장회사의 경우에는 6개월 전부터 계속하여 상장회사의 의결권 있는 발행주식총수의 1천분의 10(대통령령으로 정하는 상장회사의 경우에는 1천분의 5) 이상에 해당하는 주식을 보유한 자에게 주주제안권을 부여하였다.

이사는 주주제안이 있는 경우에는 이를 이사회에 보고하고 이사회는 주주제안에 대해 그 내용이 법령 또는 정관에 위반되는 경우와 대통령령이 정하는 경우를 제외하고는 이를 주주총회의 목적사항으로 하여야 한다(제363조의 2 제 3 항). 이때 대통령령으로 정하는 경우란 주주제안의 내용이 다음 각 호의 어느 하나에 해당하는 경우를 말한다(상법시행령 제12조): ① 주주총회에서 의결권의 100분의 10 미만의 찬성밖에 얻지 못하여 부결된 내용과 동일한 의안을 부결된 날부터 3년 내에 다시 제안하는 경우, ② 주주 개인의 고충에 관한 사항, ③ 주주가 권리를 행사하기 위해서 일정 비율을 초과하는 주식을 보유해야 하는 소수주주권에 관한 사항, ④ 임기 중에 있는 임원의 해임에 관한 사항(상법 제542조의 2 제 1 항에 따른 상장회사만 해당한다), ⑤ 회사가 실현할 수 없는 사항 또는 제안이유가 명백히 거짓이거나 특정인의 명예를 훼손하는 사항. 또한 주주제안을 한 자는 주주총회일의 6주 전에 서면 또는 전자문서로 당해 주주가 제출하는 의안의 요령을 주주총회 소집통지 및 공고에 기재할 것을 청구할 수 있으며, 회사는 주주제안을 한 자의 청구가 있는 경우에는 주주총회에서 당해 의안을 설명할 기회를 주어야 한다(제363조의 2 제 2 항 · 제 3 항).

제2관 議決權

권종호, 경영자감시수단으로서 위임장권유의 효율성, 상사법연구 17.1(1998. 6)/金大永·崔鍾鶴, 주주총회에 있어서 의결권의 대리행사에 관한 연구, KDB 산업경제 18(1994. 9)/金東勳, 주주의 의결권불통일행사에 관한 고찰, 관동대 경영논집 6(1987. 3)/金炳淵, 株主總會에 있어서의 書面投票制度, 企業環境法의 變化와 商事法(孫珠瓚敎授古稀紀念論文集)(1993)/金貞完, 의결권대리 행사제도에 관한 고찰, 전남대 논문집(법·행정학) 30(1985. 12)/金憲武, 의결권대리행사에 있어서 위임장제도, 대구대 사회문화연구 3(1984. 3)/金興洙, 특수한 이해관계가 있는 주주의 의결권행사, 연세법학연구 2(1992. 8)/朴相祚, 株主의 議決權行使에 있어서 委任狀制度에 관한 연구, 고려대 박사학위논문(1981)/安東燮, 위임장권유제도의 개선방법, 經濟法·商事法論集(孫珠瓚敎授停年紀念論文集)(1989)/安東燮, 의결권대리행사제도의 개선방안, 現代商事法의 諸問題(李允榮先生停年紀念論文集)(1988)/梁東錫, 의결권 대리행사와 위임장권유, 조선대 사회과학연구 13(1990. 6)/禹洪九, 서면투표에 의한 의결권행사, 司法行政 353(1990. 5)/李允榮, 주식회사의 의결권의 지위, 商法論集(鄭熙喆先生華甲紀念論文集)(1979)/李虎乘, 의결권의 대리행사에 관한 연구 : 의결권대리행사의 행정규제, 단국대 박사학위논문(1992)/任忠熙, 의결권의 대리행사에 관한 소고, 수선논집 10(1986. 1)/鄭容相, 美國法上 議決權差等化에 관한 規制, 商事法論叢(姜渭斗博士華甲紀念論文集)(1996)/鄭燦亨, 의결권 없는 주식(무의결권주식)에 관한 연구, 고려대 법학논집 28(1992. 12)/鄭熙喆, 의결권제한제도의 비교법적 고찰, 서울대 법학 47(1981. 11)/周基種, 주주의 의결권불통일행사에 관한 고찰, 청주대 우암논총 5(1989. 2).

Ⅰ. 意 義

의결권이란 주주가 주주총회에 출석하여 결의에 참가할 수 있는 권리를 말한다. 주주는 주주총회의 권한에 속하는 사항에 대하여 의결권을 통한 찬부의 의사를 표시함으로써 회사의 의사결정에 참여하게 된다. 따라서 의결권은 이익배당청구권(자익권)과 함께 주주가 가지는 가장 중요한 권리(공익권)이다.

의결권은 회사의 관리경영에 참가하는 권리로서 공익권에 속한다. 이것은 이른바 주주의 고유권으로서 법률에 다른 규정이 있는 경우가 아니면 정관 또는 주주총회의 결의로도 완전히 박탈하거나 제한하지 못한다. 또한 의결권은 주주의 자익권을 확보하기 위하여 재산권적·비개인적 성질을 갖고 있기 때문에 이를 양도하거나 신탁적으로 위임할 수 있다.

<대판 1985. 12. 10, 84 다카 319>
「자익권은 자유롭게 처분할 수 있는 것이고, 그 중 공익권이라 하여 그 처분이 제한되는 것은 아니다.」

Ⅱ. 議決權의 數

1. 一株一議決權의 原則

모든 주주는 1주마다 1개의 의결권을 갖는다(제369조 제1항). 이것을 1주 1의결권의 원칙이라 한다. 이와 같이 의결권의 수가 주주의 두수가 아니고 지주수, 즉 주주의 자본참가의 크기에 비례해서 정해지는 것은 주식회사를 자본집중에 가장 적합한 것으로 하는 기본적 원리이다.

<대판 2009. 11. 26, 2009 다 51820>
「상법 제369조 제1항에서 주식회사의 주주는 1주마다 1개의 의결권을 가진다고 하는 1주 1의결권의 원칙을 규정하고 있는바, 위 규정은 강행규정이므로 법률에서 위 원칙에 대한 예외를 인정하는 경우를 제외하고, 정관의 규정이나 주주총회의 결의 등으로 위 원칙에 반하여 의결권을 제한하더라도 그 효력이 없다.」

2. 一株一議決權原則에 대한 例外

(1) 複數議決權이 인정되는 경우 1998년 개정법은 소주주의 이익을 대표하는 이사의 선임이 가능하도록 하기 위하여 집중투표제도를 도입하였는데, 이에 의하면 2인 이상의 이사선임시 각 주주는 1주마다 선임할 이사수만큼의 의결권을 갖게 되고, 이를 이사후보자 1인에게 집중행사하거나 수인에게 분산하여 행사할 수 있다. 집중투표제는 1주 1의결권원칙에는 맞지 않지만, 모든 주식에 대해 평등하게 복수의 의결권을 부여하는 것이므로 주식(주주) 평등의 원칙에 위반되는 것은 아니다.

(2) 議決權이 인정되지 않는 경우 상법은 또한 1주 1 의결권원칙에 대한 예외로서 의결권이 없는 주식(제370조 제1항), 회사의 자기주식(제369조 제2항), 특별이해관계인의 의결권(제368조 제3항), 감사선임결의에서 의결권이 없는 주식을 제외한 발행주식총수의 100분의 3을 초과하는 주식을 가진 주주의 의결권(제409조 제2항), 회사 상호간에 다른 회사의 발행주식총수의 10분의 1을 초과하는 주식을 소

유하는 경우의 의결권(제369조 제3항) 등을 규정하고 있는데, 이 경우에는 의결권이 제한된다.

Ⅲ. 議決權의 行使

주주는 그의 의결권을 자유로이 행사할 수 있다. 그러므로 회사에 불리하게 의결권을 행사하여도 아무런 책임을 지지 않는다. 그러나 의결권의 행사로 인하여 소수파주주를 해하게 되는 의결권남용의 경우에는 이러한 의결권행사자유의 원칙이 부정된다.

의결권은 주주 자신이 직접 행사하거나 또는 자신의 대리인으로 하여금 행사하게 할 수 있으며, 주주가 직접 의결권을 행사하는 경우에는 주주명부의 폐쇄 당시 또는 기준일 현재에 주주명부상에 주주로 기재되어 있으면 주권의 제시 없이 의결권을 행사할 수 있다.

<대판 1964. 4. 24, 63 다 561>

「주주총회에서 의결권을 행사할 수 있는 주주는 주주명부에 그 성명·주소를 기재하고, 증권에 그 성명을 기재한 주권을 소유한 주주이면 족한 것이다.」

1. 議決權의 代理行使

(1) 代理行使의 自由 주주는 그의 의결권을 대리인을 통하여 행사할 수 있다(제368조 제2항). 이를 인정하는 이유는 주주의 개성이 중시되지 않기 때문이며, 또 주주의 의결권행사를 손쉽게 하기 위함이다(동지: 정동윤, 315쪽; 최기원, 589쪽). 따라서 정관으로 의결권의 대리행사를 금지하거나 부당하게 제한할 수 없다.

<대판 2009. 4. 23, 2005 다 22701·22718>

「주주의 자유로운 의결권행사를 보장하기 위하여 주주가 의결권의 행사를 대리인에게 위임하는 것이 보장되어야 한다고 하더라도 주주의 의결권행사를 위한 대리인선임이 무제한적으로 허용되는 것은 아니고, 그 의결권의 대리행사로 말미암아 주주총회의 개최가 부당하게 저해되거나 혹은 회사의 이익이 부당하게 침해될 염려가 있는 등의 특별한 사정이 있는 경우에는 회사가 이를 거절할 수 있다.」

(2) 代理行使의 方法 주주가 대리인에 의하여 의결권을 행사하는 경우에는 대리인은 대리권을 증명하는 서면(위임장)을 총회에 제출하여야 한

다(제368조 제 2 항).

<대판 1995. 2. 28, 94 다 34579>

「상법 제368조 제 3 항에서 '그 대리권을 증명하는 서면'은 위조나 변조를 쉽게 식별할 수 있는 원본이어야 하고, 특별한 사정이 없는 한 사본은 그 서면에 해당하지 않는다.」

<대판 2009. 5. 28, 2008 다 85147>

「상법 제368조 제 3 항은 "주주는 대리인으로 하여금 그 의결권을 행사하게 할 수 있다. 이 경우에는 그 대리인은 대리권을 증명하는 서면을 총회에 제출하여야 한다"고 규정하고 있는바, 여기서 '대리권을 증명하는 서면'이라 함은 위임장을 일컫는 것으로서 회사가 위임장과 함께 인감증명서 · 참석장 등을 제출하도록 요구하는 것은 대리인의 자격을 보다 확실하게 확인하기 위하여 요구하는 것일 뿐, 이러한 서류 등을 지참하지 아니하였다 하더라도 주주 또는 대리인이 다른 방법으로 위임장의 진정성 내지 위임의 사실을 증명할 수 있다면 회사는 그 대리권을 부정할 수 없다고 할 것이고, 한편 회사가 주주 본인에 대하여 주주총회 참석장을 지참할 것을 요구하는 것 역시 주주 본인임을 보다 확실하게 확인하기 위한 방편에 불과하므로, 다른 방법으로 주주 본인임을 확인할 수 있는 경우에는 회사는 주주 본인의 의결권행사를 거부할 수 없다.」

하나의 위임장으로 수 개의 총회에 대하여 포괄적으로 대리권을 수여하는 것은 허용되지 않는다. 이것은 대리권의 수여에 대하여 주주에게 판단할 기회를 주기 위함과 동시에 그 위임장이 회사의 경영자 등에 의하여 회사지배의 수단으로 이용되는 것을 방지하기 위함이다. 그러나 하나의 총회에 있어서 구체적이고 개별적인 사항에 국한하여 위임할 수 있다는 의미가 아니라, 이 때에는 일정한 사항에 관하여 포괄적으로 위임할 수 있다(동지: 정동윤, 315쪽).

그런데 우리 대법원(대판 2002. 12. 24, 2002 다 54691)은 7년간의 의결권 위임이 유효하다는 전제에서 판단을 한 것이 있고, 또 의결권의 행사를 구체적이고 개별적인 사항에 국한하여 위임하여야 한다고 해석하여야 할 근거는 없고 포괄적으로 위임할 수 있다는 입장(대판 1969. 7. 8, 69다688; 대판 2014. 1. 23, 2013 다 56839)에 서 있다.

<대판 1969. 7. 8, 69 다 688>

「주식회사에 있어서 주주권의 행사를 위임함에는 구체적이고 개별적인 사항에

국한한다고 해석하여야 할 근거는 없고 주주권행사를 포괄적으로 위임할 수 있다고 하여야 할 것이며, 포괄적 위임을 받은 자는 그 위임자나 회사재산에 불리한 영향을 미칠 사항이라고 하여 그 위임된 주주권행사를 할 수 없는 것이 아니다.」

<대판 2002.12.24, 2002 다 54691>
「원○○이 1998.8.3. 향후 7년간 주주권 및 경영권을 포기하고 주식의 매매와 양도 등을 하지 아니하며 원고 유○○에게 정관에 따라 주주로서의 의결권 행사 권한을 위임하기로 약정하였고, 이에 따라 원고 유○○이 원○○의 주주로서의 의결권을 대리행사할 수 있게 되었지만, 이러한 사정만으로는 원용선이 주주로서의 의결권을 직접 행사할 수 없게 되었다고 볼 수 없다.」

<대판 2014.1.23, 2013 다 56839>
「상행위로 인하여 생긴 채권을 담보하기 위하여 주식에 대하여 질권이 설정된 경우에 질권자가 가지는 권리의 범위 및 그 행사 방법은 원칙적으로 질권설정계약 등의 약정에 따라 정하여질 수 있고, 위와 같은 질권 등 담보권의 경우에 담보제공자의 권리를 형해화하는 등의 특별한 사정이 없는 이상 담보권자가 담보물인 주식에 대한 담보권 실행을 위한 약정에 따라 담보제공자인 주주로부터 의결권을 위임받아 그 약정에서 정한 범위 내에서 의결권을 행사하는 것도 허용된다.」

주주는 전에 수여한 의결권의 대리행사를 위한 위임장을 자유로이 철회할 수 있다. 따라서 타인에게 대리권을 수여한 주주가 스스로 총회에 출석한 때에는 이에 의하여 전의 대리권수여는 철회되었다고 해석하여야 하고, 동일한 주식에 대하여 수인에게 대리권을 수여한 때에는 후의 대리권수여에 의하여 전의 대리권수여는 철회된 것으로 인정된다. 그러나 철회를 위하여는 위임장을 회수하여야 하고, 그렇지 못한 경우에는 그 철회로서 회사에 대항하지 못한다.

(3) 代理人의 資格制限 회사는 정관으로 회사와는 아무런 관계가 없거나 회사와 상반되는 이해관계를 갖는 제 3 자의 총회참가를 막기 위하여 대리인의 자격을 제한할 수 있다. 즉 대리인의 자격을 주주 또는 내국인으로 제한하거나 이사와 감사는 대리인이 될 수 없다고 정할 수 있다(동지 : 정찬형, 354쪽; 정동윤, 316쪽; 최기원, 590쪽. 이설 : 이철송, 493쪽). 그러나 이러한 대리인의 자격제한으로 사실상 주주의 의결

권행사가 곤란하게 되거나 금지되는 결과가 되면, 그 제한은 허용되지 않는다.

<대판 2009. 4. 23, 2005 다 22701>

「상법 제368조 제 3 항의 규정은 주주의 대리인의 자격을 제한할 만한 합리적인 이유가 있는 경우에는 정관의 규정에 의하여 상당하다고 인정되는 정도의 제한을 가하는 것까지 금지하는 취지는 아니라고 해석되는바, 대리인의 자격을 주주로 한정하는 취지의 주식회사의 정관규정은 주주총회가 주주 이외의 제 3 자에 의하여 교란되는 것을 방지하여 회사이익을 보호하는 취지에서 마련된 것으로서 합리적인 이유에 의한 상당한 정도의 제한이라고 볼 수 있으므로, 이를 무효라고 볼 수는 없다. 그런데 위와 같은 정관규정이 있다 하더라도 주주인 국가, 지방공공단체 또는 주식회사 소속의 공무원, 직원 또는 피용자 등이 그 주주를 위한 대리인으로서 의결권을 대리행사하는 것은 허용되어야 하고, 이를 가리켜 정관규정에 위반한 무효의 의결권대리행사라고 할 수는 없다.」

(4) 代理行使의 勸誘 의결권의 대리행사는 실제로는 주주총회에 앞서 회사가 소집통지를 함에 있어서 백지위임장을 주주에게 송부하여 위임장을 받아 회사의 경영자 또는 제 3 자를 수임자로 하여 의결권을 대리행사하는 방법으로 행하여지고 있다. 이 경우 회사가 위임장을 송부함으로써 하는 대리행사의 권유는 의결권의 대리행사를 목적으로 하는 위임계약의 청약이고, 주주의 위임장반송은 이에 대한 승낙으로 보아야 한다. 따라서 위임장을 반송받은 회사는 반드시 의결권을 행사하여야 할 의무를 부담한다(동지: 정동윤, 317쪽; 이철송, 498쪽). 이러한 의결권의 대리행사의 권유는 주주가 적극적으로 의결권의 대리행사를 위임하는 것을 기대할 수 없고, 정족수를 요하는 결의의 성립이 곤란하게 되거나 불가능하게 되는 것을 방지하기 위하여 행하여진다. 그러나 이와 같은 백지위임장의 이용에 의한 의결권의 대리행사를 그대로 방치하면 의결권이 주주의 의사에 반하여 행사되거나 경영자의 지배권유지 등의 개인적 이익을 위하여 남용될 위험이 있다. 상법은 의결권대리행사의 권유에 관하여 아무런 규정을 두고 있지 않으나, 자본시장법은 상장주식에 한하여 주주의 보호를 위하여 일정한 규제를 하고 있다. 즉 상장주권의 의결권 대리행사의 권유를 하고자 하는 자는 그 권유에 있어서 그 상대방에게 대통령령으로 정하는 방법에 따라 위임장용지 및 참고서류를 교부하여야 한다(자본시장법 제152조 제 1 항, 자본시장법시행령 제160조). 이러한 위임장용지는 주주총회의 목적사항 각 항목에 대하여 의결권피권유자

가 찬반을 명기할 수 있도록 하여야 한다(자본시장법 제152조 제 4 항). 의결권권유자는 위임장용지에 나타난 의결권피권유자의 의사에 반하여 의결권을 행사할 수 없다(자본시장법 제152조 제 5 항). 그리고 의결권권유자는 자본시장법 제152조에 따라 위임장용지 및 참고서류를 의결권피권유자에게 제공하는 날 5일 전까지 이를 금융위원회와 거래소에 제출하여야 하며, 총리령으로 정하는 장소에 이를 비치하고 일반인이 열람할 수 있도록 하여야 한다(자본시장법 제153조). 또한 위임장권유내용의 진실성을 보장하기 위한 규제로서 의결권권유자는 위임장용지 및 참고서류 중 의결권피권유자의 의결권위임 여부 판단에 중대한 영향을 미칠 수 있는 사항에 관하여 거짓의 기재 또는 표시를 하거나 의결권위임관련 중요 사항의 기재 또는 표시를 누락하여서는 아니 된다(자본시장법 제154조). 나아가 금융위원회는 위임장용지 및 참고서류의 형식을 제대로 갖추지 아니한 경우, 또는 위임장용지 및 참고서류 중 의결권위임관련 중요 사항에 관하여 거짓의 기재 또는 표시가 있거나 의결권위임관련 중요 사항이 기재 또는 표시되지 아니한 경우에는 그 이유를 제시하고, 위임장용지 및 참고서류를 정정하여 제출할 것을 요구할 수 있다(자본시장법 제156조 제 1 항). 금융위원회와 거래소는 자본시장법 제152조에 따른 위임장용지 및 참고서류, 제155조에 따른 서면 및 제156조에 따른 정정내용을 그 접수일부터 3년간 비치하고, 인터넷 홈페이지 등을 이용하여 공시하여야 한다(자본시장법 제157조). 그리고 금융위원회는 투자자보호를 위하여 필요한 경우에는 의결권권유자, 그 밖의 관계인에 대하여 참고가 될 보고 또는 자료의 제출을 명하거나, 금융감독원장에게 그 장부 · 서류, 그 밖의 물건을 조사하게 할 수 있다(자본시장법 제158조 제 1 항 1문).

<대판 2009. 4. 23, 2005 다 22701 · 22718>

「증권예탁원에 대한 의결권대리행사 신청이 비록 구 증권거래법(2002. 1. 26. 법률 제6623호로 개정되기 전의 것) 제174조의 6 제 5 항에 정한 주주총회회일의 5일 전이라는 시한을 넘겨 도착하였다 하더라도 증권예탁원이 그 신청취지에 따라 의결권을 대리행사하겠다고 승낙하고 주주총회에서 실제 그 취지에 따라 의결권의 대리행사가 이루어진 경우에는 특별한 사정이 없는 한 그와 같은 증권예탁원의 의결권대리행사를 가리켜 무효라고 할 수는 없다.」

2. 議決權의 不統一行使

(1) 意 義 주주가 2개 이상의 의결권을 가지는 경우에 그 의결

권을 반드시 통일적으로 행사할 필요는 없다. 일부는 찬성하는 쪽으로, 나머지 일부는 반대하는 쪽으로 행사할 수 있다. 이것을 의결권의 불통일행사라고 한다(제368조의 2 제 1 항).

주식이 신탁된 경우나 주권예탁결제제도가 행하여지는 경우와 같이 명의상의 주주와 실질상의 주주가 분리되어 있어 명의상의 주주가 실질상의 주주의 요구대로 의결권을 행사하는 것이 타당한 경우라든가, 단체소유의 주식에 관하여 단체내부의 의견대립이 있는 경우 등에는 의결권불통일행사를 인정할 필요가 있다. 1948년 영국회사법 제138조와 구 일본상법 제293조의 2에 따라 1984년 개정상법에서 이를 신설하였다.

(2) 節 次 주주가 의결권을 불통일행사하고자 하는 경우에는 주주총회일의 3일 전에 회사에 대하여 서면 또는 전자문서로 그 뜻과 이유를 통지하여야 한다(제368조의 2 제 1 항). 이는 3일 전까지 회사에 도달하여야 한다는 의미이다. 그런데 그 이후에 도달하여도 특별한 사정이 없는 한 회사가 불통일행사를 인정하는 것이 무방하다는 것이 판례의 입장이다(대판 2009. 4. 23, 2005 다 22701, 22718). 통지에 기재하여야 할 이유는 회사가 불통일행사를 허용할 것인가 아닌가를 판단할 수 있을 정도면 족하다. 그러나 통지는 특정총회마다 할 필요는 없고, 장래의 주주총회를 포함하여 포괄적으로 통지하는 것도 가능하다(동지 : 정찬형, 359쪽; 정동윤, 319쪽. 이설 : 이철송, 492쪽). 이유의 기재가 없는 통지는 부적합하고, 회사는 그 불통일행사를 거부할 수 있다. 다만, 적법한 통지는 주주의 의결권불통일행사를 위한 조건이지 요건은 아니기 때문에 통지가 없다고 하더라도 회사는 그와 같은 주주에게도 불통일행사를 인정할 수 있고(이설 : 정희철, 452쪽; 정동윤, 319쪽; 최기원, 597쪽; 이철송, 492쪽), 회사가 불통일행사를 인정하는 한 적법한 통지가 없었다는 이유로 그 의결권행사가 무효로 되거나 결의취소의 원인이 되는 것은 아니다(정찬형, 357쪽. 이설 : 정희철, 452쪽; 정동윤, 319-320쪽; 최기원, 597쪽; 이철송, 492쪽). 불통일행사의 뜻을 통지한 주주가 총회에서 의결권을 통일적으로 행사하는 것은 가능하다(동지 : 정동윤, 321쪽; 이철송, 492쪽).

<대판 2009. 4. 23, 2005 다 22701>

「상법 제368조의 2 제 1 항은 “주주가 2 이상의 의결권을 가지고 있는 때에는 이를 통일하지 아니하고 행사할 수 있다. 이 경우 회일의 3일 전에 회사에 대하여 서면으로 그 뜻과 이유를 통지하여야 한다”고 규정하고 있으나, 위와 같은 3일의 기간이 부여된 취지에 비추어 보면, 비록 불통일행사의 통지가 주주총회회일의 3일 전이라는 시한보다 늦게 도착하였다고 하더라도 회사가 스스로 총회운영

에 지장이 없다고 판단하여 이를 받아들이기로 하고, 이에 따라 의결권의 불통일행사가 이루어진 것이라면, 그것이 주주평등의 원칙을 위반하거나 의결권행사의 결과를 조작하기 위하여 자의적으로 이루어진 것이라는 등의 특별한 사정이 없는 한 그와 같은 의결권의 불통일행사를 위법하다고 볼 수는 없다.」

(3) 不統一行使의 拒否　적법한 통지를 받은 경우에도 주주가 신탁을 인수하였거나 기타 타인을 위하여 주식을 가지고 있는 경우 외에는 회사는 주주에 의한 의결권의 불통일행사를 거부할 수 있다(제368조의 2 제 2 항). 타인을 위하여 주식을 가지고 있는 경우란 타인의 이익을 위하여 또는 타인의 계산으로 주식을 소유하고 있는 경우로서 명의상의 주주와 실질상의 주주가 다른 때를 말한다. 전술한 주식신탁의 경우는 증권투자신탁의 경우, 또는 주권예탁결제의 경우 등을 그 예로 들 수 있다.

그 밖에 주식을 공유하는 경우 주식의 일부를 양도하였으나 주주명부의 폐쇄기간중이기 때문에 명의개서를 청구할 수 없는 경우에 현재 명의자인 주주가 자기소유주식과 양수인소유주식에 대해서 의결권을 불통일행사하는 경우, 이른바 실기주의 경우, 상속재산이 분할되었으나 주주명부상으로는 공동상속인의 공유로 기재된 경우 및 명의대여의 경우 등 회사에 대한 관계에서 명의상의 주주와 실질상의 주주가 다른 경우도 타인을 위하여 주식을 가지는 경우에 포함된다고 해석한다.

타인을 위하여 주식을 가지고 있는 자인가 아닌가는 통지에 기재된 이유에 의하여 판단된다. 기재된 이유가 타인을 위하여 주식을 소유한다는 내용이 아닌 경우, 또는 허위의 내용인 경우에는 회사는 그 불통일행사를 거부할 수 있다(동지: 정동윤, 320쪽). 회사가 적법하게 불통일행사를 거부한 경우 주주는 의결권을 불통일행사할 수 없고, 그럼에도 불구하고 불통일행사한 경우에는 의결권행사의 전부가 무효로 된다(동지: 정동윤, 321쪽; 최기원, 598쪽). 이와 반대로 회사의 거부가 위법한 때에는 주주는 유효하게 불통일행사를 할 수 있다.

<대판 2001. 9. 7, 2001 도 2917>

「주주가 자신이 가진 복수의 의결권을 불통일행사하기 위하여는 회일의 3일 전에 회사에 대하여 서면으로 그 뜻과 이유를 통지하여야 할 뿐만 아니라, 회사는 주주가 주식의 신탁을 인수하였거나 기타 타인을 위하여 주식을 가지고 있는 경우 외에는 주주의 의결권불통일행사를 거부할 수 있는 것이므로, 주주가 위와

같은 요건을 갖추지 못한 채 의결권불통일행사를 위하여 수인의 대리인을 선임하고자 하는 경우에는 회사는 역시 이를 거절할 수 있다.」

(4) 效 果 불통일행사가 적법하게 이루어진 때에는 각각 유효한 의결권행사가 되므로 찬성과 반대의 수에 산입한다.

3. 書面投票/書面決議

의결권의 대리행사의 경우에는 그 대리인이 반드시 주주의 의향을 좇아 의결권을 행사한다고 볼 수는 없다. 즉 위임장제도가 주주의 의사를 완전하게 반영하지는 못한다. 따라서 주주의 의사를 그대로 반영할 수 있는 제도로서 서면투표제도를 채택하는 것이 요청되었다. 서면투표제도란 주주총회의 소집통지에 주주가 의결권을 행사할 수 있도록 투표용지를 첨부하여 보내고, 주주가 총회에 출석할 수 없을 때에는 위 투표용지에 필요한 사항을 기재하여 회일의 전일까지 회사에 제출하는 것을 말한다. 서면에 의한 의결권행사를 인정하는 실질적인 이유는 서면에 의한 의결권행사를 인정함으로써 주주가 회사운영에 관여할 수 있는 기회를 보장하기 위해서이다. 주주의 권익을 보호하고, 주주총회의 운영을 개선하기 위하여 1999년 개정상법에서 주주총회에 있어서도 서면투표제도를 도입하였다(제368조의 3). 같은 자본회사인 유한회사는 총사원의 동의가 있는 경우에 한하여 서면결의가 인정된다(제577조). 그러나 서면에 의한 의결권행사를 상법에 규정하기보다는 주주총회가 가지는 진정한 의미를 고려하여 정관에 의하도록 하는 것이 좋으며, 서면에 의한 의결권을 위해 주주에게 보내 주어야 하는 서류 때문에 비용문제를 고려하여야 한다. 이에 1999년 개정상법에서는 정관이 정하는 바에 따라 자율적으로 하도록 하였다.

2009년 5월 개정에서는 자본금이 10억 원 미만인 소규모 회사의 경우 총주주의 동의에 의하여 소집절차의 생략도 가능하도록 한 것에서 더 나아가 주주 전원의 서면동의로써 주주총회의 결의에 갈음할 수 있도록 하였다(제363조 제4항). 상법상 주주총회 소집절차를 흠결한 때 결의취소 또는 결의부존재 사유가 되나(제376조, 제380조), 판례가 주주총회 소집절차가 없어도 총주주가 주주총회의 개최에 동의하여 출석한 경우에는 전원출석총회의 효력을 인정하고 있는 점(대판 1993. 3. 26, 92 다 48727) 등을 고려하면 전원서면결의로 하는 주주총회에 대해 허용하여야 할 것이다. 왜냐하면 주주 전원이 만장일치로 서면에 의한 주주총회를 합의할 때에는 모든 주주가 찬성하고 있으므로 문제될 것이 없기 때문이다.

이에 2009년 개정에서 자본금 10억 원을 기준으로 하여 주주 수가 적은 소규모 폐쇄회사의 경우에는 총 주주 전원이 회사에 대하여 파악하고 있는 점을 근거로 서면결의를 인정함으로써 간이화한 것이다. 상법 제363조 제 4 항의 서면에 의한 결의는 주주총회의 결의와 같은 효력이 있다(제363조 제 5 항). 그리고 서면에 의한 결의에 대하여는 주주총회에 관한 규정을 준용한다(제363조 제 6 항). 그 밖에 일부서면결의의 경우에는 주주총회를 반드시 열도록 하여야 할 것이다. 일부주주가 서면에 의한 주주총회를 반대하면 이들 주주에게 총회를 열어 주주총회의 사항에 대해 토론하고 질의할 수 있는 기회를 주는 것이 주주총회의 본질이므로, 일부주주가 서면결의에 의한 주주총회를 반대하면 주주총회를 열도록 할 필요가 있기 때문이다.

미국의 대부분의 주에서는 주주총회를 개최하지 않고 전주주의 서면동의에 의하여 총회의 결의를 대신할 수 있음을 규정하고 있다. 홈페이지의 보급화와 암호화기술의 발달 등으로 전자서명이 가능하게 된 이상 기술적인 문제는 충분히 해결할 수 있을 것이다. 또한 주주의 입장에서도 충분히 홈페이지를 통해서 정보를 얻고, 회사의 입장에서도 게시판이나 주주간에 논쟁할 수 있는 사이버상의 공간을 마련하여 서로 토론을 하게 하고, 정보를 공유할 수 있도록 한다면 소수주주권의 행사가 훨씬 쉬워질 것이고, 회사도 홈페이지를 적극 활용한다면 비용을 많이 절감할 수 있을 것이다. 즉 정보통신환경의 발달로 전자적 방법에 의한 주주총회개최가 가능해졌으나, 이를 입법적으로 뒷받침하지 못하고 있었다. 주주가 주주총회에 출석하지 아니하고도 전자적 방법으로 의결권을 행사할 수 있도록 전자투표제를 도입하는 것이 필요하였던바, 2009년 5월 상법개정에서 이를 도입하였다(제368조의 4 신설).

4. 電子的 方法에 의한 議決權行使

정보통신환경의 발달로 전자적 방법에 의한 주주총회개최가 가능해졌으나, 종래 이를 입법적으로 뒷받침하지 못하고 있었다. 1999년 개정법이 서면투표제도를 도입할 당시에도 전자적 방법에 의한 의결권행사를 도입해야 한다는 논의가 활발하였다. 홈페이지보급의 일반화와 암호화기술의 발달 등으로 전자서명이 가능하게 된 이상 기술적인 문제는 충분히 해결가능하며, 주주의 입장에서는 홈페이지를 통해서 충분한 정보를 얻을 수 있고 게시판이나 주주 간에 논쟁할 수 있는 사이버상의 공간을 마련하여 서로 토론을 하면 정보공유를 통해 소수주주권의 행사가 훨씬 쉬워질 것이며, 시간적 · 지리적인 어려움으로 총회참석이 어려운 경우에도 의결권행사가 가능하게 되어 주주의 총회참여를 유도할 수 있을 것이기 때문이다. 회사의 입장에서도 주주총회개최에 따른 비용과 시간을 절약할 수 있다는 장점이 있다. 이에 2009년 5월 상법개정에서 주주가 주주총회에 출석하지 아니하고도 전자적 방법으로 의결권을 행사할 수 있도록 전자투표제를 도입하였다. 즉 회사는 이사회의 결의로 주주가 총회에 출석하지 아니하고, 전자적 방법으로 의결권을 행사할 수 있음을 정할 수 있도록 한 것이다(제368조의 4 제 1 항). 이때 회사는 상법 제363조에 따라 소집통지나 공고를 할 때에 주주가 상법 제368조의 4 제 1 항에 따른 방법으로 의결권을 행사할 수 있다는 내용을 통지하거나 공고하여야 한다(제368조의 4 제 2 항). 회사가 상법 제368조의 4 제 1 항에 따라 전자적 방법에 의한 의결권행사를 정한 경우에 주주는 주주확인절차 등 대통령령으로 정하는 바에 따라 의결권을 행사하여야 한다. 이 경우 회사는 의결권행사에 필요한 양식과 참고자료를 주주에게 전자적 방법으로 제공하여야 한다(제368조의 4 제 3 항). 그리고 동일한 주식에 관하여 상법 제368조의 4 제 1 항 또는 상법 제368조의 3 제 1 항에 따라 의결권을 행사하는 경우, 전자적 방법 또는 서면 중 어느 하나의 방법을 선택하여야 한다(제368조의 4 제 4 항). 또한 회사는 의결권행사에 관한 전자적 기록을 총회가 끝난 날부터 3개월간 본점에 갖추어 두어 열람하게 하고, 총회가 끝난 날부터 5년간 보존하여야 한다(제368조의 4 제 5 항). 주주확인절차 등 전자적 방법에 의한 의결권행사의 절차와 그 밖에 필요한 사항은 대통령령으로 정하도록 하였다(제368조의 4 제 6 항). 2020년 1월 29일 상법시행령이 개정되어(대통령령 제30363호) 전자투표와 관련한 사항이 개정되었다. 1) 개정전 법령상 전자투표 행사 및 인증 수단으로 공인전자서명만 인정하고 있어 주주들의 불편을 초래하므로 외국 거주자를 포함한 모든 주주들에게 다양한 인증수단을 활용하여 주주를 확인할 수 있도록 공인인증기관 또는 그 외의 본인확인기관을 통해 주주 본인임을 확인하고 전자서명을 이용하여 전자투표를 하도록 하였다(상법시행령 제13조 제1항). 2) 전자투표 변경 · 철회 금지 조항을 삭제하여 전자투표 기간 중에는 전자투표에 의한 주주의 의결권 행사를 변경 또는 철회할 수 있도록 하였다(구 상법시행령 제13조 제 3 항 삭제). 3) 전자투표 기간 중 주주에게 전자투표와 관련된 정보를 한 번 더 통지할 수 있는 근거를 마련하여 주주의 전자투표 참여와 이용편의성을 제고하도록 하였다(상법시행령 제13조 제6항).

전자투표제도 등을 도입하는 기본적인 취지는 주주들의 참여를 활성화시키기 위한 것이다. 주주총회 의결권 행사와 관련한 주변환경도 변하고 있다. 즉 전자투표제도가 도입된 2009년과 비교할 때 오늘날 ICT기술은 비약적으로 발전하였다. 모든 생활에서 ICT기술의 활용은 이미 보편화되어 있고, 더 나아가 사물인터넷[Internet of Things](IoT)으로 진화하고 있다. 전자투표제도는 상법상 위임장권유, 서면투표제도 및 그림자투표(shadow voting)제도와의 관련성을 고려하여 검토하는 것이 필요하다. 섀도보팅(그림자투표)은 2017년 말 폐지되었다. 이로 인하여 감사선임을 위한 의결정족수를 채우는 것이 특히 문제가 되고 있다. 문제해결을 위한 방안으로 대두되는 것이 주주총회의 분산 개최, 전자투표와 전자의결권위임의 활성화, 주주총회의 의결정족수를 낮추는 방안 등이다. 2018년 정기 주주총회에서 의결정족수 부족으로 곤란을 겪은 상장사는 66곳이었다. 이들 기업이 처리하지 못한 주주총회 안건은 96건이었다. 2017년(9건)에 비해 10배 정도 증가하였다. 2019년 2월 26일까지 전자투표제를 도입한 상장사는 1,331곳(전체 상장사의 63%)이다. 그런데 전자투표제의 실효성에는 의문이 제기되고 있는 상황이다. 2018년 7월 기준으로 하여 전자투표를 이용한 주주 수는 전체 대상자의 0.5%에 그쳤다. 전자투표로 의결권을 행사한 비율은 주식 수 기준으로 3.76%(기관투자가 포함)이었다. 주주의 주주총회에의 참여를 높여 실효성과 민주성을 확보할 수 있도록 다각도로 노력을 기울여야 한다.

Ⅳ. 議決權行使의 制限

1. 議決權 없는 株式

의결권 없는 종류주식을 가진 주주는 원칙적으로 의결권을 갖지 못한다. 또한 의결권 없는 주주는 의결권뿐만 아니라 의결권을 전제로 한 권리, 즉 주주총회에의 소집통지를 받을 권리(제363조 제7항 본문), 주주총회에 출석하여 의견을 진술할 권리(제371조 제1항 참조)도 갖지 못한다. 다만 반대주주의 주식매수청구권이 인정되는 경우는 소집통지를 받게 된다(제363조 제7항 단서).

2. 自己株式

회사가 가진 자기주식은 의결권이 없으며(제369조 제 2 항), 의결정족수의 계산시 발행주식총수에도 산입되지 않는다(제371조 제 1 항).

3. 相互保有株式

복수의 주식회사가 상호간에 주식을 보유하고 있는 것을 주식의 상호보유라고 한다. 이와 같은 회사 사이의 주식의 상호보유는 기업집단의 결속강화 등의 목적으로 널리 행해지고 있으나, 반면 자기주식취득의 경우와 같이 자본의 공동화, 의결권의 왜곡화 등의 폐해가 생긴다. 그리하여 상법은 모자관계에 있는 경우에는 자회사에 의한 모회사의 주식취득 자체를 금지하고(제342조 의 2), 모자관계에 있지 아니한 경우에도 보유주식의 의결권행사를 금지하는 형태로 회사간의 주식의 상호보유를 규제하고 있다(제369조 제 3 항).

즉 갑회사가 을회사의 발행주식총수의 10분의 1을 초과하는 주식을 가지고 있는 경우에는 을회사가 가지고 있는 갑회사의 주식에 관하여는 의결권을 행사할 수 없고, 갑회사가 모회사로서 그 회사를 지배하고 있는 경우에 갑·을 양 회사가 합하여 병회사의 발행주식총수의 10분의 1을 초과하여 가지고 있으면 병회사가 갑회사의 주식을 가지고 있다 하더라도 위 병회사는 그 주식에 관하여 의결권을 행사할 수 없으며, 갑회사의 자회사인 을회사가 단독으로 병회사의 발행주식총수의 10분의 1을 초과하여 가지고 있는 경우에는 병회사가 가지고 있는 갑회사 및 을회사의 주식에 관하여는 의결권을 행사할 수 없다.

따라서 을회사 또는 병회사로서는 부지중에 갑회사 또는 갑 및 을회사에 대한 권리행사가 봉쇄되어 불측의 손해를 입을 수 있으므로, 권리행사제한에 대한 절차적 보장이 요구되었다. 따라서 1995년 개정법은 회사가 다른 회사의 발행주식총수의 10분의 1을 초과하여 취득한 때에는 그 다른 회사에 대하여 지체없이 이를 통지하도록 하고 있다(제342조 의 3).

그런데 모회사 및 자회사 또는 자회사가 다른 회사의 발행주식총수의 10분의 1을 초과하여 취득하는 경우에 대하여는 아무런 규정이 없으므로 그 적용 여부가 문제되는바, 이 경우도 역시 통지하여야 한다고 할 것이다.

한편 이러한 통지를 게을리한 경우의 효과에 대하여는 언급이 없으나, 통지를 하지 않은 때에는 상대방회사의 주주권행사에 대하여 제369조 제 3 항

(의결권 없음)을 주장하지 못한다고 보아야 할 것이다.

이러한 상호보유주식에 대하여 의결권 이외의 다른 주주권을 행사할 수 있는가가 문제되는데, 이때에도 자익권은 원칙적으로 제한되지 않는다(동지 : 정동윤, 310쪽; 최기원, 602쪽; 이철송, 390쪽). 공익권에 관하여는 소수주주에 의한 총회소집권과 같이 의결권을 전제로 하는 것은 행사할 수 없다고 본다(동지 : 정동윤, 312쪽; 이철송, 390쪽. 최기원, 602쪽은 의결권을 제외한 다른 공익권은 이를 행사할 수 있다고 한다).

<대판 2009. 1. 30, 2006 다 31269>

「상법 제369조 제 3 항은 "회사, 모회사 및 자회사 또는 자회사가 다른 회사의 발행주식의 총수의 10분의 1을 초과하는 주식을 가지고 있는 경우, 그 다른 회사가 가지고 있는 회사 또는 모회사의 주식은 의결권이 없다"고 규정하고 있다. 이와 같이 모자회사관계가 없는 회사 사이의 주식의 상호 소유를 규제하는 주된 목적은 상호주를 통해 출자 없는 자가 의결권행사를 함으로써 주주총회결의와 회사의 지배구조가 왜곡되는 것을 방지하기 위한 것이다. 한편 상법 제354조가 규정하는 기준일제도는 일정한 날을 정하여 그 날에 주주명부에 기재되어 있는 주주를 계쟁회사의 주주로서의 권리를 행사할 자로 확정하기 위한 것일 뿐 다른 회사의 주주를 확정하는 기준으로 삼을 수는 없으므로, 기준일에는 상법 제369조 제 3 항이 정한 요건에 해당하지 않더라도 실제로 의결권이 행사되는 주주총회일에 위 요건을 충족하는 경우에는 상법 제369조 제 3 항이 정하는 상호 소유주식에 해당하여 의결권이 없다. 이 때 회사, 모회사 및 자회사 또는 자회사가 다른 회사 발행주식총수의 10분의 1을 초과하는 주식을 가지고 있는지 여부는 앞서 본 '주식 상호 소유제한의 목적'을 고려할 때, 실제로 소유하고 있는 주식수를 기준으로 판단하여야 할 것이며, 그에 관하여 주주명부상의 명의개서를 하였는지 여부와는 관계가 없다.」

4. 特別利害關係人의 所有株式

총회의 결의에 관하여 특별한 이해관계가 있는 자는 의결권을 행사하지 못한다(제368조 제 3 항). 이것은 결의의 공정을 기하기 위하여 인정된 것이며, 여기서 특별한 이해관계란 특정한 주주가 주주의 입장을 떠나서 회사와의 개인적 이해관계, 예컨대 주주가 결의에 의하여 주주의 지위와 상관없이 권리·의무의 취득·부담·면제 등을 생기게 하는 것이다(동지 : 정동윤, 311쪽; 최기원, 598쪽; 이철송, 486쪽). 이를 개인법설이라 한다(통설·판례[대판 2007. 9. 6, 2007 다 4000]). 그 밖에 결의에 의해 권리의무의 득실이 생기는 등 법률상 특별한 이해관계가 생길 때 특별이해관계자가 된다는 법률상 이해관계설, 모든 주주가 아닌 특정한 주주의 이해에 관계될 때 특별이해관계자가 된다는 특별이해관계설이 있다. 예컨대 회사와 주주 간에 상법 제374조 소정의 계약을 함에 필요한 결의를 할 때의 그 주주 또는 이사의 보수를 정하는 결의나 경업을 승인하는 결의에 있어서 이사인 주주는 특별이해관계인이지만(동지: 정동윤, 311쪽; 최기원, 600쪽; 이철송, 486쪽; 정찬형, 776쪽) 사단관계에 대하여 갖는 이해관계, 예컨대 이사·감사선임의 경우의 후보자인 주주, 해임결의의 대상이 된 주주인 이사·감사, 재무제표승인결의에 있어서의 이사인 주주, 합병결의에 있어서 주주인 상대방회사 등은 특별이해관계인에 해당되지 않는다(동지: 최기원, 351쪽; 정동윤, 312쪽; 이철송, 487쪽). 요컨대 특별이해관계인의 범위는 되도록 좁게 해석하여야 한다.

5. 監事選任의 경우

감사의 선임결의에 있어서는 의결권 없는 주식을 제외한 발행주식총수의 100분의 3을 초과하는 수의 주식을 가진 주주는 그 초과하는 주식에 관하여 의결권을 행사할 수 없다(제409조 제2항). 이는 대주주의 영향력을 배제하여 중립적인 인물을 감사로 선임하려는 취지에서 둔 규정이므로, 회사는 정관으로 그 비율을 낮출 수는 있으나 높일 수는 없다(제409조 제3항).

6. 特別法에 의한 制限

대규모 기업집단에 속하는 회사로서 금융업 또는 보험업을 영위하는 회사는 국내계열회사의 주식을 취득 또는 소유하더라도 의결권을 행사하지 못하고(독점규제 및 공정거래에 관한 법률 제11조), 공공적 법인이 발행한 주식 가운데 상장된 총발행주식의 100분의 10 이상을 소유한 주주는 그 소유비율, 기타의 자는 총발행주식의 100분의 3 이내에서 정관이 정하는 비율을 초과하여 소유한 주식에 관하여는 의결권을 행사할 수 없으며(자본시장법 제167조 제1항), 은행법에 의하면 금융기관의 의결권 있는 발행주식총수의 100분의 10을 초과하여 동일인이 소유하지 못하며, 그 초과된 부분의 주식에 관하여는 의결권을 행사하지 못한다(은행법 제15조, 제16조).

7. 議決權拘束契約

주주가 다른 주주 또는 제3자와 의결권을 일정한 방향으로 행사할 것을 약정하는 계약을 의결권구속계약이라고 한다. 의결권구속계약은 선량한 풍속 기타 강행법규나 주식회사의 본질에 위배되지 않는 한 유효하다(동지: 정동윤, 321-322쪽; 최기원, 608쪽). 그러나 특정한 주주의 의결권을 박탈하거나 일정한 수를 초과하는 주식에 관한 의결권행사를 제한하는 것을 내용으로 하는 계약은 주주의 고유권을 침해하고 주주평등의 원칙에 반하므로 무효이다. 의결권구속계약은 단지 채권적 효력만 있기 때문에 주주가 의결권을 약정과 달리 행사하였다 하더라도 그 결의는 유효하고, 다만 계약상대방에 대하여 손해배상책임을 질 뿐이다(동지: 최기원, 464쪽; 정동윤, 323쪽).

<대판 2002.12.24, 2002 다 54691>

「주주권은 주식의 양도나 소각 등 법률에 정하여진 사유에 의하여서만 상실되고, 단순히 당사자 사이의 특약이나 주주권포기의 의사표시만으로 상실되지 아니하며, 다른 특별한 사정이 없는 한 그 행사가 제한되지도 아니한다(대판 1999.7.23, 99 다 14808 참조). 원○○이 1998.8.3. 향후 7년간 주주권 및 경영권을 포기하고, 주식의 매매와 양도 등을 하지 아니하며, 원고 유○○에게 정관에 따라 주주로서의 의결권행사권한을 위임하기로 약정하였고, 이에 따라 유○○가 원○○의 주주로서의 의결권을 대리행사할 수 있게 되었지만, 이러한 사정만으로는 원○○이 주주로서의 의결권을 직접 행사할 수 없게 되었다고 볼 수 없다.」

V. 기관투자자의 의결권행사와 스튜어드십 코드

1. 스튜어드십 코드의 의의

스튜어드십 코드는 기관투자자들의 의결권 행사를 적극적으로 유도하기 위한 자율 지침이다. 이는 기관투자자들이 투자 기업의 의사결정에 적극 참여해 주주와 기업의 이익 추구, 성장, 투명한 경영 등을 이끌어 내는 것이 목적이다. 국내에서는 2016년 시행되었으며, 최대 투자기관인 국민연금이 2018년 스튜어드십 코드를 도입하여 투자 기업의 주주가치 제고, 대주주의 전횡 저지 등을 위해 주주권을 행사하고 있다. 스튜어드십 코드는 서양에서 집안일을 맡아 보는 집사처럼 기관들도 고객의 재산을 선량하게 관리해야 할 의무가 있다는 필요성에 의해 생겨났다. 연기금과 자산운용사 등 주요 기관투자자들의 의결권 행사를 적극적으로 유도하기 위한 자율지침을 말한다. 서양에서 큰 저택이나 집안일을 맡아 보는 집사(스튜어드 · steward)처럼 기관들도 고객 재산을 선량하게 관리해야 할 의무가 있다는 필요성에 의해 생겨난 용어다. 즉, 스튜어드십 코드는 주요 기관투자자가 주식을 보유하는 데에 그치는 것이 아니라 투자 기업의 의사결정에 적극 참여해 주주와 기업의 이익을 추구하고, 지속 가능한 성장과 투명한 경영을 이끌어 내는 것이 목적이다. 스튜어드십 코드는 2010년 영국이 가장 먼저 도입한 이후 캐나다, 남아프리카공화국, 네덜란드, 스위스, 이탈리아, 말레이시아, 홍콩, 일본 등에서 도입해 운용 중에 있다. 우리나라는 2016년 2월부터 시행에 들어갔으나 강제성은 없으므로 개별 기관투자자가 자율적으로 이행하면 된다. 스튜어드십 코드를 도입하면 기업경영권과 자율권 침해, 공시 의무 과정에서의 전략 노출, 의결자문 등에 따른 비용 증가, 향후 이해상충 등의 우려가 발생할 수 있어 국내에서 시행된 이후 개별 기관투자자들의 도입이 저조하였다. 그러나 국내 최대 기관투자가인 국민연금이 2018년 7월 스튜어드십 코드를 도입하면서 향후 다른 연기금과 자산운용사들의 참여도 확대될 전망이다. 한국기업지배구조원 등 민간 중심으로 2016년 12월 기관투자자의 수탁자 책임에 관한 원칙을 제정하였다. 기관투자자의 수탁자 책임에 관한 원칙에 따르면 스튜어드십 코드의 7원칙은 다음과 같다: ① 기관투자자는 고객, 수익자 등 타인 자산을 관리 · 운영하는 수탁자로서 책임을 충실히 이행하기 위한 명확한 정책을 마련하여 공개하여야 한다. ② 기관투자자는 수탁자로서 책임을 이행하는 과정에서 실제 직면하거나 직면할 가능성이 있는 이해상충 문제를 어떻게 해결할지에 관해 효과적이고 명확한 정책을 마련하고 내용을 공개하여야 한다. ③ 기관투자자는 투자대상회사의 중장기적인 가치를 제고하여 투자자산의 가치를 보존하고 높일 수 있도록 투자대상회사를 주기적으로 점검하여야 한다. ④ 기관투자자는 투자대상회사와의 공감대 형성을 지향하되, 필요한 경우 수탁자 책임 이행을 위한 활동 전개 시기와 절차, 방법에 관한 내부지침을 마련하여야 한다. ⑤ 기관투자자는 충실한 의결권 행사를 위한 지침 · 절차 · 세부기준을 포함한 의결권 정책을 마련해 공개해야 하며, 의결권 행사의 적정성을 파악할 수 있도록 의결권 행사의 구체적인 내용과 그 사유를 함께 공개하여야 한다. ⑥ 기관투자자는 의결권 행사와 수탁자 책임 이행 활동에 관해 고객과 수익자에게 주기적으로 보고하여야 한다. ⑦ 기관투자자는 수탁자 책임의 적극적이고 효과적인 이행을 위해 필요한 역량과 전문성을 갖추어야 한다.

2. 국민연금의 스튜어드십 코드

국민연금은 2018년 7월 스튜어드십 코드를 도입하고 투자기업의 주주가치 제고, 대주주의 전횡 저지 등을 위해 적극적 주주권을 행사하기로 했다. 그리고 2019년 3월 27일 열린 대한항공 주주총회에서 스튜어드십 코드를 발동, 조양호 한진그룹 대한항공 사내이사 연임에 반대표를 던져 연임을 저지했다. 이는 주주권 행사를 통한 대기업 총수의 경영권을 박탈한 첫 사례로 기록되었다. 조양호 회장 일가는 대한항공 주식의 0.01%만 직접 보유하고 있으나 대한항공의 지주회사인 한진칼 지분을 24.79% 보유, 최대주주로 대한항공에 영향력을 행사하여 왔다. 또 회장 일가의 갑질 파문으로 논란이 된 바 있다. 다른 한편 국민연금의 스튜어드십 코드 발동이 연금사회주의의 부작용을 가져올 수 있다는 지적도 있다. 국민의 노후자금인 국민연금을 통하여 과도한 경영 개입이 발생할 수 있기 때문이다. 앞으로 정치적 영향력을 배제하고 스튜어드십 코드를 합리적으로 운용하는 노력을 지속적으로 기울여야 한다.

정부는 2020년 1월 29일 자본시장법 시행령을 개정하여(대통령령 제30381호) 주식 등을 5퍼센트 이상 보유하는 등의 경우에 기업 지배권의 변동 가능성과 관련된 정보를 제공하고 경영권 경쟁의 공정성을 확보하기 위해 그 보유 상황, 보유 목적 등을 보고하도록 하는 주식 등 대량보유 보고제도와 관련하여 스튜어드십 코드 채택 확산, 투자자들의 주주활동 관심 증가 등 최근 투자환경의 변화를 감안하여 보고내용의 범위 및 시기 등을 판단하는 기준의 하나인 '경영권에 영향을 주는 것'의 범위를 조정하여 적극적 주주 활동을 지원하려고 하였다. 즉 위법행위 유지청구권 등 「상법」에 따라 보장된 권한을 행사하거나 보편적인 지배구조 개선을 위해 회사의 정관을 바꾸고자 하는 경우는 '경영권에 영향을 주는 것'에서 제외하였다(자본시장법 시행령 제154조 제1항 제1호~제3호, 과거의 제154조 제1항 제4호 삭제).

제3관 決 議

姜渭斗, 폐업상태에 있는 회사의 重要財産의 양도에 株主總會의 특별결의가 필요한지의 여부, 商事判例硏究 3(1989)/朴榮吉, 영업의 양도와 株主總會의 決議, 商事法의 基本問題(李範燦敎授華甲紀念論文集)(1993)/梁承圭, 주식회사의 중요재산의 처분과 영업양도, 企業法의 現代的 課題(李泰魯敎授華甲紀念論文集)(1992)/李基秀, 주주총회의사록 위조확인판결이 주주총회결의 부존재확인판결에 해당하는지의 여부 — 대판 1992. 8. 18, 91 다 39924, 判例月報 265/李宙興, 영업용 재산의 매도담보와 주주총회의 특별결의, 司法行政 362(1991. 2).

Ⅰ. 決議의 法的 性質

주주총회의 결의는 의결권의 내용에 포함된 의사표시를 요소로 하는 법률행위이다. 결의의 법적 성질에 관하여는 의안에 대한 복수의 의사표시가 찬반으로 집약되어 결의요건을 충족시킴으로써 성립하는 사단법상의 합동행위라고 하는 견해도 있으나(정찬형, 360쪽), 결의에서는 의사표시가 찬반으로 갈릴 수 있고 사단결의로서의 특수성도 있으므로, 이를 별개의 법률행위로 봄이 타당하다(동지: 이철송, 505-506쪽. 정동윤, 331쪽에서는 계약도 아니고 합동행위도 아닌 다면적 법률행위로 보고 있다).

Ⅱ. 決議의 要件

주주총회의 결의는 자본다수결에 의하여 이루어지며, 그 결의요건은 결의사항에 따라 다르게 규정되어 있다. 결의가 성립되기 위해서는 일정한 수의 주식을 가진 주주가 출석하여 회의가 성립되어야 하고, 그 출석한 주주의 의결권 가운데 일정수 이상의 찬성을 얻어야 한다. 이 때 전자를 의사정족수(1995년 개정법에서 의사정족수를 원칙으로 배제하였음: 제368조 제 1 항), 후자를 의결정족수라고 한다. 정족수의 계산에 있어서는 의결권 없는 주식의 수는 발행주식의 총수에 산입하지 아니한다(제371조 제 1 항).

의결권 없는 주식이란 의결권 없는 주식뿐만 아니라 감사선임결의시의 의결권이 휴지된 주식, 회사가 가진 자기주식, 자회사가 가진 모회사주식, 상호보유주식 기타 특별법에 의하여 의결권이 휴지되는 주식도 포함한다. 또한 출석한 주주의 의결권의 수를 계산함에 있어서는 특별이해관계인(제368조 제 4 항)이 가진 의결권의 수는 이에 산입하지 아니한다(제371조 제 2 항). 그런데 2011년 상법개정시에 상법 제371조 제 2 항이 개정되어 출석한 주주의 의결권의 수에 삽입하지 아니하는 내용이 조정되었다. 즉 총회의 결의에 관하여는 제368조 제 3 항에 따라 행사할 수 없는 주식의 의결권 수와 제409조 제 2 항 · 제 3 항 및 제542조의 12 제 3 항 · 제 4 항에 따라 그 비율을 초과하는 주식으로서 행사할 수 없는 주식의 의결권 수는 출석한 주주의 의결권의 수에 산입하지 아니한다(제371조 제 2 항).

<대판 2016. 8. 17, 2016 다 222996>

「상법 제409조는 제 1 항에서 감사를 주주총회에서 선임하도록 하면서 제 2 항에서 "의결권 없는 주식을 제외한 발행주식총수의 100분의 3을 초과하는 수의 주

식을 가진 주주는 그 초과하는 주식에 관하여 제 1 항의 감사의 선임에 있어서는 의결권을 행사하지 못한다"라고 규정하고 있다. 그리고 주주총회의 결의방법에 관하여 상법 제368조 제 1 항은 "총회의 결의는 이 법 또는 정관에 다른 정함이 있는 경우를 제외하고는 출석한 주주의 의결권의 과반수와 발행주식총수의 4분의 1 이상의 수로써 하여야 한다"라고 규정하고 있다. 따라서 주주총회에서 감사를 선임하려면 우선 '출석한 주주의 의결권의 과반수'라는 의결정족수를 충족하여야 하고, 나아가 그 의결정족수가 '발행주식총수의 4분의 1 이상의 수'이어야 하는데, 상법 제371조는 제 1 항에서 '발행주식총수에 산입하지 않는 주식'에 대하여 정하면서 상법 제409조 제 2 항의 의결권 없는 주식(이하 '3% 초과 주식'이라 한다)은 이에 포함시키지 않고 있고, 제 2 항에서 '출석한 주주의 의결권 수에 산입하지 않는 주식'에 대하여 정하면서는 3% 초과 주식을 이에 포함시키고 있다. 그런데 만약 3% 초과 주식이 상법 제368조 제 1 항에서 말하는 '발행주식총수'에 산입된다고 보게 되면, 어느 한 주주가 발행주식총수의 78%를 초과하여 소유하는 경우와 같이 3% 초과 주식의 수가 발행주식총수의 75%를 넘는 경우에는 상법 제368조 제 1 항에서 말하는 '발행주식총수의 4분의 1 이상의 수'라는 요건을 충족시키는 것이 원천적으로 불가능하게 되는데, 이러한 결과는 감사를 주식회사의 필요적 상설기관으로 규정하고 있는 상법의 기본 입장과 모순된다. 따라서 감사의 선임에 있어서 3% 초과 주식은 위 제371조의 규정에도 불구하고 상법 제368조 제 1 항에서 말하는 '발행주식총수'에 산입되지 않는다고 보아야 한다. 그리고 이는 자본금 총액이 10억 원 미만이어서 감사를 반드시 선임하지 않아도 되는 주식회사라고 하여 달리 볼 것도 아니다.」

주주총회는 이사가 제출한 서류와 감사의 보고서를 조사하게 하기 위하여 검사인을 선임할 수 있는데(제367조 제 1 항), 이는 전문성이 부족한 주주가 의결권을 행사함에 있어서 전문가인 검사인의 조사를 참조할 수 있도록 하기 위해서이다. 또한 회사 또는 발행주식총수의 100분의 1 이상에 해당하는 주식을 가진 주주는 총회의 소집절차나 결의방법의 적법성을 조사하기 위하여 총회 전에 법원에 검사인의 선임을 청구할 수 있다(제367조 제 2 항).

1. 普通決議

출석한 주주의 의결권의 과반수와 발행주식총수의 4분의 1 이상의 수로써 성립하는 결의를 말한다(제368조 제 1 항). 가부동수인 경우에 의장에게 결정권을 주는 내용의 정관의 규정은 의장이 주주인 경우에는 1주 1의결권의 원칙에 반하여 무효이고, 주주가 아닌 경우에는 주주 아닌 자의 결의참가를 인정하게 되므로 무효이다. 정족수는 정관으로 완화하거나 가중할 수 있다(제368조 제1항). 그런데 이에 대하여는 더 이상의 완화는 사실상 어려우며 가중하는 것은 가능하지만 그 경우도 과반수출석에 3분의 2 이상의 찬성을 한계로 한다는 주장(이철송, 465쪽) 등이 있다.

보통결의사항으로는 이사·감사·청산인의 선임과 그 보수의 결정(제382조, 제409조 제1항, 제388조, 제415조 제2항), 재무제표의 승인(제449조), 주식배당(제462조의 2), 배당금지급시기의 특정(제464조의 2 제1항 단서), 청산회사의 재산목록과 대차대조표의 승인(제533조), 검사인의 선임(제336조 제3항, 제367조, 제542조 제2항), 총회의 연기 또는 속행의 결정(제392조), 청산인의 청산종료의 승인(제540조 제1항), 청산인의 해임(제539조 제1항) 등이 있다.

<대판 2017. 1. 12, 2016 다 217741>

「상법 제368조 제1항은 주주총회의 보통결의 요건에 관하여 “총회의 결의는 이 법 또는 정관에 다른 정함이 있는 경우를 제외하고는 출석한 주주의 의결권의 과반수와 발행주식총수의 4분의 1 이상의 수로써 하여야 한다.”라고 규정하여 주주총회의 성립에 관한 의사정족수를 따로 정하고 있지는 않지만, 보통결의 요건을 정관에서 달리 정할 수 있음을 허용하고 있으므로, 정관에 의하여 의사정족수를 규정하는 것은 가능하다. 한편 상법 제382조의2에 정한 집중투표란 2인 이상의 이사를 선임하는 경우에 각 주주가 1주마다 선임할 이사의 수와 동일한 수의 의결권을 가지고 이를 이사 후보자 1인 또는 수인에게 집중하여 투표하는 방법으로 행사함으로써 투표의 최다수를 얻은 자부터 순차적으로 이사에 선임되는 것으로서, 이 규정은 어디까지나 주주의 의결권 행사에 관련된 조항이다. 따라서 주식회사의 정관에서 이사의 선임을 발행주식총수의 과반수에 해당하는 주식을 가진 주주의 출석과 그 출석주주의 의결권의 과반수에 의한다고 규정하는 경우, 집중투표에 관한 위 상법조항이 정관에 규정된 의사정족수 규정을 배제한다고 볼 것은 아니므로, 이사의 선임을 집중투표의 방법으로 하는 경우에도 정관에 규정한 의사정족수는 충족되어야 한다.」

2. 特別決議

일정한 중요사항에 관하여는 법정된 정족수를 완화할 수 없고, 또 결의의 요건이 가중된 것이 있다. 이것을 특별결의라고 하며, 그 대표적인 것으로 정관변경결의가 있다. 이 결의는 출석한 주주의 의결권의 3분의 2 이상의 수와 발행주식총수의 3분의 1 이상의 수로써 하여야 한다(제434조). 상법이 정한 특별결의는 결의사항의 중대성에 비추어 정관으로 그 요건을 경감하지 못한다고 본다(동지: 정찬형, 362쪽; 정동윤, 335쪽; 손주찬, 717쪽). 정관으로 위 요건을 가중할 수 있는가에 관하여는 결의요건의 가중은 폐쇄회사에 있어서의 소수주주에게 거부권을 확보하여 주기 위하여 중요하고, 보통결의의 경우에는 요건의 가중이 허용되므로(제368조 제1항) 이보다 중요한 특별결의의 경우에도 결의요건의 가중은 가능하다고 본다(동지: 정찬형, 362쪽; 정동윤, 335쪽. 이설: 이철송, 513-515쪽).

상법에서 규정하고 있는 주주총회의 특별결의사항으로는 정관의 변경(제434조), 영업의 전부 또는 중요한 일부의 양도, 영업 전부의 임대 또는 경영위임, 타인과 영업의 손익을 같이하는 계약의 체결·변경 또는 해약, 회사의 영업에 중대한 영향을 미치는 다른 회사의 영업 전부의 양수 또는 다른 회사의 영업 일부의 양수(제374조), 이사 또는 감사의 해임(제385조, 제415조), 자본의 감소(제438조), 사후설립(제375조), 임의해산(제518조), 회사의 계속(제519조; 채무자 회생 및 파산에 관한 법률 제540조), 주식의 할인발행(제417조 제1항), 주주 이외의 자에 대한 전환사채 및 신주인수권부사채의 발행사항(제513조 제3항, 제516조의 2 제4항), 신설합병의 경우에 설립위원의 선임(제175조), 합병계약서의 승인(제522조), 휴면회사의 계속(제520조의 2 제3항) 등을 들 수 있다.

상법 제374조 제1호는 주주총회의 특별결의사항의 하나로서 영업의 전부 또는 중요한 일부의 양도를 규정하고 있는데, 여기에 중요한 영업용 재산의 양도가 포함되는가의 여부에 대하여 견해가 갈리고 있다.

형식설(결의불요설)은 상법 제374조 제1호의 영업양도를 상법 제41조 아래에서 규정한 영업양도와 동일한 것으로 풀이하여 일정한 영업목적을 위하여 조직화된 유기적 일체로서의 재산이 이전되어 양수인이 영업활동을 승계하고, 양도인이 경업금지의무를 부담하는 경우로 해석한다(최기원, 554-555쪽). 그리하여 단순한 영업용 재산의 양도는 그것이 매우 중요하여 회사의 존립에 관계가 있더라도 주주총회의 특별결의가 필요 없다고 본다. 이 설이 그 이론적 근거로 드는 것을 보면 ① 상법 제374조와 제41조 이하의 영업양도를 동일하게 해석하는 것이 법해석의 통일성·안전성을 기할 수 있고, ② 이렇게 해석함으로써 양수인이 주주총회의 특별결의를 요하는 양도인가의 여부를 명확히 알 수 있어 거래의 안전이 도모되며, ③ 가능한 한 주주총회의 권한을 축소하고 이사회·대표이사의 권한을 확대하여 선의의 제3자를 보호하려는 현행 상법의 취지에 비추어 영업의 승계가 있는 경우에만 주주총회의 특별결의가 필요하다고 한다.

실질설(결의필요설)은 상법 제374조 제 1 호의 영업양도를 상법 제41조 아래의 영업양도보다 넓게 해석하여 중요한 영업용 재산의 양도도 여기에 포함된다고 한다(채이식, 497쪽; 정동윤, 297-298쪽). 즉 조직화된 유기적 일체로서의 재산의 이전이 아니더라도, 예를 들면 중요한 공장의 중요한 기계의 양도 등과 같이 양도회사의 운영에 중요한 영향을 미치는 영업용 재산의 양도는 영업의 중요한 일부의 양도에 해당한다고 한다. 이 설은 그 논거로서 ① 상법 제374조와 제41조 이하의 영업양도를 동일하게 해석할 필요는 없고, 같은 법률용어라도 입법목적에 따라 달리 해석할 수 있으며, ② 영업양도는 예외적 사례이므로 거래의 안전보다는 주주의 이익을 보호하는 것이 상법 제374조의 입법취지와도 부합하며, ③ 영업활동의 승계를 수반하지 않는 한 회사의 전재산을 대표이사가 마음대로 처분할 수 있다고 하면, 기업유지의 요청과 주주의 이익보호에 어긋난다는 것을 들고 있다.

요컨대 형식설을 취하여 상법 제374조 제 1 호의 영업양도를 상법총칙의 순수한 영업양도에 국한하여 해석한다면, 영업양도는 아니더라도 회사의 전재산이나 다름 없는 재산을 대표이사가 마음대로 처분할 수 있게 되어 회사와 주주 및 회사채권자에게 손실을 줄 염려가 있는 반면, 실질설을 취하여 중요한 영업용 재산의 양도도 본조에 포함시킨다면, 그 재산의 한계를 설정하는 것도 어렵고 주주총회의 결의 없이 재산을 양도했을 경우 그 양수인에게 불측의 손해를 주게 되어 거래의 안전을 해치게 된다. 따라서 이를 보완하기 위하여 다음과 같은 절충설이 주장되고 있다.

즉 상법 제374조 제 1 호의 영업양도를 영업활동의 승계 및 경업금지의무의 부담을 요하지 않는 것으로서 특별결의를 필요로 하는 경우까지 넓힘으로써 주주의 보호와 거래안전의 보호의 조화를 꾀하려는 설이 주장되고 있다(이와 비슷한 견해로서 이철송, 527-528쪽은 사실상 영업의 종료를 초래하는 사실상의 영업양도도 여기에 포함시킨다). 이 설은 상법총칙에서는 영업양도의 당사자간 및 양도인의 채권자·채무자의 보호가 문제되기 때문에 양수인에 의한 영업활동의 승계 및 양도인의 경업금지의무의 부담이 필요한 데 반하여, 주식회사법에서는 양도회사의 주주보호가 문제되기 때문에 양수인에 의한 영업활동의 승계는 요건이 아니며, 게다가 총칙에서도 양도인의 경업금지의무는 특약에 의해 배제될 수 있다고 한다. 또한 기본적으로는 이 입장을 따르면서도 특별결의가 필요하다는 것에 대하여 양수회사가 알고 있었다는 것을 증명하지 못하는 한 양도회사는 특별결의가 없다는 것을 이유로 양도의 무효를 주장할 수 없다고 하는 설도 있다.

생각건대 상법 제374조는 거래의 안전보다는 주주의 이익보호가 그 본래의 입법취지인 점에 비추어 거래의 안전에 다소 부족하기는 하나 실질설과 같이 해석함이 타당하다고 생각한다. 판례는 기본적으로 형식설을 따르고 있으면서도 독특한 절충설적 입장을 취하고 있다.

<대판 1966. 1. 25, 65 다 2140 · 2141>

「회사의 영업용 재산을 처분함으로써 회사의 영업 전부 또는 일부를 양도하거나 폐지하는 것과 같은 결과를 가져오는 경우에는 구 상법 제245조를 준용하여 같은 법 제343조 소정의 주주총회결의가 있어야 한다.」

<대판 1987. 6. 9, 86 다카 2478>

「주주총회의 특별결의가 있어야 하는 상법 제374조 제 1 호 소정의 '영업의 전부 또는 중요한 일부의 양도'라 함은 일정한 영업목적을 위하여 조직화되고 유기적 일체로서 기능하는 재산의 전부 또는 중요한 일부를 총체적으로 양도하는 것을 의미하는 것으로서, 이에는 양수회사에 의한 양도회사의 영업활동의 전부 또는 중요한 일부의 승계가 수반되어야 하는 것이므로 단순한 영업용 재산의 양도는 이에 해당하지 아니한다고 할 것이나, 다만 영업용 재산의 처분으로 말미암아 회사영업의 전부 또는 일부를 양도하거나 폐지하는 것과 같은 결과를 가져오는 경우에는 주주총회의 특별결의가 필요하다고 함이 당원의 판례이다.」(동지 : 대판 1994. 10. 28, 94 다 39253).

<대판 2009. 3. 12, 2007 다 60455>

「원심은 … 피고 회사는 유류판매업 등을 위하여 설립된 회사로서 이 사건 부동산에서 주유소 영업을 해오고 있었던 사실, 이 사건 매매계약 당시 피고 회사의 주주총회 특별결의가 없었던 사실을 인정한 다음, 이 사건 부동산은 피고 회사의 주유소 영업의 기초가 되는 중요 재산에 해당한다고 봄이 상당하여 그 처분행위를 함에 있어서는 상법 제374조 제 1 호 소정의 주주총회의 특별결의를 요하는데, 이 사건의 경우에는 그러한 특별결의가 존재하지 않아 무효라는 이유로 이 부분 청구를 배척하였음이 명백한바, 관련 법리 및 기록에 비추어 살펴보면 원심의 위와 같은 판단은 정당하므로….」

<대판 2018. 4. 26, 2017 다 288757>

「상법 제374조 제 1 항 제 1 호는 주식회사가 영업의 전부 또는 중요한 일부의 양도행위를 할 때에는 제434조에 따라 출석한 주주의 의결권의 3분의 2 이상의 수와 발행주식총수의 3분의 1 이상의 수로써 결의가 있어야 한다고 규정하고 있는데 이는 주식회사가 주주의 이익에 중대한 영향을 미치는 계약을 체결할 때에는 주주총회의 특별결의를 얻도록 하여 그 결정에 주주의 의사를 반영하도록 함으로써 주주의 이익을 보호하려는 강행법규이므로, 주식회사가 영업의 전부 또는 중요한 일부를 양도한 후 주주총회의 특별결의가 없었다는 이유를 들어 스스로 그 약정의 무효를 주장하더라도 주주 전원이 그와 같은 약정에 동의한 것으로 볼 수 있는 등 특별한 사정이 인정되지 않는다면 위와 같은 무효 주장이 신의성실 원칙에 반한다고 할 수는 없다.」

판례가 영업 전부의 양도나 폐지와 같은 결과를 가져온다고 인정한 사례는 다음과 같다.

<대판 1955. 12. 15, 4288 민상 136>

「주식회사가 그 존속의 기초인 중요한 영업재산을 타에 양도하려 할 때에는 영업의 전부 또는 일부 양도에 준하여 주주총회의 특별결의에 의하지 아니하면 그 효력이 없다고 할 것이다. 상법(구법) 제245조 제 1 항에는 영업의 전부 또는 일부 양도의 경우에는 동법 제343조에 규정한 주주총회의 특별결의에 의하여야 할 것을 규정하였고, 회사존속의 기초인 중요한 영업재산의 양도에 관하여는 명문으로 규정한 바 없으나, 원래 영업양도 중에는 영업재산의 양도가 중요한 의의를 차지하고 있을 뿐 더러 회사존속의 기초인 중요한 영업재산의 양도는 영업의 폐지 또는 중단을 초래할 행위이므로 영업의 전부 또는 일부 양도의 경우와 하등 차이가 없다고 봄이 타당할 것이다. 따라서 이러한 경우에는 위 규정을 유추적용하여 주주총회의 특별결의에 의하지 아니하면 효력이 없다고 할 것이다.」

(동지 : 대판 1958. 5. 22, 4290 민상 460; 대판 1966. 1. 25, 65 다 2140; 대판 1977. 4. 26, 75 다 2260; 대판 1987. 4. 28, 86 다카 553; 대판 1988. 4. 12, 87 다카 1662).

<대판 1962. 10. 25, 62 다 538>

「원판결이 인용한 제 1 심 판결은 그 이유설명에서 '피신청인은 매도담보계약의 본건 목적물은 피신청인회사에 유일무이한 재산인바, 위 매도담보계약체결시에 피신청인회사 주주총회의 결의가 없었으니 동 매도담보계약은 무효라고 항변하나, 동 매도담보계약의 목적물이 피신청인회사의 중요한 재산이라고 가정하더라

도 특별한 사정이 없는 한 당연히 피신청인회사의 주주총회결의를 거쳐야 하는 것으로 볼 수 없는바, 위와 같은 특별한 사정 있음을 긍정케 할 자료가 없으니 동 항변도 배척한다'고 판단하였다. 그러나 위의 판결이유설명에서 지적한 것처럼 피신청인은 계쟁목적물이 피신청인회사의 유일무이한 전재산이라고 항변하였고, 그것이 사실이라면 특별한 사정이 없는 한 피신청인회사영업의 전부 또는 그 중요한 부분이 계속할 수 없다 할 것으로서, 이는 현행상법 제245조의 정한 바에 의하여 피신청인회사 주주총회의 특별결의를 필요로 하는 경우에 해당된다 할 것임에도 불구하고 이와 결론을 달리한 원판결에는 결국 현행법상 제245조 제 1 호의 규정에 관한 해석과 적용을 잘못한 위법이 있다 할 것이다.」

<대판 2014. 10. 15, 2013 다 38633>

「이 사건 영업양도 대상인 금융사업부문의 자산가치가 회사 전체 자산의 약 33.79%에 달하고 본질가치의 경우 금융사업부문만이 플러스(+)를 나타내고 있고, 회사의 다른 사업인 교육사업부문이나 자원사업부문의 경우에는 각각 큰 폭의 마이너스(-)를 나타내고 있는 점, 회사의 사업 중 위 금융사업부문만이 유일하게 수익 창출 가능성이 높은 사업부문이었던 것으로 보이는 점, 이 사건 영업양도 이후 바로 얼마 되지 않아 사실상 회사의 모든 영업이 중단되었고 코스닥시장에서 상장 폐지가 된 점, 회사의 금융사업부문에서 근무하고 있던 직원 중 계속 근무를 희망한 12명은 피고 회사에서 동일한 업무를 계속 수행하고 있는 점 등의 사정을 근거로, 이 사건 양도는 상법 제374조 제 1 항 제 1 호가 규정하고 있는 '영업의 중요한 일부의 양도'에 해당한다고 본 원심의 판단을 수긍한 사안」

영업의 전부 또는 중요한 일부의 양도라고 볼 수 없는 사례로 인정한 것은 다음과 같다.

<대판 1964. 7. 23, 63 다 820>

「본건 부동산이 원고회사의 유일한 재산이라 하더라도 그것이 원고회사의 영업용 재산이고, 또 이를 처분함으로 말미암아 원고회사의 영업 전부 또는 그 일부를 다른 사람에게 양도하거나 폐지하는 것과 같은 결과를 가져오는 것이 아니라면, 그 처분에 반드시 주주총회의 특별결의가 필요하다고 할 수 없다.」

<대판 1970. 5. 12, 70 다 520>

「원판결판단에 의하면, 원심은 그가 가리어 낸 증거로써 피고회사가 원고로 하여금 복개시공케 한 하천부지 104평과 이에 따른 권리 일체(이것이 계쟁목적물

이다)를 그 공사비 1,270,000원을 피고회사가 원고에서 1965. 9. 10까지 지급치 못하면 하천법 소정절차를 밟아 넘겨 주기로 한 약정을 할 당시인 1965. 7. 10 현재 피고회사에는 위 104평을 포함한 1,062평의 복개공사에 대한 권리 외에는 다른 재산이 없었으니, 이 계쟁목적물은 피고회사의 영업상 중요한 재산이라고 할 것이므로, 주주총회의 특별결의를 거치지 않고 위와 같은 약정을 한 것은 그 효력이 나지 아니한다고 하여 원고의 청구를 배척하였다.

그러나 특별한 다른 사정이 없는 바에는 원심이 인정한 사실관계 밑에서는 위 재산의 양도는 상법 제374조에 이른바 영업의 전부 또는 중요한 일부의 양도로 보기 어렵고, 따라서 그것을 함에 주주총회의 특별결의를 거칠 필요가 없다고 할 것이므로, 이와 다른 견해로서 원판결에는 영업양도의 법리를 오해하여 이유불비의 위법을 남겼다고 할 것이다.」

<대판 1997. 6. 27, 95 다 40977>

「회사가 그의 전세보증금 반환채권을 양도하더라도 임대차계약기간이 종료할 때까지는 그 목적물을 계속 사용할 수 있으며, 그 임대차기간이 종료하였을 때 그 전세보증금 상당의 금전을 마련하여 다시 임대차계약을 체결할 수도 있으므로, 회사가 위 전세보증금 반환채권을 양도한 것 자체를 가리켜 회사영업의 전부 또는 중요한 일부를 양도하거나 폐지하는 것과 같은 결과를 가져오는 영업용 재산의 처분에 해당한다고 할 수 없고, 따라서 회사가 위 전세보증금 반환채권을 양도함에 주주총회의 특별결의를 요하지 않는다.」

<대판 1997. 7. 25, 97 다 15371>

「소외 회사의 주된 영업은 금속제품생산업일 뿐 온천개발사업이 아닌 데에다가 소외 회사가 이 사건 각 부동산을 양도할 당시 구체적으로 온천개발사업을 영위하고 있었던 것도 아니었으므로, 이 사건 각 부동산의 양도로 말미암아 소외 회사의 영업의 전부 또는 일부를 양도하거나 폐지하는 것과 같은 결과를 가져온다고는 볼 수 없으므로, 원심이 같은 취지로 이 사건 계약을 함에 있어 소외 회사의 주주총회 특별결의를 거치지 않았으니, 이 계약은 무효라는 피고의 주장을 배척한 것이 역시 정당하고 소론과 같은 심리미진 · 법리오해의 위법이 없다.」

또한 영업용 재산을 처분할 당시에 이미 사실상 영업을 중단하고 있었던 상태라면, 주주총회의 특별결의가 없더라도 그 처분행위가 무효로 되는 것은 아니다.

<대판 1988. 4. 12, 87 다카 1662>

「회사가 회사존속의 기초가 되는 중요한 재산을 처분할 당시에 이미 사실상 영업을 중단하고 있었던 상태라면 그 처분으로 인하여 비로소 영업의 전부 또는 일부가 폐지 또는 중단됨에 이른 것이라고 할 수 없으므로, 이러한 경우에는 주주총회의 특별결의가 없었다 하여 그 처분행위가 무효로 되는 것은 아니다.」(동지: 대판 1985. 6. 11, 84 다카 963).

상법이 주주총회의 특별결의를 요구하는 것은 영업의 양도이므로, 영업용 재산을 단순히 담보로 제공함에는 위 결의를 요하지 않는다.

<대판 1971. 4. 30, 71 다 392>

「원심이 주식회사소유의 재산에 대하여 근저당권을 설정하는 행위가 상법 제374조 각호의 어느 행위에도 해당되지 않는다는 견해로서, 원고회사의 본건 재산이 비록 동 회사의 중요한 재산이라 하더라도 동 근저당권설정계약에 주주총회의 결의를 요하는 것이 아니라고 판단하였음은 정당하다.」

다만, 중요한 영업용 재산을 매도담보로 제공하는 경우는 법률상 소유권이 완전히 채권자에게 이전하고, 회사는 단지 내부적으로 채권적 권리만을 갖는 데 불과하여 양도와 동일한 위험이 있는 것으로 볼 수 있다.

<대판 1965. 12. 21, 65 다 2099 · 2100>

「원판결에 의하여 확정된 사실에 의하면 본건 물건은 소외 선광인쇄주식회사의 유일한 재산으로서, 그 재산의 양도가 매도담보에 의한 것이라 하여도 위 소외 회사는 그 회사의 영업재산의 전부를 상실하였고 환매할 수 있는 기한까지 이 재산의 사용을 위 회사에 허용한 것이라 하여도 환매기한 내에 그 회사에서 이를 환매하지 못할 경우에는 회사영업의 전부 또는 그 중요 부분을 폐업하지 아니하면 아니될 결과를 초래하게 될 것이므로, 매도담보에 의하여 회사의 영업재산 전부를 양도하는 행위는 위 회사의 영업의 전부 또는 그 중요 부분을 폐업하는 결과를 초래하여 영업의 양도와 동일한 결과를 초래할 것이므로 회사존속의 기초가 되는 영업재산의 전부를 매도담보에 의하여 양도하는 행위는 구 상법 제245조 소정 주주총회의 특별결의를 요하는 사항이라 해석함이 상당하다 할 것이다.」(동지: 대판 1962. 10. 25, 62 다 538; 대판 1987. 4. 28, 86 다카 538).

상법 제374조 제 2 호의 타인과 영업의 손익 전부를 같이 하는 계약, 즉 이익공통계약이란 독립된 수 개의 기업이 영업을 공동으로 하고, 약정비율에 따라 그로 인한 손익을 분담 또는 분배하는 계약을 말한다. 따라서 이 경우 수 개의 기업은 그 약정한 영업에 관한 한 경제적 일체를 이루며, 일종의 조합이 형성된다고 볼 수 있다.

<대판 1965. 6. 29, 65 다 827>

「원고는 돈을 내고 피고회사는 이 돈으로 새우를 사서 냉동가공하여 수출하고 그 이익을 반분하기로 한 것이 본건 원·피고 사이의 동업계약의 내용이라면, 위와 같은 경우는 주식회사가 특별결의를 필요로 하는 이른바 타인과 영업상의 손익 전부를 공통히 하는 계약이라고 볼 수 없다. 왜냐하면 위 상법이 말하는 계약은 독립한 수 개의 기업이 수익의 공통을 목적으로 하는 계약을 말하기 때문이다. 그리고 위 원·피고 사이의 동업계약은 남의 계산에서 회사가 자기의 영업을 하는 계약이라고도 볼 수 없으므로, 역시 상법상 주식회사의 특별결의를 요하는 기타 이에 준하는 계약이라고도 볼 수 없다.」

또한 동조와 관련하여 회사가 단순히 그 자본총액을 초과하여 채무를 부담하는 행위는 상법상 어디에도 특별결의사항으로 규정되어 있지 않으므로, 정관에 규정이 없는 한 주주총회의 특별결의를 요하지 않는다.

<대판 1978. 2. 28, 77 다 868>

「상고논지는 피고가 이 사건 채무인수를 함으로써 피고회사의 총자본금액을 초과하는 채무를 부담하게 되었고, 그러한 채무부담행위는 상법 제374조의 규정에 의하여 피고회사의 주주총회의 특별결의를 거쳐야 그 효력이 있는 것인데, 피고가 이 사건 채무인수를 함에 있어서 그 주주총회의 특별결의를 거친 바 없으니 그 채무인수행위는 무효라고 주장하나, 상법 제374조에 의하여 주주총회의 특별결의를 요하는 행위는 회사영업의 전부 또는 중요한 일부의 양도, 영업 전부의 임대 또는 경영위임, 타인과 영업의 손익 전부를 같이 하는 계약 기타 이에 준할 계약의 체결, 회사의 유일한 재산 또는 거의 전재산을 양도하는 등의 행위가 이에 해당하는 것이고, 회사가 단순히 그 자본금액을 초과하는 채무를 부담하는 계약을 체결하는 행위는 이에 해당하지 않는다 할 것이므로 논지는 이유 없다.」

회사의 영업에 중대한 영향을 미치는 다른 회사의 영업 전부 또는 일부의 양수는 주주총회의 특별결의를 요한다(제374조 제1항 3호). 제 1 호의 "영업의 중요한 일부의 양도"는 회사의 운명에 중요한 영향을 미치는 것이라는 점에서 주주의 보호를 위하여 총회의 특별결의사항으로 규정하고 있으나, 제 3 호의 회사의 영업에 중대한 영향을 미치는 다른 회사의 영업 일부의 양수도 제 1 호와 같은 차원에서 주주의 보호를 기할 필요가 있으므로 총회의 특별결의를 얻도록 한 것이다. 개정전 상법에서는 다른 회사의 영업전부를 양수하기는 하지만 그 규모가 소규모에 머무르는 경우에도 실질적으로 그 효과가 합병과 동일한 것으로 보아 주식매수청구권이 인정되었다. 그리고 이 점이 당사자의 부담으로 작용하였었다(개정전 상법 제374조). 이에 2011년 개정상법에서는 다른 회사의 영업전부 또는 일부를 양수하지만 그 규모가 양수회사의 영업에 중대한 영향을 미치지 않는 경우에는 주주총회의 특별결의가 없어도 되며, 주식매수청구권도 인정되지 않는 것으로 개정되었다(제374조 제1항 3호). 이러한 경우에는 주주에게 미치는 영향이 크지 않으므로 소규모합병처럼 주식매수청구권을 인정하지 않겠다는 의지가 반영된 것으로 평가할 수 있다(권재열, "개정상법상 기업조직재편제도의 개선내용 및 그 전망," 「외법논집」 제35권 제 4 호, 2011, 180쪽).

3. 特殊決議

특수결의는 특별결의의 특수형태로서 특별결의보다 그 결의요건이 더 가중된 결의를 말하여 여기에는 두 가지가 있다. 하나는 총주주(무결의권주주를 포함)의 동의를 요하는 것으로서, 이사의 회사에 대한 책임(재무제표승인 후에 책임해제가 의제되는 경우를 제외, 제450조)의 면제(제400조)와 주식회사를 유한회사로 조직변경하는 경우(제604조)가 이에 해당한다.

다른 하나는 주식회사의 모집설립(제309조) 또는 신설합병(제527조 제 3 항)의 경우의 창립총회의 결의로서 출석한 주식인수인의 의결권의 3분의 2 이상이고, 인수된 주식의 총수의 과반수에 해당하는 다수로 하는 결의이다.

제 4 관 反對株主의 株式買受請求權

金建植, 미국회사법상 반대주주의 주식매수청구권, 서울대 법학 93(1993. 12)/李哲松, 현행주식매수청구권제도의 문제점, 한양대 법학논총 4(1987. 2).

I. 意 義

주식매수청구권이란 주주의 이해관계에 중대한 영향을 미치는 주주총회의 결의가 다수결에 의하여 가결된 경우에 이 의안을 반대한 주주가 자기 소유주식을 회사에 대하여 매수하도록 청구할 수 있는 권리로서 구 증권거래법에서 인정된 권리였는데, 1995년 개정법에서 새로운 청구권으로서 신설하였다(제374조 의 2). 이 제도는 다수파주주의 횡포로부터 소수파주주를 보호하고 양자의 이익을 조화하기 위한 것이다. 즉 다수파주주는 그들의 계획을 실현할 수 있는 반면, 소수파주주는 일정한 보상을 받고 회사로부터 떠날 수 있는 것이다. 우리나라에서는 구 증권거래법에 의하여 상장법인에 한하여 이 제도가 인정되고 있었으나, 상장법인의 경우는 주식을 시장에 내다 팔 수도 있어 투하자금의 회수가 쉬운 데 비하여, 비상장법인은 주식의 처분에 어려운 점이 많으므로 비상장법인에 대하여 더욱 필요하여 입법론으로 이 제도를 도입할 필요성이 있다고 주장되어 왔었던 것을 1995년 개정에서 명문화하였다.

<대판 2022. 7. 14, 2019 다 271661>

「상행위인 투자 관련 계약에서 투자자가 약정에 따라 투자를 실행하여 주식을 취득한 후 투자대상회사 등의 의무불이행이 있는 때에 투자자에게 다른 주주 등을 상대로 한 주식매수청구권을 부여하는 경우가 있다. 특히 주주간 계약에서 정하는 의무는 의무자가 불이행하더라도 강제집행이 곤란하거나 그로 인한 손해액을 주장·증명하기 어려울 수 있는데, 이때 주식매수청구권 약정이 있으면 투자자는 주식매수청구권을 행사하여 상대방으로부터 미리 약정된 매매대금을 지급받음으로써 상대방의 의무불이행에 대해 용이하게 권리를 행사하여 투자원금을 회수하거나 수익을 실현할 수 있게 된다. 이러한 주식매수청구권은 상행위인 투자 관련 계약을 체결한 당사자가 달성하고자 하는 목적과 밀접한 관련이 있고, 그 행사로 성립하는 매매계약 또한 상행위에 해당하므로, 이때 주식매수청구권은 상사소멸시효에 관한 상법 제64조를 유추적용하여 5년의 제척기간이 지나면 소멸한다고 보아야 한다.」

Ⅱ. 發生要件

상법은 제374조 각 호의 결의를 한 때에 그 결의에 반대한 주주에게 이 권리를 인정하고 있다(제374조의 2 제 1 항). 즉 영업의 전부 또는 중요한 일부의 양도, 영업 전부의 임대 또는 경영위임, 타인과 영업의 손익 전부를 같이 하는 계약 기타 이에 준하는 계약의 체결·변경 또는 해약, 다른 회사의 영업 전부의 양수에 관한 결의가 있었을 때(제374 조) 등이다. 주식의 포괄적 교환과 이전의 경우에도 주식매수청구권이 인정된다(제360조의 5, 제360조의 22). 또한 합병승인의 특별결의가 있을 때에 이에 반대하는 주주는 주식매수청구권을 행사할 수 있다(제522조의 3). 그리고 분할합병의 경우에도 마찬가지이다(제530조의 11 제 2 항).

Ⅲ. 節 次

위의 결의사항에 관하여 주주총회의 결의가 있는 때에는 그 결의에 반대하는 주주는 주주총회 전에 회사에 대하여 서면으로 그 결의에 반대하는 의사를 통지한 경우에 한하여 총회의 결의일로부터 20일 이내에 주식의 종류와 수를 기재한 서면으로 회사에 대하여 자기가 소유하고 있는 주식의 매수를 청구할 수 있다(제374조의 2 제 1 항). 매수청구권자는 그 소유주식의 전부뿐만 아니라 일부만의 매수도 청구할 수 있다.

Ⅳ. 效 果

주주가 매수청구권을 행사하면 회사는 그 주식을 매수할 의무가 생기는 것이므로, 매수청구권은 일종의 형성권이다. 주식매수청구권의 행사에 의하여 당해 주식에 관한 매매계약이 성립한다고 하는 견해가 다수의 견해이다(정동윤, 340쪽; 이철송, 543쪽; 최기원, 563쪽). 상법 제374조의 2 제 1 항의 매수청구기간이 종료하는 날로부터 2월 내에 회사는 당해 주식을 매수하여야 하는데(제374조의 2 제 2 항), 이것을 2월 내에 이행하여야 한다고 해석하여야 한다는 견해가 타당하다(이철송, 543쪽; 정동윤, 340쪽). 대법원(대판 2011.4.28, 2010 다 94953)도 주식매수청구권 행사에 의하여 당해 주식에 대한 매매계약이 성립하는 것이고 상법 제374조의 2 제 2 항의 2월의 기간은 주식매매대금 지급의무의 이행기를 정한 것이라고 해석하고 있다.

<대판 2011. 4. 28, 2010 다 94953>

「영업양도에 반대하는 주주의 주식매수청구권에 관하여 규율하고 있는 상법 제374조의 2 제 1 항 내지 제 4 항의 규정 취지에 비추어 보면, 영업양도에 반대하는 주주의 주식매수청구권은 이른바 형성권으로서 그 행사로 회사의 승낙 여부와 관계없이 주식에 관한 매매계약이 성립하고, 상법 제374조의 2 제 2 항의 '회사가 주식매수청구를 받은 날로부터 2월'은 주식매매대금 지급의무의 이행기를 정한 것이라고 해석된다. 그리고 이러한 법리는 위 2월 이내에 주식의 매수가액이 확정되지 아니하였다고 하더라도 다르지 아니하다(영업양도에 반대하는 주주들이 주식매수청구권을 행사하였으나 2월의 매수기간 내에 주식대금을 지급하지

않은 회사에 지체책임을 인정한 사안에서, 반대주주들이 법원의 주식매수가액 결정에 대하여 항고 및 재항고를 거치면서 상당한 기간이 소요되었다는 사정만으로 지연손해금에 관하여 감액이나 책임제한을 할 수 없다고 본 원심판단을 수긍한 사례).」

2015년 12월 상법 개정시에 반대주주의 주식매수청구권 제도를 정비하였다(개정법 제360조의 5 제1항 및 제374조의 2 등). 개정전 무의결권 주주에게도 반대주주 주식매수청구권이 인정되는지에 대하여 명확하게 규정하고 있지 아니하여 실무상 혼란을 초래할 소지가 있고, 무의결권 주주들의 권리보호에 미흡한 측면이 있었다. 이에 2015년 12월 1일 개정상법에서는 무의결권 주주도 주식매수청구권을 행사할 수 있음을 명문으로 규정하고, 주식매수청구권이 인정되는 경우에는 무의결권 주주에게도 주주총회 소집을 통지하도록 규정하였다. 이를 통하여 기업인수·합병 과정에서 무의결권 주주의 반대주주 매수청구권 인정 여부, 주주총회 소집통지 문제 등에 관한 법적 혼란을 해소함으로써 기업 인수·합병 거래 안정과 반대 주주 보호에 기여할 것으로 기대하였다.

원래 자본시장법 제165조의 5 제1항에서는 의결권 없는 주식을 가진 주주에게도 주식매수청구권을 인정하고 있었다. 그러나 개정전 상법에서는 분할합병의 경우에만 의결권 없는 주주에게도 의결권을 부여함으로써 결과적으로 주식매수청구권도 부여하고 있을 뿐, 그 밖의 경우에는 명문의 규정을 두고 있지 않은 상황이었다. 이러한 경우 의결권 없는 주식을 가진 주주도 주식매수청구권을 가지는지 문제가 제기되었다. 이에 대해서는 상법이 주식매수청구권의 행사요건으로 사전반대의 통지만을 요하고 주주총회에 출석하여 반대할 것을 요건으로 하지 않은 것은 의결권 없는 주주에게도 매수청구권을 인정하기 위한 취지로 이해해야 한다는 견해가 다수설이다. 그렇지만 의결권이 없는 주주에게는 주주총회소집 통지를 하지 않기 때문에 주주총회의 결의사항에 반대하는 표결도 할 수 없으므로 주식매수청구권도 행사할 수 없다는 일부 견해가 있었다. 상법은 주주총회 소집과 관련된 통지 방법 및 공고 절차 등을 정하고 있다(제363조). 주주총회의 소집 통지·공고는 주주들에게 총회의 의사결정에 참가할 기회를 부여하는 뜻을 지니므로 총회 운영에서 매우 중요한 절차이다. 그러나 이는 개정전 상법 제363조 제7항에서 의결권 없는 주주에게는 적용하지 아니한다고 명시적으로 규정하고 있었다. 의결권 없는 주주란 의결권이 배제되는 주식 또는 당해 총회의 의안에 관해 의결권이 제한되는 주식뿐만 아니라 상호주 기타 상법 또는 특별법에서 의결권을 제한하는 주식을 소유하는 주주를 모두 포함하는 것으로 해석되고 있었다. 반대주주의 주식매수청구권과 관련하여 보면 이사회에서 합병 등의 결의가 있은 후 주주총회를 소집하는데, 공식적으로는 주주가 그 소집 통지 등에 의해 합병 등이 추진되고 있음을 알게 되는 것으로 볼 수 있다. 의결권 없는 주주에게도 매수청구의 기회를 부여해야 하는 것으로 보면 이들에게도 총회 소집의 통지가 이루어져야 한다. 그러나 개정전 상법 규정상으로는 의결권 없는 주주에게는 소집 통지를 하지 않도록 하고 있었다. 따라서 2015년 12월 개정상법은 의결권 없는 주주에게는 적용하지 아니한다는 조항에 반대주주의 주식매수청구권이 인정되고 있는 5가지 경우의 예외를 명문으로 규정하였다. 즉 개정상법에서는 주식매수청구권을 부여하는 무의결권주주에 대한 주주총회의 소집통지를 하도록 규정하였다. 바로 제363조 제 7 항 단서에서 "다만 제 1 항의 통지서에 적은 회의의 목적사항에 제360조의 5(주식교환), 제360조의 22(주식이전), 제374조의 2(영업양도 등), 제522조의 3(합병) 또는 제530조의 11(분할 또는 분할합병)에 따라 반대주주의 주식매수청구권이 인정되는 사항이 포함되는 경우에는 그러하지 아니하다."라는 규정을 신설한 것이다.

한편 개정전 상법은 반대주주의 주식매수청구권 행사에 따른 회사의 매수 의무 발생 시기(始期)를 매수 청구를 받은 날로 규정하고 있었다. 주식매수청구권을 행사한 주주별로 회사와 주식매매계약 성립 시기가 달라져 회사의 주식매수 절차 상 부담이 있었었다. 따라서 2015년 12월 개정상법은 주주총회 결의일부터 20일 내의 매수청구기간을 설정하고, 회사의 매수 의무 발생 시기는 일괄적으로 이 매수청구기간이 종료하는 날로 정하여지도록 하여 업무 처리의 효율성을 도모하였다. 원래 상장회사의 경우에는 주식매수청구기간이 종료하는 날로부터 1개월 이내에 주식매수청구권이 행사된 주식을 매수하여야 한다(자본시장법 제165조의 5 제 2 항). 비상장회사의 경우에는 2015년 12월 상법개정 전에는 상장회사와는 달리 매수청구를 받은 날로부터 2개월 이내에 주식을 매수하여야 하므로 실무상의 어려움이 있었다. 그리하여 2015년 12월 개정상법에서는 비상장회사의 경우에도 매수청구기간이 종료하는 날로부터 2개월 이내에 회사의 매수의무를 부과함으로써 실무상의 편리를 도모하도록 한 것이다.

상장회사의 경우에는 자본시장법 제165조의 5 제 1 항에 의하여 주식매수청구권의 대상 주식을 반대의사를 통지한 주주가 이사회 결의 사실이 공시되기 이전에 취득하였음을 증명한 주식과, 이사회 결의 사실이 공시된 날의 다음 영업일까지 해당 주식에 관한 매매계약의 체결 등 주식취득에 관한 법률행위가 있었던 주식으로 제한하고 있다.

주식매수청구를 받은 날로부터 30일 이내에 매수가액의 협의가 이루어지지 아니한 경우에는 회사 또는 주식매수를 청구한 주주는 법원에 매수가액결정을 청구할 수 있다(제374조의 2 제 4 항). 이 때 법원이 매수가액을 결정하는 경우에는 회사의 재산상태 그 밖의 사정을 참작하여 공정한 가액으로 산정하여야 한다(제374조의 2 제 5 항). 상장회사의 경우에는 주식매수가격 결정 시에 자본시장법이 채택하고 있는 계산방법이 하나의 기준이 된다. 자본시장법에서는 주주와 회사 사이에 합의가 이루어지지 않으면 매수가격은 합병 등을 위한 이사회결의일 이전에 증권시장에서 거래된 당해 주식의 2월간, 1월간, 및 7일간의 평균가격을 재차 평균한 가액으로 하도록 되어 있다(자본시장법 제165조의 5 제 3 항 단서, 자본시장법 시행령 제176조의 7 제 2 항). 해당 회사의 주가는 결의일 이전보다 상승할 수도 있고 하락할 수도 있다. 그런데 보통 주주가 주식매수청구권을 행사하는 경우는 주가가 하락하는 경우이다. 물론 자본시장법의 계산방법에 당사자가 만족하지 않을 때에는 법원이 결정하게 된다.

<대결 2006. 11. 24, 2004 마 1022>

「회사의 합병 또는 영업양도 등에 반대하는 주주가 회사에 대하여 비상장주식의 매수를 청구하는 경우, 그 주식에 관하여 객관적 교환가치가 적정하게 반영된 정상적인 거래의 실례가 있으면 그 거래가격을 시가로 보아 주식의 매수가액을 정하여야 하나, 그러한 거래사례가 없으면 비상장주식의 평가에 관하여 보편적으로 인정되는 시장가치방식 · 순자산가치방식 · 수익가치방식 등 여러 가지 평가방법을 활용하되, 비상장주식의 평가방법을 규정한 관련법규들은 그 제정목적에 따라 서로 상이한 기준을 적용하고 있으므로, 어느 한 가지 평가방법이 항상 적용되어야 한다고 단정할 수 없고, 당해 회사의 상황이나 업종의 특성 등을 종합적으로 고려하여 공정한 가액을 산정하여야 한다.」

제 5 관 種類株主總會

鄭容相, 특수한 주주총회와 주주보호, 부산외대 법학연구 2(1990. 2).

Ⅰ. 意 義

종류주주총회란 회사가 정관에 의하여 종류주식을 발행한 경우에 일반주주총회와는 별도로 특정한 종류의 주식을 가진 주주들만으로 구성되는 주주총회를 말한다.

회사가 종류주식을 발행한 경우에 종류를 달리하는 주식을 가진 주주 사이에 이해관계가 대립할 수 있다. 즉 어떤 종류의 주식을 가진 주주가 다른 종류의 주식을 가진 주주에 비하여 수적으로 우세한 경우에 그 다른 종류의 주식을 가진 주주의 이익을 무시하고 주주총회의 결의가 행해질 위험이 있다. 그래서 상법은 주주총회의 결의사항이 특정한 종류의 주주에게 손해를 미치게 될 때에는 주주총회의 결의 이외에 따로 그 종류의 주주들만의 종류주주총회의 결의를 요하도록 하고 있다.

Ⅱ. 種類株主總會가 필요한 경우

회사가 종류주식을 발행한 경우에 정관을 변경함으로써 어느 종류의 주주에게 손해를 미치게 될 때에는 주주총회의 결의 이외에 그 종류의 주식의 주주총회의 결의가 있어야 한다(제435조 제 1 항). 또한 회사가 종류주식을 발행한 경우에 주식의 종류에 따라 신주의 인수, 주식의 병합·소각 또는 합병으로 인한 주식의 배정에 관하여 특수한 정함을 하는 경우(제344조 제 3 항)에 어느 종류의 주주에게 손해를 미치게 될 경우에도 그 종류주주총회의 결의가 있어야 한다(제436조).

<대판 2006. 1. 27, 2004 다 44575·44582>

「상법 제435조 제 1 항의 '어느 종류의 주주에게 손해를 미치게 될 때'라 함에는 어느 종류의 주주에게 직접적으로 불이익을 가져오는 경우는 물론이고, 외견상 형식적으로는 평등한 것이라고 하더라도 실질적으로는 불이익한 결과를 가져오는 경우도 포함되며, 나아가 어느 종류의 주주의 지위가 정관의 변경에 따라 유

리한 면이 있으면서 불이익한 면을 수반하는 경우도 이에 해당한다.

정관의 변경결의의 내용이 어느 종류의 주주에게 손해를 미치게 될 때에 해당하는지 여부에 관하여 다툼이 있는 관계로 회사가 종류주주총회의 개최를 명시적으로 거부하고 있는 경우에, 그 종류의 주주가 회사를 상대로 일반 민사소송상의 확인의 소를 제기함에 있어서는 정관변경에 필요한 특별요건이 구비되지 않았음을 이유로 하여 정면으로 그 정관변경이 무효라는 확인을 구하면 족한 것이지, 그 정관변경을 내용으로 하는 주주총회결의가 '불발효상태'에 있다는 확인을 구할 필요는 없다.」

Ⅲ. 決議의 要件

종류주주총회의 결의는 출석한 주주의 의결권의 3분의 2 이상의 수와 그 종류의 발행주식총수의 3분의 1 이상의 수로써 하여야 한다(제435조 제2항)(1995년 개정법에서 의사정족수를 폐지하면서 결의요건을 완화하였다). 이러한 결의요건은 정관으로도 완화하거나 가중할 수 없다(동지: 정동윤, 342-343쪽; 이철송, 584쪽. 이설: 채이식, 486쪽).

Ⅳ. 召集과 議事 등

종류주주총회의 소집·의사·결의 등에 관하여는 결의권 없는 종류의 주식에 관한 것을 제외하고는 주주총회에 관한 규정을 준용한다(제435조 제3항). 의결권 없는 종류의 주식에 관한 규정을 제외하는 이유는 의결권 없는 주식을 가진 주주들도 정관의 변경으로 인하여 손해를 받게 될 때에는 종류주주총회를 개최할 필요가 있기 때문이다.

Ⅴ. 決議의 效果

1. 학 설

주주총회결의 효력요건설(부동적 무효설, 불발효설)은, 상법 제435조의 종류주주총회의 결의는 주주총회결의가 유효하기 위한 요건이기 때문에, 종류주주총회의 결의가 없는 한 주주총회결의는 아직 완전한 효력을 발생하지 못하고 부동적으로 무효인 상태 혹은 불발효 상태에 있게 되고, 종류주주총회의 결의가 있으면 확정적으로 유효해지고 종류주주총회의 결의가 없으면 확정적으로 무효가 된다는 견해이다. 주주총회결의 효력발생을 위한 절차요건설(주주총회 취소사유설)은 종류주주총회의 결의는 주주총회결의의 효력을 발생하기 위한 절차적 요건이므로 종류주주총회의 결의가 없는 경우는 상법 제376조 소정의 주주총회결의 취소사유에 해당한다는 견해이다. 한편 정관변경 효력요건설은 정관변경에 관한 종류주주총회의 결의는 정관변경의 효력발생요건이기 때문에 정관변경에 관한 종류주주총회가 흠결된 때에는 (정관변경에 관한 주주총회결의가 어떤 영향을 받는지에 상관없이 곧바로) 정관변경이 효력을 발생하지 않는다는 견해이다.

2. 판 례

대법원은 어느 종류의 주주에게 손해를 미치는 내용으로 정관을 변경함에 있어서 그 정관변경에 대한 주주총회 결의 외에 추가로 요구되는 종류주주총회의 결의는 정관변경이라는 법률효과가 발생하기 위한 하나의 특별요건이라 할 것이므로 그와 같은 내용의 정관변경에 관하여 종류주주총회의 결의가 아직 이루어지지 않았다면 그러한 정관변경의 효력이 아직 발생하지 않는 데에 그칠 뿐이고, 그러한 정관변경을 결의한 주주총회결의 자체의 효력에는 아무런 하자가 없다는 입장이다(대판 2006. 1. 27, 2004 다 44575·44582).

<대판 2006. 1. 27, 2004 다 44575·44582>

「상법 제435조 제 1 항의 문언에 비추어 보면, 어느 종류 주주에게 손해를 미치는 내용으로 정관을 변경함에 있어서 그 정관변경에 관한 주주총회의 결의 외에 추가로 요구되는 종류주주총회의 결의는 정관변경이라는 법률효과가 발생하기 위한 하나의 특별요건이라고 할 것이므로, 그와 같은 내용의 정관변경에 관하여 종류주주총회의 결의가 아직 이루어지지 않았다면 그러한 정관변경의 효력이 아직 발생하지 않는 데에 그칠 뿐이고, 그러한 정관변경을 결의한 주주총회결의의 자체의 효력에는 아무런 하자가 없다고 할 것이다. 따라서 원심이, 피고(반소원고, 이하 반소에 관한 당사자 호칭은 생략한다)의 본안전 항변에 관한 주장, 즉 종류주주총회의 결의가 이루어지지 않은 경우에는 그 정관변경을 결의한 주주총회결의 자체에 절차상의 위법이 있는 때에 해당하는 만큼 상법에 규정된 주주총회결의 취소의 소에 의하여 그 하자를 다투어야 하는데 그 결의취소의 소의 법정 제기기간이 이미 도과되었으므로 원고의 청구가 부적법하다는 주장을 배척하고 본안 판단에 나아간 것은 옳다. 그러나 정관의 변경결의의 내용이 어느 종류의 주주에게 손해를 미치게 될 때에 해당하는지 여부에 관하여 다툼이 있는 관계로 회사가 종류주주총회의 개최를 명시적으로 거부하고 있는 경우에, 그 종류

의 주주가 회사를 상대로 일반 민사소송상의 확인의 소를 제기함에 있어서는, 정관변경에 필요한 특별요건이 구비되지 않았음을 이유로 하여 정면으로 그 정관변경이 무효라는 확인을 구하면 족한 것이지, 그 정관변경을 내용으로 하는 주주총회결의 자체가 아직 효력을 발생하지 않고 있는 상태(이른바 불발효 상태)라는 관념을 애써 만들어서 그 주주총회결의가 그러한 '불발효 상태'에 있다는 것의 확인을 구할 필요는 없다.」

제 6 관 株主總會決議의 瑕疵

金敎昌, 주주총회결의 부존재확인판결의 효력 〈판례〉, 判例硏究(서울지방변호사회) 7(1994. 1)/金敎昌, 株主總會決議에 관한 訴, 會社法의 現代的 課題(徐燉珏博士華甲紀念論文集)(1980)/金命洙, 株主總會決議 不存在確認判決의 遡及效, 司法行政 386(1993. 2)/金在範, 주주총회결의의 내용에 대한 규제, 안암법학 2(1994. 8)/김재범, 소집통지를 흠결하거나 정족수에 미달한 주주총회결의의 효력, 상사판례연구 8(1997. 12)/吳允德, 會社法上의 訴와 擔保提供, 司法行政 229(1980. 1)/柳元奎, 株主總會決議 不存在確認判決과 그 遡及效, 法曹 439(1993. 4)/李基秀, 株主總會議事錄 僞造確認判決이 株主總會決議 不存在確認判決에 해당되는지의 여부, 判例月報 265(1992. 10)/李允榮, 株主總會決議 不存在確認訴訟의 法的 地位, 고려대 판례연구 2(1983. 2)/林弘根, 주주총회의 결의의 하자, 現代商法의 課題와 展望(梁承圭敎授華甲紀念論文集)(1994)/張泰煥, 會社總會決議의 瑕疵에 관한 訴, 商事法의 基本問題(李範燦敎授華甲紀念論文集)(1993)/鄭東潤, 부존재로 확인된 주주총회결의에 기한 거래행위의 효력, 現代商法의 課題와 展望(梁承圭敎授華甲紀念論文集)(1994)/鄭容相, 株主總會決議의 瑕疵, 건국대 대학원논문집 29(1989. 8)/崔基元, 주주총회결의의 취소와 부존재의 사유, 서울대 법학 94(1994. 5)/崔基元, 주주총회 결의의 하자에 관한 소고, 法曹 395(1989. 8).

Ⅰ. 總　說

주주총회의 결의가 유효하기 위해서는 그 성립절차 및 내용이 법령과 정관에 적합한 것이어야 하며, 그 중에 어느 것이라도 하자가 있는 경우에는 본래의 효과를 인정하기 곤란하다. 그러나 하자 있는 결의가 다수의 이해관계인에 관계되는 동시에 그 결의를 전제로 회사의 내외에서 여러 가지 법률관계가 이루어질 경우에는 주주 등의 이해관계인 또는 회사 밖의 거래관계자 등을 보호할 필요가 있다. 그리하여 상법은 회사에 관한 법률관계의 획일적 처리 또는 법적 안정성을 고려하여 하자의 주장을 가급적 제한하고(당사자, 원인 및 제소기간의 제한), 확정판결의 효력을 수정하는 등(대세적 효력) 특별한 규정을 두고 있다.

<대판 2011.6.24, 2009 다 35033>

「주주총회결의 효력이 회사 아닌 제 3 자 사이의 소송에서 선결문제로 된 경우에 당사자는 언제든지 당해 소송에서 주주총회결의가 처음부터 무효 또는 부존재한다고 주장하면서 다툴 수 있고, 반드시 먼저 회사를 상대로 주주총회의 효력을 직접 다투는 소송을 제기하여야 하는 것은 아니다.」

Ⅱ. 決議取消의 訴

1. 意　義

결의취소의 소란 총회의 소집절차 또는 결의방법이 법령 또는 정관에 위반되거나 현저하게 불공정한 때 또는 그 결의의 내용이 정관에 위반한 때에 주주, 이사 또는 감사가 결의의 날로부터 2월 내에 그 결의의 취소를 구하는 소이다(제376조 제 1 항). 이 소는 형성의 소이다.

2. 取消의 原因

첫째로 총회의 소집절차 또는 결의방법이 법령 또는 정관에 위반한 경우에는 결의취소의 소의 원인이 된다. 예컨대 일부주주에 대한 소집통지의 흠결, 소집통지의 기재의 불비, 소집통지기간의 부족, 정관에 기재되지 않은 먼 장소에서의 소집, 주주 또는 그 대리인이 아닌 자의 결의참가, 특별이해관계인의 의결권행사, 정족수 및 가결요건의 위반, 소집통지에 기재하지 않은 사항의 결의 등이다.

<대판 1980.10.27, 79 다 1264>

「주주총회의 소집은 소집결정권이 있는 이사회의 결정에 따라 그 결정을 집행하는 권한을 가진 대표이사가 하는 것이고, 이사회의 결정이 없이는 이를 소집할 수 없는 것이지만, 이사회의 결정이 없다고 하더라도 외관상 이사회의 결정에 의한 소집형식을 갖추어 소집권한 있는 자가 적법하게 소집절차를 밟은 이상 이렇게 소집된 총회에서 한 결의가 부존재한다고 볼 수는 없고, 이사회의 결정이 없었다는 사정은 취소사유가 됨에 불과하다고 할 것이므로 같은 취지에서 한 위와 같은 원심판단은 정당하다.」

<대판 1989. 5. 23, 88 다카 16690>

「임시주주총회가 정관상 요구되는 이사회의 결의 없이 소집되었고, 갑을 제외한 나머지 주주들에게만 소집통지를 하여 갑의 참석 없이 결의가 이루어졌더라도 당시 갑 앞으로 주주명부상의 명의개서가 되어 있지 않았고, 갑에 대한 주식양도의 효력 자체가 다투어져 갑에 의해 주주권확인소송이 제기되어 계속중이었다면, 그와 같은 하자는 주주총회결의 취소사유가 될 수 있을지언정 무효 또는 부존재사유는 되지 않는다.」

<대판 1981. 7. 28, 80 다 2745 · 2746>

「법원으로부터 임시주주총회 소집허가를 받은 적법한 소집권자에 의하여 소집된 주주총회에서 총주식의 과반수를 넘는 주식을 소유한 주주가 참석하여 참석주주 전원의 찬성으로 위와 같은 결의가 이루어졌다면, 주주인 신청인에게도 소집통지를 하지 아니하고 피신청인 갑 · 을에 대하여도 법정기간을 준수한 서면통지를 하지 아니하여 그 소집절차에 하자가 있다고 하더라도 이와 같은 하자는 동 결의의 당연무효사유에 해당된다고 볼 수는 없고, 다만 결의취소사유에 지나지 않는다고 할 것이다.」(동지 : 대판 1980. 4. 22, 79 다 2087; 대판 1993. 10. 12, 92 다 21692; 대판 1993. 12. 28, 93 다 8719).

<대판 1983. 8. 23, 83 도 748>

「주주총회가 적법한 소집권자에 의하여 소집의 절차를 거쳐 소집되고 적법하게 성립되어 개최된 이상 그 결의방법의 하자는 단순한 '주주총회결의취소의 소'의 사유에 지나지 않는다 할 것인즉(상법 제376조 참조), 원심이 피고인 ○○○은 주주명부상의 주주가 아니어서 의결권을 행사할 수 없음에도 불구하고 의결권을 행사하였으니 동 피고인이 의결권을 행사한 주식수를 제외하면 의결정속수에 미달하여 위 임시주주총회의 결의가 당연무효라는 주장에 관하여 심리판단을 하지 아니하였다 하더라도 위와 같은 사유는 주주총회결의방법이 법령 또는 정관의 규정에 위반하는 경우에 해당하여 결의취소의 소의 사유에 해당함에 불과하다 할 것이어서 판결에 영향이 없다.」(동지 : 대판 1962. 1. 31, 4294 민상 452).

<대판 1977. 9. 28, 76 다 2386>

「정관상 의장이 될 사람이 아닌 소외 갑이 정당한 사유 없이 주주총회의 의장이 되어 의사에 관여하였다고 가정하더라도 그 사유만으로서는 위 주주총회에서의 결의가 부존재한 것으로는 볼 수 없는 것이고, 그러한 하자는 다만 그 결의방법이 정관에 위반하는 것으로서 주주총회의 결의취소사유에 해당하는 데 지나지

않는 것으로 볼 수밖에 없다.」

<대판 2001.5.15, 2001 다 12973>
「주주총회에서 의안에 대한 심사를 마치지 아니한 채 법률상으로나 사실상으로 의사를 진행할 수 있는 상태에서 주주들의 의사에 반하여 의장이 자진하여 퇴장한 경우 주주총회가 폐회되었다거나 종결되었다고 할 수는 없으며, 이 경우 의장은 적절한 의사운영을 하여 의사일정의 전부를 종료케 하는 등의 직책을 포기하고 그의 권한 및 권리행사를 하지 아니하였다고 볼 것이므로, 퇴장 당시 회의장에 남아 있던 주주들이 임시의장을 선출하여 진행한 주주총회의 결의도 적법하다고 할 것이다.」

<대판 2003.7.11, 2001 다 45584>
「주주총회의 개회시각이 부득이한 사정으로 당초 소집통지된 시각보다 지연되는 경우에도 사회통념에 비추어 볼 때 정각에 출석한 주주들의 입장에서 변경된 개회시각까지 기다려 참석하는 것이 곤란하지 않을 정도라면 절차상의 하자가 되지 아니할 것이나, 그 정도를 넘어 개회시각을 사실상 부정확하게 만들고 소집통지된 시각에 출석한 주주들의 참석을 기대하기 어려워 그들의 참석권을 침해하기에 이르렀다면, 주주총회의 소집절차가 현저히 불공정하다고 하지 않을 수 없다… 소집장소를 변경하기로 하는 결의조차 할 수 없는 부득이한 사정이 발생한 경우, 소집권자가 대체장소를 정한 다음 당초의 소집장소에 출석한 주주들로 하여금 변경된 장소에 모일 수 있도록 상당한 방법으로 알리고, 이동에 필요한 조치를 다한 때에 한하여 적법하게 소집장소가 변경되었다고 볼 수 있을 것이다.」

<대판 2003.9.5, 2002 다 17036>
「소집권한 없는 자에 의한 총회소집이라 하더라도 소집권자가 소집에 동의하여 그로 하여금 소집하게 한 것이라면 그와 같은 총회소집을 권한 없는 자의 소집이라고 볼 수 없으나, 단지 소집권한 없는 자에 의한 총회에 소집권자가 참석하여 총회선임이나 대표자선임에 관하여 이의를 하지 아니하였다고 하여 이것만 가지고 총회가 소집권자의 동의에 의하여 적법하게 소집된 것이라거나, 그 총회의 소집절차상의 하자가 치유되어 적법하게 된다고 할 수 없다.」

<대판 2011.2.10, 2010 다 83199 · 83205>
「종중원들이 종중 재산의 관리 또는 처분 등을 위하여 종중의 규약에 따른 적법

한 소집권자 또는 일반 관례에 따른 종중총회의 소집권자인 종중의 연고항존자에게 필요한 종중의 임시총회 소집을 요구하였음에도 그 소집권자가 정당한 이유 없이 이에 응하지 아니하는 경우에는 차석 또는 발기인(위 총회의 소집을 요구한 발의자들)이 소집권자를 대신하여 그 총회를 소집할 수 있는 것이고, 반드시 민법 제70조를 준용하여 감사가 총회를 소집하거나 종원이 법원의 허가를 얻어 총회를 소집하여야 하는 것은 아니다.

종원들이 비상대책위원회를 구성하여 종중의 기존 회장 및 연고항존자 등 임시총회 소집권자들에게 종중 재산의 관리·처분 등과 관련한 대표자 자격시비를 없애기 위하여 임시총회의 소집을 요구하였으나 이에 불응하자 비상대책위원회 측 종원들이 소집통지를 하여 임시총회를 개최한 사안에서, 기존 회장 등이 정당한 이유 없이 위 소집요구에 불응하였으므로 비상대책위원회 측 종원들이 직접 모든 종원들에게 소집통지를 하여 개최한 임시총회는 특별한 사정이 없는 한 적법하다.」

<대결 2014. 7. 11, 2013 마 2397>

「甲 주식회사가 이사회를 개최하여 정기주주총회에서 실시할 임원선임결의에 관한 사전투표 시기(始期)를 정관에서 정한 날보다 연장하고 사전투표에 참여하거나 주주총회에서 직접 의결권을 행사하는 주주들에게 골프장 예약권과 상품교환권을 제공하기로 결의한 다음 사전투표 등에 참여한 주주들에게 이를 제공하여 주주총회에서 종전 대표이사 乙 등이 임원으로 선임되자, 대표이사 등 후보자로 등록하였다가 선임되지 못한 주주 丙 등이 주주총회결의의 부존재 또는 취소사유가 존재한다고 주장하면서 乙 등에 대한 직무집행정지가처분을 구한 사안에서, 위 주주총회결의는 정관을 위반하여 사전투표기간을 연장하고 사전투표기간에 전체 투표수의 약 67%에 해당하는 주주들의 의결권행사와 관련하여 사회통념상 허용되는 범위를 넘어서는 위법한 이익이 제공됨으로써 주주총회결의 취소사유에 해당하는 하자가 있으므로, 위 가처분신청은 乙 등에 대한 직무집행정지가처분을 구할 피보전권리의 존재가 인정되는데도, 이와 달리 보아 가처분신청을 기각한 원심결정에는 주주총회결의 취소사유에 관한 법리오해의 위법이 있다.」

둘째로 총회의 소집절차 또는 결의방법이 현저하게 불공정한 경우에도 결의취소의 소의 원인이 된다. 예를 들면 조조·심야의 소집, 폭행·협박에 의한 결의의 성립 등이다.

셋째로 그 결의의 내용이 정관에 위반한 경우에도 결의취소의 소의 원인이 된다. 이는 절차상 하자가 심한 경우는 결의부존재사유로 하고(제380조), 내용상 하자 중에서 가벼운 것은 결의취소사유로 하려는 의도에서 1995년 개정법에 새로이 결의취소의 소의 원인으로 첨가되었다.

3. 訴의 當事者

결의취소의 소는 주주, 이사 또는 감사에 한하여 이를 제기할 수 있다(제376조 제1항). 소를 제기하는 주주는 기명주주의 경우에는 소제기의 당시에 주주명부상의 주주일 것을 요하나, 그 지주수와는 상관이 없으며 결의 당시에 주주일 필요는 없다. 또한 총회에 출석하거나 총회에서 결의에 반대하여야만 하는 것도 아니다. 그러나 소를 제기한 때로부터 판결이 확정될 때까지 주주의 자격을 유지하여야 하며, 소를 제기한 후에 주주자격을 상실한 때에는 취소권도 소멸한다(동지: 손주찬, 728쪽; 정동윤, 347쪽; 최기원, 638쪽). 이 때에는 그 사이에 반드시 동일한 주식을 보유하여야 한다는 것을 말하는 것은 아니며, 주주자격을 계속해서 유지하면 된다. 소송계속중에 원고인 주주가 그의 주식 전부를 양도하여 주주자격을 상실한 때에는 소송은 당연히 종료되고, 주식양수인이 당해 소송의 원고인 지위를 승계하는 것은 아니다. 주주는 자기에 대한 총회소집절차의 하자에 대해서뿐만 아니라 다른 주주에 대한 소집절차의 하자를 이유로 결의취소의 소를 제기할 수 있다. 주주가 소를 제기할 때에는 그 결의에 의하여 자기의 이익이 구체적으로 침해받았고, 소의 제기가 회사의 이익을 위한 것이며, 하자와 결의 사이에 인과관계가 있다는 것 등을 증명할 필요는 없다.

결의취소의 소를 제기할 권리는 정관에 의해서도 박탈하지 못하고, 주주도 미리 일반적으로 포기할 수는 없다. 그러나 개별적인 경우에 주주가 스스로의 의사에 기하여 이를 포기할 수는 있다. 또한 결의취소의 소권은 의결권에 의하지 않고 행사할 수 있는 주주의 시정감독권에 속하므로 의결권이 없는 주주도 이 소를 제기할 수 있다(동지: 정동윤, 347쪽; 최기원, 638쪽; 이철송, 555쪽. 이설: 손주찬, 728쪽).

이사는 대표이사인가 아닌가를 불문하고 각자가 단독으로 결의취소의 소를 제기할 수 있다. 임기의 만료 또는 사임으로 인하여 퇴임한 후에 후임자가 취임할 때까지 이사의 권리의무를 갖는 자(제386조 제1항)도 결의취소의 소를 제기할 수 있다. 당해 총회에서 해임된 이사·감사도 결의취소에 의하여 그 지위를 회복할 가능성이 있기 때문에 결의취소의 소를 제기할 수 있다. 이사가 결의취소의 소를 제기하였다가 소송계속 중 사망하면 그 소송은 그대로 종료된다(대판 2019. 2. 4, 2015 다 255258).

결의취소의 소는 반드시 당해 회사를 피고로 하여야 하며, 회사 이외의 자, 예를 들면 주주 · 이사를 피고로 하는 것은 허용되지 않는다. 피고인 회사는 대표이사가 대표하는 것이 원칙이지만, 이사가 원고인 때에는 감사가 회사를 대표한다(제394조).

<대판 1982. 9. 14, 80 다 2425>
「주주총회결의취소와 결의무효확인 판결은 대세적 효력이 있으므로, 그와 같은 소송의 피고가 될 수 있는 자는 그 성질상 회사로 한정된다.」

<대판 2016. 7. 22, 2015 다 66397>
「주주총회결의 취소소송의 계속 중 원고가 주주로서의 지위를 상실하면 원고는 상법 제376조에 따라 그 취소를 구할 당사자적격을 상실하고, 이는 원고가 자신의 의사에 반하여 주주의 지위를 상실하였다 하여 달리 볼 것은 아니다(이 사건 주주총회결의 당시 피고의 주주였던 원고들이 이 사건 주주총회결의 부존재확인 및 취소를 구하는 소를 제기한 후 그 소송계속 중에 피고와 소외 회사 사이의 주식의 포괄적 교환에 의하여 피고의 주주 지위를 상실하고 완전모회사인 소외 회사의 주주가 된 사안에서 (1) 이 사건 주주총회결의 부존재가 확인되어 그 결의에 근거한 배당액이 모두 피고에게 반환됨으로써 소외 회사에 이익이 된다고 하더라도 소외 회사의 주주인 원고들이 갖는 이익은 사실상, 경제상의 것에 불과하고, 이 사건 주주총회결의 내지 그에 따른 배당금 지급이 주식교환비율에 영향을 미쳤다고 단정하기 어려울 뿐만 아니라 설령 영향을 미쳤다고 하더라도 이는 주식교환무효의 소 또는 손해배상청구의 소를 통하여 직접 다툴 수 있는 것이어서 이 사건 주주총회결의 부존재확인을 구하는 것이 주식교환비율을 둘러싼 분쟁을 가장 유효 · 적절하게 해결하는 수단이 된다고 볼 수도 없으므로 원고들에게 이 사건 주주총회결의 부존재확인을 구할 확인의 이익이 없고, (2) 위 주식의 포괄적 교환에 따라 더 이상 피고의 주주가 아닌 원고들에게 이 사건 주주총회결의의 취소를 구할 원고적격도 인정되지 않는다는 이유로, 같은 취지의 원심이 정당하다고 판단한 사안임).」

<대판 2019. 2. 14, 2015 다 255258>
「이사가 그 지위에 기하여 주주총회결의의 취소의 소를 제기하였다가 소송 계속 중에 사망하였거나 사실심 변론종결 후에 사망하였다면, 그 소송은 이사의 사망

으로 중단되지 않고 그대로 종료된다. 이사는 주식회사의 의사결정기관인 이사회의 구성원이고, 의사결정기관 구성원으로서의 지위는 일신전속적인 것이어서 상속의 대상이 되지 않기 때문이다.」

4. 提訴期間

결의취소의 소는 결의의 날로부터 2월 내에만 제기할 수 있다(제376조 제1항).

<대판 1966. 10. 4, 66 다 2269>

「상법 제376조에 의하면 주주 또는 이사가 주주총회소집절차 또는 결의방법이 법령 또는 정관에 위반하거나 현저히 불공정한 때에는 결의의 날로부터 2월 내에 결의취소의 소를 제기할 수 있다고 규정하고 있는바, 주주총회의 결의내용이 등기할 사항이라든가, 주주나 이사가 위 결의 있음을 몰랐다고 하는 경우라고 하여서 위 제소기간의 기산일을 늦춰야 할 법적 근거는 없다.」

소를 제기하지 않고 이 기간을 경과한 때에는 결의취소의 원인이 되는 하자를 이유로 결의의 효력을 다툴 수 없다. 또한 위 기간이 경과한 후에도 새로운 취소원인을 추가로 주장할 수 있는가에 대해서는 결의취소의 소의 원인이 되는 하자는 비교적 경미하고 시간의 경과에 따라 그 증명이 곤란하게 되는 것이므로, 가능한 한 빨리 결의의 효력을 명확히 하기 위하여 2월의 제한을 둔 입법취지에 비추어 이를 부정하는 견해가 타당하다(동지: 정동윤, 348쪽; 최기원, 490쪽).

<대판 1960. 11. 24, 4292 민상 880>

「일반적으로 증자결의취소의 소의 제소기간인 1개월이 경과한 후에는 이 소의 원인된 사실에 기인한 증자무효의 소를 제기하여도 청구기각할 것임이 증자에 관한 안정성을 보호하는 상법(구) 정신에 합치한 해석이라고 인정하므로 이와 동 취지의 원판결은 정당하다고 할 것인데, 항차 본건에 있어서는 원고 등이 1956. 4. 21의 증자결의에 의하여 위 증자된 각 주금액의 불입을 완료한 후에 각 주식을 광산세무서장에게 주세담보로 제공한 사실은 원심이 확정한 바이므로, 이와 같은 경우에는 소위 금반언의 원칙의 일 표현인 상법(구) 제370조, 제191조의 법의에 비추어서도 원고 등은 본건 증자무효를 주장할 수 없다 할 것이다.」

<대판 2010. 3. 11, 2007 다 51505>

「주주총회결의 취소의 소는 상법 제376조 제1항에 따라 그 결의의 날로부터 2

개월 내에 제기하여야 하고, 이 기간이 지난 후에 제기된 소는 부적법하다. 그리고 주주총회에서 여러 개의 안건이 상정되어 각기 결의가 행하여진 경우 위 제소기간의 준수 여부는 각 안건에 대한 결의마다 별도로 판단되어야 한다(임시주주총회에서 이루어진 여러 안건에 대한 결의 중 이사선임결의에 대하여 그 결의의 날로부터 2개월 내에 주주총회결의 무효확인의 소를 제기한 뒤, 위 임시주주총회에서 이루어진 정관변경결의 및 감사선임결의에 대하여 그 결의의 날로부터 2개월이 지난 후 주주총회결의 무효확인의 소를 각각 추가적으로 병합한 후, 위 각 결의에 대한 '무효확인의 소'를 '취소의 소'로 변경한 경우, 위 정관변경결의 및 감사선임결의 취소에 관한 부분은 위 추가적 병합 당시 이미 2개월의 제소기간이 도과되었으므로 부적법하다).」

5. 取消의 訴의 節次

결의취소의 소는 회사의 본점소재지의 지방법원의 전속관할에 속한다(제376조 제2항, 제186조). 소가 제기된 때에는 다른 주주가 소송에 참가할 수 있는 기회를 주기 위하여 회사는 지체없이 이를 공고하여야 한다(제376조 제2항, 제187조). 수 개의 소가 제기된 때에는 법원은 이를 병합심리하여야 하며(제376조 제2항, 제188조), 이는 필요적 공동소송이다(민사소송법 제67조). 소를 제기한 후에 원고주주가 청구의 포기 또는 화해를 하는 것은 원고승소판결에 대세적 효력이 있고, 원고주주는 전주주의 이익을 대표하여 소를 수행하여야 한다는 점에서 허용되지 않는다. 또한 반대로 피고회사가 승낙·화해·자백을 하는 것도 원고승소판결에 대세적 효력이 있고, 그것이 실질적으로 결의의 효력이 유지되기를 바라는 다른 주주의 이익을 처분하는 것이 되므로 부정하여야 한다(동지 : 이철송, 574쪽; 채이식, 504쪽. 정동윤, 348쪽은 자백과 청구에 포기는 가능하다고 한다).

6. 擔保의 提供

남소를 방지하기 위하여 이사 또는 감사가 아닌 주주가 결의취소의 소를 제기한 때에는 법원은 회사의 청구에 의하여 상당한 담보를 제공할 것을 원고에게 명할 수 있다(제377조). 회사가 이 청구를 할 때에는 주주의 소제기가 악의임을 소명하여야 한다(제337조 제2항, 제176조 제4항).

이 경우 악의란 주주가 정당한 이유 없이 회사를 곤경에 빠뜨리려는 의도가 있는 것을 말하며, 담보액은 회사가 소송제기로 인하여 장차 받게 될 모든 손해를 표준으로 정하여야 한다.

<대결 1963. 2. 28, 63 마 2>

「구 상법 제252조, 제249조는 주주가 결의무효확인의 소송을 제기한 때는 회사의 청구에 의하여 상당한 담보를 제공하여야 한다고 규정하고 있는바, 그 입법취지는 그 소송제기로 인하여 회사가 받고 또 장차 받게 될 모든 손해를 담보하는 것이 목적이므로 그 담보액은 회사가 받게 될 모든 불이익을 표준으로 하여 법원이 자유재량에 의하여 정할 수 있다고 해석함이 타당하다. 그렇다면 본건에 있어서 제 1 심의 청주지방법원이 본건에 관한 제반 사정을 참작하여 본건 담보액을 금 3만 원으로 정한 결정을 정당하다고 한 원심결정에는 아무런 위법이 없고, 논지는 독자적인 견해 아래 원결정을 비위하는 것이므로 이유가 없다.」

7. 裁量棄却

결의취소의 소가 제기된 경우에 결의의 내용, 회사의 현황과 제반 사정을 참작하여 그 취소가 부당하다고 인정한 때에는 법원은 그 청구를 기각할 수 있다(제379조). 이것은 사소한 하자로서 결의의 결과에 영향을 미치지 않는 경우에도 취소를 허용한다면, 남소의 폐해를 발생시키고 결과적으로 주주공동의 이익을 해하는 결과가 되기 때문이다.

<대판 1987. 9. 8, 86 다카 2971>

「주주총회결의취소의 소에 있어서 법원이 재량에 의하여 청구를 기각할 수 있음을 밝힌 상법 제379조는 주주총회결의의 절차에 하자가 있는 경우에 그 결의를 취소하는 것이 회사 또는 결의가 이미 집행되어 이를 취소하여도 아무 효과가 없는 때에는 결의의 취소로 인한 회사의 손해 내지 거래안전의 저해를 방지하고, 또 남소로 인한 사회질서의 문란을 방지하기 위한 것이다. 그러므로 원심에서 주주총회의 결의내용, 피고 상호신용금고의 현황, 다른 금융기관의 실태, 원고들의 제소목적 등의 제반 사정을 참작하여 원고들의 청구를 기각한 것은 정당하고 법리오해의 위법이 없다.」

<대판 2003. 7. 11, 2001 다 45584>

「원고가 취소를 구하는 대상은 이 사건 주주총회의 결의 중 임원에 대하여 주식매수선택권을 부여하기로 하는 부분에 한하고, 그 결의내용은 임원에 대한 보수문제의 일부라 할 수 있는 것이어서 회사에 미치는 손해라는 것을 생각하기 어려울 뿐만 아니라 일반거래의 안전과도 무관한 것인 점, 원고가 주주의 공익권

으로서 인정되는 제소권을 개인적인 이익을 위하여 남용하려 한다는 사정이 인정되지도 않는 점, 그리고 앞서 본 소집절차상의 하자가 경미한 수준이라고 보기 어려운 점 기타 기록에 나타나는 여러 가지 사정을 종합하여 살펴보면, 원고의 이 사건 취소청구를 그대로 인용함이 상당하고 재량에 의하여 기각할 수는 없다고 할 것이다.」

8. 判決의 效力

원고가 승소하여 결의취소의 판결이 확정된 때에는 그 판결은 당사자뿐만 아니라 제 3 자에 대하여도 그 효력이 있다(대세적 효력)(제376조 제 2 항, 제190조 본문). 그러므로 소송당사자가 아닌 다른 주주나 이사·감사도 판결에 구속되어 결의의 효력을 다툴 수 없게 된다. 이것은 회사의 법률관계를 획일적으로 확정하기 위한 것이다. 그리고 1995년 개정법에서 그동안 학설과 판례에서 문제되었던 점을 바로잡았다. 즉 불소급효에 관한 제190조 단서를 준용조문에서 삭제하였다.

결의한 사항이 등기된 경우에 결의취소의 판결이 확정된 때에는 본점과 지점의 소재지에서 등기하여야 한다(제378조).

원고의 결의취소청구를 기각하는 판결이 확정된 경우에는 그 판결의 효력은 소송당사자 사이에만 미치고, 다른 주주·이사·감사가 취소의 소를 제기하는 것을 방해하지는 않는다. 그러나 실제로는 판결이 확정될 때에는 이미 제소기간이 경과하는 것이 보통이므로 다른 제소권자가 취소의 소를 제기할 여지가 없다. 또한 원고가 패소한 경우에 악의 또는 중대한 과실이 있는 때에는 회사에 대하여 연대하여 손해를 배상할 책임이 있다(제376조 제 2 항, 제191조).

<대판 2013. 2. 28, 2012 다 74298>

「이사 선임의 주주총회 결의에 대한 취소판결이 확정된 경우 그 결의에 의하여 이사로 선임된 이사들에 의하여 구성된 이사회에서 선정된 대표이사는 소급하여 그 자격을 상실하고, 그 대표이사가 이사 선임의 주주총회 결의에 대한 취소판결이 확정되기 전에 한 행위는 대표권이 없는 자가 한 행위로서 무효가 된다(대판 2004. 2. 27, 2002 다 19797 참조).」

Ⅲ. 決議無效確認의 訴

이것은 결의의 내용이 법령에 위반한 것, 예를 들면 상법에 정한 이외의 사항의 결의, 주식회사의 본질에 반하는 결의, 주주평등의 원칙에 반하는 결의, 위법배당결의 등을 이유로 결의무효의 확인을 청구하는 소이다(제380조). 결의의 내용이 구체적으로 법령에 위반하지는 않아도 실질적으로 현저하게 불공정한 경우에는 결의무효가 된다고 해석된다. 그러나 결의의 내용에 위와 같은 하자가 없고, 단순히 결의에 이르게 된 동기나 목적에 공서양속위반의 불법이 있는 것에 불과한 때에는 결의무효가 아니다.

상법은 결의무효확인의 소와 다음에 말하는 결의부존재확인의 소에 관하여 결의취소의 소와는 달리 제소권자, 기간 및 방법에 관하여 규정을 두고 있지 않고, 한편으로 판결에 대세적 효력을 인정하고 소급효를 제한하고 있었기 때문에 양 소의 성질을 어떻게 볼 것인가에 대하여 다툼이 있었다. 이에 대하여 판결의 대세적 효력 및 소급효제한을 근거로 하여 양 소는 형성의 소라고 풀이하는 견해도 있으나(정동윤, 352-354쪽; 이철송, 562쪽), 양 소는 그 내용의 위법성으로 인하여 그 자체 무효인 것을 확인하는 것이요, 그 무효를 소만으로 주장하여야 한다면 소의 제기에 의하여 결의의 무효가 확정되지 않는 한 결의는 유효하다는 부당한 결과가 초래되며, 또한 소만에 제한하면 결의의 무효를 이유로 하는 청구, 예컨대 위법배당금반환청구(제462조 제2항), 이사·감사 등에 대한 손해배상청구(제399조, 제401조, 제414조, 제415조)를 함에 있어 이중의 절차를 강요하게 되어 결의의 무효를 전제로 하는 청구권의 행사를 제한하는 불합리를 초래하게 되어 무효의 주장은 항변으로도 가능하다는 확인소송설이 타당하다고 보았다(동지: 손주찬, 734-735쪽; 최기원, 650-651쪽; 채이식, 506쪽). 하지만 1995년 개정법은 제190조를 준용하였던 것을 제190조 본문만을 준용하도록 하여 이 문제를 해결하였다. 이와 관련하여 대법원이 법문에 얼마나 충실한가를 알 수 있었다.

따라서 결의무효의 주장은 하자의 중대성에 비추어 결의취소의 경우와 같이 소제기에 제한이 없고, 누구든지, 언제든지, 어떠한 방법으로든 결의의 무효를 주장할 수 있다. 반드시 소의 방법으로 주장할 필요는 없으며, 항변으로도 주장할 수 있다. 소의 방법으로 주장할 경우에는 확인의 이익이 있을 것을 요한다.

<대판 1962.5.17, 4294 민상 1114>

「주주총회결의의 내용이 법령 또는 정관에 위반되는 경우에는 그 결의는 당연히 무효인 것이므로 일반원칙에 의하여 누구나, 언제든지, 여하한 방법으로라도 그

무효를 주장할 수 있는 것이고, 그 무효의 주장은 소의 방법에 한한다고 해석할 수 없다.」

<대판 1982. 4. 27, 81 다 358>

「무효이거나 존재하지 않는 주주총회결의에 의하여 이사직을 해임당한 자는 그가 주주인 여부를 막론하고 주주총회결의의 무효 또는 부존재확인청구를 할 수 있다.」(동지 : 대판 1966. 9. 27, 66 다 980; 대판 1962. 1. 25, 4294 민상 525).

<대판 1993. 1. 26, 92 다 11008>

「2인의 공동대표이사 중 1인이 다른 공동대표이사와 공동으로 임시주주총회를 소집하지 않았다거나, 또는 다른 공동대표이사와 발행주식총수의 41%의 주식을 보유한 주주에게 소집통지를 하지 않았다는 등의 소집절차상의 하자만으로 임시주주총회의 결의가 부존재한다거나 무효라고 할 정도의 중대한 하자라고 볼 수 없다.」(동지 : 대판 1996. 12. 20, 96 다 39998).

<대판 1995. 5. 24, 94 다 50427>

「주주총회의 임원선임결의의 부존재나 무효확인 또는 그 결의의 취소를 구하는 소에 있어서 그 결의에 의하여 선임된 임원들이 모두 그 직에 취임하지 아니하거나 사임하고, 그 후 새로운 주주총회결의에 의하여 후임임원이 선출되어 그 선임등기까지 마쳐진 경우라면 그 새로운 주주총회의 결의가 무권리자에 의하여 소집된 총회라는 하자 이외의 다른 절차상 · 내용상의 하자로 인하여 부존재 또는 무효임이 인정되거나 그 결의가 취소되는 등의 특별한 사정이 없는 한 설사 당초의 임원선임결의에 어떠한 하자가 있었다고 할지라도 그 결의의 부존재나 무효확인 또는 그 결의의 취소를 구할 소의 이익은 없는 것이다.」(동지 : 대판 1982. 9. 14, 80 다 2425; 대판 1996. 10. 11, 96 다 24309).

<대판 2013. 2. 28, 2010 다 58223>

「예탁금 회원제 골프장을 운영하는 甲 주식회사가 주주회원들 중 일부로 구성된 주주회원모임과 체결한 '甲 회사가 주주회원의 골프장 이용혜택을 변경할 경우 주주회원모임과 협의하여 결정하고 중요한 사항은 주주총회에 회부하여야 한다'는 내용의 약정에 따라 주주총회에서 주주회원의 골프장 이용혜택을 축소하는 내용의 결의를 하자, 주주회원들이 주위적으로 결의의 무효 확인과 예비적으로 결의의 취소를 구한 사안에서, 위 결의는 甲 회사와 개별 주주회원 사이의 계약상 법률관계에 해당하는 골프장 이용혜택의 조정에 관하여 甲 회사와 주주회원

모임이 임의로 약정한 절차적 요건일 뿐이지 甲 회사와 그 기관 및 주주들 사이의 단체법적 법률관계를 획일적으로 규율하는 의미가 전혀 없어 상법 제380조에서 정한 결의무효확인의 소 또는 상법 제376조에서 정한 결의취소의 소의 대상이 되는 주주총회결의라고 할 수 없고, 甲 회사에 의한 골프장 이용혜택 축소가 효력이 없어 자신들의 종전 주주회원으로서 지위나 그에 따른 이용혜택이 그대로 유지된다고 주장하는 주주회원들은 직접 甲 회사를 상대로 그 계약상 지위나 내용의 확인을 구하면 충분하고 이와 별도로 위 결의 자체의 효력 유무의 확인을 구하는 것이 주주회원들의 법적 지위에 현존하는 불안·위험을 제거하기 위한 가장 유효·적절한 수단이라고 볼 수도 없어 일반적 민사소송의 형태로 위 결의의 무효 확인을 구할 소의 이익도 인정되지 않는데도, 본안 판단에 나아가 주위적 청구를 인용한 원심판결에 소의 적법요건에 관한 법리오해의 위법이 있다.」

이 소의 피고는 회사이며, 대표이사를 이사로 선임한 주주총회의 결의가 소송의 대상인 경우에도 피고인 회사는 대표이사가 대표한다는 것이 판례의 입장이다.

<대판 1983. 3. 22, 82 다카 1810>
「회사의 이사선임결의가 무효 또는 부존재임을 주장하여 그 결의의 무효 또는 부존재확인을 구하는 소송에서 회사를 대표할 자는 현재 대표이사로 등기되어 그 직무를 행하는 자라고 할 것이고, 그 대표이사가 무효 또는 부존재확인청구의 대상이 된 결의에 의하여 선임된 이사라고 할지라도 그 소송에서 회사를 대표할 수 있는 자임에는 변함이 없다.」

<대판 2010. 2. 11, 2009 다 70395>
「가처분재판에 의하여 법인 등 대표자의 직무대행자가 선임된 상태에서 피대행자의 후임자가 적법하게 소집된 총회의 결의에 따라 새로 선출되었다 해도 그 직무대행자의 권한은 위 총회의 결의에 의하여 당연히 소멸하는 것은 아니므로 사정변경 등을 이유로 가처분결정이 취소되지 않는 한 직무대행자만이 적법하게 위 법인 등을 대표할 수 있고, 총회에서 선임된 후임자는 그 선임결의의 적법 여부에 관계없이 대표권을 가지지 못한다.」

결의무효판결은 법률관계의 획일적 안정을 도모한다는 뜻에서 당사자뿐만 아니라 제 3 자에 대해서도 효력이 있으며, 전속관할, 소제기의 공고, 소의 병합심리, 판결의 효력, 패소원고의 책임, 주주의 담보제공의무, 등기 등에 대해서는 결의취소의 소의 경우와 같다(제380조).

<대판 2004. 9. 24, 2004 다 28047>

「주주총회결의의 하자를 다투는 소에 있어서 청구의 인낙이나 그 결의의 부존재·무효를 확인하는 내용의 화해·조정은 할 수 없고, 가사 이러한 내용의 청구인낙 또는 화해·조정이 이루어졌다 하여도 그 인낙조서나 화해·조정조서는 효력이 없는바(대판 1993. 5. 29. 92 누 14908 참조), 이 사건 조정조항 제 1 항은 명백히 위 1998. 9. 8자 임시주주총회결의의 부존재 또는 무효를 확인하는 내용을 담고 있으므로 그 효력을 인정하기 어렵다.」

Ⅳ. 決議不存在確認의 訴

결의의 취소나 결의의 무효의 경우는 모두 총회의 결의라고 인정할 만한 것이 존재하지만, 그 외에 총회의 소집절차 또는 결의방법에 중대한 하자가 있어 법률상 총회결의가 존재한다고 볼 수 없는 경우가 있다. 이를 결의의 부존재라고 한다(제380조). 이와 같은 결의부존재의 경우에도 등기 등 결의가 행해졌다는 외관이 남아 있을 때에는 그 부존재를 대세적 효력이 있는 판결로 확정할 필요가 있다. 이러한 하자는 본래 결의의 내용상의 하자가 아니라 절차상의 하자이지만, 중대하기 때문에 제소권자를 내부자로 한정하고 제소기간을 제한하는 것은 적당치 않다. 따라서 상법은 결의무효확인의 소와 함께 결의부존재확인의 소를 인정하고 있다(제380조). 결의부존재의 원인으로 볼 수 있는 것으로는 ① 총회를 소집하거나 개최한 사실이 전혀 없음에도 불구하고 마치 어떤 결의가 있었던 것처럼 의사록을 작성하는 등의 결의사항이 물리적으로 전혀 존재하지 아니한 경우(비결의: Nicht-beschluß)와 ② 이사회의 결의도 없이 소집권한 없는 자가 소집한 총회에서 이루어진 결의와 소집통지가 없음에도 불구하고 일부 주주가 회합하여 한 결의, 그리고 극히 일부 주주에게만 소집통지를 하여 소집된 총회에서 한 결의와 같이 총회의 소집절차 또는 결의방법에 중대한 하자가 있어서 법률상 결의가 존재하지 않는 것으로 평가되는 표현결의(Scheinbeschluß)이다. 결의무효의 경우와 같이 누구든지, 언제든지, 어떠한 방법으로든지 결의의 부존재를 주장할 수 있으며, 소의 방법으로 주장할 경우에는 확인의 이익이 있을 것을 요한다(신의칙의 입장에서 소의 이익을 부인한 판례: 대판 1992. 8. 14, 91 다 45141). 그 밖에 전속관할, 판결의 효력 등에 관하여는 결의무효확인의 소와 같이 취급된다(제380조).

<대판 1973.6.29, 72 다 2611>

「주주총회의 소집을 일부 주주에게만 구두로 소집통지를 하였고, 그 총회소집이 이사회에서 결정된 것이 아니고, 또 그 소집통지가 권한 있는 자에 의한 것이 아니라면, 사회통념상 총회 자체의 성립이 인정되기 어렵다.」(동지 : 대판 1969.9.2, 67 다 1705 · 1706; 대판 1960.9.8, 4292 민상 766).

<대판 1964.5.26, 63 다 670>

「소집통지한 지정된 일시에 주주총회가 유회된 후 총회소집권자의 적법한 새로운 소집절차 없이 동일장소에서 동일자 다른 시간에 개최된 총회에서의 결의는 주주총회의 결의라 할 수 없다.」(동지: 대판 1993.10.12, 92 다 28235 · 28242).

<대판 1965.9.28, 65 다 940>

「구 상법 제380조의 결의무효확인의 소에 관한 규정은 거기에 명시되어 있듯이 일정한 사유로 인한 결의무효의 소에 관한 경우에 한하는 규정이고 주주총회 자체가 부존재하는 경우에 관한 것이 아니며, 이러한 결의의 부존재의 주장은 항변으로서도 가능한 것이며, 반드시 소제기방법에 의하여야 한다고만 볼 수 없다.」

<대판 1969.9.2, 67 다 1705 · 1706>

「주주총회를 개최한 사실이 없음에도 불구하고 그러한 사실이 있는 양 의사록을 허위로 만들어 그 등기를 거친 경우에는 주주총회의 성립이 없다 할 것이고, 또 권한이 없는 자가 소집한 주주총회는 사실상 총회결의가 있었다 하여도 그 총회의 성립에 현저한 하자가 있다 할 것이므로, 이러한 경우에는 누구나, 언제든지 그 결의의 무효확인이 아닌 부존재확인을 구할 수 있다 할 것이다.」

<대판 1959.12.3, 4290 민상 669>

「상법 제247조 소정의 주주총회결의취소의 소는 주주취체역(이사) 또는 감사역(감사)에 한하여 이를 제기할 수 있으나, 주주총회결의 부존재확인의 소 또는 상법 제252조에 의한 결의무효확인의 소는 제소권자의 제한이 없으므로 결의의 부존재 또는 그 무효의 확인에 관하여 정당한 법률상 이익이 있는 자라면 누구나 소송으로써 그 확인을 구할 수 있다고 할 것이다.」

<대판 1980.10.27, 79 다 2267>

「주주총회결의부존재확인의 소는 통상의 확인소송이므로 회사의 채권자라도 확인의 이익이 있는 이상 이를 제기할 수 있는 것이지만, 이 경우 확인의 이익이 있다 함은 그 주주총회결의가 회사채권자의 이익 또는 법적 지위를 구체적으로 침해하고 직접적으로 이에 영향을 미치는 경우에 한하는 것이다.」

<대판 1977.5.10, 76 다 878>

「회사의 단순한 채권자가 피고회사 주주총회결의나 이사회결의의 부존재확인을 구하기 위해서는 그 결의로 인하여 권리 또는 법적 지위에 현실적으로 직접 어떠한 구체적인 영향을 받게 되는 경우에 한한다.」

<대판 1970.2.24, 69 다 2018>

「주주회사의 금전상의 채권자는 그 회사의 주주총회 또는 이사회의 각 결의의 부존재확인을 구할 법률상의 이익이 있다.」

<대판 1992.9.22, 91 다 5365>

「주주총회의 소집절차와 실제의 회의절차를 거치지 아니한 채 주주총회의사록을 허위로 작성하여 도저히 그 결의의 존재를 인정할 아무런 외관적인 징표도 찾아볼 수 없는 경우에는 상법 제380조의 주주총회결의 부존재확인의 소의 대상이 되지 않는다.」(동지: 대판 1993.3.26, 92 다 32876).

<대판 1993.10.12, 92 다 28235·58242>

「제 1 주주총회결의가 부존재로 된 이상 이에 기하여 대표이사로 선임된 자들은 적법한 주주총회의 소집권자가 될 수 없어 그들에 의하여 소집된 주주총회에서 이루어진 제 2 주주총회결의 역시 법률상 결의부존재라고 볼 것이다.」

<대판 1994.9.14, 91 다 33926>

「부동산이 매각될 당시 갑·을은 그들이 법정대리인이 된 미성년 자녀들 주식을 포함하여 회사의 발행주식 중 72% 남짓한 주식을 보유하고 있어 상법 제384조·제434조에 정한 특별결의에 필요한 의결권을 갖고 있으면서 특히 갑은 사실상 회사를 지배하고 있었던 터에 이들의 참석 하에 위 부동산을 매도할 것을 결의한다는 내용의 임시주주총회 의사록이 작성되어 이들이 주주총회결의의 외관을 현출하게 하였다면, 비록 형식상 당해 회사의 주주총회결의의 존재를 인정할 수 없다 하더라도 그와 같은 회사내부의 의사결정을 거친 회사의 외부적 행위를 유효한

것으로 믿고 거래한 자에 대하여는 회사의 책임을 인정하는 것이 타당하다.」

<대판 1995. 9. 15, 95 다 13302>
「상법 제190조의 규정이 준용되는 상법 제380조 결의부존재확인 청구의 소에 있어서의 결의부존재라 함은 외형상 당해 회사의 주주총회로서 소집 · 개최되어 결의가 성립하였거나 그 소집절차나 결의방법에 중대한 하자가 있어 법률상 결의의 부존재로 볼 수밖에 없는 경우만을 가리키고, 전혀 주주총회를 소집 · 개최함이 없이 주주총회 의사록만 작성하거나 또는 외형상 당해 회사의 주주총회로 볼 수 없는 회의를 개최하여 의사록을 작성한 경우와 같이 외형상 당해 회사의 주주총회결의의 존재를 인정하기 어려운 경우는 여기에 해당하지 않아 그 결의에 기초한 법률관계는 효력이 없다고 보아야 할 것이나, 다만 외형상 회사의 주주총회의 존재를 인정하기 어려운 경우에도 의사록을 작성하는 등 주주총회결의의 외관을 현출시킨 자가 회사의 과반수(문제로 된 주주총회결의가 상법 제434조 소정의 특별결의인 경우에는 2/3 이상) 주식을 보유하거나, 또는 과반수(또는 2/3 이상)의 주식을 보유하지 않더라도 사실상 회사의 운영을 지배하는 주주인 경우와 같이 주주총회결의의 외관현출에 회사가 관련된 것으로 보아야 할 경우에는 그와 같은 회사내부의 의사결정을 거친 회사의 외부적 행위를 유효한 것으로 믿고 거래한 자에 대하여는 회사의 책임을 인정함이 타당하다.」

<대판 2010. 1. 28, 2009 다 3920>
「가처분결정 또는 가처분사건에서 이와 동일한 효력이 있는 강제조정 결정에 위반하는 행위가 무효로 되는 것은 형식적으로 그 가처분을 위반하였기 때문이 아니라 가처분에 의하여 보전되는 피보전권리를 침해하기 때문인데, 이 사건 가처분의 본안소송에서 가처분의 피보전권리가 없음이 확정됨으로써 그 가처분이 실질적으로 무효임이 밝혀진 이상 이 사건 주식에 의한 의결권 행사는 결국 가처분의 피보전권리를 침해한 것이 아니어서 유효하고, 따라서 이 사건 주주총회 결의에 가결정족수 미달의 하자가 있다고 할 수 없다고 하여, 이를 전제로 한 원고의 예비적 청구를 배척하였다. 이 사건 기록 및 관련 법리에 비추어 보면 위와 같은 원심의 조치는 정당하고, 거기에 가처분을 위반한 의결권 행사의 효력에 관한 법리를 오해한 잘못이 없다.」

V. 不當決議取消·變更의 訴

특정주주가 총회의 결의에 관하여 특별한 이해관계가 있기 때문에 의결권을 행사할 수 없었던 경우(제368조 제 3 항)에 결의가 현저하게 부당하고, 그 주주가 의결권을 행사하였다면 이를 저지할 수 있었을 때에는 그 주주는 그 결의의 날로부터 2월 내에 결의의 취소 또는 변경을 구하는 소를 제기할 수 있다(제381조 제 1 항). 이것은 본질적으로 결의취소의 소에 속하며, 전속관할, 판결의 효력 등에 관하여는 결의취소의 소의 경우와 같다(제381조 제 2 항).

부당결의취소·변경의 소는 특별이해관계를 가진 주주가 결의에 참여하지 못함으로 인하여 반대파가 이를 악용하는 것을 규제하기 위하여 둔 규정이다. 따라서 이 소는 제368조 제 3 항이 있기 때문에 두어진 규정이다. 입법론으로서는 제368조 제 3 항과 제381조를 함께 삭제하여야 하리라고 생각한다(동지 : 이윤영, "특별이해관계인의 의결권행사," 법률행정논집 제14집(1976), 273쪽 아래 참조).

제 4 절 監事·監査人·檢査人

姜熙甲, 감사의 임무해태로 인한 법적 책임 : 국내외판례와 사례를 중심으로, 上場協 26(1992. 11)/金敎昌, 현행상법상의 감사제도와 그 개선방안, 上場協 26(1992. 11)/金丙學, 감사제도에 관한 소고, 法曹 30, 4(1981. 4)/金容奭, 주식회사의 감사의 의무와 책임, 송원실전 논문집 16(1990. 12)/金在亨, 주식회사에 있어서 감사회의 법제화, 조선대 사회과학연구 16(1993. 6)/박세화, 주식회사의 감사제도에 관하여, 현대상사법논집(김인제박사정년기념논문집)(1997)/박영길, 감사의 권한, 현대상사법논집(김인제박사정년기념논문집)(1997)/朴憲穆, 주식회사 감사제도에 관한 고찰, 경성법학 3(1994. 11)/宋相現, 상법개정안과 감사의 지위론, 商事法의 現代的 課題(孫珠瓚博士華甲紀念論文集)(1984)/安澤植, 株式會社 監査의 職務權限, 한양대 박사학위논문(1987)/吳和重, 감사인의 독립성에 관한 연구 : 감사인과 의뢰인 간의 이해대립을 중심으로, 호남대 논문집 4(1984. 2)/元容洙, 프랑스회사법상 주식회사의 업무감독기관에 관한 연구, 숙명여대 논문집 34(1993. 12)/元容洙, 프랑스회사법상 회계감사인에 관한 소고, 企業環境法의 變化와 商事法(孫珠瓚敎授古稀紀念論文集)(1993)/李揆哲, 주식회사 감사의 법적 지위, 청주대 우암논총 7(1991. 3)/李基秀, 주식회사의 감사기관, 고시계 401(1990. 7)/李範燦, 감사의 직무권한, 商事法硏究 1(1980)/李範燦, 감사제도의 제문제, 會社法의 現代的 課題

(徐燉珏博士華甲紀念論文集)(1980)/李範燦, 株式會社 監査制度의 硏究, 동국대 박사학위논문(1975)/李範燦·吳旭煥, 監査와 外部監査人의 法的 責任, 商事法論叢(姜渭斗博士華甲紀念論文集)(1996)/李元鎬, 독일기업의 감사회와 공동결정법, 국민대 법학논총 3(1990. 12)/李虎乘, 주식회사의 감사제도에 관한 연구, 경북전문대 논문집 10(1991. 2)/張相培, 미국의 감사위원회와 한국의 감사와의 비교, 회계와 세무 289(1993. 7)/張晩植, 상법과 감사의 겸직에 관한 연구, 효성여대 경영경제 10(1993. 2)/丁炳碩, 독일법상 주식회사 감사회의 감독권에 관한 연구, 서울대 박사학위논문(1992)/鄭世喜, 개정상법상의 감사의 직무권한, 동아대 교육대학원 논문집 10(1984. 8)/정준영, 상장회사 감사의 지위, 기업과 법(김교창변호사화갑기념논문집)(1997)/鄭鎭世, 프랑스의 회계감사인제도, 商去來法의 理論과 實際(安東燮敎授華甲紀念論文集)(1995)/鄭燦亨, 독일주식법상 주식회사의 감사의 권한과 의무, 충북대 법학연구 2, 1(1990. 11)/鄭燦亨, 주식회사 감사제도의 개선방안, 上場協 27(1993. 5)/河文春, 監事監査와 內部監査의 槪念展開, 경영법률 제 6 집(1996)/洪復基, 사외감사제도에 대하여, 상사법연구 13(1994).

제 1 관 總 說

주식회사의 전문적인 감사기관으로서는 감사, 감사인 및 검사인이 있다. 회사의 내부기관인 감사가 항시 업무와 회계 전반에 관하여 감사를 하고 대규모 회사는 감사에 의한 내부감사 외에 회사외부에 있는 독립한 감사인에 의한 회계감사를 받아야 한다. 그리고 특정한 감사업무를 수행하기 위하여 필요한 때에 한하여 선임되는 임시적 감사기관으로서의 검사인이 있다.

주주는 주주총회에서 이사의 선임·해임 및 결산의 승인을 통하여 이사의 직무집행을 감사하는 외에 개별적으로도 소수주주권 등에 의하여 이사를 감독할 수 있으나, 주주 자신에 의한 감독만으로는 불충분하므로 주주총회에서 감사를 선임하여 상시 이사의 직무집행과 회계를 감사하도록 하고 있다. 의용상법에서는 감사가 이사의 업무집행 전반을 감사하였으나 1962년 상법은 이사회제도를 신설하여 이사회내부에서 대표이사 기타 업무담당이사를 다른 이사가 감독할 것을 기대하여 감사의 임무를 회계감사에 한정하였다. 그러나 이러한 법의 기대에 반하여 이사회의 구성상의 특성 때문에 이사회의 감독기능이 충분히 효과를 거둘 수 없게 되었다. 그래서 자본시장법은 일정한 상장법인에 대하여(자본시장법 제169조; 동 시행령 제189조), 주식회사 등의 외부감사에 관한 법률은 일정규모 이상의 주식회사 등에 대하여(동법 제 2 조; 동법 시행령 제 2 조) (외부) 감사인에 의한 회계감사를 받도록 하고 있다.

1984년 개정법은 이 점에 관해 근본적인 개정을 하여 감사가 회계를 포함하여 이사의 직무집행 전반에 관하여 감사할 수 있도록 하고, 이를 위해 감사에게 강력한 권한을 부여하였다. 1995년 개정법에서도 감사의 임기연장, 해임결의시의 의견진술권, 총회소집청구권, 자회사의 조사권 등을 신설하여 감사의 독립성을 보장하고, 감사의 지위를 안정·강화시키며 그 권한을 확대하였다. 그리고 1999년 개정에 의해 감사제도의 선택적 대체수단으로 감사위원회제도를 도입하였다. 2009년 1월 개정법은 대통령령으로 정하는 상장회사에 대해 1인 이상의 상근감사를 두도록 하였고, 대통령령으로 정하는 대규모 상장회사에 대해서는 감사위원회를 의무적으로 두도록 하였다. 2009년 5월 개정법은 자본금총액 10억 원 미만인 소규모 주식회사의 경우에는 감사선임 여부를 회사가 임의로 선택할 수 있도록 하였다.

제2관 監　事

Ⅰ. 意　義

감사는 회사의 업무와 회계의 감사를 주된 임무로 하는 주식회사의 필요적 상설기관이다. 필요적 기관이라는 점에서 유한회사의 임의적 기관인 감사와 다르며(제568조), 상설기관이라는 점에서 임시기관인 검사인과 다르다. 한편 2009년 5월 개정법은 자본금총액이 10억 원 미만인 회사를 설립하는 경우에는 감사선임 여부를 회사의 임의적 선택사항으로 하여서 창업에 필요한 시간과 비용을 절감할 수 있도록 하였다(제409조 제4항).

감사는 업무와 회계감사를 통해 이사의 직무집행을 감독하지만, 이를 선임하는 주주총회는 사실상 이사의 의향에 따라 움직이기 때문에 감사의 선임이 반드시 공정하게 이루어질 수 없으므로 그 감사기능이 본래의 목적을 달성할 수 없는 경우가 허다하다. 그래서 1984년 개정법에서는 감사의 권한을 확대하고 그 지위를 강화하기 위한 배려를 했으나, 과거 10년간의 법실무에서 볼 때 그것으로도 부족하였기에 1995년 개정법에서도 이러한 개정의도가 계속 반영되었다. 그리고 2009년 5월 상법개정에 의하여 소규모 회사에 대하여는 감사선임을 면제하였다(제409조 제4항).

이사의 경우와 마찬가지로 감사와 회사의 관계에 대해서는 위임에 관한 규정이 준용된다(제415조 제382조 제 2 항). 또 감사의 보수는 이사에 관한 규정을 준용한다(제415조, 제388조). 감사는 회사의 기관으로서 감사가 수인이 있는 경우에도 회의체를 구성하지 않고 각자가 독립하여 그 권한을 행사한다.

감사는 감사에 관하여 감사록을 작성하여야 하며, 감사의 실시요령과 그 결과를 기재하고 감사를 실시한 감사가 기명날인 또는 서명하여야 한다(제413조의 2).

Ⅱ. 選 任

1. 資格 · 員數 · 常勤 여부

상법은 감사의 자격에 관하여 아무런 규정을 두고 있지 않다. 따라서 감사의 자격이 특히 회계감사에 대한 기술적 지식과 경험이 있는 자, 주주 등에 제한되지 않는다. 그러나 감사기관의 성질상 감사는 회사 및 자회사의 이사 또는 지배인 기타 사용인의 직무를 겸하지 못한다는 제한이 있다(제411조).

<대판 2009.11.12, 2007 다 53785>

「1995. 12. 29. 개정되어 1996. 10. 1.부터 시행된 상법 중 개정법률(법률 제5053호)은 제411조에서 감사는 당해 회사뿐 아니라 자회사의 이사 또는 지배인 기타의 사용인의 직무도 겸하지 못하도록 규정하면서, 부칙 제 2 조에서 "이 법은 특별한 정함이 있는 경우를 제외하고는 이 법 시행 전에 생긴 사항에 대하여도 이를 적용한다. 다만, 종전의 규정에 의하여 생긴 효력에는 영향을 미치지 아니한다."고 규정하고 있으므로, 위 개정 상법 시행 전에 모회사의 감사와 자회사의 이사 또는 지배인 기타 사용인으로 각 선임되어 양 지위를 겸임하고 있는 자의 지위는 위 부칙 제 2 조 단서에 의하여 그 효력에 영향이 없게 되어, 악의 또는 중대한 과실로 인하여 감사로서의 임무를 해태하면 그 책임을 지게 된다.」

감사의 원수에 관하여는 제한이 없으므로 1인 이상이면 된다. 감사가 수인 있는 경우에도 각자가 독립하여 그 권한을 행사한다.

그런데 소규모 회사는 대부분 가족기업 등의 형태로 운영되어 감사제도가 기업운영의 부담으로 작용하는 반면, 감사기능의 효율성은 기대하기 어려운 면이 있기 때문에 감사선임의무를 면제하는 것이 필요하였었다. 이에 2009년 개정상법은 자본금총액이 10억 원 미만인 회사를 설립하는 경우에 감사선임을 회사가 자율적으로 할 수 있도록 하고, 감사를 선임하지 않을 경우 주주총회가 직접 이사의 업무 및 재산상태에 관한 감독 · 감시를 하였다.

그리고 이사와 회사 간의 소에서 회사, 이사 또는 이해관계인이 법원에 회사를 대표할 자를 선임하여 줄 것을 신청하도록 하였다. 이와 같이 개정한 배경으로는 소규모 회사는 가족기업이거나 소수의 동업형태가 많아서 가족 또는 친인척을 명목상 감사로 선임한 경우가 대부분이어서(법무부가 중소기업청을 통하여 자본금 10억 원 미만 회사 64개 사를 대상으로 조사한 자료에 따르면 다음과 같은 결과가 나왔다 : 우선 선임감사의 수를 보면, 대부분 비상근감사(47개 사), 상근감사를 선임한 기업 18개사(감사인 수 모두 1명), 비상근감사의 경우가 47개 사이며, 감사의 역할로서 감사업무를 형식적으로 운영하는 회사가 53개 사이었다. 그리고 의사록에 대한 기명날인 · 주주총회소집청구 등 법으로 규정한 감사업무가 실질적으로 준수되는 기업은 10개 사, 형식적으로 운영되는 회사가 53개 사이었다) 감사의 역할이 사실상 형해화되어 있으며, 소규모 회사에 대해 감사를 강제로 설치해야 하는 것에 경제적 부담 및 비효율성이 크다는 지적이 많았다는 점을 들 수 있다. 이 때 소규모 회사를 자본금 10억 원 미만 기준으로 규정한 것은 한국의 기업현실상 자본금 10억 원 미만의 주식회사 대부분이 주주가 직접 경영에 참여하여 경영을 감시하는 기업지배구조 형태로 운영되고 있으므로, 그러한 회사에서는 감사를 반드시 설치해야 할 필요성이 적다는 점을 고려한 것이다. 그리고 감사를 두지 않는 경우 주주총회로 하여금 감사의 역할을 수행하도록 하는 규정도 신설함으로써(제409조 제 6 항) 보완책도 함께 마련하였다. 이와 관련하여 미국은 주주총회와 이사회에서 이사의 직무집행을 감사하므로 별도의 감사제도가 없으며, 일본의 신회사법의 경우도 5억 엔 미만의 회사에 대해서는 감사설치의무를 면제하고 있다(법무부 보도자료 2009년 4월 29일자). 이와 같이 2009년 상법개정을 통하여 자본금 10억 원 미만의 소규모 회사를 설립할 때 감사선임의무가 면제됨으로써 자본금 10억 원 미만 회사설립시 감사를 선임하지 않고 주식회사를 설립할 수 있게 간이화되었다(제409조 제 4 항부터 제 6 항). 구체적으로 살펴보면 상법 제409조 제 1 항, 제296조 제 1 항 및 제312조에도 불구하고 자본금의 총액이 10억 원 미만인 회사의 경우에는 감사를 선임하지 않을 수 있게 되었다(제409조 제 4 항). 이와 같이 상법 제409조 제 4 항에 따라 감사를 선임하지 아니한 회사가 이사에 대하여 또는 이사가 그 회사에 대하여 소를 제기하는 경우에 회사, 이사 또는 이해관계인은 법원에 회사를 대표할 자를 선임하여 줄 것을 신청하여야 한다(제409조 제 5 항). 그리고 상법 제409조 제 4 항에 따라 감사를 선임하지 아니한 경우에는 상법 제412조, 제412조의 2 및 제412조의 4 제 1 항 · 제 2 항 중 '감사'는 각각 '주주총회'로 보게 된다(제409조 제 6 항).

상법은 감사의 상근을 요하지 않는다. 그러나 최근사업연도 말 현재 자산총액이 1천억 원 이상인 상장회사는 주주총회결의에 의하여 회사에 상근하면서 감사업무를 수행하는 감사(상근감사)를 1명 이상 두어야 한다. 다만, 상법 및 다른 법률에 따라 감사위원회를 설치한 경우에는 그러하지 아니하다(제542조의 10 제 1 항, 상법시행령 제15조 제 1 항).

다음의 어느 하나에 해당하는 자는 이러한 상장회사의 상근감사가 되지 못하며, 이에 해당하게 되는 경우에는 그 직을 상실한다(제542조의 10 제 2 항, 상법시행령 제15조 제 2 항). ① 미성년자, 금치산자 또는 한정치산자, ② 파산선고를 받고 복권되지 아니한 자, ③ 금고 이상의 형을 선고받고 그 집행이 끝나거나 집행이 면제된 후 2년이 지나지 아니한 자, ④ 대통령령으로 별도로 정하는 법률을 위반하여 해임되거나 면직된 후 2년이 지나지 아니한 자, ⑤ 누구의 명의로 하든지 자기의 계산으로 의결권 없는 주식을 제외한 발행주식총수의 100분의 10 이상의 주식을 소유하거나 이사·감사의 선임과 해임 등 상장회사의 주요 경영사항에 대하여 사실상의 영향력을 행사하는 주주(주요 주주) 및 그의 배우자와 직계 존·비속, ⑥ 회사의 상무에 종사하는 이사 및 피용자 또는 최근 2년 이내에 회사의 상무에 종사한 이사 및 피용자(다만, 소정의 감사위원회위원으로 재임 중이거나 재임하였던 이사는 제외한다), ⑦ 회사의 상무에 종사하는 이사의 배우자 및 직계 존·비속, ⑧ 계열회사의 상무에 종사하는 이사 및 피용자 또는 최근 2년 이내에 상무에 종사한 이사 및 피용자. 2012년 4월 개정된 상법시행령에서 상법 제542조의 10 제 2 항에 정하는 상근감사의 결격요건에 기존의 '회사의 상무에 종사하는 이사 및 피용자' 또는 '최근 2년 이내에 회사의 상무에 종사하는 이사 및 피용자' 외에 '집행임원'도 포함하였다(상법시행령 제36조 제 2 항). 이에 따라 ① 회사의 상무에 종사하는 이사·집행임원의 배우자 및 직계존비속, ② 계열회사의 상무에 종사하는 이사집행임원 및 피용자 또는 최근 2년 이내에 상무에 종사한 이사·집행임원 및 피용자는 상근감사가 될 수 없다.

자산총액 2조 원 미만인 상장회사가 감사위원회를 두려고 하는 경우 일반 감사위원회로 족한가, 아니면 특례감사위원회이어야 하는가의 논란이 있었다. 이 문제와 관련하여 회사의 정관으로 정한 바에 따라 일반 감사위원회 또는 특례 감사위원회를 두면 족하다고 보는 입장도 있었다(박준, "주주총회 현황과 개선과제," 상장 제416호, (2009. 8.), 34쪽). 그런데 2011년 상법개정에서 자산 1천억 원 이상 2조 원 미만의 상장회사가 상근감사에 대신하여 자발적으로 감사위원회를 설치하는 경우에는 상장회사의 특례에 따른 감사위원회(자산 2조 원 이상의 상장회사가 설치하여야 하는 감사위원회)를 설치하도록 하였다(제542조의 10).

2. 選任方法 · 登記

감사는 주주총회의 보통결의로 선임한다(제409조 제1항). 다만, 전자투표제도를 도입한 회사에서 감사를 선임할 때에는 출석한 주주의 의결권의 과반수로 족하고, 발행주식총수의 4분의 1 이상이 될 것을 요하지 않는다(제409조 제3항). 감사의 선임권은 위임하지 못하며, 회사설립시에는 발기인 또는 창립총회가 선임하는 점도 이사의 경우와 같다.

<대판 1995. 2. 28, 94 다 31440>

「주주총회에서 감사선임의 결의만 있었을 뿐 회사와 임용계약을 체결하지 아니한 자는 아직 감사로서의 지위를 취득하였다고 할 수 없고, 따라서 감사로서의 지위에서 회사와의 임용계약에 기하여 감사선임등기가 지연됨을 이유로 회사에 대하여 감사변경의 등기절차의 이행을 구할 수 없다.」

감사의 선임은 주주총회의 보통결의에 의하지만, 대주주의 전횡에 의한 감사의 선임을 막고 소수주주의 의사를 반영하기 위하여 상법은 의결권 없는 주식을 제외한 발행주식총수의 100분의 3을 초과하는 수의 주식을 가진 주주는 그 초과하는 주식에 관하여 의결권을 행사하지 못하도록 하고 있다(제409조 제2항). 회사는 정관으로 위 비율을 낮출 수는 있으나 높일 수는 없다(제409조 제3항).

그런데 최대주주, 최대주주의 특수관계인, 그 밖에 대통령령으로 정하는 자(최대주주 또는 그 특수관계인의 계산으로 주식을 보유하는 자, 최대주주 또는 그 특수관계인에게 의결권을 위임한 자(해당 위임분만 해당함))가 소유하는 상장회사의 의결권 있는 주식의 합계가 그 회사의 의결권 없는 주식을 제외한 발행주식총수의 100분의 3을 초과하는 경우, 그 주주는 그 초과하는 주식에 관하여 감사 또는 사외이사가 아닌 감사위원회위원을 선임하거나 해임할 때에는 의결권을 행사하지 못한다. 다만, 정관에서 이보다 낮은 주식보유비율을 정할 수 있다(제542조의 12 제3항, 상법시행령 제17조 제1항). 이것은 일반적으로 감사선임시 대주주가 3%를 초과하여 의결권을 행사하지 못하도록 하고 있기는 하나, 친족이나 자회사와 같은 특수관계인이 소유하는 주식을 통하여 사실상 감사선임에 결정적인 영향력을 행사함으로써 감사의 독립성을 기대하기 어려웠기 때문에 다수의 주주가 존재하는 주권상장법인에 한해 대주주의 감사 · 감사위원회위원 선임시의 영향력을 실질적으로 제한한 것이다.

한편 상장법인에 있어서는 감사선임을 위한 의안상정은 이사선임을 위한 의안과는 별도로 상정하여야 한다(제542조의 12 제 5 항).

감사로 선임된 자가 취임한 때에는 회사는 그 성명과 주민등록번호를 등기하여야 한다(제317조 제 2 항 8호·제 3 항, 제183조).

<대판 1983. 12. 27, 83 다카 331>

「피고들은 1968. 7. 1 이전부터 1970. 12. 31이 경과하도록 소외 갑주식회사의 이사 또는 감사인 것으로 같은 회사의 법인등기부에 등재되어 있음이 명백하므로, 특단의 사정이 없는 한 피고들은 정당한 절차에 의하여 선임된 적법한 이사 또는 감사로 추정된다 할 것이다.」

<대판 2009. 11. 26, 2009 다 51820>

「상법 제369조 제 1 항에서 주식회사의 주주는 1주마다 1개의 의결권을 가진다고 하는 1주 1의결권의 원칙을 규정하고 있는바, 위 규정은 강행규정이므로 법률에서 위 원칙에 대한 예외를 인정하는 경우를 제외하고, 정관의 규정이나 주주총회의 결의 등으로 위 원칙에 반하여 의결권을 제한하더라도 그 효력이 없다. 그런데 상법 제409조 제 2 항·제 3 항은 '주주'가 일정 비율을 초과하여 소유하는 주식에 관하여 감사의 선임에 있어서 그 의결권을 제한하고 있고, 구 증권거래법(2007. 8. 3. 법률 제8635호 자본시장과 금융투자업에 관한 법률 부칙 제 2 조로 폐지, 이하 같다) 제191조의 11은 '최대주주와 그 특수관계인 등'이 일정 비율을 초과하여 소유하는 주권상장법인의 주식에 관하여 감사의 선임 및 해임에 있어서 의결권을 제한하고 있을 뿐이므로, '최대주주가 아닌 주주와 그 특수관계인 등'에 대하여도 일정 비율을 초과하여 소유하는 주식에 관하여 감사의 선임 및 해임에 있어서 의결권을 제한하는 내용의 정관 규정이나 주주총회 결의 등은 무효라고 보아야 한다.」

Ⅲ. 任 期

감사의 임기는 취임 후 3년 내의 최종의 결산기에 관한 정기주주총회의 종결시까지이다(제410조). 감사의 독립성을 확보하고, 주식회사의 복잡한 회계처리, 영업활동 및 재정상태에 관한 실정을 제대로 파악하여 감사의 임무를 적절히 행사하도록 하기 위하여 1995년 개정법에서 그 임기를 2년에서 3년으로 연장하였다. 이 기간은 정관으로도 연장하거나 단축하지 못한다.

Ⅳ. 終 任

회사가 해산하더라도 청산중의 회사에는 여전히 감사가 필요하므로, 회사의 해산이 감사의 종임사유가 되지 않는 점을 제외하고 감사의 종임은 이사의 경우와 같다. 따라서 감사는 위임의 일반적 종임사유로 종임하며, 주주총회는 특별결의에 의해 감사를 해임할 수 있으나(상법 제415조, 제385조 제 1 항), 상장법인의 경우에는 본인과 특수관계인 기타 대통령령이 정하는 자(상법시행령 제17조 제 1 항)가 가지는 주식의 합계가 의결권 있는 발행주식총수의 100분의 3을 초과하는 경우에는 그 초과하는 주식에 대하여 의결권을 행사하지 못한다(제542조의 12 제 3 항).

<대판 1962. 11. 29, 62 다 524>

「주식회사의 감사역(감사) 또는 감사역(감사)의 권리 · 의무를 가진 자가 사망한 경우에는 주식회사와의 관계는 종료되어 상속인은 그 지위를 승계하는 것이 아니다.」

감사의 결원이 있는 때에는 퇴임한 감사가 일정기간 계속하여 감사의 권리 · 의무를 가지며, 필요한 경우에 법원의 청구에 의하여 임시감사를 선임할 수 있는 것도 이사의 경우와 같다(제415조, 제386조).

<대판 2015. 2. 26, 2014 다 70368>

「농업협동조합법 제45조 제 1 항, 제55조, 상법 제382조 제 2 항의 내용 및 농업협동조합법에 따라 설립된 지역농업협동조합(이하 '지역농협'이라고 한다)에 있어서 감사의 지위와 역할 등을 고려하면, 지역농협과 감사의 법률관계는 신뢰를 기초로 한 위임 유사의 관계로 보아야 한다. 한편 위임계약은 각 당사자가 언제든지 해지할 수 있고, 다만 당사자 일방이 부득이한 사유 없이 상대방의 불리한 시기에 계약을 해지한 때에는 그 손해를 배상할 책임을 부담할 뿐이다(민법 제689조). 따라서 정관 등에서 감사의 해임사유를 정하고 있는 등 특별한 사정이 없는 한, 지역농협은 특별한 사유가 없더라도 언제든지 농업협동조합법 등에서 정한 절차에 따라 감사를 해임할 수 있고, 다만 부득이한 사유 없이 감사에게 불리한 시기에 해임한 때에는 그로 인한 손해를 배상할 책임을 부담할 뿐이다.」

Ⅴ. 職務執行停止 · 職務代行者選任

법원이 당사자의 신청에 의하여 가처분으로서 감사의 직무집행을 정지하고, 직무대행자를 선임할 수 있는 것도 이사의 경우와 같다(제415조, 제407조).

Ⅵ. 權 限

1995년 개정법에서는 주식회사의 보다 더 건전한 운영을 위하여 감사의 직무권한을 강화하는 몇 가지 입법조치를 강구하는 한편, 그 직무기능과 관련하여 지위를 조절하고 있다.

1. 會計·業務監査權

감사는 이사의 직무집행을 감사하는 기관이기 때문에(제412조 제1항) 그 직무권한은 회계의 감사를 포함하여 업무 전반의 감사에 미친다. 그런데 감사의 업무감사권이 어디까지 미치느냐에 관해 다툼이 있다.

감사가 이사의 직무집행이 법령 또는 정관에 위반하는가의 여부, 즉 적법성을 감사할 수 있음은 당연하다. 문제는 그 타당성을 감사할 수 있는가 하는 것이다. 이에 관하여는 상법이 명문으로 인정하는 경우(제413조, 제447조의4 제2항 5호·8호)에 한하여 타당성감사를 할 수 있다거나(서돈각, 403쪽; 손주찬, 789쪽; 정동윤, 448-449쪽; 이철송, 715쪽), 이에 한하지 않고 업무집행이 현저하게 타당성을 결하는 것으로 인정되는 경우에는 그 부당사항을 지적할 수 있다고도 한다. 감사는 이사의 업무집행에 관한 자유로운 판단에 관여할 수 없고, 또한 타당성감사는 이사회가 할 수 있다고 할지라도 1984년 개정법이 감사의 업무감사권을 적법성감사에 제한하고 예외적으로 타당성감사를 인정하지 않는 취지라고 보기 어렵고, 또한 타당성 여부를 감사하지 않고서는 현저하게 부당한 사항 여부를 가려낸다는 것이 불가능하다. 그러므로 감사의 감사권한은 이사의 업무집행의 적법성뿐만 아니라 타당성에도 미친다고 본다(동지: 최기원, 771-772쪽). 상법은 특히 중요한 주주총회에 제출할 의안·서류의 타당성 여부에 관해 주주총회에 그 의견을 진술하고, 특정한 사안에 관해 감사보고서에 기재할 기준을 제시하고 있는 것으로 볼 수 있다.

2009년 5월 개정법에 따라 감사를 선임하지 않은 소규모 주식회사의 경우에 회계·업무감사권은 주주총회가 갖는다(제409조 제6항).

2. 報告要求·調査權

감사는 언제든지 이사에 대하여 영업에 관한 보고를 요구하거나 회사의 업무와 재산상태를 조사할 수 있다(제412조 제2항). 이사가 이 요구를 정당한 사유 없이 거부하거나 조사를 방해한 때에는 벌칙의 제재를 받는다(제635조 제1항 3호·4호). 감사는 필요한 조사를 할 수 없었던 경우에는 그 뜻과 이유를 감사보고서에 기재하여야 한다(제447조의 4 제 2 항 11호).

이와 관련하여 1995년 개정법은 이사가 회사에 현저하게 손해를 미칠 염려가 있는 사실을 발견한 때에는 즉시 감사에게 이를 보고하여야 한다는 규정을 신설하였다(제412조의 2)(앞의 "이사와 감사의 관계" 참조). 2009년 5월 개정법에 따라 감사를 선임하지 않은 소규모 주식회사의 경우에 보고요구·조사권은 주주총회가 갖는다(제409조 제 6 항).

3. 理事會召集·理事會出席·意見陳述權

2011년 상법개정에 의하여 감사에게 이사회 소집권이 인정되었다. 즉 감사는 필요하면 회의의 목적사항과 소집이유를 서면에 적어 이사(소집권자가 있는 경우에는 소집권자를 말한다)에게 제출하여 이사회 소집을 청구할 수 있다(제412조의 4 제 1 항). 이러한 청구를 하였는데도 이사가 지체 없이 이사회를 소집하지 아니하면 그 청구한 감사가 이사회를 소집할 수 있게 되었다(제412조의 4 제 2 항). 또한 감사는 이사회에 출석하여 의견을 진술할 수 있다(제391조의 2 제 1 항). 이 권리는 이사회에서 업무집행을 결정하는 경우에 감사가 위법·부당한 결의의 성립을 사전에 방지할 수 있도록 한 것이다. 감사의 권리실현이 가능하도록 이사회의 소집통지는 감사에 대하여도 발송하여야 한다(제390조 제 3 항). 이사회가 소집절차 없이 개회하기 위해서는 이사뿐만 아니라 감사 전원의 동의가 있어야 한다(제390조 제 4 항). 이사회에 출석한 감사는 그 출석사실과 진술의견을 명확히 하고, 이사회의사록의 정확·진정을 보장하기 위하여 이사회의사록에 기명날인 또는 서명하여야 한다(제391조의 3).

4. 理事의 違法行爲에 대한 留止請求權

이사의 위법행위를 사전에 금지시킬 필요가 있을 때에는 감사는 소수주주와 마찬가지로 이사에 대하여 그 행위의 유지를 청구할 수 있다(제402조).

5. 會社代表權

회사가 이사에 대하여 또는 이사가 회사에 대하여 소를 제기하는 경우, 그리고 소수주주가 회사에 대하여 이사의 책임을 추궁할 소의 제기를 청구한 경우에 감사는 그 소에 관하여 회사를 대표한다(제394조). 감사의 회사대표권은 당연히 발생하며, 이는 이사와 회사의 이해가 충돌하는 소송의 공정한 수행을 확보하기 위한 배려이다. 따라서 회사가 이사에 대하여 소를 제기할 것인가의 여부는 감사가 결정하며(동지 : 정동윤, 451쪽; 이철송, 535쪽), 소수주주가 행하는 소제기의 청구의 상대방은 감사이다.

2009년 5월 개정법에 따라 감사를 선임하지 않은 소규모 주식회사의 경우에 회사가 이사에 대하여 또는 이사가 회사에 대하여 소를 제기하는 경우에는 회사, 이사 또는 이해관계인은 법원에 회사를 대표할 자를 선임하여 줄 것을 신청하여야 한다(제409조 제 5 항).

<대판 2018. 3. 15, 2016 다 275679>

「상법 제394조 제 1 항은 이사와 회사 사이의 소에 관하여 감사로 하여금 회사를 대표하도록 규정하고 있는데, 이는 이사와 회사 양자 간에 이해의 충돌이 있기 쉬우므로, 그 충돌을 방지하고 공정한 소송수행을 확보하기 위한 것이다(甲 주식회사의 일시대표이사인 乙이 甲 회사를 대표하여 甲 회사의 소수주주가 소집한 주주총회에서 이사로 선임된 丙을 상대로 이사선임결의의 부존재를 주장하며 이사 지위의 부존재 확인을 구하자, 丙이 회사와 이사 사이의 소는 상법 제394조 제 1 항에 따라 감사가 회사를 대표하여야 한다고 주장한 사안에서, 소 제기 전 甲 회사의 주주가 甲 회사를 적법하게 대표할 사람이 없다는 이유로 일시대표이사 및 이사의 선임을 구하는 신청을 하여 변호사인 乙이 甲 회사의 일시대표이사 및 이사로 선임된 것이어서 일시대표이사인 乙로 하여금 甲 회사를 대표하도록 하였더라도 그것이 공정한 소송수행을 저해하는 것이라고 보기는 어려우므로, 위 소에 상법 제394조 제 1 항은 적용되지 않는다고 한 사례).」

6. 株主總會召集請求權

1995년 개정법에서는 감사의 지위를 강화하기 위하여 감사에게 임시총회소집청구권을 인정하였다. 이사의 보고에 따라 감사가 이사회를 소집하여 적절한 조치를 강구하였는데, 이사회에서 아무런 조치를 취하지 아니하면 감사가 직접 임시총회의 소집을 이사회에 청구할 수 있도록 한 것이다. 그리하여 감사는 회의의 목적사항과 소집의 이유를 기재한 서면을 이사회에 제출하여 임시주주총회의 소집을 청구할 수 있으며(제412조의 3 제 1 항), 이 청구가 있은 후 지체없이 총회소집의 절차를 밟지 아니한 때에는 감사는 법원의 허가를 얻어 임시총회를 소집할 수 있다(제412조의 3 제 2 항, 제366조 제 2 항).

7. 子會社의 調査權

지금까지는 모회사의 감사가 자회사의 회계장부 및 서류의 조사권한이 있는지의 여부에 관해 명문의 규정이 없어 일반적으로 부정되어 왔으나, 1995년 개정법에서는 모회사의 감사에게 자회사의 조사권을 부여하고 있다(제412조의 5). 만일 이러한 권한이 인정되지 않는다면 모회사가 자회사와 함께 하는 분식결산을 통제하기가 어려우므로, 자회사의 감사를 효과적으로 하기 위해서 자회사의 영업상황을 알아야 할 필요가 있는 경우에는 영업의 보고를 요구하고(제1항), 필요가 있을 때에는 자회사의 업무와 재산상태에 관하여 모회사의 감사가 직접 조사할 수 있도록 보장해 준 것이다(제2항). 이 때에 자회사는 정당한 이유가 없는 한 이러한 보고나 조사를 거부하지 못한다(제3항).

8. 각종의 訴權

감사는 이사 및 주주와 마찬가지로 회사설립무효의 소(제328조), 총회결의취소의 소(제376조), 신주발행무효의 소(제429조), 자본감소무효의 소(제445조), 합병무효의 소(제529조) 등 각종의 소를 제기할 수 있다.

Ⅶ. 監事와 會社의 관계

감사와 회사 사이의 법률관계에는 위임에 관한 규정이 준용되기 때문에(제415조, 제382조 제2항) 그 직무를 수행함에 있어서 당연히 선량한 관리자의 주의의무를 부담한다. 이 점은 이사의 경우와 같지만, 감사는 업무집행에 관여하지 않으므로 이사와 회사 사이에서처럼 이익충돌의 염려가 없고, 따라서 경업금지 및 자기거래제한은 문제되지 않는다. 감사는 이사의 직무집행을 감사할 의무가 있으며(제412조 제1항), 이사가 법령 또는 정관에 위반한 행위를 하거나 그 행위를 할 염려가 있다고 인정한 때에는 이사회에 이를 보고할 의무가 있다(제391조의 2 제2항). 이외에도 감사는 이사가 주주총회에 제출한 의안 및 서류의 조사 · 보고 의무(제413조), 감사록의 작성의무(제413조의 2) 및 감사보고서의 작성 · 제출 의무(제477조의 4)가 있다.

감사가 위 의무에 위반하여 감사의 직무를 태만히 한 때에는 그 임무해태로 인하여 회사에 대하여 연대하여 손해를 배상할 책임이 있다(제414조 제1항). 감사의 회사에 대한 손해배상책임은 총주주의 동의로 면제할 수 있으며, 감사의 보수를 정관 또는 주주총회의 결의에 의하여 정하는 것은 이사의 경우와 같다(제415조, 제400조, 제388조).

<대판 1996. 4. 9, 95 다 56316>

「상법 제415조, 제400조에 의하여 총주주의 동의로 면제할 수 있는 감사의 회사에 대한 책임은 위임관계로 인한 채무불이행책임이지 불법행위책임이 아니므로, 사실상의 1인 주주가 책임면제의 의사표시를 하였더라도 감사의 회사에 대한 불법행위책임은 면제할 수 없다.」

<대판 2006. 9. 14, 2005 다 22879>

「신용협동조합의 감사가 분식결산 등과 관련하여 조합에 대하여 손해배상책임을 지는 경우란 당해 분식결산 등의 행위를 알았거나, 조합의 장부 또는 회계관련 서류상으로 분식결산이 명백하여 조금만 주의를 기울였다면 이를 알 수 있었을 것임에도 그러한 주의를 현저히 게을리함으로써 감사로서의 임무를 해태한 데에 중대한 과실이 있는 경우라 할 것이다.」

<대판 2020. 5. 28, 2016 다 243399>

「감사위원회의 위원은 선량한 관리자의 주의의무를 다해야 하고, 고의 · 과실로 선량한 관리자의 주의의무에 위반해 임무를 해태한 때에는 회사가 입은 손해를 배상할 책임이 있다. A씨 등은 상근 감사위원으로서 자신이 서명한 각 대출 신청 서류를 선량한 관리자의 주의의무로 검토하였더라면, 대출이 형식적인 신용조사만을 거쳐 충분한 채권보전조치 없이 이루어지는 것을 쉽게 알 수 있었다. 대출이 위법 · 부당한 것인지에 관해 추가로 조사하거나 감사위원회를 통해 이사회에 이같은 사실을 보고해 위법 · 부당한 행위의 시정 등을 요구할 의무가 있었는데도 의무를 다하지 않았다.」

Ⅷ. 監事와 株主의 관계

감사의 책임추궁에 관하여 소수주주의 대표소송이 인정되는 것은 이사의 경우와 같지만, 감사는 업무집행에 관여하지 않으므로 위법행위유지청구는 문제가 되지 않는다. 감사에 대한 대표소송에 있어서는 대표이사가 여전히 회사를 대표하고 제소 전의 절차에 있어서 청구의 상대방도 여전히 대표이사이다.

Ⅸ. 監事와 제 3 자의 관계

감사가 악의 또는 중대한 과실로 그 임무를 해태한 때에는 이사의 경우와 마찬가지로 제 3 자에 대하여 연대하여 손해를 배상할 책임이 있다(제414조 제 2 항).

<대판 1988. 10. 25, 87 다카 1370>

「감사가 회사의 사정에 비추어 회계감사 등의 필요성이 있음을 충분히 인식하고 있었고, 또 경리업무담당자의 부정행위의 수법이 교묘하게 저질러진 것이 아닌 것이어서 어음용지의 수량과 발행매수를 조사하거나 은행의 어음결제량을 확인하는 정도의 조사만이라도 했다면 위 경리업무담당자의 부정행위를 쉽게 발견할 수 있었을 것인 데도 아무런 조사도 하지 아니하였다면, 이는 감사로서의 중대한 과실로 인하여 그 임무를 해태한 것이 되므로 위 경리업무담당자의 부정행위로 발행된 어음을 취득함으로써 손해를 입은 어음소지인들에 대하여 감사는 제414조 제 2 항 · 제 3 항에 의한 손해를 배상할 책임이 있다.」

<대판 2009. 11. 12, 2007 다 53785>

「주식회사의 감사가 실질적으로 감사로서의 직무를 수행할 의사가 전혀 없으면서도 자신의 도장을 이사에게 맡기는 등의 방식으로 그 명의만을 빌려줌으로써 회사의 이사로 하여금 어떠한 간섭이나 감독도 받지 않고 재무제표 등에 허위의 사실을 기재한 다음 그와 같이 분식된 재무제표 등을 이용하여 거래상대방인 제 3 자에게 손해를 입히도록 묵인하거나 방치한 경우, 감사는 악의 또는 중대한 과실로 인하여 임무를 해태한 때에 해당하여 그로 말미암아 제 3 자가 입은 손해를 배상할 책임이 있다(대판 2008. 2. 14, 2006 다 82601 등 참조).

주주총회에서 재무제표 등의 승인을 한 후 2년 내에 다른 결의가 없으면 회사는 이사와 감사의 책임을 해제한 것으로 본다고 한 상법 제450조는 이사 등의 회사에 대한 책임에 관한 규정으로서 이사 등의 제 3 자에 대한 책임에 대하여는 적용되지 아니한다.

우리 상법이 감사를 감사와 비상임감사로 구별하여 비상임감사는 상임감사에 비해 그 직무와 책임이 감경되는 것으로 규정하고 있지도 않을 뿐 아니라, 우리나라의 회사들이 비상임감사를 두어 비상임감사는 상임감사의 유고시에만 감사의 직무를 수행하도록 하고 있다는 상관습의 존재도 인정할 수 없으므로, 비상임감사는 감사로서의 선관주의의무위반에 따른 책임을 지지않는다는 주장은 허용될 수 없다(대판 2007. 12. 13, 2007 다 60080 참조). 자회사의 이사와 회사의 감사직을 겸직하다가 이를 금지하는 개정상법 제411조가 시행된 경우 위 규정에 위반하면서까지 계속 감사의 직을 유지한채 감사업무를 전혀 수행하지 아니함으로써 그 임무해태가 인정되는 경우에는 해당 감사가 제 3 자에 대한 손해배상책임까지도 부담하지 않게 된다고 볼 수는 없을 뿐 아니라, 위 개정상법 제411조가 시행되었다는 사정을 들어 그 임무해태에 따른 손해배상책임의 면제를 구하는 주장은 신의칙상으로도 허용될 수 없다.」

제 3 관 監査委員會制度

Ⅰ. 監査委員會의 意義

1999년 개정상법에 의하여 회사는 종래의 감사에 대체하는 기관으로 이사회 내 위원회 중의 하나로서 감사위원회를 설치할 수 있다. 감사위원회를 설치한 경우에는 감사를 둘 수 없다(제415조의 2 제 1 항). 따라서 감사위원회는 감사의 대체기관으로서의 지위를 가지고 있다. 이처럼 상법은 주식회사에 대해 감사기관으로서 감사와 감사위원회 중에서 택일할 수 있도록 규정하고 있지만, 2009년 1월 개정법은 자산규모 등을 고려하여 대통령령으로 정하는 상장회사에 대해서는 감사 대신 반드시 감사위원회를 설치하도록 강제하였다(제542조의 11 제 1 항).

감사위원회는 이사회 내의 위원회 중의 하나로 주로 회계감사를 주업무로 하는 미국의 제도이나, 기업의 투명성을 제고한다는 국제기구들과의 약속이행의 하나로 우리나라에서도 감사위원회제도를 도입하게 되었다.

Ⅱ. 監査委員會委員의 選任, 選·解任時 議決權制限

1. 선 임

감사위원회는 3인 이상의 이사로 구성한다. 다만, 3분의 2 이상을 사외이사로 구성하여야 한다(제415조의 2 제 2 항). 감사위원을 의무적으로 두어야 하는 자산 2조원 이상의 대규모상장회사의 경우에는 감사위원 중 1명 이상이 회계 또는 재무 전문가이어야 한다(제542조의 11 제 2 항, 제415조의 2 제 1 항, 상법시행령 제37조 제 2 항). 그리고 사외이사가 아닌 감사위원에 대해서는 상근감사와 같은 자격 제한이 인정된다(제542조의 11 제 3 항; 제542조의 10 제 2 항). 감사위원의 유형은 다음과 같이 3개 부류로 나눌 수 있다.

2. 유 형

(1) 제 1 유형 　비상장회사와 최근 사업연도 말의 자산총액이 1천억원 미만인 회사가 이 유형에 속한다. 이 경우는 감사 또는 감사위원회를 둘 수 있고 감사위원회를 둘 경우에는 감사위원은 이사회가 선임하고 해임한다.

감사위원을 해임하는 결의는 이사 총수의 3분의 2 이상의 결의로 하여야 한다(제415조의 2 제 3 항).

(2) 제 2 유형 자산총액 1천억원 이상 2조원 미만인 회사가 이 유형에 속한다. 이러한 회사는 상근감사를 두거나 제 3 유형의 회사와 같은 방법으로 선임 · 해임하는 감사위원으로 구성되는 감사위원회를 두어야 한다(제542조의 10 제 1 항, 상법시행령 제36조 제 1 항).

(3) 제 3 유형 대규모상장회사(자산총액 2조원 이상인 회사)가 이 유형에 속한다. 이 유형에 속하는 회사는 감사위원회를 의무적으로 두어야 한다. 이때 감사위원의 선임 및 의결권 제한은 다음과 같다.

1) 선 임 감사위원은 주주총회 보통결의로 선임한다(제542조의 12 제 1 항, 상법시행령 제37조 제 1 항). 그런데 전자투표를 도입한 회사에서 감사를 선임할 때에는 출석한 주주의 의결권의 과반수로 족하고, 발행주식총수의 4분의 1 이상이 될 것을 요하지 아니한다(제542조의 12 제 8 항). 하지만 감사위원 중 1인(정관에서 2인 이상으로 정한 경우에는 그 수)은 주주총회에서 이사를 선임할 때 다른 이사와 분리하여 감사위원이 되는 이사로 선임하여야 한다(제542조의 12 제 2 항 단서). 이때에는 의결권 제한이 적용된다(제542조의 12 제 4 항). 분리선임하는 감사위원은 사외이사인 감사위원이든 사내이사인 감사위원이든 모두 가능하다(이철송, 886쪽).

2) 의결권 제한 감사위원을 선임하거나 해임하는 결의를 할 때에는 의결권 있는 발행주식총수의 100분의 3을 초과하는 주식을 가진 주주의 의결권은 100분의 3으로 제한된다. 사외이사 아닌 감사위원을 선임 또는 해임하는 결의에서는 최대주주의 의결권제한은 가중되는 구조이다. 즉 최대주주가 가진 주식수에는 그의 특수관계인과 소정의 자가 소유하는 주식을 합산하여 그 중 100분의 3으로 제한되도록 되어 있다(제542조의 12 제 4 항).

Ⅲ. 監査委員會의 運營

감사위원회는 그 결의로 위원회를 대표할 자를 선정하여야 한다. 이 경우 수인의 위원이 공동으로 위원회를 대표할 것을 정할 수 있다(제415조의 2 제 4 항). 이는 감사위원회가 이사회처럼 3인 이상으로 구성된 회의체이기 때문이다. 감사위원회가 실질적으로 감독기능을 수행하기 위해서는 외부전문가의 조력을 얻어야만 하는 경우가 있다. 따라서 감사위원회는 회사의 비용으로 전문가의 조력을 구할 수 있도록 하고 있다(제415조의 2 제5항).

Ⅳ. 監査委員會의 權限

감사위원회는 감사처럼 감독을 수행하는 기관이지만, 감사위원회의 위원의 신분은 이사라는 점에서 상법상의 감사가 이사의 신분이 아니면서 이사와는 별개의 견제장치라는 점과 다르다. 이는 미국의 감사위원회제도를 도입하면서 생기는 미국의 제도와 상법상의 제도의 불일치에서 생기는 결과이다. 따라서 감사위원회의 준용조문과 관련하여 감사에 해당하는 모든 조문을 기계적으로 준용할 수는 없다. 그러나 순수한 미국식의 위원회제도의 하나가 아니라 상법상 감사의 대체기관으로서의 감독기관인 점을 고려하여 개별적으로 준용조문을 검토해야 할 것이다.

1999년 개정상법상 감사위원회에 준용되는 개정 전 상법상의 감사에 관하여 조문위주로 검토하면 다음과 같다(제415조의 2 제7항): 발기설립의 경우의 임원선임(제296조), 창립총회에서는 이사와 감사선임(제312조), 검사인의 선임(제367조), 자격주(제387조), 감사가 이사의 법령 또는 정관에 위반한 행위를 하거나 그 행위를 할 염려가 있다고 인정한 때에는 이사회에 보고할 의무(제391조의 2 제2항). 이사와 회사 간의 소에 관한 대표(제394조 제1항), 회사에 대한 책임의 면제(제400조), 유지청구권(제402조), 주주의 대표소송(제403조), 대표소송과 소송참가, 소송고지(제404조), 제소주주의 권리의무(제405조), 대표소송과 재심의 소(제406조), 직무집행정지, 직무대행자 선임(제407조), 직무와 보고요구 · 조사의 권한(제412조), 조사 · 보고의 의무(제413조), 감사의 책임(제414조), 재무제표 등의 제출(제447조의 3), 감사보고서(제447조의 4), 이사 · 감사의 책임해제(제450조), 이사 · 감사의 임기(제527조의 4), 분할계획서의 기재사항(설립되는 회사의 이사와 감사를 정한 경우에는 그 성명과 주민등록번호)(제530조의 5 제1항 9호), 분할합병계약서의 기재사항(분할합병의 상대방회사의 이사와 감사를 정한 때에는 그 성명과 주민등록번호)(제530조의 6 제1항 10호), 대차대조표 · 사무보고서 · 부속명세서의 제출 · 감사 · 공시 · 승인(제534조) 등이 감사위원회에 준용된다.

이사회 내 위원회는 이사회의 하부기관이기 때문에 위원회의 결의에 대하여 이사회가 다시 결의할 수 있지만(제393조의 2 제4항), 이사회 내 위원회 중의 하나인 감사위원회는 이사의 업무집행에 대해 감사권을 행사하는 독립적인 위원회이기 때문에 감사위원회의 결의사항에 대해서는 이사회가 이를 번복할 수 없다(제415조의 2 제6항).

<대판 2017. 11. 23, 2017 다 251694>

「주식회사의 감사위원회는 이사의 직무집행을 감사하고, 이사가 법령 또는 정관에 위반한 행위를 하거나 그러한 행위를 할 염려가 있다고 인정한 때에는 이사회에 이를 보고하여야 하며, 이사가 법령 또는 정관에 위반한 행위를 하여 이로 인하여 회사에 회복할 수 없는 손해가 생길 염려가 있는 경우에는 그 행위에 대한 유지청구를 하는 등의 의무가 있다(상법 제415조의 2 제 7 항, 제412조 제 1 항, 제391조의 2, 제402조). 감사위원회의 위원은 상법상 위와 같은 의무 또는 기타 법령이나 정관에서 정한 의무를 선량한 관리자의 주의의무를 다하여 이행하여야 하고, 고의 · 과실로 선량한 관리자의 주의의무를 위반하여 그 임무를 해태한 때에는 그로 인하여 회사가 입은 손해를 배상할 책임이 있다(상법 제415조의 2 제 7 항, 제414조 제 1 항, 제382조 제 2 항)(甲 상호저축은행이 상근 감사위원이었던 乙을 상대로 丙 주식회사 등에 대한 불법 · 부당대출로 인한 손해배상을 구한 사안에서, 乙은 자신이 서명한 대출 관련 심사부의안과 대출심사자료만 선량한 관리자의 주의의무로 검토하였더라도 丙 회사 등에 대한 대출이 형식적인 신용조사만을 거쳐 충분한 채권보전조치 없이 이루어지는 것임을 쉽게 알 수 있었으므로, 관계 서류의 제출 요구 등을 통해 대출이 위법 · 부당한 것인지 여부에 관하여 추가로 조사하거나 감사위원회를 통해 이사회에 위와 같은 사실을 보고하여 위법 · 부당한 행위의 시정 등을 요구할 의무가 있었음에도 그와 같은 의무를 다하지 않았다고 볼 여지가 충분한데도, 이와 달리 본 원심판단에 법리오해 등의 잘못이 있다고 한 사례).」

V. 監査委員會委員의 解任

감사위원회도 위원회의 일종인데, 이사회의 통제를 벗어나면 권한이 방대하여지고, 미국식의 감사위원회제도를 그대로 도입하자는 주장에 따라 이사회에서 선임되는 것으로 입법하였다. 물론 최초의 이사로서의 선임은 주주총회에서 선임되지만 이사회의 결정에 따라 감사위원회위원이 될 수 있도록 한 것이다. 다만, 감사위원회의 독립성제고를 위해 감사처럼 주주총회에서 선임될 것을 주장하는 의견을 반영하여 제 3 항에 추가하여 감사위원회위원의 해임에 관한 이사회의 결의는 이사총수의 3분의 2 이상의 결의로 하여야 한다고 규정함으로써 독립성을 제고시켰다(제415조의 2 제 3 항).

특례 감사위원은 주주총회 특별결의로 해임할 수 있다(제542조의 12 제 3 항 제 1 문). 해임에 정당한 사유를 요하지 않는다. 감사위원에서 해임되더라도 이사의 직은 유지된다. 다만 분리선임한 감사위원(제542조의 12 제 2 항 단서)을 해임하면 이사의 직도 상실된다(제542조의 12 제 3 항 제 2 문). 분리선임하지 않은 감사위원을 이사의 직에서 해임하는 것은 상법 제385조 제 1 항에 의하여 주주총회 특별결의로 가능하다. 감사위원은 이사의 직을 겸하기 때문에 이 경우에는 감사위원의 직도 상실된다.

Ⅵ. 監査委員會關聯 기타 규정

1. 過怠料條項改正

모회사의 감사위원회도 감사와 마찬가지로 자회사에 대해 영업의 보고를 요구하거나(제412조의 5 제 1 항), 자회사의 업무와 재산상태를 조사할 수 있다. 이러한 모회사의 감사위원회의 조사에 정당한 이유 없이 응하지 아니한 자는 과태료에 처한다(제635조 제 1 항 21의 2호).

2. 常勤監事

최근 사업연도 말 현재 자산총액이 1천억 원 이상인 상장회사는 주주총회 결의에 의하여 회사에 상근하면서 감사업무를 수행하는 감사(상근감사)를 1명 이상 두어야 한다. 다만, 상법 및 다른 법률에 따라 감사위원회를 설치한 경우에는 그러하지 아니하다(제542조의 10 제 1 항, 상법시행령 제36조 제 1 항).

3. 株式會社 등의 外部監査에 관한 法律

상법상 감사위원회를 설치한 경우에는 감사위원회가 주식회사 등의 외부감사에 관한 법률상 감사인선임위원회에 갈음한다(주식회사 등의 외부감사에 관한 법률 제 4 조 제 2 항 참조).

제 4 관 遵法支援人

「은행법」에 따라 금융기관에는 준법감시인이 설치되어 있으나, 대규모 기업에도 준법경영을 위한 제도가 미비하여 윤리경영이 강화되고 있는 세계적 추세에 맞지 않는다는 지적이 있었다. 그리하여 2011년 개정상법에서는 자산규모 등을 고려하여 대통령령으로 정하는 상장회사는 준법통제기준을 마련하도록 하고, 이 기준의 준수에 관한 업무를 담당하는 준법지원인을 1인 이상 두도록 하였다(제542조의 13 신설). 준법지원인 제도를 도입함으로써 기업의 준법경영과 사회적 책임이 강화될 것으로 평가할 수 있다. 구체적으로 보면 자산 규모 등을 고려하여 대통령령으로 정하는 상장회사는 법령을 준수하고 회사경영을 적정하게 하기 위하여 임직원이 그 직무를 수행할 때 따라야 할 준법통제에 관한 기준 및 절차(준법통제기준)를 마련하여야 한다(제542조의 13 제 1 항). 이러한 상장회사는 준법통제기준의 준수에 관한 업무를 담당하는 사람(준법지원인)을 1인 이상 두어야 한다(제542조의 13 제 2 항). 이 때 준법지원인은 준법통제기준의 준수여부를 점검하여 그 결과를 이사회에 보고하여야 한다(제542조의 13 제 3 항). 준법지원인을 두게 되는 상장회사가 준법지원인을 임면하려면 이사회 결의를 거쳐야 한다(제542조의 13 제 4 항). 또한 준법지원인의 자격과 관련하여 준법지원인은 다음의 사람 중에서 임명하도록 하였다(제542조의 13 제 5 항): ① 변호사 자격을 가진 사람, ②「고등교육법」 제 2 조에 따른 학교에서 법률학을 가르치는 조교수 이상의 직에 5년 이상 근무한 사람, ③ 그 밖에 법률적 지식과 경험이 풍부한 사람으로서 대통령령으로 정하는 사람. 한편 준법지원인의 임기는 3년으로 하고, 준법지원인은 상근으로 하도록 하였다(제542조의 13 제 6 항). 준법지원인은 선량한 관리자의 주의로 그 직무를 수행하여야 한다(제542조의 13 제 7 항). 그리고 준법지원인은 재임중뿐만 아니라 퇴임 후에도 직무상 알게 된 회사의 영업상 비밀을 누설하여서는 아니 된다(제542조의 13 제 8 항). 준법지원인을 두는 상장회사는 준법지원인이 그 직무를 독립적으로 수행할 수 있도록 하여야 하고, 동 상장회사의 임직원은 준법지원인이 그 직무를 수행할 때 자료나 정보의 제출을 요구하는 경우 이에 성실하게 응하여야 한다(제542조의 13 제 9 항). 준법지원인을 두는 상장회사는 준법지원인이었던 사람에 대하여 그 직무수행과 관련된 사유로 부당한 인사상의 불이익을 주어서는 아니 된다(제542조의 13 제 10 항). 한편 준법지원인에 관하여 다른 법률에 특별한 규정이 있는 경우를 제외하고는 상법에서 정하는 바에 따른다. 다만, 다른 법률의 규정이 준법지원인의 임기를 3년보다 단기로 정하고 있는 경우에는 상법 제542조의 13 제 6 항을 다른 법률에 우선하여 적용한다(제542조의 13 제 11 항). 그 밖에 준법통제기준 및 준법지원인에 관하여 필요한 사항은 대통령령으로 정하도록 하였다(제542조의 13 제 12 항). 준법지원인제도의 장점으로 기업경영의 투명성 제고로 주주보호 및 자본시장 건전화를 도모할 수 있으며, 우리의 회사법제도를 국제적 기준에 맞추어 기업의 국제경쟁력을 강화하는 측면이 있다. 또한 분쟁의 소지를 사전에 예방하여 불필요한 법률비용을 절감할 수 있으며, 윤리경영 및 준법경영에 대한 홍보 효과로 기업이미지를 제고할 수 있는 점을 들 수 있다. 하지만 이에 대하여는 금융기관에 설치되어 있는 준법감시인제도, 독점규제법상 자율준수프로그램 등과 관련하여 옥상옥이라는 비판론도 개진되고 있다. 이 제도를 활용하는 기업경영자의 의지와 자세가 동 제도의 성공의 중요한 열쇠인 만큼 제도도입의 취지를 십분 이해하고 취지에 맞게 활용하는 노력이 필요하다. 또한 제도시행과정에서 발생하는 문제점을 면밀히 점검하여 보완하는 노력도 기울여야 할 것이다.

2012년 4월 10일 상법시행령 개정에서 상법 제542조의 13 제 1 항, 제 5 항 3호 및 제12항에 따라 준법지원인 및 준법통제기준을 도입해야 하는 회사의 범위를 직전사업연도말 현재 자산총액이 2013년 12월 31일까지는 1조 원, 2014년 1월 1일부터는 5천억 원인 상장회사에 적용하도록 하였다(상법시행령 제39조, 부칙 제 5 조). 그리고 준법통제기준에서 정해야 할 구체적인 사항을 시행령에서 명시하였다(상법시행령 제40조). 또한 준법지원인의 자격요건 등에 대하여도 시행령에서 이를 구체적으로 정하였다(상법시행령 제41조). 금융관계법에 따라서 이미 준법감시인을 두고 있는 상장회사에 대해서 개정상법에 의한 준법지원인을 두어야 하는지 여부에 대해서도 상법시행령은 이를 명문으로 규정하였다. 즉, 자본시장법 등 다른 법률에 따라 이미 내부통제기준 및 준법감시인을 두어야 하는 금융기관 등의 경우에는 2011년 4월 개정상법 및 동 시행령에서 두도록 한 준법통제기준 및 준법지원인을 두지 않아도 되도록 하였다(상법시행령 제39조 단서). 이는 금융기관의 내부통제를 위해 준법감시인제도가 이미 도입되어 정착되어 가고 있는 상황에서 이와는 별도의 준법지원인을 두도록 하는 것은 기업에게 이중의 부담으로 바람직하지 못하므로 금융기관에 대해서는 상법에 의한 준법지원인을 두지 않도록 하는 명문규정을 둔 것이다(김재호, "개정 상법시행령 주요내용 해설," 상장 제448호(2012.4.), 102쪽). 2012년 4월 10일 전부 개정된 상법시행령의 구체적인 내용은 아래와 같다.

1. 適用對象

상법 제542조의 13 제 1 항에서 준법통제기준 및 준법지원인을 두어야 하는 상장회사의 규모는 최근 사업연도말 현재 자산총액이 5천억 원 이상인 상장회사로 하되 제도의 도입에 따른 기업의 부담을 고려하여 자산총액 5천억 원 이상 1조 원 미만의 회사에 대해서는 그 적용을 2013년 12월 31일까지 유예함에 따라 2012년 4월 15일부터 2013년 12월 31일까지는 자산규모 1조 원 이상의 상장회사에 적용토록 하였다(상법시행령 제39조, 부칙 제 5 조). 이는 그동안 경제단체에서는 2조 원 이상으로 할 것을 주장한 반면, 변호사단체에서는 자산규모 1천억 원 이상의 상장회사로 해야 한다는 주장이 팽팽하게 맞섰으나 법무부는 원래 3천억 원 이상의 상장회사에 적용하기로 한 초안에서 절충형태인

5천억 원 이상의 상장회사로 그 범위를 정하되 그 적용시기를 일정기간 유예한 것이다(김재호, "개정 상법시행령 주요내용 해설," 상장 제448호(2012.4.), 103쪽). 자산규모 5천억 원 이상의 상장회사에 적용키로 한 것은 5천억 원이 대기업과 중소기업을 구분하는 기준(중소기업기본법 시행령 제3조)으로서 모든 중소기업은 유예기간에 상관없이 준법지원인을 두지 않아도 가능하게 되었다.

2. 遵法統制基準 內容

상법 제542조의 13 제1항에 따른 준법통제기준에서 정할 사항에 대하여 상법시행령에서는 동 제40조 제1항에서 규정하는 사항을 포함하도록 규정하였다. 또한 준법통제기준을 정하거나 변경하는 경우에 는 이사회의 결의를 거치도록 하였다(상법시행령 제40조 제2항). 다른 한편 준법통제기준에 관한 세부기준을 마련하기 위하여 법무부와 한국상장회사협의회는 공동으로 개정상법상 신설된 준법지원인제도의 원활하고 적합한 정착을 위해 학계, 법조계, 실무계 등 관련 전문가가 참여한 '준법통제기준표준모델제정위원회'를 구성하여 2012년 4월 3일 '상장회사 표준 준법통제기준'을 제정·공표하였다. 상장회사 표준 준법통제기준의 주요 내용은 상법시행령 제40조에서 규정하는 내용을 중심으로 하여 총칙, 준법통제환경, 준법통제활동, 유효성 평가, 기타 등 총 5장 24개의 조문으로 구성되었으며, 상법 및 상법시행령에서 준법통제기준에 포함되어야 할 기본적 사항은 물론 지배구조 등 회사별 사정에 맞춰 고려해야 할 실무상 참고사항 및 해설 등을 추가하고 있다.

3. 遵法支援人의 資格要件과 業務制限

상법 542조의 13 제5항 제3호에 따른 '법률적 지식과 경험이 풍부한 사람'에 대해서 상법시행령 제41조에서는 관련 부서에서 10년 이상 근무한 경력이 있는 사람 등으로 규정하고 있다. 그리하여 처음 시행령 입법예고(안)에서 준법지원인의 자격요건에 관하여 실무경력자에게 요구되던 '법률학학사' 학위 이상 소지할 것의 요건을 삭제하여 상장회사에서 감사·감사위원·준법감시인 또는 이와 관련된 법무부서에서 근무한 경력이 합산하여 10년 이상인 사람, 법률학석사학위 이상의 학위를 취득한 사람으로서 상장회사에서 감사·감사위원·준법감시인 또는 이와 관련된 법무부서에서 근무한 경력이 합산하여 5년 이상인 사람은 준법지원인이 될 수 있도록 하였다(상법시행령 제41조). 원래 입법예고안에서 두고 있던 준법지원인의 소극적 요건인 결격요건은 삭제하였다. 한편 준법지원인은 자신의 업무수행에 영향을 줄 수 있는 영업 관련 업무를 담당하여서는 아니 된다(상법시행령 제42조). 이때 '영업관련업무'가 구체적으로 어떠한 것인지에 대해서는 해석상 논란이 예상되나 이는 기본적으로 준법지원인의 업무수행에 영향을 줄 수 있는 업무를 배제해야 한다는 의미로 해석할 수 있다(김재호, "개정 상법시행령 주요내용 해설," 상장 제448호(2012.4.), 104쪽). 상장회사 표준 준법통제기준에서도 준법지원인은 상근이사나 집행임원의 지위를 겸할 수 있도록 하되 다만 준법지원인이 되는 자는 준법지원인의 직무에 영향을 줄 수 있는 영업 관련 기타 업무를 담당할 수 없도록 하였다(동 표준통제기준 제11조).

제5관 監査人

Ⅰ. 意　義

주식회사 등의 외부감사에 관한 법률(이하 '외감법'이라 약함)은 일정규모 이상의 주식회사와 유한회사(자산총액이 500억 원 이상)는 감사에 의한 내부감사 외에 회계전문가인 회계법인, 합동회계사무소 또는 감사반에 의한 회계감사를 받도록 하고 있다(외감법 제4조; 동 시행령 제2조 제1항).

왜냐하면 대규모 회사에 있어서는 다수의 이해관계인을 보호할 필요가 있고, 회계처리도 복잡하기 때문이다. 자본시장법에서도 상장법인을 포함한 일정한 주식회사는 외부감사를 받도록 하고 있다(자본시장법 제169조).

이처럼 회사로부터 독립하여 회계감사를 행하는 회계법인, 합동회계사무소 또는 감사반을 (외부) 감사인 또는 회계감사인이라고 한다. 감사인은 회사와의 계약에 의하여 사무의 위탁을 받은 자에 지나지 않으므로 감사와 같은 회사의 기관은 아니다.

Ⅱ. 選任 · 任期 · 終任

회사는 매 사업연도 개시일로부터 45일 이내에 감사인을 선임하여야 한다(외감법 제10조 제1항). 이 규정에서 볼 때 그 선임기관이 명백하지 않다. 실제로 이사회가 선임하는 경우가 많다.

감사인은 등록된 회계법인이어야 한다(외감법 제9조의 2). 회계감사의 실효성을 보장하기 위하여 감사인의 자격을 회계에 관해 전문적인 지식과 경험이 있는 자에 제한하고 있다.

감사인의 임기에 관해서는 규정이 없다. 임기에 관하여 당사자 사이에 약정이 없으면 임기는 1년이라고 볼 것이다. 단, 주권상장법인 등은 연속하는 매 3개 사업연도 감사인을 동일감사인으로 하여야 한다(외감법 제10조 제3항). 즉 임기를 3년으로 하여야 한다. 감사의 경우와 같이 감사인의 임기는 취임 후 1년 내의 최종의 결산기에 관한 정기총회의 종결시까지로 하는 방법을 고려하여야 한다.

감사인은 임기만료 · 사망 등 감사계약에서 정한 사유 기타 위임의 일반적 종료사유로 인하여 종임한다. 선임기관은 당연히 감사인을 해임할 수 있다.

Ⅲ. 職務權限

감사인의 직무는 그 사업연도의 재무제표와 연결재무제표 또는 결합재무제표, 그 부속명세서를 감사하는 것이다(외감법 제21조). 따라서 직접적으로는 결산감사를 목적으로 하지만, 이를 위해 영업연도중에 수시로 회계의 기중감사를 한다. 감사인은 그 직무를 수행하기 위하여 언제든지 회사의 회계에 관한 장부와 서류를 열람 · 등사할 수 있고, 특히 필요한 때에는 회사의 업무와 재산상태를 조사할 수 있다. 그리고 연결재무제표 또는 결합재무제표의 감사시에는 회사 및 관계회사의 감사인에 대하여 필요한 협조를 요구할 수 있다(외감법 제21조 제2항).

Ⅳ. 義　　務

감사인은 감사보고서를 작성하여 일정한 기간 내에 회사(감사 또는 감사위원회를 포함한다) · 증권선물위원회 및 한국공인회계사회에 제출하여야 한다(외감법 제23조). 감사인 기타 보조자는 그 직무상 알게 된 비밀을 누설하지 못한다(외감법 제20조). 감사인은 이사의 부정행위 또는 위법행위를 발견한 때에는 이를 감사 또는 감사위원회에게 통보하고, 주주총회에 보고하여야 하며, 주주총회의 요구에 따라 출석하여 의견을 진술하거나 주주의 질문에 답변하여야 한다(외감법 제22조, 제24조).

<대판 2011. 1. 13, 2008 다 36930>

「감사인은 구 주식회사의 외부감사에 관한 법률(2009. 2. 3. 법률 제9408호로 개정되기 전의 것)에 따라 주식회사에 대한 감사업무를 수행함에 있어서 일반적으로 공정 · 타당하다고 인정되는 회계감사기준에 따라 감사를 실시함으로써 피감사회사의 재무제표에 대한 적정한 의견을 표명하지 못함으로 인한 이해관계인의 손해를 방지하여야 할 주의의무가 있다(같은 법 제1조, 제5조 제1항). 한편 같은 법 제5조 제2항에 의하면 회계감사기준

은 한국공인회계사회가 정하며, 그에 따라 마련된 구 회계감사기준(2005. 3. 29. 폐지되기 전의 것, 이하 '회계감사기준'이라고 한다) 제34조 제 1 항에 의하면 한국공인회계사회가 회계감사기준의 시행에 관하여 필요한 세부사항을 별도로 정할 수 있는바, 위와 같은 회계감사기준 및 한국공인회계사회가 그 시행을 위하여 마련한 회계감사준칙은 특별한 사정이 없는 한 일반적으로 공정·타당하다고 인정되는 것으로서 감사인의 위와 같은 주의의무 위반 여부에 대한 판단의 주요한 기준이 된다.」

V. 責 任

감사인은 그 임무를 해태하여 회사에 손해가 발생한 때에는 회사에 대하여 손해배상책임을 지며, 이 경우 감사반인 감사인의 경우에는 당해 회사에 대한 감사에 참여한 공인회계사가 연대하여 책임을 진다(외감법 제31조 제 1 항, 제 3 항). 감사인이 중요한 사항에 관하여 감사보고서에 기재하지 아니하거나 허위의 기재를 함으로써 제 3 자에게 손해가 발생한 때에는 제 3 자에 대하여 손해를 배상할 책임이 있다(외감법 제31조 제 2 항). 이사, 감사 또는 감사위원회 위원도 그 책임이 있는 때에는 감사인은 이들과 연대하여 손해배상책임을 진다(외감법 제31조 제 4 항).

회계법인은 회사 및 제 3 자에 대한 손해를 배상하기 위하여 한국공인회계사회에 손해배상공동기금을 적립하여야 한다(외감법 제32조의 2 제 1 항). 공동기금의 적립한도 및 적립금액은 대통령령으로 정하도록 되어 있다(외감법 제17조의 2 제 2 항; 동 시행령 제17조의 3).

감사인·이사 또는 감사의 손해배상책임은 그 청구자가 당해 사실을 안 때로부터 1년, 감사보고서를 제출한 날로부터 8년 이내에 청구권을 행사하지 아니하면 소멸한다(외감법 제31조 제 9 항). 감사인 기타 보조자에 대해서는 엄격한 벌칙의 제재가 있다(외감법 제39조, 제40조).

<대판 1997. 9. 12, 96 다 41991>

「증권거래법 제197조 제 1 항에 의하여 준용되는 구 주식회사의 외부감사에관한법률 제17조 제 2 항·제 6 항 전단에 의하면, 감사인이 중요한 사항에 관하여 감사보고서에 기재하지 아니하거나 허위의 기재를 함으로써 제 3 자에게 손해를 발생하게 한 때에는 그 감사인은 제 3 자에 대하여 손해배상책임이 있고, 이 손해배상책임은 그 청구권자가 당해 사실을 안 날로부터 1년 이내 또는 감사보고서를 제출한 날로부터 3년 이내에 청구권을 행사하지 아니한 때에는 소멸한다고 규정하고 있는바, 여기서 '당해 사실을 안 날'이라 함은 문언 그대로 청구권자가

외부감사법 제17조 제 2 항 소정의 감사보서의 기재누락이나 허위기재의 사실을 현실적으로 인식한 때라고 볼 것이고, 일반인이 그와 같은 감사보고의 기재 누락이나 허위기재의 사실을 인식할 수 있는 정도라면, 특별한 사정이 없는 한 청구권자 역시 그러한 사실을 현실적으로 인식하였다고 봄이 상당하다.」

<대판 2011. 3. 24, 2010 도 17396>

「주식회사의 외부감사에 관한 법률(이하 '외부감사법'이라 한다) 제20조 제 4 항 제 1 호는 상법 제635조 제 1 항에 규정된 자나 그 밖에 외부감사 대상인 회사의 회계업무를 담당하는 자가 감사인 또는 그에 소속된 공인회계사에게 거짓 자료를 제시하거나 거짓이나 그 밖의 부정한 방법으로 감사인의 정상적인 외부감사를 방해하는 행위를 처벌하도록 규정하고 있다. 그런데 외부감사법과 같은 법 시행령에는, 외부감사 대상인 회사는 그 사업연도의 재무제표를 작성하여 정기주주총회 6주일 전에 감사인에게 제출하여야 하고, 감사인은 이에 대한 감사보고서를 작성하여 정기주주총회 1주일 전에 회사에 제출하여야 하며, 회사는 정기주주총회 1주일 전부터 5년간 그 본점에서 재무제표와 그에 대한 감사인의 감사보고서를 함께 비치 · 공시하도록 규정되어 있는바, 위 각 규정 내용와 위 처벌규정의 문언에 비추어, 외부감사법 제20조 제 4 항 제 1 호는 외부감사법의 규율대상이 되는 결산재무제표에 대한 외부감사를 방해하는 행위를 처벌하는 규정으로 해석된다. 따라서 자본시장과 금융투자업에 관한 법률 제160조에 따라 주권상장법인, 코스닥상장법인 등이 작성 · 제출하는 반기 · 분기보고서에 포함된 재무제표에 대한 확인 및 의견표시를 담당하는 감사인에게 거짓 자료를 제시하였다고 하더라도 이를 외부감사법 제20조 제 4 항 제 1 호를 적용하여 처벌할 수는 없다.」

<대판 2020. 4. 29, 2014 다 11895>

「甲이 乙 은행의 분식회계 등 사실을 모르고 乙 은행 주식에 투자하였다가 손해를 입자, 분식회계 등에 적극적으로 관여한 乙 은행의 회장 丙 등 및 분식회계 등 사실을 발견하지 못한 채 허위 내용이 기재된 감사보고서를 작성한 丁 회계법인을 상대로 불법행위에 따른 손해배상을 구하는 소를 제기하였는데, 丁 법인의 책임비율이 문제 된 사안에서, 丁 법인의 책임비율을 고의로 대손충당금을 과소 적립하는 방법으로 분식행위를 하고 이를 기초로 허위의 사업보고서 등을 공시하는 데 적극적으로 관여한 丙 등과 같게 정한 것은 적절하지 않으나, 丙 등의 책임 부분이 40%로 확정된 것은 甲이 상고하지 않았기 때문일 뿐 책임비율이 적정하다는 것을 뜻하는 것은 아니므로, 丁 법인의 책임비율을 丙 등과 같

게 정한 잘못이 있더라도 丁 법인의 책임비율이 그 자체로 재량 범위에 있다면 그러한 잘못이 판결 결과에 영향을 미쳤다고 볼 수 없는데, 외부감사인에게 요구되는 주의의무를 위반한 丁 법인의 과실 내용과 그 결과에 비추어 丁 법인의 책임비율을 40%로 제한한 것 자체는 수긍할 수 있는 범위 내로서 이를 40%보다 낮은 비율로 정하지 않았다고 하여 형평의 원칙에 비추어 현저히 불합리하다고 볼 수 없으므로, 丁 법인의 책임비율을 40%로 정한 원심판단에는 책임제한에 관한 법리오해의 잘못이 없다.」

<대판 2020. 7. 9, 2016 다 268848>

「감사인은 구 「주식회사의 외부감사에 관한 법률」(2013. 12. 30. 법률 제12148호로 개정되기 전의 것, 이하 '구 외부감사법'이라고 한다)에 따라 주식회사에 대한 감사업무를 수행할 때 일반적으로 공정·타당하다고 인정되는 회계감사기준에 따라 감사를 실시함으로써 피감사회사의 재무제표에 대한 적정한 의견을 표명하지 못함으로 인한 이해관계인의 손해를 방지하여야 할 주의의무가 있다(구 외부감사법 제1조, 제5조 제1항). 구 외부감사법 제5조 제2항에 의하면 회계감사기준은 한국공인회계사회가 정하며, 그에 따라 마련된 회계감사기준은 특별한 사정이 없는 한 일반적으로 공정·타당하다고 인정되는 것으로서 감사인의 위와 같은 주의의무 위반 여부에 대한 판단의 주요한 기준이 된다(대법원 2011. 1. 13. 선고 2008다36930 판결 참조). 구 「자본시장과 금융투자업에 관한 법률」(2013. 5. 28. 법률 제11845호로 개정되기 전의 것, 이하 '구 자본시장법'이라고 한다) 제170조 제1항은 선의의 투자자가 사업보고서 등에 첨부된 회계감사인의 감사보고서를 신뢰하여 손해를 입은 경우에 그 회계감사인의 손해배상책임에 관하여 구 외부감사법 제17조 제2항부터 제7항까지의 규정을 준용하고 있다. 구 외부감사법 제17조 제2항은 감사인이 중요한 사항에 관하여 감사보고서에 기재하지 아니하거나 거짓으로 기재를 함으로써 이를 믿고 이용한 제3자에게 손해를 발생하게 한 경우에는 그 감사인은 제3자에게 손해를 배상할 책임이 있다고 규정하고 있다. 이때 감사인의 손해배상책임이 인정되기 위해서는 손해배상을 청구하는 자가 감사인이 중요한 사항에 관하여 감사보고서에 기재하지 아니하거나 거짓으로 기재를 하였다는 점을 주장·증명해야 한다.」

제6관 檢 査 人

I. 意　義

검사인은 회사의 설립경과 또는 존속중인 회사의 업무와 재산상태의 조사를 목적으로 하는 임시적 감사기관이다. 검사인의 임무의 내용과 범위는 그 선임의 목적에 따라 다르지만, 일반적으로 계산관계의 정확 여부, 발기인 또는 이사의 행위의 적법성 여부를 조사한다.

Ⅱ. 選任 · 資格 · 終任

1. 選 任

검사인은 그 필요에 따라 법원 또는 총회(창립총회 또는 주주총회)에서 선임한다. 검사인은 임시기관이므로 등기할 필요는 없다. 법원이 선임하는 경우로서는 위험 설립사항 내지 설립경과조사를 위하여 이사 또는 발기인의 청구가 있는 경우(제298조, 제310조), 업무집행에 관하여 부정행위 또는 법령이나 정관에 위반한 중대한 사실이 있음을 의심할 사유가 있는 때에 소수주주권자의 청구가 있는 경우(제467조), 할인발행의 인가 여부를 결정하고 회사의 재산상태를 조사하게 하기 위하여 법원이 직권으로 선임하는 경우(제417조 제 3 항) 등이다.

<대결 1996. 7. 3, 95 마 1335>

「상법 제467조 제 1 항이 규정하고 있는 검사인선임청구 사유인 '회사의 업무집행에 관하여 부정행위 또는 법령이나 정관에 위반한 중대한 사실이 있음을 의심할 사유가 있는 때'에 대하여는 그 내용을 구체적으로 명확히 적시하여 입증하여야 하고, 단순히 일반적으로 그러한 의심이 간다는 정도의 막연한 것만으로는 그 사유로 삼을 수 없다.」

창립총회 또는 주주총회가 검사인을 선임하는 경우로는 소수주주권의 발동에 의하여 소집된 임시총회에서 회사의 업무와 재산상태를 조사하게 하기 위한 경우(제366조 제 3 항), 이사나 청산인의 제출서류와 감사의 보고서를 조사하게 하기 위한 경우(제367조, 제542조 제 2 항) 등이다.

2. 資 格

검사인의 자격과 원수에 관해서는 법률상 아무런 제한이 없다. 그러나 그 직무의 성질상 검사인은 당해 회사의 이사, 감사 및 지배인 기타 사용인을 겸할 수 없고, 검사를 받을 사항의 당사자도 검사인이 되지 못한다고 본다.

3. 終 任

검사인은 위임관계의 일반적 종료사유에 의하여 종임할 뿐만 아니라 선임기관이 해임할 수 있다. 그리고 검사인은 그 선임목적이 달성되어 그 임무가 종료한 때에도 종임한다.

Ⅲ. 職務權限 · 義務

검사인은 그 선임목적에 따른 직무권한을 갖는다. 검사인과 회사의 관계는 위임이므로 검사인은 회사에 대해 선관주의의무를 진다.

Ⅳ. 責 任

검사인이 선관주의의무를 다하지 못한 때에는 회사에 대하여 임무해태로 인한 손해배상책임을 지고, 제 3 자에 대해서는 불법행위로 인한 책임을 진다는 것은 당연하다. 법원이 회사의 설립경과의 조사를 위하여 검사인을 선임할 때에는 검사인과 회사 사이에 위임관계가 존재하지 않지만(동지 : 정동윤, 451-452쪽. 이설 : 최기원, 789쪽; 이철송, 729쪽), 검사인이 악의 또는 중대한 과실로 인하여 그 임무를 해태한 때에는 회사 또는 제 3 자에 대하여 손해를 배상할 책임이 있다(제325조). 검사인에 대해서도 벌칙의 제재가 있다(제625조, 제630조 등).

제5장 株式會社의 資本金과 會計

제1절 資本調達 序說

姜渭斗, 주식 및 사채발행제도의 개선방안, 上場協 27(1993. 5)/金建植, 주식발행을 통한 자금조달과 중소기업, 저스티스 24, 1(1991. 6)/朴吉俊, 商法改正과 資金調達, 司法行政 249(1981. 9)/梁承圭, 개정상법에 있어서 주식회사의 자본조달, 商事法의 現代的課題(孫珠瓚博士華甲紀念論文集)(1984)/梁承圭, 주식회사의 자금조달과 증권발행, 商事法研究 1(1980)/李基秀, 자기자본과 타인자본, 월간고시 158(1987. 3)/李基秀, 자본회사에서의 자본조달, 월간고시 164(1987. 9)/李基秀, 자본회사의 자본조달과 주주소비대차, 상사법연구 17. 2(1998. 10)/崔鎔春, 주식회사의 자금조달에 관한 고찰, 상지대병설전문대 논문집 4(1985. 10).

Ⅰ. 資本調達의 基本原則

1. 회사의 자본은 그 특성에 따라 자기자본과 타인자본으로 구분된다. 회사에 투입되는 재산은 책임을 져야 할 자기재산(Eigenvermögen)이거나 신용재산(Kreditvermögen)이다. 그러나 자기자본과 타인자본은 경영학에서도 확실히 구분되어 있지 않다. 특히 자기자본의 한계를 설정함에 있어서는 확정이자의 배제와 사원권과의 결합 및 의결권 등의 전형적인 표지가 개념필연적인 표지와 혼합되어 있다. 하지만 이 문제가 법적 효과와 관련될 때에는 가능한 한 정확한 한계표지를 설정해야 한다. 법적 관점에서 자기자본이란 다음과 같은 표지로 설명될 수 있다(Karsten Schmidt, §18 Ⅱ 2; Wiedemann, §10 Ⅳ).

① 자기자본은 사원에 의하여 조성된다.

② 자기자본은 구속된 자본이고, 따라서 자유롭게 환급될 수 없다.

③ 자기자본은 책임자본이고, 따라서 파산시에 그 환급을 청구할 수 없다.

이러한 자기자본에 속하는 것으로는

① 대차대조표상에 나타난 납입자본

② 대차대조표상에 나타난 준비금

③ 대차대조표상에 나타난 이익

④ 비밀준비금이 있다.

2. 자기자본이 수행해야 하는 가장 기본적인 임무는 책임재산으로서의 임무와 그 액수만큼 기업 내에 재산이 유지되어야 할 임무이다. 자기자본과 타인자본의 가장 엄격한 차이는 위험정도에서 찾을 수 있다. 즉 기업에 손실이 생기면 언제나 자기자본이 우선 손실을 보충하고 그 다음에 타인자본에 영향을 끼치지만, 회사파산시에는 자기자본은 상실되는 데 반하여, 타인자본은 가치만 감소될 뿐이다.

3. 자기자본이 적정하게 조달되고 회사채권자가 손해를 입지 않도록 하는 한에서 사원에게 이익이 배당되어야 한다는 점은 채권자보호를 위하여 아주 중요하다. 주식회사에서는 위법배당(제462조 제 2 항)에 관한 규정이 채권자보호를 위하여 큰 몫을 수행하고 있고, 자본감소에는 주주총회의 특별결의를 요하고 있어서(제438조 제 1 항, 제434조) 엄격한 자기자본확보책이 강구되고 있다.

4. 주식회사의 자본은 발행주식액면총액으로 표시된 보증자본(책임자본)이다. 회사설립시에 발행하는 주식의 총수(제451조)는 회사가 발행할 주식의 총수의 4분의 1 이상으로 정관에서 확정된다(제289조 제 1 항 5호·제 2 항). 수권자본 내에서는 이사회의 결의로 자본을 증가할 수 있으므로(제416조) 정관을 변경할 필요가 없다.

회사의 보증자본인 자본은 자본납입과 자본유지에 관한 강행법규에 의하여 확보되며, 주주는 회사설립시에 발행하고자 했던 자본의 총액을 회사에 납입하여야 하고, 납입된 자본이 주주에게 반환되는 데에는 엄격한 제한이 있다. 물론 자본은 회사재산(Gesellschaftsvermögen)과는 분명히 다르다. 이 점은 예컨대 액면가보다 고가로 주식을 발행할 때, 즉 액면초과발행의 경우를 보면 충분히 알 수 있다. 자본은 명목상의 수액으로서 자본증가(또는 감소)가 없는 한 변경이 없는 데 반하여, 회사재산은 회사에 이익 또는 손실이 생기는 데 따라서 변동한다.

특히 자본은 회사재산과는 달리 주식회사법상의 자본에 관한 규정이 적용되는데, 이는 입법자가 주주에게 자본환급을 금지함으로써 자본을 확보하는 기능을 한다. 그러나 이를 통해 손실이 생기지 않도록 회사에 명령할 수는 없다. 즉 입법자는 보증자본이 지켜지도록 할 수는 있으나, 자본유지를 위한 여러 규정에도 불구하고 회사재산이 항상 자본액만큼 회사에 보유되도록 보장할 수는 없다.

Ⅱ. 資本調達의 方法

자본조달에는 자기조달(내부조달)과 타인조달(외부조달)의 2가지 방법이 있다.

내부조달은 사원 또는 제 3 자로부터 자금을 조달받지 않는 자본조달방식인 데 반하여, 외부조달은 사원 또는 제 3 자의 재산으로부터 자본을 조달받는 방법이다. 즉 외부조달은 자기자본 또는 타인자본의 형태로 자본을 조달하는 방법이다. 내부조달은 영업활동에 의한 이익으로부터 자본을 형성함을 말하며, 이익의 축적과 준비금의 형성이 이에 속한다. 외부자본조달은 그 기간에 따라서 통상 단기(1년까지)·중기(4년까지) 및 장기(4년 이상)의 자본조달로 나누어진다.

Ⅲ. 適正한 自己資本調達을 위한 法律原則

적정한 자기자본조달과 관련하여 지금까지 회사의 종류나 규모에 관계없이 구속력 있는 법률원칙은 인정되고 있지 않다. 과거 주식회사에서 5천만 원의 최저자본금이 요구되었으나 2009년 최저자본금제한을 없앴다. 유한회사에서 1천만 원(구법 제546조 제 1 항)이었던 법률상 최저자본금제도도 2011년 개정시 삭제하였다.

자본회사에서의 자본조달과 관련하여 가장 어려운 문제는 자기자본이 부족한 경우이다. 왜냐하면 자본회사의 경우, 자기자본부족이 문제되는 것은 사원이 인적 책임을 부담하지 않기 때문이다.

Ⅳ. 自己資本과 他人資本에 있어서 私的 自治와 法的 强制

'자기자본부족과 실체파악'이라는 문제는 현존하는 재산이 자기자본으로서의 성질을 갖는가, 아니면 타인자본으로서의 성질을 갖는가 하는 문제와는 완전히 차원을 달리하는 영역에 속한다. 따라서 이 때에는 '명목상'으로는 타인자본으로서 자기자본이라고 할 수 없는 소비대차도 '실질상'으로는 자기자본에 포함될 수 있다.

현행법에서는 회사의 자본조달을 어떻게 하든 그것은 사원 또는 이사회의 자유의사에 맡겨져 있다. 즉 회사의 자본을 자기자본만으로 조달할 것인지, 또는 타인자본으로도 조달할 것인지, 만일 타인자본으로 조달한다면 이를 제 3 자로부터 조달할 것인지, 또는 자기 자신이 회사에 소비대차를 해 줄 것인지 여부는 그 회사의 사원 또는 이사회가 결정한다. 다만, 회사법과 세법 및 기타 경제적 이유에서 타인자본조달이 신속하고 저렴하게 자금을 조달할 수 있으므로 자기자본조달보다 선호되고 있다. 자본조달을 제 3 자의 신용(은행신용)에 의하건, 형식상의 증자에 의하건 이는 오직 사원 또는 이사회의 자본조달의사에 달려 있다. 따라서 독일연방대법원(BGHZ 75, 334, 337)도 모든 사원소비대차(Gesellschafterdarlehen)를 책임자본과 동일한 법적 지위에 놓는 것에는 반대하고 있다. 그러나 사정에 따라서는 양자가 법적으로 동일한 지위에 놓이는 경우도 있다. 이와 같이 양자가 동일취급받는 경우로는 채권자가 의욕하는 경우, 정관에서 이를 예견하고 있는 경우, 그리고 채권자의 이익을 위해 강제되는 경우 등에서 나타난다.

자본회사법에서는 사원의 수중에서 나온 타인자본은 경우에 따라서 회사의 자기자본과 같이 다루어져야 할 때가 있다. 독일에서 이 문제는 무엇보다도 자기자본부족의 유한회사의 문제로서 논의된다. 문제의 법정책적 중점이 오래전부터 유한회사와 관련하여 논의되었다. 약 1만 유로에 불과한 원천자본을 갖고 있던 유한회사가 그 회사의 투자수요와 손실위험을 자기자본으로서가 아니라 사원의 신용으로 보충하면서 회사를 경영하는 것과 같은 예가 문제된다. 2008년 유한회사법 개정에서 독일 유한회사법 제32a조 및 제32b조는 삭제되고, 그 대신 독일 도산법에 규정을 두게 되었다. 실제로 법체계적으로도 사원소비대차 내용은 도산법에 소속하도록 하는 것이 옳다고 보고 있다. 그리고 그를 통해서 유한회사법과 도산법 사이의 괴리를 줄일 수도 있다. 유한회사법 제32a조 제 1 항의 규정내용은 1999년 도산법의 발효 이후로 동법 제39조에 규정되어 있다. 그런데 그 과정에서 "자본보충적인"(kapitalersetzend) 이라는 요건은 개정에 의하여 삭제되었다. 이로 인하여 중소기업을 겨냥하고, 따라서 단순하고 쉽게 운용할 수 있도록 조직되어야 하는 유한회사에 대한 법이 매우 간단하여질 것으로 평가받고 있다. 도산법상의 새로운 규정의 기본사상은 건전한 유한회사의 기관과 사원은 간단하고 분명한 법적 테두리를 가져야 한다는 점에 있다. 그리고 사원소비대차에 대한 상환은 파산 1년 전부터 및 파산중에는 크게 문제의 소지가 있다(상세는 최병규, "독일의 유한회사법 개정과 비교법적 고찰," 기업법연구 제21권 제 4 호(2007), 27쪽 아래 참조).

V. 株式과 社債의 比較

자기자본의 조달은 주식의 발행에 의하고, 타인자본의 조달은 가장 중요한 수단인 사채의 발행에 의한다. 이 점에서 우선 주식과 사채를 간단히 비교하여 본다.

1. 兩者의 共通點

(1) 發行의 決定 사채와 주식의 발행은 모두 이사회의 결의에 의하여(제469조, 제416조) 일정한 서면인 사채청약서와 주식청약서에 의한 청약을 하여야 한다(제420조, 제474조).

(2) 證券의 發行 사채와 주식을 발행하는 경우는 그 유통과 권리행사를 위하여 유가증권인 주권과 사채권이 발행된다.

(3) 名義改書 기명식과 무기명식이 인정되며, 증권이 기명식인 경우에 그 이전으로써 회사에 대항하려면 명의개서를 하여야 한다(제337조 제 1 항, 제479조 제 1 항).

2. 兩者의 差異點

(1) 出資者의 지위 사채권자는 단순한 회사채권자에 불과한 제 3 자이지만(개인법적 성격), 주주는 주식이 회사의 사원인 지위로서의 권리의무관계를 나타내므로 회사의 경영에 참여할 수 있다(단체법적 성격).

(2) 出資의 효과 사채권자는 이익의 유무에 불구하고 일정한 이자를 받지만, 주식은 배당가능한 이익이 있어야만 배당을 받는다.

(3) 出資의 回收 사채권자는 기한이 도래하면 상환을 받으며 회사가 해산한 경우에는 주주에 우선하여 회사재산에서 변제를 받지만, 주주는 회사에 대하여 투자의 반환을 청구할 수 없고, 다만 회사가 해산한 경우에 일반사채권자보다 후순위로 잔여재산을 분배받을 뿐이다(제542조, 제260조).

(4) 納入의 방법 사채의 경우는 분할납입이 가능하지만(제476조 제 1 항), 주식은 전액납입주의에 의한다(제295조, 제305조).

(5) 資本의 構成 사채는 타인자본이므로 회사의 채무일 뿐이지만, 주식은 자기자본을 구성하므로 회사의 자본을 증가시킨다.

(6) 額面未達發行 사채는 액면미달발행이 허용되지만(제474조 제 2 항 6호), 주식의 경우는 자본납입의 원칙에 의하여 원칙적으로 인정되지 않는다(제330조).

(7) 額面의 의의 사채의 액면은 회사에 대한 채권액을 의미하지만, 주식의 액면은 회사의 자본금에 대한 비율적 단위에 불과하다.

3. 兩者의 接近

오늘날 주식과 사채는 회사의 자금조달의 편의를 위하여 서로 접근해 가고 있다. 이러한 현상으로, 즉 주식의 사채화와 사채의 주식화로 인해 양자의 중간적 성질을 갖는 증권이 생겨나고 있다.

주식의 사채화현상으로서는 무의결권주·비참가적 우선주·상환주식 등이 있고, 사채의 주식화현상으로서는 전환사채·신주인수권부사채·이익참가부사채·교환사채 등이 있다. 그 밖에 미국의 소득사채나 주식매수권부사채 등도 사채의 주식화현상의 예이다.

제 2 절 自己資本의 調達 — 新株의 發行

姜熙甲, 지배권의 유지를 목적으로 하는 신주발행의 불공정성, 명지대 사회과학논총 1(1986. 12)/高大先, 신주발행에 의한 자본조달방법, 장안논총 12(1992. 3)/金敎昌, 신주인수권을 논함, 司法行政 316(1987. 4)/文興安, 불공정한 신주발행의 규제에 대한 비교법적 고찰, 국제대 사회과학논총 2, 3(1987. 4)/朴吉俊, 株式의 時價發行制에 관한 法的 考察, 商事法의 現代的 課題(孫珠瓚博士華甲紀念論文集)(1984)/梁承圭, 주식회사의 자본조달과 신주발행, 法學의 諸問題(洪璡基先生華甲紀念論文集)(1977)/禹洪九, 신주인수권에 관한 연구, 건국대 박사학위논문(1981)/尹寶玉, 신주인수권, 인하대 사회과학논문집 1(1982. 1)/李基秀, 명의개서의 실념과 신주인수권의 귀속, 고시계 229(1976. 3)/李基秀, 종업원지주제도에 관한 외국법제, 上場協 9(1984. 5)/李基秀, 신주인수권의 양도, 월간고시 124(1984. 5)/李基秀, 자기자본보충적인 사원소비대차 — 서독유한회사법 제32a조와 제32b조를 중심으로 — 商事法의 現代的 課題(孫珠瓚博士華甲紀念論文集)(1984)/李基秀, 사원지주제란? 쇳물(浦項綜合製鐵株式會社) 185(1987. 8)/李基秀, 종업원지주제도에 관한 이론적 고찰, 證券(季刊) 53(1987. 9)/李基秀, 자기자본이 부족한 회사의 사원의 책임, 法律新聞 1980(1990. 11. 5)/李東承, 주주의 신주인수권에 관한 연구, 고려대학교 박사학위논문(1998)/李楨漢, 주식배당제도에 관한 연구, 商法論叢(鄭熙喆先生停年紀念論文集)(1985)/李俊燮, 주주의 신주인수권 배제, 상사법연구 13(1994)/李哲松, 大小株主差等配當 및 新株日割 配當의 實態와 法的 問題, 上場協 17(1988. 5)/李哲松, 신주의 제 3 자 배정과 주주의 보호, 現代商事法의 諸問題(李允榮先生停年紀念論文集)(1988)/林泓根, 신주인수권, 會社法의 現代的 課題(徐燉珏博士華甲紀念論文集)(1980)/田桂元, 신주의 발행으로 인한 변경등기, 법무사 310(1993. 4)/鄭東潤, 경영권을 지키기 위한 신주 및 잠재적 주식의 발행, 기업구조의 재편과 상사법(박길준교수화갑기념논문집)(1998)/鄭容相, 제 3 자 배정의 공정성론, 企業環境法의 變化와 商事法(孫珠瓚教授古稀紀念論文集)(1993)/崔完鎭, 신주발행제도에 관한 비교법적 고찰, 강원대 사회과학연구 17(1983. 2).

Ⅰ. 新株發行의 意義와 種類

자기자본의 조달은 신주의 발행에 의한다. 신주의 발행이란 회사가 성립한 후에 수권주식수의 범위 내에서(제289조 제1항 3호) 새로 주식을 발행하는 모든 경우를 말한다. 신주가 발행되면 새로이 발행된 주식의 액면가액의 총액만큼 자본이 증가하게 된다(제451조 참조). 따라서 신주가 발행되면 바로 자본이 증가하게 된다.

우리 상법은 수권자본제도를 채택하고 있으므로 정관에는 자본금을 기재하지 아니하고 회사가 발행할 주식의 총수, 즉 수권주식수만을 기재하고(제289조 제1항 3호), 나머지의 미발행주식은 회사성립 후에 원칙적으로 이사회의 결의에 의하여 필요할 때마다 수시로 이를 발행할 수 있다(제416조). 이는 회사가 신속하게 자금을 조달할 수 있도록 하기 위한 것이다. 그러나 이사회에 이러한 강대한 권한을 주는 대신 그 권한의 남용을 방지하고 주주의 정당한 이익을 보호하는 방안으로서 종래 상법은 세 가지의 방책을 규정하고 있었다. ① 주주의 신주인수권을 인정함으로써(제418조) 신주발행시 구 주주의 이익을 보호하고, 이사회에 의한 신주인수권의 자의적인 제한 내지 배제를 금지하고, 특히 주주 이외의 자에게 신주인수권을 부여하는 경우에는 정관에 규정을 두게 하였다. ② 불공정한 신주발행을 예방하기 위하여 주주에게 유지청구권을 인정함으로써(제424조) 이사회의 독주를 미연에 방지하고, 주주가 스스로의 이익을 지킬 수 있게 하였다. ③ 수권주식총수의 범위를 한정하여 이사회에 의한 신주의 남발을 억제하고자 하였다. 즉 정관의 절대적 기재사항인 수권주식총수를 증가할 경우, 이미 발행된 주식총수의 4배를 초과할 수 없었다(제437조). 하지만 수권자본제도가 도입된 지 30년 이상이 넘어 이미 우리나라 회사법운영에 체질화되었다고 보여지기에 본 제도의 원래의 취지에 맞게 영·미법을 본받아 수권자본의 증가한도를 철폐하였다. 즉 제437조를 1995년 개정법에서 삭제하였다. 이로써 회사성립 이후의 자금조달은 기동성과 탄력성을 갖게 되었다.

넓은 의미의 신주발행에는 보통의 신주발행과 특수한 신주발행의 두 가지가 있다. 회사의 자금조달을 직접의 목적으로 하는 신주발행을 보통의 신주발행 또는 통상의 신주발행이라 하며, 회사는 신주의 인수인을 구하여 그로부터 신주의 대가를 제공받기 때문에 회사의 재산은 신주의 인수가액의 총액만큼 실제로 증가한다. 그러나 자본액의 증가가 반드시 재산액의 증가와 일치하지는 아니한다. 왜냐하면 주식의 할인발행이나 액면초과발행의 경우에는 할인액 또는 초과액만큼 양자 사이에 차이가 생기기 때문이다. 좁은 의미로 신주의 발행이라고 하면 보통의 신주발행을 말하며, 상법에 규정된 신주의 발행도 바로 이에 관한 규정이다.

특수한 신주발행이란 직접 자본조달을 목적으로 하지 않고, 그 이외의 사유에 의하여 신주가 발행되는 경우를 가리킨다. 이 경우에는 회사가 현재 보유하고 있는 재산을 충당하여 신주를 발행하므로 회사의 재산이 실제로 증가하지 않는 것이 원칙이다. 이러한 신주발행의 원인으로는 전환주식의 전환(제346조 아래), 준비금의 자본전입(제461조), 주식배당(제462조의 2), 전환사채의 전환(제513조 아래), 합병(제523조 3호), 주식병합(제442조), 채무자 회생절차상의 신주발행(채무자 회생 및 파산에 관한 법률 제206조)이 있다.

보통의 신주발행의 경우에는 신주의 인수인으로부터 주금의 납입 또는 현물출자의 이행을 받으므로, 이를 유상증자라고 통칭한다. 이에 반하여 준비금의 자본전입 또는 재평가적립금의 자본전입에 의한 신주발행(자산재평가법 제28조 제 2 항) 등은 주금의 납입 없이 신주를 발행하므로 이를 무상증자라고 통칭한다. 그리고 유상증자와 무상증자를 결합시킨 형태로서 이른바 포괄증자가 있다.

<普通의 新株發行과 特殊한 新株發行의 비교>

보통의 신주발행과 특수한 신주발행은 ① 정관에 규정된 수권주식수의 범위 내에서 발행된다는 점, ② 수종의 주식은 정관의 규정에 따라서만 발행할 수 있다는 점에서는 같다.

그러나 양자는 다음과 같은 점에서 차이가 있다.

① 보통의 신주발행은 회사의 자산을 증가시키지만, 특수한 신주발행은 일반적으로 회사의 자산에 변동을 초래하지 않는다. 다만, 흡수합병의 경우에는 소멸회사의 재산이 존속회사에 포괄적으로 승계되기 때문에 현물출자에 의한 보통의 신주발행과 유사하며, 전환사채의 전환에 의한 신주발행의 경우에는 회사의 부채가 소멸하여 소극적으로 회사의 자산이 그만큼 증가하는 점에서 기타의 특수한 신주발행의 경우와 다르다. 그리고 주식의 병합에 의한 실질적인 자본감소의

경우에는 자산이 감소한다.

② 보통의 신주발행은 회사의 자본을 증가시키지만, 특수한 신주발행은 각기 다른 결과를 초래한다. 물론 특수한 신주발행의 경우에도 일반적으로는 회사의 자본이 증가하지만, 전환주식의 전환비율이 1 대 1인 때와 채무자 회생 및 파산에 관한 법률상의 신주발행의 경우에 납입이 없는 때(채무자 회생 및 파산에 관한 법률 제265조)에는 자본에 변동이 없고, 주식의 병합에 의한 자본감소의 경우에는 자본이 감소한다.

③ 신주발행의 결정방법에 있어서 보통의 신주발행은 이사회의 결의에 의하지만(제416조 본문), 특수한 신주발행은 각기 다르다. 준비금의 자본전입의 경우는 보통의 신주발행과 마찬가지로 이사회의 결의가 있어야 하고(제461조 제 1 항), 주식을 병합하는 때에는 주주총회의 특별결의가 있어야 한다(제438조 제 1 항). 그리고 주식배당의 경우에는 주주총회의 보통결의가 필요하다(제462조). 전환사채 및 전환주식, 그리고 신주인수권부사채의 경우는 신주가 발행되기 전에 그 조건이 정하여진다는 점이(제513조 아래, 제346조 아래, 제516조의 2 제 2 항) 보통의 신주발행과 다르다(주식분할은 이사회의 결의로 가능하다고 본다). 또한 특별법의 절차에 따라 결정되는 경우도 있다(채무자 회생 및 파산에 관한 법률 제193조 제 2 항, 제206조; 자산재평가법 제30조).

④ 신주발행의 효력발생시기는 보통의 신주발행에는 납입기일의 다음 날로부터 납입 또는 현물출자를 이행한 범위 내에서 신주발행의 효력이 생기는 데(제423조 제 1 항) 반하여, 특수한 신주발행에는 납입의 절차가 없기 때문에 준비금의 자본전입의 경우는 배정일 또는 주주총회의 결의가 있는 때에(제461조 제 3 항·제 4 항), 주식배당의 경우는 주식배당을 한다는 총회가 종결한 때에(제462조의 2 제 4 항), 주식병합의 경우는 주권제출기간이 만료한 때나 채권자이의절차가 종료한 때에(제441조), 전환사채 또는 전환주식은 그 전환의 청구를 한 때에 신주발행의 효력이 생긴다(제516조 제 2 항, 제350조). 그러나 신주인수권부사채권자가 신주인수권을 행사하는 경우는 납입한 때에 신주발행의 효력이 생긴다(제516조의 9). 채무자 회생 및 파산에 관한 법률에 의한 신주발행은 회생계획인가시(채무자 회생 및 파산에 관한 법률 제265조) 또는 납입기일에 그 효력이 생긴다.

<대판 2007. 2. 22, 2005 다 73020>

「주식회사가 타인으로부터 돈을 빌리는 소비대차계약을 체결하면서 "채권자는 만기까지 대여금액의 일부 또는 전부를 회사주식으로 액면가에 따라 언제든지 전환할 수 있는 권한을 갖는다"는 내용의 계약조항을 둔 경우, 달리 특별한 사정이 없는 한 이는 전환의 청구를 한 때에 그 효력이 생기는 형성권으로서의 전환권을 부여하는 조항이라고 보아야 하는바, 신주의 발행과 관련하여 특별법에서 달리 정한 경우를 제외하고 신주의 발행은 상법이 정하는 방법 및 절차에 의

하여만 가능하다는 점에 비추어 볼 때, 위와 같은 전환권부여조항은 상법이 정한 방법과 절차에 의하지 아니한 신주발행 내지는 주식으로의 전환을 예정하는 것이어서 효력이 없다.」

Ⅱ. 보통의 新株發行

1. 意 義

보통의 신주발행이란 회사성립 후의 자금조달을 위하여 발행예정주식총수의 범위 내에서 미발행주식을 발행함을 말한다. 이 때에는 신주의 인수인이 신주의 대가를 납입하므로 회사의 재산이 증가한다. 그리고 주주 이외의 제 3 자에게 신주를 인수시키는 경우에는 새로운 주주가 생겨난다. 보통의 신주발행은 이사회가 정한 주식의 인수방법에 따라 주주배정·제 3 자 배정 및 모집의 세 가지 형태가 있다.

2. 新株發行의 節次

(1) 株主配定·제 3 자 配定에 의한 新株發行

A. 理事會의 決定 보통의 신주발행은 정관으로 주주총회에서 정하기로 한 경우를 제외하고는 수권주식의 범위 내에서 이사회가 결정하며, 정관에 규정이 없는 다음의 사항을 결정한다(제416조).

(i) 新株의 種類와 數(1호) 이사회는 정관으로 종류주식의 발행이 예정된 경우(제344조 제 2 항)에 어떤 주식을 몇 주 발행할 것인가를 정하여야 한다. 발행할 신주의 수는 수권주식수 중 미발행주식수의 범위 내이어야 하며, 1회에 발행할 주식의 최저수에 대한 제한은 없다.

(ii) 新株의 發行價額과 納入期日(2호) 신주의 발행가액은 액면 또는 그 이상이어야 한다. 액면미달의 발행결정은 주주총회의 전권사항이고, 또 최저발행가액도 주주총회에서 결정한다(제417조 제1항·제 2 항). 이사회나 대표이사는 발행가액 또는 인수가액을 결정함에 있어서 선량한 관리자의 주의로써 상당한 가액을 발행가액·인수가액으로 결정해야 한다. 이와 관련하여 주주에게만 신주인수권을 부여하는 경우에는 기존 주주의 이익을 침해할 우려가 없고, 또 종래의 많은 회사에서 액면가로 주식을 발행하는 관행이 있었던 점에 비추어 액면가액 이상인 한 어떤 가액으로도 신주를 발행할 수 있다고 보는 견해도 있으나, 회사채권자의 보호와 기업의 유지·발전이라는 점도 고려해야

하고 또한 자금부족으로 신주인수권을 행사하지 못하는 주주의 입장도 보호해야 하므로, 이사는 언제나 상당한 가액으로 신주를 발행할 의무가 있다고 보는 견해로 나누어져 있었다.

생각건대 회사채권자보호와 주주보호를 다 함께 생각하여야 할 것이므로 후자의 견해가 타당하다. 따라서 신주의 발행가액이 공정치 못하면 발행유지를 청구할 수 있고(제424조), 이사와 통모하여 불공정한 가액으로 인수한 자는 그 차액을 회사에 대하여 지급하여야 한다(제424조의 2). 상장법인의 시가발행은 금융위원회의 사정을 거쳐야 한다.

납입기일은 신주인수인이 인수한 주식에 대하여 납입 또는 현물출자의 이행을 하여야 할 날을 말한다. 따라서 납입기일까지 납입하지 아니하면 당해 인수인은 실권하며, 납입하면 그 다음 날부터 주주가 된다. 실권예고부의 청약최고를 청약기일 2주 전까지 통지 또는 공고하게 되어 있으므로(제419조 제1항·제2항), 납입기일은 신주발행의 결의 후 상당한 기간을 둔 날로 정하게 된다.

(iii) 新株의 引受方法(3호) 주주배정에 의할 것인가의 여부, 신주의 공모 여부 또는 양자의 병행 여부 및 주식의 청약단위, 청약증거금의 수령방법, 주금납입을 취급할 금융기관 및 단주·실권주의 처리방법 등을 결정한다. 그러나 정관에서 위임되지 않는 한 적극적으로 특정인에게 신주인수권을 부여하거나 특정주주의 신주인수비율을 인상 또는 인하하는 결정은 하지 못한다.

(iv) 現物出資에 관한 事項(4호) 현물출자를 하는 자의 성명과 그 목적인 재산의 종류·수량·가액과 이에 대하여 부여할 주식의 종류와 수를 결정하여야 한다.

(v) 新株引受權의 양도에 관한 사항(5호) 이사회는 주주가 가지는 신주인수권을 양도할 수 있음을 결정할 수 있다. 물론 이를 양도할 수 없다고 결정할 수도 있다.

(vi) 株主의 請求가 있는 때에만 新株引受權證書를 발행한다는 것과 그 請求期間(6호) 이사회가 주주의 신주인수권을 양도할 수 있음을 결정한 경우에 신주인수권의 양도는 신주인수권증서의 교부에 의하여야 한다(제420조의 3). 따라서 회사는 그 양도를 원하는 주주에게만 신주인수권증서를 발행하도록 하고, 또 발행청구기간도 결정하도록 한 것이다. 이는 신주인수권의 양도를 원하지 않는 주주에게는 신주인수권증서가 필요 없기 때문이다.

(vii) 新株配定日(제418조 제 2 항) 이사회는 배정일을 결정하여 배정일 현재의 주주명부에 기재된 주주가 신주인수권을 갖는다는 것을 결정하고, 이를 배정일 2주 전에 공고한다(제418조 제 3 항 본문). 그 날이 주주명부의 폐쇄기간중인 때에는 그 기간의 초일의 2주 전에 공고하여야 한다(제418조 제 2 항 단서).

<대판 2007. 2. 22, 2005 다 77060>

「주식회사의 신주발행은 주식회사의 업무집행에 준하는 것으로서 대표이사가 그 권한에 기하여 신주를 발행한 이상 신주발행은 유효하고, 설령 신주발행에 관한 이사회의 결의가 없거나 이사회의 결의에 하자가 있더라도 이사회의 결의는 회사의 내부적 의사결정에 불과하므로 신주발행의 효력에는 영향이 없다고 할 것인바, 비록 원심의 이유설시가 적절하다고 할 수는 없지만 원심이 피고 회사가 감사 및 이사인 원고들에게 이사회 소집통지를 하지 아니하고 이사회를 개최하여 신주발행에 관한 결의를 하였다고 하더라도 피고 회사의 2001. 2. 28.자 신주발행의 효력을 부인할 수 없다고 판단한 것은 결론에 있어서 정당하고 거기에 상고이유에서 주장하는 바와 같은 채증법칙 위반, 신주발행의 효력에 관한 법리오해 등의 위법이 없다.」

B. **新株引受權者에 대한 催告** 신주인수권은 권리이지 의무는 아니므로 회사로서는 신주인수권자가 그 권리를 행사할 것인가의 여부를 알 필요가 있다. 따라서 신주인수권을 가진 자(주주 포함)가 있는 때에는 회사는 그 자가 신주인수권을 가지는 주식의 종류와 수, 신주인수권을 양도할 수 있음을 정한 때에는 그 뜻과 신주인수권증서청구기간(제416조 5호·6호) 및 일정한 기일까지 주식인수의 청약을 하지 않으면 그 권리를 잃는다는 뜻(실권예고부최고)을 그 기일의 2주 전에 통지하여야 한다(제419조 제 1 항 내지 제 2 항). 정관규정으로 발행신주 전부를 공모할 수 있는 경우에는 이러한 절차가 필요 없다. 만일 인수권자가 그 기일까지 주식인수의 청약을 하지 아니하면 당연히 실권하게 된다(제419조 제 3 항). 이를 실권주라 한다.

(2) 新株引受權

A. **新株引受權의 意義와 機能** 신주인수권(Bezugsrecht : preemptive right, preemption right)이란 회사의 성립 후 신주를 발행하는 경우에 다른 사람에 우선하여 신주를 인수할 수 있는 권리를 말하며, 이에는 주주의 신주인수권과 제 3 자의 신주인수권이 있다.

회사가 신주를 발행함에 있어서 그 신주를 주주 이외의 제 3 자에게 배정할 때에는 주주의 지주비율이 낮아져 의결권을 통한 회사기업의 지배력의 저하를 가져오고, 또 신주가 시가 이하로 발행되면 주가의 하락에 의하여 주주에게 경제적 손실을 주게 되므로, 종래의 주주에게 그 지주수에 비례하여 신주인수권을 부여할 필요가 있다. 그러나 다른 한편 주주가 당연히 신주인수권을 가지는 것으로 하면, 회사가 유리한 자본조달방법을 선택하는 데 제약을 받고 자본조달의 기동성을 기할 수 없게 된다.

이처럼 신주발행에 있어서는 한편으로는 주주의 이익보호, 다른 한편으로는 회사에 유리한 자본조달의 기동성의 확보라는 두 개의 상반되는 요청을 어떻게 조화시키느냐 하는 것이 각국의 상법에 부과되어 있는 과제이다. 그리하여 우리 상법은 주주는 원칙으로 신주인수권을 가지지만, 정관에 의하여 이를 제한하거나 특정한 제 3 자에게 이를 부여할 수 있도록 하였다(제418조, 제420조 5호). 외국의 입법례를 보면 독일을 비롯한 유럽국가들은 주주의 신주인수권을 원칙으로 법정하고 있는 반면, 미국과 일본은 회사의 자본조달의 기동성을 중시하여 원칙적으로 주주의 주식인수권을 법정하고 있지 않다. 이와 같이 신주인수권의 법정 여부에 따라 입법례가 나뉘지만, 전자의 입법례에서는 공개회사의 경우 신주인수권의 배제를 용이하게 하여 자본조달의 기동성을 도모하고 있는 반면(독일 주식법 제186조 제 3 항 4문), 후자의 입법례에서는 폐쇄회사 내지 소규모 주식회사의 경우 신주인수권을 법정하고 있다. 이러한 최근의 입법동향은 우리 나라에서도 엿볼 수 있는바, 주권상장법인의 경우 주주의 신주인수권을 배제하여 일반인을 상대로 신주를 발행하는 일반공모방식의 자본증가를 허용하고 있다(자본시장법 제165조의 6). 따라서 현재 주주의 신주인수권은 회사규모에 따른 구분입법정책에 따라 그 중요성이 달리 평가되고 있다고 하겠다. 그러므로 이제는 주주의 신주인수권을 주주자격에 필연적으로 부수하는 공리적 권리로 보기는 어렵다고 할 수 있다. 다만, 2001년 7월 상법개정시 주주 이외의 자에게 신주인수권을 부여할 경우의 요건을 일정한 경우로 명시적으로 제한하였다(제418조 제 2 항 단서).

2011년 상법개정에서 주식을 전자등록할 수 있게 함에 따라 신주인수권의 전자등록도 가능하도록 할 필요성이 존재하였다. 이에 2011년 상법개정에서는 실물신주인수권증서를 발행하는 대신에 신주인수권의 전자등록이 가능하도록 하며, 주식의 전자등록에 관한 일부 규정(제356조의 2 제 2 항부터 제 4 항)을 준용하도록 하였다(제420조의 4).

B. 株主의 新株引受權

(i) 意義·性質　　주주의 신주인수권이란 정관에 다른 정함이 없는 한 주주가 가지고 있는 주식의 수에 비례하여 우선적으로 신주의 배정을 받을 수 있는 권리이다(제418조). 이 권리는 법률상 당연히 주주에게 인정되는 것이고, 정관이나 이사회의 결정에 의하여 비로소 발생하는 것은 아니다. 그러나 미국이나 일본의 경우에는 원칙적으로 주주의 신주인수권을 법정하지 않고 정관에서 인정할 수 있도록 하고 있으므로(미국모범회사법 제6. 30조), 이들 국가의 경우 주주의 신주인수권은 정관의 규정에 의해서 또는 정관에 규정이 없으면 이사회가 발행사항으로서 주주배정을 결정할 때 발생한다. 아무튼 주주의 신주인수권을 바탕으로 하여 주주에게 신주를 발행하는 것을 주주배정에 의한 신주발행이라고 한다.

주주의 신주인수권은 추상적 신주인수권(allgemeines od. virtuelles Bezugsrecht, Bezugsgrundrecht)과 구체적 신주인수권(konkretes od. aktuelles Bezugsrecht, Bezugsanspruch)으로 나누어진다. 전자는 대륙법국가들이나 우리나라의 경우 법률에 의하여 당연히 인정되는 것으로서 주주권의 한 내용을 이루고 있으므로 주식과 분리하여 양도 기타의 처분을 할 수 없다. 후자는 이사회의 결의에 의하여 전자로부터 유출된 구체적 권리로서 주주권과는 별개의 권리로서 주식과 독립하여 양도될 수 있다. 이것은 마치 이익배당청구권으로부터 구체적 이익배당금지급청구권이 생기는 것과 같다. 구체적 신주인수권은 이사회의 결의로 정하여진 배정일 현재 주주명부상의 주주에게 귀속되는 권리로서, 이 경우에도 청약에 대한 배정에 의하여 주식인수의 효과가 발생하므로(제419조, 제420조), 이는 형성권이 아니라 하나의 채권적 권리이다.

(ii) 制　　限　　주주의 신주인수권은 정관으로 제한을 가할 수 있는데(제418조, 제420조 5호), 여기에서 제한이라는 것은 주주의 신주인수권의 완전박탈을 포함한다(통설)(이에 대해 명문의 규정이 없는 우리나라에서 완전박탈이 가능한지에 대해 의문을 갖는 견해로는 정동윤, 469쪽. 엄밀히 말해서 "완전박탈"은 독일 주식법 제186조의 "전부배제"를 의미하는 것이라고 할 수 있다. 자세한 설명은 이동승, "주주의 신주인수권에 관한 연구," 217-219쪽 참조). 제한이라 함은 일반적으로 종류주식에 관하여 신주인수로 인한 주식의 배정에 관하여 특수한 정함을 하는 따위의 신주인수권의 부여비율에 관한 제한을 뜻하나, 공모발행의 병행으로 인한 제한, 공모에 의하여 일반인을 상대로 신주를 발행할 때의 주주의 신주인수권배제, 제 3 자에게 신주인수권을 부여하는 경우 등도 이에 포함된다. 그리고 주권상장법인

이 새로 주식을 유상발행하는 경우에는 그 법인의 종업원(우리사주조합원)에게 신규로 발행하는 주식과 이미 발행한 주식의 총수의 100분의 20을 초과하지 아니하는 범위 내에서 우선적으로 신주를 배정하여야 하는바(자본시장법 제165조의 7), 이 때에도 주주의 신주인수권은 그만큼 제한된다.

최근에는 외국합작투자선에 주식을 인수시키기 위하여 주주의 신주인수권이 제한되는 예가 많다. 특히 공모증자와 관련하여 자본시장법은 주권상장법인의 경우에는 저렴한 비용으로 신속하게 소기의 자금을 조달할 수 있도록 신주발행시 정관이 정하는 바에 따라 이사회의 결의로써 주주의 신주인수권을 배제하고, 기존 주주를 포함한 불특정다수인을 상대방으로 하여 신주를 발행하는 일반공모에 의한 자본증가를 인정하고 있다(자본시장법 제165조의 6). 2013년 5월 28일에 개정된 자본시장법에 의하면, 주권상장법인이 신주를 배정할 때 신기술의 도입이나 재무구조의 개선 등 회사의 경영상 목적을 달성하기 위하여 필요한 경우에는 제 3 자 배정 방법으로 특정한 자(해당 주권상장법인의 주식을 소유한 자를 포함한다)에게 신주를 배정하기 위하여 신주인수의 청약을 할 기회를 부여하는 방식으로 할 수 있게 되었다(자본시장법 제165조의 6 제 1 항 제 2 호). 즉 신기술의 도입이나 재무구조의 개선 등 회사의 경영상 목적을 달성하기 위해 필요한 경우 기존 주주를 포함한 특정인에게 신주인수권을 부여해서 주식을 인수시킬 수 있도록 법이 개정된 것이다. 이는 상법상 허용되지 않았던 주주에 대한 제 3 자 배정 유상증자의 예외를 규정한 것이다. 그런데 이에 대해서는 재벌의 경영권 승계방편으로 남용될 소지와 관련하여 논란이 되고 있다.

2001년 7월 개정상법은 주주 이외의 자에 대하여 신주인수권, 전환사채·신주인수권부사채의 인수권을 주는 경우에는 신기술의 도입, 재무구조의 개선 등 회사의 경영상 목적을 달성하기 위하여 필요한 경우에 한하여 정관에 정하는 바에 따라 배정할 수 있다(제418조 제 2 항 단서, 제513조 제 3 항 후단, 제516조의 2 제 4 항 후단)고 하여 그 요건을 명시적으로 강화하였다. 전환사채의 전환권 또는 신주인수권부사채권자의 신주인수권의 행사에 의한 회사경영권의 변동 등을 고려한 견제책의 의미를 가지나 회사자본조달의 길을 좁힌다는 문제점도 있다.

주주 이외의 자에 대한 신주발행이 기존 주주의 신주인수권을 제한하는 경우에는 기존 주주에게 불리한 신주발행을 留止할 수 있는 기회를 제공하기 위하여 신주발행사항을 공시할 의무를 부과하는 것이 필요하다. 이에 2011년 개정상법에서는 주주 이외의 자에게 신주발행시 신주발행사항에 대하여 사전공시의무를 부과하는바, 납입기일의 2주 전에 신주의 종류·수·발행가액(또는 그 산정기준)·납입기일·모집방법 등을 공고하거나 주주에게 통지하도록 규정하였다(제418조 제 4 항).

(iii) 新株引受權과 株主平等의 原則　　주주의 신주인수권은 추상적 신주인수권이든, 구체적 신주인수권이든 주주의 자격에 근거하는 것이므로 주주평등의 원칙에 따라야 한다. 따라서 주주는 정관에 다른 규정이 없는 한 그가 가진 주식의 수에 비례하여 신주인수권을 가진다(제418조 제 1 항).

그러나 주주평등원칙은 모든 주주의 신주인수권이 배제되는 경우에는 적용되지 않는다(예컨대 제 3 자 배정의 경우 제 3 자가 주주가 아닌 경우). 그 밖에도 ① 회사가 종류주식을 발행하는 경우에는 정관에 다른 정함이 없는 때에도 주식의 종류에 따라 신주의 인수에 관하여 특수하게 정할 수 있고(제344조 제 3 항), ② 회사가 가지는 자기주식과 자회사가 가지는 모회사의 주식에 대하여는 신주인수권이 인정되지 않으며, ③ 신주 1주에 달하지 못하는 단주에 관하여는 상법에 규정이 없으므로 정관에서 이에 관하여 달리 정함이 없으면 이사회가 공정한 방법으로 처분하여 단주의 신주인수권을 갖는 주주에게 분배하여야 한다.

주주평등의 원칙에 위반하여 신주인수권을 부여 또는 제한하는 정관규정은 무효이고, 이 정관규정에 따라 신주발행이 있는 경우에는 신주발행유지청구의 소 및 신주발행무효의 소의 원인이 된다.

(iv) 新株引受權의 대상이 되는 株式　　원칙으로 장래 발행될 모든 신주가 주주의 신주인수권의 대상이 된다. 발행예정주식총수 가운데 아직 발행되지 아니한 주식뿐만 아니라, 정관변경에 의하여 발행예정주식총수가 증가하는 경우에는 그 증가된 미발행주식에 대하여도 신주인수권이 인정된다. 그러나 ① 현물출자자에 대하여 신주를 발행하는 경우(제416조 4호), ② 준비금의 자본전입에 의한 신주발행의 경우(제461조), ③ 전환주식 또는 전환사채의 전환에 의한 신주발행의 경우(제346조 아래, 제513조 아래), ④ 주식병합에 의한 신주발행의 경우(제442조), ⑤ 주식배당에 의한 신주발행의 경우(제462조의 2), ⑥ 신주인수권부사채의 신주인수권의 행사에 의한 신주발행의 경우(제516조의 8), ⑦ 흡수합병으로 인하여 존속회사가 해산회사의 주주에게 주식을 발행하는 경우(제523조)에는 신주인수인이 이미 확정되어 있으므로 신주인수권의 문제가 생기지 않는다.

<대판 1989. 3. 14, 88 누 889>

「주주의 신주인수권은 주주가 종래 가지고 있던 주식의 수에 비례하여 우선적으로 인수받을 수 있는 권리로서 주주의 자격에 기하여 법률상 당연히 인정되는 것이지만, 현물출자자에 대하여 발행하는 신주에 대하여는 일반주주의 신주인수권이 미치지 않는다.」

그러나 현물출자의 경우에 경영권(지배권)이 침해될 가능성을 부인할 수 없으므로, 현물출자의 경우에도 신주인수권의 범위 내에서 현물출자가 가능하다고 보는 것이 타당하다는 소수설이 있다(채이식, 699쪽. 현물출자에 대해서도 신주인수권 배제에 대한 정당성심사가 요구된다는 논거에 대해서는 이동승, 앞의 논문, 265쪽 참조).

또한 회사가 가지는 자기주식이나 자회사가 가지는 모회사의 주식을 처분하는 경우(제342조, 제342조의 2 제 2 항)와 관련하여 신주인수권의 문제가 생기는지 문제된다. 특히 2011년 개정상법에 의하여 배당가능이익에 의하여 취득한 자기주식은 정관에서 달리 정하지 않는 한 그 처분방법 등을 이사회가 정할 수 있는데(제342조), 그 처분에 주주에게 자기주식을 인수할 기회를 평등하게 제공하여야 하는 것은 아닌지 논란이 되고 있다(이에 대하여는 송종준, "상장회사의 자기자본질서의 변화와 법적 과제," 상사법연구 제31권 제 2 호(2012), 157쪽 아래 참조). 그런데 이사회에서의 처분이 경영권방어의 남용이 되거나 지배권의 변경을 초래한다고 하여도 그것은 다른 방법으로 문제제기를 할 수 있을 뿐이지 자기주식의 처분에 신주인수권법리를 인정하기는 어렵다고 본다. 한편 실권주에 대하여는 이사회에서 임의로 새로운 주주를 모집할 수 있으므로 신주인수권의 존부가 문제되지 아니한다. 또한 채무자 회생 및 파산에 관한 법률상의 회생계획에 의한 신주발행에 있어서는 신주인수권에 관한 정관의 규정에 기속되지 아니한다(채무자 회생 및 파산에 관한 법률 제206조 참조).

(v) 新株引受權을 가지는 株主 신주인수권을 가지는 주주는 회사가 정한 배정일 현재 주주명부에 기재된 주주이다(제418조 제 3 항).

<대판 1995. 7. 28, 94 누 25735>

「상법 제416조에 의하여 주식회사가 주주총회나 이사회의 결의로 신주를 발행할 경우에 발생하는 구체적 신주인수권은 주주의 고유권에 속하는 것이 아니고 위 상법의 규정에 의하여 주주총회나 이사회의 결의에 의하여 발생하는 구체적 권리에 불과하므로, 그 신주인수권은 주주권의 이전에 수반되어 이전되지 아니하는바, 회사가 신주를 발행하면서 그 권리의 귀속자를 주주총회나 이사회의 결의

에 의한 일정시점에 있어서의 주주명부에 기재된 주주로 한정할 경우, 그 신주인수권은 그 일정 시점에 있어서의 실질상의 주주인가의 여부와 관계 없이 회사에 대하여 법적으로 대항할 수 있는 주주, 즉 주주명부에 기재된 주주에게 귀속된다.」

<대판 2010. 2. 25, 2008 다 96963·96970(병합)>

「상법 제461조에 의하여 주식회사가 이사회의 결의로 준비금을 자본에 전입하여 주식을 발행할 경우 또는 상법 제416조에 의하여 주식회사가 주주총회나 이사회의 결의로 신주를 발행할 경우에 발생하는 구체적 신주인수권은 주주의 고유권에 속하는 것이 아니고 위 상법의 규정에 의하여 주주총회나 이사회의 결의에 의하여 발생하는 구체적 권리에 불과하므로 그 신주인수권은 주주권의 이전에 수반되어 이전되지 아니한다고 할 것인바, 회사가 신주를 발행하면서 그 권리의 귀속자를 주주총회나 이사회의 결의에 의한 일정시점에 있어서의 주주명부에 기재된 주주로 한정할 경우 그 신주인수권은 위 일정시점에 있어서의 실질상의 주주인가의 여부와 관계없이 회사에 대하여 법적으로 대항할 수 있는 주주, 즉 주주명부에 기재된 주주에게 귀속된다고 할 것이다(원고가 망인 소유의 주식을 상속 등에 의하여 취득하였으나 주주명부상 명의개서를 하지 아니하여, 그 후 여러 차례에 걸쳐 이루어진 증자를 통하여 발행된 신주는 원고가 아닌 주주명부에 등재된 주주에게 귀속되었다는 이유로, 이와 달리 신주가 원고에게 귀속되었음을 전제로 판단한 원심을 파기한 사례).」

그리고 배정일까지 구주의 양수인이 명의개서를 하지 않고 기일을 넘기게 되면 주주명부상의 주주인 구주의 양도인에게 신주가 배정되게 되는데, 이를 실기주라 하여 누구에게 귀속시킬 것인가가 문제된다. 이에 대해서는 앞서 명의개서와 관련하여 설명하였다.

(vi) 新株引受權行使機會의 確保 — 配定日의 公告, 失權豫告附催告

회사는 구체적 신주인수권을 가진 주주를 확정하기 위하여 일정한 날(배정일)을 정하고, 이 날에 주주명부에 기재된 주주가 신주인수권을 가진다는 뜻과 신주인수권을 양도할 수 있는 경우에는 그 뜻을 배정일의 2주 전에 공고하여야 하고, 만일 배정일이 주주명부의 폐쇄기간중인 때에는 그 폐쇄기간의 초일의 2주 전에 공고하여야 한다(제418조 제3항). 배정일의 공고는 주식을 양수한 자가 명의개서를 하여 신주인수권을 행사할 기회를 확보하여 주기 위한 것이다. 따라서 배정일이 주주명부의 폐쇄기간이 종료한 직후의 날로 정하여진 경우에는 주주명부의 폐쇄기간의 전후를 통하여 주주가 명의개서를 할 수 있는 기간이 적어도 2주는 될 수 있도록 공고하여야 한다.

또한 신주인수권자는 인수할 권리가 있을 뿐 인수할 의무는 없기 때문에 회사는 신주인수권자가 그 권리를 행사할 것인지 여부를 확인할 필요가 있으므로 주주에 대하여 실권예고부최고를 하여야 한다. 즉 회사는 신주인수권을 가진 주주에게 그 인수권을 가지는 주식의 종류 및 수와 일정한 기일(청약기일)까지 주식인수의 청약을 하지 아니하면 그 권리를 잃는다는 뜻, 신주인수권의 양도를 인정한 때에는 그 뜻과 주주의 청구가 있는 때에만 신주인수권증서를 발행한다는 것 및 그 청구기간을 청약기일의 2주 전까지 통지하여야 한다(제419조 제1항·제2항).

(vii) 新株引受權의 行使 신주인수권을 가지는 주주는 그 권리를 행사하려면 통지 또는 공고에 기재된 청약기일까지 회사에 대하여 주식인수의 청약을 하여야 하고, 위 기일까지 그 청약을 하지 아니한 때에는 주주는 신주인수권을 잃는다(제419조 제3항). 실권한 주식에 대하여 회사는 다시 주주를 모집할 수도 있고, 신주를 발행하지 않을 수도 있다. 다시 주주를 모집하는 경우에는 신주발행사항의 공고 또는 통지가 필요하지 않다고 본다.

<대판 1979. 4. 24, 78 누 423>

「신주인수권자가 그 권리를 잃게 되면, 회사는 이사회의 결의에 의해 이 실권주를 다른 사람에게 배정할 수 있다. 회사가 이처럼 실권주를 제 3 자에게 배정하였다고 하더라도 원래의 인수권자가 새로운 인수권자에게 어떤 권리를 양도하거나 증여하는 것이 되는 것은 아니다.」

신주인수권을 가지는 주주가 신주인수의 청약을 함에 있어서는 주식청약서에 의하여 하는 것이 원칙이지만(제425조, 제302조), 신주인수권증서가 발행되어 있는 때에는 신주인수권증서에 의한다(제420조의 5 제 1 항). 신주인수권증서를 상실한 자는 주식청약서에 의하여 주식의 청약을 할 수 있지만, 그 청약은 신주인수권증서에 의한 청약이 있으면 그 효력을 잃는다(제420조의 5 제 2 항).

신주인수권을 가지는 자가 청약기일까지 소정의 절차에 따라 유효한 신주의 청약을 한 때에는 회사는 그 자에게 신주의 배정을 하지 않으면 안 된다. 즉 배정자유의 원칙은 적용되지 않는다.

(viii) 新株引受權의 讓渡

(가) 新株引受權의 讓渡性 1962년 상법은 신주인수권의 양도에 관한 명문의 규정을 두지 아니하여 신주인수권의 양도가 회사에 대하여도 효력이 있는가에 관하여 다툼이 있었다. 그러나 1984년 개정법은 정관에 규정이 없는 경우에는 이사회가 주주가 가지는 신주인수권의 양도에 관한 사항(제416조 5호) 및 주주의 청구가 있는 때에만 신주인수권증서를 발행한다는 것과 그 청구기간을 결정한다고 하여 신주인수권의 양도를 명문화하였다.

(나) 新株引受權讓渡의 要件 첫째, 주주의 신주인수권을 양도할 수 있음을 정한 경우에만 신주인수권의 양도가 허용된다(제416조 5호). 이러한 정함은 정관에 정함이 있으면 이에 의하고, 정관으로 주주총회에서 결정하기로 한 경우에는 주주총회의 결의, 정관에 정함이 없으면 이사회의 결의로 한다. 따라서 정관이나 이사회의 결의에서 신주인수권의 양도에 관하여 정하지 않거나 그 양도를 금지한 때에는 신주인수권을 양도하더라도 회사에 대하여는 효력이 없다. 정관에 아무런 규정이 없는 경우에 대해 신주인수권을 전혀 양도할 수 없다는 견해(손주찬, 726쪽 등)(다수설)와 유효하게 양도할 수 있다는 견해(이철송, 755쪽)가 대립하고 있다. 그런데 그러한 경우의 양도는 회사에 대하여는 효력이 없다고 보아야 한다. 후자인 소수설의 견해는 1984년 개정법의 취지를 몰각시킬 염려가 있기 때문이다(동지 : 정동윤, 474-475쪽).

<대판 1995. 5. 23, 94 다 36421>

「회사가 상법 제416조 제 5 호에 의하여 정관이나 이사회결의로 신주인수권의 양도에 관한 사항을 결정하지 아니하였다 하여 신주인수권의 양도가 전혀 허용되지 아니하는 것은 아니고, 회사가 그와 같은 양도를 승낙한 경우에는 회사에 대하여도 그 효력이 있다.」

둘째, 양도의 대상은 주주가 가지는 신주인수권이다(제416조 5호). 따라서 제 3 자에게 부여된 신주인수권은 양도할 수 없다. 그러나 신주인수권부사채권자는 이사회의 정함에 따라 신주인수권만을 따로 양도할 수 있으며, 신주인수권증권의 교부에 의한다(제516조의 2 제 2 항 4호, 제516조의 6).

(다) 新株引受權의 讓渡方法

① 總 說 정관 또는 이사회의 결의로 신주인수권의 양도를 인정한 때에는 회사는 신주인수권증서를 발행하여야 하며(제420조의 2 제 1 항), 신주인수권

의 양도는 신주인수권증서의 교부에 의해서만 가능하다(제420조의 3 제1항).

② 新株引受權證書 신주인수권증서는 주주의 신주인수권을 표창하는 유가증권으로서 무기명증권이다. 신주인수권을 양도할 수 있음을 정한 경우에 신주인수권증서의 발행청구기간을 정한 때에는(제416조 6호) 그 정함에 따라, 그 정함이 없는 때에는 상법 제419조 제1항의 기일, 즉 신주청약기일의 2주 전에 회사는 신주인수권증서를 발행하여야 한다(제420조의 2 제1항). 신주인수권증서의 발행청구기간을 정하지 아니한 때에는 주주의 청구가 없다 하더라도 주주를 보호하기 위하여 회사는 모든 신주인수권에 대해서 신주인수권증서를 발행 및 교부하여야 한다. 실무에서는 실권예고부최고의 통지와 함께 신주인수권증서를 모든 신주인수권자에게 송부하게 된다(제419조 제1항·제3항).

신주인수권을 양도하려면 반드시 신주인수권증서를 교부하여야 하며(제420조의 3 제1항), 그 밖의 방법에 의한 신주인수권의 양도는 회사에 대하여 주장하지 못한다. 또한 신주인수권증서를 발행한 경우에는 주식청약은 오직 신주인수권증서에 의하여야 한다(제420조의 5 제1항 1문). 신주인수권증서에는 신주인수권증서라는 뜻의 표시, 주식청약서의 기재사항(제420조), 신주인수권의 목적인 주식의 종류와 수, 일정기일까지 주식의 청약을 하지 아니할 때에는 그 권리를 잃는다는 뜻 및 신주인수권증서의 번호를 기재하고 이사가 기명날인 또는 서명하여야 한다(제420조의 2 제2항). 신주인수권증서에 의하여 신주의 인수를 청약하는 자는 신주인수권증서에 인수할 주식의 종류와 수 및 주소를 기재하고 기명날인 또는 서명하여야 한다(제420조의 5 제1항 2문). 신주인수권은 신주인수권증서에 화체되어 있기 때문에 그 소지에 의하지 아니하면 권리를 행사하지 못한다. 따라서 신주인수권증서를 상실한 경우에의 재발행은 공시최고절차에 의한 제권판결이 있어야 할 것이지만(제360조; 민사소송법 제475조 아래), 아주 짧은 기간의 유통만이 예상되는 신주인수권에까지 이를 적용할 실익이 없기 때문에 상법은 신주인수권증서를 상실한 자는 주식청약서에 의하여 청약할 수 있도록 그 구제책을 마련하고 있다(제420조의 5 제2항 본문). 그러나 이 경우 신주인수권증서에 의한 청약이 있으면, 주식청약서에 의한 주식의 청약은 그 효력을 잃는다(제420조의 5 제2항 단서). 이는 신주인수권증서의 점유자를 적법한 소지인으로 추정하기 때문에(제420조의 3 제2항, 제336조 제2항) 생기는 당연한 결과이다. 제420조의 4에 의하여 주식청약은 신주인수권증서에 의하여도 할 수 있으므로, 신주인수권증서의 요건의 흠결을 이유로 하는 인수무효의 주장은 주식청약요건흠결의 경우와 같이 신주발행에 의한 변경등기를 한 날로부터 1

년을 경과하면 이를 주장하지 못한다(제427조).

C. 제 3 자의 新株引受權

(i) 意 義 통설에 따르면 제 3 자의 신주인수권이라 함은 신주발행시에 주주 이외의 제 3 자가 신주를 우선하여 배정받을 수 있는 권리를 말한다. 그러나 제 3 자의 신주인수권을 주주의 신주인수권과 동등하게 회사법상 권리로 파악할 필요가 있는지는 의문이다. 왜냐하면 제 3 자의 신주인수권이란 주주의 신주인수권이 배제된 결과 신주를 인수한 자의 지위를 권리로 이론구성한 것에 불과하기 때문이다. 오히려 제 3 자의 신주인수권에 관한 논의는 주주의 신주인수권의 제한 내지 배제에 관한 논의로 전환되어야 할 것이다. 다만, 이하에서는 통설에 따라 서술한다.

제 3 자의 신주인수권은 정관에 의하여 부여되는 것이 보통이지만, 신주인수권부사채권자나 종업원지주제도(자본시장법 제165조의 7)에 의한 우리사주조합원과 같이 법률에 의하여 부여되는 경우도 있다.

신주의 제 3 자 배정도 그 내용이 객관성과 합리성에 의하여 뒷받침 되어야 할 것으로 보고 있다. 즉 신주의 제 3 자 배정은 실질적 정당화요건을 충족하여야 한다: ① 신주인수권을 배제함으로써 달성하려는 목적이 회사에 이익이 되어야 한다. ② 신주인수권배제가 회사이익상 필요해야 하고 적합해야 한다. ③ 목적달성을 위해 행해진 신주인수권배제에 대한 회사이익과 그로 인해 주주가 입는 손해 사이에 비교형량이 이루어져야 한다. 즉 목적과 수단 간에 비례성이 존재해야 한다. 이는 회사이익공식이라 한다. 그리고 경영권방어목적의 신주의 제 3 자 배정에 대해 판례는 무효라고 보고 있다(대판 2009. 1. 30, 2008 다 50776).

제 3 자에게 신주인수권을 부여하기 위하여는 법률에 규정이 있거나 정관에 규정이 있어야한다. 그런데 이러한 신주의 제 3 자 배정과 관련하여 정관에 규정이 없어도 주주총회의 특별결의가 있으면 신주의 제 3 자 배정이 가능할 것인지에 대하여는 그를 찬성하는 견해(정동윤, 이철송)와 부정하는 견해(최기원)로 나뉘어져 있다. 그런데 결국 주주총회의 특별결의로 정관을 변경할 수 있는 것이므로 이는 긍정하는 입장이 타당하다고 본다.

주주라도 자신이 지주비율에 따라 갖는 신주인수권 외에 따로 주주자격에 기하지 않고 신주인수권을 가지는 경우에는 그것은 제 3 자의 신주인수권에 해당한다. 물론 이 경우에는 다른 주주들의 지주비율 및 재산에 손해가 발생하므로 그 실질적 근거가 있어야 한다. 제 3 자에게 신주인수권을 부여하는 경우에는 주식청약서에도 그 뜻을 기재하여야 한다(제420조 5호).

(ii) 性 質　　제 3 자의 신주인수권이 정관의 규정에 의하여 바로 발생한다는 설도 있으나, 회사의 규칙인 정관의 규정만으로 제 3 자의 권리의무에 영향을 줄 수는 없으므로 회사와 제 3 자 사이의 계약이 있어야 비로소 발생한다고 본다(다수설)(이설 : 이철송, 751-752쪽). 이러한 다수설에 따르면 제 3 자의 신주인수권은 계약상의 권리에 불과하며, 이 점에서 법률상 당연히 인정되는 주주의 신주인수권과 크게 다르다.

(iii) 제 3 자에게 新株引受權을 부여할 필요　　주주 이외의 제 3 자에게 신주인수권을 부여하는 경우에는 회사의 지배관계에 변동을 가져오고, 또 제 3 자에게 유리하게 발행하는 때에는 주주의 재산적 이익을 침해하게 된다. 그러나 회사의 자금조달의 기동성을 꾀하기 위하여는 제 3 자에게 신주인수권을 부여할 필요가 있다. 또한 종업원·거래처 등 제 3 자와의 관계강화 등을 꾀하기 위하여 이것이 필요한 때도 있다. 따라서 상법은 신기술의 도입, 재무구조의 개선 등 회사의 경영상 목적을 달성하기 위하여 필요한 경우에 한해 정관규정에 따라 특정한 제 3 자에게 신주인수권을 부여할 수 있게 하였고(제418조 제 2 항, 제420조 5호), 자본시장법은 종업원에게 신주인수권을 부여하도록 하고 있다(자본시장법 제165조의 7).

<대판 2009. 1. 30, 2008 다 50776>

「상법 제418조 제 1 항·제 2 항의 규정은 주식회사가 신주를 발행하면서 주주 아닌 제 3 자에게 신주를 배정할 경우 기존 주주에게 보유주식의 가치하락이나 회사에 대한 지배권상실 등 불이익을 끼칠 우려가 있다는 점을 감안하여 신주를 발행할 경우 원칙적으로 기존 주주에게 이를 배정하고, 제 3 자에 대한 신주배정은 정관이 정한 바에 따라서만 가능하도록 하면서, 그 사유도 신기술의 도입이나 재무구조개선 등 기업경영의 필요상 부득이한 예외적인 경우로 제한함으로써 기존 주주의 신주인수권에 대한 보호를 강화하고자 하는 데 그 취지가 있다. 따라서 주식회사가 신주를 발행함에 있어 신기술의 도입, 재무구조의 개선 등 회사의 경영상 목적을 달성하기 위하여 필요한 범위 안에서 정관이 정한 사유가 없는 데도 회사의 경영권분쟁이 현실화된 상황에서 경영진의 경영권이나 지배권 방어라는 목적을 달성하기 위하여 제 3 자에게 신주를 배정하는 것은 상법 제418조 제 2 항을 위반하여 주주의 신주인수권을 침해하는 것이다.

신주발행을 사후에 무효로 하는 경우 거래의 안전과 법적 안정성을 해할 우려가 큰 점을 고려할 때, 신주발행무효의 소에서 그 무효원인은 가급적 엄격하게 해석하여야 한다. 그러나 신주발행에 법령이나 정관의 위반이 있고, 그것이 주식회사의 본질 또는 회사법의 기본원칙에 반하거나 기존 주주들의 이익과 회사의 경영권 내지 지배권에 중대한 영향을 미치는 경우로서 주식에 관련된 거래의 안전, 주주 기타 이해관계인의 이익 등을 고려하더라도 도저히 묵과할 수 없는 정도라고 평가되는 경우에는 그 신주의 발행을 무효라고 보지 않을 수 없다.」

<대판 2009. 5. 29, 2007 도 4949>(전원합의체)

「1. 주주는 유한책임의 원칙에 따라 회사에 대하여 추가출자의무를 부담하지 아니하고, 준비금을 자본으로 전입할 경우에는 지분비율에 따라 무상으로 신주를 발행할 수도 있다. 주주배정방식으로 신주 등을 발행하는 경우에는 이사가 경영판단에 의하여 자유로이 발행가액을 정할 수 있으므로 원칙적으로 시가발행의무가 없으며, 시가보다 낮은 가액으로 신주 등을 발행하였다고 하더라도 회사에 대한 임무위배에 해당하지 아니한다.

2. 제 3 자 배정방식으로 신주 등을 발행하면서 시가와 같이 공정한 가액으로 발행하지 아니하고 그보다 현저하게 낮은 가액으로 발행하는 경우에는 공정한 발행가액과 실제발행가액과의 차액에 실제로 발행된 주식수를 곱한 액수만큼 회사에 신규자산이 형성되지 못하는 손해가 발생된다. 따라서 이사는 회사를 위하여 그 손해가 발생하지 않도록 신주 등을 시가로 발행할 임무가 있다고 보아야 하고, 이사가 그 임무에 위배한 경우에 이사는 회사에 대하여 배임죄의 책임을 진다.

3. 그리고 주주배정방식을 취하여 모든 주주들에게 신주 등을 배정한 이상 주주들 중 상당수의 주주가 그 인수를 포기한 결과 제 3 자에게 실권주가 배정된다고 하더라도 이는 기존 주주들의 선택에 의한 것으로 이를 처음부터 제 3 자 배정방식으로 발행한 것과 동일하게 볼 수 없다. 기존 주주들이 실권하여 제 3 자가 이를 인수한 결과 기존 주주들이 보유한 주식의 가치가 희석되어 기존 주주들의 부가 새로이 주주가 된 제 3 자에게 이전되는 효과가 발생되지만, 이는 기존 주주들의 선택에 의한 것이다. 회사의 입장에서 보더라도 기존 주주들이 인수하였을 경우와 비교하여 형성될 수 있는 자금의 규모에 차이가 없으므로, 이사가 회사에 대한 관계에서 어떠한 임무에 위배하여 회사에 손해를 주었다고 할 수 없다.

4. 지배권의 이전이 기존 주주의 의사에 반하여 이루어지더라도 이는 기존 주주의 이익을 침해하는 행위일 뿐 그 지배권의 객체인 주식회사의 이익을 침해하는 것으로 볼 수 없고, 지배권의 이전을 초래하는 지분비율의 변화가 기존 주주 스스로의 선택에 의한 것이면 이사에게 임무위배가 있다고 볼 수도 없다.」

(iv) 제 3 자의 範圍 여기의 제 3 자는 종업원·구 종업원·임원·구 임원 등과 같이 특정되어야 한다(제420조 5호 참조). 주주가 주주의 자격에 기하지 아니하고 신주인수권을 갖는 경우에는 그 주주도 제 3 자에 해당한다. 주권상장법인 또는 주권을 유가증권시장에 상장하려는 법인이 주식을 모집 또는 매출하는 경우에는 그 법인의 우리사주조합원은 모집 또는 매출하는 주식총수의 100분의 20의 범위 안에서 신주의 우선배정을 받을 권리가 있으며(자본시장법 제165조의 7), 또 전환사채(제513조 아래)나 신주인수권부사채(제516조의 2 아래)를 제 3 자 배정의 방법으로 발행하는 경우도 제 3 자에게 신주인수권이 부여되는 결과가 된다.

(v) 讓 渡 제 3 자의 신주인수권을 양도할 수 있는가에 관하여는 제 3 자의 신주인수권이 법률에 의하여 발생하는 경우에 이를 양도할 수 없다는 데에는 이론이 없으나, 정관에 의하여 발생되는 경우에 관하여는 계약상의 권리라는 이유로 그 양도성을 인정하기도 하고(서돈각, 417쪽), 회사가 인정한 경우에만 양도가 가능하다고도 한다(양·박, 352쪽). 그러나 제 3 자의 신주인수권은 계약상의 권리이기는 하지만, 이를 양도할 수 없다고 풀이하여야 할 것이다(동지 : 이철송, 752쪽. 결과 동지 : 정동윤, 478쪽; 최기원, 803-804쪽). 왜냐하면 제 3 자의 신주인수권은 회사와 제 3 자 사이의 특별한 관계를 고려하여 제 3 자의 범위가 정관에 의하여 한정된다는 점에서 또한 주주의 신주인수권과 같이 환가를 전제로 한 것이 아니기 때문이다.

D. 新株引受權을 無視한 新株發行의 效果 주주의 신주인수권을 무시하고 이사회가 신주발행을 하는 경우에는 당해 주주는 신주발행유지청구권을 행사할 수 있고(제424조), 회사 또는 이사에 대하여 손해배상을 청구할 수 있다(제389조, 제210조, 제401조). 주주의 신주인수권을 무시한 신주발행의 효력에 관하여는 다툼이 있다. 주주의 신주인수권은 회사지배권에 결정적 영향을 미치는 점을 들어 그러한 신주발행은 무효라고 보는 견해(무효설)(서돈각, 424쪽; 최기원, 801-802쪽)와 주주의 신주인수권은 주주의 고유권으로 볼 수 없다는 이유로 신주발행은 유효라고 보는 견해(유효설)도 있으나, 주주의 신주인수권의 전부 또는 대부분이 무시된 경우에 한하여 신주발행이 무효로 된다고 보아야 할 것이다(절충설)(동지 : 정동윤, 479쪽. 이철송,

635쪽은 회사지배권에 영향을 미친 때만 무효라고 한다).

제 3 자의 신주인수권을 무시한 경우에는 회사는 계약책임을 부담할 뿐 신주발행이 무효로 되지는 않는다.

(3) 新株發行의 節次 이사회정관에 정함이 있으면 주주총회에서 신주발행사항이 결정되면, 그 결정에 따라 신주발행절차가 진행된다.

A. 株式의 引受方法에 따른 差異 이사회(또는 주주총회)의 결정에 따라 대표이사는 신주에 관하여 신주인수인을 구하여야 한다. 정관에 주주의 신주인수권배제에 관한 정함이 있을 경우, 그 규정에 따라 주식인수인을 구하는 방법(주식의 인수방법)에는 주주배정, 제 3 자 배정 및 모집의 세 가지가 있을 수 있고, 이 가운데 적합한 방법을 이사회(또는 주주총회)가 결정한다(제416조 3호).

주주배정이라 함은 주주에게 신주인수권을 부여하여 주주에게 신주를 발행하는 것이고, 제 3 자 배정이라 함은 회사의 임원·종업원·거래처 등 특정한 제 3 자에게 신주인수권을 부여하여 그들에게 신주(이른바 공로주)를 발행하는 것이다. 제 3 자 배정의 방법은 다른 회사와의 업무제휴, 종업원지주제도의 확립, 현 경영자의 지배권유지 등에 이용된다.

<대판 2012. 11. 15, 2010 다 49380>

「신주 등의 발행에서 주주배정방식과 제 3 자배정방식을 구별하는 기준은 회사가 신주 등을 발행함에 있어서 주주들에게 그들의 지분비율에 따라 신주 등을 우선적으로 인수할 기회를 부여하였는지 여부에 따라 객관적으로 결정되어야 하고, 신주 등의 인수권을 부여받은 주주들이 실제로 인수권을 행사함으로써 신주 등을 배정받았는지 여부에 좌우되는 것은 아니다.」

주주배정 또는 제 3 자 배정에 의하지 않는 신주발행을 모집이라 하는바, 모집에는 모집의 대상범위와 관련하여 회사의 임원·종업원·거래처 등 연고자에 한정하여 모집하는 연고모집과 널리 일반대중으로부터 주주를 모집하는 공모(일반모집)의 2가지 방법이 있다. 또 모집절차의 주체와 관련하여 발행회사가 직접 모집하는 직접모집(자기모집)과 발행회사로부터 위탁받은 금융투자회사가 모집하는 간접모집(위탁모집)으로 나누어진다.

간접모집은 다시 모집주선, 잔액인수 및 총액인수로 나누어진다. 모집주선은 금융투자회사가 모집을 주선할 뿐(모집사무의 대행) 매출잔여주식은 발행회사 자신이 처리하는 데 대하여, 잔액인수(잔주인수·도급모집)는 금융투자회사가 모집을 주선하는 데서 나아가 매출잔여주식을 스스로 인수하는 방법이고, 총액인수(매수인수)는 증권회사가 발행회사의 공모주식의 전부를 자기명의로 인수하고 그 인수된 신주를 일반 제 3 자에게 인수가액과 동액으로 매출하며, 매출잔여주식은 금융투자회사가 보유하는 방법이다. 우리나라에서는 일반적으로 주주배정에 의한 액면발행이 많지만, 기업을 공개할 때에는 공모에 의한 시가발행이 행해진다. 자본시장법은 종업원지주제도의 정착을 위하여 주권상장법인 또는 주권을 유가증권시장에 상장하려는 법인이 주식을 모집하거나 매출하는 경우 그 모집 또는 매출하는 주식총수의 100분의 20의 범위 내에서 종업원(우리사주조합원)에 대한 우선배정을 요구하고 있으므로(자본시장법 제165조의 7), 그 범위 안에서는 제 3 자 배정에 의한 시가발행도 행하여지고 있다. 공모의 경우에는 대부분 총액인수방법을 취하고 있다.

B. 株式引受의 請約과 配定 주식인수의 청약을 하고자 하는 자는 현물출자자를 제외하고는 회사가 법정사항(제420조)을 기재하고, 작성한 주식청약서 2통에 인수한 주식의 종류와 수 및 주소를 기재하고 기명날인 또는 서명함으로써 한다(제425조, 제302조 제 1 항). 주식인수의 청약에는 비진의의사표시에 관한 민법의 규정(민법 제107조 제 1 항 단서)은 적용되지 않는다(제425조, 제302조 제 3 항).

회사가 주주의 청구에 따라 신주인수권증서를 발행할 경우에는 주식인수의 청약은 원칙적으로 그 신주인수권증서에 인수할 주식의 종류와 수 및 주소를 기재하고 기명날인 또는 서명함으로써 한다(제420조의 4 제 1 항). 다만, 신주인수권증서를 상실한 때에는 예외적으로 주식청약서에 의하여 주식의 청약을 할 수 있으나, 그 청약은 신주인수권증서에 의한 청약이 있으면 그 효력을 잃는다(제420조의 4 제 2 항). 신주를 인수한 자는 신주발행으로 인한 변경등기를 한 날부터 1년을 경과한 후에는 주식청약서 또는 신주인수권증서의 요건의 흠결을 이유로 하여 그 인수의 무효를 주장하거나, 사기·강박 또는 착오를 이유로 하여 인수를 취소하지 못한다. 그 주식에 관하여 주주의 권리를 행사한 때에도 같다(제427조). 주식청약과 관련하여 신주를 공모하는 경우, 그 모집가액의 총액이 10억 원 이상일 때에는 투자설명서주의가 채택되고 있다(자본시장법 제123조).

신주인수의 청약이 있으면 대표이사는 신주를 배정하고, 위 배정에 의하여 주식의 인수가 성립한다. 주식인수인은 납입기일까지 배정된 주식에 관하여 인수가액을 납입할 의무를 진다(제425조, 제303조). 이 경우에 회사는 신주인수권이 있는 자의 청약에 대하여는 배정할 의무를 지지만, 신주인수권이 없는 자의 청약에 대하여는 배정의 자유가 있다. 신주가 배정된 신주인수인의 지위, 즉 권리주는 양도할 수 있으나 회사에 대하여는 양도의 효력이 없다(제425조, 제319조).

주식인수의 법적 성질은 주식청약인과 회사 사이의 입사계약이다(통설).

C. **現物出資의 檢査** 1995년 개정법에 따라 신주발행의 경우나 회사설립의 경우, 모두 현물출자자의 자격에 제한이 없다. 그러나 현물출자는 언제나 현물의 과대평가의 위험이 있으므로 이에 대한 규제가 요구된다. 따라서 현물출자를 하는 자가 있는 경우에 이사는 그에 관한 사항을 조사하게 하기 위하여 법원에 검사인의 선임을 청구하여야 한다. 다만, 이 경우 회사설립의 경우와 마찬가지로 공인된 감정인의 감정으로 검사인의 조사에 갈음할 수 있도록 하고 있다(제422조 제 1 항). 법원은 검사인의 보고서를 심사하여 현물출자사항이 부당하다고 인정한 때에는 이를 변경하여 이사와 현물출자를 한 자에게 통고할 수 있다(제422조 제 2 항). 현물출자를 한 자가 위 변경에 불복하는 경우에는 그 주식의 인수를 취소할 수 있다(제422조 제 3 항). 법원의 통고 후 2주 내에 주식의 인수를 취소한 현물출자를 한 자가 없는 때에는 현물출자사항은 위 변경통고에 따라 변경된 것으로 본다(제422조 제 4 항).

현물출자절차의 엄격성으로 비용·시간의 낭비가 발생하므로 현물출자에 대한 규제를 완화하기 위해 부당한 가액평가의 가능성이 적은 부분에 한하여 검사인의 조사, 보고절차의 예외규정을 신설하는 것이 필요하다. 이에 2011년 개정상법에서는 회사의 규모에 비추어 비중이 작은 현물출자의 경우(제422조 제 2 항 1호)나 시장가격이 존재하는 유가증권의 경우(제422조 제 2 항 2호) 및 주금납입채무와 회사에 대한 채권의 상계의 경우(제422조 제 2 항 3호) 등에 검사인에 의한 가액평가를 생략할 수 있도록 하였다. 구체적으로 2011년 개정상법에 의하여 회사설립 후 신주발행시 하는 현물출자와 관련하여 다음의 어느 하나에 해당할 경우에는 현물출자에 대한 검사를 적용하지 아니하도록 개정되었다(제422조 제 2 항): ① 상법 제416조 제 4 호의 현물출자의 목적인 재산의 가액이 자본금의 5분의 1을 초과하지 아니하고 대통령령으로 정한 금액을 초과하지 아니하는 경우, ② 상법 제416조 제 4 호의 현물출자의 목적인 재산이 거래소의 시세 있는 유가증권인 경우 제416조 본문에 따라 결정된 가격이 대통령령으로 정한 방법으로 산정된 시세를 초과하지 아니하는 경우, ③ 변제기가 돌아온 회사에 대한 금전채권을 출자의 목적으로 하는 경우로서 그 가액이 회사장부에 적혀 있는 가액을 초과하지 아니하는 경우, ④ 그 밖에 ①~③에 준하는 경우로서 대통령령으로 정하는 경우. 이미 주권상장법인의 주식교환의 경우에는 출자되는 상장주식에 대하여 검사인의 검사(감정인의 감정)를 요구하지 않고 있었다(자본시장법 제165조의 9). 상법 제422조 제 2 항 제 1 호에서 "대통령령으로 정한 금액"이란 5천만 원을 말한다(상법시행령 제14조 제 1 항). 그리고 상법 제422조 제 2 항 제 2 호에서 "대통령령으로 정한 방법으로 산정된 시세"란 다음의 금액 중 낮은 금액을 말한다: ① 상법 제416조에 따른 이사회 또는 주주총회의 결의가 있은 날부터 소급하여 1개월간의 거래소에서의 평균 종가, 결의일부터 소급하여 1주일간의 거래소에서의 평균 종가 및 결의일 직전 거래일의 거래소에서의 종가를 산술평균하여 산정한 금액, ② 결의일 직전 거래일의 거래소에서의 종가(상법시행령 제14조 제 2 항). 그런데 이러한 상법시행령 제14조 제 2 항은 현물출자의 목적인 재산에 그 사용, 수익, 담보제공, 소유권 이전 등에 대한 물권적 또는 채권적 제한이나 부담이 설정된 경우에는 적용하지 아니하도록 하였다(상법시행령 제14조 제 3 항).

신주발행시에는 현물출자자도 출자를 필하고 이행기일이 지나면 다음 날바로 주주로서의 자격을 취득하게 되므로(제423조 제 1 항) 설립시와는 달리 '현물출자의 이행 전'에 원칙적으로 이러한 검사절차를 거쳐야 하는 것이지만, 현물출자 후에 검사절차를 실시할 수도 있다고 본다(동지: 채이식, 636쪽).

<대판 1980. 2. 12, 79 다 509>

「현물출자의 경우에 법원이 선임한 검사인의 조사를 거치도록 한 이유는 현물의 부당평가를 방지하기 위함인데, 가사 이사가 현물출자의 경우에 있어서 직무를 태만히 하여 이러한 절차를 밟지 않아 부당평가가 이루어졌다고 하더라도 그러한 경우 이사에게 손해배상책임(제399조)을 지우거나 기타 다른 규정, 예컨대 상법 제424조의 유지청구권에 의하여 이를 시정할 방법이 있어서 그러한 절차를 거치지 아니한 현물출자라도 이를 당연무효라고 할 수 없다.」

D. 納入과 現物出資의 履行 신주인수인은 납입기일에 인수한 신주에 대한 인수가액의 전액을 납입하여야 하고(제421조), 현물출자를 하는 자는 납입기일에 지체없이 출자의 목적인 재산을 인도하고, 등기·등록 기타 권리의 설정 또는 이전을 요할 때에는 이에 관한 서류를 교부하여야 한다(제425조, 제305조 제 3 항, 제295조 제 2 항). 납입장소, 납입금보관자 또는 장소의 변경, 납입금의 보관증명 등은 모집설립의 경우와 같다(제425조, 제305조 제 2 항, 제306조, 제318조).

회사에 대한 주금납입의무를 회사에 대한 채권과 상계할 수 있도록 할 필요성이 존재한다. 이에 2011년 개정상법에서는 상법 제421조에 제 2 항으로 "신주의 인수인은 회사의 동의 없이 제 1 항의 납입채무와 주식회사에 대한 채권을 상계할 수 없다"고 규정함으로써 회사의 판단에 의하여 상계가 가능하도록 하였다(제421조 제 2 항).

E. 新株發行의 效力發生 신주의 인수인이 신주의 납입기일에 납입 또는 현물출자의 이행을 한 때에는 납입기일의 다음 날로부터 신주발행의 효력이 발생하고, 신주의 인수인은 이 날부터 당연히 주주가 된다(제423조 제 1 항 1문). 다만, 이 경우 주식발행 및 유통의 효율성과 회사업무의 편의성을 도모하기 위하여 신주에 대한 이익이나 이자의 배당에 관하여는 정관이 정하는 바에 따라 그 납입기일이 속하는 영업연도의 직전영업연도 말에 신주가 발행된 것으로 할 수 있다(제423조 제 1 항 2문, 제350조 제 3 항 2문). 즉 정관에 의하여 신주의 효력발생시기를 소급할 수 있도록 1995년 개정법에서 고쳤다. 그러나 신주의 인수인이 납입기일에 납입 또는 현물출자의 이행을 하지 아니한 때에는 그 주식인수인은 당연히 주식인수인으로서의 권리를 잃고(제423조 제 2 항) 모집설립의 경우와는 달리 따로 실권절차(제307조)를 취할 필요가 없다. 또한 실권한 주식인수인은 회사에 대하여 손해배상의 책임을 진다(제423조 제 3 항).

이처럼 신주발행의 경우에는 신주발행결의에 정한 주식총수에 대한 인수와 납입이 없더라도 실제로 인수되고 납입기일에 납입된 주식의 한도 내에서 신주발행의 효력이 생기며, 납입기일까지 인수 또는 납입이 되지 아니한 주식은 미발행주식으로 남게 되고, 이사가 이에 대하여 담보책임을 지지 않는다는 점에서 회사설립의 경우와는 다르다. 실권한 주식에 대하여 회사는 다시 주주를 모집하여도 좋고, 발행을 하지 않아도 된다. 신주발행의 효력이 발생하면 권리주의 양도제한(제319조)이 해제되어 주식의 양도가 가능하나, 주권이 발행되기 전까지 그 양도는 회사에 대하여 효력이 없다(제335조 제 2 항). 회사는 신주의 납입기일 후 지체없이 주권을 발행하여야 한다(제355조 제 1 항).

F. 新株發行으로 인한 變更登記와 效力 신주발행의 효력이 발생하면 회사의 발행주식총수 및 자본의 총액이 늘어나고 주식의 종류와 수에 변경이 생기므로, 회사는 납입기일부터 2주 내에 본점소재지에서 변경의 등기를 하여야 한다(제317조 제 2 항 2호·3호, 제 3 항, 제183조). 이 변경등기에는 이미 효력이 발생한 신주의 발행과 이에 따른 자본액의 증가를 공시하고, 이 외에도 신주인수의 무효·취소의 제한과 이사의 자본납입책임의 부수적 효력이 인정되고 있다.

(i) 신주발행으로 인한 변경등기를 하면 그 날부터 1년을 경과하거나 1년을 경과하기 전이라도 그 주식에 대하여 주주의 권리를 행사한 때에는 신주를 인수한 자는 주식청약서 또는 신주인수권증서의 요건의 흠결을 이유로 하여 그 인수의 무효를 주장하거나, 사기·강박 또는 착오를 이유로 하여 인수를 취소하지 못한다(제427조).

(ii) 신주발행으로 인한 변경등기가 있은 후에 아직 인수하지 아니한 주식이 있거나 주식인수의 청약이 취소된 때에는 이사가 이를 공동으로 인수한 것으로 본다(제428조 제1항). 이는 신주발행의 경우에는 납입기일까지 인수·납입되지 아니하였거나 주식인수의 청약이 취소되면 신주발행의 효력이 생기지 아니하나, 유효한 발행이 된 것 같은 등기가 이행된 이상 공시된 바에 따른 자본납입을 기하기 위하여 이사의 책임을 인정한 것이다. 발기인의 인수담보책임과 마찬가지로 무과실책임이며, 총주주의 동의로도 면제할 수 없다.

G. 失權株와 端株의 處理

(i) 失權株의 處理 신주인수권을 가지는 주주 또는 신주인수권증서를 취득한 자가 청약기일까지 주식인수의 청약을 하지 아니하면 신주인수권을 잃으며(제419조 제3항), 또 청약기일까지 주식인수의 청약을 한 자라도 신주의 납입기일에 납입 또는 현물출자의 이행을 하지 아니하면 주식인수인의 권리를 잃게 된다(제423조 제2항). 이처럼 신주인수권의 대상인 주식 가운데에서 인수나 납입이 되지 아니하여 실권한 주식을 실권주라고 한다.

실권주가 확정되는 것은 납입기일이 종료한 때이다. 이 점에서 실권절차에 의하여 주식인수인이 실권하는 회사설립의 경우와 다르다. 그러나 청약기일에 납입금과 동액의 청약증거금을 받는 것이 경제계의 관행이므로, 인수의 청약을 하고 납입을 하지 않아 실권하는 경우는 현물출자의 경우를 제외하고는 있을 수 없기에 사실상 청약기일이 종료한 때에 확정된다. 청약증거금과 관련해서 상법은 아무런 규정도 두고 있지 않으나, 일본의 판례와 다수설은 증거금의 적법성을 인정하고 있다.

생각건대 증거금을 납입시킴으로써 무책임한 주식인수의 청약을 방지하여 자본조달의 확실성을 도모할 수는 있으나 신주인수권자에게 청약시에 증거금으로 전액을 납입시키는 것은 사실상 청약기일과 납입기일을 일치시키는 것과 다를 바 없고, 또한 신주인수권을 갖는 자가 과중한 증거금을 마련하지 못하여 실권하게 된다면 이는 사실상 신주인수권배제에 해당한다고 볼 수 있다. 이러한 결정은 정관에 다른 정함이 없는 한 이사회의 권한에 속한다는 점에서 더욱 그러하다. 그러므로 이러한 경우 증거금의 한도를 제한할 필요가 있다고 본다(동지 : 최기원, 826-827쪽).

실권주가 생긴 경우에 회사는 ① 실권주를 그대로 방치하거나, ② 실권주에 대하여 다시 주주를 모집할 수 있다. 회사설립의 경우와는 달리 신주발행의 경우에는 실권주에 대하여 이사가 인수와 납입의 담보책임을 지지 않으며, 실권주를 제외한 한도 내에서 신주발행의 효력이 발생한다(제423조 제1항·제2항).

2013년 5월 28일에 개정된 자본시장법에 의하면, 주권상장법인은 신주를 배정하는 경우 그 기일까지 신주인수의 청약을 하지 아니하거나 그 가액을 납입하지 아니한 주식인 실권주에 대하여 발행을 철회하여야 하는데, 다만 금융위원회가 정하여 고시하는 방법에 따라 산정한 가격 이상으로 신주를 발행하는 경우로서 다음의 어느 하나에 해당하는 경우에는 그러하지 아니하다(자본시장법 제165조의 6 제2항): ① 실권주가 발생하는 경우 대통령령으로 정하는 특수한 관계에 있지 아니한 투자매매업자가 인수인으로서 그 실권주 전부를 취득하는 것을 내용으로 하는 계약을 해당 주권상장법인과 체결하는 경우(자본시장법 제165조의 6 제2항 제1호), ② 동조 제1항 제1호의 경우 신주인수의 청약 당시에 해당 주권상장법인과 주주 간의 별도의 합의에 따라 실권주가 발생하는 때에는 신주인수의 청약에 따라 배정받을 주식수를 초과하는 내용의 청약('초과청약')을 하여 그 초과청약을 한 주주에게 우선적으로 그 실권주를 배정하기로 하는 경우(자본시장법 제165조의 6 제2항 제2호), ③ 그 밖에 주권상장법인의 자금조달의 효율성, 주주 등의 이익 보호, 공정한 시장질서 유지의 필요성을 종합적으로 고려하여 대통령령으로 정하는 경우(자본시장법 제165조의 6 제2항 제3호)가 이에 해당한다.

<대판 2012. 11. 15, 2010 다 49380>

「회사가 주주배정방식에 의하여 신주를 발행하려는데 주주가 인수를 포기하거나 청약을 하지 아니함으로써 그 인수권을 잃은 때에는 회사는 이사회의 결의에 의하여 그 인수가 없는 부분에 대하여 자유로(상법 제419조 제4항)이 이를 제3자에게 처분할 수 있고, 이 경우 그 실권된 신주를 제3자에게 발행하는 것에 관하여 정관에 반드시 근거 규정이 있어야 하는 것은 아니다.」

(ii) 端株의 處理 단주란 1주 미만의 주식을 말한다. 신주인수권자에게 신주를 발행하는 경우에는 신주인수권자의 지주수에 비례하여 배정하

므로 이 과정에서 단주가 발생한다. 예컨대 구주 2주에 대하여 1주의 비율로 신주를 발행하는 경우에는 구주 15주를 가진 주주는 7.5주의 신주를 배정받게 되어 7주 이외에 0.5주의 단주가 생긴다. 신주인수권과 관련하여 단주가 발생한 경우에 이를 어떻게 처리할 것인가에 관하여 상법에는 아무런 규정이 없다. 따라서 회사는 이를 미발행부분으로 남겨 둘 수도 있고, 또 이사회의 결의에 의하여 임의로 처리할 수도 있다. 그러나 이를 시가로 처분하여 시가와 발행가액과의 차액을 단주의 주주에게 분배하는 것이 가장 공평할 것이다(통설).

H. 公募에 의한 新株發行時 資本市場法상의 特則　자본시장법은 투자자보호를 위하여 공모가액의 총액이 일정규모 이상인 때에 발행인인 회사가 그 유가증권에 관하여 신고서(유가증권신고서)를 금융위원회에 제출하여 수리된 이후에 공모하도록 하고 있다(자본시장법 제119조; 동 시행령 제120조). 자본시장법에서의 공모란 모집과 매출을 말한다. 이 경우 '모집'이란 대통령령으로 정하는 방법에 따라 산출한 50인 이상의 투자자에게 새로 발행되는 증권의 취득의 청약을 권유하는 것을 말한다(자본시장법 제9조 제7항). 그리고 '매출'이란 대통령령으로 정하는 방법에 따라 산출한 50인 이상의 투자자에게 이미 발행된 증권의 매도의 청약을 하거나 매수의 청약을 권유하는 것을 말한다(자본시장법 제9조 제9항). 따라서 50인 이상을 대상으로 10억 원 이상의 주식을 신규로 발행하고자 할 때에는 자본시장법에 따라 모집 또는 매출에 관한 신고서를 금융위원회에 제출하여야 한다(자본시장법 제119조 제1항; 동 시행령 제120조). 그럼에도 불구하고 증권의 종류, 발행예정기간, 발행횟수, 발행인의 요건 등을 고려하여 소정의 규정으로 정하는 기준과 방법에 따라 일정기간 동안 모집하거나 매출할 증권의 총액을 일괄하여 기재한 신고서(일괄신고서)를 금융위원회에 제출하여 수리된 경우에는 그 기간중에 그 증권을 모집하거나 매출할 때마다 제출하여야 하는 신고서를 따로 제출하지 아니하고 그 증권을 모집하거나 매출할 수 있다. 이 경우 그 증권을 모집하거나 매출할 때마다 소정의 규정으로 정하는 일괄신고와 관련된 서류(일괄신고추가서류)를 제출하여야 한다(자본시장법 제119조 제2항; 동 시행령 제121조).

한편 자본시장법 제119조에 따라 증권을 모집하거나 매출하는 경우 그 발행인은 소정의 규정으로 정하는 방법에 따라 작성한 투자설명서를 그 증권신고의 효력이 발생하는 날에 금융위원회에 제출하여야 하며, 이를 총리령으로 정하는 장소에 비치하고 일반인이 열람할 수 있도록 하여야 한다(자본시장법 제123조 제

1항; 동시행령 제131조). 더 나아가 증권신고의 효력이 발생한 증권의 발행인은 금융위원회가 정하여 고시하는 방법에 따라 그 발행실적에 관한 보고서를 금융위원회에 제출하여야 한다(자본시장법 제128조). 또한 금융위원회는 다음의 서류를 3년간 일정한 장소에 비치하고, 인터넷 홈페이지 등을 이용하여 공시하여야 한다(자본시장법 제129조; 동 시행령 제136조). ① 증권신고서 및 정정신고서, ② 투자설명서, ③ 증권발행실적보고서. 이 경우 기업경영 등 비밀유지와 투자자보호와의 형평 등을 고려하여 소정의 규정으로 정하는 사항을 제외하고 비치 및 공시할 수 있다.

<대판 2010. 1. 28, 2007 다 16007>

「증권회사의 임직원이 고객에게 유가증권에 대한 투자를 권유할 때는 고객이 합리적인 투자판단과 의사결정을 할 수 있도록 유가증권 및 발행회사의 중요정보를 올바르게 제공하여야 하고, 특히 비상장회사인 증권회사가 자신의 고객을 상대로 자신이 발행하는 유가증권을 공모하면서 그 유가증권 및 증권회사에 대한 정보를 제공하는 경우에는 장래 유가증권 가격의 상승 또는 하락에 대하여 단정적 판단을 제공하거나, 고객의 의사결정에 중대한 영향을 미칠 수 있는 사실을 합리적인 근거 없이 주장하거나 과장하여서는 아니 되며, 그렇게 함으로써 당해 유가증권 매수의 청약을 권유하는 행위가 거래행위에 필연적으로 수반되는 위험성에 관한 고객의 올바른 인식형성을 방해한 경우에는 불법행위책임이 성립한다(비상장법인이 주식을 공모하는 과정에서 부당한 투자권유를 한 증권회사 및 유가증권 평가를 한 회계법인에 대하여 투자자들에 대한 손해배상책임을 인정한 사례).」

(4) 新株의 額面未達發行(割引發行)

A. 意 義 주식의 할인발행(Unterpariemission : issue of shares at a discount)이라 함은 주식을 액면미달의 금액으로 발행함을 말한다. 회사를 설립하는 경우에는 자본납입의 원칙에 의하여 주식의 할인발행이 금지되어 있으나(제330조), 회사의 성립 후에도 이 원칙을 고수하면 회사의 자금조달이 곤란하므로 신주발행의 경우에는 엄격한 요건 아래 이를 인정하고 있다. 이것이 또한 기업유지의 원칙에도 합치하기 때문이다.

B. 要 件 신주발행시에 할인발행을 하려면 다음 요건을 갖추어야 한다(제417조 제1항). 즉 ① 회사가 성립한 날부터 2년을 경과하였을 것(회사의 존립기간), ② 할인발행의 여부와 최저발행가액의 결정에 관하여 주주총회의 특별결의

를 얻을 것(제417조 제2항), ③ 법원의 인가를 얻어야 한다(제417조 제1항; 비송사건절차법 제86조). 이때 법원은 회사의 현황과 제반 사정을 참작하여 최저발행가액을 변경하여 인가할 수 있고, 회사의 재산상태 기타 필요한 사항을 조사하게 하기 위하여 검사인을 선임할 수도 있다(제417조 제3항). ④ 그리고 신주는 법원의 인가를 얻은 날부터 1월 내에 발행하여야 한다. 다만, 법원은 이 기간을 연장하여 인가할 수 있다(제417조 제4항).

C. **會社債權者의 保護와 公示** 신주의 할인발행의 경우에는 회사채권자를 보호하기 위하여 ① 액면미달금액은 신주발행 후 3년내의 매 결산기에 균등액 이상을 상각하여야 하고(미달액의 상각)(제455조 제2항), ② 미상각액은 신주발행으로 인한 변경등기에 등기하여야 하며(제426조), ③ 또 신주발행의 경우의 주식청약서와 신주인수권증서에도 할인발행의 조건과 미상각액을 기재하여야 한다(공시)(제420조 4호, 제420조의 2 제2항 2호).

액면미달금액의 총액은 대차대조표의 자산의 부에 계상할 수 있다(제455조 제1항).

(5) 新株發行의 違法·不公正에 대한 救濟措置

A. **總　說** 우리법은 자본조달의 기동성을 위하여 수권자본제도를 택하였으므로, 신주의 발행은 원칙으로 이사회의 권한에 속한다. 따라서 법률 또는 정관에 위반하거나 불공정한 방법으로 신주를 발행하여 주주·회사 또는 회사채권자의 이익을 해하는 수가 있다. 상법은 법률 또는 정관에 위반하거나 불공정한 신주의 발행에 대하여 사전에 이를 예방하는 조치로서 주주의 신주발행유지청구권(제424조)을, 사후에 그로 인한 부당한 결과를 바로잡는 조치로서 신주발행무효의 소(제429조 아래)와 통모인수인에 대한 책임추궁(제424조의 2)을 마련하였다.

B. **新株發行留止請求權**

(i) 意　義 회사가 법령 또는 정관에 위반하거나 현저하게 불공정한 방법에 의하여 신주를 발행함으로써 주주가 불이익을 받을 염려가 있는 경우에는 주주가 회사에 대하여 신주발행의 유지를 청구할 수 있다(제424조). 이 제도는 이사의 위법행위유지청구권과 함께 미국의 금지명령(injunction)의 제도를 계수한 것인데, 이를 비교하면 다음과 같다. ① 이사의 위법행위유지청구권(제402조)은 회사의 이익보호를 위한 것임에 반하여, 신주발행유지청구권은 오로지 불이익을 입을 주주의 이익보호를 위한 것이고, ② 전자가 소수주주권을 가진 주주 및 감사에 한하여 인정됨에 반하여, 후자는 모든 주주에게

인정되며, ③ 전자는 이사 개인을 상대방으로 함에 대하여, 후자는 회사를 상대방으로 하고, ④ 전자는 이사가 법령 또는 정관에 위반한 행위를 할 때에 인정되지만, 후자는 회사가 법령 또는 정관에 위반하거나 현저하게 불공정한 방법으로 신주를 발행할 때에 인정된다. 그러나 필요한 때에는 주주는 두 가지 유지청구권을 병행하여 행사할 수 있다.

(ii) 請求原因　　회사가 법령 또는 정관에 위반하거나 현저하게 불공정한 방법에 의하여 주식을 발행한 때이다.

법령에 위반한 예로는 법정요건을 갖추지 아니한 신주의 할인발행, 회사가 발행할 주식의 총수를 초과하는 신주발행 등이 있다. 또 현저하게 불공정한 방법에 의한 경우의 예로는 회사임원에게 부당하게 많은 신주를 배정하거나, 이사가 자기의 지위를 유지하기 위하여 자기와 같은 파인 특정인에게 부당하게 많은 주식을 배정하는 경우, 소수파주주를 밀어 내기 위한 수단으로 이용하는 경우, 현물출자를 현저히 과대평가한 경우 등을 들 수 있다. 신주의 발행방법이 다소 불공정한 경우는 유지청구의 대상이 되지 못한다. 이것은 회사의 운영에 지장을 주지 않기 위함이다. 법령 또는 정관에 위반되거나 현저하게 불공정한 방법에 의한 신주발행은 그것이 유효인가의 여부에 관계 없이 유지청구의 대상이 된다.

(iii) 請求權者　　법령·정관에 위반하거나 현저히 불공정한 방법에 의한 신주발행으로 불이익을 받을 염려가 있는 주주만이 유지청구를 할 수 있다. 여기에서의 불이익에는 직접적 손해뿐만이 아니라 회사재산의 손실로 인한 주주의 간접손해도 포함된다(동지 : 채이식, 712쪽; 정찬형, 513쪽; 최기원, 831쪽, 이제는 이설에 속함(개설). 이설 : 이철송, 768쪽). 따라서 불이익을 받을 염려가 없는 경우에는 주주의 유지청구권은 인정되지 않는다. 또한 주주 이외의 제 3 자는 그 신주인수권이 무시되어도 손해배상을 청구할 수 있을 뿐이다.

(iv) 請求時期　　유지청구는 사전의 구제수단이므로 법령 또는 정관에 위반하거나 현저하게 불공정한 방법에 의한 신주발행이 유효한 경우에는 신주발행이 효력을 발생할 때까지, 즉 납입기일까지(제423조 참조) 유지청구를 하여야 하나, 위 신주발행이 무효인 경우에는 그 후에 주권의 발행 등도 유지할 수 있다(동지 : 정동윤, 490쪽. 이설 : 이철송, 769쪽).

(v) 請求方法　　유지청구의 방법에는 제한이 없다. 따라서 재판 외의 청구도 할 수 있으며, 필요에 따라 회사를 피고로 하여 신주발행유지청구

의 소를 제기하고, 그 소를 본안으로 신주발행유지의 가처분을 신청할 수 있다. 이 가처분은 임시의 지위를 정하는 가처분이다(민사집행법 제300조).

(vi) 留止請求를 無視한 新株發行의 效力 주주가 재판 외에서 유지청구를 한 경우에는 이사의 책임이 발생할 뿐 이를 무시한 신주발행은 무효가 아니라고 볼 것이다. 그러나 법원의 유지판결이나 가처분이 있음에도 불구하고 이를 무시하고 신주를 발행한 경우에는 유효설(김용태, 414쪽)도 있으나, 유지청구에 대한 법원의 공권적 판단을 무시한 신주발행은 무효라고 본다(동지: 손주찬, 822쪽; 최기원, 833쪽; 최준선, 359쪽; 정동윤, 490쪽).

(vii) 新株發行留止制度의 문제점 그 동안 신주발행유지청구권은 주주가 신주발행 전에 신주발행의 위법성 또는 불공정성을 알 수 있는 길이 없기 때문에 실효를 거두지 못하였다. 그 점에서 신주발행사항을 공시하도록 하고 있는 일본의 예와 신주인수권배제시 정당화사유를 이사회가 주주총회에 보고하도록 하고 있는 독일주식법 제186조 제 4 항 제 2 문을 참고하여 신주발행사항을 공시하도록 하는 제도를 도입할 필요가 있다. 2011년 개정상법에서는 주주 이외의 자에게 신주를 배정하는 경우 신주발행사항에 대하여 사전공시의무를 부과하였다. 즉 그 경우에는 납입기일의 2주전에 신주의 종류·수·발행가액(또는 그 산정기준)·납입기일·모집방법 등을 공고하거나 주주에게 통지하도록 하였다(제418조 제 4 항).

C. 新株發行無效의 訴

(i) 總 說 신주발행에 하자가 있는 때에 민법의 일반원칙에 따라 처리하면 신주발행에 따르는 법률관계의 안정을 해한다. 따라서 종래에는 신주발행이 유효함을 전제로 하여 전개된 각종 법률관계의 안정을 꾀하고 회사를 둘러싼 다수인간의 법률관계를 획일적으로 처리하기 위하여 상법은 신주발행무효의 소의 제도를 두어 신주발행의 무효는 일정한 기간 내에 일정한 자에 한하여 소로써만 주장할 수 있도록 하고, 또 그 판결의 소급효를 부정하였었다(1995년 개정법 이전의 제430조, 제190조). 그러나 1995년 개정법은 주주총회결의의 하자를 다투는 소에 있어서 원고승소시 대세적 효력(제190조 본문)만을 인정하고 불소급효(제190조 단서)는 인정하지 않고 있는바, 이 점은 신주발행무효의 소에서도 마찬가지로 개정되었다(다만, 이 개정은 신주발행의 무효판결의 소급효를 제한하는 제431조 제 1 항과 조화되지 않는 문제점이 있다). 신주발행무효의 소의 법적 성질은 형성의 소이다. 신주발행의 무효와 구별하여야 할 개념으로 신주발행의 부존재가 있다. 이는 신주발행의 하자가 현저한 때, 예컨대 신주발행

의 실체구성절차를 전혀 밟지 않고 신주발행의 등기만이 있는 때이다. 이 때에는 신주발행의 무효와는 달리 무효의 일반원칙에 따라서 언제든지, 누구라도, 어떠한 방법으로도 신주발행의 부존재를 주장할 수 있고, 신주발행부존재확인의 소를 제기할 수 있다(동지 : 서돈각, 423쪽; 손주찬, 825쪽; 정동윤, 494쪽; 채이식, 716쪽).

<대판 1989. 7. 25, 87 다카 2316>

「주식의 발행에 있어 절차적·실체적 하자가 극히 중대하여 신주발행이 존재하지 않는다고 볼 수밖에 없는 경우에는 회사의 주주는 위 신주발행에 관한 이사회의 결의에 대하여 상법 제429조 소정의 신주발행무효의 소의 제소기간에 구애되거나, 신주발행무효의 소에 의하지 않고 부존재확인의 소를 제기할 수 있다.」

또한 신주발행의 무효는 개개의 주식인수의 무효와 구별되어야 한다. 전자는 신주발행의 조건이나 절차에 관하여 일반적 하자가 있고, 그 발행주식의 전부가 무효로 되는 데 반하여, 후자는 개개의 주식만이 무효가 될 뿐이다.

(ii) 無效原因　　신주발행의 무효원인에 관하여 상법상 특별한 규정은 없으나, 법령 또는 정관에 위반한 모든 하자가 무효의 원인이 된다고 할 수는 없다. 왜냐하면 신주발행이 효력을 발생하면 그 후 신주는 유통되므로, 신주주 또는 제 3 취득자의 이익보호가 요구되기 때문이다. 그리하여 신주발행에 하자가 있더라도 법적 안정을 위하여 그 무효원인은 되도록 좁게 해석해야 한다. 즉 신주발행에 하자가 있더라도 일반적으로는 유지청구의 대상이 되거나(제424조), 이사의 손해배상책임의 발생원인(제399조, 제401조)이 됨에 그치는 것으로 하여 무효의 원인은 될 수 있는 한 좁게 해석하는 것이 타당하다.

신주발행의 무효원인이 되느냐의 여부가 문제되는 것을 살펴보면 다음과 같다.

㈎ 정관소정의 회사가 발행할 주식(수권주식) 총수를 초과하는 신주발행은 무효원인이 된다. 단지 초과부분만이 무효가 되는지 또는 신주 전부가 무효가 되는지가 문제되나, 초과부분을 특정할 수가 없으므로 그 전부가 무효가 된다. 다만, 이러한 경우에는 회사가 정관을 변경함으로써 그 무효원인을 치유할 수 있다(동지 : 이철송, 775쪽; 정동윤, 491쪽).

㈏ 법정의 절차에 위반한 주식의 할인발행의 경우에는 원칙적으로 무효라고 보는 것이 통설이다. 자본납입 및 유지의 원칙에 반하기 때문이다. 그러나 액면미달로 발행된 부분이 사소한 경우에는 이사의 손해배상책임으로

전보될 수 있기 때문에 무효가 아니라고 본다(동지 : 이철송, 775쪽; 정동윤, 492쪽).

㈐ 주주의 신주인수권을 무시하고 신주를 발행한 경우에 주주의 신주인수권의 전부 또는 대부분을 무시한 경우에는 신주발행이 무효이지만, 근소한 일부분만이 무시된 경우에는 무효로 되지 않고 이사의 손해배상책임만이 발생할 뿐이라고 본다(동지 : 정동윤, 492쪽). 이에 반하여 제 3 자의 신주인수권만을 무시한 경우에는 회사가 계약위반의 책임을 지는 데 그치고, 신주발행이 무효로 되지는 않는다.

㈑ 이사회의 결의 없이 대표이사가 신주를 발행한 경우에는 업무집행에 준한다고 보아 신주발행을 유효하다고 보는 설(정찬형, 518쪽; 정동윤, 492쪽), 수권자본제도의 한계를 넘는 것으로 무효라는 설(채이식, 714쪽; 서돈각, 424쪽; 손주찬, 825쪽; 최기원, 835-836쪽; 이철송, 775쪽), 그리고 당초의 인수인 및 악의의 양수인 사이에서는 무효이고, 선의의 양수인 사이에서는 유효라는 설이 대립하고 있다. 대표이사의 대표권을 신뢰한 상대방의 보호를 위하여 또 획일적인 처리를 위하여 유효라고 볼 것이다.

㈒ 주주의 신주발행유지청구를 무시하고 신주를 발행한 경우에 구주가 재판 외에서 한 유지청구를 무시한 때에는 무효로 되지 않지만, 유지의 가처분이나 판결을 무시한 경우에는 무효의 원인이 된다(동지 : 정동윤, 492쪽).

㈓ 현물출자의 검사를 위하여 검사인을 선임하지 않고 현물출자에 따른 신주를 발행한 경우에도 현물출자의 평가가 부당하지 않는 한 신주발행은 유효하다(동지 : 정동윤, 494쪽; 이철송, 776쪽. 이에 반하여 무효설은 최기원, 837쪽 참조).

<대판 1980. 2. 12, 79 다 509>

「주식회사의 현물출자에 있어서 이사는 법원에 검사역의 선임을 청구하여 일정한 사항을 조사하도록 하고 법원은 그 보고서를 심사하도록 되어 있으나, 이와 같은 절차를 거치지 아니한 신주발행 및 변경등기가 당연무효사유가 된다고는 볼 수 없는 바이다.」

㈔ 현저하게 불공정한 방법에 의한 신주발행의 경우에는 신주의 유지청구와 이사의 손해배상책임에 의하여 해결하고, 거래의 안전을 위하여 신주발행 자체는 유효라고 본다(동지 : 정동윤, 494쪽). 그러나 이에 대해 예컨대 회사지배에 변동을 초래하는 경우에는 무효라고 보는 견해가 있다.

<대판 2003. 2. 26, 2000 다 42786>

「위와 같은 경위로 발행된 이 사건 신주는 위 J 일가가 설립한 유령회사인 사우스 아시아 걸프 코퍼레이션이 전부 인수하여 보유하고 있으므로, 이 사건 신주발행이 무효가 되더라도 거래의 안전을 해할 염려가 없는 점 등 모든 사정을 종합하여 보면, 이 사건 신주발행은 1997. 초에 발생한 이른바 한보사태로 한보그룹의 대출금상환 또는 국세납부능력이 의심스러워졌고, 이에 한보그룹에 대한 대출금융기관인 원고 은행이 대출금에 대한 담보제공을 요구하자 위 J, JH 등은 그들이 보유하고 있던 피고 회사의 주식 200만 주에 질권을 설정하여 주고, 나머지 400만 주는 한보그룹의 체납국세에 대한 담보로 국세청에 압류당하여 장차 위 주식들에 대한 질권이나 체납처분이 실행될 경우 피고 회사에 대한 지배권을 상실할 염려가 있었으므로, 이러한 경우에도 피고 회사에 대한 지배권을 계속 보유하기 위한 수단으로 피고 회사의 해외자산을 처분한 다음 당국에 외환관리법에 따른 신고를 이행하지 아니하고 자산매각대금을 횡령한 후 유령회사인 사우스 아시아 걸프 코퍼레이션을 설립하고, 위와 같은 은닉자금을 이용하여 위 회사명의로 피고 회사의 신주를 인수한 것으로 보이므로, 이 사건 신주발행은 J 일가의 범죄행위를 수단으로 하여 행하여진 선량한 풍속 기타 사회질서에 반하는 현저히 불공정한 방법으로 이루어진 신주발행으로서 무효로 보아야 한다.」

<대판 2010. 4. 29, 2008 다 65860>

「신주발행 무효의 소를 규정하는 상법 제429조에는 그 무효원인이 따로 규정되어 있지 않으므로 신주발행유지청구의 요건으로 상법 제424조에서 규정하는 '법령이나 정관의 위반 또는 현저하게 불공정한 방법에 의한 주식의 발행'을 신주발행의 무효원인으로 일응 고려할 수 있다고 하겠으나 다른 한편, 신주가 일단 발행되면 그 인수인의 이익을 고려할 필요가 있고 또 발행된 주식은 유가증권으로서 유통되는 것이므로 거래의 안전을 보호하여야 할 필요가 크다고 할 것인데, 신주발행유지청구권은 위법한 발행에 대한 사전 구제수단임에 반하여 신주발행 무효의 소는 사후에 이를 무효로 함으로써 거래의 안전과 법적 안정성을 해칠 위험이 큰 점을 고려할 때, 그 무효원인은 가급적 엄격하게 해석하여야 하고, 따라서 법령이나 정관의 중대한 위반 또는 현저한 불공정이 있어 그것이 주식회사의 본질이나 회사법의 기본원칙에 반하거나 기존 주주들의 이익과 회사의 경영권 내지 지배권에 중대한 영향을 미치는 경우로서 신주와 관련된 거래의 안전, 주주 기타 이해관계인의 이익 등을 고려하더라도 도저히 묵과할 수 없는 정도라고 평가되는 경우에 한하여

신주의 발행을 무효로 할 수 있을 것이다(신주발행을 결의한 甲 회사의 이사회에 참여한 이사들이 하자 있는 주주총회에서 선임된 이사들이어서, 그 후 이사 선임에 관한 주주총회결의가 확정판결로 취소되었고, 위와 같은 하자를 지적한 신주발행금지가처분이 발령되었음에도 위 이사들을 동원하여 위 이사회를 진행한 측만이 신주를 인수한 사안에서, 위 신주발행이 신주의 발행사항을 이사회결의에 의하도록 한 법령과 정관을 위반하였을 뿐만 아니라 현저하게 불공정하고, 그로 인하여 기존 주주들의 이익과 회사의 경영권 내지 지배권에 중대한 영향을 미쳤다는 등의 이유로 무효라고 한 사례).」

(iii) 無效의 訴와 그 節次 신주발행의 무효는 소에 의하여만 주장할 수 있다. 또 제소권자도 주주, 이사 또는 감사에 한정되고, 제소기간도 신주를 발행한 날로부터 6월 내로 제한되어 있다(제429조). 여기에서 신주를 발행한 날이라 함은 신주발행의 효력이 발생하는 날인 납입기일의 다음 날을 말한다(동지: 최기원, 840쪽; 정동윤, 493쪽; 이철송, 779쪽). 이 소의 피고는 회사이다.

신주발행무효의 소의 전속관할(제186조), 소제기의 공고(제187조), 소의 병합심리(제188조), 하자의 보완 등 청구의 기각(제189조), 패소원고의 책임(제191조), 무효의 등기(제192조) 등은 설립무효의 소의 경우와 같고(제430조), 제소주주의 담보제공의무(제377조)는 주주총회결의취소의 소의 경우와 같다(제430조).

(iv) 無效判決의 效力 신주발행의 무효판결의 효력은 법률관계의 획일적 처리의 필요에 의하여 당사자 이외의 제 3 자에 대하여도 미친다(대세적 효력)(제430조, 제190조 본문). 그러나 1995년 개정법 이전에는 제190조 전체를 준용하는 것으로 하여 종래 신주발행의 무효판결의 효력이 장래에 대해서만 미치는 것으로 하였으나(제190조 단서 준용), 1995년 개정법은 제430조에서 제190조 본문만을 준용하여 판결의 소급효를 인정하였다고 해석할 수 있게 되었다(상법개정안해설). 그러나 이는 제431조 제 1 항이 있기 때문에 법개정의 미비라고 인정할 수밖에 없다.

따라서 신주발행무효의 판결이 확정된 때에는 1995년 법개정 이후에도 여전히 거래의 안전을 보호하고, 법률내용의 혼란을 방지하기 위하여 발행된 신주는 장래에 대하여만 그 효력을 잃는다(제431조 제 1 항)고 해석하여야 한다. 결국 상법 제430조에서 제190조 단서도 준용하는 내용을 그대로 두는 것이 제431조 제 1 항과의 모순을 초래하지 않았을 것이다.

(v) 無效判決 후의 措置 신주발행무효의 판결이 확정되면, 회사

는 지체없이 신주실효의 뜻과 3월 이상의 일정한 기간 내에 신주의 주권을 회사에 제출할 것을 공고하고, 주주명부에 기재된 주주와 채권자에 대하여 각별로 그 통지를 하여야 한다(제431조 제 2 항). 또 회사는 신주의 주주에 대하여 그 납입한 금액을(현물출자인 경우에는 그 평가액을) 반환하여야 한다(제432조 제 1 항). 반환청구에 응하여야 할 시기는 신주발행무효의 판결이 확정된 날부터 6개월이 경과한 때라고 할 것이다(비송사건절차법 제88조 참조). 신주의 납입기일과 신주발행무효판결의 확정시까지 사이에 회사의 재산상태에 변동이 있어서 납입금액을 그대로 반환하는 것이 현저하게 부당한 때에는 법원은 회사 또는 주주의 청구에 의하여 반환할 금액의 증감을 명할 수 있다(제432조 제 2 항). 또 신주주가 반환받을 금액에 대하여 질권자는 물상대위권을 갖는다(제432조 제 3 항, 제339조, 제340조).

그리고 무효판결의 확정에 의하여 신주는 무효가 되고 그만큼 회사의 발행주식총수와 자본액이 감소되므로, 이에 대한 변경등기를 하여야 한다(제317조 제 2 항 2호·3호, 제 3항, 제183조).

D. 通謀引受人의 責任

(i) 總 說 신주의 불공정한 발행을 규제하기 위하여 이사와 통모하여 현저하게 불공정한 발행가액으로 주식을 인수한 자는 회사에 대하여 공정한 발행가액과의 차액에 상당한 금액을 지급할 의무가 있다(제424조 의 2). 현저하게 불공정한 발행가액으로 주식을 인수하는 경우에는 이른바 물탄주가 발행되는 것이고, 이것은 자본납입 및 유지의 원칙을 침해하게 되므로 그 차액을 전보하지 않으면 안 된다.

(ii) 責任의 發生要件

㈎ 주식인수인이 이사와 통모하여야 한다. 따라서 이사와의 사이에 통모가 없으면 설사 발행가액이 현저하게 불공정하다는 사실을 주식인수인이 알고 있었더라도 이러한 책임은 발생하지 않는다.

㈏ 신주의 발행가액이 현저하게 불공정하여야 한다. 발행가액이 현저하게 불공정하다고 하는 것은 이사회가 결정한 발행가액(발행예정가액)(제416조 2호)이 아니라, 회사에 납입한 실제의 발행가액(배정가액·인수가액)(제421 조)이 구주의 시가를 기준으로 한 공정한 가액을 밑도는 경우를 말한다(동지: 정동윤, 495쪽).

이사회에서 결정한 발행가액과 실제의 발행가액이 모두 불공정한 경우에 통모인수인은 책임을 부담한다(예: 이사회로 하여금 현저하게 불공정한 가액으로 신주를 발행하는 결의를 하게 하고 그 가액으로 신주를 인수하는 경우, 현물출자의 경우에 이사회로 하여금 현물출자를 현저하게 과대평가하도록 하고 신주를 인수하는 경우). 그러나 이사회에서 결정한 발행가액이 현저하게 불공정하여도 실제의 발행가액이 공정하면, 위 책임은 발생하지 않는다.

문제는 이사회에서 결정한 발행가액은 공정한데, 실제의 발행가액이 현저하게 불공정한 경우에 통모인수인은 책임을 부담하는가의 여부이다. 실제의 발행가액이 이사회에서 결정한 발행가액을 밑도는 때에는 그 주식인수는 무효이고, 또한 납입기일에 이사회에서 결정한 발행가액의 전액의 납입이 없어 주식인수인은 실권하므로 통모인수인의 책임은 발생하지 않는다는 부정설도 있으나, 실제의 발행가액이 이사회에서 결정한 발행가액을 하회한다고 하여도 그것이 액면가액미달이 아닌 한 주식인수가 무효인 것은 아니고, 또한 납입기일에 실제의 발행가액을 전부 납입하였으므로 인수인이 실권하는 것도 아니므로 통모인수인의 책임이 발생한다는 긍정설이 다수설이다(정찬형, 514쪽; 정동윤, 495-496쪽; 손주찬, 740쪽; 최기원, 843쪽. 이에 대해 이철송, 771쪽은 자본충실의 원칙에 대한 위반으로 신주발행무효의 원인이 된다고 한다). 긍정설이 자본납입의 원칙에 보다 적합하다.

㈐ 주주배정에 의한 신주발행의 경우에는 불공정한 발행가액으로 인한 차액은 구주에서 입은 불이익을 보충하여 주는 것에 불과하기 때문에 통모인수인은 책임을 지지 않는다는 견해(이철송, 772쪽)도 있으나, 주주배정의 경우에도 회사의 자본납입을 위하여 통모인수인의 책임을 인정하는 것이 타당하다(동지: 최기원, 843쪽; 정동윤, 496쪽).

㈑ 발행가액이 현저하게 불공정하다고 하여 책임을 추궁하는 경우에는 회사 또는 대표소송을 제기하는 주주가 이에 관한 증명책임을 진다(동지: 정동윤, 497쪽; 최기원, 843쪽).

(iii) 責任의 內容과 性質

㈎ 責任의 內容 　통모인수인은 회사에 대하여 불공정한 발행가액과 공정한 발행가액과의 차액에 상당한 금액을 회사에 지급할 의무가 있다. 이 책임을 부담하는 자는 인수인 자신이므로 주식을 양도하여도 그 책임은 당연히 양수인에게 이전하는 것은 아니다. 현저하게 불공정한 발행가액으로 신주를 발행한 이사도 회사에 대하여 손해배상의 책임을 지는데(제339조), 통모인수인의 책임과 이사의 손해배상책임은 부진정연대관계에 있다(통설). 이에 반해 양 책임은 서로 영향을 주지 아니하므로 그 하나의 이행으로 타방의 책임이 소멸되지 아니하며, 양 책임은 서로 성질을 달리하므로 부진정연대책임이 아닌 상호 독자적 책임이라는 반대견해도 있다(이철송, 773-774쪽).

㈏ 責任의 性質 　통모인수인의 책임은 법률상 회사에 대한 불법

행위에 기한 손해배상책임의 일종이라고 할 수 있으나 이 책임의 내용이 공정한 발행가액과 실제의 발행가액의 차액을 지급하는 것이므로, 실질적으로는 자본납입을 위한 추가출자의무의 성질을 가진다. 따라서 이것은 주주의 유한책임의 원칙에 대한 예외를 이룬다(주주의 출자의무)(통설). 반면 공정한 가액을 납입하는 것이므로 주주유한책임원칙의 예외가 아니라는 견해도 있다(최기원, 844쪽). 어떻든 회사는 이 의무를 면제하거나 지급금액의 반환을 할 수 없다.

(다) 會計上의 處理 통모인수인이 회사에 추가로 지급한 차액은 액면초과액에 준하는 것으로서 자본준비금으로서 회사에 적립하여야 한다(제459조 1호 참조).

(iv) 責任의 追窮 회사가 통모인수인의 책임을 추궁하여야 할 것이지만, 회사의 대표이사가 이사와 통모한 자에 대하여 책임을 추궁하는 것은 사실상 기대하기 곤란하므로 소수주주가 대표소송에 의하여 통모인수인의 책임을 추궁할 수 있도록 하고 있다(제424조의 2 제 2 항, 제403조 내지 제406조).

통모인수인이 위 책임을 지는 경우에도 이와 별도로 이사는 회사(제399조) 또는 주주(제401조)에 대한 손해배상책임을 면하지 못한다(제424조의 2 제 3 항).

Ⅲ. 특수한 新株發行

1. 總 說

특수한 신주발행이라고 함은 통상의 신주발행이 새로운 자금조달을 직접적인 목적으로 함에 반하여, 직접으로 자금조달을 목적으로 하지 않고 그 이외의 사유에 의하여 신주가 발행되는 경우를 말한다. 특수한 신주발행의 경우에는 신주의 인수인은 이미 확정되어 있고, 또 현재 회사가 보유하는 재산을 충당하여 발행하므로 대가의 지급을 요하지 않고, 따라서 회사의 재산이 실제로 증가하지 않는 것이 원칙이다. 특수한 신주발행에는 전환주식 또는 전환사채의 전환(제346조 아래, 제513조 아래), 신주인수권부사채의 신주인수권의 행사(제516조의 8), 준비금의 자본전입(제461조 제 2 항), 주식배당(제462조의 2), 주식의 병합(제442조), 흡수합병(제523조) 및 주식분할에 의한 경우와 회생절차에 의한 경우(채무자 회생 및 파산에 관한 법률 제206조, 제266조) 등이 있다.

이 가운데 신주인수권부사채의 신주인수권의 행사에 의한 신주발행의 경우는 후술하는 바와 같이 대용납입이 아닌 때에는 자금조달을 목적으로 하고 회사의 재산이 증가하는 점에서, 또 주식분할의 경우와 전환주식의 전환에 의한 신주발행에 있어서 전환 전의 주식과 전환 후의 신주식의 수가 1:1인 경우는 자본의 증가가 없는 점에서 각각 특이하다.

2. 準備金의 資本轉入에 의한 新株發行

이는 이사회의 결의에 의하여 준비금의 전부나 일부를 자본에 전입하고, 이 전입된 금액에 해당하는 신주를 발행하여 주주가 가진 주식의 수에 따라 무상으로 신주를 교부함을 말하며(제461조 제1항·제2항), 단순히 신주의 무상교부라고도 한다.

준비금의 자본전입에 의하여 신주가 발행되면 각 주주의 주식수는 증가하지만, 보유주식의 자본금에 대한 비율은 변화가 없으므로 준비금의 자본전입의 성질은 주식의 분할이라고 할 수 있다. 다만, 신주의 무상교부의 경우에는 신주발행분만큼 자본이 증가하는 점에서 회사의 자본이 증가하지 않는 주식의 분할과 구별된다. 그러나 회사의 재산은 실제로 증가하지 않고 주식수만 증가하는 점에서는 양자는 동일하다.

준비금의 자본전입에 의한 신주발행은 정관으로 주주총회에서 결정하기로 정하지(제461조 제1항) 아니하는 한 원칙적으로 이사회에서 결정한다.

3. 株式配當에 의한 新株發行

이는 배당가능이익을 자본에 전입하여 신주를 발행하고, 이 신주를 주주가 가진 주식수에 따라 무상으로 교부함을 말한다.

주식배당의 법적 성질에 대하여는 주식분할이라고 보는 견해도 있으나 장래의 이익배당의 선급이다.

주식배당에 의한 신주발행은 주주총회의 결의에 의한다(제462조의2 제1항).

4. 轉換株式·轉換社債의 轉換에 의한 新株發行

정관에 의하여 전환주식이 발행된 때에 주주가 전환기간중에 전환을 청구하면 구 전환주식은 소멸하고(제349조, 제350조), 이에 대신하여 전환에 의하여 발행할 신주식을 발행하여 전환주주에게 교부한다. 전환주주의 전환청구에 의한 신주발행의 경우에 주주는 새로운 출자를 하지 아니하므로 회사의 재산에는 변동이 없다. 그러나 회사의 자본은 신·구 주식 사이의 전환의 비율이 1:1이면 변동이 없으나, 전환 후의 신주식의 수가 전환 전의 구 주식의 수보다 많은 경우에는 자본금이 증가한다. 이와 반대로 전환 후의 신주식의 수가 구 주식의 수보다 적은 경우에는 자본이 감소되는데, 이는 감자절차에 의하지 아니한 자본감소이므로 허용되지 아니한다.

전환사채의 경우에는 전환사채권자가 전환청구를 하면 전환사채는 소멸하고, 그 대신에 신주식이 발행되어 종전의 사채권자에게 교부된다. 하지만 이 때에도 회사의 재산이 실제로 증가하는 것은 아니고, 단지 이미 회사 내에 들어와 있는 재산이 장부상 사채에서 자본금으로 이동될 따름이다. 하지만 자본금은 신주의 발행가액만큼 명목상 증가한다.

5. 新株引受權附社債의 新株引受權行使에 의한 新株發行

신주인수권부사채의 사채권자 또는 신주인수권증권의 취득자가 신주인수권을 행사한 경우에는 신주의 청약·배정 등의 절차를 거치지 않고, 그들이 신주발행가액의 전액을 납입한 때에 주주가 된다(제516조의 9). 대용납입의 경우에는 신주의 발행가액을 납입하지 않더라도 신주인수권부사채의 상환에 갈음하여 사채의 발행가액으로 신주의 납입이 있는 것으로 본다(제516조의 2 제 2 항 5호). 이러한 때에는 회사의 자본은 증가한다. 그러나 신주의 발행가액을 추가로 납입하는 경우에 한하여 회사의 재산이 증가한다.

6. 吸收合併에 의한 新株發行

회사가 다른 회사를 흡수합병하는 때에는 존속회사는 해산회사의 전재산을 승계하고, 승계한 재산만큼 신주를 발행하여 해산회사의 주주에게 교부하여야 하므로 그만큼 회사의 재산이 늘고 또 회사의 자본도 증가하는 점에서 보통의 신주발행과 비슷하다. 하지만 흡수합병에 의한 신주발행은 해산회사의 재산이 존속회사에 포괄적으로 이전되고 해산회사의 주주에게 그 지주수에 따라 신주가 교부되는 것인 데 반하여, 보통의 신주발행은 개별적인 출자에 신주가 교부된다는 점에서 차이가 있다.

7. 株式併合·株式分割에 의한 新株發行

주식의 병합은 수 개의 주식을 합하여 종래보다 소수의 주식으로 함을 말하고, 주식의 분할은 기존의 주식을 세분화하여 발행주식총수를 증가시키는 것이다. 주식의 병합 또는 분할은 주식의 수만 증감할 뿐 회사의 자본과 재산에 아무런 변동이 없다. 주식의 병합절차에 관하여는 제440조 아래에서 규정하고 있으나, 주식의 분할에 관하여는 규정이 없다. 자본감소 또는 합병으로 인한 주식의 병합은 자본감소 또는 합병절차에 따라 행하여진다(제440조 아래, 제530조 제 3 항). 주식의 분할은 정관의 절대적 기재사항인 1주의 금액을 변경하게 되므로, 주주총회의 특별결의에 의한 정관변경이 있어야 한다(제289조 제 1 항 4호 참조). 이 때에 1주의 주식은 100원 이상이어야 한다(제329조 제4항).

제 3 절 他人資本의 調達 — 社債의 發行

姜熙甲, 전환사채의 발행요건과 그 전환에 관한 상법상의 문제점, 會社法의 現代的 課題(徐燉玨博士華甲紀念論文集)(1980)/고준환·홍승인, 新株引受權附社債制度에 관한 研究, 商事法研究 5(1987)/김영무·정계성·은창용, 신주인수권부사채의 해외발행, 法律學의 諸問題(劉基天博士古稀紀念論文集)(1988)/朴榮吉, 新株引受權附社債, 現代商事法의 諸問題(李允榮先生停年紀念論文集)(1988)/朴采均, 新株引受權附社債에 관한 법적 고찰, 商事法學 1(1994. 6)/徐廷甲, 新株引受權附社債, 司法行政 281(1984. 5)/禹洪九, 新株引受權附社債, 現代法學의 諸問題(朴元錫博士華甲紀念論文集)(1992)/尹勝郁, 전환사채에 관한 법리적 고찰, 건국대 사회과학 18(1994. 8)/윤영신, 주주와 사채권자의 이익충돌과 사채권자의 보호, 상사법연구 17.1(1998. 6)/李哲松, 轉換社債의 發行에 따르는 몇 가지 문제점, 司法行政 336(1988. 12)/조진원, 新株引受權附社債制度에 관한 研究, 청주대 박사학위논문(1993)/周基鍾, 신주인수권부사채제도의 일고찰, 청주대 법학논집 7(1993. 2)/池應祥, 이익참가사채에 관한 소고, 통영수산전문대학 논문집 29(1993. 12)/崔完碩, 特殊社債에 관한 法的 研究, 강원대 사회과학연구 27(1988. 6)/崔完鎭, 交換社債에 관한 法的 考察, 商事法의 基本問題(李範燦教授華甲紀念論文集)(1993)/崔完鎭, 신주인수권부사채에 관한 법적 문제점 고찰, 現代商事法의 諸問題(李允榮先生停年紀念論文集)(1988)/崔完鎭, 轉換社債에 관한 法的 研究, 商法論叢(鄭熙喆先生停年紀念論文集)(1985)/崔完鎭, 특수사채에 관한 법적 고찰, 고려대 박사학위논문(1988)/洪承仁, 신주인수권부사채의 문제점 소고, 경기대 논문집 22(1988. 7).

제 1 관 總 說

Ⅰ. 社債의 概念

1. 社債의 經濟的 意義

주식회사형태가 자본을 조달하는 방법으로서는 크게 자기자본에 의하는 경우와 타인자본에 의하는 경우가 있다. 주식의 발행이 전자의 예이고, 어음할인이나 당좌대월·사채 등은 후자의 예이다. 특히 사채는 회사사업의 확장이나 구채의 상환 등 주로 장기신용을 목적으로 한다는 점에서 단기신용을 목적으로 하는 어음할인·당좌대월·담보부신용과 구별된다. 그리고 장기자금의 조달에 있어 신주발행의 방법에 의할 때에는 그 신주에 대하여도 이익배당을 하게 되어 배당률이 저하되는 불이익이 생기게 되므로, 공중으로부터 다액이고 장기간에 걸치는 자금을 조달하는 방법으로서 사채제도가 필요하게 된다.

우리나라 경제는 1960년대와 1970년대에 걸친 수출드라이브정책과 고도성장이 자본조달의 측면에서는 제 1 금융권에서의 차입과 해외저축 등 주로 간접금융에 편중되어 왔으나, 1979년의 불황기로 인해 제 1 금융권에서의 자금조달이 거의 불가능해지면서 1980년대 초반부터 회사채의 발행이 증가하고 있다(상장협, 1989년 추계호(제20호), 28쪽).

2. 社債의 法律的 意義

사채는 회사가 일반공중인 투자자로부터 비교적 장기의 자금을 집단적·대량적으로 조달하기 위하여 채권발행의 형식에 의하여 부담한 채권이다.

(1) 社債의 發行者 사채의 발행자는 주식회사이다. 인적회사인 합명회사와 합자회사의 기채에 관하여는 상법에 아무런 규정이 없지만, 사원의 전부 또는 일부가 회사채무에 대하여 연대·무한 책임을 지기 때문에 특별히 채권자보호에 관한 규정을 둘 필요가 없고, 인적 결합이 밀접하여 기채의 결정에 있어서도 구태여 각 사원의 이익보호에 관하여 간섭적 규정을 설정할 필요가 없으므로 반드시 금지되는 것은 아니나 사채를 발행하는 예가 없다. 유한회사에 있어서도 특별한 규정은 없지만, 유한회사의 폐쇄적 성질과 상법 제600조 제 2 항 및 제604조 제 1 항의 취지에서 볼 때, 사채를 발행할 수 없는 것으로 보는 것이 통설이다(최기원, 853쪽; 정동윤, 501쪽).

(2) 社債에 관한 法規制의 特色 사채는 자금조달을 위하여 제 3 자로부터 금전을 차입하고, 그 대가로 일정한 이자를 지급하며, 일정기한이 지나면 원금을 상환하여야 한다는 점에서 보통의 차입금과 같이 순수한 채권이다.

다만, 사채는 대량적·집단적·공중적인 것이므로, 첫째, 집단적인 기채를 위한 특별한 기술적 처리가 요구되며, 다음으로는 대량·장기의 채권이고 또 채권자가 일반대중이기 때문에 특히 사채권자의 보호가 필요하게 된다. 뿐만 아니라 다수의 채권자가 계속적으로 이익이 공통된 입장에 서기 때문에 사채권자의 단체적 취급이 필요하게 된다.

Ⅱ. 社債의 種類

1. 種 類

(1) 擔保附社債와 無擔保社債 사채에 대하여 담보권이 설정되어 있는 것이 담보부사채이고, 그러하지 아니한 것이 무담보사채이다. 상법이 규정하고 있는 것은 무담보사채이며, 담보부사채는 담보부사채신탁법(1962. 1. 20, 법률 제991호)에 규정되어 있고, 동법에 특별한 규정이 없는 한 상법의 사채에 관한 규정이 적용된다.

(2) 記名社債와 無記名社債 사채권에 사채권자의 성명이 기재되어 있는 것을 기명사채라 하고, 기재가 없는 것을 무기명사채라 한다. 양자 사이에는 전환이 인정되나(제480조), 양자는 이전과 입질의 대항요건에 차이가 있다.

(3) 登錄社債와 現物社債 공사채등록법(1970. 1. 1, 법률 제2164호)에 의한 등록기관에 등록을 하였는가의 여부에 따른 분류이다. 등록사채는 사채권을 발행하지 않기 때문에(공사채등록법 제5조 제1항), 이미 채권이 발행된 사채에 대하여 등록을 하고자 하면 사채권을 회수하여야 한다(공사채등록법 제5조 제2항). 이에 대하여 공사채등록법에 의한 등록을 하지 않고 현실로 사채권이 발행되어 있는 사채를 현물사채라 한다. 등록사채의 이전 및 입질은 공사채원부에 등록하지 아니하면 회사 기타의 제3자에게 대항하지 못한다(공사채등록법 제6조).

(4) 普通社債와 特殊社債 사채권자에게 특수한 권리가 부여되어 있는가의 여부에 따른 분류이다. 특수사채에는 전환사채·신주인수권부사채·이익참가부사채·교환사채 및 담보부사채 등이 있다.

2. 2011年 改正商法

상법은 제469조에서 사채의 발행과 관련한 일반규정을 두고 있으며, 그 외 전환사채(제513조)와 신주인수권부사채(제516조의 2)에 대한 규정을 두고 있다. 이론상 주식의 발생을 수반할 가능성이 있는 사채는 기존 주주의 지분비율과 관련되므로 반드시 법적 근거가 있어야 하나, 주식과 연계되지 않는 사채의 경우에는 법적 근거가 없어도 발행가능하다고 보고 있다. 그러나 실무상으로는 통상의 사채 이외의 사채는 명시적인 법적 근거 없이 발행할 수 없다고 보는 견해가 지배적이며, 이에 따라 상법상 사채의 종류와 발행방법을 제한적으로 해석하고 운용하고 있는 상황이었다. 따라서 다양한 종류의 사채가 발행될 수 있도록 하기 위해서는 상법의 개정을 통해 법적 근거를 마련할 필요가 있었다. 이에 2011년 개정상법에서는 사채에는 다음과 같은 사채를 포함할 수 있도록 하였다(제469조 제 2 항): ① 이익배당에 참가할 수 있는 사채, ② 주식이나 그 밖의 다른 유가증권으로 교환 또는 상환할 수 있는 사채, ③ 유가증권이나 통화 그 밖의 대통령령으로 정하는 자산이나 지표 등의 변동과 연계하여 미리 정하여진 방법에 따라 상환 또는 지급금액이 결정되는 사채 등이다. 그리고 이러한 규정에 따라 발행하는 사채의 내용 및 발행방법 등 발행에 필요한 구체적인 사항은 대통령령으로 정하도록 하였다(제469조 제 3 항).

이에 상법 제469조 제 2 항 및 제 3 항에 따라 상법시행령에서는 이익참가부사채, 교환사채, 상환사채, 파생결합사채 등 다양한 종류의 사채의 개념을 정의하고 해당 사채의 발행에 필요한 절차와 발행기준을 마련하였다(상법시행령 제20조 내지 제24조). 즉, 사채권자가 그 사채발행회사의 이익배당에 참가할 수 있는 사채의 발행, 사채권자가 회사가 소유하는 주식이나 그 밖의 다른 유가증권으로 교환을 청구할 수 있는 사채, 회사가 소유하는 주식이나 그 밖의 유가증권으로 상환할 수 있는 사채, 유가증권이나 통화 또는 기타 자산이나 지표 등의 변동과 연계하여 미리 정하여진 방법에 따라 상환 또는 지급금액이 결정되는 사채 등을 발행할 수 있는 절차와 발행기준 등을 마련하였다(상법시행령 제21조 내지 제24조).

(1) 利益參加附社債 상법 제469조 제 2 항 제 1 호에 따라 사채권자가 그 사채발행회사의 이익배당에 참가할 수 있는 사채(이익참가부사채)를 발행하는 경우에 다음 각 호의 사항으로서 정관에 규정이 없는 사항은 이사회가 결정한다. 다만, 정관에서 주주총회에서 이를 결정하도록 정한 경우에는 그러하지 아니하다(상법시행령 제21조 제 1 항): ① 이익참가부사채의 총액, ② 이익배당 참가의 조건 및 내용, ③ 주주에게 이익참가부사채의 인수권을 준다는 뜻과 인수권의 목적인 이익참가부사채의 금액. 주주 외의 자에게 이익참가부사채를 발행하는 경우에 그 발행할 수 있는 이익참가부사채의 가액과 이익배당 참가의 내용에 관하여 정관에 규정이 없으면 상법 제434조에 따른 주주총회의 특별결의로 정하여야 한다(상법시행령 제21조 제 2 항). 상법시행령 제21조 제 2 항에 따른 결의를 할 때 이익참가부사채 발행에 관한 의안의 요령은 법 제363조에 따른 통지와 공고에 적어야 한다(상법시행령 제21조 제 3 항). 더 나아가 이익참가부사채의 인수권을 가진 주주는 그가 가진 주식의 수에 따라 이익참가부사채의 배정을 받을 권리가 있다. 다만, 각 이익참가부사채의 금액 중 최저액에 미달하는 끝수에 대해서

는 그러하지 아니하다(상법시행령 제21조 제 4 항). 한편 회사는 일정한 날을 정하여, 그 날에 주주명부에 기재된 주주가 이익참가부사채의 배정을 받을 권리를 가진다는 뜻을 그 날의 2주일 전에 공고하여야 한다. 다만, 그 날이 상법 제354조 제 1 항의 기간 중일 때에는 그 기간의 초일의 2주일 전에 이를 공고하여야 한다(상법시행령 제21조 제 5 항). 그리고 주주가 이익참가부사채의 인수권을 가진 경우에는 각 주주에게 그 인수권을 가진 이익참가부사채의 액, 발행가액, 이익참가의 조건과 일정한 기일까지 이익참가부사채 인수의 청약을 하지 아니하면 그 권리를 잃는다는 뜻을 통지하여야 한다(상법시행령 제21조 제 6 항). 회사가 무기명식의 주권을 발행하였을 때에는 상법시행령 제21조 제 6 항의 사항을 공고하여야 한다(상법시행령 제21조 제 7 항). 상법시행령 제21조 제 6 항에 따른 통지 또는 제 7 항에 따른 공고는 제 5 항에 따른 기일의 2주일 전까지 하여야 한다(상법시행령 제21조 제 8 항). 상법시행령 제21조 제 6 항에 따른 통지 또는 제 7 항에 따른 공고에도 불구하고 그 기일까지 이익참가부사채 인수의 청약을 하지 아니한 경우에는 이익참가부사채의 인수권을 가진 자는 그 권리를 잃는다(상법시행령 제21조 제 9 항). 한편 회사가 이익참가부사채를 발행하였을 때에는 상법 제476조에 따른 납입이 완료된 날부터 2주일 내에 본점 소재지에서 이익참가부사채의 총액 등 일정한 사항을 등기하여야 한다(상법시행령 제21조 제10항). 그리고 상법시행령 제21조 제10항 각 호의 사항이 변경된 때에는 본점 소재지에서는 2주일 내, 지점 소재지에서는 3주일 내에 변경등기를 하여야 한다(상법시행령 제21조 제11항). 또한 외국에서 이익참가부사채를 모집한 경우에 등기할 사항이 외국에서 생겼을 때에는 그 등기기간은 그 통지가 도달한 날부터 기산한다(상법시행령 제21조 제12항).

(2) 交換社債 　상법 제469조 제 2 항 제 2 호에 따라 사채권자가 회사 소유의 주식이나 그 밖의 다른 유가증권으로 교환할 수 있는 사채(교환사채)를 발행하는 경우에는 이사회가 다음의 사항을 결정한다(상법시행령 제22조 제 1 항): ① 교환할 주식이나 유가증권의 종류 및 내용, ② 교환의 조건, ③ 교환을 청구할 수 있는 기간. 주주 외의 자에게 발행회사의 자기주식으로 교환할 수 있는 사채를 발행하는 경우에 사채를 발행할 상대방에 관하여 정관에 규정이 없으면 이사회가 이를 결정한다(상법시행령 제22조 제 2 항). 그리고 교환사채를 발행하는 회사는 사채권자가 교환청구를 하는 때 또는 그 사채의 교환청구기간이 끝나는 때까지 교환에 필요한 주식 또는 유가증권을 한국예탁결제원에 예탁하여야 한다. 이 경우 한국예탁결제원은 그 주식 또는 유가증권을 신탁재산임을 표시하여 관

리하여야 한다(상법시행령 제22조 제3항). 한편 사채의 교환을 청구하는 자는 청구서 2통에 사채권을 첨부하여 회사에 제출하여야 한다(상법시행령 제22조 제4항). 이러한 청구서에는 교환하려는 주식이나 유가증권의 종류 및 내용, 수와 청구 연월일을 적고 기명날인 또는 서명하여야 한다(상법시행령 제22조 제5항).

(3) 償還社債 상법 제469조 제2항 제2호에 따라 회사가 그 소유의 주식이나 그 밖의 다른 유가증권으로 상환할 수 있는 사채(상환사채)를 발행하는 경우에는 이사회가 다음 각 호의 사항을 결정한다(상법시행령 제23조 제1항): ① 상환할 주식이나 유가증권의 종류 및 내용, ② 상환의 조건, ③ 회사의 선택 또는 일정한 조건의 성취나 기한의 도래에 따라 주식이나 그 밖의 다른 유가증권으로 상환한다는 뜻. 그리고 주주 외의 자에게 발행회사의 자기주식으로 상환할 수 있는 사채를 발행하는 경우에 사채를 발행할 상대방에 관하여 정관에 규정이 없으면 이사회가 이를 결정한다(상법시행령 제23조 제2항). 한편 일정한 조건의 성취나 기한의 도래에 따라 상환할 수 있는 경우에는 상환사채를 발행하는 회사는 조건이 성취되는 때 또는 기한이 도래하는 때까지 상환에 필요한 주식 또는 유가증권을 한국예탁결제원에 예탁하여야 한다. 이 경우 한국예탁결제원은 그 주식 또는 유가증권을 신탁재산임을 표시하여 관리하여야 한다(상법시행령 제23조 제3항).

(4) 派生結合社債 상법 제469조 제2항 제3호에 따라 유가증권이나 통화 또는 그 밖에 제20조에 따른 자산이나 지표 등의 변동과 연계하여 미리 정하여진 방법에 따라 상환 또는 지급금액이 결정되는 사채(파생결합사채)를 발행하는 경우에는 이사회가 다음 각 호의 사항을 결정한다(상법시행령 제24조): ① 상환 또는 지급 금액을 결정하는 데 연계할 유가증권이나 통화 또는 그 밖의 자산이나 지표, ② 제1호의 자산이나 지표와 연계하여 상환 또는 지급 금액을 결정하는 방법.

Ⅲ. 社債契約의 性質

사채발행회사와 사채권자 사이의 사채계약의 성질에 관하여는 소비대차설·무명계약설·채권매매설 및 절충설(구분설) 등이 있으나, 소비대차와 유사한 무명계약이라고 본다(동지: 최기원, 860쪽; 채이식, 719쪽). 각 설의 주장근거와 타 학설에 대한 비판은 다음과 같다.

(1) 債券賣買說 사채응모자는 사채가 채권매출의 방법에 의하여 발

행되든 않든 사채금을 납입하여 사채권을 취득함으로써 사채권 위의 권리자가 되는 것이므로, 사채계약은 사채권의 매매라고 하는 것이 사채발행의 실정에 맞고 그 법률관계의 합리적인 설명이라고 한다(정찬형, 597쪽; 서돈각, 426쪽).

소비대차설에 의하면 사채에는 회사가 받는 금액과 상환할 금액이 동액이어야 할 필요가 없다는 점을 설명하기 어렵고, 또 무명계약설에 있어서는 소비대차에 유사한 무명계약이라고 하지만 사채계약의 본질해명에 적극적인 의미가 없다. 또한 채권을 요인증권으로 이해하는 결과 채권자의 안전을 해치게 된 점, 사채를 하나의 통일적 채권으로 이해하는 까닭에 사채의 총액이 응모되지 아니한 때에는 사채 전부가 성립되지 아니한 것으로 보지 않을 수 없다는 결점이 있다고 한다. 이에 반해 구분설은 사채계약의 성질을 통일적으로 파악하지 못한 결점이 있다고 한다.

(2) 消費貸借說 사채의 발행과 인수에 있어 당사자의 목적은 경제적으로나 법적으로나 금전채권·채무를 발생시키는 데 있으므로 소비대차로 보는 것이 타당하다고 한다(이철송, 876쪽). 채권매매설에 대해서는 사채계약은 사채인수시에 성립함에 대해 채권발행은 사채액납입 후에 이루어지므로 시기적으로 부합하지 않고, 또 인수자의 목적이 채권의 취득에 있다기보다는 회사에 대한 채권의 취득에 있으므로 적절한 설명이라 할 수 없다고 한다.

(3) 消費貸借와 유사한 無名契約이라는 說 채권의 발행은 사채계약 성립의 효과라고 할 수 있으므로 일반적으로 사채계약은 소비대차에 유사한 무명계약이다(최기원, 860쪽; 채이식, 719쪽). 이 설을 택하면 매출발행의 경우를 설명하지 못한다는 비판이 있으나, 이는 특별법에 의한 예외적인 경우로 본다.

(4) 折 衷 說 일반적으로 사채계약은 소비대차와 유사한 무명계약이지만, 금융채권에 관하여 인정되는 매출발행의 경우에는 채권의 매매로 볼 수 있다고 한다(손주찬, 894쪽; 정동윤, 504쪽). 이 설에서는 무명계약설은 매출발행의 경우의 특성을 밝히지 못하는 흠이 있으며, 채권매매설은 사채금액의 납입 후 채권의 교부 전에 사채권자가 이미 사채권을 가지는 것을 설명할 수 없다는 비판을 가한다.

Ⅳ. 過去 社債一般에 관한 商法의 改正과 2011年 改正商法

1984년의 개정법은 사채일반에 관하여 사채발행한도를 2배로 확대하고 사채금액을 1만 원 이상으로 인상하였을 뿐 아니라, 사채등기제도를 폐지하고 수탁회사에 증권회사를 추가하였다. 그리고 1995년의 개정법은 사채발행한도를 더욱 확대하여 회사에 현존하는 순자산액의 4배까지 발행할 수 있도록 하여 그 규제를 완화하였다.

1. 社債總額限度

사채의 총액한도에 관하여 1984년의 개정법은 구법보다 2배 확대하여 "자본과 준비금의 2배" 또는 "회사의 현존 순재산액이 자본과 준비금의 총액에 미달되는 경우에는 순재산액의 2배"의 범위 내에서 사채를 발행할 수 있도록 하였다(1984년 개정법 제470조 제 1 항·제 2 항).

1962년 제정법은 사채총액한도를 엄격히 제한하여 사채의 총액은 회사의 순재산액의 범위 내에서 자본과 준비금의 총액을 초과하지 못하도록 하였다. 이것은 사채권자를 보호하기 위하여 회사채권자의 유일한 담보인 회사재산액 이상으로 사채를 발행하지 못하도록 하려는 취지였다. 그러나 상법상의 사채총액한도규정은 사채모집시의 제한에 불과하여 사채모집 후 자본감소 등이 있는 경우에는 사채총액한도가 무의미하게 되고, 또한 은행대출 등 사채이외의 방법에 의한 회사채무에 대하여는 아무런 제한이 없어 법이 예정하는 사채권자보호의 취지는 실질적으로 효과를 거두기 어려운 상태였다.

게다가 자금공급보다 자금수요가 만성적 초과현상을 빚어 대부분 단기악성부채에 의존하고 있는 우리 기업의 실정에서는 사채총액을 제한한다는 것이 기업의 자금조달의 길만 막고 실효성이 미약하며, 결국 운영자금의 고갈로 흑자도산만 속출시키는 결과를 초래할 우려도 있다. 따라서 이론적으로나 실제적으로 불합리한 사채총액의 제한을 엄격히 고집할 것이 아니라, 그 제한을 과감히 완화하여 기업자금조달의 편의를 도모할 필요가 있다. 여기서 1984년의 개정법은 이와 같은 이론적·실제적인 필요에 따라 사채총액한도를 2배로 확대하였던 것이다. 그러나 1984년 개정법 제470조가 회사에 현존하는 순재산액이 자본과 준비금의 총액과 같거나 총액을 넘는 경우는 제 1 항에서, 그 총액에 미달하는 경우는 제 2 항에서 각각 규정하였으나 1995년의 개정법은 제470조 제 2 항을 삭제하고 "사채의 총액은 최종의 대차대조표에 의하여 회사에 현존하는 순자산액의 4배를 초과하지 못한다"(제470조 제 1 항)고 하여 자본과 준비금의 총액에 관계 없이 회사에 현존하는 순자산액만을 기준으로 하여 사채총액한도를 확대하였다.

이와 같이 상법은 사채의 상환능력을 고려하여 발행한도를 회사의 현존하는 순자산액의 4배를 초과하지 못하도록 하고 있었다(제470조 제1항). 즉 회사가 상환능력을 초과하는 사채를 발행하여 지급불능에 처할 위험을 막기 위해 사채총액을 제한하고 있었던 것이다. 그러나 회사에 대해 사채총액을 제한하는 경우 그 위험성이 더 큰 은행대출 등의 방법으로 자금을 조달하게 되며, 따라서 동 규정은 실효성이 없다는 비판을 받고 있었다. 이에 2011년 개정상법은 사채총액을 제한하고 있는 상법 제470조 제1항을 삭제하며, 사채총액제한제도가 폐지됨에 따라 사채총액의 계산에 대해 정하고 있는 제470조 제3항도 의미가 없어지므로 함께 삭제하였다.

구상법 제471조의 사채모집의 제한규정은 사채의 남발을 억제하기 위한 조항으로 분할납입의 경우에 적용된다. 그러나 현실적으로 분할납입의 방식으로 사채를 발행하는 예가 없으며, 따라서 본조가 적용될 가능성은 거의 없었다. 또한 납입완료 전에 새로운 사채를 발행하는 것이 항상 사채남발에 해당한다고 볼 수 없으며, 위 규정을 위반하여 발행된 사채도 유효하게 보고 있기 때문에 동 규정은 실효성이 없으나 사채발행의 기동성을 저해하는 요소가 되고 있었다. 이에 2011년 개정상법에서는 사채모집을 제한하는 제471조 규정을 삭제하였다.

2. 社債의 金額

1962년 제정상법에서 '100원 이상'으로 되어 있는 사채의 금액을 1984년의 개정법이 '10,000원' 이상으로 인상·조정하였다(제472조 제1항). 제정상법의 사채금액 '100원 이상'은 너무 비현실적일 뿐 아니라 사채권발행비용에도 미치지 못하는 금액이었기 때문이었다. 이는 당시 주식회사의 주금액과 유한회사의 출자단위금액을 각각 5,000원 이상으로 인상한 것과 균형을 맞춘 것이기도 하였다.

2011년 개정전 상법은 사채의 금액을 10,000원 이상이어야 하며, 동시에 동일한 종류의 사채금액은 균일하든가, 또는 최저액으로 정제할 수 있어야 한다고 정하고 있었다(구상법 제472조). 이는 주금이 일정액으로 정해져 있는 것과 균형을 맞추기 위한 것이며, 또한 사채의 최저액마다 1개의 의결권을 부여하고 있기 때문에(제492조 제1항) 의결권산정을 용이하게 하기 위한 것이라고 평가되고 있었다. 그러나 무액면주식의 도입으로 주금이 의미가 없어진 상황이며, 아울러 의결권의 산정도 미상환사채의 합계액을 기준으로 하는 것이 타당하므로 사채금액을 제한할 필요성에 의문이 제기되고 있었다. 이에 2011년 개정상법은 사채금액을 정하고 있는 제472조 제 1 항 및 제 2 항을 삭제하였다.

3. 社債登記制度

(1) 一般社債의 登記制度廢止 1984년의 개정법은 사채등기에 관한 구법 제477조를 삭제하여 사채등기제도를 폐지하였다.

1962년 제477조는 사채의 납입 후 일정기간 내에 등기를 할 것과 그 등기사항 등에 관하여 규정하고 있었다. 그 이유는 사채에 관한 사항이 회사기업에 중대한 관계가 있고, 주주·회사채권자 및 회사와 거래하는 일반공중에 공시할 필요성이 있기 때문이었다. 그러나 사채는 자본과는 달리 회사의 조직 자체와 직접 관계가 없고, 일정기간 후에 상환하여야 할 채무에 불과하므로 공시할 실익이 거의 없다. 또 이것은 사채 이외의 다른 회사채무에 대하여 등기를 하지 않는 것과도 균형이 맞지 않는다. 실무상으로도 별로 필요도 없이 사채에 관한 등기를 하게 되어 회사의 사무량만 늘게 되고, 회사등기부만 두텁게 만드는 결과를 초래하였다.

이러한 관점에서 1984년의 개정법은 등기사무의 간소화를 실현하기 위하여 사채등기에 관한 구법 제477조를 삭제하여 사채등기제도를 폐지한 것이다.

(2) 轉換社債 및 新株引受權附社債의 登記制度存置 위와 같이 일반사채의 등기제도는 폐지되었지만, 전환사채와 신주인수권부사채는 장래 주식으로 전환될 가능성이 있는 잠재적 주식이므로 등기에 의하여 공시할 필요가 있다. 따라서 1984년의 개정법은 전환사채와 신주인수권부사채에 관하여 등기제도를 존치하여 그 사채의 납입이 완료되는 날로부터 본점소재지에서는 2주간 내, 지점소재지에서는 3주간 내에 등기를 하도록 하였다(제514조의 2 제1항, 제516조의 7). 그러나 1995년의 개정법은 좀더 회사의 편의를 도모하기 위해 지점소재지에서의 등기는 하지 않는 것으로 하였다(제514조의 2 제1항, 제516조의 7). 그리고 합병으로 인하여 사채를 승계한 때도 일반사채의 등기는 할 필요가 없지만, 전환사채나 신주인수권부사채를 승계한 때에는 이에 관한 등기를 하여야 한다(제528조 제 2 항).

4. 受託會社資格에 證券會社追加

정부에서는 무담보사채의 발행을 유도하고 있는데, 이 경우 사채권자의 보호를 위한 제도적 장치로서 상법상 수탁회사와 사채권자집회가 있다. 1962년 상법상으로는 수탁회사의 자격이 은행 또는 신탁회사에 한정되어 있어(구상법 부칙 제6조) 은행이나 신탁회사가 인수회사로 되고, 다시 인수모집에 있어서 증권회사가 개입하게 되어 발행회사측에서 보면 수탁회사에 대한 보수와 인수기관에 대한 수수료를 이중으로 부담하는 불합리가 있었다. 그렇게 되면 발행비용이 높아져 무담보사채는 도저히 발행할 수 없게 되는 결과가 초래되었다.

따라서 증권회사도 구 증권거래법에 의하여 일정규모 이상의 회사이고 인수모집까지 할 수 있는 회사이므로, 수탁회사의 자격을 주는 것이 합리적이라 하여 1984년의 개정법은 구 상법 부칙 제6조를 개정하여 은행이나 신탁회사 이외에 증권회사도 수탁회사가 될 수 있도록 하였다. 2011년 개정상법에 의하면 수탁회사가 사채관리회사로 되었으며 그 자격은 은행, 신탁회사, 대통령령이 정하는 자가 된다(제480조의 3 제1항).

제2관 社債의 募集

1. 社債總額의 制限 前除

1995년 개정법에서 사채의 총액은 최종의 대차대조표에 의하여 회사에 현존하는 순자산액의 4배를 초과하지 못하도록 하였다(제470조 제1항). 이전에는 사채총액은 자본과 준비금의 2배를 초과하지 못하며(구법 제470조 제1항), 최종의 대차대조표에 의하여 현존하는 순재산이 이것보다 적을 때에는 그 액의 2배를 초과하지 못하게 하고 있었다(구법 제470조 제2항).

이러한 규정은 사채권자의 이익보호를 목적으로 설정되어진 것이지만, 실제에 있어 얼마나 실효성이 있는지는 의심스러웠다. 즉 ① 사채발행의 한도라는 것이 사채발행시의 제한일 뿐 그 제한이 채권발행 후까지 미치지 못하고, ② 본조 소정의 발행한도 내에서 사채를 발행한 회사가 그 후에 개별적 차입의 방법으로 얼마든지 다액의 채무를 부담할 수 있으며, 이를 막을 길이 없기 때문이었다. 이에 따라 1995년 개정법은 1984년 상법 제470조 제2항을 삭제하고, 사채의 발행한도를 더욱 확대하였다. 그리고 2011년 개정상법에서는 상법 제470조를 삭제하여 사채총액의 제한을 없앴다.

2. 社債發行의 方法

(1) 公募發行 일반공중으로부터 공모하는 방법으로서(제474조) 다시 4가지 방법이 있다.

A. **直接募集** 회사 자신이 직접 공중으로부터 모집하는 방법으로서 상법은 이를 중심으로 규정하고 있으나, 사채모집이 전문화된 근자에는 거의 사용되지 않고 있다.

B. **委託募集** 회사가 특정회사에 사채의 발행을 위탁하는 방법이며, 이 경우에는 수탁회사는 자기의 명의로 기채회사를 위하여 사채청약서의 작성이나 사채의 납입 등의 모든 절차를 행한다(제476조 제2항). 그러나 은행, 신탁회사 또는 증권회사가 아니면 사채모집의 위임을 받지 못하며(부칙 제6조), 자본시장법은 사채모집의 주선 등을 할 수 있는 자를 금융투자업자에 한정하고 있다(자본시장법 제11조 이하 참조).

C. **都給募集**(委託引受募集) 수탁회사가 사채모집의 주선을 하고, 나아가 응모잔액을 스스로 인수하는 방법이다(제474조 제2항 14호). 자본시장법은 사채의 인수를 할 수 있는 자를 금융투자업자로 한정하고 있으므로, 사채모집의 사채관리회사(은행·신탁회사)가 응모잔액을 인수하는 방법은 쓰이지 않고 있다. 그리하여 발행회사는 은행 등과의 사이에 인수 및 모집주선계약을 체결한다. 이 방법을 위탁인수모집이라고도 부르며, 현재 널리 이용되고 있다.

D. **賣出發行** 사채의 총액을 확정하지 않고 일정한 매출기간을 정하여 이미 완성된 사채권을 일반공중에 대하여 개별적으로 매출하는 방법이다. 매출발행은 발행회사가 직접 공중을 상대로 하여 모집하는 것인데, 사채청약서의 작성을 요하지 않고 일정한 사항을 공고만 하면 되므로 그 절차가 매우 간단하다. 특히 한국산업은행이 발행하는 산업금융채권 및 한국외환은행이 발행하는 외국환금융채권 등 특별법에 의하여 인정되고 있다(산업은행법 시행령 제28조; 외환은행법 시행령 제21조).

(2) **總額引受의 方法** 특정인으로 하여금 사채총액을 일괄하여 인수시키는 방법이며(제475조), 기채회사는 사채총액을 인수시키고, 인수인은 그 인수한 사채를 매출하여 그 차액을 이득하는 것이다. 이 점에서 수탁회사가 단순히 보수를 받는 위탁모집의 경우와 다르다.

(3) 이상의 방법 중 직접모집과 매출발행은 회사가 직접 공중에 대하여 발행하는 경우이며(직접발행), 그 외의 다른 방법들은 다른 자를 개입시켜 간접으로 공중에 대하여 사채를 발행하는 경우이다(간접발행).

3. 社債發行의 節次

(1) **理事會의 決議** 사채를 모집하려면 이사회의 결의가 있어야 한다(제469조). 이러한 결의를 거치지 아니하고 대표이사가 사채를 모집한 경우에도 이는 유효하다. 왜냐하면 사채발행은 단순히 업무집행행위이고, 사채권자인 일반공중을 보호하고, 그 유통을 보호하여야 하기 때문이다(통설).

사채는 회사의 자본조달을 위한 수단으로서 필요시 기동적으로 발행하는 것이 필요하다. 2011년 개정상법에서 사채발행권한을 대표이사에게 위임하여 사채발행의 기동성을 확보하였다(제469조 제4항). 즉 정관에서 정하는 바에 따라 이사회는 대표이사에게 사채의 금액 및 종류를 정하여 1년을 초과하지 아니하는 기간 내에 사채를 발행할 것을 위임할 수 있도록 하였다.

(2) 社債契約의 成立　사채의 모집에 대한 청약은 사채청약서 2통에 기명날인 또는 서명하여야 한다(제474조 제1항). 사채청약서는 발행회사의 이사가 작성하는 것이 원칙이지만(제474조 제2항), 예외로 수탁회사가 작성하기도 한다(제476조 제2항). 사채청약서에 의하지 아니한 사채청약 및 중요한 기재사항을 빠뜨린 사채청약서에 의한 청약은 무효라고 본다(동지: 정찬형, 602쪽; 정동윤, 508쪽). 사채총액을 인수하는 경우(제475조 1문)와 수탁회사가 스스로 사채의 일부를 인수하는 경우(제475조 2문) 및 채권매출의 방법에 의할 때에는 사채청약서를 필요로 하지 않는다.

청약에 대하여 기채회사 또는 수탁회사가 자유로이 배정을 함으로써(배정자유의 원칙) 사채계약이 성립한다. 일설은 사채의 통일적 일체성을 근거로 하여 사채의 모집총액에 대한 응모가 없는 경우에는 사채모집은 전체로서 성립하지 않는다고 풀이하고 있다. 그러나 사채청약서에 의한 응모총액이 사채총액에 미달하는 경우에는 응모총액을 한도로 하여 사채를 성립시킨다는 취지의 조항을 삽입한 때에는 사채 전체가 성립하지 아니하는 것은 아니고, 또 그러한 조항이 없더라도 신주발행의 경우에 발행결의에서 정한 신주(제416조 제1항)의 전부에 관하여 인수·납입이 없어도 인수·납입된 부분만으로 신주발행의 효력이 발생하는 것과(제423조 제1항·제2항) 균형을 맞추어야 한다는 점에서 사채모집의 경우에도 마찬가지로 풀이하는 것이 타당하다(정동윤, 508-509쪽; 이철송, 893쪽; 정찬형, 602쪽, 893쪽).

(3) 納　入　사채모집이 완료되면 이사 또는 수탁회사는 지체없이 각 인수인에 대하여 그 사채의 전액 또는 제1회의 납입을 시켜야 한다(제476조). 납입지체에 대하여는 회사설립에 있어서의 주식모집과 같은 실권절차는 인정되지 아니하며, 주식납입의 경우와 달리 납입장소의 제한(제302조 제2항 9호)도 없다.

4. 資本市場法에 의한 規制

사채를 공모하여 발행하는 경우에 소정의 방법에 따라 산출된 50인 이상의 투자자에게 새로 발행되는 증권의 취득의 청약을 권유하는 경우에는 자본시장법의 적용을 받게 된다(자본시장법 제9조 제7항; 동 시행령 제11조).

5. 社債의 電子登錄

종래 공사채등록법에 의해 등록한 사채의 경우, 채권을 발행하지 않도록 하는 등 일정한 조건을 갖추고 있는 경우 채권불발행을 원칙으로 하고 있다.

상법은 사채권의 발행을 원칙으로 하고 있다. 그런데 2011년 개정상법의 경우에 전자등록부에 등록제도 등을 추가하였다. 채권을 발행하는 대신 개정법 제356조의 2 제 1 항에 따라 지정된 전자등록기관의 전자등록부에 사채권자의 권리를 등록하는 때에는 그 뜻을 사채청약서에 기재하도록 하였다(제474조 제 2 항). 최근 주식을 비롯한 많은 유가증권의 전자화가 진행되고 있으며, 일본의 경우 전자채권제도가 도입됨으로 인해 서면유가증권의 발행이 점차 사라지고 있는 상황을 우리도 반영한 결과이다.

한편 2016년 3월 22일 주식·사채 등의 전자등록에 관한 법률(법률 제14096호)(이하 '전자증권법'이라 함)이 제정되었다. 전자증권법의 제정이유는 다음과 같다: 종래 우리나라는 전자단기사채 등을 제외하고 대부분의 유가증권은 직접 증서를 발행하는 실물발행 방식으로 관리되고 있는데, OECD 34개국 중 우리나라를 제외한 31개국 및 중국은 실물증권을 발행·교부하지 않고 전자적인 방식으로 권리를 등록함으로써 권리내용을 인정하고 권리의 이전·담보설정 및 행사가 이루어지고 있다. 전자증권제도를 도입하면 실물증권 발행비용을 절감할 수 있고 실물증권의 보관·관리에 따른 위험요소가 제거되며 조세회피 및 자금세탁 등 음성적 거래의 원천적 차단을 통해 증권거래 및 보유실명제를 도입하는 효과가 발생함은 물론 발행·유통정보의 신속한 제공을 통해 투자자 보호 및 공정거래 질서 확립에 크게 기여할 것으로 예상된다. 이에 전자증권제도의 도입을 위한 법률을 제정함으로써 증권의 발행·유통 및 권리행사를 원활하게 하여 자본시장의 효율성을 제고하려는 것으로, 전자등록의 대상이 되는 권리, 제도 운영기관, 계좌의 개설 및 계좌부의 작성, 전자등록의 신청 등 절차, 전자등록의 효력 및 주식 등에 대한 권리 행사, 전자등록의 안정성 확보 등을 위한 검사·감독 등을 정함으로써 주식·사채 등의 전자등록에 관한 규율을 마련하려는 데에 그 입법의 취지가 있다. 전자증권제도란 유가증권의 실물을 발행하지 아니하고 재산적 권리를 등록기관의 전자적 증권등록부상 등록(registration)하는 것만으로 증권이 표창하는 권리의 권리자 및 권리내용을 인정하고, 이러한 권리의 양도·담보설정 및 권리행사 등을 인정하는 증권제도이다. 전자증권법은 증권의 발행·유통 및 권리행사를 원활하게 하여 자본시장의 효율성을 제고하고, 발행인, 권리자, 그 밖의 이해관계인의 권익을 보호함으로써 자본시장의 건전성과 효율성을 높이기 위해 제정되었다(전자증권법 제 1 조). 전자증권제도는 기존의 권리 화체 방식인 유체물(종이)에 의한 표창 대신에 정보처리능력을 가진 전자적 장치에 의하여 작성되는 전자적 증권등록부상 등록을 새로운 권리표창방식으로 인정하는 제도이다. 전자증권제도하에서의 투자자의 증권거래는 중앙등록기관이 관리하는 증권등록부상에서 양도인과 양수인 사이의 계좌대체에 의하여 이전·등록되는 것이다. 따라서 전자증권제도는 권리이전 방법의 '전자적 장부화'라 할 수 있다.

제 3 관 社債의 流通

1. 債券과 社債

(1) 債 券

A. 債券의 意義와 性質 사채총액에 대한 분할채무증서로서 채권증권성·환수증권성·문언증권성을 갖는 유가증권을 채권 또는 사채권이라고 한다. 채권을 기채회사의 채무약속을 표창하는 무인증권이라고 보는 견해도 있으나(서정갑, 320쪽), 매출발행에 의한 경우를 제외하고는 사채계약상의 권리를 표창하는 요인증권이라고 본다(동지: 서돈각, 468쪽; 손주찬, 818쪽; 정동윤, 510쪽).

B. 債券의 發行 채권에는 법정기재사항과 번호를 기재하여 대표이사가 기명날인 또는 서명하여야 한다(제478조 제 2 항). 채권은 사채 전액의 납입이 완료한 후가 아니면 발행하지 못한다(제478조 제 1 항). 이를 위반하면 과태료의 제재가 있다(제635조 제 1 항 24호). 사채금액의 납입이 완료되기 전에 발행된 채권의 효력에 대해서는 다툼이 있다. 채권을 무인증권으로 보는 견해에 따르면 그것은 당연히 유효하지만, 이를 요인증권으로 보는 입장에서는 유효설·무효설로 나뉜다. 생각건대 이 규정의 취지는 회사의 이익을 도모하기 위한 것이므로 회사가 스스로 그 이익을 포기하고 채권을 발행한 것이므로 유효라고 보는 것이 타당하다(정동윤, 510쪽). 채권의 종류에는 기명식과 무기명식이 있으며, 사채권자는 원칙적으로 언제든지 양자간의 전환을 청구할 수 있으나(제480조 1문), 이사회가 사채발행의 조건으로 어느 한 종류로 발행할 것을 정한 때에는 그러하지 아니하다(제480조 2문).

2011년 개정상법에서는 사채의 전자등록제도 도입에 따라 채권을 전자등록부에 등록할 수 있도록 하였다(제478조 제 3 항). 즉 회사는 제478조 제 1 항의 債券을 발행하는 대신 정관에서 정하는 바에 따라 제356조의 2 제 1 항에 따라 지정된 전자등록기관의 전자등록부에 債權을 등록할 수 있다. 그리고 이 경우 개정법 제356조의 2 제 2 항부터 제 4 항까지의 규정을 준용한다.

C. 登錄社債에 있어서의 債券의 不發行 공사채등록법은 사채에 관하여 등록제도를 채용하여 등록기관(은행·신탁회사)에 등록된 사채에 관하여는 채권을 발행하지 않고, 또 이미 채권이 발행된 사채를 등록한 때에는 등록기관이 채권을 회수하여야 한다(공사채등록법 제5조).

D. 債券의 再發行 기명채권에 관하여는 공시최고에 의한 제권판결이 인정되지 않지만, 무기명채권을 상실한 경우에는 상실자는 공시최고의 절차에 따라 제권판결을 얻어 채권의 재발행을 청구할 수 있다(제360조 참조)(동지 : 최기원, 869쪽; 정동윤, 510쪽).

(2) 社債原簿 사채원부라는 것은 사채, 사채권 및 사채권자에 관한 사항을 명백히 하기 위하여 작성되는 장부이며(제488조), 이사가 작성·보존할 의무를 부담한다(제396조). 사채원부의 기재사항은 법정되어 있으며(제488조), 이 원부의 기능은 주주명부와 같다(제489조 제 1 항, 제353조). 그러나 사채는 주식과는 달리 무기명식으로 발행되는 것이 보통이므로 큰 의의는 없다.

(3) 社債登錄簿 공사채등록법에 의한 사채의 등록을 위하여 등록기관이 비치하여야 할 장부이며(공사채등록법 제 9 조), 등록사채권자 이외의 이해관계인의 열람, 등·초본의 교부의 청구에 응하여야 된다(공사채등록법 제12조). 사채등록부는 등록사채의 이전의 대항요건을 갖추는 데 그 뜻이 있다(공사채등록법 제 6 조).

2. 社債의 讓渡와 入質

(1) 無記名社債의 讓渡와 入質 상법에는 규정이 없으므로 민법의 규정(민법 제351조, 제523조)에 의한다. 즉 무기명사채의 양도는 양수인에게 채권을 교부함으로써 효력이 있고, 입질도 질권자에게 채권을 교부함으로써 효력이 생기고, 계속 점유함으로써 제 3 자에게 대항할 수 있다.

(2) 記名社債의 讓渡와 入質

A. 記名社債의 讓渡方法 이에 관하여 상법에는 특별한 규정이 없다. 그러나 기명사채의 성질이 일종의 지명채권이라 할 수 있으므로 그 양도는 의사표시만으로 할 수 있다 할 것이고, 채권이 발행되어 있는 경우에는 채권의 교부가 양도의 효력발생요건이라고 풀이할 것이다(통설)(정찬형, 606쪽; 정동윤, 511쪽; 이철송, 883쪽; 채이식, 672쪽; 최기원, 870쪽). 기명사채를 지시식으로 발행할 수 있는가에 관하여 다툼이 있는데, 이를 긍정하는 견해도 있으나(서돈각, 469쪽; 손주찬, 819쪽; 이철송, 883쪽) 부정하는 견해에 찬성한다(동지 : 정찬형, 606쪽; 정동윤, 512쪽; 최기원, 870쪽).

기명사채를 양도한 경우에 회사 기타 제 3 자에게 대항하기 위하여는 취득자의 성명과 주소는 사채원부에 기재하고(명의개서), 또 그 성명을 채권에 기재하여야 한다(제479조 제1항). 명의개서대리인을 둔 경우에는 그 영업소에 비치된 사채원부 또는 복본에 명의개서를 하여도 된다(제479조 제2항, 제337조 제2항).

B. 記名社債의 入質 기명사채의 입질도 의사표시와 채권의 질권자에 대한 교부로써 효력이 생긴다. 입질의 경우에도 상법에 규정이 없으므로 민법의 규정에 따를 수밖에 없다. 입질의 대항요건에 관하여는 견해가 나뉘는데, 입질의 대항요건을 양도의 대항요건과 달리할 이유가 없고 민법의 규정은 집단적·공중적 채권에 적합하지 않으므로 기명식이나 지시식을 가릴 것 없이 상법 제479조를 유추적용해야 한다는 견해(이철송, 883쪽), 그리고 상법 제338조, 제340조를 유추적용하자는 견해(김용태, 414쪽) 등이 있으나 민법 제349조를 유추적용하여 사채발행회사에 대한 통지나 승낙이 있어야 회사에 대항할 수 있다는 다수설에 찬성한다(동지 : 정찬형, 607쪽; 최기원, 872쪽; 정동윤, 512쪽).

C. 還買條件附社債의 賣買 채권을 일정기간 후에 일정가액으로 환매할 것을 조건으로 매도하는 것과 일정기간 후 일정가액으로 환매할 것을 조건으로 매수하는 것을 이르는 말이다.

(3) 善意取得 기명증권이든 무기명증권이든 금전의 급여를 목적으로 하는 유가증권은 당연히 상법 제65조가 준용하는 민법 제514조가 적용되어 선의취득이 인정되어야 할 것 같으나, 기명채권의 경우에는 그 점유의 자격수여력이 없으므로 선의취득이 인정되지 않고 무기명채권의 경우에만 선의취득이 인정된다고 할 것이다(동지 : 최기원, 869쪽; 정동윤, 513쪽).

3. 社債의 利子支給

A. 利券의 첨부 사채에는 이자가 붙는데, 이자의 지급은 사채계약에서 정한 바에 따른다. 무기명채권에는 이권이 붙는 것이 보통이며, 이 경우에는 이권과 상환으로 이자를 지급하게 된다. 이권은 각 이자지급기에 발생하는 이자지급청구권을 표창하는 유가증권으로서 무기명증권이며, 채권에서 분리되어 독립적으로 유통의 대상이 된다. 이자지급청구권의 소멸시효는 5년이다(제487조 제3항).

B. 利券의 流通 채권과 이권은 각각 독립하여 유통의 대상이 될 수 있는 까닭에 회사가 무기명사채를 기한 전에 미리 상환하는 경우에는 이권 중에서 흠결된 것이 있게 된다. 이러한 경우에는 흠결된 이자지급기미도래의 이권의 권면액에 상당한 금액을 사채상환액에서 공제하여 사채를 지급한다

(제486조 제1항). 그 후 이권소지인은 언제든지 이권과 상환하여 그 공제금액의 지급을 청구할 수 있다(제486조 제2항). 회사가 기한 전에 무기명사채를 미리 상환하는 경우에 이미 지급기가 도래한 이권이 흠결된 때에는 이것을 공제할 수 없다는 견해가 있으나, 이권이 상환증권임에 비추어 보면 역시 공제하여야 한다고 풀이할 것이다(정동윤, 514쪽. 이설 : 이철송, 885-886쪽. 상환증권이라는 점에서는 이를 공제하여야 하나, 상환금액(원금)에서 이를 공제할 이유가 없다고 보는 입장으로는 정찬형, 608쪽).

4. 社債의 償還

회사가 사채권자에 대하여 그 부담하는 채무를 변제하는 것을 사채의 상환이라 한다.

A. 償還金額 상환의 방법과 기한은 사채발행조건에 의하여 정하여지며, 사채청약서, 사채권 및 사채원부의 기재사항이다(제474조 제2항 8호, 제478조 제2항, 제488조 3호). 상환금액은 권면액인 것이 보통이지만 사채권자평등의 원칙에 반하지 않는 한 할증액을 붙일 수도 있고(할증상환)(구 상법 제473조), 상환시에 지급하는 금액을 권면액으로 하고 발행시부터 상환시까지의 이자합계액을 차감한 금액으로 사채를 발행할 수도 있다(할인발행).

구 상법 제473조에서 권면액초과상환에 대해 제한을 하고 있는 이유는 사채권자평등의 원칙을 반영함과 동시에 추첨 등에 의한 사행심의 자극을 방지하기 위한 것이었다. 그런데 2011년 개정상법에서는 사행심에 대한 규제는 상법의 규율대상이 아니라는 이유로 동 규정을 삭제하였다. 그런데 구 상법 제473조는 사행심에 대한 규제이기에 앞서 사채권자평등의 원칙, 공평의 원칙을 위한 것이었으며, 동 규정을 위반하는 사채발행의 경우 무효로 보고 있었다. 따라서 아무런 대안 없이 동 조항을 삭제하는 것은 문제가 있다.

B. 償還의 期限과 方法 기한의 약정이 있는 경우에도 만기 전에 사채의 일부 또는 전부를 상환하는 것이 인정된다(임의상환). 사채의 임의상환을 할 수 있는 기간에 관하여는 사채발행 후 일정한 거치기간을 정하고, 그 후 매년 일정금액의 정기상환을 규정하거나(정기분할상환) 일시상환을 규정하는 것이 보통이며, 이 거치기간중에는 사채권자의 의사에 반하여 상환할 수 없다.

사채의 상환은 채권과 상환하여야 하나 등록사채의 경우에는 등록기관이 지급장소를 통지하는 동시에(공사채등록법 시행규칙 제46조), 사채권자에게 등록채원금영수증을 송부하고, 사채권자가 지급장소에서 이것과 상환하여 지급을 받는다.

C. 買入消却 증권시장에서 자기의 사채를 임의의 가격으로 사들여 회사가 이것을 소각하는 것이며, 시장가격이 상환가격보다 싼 경우에 행하여

진다.

D. **社債管理會社가 있는 경우의 償還** 사채모집의 사채관리회사가 있는 경우에는 사채권자를 위하여 사채의 상환을 받는 데 필요한 모든 재판상·재판 외의 행위를 할 권한이 사채관리회사에 부여된다(제484조 제1항). 사채관리회사가 이 권한을 행사하여 기채회사로부터 상환을 받은 때에는 사채는 소멸하고, 사채권자는 사채관리회사에 대해서만 채권과 상환하여 채권액의 지급을 청구할 수 있게 된다(제484조 제2항·제3항, 제486조). 이 경우에는 채권은 이 상환지급청구권을 표창하는 유가증권으로 변한다.

E. **消滅時效** 사채의 상환청구권과 수탁회사에 대한 상환액지급청구권은 10년, 이자청구권은 5년간 행사하지 않으면 소멸시효가 완성한다(제487조).

F. **起債會社의 불공정한 행위의 取消** 회사가 어느 사채권자에 대하여 한 변제, 화해 기타의 행위가 현저하게 불공정한 때에는 사채모집의 위탁을 받은 회사는 소만으로 그 행위의 취소를 청구할 수 있다(제511조 제1항). 사채권자집회의 대표자 또는 집행자는 집회의 결의에 의하여 불공정한 행위의 취소의 소권을 갖는다(제512조).

이 소는 기채회사의 본점소재지의 지방법원의 관할에 전속하고(제511조 제3항, 제186조), 제소기간은 6월 내지 1년으로 제한되어 있다(제511조 제2항, 제512조). 취소의 효력은 총사채권자를 위하여 발생한다(제511조 제3항; 민법 제407조). 민법 제406조와 관련하여 상법 제512조의 취소의 소를 제기할 수 있을 뿐이고 민법상의 채권자취소권을 제기할 수 없다는 설도 있으나, 사채관리회사가 취소의 소를 게을리하였다거나 사채권자집회의 소집이 지연되는 경우가 있다는 점을 고려할 때, 양 청구의 경합을 인정하는 것이 바람직하다(최기원, 875쪽; 정찬형, 610쪽).

5. 社債管理會社

사채관리회사는 기채회사로부터 사채모집의 위탁을 받은 회사이며, 사채관리회사 또는 사채관리회사의 사무승계자(제483조)의 자격은 은행, 신탁회사 또는 대통령령이 정하는 자에 한한다(제480조의3 제1항).

(1) 社債管理會社의 資格 회사가 사채를 발행하는 경우에 사채관리회사를 정하여 변제의 수령, 채권의 보전, 그 밖의 사채의 관리를 공인된 금융회사 등에서 수행하도록 지정하고 사채발행회사와 사채권자의 사이에 이해상충의 우려가 있는 경우로서 사채관리회사가 특수한 이해관계자에 해당하는 경우를 명시하여 그 사채관리회사의 자격을 제한하도록 하였다(상법시행령 제26조 내지 제27조).

사채관리회사의 자격이 있는 곳은 시중은행, 산업은행, 농협은행, 예탁결제원, 증권회사, 증권금융회사 등이다(상법시행령 제26조). 사채발행회사와 특수한 이해관계가 있는 자로서 사채발행회사의 최대주주, 주요주주 및 사채발행회사와 계열회사의 관계에 있는 회사 등은 사채관리회사가 될 수 없도록 하였다(상법시행령 제27조).

(2) 社債管理會社의 地位

A. **選任·解任** 사채관리회사는 기채회사와의 위임계약에 의하여 취임하고, 계약의 종료에 의하여 퇴임한다. 그러나 사채관리회사는 사채권자를 보호할 임무를 가지고 있으며, 그 변경은 기채회사와 사채권자에게 중대한 영향을 미치므로 사채관리회사의 사임에는 일정한 제한이 있으며(제481조), 또 해임방법도 한정되고 있다(제482조).

B. **事務承繼者** 사임 또는 해임에 의하여 사채관리회사가 없어진 경우에는 기채회사와 사채권자집회의 일치로써 사무승계자를 정한다(제483조). 부득이한 사유가 있을 때에는 이해관계인의 청구에 의하여 법원이 사무승계자를 선임할 수 있다. 이 사무승계자는 사채관리회사는 아니지만 사채관리회사가 체결한 위임계약의 취지에 따라 사무를 처리하고, 사채관리회사가 기채회사 또는 사채권자를 위하여 취득 또는 부담한 권리의무의 전부를 승계한다.

C. **報酬·費用** 보수와 사무처리비용은 계약에 약정이 있는 경우 외에는 법원의 허가를 얻어 기채회사로 하여금 부담하게 할 수 있으며(제507조 제1항), 사채관리회사는 상환을 받은 금액에서 사채권자에 우선하여 보수와 비용의 변제를 받을 수 있다(제507조 제2항).

상법은 사채모집의 위탁을 받은 사채관리회사를 둘 수 있도록 하고 있으며, 사채관리회사는 위탁회사를 위해 사채의 납입을 받을 수 있을 뿐만 아니라 사채권자를 위해 사채의 상환도 받을 수 있도록 하고 있다. 이처럼 사채관리회사가 발행회사와 사채권자 모두를 위해 업무를 수행함에 따른 이익충돌문제가 제기되고 있었다. 사채모집의 위탁을 받는 회사를 사채관리회사로 명칭변경하고 기능을 사채관리로 단일화하는 것이 필요하였다. 그리하여 2011년 개정상법에서는 사채관리회사의 설치를 임의규정으로 하여 회사가 필요한 경우 사채관리회사를 정하여 변제의 수령, 채권의 보전, 그 밖의 사채의 관리를 위탁 할 수 있도록 하였다(제480조의 2). 새롭게 도입되는 사채관리회사의 경우 일정한 자격을 가진 자로 제한할 필요가 있다. 아울러 사채관리회사가 사채의 인수인을 겸하게 되면 발행회사의 이익을 우선시하는 이익충돌문제가 발생할 수 있으며, 이를 막기 위해 인수인은 사채관리회사가 되지 못하도록 할 필요성이 있었다. 이에 2011년 개정상법에서는 사채관리회사가 발행회사와 특수한 이해관계를 갖는 경우, 사채권자의 이익이 침해될 수 있으므로 이를 제한하였다(제480조의 3).

(3) 社債管理會社의 職務權限 사채관리회사와 기채회사의 관계는 위임관계이므로 임의대리의 성질을 갖는다. 사채권자에 대하여는 특별한 계약관계에 서지 않으므로, 이 점에서는 법정대리의 일종이다. 그리고 이러한 법정대리권이 부여되는 이유는 사채권자의 보호에 있으므로 사채관리회사는 선량한 관리자의 주의로써 그 권한을 행사하여야 한다. 사채관리회사가 둘 이상 있을 때에는 권한에 속하는 행위는 공동으로 행사하여야 하며(제485조 제1항), 공동의 권한행사에 따라 사채권자에 대한 상환액지급의무도 연대채무가 된다(제485조 제2항).

사채관리회사의 권한의 범위로서 중요한 것은 ① 사채모집에 관한 것(제476조), ② 사채상환에 관한 것(제484조, 제485조), ③ 기채회사의 부정행위의 취소청구(제511조), ④ 사채권자집회의 소집 기타에 관한 것(제491조 제1항, 제493조 제1항, 제501조) 등이 있다.

상법상 사채관리회사의 권한은 상환으로 제한됨에 따라 이자지급청구권이나 이자지급청구의 소 제기권 등은 포함되지 않는 것으로 해석될 우려가 있다. 이에 사채관리회사의 권한범위 및 조사권한 등을 보다 명확하게 규정할 필요가 있는바, 2011년 개정상법에서는 제484조에서 이러한 내용을 두고 있다. 개정전 상법은 사채관리회사의 의무 및 책임에 대하여 명시적으로 규정하고 있지 않았다. 사채관리회사의 경우 사채권자의 보호를 위해 그 의무와 책임을 분명히 할 필요가 있는바, 2011년 개정상법에서는 제484조의 2에서 이러한 내용을 두고 있다.

제 4 관 社債權者集會

1. 意 義

사채권자집회는 사채권자에게 중대한 이해관계가 있는 사항에 관하여 의사를 결정하는 다수결단체로서 회사가 수종의 사채를 발행한 경우에 같은 종류의 사채권자에 의하여 구성되는(제509조) 사채권자단체의 임시적 회의체이다. 사채권자집회는 발행회사에 대하여 채권자의 위치에 서는 회사 밖의 회의체이므로 회사의 기관이 아니다(동지 : 정찬형, 612쪽; 최기원, 879쪽). 그 법적 성질은 권리능력 없는 사단이다.

사채권자집회의 제도를 둔 취지는 사채권자의 권리보호와 회사의 편의도모에 있다. 사채권자는 이 제도에 의하여 그들의 총의를 결정하고, 발행회사에 대하여 그들의 이익을 지키기 위하여 필요한 조치를 할 수 있고, 다른 한편 발행회사는 이 제도에 의하여 명확한 교섭상대방을 가질 수 있고, 그 결의가 있으면 개개의 사채권자와 개별적으로 교섭하지 않아도 되므로 편리하다. 그러나 그 구성이 어려운 까닭에 실제 거래계에서는 거의 이용되지 않고 있다.

2. 召 集

소집권자는 기채회사, 사채관리회사 및 사채총액의 10분의 1 이상에 해당하는 사채권자(소수사채권자)이다. 소수사채권자는 회의의 목적인 사항과 소집의 이유를 기재한 서면을 기채회사 또는 사채관리회사에 제출하여 소집을 청구할 수 있다(제491조 제1항·제2항). 다만, 소집청구를 받고도 회사가 지체없이 집회소집의 절차를 밟지 아니할 때에는 소집청구를 한 소수사채권자가 법원의 허가를 얻어 집회를 소집할 수 있다(제491조 제3항, 제366조 제2항). 무기명식의 채권을 가진 자가 집회소집의 청구를 하거나 법원의 허가를 얻어 직접 소집하려면 그 채권을 공탁하여야 한다(제491조 제4항).

소집절차는 주주총회의 소집절차에 준하며(제510조 제1항, 제363조), 다만 사채권자 이외에 기채회사와 사채관리회사에 대하여도 소집의 통지를 하여야 한다(제493조 제3항). 왜냐하면 기채회사 또는 사채관리회사는 그 대표자를 사채권자집회에 출석하게 하거나 서면으로 의견을 진술할 수 있기 때문이다(제493조 제1항).

3. 集會의 決議

(1) 決議事項 사채권자집회의 결의사항은 크게 두 가지로 나누어진다. 첫째는 법률이 정한 사항(법정결의사항)으로 ① 기채회사가 이자의 지급 또는 정기의 일부상환을 게을리한 경우의 기한의 이익의 박탈(제505조), ② 기채회사의 현저하게 불공정한 변제, 화해 기타의 행위를 취소하는 소의 제기(제511조, 제512조), ③ 기채회사의 자본의 감소, 합병에 대한 이의(제439조 제3항, 제530조 제2항), ④ 집회의 대표자 및 결의의 집행자의 선임, 해임 및 위임사항의 변경(제500조, 제501조 단서, 제504조), ⑤ 사채관리회사의 사임의 동의, 해임의 청구와 사무승계자의 선임(제481조, 제482조, 제483조 제1항), ⑥ 기채

회사의 대표자의 집회출석청구(제494조), ⑦ 사채권자집회의 연기·속행(제510조 제1항, 제372조) 등이 있다.

둘째는 위 법정사항 외에 사채권자의 이해에 중대한 관계가 있는 사항으로서 법원의 허가를 얻은 사항이다(제490조). 법원의 허가를 얻지 않고 결의한 경우에는 법원의 결의불인가사유가 된다(제497조 제1항 1호). 그러나 법원은 결의를 인가할 수 있다(제497조 제2항).

한편 담보부사채의 경우는 담보부사채신탁법에 규정된 사항과 신탁계약에서 정한 사항에 한하여 결의할 수 있다(담보부사채신탁법 제51조). 이러한 결의사항의 한정은 개개의 사채권자의 이익을 보호하기 위한 것이다.

(2) **議決權** 각 사채권자는 사채의 최저액마다 1개의 의결권이 있다(제492조 제1항). 무기명채권을 가진 자는 회일로부터 1주 전에 채권을 공탁하지 아니하면, 그 의결권을 행사하지 못한다(제492조 제2항).

의결권의 대리행사의 허용과 방법(제510조 제1항, 제368조 제3항), 기채회사소유의 자기사채의 의결권의 휴지(제510조 제1항, 제369조 제2항), 특별이해관계인의 의결권의 제한(제510조 제1항, 제368조 제4항), 정족수 및 의결권수의 계산(제510조 제1항, 제371조) 등은 주주총회의 경우와 같다.

(3) **決議의 方法** 사채권자집회의 결의는 주주총회의 특별결의방식을 따른다(제495조 제1항). 따라서 사채권자집회의 결의는 출석한 사채권자의 의결권의 3분의 2 이상의 수와 그 종류의 사채총액의 3분의 1 이상의 수로 하면 된다. 그러나 예외적으로 제481조 내지 제483조 및 제494조의 경우에는 의사정족수를 요하지 않으면서 출석한 사채권자의 의결권의 과반수로 결정하도록 하고 있다(제495조 제2항).

개정전 상법은 사채권자집회의 의결에 있어 서면결의제도를 도입하고 있지 않으며, 따라서 다수의 사채권자가 존재하는 경우 정족수를 충족시키기 어렵다는 지적이 있었다. 이에 사채권자집회의 결의방법을 다양화하여 정족수충족을 수월하게 할 필요가 있었다. 이를 위해 2011년 개정상법에서는 서면투표를 도입하였다(제495조 제3항-제5항). 그리고 전자투표제도를 개정상법 제368조의 4를 준용함으로써 도입하였다(제495조 제6항).

(4) **決議의 效力** 사채권자집회의 소집자는 결의한 날로부터 1주 내에 결의의 인가를 법원에 청구하여야 하며(제496조), 법원의 인가에 의하여 그 효력이 생긴다(제498조 제1항). 인가의 청구가 있더라도 ① 집회소집의 절차위반이 있을 때, ② 결의방법이 불법·부당한 때, ③ 결의내용이 몹시 불공정한 때, ④

결의가 사채권자 일반의 이익에 반할 때에는 원칙으로 인가되지 않는다(제496조, 제497조 제1항).

①과 ②의 경우는 절차상의 하자이므로 법원은 결의의 내용 기타 모든 사정을 참작하여 결의를 인가할 수도 있다(제497조 제2항). 인가가 있으면 결의는 총사채권자에 대하여 그 효력이 생긴다(제498조 제2항). 이처럼 결의에 관하여 법원의 인가를 얻도록 한 것은 사채권자를 보호함과 동시에 결의의 하자의 문제를 비송사건인 인가절차에 흡수시키기 위한 것이다. 집회의 결의에 관하여 인가 또는 불인가의 결정이 있는 때에는 기채회사는 지체없이 그 뜻을 공고하여야 한다(제499조).

이러한 인가제도가 있는 까닭에 결의의 내용이나 절차에 하자가 있어도 별도로 결의의 무효나 취소를 구할 소제도는 없지만, 만약 결의의 하자가 중대하다면 일반적인 소로서도 그 무효나 부존재의 확인의 소를 제기할 수 있다고 봄이 옳다는 견해가 있다(채이식, 738쪽).

(5) 決議의 執行者　집회의 결의를 집행할 필요가 있는 경우에 집회의 결의로써 결의집행자를 정하였을 때에는 그 자, 정하지 않았을 때에는 사채관리회사, 사채관리회사도 없을 때에는 집회의 대표자(제500조)가 이를 집행한다(제501조, 제503조).

집행의 경우에 집행자 또는 대표자가 여러 명이고 사채관리회사가 2개 이상인 때에는 그 행위는 공동으로 하여야 하며(제485조 제1항, 제502조), 집행자와 대표자는 상환을 받을 금액에서 사채권자에 우선하여 보수와 비용을 변제받을 수 있다(제507조 제2항).

4. 集會의 代表者

사채권자집회는 사채총액의 500분의 1 이상을 가진 사채권자 중에서 1인 또는 다수의 대표자를 선임하여 그 결의할 사항의 결정을 대표자에게 위임할 수 있다(제500조 제1항). 대표자제도를 인정하는 것은 사채권자집회를 매번 개최하기가 어려울 뿐만 아니라, 세목을 결정하기에 적당하지 않기 때문이다. 따라서 이 때에는 대표자가 집회의 결의에 갈음하는 결정을 한다. 대표자가 여러 명일 때에는 과반수의 찬성으로 결정하며(제500조 제2항), 위 결정 외에 대표자의 권한에 속하는 행위는 공동으로 하여야 한다(제502조, 제485조). 사채권자집회는 언제든지 대표자나 집행자를 해임하거나 위임한 사항을 변경할 수 있다(제504조).

5. 費用의 負擔

사채권자집회와 결의의 인가청구에 관한 비용은 사채의 발행회사가 부담한다(제508조 제1항·제2항 본문). 그러나 법원은 결의의 인가청구에 관한 비용에 대해서는 이해관계인의 신청에 의하여 또는 직권으로 그 전부 또는 일부에 관하여 따로 부담자를 정할 수 있다(제508조 제2항 단서).

제5관 特殊한 社債

Ⅰ. 總 說

우리나라에서 현재 인정하고 있는 특수한 사채로는 상법이 규정하고 있는 전환사채(제513조 이하)와 신주인수권부사채(제516조의 2 이하), 상법상의 사채와는 달리 담보부인 점에서 담보부사채신탁법의 적용을 받는 담보부사채 및 자본시장법에 정한 이익참가부사채와 교환사채가 있다.

이들 사채는 모두 사채의 모집을 가능·용이하게 하여 자금조달의 편의를 도모하기 위하여 사채권자에게 특별한 이익이 부여되어 있다. 상법상의 사채는 무담보임에 반하여, 담보부사채는 사채권을 담보하기 위한 물적 담보가 있고, 나머지 사채는 주식과 사채의 접근현상을 나타내는 중간형태의 사채로서 주식으로의 전환권, 신주인수권, 이익배당에의 참가권, 상장유가증권으로의 교환권이 부여되어 있는 점에서 특수하다.

Ⅱ. 轉換社債

1. 概 念

전환사채란 기채회사의 주식으로 전환할 수 있는 권리(전환권)가 부여된 사채이다. 전환사채의 사채권자는 주식으로 전환되기 전까지는 여전히 사채권자로서 일정한 이자를 지급받지만, 회사의 사업이 호전되어 주주로서 이익배당을 받는 것이 더 유리한 때에는 전환권을 행사하여 사채를 주식으로 전환함으로써 주주가 될 수 있다.

이처럼 전환사채는 사채의 안전성과 주식의 투기성을 함께 갖고 있고, 이를 이용함으로써 사채발행회사는 보통의 모집조건보다 더 유리한 조건으로 사채를 쉽게 모집할 수 있으므로 회사의 자금조달에 편리하다. 근자에 외자도입의 방편으로 현금차관을 대신하여 전환사채를 발행하여 외국투자가에게 인수시키는 일이 종종 있는데, 전환사채는 비록 전환 전까지는 사채이지만 전환권을 행사하면 주식으로 전환할 수 있는 잠재적 주식이므로 회사지배의 측면에서 바람직하지 못한 점이 있다.

2. 發 行

(1) 會社의 轉換社債發行權 회사는 자금조달의 한 방법으로 전환사채를 발행할 수 있다(제513조 제 1 항). 전환사채는 장래에 주식으로 될 가능성을 내포하고 있으므로 이를 발행하는 경우에는 그 전환청구기간중에 전환으로 발행할 주식의 수를 미발행주식의 수 중에 보류하여야 한다(제516조 제 1 항, 제346조 제 2 항).

전환사채의 발행 및 발행사항의 결정기관은 자금조달의 기동성을 위해 원칙적으로 이사회이다. 그러나 정관으로 주주총회에서 이를 결정하기로 정한 때에는 주주총회가 이를 결정한다(제513조 제 2 항).

(2) 轉換社債發行事項 정관으로 주주총회에서 결정하기로 정한 경우를 제외하고, 정관에 규정이 없는 다음의 사항은 이사회가 이를 결정한다. ① 전환사채의 총액, ② 전환의 조건, ③ 전환으로 인하여 발행할 주식의 내용, ④ 전환을 청구할 수 있는 기간, ⑤ 주주에게 전환사채의 인수권을 준다는 뜻과 인수권의 목적인 전환사채의 액, 및 ⑥ 모집 및 제 3 자 배정의 경우에는 주주 외의 자에게 전환사채를 발행하는 것과 이에 대하여 발행할 전환사채의 액(제513조 제 2 항) 등이다.

주주 외의 자에게 전환사채를 발행하는 경우에는 주주의 이익을 보호하기 위하여 위 ① 내지 ④에 관하여 정관에 규정이 없으면 주주총회의 특별결의로써 이를 정하여야 한다(제513조 제 3 항). 이 특별결의를 위한 주주총회의 소집통지와 공고에는 전환사채의 발행에 관한 의안의 요령을 기재하여야 한다(제513조 제 4 항).

전환사채도 잠재적 주식인 점에서 주주의 우선인수권을 제한하고 주주외의 자에게 전환사채를 발행하기 위해서는 신기술의 도입, 재무구조의 개선 등 회사의 경영상 목적을 달성하기 위한 필요성이 있어야 한다(제513조 제 3 항 2문).

<대판 2004. 6. 25, 2000 다 37326>

「구 상법(2001. 7. 24. 법률 제6488호로 개정되기 전의 것) 제513조 제 3 항은 주주 외의 자에 대하여 전환사채를 발행하는 경우에 그 발행할 수 있는 전환사채의 액, 전환의 조건, 전환으로 인하여 발행할 주식의 내용과 전환을 청구할 수 있는 기간에 관하여 정관에 규정이 없으면 상법 제434조의 결의로써 이를 정하여야 한다고 규정하고 있는바,

전환의 조건 등이 정관에 이미 규정되어 있어 주주총회의 특별결의를 다시 거칠 필요가 없다고 하기 위해서는 전환의 조건 등이 정관에 상당한 정도로 특정되어 있을 것이 요구된다고 하겠으나, 주식회사가 필요한 자금수요에 대응한 다양한 자금조달의 방법 중에서 주주 외의 자에게 전환사채를 발행하는 방법을 선택하여 자금을 조달함에 있어서는 전환가액 등 전환의 조건을 그 때 그 때의 필요자금의 규모와 긴급성, 발행회사의 주가, 이자율과 시장상황 등 구체적인 경제사정에 즉응하여 신축적으로 결정할 수 있도록 하는 것이 바람직하다 할 것이고, 따라서 주주총회의 특별결의에 의해서만 변경이 가능한 정관에 전환의 조건 등을 미리 획일적으로 확정하여 규정하도록 요구할 것은 아니며, 정관에 일응의 기준을 정해 놓은 다음 이에 기하여 실제로 발행할 전환사채의 구체적인 전환의 조건 등은 그 발행시마다 정관에 벗어나지 않는 범위에서 이사회에서 결정하도록 위임하는 방법을 취하는 것도 허용된다(정관이 전환사채의 발행에 관하여 "전환가액은 주식의 액면금액 또는 그 이상의 가액으로 사채발행시 이사회가 정한다."라고 규정하고 있는 경우, 이는 구 상법(2001. 7. 24. 법률 제6488호로 개정되기 전의 것) 제513조 제 3 항에 정한 여러 사항을 정관에 규정하면서 전환의 조건 중의 하나인 전환가액에 관하여는 주식의 액면금액 이상이라는 일응의 기준을 정하되 구체적인 전환가액은 전환사채의 발행시마다 이사회에서 결정하도록 위임하고 있는 것이라고 할 것인데, 전환가액 등 전환의 조건의 결정방법과 관련하여 고려되어야 할 특수성을 감안할 때, 이러한 정관의 규정은 같은 법 제513조 제 3 항이 요구하는 최소한도의 요건을 충족하고 있는 것이라고 봄이 상당하고, 그 기준 또는 위임방식이 지나치게 추상적이거나 포괄적이어서 무효라고 볼 수는 없다고 한 사례).」

(3) 發行의 節次 전환사채의 발행절차는 보통의 사채를 발행하는 경우와 거의 같지만, 다음과 같은 점에서 다르다.

A. 사채청약서, 채권 및 사채원부에 사채를 주식으로 전환할 수 있다는 뜻, 전환의 조건, 전환으로 인하여 발행할 주식의 내용 및 전환을 청구할 수 있는 기간, 주식의 양도에 관하여 이사회의 승인을 얻도록 정한 때에는 그 규정을 기재하여야 한다(제514조 제 1 항).

B. 전환사채를 발행하는 경우, 신기술의 도입, 재무구조의 개선 등 회사의 경영상 목적을 달성하기 위하여 필요한 경우가 아니면 정관 또는 이사회나 주주총회의 결의에 의하여 주주에게 전환사채인수권을 부여하여야 한다(제513조 제 2 항·제 3 항). 전환사채인수권을 가진 주주는 지주수에 따라 전환사채의 배정을

받을 권리가 있으나, 각 전환사채의 금액 중 최저액에 미달하는 단수에 대하여는 그 권리가 없다(제513조의 2 제 1 항). 주주에게 전환사채의 인수권을 부여하고 주주에게 배정함으로써 전환사채를 발행하는 경우에는 회사는 신주인수권의 경우와 같이 배정일을 지정·공고하여야 한다(제513조의 2 제 2 항, 제418조 제 2 항). 또한 주주가 전환사채의 인수권을 갖는 경우에 회사는 각 주주에 대하여 그 인수권을 가지는 전환사채의 액, 발행가액, 전환의 조건, 전환으로 인하여 발행할 주식의 내용, 전환청구기간, 그리고 일정한 기일까지 전환사채의 청약을 하지 아니하면 그 권리를 잃는다는 뜻을 기재하여 신주인수권의 경우와 같이 실권예고부최고를 하여야 한다(제513조의 3, 제419조 제 2 항 내지 제 4 항).

C. 전환사채의 발행이 위법 또는 불공정한 경우에는 이를 예방 또는 시정할 수 있는 구제책으로서 신주발행에 관한 유지청구권 및 불공정한 가액으로 주식을 인수한 자의 책임에 관한 규정이 전환사채의 발행에 준용된다(제516조 제 1 항, 제424조, 제424조의 2).

<서울고결 1997. 5. 13, 97 라 36>

「전환사채의 발행이 경영권분쟁상황 하에서 열세에 처한 구 지배세력이 지분비율을 역전시켜 경영권을 방어하기 위하여 이사회를 장악하고 있음을 기화로 기존주주를 완전히 배제한 채 제 3 자인 우호세력에게 집중적으로 '신주'를 배정하기 위한 하나의 방편으로 채택된 것이라면, 이는 전환사채제도를 남용하여 전환사채라는 형식으로 사실상 신주를 발행한 것으로 보아야 하며, 그렇다면 그러한 전환사채의 발행은 주주의 신주인수권을 실질적으로 침해한 위법이 있어 신주발행을 그와 같은 방식으로 행한 경우와 마찬가지로 무효로 보아야 하고, 뿐만 아니라 그 전환사채발행의 주된 목적이 경영권분쟁상황 하에서 우호적인 제 3 자에게 신주를 배정하여 경영권을 방어하기 위한 것인 점, 경영권을 다투는 상대방인 감사에게는 이사회참석기회도 주지 않는 등 철저히 비밀리에 발행함으로써 발행유지가처분 등 사전구제수단을 사용할 수 없도록 한 점, 발행된 전환사채의 물량은 지배구조를 역전시키기에 충분한 것이었고, 전환기간에도 제한을 두지 않아 발행즉시 주식으로 전환될 수 있도록 하였으며, 결과적으로 인수인들의 지분이 경영권방어에 결정적인 역할을 한 점 등에 비추어 그 전환사채의 발행은 현저하게 불공정한 방법에 의한 발행으로서 이 점에서도 무효라고 보아야 한다고 한 사례.」

<대판 2004. 8. 16, 2003 다 9636>

「전환사채발행유지 청구는 회사가 법령 또는 정관에 위반하거나 현저하게 불공정한 방법에 의하여 전환사채를 발행함으로써 주주가 불이익을 받을 염려가 있는 경우에 회사에 대하여 그 발행의 유지를 청구하는 것으로서(상법 제516조 제1항, 제424조) 전환사채발행의 효력이 생기기 전, 즉 전환사채의 납입기일까지 이를 행사하여야 할 것이고, 한편 전환사채권자가 전환청구를 하면 회사는 주식을 발행해 주어야 하는데, 전환권은 형성권이므로 전환을 청구한 때에 당연히 전환의 효력이 발생하여 전환사채권자는 그 때부터 주주가 되고 사채권자로서의 지위를 상실하게 되므로(상법 제516조, 제350조), 그 이후에는 주식전환의 금지를 구할 법률상 이익이 없게 될 것이다.」

<대판 2004. 6. 25, 2000 다 37326>

「상법 제429조는 신주발행의 무효는 주주, 이사 또는 감사에 한하여 신주를 발행한 날로부터 6월 내에 소만으로 이를 주장할 수 있다고 규정하고 있는바, 이는 신주발행에 수반되는 복잡한 법률관계를 조기에 확정하고자 하는 것이므로, 새로운 무효사유를 출소시간의 경과 후에도 주장할 수 있도록 하면 법률관계가 불안정하게 되어 위 규정의 취지가 몰각된다는 점에 비추어 위 규정은 무효사유의 주장시기도 제한하고 있는 것이라고 해석함이 상당하고, 한편 상법 제429조의 유추적용에 의한 전환사채발행무효의 소에 있어서도 전환사채를 발행한 날로부터 6월의 출소기간이 경과한 후에는 새로운 무효사유를 추가하여 주장할 수 없다고 보아야 한다.」

<대판 2004. 6. 25, 2000 다 37326>

「신주발행무효의 소에 관한 상법 제429조에도 무효원인이 규정되어 있지 않고, 다만 전환사채의 발행의 경우에도 준용되는 상법 제424조에 '법령이나 정관의 위반 또는 현저하게 불공정한 방법에 의한 주식의 발행'이 신주발행유지청구의 요건으로 규정되어 있으므로 위와 같은 요건을 전환사채발행의 무효원인으로 일응 고려할 수 있다고 하겠으나, 다른 한편 전환사채가 일단 발행되면 그 인수인의 이익을 고려할 필요가 있고 또 전환사채나 전환권의 행사에 의하여 발행된 주식은 유가증권으로서 유통되는 것이므로 거래의 안전을 보호하여야 할 필요가 크다고 할 것인데, 전환사채발행유지청구권은 위법한 발행에 대한 사전구제수단임에 반하여, 전환사채발행무효의 소는 사후에 이를 무효로 함으로써 거래의 안전과 법적 안정성을 해칠 위험이 큰 점을 고려할 때, 그 무효원인은 가급적 엄

격하게 해석하여야 하고, 따라서 법령이나 정관의 중대한 위반 또는 현저한 불공정이 있어 그것이 주식회사의 본질이나 회사법의 기본원칙에 반하거나 기존 주주들의 이익과 회사의 경영권 내지 지배권에 중대한 영향을 미치는 경우로서 전환사채와 관련된 거래의 안전, 주주 기타 이해관계인의 이익 등을 고려하더라도 도저히 묵과할 수 없는 정도라고 평가되는 경우에 한하여 전환사채의 발행 또는 그 전환권의 행사에 의한 주식의 발행을 무효로 할 수 있을 것이며, 그 무효원인을 회사의 경영권분쟁이 현재 계속중이거나 임박해 있는 등 오직 지배권의 변경을 초래하거나 이를 저지할 목적으로 전환사채를 발행하였음이 객관적으로 명백한 경우에 한정할 것은 아니다(전환사채의 인수인이 회사의 지배주주와 특별한 관계에 있는 자라거나 그 전환가액이 발행시점의 주가 등에 비추어 다소 낮은 가격이라는 것과 같은 사유는 일반적으로 전환사채발행유지청구의 원인이 될 수 있음은 별론으로 하고, 이미 발행된 전환사채 또는 그 전환권의 행사로 발행된 주식을 무효화할 만한 원인이 되지는 못한다고 한 사례).」

<대판 2004. 6. 25, 2000 다 37326>

「상법은 제516조 제 1 항에서 신주발행의 유지청구권에 관한 제424조 및 불공정한 가액으로 주식을 인수한 자의 책임에 관한 제424조의 2 등을 전환사채의 발행의 경우에 준용한다고 규정하면서도 신주발행무효의 소에 관한 제429조의 준용여부에 대해서는 아무런 규정을 두고 있지 않으나, 전환사채는 전환권의 행사에 의하여 장차 주식으로 전환될 수 있는 권리가 부여된 사채로서, 이러한 전환사채의 발행은 주식회사의 물적 기초와 기존 주주들의 이해관계에 영향을 미친다는 점에서 사실상 신주를 발행하는 것과 유사하므로, 전환사채의 발행의 경우에도 신주발행무효의 소에 관한 상법 제429조가 유추적용된다고 봄이 상당하고, 이 경우 당사자가 주장하는 개개의 공격방법으로서의 구체적인 무효원인은 각각 어느 정도 개별성을 가지고 판단할 수밖에 없는 것이기는 하지만, 전환사채의 발행에 무효원인이 있다는 것이 전체로서 하나의 청구원인이 된다는 점을 감안할 때 전환사채의 발행을 무효라고 볼 것인지 여부를 판단함에 있어서는 구체적인 무효원인에 개재된 여러 위법요소가 종합적으로 고려되어야 한다.」

<대판 2015. 12. 10, 2012 도 235>

「전환사채는 발행 당시에는 사채의 성질을 갖는 것으로서 사채권자가 전환권을 행사한 때에 비로소 주식으로 전환된다. 전환사채의 발행업무를 담당하는 사람과 전환사채 인수인이 사전 공모하여 제 3 자에게서 전환사채 인수대금에 해당하는 금액

을 차용하여 전환사채 인수대금을 납입하고 전환사채 발행절차를 마친 직후 인출하여 차용금채무의 변제에 사용하는 등 실질적으로 전환사채 인수대금이 납입되지 않았음에도 전환사채를 발행한 경우에, 전환사채의 발행이 주식 발행의 목적을 달성하기 위한 수단으로 이루어졌고 실제로 목적대로 곧 전환권이 행사되어 주식이 발행됨에 따라 실질적으로 신주인수대금의 납입을 가장하는 편법에 불과하다고 평가될 수 있는 등의 특별한 사정이 없는 한, 전환사채의 발행업무를 담당하는 사람은 회사에 대하여 전환사채 인수대금이 모두 납입되어 실질적으로 회사에 귀속되도록 조치할 업무상의 임무를 위반하여, 전환사채 인수인이 인수대금을 납입하지 않고서도 전환사채를 취득하게 하여 인수대금 상당의 이득을 얻게 하고, 회사가 사채상환의무를 부담하면서도 그에 상응하여 취득하여야 할 인수대금 상당의 금전을 취득하지 못하게 하여 같은 금액 상당의 손해를 입게 하였으므로, 업무상배임죄의 죄책을 진다. 그리고 그 후 전환사채의 인수인이 전환사채를 처분하여 대금 중 일부를 회사에 입금하였거나 또는 사채로 보유하는 이익과 주식으로 전환할 경우의 이익을 비교하여 전환권을 행사함으로써 전환사채를 주식으로 전환하였더라도, 이러한 사후적인 사정은 이미 성립된 업무상배임죄에 영향을 주지 못한다.」

3. 轉換의 節次

전환사채를 주식으로 전환하기 위해서는 전환사채권자가 전환기간중에 전환을 청구하여야 한다. 전환청구권자는 전환하고자 하는 사채와 청구연월일을 기재하고, 기명날인 또는 서명한 청구서 2통에 채권을 첨부하여 회사에 제출하여야 한다(제515조). 1995년 개정법 이전에는 전환의 청구는 주주명부폐쇄기간중에는 이를 하지 못하게 함으로써(제516조 제 2 항, 제349조 제 3 항) 폐쇄기간중의 전환청구에 의하여 발행된 주식에 관한 회사사무의 번잡을 피하고자 하였다. 그러나 주주명부의 폐쇄는 주주총회에서 의결권을 행사할 자 또는 이익배당을 받을 자를 확정하기 위한 제도이고, 전환의 청구는 그 사채권자의 정당한 권리행사로서 주주명부폐쇄와 직접적인 관련이 없다는 점에서 1995년 개정법은 제516조의 준용규정 가운데에서 앞서의 취지를 규정한 제349조 제 3 항을 삭제함으로써 그 기간에도 전환권을 행사할 수 있도록 하였다.

전환사채의 발행가액을 전환에 의하여 발행하는 주식의 발행가액으로 하므로(제516조 제 2 항, 제348조), 전환의 청구가 있으면 회사는 사채의 발행가액과 동액의 발행가액으로 주식을 전환의 조건에 따라 전환사채권자에게 교부하여야 한다. 이 때의 발행가액은 사채 및 주식의 발행가액의 합계액을 말하며, 그 합계액이 서로 같도록 하여 자본유지를 기하게 하고 있다.

4. 轉換의 效力

전환의 청구는 전환사채권자의 일방적 의사표시로서 전환의 청구가 있으면 회사의 승낙을 요하지 않고, 전환청구시에 당연히 전환의 효력이 발생한다(제516조 제 2 항, 제350조 본문). 이처럼 전환권은 형성권의 일종이므로 전환권의 행사에 의하여 전환사채는 소멸하고 전환에 의하여 발행될 주식의 신주발행의 효력이 발생하며, 따라서 전환사채권자는 사채권자의 지위를 잃고 주주의 지위를 갖는다.

전환의 청구에 의하여 신주발행의 효력이 발생하므로 보류하였던 미발행 주식수는 감소하는 대신 자본은 증가하며, 발행가액 중 주식액면을 초과하는 금액은 자본준비금으로 적립하여야 한다. 전환의 효력은 전환청구시에 발생하지만 사채의 이자지급 또는 주식의 이익이나 이자의 배당에 관하여는 그 계산상의 어려움으로 인해 전환권을 행사한 때를 기준으로 하기는 곤란하므로 1995년 개정법 이전에는 전환청구한 때가 속하는 영업연도 말에 전환된 것으로 보았다(제516조 제 2 항, 제350조 단서). 그러나 1995년 개정법은 상장회사의 경우 예외를 인정하였던 특별법상의 규정을 상법에 도입하여 전환청구로 발행한 신주에 대한 이익이나 이자의 배당에 관하여는 위와 같이 원칙적으로 전환의 청구가 속하는 영업연도 말에 전환된 것으로 하고 있으나, 그 이외에도 정관이 정하는 바에 따라 그 청구가 속하는 영업연도의 직전영업연도 말에 전환된 것으로 할 수도 있다(제516조 제 2 항, 제350조 제 3 항). 이와 같이 개정한 것은 회사 내지 주주에게 선택의 폭을 넓힘으로써 회사와 주주의 이익을 보호하는 데 목적이 있다. 전환에 의하여 받을 주식에 대해 물상대위가 인정된다(제516조 제 2 항, 제339조).

5. 發行·轉換의 登記

회사가 전환사채를 발행한 때에는 전환사채의 등기를, 등기사항의 변경이 있는 때에는 변경등기를 하여야 하고(제514조의 2 제 1 항), 전환사채가 주식으로 전환된 때에는 전환의 등기를 하여야 한다(제516조 제 2 항, 제351조). 전환사채의 등기에 관해서는 제476조의 규정에 의한 납입이 완료한 날로부터, 그리고 전환의 등기와 관련해서는 전환을 청구한 날이 속하는 달의 말일부터 각각 2주 내에 본점소재지에서 등기하여야 한다(제514조의 2 제 1 항, 제516조 제 2 항, 제351조).

Ⅲ. 新株引受權附社債

1. 槪 念

(1) 意 義 신주인수권부사채는 사채발행회사의 신주인수권이 부여된 사채이다(제516조의 2). 사채권자는 회사에 대한 금전채권으로서의 사채뿐만 아니라, 사채의 발행 후 일정한 기간 내에 일정한 수의 주식을 일정한 가액으로 발행할 것을 회사에 청구할 수 있는 권리를 갖는다.

신주인수권부사채는 전환사채와 마찬가지로 사채의 안전성과 주식의 투기성을 갖는 중간형태로서 회사의 유리한 자금조달에 기여한다. 신주인수권부사채권자는 신주인수권을 행사하더라도 사채권자의 지위를 잃지 않은 채 다시 주주의 지위도 갖게 된다. 신주인수권부사채는 1984년 개정법에 의하여 인정되었다.

(2) 種 類 신주인수권부사채에는 분리형과 비분리형의 두 가지가 있다. 분리형은 사채권을 표창하는 채권과 신주인수권을 표창하는 신주인수권증권을 별개로 발행하여 사채권과 분리하여 신주인수권만을 양도할 수 있다. 비분리형은 사채권과 신주인수권이 동일한 채권에 표창되어 신주인수권은 사채권과 일체로써만 양도할 수 있다. 상법은 비분리형을 원칙으로 하고, 이사회에서 특히 분리형의 발행을 결의한 경우에 한하여 분리형을 발행할 수 있다고 규정하고 있다(제516조의 2 제 2 항 4호).

분리형 신주인수권부사채는 편법적인 지분확보의 방편으로 악용되는 경우가 있었다. 즉 대주주 등이 신주인수권을 저가로 매입하거나 되사는 방법을 통하여 경영권 보호 내지 편법적인 경영권 승계의 수단으로 남용될 우려가 있었다. 그리하여 상장회사의 자본조달의 투명성 확보를 위하여 분리형 신주인수권부사채의 발행은 사모의 방법으로는 발행할 수 없게끔 금지되게 되었다(2015년 7월 24일의 자본시장법 제165조의10 제 2 항의 개정).

(3) 轉換社債와의 異同 신주인수권부사채는 원칙적으로 이사회의 결의로 발행되고 사채권자에게 주식을 취득할 수 있는 권리가 부여되어 있으며, 사채와 주식의 중간형태를 취하여 투자의욕을 자극하여 회사의 자금조달을 쉽게 하기 위한 제도라는 점에서 전환사채와 유사하나 다음과 같은 점에서 차이가 있다.

① 전환사채는 전환권의 행사에 의하여 소멸하고 그 즉시 주식으로 바뀌

어지지만, 신주인수권부사채는 신주인수권의 행사에 의해서도 주금액의 대용납입 외에는 소멸하지 않고 주금액의 납입에 의하여 주식을 별개로 취득한다. ② 전환사채에 있어서는 전환권이 행사되더라도 사채의 상환의무를 면할 뿐 회사재산의 실질적 증가를 가져오지 않지만, 신주인수권부사채에 있어서는 신주인수권의 행사에 의하여 대용납입 외에는 주금액의 납입으로 인하여 회사재산의 증가를 가져와 새로운 자금조달이 가능하다. ③ 전환사채에 있어서는 하나의 채권이 사채권과 전환권을 표창하지만, 신주인수권부사채에 있어서는 분리형으로 발행될 경우 사채권과 신주인수권이 별개의 유가증권인 채권과 신주인수권증권에 각각 표창된다. 그리고 ④ 전환사채의 전환권행사로 발행되는 신주의 발행총액은 전환사채의 발행총액과 동일하여야 하지만, 신주인수권부사채에 있어서 신주인수권행사로 발행되는 주식의 발행총액은 신주인수권부사채금액을 초과하지 않는 범위 내에서 자유로이 정할 수 있다.

2. 發 行

(1) 會社의 新株引受權附社債發行權 신주인수권부사채는 전환사채의 경우와 같이 회사가 자금조달을 위해 이를 발행할 수 있다(제516조의 2 제1항). 회사가 신주인수권부사채를 발행하는 경우에는 수권주식수에서 이에 상당하는 미발행주식수를 신주인수권발행기간중에 보류하여야 한다(제516조의 10, 제516조 제1항).

신주인수권부사채의 발행 및 발행사항은 원칙적으로 이사회가 이를 결정한다. 그러나 정관으로 주주총회에서 이를 결정하기로 정한 때에는 보통결의로, 주주 외의 자에게 발행하는 경우에는 정관의 규정이 없으면 특별결의로 이를 결정한다(제516조의 2 제2항·제4항). 후자의 경우에는 신주인수권부사채의 발행이 주주의 신주인수권을 침해하게 되므로 특별결의를 요하는 것으로 하고 있지만, 이 외에도 정관에 주주의 신주인수권을 제한하는 규정을 두어야 할 것이다.

(2) 發行事項 정관으로 주주총회에서 결정하기로 정한 경우를 제외하고 정관에 규정이 없는 신주인수권부사채의 발행사항(제516조의 2 제2항 1호 내지 8호)은 이사회가 이를 결정한다.

주주 외의 자에게 신주인수권부사채를 발행하는 경우에는 주주의 이익을 보호하기 위하여 그 발행할 수 있는 신주인수권부사채의 액, 신주인수권의 내용과 신주인수권을 행사할 수 있는 기간에 관하여 정관에 규정이 없으면 주주총회의 특별결의로써 이를 정하여야 한다(제516조의 2 제4항). 이 특별결의를 위한 주주총회의 소집통지와 공고에는 그 발행에 관한 의안의 요령을 기재하여야 한다(제516조의 2 제 5항, 제513조 제 4 항).

신주인수권부사채는 잠재적 주식을 포함하고 있는 증권이라는 점에서 주주의 우선인수권을 제한하고 주주 외의 자에게 신주인수권부사채를 발행하기 위해서는 신기술의 도입, 재무구조의 개선 등 회사의 경영상 목적을 달성하기 위한 필요성이 있어야 한다(제516조의 2 제 4 항 2문).

<대판 2014. 8. 28, 2013 다 18684>

「신주인수권부사채는 미리 확정된 가액으로 일정한 수의 신주 인수를 청구할 수 있는 신주인수권이 부여된 점을 제외하면 보통사채와 법률적 성격에서 차이가 없고, 신주인수권부사채에 부여된 신주인수권은 장래 신주의 발행을 청구할지 여부를 선택할 수 있는 권리로서 주식의 양도차익에 따라 신주인수권 행사 여부가 달라질 수 있는 것이므로 우리사주조합원의 주식우선배정권과는 법률적 성격이나 경제적 기능에서 차이가 있는 점, 우리사주제도는 근로자로 하여금 우리사주조합을 통하여 소속 회사의 주식을 취득 · 보유하게 함으로써 근로자의 경제적 · 사회적 지위 향상과 함께 근로자의 생산성 향상과 노사협력 증진을 통하여 국민경제에 기여하는 사회정책적 효과를 도모하기 위하여 채택된 제도이고, 이러한 제도의 취지에 따라 우리사주조합원에게 부여된 주식우선배정권은 주주의 신주인수권을 법률상 제한하는 것인 점 등을 고려하면, 우리사주조합원에게 주식 외에 신주인수권부사채까지 우선적으로 배정받을 권리가 있다고 유추해석하기도 어렵다.」

<대판 2015. 12. 10, 2015 다 202919>

「신주 발행을 사후에 무효로 하는 것은 거래의 안전을 해할 우려가 크기 때문에 신주발행무효의 소에서 그 무효원인은 엄격하게 해석하여야 할 것이나, 신주 발행에 법령이나 정관을 위반한 위법이 있고 그것이 주식회사의 본질 또는 회사법의 기본원칙에 반하거나 기존 주주들의 이익과 회사의 경영권 내지 지배권에 중대한 영향을 미치는 경우에는 원칙적으로 그 신주의 발행은 무효라고 보아야 한다(대판 2008 다 50776 참조). 신주인수권부사채는 미리 확정된 가액으로 일정한 수의 신주 인수를 청구할 수 있는 신주인수권이 부여된 사채로서 이러한 신주인수권부사채 발행의 경우에도 주식회사의 물적 기초와 기존 주주들의 이해관계에 영향을 미친다는 점에서 사실상 신주를 발행하는 것과 유사하므로, 신주발행무효의 소에 관한 상법 제429조가 유추적용되고, 신주발행의 무효원인에 관한 위와 같은 법

리 또한 마찬가지로 적용된다고 봄이 상당하다. 원심은 그 판시와 같은 이유로 이 사건 신주인수권부사채는 피고의 정관에서 정한 긴급한 자금조달의 필요성이 있어 그러한 자금조달을 위하여 발행된 것으로서 피고의 경영권 분쟁이 임박하거나 현실화된 상황에서 경영진의 경영권이나 지배권 방어라는 목적을 달성하기 위하여 발행된 것이라고 보기 어려우므로, 법령과 피고의 정관에 따라 적법하게 발행된 것이고, 나아가 현저하게 불공정하게 발행되었다고 볼 수도 없다고 판단하여, 이 사건 신주인수권부사채의 발행이 무효라는 원고의 주장을 배척하였다. 앞서 본 법리에 비추어 기록을 살펴보면, 원심의 이러한 판단은 정당하다.」

(3) 發行에 관한 制限 사채의 총액을 초과하는 신주발행을 인정하면 신주를 남발하여 주주의 이익을 해할 염려가 있으므로, 상법은 각 신주인수권부사채에 부여된 신주인수권의 행사로 인하여 발행할 주식의 발행가액의 합계액은 각 신주인수권부사채의 금액을 초과하지 못하도록 하고 있다(제516조의 2 제 3 항).

(4) 發行의 節次 신주인수권부사채의 발행절차는 전환사채의 발행절차와 거의 유사하지만(제516조의 10, 제513조의 2, 제516조 제 1 항), 사채청약서, 채권 및 사채원부에 기재할 사항이 다르고, 분리형의 신주인수권부사채의 채권에는 이를 기재할 필요가 없다(제516조의 4). 왜냐하면 이 기재사항은 신주인수권증권에 모두 기재되기 때문이다.

3. 新株引受權의 讓渡

(1) 讓渡方法 신주인수권부사채의 원칙적 형태인 비분리형의 경우, 사채권과 신주인수권이 하나의 채권에 함께 표창되어 있으므로 신주인수권의 양도는 채권의 양도방법에 따른다.

분리형의 경우 사채권을 표창하는 채권 외에 신주인수권을 표창하는 신주인수권증권이 별개로 존재하고, 신주인수권의 양도는 신주인수권증권의 교부에 의하여서만 할 수 있다(제516조의 6 제 1 항).

(2) 新株引受權證券

A. 意 義 신주인수권증권은 신주인수권부사채를 분리형으로 발행하는 경우에 채권과 별개로 발행되는 신주인수권을 표창하는 유가증권으로서 신주발행에 있어서 주주의 신주인수권을 표창하는 유가증권인 신주인수권증서와 구별된다.

B. 記載事項 신주인수권증권은 법정사항과 번호를 기재하고, 이사가

기명날인 또는 서명하여야 한다(제516조의 5 제 2 항).

C. **新株引受權의 讓渡, 證券의 善意取得·喪失** 신주인수권증권이 발행된 경우에 신주인수권의 양도는 신주인수권증권의 교부에 의하여서만 할 수 있다.

신주인수권증권의 점유자는 적법한 소지인으로 추정되며, 선의취득이 인정된다(제516조의 6 제 2 항, 제336조 제 2 항; 수표법 제21조). 그리고 증권의 상실에 대해서는 제권판결과 재발행도 인정된다(제516조의 6 제 2 항, 제360조). 신주인수권증권이 기명식으로 발행된 때에도 교부에 의하여 이전되는 점에서 그 성질은 무기명증권이다.

D. **新株引受權證書와의 異同** 신주인수권증권은 ① 신주인수권을 표창하는 유가증권이고, ② 그 권리의 양도는 증권의 교부에 의하고, ③ 증권의 점유자는 적법한 소지인으로 추정되며, ④ 선의취득이 인정되는 점에서 신주발행에 있어서 주주의 신주인수권을 표창하는 신주인수권증서와 동일하다. 그러나 ① 신주인수권증권은 사채권자에 대하여 발행되나, 신주인수권증서는 주주에 대하여 발행되고, ② 전자는 신주인수권부사채를 분리형으로 발행할 때에는 회사가 의무적으로 이를 발행하여야 하나, 후자는 주주의 청구가 있는 때에만 발행되고, ③ 전자는 그 존속기간이 장기이므로 상실의 경우 제권판결과 재발행이 인정되나, 후자는 그 이용기간이 단기이므로 상실의 경우 주식청약서에 의한 주식의 청약이 인정되며, ④ 신주인수권의 행사에 있어서 전자는 신주발행청구서에 첨부되나, 후자는 그 자체에 의하여 주식의 청약을 한다는 점에서 서로 다르다(동지 : 정찬형, 629쪽; 손주찬, 728-730쪽; 정동윤, 534쪽).

4. 新株引受權의 行使

(1) 行使方法과 株金額의 納入 신주인수권을 행사하려는 자는 청약서 2통을 회사에 제출하고 청구서제출시에 신주인수권증권을 첨부하거나(분리형의 경우) 채권을 제시하고(비분리형의 경우) 주식의 발행가액 전액을 납입하여야 한다(제516조의 9 제 1 항·제 2 항). 정관 또는 신주인수권부사채의 발행결의에서 정함이 있는 경우에는 신주인수권자의 청구에 따라 사채의 상환에 갈음하여 그 발행가액으로 신주인수권의 행사에 의한 신주의 납입(대용납입)이 있는 것으로 본다(제516조의 2 제 2 항 5호). 주식의 납입은 현금납입이 원칙이지만, 이 경우에는 예외적으로 사채의 상환금과의 상계에 의한 납입이 허용된다.

납입은 채권 또는 신주인수권증권에 기재한 은행 기타 금융기관의 납입장소에서 하여야 한다(제516조의 9 제 3 항). 주식인수의 청약과 납입금의 보관 등에 관해서는 회사설립시의 규정이 이에 준용된다(제516조의 9 제 4 항).

<대판 2014. 9. 4, 2013 다 40858>

「발행조건의 리픽싱 조항에서 신주인수권의 행사를 예정하고 있지 아니하고 신주인수권자가 소로써 신주인수권 행사가액의 조정을 적극적으로 요구하는 경우와 발행회사가 자발적으로 행사가액을 조정하는 경우를 달리 볼 이유가 없는 점, 주식의 시가하락이 있는 경우 리픽싱 조항에 따른 신주인수권 행사가액의 조정이 선행되어야만 신주인수권자로서는 신주인수권의 행사 또는 양도 등 자신의 권리행사 여부를 결정할 수 있는 점, 반면 위와 같은 이행의 소에 신주인수권의 행사가 전제되어야 한다면 이는 본래 신주인수권의 행사기간 내에서 신주인수권의 행사 여부를 자유로이 결정할 수 있는 신주인수권자에 대하여 신주인수권의 행사를 강요하는 결과가 되어 불합리한 점 등을 종합하면, 신주인수권 행사가액 조정절차의 이행을 구하는 소는 신주인수권의 행사 여부와 관계없이 허용된다고 보아야 한다.」

(2) 行使의 效力 신주인수권을 행사한 자는 신주의 발행가액의 전액을 납입한 때에 주주가 된다(제516조의 10 1문). 즉 신주인수권부사채에 있어서 신주인수권의 행사로 인한 신주발행의 효력은 납입기일의 다음 날로부터 효력이 발생하는 보통의 신주발행의 경우와는 달리 납입시에 발생한다. 그렇지만 대용납입의 경우에는 신주인수권의 행사를 위한 청구서를 회사에 제출할 때에 주주가 된다 할 것이다. 이익이나 이자의 배당에 관하여 1995년 개정법 이전에는 그 납입을 한 때가 속하는 영업연도 말에 신주발행의 효력이 있는 것으로만 보았으나(제516조의 10 2문), 1995년 개정법에서는 그 이외에 전환사채에서와 마찬가지로 정관이 정하는 바에 따라 그 청구를 한 때가 속하는 영업연도의 직전영업연도 말에 전환된 것으로 할 수 있도록 하였다(제516조의 10 2문, 제350조 제 3 항).

신주인수권의 행사로 신주가 발행되므로 수권주식수 중에 보류하였던 미발행주식수는 감소하고, 따라서 신주의 액면만큼 자본의 증가를 가져오며, 대용납입의 경우를 제외하고 회사의 재산이 실질적으로 늘어난다.

5. 發行·變更登記

신주인수권부사채를 발행한 때에는 회사는 신주인수권부사채의 등기를, 등기사항의 변경이 있는 때에는 변경등기를 하여야 하고, 신주인수권의 행사로 인하여 발행주식총수와 자본의 증가가 발생하므로 이에 관해서도 변경등기를 하여야 한다(제516조의 8).

Ⅳ. 擔保附社債

담보부사채는 사채권의 담보를 위한 물적 담보가 붙은 사채로서 담보부사채신탁법에 규정되어 있다.

보통의 사채는 무담보이므로 다수의, 그리고 변동하는 사채권자 자신이 물적 담보권을 직접·개별적으로 취득하여 행사하는 것은 실제상 불가능하다. 이러한 현실상의 어려움을 극복하기 위해 영미법상 신탁의 법리를 이용한 것이 담보부사채이다. 담보부사채에 있어서는 사채발행회사와 사채권자 사이에 신탁회사를 두어 발행회사(위탁회사)와 신탁회사(수탁회사) 사이의 신탁계약에 의하여 수탁회사가 물상담보권을 취득하는 동시에 총사채권자를 위하여 이를 보존·실행할 의무를 지고, 이에 의하여 총사채권자가 수익자로서 그 채권액에 따라 평등하게 담보의 이익을 누리게 하고 있다(담보부사채신탁법 제60조).

이처럼 담보부사채의 담보권은 발행회사와 신탁회사 사이의 신탁계약에 의하여 설정되지만, ① 주된 채권과 종된 담보권이 서로 다른 주체에 귀속하고, ② 물적 담보의 종류가 법정되어 있고, ③ 종된 담보권이 주된 사채의 성립 전에 효력이 발생하며, ④ 미국의 개방담보제도와 같이 사채의 최고액을 정하여 이에 대하여 담보권을 설정한 후 그 최고액에 이르기까지 수 회 사채를 발행할 수 있고, 각 회의 사채는 동일순위의 담보권을 가질 수 있는 방법을 인정하고 있는 점에서 특이성이 있다(담보부사채신탁법 제60조, 제62조 등 참조).

Ⅴ. 利益參加附社債

이익참가부사채는 사채권자가 사채의 이율에 따른 이자의 지급을 받는 외에 회사가 이익배당을 하는 경우에 이익배당에 참가할 수 있는 권리(이익참가권)가 부여된 사채이다. 이 사채는 자본시장육성에 관한 법률에 의하여 도입되었다가 1996년 개정된 증권거래법에 편입되었으며, 현재는 자본시장법 제165조의 11에 규정되어 있다.

이익참가부사채는 사채권자가 확정이자를 지급받고 동시에 회사가 이익을 많이 얻었을 때에는 이익배당에도 참가할 수 있는 점에서 처음부터 사채의 안전성과 주식의 투기성을 함께 갖고 있다. 이 점에서 전환권의 행사에 의하여 주식으로 전환될 수 있는 전환사채와 신주인수권의 행사에 의하여 주식을 취득할 수 있는 신주인수권부사채와 다르다.

이익참가부사채는 주권상장법인이 발행할 수 있고(자본시장법 시행령 제176조의 12 제1항), 그 발행절차는 자본시장법시행령 제176조의 12 제2항 아래에 규정하고 있으며, 회사가 이익참가부사채를 발행한 때에는 보통의 사채와 달리 이에 관한 등기를 하여야 한다(자본시장법시행령 제176조의 12 제8항).

이익배당참가의 내용에 관해서는 아무런 제한이 없다. 이익배당이라 함은 금전배당과 주식배당으로 나누어지는데, 주식배당의 경우에는 회사지배권의 변동을 초래하므로 이익참가부사채의 이익배당참가는 성질상 금전배당에만 한한다고 할 것이다. 이익배당참가의 내용은 주주에게 사채를 배정하는 경우에는 이사회에서, 주주 외의 자에게 배정하는 경우에는 정관에 규정이 없으면 주주총회의 특별결의에 의하여 이를 정한다(자본시장법시행령 제176조의 12 제3항).

Ⅵ. 交換社債

교환사채는 사채권자가 사채발행회사가 소유하는 주식 기타 상장유가증권과의 교환을 청구할 수 있는 권리(교환권)가 부여된 사채이다. 이 사채도 프랑스에서 1966년에 신설된 제도를 본따 1996년에 개정된 증권거래법에서 규율되고 있으며, 현재는 자본시장법 제165조의 11에 규정되어 있다.

교환사채는 사채권자의 의사에 따라 주식과의 교환이 가능할 수 있다는 점에서 전환사채와 유사하지만, ① 교환사채는 주권상장법인이 발행할 수 있고, ② 주주에게 발행하는 경우와 주주 외의 자에 대하여 발행하는 경우를 구별하는 규정이 없고, ③ 회사가 이미 소유하고 있는 주식 기타 유가증권(반드시 자기의 주식 기타 유가증권에 한하지 않는다)을 교환사채와 교환하여 교부할 뿐 신주를 발행하지 않으므로 자본의 증가가 발생하지 않으며, ④ 교환사채와 교환하여 교부할 주식 기타 상장유가증권을 한국예탁결제원에 예탁하여야 하는(자본시장법시행령 제176조의 13 제3항) 점에서 전환사채와 다르다.

교환사채도 이익참가부사채와 마찬가지로 주권상장법인이 발행할 수 있다(자본시장법시행령 제176조의 13). 그 발행절차에 관해서는 규정이 없으나, 신주발행을 전제로 한 규정을 제외하고 전환사채의 발행절차를 준용할 수 있다.

교환을 청구하는 자는 주식의 교환청구와 마찬가지로 교환청구기간 내에 청구서 2통에 사채권을 첨부하여 회사에 제출하여야 하며, 교환청구는 주주명부폐쇄기간중에도 할 수 있다(자본시장법시행령 제176조의 13 제 4 항; 상법 제349조 제 1 항). 교환의 청구가 있으면 회사의 승낙을 요하지 않고 교환청구시에 당연히 그 효력이 발생하여(자본시장법시행령 제176조의 13 제 4 항; 상법 제350조 본문) 교환사채는 소멸하고, 사채권자는 교환할 상장유가증권의 권리자가 된다. 그러나 사채의 이자지급 또는 주식의 이익이나 이자의 배당에 관하여는 교환을 청구한 때가 속하는 영업연도 말에 교환된 것으로 본다. 그러나 정관이 정하는 바에 따라 그 청구를 한 때가 속하는 영업연도의 직전영업연도 말에 교환된 것으로 할 수 있다(자본시장법시행령 제176조의 13 제 4 항; 상법 제350조 제 3 항).

제 4 절 資本金의 減少

Ⅰ. 意 義

자본금감소란 회사의 자본의 액을 감소함을 말한다. 주식회사에 있어서 자본금은 회사채권자에 대한 유일한 책임재산으로서 회사신용의 기초가 되므로 이를 함부로 감소하는 것은 허용되지 않지만, 회사의 탄력적인 재무관리를 위해서는 그 필요성이 인정되므로 법은 특히 엄격한 절차를 거쳐 자본금을 감소할 수 있도록 하고 있다. 다만, 자본금은 정관의 절대적 기재사항이 아니므로 자본금감소는 정관의 변경을 요하지 않는다. 자본금은 발행주식의 액면총액이므로(제451조) 자본금의 감소란 발행주식의 액면총액의 감소만을 일컫고, 발행주식이 아닌 보유자산의 감소는 자본금의 감소가 아니다.

Ⅱ. 資本金減少의 種類

자본금감소는 감소에 따른 순재산의 감소 여부를 기준으로 통상 실질상의 자본금감소와 명목상의 자본금감소의 두 가지로 나뉜다. 전자는 회사의 과잉재산을 주주에게 반환하기 위하여 행하여지는데, 자본금의 감소와 더불어 일정금액을 주주에게 반환하므로 회사재산도 현실적으로 감소한다. 이에 반하여 후자는 자본금에 결손이 생겨서 이익배당이 곤란한 경우에 자본금을 순재산액과 일치시킴으로써 장래의 이익배당을 가능하게 하기 위하여 행하여지는데, 장부상(계산상)의 자본금만 줄고 회사재산은 실제로 감소하지 않는다. 실제상 행하여지는 자본금감소는 명목상의 자본금감소인 경우가 대부분이다.

Ⅲ. 資本金減少의 方法

자본금은 발행주식의 액면총액이므로(제451조) 자본금감소는 주금액의 감소, 주식수의 감소 및 양자의 병용의 방법으로 할 수 있다. 어느 방법에 의하는 경우에도 주주평등의 원칙에 따라야 한다.

1. 株金額의 減少

발행주식수는 줄이지 않으면서 주식의 액면가액만을 낮추는 방법이다. 감소되는 금액의 처리는 자본금감소의 목적에 따라 실질적인 감자의 경우에는 주주에게 환급하고, 명목상의 감자의 경우에는 주주의 손실로 이를 처리한다. 어느 방법으로 감자를 하든 남은 잔액이 새로운 주금액이 되므로 그 액면가가 최저 100원 이상이어야 하고(제329조 제4항), 주금균일의 원칙(제329조 제3항)에 위반하여서는 안 된다. 또한 1주의 금액은 정관의 절대적 기재사항이므로 주금액을 감소하려면 정관변경의 절차를 거쳐야 한다(제289조 제1항 4호).

2. 株式數의 減少

주식수를 감소하는 방법에도 주식의 병합과 주식의 소각의 두 가지가 있다.

(1) 株式의 併合 주식의 병합은 여러 주식을 합하여 그보다 적은 수의 주식으로 하는 방법이다. 예컨대 7주를 5주로 하는 것과 같다. 이것은 실제로 가장 많이 이용되는 감자방법이다. 주식의 병합의 경우에는 1주에 미달하는 단주가 발생하는 것이 보통이므로, 상법은 단주에 관한 규정을 두고 있다(제443조). 주식병합의 경우에도 주주평등의 원칙에 따라야 한다.

(2) 株式의 消却 주식의 소각은 발행주식 중 특정한 주식을 소멸시키는 방법이다. 주식의 소각에는 회사와 주주 사이의 자유로운 계약에 의하여 특정한 주식을 실효시키는 임의소각과 추첨·안분비례(추첨과 같은 사행적 방법은 이해관계인들의 신뢰에 반하고, 주주에게 실질적 평등을 보장하지 않으므로 주주평등의 원칙에 반한다는 견해: 이철송, 789쪽) 등의 방법에 의하여 주주의 의사와 관계 없이 특정한 주식을 실효시키는 강제소각이 있다. 또 위의 어느 경우이든 회사가 주주에게 대가를 지급하여 실질상의 감자를 하는 유상소각과 주주에게 아무런 대가를 지급하지 않고 계산상의 감자를 하는 무상소각이 있다. 이론상으로 임의·유상, 임의·무상, 강제·유상, 강제·무상의 4가지 조합이 가능하나, 임의·유상의 소각이 전형적인 방법이다. 위의 어느 경우에도 주주평등의

원칙에 위배하여서는 안 된다.

<대판 1992.11.24, 92 누 3786>

「주식의 매도가 자산거래인 주식의 양도에 해당하는가, 또는 자본거래인 주식의 소각 내지 자본의 환급에 해당하는가는 법률행위해석의 문제로서 그 거래의 내용과 당사자의 의사를 기초로 하여 판단하여야 할 것이지만, 실질과세의 원칙상 단순히 당해 계약서의 내용이나 형식에만 의존할 것이 아니라, 당사자의 의사와 계약체결의 경위, 대금의 결정방법, 거래의 경과 등 거래의 전체과정을 실질적으로 파악하여 판단하여야 할 것인바(국세기본법 제14조; 법인세법 제3조 참조), … 원고의 이 사건 주식매도는 소외 회사의 주식소각방법에 의한 자본감소절차의 일환으로 이루어진 것으로서 주식의 유상소각에 의한 자본의 환급에 해당되고, 그 소득은 법인세법 제19조 제1호 소정 의제배당소득이 된다고 할 것이다. 그리고 비록 그와 같은 임의·유상소각의 대가가 액면가액을 초과하여 소외회사에 감자차손이 발생하였고, 그 소각대상주식이 원고의 보유주식에 한정되어 주주평등의 원칙에 어긋나는 등 통상의 주식소각이나 자본감소의 경우와 다른 점이 있다고 하여 앞서 본 이 사건 주식매도의 성질이 달라지는 것은 아니라고 할 것이다.」(이 판례는 주식매도를 주식소각방법에 의한 자본감소절차로 인정한 사례임).

<대판 2013.5.9, 2012 두 27091>

「주식의 매도가 자산거래인 주식의 양도에 해당하는가 또는 자본거래인 주식의 소각 내지 자본의 환급에 해당하는가는 법률행위 해석의 문제로서 그 거래의 내용과 당사자의 의사를 기초로 하여 판단하여야 할 것이지만, 실질과세의 원칙상 당해 계약서의 내용이나 형식과 아울러 당사자의 의사와 계약체결의 경위, 대금의 결정방법, 거래의 경과 등 거래의 전체과정을 실질적으로 파악하여 판단하여야 한다(甲 주식회사가 특수관계자인 주주 乙로부터 그 보유의 甲 회사 주식을 취득하였는데 과세관청이 위 주식 취득이 무효라는 이유로 乙에게 지급된 주식대금이 업무무관 가지급금에 해당한다고 보아 甲 회사에 지급이자를 손금불산입하고 인정이자를 익금산입하여 법인세 부과처분을 한 사안에서, 乙은 자신의 출자금을 환급받기 위해 주식을 매도하고 甲 회사 역시 감자의 방법으로 乙의 출자금을 반환하기 위해 乙과 甲 회사가 주식매매계약에 이른 것으로 볼 여지가 있고, 甲 회사가 매입하는 주식의 대금은 매입할 때마다 분할하여 지급하기로 하고 주식소각은 乙로부터 주식 매입이 완료된 시점에 하기로 예정되어 있었으므로 甲 회사가 분할 매입시마다 그 대금을 지급하고 뒤늦게 주식에 대한 소각절차를 완료하였다고 하더라도 그러한 사정만으로 甲 회사가 주식소각의 목적

없이 주식을 취득하였다고 볼 수는 없으므로, 甲 회사가 주식을 취득하게 된 경위, 분할 매입의 이유와 그 대금의 결정방법, 주식에 대한 배당과 의결권 행사 여부, 그 밖의 거래경과 등을 추가로 심리한 다음 甲 회사에게 주식소각의 목적이 있었는지 여부를 판단하였어야 한다는 이유로, 이와 달리 본 원심판결에 법리 등을 오해하여 심리미진의 위법이 있다고 한 사례).」

자본금의 감소는 보통 회사의 탄력적인 재무관리를 목적으로 하는 것이나 문제점 또한 많아 불가피한 경우 이로 인해 손해를 입게 되는 자의 보호를 강구하여야 한다(이철송, 786쪽). 즉 실질적인 자본금감소를 하였을 경우 회사의 책임재산이 감소한다는 점에서 이는 사실상 출자의 환급이 되며, 실제로 이러한 목적으로 지배주주가 자본금감소를 하기도 한다. 이러한 주주가 채권자에 우선하여 투하자본을 회수하게 되므로 채권자의 보호가 문제된다. 명목상의 경우는 회사순재산의 감소라는 문제가 발생하지 않는다(채권자보호를 위한 구체적 절차는 아래 '절차'를 참조하기 바람). 또한 자본금감소가 주로 지배주주의 이익을 위해 행해지므로, 그러한 경우에는 소수주주의 이익을 어떻게 보호할 것인가가 문제된다(보호대책은 역시 아래 '절차'를 참조하기 바람).

Ⅳ. 資本金減少의 節次

1. 株主總會의 特別決議

자본금감소는 주주의 권리를 줄이거나 박탈하는 결과를 가져옴으로써 주주의 이익에 중대한 영향을 끼치기 때문에 주주총회의 특별결의에 의해서만 할 수 있다(제438조 제1항). 주주총회를 소집함에는 회의의 목적사항 외에 의안의 요령도 기재하여야 한다(제438조 제2항). 또 자본금감소의 결의에서는 자본금의 감소액 외에 감소의 방법도 정하여야 한다(제439조 제1항). 주금액의 감소방법을 택하더라도 감자의 결의와 정관변경의 결의는 그 요건이 같고, 감자의 절차가 더 엄격한 점에 비추어 감자의 결의만으로 충분하고, 따로 정관변경의 결의를 요하지 않는다고 생각한다(동지: 정동윤, 621쪽; 이철송, 789쪽).

자본금감소에 대한 규제는 자본유지원칙을 보완하는 기능을 수행한다. 자본금감소의 경우에 주주총회의 특별결의를 요하는 실질적 이유는 주주 사이에 불공정한 자본금감소가 이루어지는 것을 방지하기 위한 것이나, 주주에 대한 투자반환이 효율적 선택인 상황에서 복잡한 절차를 거치도록 하는 것은 거래비용을 증가시키는 면이 있다. 그리고 종래의 자본금감소의 경우 1인의 채권자도 변제 또는 담보의 제공을 요구할 수 있는 일종의 거부권을 가지는데, 이는 자본금이 실제적인 채권자보호효과에 한계가 있는 점에 비하면 매우 강력한 보호장치이다. 무엇보다도 결손전보를 위한 자본금감소의 경우에는 주주에 대한 자산의 유출이 없으므로 채권자보호절차를 거쳐야 할 필요성이 크지 않다. 그리하여 결손전보를 위한 자본금감소의 경우에는 주주에 대한 출자반환이 이루어지지 않음에도 절차적 요건이 과중하므로 자본금감소제도의 완화가 필요하다. 이에 2011년 개정상법에서는 자본금감소절차는 정관변경의 특별결의에 의하여야 하나, 결손전보를 위한 자본금감소절차는 주주총회 보통결의로 그 절차를 완화하였다(제438조 제 2 항). 그리고 자본금감소의 경우는 주주총회소집의 통지·공고를 준용한다(제438조 제 3 항).

2. 債權者保護節次

실질상의 감자는 회사의 실재산이 감소하고, 명목상의 감자도 이익배당의 가능성이 생기게 되므로 어느 경우에나 직·간접으로 회사채권자의 일반적 담보력에 영향을 준다. 상법은 이에 대한 보호책으로서 회사합병시의 채권자보호절차를 준용하고 있다. 즉 회사는 감자결의일로부터 2주 내에 회사채권자에 대하여 1월 이상의 일정한 기간 내에 이의를 제출할 것을 공고하고, 알고 있는 채권자에 대하여는 개별적으로 최고하도록 하고 있다(제439조 제 2 항, 제232조 제 1 항). 채권자가 이의기간 내에 이의를 제출하지 아니한 때에는 감자를 승인한 것으로 본다(제439조 제 2 항, 제232조 제 2 항). 사채권자가 이의를 하자면 사채권자집회의 결의가 있어야 하며, 이 경우에 법원은 이해관계인의 청구에 의하여 사채권자를 위하여 이의제기기간을 연장할 수 있다(제439조 제 3 항). 이의를 제출한 채권자에 대하여는 회사가 변제하거나, 상당한 담보를 제공하거나, 또는 이를 목적으로 상당한 재산을 신탁회사에 신탁하여야 한다(제439조 제 2 항, 제232조 제 3 항).

결손전보를 위한 자본금감소의 경우에는 주주에 대한 자산의 유출이 없으므로 채권자보호절차를 거쳐야 할 필요성이 크지 않아 이 경우에는 채권자보호절차를 생략할 필요성이 존재한다. 이에 2011년 개정상법에서는 자본금감소의 경우에는 채권자보호절차를 거쳐야 하나, 결손전보를 위한 자본금감소결의의 경우에는 채권자보호절차를 생략할 수 있도록 하였다(제439조 제 2 항).

3. 資本金減少의 實行

(1) 株式倂合節次　　회사는 주식병합을 한다는 뜻과 1월 이상의 일정기간 내에 주권을 회사에 제출할 것을 공고하고, 또 주주명부에 기재된 주주

와 질권자에게는 개별로 그 통지를 하여야 한다(제440조). 구 주권의 제출기간이 3개월이었으나, 1995년 개정법에서 1월로 단축하였다. 이로써 주식병합에 따른 신주발행의 효력발생시기도 2개월이 단축되는 결과가 되었다(제441조 참조). 구 주권을 제출하는 경우에는 이를 회수하고 신주권을 교부한다. 분실 기타의 사유로 구 주권을 제출하지 못한 자가 있으면 공시최고절차보다 간편한 방법으로서 회사는 그 자의 청구에 의하여 그 자의 비용으로 이해관계인에 대한 이의제출의 공고를 하고, 3월 이상이 경과한 후에 신주권을 교부할 수 있다(제442조).

병합에 적합하지 않은 단주는 그 병합에 적당하지 아니한 부분에 대하여 발생한 주식을 경매하거나, 거래소의 시세가 있는 주식은 거래소를 통하여 매각하고, 거래소의 시세가 없는 주식은 법원의 허가를 얻어 임의매각을 함으로써 얻은 대금을 단주의 수에 비례하여 종전의 주주에게 지급하여야 한다(제443조). 병합에 적합하지 않은 구 주권을 제출할 수 없는 자가 있으면, 이의제출의 공고절차가 끝난 후에 그 대금을 지급한다(제443조 제2항, 제442조). 주식병합의 경우에 제출기간 내에 제출되지 아니한 무기명주권이 있는 때에는 모든 단주에 준하여 매각 및 대금지급의 절차를 취하게 된다(제444조).

(2) **株式消却의 節次** 강제소각의 경우에는 병합절차와 같이 회사가 1월 이상의 기간을 정하여 소각한다는 뜻과 주주에게 주권을 제출할 것을 공고하고, 주주명부상의 주주와 질권자에게는 각별로 통지하여야 한다(제343조 제2항, 제440조). 이 공고기간이 종료한 때, 그리고 채권자보호절차가 종료하지 아니한 때에는 그 절차가 종료한 때에 소각의 효력이 발생한다(제343조 제2항, 제441조).

임의소각의 경우에는 주주의 신청과 주권제출에 의하여 또는 매입에 의하여 회사가 자기주식을 취득하여 이를 소각시키게 된다(제341조, 제342조).

(3) **株金額의 減少節次** 주금액을 감액하는 경우에는 주권을 제출시켜 신주권과 교환하여야 하며, 그 절차와 효력 등은 병합의 경우와 같다(제440조, 제441조, 제442조).

(4) **登 記** 자본금감소로 인해 등기사항에 변동이 생기므로 변경등기를 하여야 한다(제317조 제2항 3호, 제317조 제3항, 제183조).

V. 資本金減少의 效力

1. 效力發生時期

자본금감소의 효력은 강제소각 및 주식병합의 방법에 의할 때에는 주권의 제출기간이 만료한 때에, 채권자보호절차가 아직 종료하지 아니한 때에는 그 절차가 종료한 때에 각각 발생한다(제343조 제2항, 제440조, 제441조). 그 밖의 방법에 의한 자본금감소의 경우에는 주주총회의 특별결의, 채권자보호절차 및 자본금감소실행절차가 모두 완료한 때에 생긴다.

2. 減資差益의 積立

자본금의 감소액에 비하여 환급하는 금액이 적을 때에는 그 차액에 상당하는 감자차익이 발생하는데, 이를 자본준비금으로 적립하여야 한다(제459조 제1항).

3. 未發行株式數와의 관계

주식수의 감소에 의한 감자의 경우, 회사의 발행주식총수가 줄어들게 된다. 이 경우에도 그 줄어든 주식에 관하여 이사회에서 일단 주식발행의 수권을 행사하였기 때문에 미발행주식의 수가 그만큼 늘어난 것이 아니다.

4. 質權의 物上代位

주식의 소각·병합으로 인하여 주주가 받게 되는 주식이나 금액에 대하여서도 질권의 효력이 미치게 된다. 액면가가 감액되더라도 질권에는 영향이 없고, 등록질권자의 경우에는 그 대금으로 우선하여 자기의 채권의 변제에 충당할 수 있다(제339조, 제340조).

VI. 資本金減少의 無效

자본금감소의 절차나 내용에 하자가 있는 경우에 회사를 둘러싼 법률관계의 안정과 획일적인 처리를 위하여 상법은 자본금감소무효의 소를 두고 있다.

1. 無效原因

자본금감소의 절차 또는 내용에 하자가 있는 경우이다. 예컨대 자본금감소의 결의가 무효이거나 취소될 수 있는 경우, 자본금감소의 방법·절차에 있어서 주주평등의 원칙에 위반한 경우, 채권자보호절차를 밟지 않은 경우 등이다.

<대판 2020. 11. 26, 2018 다 283315>

「상법은 자본금감소의 무효와 관련하여 개별적인 무효사유를 열거하고 있지 않으므로, 자본금감소의 방법 또는 기타 절차가 주주평등의 원칙에 반하는 경우, 기타 법령·정관에 위반하거나 민법상 일반원칙인 신의성실원칙에 반하여 현저히 불공정한 경우에 무효소송을 제기할 수 있다. 주주평등의 원칙은 그가 가진 주식의 수에 따른 평등한 취급을 의미하므로 주식병합의 결과 주주의 비율적 지위에 변동이 발생하지 않았다면, 달리 원고가 그가 가진 주식의 수에 따라 평등한 취급을 받지 못한 사정이 없는 한 이를 주주평등원칙의 위반으로 볼 수 없다. 또한 우리 상법이 2011년 상법 개정을 통해 소수주주 강제매수제도를 도입한 입법취지와 그 규정의 내용에 비추어 볼 때, 엄격한 요건 아래 허용되고 있는 소수주주 축출제도를 회피하기 위하여 탈법적으로 동일한 효과를 갖는 다른 방식을 활용하는 것은 위법하다. 그러나 소수주식의 강제매수제도는 지배주주에게 법이 인정한 권리로 반드시 지배주주가 이를 행사하여야 하는 것은 아니고, 우리 상법에서 소수주식의 강제매수제도를 도입하면서 이와 관련하여 주식병합의 목적이나 요건 등에 별다른 제한을 두지 않았다. 법에서 정한 절차에 따라 이루어진 주주총회에서 지배주주 뿐만 아니라 소수주주의 대다수가 찬성한 주식병합의 경우, 신의성실의 원칙 및 권리남용금지의 원칙에 위배되는 현저한 불공정이 있다고 보기 어렵다(A 주식회사가 회생절차 종결 후 주식병합 및 자본금감소를 결정하였고 그 결과 원고를 포함하여 대다수의 소수주주들이 주주의 지위를 상실한 사건에서, 법에서 정한 주식병합의 절차에 따라 모든 주주에게 동일한 비율로 주식병합이 이루어졌고 주주총회 결의에서 대다수의 소수주주가 찬성하여 이루어진 주식병합이라면 무효라고 볼 수 없다는 이유로, 이를 무효로 판단한 원심판결을 파기한 사례).」

2. 減資無效의 訴

(1) 訴의 要件(제445조) 자본금감소의 무효를 주장할 수 있는 자는 주주, 이사, 감사, 청산인, 파산관재인 또는 자본금감소를 승인하지 아니한 채권자에 한한다. 자본금감소무효를 주장할 수 있는 기간은 자본금감소로 인한 변경등기가 있은 날로부터 6월 내에 한정된다. 무효의 주장은 반드시 소로써만 할 수 있다. 이 소는 형성의 소로서 피고는 회사이다.

<대판 2009. 12. 24, 2008 다 15520>

「구 상법(1991. 5. 31. 법률 제4372호로 개정되기 전의 것, 이하 같다) 부칙 제 5 조 제 2 항에 의하여 주식 1주의 금액

을 5천 원 이상으로 하기 위하여 거치는 주식병합은 자본의 감소를 위한 주식병합과는 달리 자본의 감소가 수반되지 아니하지만, 주식병합에 의하여 구 주식의 실효와 신 주식의 발행이 수반되는 점에서는 자본감소를 위한 주식병합의 경우와 차이가 없다. 그런데 위와 같은 주식병합 절차에 의하여 실효되는 구 주식과 발행되는 신 주식의 효력을 어느 누구든지 그 시기나 방법 등에서 아무런 제한을 받지 않고 다툴 수 있게 한다면, 주식회사의 물적 기초와 주주 및 제 3 자의 이해관계에 중대한 영향을 미치는 주식을 둘러싼 법률관계를 신속하고 획일적으로 확정할 수 없게 되고, 이에 따라 주식회사의 내부적인 안정은 물론 대외적인 거래의 안전도 해할 우려가 있다. 따라서 이러한 경우에는 그 성질에 반하지 않는 한도 내에서 구 상법 제445조의 규정을 유추 적용하여, 주식병합으로 인한 변경등기가 있는 날로부터 6월 내에 주식병합 무효의 소로써만 주식병합의 무효를 주장할 수 있게 함이 상당하다.

구 상법 제445조에서 규정하는 '소'라 함은 형성의 소를 의미하는 것으로서, 일반 민사상 무효확인의 소로써 주식병합의 무효확인을 구하거나 다른 법률관계에 관한 소송에서 선결문제로서 주식병합의 무효를 주장하는 것은 원칙적으로 허용되지 아니한다. 그러나 주식병합의 실체가 없음에도 주식병합의 등기가 되어 있는 외관이 존재하는 경우 등과 같이 주식병합의 절차적·실체적 하자가 극히 중대하여 주식병합이 존재하지 아니한다고 볼 수 있는 경우에는, 주식병합 무효의 소와는 달리 출소기간의 제한에 구애됨이 없이 그 외관 등을 제거하기 위하여 주식병합 부존재확인의 소를 제기하거나 다른 법률관계에 관한 소송에서 선결문제로서 주식병합의 부존재를 주장할 수 있다.

구 상법 부칙 제 5 조 제 2 항이 구 상법 제440조를 준용하여 주식병합에 일정한 기간을 두어 공고와 통지의 절차를 거치도록 한 취지는, 신 주권을 수령할 자를 파악하고 실효되는 구 주권의 유통을 저지하기 위하여 회사가 미리 구 주권을 회수하여 두려는 데 있다(대판 2005. 12. 9, 2004 다 40306 참조). 회사가 위와 같은 공고 등의 절차를 거치지 아니한 경우에는 특별한 사정이 없는 한 주식병합의 무효사유가 존재한다고 할 것이지만, 회사가 주식병합에 관한 주주총회의 결의 등을 거쳐 주식병합 등기까지 마치되 그와 같은 공고만을 누락한 것에 불과한 경우에는 그러한 사정만으로 주식병합의 절차적·실체적 하자가 극히 중대하여 주식병합이 부존재한다고 볼 수는 없다.」

<대판 2010. 4. 29, 2007 다 12012>

「구 금융산업의 구조개선에 관한 법률(2000. 1. 21. 법률 제6178호로 개정되기 전의 것, 이하 '구 금산법'이라 한다) 제10조 제 1 항 및 제 2 항, 은행감독규정 제36조 제 3 항, 구 금산법 제13조의 2, 제12조 제 4 항은 재무상태가 악화되어 외부로부터의 자금지원 없이는 정상적인 경영이 어려운 금융기관(이하 '부실화 우려 있는 금융기관'이라 한다)에 대하여 정부 또는 예금보험공사가 출자하기로 한 때에는 금융감독위원회가 당해 금융기관에 대하여 자본감소명령을 할 수 있고, 이 경우 당해 금융기관은 주주총회의 특별결의를 거쳐 자본감소를 하도록 한 상법 제438조의 규정에도 불구하고 이사회결의만으로 자본감소를 할 수 있도록 규정하고 있다. 구 금산법의 위 규정이 부실화 우려 있는 금융기관으로 하여금 이사회결의만으로 자본감소를 할 수 있도록 한 것은 자본감소 여부 결정에 관한 주주의 권한을 제한하는 결과가 되나, ① 부실화 우려 있는 금융기관을 그대로 방치할 경우 그 주주뿐만 아니라 예금주, 당해 금융기관으로부터 자금을 조달하는 기업과 개인 등 다수의 이해관계자들이 상당한 재산적 손실을 입게 되어 국민경제에 미치는 부정적 효과가 크므로 그 정상화를 위해 정부가 자금지원 등의 방법으로 개입할 필요가 있는 점 … 위와 같은 주주 권한의 제한은 국민경제의 안정을 실현하기 위한 필요하고 적절한 수단으로 주주 재산권의 본질적 내용을 침해하는 것이라고 할 수 없다.

상법 제445조는 "자본감소의 무효는 주주·이사·감사·청산인·파산관재인 또는 자본감소를 승인하지 아니한 채권자에 한하여 자본감소로 인한 변경등기가 있는 날로부터 6월 내에 소만으로 주장할 수 있다"고 규정하고 있는바, 이는 자본감소에 수반되는 복잡한 법률관계를 조기에 확정하고자 하는 것이므로 새로운 무효사유를 출소기간의 경과 후에도 주장할 수 있도록 하면 법률관계가 불안정하게 되어 위 규정의 취지가 몰각된다는 점에 비추어 위 규정은 무효사유의 주장시기도 제한하고 있는 것이라고 해석함이 상당하고 자본감소로 인한 변경등기가 있는 날로부터 6월의 출소기간이 경과한 후에는 새로운 무효사유를 추가하여 주장할 수 없다.」

(2) 訴의 節次 자본금감소무효의 소의 관할, 소제기의 공고, 병합심리, 하자의 보완과 청구의 기각, 패소원고의 책임, 제소자의 담보제공의무 등은 신주발행무효의 소에서와 같다(제446조, 제186조 내지 제189조, 제191조, 제192조, 제377조).

<대판 2004. 4. 27, 2003 다 29616>

「법원이 감자무효의 소를 재량기각하기 위해서는 원칙적으로 그 소제기 전이나 그 심리중에 원인이 된 하자가 보완되어야 한다고 할 수 있을 것이지만, 이 사건의 하자와 같이 추후 보완될 수 없는 성질의 것으로서 자본감소결의의 효력에는 아무런 영향을 미치지 않는 것인 경우 등에는 그 하자가 보완되지 아니하였다 하더라도 회사의 현황 등 제반 사정을 참작하여 자본감소를 무효로 하는 것이 부적당하다고 인정한 때에는 법원은 그 청구를 기각할 수 있다고 하여야 할 것이다.」

(3) 다른 訴와의 關係　　자본금감소결의에 하자가 있는 경우 자본금감소의 효력발생 전에는 주주총회의 감자결의취소·무효확인·부존재확인 등의 소를 제기할 수 있으나, 자본금감소의 효력발생시기가 되어 자본금감소무효의 소를 제기할 수 있게 된 이상 자본금감소의 절차의 일부분에 지나지 않는 자본금감소결의의 효력만을 다투는 것은 무의미하므로 결의의 하자의 주장은 자본금감소무효의 소에 의하여야 한다(동지 : 정희철, 544쪽; 정동윤, 627쪽; 이철송, 794쪽). 다만, 결의취소의 소의 제소기간이 결의의 날로부터 2월 내이므로 결의의 절차상의 하자를 이유로 하는 감자무효의 소는 위 기간 내에 제기하여야 한다. 또한 감자결의의 효력발생 전인 경우, 결의취소의 소 등이 계속중에 감자의 효력이 발생한 때에는 감자무효의 소 제기기간 내에 감자무효의 소로 변경하여야 할 것이다.

<대판 2010. 2. 11, 2009 다 83599>

「1. 상법 제445조는 자본감소의 무효는 주주 등이 자본감소로 인한 변경등기가 있은 날로부터 6월 내에 소만으로 주장할 수 있다고 규정하고 있으므로, 설령 주주총회의 자본감소 결의에 취소 또는 무효의 하자가 있다고 하더라도 그 하자가 극히 중대하여 자본감소가 존재하지 아니하는 정도에 이르는 등의 특별한 사정이 없는 한 자본감소의 효력이 발생한 후에는 자본감소 무효의 소에 의해서만 다툴 수 있다(대판 1993. 5. 27, 92 누 14908, 대판 2004. 8. 20, 2003 다 20060 등 참조).

2. 민사소송법 제136조 제 4 항은 "법원은 당사자가 명백히 간과한 것으로 인정되는 법률상 사항에 관하여 당사자에게 의견을 진술할 기회를 주어야 한다."라고 규정하고 있으므로, 당사자가 부주의 또는 오해로 인하여 명백히 간과한 법률상의 사항이 있거나 당사자의 주장이 법률상의 관점에서 보아 모순이나 불명

료한 점이 있는 경우 법원은 적극적으로 석명권을 행사하여 당사자에게 의견진술의 기회를 주어야 하고 만일 이를 게을리 한 경우에는 석명 또는 지적의무를 다하지 아니한 것으로서 위법하다.」

(4) 判決의 效力　　원고승소의 판결이 확정된 때는 그 판결은 제 3 자에 대해서도 효력이 있으며, 소급효가 인정된다(제446조, 제190조 본문). 자본금감소무효의 소의 경우에도 원고승소판결의 효력은 제446조가 종전에는 제190조 전체를 준용하였으나, 1995년 개정법에서는 제190조 본문만을 준용하므로 소급되는 것이다. 따라서 자본금감소절차에서 채권자에 대한 변제나 판결 전에 이루어진 주식의 양도는 원고승소판결이 확정되면 판결의 소급효에 의하여 모두 무효로 된다. 자본금감소가 무효가 됨에 따라 자본금은 감소 이전의 상태로 회복하고, 주금액을 감액한 경우에는 감액 전의 주금액으로 회복하고, 소각된 주식은 부활하며, 병합된 주식은 병합 전 주식으로 분할된다.

제 5 절　株式會社의 會計

姜渭斗, 상법상의 공정·타당한 회계관습의 이론, 商事法硏究 1(1980)/金敎昌, 상법 중 회사의 계산에 관한 개정의견, 商事法硏究 1(1980)/金斗煥, 우리 상법상 계산규정의 개정방향, 상장협 27(1993. 5)/金斗煥, 株式會社에 있어서 연결재무제표에 대한 고찰, 會社法의 現代的 課題(徐燉珏博士華甲紀念論文集)(1980)/金驃鎭, 株式會社의 計算規定, 司法行政 249(1981. 9)/金驃鎭, 株式會社 會計法硏究 — 결산재무제표 및 결산재무제표상의 재무평가를 중심으로 —, 우석대 박사학위논문(1970)/宋雙鍾, 주식회사의 계산서류와 관련한 상업장부의 개념에 관한 연구, 會社法의 現代的 課題(徐燉珏博士華甲紀念論文集)(1980)/安東燮, 株式會社法 : 이연자산, 司法行政 336(1988. 12)/安東燮, 회사채권자의 장부검열청구권, 司法行政 266(1983. 2)/吳守根, 商法會計規定과 企業會計基準의 관계, 인하대 법정대학보 7(1988. 2)/吳守根, 상법회계규정에 관한 서론적 고찰, 인하대 사회과학연구소논문집 8(1989. 8)/吳有善, 주요각국의 영업보고서에 관한 비교연구, 명지대 논문집 15(1984. 4)/王舜模, 법정준비금의 과도적립현상을 시정하기 위한 입법론적 고찰, 상사법연구 제14집 제 1 호(1995)/李基秀, 서독 개정상법에서의 계산규정에 관한 연구 — 자본회사의 계산규정을 중심으로 —, 現代法學의 諸問題(朴元錫博士華甲紀念論文集)(1992)/林重鎬, 企業의 計算規定에 관한 獨逸改正商法의 基本方向, 企業環境法의 變化와 商事法(孫珠瓚敎授古稀紀念論文集)

(1993)/鄭東潤, 株式會社의 財務諸表(상), 대한변호사협회지 111(1985. 10); (하), 112(1985. 12)/鄭相根, 독일법상의 회계제도에 관한 연구 : 고려대 박사학위논문(1993)/鄭相根, 독일상법에 있어서 공정타당한 회계관행(GoB), 경영법률 5(故 李允榮博士追慕論文集)(1992)/鄭相根, 연결회계에 관한 비교법적 연구 : 우리나라와 독일을 중심으로, 안암법학 1(1993)/조병갑, 한국의 개정상법과 기업회계, 원광대 논문집 21(1987. 6)/河三周, 기업집단의 연결회계제도에 관한 법적 연구, 성균관대 박사학위논문(1991).

제 1 관 總 說

주식회사는 전형적인 자본회사로서 회사재산이 채권자의 유일한 담보이므로, 이를 유지함으로써 채권자를 보호하려는 것이 계산제도의 1차적 목적이다. 다른 한편 주주에게 있어서는 우선 업무담당자의 부정행위를 방지하여 회사가 적정한 자본을 계속 유지할 수 있도록 하는 동시에 회사의 재산상태를 합리적으로 평가할 수 있는 수단이 되기도 한다. 뿐만 아니라 예비투자자나 소비자를 포함한 일반공중에게 있어서도 회사의 계산이 가지는 의의는 매우 중요하다. 이런 관점에서 독일법은 일찍이 회사재산을 일목요연하게 함으로써 채권자와 주주를 보호한다는 취지 아래 1965년 주식법에 계산규정을 두고, 1987년에는 유럽공동체이사회의 제 4, 제 7, 제 8 지침에 따라 상법 제 3 편(상업장부)에 102개의 조문을 신설함으로써 보다 진일보한 규범체계를 구비하게 되었다(이에 관하여는 이기수, "서독개정상법에서의 계산규정과 공시," 현대상사법의 제문제(설성 이윤영선생 정년기념논문집(1988)), 3쪽 아래 참조). 그 이후 독일에서는 2009년 3월 25일 회계현대화법(Gesetz zur Modernisierung des Bilanzrechts (BilMoG))을 제정하였다. 동 법은 독일 국내 회계작성규정을 국제규범에 맞추어 수정하면서도 기업에 따라 회계작성의무를 차등화하여 면제 또는 부과하고 있다. 그 과정에서 규제완화를 달성하고 특히 소규모 기업 및 인적회사에게 혜택이 돌아가게끔 개정하였다. 또한 회계장부 작성시 비용이 저렴하게 발생하도록 하고 하나의 회계장부작성을 통하여 세법상의 목적까지 달성하도록 하고 있다. 그를 위해 회계현대화법은 기존의 인정된 상법전상의 회계법을 기초적인 것으로 구축하면서 그를 국제회계표준에 동급의 것으로 인정해주면서도 비용이 현저하게 적게 들게 하고 실무에서 쉽게 이해할 수 있도록 하였다. 그리고 세법상으로도 상법전상의 회계기준이 세법상의 이익조사 및 배당조사에서도 기준이 되도록 하였다. 이를 통하여 독일 중소기업들 입장에서는 하나의 단일회계만을 작성하면 모든 목적을 달성할 수 있다는 장점을 누리게 되었다.

우리 상법은 주식회사의 계산에 대하여 많은 강행규정을 두어 규제하고 있었다. 그런데 기업회계기준의 지속적인 변화·개선이 이루어짐에 따라 상법과 "기업회계기준"과의 괴리발생으로 상법의 규범력을 상실하게 된다. 일반적으로 법률에 구체적인 회계규정을 두지 않는 세계적 추세를 고려하고, 상법과 "기업회계기준"과의 괴리를 수정하고 추후 변화하는 회계관행에 신속· 적절히 대응할 수 있는 방안을 마련하는 것이 필요하다. 종래 기업의 회계처리에서 상법상의 계산규정과 "주식회사의 외부감사에 관한 법률"에 의한 회계기준으로 이원화되어 있는데, 실무와의 조화를 어떻게 실현할 것인가에 대한 방안도 필요한 실정이다. 그리하여 상법에 회계에 관한 일반적 규정을 두어 추후 변화하는 회계관행에 신속·적절히 대응할 수 있도록 할 필요가 있다. 그 결과 상법의 회계규정을 대폭 삭제하고 "공정·타당한 회계관행에 따른다"는 원칙규정만 둠으로써 구체적인 회계기준을 "기업회계기준"에 의하는 근거를 마련할 필요성이 존재한다. 이에 2011년 개정상법에서는 상법의 회계규정을 대폭 삭제하고, 구체적인 회계기준을 "기업회계기준"에 의하는 근거로서 원칙규정을 신설하였다. 즉 상법에 제446조의 2로서 "회사의 회계는 이 법과 대통령령으로 규정한 것을 제외하고는 일반적으로 공정하고 타당한 회계관행에 따른다"는 내용을 신설하였다. 그리고 구법에는 있었지만 삭제된 규정은 다음과 같다 : 제452조(자산의 평가방법), 제453조(창업비의 계상), 제453조의 2(개업비의 계상), 제454조(신주발행비용의 계상), 제455조(액면미달금액의 계상), 제456조(사채차액의 계상), 제457조(배당건설이자의 계상), 제457조의 2(연구개발비의 계상) 등이다.

2011년 상법 개정시 상법에서 사용하는 회계 관련 용어를 주식회사외부감사에 관한 법률에 따라 다음과 같이 변경하였다. ① 회사의 계산을 회사의 회계로 변경하였다(제 4 장 제 7 절의 제목 변경). ② 재산을 자산으로 변경하였다(제29조 제 1 항, 제462조). ③ 재산 및 손익상태를 재무상태 및 경영성과로 변경하였다(제447조의 4 제 2 항 제 4 호). ④ 자본을 자본금으로 변경하였다(제451조 등). 한편 감사보고서를 작성하는 경우 구법이 사소한 금액이 부정확한 경우까지 감사의무를 지우게 되어 지나친 면이 있었으므로 2011년 개정상법에서 외부감사에서 일반화된 표현을 참조하여 대차대조표 등이 회사의 상황이나 상태를 적정하게 표시하는지에 대한 판단을 요구하는 것으로 변경하였다(제447조의 4 제 2 항).

이와 같이 2011년 4월 개정상법은 '회사의 회계는 이 법과 대통령령으로 규정한 것을 제외하고는 일반적으로 공정하고 타당한 회계관행에 따른다'는 규정을 신설하였으며(제446조의 2), 이에 따라 회계에 관한 일반적 규정을 상법에 두고 구체적인 회계기준은 기업회계기준에 의하도록 하였다. 이에 2012년 4월 개정된 상법시행령은 외부감사대상 법인과 공공기관 및 그 밖의 회사 등으로 세분하여 각 회사가 따라야 할 회계기준을 구체적으로 정하여 회사별로 가장 적합한 회계기준을 따를 수 있도록 하였다(상법시행령 제15조).

제 2 관 財務諸表의 作成

1. 財務諸表의 意義

주식회사는 상인으로서 1차적으로 상업장부인 회계장부와 대차대조표를 작성하여야 하고(제29조 제 1 항), 그 밖에 특별히 계산에 관한 서류를 작성하여야 한다. 여기에는 대차대조표, 손익계산서, 이익잉여금처분계산서 또는 결손금처리계산서와 그 부속명세서(제447조) 및 영업보고서(제447조의 2)가 포함되고, 이 가운데 앞의 3자를 재무제표라고 한다.

상법에 의해서 작성해야 할 재무제표는 대차대조표·손익계산서·이익잉여금처분계산서 또는 결손금처리계산서가 있다(제447조). "기업회계기준"에 의한 재무제표인 현금흐름표와 자본명세서 등은 투자자 등 회사의 이해관계자가 회사의 재무상태와 회사경영진의 의사결정의 적정성판단을 가능하게 하는데, 상법에서 제공하는 계산서류에는 포함되지 않는다. 그리하여 회사이해관계자와 경영자에게 의미 있는 현금흐름표와 자본명세서를 상법상의 재무제표로 도입할 필요가 있다. 기업환경의 변화에 따라 새롭게 발생하는 수요를 반영할 수 있도록 대차대조표와 손익계산서를 제외한 것으로서 재무제표에 포함시킬 서류들을 시행령에 추가할 수 있는 근거를 마련하는 것이 필요하였다. 이에 2011년 개정상법에서는 계산서류의 종류에 관하여는 대차대조표·손익계산서는 상법에서 규정하고 자본변동표·현금흐름표 등의 서류는 시행령에 추가하도록 근거규정을 마련하였다(제447조 제 1 항). 그리고 기업회계의 투명성제고, 주주 등 이해관계자의 보호 및 연결회계방식으로 변화하고 있는 국제적 추세를 반영하여 시행령에서 정하는 회사에 대하여 연결재무제표의 작성의무를 부과하는 내용을 규정하였다(제447조 제 2 항). 장기적으로는 독일식의 콘체른에 대한 연결기업·결합기업에 대한 상세한 규정을 두는 것이 필요하다.

2. 財務諸表의 構成

(1) 貸借對照表 2011년 4월 개정 상법상 작성의무가 있는 재무제표는 대차대조표, 손익계산서와 그 밖에 회사의 재무상태와 경영성과를 표시하는 것으로서 대통령령으로 정하는 서류를 말한다(제447조 제 1 항). 상법시행령은 '대통령령으로 정하는 서류'에 자본변동표와 이익잉여금처분계산서 또는 결손금처리계산서를 포함하였다(상법시행령 제16조). 다만, 외부감사 대상 법인에 대해서는 여기에 현금흐름표 및 주석을 포함하도록 하였다(상법시행령 제16조 제 1 항 단서). 그리고 외부감사 대상 회사의 이사는 지배회사를 포함한 연결재무제표를 작성하여 이사회의 승인을 받도록 하였다(상법 제447조 제 2 항 및 상법시행령 제16조 제 2 항).

대차대조표(Bilanz, B/S)는 일정한 시점에 있어서 회사가 현재 보유하고 있는 재산과 가져야 할 재산을 대조하여 그 재산상태를 총괄적으로 나타내는 회계보고서로서 '자산=부채+자본'이라는 등식으로 표시된다. 특히 회사의 수익상황을 표시하는 손익계산서와의 관계에서 볼 때 대차대조표는 기간손익계산서를 작성하기 위한 가교의 기능을 한다. 대차대조표는 그의 작성시기와 목적 및 영업의 계속성에 따라 통상대차대조표와 비상대차대조표, 폐쇄대차대조표와 결산대차대조표로 나눌 수 있으며, 비상대차대조표는 다시 청산·파산·합병대차대조표 등으로 나누어진다.

(2) 損益計算書 손익계산서는 일정한 영업연도의 경영성과를 밝히기 위해 그 회계기간에 속하는 모든 이익과 이에 대응하는 모든 비용을 기재하여 경영손익을 표시하고, 특별손익·법인세 등을 차감하여 당기의 순손익을 표시하는 경영성적표이다. 그런 점에서 볼 때, 대차대조표가 일정시점의 재산상태를 표시하는 정태보고서라면 손익계산서는 일정기간 동안 수익과 비용의 원인·내용·결과까지 기재하여 회사의 수익력을 나타내 주는 동태보고서임을 알 수 있다.

(3) 利益剩餘金處分計算書·缺損金處理計算書 이익잉여금처분계산서는 회사의 이익을 전제로 하여 이월이익잉여금의 수정액과 당기이익잉여금의 처분액을 명확히 보고하기 위한 이익금의 처분에 관한 계획서로서 배당의안이라고도 한다. 그 반면 결손금처리계산서는 회사에 손실이 있는 경우에 당기의 미처분결손금의 처리에 관한 보고서에 해당한다.

(4) 附屬明細書　부속명세서는 대차대조표와 손익계산서의 주요 항목에 대하여 그 명세를 기재한 서류이다. 부속명세서의 종류는 기업회계기준(제92조)에 자세하게 나타나 있으며, 중요성에 따라 필수적 부속명세서와 임의적 부속명세서로 나누어진다. 사실상 재무제표에는 단순하고 개괄적인 사항만 기재되어 있어 서류이용자에게 충분한 정보를 제공해 주지 못하고 있으므로 이를 보충하는 별도의 서류가 필요하다. 이와 같은 부속명세서는 회계명료성의 원칙에 따라 자세하게 기재하여야 한다.

(5) 營業報告書　영업보고서는 일정한 영업연도의 회사의 영업상태를 기재한 서류로서 영업에 관한 중요사항을 문장으로 기재하게 되므로 계수로 표시되는 회계서류인 재무제표에서 제외된다. 영업보고서의 기재사항은 대통령령으로 자세하게 규정하도록 되어 있다(제447조의 2 제2항). 이때 상법 제447조의 2 제2항의 규정에 의하여 영업보고서에 기재할 사항은 다음과 같다(상법시행령 제17조): ① 회사의 목적 및 중요한 사업내용, 영업소·공장 및 종업원의 상황과 주식·사채의 상황, ② 그 영업연도에 있어서의 영업의 경과 및 성과(자금조달 및 설비투자의 상황을 포함한다), ③ 모회사와의 관계, 자회사의 상황 그 밖에 중요한 기업결합의 상황, ④ 과거 3년간의 영업성적 및 재산상태의 변동상황, ⑤ 회사가 대처할 과제, ⑥ 그 영업연도에 있어서의 이사·감사의 성명, 회사에 있어서의 지위 및 담당업무 또는 주된 직업과 회사와의 거래관계, ⑦ 상위 5인 이상의 대주주(주주가 회사인 경우에는 그 회사의 자회사가 보유하는 주식을 합산한다), 그 보유주식수 및 회사와의 거래관계와 회사의 당해 대주주에 대한 출자의 상황, ⑧ 회사, 회사 및 그 자회사 또는 회사의 자회사가 다른 회사의 발행주식총수의 10분의 1을 초과하는 주식을 가지고 있는 경우에는 그 주식수 및 그 다른 회사의 명칭과 그 다른 회사가 가지고 있는 회사의 주식수, ⑨ 중요한 채권자, 채권액 및 당해 채권자가 가지고 있는 회사의 주식수, ⑩ 결산기 후에 생긴 중요한 사실, ⑪ 그 밖에 영업에 관한 사항으로서 중요하다고 인정되는 사항.

제 3 관　財務諸表의 承認節次

1. 財務諸表의 作成

이사는 매 결산기에 재무제표와 그 부속명세서 및 영업보고서를 작성하여 이사회의 승인을 얻어야 한다(제447조, 제447조의 2 제 1 항). 이 때 이사는 대표이사를 의미한다.

2. 財務諸表의 監査

이사는 재무제표와 그 부속명세서 및 영업보고서를 정기총회 6주 전에 감사에게 제출하여야 한다(제447조의 3). 감사는 이를 받은 날로부터 4주 내에 감사보고서를 이사에게 제출하여야 한다(제447조의 4 제 1 항).

그러나 상장법인이나 외부감사를 받아야 할 회사는 다시 재무제표와 재무상태변동표에 대하여 외부감사인의 감사를 받기 위하여 주주총회 4주 전에 이를 외부감사인에게 제출하여야 한다(자본시장법 제169조; 외감법 제 7 조). 외부감사인은 감사보고서를 작성하여 회사에 대해서는 정기총회 1주 전에, 증권선물위원회 및 한국공인회계사회에 대해서는 정기총회종료 후 2주 내에 제출하여야 한다(외감법 제 8 조; 동시행령 제 7 조).

그렇게 볼 때 상당수의 회사는 이중의 감사를 받게 된다. 물론 감사의 주체와 내용에 있어 다소의 차이가 있다고 하더라도 회계감사부분에 있어서는 중복이 있게 되므로, 이의 조정을 위한 별도의 방안이 모색되어야 할 것이다. 이를테면 외감법에 의한 감사를 받는 회사에 대해서는 감사에 의한 감사를 완화 내지 면제하는 방법도 고려해 볼 수 있다.

3. 財務諸表의 備置·公示

이사는 정기총회회일의 1주 전부터 재무제표, 부속명세서 및 영업보고서와 감사보고서를 본점에 비치하여야 한다(제448조 제 1 항). 상장법인이나 외부감사법에 의하여 감사인의 회계감사를 받는 회사는 그 밖에 감사인의 감사보고서도 함께 비치하여야 한다(외감법 제14조 제 1 항). 주주는 이 기간 동안 위의 서류를 열람함으로써 결산승인에 필요한 자료를 얻을 수 있다.

<대판 2011. 1. 27, 2008 도 9615>

「전기 이전의 재고자산 평가손실의 누락 또는 회수불능 매출채권에 대한 대손상각 누락 등으로 인한 전기손익수정손실은 당기 회계연도의 순이익에 직접 영향을 미치지는 아니한다. 그러나 이러한 전기손익수정손실을 당기 이익잉여금처분계산서와 대차대조표에 반영하지 아니하면 당기에 잔존하는 재고자산의 평가손실 누락액 상당과 회수불능 매출채권의 대손상각 누락액 상당을 여전히 당기에 자산으로 보유하고 있는 것과 같은 외관을 창출하게 되므로 전기손익수정손실 사유가 있음을 알고서도 이를 이익잉여금처분계산서에 표시하지 아니하거나 대

차대조표에 반영하지 아니하여 당기에 순자산을 과다보유하고 있는 것처럼 재무제표를 작성·공시하는 것은 그 자체로 회계정보이용자의 의사결정에 영향을 미치는 재무제표의 분식에 해당된다.」

4. 財務諸表의 承認

이사는 재무제표를 정기총회에 제출하여 그 승인을 요구하여야 하며(제449조 제1항), 영업보고서는 정기총회에 제출하여 그 내용을 보고하여야 한다(제449조 제2항). 반면 부속명세서와 감사보고서는 이를 제출하여 승인을 받을 필요는 없고, 본점 또는 지점에 비치하기만 하면 된다. 주주총회는 보통결의에 의해 재무제표를 승인하며, 그의 거부 및 수정도 가능하다. 이 때 감사는 이사가 제출한 서류를 조사하여 법령 또는 정관의 위반이나 현저하게 부당한 사유가 있는가의 여부에 대해 주주총회에 의견을 진술해야 하고(제413조), 주주총회는 필요한 경우에 재무제표와 감사보고서를 조사하기 위해 검사인을 선임할 수 있다(제367조). 재무제표는 정기총회에서 승인한 경우에 확정되며, 이에 따라 이익배당, 준비금의 적립, 결손금의 처리를 할 수 있다.

그리고 제450조 책임해제에 관한 조항의 법적 성격과 관련하여 위 2년의 기간을 제척기간으로 보고, 책임해제는 제척기간의 경과로 당연히 생기는 효과라고 보는 제척기간설(이철송, 699쪽, 채이식, 761쪽)이 있지만, 이와는 달리 책임해제를 위와 같이 재무제표를 승인한 데 대한 부수적 효과라고 보는 승인결의효과설(손주찬, 862쪽)이 옳다고 본다. 따라서 재무제표승인의 부수적 효력으로서 그 승인 후 2년 내에 다른 결의가 없으면 회사는 이사와 감사의 책임을 해제한 것으로 본다. 책임해제의 증명책임은 이사와 감사가 진다(제450조 본문).

<대판 1969. 1. 28, 68 다 305>

「… 주식회사의 이사가 구 상법 제284조(현행 제450조)의 규정에 의하여 그 책임을 해제한 것으로 간주되려면 동법 제283조(현행 제449조)의 규정에 의하여 동법 제281조(현행 제447조)에 규정된 서류를 정기주주총회에 제출하여 그 승인을 받아야 하는 것이고, 그 서류에 기재되지 아니한 사항에 대하여는 책임이 해제되지 아니한다고 하여야 할 것이며, …또한 책임해제를 주장하는 주식회사의 이사는 그 회사의 주주총회에 제출·승인된 서류에 그 책임사유가 기재되어 있다는 것을 입증할 책임을 져야 한다고 할 것이니….」

그러나 부정행위가 있는 때에는 예외이다(제450조 단서).

<대판 1977. 1. 28, 75 다 2885>

「정기총회에서 계산서류의 승인을 한 후 2년 내에 다른 결의가 없었으니 이사로서의 책임을 해제한 것이라고 주장하나, 상법 제450조의 규정은 이사의 부정행위에 대하여는 적용되지 않는다고 할 것인바, 여기에서 이사의 부정행위라 함은 반드시 악의의 가해행위뿐만 아니라 이 사건에서처럼 불법행위 이외에 이사의 권한 내의 행위일지라도 당해 사정 하에서 이를 행함이 정당시될 수 없는 모든 경우를 포함한다.」

여기에서 다른 결의라 함은 임원의 책임추궁이나 승인결의의 철회를 결의하는 경우 등이며, 부정행위는 악의 또는 중과실의 가해행위를 말한다.

재무제표의 확정을 반드시 주주가 승인할 필요는 없으며, 다른 자에 의한 승인도 가능하다. 그러나 상법은 주주가 배당결정권과 재무제표승인권을 당연히 갖고 있는 것으로 전제하고 있는데, 이것은 이익의 처분에 대하여 회사의 소유자인 주주가 스스로 결정하는 것이 타당하다고 보아 주주에게 이사를 감독할 기회를 부여하기 위한 것이라고 평가할 수 있다. 그렇지만 전문적이고 매우 기술적인 계산에 기초하여 작성한 재무제표를 주주가 판단하기 쉽지 않고, 그 승인은 매우 형식적이라는 점에서 종래의 규정은 이론과 실무에서 각각 문제가 있다. 그리하여 정관의 정함에 의하여 일정한 요건을 갖춘 경우에 한하여 재무제표확정의 승인을 이사회결의로 할 수 있게 하고, 이러한 회사에 한하여 이사회에서 배당을 결정하도록 할 필요성이 있었다. 이에 2011년 개정상법에서는 이익배당에 있어서 배당결정기관을 정관에 의하여 이사회로 할 수 있고, 그 전제로써 재무제표에 대한 외부감사인의 의견을 받아야 하고, 감사 전원의 동의를 받을 것을 요구하였다(제449조의 2 제 1 항). 그리고 이사회의 이익배당결정은 주주총회 보고의무사항으로 하였다(제449조의 2 제 2 항).

5. 貸借對照表의 公告

주주총회에서 재무제표를 승인한 경우에 이사는 지체없이 대차대조표를 공고하여야 한다(제449조 제 3 항). 그리고 주식회사의 외부감사에 관한 법률의 적용을 받는 기업은 대차대조표의 공고에 감사인의 명칭과 감사의견을 병기하여야 한다(외감법 제14조 제 2 항).

제4관 準備金

王舜模, 資本準備金에 관한 包括規定設定의 '其他 資本剩餘金'의 法的 性質, 商事法論叢(姜渭斗博士華甲紀念論文集)(1996)/李基秀, 株式會社會計制度에서의 準備金制度, 서울大 大學院 碩士學位論文(1972).

1. 資本金과 準備金

자본금은 주주의 출자에 의하여 제공된 발행주식총수의 액면총액(제451조)으로서 회사가 보유해야 할 재산의 일차적 기준이 되며, 준비금은 회사가 장래의 위험에 대비하기 위하여 대차대조표상의 순재산액으로부터 자본액을 공제한 잉여금 가운데 일부를 사내에 유보해 둔 금액으로서 준자본, 보충자본 또는 사내유보금이라고도 한다.

자본금과 준비금은 모두 대차대조표 대변에 표시되며, 이익산출에 있어서 순재산액으로부터 공제되는 공제항목으로서(제462조 제1항) 회사재산의 사외유출을 억제하는 기능을 한다. 준비금은 또한 계산상의 수액에 불과하며, 특별기금과 같은 형식으로 보관되는 것이 아니다. 다만, 그에 상응하여 대차대조표 차변에 여러 가지 자산으로 구분되는 회사재산으로 실재해 있기만 하면 된다.

2. 準備金의 種類

준비금에는 법률의 규정에 의해 적립되는 법정준비금과 정관의 규정이나 주주총회의 결의에 의해 적립되는 임의준비금과 준비금 또는 적립금의 용어를 사용하지만 여기서 말하는 준비금과 구분되는 것으로서 비밀준비금이 있다.

(1) 法定準備金 법정준비금은 법률상 적립이 강제되는 준비금으로서, 그 재원에 따라 이익준비금과 자본준비금으로 구분된다. 이를 인정하는 이유는 여러 가지 원인의 자본결손에 대비하기 위함이다.

A. **利益準備金** 이익준비금은 매 결산기의 이익을 재원으로 하여 적립하는 준비금으로서, 회사는 그 자본의 2분의 1에 달할 때까지 매 결산기의 금전에 의한 이익배당액의 10분의 1 이상의 금액을 이익준비금으로 적립하여야 한다(제458조). 1962년 상법 당시의 이익준비금은 이월이익잉여금을 기초

로 한 '매 결산기의 이익'의 20분의 1 이상의 금액으로서 적립하도록 하였던 것을 1984년 개정상법에서는 현금의 사외유출이 없는 주식배당의 도입을 감안하여 이를 제외한 '매 결산기의 금전에 의한 이익배당액'의 10분의 1로 하여 적립이익의 대상을 구체화하였고, 규모면에서도 주식배당을 하지 않는다고 할 때 2배로 확대되었다. 자본의 2분의 1을 초과하여 적립한 금액은 임의준비금(별도적립금)으로 본다.

B. **資本準備金** 자본준비금이란 영업이익 이외의 자본거래로 인한 잉여금을 재원으로 하여 적립되는 준비금으로서, 이는 회사의 영업활동의 소산이 아니므로 주주에게 배당할 성질의 것이 아니다. 2011년 상법 개정 이전에는 자본준비금의 종류를 열거하고 있었다. 그런데 2011년 개정시에 과거 열거된 내용을 삭제하고 자본거래에서 발생한 잉여금을 자본준비금으로 적립하도록 하였으며, 그로써 상법의 자본준비금을 기업회계기준의 자본잉여금으로 용어를 변경한 것과 실질적으로 동일한 결과가 되었다(강경진, "개정상법 괴계관련 규정 주요 내용," 상장 제444호, 2011년 12월호, 99쪽).

무액면주식제도를 도입함에 따라 무액면주식을 도입한 회사의 자본금에 관한 규정을 신설하는 것이 필요하였다. 이에 2011년 개정상법에서는 무액면주식을 도입한 회사의 자본금은 주식발행가액의 2분의 1 이상의 금액으로서 이사회에서 자본금으로 계상하기로 한 금액의 총액으로 하고, 주식의 발행가액 중 자본금으로 계상하지 아니한 금액은 자본준비금으로 계상하도록 하였다(第451조 제2항). 그리고 회사의 자본금은 액면주식을 무액면주식으로 전환하거나 무액면주식을 액면주식으로 전환함으로써 변경할 수 없도록 하였다(第451조 제3항). 그런데 장기적으로는 무액면주식을 액면주식으로 전환하는 것을 허용하지 않고, 그 반대로만 허용하는 것이 바람직하다.

한편 2011년 개정상법에서는 회사는 자본거래에서 발생한 잉여금을 대통령령으로 정하는 바에 따라 자본준비금으로 적립하도록 하였다(第459조 제1항). 그리고 합병이나 분할합병의 경우, 소멸 또는 분할되는 회사의 이익준비금이나 그 밖의 법정준비금을 합병·분할·분할합병 후 존속하는 회사나 신설되는 회사가 승계할 수 있도록 하였다(第459조 제2항).

(2) **任意準備金** 임의준비금은 정관의 규정이나 주주총회의 결의에 의해 적립하는 준비금으로 이익준비금을 공제한 액을 그 재원으로 하며, 상법에 의해 적립이 강제되는 것이 아니므로 임의준비금이라 한다. 따라서 그

의 목적이나 이용방법은 주주들이 임의로 정할 수 있다.

임의준비금은 목적에 따라 용도가 별도로 정해진 사업확장적립금, 배당평균적립금, 퇴직적립금 및 감채적립금 등과 목적이 명시되지 않은 별도적립금으로 나눌 수 있다. 또한 성질에 따라 적극적 적립금과 소극적 적립금으로 구분할 수 있는데, 전자에는 회사의 확장과 발전을 위한 것으로 사업확장적립금·감채적립금 등이, 후자에는 회사의 손실에 대비하기 위한 배당평균적립금·결손전보적립금 등이 있다.

(3) 秘密準備金 비밀준비금은 대차대조표상의 자산총액이 실제보다 낮게 평가되어 있거나, 또는 부채의 총액이 더 많이 계상됨으로써 실질상의 재산이 대차대조표 표시액 이상으로 유보되어 있을 때 그 초과액을 말한다.

비밀준비금의 적법성에 대해서는 논란의 여지가 있다. 이는 한편으로 기업회계정보의 유용성저하, 이익의 은폐, 탈세, 과소배당 등의 부정의 원인이 되기도 하지만, 다른 한편 회사의 자산기초를 충실히 하여 경영의 합리화와 배당평준화 등을 도모할 수 있는 순기능의 일면도 있다.

각국의 입법례도 점차 이에 대한 규제를 강화하고 있으며, 우리 상법도 저가주의를 취하는 등의 보수주의에 의한 회계처리가 인정되고 있으므로 제한적인 범위 내에서 비밀준비금의 적립이 가능하다.

이 밖에 대차대조표에 예컨대 감가상각적립금 또는 대손준비금 등과 같이 준비금·적립금의 명목으로 기재되지만, 본래의 준비금과 같이 이익을 유보하는 것이 아니라 자산의 감가액을 앞의 새로운 계정을 설정하여 부채로 기재함으로써 자산의 가액을 수정하는 기능을 하는 것으로서 유사준비금 또는 부진정준비금이 있다. 그러나 이것은 기업회계기준에 의해 충당금으로서 대차대조표의 자산항목에서 직접 차감하도록 되었다(정동윤, 570-571쪽; 채이식, 771쪽).

3. 準備金의 使用

(1) 缺損塡補 준비금은 자본금의 결손전보에 충당되는 경우 외에는 처분하지 못한다(제460조 제1항). 자본의 결손이란 회사의 순재산액이 자본과 법정준비금의 합계에 미치지 못하는 상태를 의미하며, 이는 결산기 말의 주주총회의 승인에 의해 정기적으로 확인된다. 이러한 결손의 전보는 대차대조표 대변의 해당 준비금의 금액을 감소시킴과 동시에 차변의 손실액의 금액을 동일하게 감소시키는 장부상의 조작에 의한다.

준비금의 사용에 대해 구 상법은 법정준비금 가운데 이익준비금을 먼저 사용하고, 부족한 경우에만 자본준비금을 사용하도록 하고 있었다(구법 제460조 제 2 항). 임의준비금과 법정준비금의 사용순위에 대해서는 상법에는 규정이 없고, 상장법인의 결손금처리에 관한 회계기준의 규정은 임의준비금·이익준비금·자본준비금의 순으로 정하고 있다. 그런데 종래 준비금제도는 자본개념을 전제로 하여 배당가능이익의 산출에 있어서 공제항목으로서(제462조 제1항 2호·3호) 회사재산의 사외유출을 억제하는 기능을 하고, 준비금이 실제로 과다하게 적립되어 있다. 무엇보다도 준비금은 자본결손의 보전에 충당하거나(제460조), 자본전입 또는 무상증자(제461조) 등의 경우 이외에는 처분할 수 없어 그 운영의 경직성이 강하였다. 이에 2011년 개정상법에서는 법정준비금의 사용순서상의 제약규정을 삭제하였다. 즉 자본의 결손전보에 이익준비금을 먼저 충당하고도 부족한 경우에 자본준비금을 사용할 수 있도록 하는 규정을 폐지하였다(구법 제460조 제 2 항 삭제).

(2) 準備金의 資本轉入

A. 意 義 예비적 자본의 성질을 가지는 준비금은 자본과 더불어 이익산정을 위한 공제항목으로서 회사에 유보할 재산의 범위기준이 된다. 그러나 과도한 준비금의 적립은 효율적인 재무관리를 저해하므로, 자본구성을 개선하는 방법으로서 회사는 준비금을 자본에 전입할 수 있도록 하였다(제461조 제 1 항).

전입방법은 해당 준비금계정에서 전입액을 차감하고 동시에 자본금계정에 증액하는 장부상의 기재에 의하며, 그 결과 자본이 증가하고 전입액에 해당하는 액면가의 무상주식이 주주의 지주수에 비례하여 발행된다. 이 때 발행주식수는 수권주식의 범위 내이어야 함은 물론이다. 그리고 무상주의 교부는 회사재산의 변동이 없이 발행주식수만 증가하므로 주식분할의 성질을 가지며, 특수한 신주발행의 한 형태로 분류된다.

준비금의 자본전입은 이를테면 장래 회사규모를 확장하거나, 상대적으로 높은 주가를 인하함으로써 신주의 발행과 그 거래를 용이·원활하게 하고자 하는 등의 동기에서 실행될 수 있다. 무상주발행의 일례로는 최근 증권거래분야에서 신주발행시 발행가를 시가의 10%를 할인한 금액으로 한 가운데 주가하락시 실권을 방지하기 위하여 유상증자와 함께 무상증자(포괄증자)가 행해지는 경우를 들 수 있다.

B. 節 次 준비금의 자본전입은 이사회의 결의에 의한다(제461조 제 1 항). 이 때 이사회는 법정준비금 가운데 어느 것을 전입할 것인가와 전입액을 구체적으로 정하여야 한다. 1984년 개정 이전의 상법에서는 주주총회의 결의를

요건으로 하였으나, 전입으로 인해 주주에게 특별한 불이익을 주지 않을 뿐만 아니라 보통의 신주발행이 이사회의 권한사항인 점 등을 고려하여 이사회의 결의를 거치도록 개정되었다. 그러나 정관으로 주주총회에서 결정하기로 한 때에는 그러하지 아니하다(제461조 제1항).

C. 效　力

(i) 新株發行　　회사는 자본으로 전입한 금액에 대해 신주를 발행하여야 하며, 각 주주에게 그의 소유주식수에 비례하여 무상으로 교부한다(제461조 제2항).

<대판 1974. 6. 25, 74 다 164>

「주식의 연부매매계약에 있어서 매수인이 주식매매대금을 완급할 때까지는 매도인의 주식의 소유권이 그대로 유보되어 있는 것으로 약정된 경우에 매수인이 주식매매대금을 완급하지 않고 있는 사이에 자본증가로 인하여 생긴 유상주나 자본전입에 의하여 생긴 무상주는 당연히 매도인에게 귀속되는 것이다.」

배정신주 가운데 1주에 미치지 못하는 단주가 있는 경우에는 이를 경매한 매득금을 주주에게 지급하되 거래소의 시세 있는 주식은 거래소를 통하여 매각하고, 거래소의 시세 없는 주식은 법원의 허가를 받아 경매 이외의 방법으로 매각할 수 있다(제461조 제2항 2문).

전입의 효력은 이사회의 결의에 의한 때에는 이사회가 정한 배정기준일에, 주주총회의 결의에 의한 때에는 주주총회의 결의가 있는 때에 발생한다. 즉 신주의 주주가 된다(제461조 제4항). 이 때 조건이나 기한을 붙일 수도 있다. 이사회가 준비금의 자본전입을 결의한 경우에 회사는 일정한 날, 즉 배정기준일을 정하여 그 날에 주주명부에 기재된 주주가 신주의 주주가 된다는 뜻을 기준일의 2주 전에 공고하여야 한다(제461조 제3항). 이는 주주에게 이사회의 결의사항을 알리고, 명의개서의 기회를 부여하기 위함이다. 그러나 주주총회에서 준비금의 자본전입을 결정한 때에는 이와 같은 절차가 필요하지 않고 총회결의일로부터 주주가 된다.

한편 신주에 대한 이익이나 이자의 배당에 관하여는 정관이 정하는 바에 의하여 신주의 주주가 되는 날이 속하는 영업연도의 직전영업연도 말에 신주가 발행된 것으로 할 수 있다(제461조 제6항, 제350조 제3항 2문). 이것은 전환주식의 전환에 의한 신주발행(제350조), 통상의 신주발행의 경우(제423조 제1항), 주식배당의 경우의 신주발행(제462조의 2 제2항), 전환사채의 전환에 의한 신주발행(제516조 제2항), 신주인수권부사채권자의 인수권행사에 의한 신주발행(제516조 의 9) 등의 경우와 동일한 것이다.

(ii) 通知·公告 신주의 효력이 발생하면 이사는 기명주주와 등록질권자에게 지체없이 주주가 받은 주식의 종류와 수를 통지하여야 한다(제461조 제5항).

(iii) 質權의 物上代位 종전의 주식을 목적으로 하는 질권은 신주 또는 단주처분에 의한 매득금에 대하여 물상대위가 인정된다(제461조 제7항, 제339조).

(3) 2011年 改正商法 준비금제도는 자본금개념을 전제로 하여 배당가능이익의 산출에 있어서 공제항목으로서(제462조 제1항 2호·3호) 회사재산의 사외유출을 억제하는 기능을 수행한다. 무엇보다도 준비금은 자본결손의 보전에 충당하거나(제460조 제1항) 자본전입 또는 무상증자(제461조) 등의 경우 이외에는 처분할 수 없다. 사외유출억제는 장래 경기침체, 영업성적의 부진 또는 불시의 재난 등에 대비하고, 또한 사업의 장기적인 계획을 가능하게 할 수 있다는 점에서 그 의미를 찾는다. 그러나 이러한 고려는 경영자의 몫일 뿐 법률이 강제하는 것은 바람직하지 아니하다. 그리하여 기존 준비금제도는 궁극적으로 유한책임원칙 하에서 채권자보호를 위해 요청되는 자본유지의 원칙을 실천하기 위한 것이라 이해함이 타당하다. 그러나 종래의 준비금은 회계상의 수치에 불과하고, 회사에 준비금으로 유보되는 재산이 특정되는 것도 아니며, 별도로 예치되는 것도 아니다. 그리고 준비금은 이익준비금과 자본준비금으로 구분되는데, 회계학적으로는 이러한 용어를 사용하지 않아 실제로는 개념의 혼란이 발생하고 있다. 일반적으로 이익을 재원으로 하는 이익준비금은 회계상의 이익잉여금의 한 항목이 되며, 자본거래를 재원으로 하는 자본준비금은 그 항목이 회계상 자본잉여금과 일정부분 일치하기도 하나 반드시 그러한 것은 아니다. 자본금이나 준비금의 개념이 지극히 형식적으로 정해지고, 실제로 회사의 자금상황을 나타내지 않기 때문에 주요 채권기관인 금융기관들이 기업에 자금을 대여할 때 그 기업의 자본금이나 준비금의 적립상황에 크게 의존하지 않는 실정이므로, 준비금을 포함한 형식적 의미의 자본제도의 유지에 근본적 의문이 발생하고 있는 실정이다. 그리고 이익준비금의 적립한도인 자본의 2분의 1은 주요 선진국에 비해 대단히 높은 수준으로 설정되어 있고, 자본준비금은 한도 없이 그 성격이 자본준비금인 이상 계속 적립하여야 하므로 과도하게 적립될 수밖에 없는 실정이다. 그리고 준비금의 용도를 결손보전과 자본전입에 한정하고 있어 매우 경직되게 운영되고 있다. 무엇보다도 자본준

비금은 출자의 성격을 가지므로 배당의 재원으로 적절하지 않으며, 이익준비금도 배당이 가능한 자금의 일부를 채권자의 보호를 위하여 강제로 회사에 적립시키는 것이므로 자기주식의 취득이나 배당과 같은 주주에 대한 분배의 재원으로 활용될 수 없고, 우회적으로 자본전입 후 감자절차를 통해서만 적립된 준비금을 줄일 수 있다. 그렇지만 자원의 효율적 배분의 측면에서는 주주가 출자한 재원이라도 회사내부에서 투자기회를 찾지 못하면 주주에게 배분하여 주주로 하여금 보다 수익률이 높은 투자기회를 찾도록 함이 더 효율적일 수 있다. 그리하여 회사재산의 배분을 제한하여 회사의 자본충실을 기한다는 준비금제도의 효용은 최근 급격히 상실되고 있으며, 실제로 채권자들은 회사로부터의 담보제공이나 대출계약상의 채무제한특약, 신용평가기관의 평가나 기타 주력사업의 시장전망 등 다른 수단에 의하여 스스로의 이익을 보호하고 있다. 근본적으로 회사법에서 자본개념의 역할이 축소되고 있음을 인식하여 준비금의 역할을 축소하거나 보다 자유롭게 운용하도록 하는 방안이 필요하다. 그리하여 2011년 개정상법에서는 적립된 법정준비금의 총액이 자본금의 1.5배를 초과하는 경우에 주주총회 보통결의로 그 초과한 금액의 범위 내에서 준비금을 감액할 수 있도록 하였다(제461조의 2).

제 5 관 利益配當

金載杰, 주식회사의 이익배당제도에 관한 고찰, 북악논총 2(1984. 2)/朴吉俊, 미국회사법상의 이익배당제도, 商事法研究 1(1980)/孫珠瓚, 주식회사의 이익배당에 관한 법적 규제, 司法行政 243(1981. 3)/李鍾郁, 미국회사의 이익배당정책에 관한 사법적 심사, 現代民商法의 研究(李在澈博士華甲紀念論文集)(1984).

---

1. 意 義

영리단체인 주식회사에 있어서 주주의 출자목적은 궁극적으로 이익을 배당받는 데 있다. 여기에는 물론 회사해산시의 잔여재산의 분배와 같은 예외적인 방법의 배당도 있지만, 계속적 존재인 회사에 있어서는 존속기간 동안의 정기적인 이익배당이 본래의 의미의 이익배당이라고 보아야 할 것이다. 이는 또한 주주의 고유권을 구성한다. 이익배당청구권은 이를 구체화한 권리로서 정기총회에서 이익잉여금처분계산서가 승인되면 구체화된 권리로서 일정액의 배당금지급청구권이 발생한다.

이와 관련하여 이익배당을 받는 주주에게 있어서 법인세와 소득세의 이중과세가 문제되고 있다. 왜냐하면 법인소득에 대해 일차적으로 법인세가 부과되고, 그것이 주주에게 배당되어 종합소득을 구성한 후 여기에 다시 소득세가 부과되기 때문이다. 이에 대해서는 법인세를 폐지하는 등의 방법이 있으나, 우리법은 양자를 존치시키면서 후자를 조정하는 방식을 취하고 있다. 이에 대한 자세한 내용은 세법상의 논의를 참조하기 바란다.

2. 要 件

이익배당은 주주에게 있어 본질적인 권리이기는 하나, 이를 과도하게 인정하면 회사의 자본유지의 원칙과 회사채권자를 해치게 되므로 배당에 대한 엄격한 요건이 요구된다.

(1) 우선 회사의 이익이 존재해야 한다. 여기에서 이익이란 회사의 모든 이익이 아니라 배당가능이익을 의미한다. 즉 대차대조표의 순재산액에서 자본액, 그 결산기까지 적립한 법정준비금, 그 결산기에 적립해야 할 이익준비금, 임의준비금이 있는 경우에는 그 금액을 공제한 금액을 말한다(제462조 제 1 항). 그러므로 "이익 없으면 배당 없다"는 명제는 자본유지원칙의 견지에서 준수되어야 할 일차적 원칙이다.

(2) 이익배당은 또한 주주총회의 결의를 거쳐야 한다.

<서울고판 1976. 6. 11, 75 나 1555>

「… 이익배당의 결정은 주주총회의 권한에 전속하기 때문에 주주총회결의에 의하여 비로소 그 내용이 구체적으로 확정되는 것이고, 이익배당이 확정되기 전에는 주주의 이익배당청구권은 일종의 기대권을 내용으로 하는 추상적 권리에 지나지 않는다 할 것이므로 ….」

이사회는 사전에 이익처분안을 결정하고, 그 가운데 준비금의 적립금과 이익배당액을 이익잉여금처분계산서에 기재하여 정기총회에 제출하면 총회는 이를 승인·확정한다(제449조 제 1 항, 제447조 3호).

상법상 이익배당에 대한 최종결정권은 주주총회에 있으므로 이사회는 배당에 대한 제안을 할 수밖에 없고, 주주총회에 출석한 주주들이 배당의 여부 및 범위를 결정하게 된다(제449조 제 1 항). 배당에 관한 사항은 매 사업연도 종료일부터 3월 내에 열리는 주주총회에서 결정하며, 주주총회가 재무제표를 승인하면 재무제표가 확정되고, 이로써 이사회가 경영전략적으로 결정한 이익잉여금처분계산서에 포함된 이익처분안의 효력이 발생한다. 상법상 배당결정권과 재무제표승인의 결정주체는 주주총회로 동일하지만, 배당결정권과 재무제표승인권은 그 내용과 기능이 다르다. 재무제표의 승인은 계산이 정당함을 승인하는 것으로서 이러한 기능에서 보면 계산의 정확성을 담보할 수 있다면 계산의 내용은 주주에게 보고되어야 할 것이지만, 재무제표의 확정을 반드시 주주가 승인할 필요는 없으며 다른 자에 의한 승인도 가능하다고 하여야 한다. 재무제표승인과 배당결정권을 주주총회의 권한으로 하는 것은 이익의 처분에 대하여 회사의 소유자인 주주가 스스로 결정하는 것이 타당하다고 보아 주주에게 이사를 감독할 기회를 부여하기 위한 것이라 할 수 있다. 그렇지만 전문적이고 매우 기술적인 계산에 기초하여 작성한 재무제표를 주주가 판단하기 쉽지 않고, 그 승인은 매우 형식적이라는 점에서 현행규정은 이론과 실무에서 각각 문제가 있다. 우선 이론상으로 회사에 있어 배당에 관한 결정은 실제 투자정책은 물론 자금조달정책과 밀접하므로 회사의 투자와 자금조달을 담당하는 이사회가 여유자금의 반환에 대한 결정권도 함께 갖는 것이 타당하다. 무엇보다도 자기주식의 취득이 자유롭게 되고(제341조), 자금의 반환이라는 경제적 기능이 실질적으로 동일함에도 불구하고 각각의 결정권자를 동일한 법제에서 다르게 취급하는 것은 불합리한 점이 있다. 실무상으로 주주총회가 배당의 최종결정권을 가짐으로써 현실적으로 배당절차가 장기화된다. 기존 배당실무는 연말의 기준일 당시의 주주에 대해서 2월이나 3월에 개최되는 정기주주총회에서 배당액을 결정하는 것이 일반적인데, 이러한 실무로 인해 정기주주총회 전까지는 배당액이 확정되지 않아 기준일 후에 배당청구권이 포함되지 않은 주가를 시장에서 판단하기 어렵다는 문제점이 있다. 기본적으로 배당정책이 투자 및 자본조달정책과 같은 재무관리상의 결정이라는 것을 고려한다면 회사경영에 정통한 이사들이 배당을 결정하는 것이 합리적일 것이며, 채권자보호의 관점에서도 채권자의 이익이 직접적으로 상충되는 주주에게 결정권을 부여하는 것보다 중립적이고 전문적인 이사에게 결정권을 맡기고 책임을 부과하는 것이 더 나을 수 있다. 회사경영의 유연한 결정 및 규제의 합리화추세를 고려할 때 유연한 배당결정은 회사의 중요한 문제이므로, 정관에서 이사회가 배당을 결정할 수 있도록 길을 열어 줌으로써 사적 자치를 존중하는 입법방식이 보다 바람직하다. 이에 2011년 개정상법에서는 원칙적으로 재무제표확정의 승인과 배당결정은 주주총회의 권한이나 정관의 정함에 의하여 일정한 요건을 갖춘 경우에 한하여 재무제표확정의 승인을 이사회결의로 할 수 있게 하고(제449조 의 2), 이러한 회사에 한하여 이사회에서 배당을 결정하도록 하였다(제462조 제 2 항 단서). 또한 미실현이익의 배당이익산입 여부는 대통령령에서 정할 수 있도록 하였다(제462조 제 1 항 4호). 이 때 상법 제462조 제 1 항 제 4 호에서'대통령령으로 정하는 미실현이익'이라 함은 일반적으로 공정하고 타당한 회계원칙에 따른 자산 및 부채에 대한 평가로 인하여 증가한 대차대조표상의 순자산액으로서 미실현손실과 상계하지 아니한 금액을 말한다(상법시행령 제19조). 다만 회사가 이 영 시행일이 속하는 사업연도까지 잉여금으로 순자산액에 반영한 미실현이익이 있는 경우에 그 미실현이익은 상법시행령 제19조의 개정규정에 따른 미실현이익에 포함되지 아니한 것으로 보도록 하였다(상법시행령 부칙 제 6 조).

3. 利益配當의 基準

(1) 持株數比例의 原則 이익배당은 원칙적으로 각 주주의 지주수에 비례하여 지급하여야 한다(제464조). 그러나 여러 가지 원인에 의해 차등배당이 이루어지기도 하는데, 상법상 회사가 이익배당의 내용을 달리하는 수종의 주식을 발행한 경우에 이들 주식 사이에 차등배당이 가능하고(제464조, 제344조 제 1 항), 특별법상으로는 정부가 주식의 일부를 보유하는 상장법인에 있어서 우리사주조합원이나 법령소정의 기준에 해당하는 자에게 우선적으로 배당하는 예가 있다(자본시장법 제165조의 14).

(2) 日割配當 기업실무에서는 영업연도중에 발행된 신주의 배당금은 구주의 배당금에다 발행일로부터 결산기까지의 기간의 당해 영업연도일수에 대한 비율을 곱한 금액으로 하고 있다. 이를 일할배당이라고 한다.

일할배당에 대한 논의는 크게 긍정설과 부정설, 긍정설은 다시 일할배당의 절대적 적용을 주장하는 절대적 적용설과 회사의 결정에 따라 일할배당과 균등배당 가운데 하나를 선택할 수 있도록 하는 상대적 적용설로 나눌 수 있다. 이익에 대한 신주의 관계에서 절대적 적용설은 실질적 평등을, 상대적 적용설은 형식적 평등을 논거로 하고, 부정설은 이익과 신주의 관계를 부정한다. 우선 절대적 적용설은 영업연도기간 동안의 자본기여도를 중심으로 하여 일할배당을 하는 것이 실질적인 평등을 도모하는 방안이라고 하지만, 자본만이 기업이익의 창출로 기여하였다고 볼 수 없으므로 이들 사이의 대가관계를 절대적 전제로 하는 것은 무리가 있고, 상대적 적용설은 회사, 즉 주주총회가 결산기에 일할배당 또는 균등배당을 선택할 수 있도록 하여 주주지위가 불안정하게 될 위험을 내포하고 있다.

이익배당은 주주평등의 원칙에 따라 각 주주의 지주수에 따라 지급한다(지주수비례의 원칙). 주주가 배당받을 몫을 스스로 포기한 경우에는 차등배당도 유효하다. 영업연도 중간에 신주가 발행된 경우 구주의 주주와 동일한 배당을 받을 것인지(동액배당), 신주발행일로부터 결산기까지 일수에 따라 계산한 금액의 배당을 받을지(일할배당)에 대하여 논란이 있었으나, 2020년 개정상법은 동액배당설을 따르는 전제하에 제350조 제3항 및 이를 준용하는 규정들을 삭제하였다. 따라서 언제 신주가 발행되든 신구주간에 균등배당이 이루어지게 되었다. 그렇지만 회사가 원할 경우에는 정관에 규정을 두어 과거와 같이 차등배당을 할 수 있다(이철송, 회사법강의, 2021, 1014쪽).

(3) 大小株主의 差等配當　상장법인의 배당결의에 있어 대주주와 소수주주의 배당률을 달리 정하거나, 심지어는 대주주의 무배당을 결의하는 경우도 있다. 물론 주주총회는 이익배당의 차등배당을 결의할 수 없지만, 불이익을 받는 대주주의 반대 없이 결의가 이루어진 경우는 배당권을 포기 또는 양도한 것으로 보아 유효하다고 볼 것이다.

<대판 1980.8.26, 80 다 1263>

「… 위 대주주가 참석하여 당해 사업연도 잉여이익 중 자기들이 배당받을 몫의 일부를 스스로 떼내어 소액주주들에 고루 나눠 주기로 한 것이니, 이는 주주가 스스로 그 배당받을 권리를 포기하거나 양도하는 것과 마찬가지로 상법 제464조의 규정에 위반된다고 할 수 없다.」

이러한 현상은 대주주의 호의와 자비심의 소산이라기보다는 절세를 위한 세무운용에서 그 사례를 볼 수 있다. 즉 다액의 배당소득으로 인해 종합소득이 확대되고 그 소득에 대해서는 최고 50%의 누진세율이 적용되므로, 이를 회피하거나 연기하는 수단으로 이용되고 있다. 그러나 그 반대의 경우는 주주평등의 원칙에 위배되므로, 그러한 결의는 효력이 없다.

4. 現物配當

상법상 중간배당에 관해서만 금전으로 이익을 배당한다고 명기하고 있고(제462조의 3 제1항) 정기배당과 관련해서는 명문의 제한이 없으나 종래 상법의 해석상 주식배당 이외의 현물배당이 허용되지 않는다는 견해가 다수이나, 상법상 정기배당의 경우에 현물배당이 가능한지에 대하여 해석상 불명확하여 실무에서 수요를 반영하고자 할 경우에 주저하는 요인이 되므로, 이러한 불명확성을 입법적으로 제거할 필요가 있다. 배당재산유형의 다양화에 대한 실무상의 수요에 대응하고, 주주의 배당에 대한 기대를 충족하는 측면에서 주식배당 이외에 현물배당의 범위를 확대할 필요가 있었다. 그리하여 2011년 개정상법에서 정기배당은 물론 중간배당의 경우에도 금전 외에 현물로 배당할 수 있도록 하고, 현물배당의 가부에 대한 해석상의 불명확성을 해소하기 위해서 현물배당이 인정됨을 명문화하였다(제462조의 4 제1항). 그리고 배당재산의 유형을 금전이외의 현물로 확대하는 경우, 금전과 현물로 받는 것의 가치에 문제가 발생할 수 있기 때문에 금전에 대한 주주의 기대를 보호하기 위해서 주주에게 현물로 받을 것인지 결정할 수 있는 기회를 부여하였다(제462조의 4 제2항 1호). 회사도 일정 수 미만의 주식을 보유한 주주에 대해서는 재산 대신 금전을 교부할 수 있게 하고, 배당의 대상이 되는 현물과 관련하여 별도의 제한을 하지 않고 있다(제462조의 4 제2항 2호). 그런데 이러한 개정내용은 일본 신회사법과 비교하여 보면, 구체적 절차규정이 미비하다는 문제점이 있다. 보완하여야 할 점이다.

5. 利益配當의 支給

정기주주총회에서 이익잉여금처분계산서를 승인하면, 이익배당이 확정되어 주주는 회사에 대해 확정액의 배당금지급청구권을 행사할 수 있다.

<대판 1983. 3. 22, 81 다 343>

「정관의 제 규정 및 관계상법규정이 정하고 있는 주주총회의 계산서류승인에 의한 배당금의 확정과 배당에 관한 결의가 없는 경우에는 주주의 회사에 대한 이익배당금청구는 이유 없다.」

주주권의 내용을 구성하는 추상적 이익배당청구권으로부터 유출된 구체적 이익배당청구권 또는 배당금지급청구권은 전자와는 달리 독립한 금전채권으로서 양도·입질·전부명령의 대상이 된다. 이와 관련하여 과거 회사가 배당결의일 이후에도 배당금을 고의로 지급하지 않아 주주가 손해를 입는 경우가 많았으므로, 이를 방지하기 위하여 재무제표의 승인결의일로부터 1월 이내에 배당금을 지급하도록 하고 있다. 종전에는 배당금의 지급시기가 승인결의일로부터 2월 이내였으나, 1995년 개정법은 이를 1월로 단축하였다(제464조의 2 제1항 본문).

이에 대해서는 1월이 너무 짧아 경우에 따라서는 회사가 고리의 사채를 이용해야 하는 폐단이 있을 수 있다는 반대의견이 있었으나(최기원, 개정시안, 92쪽), 총회에서 재무제표 등의 승인결의시에 배당금의 지급시기를 따로 정할 수 있으므로(제464조의 2 제 1 항 단서), 그런 문제는 실제 발생하지 않을 것이다. 배당금지급청구권은 5년의 소멸시효에 걸린다(제464조의 2 제 2 항).

회사가 배당금을 지급하지 아니할 경우에 주주는 이사에 대해 손해배상을 청구할 수 있고(제401조), 회사에 대해서는 배당금과 지연손해금의 지급을 청구할 수 있다(민법 제397조).

6. 違法配當

(1) 意　義　　위법배당이란 상법 제462조 제 1 항에 위반하여 하는 배당, 즉 배당가능이익이 없음에도 불구하고 배당하거나 또는 배당가능이익을 초과하여 하는 배당을 말한다. 이에는 숨은 이익지급과 분식결산에 의한 이익배당도 포함된다. 숨은 이익지급이란 주주에 대한 급여에 비하여 회사가 과소한 대가를 수령하거나 회사에 대한 급여에 회사가 과도한 대가를 지급함으로써 있게 된다. 분식결산에 의한 이익배당, 즉 가공자산의 계상, 가공전표의 이용, 감가상각의 부족에 의하여 현실적인 위법배당도 있게 된다. 이러한 위법배당은 주식회사의 자본납입 및 유지의 원칙을 해할 수 있기에 이를 엄격히 규제하고 있다.

(2) 效　果

A. 株主의 違法配當金返還義務　　위법배당은 무효이므로 위법배당을 받은 주주는 선의·악의를 묻지 않고, 위법배당액을 부당이득으로서 회사에 반환할 의무를 진다(민법 제741조, 제748조). 또한 회사채권자는 직접 주주에 대하여 위법배당액을 회사에 반환할 것을 청구할 수 있다(제462조 제 3 항). 이러한 반환청구권은 위법배당시의 회사채권자에 한하지 아니하고 그 후의 회사채권자도 할 수 있으며, 채권액의 다과는 문제되지 않고 행사할 수 있지만 위법배당액의 반환은 회사에 대하여 하여야 한다. 왜냐하면 이는 회사의 자본유지의 원칙에서 나온 권리이지 채권자대위권(민법 제404조)의 행사에 의한 것이 아니기 때문에 채권액과 관계 없이 위법배당액의 전액에 대하여 행사할 수 있도록 하였다.

<대판 2007. 2. 9, 2006 다 39546>

「배당이의소송은 대립하는 당사자 사이의 배당액을 둘러싼 분쟁을 그들 사이에

서 상대적으로 해결하는 것에 지나지 아니하여 그 판결의 효력은 오직 그 소송의 당사자에게만 미칠 뿐이므로, 어느 채권자가 배당이의소송에서의 승소확정판결에 기하여 경정된 배당표에 따라 배당을 받은 경우에 있어서도 그 배당이 배당이의소송에서 패소확정판결을 받은 자가 아닌 다른 배당요구채권자가 배당받을 몫까지도 배당받은 결과로 된다면, 그 다른 배당요구채권자는 배당이의소송의 승소확정판결에 따라 배당받은 채권자를 상대로 부당이득반환청구를 할 수 있다고 할 것이다.」

B. **理事·監事·外部監査人의 損害賠償責任** 이익잉여금처분계산서를 제출한 이사와 재무제표의 승인결의에 찬성한 이사, 그리고 위법배당안을 포함한 이익잉여금처분계산서에 대하여 허위의 감사보고를 한 감사, 그리고 외부감사인이 허위의 감사보고서를 작성한 때에는 회사에 대하여 위법배당으로 인한 손해를 배상할 책임이 있다(제399조, 제414조 제 1 항; 외감법 제 2 조, 제17조 제 1 항). 이사와 감사의 회사에 대한 손해배상책임을 추궁하기 위하여 주주의 대표소송이 인정된다(제403조, 제415조). 이사와 감사가 악의 또는 중과실로 인하여 임무를 게을리하여 제 3 자에게 손해가 발생한 때, 예컨대 위법배당으로 인하여 채권을 회수할 수 없게 된 회사채권자, 허위의 배당액을 믿고 고가로 주식을 매입한 자 등에 대하여도 연대하여 손해를 배상할 책임이 있다(제401조, 제414조 제 2 항). 외부감사인이 선임된 경우에 허위의 감사보고서로 인한 제 3 자의 손해에 대하여 외부감사인도 배상책임을 진다(외감법 제17조 제 2 항).

C. **罰 則** 위법배당이 있는 때에는 이사·감사 등은 회사재산을 위태롭게 하는 죄로서 5년 이하의 징역 또는 1천 500만 원 이하의 벌금에 처해진다(제625조 3호). 종전에 500만 원 이하였던 벌금이 1995년 개정법에서 상향조정되었다.

<대판 2020. 12. 30, 2018 도 14753>

「구 상법(2011. 4. 14. 법률 제10600호로 개정되기 전의 것, 이하 같다) 제625조 제 3 호는 회사의 이사 등이 법령 또는 정관의 규정에 위반하여 이익이나 이자의 배당을 한 때에는 5년 이하의 징역 또는 1,500만 원 이하의 벌금에 처한다고 규정하고 있고, 제462조 제 1 항은 회사는 대차대조표상의 순자산액으로부터 자본의 액(제1호), 그 결산기까지 적립된 자본준비금과 이익준비금의 합계액(제2호), 그 결산기에 적립하여야 할 이익준비금의 액(제3호)을 공제한 액을 한도로 하여 이익배당을 할 수 있다고 규정하고 있다. 이와

같이 구 상법에서 법령 등에 위반한 배당행위를 처벌하는 이유는 해당 사업연도에 배당가능한 이익을 초과하여 주주에게 배당하는 것이 자본충실의 원칙에 반하고 회사재산을 위태롭게 한다는 데 있다. 한편 구 상법 제459조 제 1 항은 회사는 주식발행초과금 등 자본거래에서 발생한 잉여금을 자본준비금으로 적립하여야 한다고 규정하고, 제460조 제 1 항은 위 조항의 자본준비금 등은 자본의 결손전보에 충당하는 경우 외에는 이를 처분하지 못한다고 규정하고 있다. 위 각 규정의 문언 내용과 체계 및 입법 취지 등을 종합하여 보면, 기업회계기준에 의할 경우 회사의 해당 사업연도에 당기순손실이 발생하고 배당가능한 이익이 없는데도, 당기순이익이 발생하고 배당가능한 이익이 있는 것처럼 재무제표가 분식되어 이를 기초로 주주에 대한 이익배당금의 지급이 이루어진 때에는 특별한 사정이 없는 한 구 상법 제625조 제 3 호에 정한 위법배당죄의 적용대상이 된다고 봄이 타당하다.」

D. 違法配當決議의 無效 위법배당이 있는 때에 회사채권자가 주주에 대하여 회사에의 배당금반환청구나 소수주주에 의한 대표소송을 제기하기 위하여 먼저 배당결의의 무효판결을 얻어야 하는가가 문제된다. 주주총회의 결의내용이 법령의 강행규정이나 정관에 위반하는 실질적인 하자가 있는 때에는 그 결의는 당연히 무효가 된다(제380조). 이 때에 무효를 주장할 수 있는 자 및 그 시기에 대하여 아무런 제한이 없다. 그러나 결의의 무효는 소만으로 주장할 수 있는가, 다른 방법으로의 주장이 가능한가가 문제인데, 이는 결국 제380조의 무효확인의 소를 어떠한 소로 보는가에 달려 있다. 결의무효확인의 소를 형성의 소로 보면 회사채권자의 배당금반환청구권과 주주의 대표소송의 제기는 위법배당결의무효확인의 소에 의한 무효판결을 얻어야 하지만, 이를 확인의 소로 보면 무효판결이 없어도 위법배당결의가 무효임을 전제로 배당금반환청구나 대표소송의 제기가 가능하다. 무효인 결의를 소만으로 주장할 수 있다고 하면 이중의 절차를 강요하게 되고, 또한 소에 의하여 확정되지 아니하는 한 유효한 것으로 보게 되는 부당함이 있기에 이는 항변으로도 무효의 주장을 할 수 있게 하는 확인소송설이 타당하고, 따라서 위법배당결의무효판결 없이도 위법한 배당금액의 반환청구는 가능하다고 본다(동지 : 최기원, 981-982쪽).

제6관 株式配當

姜渭斗, 주식배당제도, 國際航空宇宙法 및 商事法의 諸問題(金斗煥敎授華甲紀念論文集)(1994)/金榮奎, 株式配當制度에 관한 硏究, 조선대 사회과학연구 13(1990. 6)/金容九, 株式配當制度에 관한 硏究, 군산대 논문집 15(1988. 12)/金載杰, 주식배당에 있어서의 문제점검토, 商事法의 基本問題(李範燦敎授華甲紀念論文集)(1993)/金載杰, 株式配當制度에 관한 硏究, 국민대 박사학위논문(1988)/金泰柱·高裕卿, 주식배당의 본질, 경북대 법학논고 9(1993. 12)/金 薰, 주식배당제도에 관한 연구, 단국대 학술논총 15(1991. 12)/朴吉俊, 주식배당제도에 관한 소고, 經濟法·商事法論集(孫珠瓚敎授停年紀念論文集)(1989)/禹洪九, 株式配當論, 商事法의 基本問題(李範燦敎授華甲紀念論文集)(1993)/李基秀, 株式配當에 관한 比較法的 考察, 陸士論文集(人文社會科學 編), 13(1975. 9)/李基秀, 주식배당, 고시계 248(1977. 10)/李範燦, 주식배당에 관한 몇 가지 문제점, 商事法論集(徐燉珏敎授停年紀念論文集)(1986)/李炳泰, 株式配當制度에 관한 硏究, 한양대 법학논총 2(1985. 2)/鄭東潤, 외국의 주식배당제도 — 그 법제와 실시 현황, 上場協 10(1984. 11)/鄭容相, 주식배당과 주주 보호, 경영법률 5(故 李允榮博士追慕論文集)(1992)/鄭燦亨, 주식배당제도, 經濟法·商事法論集(孫珠瓚敎授停年紀念論文集)(1989)/崔完鎭, 주식배당제도에 관한 법적 고찰, 강원대 논문집 15(1982. 4)/崔鎔春, 주식배당제도에 관한 비교법적 연구, 숭실대 박사학위논문(1989)/崔鎔春, 株式配當制度에 관한 소고, 經濟法·商事法論集(孫珠瓚敎授停年紀念論文集)(1989)/崔欽範, 株式配當制度에 관한 硏究, 전주 우석대 논문집(인문·사회) 14(1992. 12)/洪愼憙, 商法上의 株式配當制度, 서원대 사회과학연구 5(1992. 6).

1. 株式配當의 槪念과 本質 및 效用

주식배당(stock dividend, share dividend)이란 배당을 할 때에 그 회사의 주식으로써 하는 배당을 뜻한다. 미국에서의 stock dividend는 새로 발행하는 주식으로써 하는 배당의 경우뿐만이 아니라 이미 발행된 주식으로서 회사가 보유하고 있는 주식, 즉 사내주(혹은 금고주(treasury stock)라고도 한다)로써 하는 배당도 포함하며, 우리나라에서 인정되고 있는 준비금의 자본전입(제461조)도 포함하는 대단히 넓은 개념으로 쓰고 있다. 이에 반하여 일본상법의 주식배당은 기발행주식으로써 하는 배당은 인정하지 않고 오직 새로 발행하는 주식으로써 하는 경우에만 인정되고 있다. 1984년 상법개정시에 우리도 주식배당제도를 신설하였다.

주식배당의 개념을 이와 같이 미국과 일본이 달리 생각하고 있기 때문에 주식배당의 본질, 즉 주식배당이 이익배당인가 하는 문제에 있어서도 서로 차이가 있다. 미국에서의 주식배당은 이익배당의 실질을 갖는 것이 아니라 주주지위의 분할 내지 희박화에 지나지 않는다는 견해가 미국의 판례와 학설에서 유력하다(Ballantine, *On Corporations,* 2nd ed., 1946, p. 482). 이것은 특히 이러한 배당에 소득세를 과할 수 있는가 없는가에 관한 판례로서 나타나고 있으며(Eisner v. Macomber, 252 U.S. 189, 40 Sup. Ct. 189, 64 L. Ed. 521, 9 A.L.R. 1570; Koshland v. Helvering, 298 U.S. 441, 56 Sup. Ct. 767, 80 L. Ed. 1268, 105 A.L.R. 756, 761), 미국에서는 이 주식배당이 이익배당이 아니라는 견해가 지배적이다. 이러한 미국의 학설·판례의 영향을 받아서 일본에서도 이익배당이 아니라고 하는 학설이 있으나, 이는 소수설에 지나지 않는다. 소수설이 드는 이유는 자본으로 전입되는 잉여금은 구속을 받고 있는 법정준비금이 아니라 자유롭게 배당할 수 있는 이익이라는 점이 다를 뿐이고, 주주가 이익배당을 받는 것을 받아들일 뿐이지 회사재산에는 아무런 변화도 생기지 않는다고 하는 데에 있다. 이에 반하여 일본의 주식배당은 미국의 stock dividend와 반드시 동일한 성질을 갖는다고 볼 필요는 없기 때문에 주식배당은 이익배당이라는 학설이 다수설이고, 특히 이는 일본의 회계학자들간에 있어서는 더 유력하다(이에 관하여는 이기수, "주식배당," 고시계 1977년 10월호, 95쪽 아래 참조). 우리나라에서도 ① 주식배당은 금전배당에 대신하여 이루어지므로 금전배당의 계기가 적지 않게 내재하고 있고, 경제적 의미에서의 자본이 증가하며, ② 주식배당은 기초와 기말을 비교할 때 이익의 존재, 즉 1주당 회사재산의 증가를 전제하므로, 주식배당은 현물배당의 일종이라는 점에서 주식배당을 이익배당의 일종으로 보는 견해(손주찬, 877-878쪽; 최기원, 983-984쪽; 이철송, 849-851쪽)가 통설이라 할 수 있고, 현행법 아래서는 그렇게 볼 수밖에 없다. 이에 반해 통설의 근거상 효과는 주식배당의 효과라기보다는 금전배당이 행하여지지 않은 효과이고, 주식배당은 어디까지나 신주가 지주수에 비례하여 분배된다는 점에서 주식배당은 배당가능잉여금의 자본전입을 수반하는 주식분할이라 설명하는 견해가 있기는 하다(정무동, 540쪽; 정동윤, 591쪽).

배당가능이익의 자본전입에 의하여 생기는 효과로서는 회사자산의 확실한 사내유보를 들 수 있다. 이익이 생겼을 때에 이를 배당하지 않으면 자금을 사내에 유보할 수 있으며, 이를 다시 자본에 전입함으로써 그 목적은 더욱 확실히 달성할 수 있다. 또한 자본증가에 의하여 회사의 신용도 높아진다.

주식배당을 위하여 신주를 발행함으로써 생기는 효과로는 첫째로 주식의 시장성을 회복할 수 있다. 주가가 높은 경우에 주가를 인하하게 되고, 유통주식의 감소에 의하여 시장성이 격감된 경우에는 그 유통주식을 증가시키기 때문이다. 통상의 신주발행의 준비로서 행하면 신주의 공모가액을 인하할 수 있으며, 합병의 준비로서 행하면 신주교부비율의 격차를 적게 할 수 있다. 주식배당에 이러한 기능이 있기 때문에 미국에서는 주가조절을 위하여 행하여지는 거액의 주식배당을 비유적으로 melon-cutting, melon-splitting이라 부른다. 둘째로 주식배당으로 인한 주식증가는 주식의 분산을 촉진시키며, 이로 인하여 회사지배에 필요한 주수가 상대적으로 감소하기 때문에 경영자지배가 안정성을 찾게 된다. 셋째로 고율배당은 소비자나 노동자로부터 비판을 받게 되며, 경쟁기업의 성립을 촉진한다.

이 밖에 또 주식에 시장성이 있는 경우에는 그 회사가 행한 주식배당은 주주에게 현금배당보다도 더 유리한 경우가 적지 않다. 왜냐하면 주주는 배당으로서 받은 주식을 시장에서 현금화할 수 있으며, 또한 소득세에 관련하여서도 미국은 물론 일본에서도 세금이 권면액에 의하여 과하여지지 시가에 의하여 과하여지는 것이 아니기 때문에 대단히 유리한 경우가 있다. 또한 정기적인 저율의 주식배당은 주가를 인상하는 경향이 있으며, 이 점에 착안하여 주식배당이 주가조작의 수단으로서 이용되는 경우도 있다. 그리고 또한 주식배당은 자본이 증가하므로 채권자에 대하여도 유리하다.

주주에게 이익을 분배한다는 것은 영리사단법인인 주식회사의 본질적 요소이다. 대부분의 주주들은(특히 대주식회사 일수록 더하다) 주식회사의 관리(경영)보다도 투자에 대해서 이익배당(dividend)이라든가, 자본소득(capitalgains)이라든가, 혹은 그 양자가 매 일정시기마다 투자가인 주주에게 되돌아 올 것을 바라는 경제적인 면에 더 관심을 가지고 있다.

미국에서는 이러한 이익배당의 종류로 원칙적으로 ① 금전배당(cash dividends), ② 재산배당(property dividends) 및 ③ 주식배당(stock dividend)의 3종을 인정하고 있어서 주식으로 배당할 수 있다. 일본 신회사법의 경우에는 제185조 아래에서 주식무상할당에 대하여 규정하고 있다. 주주총회의 결의에 의하여 주식무상할당을 할 수 있으며, 정관에 특별한 정함이 있는 경우에는 그러하지 아니하다(일본 신회사법 제186조 제 3 항). 영업연도중에 신주발행이 이루어진 경우에는 이익배당에 관하여 당해신주에 대해 일할계산하여 배당하는 것을 일할배당이라고 하는바, 일본 신회사법은 일할배당을 채택하지 않고, 기준일주주는 그 보유하고 있는 주식의 발행시기에 불문하고 동일한 배당 기타 재산, 주식 등의 할당을 받는 것으로 하고 있다.

2. 美國에서의 株式配當制度

(1) 槪 要 주식배당은 미국의 stock dividend의 제도에서 생겨난 것인바, stock dividend는 잉여금의 자본화가 전제로 된다. 잉여금을 자본화한다는 점에서 주식분할(stock-splits)과 구별된다. 잉여금의 자본화는 자본을 증대시키는 반면에 잉여금을 감소시킨다.

주식배당은 자사의 신주식에 의한 배당이므로 종속회사의 주식으로써 하는 배당과도 구별하여야 하며, 참된 의미에서는 잉여금의 자본화이기 때문에 회사가 타 회사의 주식을 분배하면서 당해 배당이 회사의 잉여금을 투자한다고 선언하더라도 그것은 결코 주식배당이 되지 않는다. 왜냐하면 회사가 소유하는 타 회사의 주식의 분배는 현물배당으로서 그 진실은 현실의 회사재산의 분배이기 때문이다.

금고주(treasury stock)에 의한 배당이 가능하며, 그렇게 규정한 주도 있다(위스콘신주 사업회사법). 현물 내지 주식으로 주주의 선택에 따라 지급한다는 배당은 주식배당이 아니라는 판례도 있다(Kellog, v. Kellog 116 Misc. 791, 4NY, S(2d) 219). 보통주주에게 보통주로써 하는 주식배당을 ordinary stock dividends라고 한다.

가장 중요한 문제는 주식배당이 과연 그 용어대로 이익배당이냐 아니냐 하는 점과 이러한 배당에 소득세를 부과할 수 있느냐 없느냐 하는 점이다. 이에 관하여는 유명한 판례가 있는데, 배당이 아니라는 견해가 지배적이다(Thomas Reed Powell, *Stock Dividends, Direct Taxes and the Sixteenth Amendment*, Columbia Law Review, May 1920, Vol. xx, pp. 536-49에 Eisner v. Macomber 사건에 대한 소개와 비판이 실려 있다. 본 건에서 5 : 4로 세금을 부과할 수 없다고 아주 근소한 표차로 결정되었다). 판례에서는 “금일까지 배당이라는 이 말은 통상적인 의미로 쓰여졌으며, 엄격한 의미에서의 배당은 아니다”고 하고, 또는 “주식배당이란 모든 점에서 잘못 선정된 용어이다. 왜냐하면 주식은 자본에 관계하는 데 반하여, 배당은 재산에서의 분리를 의미하며, 주식은 자본의 상징(representative)으로서 그 의미에 있어서는 회사의 자산(assets)인 데 반하여, 이익배당은 선언의 순간에 채무(liability)로 되기 때문이다. 또 주식은 자본에의 고착(adherence)을 의미함에 반하여, 이익배당은 자본에서의 분리를 의미하기 때문에 그것은 자기모순이다”라고 하여 주식배당의 명칭이 잘못되었다고 한다. 이에 반하여 그 실익을 부정할 수 없다는 견해도 있다(Eisnerv. Macomber 사건에서 Brandlis와 Clarke 판사는 주식배당도 실질적으로 이익이라고 한다).

(2) **株式配當의 前提要件** 주식배당의 요건으로서는 수권자본의 범위에 여유가 있어야 하며, 주식배당을 할 수 있도록 허용된 회사여야 하며, 자본화된 잉여금이 존재해야 하며, 또한 그 선언은 이사회의 권한이다.

A. 미국에서는 이익배당의 선언이 일반적으로 이사회의 권한으로 되어 있는데, 주식배당도 그 예외는 아니다. 주식배당에 관하여 특유한 점은 한번 이사회가 이익배당을 선언하면, 현금배당의 경우에는 취소할 수 없지만 주식배당은 가능하다는 것이다. 다만, 이에 관하여는 다툼이 있으나 주식배당은 이익배당이 아니기 때문에 취소가 가능하다고 한다.

B. 수권자본의 범위에 여유가 있어야만 한다. 왜냐하면 수권된 전 주식이 이미 발행되었는 데도 새로이 신주식을 발행하는 것은 초과발행이 되기 때문이다. 그러나 회사가 합법적으로 발행할 주식을 보유하는 경우, 혹은 그 주식자본을 증대할 것이 수권되어 있는 경우에는 아무런 문제가 없다. 충분한 미발행수권주식(authorized unissued shares)이 없는 경우에는 stock dividend의 선언의 제 1 단계로서 주식수의 증가절차를 밟아야만 한다.

C. 주식배당을 금지한 회사가 아니어야만 한다. 일반적으로 주식배당은 주법에 의하여 수권되었으나, 약간의 입법례는 이를 금지하는 주도 있다. 예를 들면 매사추세츠주는 신탁회사(trust company)가 주식배당을 하는 것을 금지하고 있다. 또 공익사업회사(public utility company)가 주식배당을 실행함에는 공익위원회의 동의를 요한다. 일반적으로는 회사의 정관이 이익배당을 현금으로 지급할 것을 회사에 요구하면 회사는 주식배당을 할 수 없으며, 주주에게 현금 대신으로 신주식을 받을 것을 강제하지 못한다.

D. 자본화될 잉여금이 충분히 존재하여야 한다.

(3) **株式配當과 資本化되는 剩餘金** 주식배당은 잉여금의 자본화에 기한다는 점에서 주식분할과 구별된다. 자본화(미국에서의 잉여금이란 그 원천에 따라서 ① 이익잉여금, ② 납입잉여금(paid-in surplus), ③ 재평가잉여금(revaluation surplus), ④ 감자잉여금(reduction surplus arising from the reduction of statedcapital)으로 나누어지는데, 이익잉여금 이외의 것은 일반적으로 그 원천을 표시하지 않고서 자본잉여금(capital surplus)이라고 표시한다)되는 잉여금에 관하여 어느 정도의 잉여금이 있어야 하는가에 관하여 여러 가지 설이 있다.

제 1 설은 어떠한 잉여금이라도 잉여금이 있기만 하면 족하다는 입장이다. 자본잉여금이건, 이익잉여금이건 또는 재산의 미실현평가익이건 이용된다. 미실현평가익(unrealized appreciation)의 경우 현금배당은 못하지만 주식배당은 허용하는 주가 다수 있다(Ill. Bus. Corp. Act. §41 (iii); La. Corp. Law §22; Ohio. Gen. Corp. Act §38; Unif. Bus. Corp. Law. §24(IV)). 이 설은 잉여금이 사내에 동결되기 때문에 폐해가 적다는 이유에 기하고 있으나 강한 반대설도 있다.

제 2 설은 미실현평가익을 제외한 자본잉여금 및 이익잉여금이 자본화되는 경우라고 한다. 미국에서 이익배당은 통상 이익 내지 이익잉여금에 한정되지 않으며, 적정하게 정비된 대차대조표에 기한 잉여금이 일반적으로 이사회의 배당선언의 기초가 된다. 즉 표시자본(stated capital)을 넘는 충분한 잉여금이 있으면 족하다는 입장이다. 뉴욕·델라웨어주 등이 이 표준에 따르고 있다.

제 3 설은 이익잉여금만이 이익배당의 재원이 된다는 설인데, 이는 어느 설보다도 건전하고 견실하다. 일반적으로 보통주에 대한 배당의 기준으로서 이 입장은 근시의 유력한 경향이다. 주식배당의 선언에 있어서도 그것이 이익잉여금의 전입에 기하여 행하여질 때에는 무절제한 남용이 있을 것에 대한 유효한 장벽이 된다.

(4) 株式配當의 效果 주식배당이 행하여지면 그 결과로 잉여금이 자본화되며, 따라서 그만큼 잉여금이 감소하고 자본금이 증대한다. 이 점에서 주식분할과 다르다. 그러나 많은 점에서 주식분할과 유사하다. 이는 통상의 주식배당, 즉 보통주에 대하여 보통주로서 하는 경우(ordinary stock dividends)에 그 전형을 볼 수 있다. 기술한 바와 같이 주식배당은 이익배당이 아니라는 판례, 따라서 그에 대해서는 소득세를 과할 수 없다는 판례는 주식배당을 주주의 지위의 분할로 본 것에 그 기본적인 이유가 있다. 경영학상으로 한번에 대량의 주식배당을 행한 경우를 melon-splitting 내지 cutting a melon이라고 하며, 주식분할과의 구별은 명확하지 않다고 설명하고 있다. 그 밖에도 수종의 사외주식(outstanding shares)이 있는 경우에 배당하여야 할 주식의 종류는 어떠한 것이어야 하며, 또 주식에 의한 배당을 받은 주주는 소득세를 물어야 하는가 하는 점이 문제되는데, 이에 관하여는 아래의 (5)·(6)에서 다루겠다.

잉여금의 자본화의 결과로 당해 잉여금은 차기 이후에 있어서 현금배당·현물배당 등에 이용할 수 없다. 또 자본이 증대한 결과 배당하여야 할 잉여금의 산정에 있어서 공제하여야 할 자본(capital margine)이 보다 엄격화하기 때문에 주주에게는 반드시 유리하지 않은 경우도 있으나, 회사채권자에게는 신용(회사의 담보)력이 증대한다. 그러나 회사의 자산은 불변한다는 일련의 판례가 있으며(Humphrey v. Lang, 169 N.C. 601, 86 S.E. 526; Lancaster Trust Co. v Mason, 152 N.C. 660, 68 S.E. 235) 학설도 또한 같다.

(5) 數種의 社外株式이 있는 경우의 株式配當 보통주만이 사외주식으로 있는 경우에 보통주를 배당하는 ordinary stock dividends의 효과는 주주의 지위의 분할이라고 생각되고 있다. 이와 같은 원칙적인 이해는 수종의 주식이 사외주로서 있는 경우에도 가능하다고 본다. 모범사업회사법도 "다른 종류의 주식에 대한 어떠한 종류의 주식으로써 하는 배당도 정관의 정함에 의하거나, 그에 의하여 지급을 받을 예정인 그 종류의 주주의 과반수의 투표에 의하여 수권되지 않는 한 지급하지는 못한다"고 규정하고 있다(Model Business Corporation Act §40e).

주식배당이 다른 주주의 약간의 계약적 권리를 침해하는 경우에는 허용되지 못한다. 예를 들면 다른 주주의 의결권을 침해하거나 회사자산에서의 그들의 비례적 권리를 해치는 경우이다. 이를 막기 위하여 많은 주법이 정관에 규정을 두고 있다(Illinoi주법 §41(d); Idao주법 §129).

(6) 株式配當과 課稅問題 주식배당은 주주에게 있어서는 기존의 비례적 지위의 세분화에 지나지 않는 것으로, 그 실질은 배당이 아니라 주식의 분할과 결과적으로 같은 것으로 생각되기 때문에 이러한 배당을 받은 주주에게 배당소득이 있다고 하여 소득세를 과할 수 있는가 하는 문제는 대단히 흥미 있는 문제이다. 아직 충분히 만족할 만한 해결점에 이르지는 못했으나, 유명한 판례(Eisner. v. Macomber 사건)는 일반적으로 배당소득을 부정하는 경향을 나타내고 있다. 즉 주식배당을 주주의 지위의 분할로서 이해하므로 배당이라는 용어 그 자체도 모순이며, 이를 받는 주주는 하등 회사에서 자산을 빼내어 갖지도 않았고, 따라서 주주의 자산상에 아무런 소득도 생기지 않았으므로 배당소득세를 과할 수 없다고 한다. 다만, 이 일반원칙, 즉 지위의 분할에 대한 비과세라는 원칙은 다음의 경우에는 약간의 변용을 가한다. 즉 주식배당의 결과로 주주의 종래의 지위에 변동을 초래하는 경우는 소득세를 가할 수 있다고 한다.

회사가 사외주식을 두 종 이상 갖고 있는 경우, 주식배당의 여러 가지 형의 과세가능성에 관하여는 많은 불확실성이 오늘도 존재하고 있다. Eisner v. Macomber 사건에서는 구주가 받았던 것과 다른 어떤 권리 내지 이익을 전연 받지 아니하는 보통주주에게 보통주로서 하는 통상의 주식배당은 수정헌법 제16조 하에서는 연방정부에 의하여 소득으로서 과세할 수 없는 것이라고 판결하였다.

Koshland v. Helvering 사건에서는 해산이나 청산에 있어서 생긴 배당에 더하여 주식액면가액의 우선지급을 받을 자격이 있는 우선주주에 대한 보통주에 의한 배당은 수정헌법 제16조 하에서 과세되는 소득이라고 판결했다. 판결이유는 분명히 이 '추정적 배당'(constructive dividend)이 주주의 구 주식이 표창한 것과 다른 지위를 주주에게 주어 소득으로 볼 수 있다고 한 것이다. 그렇지만 주식배당의 과세가능성의 적정한 표준이 어떠한 것인가, 또는 수령자의 회사 내에서의 비례적 주식에의 증가에 지나지 않는 것이 과세표준으로서 충분한가에 관하여는 많은 논의가 오늘날에도 존재하고 있다(Ballantine, p. 486f.).

Eisner v. Macomber 사건은 1920년에, Koshland v. Helvering 사건은 1936년에 각각 판결이 내려졌는데, 세입법(Revenue Act)의 내용도 이러한 판결의 배후에서 변천하고 있다. 즉 "주식에 의한 또는 주식을 취득하는 권리에 의한 배당은 수정헌법 제16조의 의미범위 내에서 주주에게 소득을 구성하지 않는 한 배당으로 취급할 수는 없다"고 규정한다(세입법 제115조).

과세가능성의 표준에 관하여는 '3개의 과세가능성의 표준', 즉 ① 회사에 의한 배당을 통한 구체적 자산의 상실, ② 주주가 갖는 주식에의 부가, ③ 회사자산에서의 주주의 비례적 주식의 변화 등이 고려되고 있다.

3. 株式配當의 要件

(1) 配當可能利益의 존재　　상법은 주식배당을 이익배당의 한 종류로 보고 있으므로 당연히 배당가능이익이 존재하여야 한다. 즉 대차대조표상의 순재산액으로부터 자본액, 그 결산기까지 적립된 자본준비금과 이익준비금, 그리고 그 결산기에 적립하여야 할 이익준비금을 공제한 액을 한도로 하여서만 이익배당을 할 수 있다(제462조 제 1 항).

(2) 株式配當의 限度　　주식배당은 이익배당총액의 2분의 1을 초과할 수 없다(제462조의 2 제 1 항 단서). 이것은 현금에 의한 주주의 이익배당청구권을 보장하기 위한 것으로 상장법인에는 이러한 제한이 없다(자본시장법 제165조의 13).

(3) 기타의 要件

A. **株主總會의 決議**　　주식배당은 주주총회의 보통결의에 의한다(제462조의 2 제 1 항 본문). 신주의 발행은 발행예정주식총수의 범위 내이어야 하므로, 그 이상으로 주식배당을 하는 때에는 수권자본의 범위를 확대하여야 하므로 정관변경을 요한다.

B. **發 行 價**　　법문에서 배당은 주식의 '권면액'으로 하고 있으므로

(제462조의 2 제 2 항 전단) 액면 미만의 발행은 금지된다. 액면초과액을 발행가로 하는 것이 가능한가에 대해 긍정하는 견해도 있으나, 회사의 편의를 위한 주식발행에서 주주가 액면초과금을 지급해야 한다고 보기는 어려우므로 이를 부정해야 할 것이다.

이 때 회사가 종류주식을 발행한 때에는 수종의 주식별로 각각 그와 같은 종류의 주식으로 할 수 있다(제462조의 2 제 2 항 후단). 종전의 제462조의 2 제 2 항은 발행가액에 관하여 권면액으로 할 것만을 규정하였으나, 1995년 개정법에서는 주식배당에 따른 신주의 종류에 관해서도 규정을 둔 것이다. 이 규정이 주식배당을 주식분할의 입장을 취한 것이냐, 아니면 이익배당의 입장을 취한 것이냐에 대해서는 우선 기존의 주식과 동종의 주식으로 배당할 수 있게 했다는 점에서는 전자의 입장을 수용한 듯하지만, 본 조항이 임의규정이라는 점을 고려하면 결국 이익배당설의 입장을 취한 것이라고 보아야 한다.

C. **端株의 처리** 주식으로 배당할 이익의 금액 중 주식의 액면가에 미달하는 단주가 있는 경우에 그 부분에 대해서 종전에는 단지 금전으로 배당한다고 규정하고 구체적인 환가방법을 정하지 않았으므로(1995년 개정법 이전의 제462조의 2 제 3 항), 이와 관련하여 1995년 개정법은 자본감소의 경우의 주식병합에 관한 제443조 제 1 항을 준용하도록 하여 환가방법을 구체화하였다. 즉 권면액에 미달하는 부분의 배당주식은 이를 경매하여 그 대금을 지급하고, 거래소의 시세 있는 주식은 거래소를 통하여 매각하며, 거래소의 시세 없는 주식은 법원의 허가를 얻어 경매 이외의 방법으로 매각할 수 있다(제462조의 2 제 3 항, 제443조 제 1 항).

4. 株式配當의 效力

(1) **新株發行과 資本의 증가** 주식배당을 하면 회사의 발행주식수가 증가하며, 그만큼 자본도 증가한다. 그러나 특수한 신주발행에 해당하므로 별도의 인수 및 납입절차는 필요하지 않다. 주주가 주식배당을 받는 시기는 주식배당을 결의하는 주주총회의 종결시이다. 이 경우 신주에 대한 이익이나 이자의 배당에 관하여는 정관이 정하는 바에 의하여 그 주주총회가 종결한 때가 속하는 영업연도의 직전영업연도 말에 신주가 발행된 것으로 할 수 있다(제462조의 2 제 4 항 2문).

(2) **質權의 效力** 등록질의 경우에 질권자의 권리는 주주가 받는 주식에 미치며, 동시에 동 질권자는 회사에 대해 주권의 교부를 청구할 수 있다(제462조의 2 제 6 항). 약식질의 경우에도 질권의 효력은 주식배당에 미친다고 보아야 할

것이다.

(3) 違法配當의 效力

A. 意 義 위법한 주식배당은 그 요건과 절차에 위반하여 이루어지는 배당으로서, 여기에는 이익배당에서와 같이 배당가능이익이 없는 경우의 주식배당과 그 밖의 형식요건과 절차에 위반하는 주식배당으로 대별할 수 있다.

B. 違法한 株式配當

(i) 配當可能利益이 없는 경우의 株式配當 이것은 전형적인 위법배당에 해당하는 것으로, 이 경우에는 신주발행의 효력이 동시에 문제된다. 즉 배당재원으로서의 배당가능이익이 전제되지 않고 신주가 발행되므로 액면미달발행의 일례로 보아 신주발행무효의 소의 대상이 될 것이다. 배당주식의 반환청구는 배당결의의 무효판결이 확정된 이후에 회사가 실행하여야 할 것이다. 이 때 이익배당에서와 같이 채권자가 주주에 대하여 배당금액의 반환청구권을 행사할 수 있는가에 대하여 주식배당에 있어서는 책임재산으로서의 회사재산이 유출되지 않았으므로 반환을 청구할 수 없다고 보는 견해가 일반적인데, 이는 채권자보호와 무관하기 때문이다.

(ii) 形式要件·節次에 위반한 株式配當 이익배당액의 2분의 1을 초과하거나 수권자본주식수를 넘어서 주식배당을 하는 등의 형식절차에 위반하는 배당을 한 경우에는 신주발행무효의 소의 원인이 된다(제429조).

C. 理事·監事의 責任 이사·감사는 위법한 주식배당을 한 경우 법령위반이나 임무해태로 손해배상책임을 지며(제399조, 제414조) 벌칙이 적용된다(제625조 3호). 이사는 또한 신주발행의 등기 후 자본납입의 책임을 진다(제428조). 그런데 이에 대하여 주식배당의 경우에는 주식의 인수와 납입이 있었던 것도 아니므로(이범찬, "주식배당제도의 연구," 상장협, 제 1 호(1980), 21쪽), 또는 신주를 배당받은 주주도 인수 및 납입의무를 부담하지 않는데 이를 이사에게 부과시킬 수는 없다는 이유로 이사에 대해 변경등기후 자본충실책임을 인정할 수 없다(정찬형, 1047쪽)는 견해가 있다.

제 7 관 中間配當

1. 意 義

연 1회의 결산기를 정한 회사는 정관에서 영업연도중 1회에 한해 이사회의 결의로 영업연도중의 일정한 날을 정하여 그 날의 주주에 대하여 이익을 배당할 수 있음을 정할 수 있다(제462조의 3 제 1 항). 이 때의 이익배당을 중간배당이라 한다. 원래 이익배당은 결산기에 계산서류의 승인에 의해 확정된 이익에 대해서 주주총회의 이익처분결의에 의해서 행해지는 것이어서, 결산을 거치지 않고 아울러 주주총회도 개최하지 않은 채 영업연도중에 이익배당을 할 수는 없다. 그러나 연 1회의 결산기를 정한 회사로서는 결산기에 배당을 할 경우 안게 되는 자금압박을 분산시킬 수 있고, 또한 중간배당을 통하여 투자자의 투자의욕을 자극하여 원활한 자금조달을 조달할 기회를 얻게 되는 등 중간배당은 회사에 경제적으로 필요한 측면이 강하다. 이러한 취지에서 구 증권거래법에 의하여 주권상장법인 또는 코스닥상장법인에 대해서 인정되었던 중간배당제도(구 증권거래법 제192조의 3)를 1998년 개정상법이 채택하게 된 것이다.

2. 性 質

중간배당의 법적 성질이 이익배당인지 금전분배인지에 대하여 다툼이 있을 수 있으나, 법률적으로 이익배당은 영업연도 말의 이익을 주주총회의 이익처분결의에 의해서 주주에게 분배하는 것인 반면, 중간배당은 영업연도중에 이사회의 결의만으로 주주에게 금전을 분배하는 것이므로 금전분배로 보는 것이 타당하다(동지: 정찬형, 920쪽). 다만, 경제적으로는 이익배당의 성격을 갖고 있음을 부인할 수는 없다 하겠다. 이러한 점에서 중간배당에 대해서는 대체로 이익배당에 관한 규정들이 준용되고 있다(제462조의 3 제 5 항 및 제 6 항).

3. 中間配當의 要件

회사가 중간배당을 할 때에는 다음의 요건을 갖추어야 한다.

(1) 회사의 決算期가 年 1회일 것 결산기를 변경하였기 때문에 변경시의 영업연도가 1년 미만이 된 경우에는 그 영업연도중에는 중간배당을 할 수 없다.

(2) 定款에서 中間配當에 관한 규정을 둘 것

(3) 配當은 營業年度中 1회에 한할 것

(4) 配當은 法定金額의 限度 내에서 이루어질 것 여기서 법정금액이란 직전결산기의 대차대조표상의 순재산액에서 다음의 금액을 공제한 액을 말한다. 즉 ① 직전결산기의 자본의 액, ② 직전결산기까지 적립된 자본준비금과 이익준비금의 합계액, ③ 직전결산기의 정기총회에서 이익으로 배당하거나 지급하기로 정한 금액, ④ 중간배당에 따라 당해 결산기에 적립하여야

할 이익준비금(중간배당액의 10분의 1 이상의 금액) 등이 공제된다(제462조의 3 제 2 항·제 5 항, 제458조). 결국 법정한도액은 실질적으로는 직전결산기에 배당가능이익을 배당하지 않고 회사에 유보한 것에 다름 없다고 할 수 있다. 다시 말해서 이는 직전결산기의 대차대조표상 이익이 현존하여야 함을 의미한다.

(5) 당해 決算期에 회사의 純財産額이 제462조의 3 제 2 항의 각호의 금액의 合計額에 미치지 못할 우려가 없을 것 직전결산기의 대차대조표상 위의 법정금액이 산출되어 중간배당이 가능하게 될 경우에도 이후 경영이 악화되어 연도 말 결산에서 결손이 발생할 우려가 있을 때에는 중간배당이 인정되어서는 안 되기 때문이다. 즉 당해 결산기에 이익이 예상되어야 한다. 이를 위반하여 이사가 중간배당을 한 경우에는 우려가 없다고 판단함에 있어 주의를 게을리하지 아니하였음을 증명하지 못하는 한 회사에 대하여 연대하여 그 차액(배당액이 그 차액보다 적을 경우에는 배당액)을 배상할 책임이 있다.

4. 中間配當의 節次

(1) 중간배당은 이사회가 정하는 일정한 날의 주주에 대해서 행해진다. 이 일정한 날은 이익배당시의 결산기에 상당한다고 볼 수 있지만, 본래의 결산기가 아니라 일종의 기준일이라고 할 수 있다. 중간배당을 받을 자는 이 날의 주주명부상의 주주이다. 배당기준일에 대해서는 상법의 기준일에 관한 규정이 적용된다(제462조의 3 제 5 항, 제354조 제 1 항).

(2) 중간배당은 이사회의 결의에 의해서 행해지고 이 결의에서는 중간배당을 한다는 뜻과 그 금액을 정하여야 한다.

5. 中間配當의 基準

(1) 株主平等의 원칙 중간배당도 주주평등의 원칙에 의해서 각 주주의 지주비율에 따라 이루어져야 한다(제462조의 3 제 5 항, 제464조 본문). 다만, 정관규정에 의하여 이익배당에 관하여 내용이 다른 종류주식이 발행된 경우에는 차등배당이 가능하다(제462조의 3 제 5 항, 제464조 단서).

(2) 新株發行과 新株에 대한 中間配當 영업연도중에 신주가 발행된 경우 납입기일의 다음 날부터 신주의 효력이 발생하므로 일할배당을 할 수 있으나, 정관에서 직전영업연도 말에 주주의 권리의무가 있는 것으로 정한 경우에는 동액배당을 하여야 한다(제462조의 3 제 5 항, 제423조 제 1 항 2문). 또한 전환주식이나 전환사채가 전환되거나, 신주인수권부사채의 신주인수권이 행사된 경우에도 정관

에서 직전영업연도 말에 전환 또는 신주발행의 효력이 발생하는 것으로 하면 동액배당을 하여야 한다(제462조의 3 제 5 항, 제516조 제 2 항, 제516조의 9).

6. 中間配當金의 支給

(1) 中間配當請求權 이사회의 중간배당결의로 배당기준일인 일정한 날의 주주는 구체적 중간배당청구권을 취득하며, 구체적 이익배당청구권과 마찬가지로 구체적 중간배당청구권은 독립적으로도 양도·압류·전부명령 등의 목적이 된다. 이 권리의 시효기간은 5년이다(제464조의 2 제 2 항).

기명주식의 등록질권자도 중간배당청구권을 가진다(제462조의 3 제 5 항, 제340조 제 1 항).

(2) 配當金支給時期 중간배당금은 중간배당에 관한 이사회의 결의가 있은 날부터 1월 이내에 지급되어야 한다(제464조의 2 제 1 항 본문). 이는 중간배당금의 지급지연으로 인한 주주의 손해를 방지하기 위한 취지에서 규정된 것이다. 다만, 이사회의 결의로 배당금의 지급시기를 따로 정한 경우에는 그러하지 아니하다(제464조의 2 제 1 항 단서).

7. 違法中間配當

위법중간배당이란 중간배당의 요건에 위반하여 금전을 배당하는 것을 말하며, 위법이익배당과 마찬가지로 당연무효이다(동지 : 정찬형, 923쪽).

따라서 앞서의 법정한도액(제462조의 3 제 2 항)을 초과하여 중간배당을 한 경우에는 그 중간배당은 무효가 되고, 이를 행한 이사는 회사에 대하여 연대하여 위법하게 분배된 액을 배상하여야 하고(제462조의 3 제 4 항 본문), 동시에 형벌의 제재를 받는다(제462조의 3 제 5 항, 제625조 3호).

또한 위법중간배당을 받은 주주는 법률상 원인 없이 이득을 받은 것이므로 배당받은 금전을 회사에 반환할 의무를 부담하며, 회사채권자는 위법중간배당을 받은 주주에 대해서 이를 회사에 반환할 것을 청구할 수 있다(제462조의 3 제 6 항, 제462조 제 2 항).

반면 법정한도액의 범위 이내인 경우에 결산기에 결손이 발생할 우려가 있을 때에 중간배당을 하더라도 그 배당이 무효가 되는 것은 아니지만, 이사는 연대하여 앞서의 순재산액과 제462조의 3 제 2 항 각호의 금액의 합계액의 차액 또는 배당액이 그 차액보다 적을 경우에는 배당액을 회사에 대해 배상하여야 한다(제462조의 3 제 4 항 본문). 다만, 이사가 당해 결산기에 이익이 발생할 것으로 판단함에 있어 주의를 게을리하지 아니하였음을 증명한 때에는 차액배상책임을 면한다(제462조의 3 제 4 항 단서). 이사의 이 책임은 총주주의 동의로 면제될 수 있다(제462조의 3 제 6 항, 제400조).

제 8 관 建設利子의 配當

1. 意 義

개정전 상법에서 인정되던 건설이자(Bauzins)란 일정조건 아래에서 일정기간 이익이 없더라도 주주에게 배당하는 이자를 말한다. 일반회사의 경우와는 달리 철도·운하 등 건설에 장기간을 요하는 사업에 있어서는 개업 때까지 영업활동을 전제로 한 영업이익을 실현할 수 없으므로 통상의 이익배당이 불가능하다. 이를 방치하면 위와 같은 회사의 설립이 어렵고, 설립한 후라도 주가가 하락하여 지속적인 회사운영을 기대할 수 없다. 그러므로 "이익 없으면 배당 없다"는 기본원칙을 수정하여 이익을 전제로 하지 않는 예외배당을 할 필요가 있었다.

건설이자의 성질에 관하여는 이를 출자의 일부환급으로 보는 견해(차낙훈, 359쪽; 손주찬, 883쪽; 서돈각, 455쪽; 채이식, 793쪽; 김용태, 431쪽)와 이익배당의 선급이라는 견해(이철송, 863쪽; 최기원, 991쪽)가 맞서고 있었다. 이익이 발생하지 않았는 데도 주주에게 금전을 지급하는 면에서는 '자본의 일부환급'으로 볼 수 있고, 배당한 이자액은 이연자산으로 처리되어 이익에 의해 상각되는 면에서는 '이익배당의 선급'으로 볼 수 있다는 절충설이 있었다(정동윤, 598쪽). 건설이자라고는 하지만 주금납입이 소비대차가 아니므로 진정한 의미의 이자는 아니다. 또한 이익이 없음에도 이를 지급하므로 지급되는 금전은 출자금을 주는 것이지만 건설이자를 배당하더라도 법률적으로 자본감소의 효과가 생기지 않는 것이고, 배당한 이자액은 이연자산으로 처리되고 개업 후 이익에 의하여 상각되도록 하고 있으므로 그 법적 성질은 장래의 이익배당의 선급이라고 본다.

2. 2011年 改正商法

상법상 설립 후 일정기간 내에 잉여금이 없는 경우에도 주주에게 회사재산의 반환을 인정하는 것으로서 건설이자제도를 마련하고 있었다(구법 제463조). 건설이자제도는 회사가 성립하였더라도 그 사업의 성질상 곧 영업을 개시할 수 없기 때문에 장기간 이익배당을 할 수 없는 경우를 고려하여 예외적으로 엄격한 요건을 갖추어 일정한 시기까지 일정한 이자를 배당하는 제도이다. 건설이자의 지급은 출자의 일부환급 내지 장래 발생할 이익배당의 선지급이라고 할 수 있기 때문에 회사채권자에게는 불리한 영향을 미친다. 자본잉여금과 이익잉여금 등 재원규제의 완화가 진행될 경우, 보다 유연하게 분배될 수 있어 건설이자제도의 유지필요성은 감소될 것으로 예상되어 건설이자제도는 폐지되는 것이 타당하다. 2011년 개정상법에 따르면 배당재원의 규제가 완화되면서 배당재원이 다양화되고 유연한 배당이 인정된다. 그리하여 2011년 개정상법은 출자의 환급 내지 장래 발생할 이익배당의 선지급이며, 회사채권자의 보호에도 불리한 건설이자제도를 폐지하였다(제463조 삭제).

제 9 관 株主의 經理檢査權

1. 意 義

주식회사에 있어서 회사경영에 관한 모든 사항은 이사회에 위임되어 있고, 투자자인 주주는 주주총회를 통해 상법과 정관이 정한 사항에 대해서만 결정할 수 있을 뿐이다. 한편 상대적으로 권한이 강화된 이사회에 대한 견제수단으로서 대표소송제기권(제403조)·위법행위유지청구권(제402조) 및 이사해임청구권(제385조) 등의 감독시정권이 예정되어 있다.

그러나 주주가 이와 같은 권리를 효율적으로 행사하기 위해서는 회사의 업무와 재산상태 전반에 걸친 자세하고도 정확한 내용의 지득이 당연히 전제되어야 함은 물론이다. 이와 관련하여 증권정보공시나 상업등기제도를 중심으로 한 회사의 공시제도도 기업내용을 반영하고 있기는 하나 구체적인 인식수단이 되기에는 미흡하므로, 상법은 검사의 대상과 내용을 달리하는 다음과 같은 권리를 주주에게 부여하고 있다.

2. 財務諸表 등의 閱覽權

(1) 會計帳簿閱覽權 발행주식총수의 100분의 3 이상에 해당하는 주식을 가진 주주는 이유를 붙인 서면으로 회계장부와 서류의 열람 또는 등사를 청구할 수 있다(제466조 제 1 항). 이를 회계장부열람권이라고 한다. 상장회사의 경우에는 6개월 전부터 계속하여 상장회사 발행주식총수의 1만분의 10(대통령령으로 정하는 상장회사의 경우에는 1만분의 5) 이상에 해당하는 주식을 보유한 주주가 회계장부열람권을 행사할 수 있다(제542조의 6 제 4 항). 현행법은 회사의 업무집행에 직접 관여할 수 없는 주주에 대해 각종 감독시정권을 부여하고 있지만, 행사요건이 이사의 극단적인 불법적 행위에 국한되어 있을 뿐만 아니라 주주보호에도 실효적이지 못하므로 이를 실현하기 위해서는 회사의 영업상태, 특히 경리내용을 자세하게 알

필요가 있다.

<대판 2017. 11. 9, 2015 다 252037>

「발행주식의 총수의 100분의 3 이상에 해당하는 주식을 가진 주주는 상법 제466조 제 1 항에 따라 이유를 붙인 서면으로 회계의 장부와 서류의 열람 또는 등사를 청구할 수 있다. 열람과 등사에 시간이 소요되는 경우에는 열람·등사를 청구한 주주가 전 기간을 통해 발행주식 총수의 100분의 3 이상의 주식을 보유하여야 하고, 회계장부의 열람·등사를 재판상 청구하는 경우에는 소송이 계속되는 동안 위 주식 보유요건을 구비하여야 한다.… 원고는 이 사건 소를 제기할 당시 피고 발행주식 총수 9,000주 중 33.33%에 해당하는 3,000주를 보유하여 상법 제466조 제 1 항이 요구하는 발행주식 총수의 100분의 3 이상을 보유하고 있었으나, 위 신주발행으로 인하여 피고 발행주식 총수 101,000주 중 2.97%(= 3,000주 ÷ 101,000주)에 해당하는 주식을 보유하여 발행주식 총수의 100분의 3에 미달하게 되었으므로, 위 신주발행이 무효이거나 부존재한다는 등의 특별한 사정이 없는 한, 원고는 상법 제466조 제 1 항에 의한 회계장부의 열람·등사를 구할 당사자적격을 상실하였다고 봄이 타당하다.」

<대판 2018. 2. 28, 2017 다 270916>

「甲 주식회사의 주주인 乙이 甲 회사의 회계장부 및 서류의 열람·등사를 청구하는 소를 제기하였는데, 소송 계속 중 甲 회사가 丙 주식회사에 공장용지와 공장 건물을 양도하는 과정에서 乙이 반대주주의 주식매수청구권을 행사하였고, 주식매수가액의 협의가 이루어지지 않자 乙이 법원에 주식매수가액 산정결정 신청을 하여 재판이 계속 중이고, 그 후 乙이 甲 회사의 이사들을 상대로 주주대표소송을 제기하고, 甲 회사를 상대로 사해행위취소소송을 제기하여 각 소송이 계속 중인 사안에서, 乙이 주식매수청구권을 행사한 후 주식에 대한 매매대금을 지급받지 아니한 이상 주주의 지위에 있고, 주식매수가액의 산정에 필요한 甲 회사의 회계장부 및 서류를 열람·등사할 필요가 있다고 본 원심의 판단이 정당하다고 하는 한편, 乙은 주주로서 이사의 책임을 추궁하기 위하여 주주대표소송을 제기하였으므로 甲 회사의 재무제표에 나타난 재무상태 악화의 경위를 확인하여 주주대표소송을 수행하는 데 필요한 범위에서 甲 회사에 회계장부의 열람·등사를 청구할 권리가 있고, 乙이 주식매수청구권을 행사하였고 주주대표소송을 제기하기 이전에 甲 회사를 상대로 다수의 소송을 제기한 적이 있다는 등의 사정만으로 위와 같은 청구가 부당하다고 볼 수는 없으며, 다만 사해행위취소소송

은 乙이 甲 회사에 대한 금전 채권자의 지위에서 제기한 것이지 주주의 지위에서 제기한 것으로 보기 어려우므로 乙이 사해행위취소소송을 제기한 것을 내세워 회계장부열람·등사청구를 하는 것은 부당하다고 한 사례.」

물론 재무제표 등에 대한 열람권이 인정되고 있기는 하지만 그 내용은 극히 개괄적이며, 공시를 전제로 하여 작성되므로 분식의 가능성이 있고, 총회개최일 1주일 이전에 비치하도록 하여 사실상 충분한 검토를 할 수 없으므로 주주가 직접 회계장부를 열람할 수 있도록 하였다. 다만, 권리남용을 방지하기 위하여 소수주주에게만 회계장부열람권을 인정한다.

열람을 청구할 수 있는 자는 발행주식총수의 100분의 3 이상의 주식을 가진 주주이며, 열람 및 등사의 대상은 회계장부와 서류이다. 이미 재무제표 등의 서류는 공시되어 있으므로 분개장·원장 등의 상업장부와 그의 기초가 되는 전표·영수증 등의 서류가 여기에 포함될 것이다. 이 때 주주의 청구는 이유를 붙인 서면으로 하여야 하며, 회사는 주주의 적법한 청구가 있는 경우에 그 청구가 부당함을 증명하지 아니하면 이를 거부할 수 없다(제466조 제 2 항). 그러므로 회사가 이유 없이 청구를 거부하는 경우에 주주는 열람청구의 소를 제기할 수 있고, 은닉·변경 등의 우려가 있는 경우에는 장부와 서류의 보전을 위한 가처분신청을 할 수 있다.

<서울지판 1998. 4. 1, 97 가합 68790>

「주주가 회계의 장부와 서류를 열람 및 등사하려는 이유가 막연히 회사의 경영상태가 궁금하므로 이를 파악하기 위해서라든지, 대표이사가 자의적이고 방만하게 회사를 경영하고 있으므로 회사의 경영상태에 대한 감시의 필요가 있다는 등의 추상적인 이유만을 제시한 경우에는 주주의 권리를 보호하여야 할 필요성이 더 크다고 보기가 어려우므로 열람 및 등사청구가 인정되지 아니한다고 봄이 상당하지만, 예컨대 회사가 업무를 집행함에 있어서 부정한 행위를 하였다고 의심할 만한 구체적인 사유가 발생하였다거나, 회사의 업무집행이 법령이나 정관에 위배된 중대한 사실이 발생하였거나, 나아가 회사의 경영상태를 악화시킬 만한 구체적인 사유가 있는 경우, 또는 주주가 회사의 경영상태에 대한 파악 또는 감독·시정의 필요가 있다고 볼 만한 구체적인 사유가 있는 경우 등과 같은 경우에는 주주의 권리를 보호하여야 할 필요성이 더 크다고 보여지므로 열람 및 등사청구가 인정된다고 할 것이다.」

<대판 1999. 12. 21, 99 다 137>
「소수주주의 회계장부열람등사청구권을 피보전권리로 하여 당해 장부 등의 열람·등사를 명하는 가처분이 실질적으로 본안소송의 목적을 달성하여 버리는 면이 있다고 할지라도 나중에 본안소송에서 패소가 확정되면 손해배상청구권이 인정되는 등으로 법률적으로는 여전히 잠정적인 면을 가지고 있기 때문에 임시적인 조치로서 이러한 회계장부열람등사청구권을 피보전권리로 하는 가처분도 허용된다고 볼 것이고, 이러한 가처분을 허용함에 있어서는 피신청인인 회사에 대하여 직접 열람·등사를 허용하라는 명령을 내리는 방법뿐만 아니라 열람·등사의 대상장부 등에 관하여 훼손·폐기·은닉·개찬이 행하여질 위험이 있는 때에는 이를 방지하기 위하여 그 장부 등을 집행관에게 이전·보관시키는 가처분을 허용할 수도 있다.」

<대판 2001. 9. 7, 2001 도 2917>
「주주총회에서의 통상적인 권리행사범위를 넘어서서 회사의 구체적인 회계장부나 서류철 등을 열람하기 위하여는 별도로 상법 제466조 등에 정해진 바에 따라 회사에 대하여 그 열람을 청구하여야 하고, 만일 회사에서 정당한 이유 없이 이를 거부하는 경우에는 법원에 그 이행을 청구하여 그 결과에 따라 회계장부 등을 열람할 수 있을 뿐 주주총회장소라고 하여 회사측의 의사에 반하여 회사의 회계장부를 강제로 찾아 열람할 수는 없다고 할 것이며, 설사 회사측이 회사운영을 부실하게 하여 소수주주들에게 손해를 입게 하였다고 하더라도 위와 같은 사정만으로 주주총회에 참석한 주주가 강제로 사무실을 뒤져 회계장부를 찾아내는 것이 사회통념상 용인되는 정당행위로 되는 것은 아니다.」

<대판 2001. 10. 26, 99 다 58051>
「상법 제466조 제 1 항에서 정하고 있는 소수주주의 열람·등사청구의 대상이 되는 '회계의 장부 및 서류'에는 소수주주가 열람·등사를 구하는 이유와 실질적으로 관련이 있는 회계장부와 그 근거자료가 되는 회계서류를 가리키는 것으로서, 그것이 회계서류인 경우에는 그 작성명의인이 반드시 열람·등사제공의무를 부담하는 회사로 국한되어야 하거나, 원본에 국한되는 것은 아니며, 열람·등사제공의무를 부담하는 회사의 출자 또는 투자로 성립한 자회사의 회계장부라 할지라도 그것이 모자관계에 있는 모회사에 보관되어 있고, 또한 모회사의 회계상황을 파악하기 위한 근거자료로서 실질적으로 필요한 경우에는 모회사의 회계서류로서

모회사소수주주의 열람·등사청구의 대상이 될 수 있다.」

<대결 2020. 10. 20, 2020 마 6195>

「회사에 대해 회생절차가 개시되었더라도 회생계획이 인가되기 전에 회생절차가 폐지되면, 회생계획 인가로 인한 회생채권 등의 면책(채무자회생법 제251조) 또는 권리의 변경(채무자회생법 제252조) 등의 효력 없이 채무자의 업무수행권과 재산의 관리·처분권이 회복된다. 따라서 회생절차가 개시되더라도 그것만으로 주주가 상법 제466조 제 1 항에 따른 권리를 행사할 필요성이 부정되지 않는다.

상법 제466조 제 1 항에서 정하고 있는 주주의 회계장부와 서류에 대한 열람·등사청구가 있는 경우 회사는 청구가 부당함을 증명하여 이를 거부할 수 있고, 주주의 열람·등사청구권 행사가 부당한 것인지는 행사에 이르게 된 경위, 행사의 목적, 악의성 유무 등 여러 사정을 종합적으로 고려하여 판단하여야 한다(대법원 2018. 2. 28. 선고 2017 다 270916 판결 참조). 채무자의 효율적 회생이라는 목적을 위해 회사에 대해 채무자회생법에서 정한 회생절차가 개시되었는데, 주주가 회사의 회생을 방해할 목적으로 이러한 열람·등사청구권을 행사하는 경우에는 정당한 목적이 없어 부당한 것이라고 보아 이를 거부할 수 있다.」

(2) **業務·財産調査權** 회사의 업무집행에 있어서 부정행위 또는 법령이나 정관에 위반하는 중대한 사실이 있음을 의심할 사유가 있는 경우에 소수주주는 회사의 업무 및 재산상태를 조사하기 위하여 법원에 검사인의 선임을 청구할 수 있다(제467조 제 1 항). 이 때 소수주주는 청구이유의 존재를 증명하여야 한다.

<대결 1985. 7. 31, 85 마 214>

「… 상법 제467조 제 1 항이 규정하고 있는 검사인선임청구사유인 '업무집행에 관한 부정행위 또는 법령이나 정관에 위반한 중대한 사실'에 대하여는 그 내용을 구체적으로 명확히 직시하여야 하고, 단순히 결산보고서의 내용이 재산상태와 일치하는지 여부에 의심이 간다는 정도의 막연한 것으로 그 사유를 삼을 수 없는 것이고, 또 회사가 사임한 이사에 대한 퇴임등기를 태만히 하고 후임자를 보선하지 않고 있다 하여도 그것만으로는 같은 법 제467조 제 1 항이 규정하고 있는 '중대한 사실'에 해당한다고 할 수 없고, … 한편 사건 본인회사가 재항고인에 대한 대여금 또는 외상매입대금을 변제하지 않고 있다거나 위 대여금을 회사장부에 기장하지 않았다는 사정만으로는 업무집행에 관하여 부정행위가 있다고 단정할 수 없다.」

검사인은 업무 및 재산상태를 조사하여 그 결과를 법원에 보고하여야 하며(제467조 제 2 항), 법원은 필요한 경우에 대표이사에게 주주총회의 소집을 명할 수 있다(제467조 제 3 항 1문). 이 경우에 검사인은 조사보고서를 총회에 제출하여야 하며(제467조 제 3 항 2문, 제310조 제 2 항), 이사와 감사는 지체없이 이 보고서의 정확 여부를 조사하여 이를 주주총회에 보고하여야 한다(제467조 제 4 항).

제10관 利益供與의 禁止

1. 立法趣旨

회사는 주주의 권리행사와 관련하여 누구에게든지 재산상의 이익을 공여할 수 없으며(제467조의 2 제 1 항), 이를 위반한 때에는 그 이익을 회사에 반환하여야 한다(제467조의 2 제 3 항). 이 규정은 1984년 개정법에서 신설되었다. 이는 일반주주의 보호 및 형해화된 주주총회기능을 회복시키는 한 방법으로 도입되었다. 종래 총회꾼이 소수의 주식을 취득한 후 주주총회에 참석하여 정상적인 의사진행을 방해하거나 할 수 있음을 시사하여 이를 삼가는 조건으로 회사로부터 금품을 제공받거나, 아니면 적극적으로 임원과 결탁하여 그의 부정을 은폐하거나, 연임를 위하여 의사를 주도하고, 그 대가로 회사로부터 금품을 제공받는 등의 폐해를 시정하기 위한 제도이다.

물론 그 이전에도 주주총회의 질서유지를 위한 특별법과 상법의 규정(제631조 제 1 항 1호)이 있었지만, 까다로운 요건과 불완전성으로 말미암아 그에 대한 규제가 실효를 거두지 못하였으므로 이를 보충하는 별도의 수단이 필요하였었다.

2. 要 件

(1) 利益供與의 當事者 이익공여금지의 주체는 회사이다. 대개는 대표이사가 제공하겠지만, 그 밖에 이사·감사·지배인 등도 회사의 명의와 계산으로 한 때에는 회사가 제공한 것으로 본다. 그러나 이사가 자신의 연임을 목적으로 이익을 제공한 경우는 이에 해당하지 아니한다.

한편 이익공여의 상대방은 주주에 한하지 않는다. 법문에서 "누구에게든지"라고 표시한 것은, 예를 들면 주식의 공개매수계획을 취소하는 조건으로 경영권침탈을 우려하는 회사로부터 이익을 공여받는 경우에서와 같이 주주

이외의 자에게도 이익의 공여가 가능하기 때문이다.

(2) 株主의 權利行使에 기한 利益의 供與 금지되는 이익의 공여는 주주의 권리행사와 관련하여 이루어지는 경우이므로, 의미상 권리의 행사·불행사·행사방법 등과 관련하여 공여되는 경우를 포함한다. 예를 들면 주주인 총회꾼이 의사진행에 적극적으로 협조하는 조건으로, 또는 이사의 과실이 문제되는 사항을 주주총회에서 질문하지 않는 조건으로 이익을 공여받는 경우 등이 여기에 해당할 것이다. 그런 점에서 볼 때 기부행위나 종업원자녀에 대한 장학금의 지급 등과 같이 주주의 권리행사와 무관하게 이익이 공여되는 경우는 금지되지 아니한다.

그러나 주주의 권리행사에 관한 것인지의 여부는 사실상 증명하기 어려우므로, 상법은 추정규정을 둠으로써 증명책임을 전환하고 있다. 즉 회사가 특정주주에 대하여 무상으로 재산상의 이익을 공여한 경우뿐만 아니라 유상으로 공여한 경우라도 회사가 얻은 이익이 현저하게 적은 때에는 주주의 권리행사와 관련하여 공여한 것으로 추정한다(제467조의2 제 2 항). 그러므로 이익반환을 거절하자면 피공여자가 주주권의 행사와 관련 없음을 증명하여야 한다. 이와 같은 추정규정은 부당하게 유출된 회사재산을 용이하게 반환청구하는 데 실효가 있다.

<대판 2017. 1. 12, 2015 다 68355·68362>

「상법 제467조의2 제 1 항에서 정한 '주주의 권리'란 법률과 정관에 따라 주주로서 행사할 수 있는 모든 권리를 의미하고, 주주총회에서의 의결권, 대표소송 제기권, 주주총회결의에 관한 각종 소권 등과 같은 공익권뿐만 아니라 이익배당청구권, 잔여재산분배청구권, 신주인수권 등과 같은 자익권도 포함하지만, 회사에 대한 계약상의 특수한 권리는 포함되지 아니한다. 그리고 '주주의 권리행사와 관련하여'란 주주의 권리행사에 영향을 미치기 위한 것을 의미한다(甲 주식회사가 운영자금을 조달하기 위해 乙과 체결한 주식매매약정에서 乙이 甲 회사의 주식을 매수하는 한편 甲 회사에 별도로 돈을 대여하기로 하면서 乙이 '甲 회사의 임원 1명을 추천할 권리'를 가진다고 정하였는데, 주식매매약정 직후 乙이 임원추천권을 행사하지 아니하는 대신 甲 회사가 乙에게 매월 돈을 지급하기로 하는 내용의 지급약정을 체결한 사안에서, 乙이 가지는 임원추천권은 주식매매약정에 정한 계약상의 특수한 권리이고 이를 주주의 자격에서 가지는 공익권이나 자익권이라고 볼 수는 없으므로 상법 제467조의2 제 1 항에서 정한 '주주의 권리'에

해당하지 아니하고, 지급약정은 乙이 甲 회사에 운영자금을 조달하여 준 것에 대한 대가를 지급하기로 한 것일 뿐 주주의 권리행사에 영향을 미치기 위하여 돈을 공여하기로 한 것이라고 할 수 없으므로, 지급약정이 상법 제467조의2 제 1 항에 위배된다고 볼 수 없다고 한 사례).」

(3) 財産上의 利益　　재산상의 이익에는 금전을 주로 하여 물품, 부동산, 유가증권, 이권, 향응, 채무의 면제, 채권의 포기, 재산상의 이익이 수반되는 지위의 부여 등이 포함된다. 그러나 재산상의 이익이 수반되지 않는 지위의 부여나 주주총회에서 주주에게 의례적으로 배부하는 기념품의 경우는 제외된다.

회사가 공여한 이익과 얻은 이익 사이의 재산상의 불균형 여부는 일반적인 경제원칙을 기준으로 판단하여야 할 것이다.

<대판 2018. 2. 8, 2015 도 7397>

「상법상 주주의 권리행사에 관한 이익공여의 죄는 주주의 권리행사와 관련 없이 재산상 이익을 공여하거나 그러한 관련성에 대한 범의가 없는 경우에는 성립할 수 없다. 피고인이 재산상 이익을 공여한 사실은 인정하면서도 주주의 권리행사와 관련 없는 것으로서 그에 대한 범의도 없었다고 주장하는 경우에는, 상법 제467조의2 제 2 항, 제 3 항 등에 따라 회사가 특정 주주에 대해 무상으로 또는 과다한 재산상 이익을 공여한 때에는 관련자들에게 상당한 법적 불이익이 부과되고 있음을 감안하여야 하고, 증명을 통해 밝혀진 공여행위와 그 전후의 여러 간접사실들을 통해 경험칙에 바탕을 두고 치밀한 관찰력이나 분석력에 의하여 사실의 연결상태를 합리적으로 판단하여야 한다. 한편 주주의 권리행사와 관련된 재산상 이익의 공여라 하더라도 그것이 의례적인 것이라거나 불가피한 것이라는 등의 특별한 사정이 있는 경우에는, 법질서 전체의 정신이나 그 배후에 놓여 있는 사회윤리 내지 사회통념에 비추어 용인될 수 있는 행위로서 형법 제20조에 정하여진 '사회상규에 위배되지 아니하는 행위'에 해당한다. 그러한 특별한 사정이 있는지 여부는 이익공여의 동기, 방법, 내용과 태양, 회사의 규모, 공여된 이익의 정도 및 이를 통해 회사가 얻는 이익의 정도 등을 종합적으로 고려하여 사회통념에 따라 판단하여야 한다(갑 주식회사 대표이사인 피고인이 주주총회 등에서 특정 의결권 행사방법을 독려하기 위한 방법으로 갑 회사의 주주총회 등에 참석하여 사전투표 또는 직접투표 방식으로 의결권을 행사한 주주들에게 갑 회

사에서 발행한 20만 원 상당의 상품교환권 등을 제공함으로써 상법을 위반하였다는 내용으로 기소된 사안에서, 피고인이 갑 회사의 계산으로 사전투표와 직접투표를 한 주주들에게 무상으로 20만 원 상당의 상품교환권 등을 각 제공한 것은 주주총회 의결권 행사와 관련된 이익의 공여로서 사회통념상 허용되는 범위를 넘어서는 것이어서 상법상 주주의 권리행사에 관한 이익공여의 죄에 해당한다고 본 원심의 판단이 정당하다고 한 사례).」

3. 違反의 效果

(1) 利益返還義務 이익공여금지에 위반하여 재산상의 이익을 공여한 경우에 이익을 공여받은 자는 이를 회사에 반환하여야 한다(제467조의 2 제 3 항). 물론 이익공여계약은 무효이므로 이익을 공여받은 자는 부당이득으로서 반환의무를 지지만, 경우에 따라서는 비채변제나 불법원인급여에 해당하여 반환받을 수 없을 수도 있으므로 부당이득의 원칙에 대한 예외로서 상법상의 특칙을 두어 반환의무를 용이하게 하고 있다.

반환의 청구는 원칙적으로 회사가 해야 하지만 이익공여의 대부분이 총회꾼과 이사 사이에서 이루어지므로, 스스로 반환청구를 하기는 어렵다고 보아 소수주주에 의한 대표소송의 방법으로도 이를 실현할 수 있도록 하였다(제467조의 2 제 4 항). 그리고 회사가 대가로 받은 이익이 있을 때에는 그 대가를 반환하여야 한다(제467조의 2 제 3 항). 이 때 공여이익과 대가의 반환은 동시이행의 관계에 있다고 볼 것이다.

(2) 理事·監事의 民·刑事上의 責任 이사·감사가 재산상의 이익을 공여한 때에는 이로 인한 회사의 손해를 배상하여야 한다(제399조, 제414조). 그리고 이사·감사·지배인 기타 사용인 등이 본조에 위반하여 재산상의 이익을 공여한 때에는 형벌의 제재를 받으며(제634조의 2 제 1 항), 위의 이익을 수수하거나 제 3 자에게 이를 공여하게 한 자도 동일한 책임을 진다(제634조의 2 제 2 항).

제11관 使用人의 優先辨濟權

사용인은 회사와의 고용관계에 기초하여 신원보증금·급료·각종 수당·상여금·퇴직금 등의 채권을 가지게 되는 경우가 많다. 회사는 이에 대비하여 퇴직급여충당금 등의 임의준비금을 적립하지만, 고유의 목적에 사용되기 이

전에 회사의 손실이 있는 경우에는 그의 전보에 우선적으로 충당하여야 하므로 사용인의 이익이 충분하게 보장되지 못한다. 그러므로 상법은 사회정책적 견지에서 사용인의 우선변제권을 인정하고 있는바, 신원보증금의 반환채권 기타 회사와 사용인간의 고용관계로 인한 채권이 있는 자는 회사의 총재산에 대하여 우선변제를 받을 권리가 있다(제468조)고 규정하고 있다. 이것은 일종의 법정담보권으로서 명문규정은 없지만, 회사재산의 경매청구권을 포함하는 것으로 볼 수 있다. 그러나 사용인의 우선변제권은 질권이나 저당권과 같은 담보물권에는 우선하지 못한다(제468조 단서).

이는 근로기준법 제38조에 상응하는 것으로 동 규정은 회사기업을 포함하는 사용자 일반을 대상으로 한다(근로기준법 제38조 제 1 항). 하지만 최종 3월분의 임금은 질권과 저당권에도 우선한다(근로기준법 제38조 제 2 항).

제 6 장　株式會社의 解散·淸算과 回生節次

고동수, 퇴출장벽제거를 위한 파산관련제도의 개선방안, 산업연구원(1998. 2)/권광중, 회사정리, 화의 및 파산사건실무, 인권과 정의 제257호(1998. 1)/김교창, 회사정리와 관리인과의 관계, 대한변호사협회지(1985. 3)/김덕용, 회사도산법제의 현황과 문제점, 서울대 법학연구소 조세법연구과정(1998. 4)/김용담, 정리계획기간중의 감독권행사 철저를 둘러싼 문제점, 민사판례연구 제16집(1994)/박 준, 국제적 회사정리를 둘러싼 제문제, 민사판례연구 제16집(1994)/석광현, 국제도산법의 몇 가지 문제점, 인권과 정의 제241호(1996. 9)/오수근, 회사정리제도에 관한 실증적 연구, 상사법연구 제16권 제2호(1997)/원유식, 정리계획안의 작성·인가상의 문제점, 민사판례연구 제16집(1994)/이상영, 서유럽국가의 도산법개정개관, 비교사법 제2권 제1호/이철송, 회사정리의 정책성과 형평성, 인권과 정의 제187호(1992. 3)/이해우, 도산법제의 개관, 인권과 정의 241호(1996. 9)/채원식, 회사정리계획 입안기준에 관한 고찰, 현대민상법의 연구(이재철박사회갑기념논문집)(1984)/최성근, 기업갱생지원을 위한 법제도에 관한 연구, 한국개발연구원.

제 1 절　株式會社의 解散

Ⅰ. 解散事由

해산에 관한 통칙은 이미 살펴보았고, 여기에서는 주식회사에 관한 특칙만 간단히 언급한다. 주식회사는 ① 존립기간의 만료 기타 정관으로 정한 사유의 발생, ② 합병·파산, ③ 법원의 해산명령과 해산판결, ④ 휴면회사의 해산의제, ⑤ 주주총회의 특별결의 등에 의하여 해산한다(제517조). 다른 종류의 회사와는 달리 주주가 1인이 된 때를 해산사유로 규정하고 있지 아니하므로 1인 주식회사가 인정된다(통설). ①과 ⑤의 사유로 인하여 회사가 해산한 때에는 제434조의 주주총회의 특별결의에 의하여 회사를 계속할 수 있다(제519조).

Ⅱ. 解散의 效果와 公示

회사가 해산한 때에는 합병과 파산의 경우를 제외하고 채권자보호를 위하여 청산절차를 밟아야 하며(제531조 제 1 항), 회사의 권리능력은 청산의 목적범위 내로 제한된다(제542조, 제245조).

회사가 해산되면 파산의 경우를 제외하고 이사는 주주에게 해산통지를 하고, 무기명주권을 발행한 때에는 이를 공고하여야 한다(제521조). 그리고 해산사유가 있는 날로부터 본점소재지에서는 2주간 내, 지점소재지에서는 3주간 내에 해산등기를 하여야 한다(제530조 제 1 항, 제228조).

<대판 1984. 9. 25, 84 다카 493>

「법인이 해산결의를 하고 사실상 청산사무를 흠결하였더라도 해산등기를 마치지 아니한 이상 제 3 자에 대하여 법인의 소멸을 주장할 수 없다.」

제 2 절 株式會社의 淸算

Ⅰ. 意 義

회사가 해산하면 존립중에 발생한 일체의 대내외적 법률관계를 종국적으로 처리하기 위하여 청산을 하여야 한다. 청산이란 해산한 회사의 법률관계를 정리하고, 그 재산을 처분하는 절차이다. 주식회사가 해산하면 합병과 파산의 경우 외에는 청산절차를 밟아야 한다(제531조 제 1 항). 인적회사와는 달리 주식회사의 청산절차는 강행법으로 규정되어 있다. 주식회사에서는 주주의 간접·유한책임으로 인해 오직 회사재산만이 회사채권자의 담보가 되므로 이를 보호하려고 하는 것이지만, 대주주의 횡포에서 일반주주를 보호하고자 하는 배려도 이에 숨어 있다. 인적회사와는 달리 주식회사에서는 임의청산은 인정되지 않고, 오직 법정청산만이 인정된다. 주식회사의 청산에 관한 사건은 회사의 본점소재지의 지방법원합의부의 관할에 속하며, 법원의 감독을 받는다(비송사건절차법 제117조 제 2 항, 제118조).

Ⅱ. 淸算中의 會社

해산에 뒤이어 청산절차중에 있는 회사를 청산중의 회사 또는 청산회사라 한다. 청산중의 회사는 영업활동을 할 수 없고, 청산의 목적을 위하여서만 존속하게 된다(제245조). 이사는 업무집행자로서의 지위를 잃게 되고, 청산인이 청산사무를 담당하며, 주주는 이익배당을 받지 못하고 잔여재산의 분배를 받게 된다. 신주발행·사채발행·지점의 신설 등도 불필요하며, 자본의 감소도 이뤄지지 않는다. 하지만 영업을 전제로 하지 않는 주주총회와 감사는 청산중에도 존속하며, 검사인의 선임도 인정되고, 주식의 유통도 행해진다.

청산중의 회사의 권리능력의 범위는 청산의 목적범위 내로 제한된다.

<대결 1959.5.6, 4292 민재항 8>

「청산중인 법인의 적극적인 권리취득 등은 그 직무권한 외의 행위이므로 부동산을 경낙취득할 수 없다.」(대판 1982. 3. 23, 81 도 1450).

청산중의 회사의 성질에 관해서는 청산중의 회사와 해산 전의 회사는 동일한 회사라고 보는 동일회사설이 정설이다.

Ⅲ. 淸算人·淸算人會·代表淸算人

1. 序 說

청산중의 회사는 영업을 하지 아니하므로 이사는 지위를 잃고 그 대신 청산인이 청산사무를 담당한다. 이사회와 대표이사가 맡았던 청산사무의 집행과 회사대표는 청산인회와 대표청산인이 맡는다(제542조 제 2 항, 제389조, 제393조).

2. 淸 算 人

(1) 就 任 정관에 다른 정함이 있거나 주주총회에서 따로 선임하지 아니하는 한 이사가 당연히 청산인이 된다(제531조 제 1 항). 이를 법정청산인이라 한다. 여기서 이사란 일시이사의 직무를 행할 자도 포함하나 직무대행자는 포함하지 아니한다.

<대판 1981.9.8, 80 다 2511>

「예주식회사가 해산(상법 시행법 제15조 제 3 항에 의하여 해산간주된 경우를 포함)한 경우(합병 또는 파산의 경우 예외)에 정관에 다른 규정이 있거나 주주총회에서 타인을 선임한 때를 제외하고는 해산 당시의 일시이사 및 일시대표이사는 청산인 및 대표청산인이 된다.」

법정청산인도 없고, 정관이나 주주총회에서도 청산인을 선임하지 아니하면 법원은 이해관계인의 청구에 의하여 청산인을 선임한다(제531조 제 2 항). 해산명령이나 해산판결에 의하여 해산한 때에는 언제나 이해관계인이나 검사의 청구에 의하여 또는 직권으로 법원이 청산인을 선임하고(제542조 제 1 항, 제252조), 회사설립무효의 판결이 확정된 때에도 법원은 이해관계인의 청구에 의하여 청산인을 선임한다(제328조, 제193조 제 2 항). 감사는 청산인을 겸할 수 없다(제542조 제 2 항, 제411조). 주주총회에서 청산인을 선임하거나 이사가 청산인이 된 때에는 선임결의의 하자를 다툴 수 있다. 이 때 청산인선임결의의 무효·취소 판결이 확정되기 이전에도 청산인의 직무집행정지 또는 직무대행자선임의 가처분신청을 할 수 있다(제542조 제 2 항, 제407조, 제408조).

<대판 1991. 12. 24, 91 다 4355>

「주식회사 이사의 직무집행을 정지하고 그 직무대행자를 선임하는 가처분은 그 성질상 당사자 사이뿐만 아니라 제 3 자에게도 효력이 미치며, 가처분에 반하여 이루어진 행위는 제 3 자에 대한 관계에 있어서도 무효인 한편, 가처분에 의하여 선임된 이사직무대행자의 권한은 법원의 취소판결이 있기까지 유효하게 존속하고, 그 판결이 있어야만 소멸한다 할 것이며, 따라서 이사직무대행자가 선임된 회사가 해산되고 해산 전의 가처분이 실효되지 않은 채 새로운 가처분에 의하여 해산된 회사의 청산인직무대행자가 선임되었다 하더라도 선행가처분의 효력은 그대로 유지되어 그 가처분에 의하여 선임된 직무대행자만이 청산인직무대행자로서의 권한이 있다.」

청산인의 선임은 등기하여야 한다(제542조 제 1 항, 제253조, 제183조). 청산인의 성명과 주소를 등기사항으로 하던 것을 1995년 개정법은 청산인의 성명, 주민등록번호와 주소를 등기사항으로 하고, 다만 대표청산인을 둔 경우에는 그 이외의 청산인의 주소는 제외하여 변경등기의 번거로움을 덜고자 하였다(제253조 제 1 항 1호).

(2) 員數 및 任期 청산인의 정원에 관하여는 법률상 규정한 바가 없으므로 정관으로 정할 수 있다. 다만, 청산인회제도를 두고 있으므로 2인 이상이 있어야 한다고 주장하는 설도 있으나(최기원, 1007쪽), 상법이 청산인에 관하여 이사에 관한 규정을 많이 준용하고 있으면서 이사의 원수에 관한 규정을 준용하고 있지 않은 점에 비추어 청산인은 1인이어도 무방하다고 풀이된다(정동윤, 638쪽. 이철송, 924쪽은 1인이어도 무방하다고 개설). 다만, 청산인이 2인 이상인 때에는 청산인회가 있게 된다고 본다.

청산인의 임기에 관하여도 달리 규정한 바가 없으므로 청산의 종결에 이르기까지 임기가 계속된다.

(3) 終 任 청산인은 사망·파산·금치산 등의 위임관계의 종료사유(민법 제909조), 해임(민법 제689조), 자격의 상실(비송사건절차법 제121조) 등으로 퇴임한다. 법원이 청산인을 선임한 경우가 아니면 언제든지 주주총회의 보통결의로 해임할 수 있고, 청산인이 그 업무를 집행함에 있어 현저하게 부적임하거나 중대한 임무에 위반한 행위가 있으면 발행주식의 100분의 3 이상에 해당하는 주식을 가진 주주는 법원에 그 청산인의 해임을 청구할 수 있다(제539조 제 1 항·제 2 항).

청산인이 종임하면 변경등기를 하여야 한다(제542조 제 1 항, 제250조 제 2 항, 제183조).

(4) 清算人과 會社와의 關係 청산인과 회사의 관계는 위임이므로(제542조 제 2 항, 제382조 제 2 항), 청산인은 선량한 관리자의 주의의무를 가지고 청산사무를 집행하여야 한다(민법 제681조). 청산인에 관하여는 이사에 관한 규정을 준용하고 있다(제542조 제 2 항, 제388조 내지 제394조, 제398조 내지 제408조). 다만, 청산중의 회사는 영업활동을 할 수 없으므로 청산인에게는 경업금지의무의 위반이나 위법배당에 따른 책임문제 등은 발생할 여지가 없다. 청산인의 보수의 결정에 관하여 법원이 선임한 청산인의 보수는 법원이 정하고서 회사가 지급하도록 한다(비송사건절차법 제123조, 제77조).

3. 清算人會·代表清算人

청산인회는 청산회사의 청산업무의 집행에 관하여 결의하는 청산인으로 구성되는 합의체기관이다(제542조 제 2 항, 제393조). 청산인회의 의사결정에 따라 청산사무에 관한 재판상·재판 외의 일체의 집행을 담당하는 기관은 대표청산인이다(제542조 제 2 항, 제389조 제 3항, 제209조). 이처럼 청산회사에 있어서도 그 업무집행과 관련하여 의사결정기관과 집행·대표 기관이 분리되어 있다. 회사는 청산인회의 결의에 의하여 대표청산인을 선임한다(제542조 제 2 항, 제389조 제 1 항). 그러나 해산 전의 이사가 청산인이 된 때에는 종전의 대표이사가 대표청산인이 되고, 법원이 청산인을 선임할 때에는 대표청산인도 법원이 정한다(제542조 제 1 항, 제255조).

청산인회와 대표청산인에 관하여는 이사회와 대표이사에 관한 규정이 준용된다(제542조 제 2 항, 제389조 내지 제393조).

Ⅳ. 清算事務

청산을 수행함에 필요한 사무를 청산사무라 한다. 이러한 청산사무는 청산인회와 대표청산인이 수행하는데, 기본적인 청산사무와 부수적인 청산사무로 나눌 수 있다. 청산은 잔여재산을 최종적으로 분배하므로 이를 위하여 현존사무의 종결, 채권의 추심과 채무의 변제, 재산의 환가처분 등을 하게 되는데, 이러한 사무가 기본적 청산사무이다. 이러한 사무에 부수하여 처리하여야 될 것들이 부수적인 청산사무이다.

1. 基本的 淸算事務

(1) 現存事務의 終結　　청산회사는 우선 회사가 해산 전부터 계속하고 있는 여러 가지 사무를 끝마쳐야 한다. 현존사무의 종결을 위하여 필요한 때에는 매매계약의 이행을 위하여 물건을 인도할 수 있다고 본다.

(2) 債權의 推尋과 債務의 辨濟　　청산인은 청산회사의 채권추심을 위하여 변제수령·대물변제의 수령·채권양도·상계·화해 등을 할 수 있다. 채무의 변제를 위하여 청산인은 취임한 날로부터 2월 내에 회사채권자에 대하여 2월 이상의 일정한 기간 내에 그 채권을 신고할 것과 그 기간 내에 신고하지 아니하면 청산에서 제외될 것을 2회 이상 공고로써 최고하여야 하며(제535조 제 1 항), 알고 있는 채권자에 대하여는 각별로 그 채권의 신고를 최고하여야 하며, 그 채권자가 신고하지 아니한 때에도 이를 청산에서 제외하지 못한다(제535조 제 2 항). 소송이 제기된 채무의 채권자는 당연히 알고 있는 채권자이므로 신고가 없더라도 청산에서 제외할 수 없다.

청산인은 채권의 신고기간 내에는 채권자에 대하여 변제를 하지 못한다. 이는 모든 채무를 변제함에 있어 회사재산이 부족한 경우에 채권자들에게 공평하게 변제할 수 있기 위함이다. 다만, 회사는 그 변제의 지연으로 인한 손해배상의 책임을 면하지 못한다(제536조 제 1 항). 왜냐하면 변제가 금지된다 하여 채권자에 대한 채무불이행책임까지 면제되는 것은 아니기 때문이다. 다만, 청산인은 소액의 채권, 담보 있는 채권 기타 변제로 인하여 다른 채권자를 해할 염려가 없는 채권에 대하여는 법원의 허가를 얻어 이를 변제할 수 있다(제536조 제 2 항). 회사가 모르는 채권자로서 채권신고기간 내에 채권을 신고하지 아니하여 청산에서 제외된 채권자는 분배되지 아니한 잔여재산에 대하여서만 변제를 청구할 수 있다. 그리고 일부주주에 대하여 재산분배를 한 때에는 그와 동일한 비율로 다른 주주에게 분배할 재산을 위 잔여재산에서 공제한다(제537조). 이는 일단 분배가 개시되고 나면 주주가 청산에서 제외된 채권자보다 우선하기 때문이다.

채무는 변제기에 변제하는 것이 원칙이나, 변제기가 도래하지 아니한 회사채무도 변제할 수 있다(제542조 제 1 항, 제259조 제 1 항). 이는 변제기를 기다리다가는 청산의 종결이 늦어지기 때문이다. 이 때에 이자 없는 채권이나 법정이율보다 낮은 이율의 이자부채권에 관하여는 중간이자를 공제한 액을 변제하여야 하고, 조건부이자, 존속기간이 불확정한 채권 기타 가액이 불확정한 채권에 관하여는 법원이 선임한 감정인의 평가액을 변제하여야 한다(제542조 제 1 항, 제259조 제 2 항 내지 제 4 항).

회사재산이 채무를 변제하기에 부족한 때에는 청산인은 지체없이 파산선고를 신청하여야 한다(제542조 제 1 항, 제254조 제 4 항; 민법 제93조).

(3) 財産의 換價處分 회사채무를 변제하거나 잔여재산을 금전의 형태로 분배하기 위해서는 회사재산의 환가가 필요하다. 재산의 환가방법으로는 재산을 개별적으로 매각할 수도 있고, 영업의 전부 또는 중요한 일부를 양도할 수도 있는데, 이 때에는 주주총회의 특별결의를 얻어야 한다(제374조 제 1 항).

(4) 殘餘財産의 分配 회사의 모든 채무를 완제하고도 남는 재산이 있으면 이를 주주평등의 원칙에 따라 주식수에 비례하여 주주에게 분배한다(제542조 제 1 항, 제260조, 제538조 본문). 다만, 잔여재산분배에 관하여 우선주·열후주 등 수종의 주식을 발행한 때에는 이에 따른다(제538조 단서, 제344조 제 1 항).

2. 附隨的 清算事務

(1) 清算人의 申告 청산인은 취임한 날로부터 2주간 내에 해산사유와 그 연월일, 청산인의 성명·주민등록번호 및 주소를 법원에 신고하여야 한다(제532조). 이는 청산절차의 감독기관인 법원으로 하여금 감독의 실효를 거둘 수 있게 하기 위함이다.

(2) 會社財産調査報告 청산인은 취임 후 지체없이 회사의 재산상태를 조사하여 재산목록과 대차대조표를 작성하고, 이를 주주총회에 제출하여 승인을 얻어야 하고, 승인을 얻은 후에 지체없이 이를 법원에 제출하여야 한다(제533조).

(3) 清算貸借對照表 등의 제출 등 청산인은 정기총회회일로부터 4주간 전에 대차대조표 및 그 부속명세서와 사무보고서를 작성하여 감사에게 제출하여야 한다. 감사는 이 서류에 관한 감사보고서를 정기총회회일로부터 1주간 전에 청산인에게 제출하여야 한다. 청산인은 정기총회회일의 1주간 전부터 대차대조표·부속명세서·사무보고서 및 감사보고서를 본점에 비치하여야 한다. 주주와 회사채권자는 영업시간 내에 언제든지 이 비치서류를 열람할 수 있고, 회사가 정한 비용을 지급하고 등본과 초본의 교부를 청구할 수 있다. 청산인은 대차대조표 및 사무보고서를 정기총회에 제출하여 그 승인을

요구하여야 한다(제534조).

V. 淸算의 終結

(1) 청산사무가 종결한 때에는 청산인은 지체없이 결산보고서를 작성하고, 이를 주주총회에 제출하여 승인을 얻어야 한다. 이 승인이 있는 때에는 회사는 청산인에 대하여 청산인의 부정행위가 없는 한 청산인의 책임을 해제한 것으로 본다(제540조).

(2) 청산인은 결산보고서의 승인이 난 뒤에 청산종결의 등기를 하여야 한다(제542조 제1항, 제264조).

(3) 회사는 장부 기타 영업과 청산에 관한 중요한 서류는 본점소재지에서 청산종결의 등기를 한 후 10년간 보존하여야 하며, 전표 또는 이와 유사한 서류는 5년간 보존하도록 1995년 개정법에서 그 기간을 단축하였다. 이 보존에 관하여는 청산인 기타 이해관계인의 청구에 의하여 법원이 보존인과 보존방법을 정한다(제541조).

(4) 청산은 청산사무가 종료한 때에 종결하고, 회사는 소멸한다. 따라서 아직 청산사무가 종결되지 아니하였다면, 비록 청산종결의 등기를 하였다 하더라도 청산은 종결되지 아니한다. 따라서 남아 있는 사무의 처리를 위한 범위에서는 청산회사는 법인격을 갖고 소송상 당사자능력도 있으며, 청산인의 의무도 그대로 존속한다.

<대판 1968.6.18, 67 다 2528>
「청산종결의 등기를 하였더라도 채권이 있는 이상 청산은 종료되지 않으므로 그 한도에서 청산법인은 당사자능력이 있다.」

제 3 절 會社의 回生節次

權五根, 會社整理節次에 대한 論考, 회계와 사무 286(1993. 4)/金二洙, 회사정리절차 개시요건으로서의 정리의 가망, 法曹 436(1993. 1)/김재문, 미국법상의 사실상의 합병이론: Califonia의 입법례를 중심으로, 法曹 443(1993. 8)/孫鍾鶴, 회사정리절차신청의 취하 및 기각, 개시결정의 취소, KDB산업연구 제9호(1994. 5)/李亥雨, 회사정리계획안

(The plan of corporate Reorganization) 작성상의 실무, 변호사 23(1993. 1)/丁民相, 회사정리절차 신청사건의 심리, KDB산업연구 8(1994. 4)/丁民相·朴瑄璟, 법정관리절차에 있어서의 정리계획 입안기준에 관한 연구, 한국산업은행 조사월보 453(1993. 8)/趙相熙, 정리계획인가결정에 대한 항고에서의 인가결정취소의 효과, 판례연구(서울지방변호사회) 6(1993. 1)/蔡元植, 정리회사의 관리인과 업무에 관한 고찰, 商事法의 現代的 課題(孫珠瓚博士華甲紀念論文集)(1984).

과거 채무자의 회생 및 파산에 관한 사항이 회사정리법·화의법 및 파산법에 분산되어 있어서 각 법률마다 적용대상이 다를 뿐만 아니라, 특히 회생절차의 경우 회사정리절차와 화의절차로 이원화되어 있어서 그 효율성이 떨어지므로 상시적인 기업의 회생·퇴출체계로는 미흡하다는 지적이 있었다. 이에 회사정리법·화의법 및 파산법을 하나의 법률로 통합하여 2005년 3월 31일 소위 통합도산법으로서 "채무자 회생 및 파산에 관한 법률"(이하 '채무자회생·파산법'이라 한다)이 탄생되었다(법률 제7428호). 채무자회생·파산법에 의해 채무자의 회생 및 파산에 관한 법률의 체계를 일원화하고, 기존의 회생절차 중 화의절차를 폐지함과 아울러 회사정리절차를 개선·보완하고, 정기적 수입이 있는 개인채무자에 대하여는 파산절차에 의하지 아니하고도 채무를 조정할 수 있는 개인회생제도를 도입하여 파산선고로 인한 사회적·경제적 불이익을 받게 되는 사례를 줄이며, 국제화시대에 부응하여 국제도산절차에 관한 규정을 신설하였게 되었다. 채무자회생·파산법의 회사의 회생절차의 주요 내용은 다음과 같다.

1. 開示原因·申請者

사업의 계속에 현저한 지장을 초래하지 아니하고는 변제기에 있는 채무를 변제할 수 없는 경우이거나 채무자에게 파산의 원인인 사실이 생길 염려가 있는 경우에는 채무자는 법원에 회생절차개시의 신청을 할 수 있다(채무자회생·파산법 제34조 제1항). 회생절차의 개시는 직권에 의한 경우는 없고 신청에 의한다. 회생절차개시의 신청을 하는 자는 회생절차개시의 원인인 사실을 소명하여야 한다. 이 경우 채무자에 대하여 제628조 제1호의 규정에 의한 외국도산절차가 진행되고 있는 때에는 그 채무자에게 파산의 원인인 사실이 있는 것으로 추정한다. 그리고 채권자·주주·지분권자가 회생절차개시의 신청을 하는 때에는 그가 가진 채권의 액 또는 주식이나 출자지분의 수 또는 액도 소명하여야 한다(채무자회생·파산법 제38조).

2. 管轄法院 및 處理節次

회생사건 및 파산사건은 채무자의 주된 사무소 또는 영업소(외국에 주된 사무소 또는 영업소가 있는 때에는 대한민국에 있는 주된 사무소 또는 영업소를 말한다)의 소재지를 관할하는 지방법원 본원 합의부의 관할에 전속한다. 다만, 채무자가 개인이거나 채무자의 사무소 또는 영업소가 없는 때에는 채무자의 보통재판적소재지를 관할하는 지방법원 본원의 관할에 전속한다(채무자회생·파산법 제3조 제1항).

주식회사인 채무자에 대하여 회생절차개시의 신청이 있는 때에는 법원은 다음의 자에게 그 뜻을 통지하여야 한다(채무자회생·파산법 제40조 제1항): ① 채무자의 업무를 감독하는 행정청, ② 금융위원회, ③ 채무자의 주된 사무소 또는 영업소(외국에 주된 사무소 또는 영업소가 있는 때에는 대한민국에 있는 주된 사무소 또는 영업소를 말한다)의 소재지를 관할하는 세무서장. 이 경우 법원은 필요하다고 인정하는 때에는 다음의 자에 대하여 회생절차에 관한 의견의 진술을 요구할 수 있다(채무자회생·파산법 제40조 제2항): ① 채무자의 업무를 감독하는 행정청, ② 금융위원회, ③ "국세징수법" 또는 "지방세법"에 의하여 징수할 수 있는 청구권(국세징수의 예, 국세 또는 지방세 체납처분의 예에 의하여 징수할 수 있는 청구권으로서 그 징수우선순위가 일반회생채권보다 우선하는 것을 포함한다)에 관하여 징수의 권한을 가진 자. 이러한 자는 법원에 대하여 회생절차에 관하여 의견을 진술할 수 있다(채무자회생·파산법 제40조 제3항).

3. 法院의 回生節次開示 決定 및 效力

채무자가 회생절차개시를 신청한 때에는 법원은 회생절차개시의 신청일부터 1월 이내에 회생절차개시 여부를 결정하여야 하며, 회생절차개시결정은 그 결정시부터 효력이 생긴다(채무자회생·파산법 제49조 제1항·제3항). 법원은 회생절차개시결정과 동시에 관리위원회와 채권자협의회의 의견을 들어 1인 또는 여럿의 관리인을 선임하고, 다음의 사항을 정하여야 한다(채무자회생·파산법 제50조 제1항): ① 제1회 관계인집회의 기일(이 경우 기일은 회생절차개시결정일부터 4월 이내이어야 한다), ② 관리인이 채무자회생·파산법 제147조 제1항에 규정된 목록을 작성하여 제출하여야 하는 기간(이 경우 기간은 회생절차개시결정일부터 2주 이상 2월 이하이어야 한다), ③ 회생채권·회생담보권·주식 또는 출자지분의 신고기간, ④ 목록에 기재되어 있거나 신고된 회생채권·회생담보권의 조사기간 등이다. 한편 회생절차개시 이후부터 그 회생절차가 종료될 때까지는 채무자는 회생절차에 의하지 아니하고는 다음의 행위를 할 수 없다(채무자회생·파산법 제50조 제1항): ① 자본 또는 출자액의 감소, ② 지분권자의 가입, 신주 또는 사채의 발행, ③ 자본 또는 출자액의 증가, ④ 주식의 포괄적 교환 또는 주식의 포괄적 이전, ⑤ 합병·분할·분할합병 또는 조직변경, ⑥ 해산 또는 회사의 계속, ⑦ 이익 또는 이자의 배당 등이다. 그리고 회생절차개시 이후부터 그 회생절차가 종료될 때까지 회생절차에 의하지 아니하고 법인인 채무자의 정관을 변경하고자 하는 때에는 법원의 허가를 받아야 한다(채무자회생·파산법 제55조 제2항). 한편 회생절차개시결정이 있는 때에는 채무자의 업무의 수행과 재산의 관리 및 처분을 하는 권한은 관리인에게 전속한다(채무자회생·파산법 제56조 제1항). 개인인 채무자 또는 개인이 아닌 채무자의 이사는 이러한 규정에 의한 관리인의 권한을 침해하거나 부당하게 그 행사에 관여할 수 없다(채무자회생·파산법 제56조 제2항).

4. 管理人·保全管理人·調査委員

법원은 관리위원회와 채권자협의회의 의견을 들어 관리인의 직무를 수행함에 적합한 자를 관리인으로 선임하여야 한다(채무자회생·파산법 제74조 제1항). 그런데 법원은 다음에 해당하는 때를 제외하고 개인인 채무자나 개인이 아닌 채무자의 대표자를 관리인으로 선임하여야 한다(채무자회생·파산법 제74조 제2항): ① 채무자의 재정적 파탄의 원인이 일정한 자(개인인 채무자, 개인이 아닌 채무자의 이사, 채무자의 지배인)에 해당하는 자가 행한 재산의 유용 또는 은닉이나 그에게 중대한 책임이 있는 부실경영에 기인하는 때, ② 채권자협의회의 요청이 있는 경우로서 상당한 이유가 있는 때, ③ 그 밖에 채무자의 회생에 필요한 때 등이다. 한편 법인은 관리인이 될 수 있다. 이 경우 그 법인은 이사 중에서 관리인의 직무를 행할 자를 지명하고 법원에 신고하여야 한다(채무자회생·파산법 제74조 제6항). 한편 관리인은 필요한 때에는 법원의 허가를 받아 법률 또는 경영에 관한 전문가를 고문으로 선임할 수 있다(채무자회생·파산법 제77조). 채무자의 재산에 관한 소송에서는 관리인이 당사자가 된다(채무자회생·파산법 제78조).

법원은 회생절차개시의 신청이 있는 때에는 이해관계인의 신청에 의하거나 직권으로 회생절차개시신청에 대한 결정이 있을 때까지 채무자의 업무 및 재산에 관하여 가압류·가처분, 그 밖에 필요한 보전처분을 명할 수 있다. 이 경우 법원은 관리위원회의 의견을 들어야 한다(채무자회생·파산법 제43조 제1항). 법원은 이러한 규정에 의한 보전처분 외에 필요하다고 인정하는 때에는 관리위원회의 의견을 들어 보전관리인에 의한 관리를 명할 수 있으며, 이 경우 법원은 1인 또는 여럿의 보전관리인을 선임하여야 한다(채무자회생·파산법 제43조 제3항).

법원은 필요하다고 인정하는 때에는 관리위원회의 의견을 들어 1인 또는 여럿의 조사위원을 선임할 수 있으며(채무자회생·파산법 제87조 제1항), 이 때 조사위원은 조사에 필요한 학식과 경험이 있는 자로서 그 회생절차에 이해관계가 없는 자 중에서 선임하여야 한다(채무자회생·파산법 제87조 제2항). 한편 법원은 상당한 이유가 있는 때에는 이해관계인의 신청에 의하여 또는 직권으로 조사위원을 해임할 수 있다. 이 경우 법원은 그 조사위원을 심문하여야 한다(채무자회생·파산법 제87조 제 5 항).

5. 債務者의 財産狀況의 調査와 否認權

관리인은 취임 후 즉시 채무자의 업무와 재산의 관리에 착수하여야 한다(채무자회생·파산법 제89조). 관리인은 취임 후 지체없이 채무자에게 속하는 모든 재산의 회생절차개시 당시의 가액을 평가하여야 하며, 이 경우 지체될 우려가 있는 때를 제외하고는 채무자가 참여하도록 하여야 한다(채무자회생·파산법 제90조). 한편 관리인은 취임 후 지체없이 회생절차개시 당시 채무자의 재산목록 및 대차대조표를 작성하여 법원에 제출하여야 한다(채무자회생·파산법 제91조). 그리고 관리인은 지체없이 일정한 사항을 조사하여 제 1 회 관계인집회의 기일 전까지 법원과 관리위원회에 보고하여야 한다(채무자회생·파산법 제92조).

관리인은 회생절차개시 이후 채무자의 재산을 위하여 다음의 행위를 부인할 수 있다(채무자회생·파산법 제100조 제 1 항): ① 채무자가 회생채권자 또는 회생담보권자를 해하는 것을 알고 한 행위(다만, 이로 인하여 이익을 받은 자가 그 행위 당시 회생채권자 또는 회생담보권자를 해하는 사실을 알지 못한 경우에는 그러하지 아니하다), ② 채무자가 지급의 정지, 회생절차개시의 신청 또는 파산의 신청이 있은 후에 한 회생채권자 또는 회생담보권자를 해하는 행위와 담보의 제공 또는 채무의 소멸에 관한 행위(다만, 이로 인하여 이익을 받은 자가 그 행위 당시 지급의 정지 등이 있는 것 또는 회생채권자나 회생담보권자를 해하는 사실을 알고 있은 때에 한한다), ③ 채무자가 지급의 정지 등이 있은 후 또는 그 전 60일 이내에 한 담보의 제공 또는 채무의 소멸에 관한 행위로서 채무자의 의무에 속하지 아니하거나 그 방법이나 시기가 채무자의 의무에 속하지 아니한 것(다만, 채권자가 그 행위 당시 채무자가 다른 회생채권자 또는 회생담보권자와의 평등을 해하게 되는 것을 알지 못한 경우에는 그러하지 아니하다), ④ 채무자가 지급의 정지 등이 있은 후 또는 그 전 6월 이내에 한 무상행위 및 이와 동일시할 수 있는 유상행위 등이다.

6. 法人의 理事 등의 責任

법원은 법인인 채무자에 대하여 회생절차개시결정이 있는 경우 필요하다고 인정하는 때에는 관리인의 신청에 의하거나 직권으로 채무자의 발기인·이사("상법" 제401조의 2 제 1 항의 규정에 의하여 이사로 보는 자를 포함한다)·감사·검사인 또는 청산인에 대한 출자이행청구권 또는 이사 등의 책임에 기한 손해배상청구권을 보전하기 위하여 이사 등의 재산에 대한 보전처분을 할 수 있다(채무자회생·파산법 제114조 제 1 항). 법원은 긴급한 필요가 있다고 인정하는 때에는 회생절차개시결정 전이라도 채무자(보전관리인이 선임되어 있는 때에는 보전관리인)의 신청에 의하거나 직권으로 소정의 규정에 의한 보전처분을 할 수 있다(채무자회생·파산법 제114조 제 3 항). 그리고 법원은 법인인 채무자에 대하여 회생절차개시결정이 있는 경우 필요하다고 인정하는 때에는 관리인의 신청에 의하거나 직권으로 이사 등에 대한 출자이행청구권이나, 이사 등의 책임에 기한 손해배상청구권의 존부와 그 내용을 조사확정하는 재판을 할 수 있다(채무자회생·파산법 제115조 제 1 항).

제 7 장 會社의 構造調整

姜熙甲, 주식회사에 있어서의 합병비율의 공정성, 商事法論集(徐燉珏教授停年紀念論文集)(1986)/姜熙甲, 적대적 기업매수에 대한 방어책의 한계, 國際航空宇宙法 및 商事法의 諸問題(金斗煥教授華甲紀念論文集)(1994)/權奇範, 株式會社의 分割, 商事法論集(徐燉珏教授停年紀念論文集)(1986)/權奇範, 합병비율의 불공정성과 합병무효, 現代 經濟法學의 課題(文仁龜博士華甲紀念論文集)(1987)/金教昌, 회사의 합병에 관한 상법상의 제문제, 上場協 7(1983. 5)/金教昌, 회사의 합병에 관한 입법론적 고찰, 商法論集(鄭熙喆先生華甲紀念論文集)(1979)/金東石, 企業의 合併 및 買受, 경영법률 4(1991)/金東石, 미국에 있어서의 기업합병 및 매수, 수원대 사회과학논총 5(1993. 12)/金東石, 美國에 있어서의 會社合併, 수원대 사회과학논총 4(1992. 11)/김선중, 기업분할에 의한 전적에 있어서 재취업약정의 의미, 대법원판례해설 22/金汶在, 주식합병에 있어서 단주제도, 商事判例研究 2(1988)/金在文, 미국법상의 사실상의 합병이론 : Califonia의 입법례를 중심으로, 法曹 443(1993. 8)/金鎭興, 株式會社의 合併交付金, 辯護士 23(1993. 1)/金鎭興, 주식회사합병의 본질, 現代商事法의 諸問題(李允榮先生停年紀念論文集)(1988)/金鎭興, 회사합병에 관한 연구, 단국대 박사학위논문(1989)/김택주, 기업매수의 방어에 관한 연구, 부산대 박사학위논문(1994)/金興洙, 회사합병과 채권자보호, 經濟法·商事法論集(孫珠瓚教授停年紀念論文集)(1989)/金興洙, 회사합병에 있어서의 주주보호, 한남대 논문집(사회과학) 18(1988. 3)/朴相祚, 주식회사의 분할에 관한 연구, 청주대 법학논집 7(1993. 2)/朴相祚, 주식회사의 합병 Ⅰ, 청주대 법학논집 6(1992. 7); Ⅱ, 청주대 법학논집 8 (1994. 2)/徐廷甲, 회사의 합병, 司法行政 254(1982. 2)/徐正恒, 미국의 M & A에 대한 법적 규제, 경상대 법학연구 3(1992. 3)/梁明朝, 회사합병과 소수주주의 이익보호, 이화여대 사회과학논집 5(1985. 12)/禹洪九, 美國法上 三角合併과 株式交換, 商事法論叢(姜渭斗博士華甲紀念論文集)(1996)/우홍구, 회사분할제도의 입법론에 관한 소고, 기업구조의 재편과 상사법(박길준교수화갑기념논문집)(1998)/元容洙, 프랑스법상의 회사의 합병과 분할제도, 상사법연구 제14집 제 1 호/柳珍熙, 사실상의 콘체른의 법률관계; 독일주식법을 중심으로, 안암법학 1(1993)/尹種珍, 기업합병에 있어서 자본과 관련된 문제, 청주대 우암논총 9(1993. 2)/尹柱漢, 會社合併에 있어서 稅制上의 問題點에 관한 研究, 전남대 박사학위논문(1985)/이규철, 주식회사의 합병과 주주의 권리, 청주대 우암논총 10(1993. 12)/李基秀, 회사의 합병, 월간고시 191(1990. 8)/李基秀, 독일주식법상 결합기업에 관한 법과 그 발전(번역), 商事法研究 10(1992)/李基秀, 독일의 회사분할에 관한 연구, 상장협 36(1997. 11)/李文址, 기업분할제도의 도입에 관한 연구, 경영법률 5(1992)/李元鎬, 독일 기업합병의 규제, 국민대 법학논총 5(1992. 12)/李允榮, 회사의 분할, 경영법률연구 1(1986)/李泰魯, 기업합병에 따르는 세법상의 제문제, 商法論集(鄭熙喆先生華甲紀念論文集)(1979)/李焄種, 회사합병시 주주보호에 관한 연구 : 흡수합병을 중심으로, 한양대 박사학위논문(1990)/任鍾大, 주식회사의 합병과 분할에 관한 법적 고찰, 청주대 박사학위논문(1992)/鄭容相, 회사합병의 공정성확보를 위한 입법론 소고, 現代 商事法의 諸問題(李允榮先生停年紀念論文集)(1988)/鄭容相, 회사합병의 기초이론, 부산외대 사회과학논총 3(1987. 8)/鄭熙喆, 주식회사합병의 본질론의 재검토, 法學의 諸問題(洪璡基先生華甲紀念論文集)(1977)/지영임, 회사인수·합병(M&A)의 법제도적 소고, 기업구조의 재편과 상사법(박길준교수화갑기념논문집)(1998)/최성열, M&A의 법적 규제에 관한 연구, 성균관대 박사학위논문(1994)/韓正鉉, 기업의 합병·인수(주식취득) 규제의 개선 : 비교법적 고찰, 성신여대 연구논문집 33(1993. 9)/洪璡基, 株式會社의 合併에 있어서의 交付金, 法學의 諸問題(洪璡基先生華甲紀念論文集)(1977)/洪璡基, 株式會社 合併의 本質, 法學의 諸問題(洪璡基先生華甲紀念論文集)(1977)/홍복기, 상법에 있어서 회사의 분할에 관한 규정의 도입 검토, 상사법연구 17. 1(1998).

제 1 절 회사 구조조정에 관한 상법 일부개정

2015년 12월 1일 회사구조조정과 관련하여 상법이 일부개정되었다(법률 제13523호). 아래에서는 그 개정이유와 주요내용을 살펴본다.

Ⅰ. 改正理由

개정법의 제안이유는 다음과 같다: 기업 인수 · 합병 시장의 확대 및 경제활성화를 도모하기 위하여 기업의 원활한 구조조정 및 투자 활동이 가능하도록 다양한 형태의 기업 인수 · 합병 방식을 도입하는 한편, 반대주주의 주식매수청구권 제도를 정비하는 등 기존 제도의 운영상 나타난 일부 미비점을 개선 · 보완하려는 것이었다.

Ⅱ. 主要內容

개정의 주요내용은 다음과 같다.

1. 삼각주식교환, 역삼각합병 및 삼각분할합병 제도의 도입(제360조의 3, 제530조의 6 등)

2011년 개정 「상법」은 합병시 존속회사가 소멸회사의 주주에게 합병의 대가로 존속회사의 모회사의 주식을 취득하여 지급할 수 있도록 함으로써 '삼각합병'이 가능하도록 하였다(제523조의 2). 원래 삼각합병이란 甲회사의 자회사인 乙회사가 丙회사를 합병하면서, 소멸하는 丙회사의 주주에게 모회사인 甲회사의 주식을 교부하는 것을 가리킨다. 그런데 인수대상 회사가 합병의 존속회사가 되는 '역삼각합병'은 M&A에서의 실제적 수요(인수대상회사가 가진 상호, 영업권, 특허권 등이 유지되도록 하려는 경우 등)를 충족시키는데 유용한 구조임에도 해당 법문언상 허용되지 않는다는 것이 일반적인 해석이었다.

이에 주식의 포괄적 교환시에 모회사 주식을 지급할 수 있도록 하는 '삼각주식교환'을 도입하여 이러한 삼각주식교환을 통해 역삼각합병이 가능하도록 하였다. 역삼각합병이란 甲회사의 자회사인 乙회사가 丙회사와 주식의 포괄적 교환을 하는 경우 丙회사의 주주에게 모회사인 甲회사의 주식을 교부하면서 丙회사를 존속회사로 하는 합병을 하는 것을 말한다.

그리고 회사 분할합병시 분할회사의 주주에게 모회사 주식이 지급될 수 있도록 하는 '삼각분할합병' 제도를 도입하였다. 일반적으로 분할합병이란 분할회사가 일부 자산 · 부채를 포괄 이전하여 1개 또는 수개의 중립중인 다른 회사와 합병하는 행위를 의미한다.

이러한 상법 일부개정을 통하여 자회사를 활용한 다양한 M&A 구조를 마련함으로써 M&A에 대한 경제적 수요를 원활히 뒷받침 할 수 있을 것이다.

2. 간이영업양도, 양수, 임대 등 제도 도입(제374조의 3)

「상법」 제374조 제 1 항 각호에서 정하는 영업양도, 양수, 임대 등의 행위를 하려는 회사의 총주주의 동의가 있거나, 주식 90 % 이상을 그 거래 상대방 회사가 소유하고 있는 경우에는 행위 하려는 회사의 주주총회 승인은 이사회의 승인으로 갈음할 수 있도록 하였다. 이를 통해 「상법」 제527조의 2 '간이합병' 제도와 균형을 맞추어 간이한 방식을 활용한 기업의 원활한 구조조정을 도모한다.

3. 소규모 주식교환의 요건 완화 등(제360조의 10, 제527조의 3 등)

2011년 개정 「상법」에 의해 소규모합병의 요건은 완화되었으나 경제적 기능 · 효과가 실질적으로 동일한 소규모 주식교환의 요건은 그대로 유지되고 있어 소규모 주식교환을 활용하는데 어려움이 존재하고 있었다. 그리고 「상법」은 소규모합병이나 소규모 주식교환의 요건에 관해 신주를 발행하는 대신 자기주식을 교부하는 경우에 대해서는 명확히 규정하지 않고 있어 실무상 혼란이 존재하고, 결국 이러한 절차를 활용한 M&A 거래의 법적 불안정성이 제기될 수 있었다. 이에 신주발행과 자기주식의 교부를 포함하여 소규모 주식교환과 소규모합병의 요건을 정비하고, 소규모 주식교환과 소규모합병의 요건을 동일하게 설정하여 해당 제도를 이용한 M&A 거래의 안정을 도모함과 아울러 소규모 주식교환의 활용가능성을 제고한다.

4. 반대주주의 주식매수청구권 제도의 정비(제360조의 5, 제374조의 2 등)

개정전 「상법」은 무의결권 주주에게도 반대주주 주식매수청구권이 인정되는 것인지 명문의 규정을 두고 있지 않아 실무상 혼란을 초래할 소지가 있고, 무의결권 주주들의 권리보호에 미흡한 측면이 있었다. 이에 무의결권 주주도 주식매수청구권을 행사할 수 있음을 명문으로 규정하고, 이 때 무의결권 주주에 대해서도 주주총회 소집통지를 하도록 규정하였다. 이에 따라서 M&A 과정에서 무의결권 주주의 반대주주 매수청구권 인정 여부, 주주총회 소집통지 문제 등에 관한 법적 혼란을 해소하여 M&A 거래 안정과 반대 주주 보호에 기여한다.

5. 분할 · 합병 관련 규정 정비(제530조의 5 등)

회사의 분할시 분할하는 해당 회사를 "분할회사", 분할을 통해 새로이 설립되는 회사를 "단순분할신설회사", 분할(흡수)합병의 존속회사를 "분할승계회사", 분할(신설)합병으로 새로이 설립되는 회사를 "분할합병신설회사"로 용어를 명확하게 정비하였다. 그리고 분할기일, 분할시 자기주식의 교부 허용 등 분할 관련 법 제도를 정비하였다.

제 2 절 會社의 合併

Ⅰ. 合併의 槪念

(1) 合併의 意義　　회사의 합병이란 법정절차에 따라서 2개 이상의 회사가 계약에 의하여 청산절차를 거치지 아니하고 하나의 회사로 합일하는 회사법상의 법률사실이다. 따라서 합병에 의하여 당사회사의 일부 또는 전부가 해산되고, 회사의 재산과 사원이 존속회사 또는 신설회사에 포괄적으로 이전·승계된다. 이러한 법률상의 합병은 상법상의 특별한 절차로서 기타의 절차와 방법에 따라서 하는 사실상의 합병(예컨대 해산·청산·현물출자·영업양도·주식취득 등)과 구분된다. 합병과 영업양도는 경제적으로는 기업의 집중과 합동 등 동일한 목적을 위하여 존재하는 제도이지만, 양자는 다음과 같은 차이가 있다. ① 합병은 단체법 내지 조직법상의 계약에 의한 회사의 합체임에 반하여, 영업양도는 거래법 내지 개인법상의 계약에 의한 영업의 이전이다. ② 합병의 경우에는 해산회사의 모든 권리·의무가 당연히 존속회사 또는 신설회사에 포괄적으로 승계되므로 재산의 일부를 이전대상에서 제외할 수 없고, 각개 재산의 개별적 이전행위를 요하지 않는 데 반하여, 영업양도의 경우에는 계약에서 정한 범위 내의 양도회사의 재산만이 양수회사에 이전되므로 재산의 일부를 양도대상에서 제외할 수 있으며, 개별적 이전행위를 요하고, 또 채무는 별도의 채무인수절차가 필요하고(민법 제501조 단서, 제469조 제 1 항 단서 참조), 다만 외관을 신뢰한 채권자와 채무자의 보호를 위한 규정을 두고 있다(제42조, 제43조). ③ 합병의 경우에는 해산회사가 청산절차를 거치지 않고 곧 소멸하는데, 영업양도의 경우에는 양도회사가 당연히 소멸하는 것은 아니고 양도 후의 존속도 가능하다. ④ 합병의 경우에는 해산회사의 사원은 원칙적으로 당연히 존속회사 또는 신설회사의 사원이 되지만, 영업양도의 경우에는 사원의 지위는 변동이 없으며, 다만 양도회사가 해산하여 양도대가를 사원에게 분배하려면 청산절차를 거쳐야 한다. ⑤ 합병의 경우에는 해산회사와 사용인 간의 고용관계는 존속회사 또는 신설회사에 이전되는데, 영업양도의 경우는 사용인의 동의를 필요로 한다(민법 제657조). ⑥ 합병은 회사법상의 특별한 제도로서 합병무효의 소에 의하여만 그 무효를 주장할 수 있음에 반하여, 영업양도는 채권계약이므로 민법의 일반원칙에 따라 그 무효·취소를 주장할

수 있다. ⑦ 합병의 당사자는 회사에 한하지만 영업양도의 경우에는 당사자에 아무 제한이 없어서 회사 또는 개인상인도 당사자가 되며, 영업양수인은 비상인도 될 수 있다. ⑧ 합병의 절차는 법정되어 있으나 영업양도에는 특별한 방식이 정하여져 있지 않고, ⑨ 합병의 경우에는 채권자를 보호하기 위하여 이의신청을 위한 규정을 두고 있는 데(제232조 제1항, 제269조, 제530조 제2항, 제603조) 반하여, 영업양도의 경우에는 이러한 절차가 필요하지 않다.

(2) 合併의 方法 합병에는 두 가지 방법이 있다. ① 흡수합병은 수개의 당사회사 중에서 한 회사만이 존속하고 나머지 회사는 해산하여 존속회사에 흡수되는 방법이고, ② 신설합병은 모든 당사회사가 해산하고 동시에 이들에 의해 신회사가 설립되는 방법이다. 실제에 있어서는 흡수합병의 방법이 훨씬 더 많이 이용된다고 한다. 그 이유는 신설합병의 경우에는 신회사를 설립하는 데 따른 복잡한 절차와 비용의 부담이 과중하기 때문이며, 보통의 경우 우월한 회사가 상대적으로 미약한 회사를 흡수하려는 한 방편으로서 합병이 이용되기 때문이다.

(3) 合併의 性質 합병의 본질에 관하여는 인격합일설·현물출자설, 그리고 재산합일설로 나누어지고 있다.

인격합일설에 의하면 합병은 2개 이상의 회사가 하나의 회사로 합일되는 법률사실이고, 합병에 의하여 합일되는 것은 법인인 회사 그 자체이며, 회사재산의 포괄승계는 인격합일의 결과에 지나지 않는다고 한다. 우리나라의 다수설이다(서돈각, 549쪽; 손주찬, 466쪽; 최기원, 110쪽; 이철송, 110쪽; 채이식, 820쪽; 정찬형, 83쪽; 최준선, 467쪽). 이에 반하여 현물출자설에 의하면 합병은 흡수합병의 경우는 해산하는 회사의 영업 전부를 현물출자하여 행하는 존속회사의 자본증가이고, 신설합병의 경우는 신회사의 설립이며, 다만 현물출자의 목적이 회사의 전재산이라는 점이 보통의 현물출자와 다를 뿐이라고 한다(서정갑, 402쪽). 재산합일설에서는 합병의 본질이 사단법적 계기로서의 사원의 합일과 재산법적 계기인 재산의 합일이 함께 이루어지는 데 있기는 하나, 사원의 합일은 최소한도로 요구되는 데 대하여 재산의 합일은(비록 소극재산이라고 할지라도) 완전히 이루어져야 한다는 점에서 재산의 합일이 합병의 본질이라고 한다. 현물출자설과 재산합일설은 채무가 순재산을 초과하는 회사의 합병을 설명하기에 충분하지 못하고, 현물출자설에 의하면 현물출자자인 해산회사가 아니라 그 회사의 사원이 존속회사 또는 신설회사의 사원이 되는 관계를 설명할 수 없다. 재산합일설도 해산회사의 사원이 존속회사나 신설회사의 사원으로 수용되는 관계를 설명하기에 불충분하며, 합병을 너무 현상적으로만 파악하고 있다. 따라서 합병을 법률적으로 잘 설명한 인격합일설이 타당하다.

Ⅱ. 合併의 自由와 制限

1. 合併의 自由

회사는 자유로이 합병할 수 있다(합병자유의 원칙)(제174조 제1항). 따라서 이종(異種)의 회사간의 합병도 가능하므로 자본회사 상호간이나 인적회사 상호간은 물론이고, 자본회사와 인적회사 사이의 합병도 인정되며, 목적이 서로 다른 회사 사이의 합병도 가능하다. 그러나 실제에 있어서 합병은 동종의 회사간, 특히 주식회사간에 행하여지는 것이 보통이다. 해산 후의 회사도 존립중의 회사를 존속회사로 하는 경우에 합병할 수 있다(제174조 제3항). 이는 기업유지의 원칙에서 나온 귀결이지만, 해산 후의 회사가 이미 잔여재산을 분배한 때에는 합병이 인정되지 않는다(동지: 최기원, 102쪽). 회생절차중에 있는 주식회사는 채무자 회생 및 파산에 관한 법률에 의하여 합병이 가능하다(채무자 회생 및 파산에 관한 법률 제210조 아래).

2. 合併의 制限

합병은 원칙적으로 자유이지만, 상법과 특별법에 의하여 다음과 같은 제한을 받는다.

(1) 商法上의 制限

A. **資本會社의 合併** 합병을 하는 회사의 일방 또는 쌍방이 주식회사 또는 유한회사인 때에는 존속회사 또는 신설회사는 주식회사 또는 유한회사이어야 한다(제174조 제2항). 이것은 존속회사 또는 신설회사가 합명회사 또는 합자회사일 때에는 자본회사의 사원이었던 자가 무한책임을 지게 되는 결과 번잡한 절차를 밟아야 하는 문제가 발생하기 때문이다.

B. **法院의 認可** 유한회사와 주식회사가 합병하는 경우에 존속회사 또는 신설회사가 주식회사인 때에는 법원의 인가를 받지 아니하면 합병의 효력이 없다(제600조 제1항). 이것은 주식회사의 설립 또는 주식발행에 관한 법원의 엄격한 감독규정을 잠탈하기 위하여 합병의 방법이 이용되는 것을 막기 위함이다.

C. **社債未償却의 株式會社** 유한회사와 주식회사가 합병하는 경우에 존속회사 또는 신설회사가 유한회사인 때에는 주식회사가 사채의 상환을 완

료하지 않으면 안 된다(제600조 제 2 항). 유한회사에서는 사채의 발행이 인정되지 않기 때문에 사채를 부담하는 유한회사의 성립을 막기 위함이다.

(2) 特別法上의 制限

A. 銀行法上의 制限 은행·신탁회사·보험회사 등은 주무관청의 인가를 받지 아니하면 합병을 할 수 없다(은행법 제 9 조 제 1 항 2호; 신탁업법 제 8 조 2호; 보험업법 제139조).

B. 獨占規制法에 의한 制限 합병이 일정한 거래분야에 있어서 경쟁을 실질적으로 제한하는 경우에 해당할 때에는 독점규제 및 공정거래에 관한 법률에 의하여 합병이 금지된다(동법 제 7 조 제 1 항 3호).

C. 資本市場法上의 制限 주권상장법인이 다른 법인과의 합병을 하려면 자본시장법시행령 제176조의 5에서 정하는 요건·방법 등의 기준에 따라야 한다(자본시장법 제165조의 4). 이 때 요구되는 요건은 주로 합병가액에 관한 것과 합병가액의 적정성에 관하여 외부평가기관의 평가를 받을 것 등이다(자본시장법시행령 제176조의 5 제 1 항–제 9 항). 그리고 법률의 규정에 따른 합병에 관하여는 이러한 규정의 적용을 받지 아니하지만, 합병의 당사자가 되는 법인이 계열회사의 관계에 있고 합병가액을 자본시장법시행령 제176조의 5 제 1 항 제 1 호에 따라 산정하지 아니한 경우에는 합병가액의 적정성에 대하여 외부평가기관에 의한 평가를 받도록 하고 있다(자본시장법시행령 제176조의 5 제10항).

Ⅲ. 合併의 節次

1. 總 說

모든 회사에 공통되는 합병의 절차는 당사회사간의 합병계약의 체결에서부터 시작된다. 이어서 사원총회에서 합병계약의 승인결의를 얻고 채권자보호절차를 취하며, 그 밖에 필요한 부수절차를 거친다. 그리고 합병계약에서 정한 합병기일이 도래하면 당사회사는 실질적으로 합일하게 된다. 마지막으로 합병등기를 함으로써 합병의 효력이 발생한다. 합병과 자본감소가 병행되는 때에는 자본감소의 절차는 합병절차에 흡수시켜 진행할 수 있다고 본다(동지: 최기원, 114쪽).

2. 合併契約

합병을 함에는 먼저 당사회사의 대표기관간에 합병조건, 합병기일, 존속회사·신설회사의 정관의 내용 기타 합병에 필요한 사항에 관하여 합병계약이 체결된다. 그러나 합병계약이 합병결의보다 선행해야 할 필요는 없다(동지: 서돈각, 551쪽; 정동윤, 769쪽. 반대: 이철송, 113쪽). 합병계약의 성질은 단체법상의 특수한 채권계약이다(동지: 정찬형, 84쪽; 정동윤, 770쪽; 이철송, 112쪽; 채이식, 822쪽; 손주찬, 468쪽). 합병계약은 특별한 방식을 필요로 하지 않지만, 합병계약서를 작성하는 것이 보통이다. 다만, 주식회사나 유한회사가 합병하는 때에는 법정사항을 기재한 합병계약서를 반드시 작성해야 한다(제523조, 제524조, 제603조). 또한 존속회사 또는 신설회사가 주식회사인 경우에 합병할 회사의 일방 또는 쌍방이 합명회사 또는 합자회사인 때에는 총사원의 동의를 얻어 합병계약서를 작성해야 한다(제525조).

합병계약의 체결은 당사회사의 대표기관의 권한에 속한다. 합병계약은 총사원의 동의 또는 합병결의를 정지조건으로 하는 합병의 예약 또는 본계약이라고 설명되고 있다(차낙훈, 275쪽; 정찬형, 85쪽; 최기원, 114쪽). 이 합병계약의 결과 각 당사회사는 합병의 성립을 위하여 필요한 행위를 하여야 할 의무를 진다. 이에 반하여 결의가 선행할 수도 있으므로 합병의 예약 없이 직접 본계약이 체결될 수 있다는 견해(서돈각, 551쪽), 그리고 아무런 조건이 없는 본계약이라는 견해(이철송, 113쪽) 등도 있다.

합병계약서의 작성이 필요한 경우에 이를 전혀 작성하지 않거나 또는 법정의 필요적 기재사항을 결한 때에는 합병은 원칙적으로 무효이고 합병무효의 소의 원인이 된다(동지: 정동윤, 778쪽; 이철송, 119쪽).

(1) 吸收合併의 경우 合併契約書의 記載事項(제523조)

A. 存續會社가 合併으로 인하여 그 발행할 株式의 總數를 증가하는 때에는 그 증가할 株式의 總數, 種類와 수 흡수합병의 경우에는 소멸회사의 주주에게 존속회사의 신주를 발행해 주어야 하는데, 이 신주발행에 의해 수권주식의 범위를 초과하게 되면 신주발행 전에 미리 수권주식수를 증가하여야 한다. 이 때 수권주식의 증가에 관한 사항을 합병계약서에 기재하고, 합병승인을 위한 주주총회의 특별결의를 받으면 정관변경을 위한 별도의 주주총회의 결의는 필요하지 않다.

B. 存續會社의 증가할 資本金과 準備金의 總額 존속회사의 자본금은 소멸회사의 주주에게 발행하는 신주의 액면총액 또는 자본금으로 계상하기로 한 금액의 총액만큼 증가하게 되는데, 이러한 사항을 합병계약서에 기재해야 한다. 그리고 소멸회사의 이익준비금 기타 법정준비금을 존속회사가

승계하기로 한 경우에는(제459조 제 2 항) 준비금의 총액도 기재하여야 한다.

C. 存續會社가 合併 당시에 발행하는 新株의 總數, 種類와 수 및 消滅會社의 주주에 대한 新株配定에 관한 사항 　합병조건의 가장 중요한 내용인 합병비율 및 주식의 내용을 기재해야 한다. 합병비율은 합병당사회사의 공정한 기업평가에 입각하여 결정되어야 한다.

<대판 2015. 7. 23, 2013 다 62278>

「흡수합병 시 존속회사가 발행하는 합병신주를 소멸회사의 주주에게 배정·교부함에 있어서 적용할 합병비율을 정하는 것은 합병계약의 가장 중요한 내용이고, 만일 합병비율이 합병할 각 회사의 일방에게 불리하게 정해진 경우에는 그 회사의 주주가 합병 전 회사의 재산에 대하여 가지고 있던 지분비율을 합병 후에 유지할 수 없게 됨으로써 실질적으로 주식의 일부를 상실하게 되는 결과를 초래하므로, 비상장법인 간 흡수합병의 경우 소멸회사의 주주인 회사의 이사로서는 합병비율이 합병할 각 회사의 재산 상태와 그에 따른 주식의 실제적 가치에 비추어 공정하게 정하여졌는지를 판단하여 회사가 합병에 동의할 것인지를 결정하여야 한다.

다만 비상장법인 간 합병의 경우 합병비율의 산정방법에 관하여는 법령에 아무런 규정이 없을 뿐만 아니라 합병비율은 자산가치 이외에 시장가치, 수익가치, 상대가치 등의 다양한 요소를 고려하여 결정되어야 하는 만큼 엄밀한 객관적 정확성에 기하여 유일한 수치로 확정할 수 없는 것이므로, 소멸회사의 주주인 회사의 이사가 합병의 목적과 필요성, 합병 당사자인 비상장법인 간의 관계, 합병 당시 각 비상장법인의 상황, 업종의 특성 및 보편적으로 인정되는 평가방법에 의하여 주가를 평가한 결과 등 합병에 있어서 적정한 합병비율을 도출하기 위한 합당한 정보를 가지고 합병비율의 적정성을 판단하여 합병에 동의할 것인지를 결정하였고, 합병비율이 객관적으로 현저히 불합리하지 아니할 정도로 상당성이 있다면, 이사는 선량한 관리자의 주의의무를 다한 것이다.」

D. 存續會社가 消滅會社의 株主에게 지급할 금전 또는 재산

합병교부금을 지급하기로 한 경우에는 이에 관한 사항을 합병계약서에 기재해야 한다. 2011년 상법개정시 제 4 호를 개정하였다. 즉 존속하는 회사가 합병으로 소멸하는 회사의 주주에게 제 3 호에도 불구하고 그 대가의 전부 또는 일부로서 금전이나 그 밖의 재산을 제공하는 경우에는 그 내용 및 배정에 관한 사항을 적도록 하였다. 개정전 상법에 의하면 주식회사의 합병시 소멸회사의 주주들에게 합병의 대가로 주식이 아닌 합병교부금만을 지급하는 것이 가능한지 여부에 대하여 의문이 있었고, 등기실무상 허용되지 아니하는 것으로 취급되었다. 그리하여 2011년 개정상법은 합병의 대가로 소멸회사의 주주들에게 합병회사의 주식이 아닌 현금이나 그 밖의 재산(사채·모회사의 주식 등)을 교부할 수 있도록 한 것이다.

E. 각 회사에서의 合併承認決議를 할 社員總會 또는 株主總會의 期日

합병당사회사에서 합병의 승인을 할 총회일도 합병계약서의 기재사항이다.

F. 合併을 할 날 소멸회사의 재산을 존속회사에 인도하고, 소멸회사의 주주에게 신주를 배정하는 등 실질적으로 합병당사회사가 합쳐지는 절차를 완료하기로 예정한 날을 말한다. 법률적 의미에서 소멸회사의 재산이 존속회사로 포괄적으로 이전되는 합병등기일과는 구별된다.

G. 存續會社가 合併으로 인하여 定款을 變更하기로 정한 때에는 그 규정

존속회사가 합병으로 인해 사업목적이나 상호를 변경하기로 정하거나 이사의 수를 증가하기로 정한 때, 또는 합병에 즈음하여 주식양도의 자유를 제한하는 내용으로 정관을 변경하기로 정한 경우에는 이러한 규정을 합병계약서에 기재해야 한다. 합병계약서에 기재하고 합병승인을 위한 주주총회의 특별결의를 받음으로써 정관변경을 위하여 따로 주주총회의 승인을 받을 필요가 없게 된다.

H. 각 會社가 合併으로 利益配當을 할 때에는 그 限度額 합병비율은 합병계약을 체결할 당시의 회사의 재무상태를 기준으로 정하는데, 합병비율을 정한 후에 이익배당을 한다면 회사의 재산이 줄어들어 이미 정한 합병비율이 불공정해질 수 있다. 그래서 합병계약 후에 이익배당을 하려고 할 때는 합병비율을 정하는 데 참고할 수 있도록 미리 합병계약서에 기재토록 한 것이다.

I. 存續會社에 就任할 理事와 監事 또는 監査委員會의 委員을 정한 때에는 그 姓名 및 住民登錄番號 합병 후 취임이 예정된 이사와 감사가 있으면 합병계약의 승인결의에 의하여 선임할 수 있도록 이들에 관한 사항을 합병계약서에 기재토록 한 것이다.

(2) 三角合併

2011년 개정상법은 소멸회사의 주주들에게 합병대가를 지급하기 위하여 존속회사가 모회사의 주식을 취득하는 것을 허용하여(제523조의 2), 모회사가 자회사를 통하여 다른 회사를 합병하는 삼각합병이 가능하게 되었다. 즉 제342조의 2에도 불구하고 제523조 제 4 호에 따라 소멸하는 회사의 주주에게 제공하는 재산이 존속하는 회사의 모회사주식을 포함하는 경우에는 존속하는 회사는 그 지급을 위하여 모회사주식을 취득할 수 있도록 하였다(제523조의 2).

일반적으로 삼각합병이라 함은 어느 회사가 자회사를 설립하고 모자회사관계가 된 다음, 자회사가 다른 회사와 합수합병하게 될 때에 자회사는 흡수합병으로 소멸되는 회사의 주주에게 모회사의 주식 등을 교부하는 것을 가리킨다. 삼각합병은 몇 가지 장점이 있다. 즉 우선 전래적인 합병의 효과를 부분적으로 제한할 수 있으며 절차상의 어려움을 극복할 수 있다. 그리고 국제합병의 길을 연다는 점에서 의미 있다. 또한 삼각합병은 조세전략상 유리한 면이 존재한다(김정호, 삼각조직재편, 경영법률 제25집 제 1 호(2014), 70쪽).

2011년 개정상법(제523조의 2)은 삼각합병을 위하여 모회사주식을 취득할 수 있도록 하였다. 이로써 합병대가로 모회사의 주식을 제공하게 됨으로써 결국 C회사를 자회사하고자 하는 A회사가 그 A회사의 자회사 B회사를 합병당사회사로 하여 그 다른 회사인 C회사를 흡수하게 되는 것이 가능하게 되었다. 이는 내용적으로 미국의 삼각합병(triangular merger)에 해당한다. 삼각합병이 허용됨에 따라 모회사는 소멸회사의 법률상의 권리, 의무나 책임을 승계하지 않으면서도 경제적인 통합을 달성할 수 있다. 또한 모회사가 상장회사인 경우 소멸회사의 주주는 우회상장과 같은 효과도 달성할 수 있다(권재열, "개정상법상 기업조직재편제도의 개선내용 및 그 전망," 외법논집 제35권 제 4 호(2011), 176쪽). 삼각합병은 일반 합병의 한 형태이므로 합병절차를 거치게 되는데, 합병에서는 당사회사 경영진간의 사전 합의 하에 합병계약이 체결된다. 즉 합병절차는 법률상 합병계약으로부터 시작되므로 합병은 우호적으로 이루어지게 되고 삼각합병도 우호적인 삼각합병이 대부분이다. 하지만 합병하고자 하는 매수모회사(A)가 그 매수대상회사(C)의 주식을 사전에 공개매수하여 최대주주가 된 다음에 삼각합병에 반대하는 이사진을 교체하고 삼각합병을 하게 되면 전체적으로 적대적 삼각합병이 된다. 다른 한편 미국에서는 역삼각합병이 허용된다. 역삼각합병(reverse triangular merger)은 삼각합병과 달리 매수모회사(A)의 자회사(B)가 소멸하여 매수대상회사(C)에 흡수합병되는데, 매수대상회사(C)의 주주에게 매수모회사(A)의 주식을 교부하는 것을 말한다(김지환, "삼각합병의 활용과 법적 과제," 기업법연구 제25권 제 4 호(2011), 74쪽). 우리의 경우에도 2015년 상법개정으로 신설된 삼각주식교환을 한 후, 주식교환에서의 완전모회사가 된 회사가 완전자회사의 주식을 자신의 모회사에 잔여재산으로 분배하고 해산을 하거나, 완전자회사에 흡수합병되는 절차를 다시 거침으로써 역삼각합병의 효과를 누릴 수가 있다.

(3) 新設合併의 경우 合併契約書의 記載事項(제524조) 신설합병의 경우에 합병계약서에는 ① 신설회사의 설립목적·상호·수권주식총수·액면주식을 발행하는 경우 1주의 금액, 종류주식을 발행할 때에는 그 종류와 수 및 본점소재지, ② 신설회사가 발행하는 주식의 총수와 종류·수 및 각 회사의 주주에 대한 주식의 배정에 관한 사항, ③ 신설회사의 자본금과 준비금의 총액, ④ 각 회사의 주주에게 지급할 금액을 정한 때에는 그 규정, ⑤ 합병승인총회의 기일과 합병을 할 날, ⑥ 신설회사의 이사와 감사 또는 감사위원회의 위원을 정한 때에는 그 성명 및 주민등록번호를 기재하여야 한다.

<대판 2009. 4. 23, 2008 다 96291·96307>

「분할합병에 의해 다른 회사로부터 전기공사업면허 등을 이전받은 회사로부터 그 면허 등을 재차 이전받는 내용의 분할합병계약을 체결한 당사자가 그 계약의 체결로 상대방의 전자(前者)의 채무까지 부담할 가능성을 생각하지 못한 것이 분할합병의 법률효과와 관련된 동기의 착오에 해당한다고 하더라도 계약체결과정에서 상대방에게 표시되지 아니하여 계약의 내용이 되지 못하였고, 그 착오로 인하여 경제적인 불이익을 입거나 장차 불이익을 당할 염려가 없다고 볼 여지도 있어 법률행위의 내용의 중요 부분에 관한 착오라고도 단정할 수 없다.」

3. 合併決議

합병은 당사회사의 사원의 이해관계에 많은 영향을 미치므로, 사원의 이익을 보호하기 위한 대내적 절차로서 합병결의가 필요하다. 합병결의는 합명회사·합자회사에서는 총사원의 동의에 의하고(제230조, 제269조), 주식회사·유한회사에서는 주주총회 또는 사원총회의 특별결의에 의한다(제522조 제1항, 제598조). 이에 대하여 주식회사의 경우 간이합병과 소규모 합병에 대하여는 다음의 특칙이 적용된다.

(1) 簡易合併 구 상법에서는 합병할 회사의 일방이 합병 후 존속하는 경우에 합병으로 소멸하는 회사의 총주주의 동의가 있거나 또는 그 회사의 발행주식총수를 합병 후 존속하는 회사가 소유하고 있는 경우에는 합병으로 소멸하는 회사의 주주총회의 승인은 이를 이사회의 승인으로 갈음할 수

있도록 되어 있었다(구 상법 제522조 제 1 항). 그런데 1998년 개정상법에서는 이러한 간이합병제도를 확대하였다. 즉 구 상법 제522조 제 1 항의 단서를 삭제하는 대신 합병할 회사의 일방이 합병 후 존속하는 경우에 합병으로 인하여 소멸하는 회사의 총주주의 동의가 있거나 그 회사의 발행주식총수의 100분의 90 이상을 합병 후 존속하는 회사가 소유하고 있는 때에는 소멸하는 회사의 주주총회의 승인은 이사회의 승인으로 갈음할 수 있도록 하고 있고(제527조의 2 제 1 항), 후자의 경우 주주총회의 승인 없이 합병한다는 뜻을 공고하거나 주주에게 통지하도록 하고, 다만 총주주의 동의가 있는 때에는 그렇지 않도록 하여(제527조의 2 제 2 항) 합병절차를 대폭 간소화하였다.

이와 같은 간이합병제도는 기업의 합병을 신속·용이하게 할 수 있는 데 반하여, 상대적으로 주주의 지위에는 심각한 영향을 미칠 수 있다. 이에 주주의 지위를 보장한다는 측면에서 볼 때, 비록 절차상의 번거로움은 있다고 하더라도 합병에 대한 “공고 또는 통지”보다는 적어도 주주명부상의 주주에게는 통지하는 것을 원칙으로 하는 것이 타당하다고 볼 수도 있다. 그러나 주주는 회사가 공고를 하는 방법을 주시하여 해당 일간지 등을 검토하는 자세가 필요하다고 본다면 문제가 없을 것이다.

(2) 小規模合倂 한편 1998년 개정상법은 소규모 합병을 신설하였다. 합병 후 존속하는 회사가 합병시 발행하는 신주 및 교부하는 자기주식의 총수가 그 회사 발행주식총수의 100분의 10을 초과하지 않는 경우, 주주총회의 승인은 이사회의 승인으로 갈음할 수 있도록 하였다(제527조의 3 제 1 항). 이 경우 합병반대주주의 매수청구권을 배제하는 등 합병절차를 간소화하고 있다. 다만, 합병으로 인하여 소멸하는 회사의 주주에게 지급할 금액을 정한 경우에 그 금액이 최종의 대차대조표상으로 존속하는 회사에 현존하는 순자산액의 100분의 5를 초과하는 때에는 정식합병절차에 의하도록 하고 있다(제527조의 3 제 1 항 단서). 또한 발행주식총수의 100분의 20 이상의 주주들이 반대하는 경우에는 소규모 합병을 할 수 없도록 하고 있다(제527조의 3 제 4 항). 2011년 개정상법에서 소규모합병의 요건을 합병후 존속하는 회사가 합병으로 인하여 발행하는 신주의 총수기준을 5%에서 10%로 완화하였다. 또한 합병교부금기준도 순자산액의 2%에서 5%로 완화하였다(제527조의 3 제 1 항). 이는 기업구조조정의 신속성을 제고하기 위하여 소규모합병의 범위를 확대한 것이다.

(3) 合倂反對株主의 株式買受請求權 1995년 개정상법에서는 합병반

대주주의 주식매수청구권을 인정하였다(제522조의 3). 그런데 1998년 개정상법에 의하면 간이합병과 소규모 합병의 경우에는 합병계약서의 승인을 위한 주주총회가 개최되지 않기 때문에 주주들이 합병에 반대하는 투표를 하는 등 반대의 의사를 표시하여 주식매수청구권을 행사할 기회가 없다. 이에 이들을 보호하기 위하여 비록 주주총회가 열리지 않고 주주총회에서 반대의 결의를 하지 않았더라도 합병에 반대하는 주주에게 주식매수청구권을 행사할 수 있는 길을 마련하여 주었다. 즉 간이합병을 한다는 뜻을 공고 또는 통지한 날로부터 2주간 이내에 회사에 대하여 서면으로 합병에 반대하는 의사를 통지한 주주는 위 2주간이 경과한 날로부터 20일 이내에 주식의 종류와 수를 기재한 서면으로 회사에 대하여 자기가 소유하고 있는 주식의 매수를 청구할 수 있도록 하였다(제522조의 3 제 2 항). 다만, 소규모 합병을 하는 경우에는 합병반대주주의 주식매수청구권이 인정되지 않는다(제527조의 3 제 5 항).

2015년 12월 상법 개정 전에는 의결권 없는 주주에게는 매수청구권이 인정되지 아니하였었다. 이때 의결권 없는 주주란 의결권이 배제되는 주식 또는 당해 총회의 의안에 관해 의결권이 제한되는 주식뿐만 아니라 상호주 기타 상법 또는 특별법에서 의결권을 제한하는 주식을 소유하는 주주를 모두 포함하는 것으로 해석되고 있었다. 반대주주의 주식매수청구권과 관련하여 보면 이사회에서 합병 등의 결의가 있은 후 주주총회를 소집하는데, 공식적으로는 주주가 그 소집 통지 등에 의해 합병 등이 추진되고 있음을 알게 되는 것으로 볼 수 있다. 의결권 없는 주주에게도 주식매수청구의 기회를 부여해야 하는 것으로 보면 이들에게도 총회 소집의 통지가 이루어져야 한다. 그러나 개정전 상법 규정상으로는 의결권 없는 주주에게는 소집 통지를 하지 않도록 하고 있었다. 따라서 2015년 12월 개정상법은 의결권 없는 주주에게는 적용하지 아니한다는 조항에 반대주주의 주식매수청구권이 인정되고 있는 5가지 경우의 예외를 명문으로 규정하였다. 즉 개정상법에서는 주식매수청구권을 부여하는 무의결권주주에 대한 주주총회의 소집통지를 하도록 규정하였다. 바로 제363조 제 7 항 단서에서 "다만 제 1 항의 통지서에 적은 회의의 목적사항에 제360조의 5(주식교환), 제360조의 22(주식이전), 제374조의 2(영업양도 등), 제522조의 3(합병) 또는 제530조의 11(분할 또는 분할합병)에 따라 반대주주의 주식매수청구권이 인정되는 사항이 포함되는 경우에는 그러하지 아니하다."라는 규정을 신설한 것이다.

<대판 2011. 4. 28, 2009 다 72667>

「합병에 반대하는 주주(이하 '합병 반대주주'라고 한다)의 주식매수청구권에 관하여 규율하고 있는 상법 제522조의 3 제 1 항, 상법 제530조 제 2 항에 의하여 준용되는 상법 제374조의 2 제 2 항 내지 제 4 항의 규정취지에 비추어 보면, 합병 반대주주의 주식매수청구권은 이른바 형성권으로서 그 행사로 회사의 승낙 여부와 관계없이 주식에 관한 매매계약이 성립하고, 상법 제374조의 2 제 2 항의 '회사가 주식매수청구를 받은 날로부터 2월'은 주식매매대금 지급의무의 이행기를 정한 것이라고 해석된다. 그리고 이러한 법리는 위 2월 이내에 주식의 매수가액이 확정되지 아니하였다고 하더라도 다르지 아니하다(피합병회사의 합병반대 주주들이 행사한 주식매수청구권에 관하여, 회사가 주식매수청구를 받은 날로부터 2월이 경과한 다음날부터 합병반대 주주들에 대하여 주식매매대금에 대한 지연손해금을 지급하여야 한다고 판단한 원심을 수긍한 사례).」

<대결 2011. 10. 13, 2008 마 264>

「주권상장법인의 합병 등에 반대하여 주식매수를 청구한 주주가 법원에 매수가격 결정을 청구한 사안에서, 회사정리절차에 있는 기업의 시장주가가 정상기업에 비해 낮게 형성되고 주당 순자산가치에 상당히 못 미친다는 사정만으로 시장주가가 기업의 객관적 가치를 반영하지 못하고 있다거나 거래 이외의 부정한 요인에 의하여 가격형성이 왜곡되었다고 볼 수 없고, 주식이 관리종목으로 지정된 사정만으로는 시장주가가 당해 기업의 객관적 가치를 반영하지 못할 정도의 거래 제약이 있다고 볼 수 없음에도, 당해 법인이 회사정리절차 중에 있었던 관계로 주식의 시장가치가 저평가되어 있고 회사정리절차가 진행되는 동안 주식이 유가증권시장에서 관리대상종목에 편입됨으로써 주식 거래에 다소의 제약을 받고 있었다는 이유로 시장주가가 당해 법인의 객관적 교환가치를 제대로 반영하고 있지 않다고 단정하여 시장가치 외에 순자산가치까지 포함시켜 매수가격을 산정한 원심결정을 파기함.」

(4) **報告總會와 創立總會의 생략시 理事·監事의 임기에 관한 특칙** 합병보고총회와 창립총회를 생략하는 경우에는 존속회사 또는 신설회사의 이사와 감사의 선임을 할 주주총회가 개최되지 아니하므로, 누구를 이사 또는 감사로 할 것인가가 문제된다. 그리하여 1998년 개정상법에서는 첫째로 합병할

회사의 일방이 합병 후 존속하는 경우에는 존속하는 회사의 이사 및 감사로서 합병 전에 취임한 자는 합병계약서에 다른 정함이 있는 경우를 제외하고는 합병 후 최초로 도래하는 결산기의 정기총회가 종료할 때에 퇴임하는 것으로 하고(제527조의 4 제 1 항), 둘째로 합병으로 인하여 회사를 설립하는 경우에는 합병하는 회사의 이사 및 감사로서 합병 전에 취임한 자가 다음 총회까지 이사 및 감사로서의 지위를 갖도록 하였다(제527조의 4 제 2 항).

(5) 기타 合併決議 關聯事項 합병으로 인하여 어느 종류의 주주에게 손해를 미치게 되는 경우에는 그 종류의 주주총회의 결의를 따로 얻어야 한다(제436조).

회사의 합병은 합병계약과 합병결의가 있어야 성립한다. 따라서 합병당사자 중에서 일방의 회사에서 합병결의가 이루어지지 않거나 그것이 무효인 때에는 정지조건이 성취되지 못하여 그 계약은 무효로 된다(동지 : 정찬형, 86쪽; 정동윤, 779쪽; 이철송, 116쪽; 최기원, 127쪽).

4. 會社債權者保護節次

복수의 회사가 합병을 하게 되면 회사의 재산상태와 경영활동의 내용이 크게 달라지므로 회사채권자의 이해관계에 중대한 영향을 미치게 된다. 따라서 회사채권자를 보호하기 위한 절차가 필요하다.

합병당사회사가 주식회사 또는 유한회사인 경우에는 이사는 합병계약승인을 위한 총회의 회일 2주간 전부터 합병을 한 날 이후 6월이 경과하는 날까지 합병계약서, 합병으로 인하여 소멸하는 회사의 주주에게 발행하는 주식의 배정에 관하여 기재한 서면 및 합병을 하는 각 회사의 최종의 대차대조표를 본점에 비치하고, 주주 또는 사원 및 회사채권자의 열람에 제공하여야 한다(제522조의 2, 제603조). 이것은 주주 또는 사원에게 합병승인총회에서 합병승인거부를 판단할 수 있는 자료를 제공함과 동시에 회사채권자에게도 합병에 대한 이의의 제출 여부를 결정할 수 있는 자료를 제공하려는 것이다. 또한 회사는 합병의 결의가 있은 날로부터 2주간 내에 회사채권자에 대하여 합병에 이의가 있으면 일정한 기간(1월 이상) 내에 이의를 제출할 것을 공고하여야 하고, 알고 있는 채권자에 대하여는 따로 따로 이를 최고하여야 한다(제527조의 5).

채권자가 이의신청기간 내에 이의를 제출하지 아니한 때에는 합병을 승인한 것으로 보고, 이의를 제출한 채권자가 있는 때에는 회사는 그 채권자에 대하여 변제 또는 상당한 담보를 제공하거나 이를 목적으로 하여 상당한 재산을 신탁회사에 신탁하여야 한다(제527조의 5 제 3 항, 제232조 제 2 항·제 3 항).

이 외에 주주 및 회사채권자의 이익보호를 위하여 합병에 관한 서류의 사후공시를 제도화하고 있다. 이사는 채권자보호절차(제527조의 5)의 경과, 합병을 할 날, 합병으로 인하여 소멸하는 회사로부터 승계한 재산의 가액과 채무액 기타 합병에 관한 사항을 기재한 서면을 합병을 한 날로부터 6월간 본점에 비치하여야 한다(제527조의 6 제 1 항). 이 사후공시는 특히 보고총회 및 창립총회의 생략(제526조 제 3 항, 제527조 제 4 항)에 대비한 공시제도이다.

주주와 회사채권자는 영업시간 내에는 언제든지 위의 공시서류의 열람을 청구하거나 소정의 비용을 지급하고, 그 등본 또는 초본의 교부를 청구할 수 있다(제527조의 6 제 2 항, 제522조의 2 제 2 항).

위와 같은 절차를 위반한 때에는 합병무효의 원인이 되며, 과태료에 의한 제재를 받는다(제635조 제 1 항 14호).

5. 그 밖의 節次

(1) 設立委員의 選任　　합병의 형태가 신설합병인 경우에는 각 회사에서 선임한 설립위원이 공동하여 정관의 작성 기타 설립에 관한 행위를 하여야 한다(제175조 제 1 항). 여기에서 공동으로 한다는 것은 설립위원 전원의 승인이 있어야 한다는 뜻이다(동지 : 최기원, 127쪽; 이철송, 117쪽). 설립위원의 선임은 합명회사·합자회사에서는 총사원의 동의에 의하고(제175조 제 2 항, 제230조, 제269조), 주식회사·유한회사에서는 주주총회 또는 사원총회의 특별결의에 의한다(제175조 제 2 항, 제434조, 제585조).

(2) 株式併合節次　　주식회사간에 합병하는 경우에 회사의 재산상태에 차이가 있어서 해산회사의 주식 1주에 대하여 존속·신설 회사의 신주 1주를 배정할 수 없는 때에는 동수의 주식을 배정할 수 있도록 미리 해산회사가 자본감소의 경우의 주식병합절차에 따라 주식의 병합을 하여야 한다(제530조 제 3 항, 제440조 내지 제444조).

(3) 端株의 처리　　주식의 병합에 적당하지 아니한 수의 주식, 즉 단주가 발생된 때에는 이에 대한 신주를 경매하거나 또는 법원의 허가를 받은 다른 방법으로 매각한 대금을 각 단주수에 따라 종래의 주주에게 교부하여야 한다(제443조). 주권제출기간(제440조) 내에 제출되지 아니한 무기명주권에 대한 신주에 대하여도 단주의 처리방법에 따라서 처분할 수 있다(제444조).

(4) 報告總會 또는 創立總會의 召集　　존속회사 또는 신설회사가 주식

회사 또는 유한회사인 경우에는 각각 보고총회(흡수합병의 경우) 또는 창립총회(신설합병의 경우)를 소집하여야 한다. 흡수합병의 경우에는 존속회사의 대표이사가 채권자보호절차의 종료 후, 주식병합이 있을 때에는 그 효력이 생긴 후, 병합에 적당하지 아니한 주식이 있을 때에는 합병 후 존속하는 회사에 있어서는 제443조의 처분(단주의 처리)을 한 후, 소규모 합병의 경우에는 제527조의 3 제 3 항 및 제 4 항의 절차를 종료한 후 지체없이 보고총회를 소집하고 합병에 관한 사항을 보고하여야 한다(제526조 제 1 항, 제603조). 합병 당시에 발행하는 주식의 인수인(해산회사의 주주)은 보고총회에서 존속회사의 주주와 동일한 권리를 가진다(제526조 제 2 항, 제603조). 보고총회에서는 합병의 보고를 듣는 외에 정관의 변경, 재무제표의 승인, 이사·감사의 선임 등에 관하여도 결의할 수 있다. 다만, 합병폐지의 결의는 할 수 없다고 본다. 이와 같이 흡수합병의 보고총회를 소집하여야 하는 경우에 이사회는 공고로써 주주총회에 대한 보고에 갈음할 수 있다(제526조 제 3 항). 신설합병의 경우에는 설립위원이 채권자보호절차의 종료 후, 주식병합이 있을 때에는 그 효력이 생긴 후 지체없이 창립총회를 소집하여야 한다(제527조 제 1 항). 창립총회에서는 설립위원이 합병의 경과를 보고하는(제527조 제 3 항, 제311조) 외에 이사와 감사를 선임하고(제527조 제 3항, 제312조), 합병계약의 취지에 위반하지 않는 정관변경의 결의를 할 수 있으나(제527조 제 2 항) 합병폐지의 결의는 할 수 없다. 이와 같이 신설합병의 경우 창립총회를 소집하여야 하는 경우에 이사회는 공고로써 주주총회에 대한 보고에 갈음할 수 있다(제527조 제 4 항). 창립총회의 경우에는 보통의 회사설립의 경우에 있어서의 창립총회(제308조)에 관한 여러 규정이 준용된다(제527조 제 3 항).

<대판 2009. 4. 23, 2005 다 22701·22718>

「상법 제527조 제 4 항은 신설합병의 경우 이사회의 공고로써 신설합병의 창립총회에 대한 보고에 갈음할 수 있다고 규정하고 있고, 상법 제528조 제 1 항은 신설합병의 창립총회가 종결한 날 또는 보고에 갈음하는 공고일로부터 일정기간 내에 합병등기를 하도록 규정하고 있으므로, 상법 제527조 제 4 항은 신설합병의 창립총회 자체를 이사회의 공고로써 갈음할 수 있음을 규정한 조항이라고 해석된다. 한편 상법 제527조 제 2 항은 신설합병의 창립총회에서 정관변경의 결의를 할 수 있되 합병계약의 취지에 위반하는 결의는 하지 못하도록 규정하고 있는 바, 정관변경은 창립총회에서 할 수 있다는 것이지 반드시 하여야 하는 것은 아니고, 주식회사를 설립하는 창립총회에서는 이사와 감사를 선임하여야 한다는 상법 제312조의 규정이 상법 제527조 제 3 항에 의해서 신설합병의 창립총회에

준용되고 있다 하더라도 상법 제524조 제 6 호에 의하면 합병으로 인하여 설립되는 회사의 이사와 감사 또는 감사위원회위원을 정한 때에는 신설합병의 합병계약서에 그 성명 및 주민등록번호를 기재하게 되어 있고, 그 합병계약서가 각 합병당사회사의 주주총회에서 승인됨으로써 합병으로 인하여 설립되는 회사의 이사와 감사 등의 선임이 이루어지는 만큼 이러한 경우에는 굳이 신설합병의 창립총회를 개최하여 합병으로 인하여 설립되는 회사의 이사와 감사 등을 선임하는 절차를 새로이 거칠 필요가 없고 이사회의 공고로 갈음할 수 있다.

상법은 신설합병의 창립총회에 갈음하는 이사회공고의 방식에 관하여 특별한 규정을 두고 있지 아니하므로, 이 경우 이사회공고는 상법 제289조 제 1 항 제 7 호에 의하여 합병당사회사의 정관에 규정한 일반적인 공고방식에 의하여 할 수 있다.」

(5) 合併期日에 있어서의 合併의 實行 이와 같은 절차가 끝나면 합병계약서에 정하여진 합병기일에 해산회사는 그 재산 및 주주관계의 서류 일체를 존속회사 또는 신설회사에 인도하게 된다. 그리고 보통 이 날 해산회사의 주주는 존속회사 또는 신설회사의 주식을 배정받게 되어 그 주식인수인이 된다. 그리하여 합병기일에 당사회사는 실질적으로 합일하게 된다. 하지만 합병은 최종적인 효력발생요건인 합병등기를 하여야 한다.

6. 合併登記

주식회사의 경우에는 보고총회(흡수합병의 경우)가 종결한 날 또는 보고에 갈음하는 공고일, 창립총회(신설합병의 경우)가 종결한 날 또는 보고에 갈음하는 공고일로부터, 유한회사의 경우에는 보고총회 또는 창립총회가 종료한 날로부터, 그리고 합명회사와 합자회사의 경우에는 채권자보호절차 기타 합병에 필요한 제 절차가 종료한 날로부터 본점소재지에서는 2주간 내, 지점소재지에서는 3주간 내에, 존속회사에 있어서는 변경의 등기를, 해산회사에 있어서는 해산의 등기를, 신설회사에 있어서는 설립의 등기를 하여야 한다(제233조, 제269조, 제528조, 제602조). 그리고 합병으로 인하여 전환사채 또는 신주인수권부사채를 승계한 때에는 합병등기와 동시에 사채의 등기를 하여야 한다(제528조 제 2 항).

존속회사의 변경등기 또는 신설회사의 설립등기에 의하여 합병은 비로소 그 효력이 발생한다(제234조, 제269조, 제530조 제 2 항, 제603조).

7. 株券上場法人의 合併에 관한 資本市場法上의 特則

합병에 있어서는 합병관련정보의 신속하고 정확한 공시를 통하여 주주(잠재주주인 투자자 포함)에게 적정한 투자판단자료를 제공하여야 하며, 합병의 공정성을 확보할 수 있는 제도적 장치를 통하여 주주의 권익을 보호하여야 한다. 그러나 비록 1998년 개정에 의하여 합병에 관한 독립된 절이 신설되기는 하였으나, 상법의 합병관련규정은 기업의 확대발전이라는 경제적 기능에 대한 고려가 부족할 뿐 아니라 그 내용도 형식을 중요시하는 법률적 측면에 치우쳐 있다. 즉 상법은 합병공시와 관련하여서 합병승인을 위한 주주총회소집시에 합병계약의 요령을 통지 또는 공고하도록 하고(제522조 제2항), 합병계약서·합병대차대조표 등만을 비치·공시하도록 하고 있을 뿐이다(제522조의 2). 상법에 따르면 합병을 하려는 회사는 합병계약체결시 혹은 합병을 위한 이사회결의시에는 합병관련정보를 주주에게 공시할 의무가 없다. 그러나 불특정다수의 주주가 존재하는 주권상장법인에 있어서는 합병이 주가에 미치는 영향을 고려할 때 합병계약체결 혹은 합병을 위한 이사회결의시에 신속하게 그 내용이 공시되어야 할 필요성이 매우 크다. 마찬가지로 합병이 공정하게 이루어지지 아니하면 수많은 소액주주들의 경제적 피해를 면하기 어렵게 된다. 이에 따라 자본시장법과 동 시행령은 불특정다수의 주주(투자자)가 존재하는 주권상장법인이 다른 법인과 합병하는 경우에는 투자자를 보호하고 합병의 공정성을 확보하기 위하여 주권상장법인에 한하여 적용되는 공시 및 합병요건에 관한 규정을 두고 있다.

자본시장법에서는 주권상장법인은 다음 가운데 어느 하나에 해당하는 행위를 하려면, 자본시장법시행령 제176조의 5에서 정하는 요건·방법 등의 기준에 의하도록 규정하고 있다(자본시장법 제165조의 4). ① 다른 법인과의 합병, ② 대통령령으로 정하는 중요한 영업 또는 자산의 양수 또는 양도, ③ 주식의 포괄적 교환 또는 포괄적 이전, ④ 분할 또는 분할합병. 즉 주권상장법인이 다른 법인과 합병하려는 경우에는 다음의 방법에 따라 산정한 합병가액에 따라야 한다. 이 경우 주권상장법인이 제 1 호 또는 제 2 호 가목 본문에 따른 가격을 산정할 수 없는 경우에는 제 2 호 나목에 따른 가격으로 한다(자본시장법시행령 제176조의 5 제 1 항). ① 주권상장법인간 합병의 경우에는 합병을 위한 이사회결의일과 합병계약을 체결한 날 중 앞서는 날의 전일을 기산일로 한 다음 각목의 종가를 산술평균한 가액과, 다목의 종가 중 낮은 가액으로 한다. 이 경우 가목 및 나목의 평균종가는 종가를 거래량으로 가중산술평균하여 산정한다. i) 최근 1개월간 평균종가. 다만, 산정대상기간중에 배당락 또는 권리락이 있는 경우로서 배당락 또는 권리락이 있은 날부터 기산일까지의 기간이 7일 이상인 경우에는 그 기간의 평균종가로 한다. ii) 최근 1주일간 평균종가, iii) 최근일의 종가, ② 주권상장법인과 주권비상장법인 간 합병의 경우에는 다음의 기준에 따른 가격. i) 주권상장법인의 경우에는 제 1 호의 가격. 다만, 제 1 호의 가격이 자산가치에 미달하는 경우에는 자산가치로 할 수 있다. ii) 주권비상장법인의 경우에는 자산가치와 수익가치를 가중산술평균한 가액과 상대가치의 가액을 산술평균한 가액. 다만, 상대가치를 산출할 수 없는 경우에는 자산가치와 수익가치를 가중산술평균한 가액으로 한다. 이 때 자본시장법시행령 제176조의 5 제 1 항 제 2 호 각 목에 따른 자산가치 · 수익가치 및 그 가중산술평균방법과 상대가치의 산출방법은 금융위원회가 정하여 고시한다(자본시장법시행령 제176조의 5 제 2 항).

주권상장법인이 주권비상장법인과 합병하여 주권상장법인이 되는 경우에는 다음의 요건을 충족하여야 한다(자본시장법시행령 제176조의 5 제 3 항). ① 합병가액의 적정성에 대하여 제 6 항에 따른 외부평가기관의 평가를 받을 것, ② 합병의 당사자가 되는 주권상장법인이 법 제161조 제 1 항에 따라 주요 사항보고서를 제출하는 날이 속하는 사업연도의 직전사업연도의 재무제표를 기준으로 자산총액 · 자본금 및 매출액 중 두 가지 이상이 그 주권상장법인보다 더 큰 주권비상장법인이 다음 각 목의 요건을 충족할 것. i) 법 제390조에 따른 증권상장규정(상장규정)에서 정하는 재무 등의 요건, ii) 감사의견·소송계류, 그 밖에 공정한 합병을 위하여 필요한 사항에 관하여 상장규정에서 정하는 요건. 그리고 유가증권시장에 주권이 상장된 법인이 코스닥시장에 주권이 상장된 법인과 합병하여 유가증권시장에 상장된 법인 또는 코스닥시장에 상장된 법인이 되는 경우에는 자본시장법시행령 제176조의 5 제 3 항(합병가액을 자본시장법시행령 제176조의 5 제 1 항 1호에 따라 산정한 경우에는 자본시장법시행령 제176조의 5 제 3 항 1호는 제외)을 준용한다. 이 경우 '주권상장법인'은 '합병에도 불구하고 같은 증권시장에 상장되는 법인'으로, '주권비상장법인'은 '합병에 따라 다른 증권시장에 상장되는 법인'으로 본다(자본시장법시행령 제176조의 5 제 4 항).

주권상장법인이 다른 법인과 합병하여 주권비상장법인이 되는 경우에는 자본시장법시행령 제176조의 5 제 6 항에 따른 외부평가기관의 평가를 받아야 한다. 다만, 합병의 당사자가 되는 법인이 모두 자본시장법시행령 제176의 5 조 제 1 항 제 1 호에 따라 합병가액을 산정하는 경우에는 그러하지 아니하다

(자본시장법시행령 제176조의 5 제 5 항). 이 때 외부평가기관은 다음의 어느 하나에 해당하는 자로 한다(자본시장법시행령 제176조의 5 제 6 항). ① 자본시장법시행령 제68조 제 2 항 제 1 호 및 제 2 호의 업무를 인가받은 자, ② 신용정보의 이용 및 보호에 관한 법률에 따라 허가를 받은 신용평가회사, ③ 공인회계사법에 따른 회계법인. 그리고 자본시장법시행령 제176조의 5 제 6 항에 따른 외부평가기관(외부평가기관)이 다음의 어느 하나에 해당하는 경우에는 그 기간 동안 이 영에 따른 평가업무를 할 수 없다. 다만, 제 4 호의 경우에는 해당 특정회사에 대한 평가업무만 할 수 없다(자본시장법시행령 제176조의 5 제 7 항). ① 자본시장법시행령 제176조의 5 제 6 항 제 1 호의 자가 금융위원회로부터 주식의 인수업무 참여제한의 조치를 받은 경우에는 그 제한기간, ② 자본시장법시행령 제176조의 5 제 6 항 제 2 호의 자가 신용평가업무와 관련하여 금융위원회로부터 신용평가업무의 정지처분을 받은 경우에는 그 업무정지기간, ③ 자본시장법시행령 제176조의 5 제 6 항 제 3 호의 자가 주식회사의 외부감사에 관한 법률에 따라 업무정지조치를 받은 경우에는 그 업무정지기간, ④ 자본시장법시행령 제176조의 5 제 6 항 제 3 호의 자가 주식회사의 외부감사에 관한 법률에 따라 특정회사에 대한 감사업무의 제한조치를 받은 경우에는 그 제한기간. 또한 외부평가기관이 평가의 대상이 되는 회사와 금융위원회가 정하여 고시하는 특수관계에 있는 경우에는 합병에 대한 평가를 할 수 없다(자본시장법시행령 제176조의 5 제 8 항). 한편 금융위원회는 외부평가기관의 평가가 매우 부실하거나 외부평가기관의 임직원이 평가와 관련하여 알게 된 비밀을 누설하거나 업무 외의 목적으로 사용한 사실이 있는 경우에는 외부평가기관에 대하여 일정한 기간을 정하여 이 영에 따른 평가업무를 제한하거나 외부평가기관에서 제외할 수 있다(자본시장법시행령 제176조의 5 제 9 항).

그 밖에 법률의 규정에 따른 합병에 관하여는 자본시장법시행령 제176조의 5 제 1 항부터 제 9 항까지의 규정을 적용하지 아니한다. 다만, 합병의 당사자가 되는 법인이 계열회사의 관계에 있고, 합병가액을 자본시장법시행령 제176조의 5 제 1 항 제 1 호에 따라 산정하지 아니한 경우에는 합병가액의 적정성에 대하여 외부평가기관에 의한 평가를 받아야 한다(자본시장법시행령 제176조의 5 제10항).

Ⅳ. 合併의 效果

1. 會社의 消滅·新設 및 變更

합병으로 인해 흡수합병의 경우에는 존속회사 이외의 당사회사(해산회사)

가, 신설합병의 경우에는 당사회사의 전부가 소멸한다. 상법이 합병을 해산사유의 하나로 규정하고 있기 때문이다(제227조 4호, 제269조, 제517조 1호, 제609조 1호). 다만, 여기에서 소멸한다고 하는 것은 해산등기에 의하여 회사법인격이 소멸한 것으로 취급된다는 것이지, 회사의 실체가 없어진다는 것은 아니다. 합병으로 소멸하는 것처럼 보이는 회사의 실체는 합병 후 존속하거나 신설되는 회사로 이행하는 것이다(동지: 이철송, 118쪽).

합병의 결과 흡수합병의 경우에는 존속회사의 정관변경이 생기고, 신설합병의 경우에는 신회사가 성립한다.

2. 社員의 수용

합병으로 인하여 해산회사의 사원은 원칙적으로 존속회사 또는 신설회사의 사원이 된다. 사원의 지위는 존속회사 또는 신설회사의 종류, 합병계약의 내용에 따라서 정해진다. 사원의 수용과 관련하여 합병에 반대하는 주주에 대해서는 주식매수청구권을 인정하고 있다(제522조의 3).

주식회사와 유한회사의 경우에는 해산회사의 사원은 그가 가진 주식수 또는 출자좌수에 따라 존속회사 또는 신설회사의 주식 또는 출자의 배정을 받아 주주 또는 사원이 된다. 다만, 해산회사의 주주는 주식 대신에 합병교부금을 지급받는 경우도 있다. 그리고 주주가 합병의 전후에 가지는 주식은 법률상 동일성을 가지므로 이를 목적으로 하는 질권은 당연히 신주식 위에 그 효력을 가지고, 등록질권자는 존속회사 또는 신설회사에 대하여 신주식에 대한 주권의 인도를 청구할 수 있다(제530조 제 4 항, 제399조, 제340조 제 3 항).

3. 權利義務의 包括承繼

존속회사 또는 신설회사는 해산회사의 모든 권리의무를 포괄적으로 승계한다(제235조, 제269조, 제530조 제 2 항, 제603조). 의무를 승계시키는 규정은 해산회사의 채권자를 보호하기 위한 공익규정이므로 합병결의에서 채무불승계의 결의를 하여도 무효(동지: 정동윤, 784쪽)이며, 합병의 경우에 승계되는 권리의무에는 사법상의 것뿐만 아니라 공법상의 것도 포함된다.

<대판 1980. 3. 25, 77 누 265>

「경제의 안정과 성장에 관한 긴급명령 제62조 제 1 항에 의한 권리, 즉 피합병회사의 증자분에 대하여 소득금액의 공제를 받을 수 있는 권리는 그 성질상 이전을 허용할 수 없는 것이 아니다.」

합병에 있어서의 권리의무의 승계는 법률상 당연히 이루어지는 것이므로 각개의 권리의무에 대하여 개별적 이전행위를 요하지 아니하며, 특약에 의하여 그 일부의 이전을 제외할 수 없다. 다만, 대항요건을 필요로 하는 권리에는 제3자 대항요건을 갖추어야 한다.

4. 訴訟法上의 效果

합병으로 인하여 소송당사자인 회사가 소멸한 때에는 소송절차가 중단되고, 존속회사 또는 신설회사가 이를 승계하여야 한다(민사소송법 제234조).

V. 合併의 無效

1. 總　說

회사의 합병이 법정요건을 결하거나 그 절차에 하자가 있는 경우에 이를 민법의 일반원칙에 맡기는 것은 법률관계의 안정을 해한다. 따라서 상법은 합병의 무효에 대해서 회사설립의 무효와 마찬가지로 신중한 입장을 취하고 있다.

2. 無效의 原因

합병의 무효원인에 관하여는 상법에 아무런 규정이 없지만, ① 합병당사회사, 존속회사 또는 신설회사의 적격성(제174조 제2항·제3항, 제600조 제2항)을 결하는 경우, ② 합병계약에 일반사법상의 하자가 있는 경우, ③ 자본회사에서 합병계약서를 작성하지 않거나 법정기재사항을 기재하지 아니한 경우, ④ 합병승인결의에 무효 또는 취소원인이 있는 경우, ⑤ 채권자보호절차를 이행하지 않은 경우, ⑥ 자본회사에서 합병보고총회 또는 창립총회를 소집하지 아니한 경우 등은 무효의 원인이 된다. 또한 합병비율의 현저한 불공정이 합병무효의 원인이 되느냐에 관하여는 현재 이를 긍정하는 견해가 우세하다(이철송, 919쪽 이하).

<인천지판 1986.8.29, 85 가합 1526>

「합병비율은 합병당사회사의 재산상태와 그에 따른 주식의 객관적 가치에 비추어 공정하게 정함이 원칙이라 할 것이고, 만일 그 비율이 합병당사자의 일방에게 불리하게 정해진 경우에는 그 회사의 주주가 합병 전 회사재산에 대하여 가지고 있던 지분비율을 합병 후에는 유지할 수 없게 됨으로써 실질적으로 주식의 일부를 상실케 하는 결과를 초래하는 만큼 현저하게 불공정한 합병계약은 사법관계를 지배하는 신의성실의 원칙이나 공평의 원칙에 반하여 무효라고 할 것인

바. …」

<대판 2009. 4. 23, 2005 다 22701·22718>

「현저하게 불공정한 합병비율을 정한 합병계약은 사법관계를 지배하는 신의성실의 원칙이나 공평의 원칙 등에 비추어 무효이고, 따라서 합병비율이 현저하게 불공정한 경우 합병할 각 회사의 주주 등은 상법 제529조에 의하여 소로써 합병의 무효를 구할 수 있다. 다만, 합병비율은 자산가치 이외에 시장가치·수익가치·상대가치 등의 다양한 요소를 고려하여 결정되어야 할 것인 만큼 엄밀한 객관적 정확성에 기하여 유일한 수치로 확정할 수 없고, 그 제반 요소의 고려가 합리적인 범위 내에서 이루어진 것이라면 결정된 합병비율이 현저하게 부당하다고 할 수 없다. 따라서 합병당사회사의 전부 또는 일부가 주권상장법인인 경우 증권거래법과 그 시행령 등 관련법령이 정한 요건과 방법 및 절차 등에 기하여 합병가액을 산정하고, 그에 따라 합병비율을 정하였다면 그 합병가액산정이 허위자료에 의한 것이라거나 터무니없는 예상수치에 근거한 것이라는 등의 특별한 사정이 없는 한 그 합병비율이 현저하게 불공정하여 합병계약이 무효로 된다고 볼 수 없다.」

3. 合併無效의 訴

합병무효는 소에 의해서만 주장할 수 있다. 합병무효의 소는 합병의 효력을 소멸시키는 것이므로 형성의 소이다.

합병무효의 소의 제기권자는 남소를 방지하기 위하여 제한되어 있으며, 합명회사와 합자회사에서는 각 회사의 사원·청산인·파산관재인 또는 합병을 승인하지 아니한 회사채권자 등이고(제236조 제 1 항, 제269조), 주식회사와 유한회사에서는 이외에도 각 회사의 이사·감사도 이에 포함된다(제529조 제 1 항, 제603조). 독점규제 및 공정거래에 관한 법률에 위반하여 합병한 때에는 공정거래위원회가 합병무효의 소를 제기할 수 있다(독점규제 및 공정거래에 관한 법률 제16조 제 2 항). 여기서 각 회사라 함은 존속회사·신설회사는 물론 해산회사도 포함한다(동지: 정동윤, 788쪽; 최기원, 136쪽). 왜냐하면 해산회사를 포함하지 않는다고 보면 상법이 제소권자로서 청산인과 파산관재인 및 합병을 승인하지 아니한 채권자를 포함시킨 이유를 설명할 수 없기 때문이다. 소제기자가 회사채권자인 때에는 법원은 회사의 청구에 의하여 상당한 담보를 제공할 것을 명할 수 있고, 이 경우에 회사는 회사채권자의 청구가 악의임을 소명하여야 한다(제237조, 제176조 제 3 항·제 4 항). 합병무효의 소에 있어서 피고는 존속회사 또는 신설회사이다.

합병무효의 소는 합병의 등기가 있은 날로부터 6월 이내에 제기하여야 한다(제236조 제 2 항, 제269조, 제529조 제 2 항, 제603조). 그러나 공정거래위원회가 합병무효의 소를 제기하는 때에는 제소기간의 제한이 없다(독점규제 및 공정거래에 관한 법률 제16조 제 2 항).

합병무효의 소의 관할 및 기타 절차는 설립무효의 소와 같다(제240조, 제186조 내지 제189조, 제269조, 제530조 제 2 항, 제603조).

4. 合併無效判決의 效果

합병당사회사 및 이해관계인들 사이의 법률관계를 획일적으로 확정하기 위하여 합병무효의 판결이 확정된 때에는 그 판결은 제 3 자에 대하여도 효력이 미친다(대세적 효력)(제240조, 제190조, 제269조, 제530조 제 2 항, 제603조).

합병무효의 판결은 판결확정 전에 생긴 회사와 사원 및 제 3 자 사이의 권리·의무에 영향을 미치지 아니한다(불소급효)(제240조, 제190조, 제269조, 제530조 제 2 항, 제603조). 이는 합병의 유효를 전제로 하여 형성된 법률관계가 합병무효판결에 의하여 대단히 복잡하고 혼란스러운 상태에 놓이는 것을 방지하기 위한 것이다. 그러므로 합병무효판결확정시까지 합병을 전제로 하여 행한 존속회사 또는 신설회사의 주주총회의 소집과 결의, 이익배당, 주식의 양도, 회사와 제 3 자의 거래 등은 아무런 영향을 받지 아니한다. 따라서 회사설립무효의 판결이 확정되었을 때와 마찬가지로 합병 후 판결확정시까지 존속회사 또는 신설회사는 '하자 있는 회사'로서 존재한다.

합병무효의 판결은 기왕의 법률관계에는 영향을 미치지 않지만, 장래에 향하여 그 효력이 발생한다. 따라서 존속회사 또는 신설회사는 장래에 향하여 합병 전의 당사회사로 분할된다. 즉 합병으로 소멸한 해산회사는 부활하고, 신설회사는 소멸한다. 그리고 합병 당시의 합병당사자가 소유하고 있던 재산과 부채로서 존속회사 또는 신설회사에 현존하는 것은 각각 본래의 회사로 복귀하고, 합병 후에 존속회사 또는 신설회사가 취득한 재산은 당사회사의 공유로 하고, 그들이 부담한 부채는 당사회사의 연대채무로 한다(제239조 제 1 항·제 2 항, 제269조, 제530조 제 2 항, 제603조). 이 경우에 그 부담부분 또는 지분은 각 회사의 협의로 정하고, 협의가 이루어지지 않을 때에는 법원이 그 청구에 의하여 합병 당시의 각 회사의 재산상태 기타의 사정을 참작하여 이를 정한다(제239조 제 3 항, 제269조, 제530조 제 2 항, 제603조).

합병무효의 판결이 확정된 때에는 존속회사의 변경등기, 해산회사의 회복등기, 신설회사의 해산등기를 하여야 한다(제238조, 제269조, 제530조 제 2 항, 제603조).

합병무효의 소에서 원고가 패소한 경우에는 판결의 효력은 일반원칙에 따라 소송당사자 사이에만 미친다(민사소송법 제218조 제 1 항). 패소한 원고에게 악의 또는 중대한 과실이 있는 때에는 회사에 연대하여 손해를 배상할 책임이 있다(제240조, 제191조, 제269조, 제530조 제 2 항, 제603조).

제 3 절 會社의 分割 및 分割合併

Ⅰ. 會社의 分割의 槪念

1. 意 義

회사분할(scission, corporate division, Ausgliederung)이라 함은 하나의 회사를 두 개 이상의 회사로 분리하는 현상을 말한다(제530조의 2). 상법은 1998년 개정법에서 이에 관한 규정을 새로 두었으며, 개념상으로는 합병과 반대되는 제도라고 할 수 있다. 회사분할에 의하여 분할되는 회사(company being divided, gespaltene Gesellschaft, sociétés scindée)(양도회사·분할회사·(분할)출자회사, 이하 '양도회사')의 재산 일부가 기존 또는 신설회사(recipient companies, begünstigte Gesellschaft, sociétés bénéficiaires)(양수회사·피분할회사·(분할) 수입회사 또는 수혜회사, 이하 '양수회사')로 포괄승계되고, 양도회사 또는 그 주주에게 양수회사의 주식이 발행·교부된다. 양도회사가 해산하더라도 청산절차를 밟지 않고 소멸하는 것은 합병에 있어서와 같다.

회사분할의 동기는 다양한 형태가 있을 수 있으나, 대규모 공개회사와 소규모 폐쇄회사로 나누어 보는 것이 현실적이다. 전자에 있어서는 고유한 의미에서의 분할동기라고 할 수 있는 기업경쟁력강화의 면이 강조됨에 비하여, 후자에 있어서는 대개의 경우 구성원간의 인적 관계의 청산이라는 면이 강조되기 때문이다. 그 외 회사분할제도의 남용(탈세 등)을 목적으로 하는 회사분할도 행하여질 수 있다.

회사분할은 여러 가지 경제적 목적을 달성하기 위하여 필요한 제도임에도 불구하고 미국은 이에 관하여 상법상 아무런 규정을 두고 있지 않으며, 다른 나라의 입법도 합병에 비해서는 역사가 길지 않다. 프랑스가 1966년 상사회사법에서 처음으로 이에 관한 명문의 규정을 둔 이래 유럽공동체이사회는 1982년 회사분할에 관한 회사법 제 6 지침을 제정하였으며, 독일·영국 등의 회원국에서 이에 관한 입법을 실행하였다. 특히 독일은 회사분할을 기업구조조정이라는 점에서 다른 제도(합병·조직변경·재산양도)와의 유기적 관련성을 중심으로 단일법전으로 성문법화한 독일 사업재편법(Umwandlungsgesetz, UmwG)을 집대성하였다. 한편 일본은 장기간의 불황에 대처하기 위하여 우리보다 늦은 2000년 상법개정을 통하여 이를 수용하였다. 그 이후 일본에서는 2005년 신회사법제정으로 변화가 있었다.

2. 法的 性質

분할의 법적 성질에 관하여도 합병의 경우와 같이 논의의 여지가 있다. 여기서 주의할 것은 분할의 경우에는 분할되는 부분에 해당하는 주주의 인적 측면에서의 분할이 항상 뒤따르는 것은 아니라는 점이다. 회사가 분할하고 그 분할부분에 해당하는 신주를 종전의 주주에게 분배하는 경우에는 회사는 물적으로뿐만 아니라 인적으로도 분할되지만, 분할부분에 해당하는 신주를 종전의 주주에게 분배하지 않고 분할 전의 회사가 취득하는 경우, 즉 자회사를 설립하는 경우에는 회사는 물적으로만 분할되고 인적으로는 분할되지 아니한다. 따라서 분할은 재산법적으로 파악하여야 할 것이다(동지: 정동윤, 801쪽).

3. 分割의 類型

회사의 분할은 분류기준에 따라 여러 가지 형태가 있는데, 대표적으로는 양도회사가 분할 후에 존속하느냐의 여부에 따라 존속분할과 소멸분할로 나눌 수 있다. 존속분할은 이를 불완전분할(division imparfaite)이라고도 한다. 소멸분할은 양도회사가 해산하는 형태로서, 이를 완전분할(divison parfaite)이라고도 한다. 소멸·존속 분할의 유형은 개정상법상 명백하게 나타나고 있지는 않다. 다만, 신설분할에 관한 규정(제530조의 2 제 1 항)이 "1개의 회사를 설립할 수 있다"고 하고 있고, 흡수분할에 관한 규정(제530조의 2 제 2 항)이 "1개의 회사와 합병할 수 있다"고 하고 있는 점 및 분할계획서 또는 분할계약서의 기재사항으로서 소멸분할과 존속분할을 구분하고 있는 점(제530조의 5, 제530조의 6 참조)에서 본다면, 우리 개정상법은 제530조의 2 제 1 항을 통하여 신설소멸분할과 신설존속분할을, 상법 제530조의 2 제 2 항을 통하여 흡수소멸분할과 흡수존속분할을 인정하고 있다고 해석된다.

회사분할은 또한 양수회사가 신설회사인가, 기존의 회사인가에 따라 신설분할과 흡수분할로도 구분될 수 있다. 신설분할은 이를 단순분할이라고도 하며, 이에 대하여 흡수분할은 분할된 재산이 기존의 회사와 합체된다고 하여 분할합병(fusion-scission)이라고도 한다. 상법은 신설분할을 "분할"로, 흡수분할은 "분할합병"으로 규정하고 있다(제530조의 2 제1항·제2항).

한편 인적 분할과 물적 분할은 양수회사의 주식이 분할절차 내에서 양도회사의 주주에게 분배되는가에 따른 구분이다. 인적 분할은 양수회사의 주식을 양도회사의 주주가 취득하는 경우로서 사원지위단계까지 회사분할이 이루어지므로 인적 분할이라고 하는 것이다. 이에 대하여 물적 분할은 양수회사의 주식을 양도회사가 취득하는 분할을 말한다.

상법은 물적 분할이라는 제목의 규정(제530조의 12)에서 물적 분할에 대한 개념정의 없이 단지 분할에 관한 규정을 준용하도록 하고 있으나, 분할계획서·계약서에서 양도회사의 주주에 대한 양수회사주식의 배정에 대한 내용이 불필요한 점(제530조의 5 제1항 4호·5호, 제530조의 6 제1항 3호·4호), 물적 분할에서는 비안분비례형 분할(제530조의 4 제4항)이 발생할 수 없는 점, 분할무효사유로서 주식배정비율의 불공정성은 문제되지 않는 점 등은 준용될 수 없다.

또 상법은 물적 분할로서 신설분할만을 예정하고 있으며, 설립되는 회사의 주식의 총수를 분할되는 회사가 취득하는 경우만으로 제한하고 있다. 따라서 이 규정만으로 본다면 물적 분할은 신설분할만이 인정되고 이 경우에도 설립되는 회사의 주식총수를 양도회사가 소유하는 경우, 즉 100% 자회사를 만드는 경우만이 가능한 것으로 규정하고 있다.

Ⅱ. 會社分割의 節次

1. 會社分割의 主體

상법은 회사분할에 관한 규정을 회사법통칙에 관한 부분에 두지 않고 주식회사의 합병 다음에 규정함으로써 회사분할은 주식회사에만 인정되는 것으로 하고 있다. 이는 아마도 우리나라에서 주식회사가 차지하는 비중이 상대적으로 매우 높고 다른 형태의 회사에서도 회사분할이 필요할 수도 있으나, 회사분할제도가 아닌 다른 방법(영업양도·현물출자·재산인수)을 통하여 해결할 수 있으므로 주식회사에만 분할을 인정하는 것으로 보인다. 해석상 양수회사도 주식회사이어야 한다고 본다(제530조의 5 및 제530조의 6 참조). 상법은 해산 후의 회사는 존립중의 회사를 존속하는 회사로 하거나, 새로 회사를 설립하는 경우에 한하여 분할할 수 있도록 하고 있다(제530조의 2 제4항).

그러나 우리나라에서 대부분의 회사형태가 주식회사인 점은 인정되지만, 현실적 가능성을 충분히 고려하여야 한다는 점에서 최소한 같은 물적회사인

유한회사만이라도 회사분할을 인정하는 것이 타당하다고 본다. 또한 우리 상법은 분할주체를 주식회사로 한정하므로 이론상으로는 다른 종류의 회사간 분할도 불가능하다. 합병의 경우 합병을 하는 회사의 일방 또는 쌍방이 주식회사 또는 유한회사인 때에는 존속회사 또는 신설회사도 주식회사 또는 유한회사이어야 하는 점(제174조 제2항)에 비추어 물적회사간에서만이라도 분할을 인정하는 것이 타당하다고 본다.

2. 分割計劃書·契約書의 作成

회사분할을 위해서는 반드시 분할계획서(신설분할) 또는 분할계약서(분할합병)를 작성하여야 한다. 상법도 이에 대하여 규정하고 있는데, 다만 분할유형에 따라 기재사항을 달리하고 있다. 즉 신설분할의 경우 모든 분할계획서에 기재하여야 할 사항(제530조의 5 제1항)과 아울러 신설존속분할의 경우 존속하는 양도회사의 분할계획서의 기재사항을 규정하고(제530조의 5 제2항) 있으며, 분할합병의 경우에도 분할계약서 일반의 기재사항(제530조의 6 제1항)과 아울러 신설분할합병의 경우 기재하여야 할 사항을 규정하고 있다(제530조의 6 제2항). 한편 분할합병의 경우 각 회사의 분할에 참가하지 않은 부분의 기재에 대해서는 잔존부분으로 새로운 회사를 설립하거나 존속할 수 있는데, 이에 대해서는 신설분할에 관한 규정이 준용된다(제530조의 6 제3항).

한편 독일 사업재편법상의 기재사항과 상법상 분할계획서·계약서의 기재사항을 비교하면, 상법상의 기재사항에서 제외된 대표적인 내용으로서는 양수회사가 가지게 된 양수회사주식의 이익배당청구권 발생시기, 양도회사의 행위가 양수회사의 행위로 계산되는 분할기일, 인적 분할의 경우 양도회사의 주주에 대한 양수회사주식의 배정비율 및 근거 등에 대한 사항이 있다.

그리고 상법은 분할되는 회사의 일부가 다른 회사 또는 다른 회사의 일부와 분할합병을 하여 회사를 설립하는 경우를 별도의 분할형태로 보아 분할계약서의 기재사항을 정하고 있다(제530조의 6 제2항). 구체적으로 이 규정이 예상하는 상황은 다음과 같다. 즉 갑회사의 일부가 분할하여 을회사의 일부 또는 을회사 전부와 함께 새로운 회사 병을 설립하는 것이다. 그러나 이러한 경우 갑회사는 신설존속분할하는 것이고, 을회사는 신설존속분할 또는 새로운 회사 병에 흡수합병되는 것이다. 이 경우는 실질적으로 각각의 양도회사의 입장에서 보아 분할 또는 합병으로 규율하면 족하고, 이를 별도의 분할형태로 보아 별개의 규정을 둘 필요가 있는지 의문이다.

상법상 회사분할에 있어서 분할교부금을 지급할 수 있는가에 대해서는 명문의 규정이 없다. 다만, 분할계획서·계약서의 기재사항으로서 "분할되는 회사의 주주에게 지급할 금액을 정한 때는 그 규정, 분할되는 회사의 주주에 대하여 분할합병의 상대방회사가 지급할 금액을 정한 때는 그 규정"을 규정하고 있다(제530조의 5 제1항 5호, 제530조의 6 제1항 4호). 이 규정만으로 본다면 상법은 회사분할시 양도회사의 주주에게 양수회사의 주식 대신 분할교부금을 지급할 수도 있다는 것을 규정하고 있으며, 그 한도는 제한하고 있지 않다.

3. 分割貸借對照表 등의 作成·備置·公示

분할하는 회사의 이사는 분할결의를 위한 주주총회의 회일의 2주간 전부터 분할의 등기를 한 날 또는 분할합병을 할 날 이후 6개월간 다음 서류를 본점에 비치하여야 한다(제530조의 7 제1항).

① 분할계획서 또는 분할합병계약서

② 분할하는 부분의 대차대조표

③ 분할합병의 경우의 합병상대방회사의 대차대조표

④ 분할하는 회사의 주주에게 발행할 주식의 배정에 관하여 그 이유를 기재한 서면

또한 분할하는 회사의 일부가 다른 회사와 합병하여 그 다른 회사가 존속하는 경우에는 상대방회사의 이사는 분할합병을 승인하는 주주총회의 회일의 2주간 전부터 분할합병의 등기를 한 후 6월간 다음 서류를 본점에 비치하여야 한다(제530조의 7 제2항).

① 분할합병계약서

② 분할하는 회사의 분할하는 부분의 대차대조표

③ 분할하는 회사의 주주에게 발행할 주식의 배정에 관하여 그 이유를 기재한 서면

합병대차대조표의 공시에 관한 제522조의 2 제2항의 규정은 이 경우에 준용한다(제530조의 7 제3항).

4. 株主總會의 承認

회사가 분할 또는 분할합병을 함에는 분할계획서 또는 분할합병계약서를 작성하여 주주총회의 특별결의에 의한 승인을 얻어야 하며, 이 때는 의결권 없는 주주도 의결에 참가한다(제530조의 3 제1항·제2항·제3항).

상법은 분할승인총회에 있어서 의결권 없는 주식의 의결권을 인정하고

있다(제530조의 3 제3항). 이는 합병의 경우 의결권 없는 주식에 대해서 의결권을 인정하지 않는 것과 대조적이다. 그러나 합병과의 정합성은 차치하고라도 그 합리성에 있어서도 수긍하기 어렵다. 비교법적으로 보아도 이는 유례가 없다. 의결권 없는 주식은 종류주식으로서 분할로 인하여 어느 종류의 주주에게 손해를 미치게 될 때에는 그 종류의 주주의 총회의 결의가 있어야 하기 때문에(제530조의 3 제5항, 제435조 참조) 특별히 의결권을 인정할 필요는 없다. 따라서 의결권 없는 주식에 대하여 의결권을 인정하는 것은 불필요하다고 본다.

한편 회사의 분할로 인하여 분할에 관련되는 각 회사의 주주의 부담이 가중되는 경우에는 그 주주 전원의 동의가 있어야 한다(제530조의 3 제6항).

여기서 "부담이 가중"된다는 것은 무엇을 의미하는가. 두 가지의 경우를 고려해 볼 수 있다. 우선 첫 번째로는 "추가출자"의 경우이다. 즉 회사가 회사분할을 단행하면서 주주의 동의를 얻어 추가출자를 받는 경우이다. 두 번째는 "책임가중"의 경우이다. 예컨대 주식회사가 분할하여 합명회사와 주식회사로 분할되는 경우, 합명회사의 사원으로 되는 주주의 동의를 얻도록 하는 경우이다. 종류가 다른 회사간의 분할을 인정하는 나라에서는 양자가 모두 문제될 수 있으나, 우리 상법상으로는 전자만이 문제된다. 그러나 이 문제는 우리 상법상 추가출자가 인정될 것인가 하는 문제를 먼저 검토하여야 할 것이다.

<대판 2010. 8. 19, 2008 다 92336>

「분할 전 회사의 분식회계로 손해를 입었음을 주장하는 일부 실질주주명부상 주주들이 상법 제530조의 9 제4항, 제527조의 5 제1항에 정한 채권자보호절차에서 분할에 대한 이의 여부를 개별적으로 최고하여야 하는 분할 전 회사가 '알고 있는 채권자'에 해당한다고 볼 수 없다.

상법 제530조의 3 제6항은 "회사의 분할 또는 분할합병으로 인하여 분할 또는 분할합병에 관련되는 각 회사의 주주의 부담이 가중되는 경우에는 제2항 및 제5항의 결의 외에 그 주주 전원의 동의가 있어야 한다"고 규정하고 있다. 이 규정은 회사의 분할 또는 분할합병과 관련하여 주주를 보호하기 위하여 마련된 규정이고 분할 또는 분할합병으로 인하여 회사의 책임재산에 변동이 생기게 되는 채권자를 보호하기 위하여 마련된 규정이 아니므로, 회사의 채권자는 위 규정을 근거로 회사분할로 인하여 신설된 회사가 분할 전 회사의 채무를 연대하여 변제할 책임이 있음을 주장할 수 없다.」

상법상 비안분비례형 분할, 즉 양수회사의 주식을 지주비율에 의하지 않고 양도회사의 주주에게 분배하는 것이 인정되는가에 대해서는 명문의 규정이 없다. 그러나 양수회사의 주식을 양도회사의 주주들에게 배정함에 있어 이를 반드시 종전의 지분비율대로 하도록 강제하는 규정이 없고, 종전의 지분비율대로 주식을 배분하는 분할의 경우 양수회사에서의 출자검사인의 검사를 생략할 수 있도록 하고 있는 점(제530조의 4 제4항)에서 소위 비안분비례형 분할을 인정하고 있다고 해석된다. 그러면 이 경우 불이익을 받는 소수주주는 어떻게 보호할 것인가. 외국의 입법례로서는 소수주주에게 주식매수청구권을 인정하거나, 그 동의를 얻도록 하고 있다. 이 점에 대하여 침묵하는 것은 이해할 수 없는 입법이다.

분할에 반대하는 주주에게는 합병과 마찬가지로 주식매수청구권이 인정된다(제530의조 11, 제522조의 3). 다만, 상법은 분할합병의 경우에만 양도회사의 주주에게 주식매수청구권을 인정하고 있다(제530조의 11 제2항, 제522조의 3). 분할합병의 경우에는 양수회사의 경영상태의 여하에 따라서는 양도회사의 주주에게 불리한 결과가 되는 수가 있기 때문이다. 그러나 이러한 논리는 타당하지 않다고 본다. 신설분할이라도 특정주주에게 불리한 경우가 있을 수 있고, 또 불리하지 않더라도 회사분할에 반대하는 주주에게는 중대한 회사구조변경인 회사분할시 주식매수청구권을 인정하여 회사로부터 이탈하는 것을 보장하는 것이 타당하기 때문이다. 합병에 있어서도 이러한 제한은 없다. 따라서 주식매수청구권을 인정하는 전제로서 굳이 신설분할과 분할합병을 구분할 필요는 없다고 본다.

한편 상법은 간이합병과 소규모 합병에 대한 규정(제527조의 2, 제527조의 3)을 회사분할에도 준용하고 있다(제530조의 11 제2항) 그러나 소규모 분할의 경우에는 양수회사에서 발행하는 주식이 비록 소량일지라도 양수회사는 양도회사의 분할 전 채무에 대하여 연대채무를 지는 것이 원칙이므로, 이로 인하여 양수회사의 주주에게 불의의 피해를 줄 수 있다. 따라서 이 경우에는 반드시 주주총회의 결의가 필요하다고 본다. 이런 점에서 상법에서 소규모 합병에 관한 규정까지 분할에 준용하고 있는 것은 의문이다.

5. 分割登記

분할회사가 분할을 한 때는 본점소재지에서는 2주 내에, 지점소재지에서는 3주 내에 분할 후 존속하는 회사의 변경등기, 분할로 인하여 소멸하는 회사의 해산등기, 분할로 인하여 설립되는 회사의 설립등기를 하여야 한다(제530조의 11, 제528조).

6. 會社設立의 特例

분할에 의해 설립되는 회사에 대해서는 회사설립에 관한 규정이 적용된다(제530조의 4 제 1 항). 다만, 분할에 의하여 설립되는 회사는 분할하는 회사의 출자만으로도 설립할 수 있다(제530조의 4 제 2 항). 이 경우 분할하는 회사의 주주에게 그 주주가 가지는 그 회사의 주식의 비율에 따라서 설립되는 회사의 주식이 발행되는 경우에는 검사인의 검사가 요구되지 않는다.

7. 기타의 節次

회사의 분할에 필요한 자본의 감소, 주식의 병합 및 분할, 단주의 처리 등에 관하여는 각 해당 규정이 준용된다(제530조의 11, 제329조의 2, 제440조 내지 제444조, 제439조).

Ⅲ. 會社分割의 效果

1. 會社財産의 包括的 移轉

분할 또는 분할합병으로 인하여 설립되는 회사 또는 존속하는 회사는 분할하는 회사의 권리와 의무를 분할계획서 또는 분할합병결의서가 정하는 바에 따라서 승계한다(제530조의 10). 분할의 효력이 발생하는 시기는 분할 후 존속하는 회사 또는 분할로 인하여 설립되는 회사가 그 본점소재지에서 그 등기를 함으로써 그 효력이 발생한다(제530조의 11, 제234조).

재산의 부분적 포괄승계가 이루어지는 회사분할에서는(특히 양도회사가 소멸하는 완전(소멸) 분할의 경우) 분할계획서·계약서에서 분배되지 않은 재산의 처리가 문제로 된다. 이것은 합병과는 달리 재산의 전부가 이전되는 것이 아니기 때문이다. 상법은 이에 대하여 아무런 규정을 두고 있지 않다. 따라서 우선은 다음과 같은 외국의 입법례에 따라서 해결하는 것이 타당하다고 본다.

우선 양수회사의 누구도 할당받지 않고 또 해석에 의해서도 확정될 수 없는 경우, 적극재산은 분할계획서·분할계약서에서 명백하게 표시된 다른 자산의 분배비율에 의해 모든 양수회사로 이전하도록 하는 것이 타당하다. 재산을 복수의 양수회사에 할당할 수가 없는 경우에는 지정된 비율에 의해 그 대가를 분배하여야 한다. 다음에 배분되지 않고 또 해석에 의해서도 할당되지 않는 소극재산에 대해서는 분할당사회사가 그 다른 채무와 마찬가지로 연대채무를 부담하도록 하여야 할 것이다.

2. 讓受會社 株式의 交付

인적 분할의 경우 양도회사의 주주는 분할계획서(제530조의 5 제 1 항 4호) 또는 분할계약서(제530조의 6 제 1 항 3호)에서 정하는 바에 따라서 양수회사의 주주로 된다. 별도의 납입이 없는 점에서 주식의 대납이 있게 된다고 할 수 있다. 이에 따라서 양도회사의 주주는 법률상 직접 당해 사원권을 취득한다. 경우에 따라서는 양도회사의 주주에게 분할교부금이 지급되는 것도 가능하다(제530조의 6 제 1 항 4호). 물적 분할(자산분리)의 경우에는 양도회사가 양수회사의 주주로 된다.

3. 債務에 대한 連帶責任

분할 또는 분할합병으로 인하여 설립되는 회사 또는 존속하는 회사는 분할 또는 분할합병 전의 회사채무에 관하여 연대하여 변제할 책임이 있다(제530조의 9 제 1 항). 그러나 연대책임의 대상이 되는 "분할 전 채무"라는 말의 "분할 전"의 개념에 대해서는 아무런 규정이 없고, 또 연대책임의 배제를 정하지 않은 존속분할의 경우, 존속양도회사도 책임을 계속 부담하는지에 대하여 명시하고 있지 않다.

다만, 분할하는 회사는 특별결의로 분할에 의하여 회사를 설립하는 경우에 설립되는 회사가 분할하는 회사의 채무 중에서 출자한 재산에 관한 채무만을 부담할 것을 정하거나 분할의 출자를 받는 존립중의 회사가 분할하는 회사의 채무 중에서 출자한 재산에 관한 채무만을 부담할 것을 정할 수 있다(제530조의 9 제 2 항·제 3 항). 후자의 경우에는 제439조 제 3 항 및 제527조의 5의 규정을 준용한다(제530의 9조 제 4 항). 즉 갑회사가 A·B의 두 영업부문을 가지고 있는 경우, 이를 각각 을·병 회사로 분할하면 A영업부문을 이전받은 을의 채무를 A영업부문에서 발생한 채무만으로 한정할 수 있다는 것이다. 이 경우 분할되는 회사가 분할 후에 존속하는 때에는 분할로 인하여 설립되는 회사 또는 분할합병의 상대방회사가 부담하지 아니하는 채무만을 부담한다(제530조의 9 제 2 항 1문, 제530조의 9 제 3 항 2문). 2015년 12월 1일 상법 개정에서 개정 전의 '출자한 재산에 관한 채무'의 해석상의 문제점을 해결하였다. 개정 전에는 연대책임을 배제할 수는 있으나, 출자한 재산에 관한 채무이면 신설회사가 반드시 승계한 것으로 보았다. 2015년 개정법은 이러한 제한을 없앰으로써 출자한 재산에 구속되지 않고 회사가 분할계획서·분할합병계약서에서 정하는 바에 따라 채무에 대하여 자유로이 승계 여부를 정할 수 있게 되었다.

한편 채권자에 대한 사전적 보호로서 합병에 있어서의 채권자보호에 관한 규정이 준용되고 있다(제530조의 11, 제527조의 5).

<대판 2004. 8. 30, 2003 다 25973>

「분할 전 회사의 채권자를 보호하기 위하여 분할되는 회사와 신설회사가 분할 전의 회사채무에 관하여 연대책임을 지는 것을 원칙으로 하고, 이 경우에는 회사가 분할되더라도 채권자의 이익을 해할 우려가 없으므로 알고 있는 채권자에 대하여 따로 이를 최고할 필요가 없도록 한 반면에, 다만 만약 이러한 연대책임의 원칙을 엄격하게 고수한다면 회사분할제도의 활용을 가로막는 요소로 작용할 수 있으므로 연대책임의 원칙에 대한 예외를 인정하여 신설회사가 분할되는 회사의 채무 중에서 출자받은 재산에 관한 채무만을 부담할 것을 분할되는 회사의 주주총회의 특별결의로써 정할 수 있게 하면서, 그 경우에는 신설회사가 분할되는 회사의 채무 중에서 그 부분의 채무만을 부담하고, 분할되는 회사는 신설회사가 부담하지 아니하는 채무만을 부담하게 하여 채무관계가 분할채무관계로 바뀌도록 규정하였다고 해석된다. 그리고 이와 같이 분할되는 회사와 신설회사가 분할 전 회사의 채무에 대하여 연대책임을 지지 않는 경우에는 채무자의 책임재산에 변동이 생기게 되어 채권자의 이해관계에 중대한 영향을 미치므로 채권자의 보호를 위하여 분할되는 회사가 알고 있는 채권자에게 개별적으로 이를 최고하도록 규정하고 있는 것이고, 따라서 분할되는 회사와 신설회사의 채무관계가 분할채무관계로 바뀌는 것은 분할되는 회사가 자신이 알고 있는 채권자에게 개별적인 최고절차를 제대로 거쳤을 것을 요건으로 하는 것이라고 보아야 하며, 만약 그러한 개별적인 최고를 누락한 경우에는 그 채권자에 대하여 분할채무관계의 효력이 발생할 수 없고, 원칙으로 돌아가 신설회사와 분할되는 회사가 연대하여 변제할 책임을 지게 되는 것이라고 해석하는 것이 옳다.」

<대판 2006. 10. 12, 2006 다 26380>

「회사가 분할 또는 분할합병되고 분할되는 회사가 분할 후에도 존속하는 경우, 분할에 의하여 설립되는 회사 또는 분할합병에 따른 출자를 받는 존립중의 회사가 분할 또는 분할합병 전의 회사채무를 전혀 승계하지 않기로 하는 내용의 합의는 상법 제530조의 9에 위반한 것이어서 상법 제527조의 5에 정한 채권자보호절차를 거쳤는지 여부를 불문하고 채권자에 대한 관계에서 아무런 효력이 없고, 따라서 위 설립되는 회사 또는 존립중의 회사는 분할 또는 분할합병 전의 회사채무에 대하여 분할되는 회사와 연대책임을 진다.」

<대판 2010. 2. 25, 2008 다 74963>

「회사가 분할되는 경우 분할로 인하여 설립되는 회사 또는 존속하는 회사는 분할전 회사채무에 관하여 연대하여 변제할 책임이 있으나(상법 제530조의 9 제1항), 분할되는 회사가 상법 제530조의 3 제2항에 따라 분할계획서를 작성하여 출석한 주주의 의결권의 3분의 2 이상의 수와 발행주식총수의 3분의 1 이상의 수로써 주주총회의 승인을 얻은 결의로 분할에 의하여 회사를 설립하는 경우에는 설립되는 회사가 분할되는 회사의 채무 중에서 출자한 재산에 관한 채무만을 부담할 것을 정하여(상법 제530조의 9 제2항) 설립되는 회사의 연대책임을 배제할 수 있고, 이 경우 분할되는 회사가 '출자한 재산'이라 함은 분할되는 회사의 특정재산을 의미하는 것이 아니라 조직적 일체성을 가진 영업, 즉 특정의 영업과 그 영업에 필요한 재산을 의미하는 것으로 해석된다.

분할되는 회사와 신설회사가 분할 전 회사의 채무에 대하여 연대책임을 지지 않는 경우에는 채무자의 책임재산에 변동이 생기게 되어 채권자의 이해관계에 중대한 영향을 미치므로 채권자의 보호를 위하여 분할되는 회사가 알고 있는 채권자에게 개별적으로 이를 최고하고 만약 그러한 개별적인 최고를 누락한 경우에는 그 채권자에 대하여 신설회사와 분할되는 회사가 연대하여 변제할 책임을 지게 된다고 할 것이나(대판 2004. 8. 30, 2003 다 25973 참조), 채권자가 회사분할에 관여되어 있고 회사분할을 미리 알고 있는 지위에 있으며, 사전에 회사분할에 대한 이의제기를 포기하였다고 볼 만한 사정이 있는 등 예측하지 못한 손해를 입을 우려가 없다고 인정되는 경우에는 개별적인 최고를 누락하였다고 하여 그 채권자에 대하여 신설회사와 분할되는 회사가 연대하여 변제할 책임이 되살아난다고 할 수 없다.」

<대판 2010. 8. 19, 2008 다 92336>

「회사가 분할되는 경우 분할로 인하여 설립되는 회사 또는 존속하는 회사는 분할전 회사 채무에 관하여 연대하여 변제할 책임이 있으나(상법 제530조의 9 제1항), 분할되는 회사가 상법 제530조의 3 제2항에 따라 분할계획서를 작성하여 출석한 주주의 의결권의 3분의 2 이상의 수와 발행주식 총수의 3분의 1 이상의 수로써 주주총회의 승인을 얻은 결의로 분할에 의하여 회사를 설립하는 경우에는 설립되는 회사가 분할되는 회사의 채무중에서 출자한 재산에 관한 채무만을 부담할 것을 정하여(상법 제530조의 9 제2항) 설립되는 회사의 연대책임을 배제할 수 있다. 여기서 분할되는 회사가 '출자한 재산'이라 함은 분할되는 회사의 특정재산을 의미하는 것이 아니라 조직적 일체성을 가진 영업, 즉 특정의 영업과 그 영업에 필요한 재산을 의미하며(대판 2010. 2. 25, 2008 다 74963 참조), '출자한 재산에 관한 채무'라 함은 신설회사가 분할되는

회사로부터 승계한 영업에 관한 채무로서 당해 영업 자체에 직접적으로 관계된 채무뿐만 아니라 그 영업을 수행하기 위해 필요한 적극재산과 관련된 모든 채무가 포함된다고 봄이 상당하다.」

<대판 2010. 8. 26, 2009 다 95769>

「분할합병을 하는 분할당사회사가 상법 제530조의 9 제 1 항에 의한 연대책임을 면하고 각자 분할합병계약서에 본래 부담하기로 정한 채무에 대한 변제책임만을 지는 분할채무관계를 형성하기 위해서는, 분할합병에 따른 출자를 받는 존립 중의 회사가 분할되는 회사의 채무 중에서 출자한 재산에 관한 채무만을 부담한다는 취지가 기재된 분할합병계약서를 작성하여 이에 대한 주주총회의 승인을 얻어야 하고(상법 제530조의 9 제 3 항, 제 2 항 후단, 상법 제530조의 3 제 1 항, 제 2 항), 이러한 요건이 충족되었다는 점에 관한 주장·증명책임은 분할당사회사가 연대책임관계가 아닌 분할채무관계에 있음을 주장하는 측에게 있다. 단순히 분할합병계약서에 상법 제530조의 6 제 1 항 제 6 호가 규정하는 '분할되는 회사가 분할합병의 상대방 회사에 이전할 재산과 그 가액'의 사항 등을 기재하여 주주총회의 승인을 얻었다는 사정만으로는 위와 같이 분할책임관계를 형성하기 위한 요건이 충족되었다고 할 수 없으므로, 분할당사회사는 각자 분할합병계약서에 본래 부담하기로 정한 채무 이외의 채무에 대하여 연대책임을 면할 수 없다.

분할당사회사가 상법 제530조의 9 제 1 항에 의하여 각자 분할계획서나 분할합병계약서에 본래 부담하기로 정한 채무 이외의 채무에 대하여 연대책임을 지는 경우, 이는 회사분할로 인하여 채무자의 책임재산에 변동이 생기게 되어 채권회수에 불이익한 영향을 받는 채권자를 보호하기 위하여 부과된 법정책임으로서 특별한 사정이 없는 한 그 법정 연대책임의 부담에 관하여 분할당사회사 사이에 주관적 공동관계가 있다고 보기 어려우므로, 분할당사회사는 각자 분할계획서나 분할합병계약서에 본래 부담하기로 정한 채무 이외의 채무에 대하여 부진정연대관계에 있다고 봄이 상당하다.」

<대판 2010. 12. 23, 2010 다 71660>

「상법 제530조의 9 제 1 항에 따라 주식회사의 분할 또는 분할합병으로 인하여 설립되는 회사와 존속하는 회사가 회사 채권자에게 연대하여 변제할 책임이 있는 분할 또는 분할합병 전의 회사 채무에는 회사 분할 또는 분할합병의 효력발생 전에 발생하였으나 분할 또는 분할합병 당시에는 아직 그 변제기가 도래하지 아니한 채무도 포함된다고 할 것이고, 나아가 회사 분할 또는 분할합병의 효력

발생 전에 아직 발생하지는 아니하였으나 이미 그 성립의 기초가 되는 법률관계는 발생하여 있는 채무도 포함된다고 할 것이다.」

<대판 2011. 9. 29, 2011 다 38516>

「분할되는 회사와 수혜회사가 분할 전 회사의 채무에 대하여 연대책임을 지지 않는 경우에는 채무자의 책임재산에 변동이 생기게 되어 채권자의 이해관계에 중대한 영향을 미치므로 채권자의 보호를 위하여 분할되는 회사가 알고 있는 채권자에게 개별적으로 이를 최고하도록 규정하고 있는 것이고, 따라서 분할되는 회사와 수혜회사의 채무관계가 분할채무관계로 바뀌는 것은 분할되는 회사가 자신이 알고 있는 채권자에게 개별적인 최고절차를 제대로 거쳤을 것을 요건으로 하는 것이라고 보아야 하며, 만약 그러한 개별적인 최고를 누락한 경우에는 그 채권자에 대하여 분할채무관계의 효력이 발생할 수 없고 원칙으로 돌아가 수혜회사와 분할되는 회사가 연대하여 변제할 책임을 지게 된다(대판 2004. 8. 30, 2003 다 25973 참조).

이와 같이 분할 또는 분할합병으로 인하여 회사의 책임재산에 변동이 생기게 되는 채권자를 보호하기 위하여 상법이 채권자의 이의제출권을 인정하고 그 실효성을 확보하기 위하여 알고 있는 채권자에게 개별적으로 최고하도록 한 입법취지를 고려하면, 개별 최고가 필요한 '회사가 알고 있는 채권자'라 함은 채권자가 누구이고 그 채권이 어떠한 내용의 청구권인지가 대체로 회사에게 알려져 있는 채권자를 말하는 것이고, 그 회사에 알려져 있는지 여부는 개개의 경우에 제반 사정을 종합적으로 고려하여 판단하여야 할 것인바, 회사의 장부 기타 근거에 의하여 그 성명과 주소가 회사에 알려져 있는 자는 물론이고 회사 대표이사 개인이 알고 있는 채권자도 이에 포함된다고 봄이 상당하다.」

<대판 2015. 7. 23, 2015 다 211395>

「원심은 그 판시와 같은 이유로, 이 사건 구상채무에 대한 연대보증채무는 상법 제530조의9 제 1 항에서 말하는 분할 전의 회사 채무에 해당하고, 이 사건 분할 당시 주식회사 디에스피이엔티가 원고에 대한 개별적인 최고절차를 거치지 아니하여 위 연대보증채무에 관한 연대책임 배제의 요건이 구비되지 아니하였다고 인정하고, 또 원고의 이 사건 청구가 신의성실의 원칙에 위배된다고 보기 어렵다고 판단하였다. 관련 법리와 기록에 의하여 살펴보면, 원심의 위 인정과 판단은 정당하다. 거기에 분할 전의 회사 채무의 범위, 채권자보호절차 이행 여부 및 신의성실의 원칙에 관한 법리를 오해한 위법이 없다. 그러므로 상고를 기각하고 상고비용은 패소자가 부담하도록 하여, 관여 대법관의 일치된 의견으로 주문과

같이 판결한다.」

<대판 2016. 2. 18, 2015 다 10868·10875>

「상법 제530조의9 제 1 항은 주식회사의 분할에 관하여 '분할 또는 분할합병으로 인하여 설립되는 회사 또는 존속하는 회사는 분할 또는 분할합병 전의 회사 채무에 관하여 연대하여 변제할 책임이 있다'고 규정하고 있다. 다만 주주총회의 분할승인결의로써 분할에 의하여 설립되는 회사 또는 분할합병에 따른 출자를 받는 존립 중의 회사(이하 이 두 부류의 회사를 '승계회사'라 한다)가 분할되는 회사의 채무 중에서 출자받은 재산에 관한 채무만을 부담할 것을 정함으로써 위와 같은 연대책임을 배제할 수 있지만(상법 제530조의9 제 2 항, 제 3 항) 이 경우에는 상법 제527조의5 등의 규정에 따른 채권자 보호절차를 거쳐야 한다(상법 제530조의9 제 4 항). 한편 「채무자 회생 및 파산에 관한 법률」(이하 '채무자회생법'이라 한다) 제193조 제 2 항 제 6 호에 의하면 회생절차에서는 회생계획에 주식회사인 회생채무자의 분할, 분할합병 등에 관하여 정할 수 있는데, 이 경우 회생계획에 승계회사가 분할회사의 채무 중에서 출자받은 재산에 관한 채무만을 부담할 것을 정함으로써 상법 제530조의9 제 1 항에 따른 연대책임을 배제할 수 있다(채무자회생법 제212조 제 1 항 제 7 호, 제213조 제 1 항 제 7 호, 제272조 제 1 항). 그리고 이때는 상법 제527조의5 등의 규정에 따른 채권자보호절차도 적용되지 아니한다(채무자회생법 제272조 제 4 항). 그러나 공익채권의 경우는 다르다. 공익채권은 회생채권이나 회생담보권과 달리 회생절차에 의하지 아니하고 수시로 변제하여야 한다(채무자회생법 제180조 제 1 항). 그리고 회생계획에는 공익채권에 관하여 이미 변제한 것을 명시하고 장래 변제할 것에 관하여 정하여야 하지만(채무자회생법 제199조), 공익채권자는 회생계획안에 대하여 결의하는 관계인집회에 참여하여 의견을 진술하거나 의결할 권리가 없고, 회생계획 인가결정에 대하여 법률상 이해관계를 가지지 아니하여 그에 대한 적법한 항고권자가 될 수도 없다(대법원 2006. 1. 20.자 2005그60 결정 등 참조). 회생계획에는 공익채권에 관하여 그 변제기의 유예 또는 채권의 감면 등 공익채권자의 권리에 영향을 미치는 규정을 정할 수 없고, 설령 회생계획에서 그와 같은 규정을 두었더라도 공익채권자가 이에 대하여 동의하지 아니하는 한 그 권리변경의 효력이 공익채권자에게 미치지 아니한다(대법원 2010. 1. 28. 선고 2009 다 40349 판결 등 참조). 이와 같은 상법 규정들과 채무자회생법 규정들의 취지, 회생절차에서의 공익채권자의 지위 등에 비추어 보면, 위와 같은 채무자회생법의 특례규정들은 회생채권과 회생담보권에 대하여 적용될 수 있지만 공익채권에 대하여는 적용되지 아니한다고 봄이 타당하고, 회생계획에 의하여 주식회사인 회생채무자를 분할하는 경우에도 상법 제530조의9 제 1 항이 원칙적으로 적용되므로 모든 승계회사와 분

할 후에 존속하는 분할회사는 분할 전에 성립한 분할회사의 공익채무에 관하여 연대하여 변제할 책임을 진다고 할 것이다. 설령 회생계획에서 이러한 연대책임을 배제하는 취지의 규정을 두었더라도 분할회사의 공익채권자에 대하여는 분할로 인한 채무자 변경 등의 효과가 귀속되어 그 권리가 실질적으로 변경되는 결과가 되기 때문에 그가 동의하지 아니하는 한 효력을 미치지 아니한다고 할 것이다.」

<대판 2017. 5. 30, 2016 다 34687>

「구 상법(2015. 12. 1. 법률 제13523호로 개정되기 전의 것) 제530조의9 제 1 항은 "분할 또는 분할합병으로 인하여 설립되는 회사 또는 존속하는 회사(이하 '수혜회사'라 한다)는 분할 또는 분할합병 전의 회사채무에 관하여 연대하여 변제할 책임이 있다."라고 정하고 있다(2015. 12. 1. 개정된 상법 제530조의9 제 1 항은 "분할회사, 단순분할신설회사, 분할승계회사 또는 분할합병신설회사는 분할 또는 분할합병 전의 분할회사 채무에 관하여 연대하여 변제할 책임이 있다."라고 정하여, '분할회사'와 '분할합병신설회사' 등이 동일한 분할회사 채무에 관해 연대책임을 부담한다는 점을 명시하고 있다). 이는 회사분할로 채무자의 책임재산에 변동이 생겨 채권 수에 불리한 영향을 받는 채권자를 보호하기 위하여 부과된 법정책임을 정한 것으로, 수혜회사와 분할 또는 분할합병 전의 회사는 분할 또는 분할합병 전의 회사채무에 대하여 부진정연대 책임을 진다(대법원 2010. 8. 26. 선고 2009 다 95769 판결 참조).

상법에서 위 규정에 따라 채권자가 연대책임을 물을 수 있는 기간이나 금액에 대해서 아무런 제한규정을 두고 있지 않지만 채권자를 분할 또는 분할합병 이전의 상태보다 더욱 두텁게 보호할 필요는 없다. 수혜회사가 채권자에게 연대하여 변제할 책임을 부담하는 채무는 분할 또는 분할합병 전의 회사가 채권자에게 부담하는 채무와 동일한 채무이다. 따라서 수혜회사가 채권자에게 부담하는 연대채무의 소멸시효 기간과 기산점은 분할 또는 분할합병 전의 회사가 채권자에게 부담하는 채무와 동일한 것으로 봄이 타당하다. 결국 채권자는 해당 채권의 시효기간 내에서 분할로 인하여 승계되는 재산의 가액과 무관하게 연대책임을 물을 수 있다고 보아야 한다(A회사에 대해 변제기가 도래한 대출채권 등을 보유한 원고가 A회사의 전기공사업 부분을 분할하여 합병한 피고를 상대로 구 상법 제530조의9 제 1 항에 따른 연대채무의 이행을 구하였음. 피고가 원고에게 연대하여 변제할 책임을 부담하는 채무는 분할합병 전의 A회사가 원고에게 부담하는 채무와 동일한 채무이고 소멸시효 기산점과 소멸시효기간은 위 대출채권 등의 변제기 도래시점과 상사채권의 소멸시효기간인 5년으로서 그 소멸시효가 완성하였다고 판단하고, 위 대출채권 등의 소멸시효의 기산점이 이 사건 분할합병 등기일이고 소멸시효기간이 10년이라는 원고의 주장을 배척한 원심의 판단을 수긍하여 상고기각한 사례임).」

4. 反對株主의 株式買受請求權

분할합병에 반대하는 주주에게는 주식매수청구권이 인정된다(제530조의 11 제2항, 제522조의 3). 그런데 2015년 12월 상법 개정 전에는 의결권 없는 주주에게는 매수청구권이 인정되지 아니하였었다. 이때 의결권 없는 주주란 의결권이 배제되는 주식 또는 당해 총회의 의안에 관해 의결권이 제한되는 주식뿐만 아니라 상호주 기타 상법 또는 특별법에서 의결권을 제한하는 주식을 소유하는 주주를 모두 포함하는 것으로 해석되고 있었다. 반대주주의 주식매수청구권과 관련하여 보면 이사회에서 합병 등의 결의가 있은 후 주주총회를 소집하는데, 공식적으로는 주주가 그 소집 통지 등에 의해 합병 등이 추진되고 있음을 알게 되는 것으로 볼 수 있다. 의결권 없는 주주에게도 주식매수청구의 기회를 부여해야 하는 것으로 보면 이들에게도 총회 소집의 통지가 이루어져야 한다. 그러나 개정전 상법 규정상으로는 의결권 없는 주주에게는 소집 통지를 하지 않도록 하고 있었다. 따라서 2015년 12월 개정상법은 의결권 없는 주주에게는 적용하지 아니한다는 조항에 반대주주의 주식매수청구권이 인정되고 있는 5가지 경우의 예외를 명문으로 규정하였다. 즉 개정상법에서는 주식매수청구권을 부여하는 무의결권주주에 대한 주주총회의 소집통지를 하도록 규정하였다. 바로 제363조 제 7 항 단서에서 "다만 제 1 항의 통지서에 적은 회의의 목적사항에 제360조의 5(주식교환), 제360조의 22(주식이전), 제374조의 2(영업양도 등), 제522조의 3(합병) 또는 제530조의 11(분할 또는 분할합병)에 따라 반대주주의 주식매수청구권이 인정되는 사항이 포함되는 경우에는 그러하지 아니하다."라는 규정을 신설한 것이다.

5. 會社의 計算

분할 또는 분할합병으로 인하여 설립되는 회사 또는 출자를 받는 회사가 영업권을 취득한 경우에는 그 취득가액을 대차대조표의 자산의 부에 계상할 수 있다. 이 경우에는 설립등기 또는 분할합병의 등기를 한 후 5년 내의 매 결산기에 균등액 이상을 상각하여야 한다(제530조의 8).

Ⅳ. 分割의 無效

합병의 무효에 관한 규정(제237조 내지 제240조, 제529조)은 분할의 무효에 관하여도 준용된다(제530조의 11 제 1 항).

<대판 2010. 7. 22, 2008 다 37193>

「주주가 회사를 상대로 제기한 분할합병무효의 소에서 당사자 사이에 분할합병계약을 승인한 주주총회결의 자체가 있었는지 및 그 결의에 이를 부존재로 볼 만한 중대한 하자가 있는지 등 주주총회결의의 존부에 관하여 다툼이 있는 경우 주주총회결의 자체가 있었다는 점에 관해서는 회사가 증명책임을 부담하고 그 결의에 이를 부존재로 볼 만한 중대한 하자가 있다는 점에 관해서는 주주가 증명책임을 부담하는 것이 타당하다.

상법 제530조의11 제 1 항 및 제204조는 분할합병무효의 소에 관하여 상법 제189조를 준용하고 있고 상법 제189조는 "설립무효의 소 또는 설립취소의 소가 그 심리 중에 원인이 된 하자가 보완되고 회사의 현황과 제반사정을 참작하여 설립을 무효 또는 취소하는 것이 부적당하다고 인정한 때에는 법원은 그 청구를 기각할 수 있다."고 규정하고 있으므로 법원이 분할합병무효의 소를 재량기각하기 위해서는 원칙적으로 그 소 제기 전이나 그 심리 중에 원인이 된 하자가 보완되어야 할 것이나, 그 하자가 추후 보완될 수 없는 성질의 것인 경우에는 그 하자가 보완되지 아니하였다고 하더라도 회사의 현황 등 제반사정을 참작하여 분할합병무효의 소를 재량기각할 수 있다.」

Ⅴ. 物的分割과 旣存株主 保護

물적 분할의 경우 기존주주 보호가 최근 국내에서 중요한 의제가 되고 있다. 현재에는 분할합병의 경우에만 반대주주의 주식매수청구권이 인정되고 있을 뿐이다. 이에 대하여 다양한 제도개선이 논의되고 있다. 물적분할 자회사가 설립 5년 내 상장할 때에는 모회사가 일반주주와 충실히 소통했는지를 종합적으로 보아 미흡할 경우 상장을 제한하는 방안, 물적분할에 반대하지만 결정과정에서 소외된 주주에게 주식매수청구권을 부여하여 벗어날 수 있는 권리를 보장하는 방안, 물적분할 자회사 상장시 모회사 주주에게 신주를 우선배정하는 사항들이 논의되고 있다(권재열, 물적분할 후 자회사 상장시 소수주주 보호방안 검토, 증권법연구 제23권 제 1 호(2022), 5쪽). 각 제도개선의 장단점과 현실적 한계 등을 추가 검토하여 도입여부를 결정하는 것이 필요한 상황이다. 이를 위하여 학자들과 실무계, 관계부처가 함께 머리를 맞대고 혜안을 이끌어내야 한다. 상법 제530조의 12만으로 물적분할을 규율하고 있는 상법 규정체계를 개편할 필요성이 존재한다는 점은 분명하다.

물적분할 자회사 상장 시 주주보호방안에 대해 물적분할 공시강화, 상장심사 기준 도입 등은 정보의 불균형 해소라는 차원에서 타당한 방향이다. 반대주주 주식매수청구권 부여의 경우 비상장회사에까지 적용될 수 있도록 자본시장법뿐만 아니라 상법 개정도 같이 이루어져야 하고, 부작용 등에 대한 고려도 필요하다. 공모신주 우선배정의 경우 우선배정 주식 비율, 주주명부 기준일 등 실무적인 고민이 필요하고, 인정 근거에 대한 논리 보완이 필요하다. 우리사주와 모회사 주주에 대한 공모신주 우선배정은 입법목적 자체가 다른 제도이다. 물적분할시 기존주주 보호와 관련하여 상법 제418조 소정의 주주배정 원칙의 예외를 인정하기 위해서는 법적 보완책이 요구되고 있다.

제 4 절 株式의 包括的 交換과 移轉

Ⅰ. 導入背景

주식의 포괄적 교환과 이전은 특정의 타회사(자회사)를 완전히 지배하는 완전모회사의 설립을 위한 방법이다. 이를 상법에 도입하게 된 것은 독점규제법에서 이미 지주회사를 허용함에 따라 지주회사를 쉽게 설립하는 방법을 회사법에서도 규정할 필요성이 있었기 때문이다. 상법에서 완전모회사 내지 지주회사의 설립을 규정하게 된 것은 자회사에 소수주주가 존재하는 이상 자회사에 대한 경영전략에 유연성이 없어지고, 기업의 매수를 주저하게 되는 상황이 예상되기 때문이다. 이에 완전모회사의 설립을 쉽게 한 것이 주식의 포괄적 교환제도이고, 기존 기업의 매수에 의하지 아니하고 완전모회사의 설립을 가능하게 하는 것이 주식의 포괄적 이전제도이다.

주식의 포괄적 교환 및 이전은 국내외에서 찾을 수 있다. 이미 국내법으로서는 금융지주회사법(제20조-제37조)에서 그 전례를 찾을 수 있고, 외국입법례로는 일본 신회사법(제767조-제774조)의 미국의 모범사업회사법(§11.02(Share Exchange))에서 그 예를 찾을 수 있다.

Ⅱ. 株式交換과 株式移轉의 差異點

1. 完全母會社의 成立과 既存會社와의 關係

주식의 포괄적 교환에 의한 완전모회사는 기존 회사가 자회사의 주식을 전부 취득함으로써 완전지배관계가 성립된다. 그러나 주식의 포괄적 이전에 의한 경우는 완전모회사가 신설되는 점이 근본적으로 다르다. 완전모회사가 주식의 포괄적 교환의 경우에는 기존 회사이지만, 주식의 포괄적 이전의 경우에는 기존 회사의 의사에 따라서 신설되는 모회사이다.

2. 完全母會社의 承認總會

주식교환의 경우에는 완전자회사 및 완전모회사의 양쪽 주주총회의 승인 결의가 필요하지만(제360조의 3), 주식의 포괄적 이전의 경우에는 완전모회사가 설립되기 전이므로 완전자회사의 총회의 이전승인결의만 있으면 된다(제360조의 15).

3. 完全母會社의 自己株式의 交付

주식교환의 경우에는 완전자회사의 주주에게 완전모회사의 신주발행 대신에 자기주식을 교부할 수 있으나(제360조의 6), 주식의 포괄적 이전의 경우에는 완전모회사가 설립되기 전이므로 자기주식을 보유할 수 없다. 그리하여 신주발행에 갈음하여 자기주식을 교부하는 일은 없다.

4. 株主總會의 承認事項

주식교환의 경우에는 완전모회사가 될 회사와 자회사가 될 회사 간의 주식교환계약서를 작성하여 주주총회에서 승인을 얻게 된다(제360조의 3). 주식의 포괄적 이전의 경우에는 완전모회사가 될 회사가 아직 존재하지 않으므로, 자회사가 될 회사의 주주총회에서 주식이전에 관한 사항 및 완전모회사의 설립에 관한 의안을 승인하는 절차를 밟게 된다(제360조의 15).

5. 完全母會社의 理事·監事

주식교환의 경우에는 완전모회사의 이사 및 감사는 주식교환 이전에 이미 취임하고 있으므로, 그 임기는 주식교환계약서에 다른 정함이 없는 경우에는 주식교환 후 최초로 도래하는 결산기에 관한 정기총회가 종료하는 때에 퇴임하는 것으로 되어 있다(제360조의 12). 완전자회사의 주주가 새로 완전모회사의 주주로 들어왔기 때문에 전체의 의사를 묻도록 한 것이다. 주식의 포괄적 이전으로 인한 완전모회사의 이사 및 감사는 신임이므로, 그 임기는 통상의 임기의 규정에 따른다.

6. 效力發生時期

주식의 포괄적 교환의 효력이 발생하는 날은 주식교환계약서상의 "주식교환을 할 날"(제360조의 3 제 3 항 6호)이 된다. 다만, 이 날은 완전자회사의 주권실효절차에 관한 주권제출기간이 만료한 다음 날이 된다(제360조의 8 제 1 항). 이 주식교환을 할 날로부터 2주간 내에 자본총액 등의 변경등기를 하도록 되어 있다. 그런데 이 등기는 이미 효력이 발생한 것을 확인하는 의미를 가질 뿐이다. 주식의 포괄적 이전의 효력은 주식이전으로 인하여 설립한 완전모회사의 본점소재지에서 설립등기 내지 주식이전등기를 함으로써 생긴다(제360조의 20).

7. 簡易·小規模株式交換의 認定

주식의 포괄적 교환의 경우에는 간이주식교환 및 소규모 주식교환(제360조의 9, 제360조의 9 제 1 항)이 인정되지만, 이전에서는 인정되지 않는다.

Ⅲ. 株式의 包括的 交換

1. 槪 念

주식의 포괄적 교환은 기존 주식회사가 이미 존재하는 다른 주식회사의 완전모회사(지주회사)가 되기 위한 제도이다. 주식의 포괄적 교환에 의해 기존 주식회사 A가 다른 주식회사 B의 주주로부터 B회사의 주식 전부를 포괄적으로 취득하여 완전모회사가 되고, 그 대가로 A사의 주식을 교부하게 된다(제360조의 2 제 1 항).

2. 株式의 包括的 交換의 規制

(1) 債務超過會社를 完全子會社로 하는 株式交換 주식교환의 날의 대차대조표상 채무초과상태에 있는 회사를 자회사로 하는 경우에는 주식교환이 허용되지 않는다. 왜냐하면 주식교환에 의하여 모회사의 증가할 자본액은 교환의 날의 자회사의 순자산액을 초과하지 못하게 되어 있기 때문이다(제360조의 7 제 1 항).

(2) 獨占規制法상의 規制 독점규제법에 의하면 자산총액이 100억 원 이상의 회사는 지주회사로 전환하거나, 지주회사를 설립하는 경우에는 공정거래위원회에 신고하여야 한다(독점규제법 제 8 조, 동 시행령 제 2 조). 그리고 지주회사에 대해서는 일정한 행위가 제한된다(독점규제법 제 8 조의 2).

3. 株式의 包括的 交換의 節次

(1) 株式의 包括的 交換契約의 締結　　주식의 포괄적 교환은 모회사가 될 회사와 자회사가 될 회사 간의 계약에 의하여 이루어진다. 그리고 이를 서면화한 주식교환계약서의 총회에서의 승인의 절차가 진행된다. 그런데 그 계약은 주주간에 체결되는 것이 아니고, 계약당사자는 양 회사가 된다. 그리하여 절차의 처음은 이사회의 결의에 의한 계약의 체결이다.

(2) 株式의 包括的 交換契約書의 作成　　주식교환계약서의 작성은 모회사가 되는 회사 및 자회사가 되는 회사에서 한다. 그리고 이것은 합병의 경우의 합병계약서작성에 상응한다(제523조). 자회사가 되는 회사는 2개 회사 이상일 수도 있다. 주식교환계약서의 기재사항은 상법 제360조의 3 제 3 항에 나열되어 있다.

(3) 三角柱式交換, 逆三角合併　　2015년 개정 상법에서는 교환교부금을 금전 아닌 재산으로 교부하는 것을 허용하였다. 그리고 제360조의 3 제 3 항 제 4 호에서 교환대가 전부를 금전이나 금전 아닌 재산으로 지급할 수 있도록 하였다. 또한 제360조의 3 제 6 항에서 교환대가 전부를 완전모회사가 되는 회사의 모회사의 주식으로 할 수 있음을 전제로 완전모회사가 자신의 모회사의 주식을 취득하는 것을 허용하는 규정을 신설하였다. 이는 삼각합병에 대응하여 삼각주식교환을 허용한 것이다. 삼각주식교환을 허용함으로써 역삼각합병도 가능하게 되었다. 삼각합병은 존속회사가 소멸회사 주주에게 존속회사 주식을 교부하는 대신 존속회사의 모회사 주식을 교부하는 방식의 합병을 말한다. 예컨대 T회사 인수를 원하는 A회사는 먼저 완전자회사 S를 설립한 후, T를 S에 흡수합병시키면서 소멸회사인 T의 주주들에게 존속회사인 S 대신 그 모회사인 A의 주식을 교부하는 것이다. 한편 역삼각합병은, 이러한 삼각합병에서 T를 S에 흡수합병시키는 것이 아니라 반대로 S를 T에 흡수합병시키면서 T의 주주들에게 A의 주식을 교부하는 방식의 합병을 말한다. 이 역삼각합병에서는 소멸회사인 S의 주주인 A에게 합병대가가 지급되지 않고, 존속회사인 T사의 주주의 지위가 T사 주주에서 A사 주주로 되게 된다. 삼각주식교환을 한 후, 주식교환에서의 완전모회사가 된 회사가 완전자회사의 주식을 자신의 모회사에 잔여재산으로 분배하고 해산을 하거나, 완전자회사에 흡수합병되는 절차를 다시 거침으로써 역삼각합병의 효과를 누릴 수가 있다.

(4) 公示書類, 公示期間, 株主의 열람권 각 회사의 이사는 주식교환계약서의 승인에 관한 주주총회의 회일의 2주 전부터 주식교환의 날 이후 6월이 경과하는 날까지 일정한 서류(주식교환계약서, 완전자회사가 되는 회사의 주주에 대한 주식의 배정에 관하여 그 이유를 기재한 서면, 주식교환을 하는 각 회사의 대차대조표 및 손익계산서)를 회사의 본점에 비치하여 주주가 영업시간 내에 그 열람 또는 등사를 청구할 수 있도록 하여야 한다(제360조의 4, 제391조의 3 제3항). 이러한 서류 중 주식의 배정에 관하여 그 이유를 기재한 서면은 주식교환비율의 이유서를 말하며, 비율의 공정성을 판단하는 기초자료가 된다. 이에 의거하여 교환비율이 불리하다고 판단하는 주주는 승인결의에 반대하고 주식매수청구를 할 수 있다(제360조의 5).

2011년 상법개정에 의하여 주식교환으로 인하여 주식교환에 관련되는 각 회사의 주주의 부담이 가중되는 경우에는 상법 제360조의 3 제1항 및 제436조의 종류주주총회의 결의 외에 그 주주 전원의 동의가 있어야 하도록 강화되었다(제360조의 3 제5항).

(5) 會社債權者保護措置 여부 이러한 사전공시는 주주총회에서 주식교환계약서의 승인을 할 것인지의 여부를 판단하기 위한 자료를 제공하는 것이다. 그런데 사후공시(제360조의 12)는 주식교환무효의 소(제360조의 14)를 위한 정보제공이라는 점에서 사전공시와 구분된다. 그런데 합병의 경우에는 주주 이외에 회사채권자도 열람·등사를 청구할 수 있으나(제522조의 2 제2항), 주식교환의 경우에는 회사채권자는 열람·등사 청구권이 없다. 주식교환의 경우에는 모회사 및 자회사가 되는 회사는 주식교환 이후에도 그대로 존속하므로 채권자의 이익에 영향을 미치는 일이 없다는 점에 그 근거가 있다.

(6) 反對株主의 株式買受請求權 주식교환에 반대하는 주주는 주식매수청구권을 행사할 수 있다(제360조의 5). 합병반대주주의 매수청구권(제522조의 3)과 같은 취지이다. 매수청구권은 모회사 및 자회사가 되는 회사의 주주가 모두 할 수 있다. 주식교환에 반대하는 주주의 청구에 의한 주식매수가액은 회사의 영업 전부의 양도 등의 결의(제374조)에 반대하는 주주의 주식매수청구의 경우(제374조의 2 제2항 내지 제5항)와 동일하다(제360조의 5 제2항).

(7) 株主總會의 承認決議 주식교환계약서의 승인총회의 소집의 통지와 공고에는 일정한 사항을 기재하여야 한다(제360조의 3 제4항). 주식교환에 의하여 자회사 B의 주주는 모회사 A의 주주가 되고, A·B회사 간에는 완전지배종속관계가 성립되므로, 양 회사의 주주총회의 특별결의에 의한 주식교환계약서의

승인이 필요하게 된다(제360조의 2 제2항, 제360조의 3 제2항).

(8) 完全母會社의 주식의 配定, 自己株式의 移轉, 資本增加와 資本準備金

A. **新株의 背景** 완전모회사가 되는 회사는 완전자회사가 되는 회사의 주식의 전부를 취득하는 대가로 완전자회사가 되는 회사의 주주에게 신주를 발행한다. 이 경우의 신주의 총수·종류와 종류별 주식의 수 등은 주식교환계약서의 기재사항이다(제360조의 3 제3항 2호).

B. **母會社의 自己株式의 移轉** 완전모회사가 되는 회사가 자기주식을 보유하고 있는 경우에는 신주의 교부에 갈음하여 자기주식을 자회사가 되는 회사의 주주에게 이전할 수 있으며, 이 경우의 이전할 주식의 총수·종류 및 종류별 주식의 수를 주식교환계약서에 기재하여야 한다(제360조의 3 제3항 8호, 제360조의 6).

C. **母會社의 資本增加의 限度額** 모회사가 되는 회사의 자본의 증가는 자회사가 되는 회사의 순자산액에서 주식교환교부금 등을 공제한 금액을 초과하지 못한다(제370조의 7).

D. **資本準備金** 모회사가 되는 회사가 주식교환을 위하여 발행하는 신주의 액면총액(자본증가액)이 자본증가의 한도액(제360조의 7)보다 낮은 경우에는 그 차액은 자본준비금으로 적립하게 된다(제459조 제1항).

(9) 完全母會社의 理事·監事의 임기 주식교환계약서에 완전모회사가 되는 회사의 이사와 감사 또는 감사위원회 위원을 정한 때에는 그 성명과 주민등록번호를 기재하여 총회의 승인결의를 얻도록 하고(제360조의 3 제3항 9호), 그러한 정함이 없으면 주식교환 이전에 취임한 완전모회사의 이사·감사는 주식교환 이후 최초로 도래하는 결산기에 관한 정기총회가 종료하는 때에 퇴임하는 것으로 되어 있다(제360조의 13). 흡수합병의 경우의 존속회사의 이사·감사의 임기에 관한 규정(제527조의 4 제1항)과 같은 취지이다.

(10) 完全子會社의 株券의 失效節次 완전자회사가 되는 회사는 주주총회에서 주식교환계약서의 승인결의가 있는 때에는 주식교환의 날의 전일까지 주권을 회사에 제출해야 하고, 주식교환의 날에 주권이 무효가 된다는 뜻을 주식교환의 날 1월 전에 공고하고, 주주명부에 기재된 주주와 질권자에게 따로 통지하여야 한다(제360조의 8 제1항).

4. 株式交換의 效力發生

주식교환의 효력은 주식교환계약서에 기재된 "주식교환을 할 날"(제360조의 3 제

(3항 6호)에 발생하며, 이는 주권실효절차에서의 주권제출기간이 만료한 날(제360조의 8 제2항, 제442조)의 다음 날이 된다. 그런데 이때 효력발생일은 주식교환 후의 변경등기와는 관계 없다. 사후정보공시의무자는 완전모회사가 되는 회사 및 완전자회사가 되는 회사의 (대표)이사이다. 그는 일정한 사항(주식교환의 날, 주식교환의 날에 완전자회사가 되는 회사에 현존하는 순자산액, 주식교환으로 인하여 완전모회사에게 이전한 완전자회사의 주식의 수)과 그 밖에 주식교환에 관한 사항을 기재한 서면을 주식교환의 날로부터 6월간 본점에 비치하여야 한다(제360조의 12 제1항).

5. 簡易株式交換 및 小規模株式交換

(1) 簡易株式交換 상법은 간이합병에 관한 규정(제527조의 2)의 취지에 따라 간이주식교환의 제도를 규정하고 있다(제360조의 9). 이는 주식교환의 경우의 완전모회사를 흡수합병의 경우의 존속회사로, 완전자회사를 해산회사로 보고 간이합병과 같은 요건이 갖추어지면 완전자회사의 주주총회의 주식교환승인 결의를 생략하고 이사회의 결의로 갈음하기 위한 조치이다.

(2) 小規模株式交換

A. 認定要件 상법은 또한 소규모 합병(제527조의 3)과 같은 취지에서 다음과 같은 경우 소규모 주식교환제도도 규정하고 있다(제530조의 10). 첫째는 완전모회사가 신주를 배정하는 경우로서 완전모회사가 되는 회사 A가 주식교환을 위하여 배정하는 신주의 총수가 그 회사의 발행주식총수의 100분의 5를 초과하지 않는 경우에는 주주총회의 승인을 생략할 수 있다(제360조의 10 제1항 본문). 이 때에는 완전자회사가 되는 회사 B의 주주에게 지급할 주식교환교부금이 완전모회사가 되는 회사 A에 현존하는 순자산액의 100분의 2를 초과하지 않아야 한다(제360조의 10 제1항 단서). 두 번째는 완전모회사가 자기주식을 이전하는 경우로서 완전모회사 A가 신주의 발행에 갈음하여 자기주식을 완전자회사 B의 주주에게 이전하는 경우(제360조의 6)의 주식은 제360조의 10 제1항 본문의 신주로 본다(제360조의 10 제2항). 가령 A회사의 자기주식을 B회사의 주주에게 이전하는 경우의 주식의 총수가 A회사의 발행주식총수의 100분의 5를 초과하지 않으면, 소규모 주식교환이 가능하여 총회의 승인을 생략할 수 있다.

B. 節 次

(i) 株式交換契約書의 記載 A회사가 발행주식총수의 100분의 5를 초과하지 않는 범위에서 신주를 B회사의 주주에게 배정하는 경우에는 주주총회의 승인결의(제360조의 3 제1항) 없이 주식교환을 할 수 있는 뜻을 주식교환계약

서에 기재하여야 한다(제360조의 10 제 3 항). 그런데 A회사의 정관변경사항(제360조의 3 제 3 항 1호)은 주식교환계약서에 기재하지 못한다. 이를 기재하는 경우에는 이사회의 결의에 의하여 정관을 변경하는 결과가 되기에 그러하다. 이 기재가 있는 주식교환계약서는 공고 또는 통지(제360조의 10 제 4 항)의 날로부터 2주 전부터 주식교환의 날 이후 6월이 경과하는 날까지 본점에 공시되며(제360조의 10 제 6 항, 제360조의 4 제 1 항), 주주는 열람할 수 있다(제360조의 4 제 2 항).

(ii) 公告·通知 A회사는 주식교환계약서를 작성한 날부터 2주 내에 B회사의 상호와 본점, 주식교환의 날 및 주주총회의 승인을 얻지 않고 주식교환을 할 날을 공고하거나 주주에게 통지하여야 한다(제360조의 10 제 4 항).

(iii) 反對株主의 株式買受請求權 여부 소규모 주식교환의 경우에는 반대주주의 주식매수청구권을 인정하지 않는다(제360조의 10 제 7 항). 소규모 합병의 경우에 이를 인정하지 않기 때문에(제527조의 3 제 5 항) 그와 조화시키려는 것이다.

(iv) 效 果 소규모 주식교환의 요건이 갖추어지고 소정의 절차를 이행한 때에는 완전모회사가 되는 회사의 주주총회의 승인결의가 생략되고, 그 회사의 이사회의 승인으로 이에 갈음할 수 있다(제360조의 10 제 1 항).

6. 株式交換의 無效

주식교환에 있어서도 합병무효의 소(제529조)와 같은 취지의 주식교환무효의 소의 제도(제360조의 14)를 규정하고 있다. 이 소의 관할은 완전모회사가 되는 회사의 본점소재지의 지방법원의 관할에 전속한다(제360조의 14 제 2 항). 소제기의 공고(제187조), 소의 병합심리(제188조) 등에 관하여는 회사설립무효의 소에 관한 규정이 준용된다(제360조의 14 제 4 항). 그리고 제소주주의 담보제공의무(제377조)는 주주총회결의취소의 소와 동일하다(제360조의 14 제 4 항). 주식교환무효의 판결이 확정된 때에는 본점과 지점의 소재지에서 등기하여야 한다(제360조의 14 제 4 항, 제192조).

Ⅳ. 株式의 包括的 移轉

1. 槪 念

주식의 포괄적 이전은 기존 주식회사가 그 자체는 자회사가 되고, 완전모회사를 설립하는 제도이다. 기존 주식회사 B의 주식의 전부를 신설하는 회사 A에 포괄적으로 이전하고, 신설회사 A의 설립시에 발행하는 주식을 기존회사 B의 주주에게 교부함으로써 성립하는 완전모회사의 창설행위를 가리킨다(제360조의 15). 이 때 B회사는 A회사의 완전자회사가 되고 B회사의 주주는 A회사의 주주가 되는 것이다.

2. 節 次

(1) 理事會의 決議 기존 회사인 B·C회사가 주식의 포괄적 이전에 의하여 완전모회사를 설립하기로 하는 내용의 주식이전계획서를 작성하여 주주총회의 승인을 위한 총회소집사항을 이사회가 결의한다.

(2) 事前情報公示 이사회에서 주식이전에 의한 완전모회사의 설립에 관한 승인을 얻기 위한 주주총회소집을 결의하면 (대표)이사는 주주에게 필요한 정보를 제공하기 위하여 소정의 서류를 본점에 비치하여야 한다(제360조의 17 제1항).

(3) 株式移轉計劃書의 承認決議

A. 株主總會의 召集·決議 주식이전계획서의 승인을 위한 주주총회의 소집·공고를 하는 경우에는 주식이전의 의안의 요령을 회의의 목적사항에 기재하여야 한다(제360조의 16 제3항, 제360조의 3 제4항 1호). 주식의 포괄적 이전의 승인은 주주총회의 특별결의를 요한다(제360조의 16 제2항).

2011년 상법개정에 의하여 주식이전으로 인하여 주식이전에 관련되는 각 회사의 주주의 부담이 가중되는 경우에는 상법 제360조의 16 제1항 및 제436조의 종류주주총회의 결의 외에 그 주주 전원의 동의가 필요하도록 강화되었다(제360조의 16 제4항).

B. 反對株主의 株式買受請求權 주식의 포괄적 이전에 반대하는 주주에 대하여는 주식교환에 반대하는 주주와 동일한 매수청구권이 인정된다(제360조의 22).

C. 株券失效節次 주식이전에 의하여 완전자회사가 되는 회사는 주주총회에서의 승인결의(제360조의 16 제1항)을 한 때에는 일정한 사항(주주총회에서의 주식의 포괄적 이전의 승인결의가 있었다는 것, 일정한 기간 내에 주권을 회사에 제출하여야 한다는 것, 주식이전의 날에 주권이 무효가 된다는 뜻)을 공고하고, 주주명부에 기재된 주주와 질권자에게 따로 통지를 하여야 한다(제360조의 19 제1항). 구 주권을 제출할 수 없는 자가 있는 때에는 회사는 그 자의 청구에 의하여 3월 이상의 기간을 정하고, 이해관계인에 대하여 그 주권에 대한 이의가 있으면 그 기간 내에 제출할 것을 공고하고, 그 기간이 경과한 후에 신주권을 청구자에게 교부할 수 있다(제360조의 19 제2항, 제442조, 제444조).

D. 完全母會社의 資本金의 限度額 신설되는 완전모회사의 자본금은 설립시에 발행하는 주식의 액면총액이 되지만, 주식이전의 날에 완전자회사가

되는 회사에 현존하는 순자산액에서 그 회사의 주주에게 지급할 금액을 공제한 액을 초과하지 못한다(제360조의 18).

E. **登記 및 效力發生** 주식이전을 한 때(주권실효절차에서의 완전모회사가 되는 회사의 주권의 제출기간이 만료한 날)에는 설립한 완전모회사의 본점소재지에서는 2주 내에, 지점소재지에서는 3주 내에 주식이전의 등기(제317조 제 2 항)를 하여야 한다(제360조의 20). 주식이전을 통하여 설립된 완전모회사가 그 본점소재지에서 주식이전의 등기(제360조의 20)로 인하여 주식이전은 효력이 발생한다(제360조의 21). 이는 합병의 경우와 같다(제234조).

F. **事後情報公示** 사후정보공시에 대하여는 주식교환의 경우의 규정(제360조의 12)을 준용한다(제360조의 22).

3. 株式移轉의 無效

주식의 포괄적 이전에 무효사유가 있는 때에는 제소권자가 제소기간 내에 주식이전무효의 소를 제기할 수 있다(제360조의 23). 제소권자·제소기간 등은 주식교환무효의 소의 경우와 같은 규정들이 준용되고 있다(제360조의 23 제 4 항). 주식이전을 무효로 하는 판결이 확정된 때에는 완전모회사가 된 회사는 주식이전을 위하여 발행한 주식의 주주에 대하여 그가 소유하였던 완전자회사가 된 회사의 주식을 이전하여야 한다(제360조의 23 제 3 항). 상법 제360조의 23 제 4 항에서는 주식이전무효의 판결의 효력에 대해서 설립무효판결의 불소급효에 관한 규정(제190조 단서)과 준청산에 관한 규정(제193조)을 준용하고 있다는 점을 주목하여야 한다.

제 3 편

유 한 회 사

제1장 有限會社의 概念

朴元善, 유한회사제도의 특성 — 주식회사제도와의 비교법학적 고찰, 商事法의 現代的 課題(孫珠瓚博士華甲紀念論文集(1984)/李康龍, 유한회사법에 관한 연구, 충남대 법률행정연구소 논문집 17(1989. 12)/李基秀, 유한회사의 제형태, 企業環境法의 變化와 商事法(孫珠瓚教授古稀紀念論文集)(1993)/李基秀, 1인유한회사 — 서독 개정유한회사법과 관련하여, 商事法論集(徐燉珏教授停年紀念論文集)(1986)/李基秀, 1인유한회사 — 서독을 중심으로, 월간고시 192(1990. 1)/李基秀, 독일 유한회사법에서의 자본유지의 원칙 — 그 범위와 한계를 중심으로 —, 商事法의 基本問題(李範燦教授華甲紀念論文集)(1993)/李基秀, “TBB” — “Autokran”으로의 복귀?, 고려대 판례연구 6(1994)/Peter Ulmer(李基秀 역), 독일 유한회사 콘체른법과 지배기업으로서의 다수사원의 인적 책임의 위험, 저스티스 27, 1(1994. 7)/정상근, 유한합자회사(GmbH & Co. KG)의 법적 문제, 경영법률 8(1998. 2).

제1절 有限會社의 意義

유한회사는 사원의 균등액단위의 출자로 이루어진 자본을 기초로 하는 회사이다. 사원은 회사에 대하여 출자의무를 부담하고, 원칙적으로 출자금액을 한도로 책임을 질 뿐 회사채권자에 대하여는 직접 아무런 책임을 지지 않는다.

유한회사도 자본 · 지분 · 사원의 유한책임 등의 특질을 가지는 자본단체적 회사로서 그 기본적 성질에 있어서는 주식회사와 같다. 다만, 주식회사는 대기업에 적합한 회사형태임에 반하여, 유한회사는 중소기업에 적합한 회사형태인 까닭에 자본형성방법과 사원의 지위에 있어 주식회사와 다른 점이 있다. 즉 사원의 구성이 폐쇄적이고, 사원 상호간의 관계에 대하여는 자치에 맡기고 있는 점이 주식회사와 다르고 인적회사와 유사하다.

유한회사는 1892년에 독일의 입법자들이 실제적인 경제적 필요성에 의하여 소수인에 의한 중소기업이 유한책임의 이점을 이용할 수 있도록 하기 위해 새로이 고안한 회사형태이다. 그 후 유럽 여러 나라에 전파되었고, 일본을 거쳐 우리나라에 도입되었다.

제 2 절 有限會社의 特性

유한회사는 주식회사와 마찬가지로 자본단체의 하나이지만, 한편 소규모·폐쇄적·비공개적인 회사의 성격을 가진다.

1. 資本團體性

유한회사는 사원의 출자에 의하여 형성되는 자본중심의 단체로서 자본금은 정관의 절대적 기재사항이며(제543조 제2항 2호), 그 증감은 정관변경의 절차에 의한다. 그리하여 유한회사에 있어서도 회사재산이 회사채권자에 대한 유일한 담보이므로, 주식회사와 같이 자본납입의 원칙이 적용된다. 또 자본금액 전부에 대하여 출자자가 확정되어야 회사가 성립되기 때문에 자본납입의 원칙은 중요한 의미를 갖는다. 그런데 개정전 상법은 유한회사의 최저자본을 1,000만원으로, 출자 1좌의 금액은 5,000원 이상으로 균일하여야 한다고 규정하고 있었으나 2011년 개정에서 이 제한을 모두 풀었다. 즉 출자 1좌의 금액은 100원 이상으로 균일하게 하면 되고 최저자본금은 삭제하였다(제546조).

2. 小規模閉鎖性

유한회사는 그 설립절차가 간소화되어 있다. 즉 설립방법에는 주식회사의 발기설립에 해당하는 것밖에 없고, 정관에서 각 사원이 인수할 출자좌수가 확정되며(제543조 제2항 4호), 설립의 경과에 관하여 법원이 선임하는 검사인의 조사절차가 없다.

유한회사는 소규모·폐쇄적·비공개적 회사로서 사원의 개성이 중시된다. 지분의 양도는 원칙으로 자유이며 정관으로 제한할 수 있고(제556조), 지분에 관하여 지시식 또는 무기명식의 증권을 발행하지 못하고, 출자인수의 공모, 사채의 발행은 인정되지 않는다(제555조, 제588조, 제589조 제2항).

또한 유한회사는 기관이 간소화되어 있다. 즉 이사는 1인 이상이면 되고(제561조), 원칙적으로 각 이사가 회사를 대표한다(제562조 제1항). 감사는 임의적 기관으로 되어 있고(제568조 제1항), 사원총회의 소집절차가 간소화되어 있다(제571조, 제573조).

제3절 2011年 有限會社 部分 改正

2011년 개정상법의 내용에 의하면 유한회사제도를 각종 규제를 완화하여 수정하였다. 유한회사는 폐쇄적으로 운영되는 소규모 기업을 전제로 하고 있다. 개정전의 경우 유한회사의 자본은 1,000만 원 이상이어야 하였었다. 그런데 폐쇄적 운영을 위한 규정들은 유한회사에 대한 각종 제한으로 작용하여 유한회사의 이용에 불편을 초래하고 있으므로, 정부는 이를 개정함으로써 유한회사에 대한 대표적인 제한규정들이 철폐되어 유한회사의 이용이 증대될 것으로 기대하고 있다.

1. 社員의 數

구법에 의하면 유한회사의 사원의 수는 1인 이상 50인 이하이어야 하였었다(개정전 상법 제545조 제1항 전문). 그런데 2011년 개정상법에 의하여 유한회사의 사원총수에 대한 제한규정을 삭제하였다. 유한회사의 소규모성·폐쇄성과 법규에 의한 사원수제한이 논리적으로 연결되는지 의문이고, 사원수에 대한 특별한 제한이 없더라도 지분양도의 제한이 있다. 또한 지분의 증권화가 금지되고 있어(제555조) 사원수제한을 철폐한다고 하여도 그로 인한 폐해가 없을 것으로 보았기 때문이다. 이로 인하여 유한회사의 설립·운용이 쉬워질 것이다.

2. 持分의 讓渡

사원이 투자한 자본의 회수방법의 하나로서 상법은 지분의 양도를 인정하고 있지만, 한편으로 유한회사의 비공개·폐쇄성을 고려하여 일정한 제한을 두고 있었다. 즉 사원 상호간의 양도는 정관의 규정에 의하여 자유양도가 인정되며, 사원 이외의 자에 대한 양도는 사원총회의 특별결의가 있는 때에 한하여 그 지분의 전부 또는 일부를 양도할 수 있었다(개정전 상법 제556조 제1항·제3항). 지분의 이전은 취득자의 성명·주소와 그 목적이 되는 출자좌수를 사원명부에 기재하지 않으면 회사와 제3자에게 대항하지 못한다(제557조). 2011년 개정상법에 의하여 유한회사사원의 지분을 원칙적으로 자유롭게 양도하거나 상속할 수 있게 하되, 정관으로 지분의 양도를 제한할 수 있도록 하였다(제556조 제1항). 인적요소

뿐만 아니라 자본구조를 갖고 있는 유한회사의 경우 독일 유한회사법과 같이(동법 제15조 참조) 유한회사사원의 지분양도를 원칙적으로 자유롭게 하되, 정관으로 지분의 양도를 제한할 수 있도록 하였다(임재연, "상장회사 및 소규모 회사에 관한 상법개정시안," 상법 회사편 개정시안 공청회자료집(2007. 9. 5), 85쪽).

3. 社員總會 召集通知方法

유한회사의 사원총회의 소집은 원칙적으로 이사가 하지만, 감사를 둔 경우에는 감사도 임시총회를 소집할 수 있다(제571조 제1항). 소수사원도 총회의 소집을 청구할 수 있으며(제572조 제1항), 법원의 명령에 의하여 감사 또는 이사가 소집하는 경우도 있다(제582조 제3항). 총사원의 동의가 있을 때에는 소집절차 없이 총회를 열 수 있다(제573조). 그런데 2011년 개정상법에서는 사원총회 소집방법으로 서면에 의한 통지 이외에도 각 사원의 동의를 얻어 전자문서로 통지를 발송할 수 있도록 하였다(제571조 제2항). 사원총회의 소집통지수단을 서면으로 한정할 합리적 이유가 없으므로, 사원의 동의를 얻은 경우 전자문서로 통지를 발송할 수 있도록 한 것이다.

4. 組織變更

유한회사를 주식회사로 조직을 변경하는 경우, 법개정 이전에는 총사원의 동의로 하여야 하였다. 2011년 개정상법은 이 경우 사원총회 결의요건을 정관에서 완화할 수 있도록 하였다(제607조 제1항). 창업기의 중소기업의 경우, 유한회사를 선택하였다가 그 이후 일정규모 이상으로 성장한 후에는 주식회사로의 조직변경을 용이하게 하여 줄 필요성이 있었다. 유한회사의 조직변경요건을 합병보다 특히 가중하여야 할 합리적인 이유가 없다. 그리하여 유한회사는 총사원의 일치에 의한 총회의 결의로 주식회사로 조직을 변경할 수 있으나, 정관으로 이를 완화할 수 있도록 개정한 것이다(임재연, "상장회사 및 소규모 회사에 관한 상법개정시안," 상법 회사편 개정시안 공청회자료집(2007. 9. 5), 88쪽).

제2장 有限會社의 設立

안동섭, 유한책임 1 인회사의 설립, 현대상사법논집(김인제박사정년기념논문집)(1997)/李基秀, 유한회사의 1인설립 ― 1980년 서독유한회사법개정을 중심으로 ―, 고시계 326 (1984. 4).

Ⅰ. 序　說

유한회사의 설립절차는 주식회사의 발기설립과 비슷하지만 발기인이 따로 없으며, 사원으로 될 자가 바로 정관을 작성한다. 사원은 정관에서 확정되고, 기관도 정관에서 정할 수 있으며, 설립경과에 대한 조정제도가 없는 것이 그 특징이다.

Ⅱ. 設立節次

1. 定款의 作成

유한회사를 설립함에는 사원이 정관을 작성하고, 총사원이 기명날인 또는 서명하여야 한다. 정관은 공증인의 인증을 받음으로써 효력이 생긴다(제543조, 제292조). 정관의 절대적 기재사항으로는 ① 목적, ② 상호, ③ 사원의 성명과 주소, ④ 자본금의 총액, ⑤ 출자 1 좌의 금액, ⑥ 각 사원의 출자좌수, ⑦ 본점의 주소지 등이며, 상대적 기재사항은 현물출자 · 재산인수 · 설립비용 등 이른바 '위험설립사항'(변태설립사항)(제544조)이다. 그 밖에 선량한 풍속 기타 사회질서나 강행법규에 위반되지 않는 한 어떠한 사항도 정관에 기재할 수 있다.

2. 理事 및 監事의 選任

주식회사와 같이 발기인이 없으므로 집행기관인 이사를 정관으로 정하거나, 정관작성 후에 사원총회를 열어 이를 선임하여야 한다. 이 사원총회는 각 사원이 소집할 수 있다(제547조). 감사는 임의기관이나, 이를 두기로 정한 경우에는 위와 같은 방법으로 선임한다(제568조).

3. 出資의 履行

이사는 사원으로 하여금 출자 전액의 납입 또는 현물출자의 목적인 재산 전부의 급여를 시켜야 한다. 또 현물출자의 경우에는 출자목적인 재산을 인도하고, 등기·등록 기타 권리의 설정 또는 이전을 요할 때에는 이에 관한 서류를 완비하여 교부하여야 한다(제548조, 제295조 제 2 항). 납입의 해태에 대하여는 실권절차가 없으므로 강제집행에 의하여 납입을 실현시킬 수밖에 없다.

4. 設立登記

설립등기는 출자의 납입 또는 현물출자의 이행이 있은 날로부터 2주간 내에 본점소재지에서 하여야 한다(제549조 제 1 항). 등기사항은 법정되어 있다(제549조 제 2 항)(1995년 개정법에서 지점설치 및 이전시에의 등기에 관한 제549조 제 3 항 신설). 이 설립등기에 의하여 유한회사는 성립한다(제172조).

<대판 2020. 3. 26, 2019 도 7729>

「유한회사의 사원이 상법 등 법령에 정한 회사설립의 요건과 절차에 따라 회사설립등기를 함으로써 회사가 성립하였다고 볼 수 있는 경우 회사설립등기와 그 기재 내용은 특별한 사정이 없는 한 형법 제228조 제 1 항에서 정한 공정증서원본 불실기재죄나 공전자기록 등 불실기재죄(이하 위 두 죄를 합쳐 '공정증서원본 등 불실기재죄'라 한다)에서 말하는 불실의 사실에 해당하지 않는다. 유한회사의 사원 등 회사설립에 관여하는 사람이 회사를 설립할 당시 회사를 실제로 운영할 의사 없이 회사를 이용한 범죄 의도나 목적이 있었다거나, 회사로서의 인적·물적 조직 등 영업의 실질을 갖추지 않았다는 이유만으로는 불실의 사실을 법인등기부에 기록하게 한 것으로 볼 수 없다(주식회사에 관한 대판 2020. 2. 27, 2019 도 9293 참조).」

5. 事後設立

설립절차 중 특히 재산인수절차를 회피하는 것을 방지하기 위하여 회사가 그 성립 후 2년 내에 성립 전부터 존재하는 재산으로서 영업을 위하여 계속하여 사용할 것을 자본의 20분의 1 이상에 상당한 대가로 취득하는 계약을 체결하는 경우에는 사원총회의 특별결의를 얻어야 한다(제576조 제 2 항).

Ⅲ. 設立에 따른 責任

유한회사의 설립에 관하여는 감독제도가 없는 대신에 일정한 경우에 사원 · 이사 · 감사의 자본전보책임을 인정하고 있다(제550조, 제551조). 또한 설립사무의 해태로 인한 손해배상책임이나 회사불성립의 경우의 책임에 관하여는 아무런 규정을 두고 있지 않고 일반원칙에 맡기고 있다.

1. 社員의 不足財産價額塡補責任

현물출자 또는 재산인수의 목적인 재산의 회사성립 당시의 실가가 정관에 정한 가격에 현저하게 부족한 때에는 회사성립 당시의 사원은 회사에 대하여 그 부족액을 연대하여 지급할 책임이 있다(제550조 제 1 항). 이 사원의 책임은 무과실책임으로서 어떠한 경우에도 면제하지 못한다(제550조 제 2 항). 이 책임은 유한회사에는 설립에 대한 조사나 현물출자 또는 재산인수에 관한 검사제도가 없기 때문에 재정적 기초가 불확실한 회사가 남설되는 것을 방지하기 위한 것이다. 연대책임으로 인한 구상관계는 지분의 좌수에 비례한다.

2. 社員과 理事 · 監事의 出資未畢額塡補責任

회사성립 후에 출자금액의 납입 또는 현물출자의 이행이 완료되지 아니하였음이 발견된 때에는 회사성립 당시의 사원 · 이사와 감사는 회사에 대하여 그 납입되지 아니한 금액 또는 이행되지 아니한 현물의 가액을 연대하여 지급할 책임이 있다(제551조 제 1 항). 이 책임도 앞의 부족재산가액전보책임과 같은 취지에서 무과실책임이다. 사원은 어떠한 경우에도 그 책임이 면제되지 아니하나, 이사 · 감사는 유한회사의 수임자에 불과하므로 총사원의 동의가 있으면 면책된다(제551조 제 2항 · 제 3 항).

Ⅳ. 設立의 無效와 取消

유한회사의 설립무효에 관하여는 주식회사의 경우와 같다(제552조). 한편 유한회사에서는 주식회사에서 인정되지 않는 설립취소의 소가 인정되고 있다(제552조 제 1 항). 유한회사는 소규모 · 폐쇄적 성격을 지니므로 사원의 개성이 중시되어 개개의 사원의 설립행위가 취소되어 그가 회사로부터 탈퇴하면, 회사 자체를 소멸시키는 것이 적당하기 때문이다. 설립의 무효 또는 취소에 관하여는 합명회사의 규정을 준용한다(제552조 제 2 항, 제184조 제 2 항, 제185조 내지 제193조).

제3장 社員의 地位

박상근, 사원의 제명, 사법행정 456(1998. 12)/李基秀, 유한회사의 사원은 회사채무에 대하여 인적 책임을 부담하는가 — 서독에서의 학설과 판례를 중심으로 —, 월간고시 140(1985. 9).

I. 社員의 資格과 數

사원의 자격에는 특별한 제한이 없으므로 자연인 외에 법인도 사원이 될 수 있다. 사원의 수는 1인 이상이면 된다. 유한회사는 폐쇄적으로 운영되는 소규모 기업을 전제로 하고 있으나, 폐쇄적 운영을 위한 규정들은 유한회사에 대한 각종 제한으로 작용하여 유한회사의 이용에 불편을 초래하고 있었다. 이에 2011년 개정상법에서는 유한회사의 50인이라는 사원 총수 제한 규정을 삭제하였다(구 상법 제545조 삭제).

II. 社員의 權利·義務

1. 社員의 權利

사원의 권리는 주식회사의 주주의 권리와 비슷하다. 즉 자익권으로서 이익배당청구권(제583조 제1항, 제462조)·잔여재산분배청구권(제612조)·출자인수권(제588조) 등이 있으며, 공익권으로는 의결권(제575조), 총회소집청구권(제572조), 총회결의에 대한 소권(제578조, 제376조 내지 제381조), 설립의 무효·취소, 증자·감자 및 합병의 무효 등의 소권(제552조, 제595조, 제597조, 제445조, 제603조, 제529조), 대표소송제기권(제565조), 이사의 위법행위유지청구권(제567조, 제402조), 이사해임청구권(제567조, 제385조), 회사의 업무·재산상태에 대한 영업감독권(제581조, 제582조, 제566조) 등이 있다. 사원의 위 권리들 가운데 자익권 전부와 공익권 중 의결권, 각종의 소권, 서류열람청구권(제566조 제3항) 등은 단독사원권이고, 그 밖의 공익권은 자본의 100분의 3 이상에 해당하는 출자좌수를 가진 사원이 행사할 수 있는 소수사원권이다.

2. 社員의 義務

사원은 그 인수한 출자에 대한 출자의무를 부담하며, 이는 회사의 성립

전 또는 자본증가의 효력발생 전에 모두 이행하여야 한다(제548조, 제596조). 출자는 금전출자를 원칙으로 하고, 현물출자를 예외로 인정한다(제544조 1호, 제586조 1호).

유한회사의 사원은 유한의 출자의무만을 부담하는 것이 원칙이지만, 예외적으로 자본전보의 책임을 진다는 것은 앞서 설명한 바와 같다.

유한회사에 있어서는 사원 사이에 인적 신뢰관계가 있으므로 사원은 회사와 다른 사원에 대하여 충실의무를 진다고 본다(동지 : 정동윤, 666쪽; 최기원, 1057쪽).

Ⅲ. 持　　分

1. 意　　義

유한회사의 지분이란 사원이 회사에 대하여 갖는 법률상의 지위를 말한다. 각 사원은 출자좌수에 따라 지분을 갖는다(제554조). 그리고 출자 1좌의 금액은 균일하여야 하고(제546조 제 2 항), 이익의 배당은 원칙적으로 각 사원의 출자좌수에 따라 하여야 하며(제580조), 지분에 따라 출자를 인수할 권리가 있는 점(제588조)에 비추어 우리 상법은 지분복수주의를 취하고 있다. 그런데 폐쇄적·단체적 성격을 갖기 때문에 주식회사의 경우와 달리 지시식 또는 무기명식의 증권을 발행하지 못한다(제555조). 이것은 지분의 양도가 매우 제한되어 있기 때문이다. 그러므로 지분에 관해 기명식의 유가증권을 발행하는 것도 불가능하다고 풀이할 것이다. 그러나 증거증권으로서의 지분증권을 발행하는 것은 상관이 없다. 이것은 사원권의 행사와 양도를 위하여 그 소지가 필요한 것은 아니고, 다만 사원임을 증명하는 데 도움을 줄 뿐이다. 지분을 공유하는 것은 허용되며, 주식의 공유에 관한 규정이 준용된다(제558조, 제333조).

2. 持分의 讓渡

사원이 투자한 자본의 회수방법의 하나로서 상법은 지분의 양도를 인정하고 있지만, 한편으로 개정전 상법은 유한회사의 비공개·폐쇄성을 고려하여 일정한 제한을 두고 있었다. 즉 사원 상호간의 양도는 정관의 규정에 의하여 자유양도가 인정되며, 사원 이외의 자에 대한 양도는 사원총회의 특별결의가 있는 때에 한하여 그 지분의 전부 또는 일부를 양도할 수 있게 하였었다(개정전 상법 제556조 제1항·제3항). 그런데 2011년 개정상법에 의하여 주식회사와 마찬가지로 유한회사 사원의 지분 양도를 원칙적으로 자유롭게 하되 정관으로 지분 양도를 제한할 수 있도록 하였다(제556조). 즉 사원은 그 지분의 전부 또는 일부를 양도하거나 상속할 수 있지만 정관에서 지분의 양도를 제한할 수 있다.

<대판 1997. 6. 27, 95 다 20140>

「갑 등은 명의신탁자의 유한회사지분에 대한 명의수탁자들로서 명의신탁자의 명의신탁해지에 따라 그 지분을 명의신탁자에게 이전하여 줄 의무를 부담하는 자들인 데도 명의신탁사실을 부인하고 있고, 회사에는 갑 등을 제외하고는 다른 사원이 없어 명의수탁자들이 사원총회를 개최하여 특별결의를 하여야 함에도 불구하고 가사 명의신탁이 인정되더라도 사원총회의 특별결의가 없는 이상 명의신탁해지의 효력이 없다고 다투면서 손해배상만이 그 근본적인 해결방법이라고 주장하여 사원총회의 결의를 거부하고 있으며, 명의신탁자가 명의수탁자나 회사에 대하여 사원총회의 특별결의를 요구할 아무런 법적인 수단도 마련되어 있지 않은 사정 등의 특별한 사정이 있는 경우라면, 실제로는 지분양도의 동의를 위한 사원총회의 특별결의를 거치지 않았다고 하더라도 신의성실의 원칙상 사원총회의 특별결의가 있는 것으로 보아 명의신탁해지가 유효하다고 봄이 상당하다.」

3. 持分의 入質

유한회사의 지분은 질권의 목적으로 할 수 있다(제559조 제1항). 그러나 이 경우에도 지분양도의 경우와 같은 요건을 갖추어야 한다(제559조 제2항, 제556조, 제557조). 지분의 증권화가 금지되므로 약식질은 인정되지 않고 등록질만이 인정된다(제560조 제1항, 제340조 제1항). 그리고 질권의 효력은 지분의 병합·소각 등의 경우에 사원이 받을 금전, 회사의 합병·조직변경의 경우에 사원이 받을 주식 또는 지분에도 미친다(제560조, 제339조).

<대판 2015. 4. 23, 2014 다 218863>

「사모투자전문회사의 유한책임사원 지분에 대한 질권 설정에 관하여 구 간접투자자산 운용업법(2007. 8. 3. 법률 제8635호 자본시장과 금융투자업에 관한 법률 부칙 제2조로 폐지, 이하 '간접투자법'이라 한다), 상법 등 관련 법률에 달리 규정이 없는 이상 이에 대하여 질권을 설정하기 위하여는 권리질권의 설정에 관한 민법 제346조에 기하여 지분 양도에 관한 방법에 의하여야 하고, 지분 양도에 관하여는 간접투자법 제144조의14 제3항이 규정하고 있으므로, 이에 따라 사모투자전문회사의 유한책임사원이 자신의 지분에 관하여 질권자와 질권 설정계약을 체결하고 질권 설정에 대하여 무한책임사원 전원의 동의를 얻으면 이로써 질권 설정의 효력이 발생한다.」

4. 自己持分取得의 制限과 持分의 消却

여기에는 모두 주식회사의 규정이 준용된다(제560조, 제341조, 제341조의 2, 제342조, 제343조 제 1 항).

제 4 장 有限會社의 機關

徐廷甲, 사원총회결의부존재, 判例月報 182(1985. 11)/李康龍, 有限會社法에 관한 硏究 — 기관을 중심으로, 한양대 박사학위논문(1987)/李基秀, 유한회사이사에 의한 대표권의 남용, 고려대 판례연구 4(1986)/李楨漢, 유한회사의 기관 : 이사를 중심으로, 연세행정논총 15(1990. 3)/李楨漢, 유한회사의 기관 — 사원총회를 중심으로 —, 經濟法·商事法論集(孫珠瓚敎授停年紀念論文集)(1989).

Ⅰ. 總 說

유한회사의 법정기관으로는 의사결정기관인 사원총회와 업무집행기관인 이사가 있다. 감독기관인 감사는 임의기관으로 하고 있다. 또한 이사가 수인인 때에도 주식회사와 같이 이사회와 대표이사로 분화하지 않고 있다. 이와 같이 기관이 간소화되어 있고, 그 활동의 자유가 널리 인정되는 것은 유한회사가 중소기업의 경영을 위한 회사형태이기 때문이다.

Ⅱ. 理 事

1. 意 義

유한회사의 이사는 기업의 업무를 집행하고, 이를 대표하는 필요상설의 기관이다.

2. 選任·終任

이사의 선임은 회사설립의 경우에 정관으로 정한 경우를 제외하고 사원총회에서 한다(제547조 제 1 항, 제567조, 제382조 제 1 항).

이사의 자격·임기·수에는 특별한 제한이 없다. 이사의 보수는 정관이나 총회의 결의로 정한다(제567조, 제388조). 이사와 회사의 관계는 위임에 관한 규정이 준용된다(제567조, 제382조 제 2 항). 따라서 위임의 일반적 종료사유에 의하여 종임되며, 사원총회의 해임결의나 소수사원에 의한 해임의 청구에 의하여 종임된다(제567조, 제385조).

3. 職務·權限

(1) 會社代表權　　이사는 각자 회사를 대표한다(제562조 제 1 항). 이사가 수인

인 경우에 정관에 다른 정함이 없으면 사원총회에서 회사를 대표할 이사를 선정하여야 하며, 정관 또는 사원총회는 수인의 이사가 공동으로 회사를 대표할 것을 정할 수 있다(제562조 제2항·제3항). 그러나 회사와 이사 간의 소에 있어서는 이사에게 대표권이 없으며, 사원총회에서 그 소에 관하여 회사를 대표할 자를 선정하여야 한다(제563조). 기타 공동대표의 경우의 수동대표(제562조 제4항, 제208조 제2항), 대표권의 범위(제567조, 제209조)는 합명회사의 그것과 같고, 표현대표이사의 행위에 대하여는 주식회사에 관한 규정을 준용한다(제567조, 제395조).

(2) 業務執行權 이사는 유한회사의 업무집행기관이다. 이사가 수인인 경우에도 다른 정함이 없으면 회사의 업무집행은 그 과반수의 결의에 의하여 한다(제564조 제1항). 지배인의 선임 또는 해임, 지점의 설치·이전 또는 폐지도 이와 같으나, 사원총회에서 지배인을 선임 또는 해임하는 경우는 예외이다(제564조 제2항). 그 외의 이사의 업무로서는 사원총회의 소집(제571조 제1항), 정관·사원총회의 의사록·사원명부 등의 비치(제566조 제1항), 재무제표의 작성과 제출(제579조 제1항·제2항), 영업보고서의 작성과 제출(제579조의 2), 재무제표 등의 비치·공시(제579조의 3) 등이 있다.

4. 義　務

이사와 회사와의 관계는 위임에 관한 규정이 준용되므로(제570조, 제382조 제2항) 이사는 회사에 대하여 선관주의의무를 부담한다. 또한 이사는 경업금지의무가 있으며(제567조, 제397조. 1995년 개정법에서 주식회사 이사의 경우에 승인기관이 주주총회에서 이사회로 개정되었으므로, 유한회사의 승인기관을 사원총회라고 보아야 한다), 자기 또는 제3자의 계산으로 회사와 거래하는 경우에는 감사의 승인을, 감사가 없는 때에는 사원총회의 승인을 얻어야 하는 자기거래의 제한이 있다(제564조 제3항). 위의 승인이 있는 때에는 민법 제124조의 자기계약·쌍방대리 규정을 적용하지 아니한다(제564조 제3항 2문).

이사는 그 밖에도 정관, 사원총회의 의사록 및 사원명부의 비치의무(제566조 제1항), 재무제표·영업보고서의 작성과 제출의무 및 비치의무 등을 진다(제579조, 제579조의 2, 제583조, 제449조, 제579조의 3).

5. 責　任

(1) 損害賠償責任 이사가 법령 또는 정관에 위반한 행위를 하거나 그 임무를 게을리한 때에는 그 이사가 연대하여 회사에 대하여 손해배상책임을 지고, 이에 동의한 이사도 같은 책임을 지며, 이 이사의 책임은 총사원의 동의가 없으면 면제할 수 없다(제567조, 제399조, 제400조). 또한 이사가 악의 또는 중대한 과실로 인하여 그 임무를 해태한 때에는 그 이사는 제3자에 대하여 연대하여

손해를 배상할 책임이 있다(제567조, 제401조).

(2) **資本塡補責任** 이사는 회사의 설립(제551조), 자본의 증가(제594조) 및 조직변경(제607조 제 4 항)의 경우에 자본전보책임을 진다. 이 책임도 총사원의 동의가 없으면 면제할 수 없다(제551조 제 3 항, 제594조 제 3 항, 제607조 제 4 항).

Ⅲ. 社員總會

1. 意　　義

사원총회는 사원으로 구성된 회사의 필요적 최고의사결정기관이다. 그 성질은 주주총회와 같으나 주주총회의 권한이 상법 또는 정관기재사항에 한정되어 있는 데 반하여, 사원총회는 그러한 제한이 없으므로 법령이나 정관에 위반하지 않는 한 모든 사항에 관하여 의사결정을 할 수 있다. 그러나 사원총회의 소집절차와 결의방법은 유한회사의 소규모·폐쇄성 때문에 매우 간소화되어 있다.

2. 召　　集

사원총회의 소집은 원칙적으로 이사가 하지만, 감사를 둔 경우에는 감사도 임시총회를 소집할 수 있다(제571조 제 1 항). 소수사원도 총회의 소집을 청구할 수 있으며(제572조 제 1 항), 법원의 명령에 의하여 감사 또는 이사가 소집하는 경우도 있다(제582조 제 3 항).

이와같이 사원총회는 상법에서 달리 규정하는 경우 외에는 이사가 소집한다. 그러나 임시총회는 감사도 소집할 수 있다(제571조 제 1 항). 2011년 상법개정에 의하여 유한회사의 사원총회 소집방법으로 서면에 의한 통지 외에도 각 사원의 동의를 받아 전자문서로 통지를 발송할 수 있도록 하였다(제571조 제 2 항). 즉 사원총회를 소집할 때에는 사원총회일의 1주 전에 각 사원에게 서면으로 통지서를 발송하거나 각 사원의 동의를 받아 전자문서로 통지서를 발송하여야 한다. 총사원의 동의가 있을 때에는 소집절차 없이 총회를 열 수 있다(제573조).

3. 議 決 權

각 사원은 출자 1좌마다 1개의 의결권을 갖는 것이 원칙이지만, 정관으로 이 점에 관하여 다르게 정할 수 있다(제575조). 그러나 사원의 의결권을 전적으로 박탈할 수는 없다.

의결권의 대리행사(제368조 제 3 항), 특별이해관계인의 의결권제한(제368조 제 4 항), 출석사원의 의결권수의 계산에 있어서 특별이해관계인의 의결권의 불산입(제371조 제 2 항) 등은 모두 주주총회의 경우와 같다(제578조).

4. 決 議

사원총회의 결의는 결의요건에 따라 ① 총사원의 의결권의 과반수를 가지는 사원이 출석하고, 그 의결권의 과반수로써 결의하는 보통결의(제574조), ② 총사원의 과반수 이상이며, 총사원의 의결권의 4분의 3 이상을 가지는 자의 동의로 하는 특별결의(제585조 제 1 항), ③ 총사원의 일치에 의한 결의가 있어야 하는 특수결의(제607조 제 1 항) 등이 있다. 이 중 보통결의의 요건은 정관으로 다른 정함을 할 수 있다(제574조). 특별결의에 있어서는 의결권을 행사할 수 없는 사원은 이를 총사원의 수에, 그 행사할 수 없는 의결권은 이를 의결권의 수에 산입하지 아니한다(제585조 제 2 항). 개정전 상법은 유한회사를 주식회사로 조직 변경을 할 때 전 사원의 동의를 요하였으나 2011년 개정상법은 정관에서 그 요건을 완화할 수 있도록 하였다(제607조 제 1 항). 즉 유한회사는 총사원의 일치에 의한 총회의 결의로 주식회사로 조직을 변경할 수 있지만 회사는 그 결의를 정관에서 정하는 바에 따라 상법 제585조의 사원총회의 결의로 할 수 있다.

특별결의사항으로는 지분의 양도(제556조 제 1 항), 영업의 양도 · 임대 · 경영위임 등의 계약(제576조 제 1 항, 제 374조 1호 · 2호 · 3호), 사후설립(제576조 제 2 항), 정관변경(제585조 제 1 항), 자본증가의 경우의 현물출자 · 재산인수 · 출자인수권의 부여(제586조, 제587조), 사원의 출자인수권의제한(제588조), 사후증자(제596조, 제 576조 제 2 항), 합병(제598조), 설립위원의 선임(제599조), 회사의 해산 · 계속(제609조, 제610조), 자본감소(제597조, 제 439조 제 1 항) 등이 있고, 특수결의사항으로는 유한회사의 주식회사로의 조직변경(제607조), 이사 · 감사의 책임면제(제567조, 제570조, 제400조) 등이 있다. 그 외는 모두 보통결의사항이다.

결의방법은 원칙적으로 사원이 모여 회의를 개최하고 토의를 거쳐 결의하여야 하지만, 총사원의 동의가 있는 때에는 서면에 의한 결의를 할 수도 있다(제577조 제 1 항). 이 때 동의는 특정사항에 관하여 하여야 하고, 미리 일반적으로 하는 것은 허용되지 않는다(동지 : 정찬형, 670쪽; 손주찬, 977쪽; 정동윤, 674쪽). 또한 결의의 목적사항에 대하여 총사원이 서면으로 동의한 때에는 서면에 의한 결의가 있는 것으로 본다(제577조 제 2 항). 서면에 의한 결의는 총회의 결의와 동일한 효력이 있다(제577조 제 3 항). 이것은 소규모인 유한회사의 경영을 간편하게 하기 위한 것으로서 총회에 관한 규정이 여기에 준용되고 있다(제577조 제 4 항).

사원총회의 결의에 하자가 있는 경우에 결의의 무효 · 취소 · 부존재 및 부당결의의 취소·변경에 관하여는 주주총회의 결의의 하자에 관한 규정이 준용된다(제578조, 제376조 내지 제381조).

Ⅳ. 監 事

유한회사에 있어서 감사는 임의기관으로서 정관에 의하여 1인 또는 수인의 감사를 둘 수 있다(제568조 제1항).

최초의 감사는 정관으로 직접 정할 수 있지만, 이를 정관으로 정하지 않은 경우와 그 후의 감사는 사원총회에서 선임한다(제568조 제2항, 제547조). 감사의 해임은 사원총회의 특별결의에 의하여 언제든지 할 수 있으나(제570조, 제385조 제1항), 소수사원에 의한 해임의 소는 인정되지 않는다.

감사는 언제든지 회사의 업무와 재산상태를 조사할 수 있고, 이사에 대하여 영업에 관한 보고를 요구할 수 있다(제569조). 또한 임시사원총회를 소집할 수 있고(제571조 제1항), 설립무효 및 증자무효의 소를 제기할 수 있으며(제552조, 제595조), 이사와 회사 간의 거래승인권이 있다(제564조 제3항).

감사는 회사성립 후의 출자미필액과 자본증가 후의 미인수출자액의 전보책임을 지고(제551조, 제594조), 회사 또는 제3자에 대하여 손해배상책임을 진다(제570조, 제414조). 또한 감사는 이사가 사원총회에 제출할 의안 및 서류에 관하여 조사하고, 이를 사원총회에 보고할 의무가 있고(제570조, 제413조), 감사보고서를 이사에게 제출하여야 한다(제579조 제3항).

이 밖에 주식회사의 감사결원의 경우(제386조), 보수(제388조)·직무집행정지·직무대행자의 선임(제407조)·책임면제(제400조) 규정 등은 유한회사의 감사에 준용한다(제570조).

<대판 2017. 3. 30, 2016 다 21643>

「유한회사에서 상법 제567조, 제388조에 따라 정관 또는 사원총회 결의로 특정 이사의 보수액을 구체적으로 정하였다면, 보수액은 임용계약의 내용이 되어 당사자인 회사와 이사 쌍방을 구속하므로, 이사가 보수의 변경에 대하여 명시적으로 동의하였거나, 적어도 직무의 내용에 따라 보수를 달리 지급하거나 무보수로 하는 보수체계에 관한 내부규정이나 관행이 존재함을 알면서 이사직에 취임한 경우와 같이 직무내용의 변동에 따른 보수의 변경을 감수한다는 묵시적 동의가 있었다고 볼 만한 특별한 사정이 없는 한, 유한회사가 이사의 보수를 일방적으로 감액하거나 박탈할 수 없다. 따라서 유한회사의 사원총회에서 임용계약의 내

용으로 이미 편입된 이사의 보수를 감액하거나 박탈하는 결의를 하더라도, 이러한 사원총회 결의는 결의 자체의 효력과 관계없이 이사의 보수청구권에 아무런 영향을 미치지 못한다(갑 유한회사의 사원이자 이사인 을 등이 갑 회사가 사원총회를 열어 을 등의 보수를 감액하는 내용의 결의를 하자, 갑 회사를 상대로 보수감액 결의의 무효확인을 구한 사안에서, 보수감액 결의는 그 자체로 임용계약에 이미 편입된 을 등의 보수청구권에 아무런 영향을 미칠 수 없는 것이므로, 을 등은 사원의 지위에서 법률상 의미가 없는 보수감액 결의에 구속되는 법률관계에 있다거나 결의내용의 객관적 성질에 비추어 사원으로서의 이익이 침해될 우려가 있다고 볼 수 없고, 이사의 지위에서 스스로 위와 같은 결의를 준수하여 자신들에 대한 보수를 감액 지급할 의무를 부담하는 것도 아닐 뿐만 아니라, 임용계약의 당사자로서 을 등에게 야기될 수 있는 불안도 갑 회사가 보수감액 결의에 의하여 감액된 보수를 지급하지 않을 수 있다는 사실상·경제상 이익에 대한 것일 뿐 을 등의 권리나 법적 지위에 어떠한 위험이나 불안이 야기되었다고 볼 수 없으며, 을 등이 갑 회사에 대하여 감액된 보수의 지급을 구하는 것이 갑 회사의 보수청구권을 둘러싼 분쟁을 해결하는 데에 직접적인 수단이 되는 것이므로, 보수감액 결의의 무효확인을 구하는 것이 을 등의 불안과 위험을 제거하는 가장 유효·적절한 수단이라고 볼 수 없다고 한 사례).」

V. 檢 査 人

유한회사는 회사의 업무와 재산상태를 조사하는 임시적·임의적 기관으로서 검사인을 사원총회의 보통결의로 선임하거나 소수사원의 청구로 법원이 선임할 수 있다(제582조 제1항). 검사인은 그 조사의 결과를 서면으로 법원에 제출하여야 한다(제582조 제2항). 법원은 이 보고에 의하여 필요하다고 인정한 경우에는 감사나 이사에게 사원총회의 소집을 명할 수 있다(제582조 제3항).

그러나 회사설립경과와 '위험설립사항'에 관하여 검사인의 조사를 받지 않는 점이 주식회사의 경우와 다르다.

제5장 有限會社의 資本金과 計算

李基秀, 西獨有限會社法에 있어서의 資本維持의 原則, 商事法의 基本問題(李範燦教授華甲紀念論文集)(1993)/李基秀, 有限會社法에서의 債權者保護制度, 商法論集(鄭熙喆先生華甲紀念論文集)(1979)/李基秀, 자기자본 보충적인 사원소비대차 — 서독유한회사법 제32a조와 제32b조를 중심으로, 商事法의 現代的 課題(孫珠瓚博士華甲紀念論文集)(1984).

제1절 有限會社의 資本金

I. 序

유한회사는 수권자본제도가 채택되어 있지 않고, 자본금의 총액이 정관의 절대적 기재사항이므로 자본금의 증가와 감소가 정관변경의 한 경우에 해당한다. 정관의 변경은 특별결의의 방법에 의한다.

II. 資本金增加

1. 意　義

자본금증가(증자)란 정관에 정한 자본금의 총액이 증가하는 것을 말한다. 유한회사는 사채발행이 금지되므로 자금의 조달을 위해서는 자본금증가가 중요한 방법이다.

2. 資本金增加의 方法

자본금증가의 방법에는 ① 출자좌수의 증가, ② 출자 1좌의 금액의 증가, ③ 양자의 병용 등의 방법이 있다. 출자 1좌의 금액을 증가시키는 경우는 사원의 유한책임원칙의 예외에 속하므로 총사원의 동의가 필요하다(동지 : 최기원, 1072쪽; 정동윤, 685쪽; 이철송, 955쪽).

3. 資本金增加의 節次

(1) 社員總會의 決議 자본금을 증가시키기 위해서는 사원총회의 특별 결의에 의한 정관변경이 있어야 한다(제584조, 제585조). 이 결의에서는 정관에 다른 정함이 없더라도 현물출자 · 재산인수 · 출자인수권의 부여에 관하여 정할 수 있다(제586조).

(2) 出資의 引受 · 履行 사원은 지분에 따라 증가자본을 인수할 권리가 있다(제588조). 다만, 자본금증가의 결의에서 출자인수권을 부여할 자를 정한 경우(제586조 3호)와 총회의 특별결의에 의하여 특정한 자에 대하여 출자인수권을 부여할 것을 약속한 경우(제587조)에는 사원의 출자인수권이 제한된다(제588조 2문).

출자의 인수를 하고자 하는 자는 인수를 증명하는 서면에 인수할 출자의 좌수와 주소를 기재하고 기명날인 또는 서명하여야 한다(제589조 제 1 항). 이 방식에 의하지 않은 출자의 인수는 무효이다. 유한회사는 그 폐쇄성 때문에 광고 기타의 방법으로 인수인을 공모하지 못한다(제589조 제 2 항).

증가된 출자좌수의 전부에 대한 인수가 있는 때에는 이사는 인수인으로 하여금 출자 전액의 납입 또는 현물출자의 목적인 재산의 급여를 시켜야 한다(제596조, 제548조). 자본증가에 해당하는 새로운 출자의 전부에 관한 인수 및 출자이행이 없으면 자본증가는 성립되지 않는다.

(3) 變更登記 출자의 이행이 완료되면 자본금증가로 인한 변경등기를 2주간 내에 본점의 소재지에서 하여야 한다(제591조)(1995년 개정법에서 지점의 소재지에서의 등기를 삭제함). 이 등기에 의하여 자본금증가의 효력이 생긴다(제592조).

4. 資本金增加에 관한 責任

자본금증가의 경우에도 사원 · 이사 · 감사는 자본금납입책임을 진다. 즉 현물출자나 재산인수의 목적인 재산의 실가가 평가보다 현저히 부족한 때에 그 증자결의에 동의한 사원은 부족액을 전보할 책임이 있으며(제593조), 이사와 감사는 자본금증가 후에 인수되지 아니한 출자가 있는 경우에 출자의 인수책임을 지며, 자본금증가 후에 납입 또는 급여미필재산의 가액에 대한 지급책임이 있다(제594조).

5. 事後增資

유한회사가 그 증자 후 2년 내에 증자 전부터 존재하는 재산으로서 영업을 위하여 계속하여 사용할 것을 자본의 20분의 1 이상에 상당하는 대가로 취득하는 것을 사후증자라고 하는데, 이러한 계약을 체결하는 경우에는 사원총회의 특별결의가 있어야 한다(제596조, 제576조 제 2 항).

6. 資本金增加의 無效

자본금증가의 무효는 사원 · 이사 · 감사에 한하여 본점소재지에서 자본증가의 등기를 한 날로부터 6월 내에 소만으로 이를 주장할 수 있다(제595조 제 1 항). 이 경우에는 주식회사의 신주발행무효의 소에 관한 규정이 준용된다(제595조 제 2 항, 제430조 내지 제432조).

Ⅲ. 資本金減少

자본금감소도 정관에 정한 자본금총액을 감소하는 것이므로 정관변경의 한 경우이다. 자본금감소의 방법에는 ① 출자좌수의 감소, ② 출자 1좌의 금액의 감소, ③ 양자의 병용 등이 있다.

감소금절차는 사원총회의 특별결의, 채권자보호절차, 감소한 자본과 출자와의 조정절차를 거친다. 즉 출자 1좌의 금액감소의 경우에는 환급 또는 절기, 출자좌수의 감소에는 지분의 소각이나 병합을 거쳐서 감자에 의한 변경등기를 하게 된다. 이 등기는 자본증가와는 달리 자본감소의 효력발생요건이 아니다.

자본감소의 무효에 관하여는 주식회사에 관한 규정이 준용된다(제597조, 제445조, 제446조).

제 2 절 有限會社의 計算

Ⅰ. 序

유한회사의 사원도 회사의 채무에 대하여 간접 · 유한 책임을 지기 때문에 회사채권자를 보호하기 위하여 회사의 경리에 관한 규제가 필요하다. 즉 회사자본에 관하여는 ① 출자는 재산출자에 한정되고, ② 출자의 환급이 금지되며, ③ 회사손실전보 후에만 이익배당이 가능하고, ④ 창업비를 소각하여야 하며, ⑤ 법정준비금제도가 있는 등 주식회사에서의 자본에 관한 규정이 많이 준용되고 있다. 다만, 유한회사는 소규모 · 폐쇄적 성격을 가지므로 대차대조표의 공고의무가 면제되고, 건설이자의 배당제도가 인정되지 아니하며, 주식회사에서 인정되고 있는 회생제도가 없다.

Ⅱ. 財務諸表 · 營業報告書

이사는 매 결산기에 재무제표, 즉 대차대조표, 손익계산서, 이익잉여금처분계산서 또는 결손금처리계산서와 그 부속명세서 및 영업보고서를 작성하여 감사가 있는 때에는 정기총회회일로부터 4주간 전에 이들 서류를 감사에게 제출하여야 한다(제579조 제1항 · 제2항). 감사는 위 서류를 받은 날로부터 3주간 내에 감사보고서를 이사에게 제출하여야 한다(제579조 제3항). 감사가 없는 경우에는 재무제표를 이사가 직접 정기총회에 제출하여 그 승인을 요구하여야 하고, 영업보고서를 총회에 제출하여 그 내용을 보고하여야 한다(제583조, 제449조 제1항 · 제2항). 재무제표의 작성에 있어서 따라야 할 기업회계의 제 원칙, 재무제표의 형식, 자산의 평가방법, 준비금 등은 모두 주식회사의 경우와 비슷하게 규정되어 있다(제583조 제1항, 제452조, 제453조, 제458조 내지 제460조). 1995년 개정법에서 유한회사에 대하여도 창업비, 개업비와 연구개발비를 이연자산으로 인정하였다(제583조 제1항, 제453조, 제453조의 2, 제457조의 2).

이사는 재무제표 · 영업보고서 및 감사보고서를 정기총회회일의 1주간 전부터 5년간 회사에 비치하여야 한다(제579조의 3 제1항). 사원과 회사채권자는 영업시간 내에는 언제든지 위 서류를 열람할 수 있으며, 회사가 정한 비용을 지급하고 그 서류의 등본이나 초본의 교부를 청구할 수 있다(제579조의 3 제2항, 제448조 제2항). 또한 자본의 100분의 5 이상의 출자좌수를 가진 사원은 회계의 장부와 서류의 열람 또는 등사를 청구할 수 있다(제581조 제1항).

Ⅲ. 利益配當

유한회사의 이익배당도 손실전보와 법정준비금적립 후가 아니면 하지 못함은 주식회사에서와 같다(제583조 제1항, 제462조). 이익의 배당은 정관에 다른 정함이 있는 경우 외에는 각 사원의 출자좌수에 따라 하여야 한다(제580조). 위법배당의 경우에 회사채권자가 반환청구를 할 수 있음은 주식회사에서 본 바와 같다(제583조 제1항, 제462조 제2항).

제 6 장 有限會社의 解散과 清算

Ⅰ. 解　散

유한회사의 해산사유로는 ① 존립기간의 만료 기타 정관에 정한 사유의 발생, ② 사원총회의 결의, ③ 합병, ④ 파산, ⑤ 법원의 해산명령 또는 해산판결 등이다(제609조).

위의 ①·②의 경우에는 특별결의에 의하여 회사를 계속할 수 있으며, 또한 해산등기 후에도 위와 같은 회사의 계속이 가능하며, 이 때에는 소정의 등기를 하여야 한다(제611조). 유한회사에서 사원이 1인이 된 때에도 해산사유가 되지 않는다(2001년 개정).

회사가 해산한 때에는 합병과 청산의 경우 외에는 일정한 기간 내에 해산등기를 하여야 한다(제613조 제1항, 제228조).

Ⅱ. 清　算

유한회사의 청산은 주식회사에서와 같이 모두 법정청산이다. 청산절차는 거의 주식회사와 같다(제613조 참조). 청산중의 유한회사에 있어서는 이사는 청산인이 되지만, 사원총회와 감사는 그대로 존속한다.

유한회사의 청산에는 주식회사에 있어서와 같은 청산인회와 대표청산인의 분화가 없으며, 각 청산인이 청산사무의 집행과 대표권을 갖는다. 청산사무는 주식회사의 경우와 같다.

잔여재산의 분배는 정관에 다른 정함이 있는 경우가 아니면 각 사원의 출자좌수에 따라서 분배하여야 한다(제612조).

감사의 제3자에 대한 책임 및 재무제표승인 후의 책임해제에 관한 것은 주식회사의 규정이 준용되는 등 기타의 점도 대체로 주식회사의 경우와 같다(제613조).

제 4 편

유한책임회사

제1절 序　說

2011년 개정상법에서는 사원에게 유한책임을 인정하면서도 회사의 설립·운영과 기관구성 등의 면에서 사적 자치를 폭넓게 인정하는 유한책임회사를 신설하였다. 이는 미국의 Limited Liability Company(이하 "LLC"라 함)를 모델로 하고 있다. 미국의 LLC는 사원의 출자목적이 기술이나 노무인 경우에도 이에 해당하는 지분을 소유할 수 있다는 특징이 있다. 즉 오늘날 이윤을 창출하는 것이 자본만이 아니라 기술이나 노하우임을 감안할 때, 이를 출자목적으로 하는 사원에게도 그 가치에 해당하는 지분을 소유할 수 있도록 하는 데 그 의의가 있다. 그러나 2011년 개정상법의 경우에는 후술하는 바와 같이 사원이 신용이나 노무를 출자의 목적으로 하지 못하며(제287조의 4 제1항), 현물출자만 가능하도록 정하고 있어(제287조의 4 제3항) LLC의 도입취지를 제대로 살리고 있다고 볼 수 없다.

제2절 設　立

2011년 개정상법의 유한책임회사의 설립은 사원이 정관을 작성하고 기명날인하여야 한다(제287조의 2, 제287조의 3). 정관의 필요적 기재사항으로 목적, 상호, 사원의 성명, 주민등록번호 및 주소, 본점의 소재지, 정관의 작성연월일, 사원의 출자의 목적 및 가액, 자본금의 액, 업무집행자의 성명 및 주소를 기재하여야 한다(제287조의 3). 이러한 정관의 작성과 함께 본점소재지에 설립등기를 함으로써 성립한다(제287조의 5). 사원은 정관의 작성 후 설립등기를 하는 때까지 금전이나 그 밖의 재산의 출자를 전부 이행하여야 하며, 현물출자를 하는 사원은 납입기일에 지체없이 출자의 목적인 재산을 인도하고 등기·등록, 그 밖의 권리의 설정 또는 이전이 필요한 경우에는 이에 관한 서류를 모두 갖추어 교부하여야 한다(제267조의 4).

상호와 관련하여 상법 제19조를 개정하여 유한책임회사의 상호에 유한책임회사임을 명시하도록 하고 있다. 이렇게 함으로써 유한책임회사와 거래하는 상대방이나 제3자로 하여금 그 회사가 사원의 유한책임이 인정되는 회사라는 사실을 알 수 있게 하는 것이다. 그러나 우리 상법 제22조의 2 상호의 가등기대상에서 유한책임회사를 포함시키고 있지 않고 있는바, 상호의 가등기규정에 유한책임회사를 포함시키는 것이 다른 회사들과의 형평성에도 맞을 것이다.

제3절 出 資

유한책임회사의 사원은 신용이나 노무를 출자의 목적으로 하지 못한다(제287조의 4 제1항). 현물출자는 가능하다(제287조의 4 제3항). 또한 합자조합과는 달리 출자약정으로 설립할 수 없고, 사원은 정관의 작성 후 설립등기를 하는 때까지 금전이나 그 밖의 재산의 출자를 전부 이행하여야 한다(제287조의 4 제2항). 현물출자를 하는 사원은 납입기일에 지체없이 출자의 목적인 재산을 인도하고, 등기·등록, 그 밖의 권리의 설정 또는 이전이 필요한 경우에는 이에 관한 서류를 모두 갖추어 교부하여야 한다(제287조의 4 제4항).

미국 LLC의 경우는 사원의 출자목적물은 유형의 자산뿐만 아니라, 용역이나 지적재산권 등 무형의 자산도 가능하다(ULLCA(1996) §401). 용역을 제공키로 한 사원이 이행하지 않는 경우는 그에 상응하는 현금으로 출자의무를 이행할 것을 요구할 수 있고, 사원의 출자의무는 그 사원의 사망이나 무능력 또는 개인적인 사유로 인해 면제될 수 없다(ULLCA(1996) §402(a)).

우리나라 회사법은 자본이 기업의 이익을 창출하던 시대에 적합한 자본회사위주로 제정되어 있다. 그러나 오늘날은 자본보다 기술이나 특별한 지식이 이익을 창출하는 시대가 되었다. 따라서 지식이나 기술을 출자하고, 상당한 지분을 확보할 수 있는 형태의 기업이 필요할 것이다. 합명회사나 합자회사의 경우 이러한 요소들을 출자할 수 있으나 무한책임사원이라는 걸림돌이 있는바, 미국의 LLC를 이용할 경우 무한책임사원 없이 노무나 신용을 출자하고, 이에 상당한 지분을 보유할 수 있다는 장점이 있다.

일본의 경우도 일본 신회사법에 의한 합동회사에서 구성원의 노무제공은 이익이나 권한의 배분시에 감안될 수 있도록 정하고 있다. 이 또한 현물출자만을 가능하도록 한 유한회사의 형태를 벗어나 지식과 기술의 출자를 가능토록 하고 있는 것이다.

우리의 합명회사나 합자회사에서처럼 사원의 신용이나 노무의 출자를 무한책임과 연결시켜야만 한다는 고정관념은 무한책임사원이 없는 유한책임회사에 대한 출자에서 사원의 신용이나 노무를 출자의 목적으로 하지 못하도록 정한 상법개정안의 내용과 연결되었다고 보인다. 이러한 고정관념을 탈피하기 어렵다면, 적어도 일본의 경우처럼 기술이나 지식의 출자에 상당한 수익배분은 가능하도록 하여야 할 것이다.

제4절 持 分

사원의 책임은 상법에 다른 규정이 있는 경우 외에는 그 출자금액을 한도로 한다(제287조의 7). 그리고 지분양도에는 다른 사원의 동의가 있을 것을 원칙으로 정하면서 업무를 집행하지 아니한 사원은 업무를 집행하는 사원 전원의 동의가 있는 경우에 지분의 양도가 가능하며, 이러한 규정은 임의규정이어서 정관에서 이와 달리 정할 수 있도록 하고 있다(제287조의 8). 그러나 유한책임회사에 의한 지분양수는 금지하고 있다. 만일 이를 위반하여 유한책임회사가 지분을 취득하는 경우에 그 지분은 취득한 때에 소멸한다(제287조의 9).

미국의 LLC는 사원의 지분에 대하여 금전적인 권리부분의 한도에서는 자유양도성을 인정하나 다른 모든 사원들의 동의 없이는 지분의 양수인이 사원으로서 경영에 참여하는 권리와 같은 금전적인 권리 이외의 운영과 관련된 사원자격을 얻지 못하도록 하고 있다(ULLCA(1996) §503(a)). 다른 모든 사원들의 동의를 얻어 유한책임회사의 사원이 된 지분의 양수인은 운영계약과 법률에서 정한 사원으로서의 권리와 의무를 부담하는데, 양수인이 사원이 되었을 때 알지 못한 지분양도인의 채무에 대하여는 책임이 없다(ULLCA(1996) §503(b)). 양수인이 유한책임회사의 사원이 되는지 여부와는 관계 없이 양도인은 운영계약과 법률에 따라 발생한 회사에 대한 자신의 채무로부터 면책되지 않는다(ULLCA(1996) §503(c)).

미국의 LLC 입법은 지분을 '경제적 지위를 표창하는 지분'과 '그 외의 지위를 표창하는 지분(예컨대 경영참여 등)'으로 구분한 후 전자는 자유롭게 양도가능하며, 후자의 양도는 다른 사원 전원의 동의를 요하도록 한바, 이러한 구분은 우리 법에서는 생소한 내용이 될 것이다. 우리가 도입시 참고하였던 미국의 LLC는 내적으로 조합의 성격을 취하면서 전원이 유한책임의 보호를 받는 법인이므로(지분의 구분 없이) 정관에 의한다는 점에서 상법 제287의 8조에서 지분양도는 이러한 취지를 살리고 있다.

제 5 절 業務執行社員

Ⅰ. 選 任

유한책임회사는 정관에서 사원 또는 사원이 아닌 자를 업무집행자로 정하여야 한다. 1인 또는 수인의 업무집행자를 정한 때에는 업무집행자 각자가 회사의 업무를 집행할 권리와 의무가 있다(제287조의 12). 정관에서 수인을 공동업무집행자로 정한 경우에는 그 전원의 동의가 없으면 업무집행에 관한 행위를 하지 못한다(제287조의 12 제 3 항). 업무집행자가 아닌 사원에 대하여는 감시권을 인정하고 있다(제287조의 14). 법인의 경우에도 업무집행사원이 될 수 있도록 정하고 있는바, 법인이 업무집행자인 경우에는 그 법인은 해당 업무집행자의 직무를 행할 자를 선임하고, 그 자의 성명과 주소를 다른 사원에게 통지하여야 한다(제287조의 15).

Ⅱ. 業務執行社員의 義務

2011년 개정상법에서는 업무집행자의 경업금지의무(겸직금지 및 경업금지) 규정을 두고 있는바, 업무집행자는 사원 전원의 동의를 받지 아니하고는 자기 또는 제 3 자의 계산으로 회사의 영업부류에 속한 거래를 하지 못하며, 같은 종류의 영업을 목적으로 하는 다른 회사의 업무집행자·이사 또는 집행임원이 되지 못하도록 정하고 있다(제287조의 10). 그 위반에 대하여는 제198조 제 2 항부터 제 4 항까지의 규정을 준용한다. 또한 업무집행자의 자기거래를 제한하고 있는바, 다른 사원 과반수의 결의를 요건으로 하고 있다(제287조의 11). 업무집행자의 업무집행의 성격은 민법상 위임에 해당할 것인바, 선량한 관리자의 주의의무가 적용될 것이다. 개정상법의 유한책임회사 업무집행자의 겸업금지의무는 상법상 ① 상업사용인(제17조), ② 영업양도인(제41조), ③ 대리상(제89조), ④ 합명회사의 사원(제198조), ⑤ 합자회사의 무한책임사원(제269조), ⑥ 주식회사의 이사(제397조), ⑦ 유한회사의 이사(제567조)에게 명문의 규정으로 인정되는 것과 그 궤를 같이한다.

업무집행자는 결산기마다 대차대조표·손익계산서, 그 밖에 유한책임회사의 재무상태와 경영성과를 표시하는 것으로서 대통령령으로 정하는 서류를 작성하여야 한다(제287조의 33). 업무집행자는 제287의 33조에 규정된 서류를 본점에 5년간 갖추어 두어야 하고, 그 등본을 지점에 3년간 갖추어 두어야 한다(제287조의 34 제 1 항).

Ⅲ. 業務執行社員의 權限喪失

업무집행사원의 권한상실에 대하여는 상법 제205조를 준용한다(제287조의 17). 따라서 사원이 업무를 집행함에 현저하게 부적임하거나 중대한 의무에 위반한 행위가 있는 때에는 법원은 사원의 청구에 의하여 업무집행권한의 상실을 선고할 수 있고, 당해 판결이 확정된 때에는 본점과 지점의 소재지에서 등기하여야 한다.

Ⅳ. 業務執行社員의 代表性

업무집행자는 유한책임회사를 대표한다(제287조의 19 제 1 항). 업무집행자가 수인인 경우, 정관 또는 총사원의 동의로 유한책임회사를 대표할 업무집행자를 정할 수 있다(제287조의 19 제 2 항). 유한책임회사는 정관 또는 총사원의 동의로 수인의 업무집행자가 공동으로 회사를 대표할 것을 정할 수 있다(제287조의 19 제 3 항). 이 경우에 제 3 자의 유한책임회사에 대한 의사표시는 공동대표의 권한이 있는 자 1인에 대하여 함으로써 그 효력이 생긴다(제287조의 19 제 4 항). 유한책임회사가 사원(사원이 아닌 업무집행자를 포함)에 대하여 또는 사원이 유한책임회사에 대하여 소를 제기하는 경우에 유한책임회사를 대표할 사원이 없을 때에는 다른 사원 과반수의 결의로 대표할 사원을 선정하여야 한다(제287조의 21).

Ⅴ. 業務執行社員의 責任

유한책임회사를 대표하는 업무집행자가 그 업무집행으로 타인에게 손해를 입힌 경우에는 회사는 그 업무집행자와 연대하여 배상할 책임이 있다(제287조의 20). 사원은 회사에 대하여 업무집행자의 책임을 추궁하는 소의 제기를 청구할 수 있다(제287조의 22).

제6절 社員의 加入 및 脫退

Ⅰ. 加 入

유한책임회사는 정관을 변경함으로써 새로운 사원을 가입시킬 수 있다(제287조의 23 제1항). 이에 따른 사원의 가입은 정관을 변경한 때에 효력이 발생한다(제287조의 23 제2항). 다만, 정관을 변경한 때에 해당사원이 출자에 관한 납입 또는 재산의 전부 또는 일부의 출자를 이행하지 아니한 경우에는 그 납입 또는 이행을 마친 때에 사원이 된다(제287조의 23 제2항).

현물출자를 하는 사원은 납입기일에 지체없이 출자의 목적인 재산을 인도하고, 등기·등록, 그 밖의 권리의 설정 또는 이전이 필요할 경우에는 그 사원은 이에 관한 서류를 모두 갖추어 교부하여야 한다(제287조의 23 제3항).

Ⅱ. 退 社

사원의 퇴사에는 정관에서 달리 정하지 아니한 경우에는 사원은 6개월 전에 예고하고 영업연도 말에 퇴사할 수 있다(제287조의 24). 또한 정관에서 정한 사유의 발생, 총사원의 동의, 사망(정관에서 달리 정하지 않은 경우에 상속인은 사원이 되지 아니하고, 사망한 사원의 지분환급청구권을 출자하여 새로이 입사할 수 있음), 금치산, 파산 등의 원인으로 퇴사할 수 있다(제287조의 25). 퇴사사원은 그 지분의 환급을 금전으로 받을 수 있다(제287조의 28 제1항). 퇴사사원에 대한 환급금액은 퇴사 시의 회사의 재산상황에 따라 정한다(제287조의 28 제2항). 퇴사사원의 지분환급에 대하여는 정관에서 달리 정할 수 있다(제287조의 28 제3항). 퇴사한 사원의 성명이 유한책임회사의 상호 중에 사용된 경우에는 그 사원은 유한책임회사에 대하여 그 사용의 폐지를 청구할 수 있다(제287조의 31). 사원의 지분을 압류한 채권자가 그 사원을 퇴사시키는 경우에는 회사와 그 사원에게 6개월 전에 예고를 하고, 영업연도 말에 그 사원을 퇴사시킬 수 있다. 다만, 지분을 압류한 채권자의 예고는 사원이 변제를 하거나 상당한 담보를 제공한 때에는 효력을 상실하여 사원은 퇴사되지 않는다(제287조의 29).

유한책임회사의 채권자는 퇴사하는 사원에게 환급하는 금액이 잉여금(대차대조표상의 순자산액으로부터 자본금의 액을 뺀 액)을 초과한 경우에는 그 환급에 대하여 회사에 이의를 제기할 수 있다(제287조의 30).

제7절 解　散

유한책임회사는 다음의 경우에 해산한다. ① 존립기간의 만료, 그 밖의 정관으로 정한 사유의 발생, ② 총사원의 동의, ③ 합병, ④ 파산, ⑤ 법원의 명령 또는 판결 또는 사원이 없게 된 경우(제287조의 38). 그러나 사원이 1명으로 된 때는 해산사유가 아니다. 유한책임회사가 해산된 경우에는 합병과 파산의 경우 외에는 그 해산사유가 있었던 날부터 본점소재지에서는 2주 내에 해산등기를 하고, 지점소재지에서는 3주 내에 해산등기를 하여야 한다(제287조의 39). 유한책임회사의 사원이 해산을 청구하는 경우에는 회사본점소재지 관할지방법원에 해산판결을 청구할 수 있다(제287조의 42).

제8절 清　算

유한책임회사의 청산에 관하여는 상법 제245조, 제246조, 제251조부터 제257조까지 및 제259조부터 제267조까지의 규정을 준용한다(제287조의 45).

제9절 組織變更

유한책임회사는 총사원의 동의에 의하여 주식회사로 변경할 수 있다(제287조의 43 제2항). 유한책임회사의 조직의 변경에 관하여는 상법 제232조 및 제604조부터 제607조까지의 규정을 준용한다(제287조의 44).

제 5 편

인적회사

제1장 合名會社

권기범, 인적회사 사원의 회사채권자에 대한 책임, 기업과 법(김교창변호사화갑기념논문집)(1997)/孫珠瓚, 合名會社 退社社員의 責任, 司法行政 305(1986. 5).

제1절 合名會社의 槪念

Ⅰ. 合名會社의 意義

합명회사는 모든 사원이 회사채무에 대하여 직접·연대·무한의 책임을 지는 회사이다. 그러나 1차적인 책임재산은 회사의 재산이므로 사원의 책임은 회사의 재산으로 회사의 채무를 완제할 수 없을 때에 지는 보충적 책임이다(제212조 제1항). 이와 같이 합명회사의 사원은 무거운 책임을 지므로 각 사원은 원칙적으로 당연히 회사의 업무집행기관이 되고, 회사를 대표할 권리·의무를 갖는다(제200조, 제207조).

합명회사는 서로 신뢰관계에 있는 소수의 사원으로 구성되고, 법률관계에 있어서 사원의 개성이 농후하고, 회사의 인적 요소에 중점이 주어지므로 인적회사의 전형이다. 상법은 모든 회사를 일률적으로 사단법인으로 규정하고 있으나(제169조, 제171조 제1항), 합명회사의 실질은 조합이다. 따라서 회사의 내부관계에 관하여는 정관 또는 상법에 다른 규정이 없으면 조합에 관한 민법의 규정을 준용한다(제195조).

합명회사는 중세 이탈리아와 독일의 상업도시에 있어서의 공동상속에서 시작되었다. 즉 수인의 상속인이 망부의 영업을 공동상속한 가족적 결합이 오늘날의 합명회사의 기원이다.

합명회사에 관한 최초의 입법은 1673년의 프랑스의 상사조례이고, 1807년의 프랑스상법 및 1871년의 독일 구 상법이 이것을 따른 후 여러 나라의 입법에 영향을 주었다.

Ⅱ. 合名會社의 經濟的 機能

합명회사는 인적 결합이 강한 회사이므로 가까운 친척이나 친구 등과 같이 밀접한 이해관계자간에 조직되는 것이 보통이며, 사원의 광범위한 자치가 인정되므로 다양한 경제적 관계와 수요에 대처할 수 있고, 모든 사원이 각자 업무를 집행하고 회사를 대표하므로 상거래에 있어서 유동성과 신속성이 보장된다.

제 2 절 合名會社의 設立

Ⅰ. 序 說

합명회사는 신뢰관계로 맺어진 소수인의 단체이고, 사원이 무한책임을 지기 때문에 회사채권자의 보호를 위하여 주식회사와 같은 복잡하고 엄격한 설립절차를 필요로 하지 않는다. 그러므로 합명회사의 설립은 정관의 작성과 설립등기를 함으로써 성립한다. 주식회사와 달리 출자의 이행이 회사의 성립요건이 아니며, 발기인이 따로 없다.

Ⅱ. 設立節次

1. 組合契約

합명회사를 설립함에는 먼저 회사설립이라는 공동사업을 하기 위하여 재산·노무·신용의 출자를 하는 것을 내용으로 하는 회사설립을 위한 당사자간의 계약이 있어야 한다. 이는 민법상의 조합계약이다(민법 제703조).

2. 定款의 作成

합명회사를 설립하려면 사원이 되고자 하는 자 2인 이상이 정관을 작성하여야 한다(제178조). 사원은 자연인에 한한다(제173조).

정관에 기재할 절대적 기재사항은 ① 목적, ② 상호, ③ 사원의 성명·주민등록번호와 주소, ④ 사원의 출자의 목적과 그 가격 또는 평가의 표준, ⑤ 본점의 소재지, ⑥ 정관의 작성연월일, ⑦ 각 사원의 기명날인 또는 서명 등이다(제179조).

상대적 기재사항은 정관에 반드시 기재를 필요로 하는 것은 아니지만,

법률상의 효력을 가지기 위하여는 정관에 기재하여야 하는 사항이다. 이에는 ① 사원의 업무집행권의 제한(제200조), ② 회사의 존립기간과 해산사유(제227조), ③ 대표사원의 결정(제207조 단서), ④ 공동대표(제208조 제1항), ⑤ 퇴사사유(제218조 제1항), ⑥ 퇴사원의 지분환급의 제한(제222조), ⑦ 임의청산(제247조) 등이 있다.

이것 이외에 정관에는 합명회사의 본질, 강행법규 또는 선량한 풍속 기타 사회질서에 반하지 않는 한 임의사항을 기재할 수 있다.

3. 設立登記

정관의 작성에 의하여 실체가 형성된 합명회사가 법인격을 취득하기 위해서는 회사의 본점소재지에서 설립등기를 하여야 한다(제172조). 설립등기의 등기사항으로는 ① 목적, ② 상호, ③ 사원의 성명·주민등록번호와 주소. 다만, 대표사원을 정한 때에는 그 이외 사원의 주소는 제외, ④ 본점의 소재지 및 지점을 둔 때에는 그 소재지, ⑤ 사원의 출자의 목적, 재산출자에는 그 가격과 이행한 부분, ⑥ 존립기간 기타 해산사유를 정한 때에는 그 기간 또는 사유, ⑦ 회사를 대표할 사원을 정한 때에는 그 성명, ⑧ 공동대표를 정한 때에는 그 규정 등이다(제180조).

회사의 설립등기사항에 변경이 있는 때, 지점을 신설하거나 본·지점의 이전이 있는 경우에는 일정기간 내에 이에 따른 등기를 하여야 한다(제181조 내지 제183조).

Ⅲ. 設立의 無效와 取消

1. 總　　說

합명회사의 설립에 하자가 있는 경우에 그 설립의 효력을 다투는 방법으로서 상법은 법률관계의 획일적 처리와 거래안전의 조화를 위하여 설립무효의 소와 취소의 소에 관하여 규정하고 있다. 즉 이러한 제도에 의하여 설립의 무효 또는 취소를 인정하지만, 효력은 소급시키지 않고 있다.

설립무효의 원인으로서 객관적 무효원인 외에 주관적 무효원인이 포함되어 있는 점과 설립취소의 소가 인정되고 있다는 점이 주식회사의 경우와 다르다.

2. 設立의 無效

(1) 設立無效의 原因　　객관적 무효원인으로서는 정관의 절대적 기재사항이 흠결되었거나 그 기재가 불법인 때, 설립등기가 무효인 때 등을 들 수 있고, 주관적 무효원인으로서는 사원의 심신상실, 의사표시의 흠결 등이

있는 경우이다. 합명회사는 사원의 인적 신용이 중요시되므로, 설립행위자 가운데 단 1인이라도 그 의사표시가 무효가 되면 회사의 설립행위 전체가 무효로 된다.

(2) 設立無效의 訴 회사설립의 무효는 그 사원에 한하여 회사성립의 날(설립등기일)로부터 2년 내에 소만으로써 이를 주장할 수 있다(제184조). 설립무효의 소의 절차, 판결의 효력 및 패소원고의 책임 등은 주식회사의 그것과 같다.

3. 設立의 取消

(1) 設立取消의 原因 개개의 사원의 설립행위의 취소원인(주관적 사유)은 회사설립의 취소원인이 된다. 즉 사원의 행위무능력(민법 제5조, 제10조, 제13조) 또는 의사표시의 하자(민법 제109조, 제110조)에 의한 설립행위 등이 설립취소의 원인이 된다. 또한 상법은 사원이 그 채권자를 해할 것을 알고 회사를 설립한 때에도 취소원인으로 하고 있다(제185조). 따라서 채무자에게 채권자를 만족시킬 재산이 남지 않게 되면, 채권자는 채무자가 가지는 회사지분을 압류하고 채무자의 퇴사고지를 할 수도 있고(제223조, 제224조), 설립을 취소함으로써 회사해체를 통해 자신을 보호할 수도 있다.

(2) 設立取消의 訴 설립의 취소는 취소원인이 사원의 무능력, 의사표시의 하자인 경우에는 민법의 일반적 취소권자(제184조 제2항; 민법 제140조)가, 사원이 채권자를 해할 것을 알고 회사를 설립한 때에는 채권자가 그 사원과 회사에 대하여 회사성립의 날로부터 2년 내에 소만으로써 이를 주장할 수 있다(제184조, 제185조).

4. 會社의 繼續

회사의 설립무효 또는 취소의 판결이 확정된 경우에 그 무효나 취소의 원인이 특정한 사원에 한한 것인 때에는 다른 사원 전원의 동의로써 회사를 계속할 수 있으며, 이 경우에 그 무효 또는 취소의 원인이 있는 사원은 퇴사한 것으로 본다. 그 결과 사원이 1인으로 된 때에는 새로 사원을 가입시켜서 회사를 계속할 수 있다. 회사를 계속하는 경우에 이미 회사해산의 등기를 하였을 때에는 본점 및 지점의 소재지에서 소정기간 내에 회사의 계속등기를 하여야 한다(제194조). 이 제도는 기업유지의 이념이 발현된 것이다.

제 3 절 合名會社의 機構

Ⅰ. 序 說

1. 內部關係와 外部關係

합명회사의 법률관계는 ① 회사와 사원, ② 사원 상호간, ③ 회사와 제 3 자, ④ 사원과 제 3 자와의 관계로 나눌 수 있다. 일반적으로 앞의 두 가지를 회사의 내부관계라고 하고, 뒤의 두 가지를 회사의 외부관계라고 한다. 합명회사를 사단으로 규정함에도 불구하고 사원 상호간의 관계가 인정되고, 사원이 직접 제 3 자에 대하여 책임을 지는 것은 합명회사의 실체가 조합적 결합체라는 이유에 기한 것이다. 따라서 합명회사의 사단법인으로서의 법형식과 조합적 단체로서의 실질을 조화시키는 방향으로 법률관계를 풀어가야 한다.

2. 合名會社에 관한 法規의 性格

회사의 내부관계는 출자 · 손익분배 · 업무집행 · 정관변경 · 경업금지의무 · 지분 등으로 구성되며, 외부관계는 회사대표, 회사의 책임 등이 문제된다. 내부관계는 사원의 자유로운 결정에 맡기더라도 폐해가 생길 염려가 적으므로 계약자유의 원칙이 지배한다. 따라서 상법의 규정은 임의적 · 보충적인 것이어서 정관, 상법의 규정, 조합에 관한 민법규정의 순서로 내부관계에 적용된다(제195조). 그러나 외부관계에 관한 법규는 거래의 안전 기타 사회적 이익에 관계되므로 강행법규에 속한다.

<대판 2015. 5. 29, 2014 다 51541>

「상법 제195조에 비추어 볼 때, 합명회사의 내부관계에 관한 상법 규정은 원칙적으로 임의규정이고, 정관에서 상법 규정과 달리 정하는 것이 허용된다. 이와 같이 합명회사의 정관에서 내부관계에 관하여 상법과 달리 정한 경우, 해당 정관 규정이 관련 상법 규정의 적용을 배제하는지는 해당 정관 규정의 내용, 관련 상법 규정의 목적, 합명회사의 특징 등 여러 사정을 종합적으로 고려하여 판단하여야 한다.」

Ⅱ. 內部關係

1. 出 資

(1) 出資의 意義와 種類 출자란 사원이 회사의 업무목적을 달성하기 위하여 사원의 자격에서 일정한 유형·무형의 수단을 회사에 대하여 급여하는 것을 말한다. 사원은 반드시 출자를 하여야 하며(제179조 4호), 정관의 규정으로도 이에 반하는 정함을 할 수 없다.

출자의 목적은 재산 또는 노무·신용의 어느 것이라도 상관이 없다(제222조, 제195조; 민법 제703조 제2항). 노무의 출자란 사원이 회사를 위하여 노동력을 제공하는 것이고, 신용의 출자란 사원이 자기의 신용을 회사로 하여금 이용하게 함으로써 하는 출자이다. 이와 같이 재산 이외에 노무와 신용출자를 인정하는 이유는 사원이 대외적으로 무한책임을 지기 때문이다.

(2) 出資義務의 發生과 消滅 사원의 추상적 출자의무는 회사설립의 경우에는 회사의 설립계약에 의하여, 회사성립 후 입사하는 경우에는 입사계약에 의해서 발생하고, 그 내용은 정관에서 확정된다. 이 추상적 출자의무는 사원자격에 기한 의무이므로 사원에 대한 회사의 추상적 출자청구권은 양도나 강제집행의 목적이 될 수 없으며, 최고 및 기한의 도래로 인하여 구체적 채무로 된다. 이 구체적 출자의무는 사원자격과 독립된 하나의 채무로서 사원이 퇴사한 후에도 존재하며, 양도나 강제집행의 목적이 된다. 추상적 출자의무는 그 이행 또는 사원자격의 소멸에 의하여 소멸한다.

(3) 出資義務의 履行 출자의무이행의 시기와 방법은 정관에 정한 바에 따르고, 정관에 특별한 규정이 없으면 보통의 업무집행의 방법에 따라 자유로이 결정한다(제195조; 민법 제706조 제1항·제2항). 다만, 이 경우에는 사원평등의 원칙에 따라야 하며, 이것에 위반한 출자이행의 최고는 무효이다.

출자의무이행은 출자의 종류에 따라 금전의 납입, 현물출자의 목적인 재산의 이전, 노무의 제공, 신용의 제공 등의 방법에 의한다. 현물출자의 목적물에 관한 위험부담·담보책임 등은 민법의 일반원칙이 준용된다. 채권출자의 경우에 그 채권이 변제기에 변제되지 아니한 때에는 사원은 그 채권액을 변제할 책임을 지고, 이자지급뿐만 아니라 이로 인한 손해를 배상하여야 한다(제196조).

사원이 구체화된 출자의무를 이행하지 아니하면 채무불이행의 일반적 효과 이외에 제명 또는 업무집행권이나 대표권상실의 사유가 된다(제220조 제 1 항 1호, 제205조 제 1 항, 제216조).

2. 業務執行

(1) 意　義　업무집행이란 회사가 정관에 정하여진 목적을 달성하기 위하여 하는 직·간접의 대내·대외적인 업무활동을 말한다. 법률행위뿐만 아니라 사실행위도 포함한다. 회사대표는 업무집행의 대외적 측면이다.

(2) 業務執行의 權利義務　합명회사의 각 사원은 정관에 다른 규정이 없는 때에는 회사의 업무를 집행할 권리와 의무가 있다(제200조 제 1 항). 이처럼 인적 결합을 중요시하는 합명회사에 있어서는 사원 스스로가 업무집행기관을 구성함으로써 사원자격과 기관자격이 일치하게 된다. 다만, 정관의 규정에 의하여 사원의 1인 또는 수인을 업무집행사원으로 정할 수 있으며, 이 경우에는 업무집행사원만이 회사의 업무를 집행할 권리와 의무가 있게 된다(제201조 제 1 항). 업무집행의 권리의무는 사원 이외에는 아무도 가질 수 없고, 총사원의 업무집행권을 박탈하는 것은 허용되지 않는다.

2001년 12월 개정상법에 의하면 사원의 업무집행을 정지하거나, 직무대행자를 선임하는 가처분을 하거나, 그 가처분을 변경·취소하는 경우에는 본점 및 지점이 있는 곳의 등기소에서 이를 등기하여야 한다(제183조의 2). 제183의 2조의 직무대행자는 가처분명령에 다른 정함이 있는 경우와 법원의 허가를 얻은 경우 외에는 법인의 통상업무에 속하지 아니한 행위를 하지 못한다(제200조의 2). 원래 주식회사 및 유한회사의 이사·감사·청산인에 관하여는 그 선임결의무효의 소 등을 제기하면서 직무집행정지·직무대행자 선임가처분을 신청할 수 있고, 그 명령이 발령된 때에는 이를 등기하도록 규정하고 있다. 또한 이사와 청산인의 경우에는 가처분명령에서 정함이나 법원의 허가가 있어야만 통상사무를 벗어난 행위를 할 수 있도록 규정하고 있다. 그에 비하여 합명회사 및 합자회사에 관하여는 명문의 규정이 없으므로 이에 관한 규정을 신설한 것이다.

업무집행사원이 업무를 집행함에 현저하게 부적임하거나 중대한 의무에 위반한 행위가 있는 때에는 법원은 사원의 청구에 의하여 업무집행권한의 상실을 선언할 수 있다(제205조 제 1 항). 업무집행사원과 회사와의 관계는 위임이며, 따라서 업무집행사원은 선관주의의무로써 업무를 집행하여야 한다(민법 제681조).

<대판 2015. 5. 29, 2014 다 51541>

「상법상 합명회사의 사원 또는 업무집행사원의 업무집행권한을 상실시키는 방법으로는 다음의 두 가지를 상정할 수 있다. 첫째, 상법 제205조 제 1 항에 따라 다른 사원의 청구에 의하여 법원의 선고로써 권한을 상실시키는 방법이다. 둘째, 상법 제195조에 의하여 준용되는 민법 제708조에 따라 법원의 선고절차를 거치지 않고 총사원이 일치하여 업무집행사원을 해임함으로써 권한을 상실시키는 방법이다. 위 두 가지 방법은 요건과 절차가 서로 다르므로, 상법 제205조 제 1 항이 민법 제708조의 준용을 배제하고 있다고 보기 어렵다. 따라서 정관에서 달리 정하고 있지 않는 이상, 합명회사의 사원은 두 가지 방법 중 어느 하나의 방법으로 다른 사원 또는 업무집행사원의 업무집행권한을 상실시킬 수 있다.」

<대판 2021. 7. 8, 2018 다 225289>

「합자회사에서 업무집행권한 상실 선고 제도(상법 제269조, 제205조)의 목적은 업무를 집행함에 현저하게 부적임하거나 중대한 의무 위반 행위가 있는 업무집행사원의 권한을 박탈함으로써 그 회사의 운영에 장애사유를 제거하려는 데 있다. 업무집행사원의 권한상실을 선고하는 판결은 형성판결로서 그 판결 확정에 의하여 업무집행권이 상실되면 그 결과 대표권도 함께 상실된다(대판 1977. 4. 26, 75 다 1341 참조). 합자회사에서 무한책임사원이 업무집행권한의 상실을 선고하는 판결로 인해 업무집행권 및 대표권을 상실하였다면, 그 후 어떠한 사유 등으로 그 무한책임사원이 합자회사의 유일한 무한책임사원이 되었다는 사정만으로는 형성판결인 업무집행권한의 상실을 선고하는 판결의 효력이 당연히 상실되고 해당 무한책임사원의 업무집행권 및 대표권이 부활한다고 볼 수 없다.」

(3) 業務執行의 方法 　회사의 업무집행에 관하여는 그 의사결정이 있어야 하고, 이 의사결정은 정관에 다른 규정이 없으면 업무집행사원의 과반수로써 한다(제195조; 민법 제706조 제 2 항). 사원의 의결권은 정관에 다른 규정이 없는 한 1인 1개의 두수주의에 의하며, 원칙적으로 대리행사가 인정되지 아니한다. 업무집행 자체는 단독으로 할 수 있으나, 업무집행에 관한 행위에 대하여 다른 사원의 이의가 있을 때에는 곧 행위를 중지하고 총사원 과반수의 결의에 의하여야 한다(제200조 제 2 항). 또 지배인의 선임과 해임은 회사의 이해관계에 중대한 영향을 미치므로 업무집행사원이 있는 경우에도 총사원의 과반수의 결의에 의한다(제203조). 정관으로 수인의 사원을 공동업무집행사원으로 정한 때에는 지

체할 염려가 있는 경우가 아니면, 그 전원의 동의가 없이 업무집행에 관한 행위를 하지 못한다(제202조). "지체할 염려가 있는 때"란 즉시 업무집행행위를 하지 않으면 회사에 손해가 생길 염려가 있는 때를 말한다.

(4) 業務監視權 업무집행권을 갖지 않는 사원이 회사의 업무와 재산의 상태를 검사할 수 있는 권리를 업무감시권이라고 한다(제195조; 민법 제710조). 이것은 업무집행권이 없는 사원도 무한책임을 지기 때문에 이들을 보호하기 위한 것이므로, 정관의 규정으로도 이를 박탈할 수 없다.

3. 競業禁止義務와 自己去來의 制限(會社利益의 保護)

(1) 競業禁止義務

A. 義務의 內容 합명회사의 사원은 다른 사원의 동의가 없으면 자기 또는 제 3 자의 계산으로 회사의 영업부류에 속하는 거래를 하지 못하며, 동종영업을 목적으로 하는 다른 회사의 무한책임사원 또는 이사가 되지 못한다(제198조 제 1 항). 이는 사원이 그 지위를 이용하여 회사와 다른 사원의 이익을 희생시키고, 자기의 이익을 꾀하는 것을 막기 위한 공익적 의무이며, '동종영업'을 목적으로 하는 회사인 경우에만 적용되는 점에서 일반적으로 그것이 금지된 상업사용인과 다르다. 그러나 이 규정은 임의규정이므로 정관에 이와 달리 정할 수도 있다.

B. 義務違反의 效果 이 의무는 대내관계에 속하는 것이므로 이것에 위반하여 한 행위 자체는 유효하다. 그러나 회사는 이것을 이유로 손해배상청구를 할 수 있으며, 사원의 제명 또는 업무집행권이나 대표권을 박탈하는 제재를 할 수도 있지만, 특히 상법은 회사의 개입권을 인정하고 있다(제198조 제2항 · 제 3 항). 즉 사원이 의무를 위반하여 거래를 한 경우에 그 거래가 자기의 계산으로 한 것인 때에는 회사는 이를 회사의 계산으로 한 것으로 볼 수 있고, 제 3 자의 계산으로 한 때에는 그 사원에 대하여 회사는 이로 인한 이득의 양도를 청구할 수 있다. 개입권은 다른 사원 과반수의 결의에 의하여 행사하여야 하며, 다른 사원의 1인이 그 거래를 안 날로부터 2주간, 그 거래가 있는 날로부터 1년을 경과하면 소멸한다(제198조 제 4 항).

(2) 自己去來의 制限 사원은 다른 사원 과반수의 결의가 있는 때에 한하여 자기 또는 제 3 자의 계산으로 회사와 거래할 수 있다. 이 경우에는 민법 제124조의 규정을 적용하지 아니한다(제199조). 이 경우에 제한되는 거래는

회사와 사원 간의 직접거래뿐만 아니라 간접거래도 포함한다.

4. 損益分配

(1) 損益의 意義 손익이란 회사가 작성하여야 하는 대차대조표에서 회사의 순재산액(재산의 합계액－부채의 합계액)이 이 자본액(재산출자의 총액)을 초과하는 경우, 이 초과액을 이익, 반대로 그 부족액을 손실이라고 한다.

(2) 損益의 分配

A. 分配의 基準 정관 또는 총사원의 동의로 자유로이 결정할 수 있지만, 다른 정함이 없는 경우에는 사원의 출자의 가액에 비례한다. 손익의 어느 한쪽에 대하여서만 분배의 비율을 정한 때에는 그 비율은 양자에 공통한 것으로 추정된다(제195조; 민법 제711조). 또 분할출자의 경우에는 이미 이행된 출자액을 기준으로 한다.

B. 分配의 時期와 方法 정관에 규정이 없는 한 매 결산기에 대차대조표를 작성하여야 하므로(제30조 제 2 항) 결산기에 손익을 분배하는 것으로 볼 수 있다.

이익의 분배는 원칙적으로 금전으로써 현실로 지급하지만, 정관의 규정 또는 총사원의 동의로 이익의 전부 또는 일부를 적립금으로 사내에 유보할 수도 있다. 손실의 분담은 현실로 손실분담액을 출연시키는 것이 아니라 계산상으로 사원의 지분을 감소시키는 방법에 의하나, 사원의 퇴사시와 회사의 청산시에는 구체적으로 납입할 의무를 부담한다.

이익의 배당은 특정영업연도만의 이익을 산출하여 전영업연도의 손실을 전보하지 않고도 할 수 있다. 즉 합명회사에는 자본유지의 원칙이 적용되지 않는다. 이는 사원이 무한책임을 지기 때문이다.

5. 持　分

(1) 持分의 意義 합명회사에 있어서 그 재산은 법인인 회사 자체에 귀속하므로, 사원이 그 재산에 대하여 직접 어떠한 권리를 갖지 않는다. 그러므로 합명회사의 사원의 지분이 무엇을 뜻하는가가 문제되는데, 대체로 다음 두 가지의 뜻을 가진 것으로 풀이되고 있다. 첫째로 사원권, 즉 사원이 그 자격에서 회사에 대하여 가지는 법률상의 지위를 뜻하며, 이것에는 업무집행권 · 회사대표권 · 의결권 등의 권리와 출자의무 · 이익배당청구권 · 잔여재산분배청구권 등이 포함되는데, 이는 다시 모든 사원의 공동이익을 위한 공익권과 사원 개인의 경제적 이익을 목적으로 하는 자익권으로 나뉜다. 둘째로는 퇴사

한 사원의 지분의 환급이라고 말할 때의 뜻으로서 사원이 회사재산에 대하여 가지는 몫을 나타내는 계산상의 수액을 의미한다. 이는 자익권을 경제적으로 평가한 것에 지나지 않으며, 회사의 재산상태에 따라 항상 증감한다.

사원의 지분은 회사의 설립행위, 입사, 지분의 양수·상속에 의하여 취득하고, 지분의 양도, 설립행위의 취소, 퇴사에 의하여 상실한다.

(2) **持分의 讓渡** 지분의 양도란 사원이 그 사원권의 전부 또는 일부를 타인에게 이전하는 것이다. 사원의 개성이 중요시되기 때문에 다른 사원의 동의를 얻은 때에만 양도의 효력이 발생한다(제197조). '다른 사원'이란 양도당사자 이외의 모든 사원을 말한다.

지분의 전부를 양도한 양도인은 사원자격을 상실하게 되며, 양수인이 기존 사원인 때에는 그의 지분이 증가하게 되고, 사원 이외의 자인 때에는 새로이 사원이 된다. 지분의 일부를 양도하는 때에는 사원인 양도인의 지분이 감소되고, 양수인은 그 지분이 증가하거나 새로운 사원이 된다.

지분의 양도를 제 3 자에게 대항하기 위하여는 지분양도에 따른 정관변경의 등기를 하여야 하고(제183조, 제180조 제 1 항, 제179조 제 3 항), 지분을 전부양도한 사원도 본점소재지에서 정관변경의 등기를 하기 전에 생긴 회사채무에 대하여 등기 후 2년 내에는 다른 사원과 동일한 책임이 있다(제225조 제 2 항).

(3) **持分의 入質·押留** 지분의 입질에 관하여는 상법에 아무런 규정이 없으나, 이를 긍정하는 것이 통설이다. 이 경우에는 지분양도에 관한 규정을 유추하여 사원 전원의 동의를 얻어야 한다고 본다(동지: 정찬형, 129쪽; 손주찬, 498쪽; 최기원, 191쪽).

지분의 압류에 관하여는 상법이 특별규정을 두고 있다. 즉 회사채권자를 보호하기 위하여 사원의 지분의 압류는 사원이 장래이익의 배당과 지분의 환급을 청구하는 권리에 대하여도 그 효력이 있으며(제223조), 사원의 지분을 압류한 채권자는 회사와 그 사원에 대하여 6개월 전에 예고하고, 영업연도 말에 그 사원을 퇴사시킬 수 있고(제224조 제 1 항), 회사가 임의청산을 하려면 압류채권자의 동의를 얻어야 한다(제247조 제 4 항).

<대판 1971. 10. 25, 71 다 1931>

「이와 같은 무한책임사원의 지분은 상법 제269조, 제197조 및 제223조, 제224조의 규정들에 의하면 이를 양도할 수 있으며, 채권자에 의하여 압류될 수도 있는 것이므로 채무자에 속한 무한책임사원의 지분이 그 의사에 반하여 제 3 자에게

양도된 것으로 등기되었다면, 채무자는 이의 회복을 위하여 그 말소등기를 청구할 수 있다고 하여야 할 것이고, 이 채무자의 채권자는 자기의 채권을 보전하기 위하여 필요한 경우에는 채무자에 속하는 위의 말소청구권을 대위행사할 수 있다고 함이 상당할 것이다.」

(4) 持分의 相續 사원의 사망은 퇴사원인이 되며(제218조 제3항), 정관으로 상속을 인정하지 않는 한 상속인은 단지 지분의 환급청구권을 갖게 된다. 정관으로 지분의 상속을 정한 때에는 상속인은 상속의 개시를 안 날로부터 3월 내에 회사에 대하여 승계 또는 포기의 통지를 발송하여야 하며, 아무런 통지 없이 3월을 경과한 때에는 사원이 될 권리를 포기한 것으로 본다(제219조).

Ⅲ. 外部關係

1. 會社代表

(1) 意 義 회사의 대표라 함은 회사의 기관을 담당하는 자의 행위가 회사 자체의 행위로 되는 관계를 말한다. 합명회사도 법인이므로 대외적으로 회사를 대표하는 기관이 필요하다.

(2) 代表機關의 構成

A. 各自代表 정관으로 업무집행사원을 정하지 아니한 때에는 각 사원이, 업무집행사원을 정한 경우에는 각 업무집행사원이 회사를 대표할 권한이 있다(제207조).

B. 代表機關의 特定 수인의 업무집행사원을 정한 경우에 정관 또는 총사원의 동의로 업무집행사원 중 특히 회사를 대표할 자를 정할 수 있다(제207조 단서). 이 경우 다른 사원은 그 대표권이 박탈된다.

C. 共同代表 회사는 정관 또는 총사원의 동의로 수인의 사원이 공동으로 회사를 대표할 것을 정할 수 있다(제208조 제1항). 이 경우에도 제3자의 회사에 대한 의사표시는 공동대표의 권한 있는 사원 1인에게 대하여 이를 하면 된다(제208조 제2항).

D. 會社와 社員間의 訴의 경우 회사가 사원에 대하여 또는 사원이 회사에 대하여 소를 제기하는 경우에 회사를 대표할 사원이 없을 때에는 다른 사원 과반수의 결의로 선정하여야 한다(제211조). 이 경우 반드시 사원일 필요는 없고(동지: 손주찬, 508쪽; 최기원, 194쪽; 정동윤, 717쪽), 또 정관변경의 절차나 등기는 요하지 않는다.

(3) 代表社員의 登記 모든 사원이 대표사원이고, 또 상법 제207조 본

문에 의한 대표권을 가진 경우에는 대표에 관한 등기는 필요 없다. 그러나 ① 정관이나 총사원의 동의로 회사를 대표하는 자를 정한 경우(제180조 4호), ② 공동대표의 경우(제180조 5호), ③ 사원의 대표권상실의 경우(제216조, 제205조)에는 대표사원에 에 관한 사항을 등기하여야 한다.

(4) 代表機關의 權限 회사를 대표하는 사원은 회사의 영업에 관하여 재판상 또는 재판 외의 모든 행위를 할 권한이 있고, 대표권한에 관한 제한은 선의의 제 3 자에게 대항하지 못한다(제209조). 대표사원의 권한은 영업에 관한 행위에만 미치고, 회사의 기본관계, 즉 사원 상호간의 관계나 정관의 변경 등에는 미치지 않는다. 영업에 관한 행위인가의 판단은 행위의 추상적·객관적 성질에 의하여 결정된다.

(5) 代表機關의 加害行爲 대표사원이 그 업무집행으로 인하여 타인에게 손해를 가한 때에는 회사는 그 사원과 연대하여 배상할 책임이 있다(제210조). 고의는 물론 과실이 있는 때에도 마찬가지이다.

<대판 1980. 1. 15, 79 다 1230>

「상법 제389조 제 3 항과 동 제210조에 의하면 회사의 대표이사가 그 업무집행중 불법행위로 인하여 타인에게 손해를 가한 때에는 대표이사는 그 회사와 연대하여 배상할 책임이 있고, 그 불법행위는 고의가 있는 때에는 물론이고 과실이 있는 때에도 성립된다.」

(6) 代表權限의 喪失 대표사원이 회사를 대표하는 것이 현저하게 부적당하거나 중대한 의무위반행위가 있는 때에는 법원은 다른 사원의 청구에 의하여 대표권한의 상실을 선고할 수 있다(제216조, 제205조).

2. 社員의 責任

(1) 意 義 사원은 회사의 채권자에 대하여 직접·연대·무한의 책임을 진다(제212조). 사원의 이러한 책임은 합명회사의 기본적 특색이며, 합명회사의 실질이 개인기업적·조합적 성격을 가진 데서 유래하며, 회사의 담보자본의 구실을 한다. 사원의 책임은 정관의 규정이나 사원간의 합의에 의하여 이를 배제할 수 없다.

(2) 責 任 者 사원은 업무집행권 또는 대표권에 관계 없이 책임을 지며(제212조 제 1 항), 회사성립 후의 신입사원도 그 가입 전에 생긴 회사채무에 대하여 다른 사원과 동일하게 책임을 진다(제213조). 퇴사한 사원 또는 지분양도사원

도 본점소재지에서 퇴사등기를 하기 전에 생긴 회사채무에 대하여는 등기 후 2년 내에는 다른 사원과 동일한 책임이 있다(제225조). 또한 사원이 아닌 자가 타인에게 자기를 사원이라고 오인시키는 행위를 하였을 때에는 오인으로 인하여 회사와 거래한 자에 대하여 사원과 동일한 책임을 진다(제215조).

(3) **責任履行의 條件** 사원의 책임은 회사채무의 발생과 동시에 생기지만 회사재산으로써 회사채무를 완제할 수 없는 때, 또는 회사재산에 대한 강제집행이 주효하지 않은 때(제212조)에만 이행을 하게 되는 제 2 차적 · 보충적 책임이다. 또한 사원이 변제의 청구를 받은 때에는 회사가 갖는 항변으로써 대항할 수 있으며, 회사가 채권자에 대하여 상계, 취소 또는 해제할 권리가 있는 경우는 변제를 거부할 수 있다(제214조). 왜냐하면 사원의 책임은 회사의 채무에 대하여 부종성을 갖기 때문이며, 채권자가 회사에 대하여 청구하는 것보다 더 유리한 지위에 있어야 할 이유는 없기 때문이다.

(4) **責任의 內容** 사원은 회사채무의 전부에 대하여 변제의 책임이 있다. 완제불능은 책임이행의 조건에 불과하고, 채권자에게 일부변제의 수령을 강요하는 결과가 되므로 회사채무의 전액에 대하여 책임이 있다. 변제의 책임을 지는 채무는 사법상 · 공법상의 채무를 모두 포함한다(동지 : 최기원, 200쪽).

사원의 책임의 내용이 회사와 동일한 급여를 하여야 하는가(이행설), 아니면 일정한 경우에는 금전으로 배상할 수 있는가(책임설) 하는 문제가 있다. 이는 회사채무가 비금전채무인 경우에 차이가 생겨나는데, 통설은 사원은 원칙적으로 회사와 동일한 급여를 이행할 의무가 있지만 회사의 채무가 비대체적인 경우 등 예외적인 경우에만 금전배상의 책임이 있다고 한다.

<대판 1956. 7. 5, 4289 민상 147>

「무한책임사원이 그 책임을 지는 것은 대체할 수 있는 채무이행에 한한다.」

사원의 1인이 회사에 대하여 가지는 채권에 대하여 다른 사원이 변제책임을 지는가가 문제된다. 사원의 회사에 대한 채권은 결국 내부관계의 실질에서 보면 사원 자신의 채무와 다름이 없기 때문에 변제책임을 지지 않는다는 설(정찬형, 138쪽; 서돈각, 509쪽; 손주찬, 465-512쪽)이 있으나, 변제책임을 부담한다고 본다(동지 : 정동윤, 722-723쪽; 최기원, 201쪽).

(5) **責任履行의 效果** 사원이 회사채권자에게 채무를 이행한 때에는 회사채무는 소멸한다. 그 결과 사원은 회사에 대하여 구상권을 취득하며(민법 제425조), 회사채권자의 권리를 대위할 수 있다(민법 제481조). 또 다른 사원에게 그

부담부분에 대하여 구상할 수 있으며, 다른 사원은 회사에 자력이 있다는 이유로 구상을 거절하지 못한다(동지 : 정찬형, 139쪽; 손주찬, 513쪽; 정동윤, 726쪽; 최기원, 202쪽).

(6) 責任의 消滅　　사원의 책임은 회사의 채무가 존재하는 한 독립하여 소멸시효에 걸리지 않는다. 그러나 해산의 경우에는 등기 후 5년, 퇴사 및 지분전부양도의 경우에는 그 등기 후 2년의 경과에 의하여 소멸한다(제267조 제1항, 제225조). 위 기간은 모두 제척기간이며, 해산등기 후 5년이 경과한 뒤에도 분배하지 아니한 잔여재산이 있는 때에는 회사채권자는 이에 대하여 변제를 청구할 수 있다(제267조 제2항).

Ⅳ. 入社와 退社

1. 社員의 入社

입사란 성립 후의 회사에 가입하여 사원의 지위를 원시적으로 취득하는 것을 말한다. 이는 회사와 입사하려는 자 사이의 입사계약에 의하여 행하여지며, 신입사원은 회사에 대하여 새로운 출자를 함으로써 입사하게 된다.

사원은 정관의 절대적 기재사항이기 때문에 사원의 입사를 위하여는 정관을 변경하여야 하며, 이를 위해서는 총사원의 동의가 있어야 한다(제204조). 입사는 무한책임을 지는 사원의 수가 증가하는 것이므로 사원채권자의 보호절차는 필요하지 않다.

신입사원이 있는 경우에는 그 성명, 주민등록번호와 주소를 일정기간 내에 등기하여야 한다(제183조, 제180조 1호, 제179조 3호).

2. 社員의 退社

(1) 退社의 意義　　퇴사란 사원이 회사의 존속중에 사원의 지위를 절대적으로 상실하는 것을 가리킨다. 따라서 '존속중'이라는 점에서 회사의 소멸로 인한 모든 사원의 사원자격소멸과 다르고, '절대적'이란 점에서 사원자격이 상대적으로 소멸하는 지분의 전부양도의 경우와 다르다. 또한 사원의 책임이 제한되어 있는 주식회사와 유한회사에서는 퇴사제도가 인정되지 않는 점과 비교할 때 퇴사제도는 합명회사의 큰 특색이다.

(2) 退社原因

A. 社員의 單獨行爲에 의한 退社　　사원은 일방적 의사표시에 의하여 퇴사할 수 있다. 즉 정관으로 회사의 존립기간을 정하지 아니하거나 어느

사원의 종신까지 존속할 것을 정한 때에는 6월 전에 예고를 하고 영업연도 말에 한하여 퇴사할 수 있고, 또 부득이한 사유가 있을 때에는 언제든지 퇴사할 수 있다(제217조).

B. **持分押留債權者에 의한 退社** 사원의 지분을 압류한 채권자는 영업연도 말에 그 사원을 퇴사시킬 수 있다. 그러나 이 경우에도 회사와 그 사원에 대하여 6월 전에 예고하여야 하는데, 이 예고는 사원이 변제를 하거나 상당한 담보를 제공한 때에는 그 효력을 잃는다(제224조).

<대판 1989. 5. 23, 88 다카 13516>

「상법 제224조 제 2 항의 규정에 의해 사원의 지분압류채권자에 의한 퇴사예고는 사원이 그 채무를 변제하거나 담보를 제공한 때에는 그 효력을 잃게 되어 있는바, 여기서 '담보를 제공한 때'라 함은 압류채권자와의 사이에서 담보물권을 설정하거나 보증계약을 체결할 때를 말하므로 실질적으로 보증과 같은 채권확보의 효력이 있는 중첩적 채무인수계약이 압류채권자와의 사이에서 체결되거나 압류채권자가 그 채무인수를 승낙한 때에는 퇴사예고는 그 효력을 잃는다.」

<대판 2014. 5. 29, 2013 다 212295>

「상법 제269조에 의하여 합자회사에 준용되는 상법 제224조 제 1 항은 "사원의 지분을 압류한 채권자는 영업연도말에 그 사원을 퇴사시킬 수 있다. 그러나 회사와 그 사원에 대하여 6월 전에 그 예고를 하여야 한다."라고 규정하고 있고, 제 2 항은 "전항 단서의 예고는 사원이 변제를 하거나 상당한 담보를 제공한 때에는 그 효력을 잃는다."라고 규정하고 있다. 상법 제224조 제 1 항의 규정 취지는, 사원의 채권자가 사원의 지분을 압류하여도 상법 제197조의 규정에 따라 다른 사원의 동의를 얻어야만 이를 환가할 수 있는 점 등을 감안하여, 사원의 지분을 압류한 채권자에게 퇴사청구권을 인정하고 지분환급에 의하여 채권의 변제를 받을 수 있게 한 것으로서, 위 퇴사청구권은 사원 지분의 압류채권자가 직접 일방적 의사표시로 사원을 퇴사시킬 수 있도록 한 형성권이다. 이에 따라 채권자가 예고기간을 정하여 예고를 한 이상 다른 의사표시 없이도 영업연도말에 당연히 퇴사의 효력이 발생하고, 사원이 이를 저지하기 위하여서는 영업연도말이 되기 전에 변제를 하거나 상당한 담보를 제공하여야 하며, 변제 또는 담보제공이 없이 영업연도말이 도래하여 일단 퇴사의 효력이 발생하였다면 그 후 사원 또는 채권자가 일방적으로 위 퇴사의 의사표시를 철회할 수 없고, 이는 퇴사의 효력이 발생한 후 사원이 채권자에게 채무를 변제한 경우에도 마찬가지이다.」

C. 法律上 당연한 退社

(i) 정관에 정한 사유의 발생(제218조 1호)

(ii) 총사원의 동의(제218조 2호)

(iii) 사 망(제218조 3호) 합명회사는 사원의 개성을 중시하므로 그 상속인이 당연히 사원이 되지는 않는다. 그러나 정관으로 사원이 사망한 경우에 그 상속인이 회사에 대한 피상속인의 권리의무를 승계하여 사원이 될 수 있음을 정한 때에는 상속인은 상속의 개시를 안 날로부터 3월 내에 회사에 대하여 승계 또는 포기의 통지를 발송하여야 하며, 이 통지를 하지 않고 3월이 경과하면 사원이 될 권리를 포기한 것으로 본다(제219조).

(iv) 금치산(제218조 4호)

(v) 파 산(제218조 5호)

(vi) 제 명(제218조 6호) 제명은 특정사원의 의사에 반하여 사원의 지위를 박탈하는 경우이며, 그 사유로는 사원이 출자의 의무를 이행하지 아니한 때, 경업금지의무에 위반한 행위가 있는 때, 회사의 업무집행 또는 대표에 관하여 부정한 행위가 있는 때, 권한 없이 업무를 집행하거나 회사를 대표할 때 기타 중요한 사유가 있는 때이다(제220조 제 1 항).

제명의 절차는 다른 사원 과반수의 결의에 의하여 회사가 법원에 대하여 제명선고를 청구한다. 사원이 2인인 경우 그 중 1인의 사원이 다른 사원을 제명하지 못하며(동지: 손주찬, 518쪽; 최기원, 207쪽), 다수설과 판례는 피제명자가 수인인 경우 각 제명자별로 그 1인만을 제외하고, 나머지 다른 사원의 과반수의 결의를 요한다고 본다(동지: 정찬형, 144쪽; 정동윤, 704쪽; 이철송, 161쪽).

<대판 1976. 6. 22, 75 다 1503>

「사원의 제명은 원래 개인적인 것이고 제명사유에 해당한다 하여 당연히 제명되는 것이 아니고 당해 사원의 개인적 특질을 고려한 다음 결정되는 것이므로, 피제명사원이 수인이고 제명원인사유가 피제명사원 전원에 공통되는 경우라도 피제명사원 각인에 대하여 다른 모든 사원의 동의 여부의 기회를 주어 개별적으로 그 제명의 당부를 나머지 모든 사원의 과반수의 의결로 결의해야 하는 것이다.」

(vii) 회사계속의 부동의(제229조 제 1 항 단서)

(viii) 설립무효·취소의 경우, 회사를 계속할 때에 어느 사원에 관하여 무효 또는 취소원인이 있는 때(제194조 제 2 항)

(3) 退社의 效果 사원의 퇴사는 회사채무에 대하여 직접·연대·무한의 책임을 지는 사원수의 감소를 가져오므로 회사채권자를 보호하는 조치가 필요하며, 다른 한편 회사와의 사이에 사원관계의 소멸을 가져오므로 회사와의 사이의 관계를 규정할 필요가 있다.

회사채권자의 보호(제225조)에 관하여는 전술하였으므로(Ⅲ. 2(2)), 여기에서는 회사와 퇴사원과의 관계에 관하여만 설명한다.

A. 持分還給請求權과 損失分擔金納入義務 퇴사한 사원은 노무 또는 신용을 출자의 목적으로 한 경우에도 그 지분의 환급을 받을 수 있고(제222조), 지분의 계산은 정관에 특별한 규정이 없는 때에는 퇴사 당시의 회사의 재산상태에 따라서 하며(제195조; 민법 제719조 제 1 항), 사원이 제명된 경우에는 제명의 소를 제기한 때의 회사재산의 상태에 따르고, 그 때로부터 이자를 붙여야 한다(제221조). 계산의 결과 지분이 소극으로 나타난 때에는 그 금액을 출자의 종류에 관계없이 금전으로 납입하여야 한다(제195조; 민법 제719조 제 2 항).

B. 商號變更請求權 퇴사한 사원의 성명이 회사의 상호 중에 사용된 경우에는 그 사원은 회사에 대하여 그 사용의 폐지를 청구할 수 있다(제226조). 이것은 자칭사원의 책임(제215조)을 면하기 위함이다.

V. 定款의 變更

1. 意 義

정관의 변경이란 정관규정의 실질을 변경하는 것이며, 선량한 풍속 기타 사회질서와 강행법규에 반하지 않는 한 어떤 사항이든지 자유로이 변경할 수 있다.

2. 變更節次

합명회사의 정관을 변경함에는 총사원의 동의가 있어야 한다(제204조). 그러나 정관의 변경은 내부관계에 속하는 사항이므로 정관의 규정에 의하여 다르게 정할 수도 있다. 정관변경은 이 결의만으로 즉시 효력이 생기며, 사원의 사망·임의퇴사·제명 등의 경우에는 총사원의 동의 없이 그 사유발생사실에 따라 정관변경의 효력이 생긴다(동지: 정찬형, 140쪽; 서돈각, 506쪽; 손주찬, 503쪽; 정동윤, 727쪽).

3. 變更登記

정관의 변경에 의하여 등기사항에 변경이 생기는 경우에는 변경등기를 하여야 한다(제183조). 이 등기는 대항요건에 불과한 것이므로 상업등기의 일반 원칙이 적용된다.

제4절 合名會社의 解散과 清算

I. 解　　散

1. 解散原因(제227조)

합명회사의 해산원인으로서는 ① 존립기간의 만료 기타 정관으로 정한 사유의 발생, ② 총사원의 동의, ③ 사원이 1인으로 된 때, ④ 합병, ⑤ 파산, ⑥ 법원의 법령 또는 판결 등이다.

존립중의 합명회사에 있어서는 채무초과가 파산원인이 되지 않기 때문에(채무자회생및파산에 관한법률 제306조) 합명회사의 해산을 가져오는 파산의 원인은 지급불능에 한한다. 합명회사의 해산명령은 주식회사에 관하여 설명한 바와 같으나, 합명회사의 해산판결은 부득이한 사유가 있는 때에 각 사원은 회사의 해산을 법원에 청구할 수 있으므로, 해산판결의 사유와 청구권자가 주식회사와 다르다.

2. 解散登記

회사가 해산하였을 때에는 합병과 파산의 경우를 제외하고는 그 해산사유가 있는 날로부터 본점·지점소재지에서 일정한 기간 내에 해산등기를 하여야 한다(제228조). 합병의 경우에는 합병등기를 하고(제233조), 파산의 경우에는 파산등기를 한다(파산법 제109조).

3. 解散의 效果

회사가 해산한 경우에는 합병과 파산으로 인한 때를 제외하고 당연히 청산절차로 들어가며, 청산의 목적범위 내로 그 권리능력이 줄어든다(제245조). 해산에 의하여 회사는 영업을 수행할 능력을 상실하므로 영업을 전제로 하는 사원의 대표권·업무집행권 및 경업금지의무는 소멸한다. 또 사원의 지분은 소멸하고, 그 결과 잔여재산의 분배청구권을 갖게 되므로 지분양도나 퇴사는 인정되지 않는다. 해산 후 사원이 사망한 경우에는 그 상속인이 청산회사의 사원의 지위를 취득한다(제246조). 그러나 회사의 상인자격, 상호, 사원의 출자의무, 사원의 책임은 해산으로 소멸하지 않는다.

Ⅱ. 淸 算

1. 意 義

청산이란 해산한 회사의 법률관계를 정리하고, 그 재산을 처분하는 절차이다. 합병 · 파산의 경우에는 청산절차가 필요 없지만, 기타의 사유로 해산한 때에는 상법의 규정에 의한 청산을 하여야 한다.

2. 淸算의 方法

합명회사의 청산에는 임의청산과 법정청산이 있어 회사는 임의로 그 하나를 택할 수 있다. 이 점에서 법정청산만을 인정하는 주식회사와 다르다.

(1) 任意淸算 임의청산이란 사원이 1인이 된다든가 해산을 명하는 재판에 의하여 해산하는 경우 외에 회사가 해산을 하는 경우, 법정절차에 의하지 않고 정관 또는 총사원의 동의에 의하여 정하는 방법에 따라 재산을 처분함을 말한다(제247조 제1항 · 제2항). 이 임의청산의 방법은 회사채권자의 이해와 중대한 관계가 있으므로 회사채권자에게 이의권이 부여되어 있고(제247조 제3항, 제232조), 이 규정에 위반하여 그 재산을 처분함으로써 회사채권자를 해한 때에는 회사채권자는 그 처분의 취소를 법원에 청구할 수 있다(제248조). 사원의 지분을 압류한 채권자가 있을 때에는 그 자의 동의를 얻어야 하고(제247조 제4항), 이에 위반하여 그 재산을 처분한 때에는 사원의 지분을 압류한 자는 회사에 대하여 그 지분에 상당하는 금액의 지급을 청구할 수 있다(제249조). 1995년 개정법에서 청산종결의 등기를 신설하였다(제247조 제5항).

(2) 法定淸算 회사가 임의청산을 하지 않는 경우에는 법정절차에 의한 법정청산이 집행된다(제250조).

A. 淸 算 人 청산인은 청산회사의 사무를 집행하고 이를 대표하는 기관이다(제255조). 청산인은 총사원의 과반수의 결의로 선임되는 것이 원칙이며, 그 선임이 없는 때에는 업무집행사원이 청산인이 된다(제251조). 다만, 사원이 1인이 된 때, 해산명령 · 해산판결에 의하여 해산한 때에는 법원에 의하여 청산인이 선임된다(제252조).

<서울민지판 1971. 7. 9, 66 가 6853>

「… 그러나 회사해산 후 법정청산인의 하나가 사망하여 다른 한 사람이 그 청산인의 상속인으로 그 지위를 승계하여 청산인이 1인이 되는 경우, 또는 청산인이 있다 하더라도 청산인으로서의 직무를 행할 수 없는 경우에는 회사청산의 적정 및 신속을 기하기 위하여 회사의 청산을 법원의 감독에 속하게 하고, 그 감독의 철저와 청산을 신속처리하기 위하여 청산인의 선임 · 해임 결정에 불복할 수 없도록 한 비송사건절차법 제178조, 제179조의 규정과 상법 제227조 제 3 호, 제252조의 규정에 비추어 법원은 위 규정을 유추적용하여 청산인의 선임을 할 수 있다고 해석함이 마땅하다.」

이상의 어느 경우에나 등기를 하여야 한다(제253조)(1995년 개정법에서 부분개정이 있었음).

사원이 선임한 청산인은 총사원 과반수의 결의로 언제든지 해임할 수 있으며, 청산인이 그 직무를 집행함에 현저하게 부적임하거나 중대한 임무위반이 있는 때에는 법원은 사원 기타의 이해관계인의 청구에 의하여 청산인을 해임할 수 있다(제261조, 제262조). 청산인과 회사와의 관계에는 위임에 관한 규정이 준용되므로(제265조, 제382조 제 2 항), 청산인은 위임의 종료사유로 종임한다.

B. 清算人의 職務 청산인의 주된 직무는 ① 현존사무의 종결, ② 채권의 추심과 채무의 변제, ③ 재산의 환가처분, ④ 잔여재산의 분배 등(제254조 제 1 항)이지만, 그 외에 청산의 목적범위 내에 속하는 모든 행위를 할 권한이 있다.

채권의 추심은 원래 변제기에 있는 채권이어야 하나, 사원에 대한 출자청구권에 대하여는 특칙이 있어 변제기에도 불구하고 이를 행사할 수 있다(제258조). 출자를 청구하는 데에는 사원평등의 원칙에 의해 그 출자액은 각 사원의 지분비율로 이를 정한다(제258조 제 2 항). 채무의 변제는 청산의 신속을 기하기 위하여 변제기가 도래하지 않은 채무라도 변제할 수 있으며, 이 경우 무이자채권에 관하여는 변제기까지의 법정이자를 가산하여 그 채권액에 달할 금액을 변제하여야 하고, 이자부채권의 이율이 법정이율에 달하지 못하는 경우에도 이와 같다(제259조). 조건부채권, 존속기간이 불확정한 채권 기타 가액이 불확정한 채권에 대하여는 법원이 선임한 감정인의 평가에 의하여 변제하여야 한다(제259조 제 4 항).

잔여재산은 회사의 채무를 완제한 후가 아니면 분배하지 못한다. 그러나 다툼이 있는 채무에 대하여는 그 변제에 필요한 재산을 보류하고 잔여재산을 분배할 수 있다(제260조).

C. **清算人의 附隨的 義務** 청산인은 기타 등기의무(제253조, 제254조), 계산서류작성 · 청산상황보고의무(제256조), 청산중의 파산신고의무(제254조 제 4 항; 민법 제93조), 장부 · 서류의 보존의무(제266조) 등이 있다.

D. **清算의 終結** 청산인은 그 임무가 종료한 때에는 지체없이 계산서를 작성하여 각 사원에게 교부하고 그 승인을 얻어야 한다(제263조 제 1 항). 청산이 종결된 때에는 청산인은 계산승인이 있은 날로부터 소정기간 내에 청산종결의 등기를 하여야 한다(제264조). 회사의 법인격은 청산의 종결로써 완전히 소멸한다.

E. **清算人의 責任** 청산인과 회사 간의 관계는 위임이므로 청산인은 회사에 대하여 선관주의의무가 있으며, 자기거래의 제한을 받는다(제265조, 제199조). 또 청산인은 일정한 경우 회사 또는 제 3 자에 대하여 연대하여 손해를 배상할 책임이 있다(제265조, 제399조, 제401조).

제 2 장 合資會社

제 1 절 合資會社의 槪念

합자회사는 무한책임사원과 유한책임사원으로 조직된 회사이다(제268조). 즉 합자회사에서는 무한책임사원과 유한책임사원이 각각 1인 이상 있어야 하며, 무한책임사원은 합명회사의 사원과 동일한 책임을 지고, 유한책임사원은 회사채무에 대하여 종된 채무자로서 회사채권자에 대하여 직접 그 재산출자의 가액을 한도로 하여 연대책임을 진다.

무한책임사원은 원칙적으로 당연히 회사의 업무집행기관과 대표기관으로 되고(제273조, 제269조, 제207조), 유한책임사원은 일정한 감시권을 가질 뿐이다(제278조, 제277조).

합자회사는 대내관계에서 조합성이 병존하며, 그 실질이 개인기업 또는 조합기업이라는 점에서 주식회사와 뚜렷한 차이를 보인다.

합자회사의 기원은 10세기 이래 이탈리아의 해상무역에서 유행된 기업가와 자본가의 조합인 콤멘다(commenda) 계약에서 시작되었다. 이 계약은 당초에는 자본가가 상품 또는 금전을 투자하고, 기업가가 대외적으로 자기의 이름으로 해외무역을 하여 이로 인한 순이익을 양자간에 분배하는 것이었다. 그 후 기업가도 자본의 일부를 출자하게 되면서 자본가가 표면에 나타나고, 채권자에 대하여 출자액을 한도로 하여 책임을 지는 형태인 아꼬만디따(accomandita)가 생겨 합자회사의 기원이 되고, 한편 자본가가 외부에 나타나지 않는 형태가 오늘날의 익명조합이 되었다.

합자회사는 합명회사의 형태에 자본적 결합성이 가미된 회사로서, 그 본질은 합명회사와 유사하다. 따라서 상법은 합자회사에 관하여 다른 규정이 있는 사항을 제외하고는 합명회사에 관한 규정을 준용하고(제269조), 합자회사의 내부관계에 관해서는 민법의 조합에 관한 규정을 준용한다(제269조, 제195조).

제2절 合資會社의 設立

합자회사의 설립은 각각 1인 이상의 무한책임사원이 될 자와 유한책임사원이 될 자가 정관을 작성하여 설립등기를 함으로써 완료한다. 이 정관과 설립등기에는 합명회사에서 요구되는 사항 이외에 각 사원 책임의 유한·무한을 명시하여야 한다(제270조, 제271조). 설립의 무효와 취소에 관하여는 합명회사에 관한 규정을 준용한다(제269조).

<대판 2010.9.30, 2010 다 21337>

「상법 제270조는 합자회사 정관에는 각 사원이 무한책임사원인지 또는 유한책임사원인지를 기재하도록 규정하고 있으므로, 정관에 기재된 합자회사 사원의 책임 변경은 정관변경의 절차에 의하여야 하고, 이를 위해서는 정관에 그 의결정족수 내지 동의정족수 등에 관하여 별도로 정하고 있다는 등의 특별한 사정이 없는 한 상법 제269조에 의하여 준용되는 상법 제204조에 따라 총 사원의 동의가 필요하다. 합자회사의 유한책임사원이 한 지분양도가 합자회사의 정관에서 규정하고 있는 요건을 갖추지 못한 경우에는 그 지분양도는 무효이다.」

제3절 合資會社의 機構

I. 內部關係

무한책임사원의 관계는 전술한 합명회사의 그것과 같으므로 유한책임사원에 관하여만 설명한다.

1. 出 資

유한책임사원의 출자는 재산출자에 한정되며, 노무나 신용출자는 허용되지 않는다(제272조). 합자회사는 무한책임사원이 경영하는 기업에 대하여 유한책임사원이 자본참가를 하는 일형식이기 때문이다.

<대판 1972.5.30, 72 다 369>

「합자회사에 있어서의 각 사원의 출자의무는 회사설립과 동시에 회사에 대하여 부담하는 것이므로, 사원들의 출자의무가 동시이행관계에 있다고는 할 수 없다.」

2. 業務執行

각 무한책임사원은 정관에 다른 규정이 없는 때에는 각자가 회사의 업무를 집행할 권리가 있으며(제273조), 정관의 규정으로 특정한 무한책임사원을 업무집행사원으로 정할 수 있다. 이 경우에도 지배인의 선임은 무한책임사원 과반수의 결의에 의하여야 한다(제274조).

<대판 1995. 7. 11, 95 다 5820>

「합자회사는 정관에 특별한 규정이 없는 한 소집절차라든지 결의방법에 특별한 방식이 있을 수 없고, 따라서 사원의 구두 또는 서면에 의한 개별적인 의사표시를 수집하여 결의요건을 갖춘 것으로 판명되면 유효한 결의가 있다고 보아야 한다.」

유한책임사원은 회사의 업무집행을 하지 못하지만, 회사의 업무집행은 내부관계에 속하는 사항으로서 임의법규에 속하므로 정관 또는 총사원의 동의로 업무집행의 권리의무를 부여할 수 있다고 본다(동지 : 최기원, 226-227쪽; 정동윤, 744쪽. 이설 : 이철송, 181쪽). 또한 유한책임사원에게는 일정한 감시권이 인정된다. 즉 영업연도 말에 있어서 영업시간 내에 한하여 회사의 회계장부·대차대조표 기타의 서류를 열람할 수 있고, 회사의 업무와 재산상태를 검사할 수 있으며, 중요한 사유가 있는 때에는 언제든지 법원의 허가를 얻어 위 열람과 검사를 할 수 있다(제277조).

무한책임사원은 경업금지의무를 부담하지만, 유한책임사원은 다른 사원의 동의 없이 자기 또는 제 3 자의 계산으로 회사의 영업부류에 속하는 거래를 할 수 있고, 동종영업을 목적으로 하는 다른 회사의 무한책임사원 또는 이사가 될 수 있다(제275조).

<대판 2012. 12. 13, 2010 다 82189>

「상법 제205조 제 1 항은 합명회사의 업무집행사원의 권한상실선고에 관하여 "사원이 업무를 집행함에 현저하게 부적임하거나 중대한 의무에 위반한 행위가 있는 때에는 법원은 사원의 청구에 의하여 업무집행권한의 상실을 선고할 수 있다."고 규정하고 있고, 상법 제269조는 "합자회사에는 본장에 다른 규정이 없는 사항은 합명회사에 관한 규정을 준용한다."고 규정하여 상법 제205조 제 1 항을 합자회사에 준용하고 있다. 이러한 상법 규정의 문언과 취지 등에 비추어 볼 때, 합자회사의 무한책임사원뿐만 아니라 유한책임사원도 각자 업무집행사원에 대한 권한상실선고를 청구할 수 있다고 해석하는 것이 타당하다.」

3. 損益分配

유한책임사원이 그 출자액을 초과하여 손실을 분담하지 않는 점을 제외하고는 합명회사의 경우와 같다. 그러나 이와 달리 정관으로 유한책임사원에게 출자액 이상으로 손실을 분담시키기로 정하는 것도 가능하다.

4. 持分의 讓渡

유한책임사원은 무한책임사원 전원의 동의가 있으면 다른 유한책임사원의 동의 없이 그 지분의 전부 또는 일부를 타인에게 양도할 수 있다(제276조).

<대판 1968.10.29, 68 다 1088>

「합자회사의 무한책임사원이 채권담보를 위하여 동 회사에 대하여 가진 지분을 양도한 경우에 위 지분양수인은 대외적으로 그 지분권자임을 주장할 수 있는 지위에 있으므로, 회사에 대하여 사원변경등기를 청구할 수 있다.」

유한책임사원은 무한책임사원과 달리 그 인적 신용을 중시할 필요가 없기 때문이다. 이는 지분의 양도에 따라 정관을 변경하여야 할 경우에도 같다(제276조 단서).

5. 社員資格의 得喪

지분양도에 의하여 사원자격의 득상이 생기는 것은 합명회사와 같으나, 유한책임사원의 금치산이나 사망은 퇴사의 원인이 되지 않는다(제283조, 제284조). 그러므로 유한책임사원이 사망한 때에는 그 상속인이 지분을 승계하여 사원이 되며, 상속인이 수인일 때는 사원의 권리를 행사할 자 1인을 정하여야 한다. 이를 정하지 아니한 때에는 회사의 통지 또는 최고는 그 중의 1인에 대하여 하면 전원에 대하여 그 효력이 있다(제283조).

II. 外部關係

1. 會社代表

정관 또는 총사원의 동의에 의하여 특히 회사를 대표할 무한책임사원을 정하지 아니한 때에는 각 무한책임사원이 회사의 대표권을 가진다(제269조, 제207조). 유한책임사원은 회사를 대표하지 못한다(제278조). 합자회사의 외부관계에 관한 규정은 강행법규이므로, 정관의 규정 또는 총사원의 동의로써도 유한책임사원에게 대표권을 부여하지 못한다.

<대판 1966. 1. 25, 65 다 2128>

「합자회사의 유한책임사원이 정관 또는 총사원의 동의로써 회사의 대표자로 지정되어 그와 같은 등기까지 경유하였다 하더라도 회사대표권을 가질 수 없다.」

업무집행사원의 권한상실선고제도는 합자회사에도 준용된다(제269조, 제205조). 판례는 업무집행사원의 권한상실선고는 유한책임사원도 청구할 수 있으며, 지분의 대소는 상관이 없다고 한다.

<서울고판 1974. 1. 24, 72 나 1588>

「상법 제269조에 의하면 합자회사에 다른 규정이 없는 사항은 합명회사에 관한 규정을 준용한다고 되어 있고, 같은 법 제205조에 의하면 합명회사의 사원은 다른 사원이 업무를 집행함에 현저하게 부적임하거나 중대한 의무에 위반하는 행위가 있는 때에는 법원에 그 사원의 업무집행권한의 상실을 청구할 수 있는 권한이 있음을 규정하고 있을 뿐 합자회사의 유한책임사원이 위 권한을 행사함에 있어 어떠한 제한을 둔 규정이 없으므로 합자회사의 유한책임사원이 회사의 업무집행행위를 할 수 없고, 또 원고들의 출자액이 피고들의 주장과 같다고 하더라도 그것만으로 위의 권한을 제한하여야 할 이유는 되지 아니하므로 ….」

그러나 판례는 무한책임사원이 1인뿐인 경우에는 그에 대하여 대표권상실선고를 할 수 없다고 한다. 유한책임사원은 회사를 대표할 수 없으므로, 결국 대표자가 없게 되기 때문이다.

<대판 1977. 4. 26, 75 다 1341>

「업무집행사원의 권한상실선고제도는 합자회사에 있어 무한책임사원이 2인 이상 있는 경우를 전제로 한 것이라고 할 것이고, 따라서 본건에 있어서와 같이 무한책임사원이 한 사람뿐인 경우에는 이 제도가 적용될 여지가 없다고 보지 않을 수 없다. 그렇다면 무한책임사원이 1인뿐인 합자회사에 있어서도 업무집행사원에 대한 권한상실선고제도가 적용될 수 있음을 전제로 한 원심판단은 필경 상법 제269조에 의하여 준용되는 같은 법 제205조의 법리를 오해하여 판결에 영향을 미친 것이라 아니할 수 없다.」

<대판 1972. 5. 9, 72 다 8>

「합자회사의 대표사원의 등기를 할 때에는 유한책임사원의 신분으로 그 등기를 한 흠이 있어도 그 후 그 유한책임사원을 무한책임사원으로 변경등기를 한 이상 이 변경등기를 한 때에 그 대표사원자격의 흠결은 소멸된다.」

2. 社員의 責任

(1) 責任의 範圍 합자회사의 무한책임사원은 합명회사의 사원과 같은 책임을 지고, 유한책임사원은 출자액을 한도로 회사채권자에 대하여 직접·연대 책임을 진다. 즉 유한책임사원에 있어서는 출자액이 회사사업에 관하여 자기가 부담할 위험의 최대한을 나타내므로 그 출자가액에서 이미 이행한 부분을 공제한 가액을 한도로 하여 회사채무를 변제할 책임이 있고, 회사에 이익이 없음에도 불구하고 배당을 받은 금액은 실질상으로 출자의 환급에 해당하므로 변제책임을 정함에 있어서 이를 가산한다(제279조).

<대판 2012. 4. 12, 2010 다 27847>

「상법 제269조에 의하여 합자회사에 준용되는 상법 제212조 제 1 항은 "회사의 재산으로 회사의 채무를 완제할 수 없는 때에는 합명회사의 각 사원은 연대하여 변제할 책임이 있다."고 규정하고, 제 2 항은 "회사재산에 대한 강제집행이 주효하지 못한 때에도 전항과 같다."고 규정하고 있는데, 합자회사의 무한책임사원 책임은 회사가 채무를 부담하면 법률의 규정에 기해 당연히 발생하는 것이고, "회사의 재산으로 회사의 채무를 완제할 수 없는 때" 또는 "회사재산에 대한 강제집행이 주효하지 못한 때"에 비로소 발생하는 것은 아니며, 이는 회사채권자가 그와 같은 경우에 해당함을 증명하여 합자회사의 무한책임사원에게 보충적으로 책임의 이행을 청구할 수 있다는 책임이행 요건을 정한 것으로 봄이 타당하다. 따라서 합자회사의 무한책임사원이 한 대물변제계약 등 법률행위가 사해행위에 해당하는지를 판단할 때, 무한책임사원 고유의 채무 총액과 합자회사의 부채 총액을 합한 액이 무한책임사원 고유의 재산 총액을 초과하는 경우에는 그 법률행위는 특별한 사정이 없는 한 사해행위에 해당한다고 볼 수 있지만, 합자회사의 무한책임사원 책임이 위와 같이 보충성을 갖고 있는 점 등에 비추어 법률행위 당시 합자회사가 그 재산으로 채무를 완제할 수 있었다는 점(상법 제212조 제 1 항)이 주장·입증된 경우에는 합자회사의 채무를 고려함이 없이 무한책임사원 고유의 채무 총액과 고유의 재산 총액을 비교하여 법률행위가 사해행위에 해당하는

지를 판단하여야 한다.」

유한책임사원은 그 출자를 감소한 후에도 본점소재지에서 등기를 하기 전에 생긴 회사채무에 대하여는 등기 후 2년 내에는 종전의 책임을 면하지 못한다(제280조). 이는 출자감소액만큼 책임의 한도가 줄어들기 때문에 회사채권자를 보호하기 위한 것이다.

(2) 責任의 變更 정관변경으로 유한책임사원이 무한책임사원으로 되는 경우에는 무한책임사원의 입사로 볼 수 있으므로 합명회사의 신입사원의 책임을, 무한책임사원이 유한책임사원으로 되는 경우에는 무한책임사원의 퇴사로 볼 수 있으므로 합명회사의 퇴사원의 책임을 지우고 있다(제282조).

(3) 自稱無限責任社員의 責任 유한책임사원이 타인에게 자기를 무한책임사원이라고 오인시키는 행위를 한 경우, 또는 그 책임의 한도를 오인시키는 행위를 한 경우에는 오인으로 인하여 회사와 거래를 한 자에 대하여 무한책임사원과 동일한 책임이 있다(제281조).

제 4 절 合資會社의 解散과 清算

Ⅰ. 解 散

합자회사의 해산사유는 합명회사와 대체로 같지만, 그 구성이 이원적이기 때문에 무한책임사원 또는 유한책임사원의 전원이 퇴사한 때에 해산한다(제285조 제 1 항). 이 경우에 잔존한 무한책임사원 또는 유한책임사원은 전원의 동의로 새로 유한책임사원 또는 무한책임사원을 가입시켜서 회사를 계속할 수 있다(제285조 제 2 항). 합자회사는 또한 사원 전원의 동의로 그 조직을 합명회사로 변경하여 계속할 수 있고, 유한책임사원이 퇴사한 경우에도 무한책임사원은 그 전원의 동의로 합명회사로 변경하여 계속할 수 있다(제286조 제 1 항 · 제 2 항).

<대판 2017. 8. 23, 2015 다 70341>

「합자회사가 정관으로 정한 존립기간의 만료로 해산한 경우에도(상법 제269조, 제227조 제 1 호), 사원의 전부 또는 일부의 동의로 회사를 계속할 수 있다(상법 제269조, 제229조 제 1 항). 이 경우 존립기간에 관한 정관의 규정을 변경 또는 폐지할 필요가 있는데, 특별한 사정이 없는 한 합자회사가 정관을 변경함에는 총사원의 동의가 있어야 할 것이나

(상법 제269조, 제204조), 합자회사가 존립기간의 만료로 해산한 후 사원의 일부만 회사계속에 동의하였다면 그 사원들의 동의로 정관의 규정을 변경하거나 폐지할 수 있다. 그리고 회사계속 동의 여부에 대한 사원 전부의 의사가 동시에 분명하게 표시되어야만 회사계속이 가능한 것은 아니므로, 일부 사원이 회사계속에 동의하였다면 나머지 사원들의 동의 여부가 불분명하더라도 회사계속의 효과는 발생한다(합자회사가 존립기간의 만료로 해산하였으나 일부 사원들이 사원총회를 개최하여 회사의 존립기간을 정한 정관규정을 폐지하고 회사를 계속하기로 결의하였다면 나머지 사원들의 동의 여부가 불분명하더라도 회사계속의 효과가 발생하므로, 같은 날 위 회사계속 결의와 아울러 이루어진 청산인 선임 결의는 회사계속에 배치되어 무효라고 판단한 사례).」

Ⅱ. 淸 算

합자회사도 해산에 의하여 청산절차에 들어가며, 이에는 임의청산과 법정청산의 두 가지가 인정된다. 청산인은 무한책임사원 과반수의 결의로 선임하며, 이를 선임하지 아니한 때에는 업무집행사원이 청산인이 된다(제287조). 이와 같이 유한책임사원 또는 사원 이외의 제3자도 청산인이 될 수 있다. 정관의 규정에 의하여 유한책임사원이 업무집행사원이 된 때에는 법정청산인이 될 수 있지만, 대표권은 없다고 본다(동지: 최기원, 233쪽).

주요 판례색인

Ⅰ. 우리나라 判例

〔大法院 判決 · 決定〕

[高等法院判決]

[地方法院判決]

Ⅱ. 獨逸判例

[帝國法院判決]

[聯邦大法院判決]

Ⅲ. 英美判例

Ⅳ. 日本判例

사항색인

외국어색인

[V]

[W]

공저자약력

이기수

고려대 법대(법학사), 서울대 대학원(법학석사), 고려대 대학원(박사과정 이수), 독일 Tübingen대학교(법학박사 Dr. iur.), San Diego대학 London Summer School, 일본 와세다대학 명예법학박사, 연세대학교 명예 교육학 박사, 러시아 쌍 페테스부르크대학 명예박사, 일본 메이지대학 명예법학박사

Tübingen대 법대(1986년, 1988년, 1991~1992년, 1995년, 1996년, 1998년, 1999년), Mainz대 법대(1990년), Harvard Law School(1995~1996년), Marburg대 법대(1997년, 1999년), München Max-Planck 연구소(1997년), Wisconsin Madison Law School(1998~2001년), 와세다로스쿨(2005~2006년) 교환교수 · 객원연구원

사법 · 군법무관 · 행정 · 입법 · 공인회계사 · 변리사 · 세무사시험 등 각종 시험위원

대한상사중재원 중재인, 육군사관학교 교수부 법학과 전임강사, 고려대학교 후생복지부장 · 학생처장 · 기획처장, 비교법연구소 소장, 법학연구소 소장, 법학연구원 원장, 체육위원회 체육위원 겸 축구부장, 특수법무대학원 원장, 법과대학 학장, 전국학생처장협의회 회장, 전국사립대학교 기획실(처)장협의회 부회장, 전국법과대학장협의회 회장, 한국경영법률학회 회장, 안암법학회 회장, 국가경쟁력연구원 이사장, 한국지적소유권학회 회장, 한국 Adenauer 학술교류회 회장, 국제거래법학회 회장, 한국상사법학회 회장, 한국도산법학회 회장, 한독법률학회 회장, 한국복사전송권관리센터 이사장, 한국법학교수회 회장, 한국중재학회 회장, 한국독일학회 회장, (사)한국저작권법학회 회장, 한 · 일법학회 회장, 한국독일 총동문회(ADeKo) 이사회 회장, Wisconsin-Madison Law School 객원석좌교수, DAAD 한국동문회 회장, 고려대학교 총장, 한국대학교육협의회 회장, 한 · 미법학회 회장, (사)대한중재인협회 협회장

현 : 고려대학교 법학전문대학원 명예교수, 아시아헌법재판소연합 운영법인 감사, 한국법학원 원장

주요 저서 · 논문

Gläubigerschutz bei Unterkapitalisierung der GmbH(Dissertation, Tübingen)
독점금지법(편역)(박영사)
상법총칙 · 상행위법(공저)(제 9 판)(박영사)
어음 · 수표법(공저)(제 8 판)(박영사)
보험 · 해상법(공저)(제 9 판)(박영사)
상법학개론(공저)(박영사)
국제거래법(제 7 판)(세창출판사)
지적재산권법(공저)(한빛지적소유권센터)
상법학(상)(제 3 판)(박영사)
상법학(하)(개정판)(박영사)
경제법(공저)(제 9 판)(세창출판사)
증권거래법(공저)(전정판)(세창출판사)
기업법(제 3 판)(세창출판사)
상법은 기업법인가? 등 논문 다수

최병규

고려대학교 법과대학 졸업, 동 대학원(법학석사, 박사과정 일부 이수), 독일 프랑크푸르트대학교(법학박사), 고려대학교 법학연구원 전임연구원, 변호사시험 · 사법시험 · 변리사 시험위원, 금융감독원 금융분쟁조정 전문위원, 법무부 상법개정위원, 국립한경대학교 법학과 조교수, 부교수

현 : 건국대학교 법학전문대학원 교수

주요 저서

상법총칙 · 상행위법(공저)(제 9 판)(박영사)
어음 · 수표법(공저)(제 8 판)(박영사)
보험 · 해상법(공저)(제 9 판)(박영사)
상법학개론(공저)(박영사)
증권거래법(공저)(전정판)(세창출판사)
상법연습(문영사)
상법요해(공저)(제 7 판)(도서출판 정독)
보험론(공저)(문영사)

제12판
회 사 법 〔상법강의 II〕

초판 발행 1990년 11월 20일
제12판 발행 2022년 8월 31일

지은이 이기수·최병규
펴낸이 안종만·안상준

편 집 김선민
기획/마케팅 손준호
표지디자인 이수빈
제 작 우인도·고철민

펴낸곳 (주) 박영사
서울특별시 금천구 가산디지털2로 53, 210호(가산동, 한라시그마밸리)
등록 1959. 3. 11. 제300-1959-1호(倫)
전 화 02)733-6771
f a x 02)736-4818
e-mail pys@pybook.co.kr
homepage www.pybook.co.kr
ISBN 979-11-303-4285-6 93360

정 가 59,000원